国家出版基金项目
NATIONAL PUBLICATION FOUNDATION

上海三联人文经典书库
134

社会学科学导论

·上·

[美] R. E. 帕克　E. W. 伯吉斯　著

叶涯剑　张汉娇　译

INTRODUCTION TO
THE SCIENCE OF SOCIOLOGY

上海三联书店

"十四五"国家重点图书出版规划项目

国家出版基金资助项目

总　序

陈　恒

　　自百余年前中国学术开始现代转型以来,我国人文社会科学研究历经几代学者不懈努力已取得了可观成就。学术翻译在其中功不可没,严复的开创之功自不必多说,民国时期译介的西方学术著作更大大促进了汉语学术的发展,有助于我国学人开眼看世界,知外域除坚船利器外尚有学问典章可资引进。20世纪80年代以来,中国学术界又开始了一轮至今势头不衰的引介国外学术著作之浪潮,这对中国知识界学术思想的积累和发展乃至对中国社会进步所起到的推动作用,可谓有目共睹。新一轮西学东渐的同时,中国学者在某些领域也进行了开创性研究,出版了不少重要的论著,发表了不少有价值的论文。借此如株苗之嫁接,已生成糅合东西学术精义的果实。我们有充分的理由企盼着,既有着自身深厚的民族传统为根基、呈现出鲜明的本土问题意识,又吸纳了国际学术界多方面成果的学术研究,将会日益滋长繁荣起来。

　　值得注意的是,20世纪80年代以降,西方学术界自身的转型也越来越改变了其传统的学术形态和研究方法,学术史、科学史、考古史、宗教史、性别史、哲学史、艺术史、人类学、语言学、社会学、民俗学等学科的研究日益繁荣。研究方法、手段、内容日新月异,这些领域的变化在很大程度上改变了整个人文社会科学的面貌,也极大地影响了近年来中国学术界的学术取向。不同学科的学者出于深化各自专业研究的需要,对其他学科知识的渴求也越来越迫切,以求能开阔视野,迸发出学术灵感、思想火花。近年来,我们与国外学术界的交往日渐增强,合格的学术翻译队伍也日益扩大,同时我们也深信,学术垃圾的泛滥只是当今学术生产面相之一隅,高质量、原创作的学术著作也在当今的学术中坚和默坐书斋的读书种子中不断产生。然囿于种种原因,人文社会科学各学科的发展并不平衡,学术出版方面也有畸轻畸重的情形(比如国内还鲜有把国人在海外获得博士学位的优秀论文系统地引介到学术界)。

有鉴于此,我们计划组织出版"上海三联人文经典书库",将从译介西学成果、推出原创精品、整理已有典籍三方面展开。译介西学成果拟从西方近现代经典(自文艺复兴以来,但以二战前后的西学著作为主)、西方古代经典(文艺复兴前的西方原典)两方面着手;原创精品取"汉语思想系列"为范畴,不断向学术界推出汉语世界精品力作;整理已有典籍则以民国时期的翻译著作为主。现阶段我们拟从历史、考古、宗教、哲学、艺术等领域着手,在上述三个方面对学术宝库进行挖掘,从而为人文社会科学的发展作出一些贡献,以求为 21 世纪中国的学术大厦添一砖一瓦。

目　录

1

中译本导读：教材里的芝加哥学派发展史

叶涯剑

一

对于社会学人来说，芝加哥学派是一个耳熟能详的名字，这个充分代表着美式社会学风格的学派曾经在20世纪前半期执掌美国社会学教学及研究之牛耳，至今也仍然是不可忽视的社会学重镇。中国早期社会学也深受芝加哥学派的影响，罗伯特·帕克1932年来华讲学，影响了包括费孝通、瞿同祖在内的一批中国学生，芝大社会学系还直接培养出吴景超、严景耀等中国早期社会学家。应该说，中国社会学界对芝加哥学派并不陌生。

不过就芝加哥学派的著作在中国的传播来说，中文文本并不算多，迄今翻译引进的只有《身处欧美的波兰农民》《城市》等少数几种。中国的社会学学生对芝加哥学派的了解主要是通过课堂上使用的教科书，而不是专著，使得对该学派思想的认识难以深入，所以在这方面还有不少工作要做。而在芝加哥学派的诸多著作中，《社会学科学导论》（以下简称《导论》）具有特殊的地位，值得专门介绍。

费孝通先生在晚年写的《补课札记》里多次提到《导论》一书（文中称为《引论》），如"派克老师一生中被认为最重要的成名之作是他那本巨大的《社会学这门科学的引论》"，[①]"我就把这本《引论》看作是

---

① 费孝通：《补课札记》，见《九十新语》，重庆出版社，2005年，第46页。

① 费孝通：《补课札记》，见《九十新语》，重庆出版社，2005年，第46页。

我补课的入口门径"，①"他所编的这本《社会学这门科学的引论》即那本多年来在美国各大学中风行的社会学教科书"，②"这本《引论》在20世纪的20年代起代表了芝加哥大学社会学的旗帜"。③费老还把《导论》和帕克主编的论文集《论城市》视为芝加哥学派的两本奠基性著作，可见对该书的重视。笔者认为，《导论》一书确实具有多方面的价值，值得后人仔细梳理与体会。

《导论》原书名为 Introduction to the Science of Sociology，由芝加哥学派的代表学者罗伯特·帕克与欧内斯特·伯吉斯共同编著，出版于1921年。该书曾经是1920—1940年代全美主要大学社会学专业的标准教科书，被称为"灰皮圣经"（因其当年的封面为灰色）。在社会学概论性教科书层出不穷的今天，人们可能会觉得奇怪，《导论》不过是一本概论教材，何以拥有如此崇高的地位？而答案就隐藏在社会学的学科发展史中。

社会学界一般把奥古斯都·孔德1838年发明"社会学"一词视为社会学诞生的标志。由此开始，从19世纪40年代到19世纪晚期，社会学经过半个多世纪的发展，形成了第一代社会学家群体（即后世所称的古典社会学家），包括斯宾塞、迪尔凯姆、韦伯、齐美尔、滕尼斯等社会学先驱，也有了相当规模的研究成果。但是并不能说此时的社会学已经在知识界拥有了稳固的地位。

在现代社会，一门学科要获得"学科"之名，除了学术界在这门学科上的投入与产出，更重要的是要能得到社会的承认。而社会承认最重要的标志就是获得教育体系的接纳，尤其是能在高等教育中占得一席之地。因为现代大学是社会与科学的连接枢纽，现代科学知识的生产基本上是在高等教育体系里完成的，并通过初等和中等教育传播到社会上。当一门学科能在大学里设立专门的教研机构，开发出自己的教学模式和课程体系，形成本学科以教员和学生为主体

---

① 费孝通：《补课札记》，见《九十新语》，重庆出版社，2005年，第3页。
② 同上书，第36页。
③ 同上书，第56页。

的知识共同体时,这门学科也就真正具备了在社会知识体系中的地位,它对社会的功能也才能充分发挥出来,而不只是少数人小圈子里的知识游戏。而以上这些最终都要归结到学科的建制化问题上来。

有点奇怪的是,最早达成社会学学科建制化的不是社会学的发源地欧洲,反而是社会学发展较晚,高等教育水平在当时也不如欧洲的美国。1875年,美国社会学家威廉·萨姆纳在耶鲁大学开设了第一门带有"社会学"之名的课程,被视为社会学知识进入高等教育体系的开端;1890年,弗兰克·布莱克马在堪萨斯大学最早开设了连续性的社会学课程,并于第二年成立了历史与社会学系,如果再抓紧一点,也许世界上第一个社会学系的桂冠就要戴到堪萨斯大学头上了,但最终还是由芝加哥大学摘走了这项殊荣。这当中存在一定的偶然性,就是芝加哥大学遇到了一位热衷于教育创新的校长。

对于19世纪遍布大西洋两岸的诸多大学来说,芝加哥大学绝对是个后来者和小字辈。它的校园所在地其实是1856年成立的老芝加哥大学的旧址,老芝大曾因一场大火及资金短缺而在1886年关闭。在得到浸礼会及芝加哥富人捐款之后,1890年设立了新的芝加哥大学。第二年,石油大亨洛克菲勒选择了35岁的威廉·雷尼·哈珀担任第一任校长。

早年就被称为神童的哈珀十岁进大学,十九岁在耶鲁大学获得博士学位,是当时美国最杰出的浸礼会教育家。他计划把芝加哥大学建设成美国中西部的教育中心,并开展先进的学术研究,通过提供知识和行动来解决社会问题,从而为改进社会做出贡献。而在之前的教育工作中,哈珀认识了当时很多知名的社会科学家,也注意到应用科学知识解决社会问题的"社会学运动",他有意延揽有才能的学者进入芝大。在当时美国的大学开始寻求以"系"这种方式来进行学科划分的背景下,设立新的系来安排一些非传统领域的学者,似乎是个不错的选择,而在现代学科体系里,社会学就属于当时非传统的领域。

严格来说,当时哈珀想设立社会学系,首先是因为他对社会科学领域的某些学者感兴趣,只是因人设系,而不是想有意发展社会学这门新学科,这一点从设系的人选上就可以看出。他首先看中的两位学者,约翰霍普金斯大学的历史学家赫伯特·巴克斯特·亚当斯和政治经济学家理查德·伊利,都不是社会学家。1890年秋天的时候,他就开始和这两位学者谈判聘用条件。两人都很有兴趣担任系主任,但要求的薪水都高过哈珀的出价,并要求有选择全系成员的自由。特别是伊利要求系的名称是"政治与社会科学系",或者"政治科学系",业务范围包括政治学、社会学与经济学,他甚至在1891年3月6日给哈珀的一封信里开出了具体各个课程的教师名单。这种人事权上的咄咄逼人显然不可能得到哈珀的同意。在无法达成一致意见后,两人都婉拒了聘用邀请。

哈珀当然也不会把所有鸡蛋都放到一个篮子里,他同时还找了阿尔比恩·斯莫尔——缅因州一个小型浸礼会高校科尔比大学的校长。斯莫尔曾在欧洲留学,研究历史与政治经济学,虽然当时斯莫尔不是一位社会学家,但他敏锐地意识到社会学这门新兴学科应该成为大学教育的组成部分。他在给哈珀的信中提出了未来工作规划,把课程体系分为历史、经济和社会学三个方面,社会学课程被他总称为社会生理学,是对社会发展进行的临床社会诊断,用来替代陈旧的形而上学的历史哲学。此外,斯莫尔在谈判中比较谦虚,也没有伊利那么多关于系里人事权的要求,双方进展很快。1892年1月4日,哈珀聘任斯莫尔为"社会科学首席教授",美国乃至世界上第一个社会学系就此诞生。

二

系的成立不等于万事大吉,专业建设才是最大的挑战。斯莫尔面临的最大困难还是社会学学科地位不明确的问题。甚至在建系十六年之后,他还在给同事的信里抱怨社会学只是被人当成一个方便的标签,用于安排人类知识里那些无法归入其他学科领域的"剩余物"。也许这是后世有些人把社会学视为研究其他学科不研究的东西的剩余科学这种说法的源头。所以,在斯莫尔的芝大生涯里,他的主要精力都用在学科制度建设上，他作为社会学家的成就远远不如作为学科制度创造者的成就。

芝大社会学系在成立之后始终面临的学科定位问题体现在两个方面：人员构成与课程结构。两者都受制于当时社会学系的学科格局，可以说当时的社会学系就是个学科大杂烩。

在任命斯莫尔为系主任之后，哈珀还聘任美国自然历史博物馆的民族学负责人弗雷德里克·斯塔尔承担人类学的教学工作，又选择一位浸礼会牧师查尔斯·亨德森担任慈善事业管理方面的专家，最后聘任卫斯理学院前院长爱丽丝·弗里曼·帕尔摩作为女生主管和历史学教授。当芝大社会学系在 1892 年 10 月 1 日正式开始运作的时候，是由上述这四个人组成的，斯塔尔和帕尔摩对发展社会学毫无兴趣，亨德森承担的也不是学术任务，只有斯莫尔对社会学这门新学科有些想法。尽管斯莫尔明确了社会学应该去研究当代社会，集中到现实问题上，不仅要利用文献资料，还要采用一手调查资料，但他也是个很灵活的领导者，允许进行多个方向的研究，这当然也使得社会学系的学术表现五花八门。

作为系里的二号人物，亨德森致力于社会服务，也写了很多关于社会福利、贫困、犯罪和劳工状况的书。他对社会学的专业影响很小，但突出了原始观察和一手资料的重要性。1894—1907 年在芝大社会学系任教授的查尔斯·祖布林开设的课程范围很广，但也可以说很杂，包括英国小说与社会改革、工业革命、社会结构、英国市政改革、艺术与生活、共同生活、20 世纪的城市，等等。他对社会学的基础研究兴趣不大，他的四本书《美国大都市的进步》《20 世纪的城市》《公民发展的十年》《民主党的宗教》都不算是学术著作。

此后作为社会学系第一批博士毕业生的乔治·文森特成为系里的教师，主要研究教育问题，承担过一些课程，但他最终没有在学术上坚持下去，转去做学术管理工作。另一位该系毕业生威廉·托马斯在毕业论文完成之前就成为系里的教师，他给芝大社会学系带来了学术上的第一个高峰。托马斯在教学上进行了很多探索，所以他的课程名字和内容不断在变，覆盖广泛的领域，涉及传统社会转型、城市社会和实际社会问题等。托马斯最重要的成果就是与波兰裔社会学家弗洛里安·兹纳涅茨基合作,出版了芝加哥学派第一本具有世界声誉的著作《身处欧美的波兰农民》。但托马斯后来因为与同事在基督教价值观上的冲突和通奸丑闻(后被证明是诬告)而被解雇,结束了学术生涯。

在建系头十年里,执教于芝大社会学系的教师大多不是社会学家,比如伊拉·霍尔特研究的是教育学;杰罗姆·雷蒙德虽然曾经有社会学教授的名头,但并不是一个学术人员,几乎没发表过什么成果;格雷汉姆·泰勒讲授的是慈善和劳工课程;而且这些人几乎都在这十年间离开了。后来成为教师的斯科特·贝德福德倒是对城市社会学很有兴趣,并承担了相关课程,但发表很少,也没有什么原创性成果。伊迪丝·阿伯特进行了很多社会问题的研究,并教授调查方法,但人们也只认为她保持了社会学的传统,而不把她视为社会学知识上的先驱。直到罗伯特·帕克的到来,才接续上了托马斯创造的芝加哥学派的学术传统。

1864 年出生的罗伯特·帕克早年当过记者,35 岁时去德国留学研究哲学,40 岁时获得博士学位。可是回国后在谋求大学教职时不顺利,转去给黑人民权运动领导人布克·华盛顿当助手,对美国黑人进行了研究。在 1910 年的一次国际会议上,帕克与托马斯结识,托马斯说服帕克去芝加哥讲授关于黑人的课程,由此开始了帕克的社会学之旅。1913 年,帕克开始在芝大社会学系开课,但直到 1922 年才成为全职教授,其间他的头衔一直是"教授级讲师"。在这段时间,帕克进行了大量教学工作,并开始采用托马斯和系里其他成员的思考方法来研究大城市里的机制和行为。帕克和托马斯都很有兴趣把社会学发展成为一门具有独特价值的科学,他们认为社会学研究产生的知识是社会改进的必要条件,为此不仅需要事实描述,还需要分析性的理解,这都是对后世社会学的学科任务进行的探索。

第三个芝大社会学系的重要人物是欧内斯特·伯吉斯,他在 1913 年获得芝大的社会学博士学位,属于科班出身,1916 年回到芝大教书。他承担了亨德森留下的几门社会福利课程,并开始把该系带往更为科学地分析和理解现代城市社会的方向，后来开发出"芝加哥同心圆"这个认识城市生态的著名模型，成为城市社会学研究的一代宗师。

在课程结构上，芝大社会学系当时也没有体现出我们今天很熟悉的社会学的体系性，而是比较多样和松散。当然这也和人有关，当时芝大社会学系的很多教师并不认为自己是专门的社会学家，缺乏学科意识，这门学科的新颖性也极大限制了该系很多教师后来成为社会学家。所以，当时的芝大社会学系可以说是"很不专业"。为此斯莫尔还去外校邀请当时一些杰出的社会学家来临时上课，比如1896年邀请爱德华·罗斯，1897年则邀请莱斯特·沃德，1898年还试图邀请富兰克林·吉丁斯，但没有成功。

当时社会学系的课程也没有一个明确的方案，只有一些标准，力求使社会学课程更为严格和现实。社会学系的课程在最初25年经历了一系列变化：第一部分课程属于基础课程，如斯莫尔的课程有时被称为"社会哲学"，有的时候又被称为"一般社会学"，包括社会科学的历史与哲学、社会学新领域、研究方法、社会学史，还研究现代民主运动；文森特的课程关于社会意识，祖布林的课程则涉及维多利亚时代社会哲学；导论性课程是社会研究概论。

第二个部分被称为"社会机制"或者"社会技术"，包括了亨德森讲授的关于家庭、社会制度、劳工运动、城乡社会状况、慈善事业史以及关于依赖者、缺陷者和罪犯的社会工作等课程；还包括祖布林的英国社会结构、市政社会学、社会的经济基础，阿伯特的社会调查方法，文森特和贝德福德的当代美国社会、美国的城市生活等课程。

第三个部分主要是托马斯和帕克的课程，有民俗心理学、社会心理学、社会与种族心理学。后来增加了群众与公众、报纸、黑人、社会研究方法等课程。

第四个部分包括人类学和民族学的课程，第五个部分是"卫生科学"，包括家庭卫生、食物、水和服装的卫生、生计经济学、一般卫生学等等。

芝大社会学系的课程如此松散，正是其教职人员来源多样的一个缩影。课程设置基本上是根据教师们不同的学科背景而定的,这也是延续了从哈珀开始就因人设事的习惯。当然,这当中也有客观原因,毕竟那时候的社会学刚刚开始学科建制,当事人没有任何经验可以借鉴,只能先搭起架子,边干边修正。

在以上的历史图景中,后来发展成学术重镇的芝大社会学系在建系之初的二十多年里,由于人员和课程上的不专业,发展得并不算好。首先是学生的培养质量得不到认可,斯莫尔的同事,哲学系的赫伯特·米德曾在一封私人信件里抱怨社会学的研究生手里只有斯莫尔给他们的"薄弱而无价值的精神食粮"。社会学系的学生也觉得课程乏味、枯燥,对斯莫尔和祖布林的课程也评价不高,虽然文森特和托马斯的课较受欢迎,但选课人数都不算很多。甚至托马斯在回忆自己的社会学系岁月时也觉得教学不系统,粗心大意。

社会学系的学生人数也不多,从1892年到1920年,社会学系颁发了123个高级学位,大概每年四五个,其中69个硕士学位、54个博士学位。而且学生就业最多的是做大学管理者、中小学管理者、社会工作、从政,只有36个毕业生成为大学教师,其中16人从事的是经济学、历史学、商学等其他专业,只有20人走上了社会学专业的道路。这其实也是那个时代社会学学术界的现实,当时开设社会学课程的学院和大学都很少,很少人把社会学作为一种职业来追求。

在芝大社会学系创立之后的二十多年里,美国的纯粹社会学家始终很少,其中能在世界社会学史上留名的只有哥伦比亚大学的富兰克林·吉丁斯、威斯康星大学的爱德华·罗斯、密歇根大学的查尔斯·库利、耶鲁大学的威廉·萨姆纳和芝加哥大学的斯莫尔等寥寥几人,而且他们对后来社会学的影响也远远不及欧洲那些如雷贯耳的社会学创始者们。但芝大社会学系却在后世取得了巨大的成功,这显然不是因为它的领导人是杰出的社会学家,而是由于学科制度的建立与完善。

哈珀设立社会学系,给了社会学以独立于其他专业的机构建制。这使芝大社会学不是附属于历史学、经济学、政治学等具有较长传统和成就的学科的跟班。在与其他学科争夺资源的对抗性学术环境下,哈珀给予斯莫尔在人事和资金上的支持也使社会学不用为自己的生存耗费精力,这使社会学系能够在稳定的环境下开展教学。

芝大社会学系还有一个特殊的优势,就是它位于当时美国的第二大城市和主要工业中心。当时美国的国内问题又主要体现为城市问题——城市政府问题、进城农民的城市化问题、城市贫困问题、城市治理问题,等等,这些都赤裸裸地展示在社会学家的眼前。芝加哥就像一个最适合观察城市现象的实验室,为社会调查和社会研究提供了得天独厚的土壤。社会学系的教师和学生对城市生活中各种各样的现象充满了热情,教师们也鼓励学生去研究这些现象。随着毕业生们进入各个学院和小一些的大学任教,以及教师和学生们在斯莫尔创办的美国第一本社会学专业期刊《美国社会学杂志》(AJS)上发表论文,在芝加哥大学出版社出版著作,芝大社会学的学术声望逐渐树立了起来。进入 20 世纪 20 年代之后,社会学系的工作走向成熟,后世所熟知的"社会学芝加哥学派"也就此形成,走上了历史的舞台。

所以,芝加哥学派形成的基础是由具有独立性的组织结构,周期性更新的教师和学生群体,一定程度的学科共识,连续输出成果的发表渠道构成的学科体系。正是这种体系使得芝大社会学系在建系头二十年略为惨淡的局面下,发挥出学科建制化的作用,挺过了艰难的创业期。

三

《导论》一书正是芝加哥学派结束创业期,学科教研趋于完善的1921 年出版的,之后芝加哥学派步入其辉煌期。《导论》也随之成为当时美国各大学社会学专业学生的"圣经",成为体现学派辉煌的一个证明。在此之前,全美乃至全世界的社会学在教研上都还处于一种各行其道、各有所好、各说各话的实验性阶段,课程体系和相关教材也五花八门,到了此时,社会学终于走向成熟,《导论》则是第一本系统呈现社会学概念体系,体现社会学专业目标的概论性著作。今天我们熟知的大多数社会学基本概念都在这本书里得到准确阐释，社会学作为一门可以面向大众进行传授的科学的基本框架也由这本书进行了勾画。可以说，《导论》是社会学学科地位得到承认的一个标志，也是今天社会学学生学习的成百上千种"社会学概论"教材的鼻祖。

如果单看书名，会觉得《导论》就是一本教材，它确实也是曾经拥有很高声望的专业教材。但由于上述的特殊渊源，该书又与我们今天熟悉的教材结构有所不同，它其实是一本"专业百科全书式"的多功能著作，具有专著、文选、教材等属性。《导论》这本书相当厚，英文版共有 4 页前言、13 页目录、1011 页正文、10 页人名索引和 15 页总索引，共 1053 页。仅从篇幅来看，就非一般教材可比，大多数教材不会这么厚，可以说它更像是一本伪装成教材的著作。

从这本书的目标来说，《导论》最重要的任务是完整呈现出到那时为止，社会学这门学科的基本概念体系。全书分为 14 章，除了第一章，其余 13 个章节每章阐明一个社会学概念（包括其衍生出来的子概念），即"人类本性""社会群体""孤立""社会联系""社会互动""社会力量""竞争""冲突""调适""同化""社会控制""集体行为""进步"。这些概念也是今天各个大学社会学专业学习中必定涉及的内容，构成这门学科的基本骨架。

除第一章外，《导论》每章由六部分组成——引言、文选、研究与问题、参考书目、主题相关的论题、讨论问题。各个部分的作用分别是：

引言——作者阐明本章概念的发展史、内涵、文选涉及的文献分类。

文选——按文献分类给出相关论著的节选。

研究与问题——介绍各个分类的相关研究主题。

参考书目——按文献类别列出重要的著作。

主题相关的论题——与本章主题相关的话题。

讨论问题——供学生课堂或课后讨论的问题。

在今天的社会学概论性教材里，一般都是由编者对本章概念进行阐发，让学生理解其内涵。《导论》最有特色的就是除了这种概念阐发，还在每一章里设置了"文选"部分，节选与该章概念有关的学术论著的内容，让学生能够直接读到重要论著的原文。而且这些文选的篇幅很大，占每章内容的70%左右，这可以让学生把《导论》当成专业文献读本来使用。这样做的好处是把专业学习与阅读原典结合起来，以免学生只接触抽象的概念阐述，可以通过相关论著的原文了解概念发展的脉络，从而真正理解概念的内涵。全书共选192篇选文，包含1766个注释，且《导论》的选文质量很高，给学生呈现出当时英法德美等国最好的论著，涵盖了到那时为止相关学科最好的学者——其中很多人直到今天仍然是不能绕开的名字。对于学生来说，这无异于一个专业文献的宝库。

所以，"文选"部分的设置是真正体现《导论》价值的关键手段之一。这当中呈现出的是学习人文社会科学的一种规律，即要把教材和原典结合起来学习，单纯通过教材是不可能学好某门课程的。但是《导论》当年具备的这个"双结合"优势在今天我们的教学里却基本上丢失了。如今我们看到的教材（不论中外也不论专业）都没有"文选"这种内容，这也许是教材"专业化"带来的，即教材只承担知识讲解功能，而知识创新由著作来承担，所以今天学术界一般把教材和著作区分看待。专业化当然有其好处，但弊端也很明显。教材是编者对学科基本知识的呈现和解释，目的是提供某门学科的基本架构，是对学科内容的高度浓缩。学生虽然能够通过教材了解学科的全貌，但并不了解产生这些内容的学术过程，如果学生只读教材，基本上只能处于知其然不知其所以然的状态，这种学习只能是一种肤浅的记忆性学习。为此，我们在教学中都会要求学生课后去阅读与课程内容相关的原著，但这样做很大程度上要靠学生的自律性，还受制于获取原著的方便性，如果教材里就有原文可读，效果会好很多。

《导论》在文选涉及著作的选择上有仔细的考虑。围绕着每个主题选择的文献都会包括对这个主题的界定、具体论述和周边阐发，读完这些文选，学生会对该主题的整体状况形成明确的印象。比如"语言与思想的沟通"这个主题，先给出的文献涉及低等动物的沟通这个所有动物都会有的沟通领域，然后转到概念和书写这两种人类独有的沟通手段，最后是人类发明对沟通的延伸，完整呈现了沟通方式的基本演化史。在每个章节每个主题的文选当中，我们都能看到作者贯穿始终的这种选择逻辑。这样的选文就不是一种简单的文献堆砌，而是用选文来引导学生建立起对每个具体问题的认知框架，从而带来思维能力上的进步。

<h1 style="text-align:center">四</h1>

　　除了专业学习上的价值，《导论》的第二个价值就是通过选文，尽量纳入了到当时为止社会学相关学科最有价值的文献，成为社会学早期发展历程的一份知识实录。在这份社会学发展的自然史中，我们可以看到，社会学如何吸收人类知识体系的滋养，发展成为一门专门的科学；这也有助于我们认识社会学与其他科学千丝万缕的联系。

　　现代社会科学体系是近两个多世纪形成的。与当时其他很多学科相比，诞生于19世纪中期的社会学基本上算是个"新人"。社会学专业的建制化也很晚，芝大社会学系作为世界上最早的社会学系，1892年成立；法国第一个社会学系1895年成立；英国第一个社会学系更是迟至1904年才成立，其他国家就更晚。作为学科体系的后来者，社会学必定深受其他已经发展多年的学科的影响。《导论》的选文范围也体现了这一特征，其192篇选文涉及社会学、政治学、经济学、哲学、心理学、法学、人类学、历史学、地理学、语言学、教育学、人种学、遗传学、生态学、动物学、植物学、博物学等学科。可以说，社会学确实带有"杂学"特征，集诸多学科的元素于一身。所以，从社会学诞生到19世纪末这个"古典"社会学时期，很多早期社会学家都身兼多重身份，斯宾塞既是哲学家也是教育学家，韦伯横跨法学、历史学和经济学，米德在心理学界更为知名……。

　　但到了20世纪初期，社会学的古典时期已经结束，学科建制化已经使社会学的学科目标、方法论、理论表述和概念体系趋于成熟，社会学作为一门独立学科的整体轮廓已经很清晰，这必定会由大学里学科教育的教材体系来体现。《导论》的出版其实是学科步入成熟期的一个标志，说明这门学科已经具备了按照学科标准培养人才的能力。《导论》的作者在从众多学科中选择文献时遵循的逻辑其实就是社会学的专业思路与认识世界的逻辑。

根本上来说，社会学是一门研究人在社会状态下如何行动的科学。要达成此目的，首先要明确的就是采取社会行动的"人"处于什么状态。《导论》讨论的第一个概念是人类本性，其中既展示了人作为动物的原始本性，也展示了种族、风俗、道德、法律、人格、自我、民族等因素塑造出的人的社会本性，还展示了生物性与社会性对人性的共同作用。接下来要说明的就是人如何结成"社会"。第三章"社会与群体"论述人如何形成群体，有哪些类型，其特征是什么。第四、五、六章则集中阐述人在社会中的三种状态：孤立、联系和互动。第七章则用"社会力量"来体现社会结构对人的约束作用。第八、九章阐述人际互动的两种矛盾状态：竞争与冲突。第十、十一章则说明实现社会融合的方式：调适与同化。第十二章展示社会控制如何确保社会秩序。第十三章则体现人在集体行为中特殊的表现。最后一章说明人类社会如何走向进步。这个结构包含了从微观到宏观的认识，也论述了"社会何以形成""秩序如何产生""个人与社会结构的互动""社会状态对人的影响"等社会学的基本问题。可以看到，社会学对世界的这些认知逻辑完全不同于经济学、政治学、哲学等学科，其中的专门概念如"行动""结构""互动""社会力量"等都是社会学独创的，今天任何一本概论性的社会学教材大体也遵循以上逻辑进行内容编排和阐述。

五

《导论》的第三个价值是其学术上的个性，即它在提供学科概论框架的同时也展示了其作者所属学派的基本主张和理论特征。芝大社会学系经过创业的头二十年，已经形成了以现场调查为基础，以推动社会进步为目标的学术传统，帕克和伯吉斯这两位接续创业期与成熟期的重要人物在《导论》第一章里对此进行了阐述。这个四万多字的章节是整本书里唯一没有文选,全部由作者原创内容组成的部分,是全书提纲挈领的核心内容,表达了对社会学这门学科的认识。

作者认为,社会学寻求的是对人性与社会进行概括的自然法则,在案例研究的基础上解释相关社会过程的本质(第一章,p.11)。他们就此与其他学科进行了比较,特别重要的一个认识就是,所有学科都蕴含着解释世界的企图。历史学也好,心理学也罢,只要它们希望寻求人类行为的内在法则,就与社会学的方法产生交集。他们也总结了社会学半个多世纪以来的发展,认为社会学经历了历史哲学—明确社会学问题—调查研究三个阶段,目前正是调查研究的阶段。在这个阶段,社会学已经收集了很多资料,正处于学科大发展的前夜。所以,社会学此时的任务就是要对自己的研究领域进行明确和细化,以便发挥其在社会研究上的效用。

为此,他们的做法是对研究问题进行分类,如社会问题分为组织和行政问题、政策和立法问题、人类本性问题;社会群体分为家庭、语言群体、区域性社区、冲突性群体、协调性群体;社会过程可以分为历史过程、文化过程、政治过程和经济过程;等等。经过这样的区分,社会学的研究范畴就像一座大厦一样得以伫立起来,等于是给社会学研究的开展勾画了一份路线图。各种看似杂乱的社会资料都可以归入这样那样的子问题中去,研究者可以根据这些子问题各自的特征,选择恰当的调查和分析方法。尽管从孔德时代起就出现了社会研究实证化的要求,但直到此时,实证研究的规范才逐步成熟,《导论》阐明的这种路线图其实就是社会学真正确立自己实证科学地位的技术宣言。

除了在学科定位和方法论上给出一般性界定,《导论》还表达了芝加哥学派自身的学术追求,也就是著名的人类生态学思想。尽管我们今天提到芝加哥学派就会想起人类生态学,但在《导论》出版的时候,这一理论主张其实还未成熟,还处于形成过程之中。所以作者并没有用专门的论述来表达人类生态学的主旨,而是用文选来体现其思想来源——进化论和生态学。

费孝通先生曾在《补课札记》里回忆，启发帕克形成人类生态学的是一些冷门的著作，涉及生物学、动物学等看似与社会学无关的专业。但人类毕竟也有动物性的一面，生物的某些活动特征在人类行为里仍然有其残留，同时生物也具有某种社会性，这些同样可以作为人类社会性的一种很好参照。所以在《导论》的文选部分，选入了植物学家尤金纽斯·瓦尔明和昆虫学家威廉·惠勒的论著，还选入了生物学家达尔文的四篇论文。芝加哥学派的几位代表学者的论著也有入选，包括斯莫尔的五篇、托马斯的三篇和帕克的十三篇。特别是帕克的论著对人类本性、群体、隔离、社会联系、冲突、调适、同化、控制等多个主题进行了表述，而这些主题最终也成为人类生态学中关键性的概念。《导论》的文选实际上也成为芝加哥学派代表人物及其核心思想的一次集体亮相，在随后的十年里，这些主张最终凝结成为成熟的理论，成就了芝加哥学派的历史地位。

结　语

通过以上的学术史回顾，可以发现《导论》一书在社会学学术史上具有多重价值。它是美国社会学学科发展史上第一本系统的专业概论性教科书，是社会学作为专门科学得到社会接纳的象征，是芝加哥学派从创立走向成熟的标志性著作，是社会学形成过程的知识实录，是人类生态学思想初步登场的标志。当然，其中最重要的还是在学科建设上的意义，芝加哥大学社会学系初创时期的人与事反映的是社会学如何在现代科学体系中为自己赢得一席之地的历程，从斯莫尔到帕克，都在为社会学的"科学"地位正名，而《导论》是这种努力的标志性成果。该书书名中专门突出了 science 一词，体现的也是当时作者使社会学登上科学殿堂的努力。百年之后回望这段历史，深感少数学者的个人探索虽然能促成一门学科的产生，但要发展成熟，则离不开学科建制的支持，无数次琐碎重复的教学活动最终形成了宏伟的学科大厦。

前　言

本书依据的资料收集自广泛的来源,并代表着从不同角度看待生活的人们的观察与反思。为了让单独一本书能够涵盖作为社会科学主题的社会组织和人类生活的整个范围,这是必要的。

同时,本书努力把这些资料纳入一系列很明确的社会学概念的界限之内,这些概念给出了——尽管不会明确展示——本书各个部分之间以及全书的概念和内容之间基础性的关系。

不要认为《社会学科学导论》仅仅是材料的集合,而应该将它视为一部系统性的论著。另外,也不要把构成本书主体的文献摘录仅仅看作是一些例证。在它们所出现的背景里,结合指明它们在本书中位置的标题,它们应该能使学生为自己制定出相关的原则。在本书编写的过程中,几年来的经历已经证明了这些资料对于教师的价值,它们本身是有趣的,并能吸引学生的参与。假如邀请学生积极参与文本解释的任务,假如鼓励他们使用参考资料去扩展他们主题上的知识,并用他们的个人观察来检验和补充课堂讨论,那么他们的整个态度就会变得主动而不是被动。通过这种方式,学生能获得直接处理鲜活主题和一门正在形成的科学的意识。在这些状况下,社会学成为所有班级成员参与进来的共同的事业;通过他们的观察和研究,他们能够,而且应该做出贡献。

社会学学生需要学习的第一件事是关注和记录他们的观察,去阅读并随之选择和记录作为他们阅读成果的资料;总之,去组织和利用他们的经验。本书的整个组织可以作为一种方法的例证——这种用于资料收集、分类和解释的方法同时也是探索性和实验性的,学生应该从他们所有阅读和学习一开始就使用这种方法。

社会问题已被无休止地讨论过,重点在于它们应该是什么。然而,学生需要学习的是如何获取事实而不是提出意见。社会学者必须处理的最重要的事实就是意见(态度和情感),但直到学生学会像生物学家处理有机组织一样来处理意见,也就是剖析意见——把它们还原为构成要素,描述它们,并界定它们作出反应的处境(环境)之前,我们绝不能指望在社会学这门科学上有很大的进步。

应该注意到,除了第一章之外的每个章节都顺理成章地分成四个部分:(1)引言;(2)文选;(3)研究与问题;(4)参考书目。每一章前面两个部分的目的是提出问题而不是回答问题。而后面两章则概括或提出进一步研究的问题。选择的参考书目主要是展示与提到的问题有关的得到承认的观点,并提出全章主题所产生的并与之相关的实践性问题。

需要说明的是,这些章节所附的参考书目是代表性的而不是权威的或完整的。我们曾经试过把呈现单个主题相关著作及观点的范围、分歧、独特性的文献都收在一起,立马遭到了批评和修正。

应该说一下第一章。鉴于社会学在科学里地位的普遍模糊性和不确定性,以及它与其他社会科学(特别是历史学)的关系,在某些地方清晰和明确地从本书观点来阐述社会学是什么,这似乎是必要和重要的。最终导致在这本我们相信在其他方面相对具体和易懂的书里,强加了一篇相当令人生畏的论文。在这种状况下,我们建议,除非读者对这一部分特别感兴趣,否则的话可以从"人类本性"这一章开始,最后再来阅读第一章。

编者希望表达他们对于 W. I. 托马斯(W. I. Thomas)博士的感谢,为他在本书选用文献的观点和组织方案上所做的贡献。①他们也有义务感谢自己的同事阿尔比恩·斯莫尔(Albion W. Small)教授、埃尔斯沃思·法里斯(Ellsworth Faris)教授以及列昂·马歇尔(Leon

vii

---

① 见 *Source Book for Social Origins*. Ethnological materials, psychological standpoint, classified and annotated bibliographies for the interpretation of savage society(Chicago, 1909)。

C. Marshall)教授始终如一的激发、鼓励与协助。编者希望感谢出版方的合作与好意,更多的赞赏是为了本书编写过程中困难的技术任务。在排印件的准备和清样校对上,罗伯塔·伯吉斯(Roberta Burgess)小姐提供了难以估价的服务。

最后,编者还要向允许使用汇集在本书里的文献的作者和出版商表示感谢。没有这些文献的使用,不可能展示出对当前社会生活的知识做出贡献的各种各样的观察和反思。为了使本书具有系统性,必须把这些摘录材料从它们的背景中提取出来,有时要放入奇怪的类别里。当这样做的时候,无疑会产生某些错误的印象。这可能是无可避免和预料之中的。另一方面,希望这里提供的简短摘录可以作为对它们所属作品的介绍,并与它们所附的参考书目一起,进一步指引和激发学生的阅读和研究。编者特别感谢以下出版商、机构和期刊在版权资料选择上所给予的特别安排和许可:

D. Appleton & Co.; G. Bell & Sons; J. F. Bergmann; Columbia University Press;; George H. Doran Co; Duncker and Humblot; Duffield & Co.; Encyclopedia Americana Corporation; M. Giard et Cie; Ginn & Co.; Harcourt, Brace & Co.; Paul B. Hoeber; Houghton Mifflin Co.; [Pg viii] Henry Holt & Co.; B. W. Huebsch; P. S. King & Son; T. W. Laurie, Ltd.; Longmans, Green & Co.; John W. Luce & Co.; The Macmillan Co.; A. C. McClurg & Co.; Methuen & Co.; John Murray; Martinus Nijhoff; Open Court Publishing Co.; Oxford University Press; G. P. Putnam's Sons; Rütten und Loening; Charles Scribner's Sons; Frederick A. Stokes & Co.; W. Thacker & Co.; University of Chicago Press; University Tutorial Press, Ltd.; Wagnerische Univ. Buchhandlung; Walter Scott Publishing Co.; Williams & Norgate; Yale University Press; American Association for International Conciliation; American Economic Association; American Sociological Society; Carnegie Institution of Washington; *American Journal of Psychology*; *American Journal of Sociology*; *Cornhill Magazine*; *International Journal of Ethics*; *Journal of Abnormal Psychology*；*Journal of Delinquency*；*Nature*；*Pedagogical Seminary*；*Popular Science Monthly*；*Religious Education*；*Scientific Monthly*；*Sociological Review*；*World's Work*；*Yale Review.*

芝加哥

1921 年 6 月 18 日

第一章　社会学与社会科学①

I. 社会学与"科学的"历史

随着孔德（Auguste Comte）的《实证哲学教程》（*Cours de philosophie positive*）在 1830 年至 1842 年之间出版，社会学首次被承认为一门独立的科学。可以肯定的是，孔德并没有创建社会学。他只是给它一个名字、一个计划以及在科学中的一个位置。

孔德针对这门新科学的计划打算把自然科学的实证方法向政治学和历史学延伸。其实际目的是在一门严密科学的稳固基础之上建立政府，并赋予历史预测以某种数学公式般的精确性。

"我们必须把社会现象视为像其他所有种类的事物一样，在与其高度复杂性精确兼容的界限之内，都是容易预见的。理解我们一直在考察的政治科学的三个特点：首先，社会现象的预测假定我们已经放弃了形而上学理想的领域，通过把想象力系统性地附属于观察，来呈现所观察到的现实的基础；其次，政治概念已不再是绝对的，而是与文明多变的状态相关，所以，按照现实的自然过程，理论也许会承认我们对现实的预见；第三，持久的政治行动受限于法则，因为，如果社会事件总是受立法

---

① 选自 Robert E. Park, "Sociology and the Social Sciences," *American Journal of Sociology*, XXVI(1920—21), 401—24；XXVII(1921—22), 1—21；169—83。

者——人或神——意外介入的干扰,那就不可能对社会事件进行科学的预测。因此,我们可以把实证社会哲学的精髓集中到科学预见这一伟大价值上来。"①

简而言之,孔德提出要使治理成为一门技术科学,使政治成为专门职业。他期待这样一个时代:以人类本性之科学研究为基础的立法将呈现自然法则的特征。更早和更基础性的科学——特别是物理学和化学——已经让人类能够控制外部自然;最后的科学——社会学将使人类能够控制自己。

"人们很早就知道,人类改变现象的力量只能来自对自然法则的认识;在每门科学的起步时期,他们都相信自己能够对该科学的现象发挥无限的影响……当然,社会现象由于自身的极端复杂性,是最后才摆脱这种自负的:因此更有必要记住,所有其他学科在其早期阶段都存在自负,并预见到社会科学也会从谬误中得到解放……它[现有的社会科学]表现出人类的社会行为是模糊和随意的,就像在生物、化学、物理甚至天文现象等各门科学的早期阶段所认为的那样……人类发现,自己在没有逻辑保护的情况下落入各种政治学派毫无章法的实验中,每一个学派都致力于在未来建立自己永恒不变的治理类型。我们已经看到这种纷争带来的混乱结果是什么;我们将会发现,没有任何机会建立秩序和共识,除非使社会现象像其他现象一样服从恒定的自然法则,而这些法则作为一个整体,具有完整的确定性,为每个时代规定政治行动的界限和性质:换句话说,在社会现象的研究中引入同样的实证精神,这种精神已经再生了人类思考的其他所有分支。"②

---

① Harriet Martineau, *The Positive Philosophy of Auguste Comte*, freely translated and condensed(London, 1893), II, 61.

② Harriet Martineau, op. cit., II, 59—61.

在当前政治观点和党派的混乱之中，他极力主张，现有社会秩序的变化不可避免呈现出的特征充其量不过是探索式的经验主义；在最坏的情况下则是像法国革命那样的社会动乱。如孔德所说，在实证而不是推测或形而上学的社会科学的指导下，进步必然呈现出有序前进的特征。

可以预计，随着精确的调查方法扩展到其他的知识领域，对人类的研究和对社会的研究将成为或寻求成为科学——就科学一词在自然科学上采用的意义来说。有趣的是，关于这一点，孔德给社会学起的第一个名字是社会物理学（social physics）。直到他完成自己《实证哲学》的第四卷，才第一次使用社会学这个词。

尽管孔德是最重要的，但他并不是寻求实证社会科学的第一人，这种科学将使人类能像控制外在自然一样控制自身。孟德斯鸠（Montesquieu）在他首次出版于1747年的《论法的精神》（The Spirit of Laws）里，把社会组织区分为形式（"特定结构"）和力量（"使社会运转起来的人类激情"）。在这部弗里曼称之为"比较政治学"的第一部划时代著作的序言里，孟德斯鸠认为，他在广泛的实证法则之下发现的一致性不仅仅对法律科学，而且对人类科学都有贡献：

> 我首先考虑人类；我思考的结果就是，在这无限多样的法律和规矩里，人类并不仅仅靠想象的反复无常来指引。①

同样，休谟（Hume）把政治学放到自然科学里。②孔多塞（Condorcet）想使历史学实证化。③但是在法国1815—1840年这一段时期，各种状况迫切需要一种新的政治科学。大革命失败了，指导并

---

① Montesquieu, Baron M. de Secondat, *The Spirit of Laws*, translated by Thomas Nugent (Cincinnati, 1873), I, xxxi.
② David Hume, *Inquiry Concerning Human Understanding*, Part II, sec.7.
③ Condorcet, *Esquisse d'un tableau historique des progrès de l'esprithumain* (1795), 292. 参见 Paul Barth, *Die Philosophie der Geschichte als Sociologie* (Leipzig, 1897), Part I, pp.21—23。

论证它的政治哲学也破产了。1789 年至 1815 年之间的法国采用、尝试和拒绝了不少于十种不同的宪法。但在这一时期,如圣西门(Saint-Simon)指出的,社会和组成社会的人都没有改变。很明显,在哲学家们设想的任何意义上,政府并不仅仅是一种人为现象和立法结构。如圣西蒙所设想的,文明是自然的一部分。社会变迁是整个宇宙过程的一部分。因此,他主张使政治学像物理学一样具有实证性。按照他的设想,政治科学的主题与其说是政治形式,不如说是社会状况。历史学已经成为文学。它注定要成为一门科学。①

孔德称自己为圣西门的学生。也许更确切地说,圣西门提出了问题,孔德则在他的《实证哲学》中为此寻求一个答案。孔德的观点是,随着社会学的产生,在人们界定自己愿望的哲学和人们描述现有自然秩序的自然科学之间存在已久并将仍然存在的区别将会消失。在这种情况下,理想将根据现实来界定,在人们想要什么和什么是可能的这两者之间的悲剧性区别将会被抹去。孔德的错误是把进步理论误认为是进步本身。当然,随着人们对现实的了解,就会把他们的理想调整到可能的方向上去。但知识的增长很缓慢。

自 1842 年以来,人们关于人类的知识已大大增加。社会学——"人类的实证科学"——已在孔德的计划指引的方向上稳步前进,但它还没有取代历史学。历史学家仍然在寻找使历史学"科学化"的研究方法。

在已经目睹了历史进程的最近一代人之中,没人对历史趋势感到怀疑。我们之中那些阅读巴克尔(Buckle)②1857 年的第一本著作的人马上在 1859 年又读了《物种起源》,并感受到达尔文(Darwin)研究自然法则的强烈冲动,他们从来没有怀疑过历史学家会穷尽一切可能的假设去创建一门历史的科学。年

① *Œuvres de Saint-Simon etd'Enfantin*(Paris, 1865—78), XVII, 228. Paul Barth, op. cit., Part I, p.23.
② 亨利·托马斯·巴克尔(Henry Thomas Buckle, 1821—1862),英国历史学家,有时被称为"科学史之父"。——译者注

复一年，却几乎没有什么进展。也许现在的研究者比三十年前都更加怀疑创建这样一门科学的可能性。然而，几乎每一个成功的历史学家一直都忙于此事，这里补充一个新分析，那里补充一个新结论；在想法完全破灭之前，清楚明确的联系是绝对的；而且，最重要的是扩展研究领域，直到它包括所有种族、所有国家和所有的时代。像科学的其他分支一样，历史学现在被自身拖累和束缚，但其趋势总是一样的，并且不可能不是这样。使历史学成为一门科学的努力可能会失败，而且失败可能性很大；但是，除非出现导致所有科学终止的原因，否则，它将不会在经验的范围之内终止。历史学家即使没有能耐，也不会放弃尝试。如果科学自身确认，在它的所有主题中，人类这一最重要的主题都不被纳入其范围，那它将承认自己的失败。①

自从孔德给予这门新的人类科学一个名字和一个观点，历史研究的领域大大拓宽了，一批新的社会科学建立起来——民族学、民俗学、考古学，关于文化材料（即语言、神话、宗教和法律）的比较研究以及与这些密切相关的民俗心理学、社会心理学，还有群众心理学，后者也许是更广泛和更复杂的政治心理学的先驱。历史学家们一直很关注这些文献，也很关注它们引入人类研究与社会研究中的新观点。在这些科学的影响下，正如詹姆斯·哈维·罗宾逊（James Harvey Robinson）②所指出的，历史学本身也有历史。尽管新史学已经引入或试图引入革新，但这门科学本身在方法或意识形态上却没有出现根本性的变化。

自从巴克尔的书面世，已经过去五十年了，我知道没有哪个历史学家敢宣称，我们朝着自己设定的目标取得了相当大的进展。社会科学多个分支——尤其是政治经济学、社会学、人

① Henry Adams, *The Degradation of the Democratic Dogma*(New York, 1919)，p.126.
② 詹姆斯·哈维·罗宾逊（James Harvey Robinson, 1863—1936），美国历史学家。——译者注

类学和心理学的系统性研究,已经成功地解释了很多事情;但从天文学家、物理学家或化学家的角度来说,历史学始终是高度不精确的、零散的知识体系……历史学毫无疑问可以用严格的科学精神来探索,但我们所拥有的关于人类过去的资料不具备把自身组织成一门精确科学的性质,尽管如我们所看到的,这些资料可能会产生至关重要的真理。①

历史学没有如孔德所认为的那样,成为一门精确的科学,而社会学也没有取代它在社会科学里的位置。但是,对理解孔德之后发生在社会学中的突变来说,重要的是记住,它的起源正是为了使历史学变得精确。可以肯定的是,正如我们所看到的,经过相当大的改进之后,这始终是这门科学的志向。

II. 历史事实与社会学事实

如孔德所构想的,社会学就其特征来说,不是"一种非常重要的观点",而是一门基础科学,即一种研究方法和"关于人类的一系列发现"。②在科学的层级体系里,社会学出现的时间最晚,但却是最重要的。各门科学出现的次序如下:数学、天文学、物理学、化学、生物学(包括心理学)、社会学。这一次序代表着从基础到复杂的进步。正是因为历史学和政治学涉及自然现象最复杂的方面,它们才最晚获得孔德所称的实证特征,而这是在社会学里做到的。

在孔德之前和之后,为了找到令人满意的科学的分类,人们已做过许多尝试。事实上,科学的秩序和关系仍然是一个基本的哲学问题。近几年,这样的理念得到了承认,即历史学和自然科学之间的差异不是程度上的,而是类别上的;不仅仅是主题上的,还是方法上的。但方法上的差异是最基本的,这一差异不仅在于解释方面,

---

① James Harvey Robinson, *The New History*, *Essays Illustrating the Modern Historical Outlook* (New York, 1912), pp.54—55.

② James Harvey Robinson, *op. cit.*, p.83.

而且也在于事实的**逻辑特征方面**。

必须指出，每一个历史事实涉及的是一个独特的事件。历史不会重演。不说别的，每个事件都有一个**日期**和**地点**，仅此一点就会使历史事实具有一种抽象科学的事实所不具有的特质。因为历史事实总有地点和日期，所以不可能被重复，它们也不可能进行实验和验证。另一方面，不能验证的事实不是自然科学的事实。历史与自然史的区别在于，历史涉及个体，即个别的事件、人物和制度。自然科学关注的不是个体，而是层级、类型和物种。对自然科学来说，所有有效的主张都与层级有关。一个例子可以清楚说明这种区别。

1838 年 10 月的某天，查尔斯·达尔文碰巧得到并阅读了马尔 7 萨斯（Malthus）的著作《人口论》。在如今很著名的这本书中，惊人地展示了"生存斗争"的事实，这提出了一个长期以来引起他兴趣并使他困惑不已的问题——物种起源——的解答。

这是对历史事实的一个陈述，关键的一点是，它无法用实证来验证。换句话说，不能假设相同类型的其他人的进一步观察会确认或推翻这一陈述。

另一方面，在其著作《人类的由来》里，达尔文在讨论物种进化中性别选择的作用时这样评论道："谈及鸟儿歌唱的对象时，自然主义者意见不合。"很少有观察者能比孟塔古（Montagu）更加仔细，他主张"鸣禽和许多其他的雄性鸟并非总是在追寻雌性鸟，相反，它们在春天的主要工作是栖息在一些醒目的地方，唱出饱满多情的音调。雌性鸟通过本能，知道并找到这地方来选择她的伴侣"。

这是对自然史事实的一种典型陈述。然而，使其具有科学性的并不是这种陈述模糊的概括而是它的代表性，使它有可能通过进一步的观察进行证实，使它成为一个科学事实。

正是不论时间和地点，对这类事实进行收集、比较和分类，才能够得出更普遍的结论。达尔文基于这些结论，建立了他的"人类起源"理论。如达尔文的设想，这一理论不是对事实的**解读**（interpretation），而是对事实的**解释**（explanation）。

历史学与社会学的关系，以及抽象社会科学从具体社会科学中兴起的方式,可以用历史学和地理学的比较来说明。地理学作为一门科学,关注的是可见的世界、地球及其在宇宙的位置、大陆的分布以及地球表面的植物、动物和人类的分布。它从其研究对象中寻求和发现的秩序——至少是根本性的秩序——是**空间的**秩序。一旦地理学家开始对植物、动物以及他所接触的民族进行比较和分类,地理学就会进入专门的科学,即植物学、动物学和人类学。

另一方面,历史学关注的是事件的世界。可以肯定的是,并不是每一件发生过的事都是历史,但每一件曾经具有或将具有意义的事件都是历史。

地理学试图为我们重现存在于空间中的可见世界;相反,历史学试图在当前为我们重新创造过去的意义。一旦历史学家谋求把事件从其历史背景中取出,也就是说,从它们的时间与空间关系中抽取出来,以便对其进行比较和分类;一旦历史学家们开始强调事件的典型性和代表性,而不是事件的独特性时,历史学就不再是历史学,而成为社会学。

这里指出的历史学与社会学之间的差异,建立在历史学和自然科学之间更基本的区别之上。哲学史家文德尔班(Windelband)1894 年在对斯特拉斯堡大学的同仁演讲时,第一次清楚地为自然科学下定义:

> 自然科学和历史学之间的区分始于我们寻求将事实转化为知识之处。在这里,我们看到,一方(自然科学)旨在制定规则,另一方(历史学)则在描述事件。在一种情况下,思想从细节的描述走向普遍的关系。而在另一种情况下,思想致力于对一个单独的对象或事件进行平和的描述。对于自然科学家来说,不能够重复的研究对象从来没有科学价值,只有可能被视为一种类型或作为一个种类的特殊实例,并能从中推导出类型的对象,才符合他的目的。自然科学家考虑某种实例,只是因为他能从中看到可以阐明普遍规则的特征。对于历史学家来说,问题在于在当下恢复和唤起过去某个事件的所有独特性。

他的目的是严谨地研究一个真实的事件,就像艺术家寻求展现其想象的对象一样。在这里,我们认识到历史学和艺术之间、历史学家和文学作家之间的亲缘关系。正因如此,自然科学强调抽象;而另一方面,历史学家主要对具体事物感兴趣。

如果我们比较两类科学的研究结果,那么自然科学强调抽象而历史学强调具体这一事实将更加清楚。无论历史批评家在处理他的材料时使用的概念有多么微妙,这一研究的最终目标总是要从众多事件中创建出一个关于过去的生动写照。历史提供给我们的是人类和人类生活的图景,以及从其所有的独特活力中呈现出来的丰富个性。这样,过去的民族和语言、他们的组织和信仰、他们为权力和自由进行的斗争,都通过历史之口向我们诉说。

自然科学为我们创造的世界是多么地不同! 无论它们开始使用的材料是多么地具体,这些科学的目标都是理论,最终是变化法则的数学公式。把个人的、感性的、不断变化的对象仅仅当作无实质的表象(现象),科学研究变成对支配事件永恒变化的普遍法则的一种探索。科学从丰富多彩的感官世界中创造了一个抽象概念的体系,并认为其中事物的本质是存在的,这是一个无色、无声、去除了所有世俗感官特点的原子世界。这是思想对感官的胜利。变化无关紧要,科学在永恒和不变之中固定了自己。她寻求的不是那样的变化,而是变化的不变形式。

这就提出了问题:对普遍性知识来说,什么更有价值,法则的知识还是事件的知识? 就此问题而言,两类科学程序可能是同样合理的。只要使人类在自然过程中能进行有目的的干预,那么普遍法则就处处具有实用价值。内心活动完全就像外部世界的运动一样真实。在后一种情况下,自然法则的知识有可能创造一些工具。借助这些工具,人类对外部自然的控制正稳步扩展。

为了共同生活的目的,我们不得不依赖历史学知识的成果。人类是有历史的动物。它的文化生活依靠不断增长的历史记忆代代相传。无论谁提出要积极参与这一文化过程,他都必须理解历史。无论线索在哪里断裂——如历史自身所证明的——人们都必须痛苦地把它捡起,再把它编织到历史结构之中。

诚然,对于人类理解来说,能把个体的普遍特征简化成一个公式或一种普遍概念是比较经济的。但是,人类越是寻求把事实简化成概念和法则,他就越是不得不牺牲和忽视个体。可以肯定的是,人类已经以独有的现代方式"使历史成为一门自然科学"。这是所谓的实证主义历史哲学的主张。它给予我们的历史法则的最终结果是什么呢? 少许琐碎的概括只有通过对众多例外进行最认真的考察才可以证明自己。

另一方面,可以肯定的是,生命的所有趣味和价值涉及人和事件的独特性。想想当一些事物成倍增长或者被认为是千分之一的案例时,我们的鉴赏力是如何迅速被抑制的。"她不是第一个"是《浮士德》(*Faust*)里残酷的段落之一。正是在事物的个性和独特性里,我们所有的价值观才有其根源。斯宾诺莎(Spinoza)以知识征服激情的主张正是依赖于这一事实,因为对他来说,知识就是个性淹没在共性里,"只此一次"成为永恒。

我们所有充满活力的鉴赏力取决于对象的独特性,这一事实首先在我们与人的关系中得到说明。一个被爱的对象,一个被崇拜的人,本来早就应该以现在对我们存在的形式存在着,这不是一种难以忍受的想法吗? 我们中的一员,拥有这相同的个性,实际上却以第二种版本存在,这不是很可怕、不可想象的吗?

个体的人的真实与整个历史过程的真实完全一致:它的价值只因为它是独特的。这就是基督教教义成功保持住的原则,对立于教父哲学①中的希腊主义。他们的世界观的中心点是作为一个独特事件的人类的堕落与拯救。这是对历史学家不可

---

① 公元 2—5 世纪早期基督教教父为教义辩护而建构的基督教哲学体系。——译者注

剥夺的抽象权利首次和伟大的认识,即为了人类的记忆,在所有的独特性和个性之中保存真实的生命事件。①

　　像其他动物物种一样,人类有一部自然史。人类学就是把人视为动物物种之一即智人的人类科学。另一方面,历史学和社会学关注的是作为个体的人,作为一种"政治动物"的人——和同伴参与到社会传统和文化理念的共同基础之中。英国历史学家弗里曼(Freeman)说,历史是"过去的政治"而政治是"现在的历史"。弗里曼是在宽泛和自由主义的意义上使用政治(politics)这个首先由亚里士多德使用的词。就这个词的广义来说,政治过程是对人的控制和对国家的治理,文化过程则是对人类的驯化和对人性的塑造,两者并不和我们通常假设的有什么不同,而是完全一样的过程。

　　所有这些都表明,历史学、政治学和社会学之间存在着密切的关系。然而,最重要的事情不是同一性而是差别性。因为,不管各门学科在实践中有多少重叠,为了澄清思路,都有必要对其界限进行界定。就社会学和历史学而言,它们的差异可以概括为一句话。历史学和社会学关注的都是作为人类的人的生活,但是历史学试图再现和解释在时间和空间里实际发生过的具体事件,而社会学则寻求得出关于人性和社会的自然法则和一般性概括,无须考虑时间和地点。

　　换句话说,历史学寻求探询实际发生的事情以及它们是如何发生的,而社会学寻求在案例研究的基础上,解释相关过程的本质。

　　本质上来说,我们关心的是事物之中可能产生普遍状态和构成规律的那些方面和品质,假如在解释某些个体的特殊行为时,我们

---

① 威廉·文德尔班(Wilhelm Windelband),*Geschichte und Natur wissen schaft*,*Redezum Antritt des Rectorats der Kaiser-Wilhelms Universität Strassburg*(Strassburg, 1900)。文德尔班概括的逻辑原则已由海因里希·里克特(Heinrich Rickert)在 *Die Grenzen der natur wissen schaftlichen Begriffsbildung*,*einelogische Einleitung in die historische Wissens chaften*(Tübingen u. Leipzig, 1902)里进行了详细阐述,也可见格奥尔格·齐美尔(Georg Simmel),*Die Probleme der Geschichtsphilosophie*,*eineerkenntnistheoretische Studie*(2d ed., Leipzig, 1915)。

说它是自然的或者它归根到底是"简单的人性",我们只是在说,这种行为是我们已经学会预见的个体或人类整体的行为。换句话说,它是一种法则。

自然法则——正如这个术语此处的用法——是描述某类对象的行为或者某种行为特征的陈述。比如,形式逻辑的学生所熟悉的所谓"全称命题"的经典例证,"所有人都会死"是对我们称为人的这种对象的一种断言,这当然仅仅是对"人死"更为形式化的说法。这些普遍陈述和法则只有被运用到特定的案例,或者从形式逻辑上再次阐述,即在三段论(人都是要死的,这是一个人)里找到一个位置时,才具有意义。但是这些三段论总是以假设的形式来陈述。假如这是一个人,他是要死的。假如a是b,a也是c。"人类本性是社会联系的一种产物"这种表述是社会学学生熟悉的一般性判断。这种法则,或者更精确地说,这种假设被应用于单个案例来解释所谓的野蛮人。"wild men"在该词适当的意义上来说并不是所谓的野人,而是指从目前未被驯化的人当中刚发现的个别案例而已。

用假设的形式来表述一种法则是为了强调这样的事实:法则——我们所称的自然法则——是需要验证和重新表述的对象。在此状况下,必须重新表述假设的例外情形对于科学目的来说,比仅仅确证法则的其他情形更为重要。

就方法上来说,任何科学,只要能运用假设,并寻求表述事实,使事实能够用进一步观察和实验来进行比较和检验,这就是自然科学。

III. 人类本性与法则

对于社会学学者来说,使自然史和自然法则概念在社会科学领域里变得重要的事情,是从一开始就被混淆的自然法则和道德法则之间的区别。孔德和大革命之后的法国社会哲学家有意着手用人类本性的法则替代立法工作,这种法则是实证的和"科学的"。但是事实上,变得实证的社会学不仅没有擦去,反而更为强调孔德试图消除的差别。自然法则可能和其他所有法则形式区分开，是因为这样的事实，即它的目的只不过是描述某种类型或层级的对象的行为。对某个种类如人、植物、动物或自然现象在正常环境下可以预见的反应方式进行描述，告诉我们能以一种普遍的方式来预测该种类的任何个体成员。假如自然科学寻求预测，它能这样做仅仅是因为它能运用概念或类别名称，而历史学则不同，它处理的是具体事实，用逻辑术语来说即"存在命题"。

13

　　从伽利略的时代开始，科学的首要目标是描述性的构想，这一点对于敏锐的分析者来说已经变得很明确，特别是对于天文学、力学、动力学上的伟大发现者来说。但是作为一个被明确表述的概念、一种对误解的矫正来说，将科学视为本质上是描述性的观点大约在 19 世纪最后 25 年开始出现，并可能与基尔霍夫（Kirchhoff）①和马赫（Mach）②的名字有关。正是在 1876 年，基尔霍夫把力学的任务界定为"以最简单的方式完整描述发生在自然界的运动"，由此扩大一点，我们可以说科学的目的就是尽可能精确、简单、完整、连贯地描述自然现象和事件，并总是可传播和可核实的。这与解决宇宙谜题有很大不同，牛顿关于引力法则的话对此进行了很好的表达："到目前为止，我已经依靠引力描述了天空和海洋呈现给我们的现象，但我还没给引力一个原因……我还不能从现象里推论出引力属性存在的理由，我还不能建立假设。"（牛顿，《自然哲学的数学原理》，1687 年）

　　"我们必须承认，"坡英亭（John Henry Poynting）教授③说，"物理法则已经极大陷入僵化，不久之前，它们还被普遍描述成大自然的固定法则，它们自身被认为是足以统治宇宙的，如今我们只能给它们卑微的排名，这些法则只是对我们已经观察到

① 古斯塔夫·基尔霍夫（1824—1887），德国物理学家。——译者注
② 恩斯特·马赫（1838—1916），奥地利物理学家。——译者注
③ 约翰·亨利·坡英亭（1852—1914），英国物理学家。——译者注

的相似性进行描述而已,而且常常还是错的……自然法则解释不了什么,它没有统治的力量,它只是一种描述性的公式,有时还很不小心地被人格化。"过去常说"自然法则是上帝的想法";如今我们说这些法则是研究者的公式,即对重复事件的规律性的总结。[①]

假如自然法则旨在预测,它告诉我们那些我们能做的事情。而另一方面,道德法则告诉我们的,不是我们能做什么,而是我们应该做什么。最后,民事或市政法则告诉我们的不是我们能做什么,也不是应该做什么,而是我们必须做什么。很明显,这三种类型的法则可能是非常密切相关的,在我们知道我们能做什么之前,我们不知道我们应该做什么,在我们通过规定人们必须做什么的法律面前,我们当然应该考虑人能够做什么。而且这些差别将不会有完全消失的可能,只要"能够""应该""必须"这些词语的意义对我们来说还是有差别,它们就将会继续存留在科学和常识里。

自然科学方法已经获得的极大声望——特别是当这些方法应用于自然现象时——无疑使科学研究者高估了概念和抽象知识的重要性。这已经使他们假设,历史学终究也必定变成自然科学意义上的"科学",与此同时,历史学界收集的大量历史事实已被看作——有时甚至历史学家自己也这样看——是一种原材料,其价值只能是在这些材料被转化成某种历史性的概括之后才能够实现,而这种概括具有科学公式并最终具有数学公式的普遍特征。

卡尔·皮尔逊(Karl Pearson)[②]说:"在把事实视为能用科学公式简单恢复的数列之前,历史学不会变成科学,它只不过是用或多

---

① J. Arthur Thomson, *The System of Animate Nature*(New York,1920),pp.8—9.另参见 Karl Pearson, *The Grammar of Science*(2d ed.;London,1900),chap. iii,"The Scientific Law"。

② 卡尔·皮尔逊(Karl Pearson,1857—1936),英国统计学家,现代统计学创立者。——译者注

或少赏心悦目的语言来排列的事实之目录。"①亨利·亚当斯
（Henry Adams）②在早先给美国历史学会的一封信里承认，历史学
一直在徒劳无益地探寻"能把哲学的零碎东西转化为一种不证自
明、和谐与完整的体系的秘密"。

> "你可以确信，生活在今天的严肃历史学研究者中，有五分
> 之四的人在他们的工作里感到自己处于一个伟大概括的初始
> 状态，这一概括能把所有的历史都化约成和主宰物质世界的法
> 则一样清楚的法则。当我们时代的伟大作者逐一接触得到承
> 认的法则（社会借助这些法则暴露出自身作为科学对象的特
> 征）的各种片段时，没有人会感觉不到一种迫切的希望，即自己
> 有可能找到把哲学的零碎东西转化为一种不证自明、和谐与完
> 整的体系的秘密。他似乎已经（像西班牙语说的）在自己的墨
> 水瓶里拥有了这种秘密，多少次他已经停下自己的笔，去思考
> 短短一小步、一个突发的灵感如何显露出所有人类的知识；在
> 这最茂密的历史森林里，一个角落拐弯处，一声模糊的足音如
> 何带他来到科学大道上。每个已经尝试讲授这些我们现在称
> 为历史的可疑现实的教授肯定已经感觉到，他或其他人迟早会
> 把秩序带给混沌，把光明带给黑暗。我们需要的与其说是天才
> 或赞赏，不如说是耐心和好运。法则其实就在那里，确实就在
> 真实可见的地方，可以触摸和把握，就好像是化学或物理定律
> 一样。只具有想象力火花或科学方法意识的教师无助于那些
> 把达尔文的方法运用于人类历史事实的人所达成的流芳百世
> 的梦想。"③

但真相却是，历史学和地理学在具体事实中寻求保持人类生活

15

---

① Karl Pearson, op. cit., p.359.
② 亨利·亚当斯（Henry Adams, 1838—1918），美国历史学家，曾任美国历史学会主席。——译者注
③ Henry Adams, *op. cit.*, p.127.

可见、可触摸以及一般而言可体验的那些部分,而这些事实的价值与在它们身上推论或构建起来的任何概括或理想化的解释都没有关系。正如同没有什么关于个人心理的调查或概括能够替代传记和自传,也没有什么抽象社会学的概念,社会和文化过程的科学描述,以及进步的法则可能在不远的将来替代更为具体的历史事实,在这些事实里,保存着生活中那些独特和从未被全面理解的方面,我们称之为**事件**(events)。

哲学家一直梦想着理论和抽象科学能够或某一天将会成功转化成对生活的具体事实具有意义的公式和普遍性术语。那些从课本而不是从观察和研究里获得知识的所谓知识分子一直存在着悲剧性的错误,即假设科学早已实现了它的梦想。但并没有迹象表明科学已经开始彻底研究具体经验的来源或意义。变化无穷的外部自然以及个人经验取之不尽的财富将挑战并且毫无疑问将继续挑战科学分类的事业,但另一方面,科学发现正不断使我们接近新的和更多的经验领域。

已经阐述的这些东西只是为了强调抽象科学的工具性特征。

16 历史学和地理学——所有的具体科学——都能明显扩展我们的生活体验,它们的真正目的是激发新的兴趣和创造新的同情心,总之,给予人类一个如此宏大和多样的环境,以调动和激发人类所有的本能和能力。

更为抽象的科学——只是看它们抽象和具体的程度——就像数学和逻辑学,仅仅是把经验转化为知识,并把这些知识付诸实际运用的方法和工具。

IV. 历史学、自然史和社会学

尽管理论上有可能对历史学和社会学的目的和方法作出清楚的区分,但在实践中这两种类型的知识却在难以察觉的层次上彼此贯穿。

一旦历史学家从"时期"的研究转到制度的研究上,社会学观点就会在历史学研究中呈现出来。制度——也就是说,家庭、教会、经济制度、政治制度,等等——的历史不可避免地会导致比较、分类,形成类别的名称或概念,以及最终构想出法则。在此过程中,历史变成了自然史,而自然史贯穿自然科学,总之,历史学变成了社会学。

　　韦斯特马克(Westermarck)①的《人类婚姻史》是撰写社会制度自然史的最早尝试之一,它立足于对广泛分散、生活于多种自然和社会环境下的民族的婚姻习俗进行比较和分类,从这种研究中得出的结果,与其说是历史,不如说是对人类行为的研究。换而言之,婚姻史就像其他任何制度的历史一样,与其说是记述个体或者群体在某些时期和地点所做的事情,不如说是描述少数基础的人类本能对多种社会状况的反应。韦斯特马克把这种历史称为社会学。②

　　　　"我写这本书,正是坚信人类文明史应该像有机体自然史 17
　　一样成为科学处理的对象,社会生活就像自然现象和心灵生活
　　一样,应该区分成某些类别,并根据每种类别的起源和发展进
　　行研究,只有用这种方法进行处理,历史学才能索取科学(在该
　　术语的最高意义上)的地位和荣誉,从而形成社会学的一个重
　　要组成部分,这门学科最年轻的主要分支。"

　　　　描述性的历史编纂学并没有比为这门科学提供资料更高
　　的目标。③

---

①　爱德华·亚历山大·韦斯特马克(Edward Alexander Westermarck,1862—1939),芬兰哲学家和社会学家,以研究婚姻史著称。——译者注

②　罗伯特森·史密斯教授批评韦斯特马克的《人类婚姻史》,抱怨作者混淆了历史与自然史,"制度的历史,"他说,"受控于公共意见并由法律来规范,它不是自然史,真正的婚姻史开始于交配的自然史终结之处。要把这些主题(一妻多夫制、母系氏族、杀婴、异族通婚)处理为交配自然史的关键组成部分,就包含了心照不宣的假设,即社会法则实际上仅仅是阐述本能,这种假设确实是我们所有作者的理论基础,假如这些作者要保持自己始终一致,他的基本立场驱使他去把握每一种与婚姻相关联的具有普遍有效性的制度,或形成植根于本能的发展主线的一个内在部分,那些不以本能为基础的制度对于科学的历史来说并不必然是例外的或者不重要的。"

③　Edward Westermarck,*The History of Human Marriage*(London,1901),p.1.

韦斯特马克把他的婚姻史中收集的事实称为现象,但是为了解释这些现象,他着眼于更抽象的科学。

"社会现象所依赖的原因属于不同的科学领域——生物学、心理学或社会学,读者将会发现,我特别强调心理因素,它们经常可悲地被忽视,或只是被不完全地涉及,更为特殊的是,我相信在社会制度和规范的起源里,只有本能扮演着非常重要的角色。"①

韦斯特马克从人种学素材里获得了大部分婚姻研究的资料,人种学家、民族学家、考古学家并不比制度史学家更为肯定他们的研究是历史学的还是社会学的。

简·哈里森(Jane Harrison)②——尽管她否认社会学家的头衔——把她关于希腊宗教起源的概念立足于一种社会学理论,这种理论也就是:"原始人的宗教反映了集体感受和集体思维。"按照她的解释,希腊奥秘之神狄奥尼索斯就是群体意识的一种产物。

"神秘—神灵从那些参与和表达生活的本能、情感和欲望之中产生,但是这些本能、情感和欲望从宗教上来说,一开始就是群体意识而不是个体意识……对这种教义来说,一种必要和最重要的推论就是,神灵所采用的形式反映了神灵所属群体的社会结构,狄奥尼索斯是他母亲的儿子,因为他出自一个母系群体。"③

事实上,整个研究仅仅是对迪尔凯姆的"集体表象"(collective

---

① Edward Westermarck, *The History of Human Marriage*(London, 1901), p.5.
② 简·艾伦·哈里森(Jane Ellen Harrison, 1850—1928),西方古典学学者,以探索古希腊艺术和神话的宗教和民俗起源著称。——译者注
③ Jane Ellen Harrison, *Themis, A Study of the Social Origins of Greek Religion*(Cambridge, 1912), p.ix.

representations)概念的一次运用。

罗伯特·洛维(Robert H. Lowie)①在他最近的著作《原始社会》里提到"人种学家和其他历史学家",但是同时又问:"人种学家应该是什么样的历史学家呢?"

他这样来回答这个问题:"假如存在社会进化的法则,他(人种学家)就必须保证发现这些法则,但无论如何,而且首要的是,他的责任是确定文明**实际**遵循的方向……为其他知识分支的理想而奋斗很可能具有明确的害处,因为这很容易导致人为的简化,而这意味着弄虚作假。"

换句话说,人种学就像历史学一样,寻求阐明实际发生了什么。这注定要避免抽象、"过度简化"和公式,而这些是另一种科学程序的理想。但事实上,即使在人种学只是尝试对现有原始人的文化、他们当前的分布以及继承秩序进行描述时,也不能使自己完全摆脱抽象思考的影响。为了解决这个问题,不可避免会出现理论问题,而这必定要走向心理学和社会学研究。在文化研究,特别是比较研究里已经出现的问题之一就是:现有的文化特征多大程度上是借鉴的,同时它在多大程度上能看作是独立起源的。

> "在文化的历史重构中,分布现象确实扮演着独一无二的角色,假如一种特征无处不在,它很可能真的就是某些普遍适用的社会法则的产物。假如可以在有限数量的案例里找到它, 19
> 那就可能通过特定状况下的某些工具性活动来使其产生,这些状况取决于对这种特征所嵌入的文化进行的分析……最后,某种文化特质的共享者们可能有明确的世系传承,但是他们可以通过沟通和借鉴来保持他们文化中共同的部分……
> 事实上,由于不同人群之间的文化相似是普遍存在的,他们的解释往往会缩减到在两个选项之间作选择,他们要么是由

---

① 罗伯特·洛维(Robert H. Lowie, 1883—1957),美国人类学家、民族学家。——译者注

于相似的原因(不论是否确定),要么就是借鉴的结果。在过去,对某种解释或其他解释的偏好被列在大多数人种学讨论的末端,而现在,英国和欧洲大陆有影响力的学派吵吵嚷嚷地坚持,所有文化的相似是因为它们都从一个中心扩散。一开始就不可避免地要设想这个悬而未决的问题,因为每种选择的强硬支持者都已经产生深远的实际后果。假如每一种相似的文化都是因为借鉴,那么只能从独立发展的相似性推论出来的社会学法则就会被排除。随之,宗教、社会生活或技术的历史就只体现为关于信仰、习俗和工具的起源地,以及它们在全世界不同地方传播的陈述。另一方面,假如借鉴只涉及被观察到的相似之处,那么从类似原因得到的解释至少变成了对剩余部分进行调查的理想目标。"[1]

一个例证将展示出最初的历史学问题如何转变成心理学和社会学问题。泰勒(Tyler)[2]在其著作《早期人类史》中已经指出,非洲大陆黑人铁匠使用的风箱和马达加斯加本地人的风箱是不一样的;而另一方面,马达加斯加铁匠使用的风箱实质上很像苏门答腊和马来群岛其他地方使用的风箱。马达加斯加本地人起源于马来这种迹象与关于这些民族的其他人类学和人种学数据是一致的,这证明了现在已得到确定的事实,即他们不是起源于非洲。

类似地,博厄斯(Boas)关于美洲印第安人神话里乌鸦周期的研究表明,这些故事起源于英属哥伦比亚的北部,并沿着海岸线向南流传。这种演变方向的证据之一就是,当故事流传到离起源地较远的地区时,其复杂性也逐步缩减。

所有这一切,只要是寻求确定文化材料在扩散过程中的发源地、方向、速度和变化特征,那显然就是历史学和人种学。

但是其他问题却促使它们自身不可避免地受到喜欢寻根问底

---

[1] Robert H. Lowie, *Primitive Society*(New York, 1920), pp.7—8.
[2] 爱德华·伯内特·泰勒(Edward Burnett Tylor, 1832—1917),英国人类学家,文化人类学奠基人,以文化进化论著称。——译者注

的学者的注意,为什么某些文化材料比其他材料扩散得更广更快?
扩散在什么情况下得以发生以及为什么会发生? 最后,习俗、信仰、
语言、宗教活动以及构成不同人群文化的各种各样技术设备的最终
起源是什么? 独立创造出文化特质的环境和过程是什么? 文化融
合在什么状况下得以发生,而且这种过程的特征是什么?

这些都是关于人类本性的根本性问题,而且由于人类本性本身
现在被看作是社会交往的一种产物,它们也就是社会学的问题。

语言、神话和宗教在原始人中得以形成的文化过程在德国已经
成为一种专门的科学。民俗心理学(Völkerpsychologie)就起源于尝
试用心理学术语回答文化材料比较研究所引起的问题。

> 民俗心理学思想已经在两个方向上找到了成为现代科学
> 的方式。首先,不同的社会科学(Geisteswissenschaften)存在对
> 社会生活和历史现象——只要它们是社会互动的产物——进
> 行心理学解释的需要;其次,心理学本身为了摆脱纯粹内省的
> 不确定性和模棱两可,也需要客观材料。
> 社会科学对心理学解释的需要首先体现在语言和神话研
> 究上,这两者已经在文献学研究圈子之外发现了独立的研究领
> 域。一旦它们具备了比较科学的特征,就不可避免地会认识
> 到,除了历史状况——它们到处决定着这些现象的具体形
> 式——还有某些根本性的心理力量影响着语言和神话的
> 发展。①

总的来说,民俗心理学的目的是要解释某些文化形式如语言、
神话和宗教的起源和发展,虽然可以从一个完全不同的观点来看待

21

---

① Wilhelm Wundt, *Völkerpsy chologie*, *eine Untersuchung der Entwicklungsgesetze von Sprache*, *Mythus und Sitte*. Erster Band, *Die Sprache*, ErsterTheil(Leipzig,1900), p.13.民俗心理学的称谓首先使用于拉扎鲁斯和斯坦塔尔(Lazarus and Steinthal)的 *Zeitschrift für Völkerpsy chologie und Sprach wissenschaft*,I,1860。冯特的民俗心理学是对这些早期作者的传统的延续。

整件事,比如对于同一个文化形式,加布里尔·塔德(Gabriel Tarde)①寻求解释的就不是起源,而是传播和扩散。对于塔德来说,沟通(文化形式和特质的传播)是社会生活中一个核心而重要的事实。"社会的"就是能够通过模仿进行传播的东西,社会群体仅仅是传播新思想和新发明的中心,模仿是一个社会过程。

> "你所说的(不是复述)词语,没有哪个不是如今无意识表达而以前却是有意识和自觉说出的,发音清晰度能追溯到最遥远的过去,带有特殊口音只是由于周围的环境;你履行的宗教仪式如祈祷、亲吻圣像或划十字(并非重复某些传统姿势和表达),没有哪个不是通过你先人的模仿来建立的;你服从的军事或民事要求(不是那种你在自己的事业里进行的活动),没有什么不是教给你的,也没有什么不是你从现实模型里复制的。假如你是一个画家,你画出的笔画没有哪一笔,假如你是一个诗人,你的诗句没有哪一句不是符合你的学校的习惯或韵律,甚至你的每一个创意都是由积累起来的老生常谈构成的,并期望它在转变中变成老生常谈。
>
> 所以,不论如何,每一种社会事实不变的特征就是模仿,这种特征只属于社会事实。"②

塔德的模仿传播理论在某种意义上可以看作是对冯特③的起源理论的一种互补,而不是增补,因为他强调传播事实而不是起源。在一份于1904年圣路易斯博览会的艺术与科学大会上宣读的名为《比较语言学趋势》的论文里,耶鲁大学的汉斯·厄特尔(Hanns

① 加布里尔·塔德(Gabriel Tarde,1843—1904),法国心理学家、社会学家。——译者注
② G. Tarde, *Social Laws*, *An Outline of Sociology*, translated from the French by Howard C. Warren(New York,1899),pp.40—41.
③ 威尔海姆·冯特(Wilhelm Wundt,1832—1920),德国心理学家、生理学家、哲学家。——译者注

Oertel)教授把塔德的传播理论归结为对冯特所提出的"语音变化的显著一致性"——这是语言学学者在对差别很大的语音形态的音变调查过程中发现的——作出的替代性解释。

> "似乎很难坚持说,语法结构或词义上的变化是因为它普遍适用于一个语言共同体里所有成员同时和独立的基本变化。按照模仿扩散理论,所有的语言变化都可以视为一个同质的整体。其次,后者的观点似乎把语言变迁引入其他社会变迁之中,比如制度、信仰和习俗的调整。每个群体成员在构成语言、信仰或习俗的单个要素的生产上积极参与,就这个意义上来说,合作难道不是社会群体的本质特征吗? 因此,首要和次要变化之间、变化的起源及其扩散之间的区分,理应使我们仔细检查使社会单元的成员愿意——不管是有意识的还是无意识的——接受革新的原因。是什么决定了接受还是拒绝某种特定的变迁呢? 是什么把某种变迁局限于一个小区域,却又能扩散到其他区域呢? 在得出满足第二种模仿理论的最终结论之前,有必要用一些具体的例子来详细探究这个过程的机制,换句话说,就是要充实塔德(在《模仿律》里)搭好了框架的这幅图景。假如他的假设证明是真的,那我们就应该有一种依赖其他原因的一致性,而不是呈现于自然科学论述对象中的物质一致性,这将使我们建立一致现象的第二种类别,其特征是精神—身体的,其依托的基础是社会暗示,这种话语、信仰和制度上的一致性属于第二种类别。"[1]

语言比较研究的这种情况在文化材料比较研究的其他领域也是如此,只要从这些材料的相似性而不是从它们的历史联系出发来研究,出现的问题就只能用心理学或社会学这样更为抽象的科学来

---

[1] Hanns Oertel,"Some Present Problems and Tendencies in Comparative Philology," *Congress of Arts and Science*,*Universal Exposition*,*St. Louis*,*1904*(Boston,1906),III,59.

解释。弗里曼(Freeman)①开始其"比较政治学"讲座时是这样表述的:"比较的研究方法是我们时代最伟大的智力成就,它已经为以前陷于黑暗和混乱中的人类知识的所有分支带来了光明和秩序,它已经带来了一系列观点,能让以前被扔给随机猜测的领域达成道德上的确定性。针对外部证明无能为力的大多数情况,它带来了一种严格的内部证明形式,更有说服力,更可靠。"

无论历史学家在什么地方用**内部**证据来补充**外部**证据,他都是在用社会学解释来替代历史学解读。社会学方法的本质是比较。所以,当弗里曼阐述比较政治学的时候,他的以下言论是用社会学术语而不是历史学术语说的:

> "从比较政治学研究的目标来说,一种政治制度就是一个被研究、分类和贴标签的标本,就像一幢建筑或一只动物,被那些把建筑和动物当成研究对象的人进行研究、分类和贴标签。我们必须注意到,相隔遥远的时代和地点之间在政治制度上惊人和意想不到的相似性;而且我们已经——尽我们所能——根据这些相似性的可能原因对这些标本进行分类。"②

社会学有其历史上的起源,它作为一门科学的存在归功于运用精确方法对历史事实进行解释的尝试。但是在达成这一目标的尝试中,它已经变得和历史学完全不一样了。它已经变得像与它关系最密切的心理学,成为一门自然的和相对抽象的科学,并且补充而不是取代历史研究。整个事情可以用这种概括性的表述来总结:历史进行理解,而自然科学进行解释。正是通过对经验事实的理解,我们构想出我们的主张,并找到我们的信仰。另一方面,我们关于现象的解释是控制自然和人类本性,控制人和自然世界的技术及实践设施的基础。

---

① 爱德华·奥古斯塔斯·弗里曼(Edward Augustus Freeman, 1823—1892),英国历史学家。——译者注
② Edward A. Freeman, *Comparative Politics*(London, 1873), p.23.

V. 社会有机体：是人类还是利维坦

在孔德之后，社会学历史上第一个伟大的名字是斯宾塞（Spencer）①，很明显正是在比较这两个跨越英吉利海峡的男人的著作中，社会学发生了翻天覆地的变化。尽管他们的观点有一定的相似性，但也有深远而有趣的差别。这些差别显示出他们各自在"社会有机体论"（social organism）这一术语上不同的使用方式。

孔德把社会称为一种"集体有机体"，并像斯宾塞所做的一样，强调在像家庭这种由独立个体组成的有机体，与像植物或动物这种由既不自由也无意识的不同器官组成的有机体之间的差异。但是斯宾塞——即使他指出了社会有机体和生物有机体之间的差异——却对两者的相似性感兴趣。另一方面，孔德尽管承认有相似性，但他觉得重要的是强调差异。

对于孔德来说，社会并不是像列维-布留尔（Lévy-Bruhl）②所说的是"一种珊瑚虫"，他甚至没有动物栖居地（个体在其中是自然联系在一起的，尽管生理上是独立的）的特征，恰恰相反，"这种'巨大的有机体'（immense organism）与由可分离要素（各个要素彼此能感觉到协作，可能愿意或者拒绝合作）构成的其他存在物有显著的区别"。③

另一方面，尽管孔德把社会共识和团结的特征总结为"集体的"，但却认为这些关系存在于社会——例如他视为所有社会关系之单元和模板的家庭——中的人们之间，这是比存在于植物或动物之间的关系更为紧密和亲密的关系。而个体如孔德所表达的，是一种抽象物，人只有通过参与到人类生活里，才能作为人而存在。而

25

---

① 赫伯特·斯宾塞（Herbert Spencer, 1820—1903），英国社会学家。——译者注
② 吕西安·列维-布留尔（Lucien Lévy-Bruhl, 1857—1939），法国社会学家、哲学家、民族学家，法国社会学年鉴派的重要成员。——译者注
③ L. Lévy-Bruhl, *The Philosophy of Auguste Comte*, authorized translation; an Introduction by Frederic Harrison（New York, 1903）, p.337.

且"尽管社会的个体要素比生物的个体要素更具分离性,但社会共识仍然比维持生存更重要"。[1]

所以,单个的人尽管是自由和独立的,却在非常现实的意义上是"伟大物种的一个器官",这个伟大物种就是人类。在人类的称谓下,孔德包括的不仅仅是所有活生生的人,也就是人类种族,还包括所有传统、知识、习俗、文化观念和理想,这些构成了种族的社会遗产,一种我们每个人生来就处于其中,我们为其做出贡献以及我们通过教育过程和传统不可避免地持有和代代传承的遗产。这就是孔德表达的社会有机体的意义所在。

假如孔德认为社会有机体这个伟大的存在本身就像一个个体或一个人一样神秘,那么赫伯特·斯宾塞则认为社会有机体实实在在就像一个巨大的动物,一个如霍布斯所称的利维坦(leviathan),而且是一种非常低级的庞然大物。[2]

斯宾塞看待社会有机体的态度可以用他关于"社会聚合"的增长的话来说明:

> 当我们说增长对社会聚合体和有机聚合体来说是普遍的时候,我们并没有完全排除无机聚合体的群落。有些这种群落就像晶体,以可视的状态增长,所有这些从进化的假设来看,都是因某些时候的整合而产生。不过相比于我们称之为无生命的事物,生命体和社会如此明显地展示出大规模的增长,我们可以公平地把这视为两者都有的特征。很多有机体在他们的

---

[1] L. Lévy-Bruhl, *The Philosophy of Auguste Comte*, authorized translation; an Introduction by Frederic Harrison(New York, 1903), p.234.

[2] 霍布斯的表述如下:"由于号称共同体或国家(拉丁语为 Civitas)的庞然大物利维坦是由艺术创造出来的,它只是一个'人造人';虽然远比自然人身高力大,但它的目的是保护和防御,其主权是给予整体以生命和动机的人造灵魂;治安官和其他司法官员是人造的关节;用来强化主权之地位,并驱使每个关节和成员履行其职责的奖励与惩罚是神经系统;就和自然人身上的神经一样。"斯宾塞批判霍布斯这种把社会看成是人造或人为产物而非一种"自然产物"的观点。赫伯特·斯宾塞,《社会学原理》(London, 1893),I, 437, 579—80。还可见第三章,"社会的生长",pp.453—58。

一生中始终在增长,而其余有机体则在其生命相当大的部分中
增长。社会增长通常要持续到社会分化的时候,或者持续到社 26
会不堪重负的时候。

　　那么,这里就是社会使自己与有机体世界结盟的第一种特
质,并且实质上使自己与无机世界区分开。①

斯宾塞用同样的方式比较了"社会团体"和"生命体"的一般特
征,指出了相似性和差异性,特别是涉及了结构复杂性、功能差异
性、劳动分工,等等,为社会界和动物界之间以及社会组织和生物组
织之间的特征同一性和差异性给出了一个完美的自然主义阐述。
就劳动分工而言,社会界和动物界之间的类比最为深入,也最有
意义。

　　"社会分工首先被政治经济学家作为一种社会现象来看
待,并随即被生物学家认识到是生命体的一种现象,也就是他
们所称的'生理性的劳动分工'。劳动分工在社会里就像在动
物界一样,使其成为一个鲜活的整体。就这个根本性特征而
言,我无法充分强调的真相是,一个社会有机体和一个个体有
机体是完全一样的。"②

"社会聚合体"尽管是离散的而不是固结在一起的——也就是
说,由空间上分离开的单元组成,但由于这些单元在劳动分工里相
互依赖,而被视为一个活生生的整体。它就像植物和动物群落一样
是"活生生的整体",这不是因为构成它们的个体之间有什么先天的
关系,而是因为群落的每个个体成员在群落整体里找到了一个合适
的介质,一种适合其需要并且它自己也能适应的环境。
　　关于这样一种社会,确实可以说,它为了其成员的利益而存在,

① Herbert Spencer, *op. cit.*, I, 437.
② Ibid., p.440.

而不是其成员为了社会的利益而存在。人们一直被记住的是,为了政治体的繁荣作出的努力可能是伟大的,但政治体的主张什么也不是,这些主张只有在体现其个体组成者的主张时才有意义。

换句话说,社会有机体正如斯宾塞所认识到的,不是为了自己而存在,而是为了构成它的各个部分的利益而存在。在生物有机体的例子里,情况却是相反的,组成部分显然是为了整体而存在,而不是整体为了组成部分而存在。

斯宾塞对这种矛盾结论的解释是,知觉在社会有机体里,不像在生物有机体里那样是局部化的。事实上,这就是两者之间的本质区别,即没有**社会感觉中枢**。

> "在一方面(个体中),意识集中在聚合体里一个小的部分上,而在另一方面(社会中),意识则扩散在聚合体中,所有单元都拥有快乐和痛苦的能力,即使程度不同,但也处于近似的水平。由于没有社会感觉中枢,撇开对各个单元的考虑,聚合体的福利并不是追寻的目标,社会是为了其成员的利益而存在,而不是成员为了社会的利益而存在。"①

关键在于,社会——当**与构成社会的个体区分开**时——没有感觉痛苦或愉悦的机构,不存在**社会的**感觉这种东西,观念和心理意象是个体现象而不是社会现象。可以说,社会仅仅存活在它那些分离开的机构或成员里,每一个机构各自都有给予其独立运动力量的大脑和控制器官。这就是社会被描述成一种集合体的含义所在。

VI. 社会控制及思想流派

斯宾塞的悖论产生的根本问题就是社会控制。个体的集合如何以协作和连贯的方式成功运作呢?特殊类型的社会群体,比如在

---

① Herbert Spencer, *op. cit.*, I, pp.449—50.

一个动物群落、一个男孩帮派或者一个政党里,群体如何控制其个体成员,整体又如何主导部分呢? 什么是动植物群落和人类社会之间特殊的**社会学**差异呢? 什么样的差异是**社会学差异**呢? 我们使用"社会学的"这种表达一般来说意味着什么呢?　28

　　自从斯宾塞关于社会有机体的论文在 1860 年发表以来,这个问题以及这些疑问以这种或那种形式极大吸引着社会研究者的理论兴趣。可以说,回答这些问题的尝试已经创造了现有的划分社会学家的流派。

　　某个流派的作家——其中有保罗·利林菲尔德(Paul Lilienfeld)①、奥古斯特·舍夫勒(Auguste Schäffle)②和勒内·沃姆斯(René Worms)③——都力求保持、扩展或修改斯宾塞首先提出的生物学类比。在这样做的时候,他们有时成功重申了这个问题,但并没有解决它。勒内·沃姆斯特别巧妙地发现了社会有机体和生物有机体之间的同一性,并讨论了这种相似性,结果,他得出结论,在社会有机体和生物有机体之间没有类别上的差异,只有程度差异。未能发现某种"社会感觉中枢"的斯宾塞认为,社会意识只存在于构成它的个体之中,而沃姆斯则宣称我们必须假设社会意识的存在——即使没有感觉中枢,因为我们在每个地方都能看到社会意识存在的证据。

　　　　"力量通过其效用来体现自身,假如存在某种我们能够理解的现象,只要我们把它们视为集体社会意识的产物,我们就必须假设这种意识的存在,有很多例证……比如一群人对犯罪存在的态度。在这个问题上,愤慨的情绪是一致的。一个谋杀犯——如果采取了行动——将会遭到普通群众总结性裁决的惩罚。这种伸张正义的方法叫'私刑法',是可悲的,但它说明

---

①　保罗·利林菲尔德(Paul Lilienfeld,1829—1903),沙俄政治家、社会学家。——译者注
②　奥古斯特·舍夫勒(Auguste Schäffle,1831—1903),德国社会学家,政治经济学家。——译者注
③　勒内·沃姆斯(René Worms,1869—1926),法国政治家、社会科学家。——译者注

了社会意识在此时所产生的情绪的强烈程度。

所以,社会的集体意识总是在出现巨大和共同的危险之时苏醒过来,比如特鲁瓦条约签订之后瓦卢瓦王朝的法国,或者1791年入侵和1870年德国入侵之前的现代法国,或者拿破仑一世胜利之后的德意志,这种民族团结的情绪产生于针对陌生人的抵抗,大多数社会成员为了国家的安全和荣誉,会毫不犹豫地献出自己的生命。在这种时候,个人会领悟到自己只是一个大整体的一小部分,他属于自己作为其成员的这个集体。他完全被社会意识渗透的证据就是,为了保持这一集体的存在,他愿意牺牲自己。"①

毫无疑问,群体兴奋、阶级、种姓、种族和民族意识等事实显示了一个群体的个体成员在某些时候或某种环境下被群体整体所主宰的方式。沃姆斯给予这种事实以及相关联的现象以"集体意识"的标签,这确实给了这个问题一个名称,但没有解决它。社会学的目标要求一种描述和一种解释。集体意识这种现象在什么情况下能够产生呢?群体对其个体成员进行控制(或似乎进行控制)的身体、生理和社会机制是什么?

在社会学尝试就此事给出一个客观论述之前很久,政治哲学家们已经在政治哲学上提出并回答了这个问题。两个经典说法——亚里士多德的"人是一种政治动物"以及霍布斯的"人人互相争斗"(omnes bellum omnium)——衡量了各个学派在这个主题上的范围和分歧。

按照霍布斯的观点,现有的道德和政治秩序——也就是说对控制的组织——在任何社群里都仅仅是人为现象,是一种依靠一致意见的控制,用针对结果的审慎计算来支持,靠外部力量来执行。而另一方面,亚里士多德教导说,人在社会中生活就像蜜蜂在蜂房里

① René Worms, *Organismeet Société*, "Bibliothèque Sociologique Internationale" (Paris, 1896), pp.210—13.

生活一样,性别之间的关系以及母亲和孩子之间的关系,在男性和女性个体的生理组织中显然已经预先决定了。此外,人因其本能及其所继承的气质,注定是一种超出其亲密家庭圈子的社会存在,社会必定被设想为是自然的一部分,就像海狸的水坝或鸟类的巢。

事实上,人和社会在两个方面体现自身,它们既是自然的产物也是人类技艺的产物。就像原始人手里的石锤被看作是自然人的人工扩展,工具、机械、技术和管理设备,包括正规的政府组织和非正规的"政治机器",都可以视为自然社会群体或多或少的人为延伸。

只要这是正确的,霍布斯和亚里士多德之间的冲突就不是绝对的,社会既是自然的产物也是设计的结果,既是本能的也是理性的。即使——就其形式上来说——社会因此是一种人造物,它也是一种与自然和人类本性相连接并且在自然和人类本性里有其根源的人造物。

这没有解释社会控制,但是简化了团体行为的问题。无论如何,这表明,作为社会成员,人的行为来自他们不完全理解的动机,为的是达成他们自己也感到模糊或没有完全意识到的目的。总之,人的主动性不仅仅来自使他们意识到自己追求的目标的那些利益,也来自他们并没有明确理解其根源和意义的本能和情感。人为了薪水而工作,但是他们将拼死保持自己在社会中的地位,或犯下谋杀以表达对侮辱的愤怒。当人靠本能行动,或者受到风俗影响的时候,他们通常完全没有意识到激发其活力的冲动来源,或者通过自己的行动所实现的目的。在风俗的影响之下,人通常——而且很有代表性——不是作为个体而是作为群体成员来行动的。

我们可以观察到"社会控制"的最简单的社会群体类型就是羊群或者牛群,一群牛的行为肯定不会那么一致,但也不是随随便便的观察者就能搞清楚的那么简单的事情。可以很恰当地将其看作是跟随领导者这种统一性的例证,凡是社会群体或多或少都会有这种特征。我们把这种在畜群中生活和移入群体的倾向称为"群聚性"(gregariousness),这种群聚性一般被看作是一种本能,并且无疑

30

在很大程度上取决于群居动物的原初特性。

有一个思想学派在所谓的群聚本能中，为人类行为里典型的社会行为寻求一种解释。

31

　　"畜群的基本品质是同质性。很显然，社会习惯的最大优势就是能使大量个体像一个整体一样行动。在捕猎的例子里，群居动物在搜寻和攻击上的强度一下提高到了超出生物捕食的层次。在具有保护性的社群里，这种新单元的报警敏感性远远超出畜群里的单个成员。

　　为了确保这种同质性的优点，很显然畜群的成员必须具备对同伴行为的敏感性，孤立的个体将是没有意义的，作为畜群一部分的个体将能发起最有力的冲击，畜群的每一个成员都会跟随其邻近同伴并被依次跟随。在某种意义上，每只羊都是领导，但是远远偏离正常行为的引领将得不到跟随，一次引领被跟随只是因为它与正常行为相似，假如畜群里领头的动物往前走得太远，以至于不在畜群之中了，它必定会被忽视。

　　特立独行——也就是说，对于畜群声音的耐受——将会受到自然选择的抑制，不跟着畜群随大流的狼会被饿死，不回应羊群的羊会被吃掉。

　　此外，个体将不止对来自畜群的冲动作出回应，而且会把畜群视为它的正常环境。进入并始终与畜群在一起的冲动将具备最强的本能的重要性。任何想把它与其同伴分开的东西——一旦被感觉到——将遭到强烈的抵制。"①

根据这个学派社会学家的认识，这种状况下的舆论、道德和权威取决于畜群中符合"畜群法令"的动物自然秉性。

　　"良心、罪恶感以及责任感是群居动物所独有的，犯了错的

---

① W. Trotter, *Instincts of the Herd in Peace and War* (New York, 1916), pp.29—30.

一只狗和一只猫都会认识到惩罚即将到来。但是狗知道它已经做错了，它将被惩罚，并不情愿这是真的，似乎被某种外在的力量拖着走，而猫的唯一冲动是逃走。对于群居动物和独居动物来说，对于行为后果以及惩罚的理性认知是同样清楚的，但是只有前者才理解自己已经犯罪了，它其实带有罪恶感。"①

这种对社会的解释所依赖的概念是"同质性"。假如在所有环境下，动物或人类的行为方式都一样，他们将采取行动或似乎在行动，就像他们有共同目的一样。假如每个人都随大流，假如每个人都穿着同样的衣服，说着同样的陈词滥调，喊着同样的战斗口号，并且在每个地方——甚至在其最有性格的个人行为上——都被符合外部模式和畜群愿望的本能和热切的欲望所主导，那么我们可以解释社会的每种特征——除了变异体、反传统主义者、理想主义者和反叛者。畜群本能可能是对从众行为的一种解释，但是没有解释变异性，变异是社会中的一个重要事实，就像在自然界里那样普遍。

同质性和思想相似性作为对人和动物的社会行为的解释，是关系很密切的概念。在"对相似的刺激给予相似的回应"中，我们可以看到"协调行动"的开端，而且强烈主张这是根本性的社会事实。这是在美国通过富兰克林·亨利·吉丁斯（Franklin Henry Giddings）教授②的著作而广泛流行的思想相似性社会理论。他把它描述为"本能理论的发达形式，可以回溯到亚里士多德的人是一种政治动物的格言"。

　　"任何既定的刺激都可能同时或不同时被多个有机体感觉到。两个或更多的有机体可能同时或不同时候回应同样的既定刺激，它们可能以相似或不相似的方式回应同样的既定刺激，其程度可能一样也可能不一样，迅速程度相似或不相似，持

① W. Trotter, *Instincts of the Herd in Peace and War* (New York, 1916), pp.40—41.
② 富兰克林·亨利·吉丁斯（Franklin Henry Giddings，1855—1931），美国社会学家，心理学派社会学代表人物。——译者注

续时间相同或不相同。我试图表明,在对同样的给定刺激作出的相似回应中,我们把握了所有协调行动的开端(绝对的起点)——可以想到的各种合作形式的开端,而在不相似以及不同程度的回应中,我们把握了所有个性化、差异化和竞争过程的开端,在它们无穷变化的联合、协作的关系里,带来了有组织社会生活的无穷复杂性。"[1]

和吉丁斯的思想相似性概念关系密切的——即使不是历史关系,也是逻辑关系上的——是加布里尔·塔德的"模仿"概念。假如对于吉丁斯来说,"对相似的刺激给予相似的回应"是根本性的社会事实,那么对塔尔德来说,"模仿"是社会中才存在的过程。塔尔德认为,社会存在于模仿之中。事实上,塔尔德的学说可以视为吉丁斯学说的一个必然结果。模仿是思想相似性以及吉丁斯对协作行为的解释得以生效的过程。人并不是天生就有思想相似性,而是通过模仿达成的。

"我认为,在这一瞬间,思想和意志的协调一致——它们即使在动荡时代也构成社会生活的基础,使处于既定阶段的同一社会所有成员的思想和意志里出现如此之多的共同想法、目标和手段——既不是因为确保人一出生彼此就完全类似的有机遗传,也不是因为对几乎相同的人才给予相似资源的地理环境的特性,相反,这是观念模仿过程的结果,这个过程最初是一个原始人持有一种单独想法或行动,然后向邻近同伴一个接一个传递其复制品。存在于我们之中的有机体需求和精神倾向仅仅是以最多样的形式实现的潜能,尽管它们最初是相似的,而且,在所有这些可能的实现中,某些被模仿的始作俑者给出的标识决定了哪一种是实际的选择。"[2]

---

[1] Franklin Henry Giddings, *The Concepts and Methods of Sociology*, Congress of Arts and Science, Universal Exposition(St. Louis, 1904), pp.789—90.

[2] G. Tarde, *op. cit.*, pp.38- 39.

　　和这些通过羊群牛群来解释行为——人在一起行动是因为行为的相似——的学派相反的,是埃米尔·迪尔凯姆(Émile Durkheim)[1]的理论,他坚持社会群体确实是团体性的存在,而且至少在人类社会里,人的共同行动不是因为有相似的目的,而是因为有**共同的目的**。这种共同目的把自身强加于社会的个别成员之上,同时将其作为一种理想、一种愿望和一种责任。只有在个体愿望和群体意志发生冲突的时候,才能被群体成员感受到的道德心与责任感,是集体心理和群体意志在个体意识中的体现。在恐慌或溃逃时,人类会像从悬崖冲下大海的加大拉人的猪群一样[2],这一事实仅仅是思想相似性的积极象征,但却不是共同目的的证据。畜群和人群之间的差异在于群众——勒庞所称的"有组织的群众"(organized crowd)——被一种达成群体每个成员共同目的的冲动所支配;另外,处于恐慌状态的人尽管同样处于大众兴奋的影响之下,但其行动却不是团体的而是个体的,每个个体疯狂寻求保全自己。处于恐慌状态下的人有相似的目的,但不是共同的目的。假如"组织化的群众""心理上的群众"是一个"实存的"社会,那么恐慌和溃逃就是一个"解体的"社会。

　　迪尔凯姆没有使用这些例证,也没有用这些术语来表达。"组织化的"或"心理上的"群众概念不是他的,而是勒庞的[3]。事实上,迪尔凯姆并不认为社会仅仅是特例的总和,他也不认为支配社会群体的情感和意见是私人和主观的。当个体**在某种环境下**集合在一起时,他们作为个体所持有的意见和情感会在新关系的影响下调整和改变。在社团孕育的纷扰中,产生了一种新的事物,换句话说,这是一种意见和情感,它不是个体意见和情感的总和,也不类似于个体意见和情感。这种新的情感和意见是公共的和社会的,其证据就

34

---

[1] 埃米尔·迪尔凯姆(Émile Durkheim,1858—1917),法国社会学家。——译者注
[2] "加大拉人的猪群"典故出自《圣经·马太福音》,讲述耶稣为了拯救加大拉地方被鬼附身的人,把鬼打发到猪群里去,猪群因此冲下悬崖淹死在海里。该情节在《圣经·马可福音》里也有提及。——译者注
[3] 古斯塔夫·勒庞(Gustave Le Bon,1841—1931),法国心理学家、社会学家,群体心理学创始人。——译者注

是:它把自己强加于相关个体,就像是某种或多或少外在于这些个体的事物。这些个体觉得,它既是一种激励,一种个人释放和扩张的感觉,也是一种责任,一种压力和一种抑制。典型的社会现象就是由群体对构成群体的个体进行控制。那么,这种控制的事实就是基本的社会事实。

　　"如今,社会还给出了一种永恒的依赖感。因为它有一种自身独有的特征,并且和个体的特征不一样,它追寻同样专属于自己的目标;但是,除非通过我们的介入,否则社会不能达成自己的目标;所以它傲慢地要求我们的协助。它要求我们忘掉自己的利益,我们使自己成为它的仆从,它使我们服从每一种不便、匮乏和牺牲,没有这些,社会生活将不可能。正因为如此,我们时时刻刻都不得不服从我们既没创设也不渴求的行为准则和思想准则,这些准则有时甚至违背我们最根本的倾向和本能。

35　　即使社会不能让我们保持这些让步和牺牲——除非有物质性的强制,它可能从我们之中唤醒的也只是我们必须给物质力量让步的想法,而不是像宗教崇拜那样的道德力量。但事实上,它掌控的针对良心的最高权力与其说是因为它具有特权的物质霸权,不如说是因为它被赋予的道德权威。如果我们屈服于它的命令,那并不仅仅是因为它强大到足以击败我们的反抗,而主要是因为它是一个值得尊重的对象。

　　如今,社会强大到足以强加于其成员的行动方式事实上是对尊重的明显挑衅。因为它们是共同制定的,所以每个特定头脑都认为的活力也保存在其他所有头脑里,而且相互作用。我们每个人表达它们的陈述具有一种纯粹私人意识的状态所不能达到的强度,因为它们拥有数不清的个体陈述的力量,这种力量用于塑造每种陈述。正是社会通过在我们面前肯定它们的那些人之口来说话,我们在听这些人说话时听到了社会的声音,整体的声音具有一种单个人永远不可能具备的腔调。通过责备或者物质性的抑制,社会用十足的暴力打击每一种未遂的异议。在这种激情的爆发中凸显共同信念,有助于强化社会的最高统治权。一句话,当某些事物成为这样一些观点陈述的对象时,每个个体进行的表达就获得了一种来自这种事物的起源和催生它的条件的行动力——即使这些人并没有感到自己服从它。它总是会抵制与其相抵触的表达,并与其保持距离;另一方面,它指挥那些将实现它的行动,它这样做不是因为物质上的胁迫或者某些观点,而是因为它所包含的精神力量的简单辐射。"①

但是,在公共舆论、宗教象征、社会契约、时尚和科学里组织起来的相同的社会力量——"假如一个民族不信仰科学,那么不论怎样,世界上所有的科学论证对他们的头脑都不会有任何影响"——在不断重建旧的秩序,打造新的英雄,推倒陈旧的神灵,创造新的神话,强加新的理想。这就是社会学描述和解释的文化过程的本质。

VII. 社会控制与集体意识

36

和同时代其他社会学家相比,迪尔凯姆有时被看作是一个唯实论者。这参照了中世纪哲学家关于概念本质的争论。那些认为概念仅仅是一个用于一群具有共同特征对象的类别名称的哲学家被称为唯名论者,那些把概念看作是**真实的**,并不仅仅是个体集合的名称的学者被称为唯实论者。在此意义上,塔尔德和吉丁斯以及所有认为社会是一个由实际或潜在的**思想相似**者构成的集合的学者是唯名论者,而其他像齐美尔(Simmel)②、拉岑霍费尔(Ratzenhofer)③、斯莫尔(Small)④这样根据互动和社会过程来思考社会的学者可以称

---

① Émile Durkheim, *Elementary Forms of Religious Life* (New York, 1915),pp.206—8.
② 格奥尔格·齐美尔(Georg Simmel, 1858—1918),德国社会学家。——译者注
③ 古斯塔夫·拉岑霍费尔(Gustav Ratzenhofer, 1842—1904),奥匈帝国陆军元帅,军事法理学家、法学家、社会学家。——译者注
④ 阿尔比恩·伍德伯里·斯莫尔(Albion Woodbury Small, 1854—1926),美国社会学家,芝加哥学派代表人物。——译者注

为唯实论者。无论如何,只要他们认为社会成员被结合在一个相互影响的体系里,而且这些特征足以被描述为一种过程,那他们就是唯实论者。

当然,不可能只通过空间或者物理上的接近来构想这个过程。社会联系和社会力量带有微妙的品质,但其真实性并不比物质联系差。比如,我们知道职业主要取决于个人竞争,萨姆纳(Sumner)[1]所称的"内"群体或"我们"群体的团结主要取决于与"外"群体或"他者"群体的冲突。我们还知道,任何社会群体内部的任何个体的地位和社会位置取决于他与群体其他成员以及最终与其他群体的关系。这些就是社会互动和社会过程的具体意义之例证,并且这些考虑似乎证明了某些把个体的人视为"部分"、把社会视为"整体"的学者的正当性,这与把灰堆视为单个颗粒组成的整体的认识是不一样的。

> "社会不仅通过传播和沟通而持续存在,而且可以公平地说,社会就存在于传播和沟通之中,在共同、社区和沟通这三个词之间存在的不止是语音上的联系。"[2]

沟通,即使并不等同于我们这里所说的社会互动,至少也是其37 形式之一。但是按照杜威的界定,沟通是比塔尔德所称的"相互刺激"更丰富和更不一样的事物。沟通是我们把一种经验从一个个体向另一个个体传递的过程,但它也是这些类似的个体获得共同经验的过程。

> "尝试一下把某种经验(特别是具有相当复杂性的经验)全面精确地传达给另外一个人,你将会发现,你对自己经验的态度也在改变,否则你就会咒骂和尖叫。除了处理老生常谈和口

---

[1] 威廉·格雷汉姆·萨姆纳(William Graham Sumner,1887—1955),美国早期社会学家,社会达尔文主义代表人物。——译者注
[2] John Dewey, *Democracy and Education*(New York, 1916), p.5.

头禅,一个人必定会很有想象力地吸收其他人的某些经验,为的是把自己的经验明智地告诉别人。所有沟通都类似于艺术。"①

沟通不仅涉及创造——从个体和私人的经验之中——一种共同和公共的经验,而且那样一种共同经验还成为个体或多或少参与进去,并且自己也是其中一部分的共同及公共生活方式的基础。而且,作为这种共同生活的一部分,会生长出习俗、惯例、传统、仪式、语言、社交仪典、公共舆论,总之,就是萨姆纳在"风俗"术语中所包含的,以及人种学家在"文化"术语中包含的一切。

体现迪尔凯姆及其追随者特征的,是他们坚持这样的事实:所有文化材料和表达——包括语言、科学、宗教、公共舆论和法律——由于是社会交往和社会互动的产物,必定会有一种客观、公共和社会的特征,正如个体心智的产物既不会具有也不可能具有这些特征。迪尔凯姆把精神产品——个体的和社会的——视为表象。个体心智的独特产物就是知觉,或者像迪尔凯姆所描述的,是"个体的再现"。感知是,而且始终是一种私人和个体的事情。没人能够用个体自身的具体形式来复制,或者向他人传达主观印象或者精神意象。我的邻居也许能够读懂我的"思想",并理解驱使我行动的动机,而且比我理解我自己还做得好,但是他不可能复制这些意象,他们仅仅是在意识和感觉的边缘接触我的心智。

另一方面,个体组成的群体在他们的努力沟通中产生的独特产 38 物是某些客观与可理解的事物,即一个姿势、一个信号、一个符号、一个词语或者一个概念,在其中,一种私人的经验或目的变成了公共的。这些姿势、信号、符号、概念或表征——共同对象在其中不仅仅被标识,而且被创造出来——被迪尔凯姆称为一种"集体表征"。

杜威对在沟通中产生的事物的描述,可以看作是对这些集体表征产生过程的描述。就像杜威所说:"阐述一种经验,就要外在于

---

① John Dewey, *Democracy and Education*(New York, 1916), pp.6—7.

它,观察它就像其他人观察它一样,考虑这种经验与其他人的生活有什么联系点,如此才能进入那种形式,理解其意义。"有意识交流某种经验的结果,就是转换该经验。一种经验在得到扩散之后,对于交流各方来说并不一样。宣传或公布一件事,就是使其与公布之前有所差别。而且,被公布的事情仍然与宣传所针对的个体头脑里反映的事情不一样。

很显然,公共舆论并不是所有人的意见,甚至也不是构成公众的大多数人的意见。事实上,我们通常所说的公共舆论表达的意思从来都不是特定的任何人的意见,而是综合性的意见,代表着作为一个整体的公众的普遍倾向。另一方面,即使我们不认识任何个体的人,我们也承认公共舆论的存在,在构成公众的那些人之中,他们的私人意见和个人意见正好与他或她作为一分子的公众的意见相一致。

然而,参与形成公共舆论的个体的私人和个人意见受到他周围意见的影响,也受到公共舆论的影响,在此意义上,每种意见都是公共意见。

公共意见就其被塑造和存在的方式而言——也就是说,合作形成公共舆论的个体的相对独立性——大体上具有集体表征的特点。
39 仅仅在公共意见是客观的这种意义上,集体表征是客观的,而且它们还像公共意见一样,把自己强加于个体之上,作为相对但并非完全外在的力量——使个体表征稳定、标准化、惯例化,并刺激、扩展和普及个体表征。

> "集体表征外在于个体意识,因为它们并非来自孤立的个体,而是来自个体的汇聚和联合(concours)……毫无疑问,在共同结果的精心构建之中,每个个体都承担着自己应有的份额,但是私人的情感不会变成社会的情感,除非在社团发展出来的独特力量作用之下进行结合。作为这些结合以及从中产生的互相改变的后果,它们(私人情感)变成某种别的东西。一种化学合成的结果——集中、联合、元素合成,以及以特有的过程转

变它们……由此衍生出来的结果接着会超越个体意识,就像整体大于部分一样。要真正知道它是什么,人们必须从整体上考虑这种集合。这正是思考、感觉、意愿,尽管不可能靠个体意识为中介来下决心、感觉或行动。"①

这样,在几乎一个世纪的批判之后,这就是孔德的社会有机体概念的残余。假如就像唯实论者所坚持的,社会不仅仅是心智相似的个体的集合,那是因为存在着(1)社会过程和(2)一系列传统和意见——这个过程的产物,它们有相对客观的特征,并作为一种社会控制的形式强加于个体之上。这个过程及其产物就是社会意识。社会意识就其作为过程和产物的两个方面来说,是社会有机体。唯名论者和唯实论者之间的争论明显把自身简化成了社会传统和公共舆论的客观性问题。目前我们先把它放到一边。

同时,社会意识和社会心态概念已被社会主题的作者采用,他们完全不涉及这些主题的哲学内涵或合理性。我们现在仅仅是首先观察两种新型社会学的最初表现,即农村社会学和城市社会学。属于这两种学派的作者在研究他们所称的"农村心态"和"城市心态"。在使用这些术语的时候,他们并不总是很清楚他们正在思考的心态是不是集体心态——就这个词的迪尔凯姆的唯实论意义来说,或者,它是否是一个农村或城市社区的典型居民的心态,一个心智相似性的例子——就吉丁斯和唯名论者的意义来说。

"心态"(mind)一词的类似用法,比如"美国心态",就普遍用来描述不同国家的态度和他们"国民的"态度之间的独特差异。

"'美国心态'这一说法的起源是政治性的。在 18 世纪中期之后不久,开始出现一种看待英帝国治下争议性问题的明显

① Émile Durkheim, "Représen tationsin dividuelles et représentation scollectives," *Revueméta physique*, VI(1898), 295. Quoted and translated by Charles Elmer Gehlke, "Émile Durkheim's Contributions to Sociological Theory," *Studies in History, Economics, and Public Law*, LXIII, 29—30.

的美国式方法。在印花税法案风潮中,殖民地出生的政治家和政客就发现,有一种思考和感觉模式是所有殖民地人民原生的——或已经成为第二天性,比如杰斐逊就采用了'美国心态'这个洪亮和有用的词语来表明,在整个美洲殖民地,对于当时主要的政治问题,一种基本的意见统一体已经发展起来。"①

这里尚不完全清楚的是,美国心态在个体美国人的意识里是不是针对一种一致特征的称呼,这个说法是否指一种实质性的意见统一体,或者——最后——它是否打算涵盖美国人意见的一致性和统一性。

另一方面,研究劳工问题和阶级斗争的学者使用"心理状态"(psychology)这个术语时,和农村与城市社会学方面学者使用"心态"(mind)这个术语的方法是一样的。他们讨论劳工阶级的心理状态,资本家阶级的心理状态,在这些例子里,心理状态似乎和阶级成员的社会态度以及阶级整体的态度和信念没什么不一样。

41　　"阶级意识"和"阶级觉悟","民族意识"和"种族意识"现在对于学生来说是熟悉的术语,尽管它们似乎首先被所谓的知识分子使用,这些人在这些术语适用的各类群众运动中已经成为领导者。"意识"(consciousness)在这里使用的意义上,与用于群体的"心态"一词有相似的内涵(尽管有些许差别)。它这个名称并不仅仅针对某些种族或阶级的态度,也针对他们成为群体关注焦点时的态度,用弗洛伊德的术语来说,就是关注"前意识"(fore-consciousness)。在这个意义上,"觉悟"(conscious)不仅意味着个体被淹没以及随之而来的群体团结,还意味着个体和群体为了集体或团体行动而进行的心理动员和准备。形成阶级觉悟就是准备在阶级的意义上采取行动。

在"社会心态"和"社会意识"这些术语较为含糊的流行用法中,存在着对社会及社会群体两面性的含蓄认识。可以同时从个体主义和集体主义的观点来看待社会。从个体主义的观点来看,我们仅

---

① Bliss Perry, *The American Mind*(Boston,1912),p.47.

仅把"社会的"视为个体已经获得并铭记其上的特征，这是他参与群体生活的结果。从鲍德温（Baldwin）对儿童人格成长的最早研究，到厄尔伍德（Ellwood）从心理层面对社会的研究，社会心理学主要研究个体与他人交往对个体的影响[1]。

另一方面，在勒庞、塔尔德、西盖勒[2]以及他们的继承者对群众和公众的描述中，我们已经开始了对集体行为和"团体行动"的研究。在这两种观点上，我们似乎再次产生了已经提到过的唯名论和唯实论之间的矛盾和对立。以社会心理学为代表的唯名论强调或似乎在强调个体的独立，以群体心理学为代表的唯实论者则强调群体对个体、整体对部分的控制。

由于社会确实有其两面性，即个体性与集体性，所以本书的假设就是：社会的试金石，把单纯的个体集合与社会区别开的事物，不是思想相似性，而是团体行动。我们可以把"社会的"这个术语用于任何能够一致行动的个体组成的群体，也就是说，不管行动是有意还是无意，都指向一个共同的目标。共同目标的存在可能就是运用于社会的"有机体"概念所能包含的一切。

从这个观点来看，社会控制是社会的核心事实和核心问题。正如可以把心理学看作是对个别有机体（作为整体）控制其各个部分的方式，或者个体一起协作以达成团体存在的方式进行的解释。所以，严格来说，社会学同样是一种观点和方法，用来研究个体在某些永久性的团体存在（我们称为社会）中被纳入和诱导进行合作的过程。

要强调团体行动，就不能忽视这样一个事实，即通过这种团体行动，社会的单个成员主要是被塑造而不是被创造出来的。但是要认识到，假如团体行动总是使个体成为社会群体的有机部分和工具，它要达成这一点就不能仅仅使个体"相似"，还要使个体有

[1] James Mark Baldwin, *Mental Development in the Child and the Race* (New York and London, 1895); Charles A. Ellwood, *Sociology in Its Psychological Aspects* (New York and London, 1912).

[2] 西皮奥·西盖勒（Scipio Sighele, 1868—1913），意大利社会学家，犯罪心理学家。——译者注

所不同。劳动分工——它使人们之中更多和更广的协作成为可能——间接增加了个体的多样性。思想相似性最终必然意味着（假如它意味着什么的话）一个群体的个体中存在着如此之多的共识，将允许群体去行动。这就是社会、社会有机体和社会群体的含义所在。

只要把社会学看作是一门基础科学，而不仅仅是社会福利计划和实践的堆砌，那它就可以被视为集体行为的科学。根据这个定义，可以用一般性和纲要性的方法指出它与其他社会科学的关系。

历史上来看，社会学有其历史学上的起源。历史学过去是，现
43 在也是所有社会科学伟大的母科学，可以说没有什么学科对于历史学来说是外人。人类学、民族学、民俗学和考古学已经成长起来，主要（即便不是全部）是去完成历史学开创的任务，并回答历史学研究首先提出的问题。在历史学和与之相关的科学，即民族学、民俗学和考古学里，我们拥有社会学试图解释的关于人类本性和经验的具体记录。同样是关于人类经验和人类本性的科学，历史学是具体的，而社会学是抽象的。

图 1

另一方面，技术性（应用性）社会科学，即政治学、教育学、社会服务和经济学——经济学可以被视为商业科学——都以不同的方式关联着社会学，它们或多或少都是社会学和心理学事业明确处理的那些原理的应用。真是如此的话，社会学可以被视为其他社会科学的基础。

VIII. 社会学与社会研究

在自从孔德和斯宾塞以来的学派中,已经分化出来的社会学思想有:唯实论者整体上保持了孔德的传统;另一方面,唯名论者则保持了斯宾塞思想的风格和方法——即使不是实质上的。然而,后来的作者(唯实论者和唯名论者)直接关注的更多是社会群体而不是社会,他们对社会进步的兴趣也不如对社会过程的兴趣大,涉及更多的是社会问题而不是社会哲学。 44

这种变化标志着社会学从历史哲学向关于社会的科学转型,这一过渡的步骤也是科学史的各个时期,即:

1. 孔德和斯宾塞时期:以宏伟风格进行构思的社会学是一种历史哲学,一种关于进步(进化)的"科学"。

2. "学派"时期:分散在多种学派里的社会学思想致力于界定其观点,并描述事实类型,寻求对社会学提出的问题给出答案。

3. 调查研究时期:社会学现在刚刚进入的时期。

目前(1921年),社会学研究所处的状况就像引入实验方法之前的心理学,以及巴斯德和疾病病菌说出现之前的医学。大量的社会资料被收集起来,仅仅是为了确定在某种特定情况下做什么。并没有为了检验社会理论而收集事实。已经按照常识对社会问题进行了界定,而被收集起来的事实主要是为了支持这种或那种学说,而不是检验它。在极少数情况下,进行了公正的调查,为的是确定假设的有效性。

查尔斯·布斯(Charles Booth)①关于伦敦贫困的研究——该研究延续超过18年并最终体现为17卷的成果——是这种公正调查的例子之一。这是一种用工资和福利之间关系的流行概念来检验事实的尝试。他说:

---

① 查尔斯·布斯(Charles Booth,1840—1916),英国社会研究者和改革者,19世纪90年代前后主持调查伦敦的贫困状况,其成果是17卷本的《伦敦人民的劳动与生活》。——译者注

我的目标是试图展示定期收入和相对舒适所承受的贫困、苦难和堕落之间的数量关系,并且描述每个阶级生活的普遍状况。

假如表述出来的事实用于帮助社会改革者找出现存弊端的补救措施,或者做点什么事阻止采用错误的措施,我的目的就达到了。我的目的不是提出任何我自己的建议,假如我已经在这里或那里(特别是在结论性的章节)冒险去超越我的计划,那是由于太多的犹豫。

45　　说到贫困劳工的不利境地和贫穷之祸,存在着巨大的无助感:工薪阶层在调整他们的工作上很无助,而且不能获得与他们愿意付出的劳动对等的回报;制造商或销售商只能在竞争的限制下工作;不刺激需求的源头,富人就无助于释放需求。要缓解这种无助感,第一步就是要更好地阐述问题……在这个方向上,我的尝试必须要寻求的,就是分析伦敦部分地区的人口。①

确实,这项大规模研究所澄清的,不仅是伦敦的贫困,还有普遍的人类本性。另一方面,它提出的问题比它解决的问题还多,而且正如布斯认为的,假如它证明了什么,对于问题的重申来说也是必要的。

但是,现在社会学似乎在以某种方式变成一门实验科学。一旦它能以这样的方法——一个案例的结论将证明在其他情况下能做什么和应该做什么——陈述现有的问题,它就会变成实验科学。在社会生活的每个领域——工业、政治和宗教——都进行着实验,在所有这些领域,人们受到某些显性或隐性的情境理论的指引,但是这种理论并不经常以假设的方式陈述,也不会交给反面例子来检验。如果允许对它们作出区分的话,我们做的是调查而不是研究。

那么,在这里使用的措辞的意义上,什么是社会研究?对问题的分类将是寻找答案的首要辅助手段。

---

① *Labour and Life of the People*(London,1889),I,pp.6—7.

1. 社会问题的分类。——每个社会和每个能够统一行动的社会群体都可以被看作是一个体现其成员愿望的组织。这意味着社会依赖于并且体现着个体人的欲望和自然渴求,但是它也意味着在变得组织化的过程中,为了群体整体的利益,个体的愿望必然要被规训和控制。

每个这样的社会或社会群体即使是最短暂存在的,一般也会具有(a)某些相对正规的方法,用于界定其目的,规划其政策,并使其变得明确,并且具有(b)某些机制性、功能性或其他的安排,用于实现其目的,并使政策生效。即使在家庭里,也有治理问题,涉及某些与立法、司法和行政相对应的事情。 46

然而,社会群体在我们称为人类本性的本能、习惯和传统的基础和情境下,维持着其组织、机构和所有正规的行为方式。但每个社会群体都有或总会有自己的文化,即萨姆纳所称的"风俗",而且这些文化把自己的模式强加于自然人身上,赋予他们体现群体成员特征的特定个性。不止种族,民族和阶级也有生活的标志、规矩和模式,通过这些,我们可以准确无误地对它们进行识别和分类。

社会问题可以很方便地参照群体生活的三个方面来分类,也就是:(a)组织和行政问题;(b)政策和政治(立法)问题;(c)人类本性(文化)问题。

a) 行政问题主要是实践性和技术性的。大多数政府、商业和社会福利的问题是技术性问题。调查(即社会调查,由纽约市政研究局在全国不同部分进行)是对地方行政的研究,目的是提高现有行政机器及其人员的效率,而不是改变政策或者行政机构本身。

b) 政策问题在这里使用这个术语(policy)的意义上,是政治性和立法性问题。最近这些年,大多数社会调查是为某些立法方案服务,或者是为了形成关于某些地方性问题的更明智的公共意见。赛奇基金会(Sage Foundation)①指导的社会调查和纽约市政研究局的

---

① 全称罗素·赛奇基金会(Russell Sage Foundation),由美国铁路大亨和金融家罗素·赛奇的遗孀玛格丽特·赛奇于1907年成立的慈善基金会,总部在纽约,资助与社会政策相关的社会科学研究。——译者注

调查不一样,涉及的是政策问题,即着重改变社会机构的特征和政策,而不是提高其效率。行政和政策之间的这种差别并不总是很明确,但总是重要的。改革尝试通常开始于修正行政滥权的努力,但
47　最终必然要转到更深入的改革,并改变这些机构本身的特征。

　　(c) 人类本性问题自然是其他所有社会问题的根本。人类本性——正如我们这些年已经开始对它进行的构想——主要是社会交往的一种产物;所以,它就像社会本身一样,是社会调查的一个主题。直到最近这些年,我们现在所称的人类因素在大多数社会实验里明显都被忽视了。我们在寻求重塑人类本性,但同时又拒绝对其进行测量。已经有人认为,我们仅仅通过规划我们的愿望就能带来社会的改变,也就是通过"唤起"公共意见和规划立法活动。这就是实行改革的"民主"方法。较老的"专制"方法只按照君主权威或统治阶级的命令来进行社会改革。要使人类与人性和谐一致,就像基督教科学派一样,就是使其频繁运作。

　　　　"最古老但也是最持久的社会技术形式就是'秩序和禁止'——也就是,处理危机时以意志的专断行动来命令不希望出现的现象消失,或者符合要求的现象出现,并采用专断的身体行动来强化命令。这种方法完全对应于自然技术的神话阶段。在两者之中,产生决定性效果的基本手段是位于意志本身的活动之中,或多或少自觉的思考,其效果是可取的,而行动仅仅是一种不可缺少的媒介或工具;在两种情况下,原因(意志活动和身体行为)产生效果的过程仍然是调查难以企及的;最后,在两种情况下,假如没能达成结果,就会引入某些新的意志活动——带着新的物质性附件,而不是试图找到和移开使人不安的原因。在社会领域,这方面的一个很好的例子就是今天的典型立法过程。"①

---

① 　Thomas and Znaniecki, *The Polish Peasant in Europe and America* (Boston, 1918), I, 3.

2. **社会群体的类型**。——目前在社会学学科界限内找到位置的各种兴趣、研究领域和实用计划都统一在一个共同的参照对象上，即**社会群体的概念**。尽管每个群体和每种群体都有其独特的问题，但所有社会问题最终都转变为群体生活的问题。可以从最广泛分开的领域收集例证，以强调这种主张的正确性①。

宗教皈依可以从一个角度解释为一个社会群体向另一个群体的转变。用带有宗教感情的语言来说，皈依是"离开罪恶的生活，进入良善的生活"。确实，这种改变涉及对人格深刻的干扰，但是，旧社团的打破和新社团的建立确保了个体改变的持久性。移民从旧国家向新国家的转移过程包含了思想和习惯上的深远改变。在移民的情形中，这种改变可能缓慢发生，但是理由不会那么激进。

以下来自最近社会调查的段落从一个完全不同的视角证明了群体参与社群生活变迁的方式：

> "总之，在随后几年里，斯蒂尔沃特②的最大问题是**社区意识**的发展，我们必须停止从斯蒂尔沃特城及其外围农村来思考，而要从斯蒂尔沃特社区来思考；我们必须停止从小群体来思考，而要从整个社区来思考。不管是工业、卫生、教育、娱乐还是宗教，任何好的事情都有利于整个社区，任何弱点都会有害于全体。该报告里指出的各个方面的社区协作确实将造就圣诺克斯的女王。"③

在这种情况下，社区问题的解决在于创建"社区意识"。就职业犯罪而言，问题的特征取决于——假如我们接受一位作者在《大西

---

① Walter B. Bodenhafer, "The Comparative Rôle of the Group Concept in Ward's Dynamic Sociology and Contemporary American Sociology," *American Journal of Sociology*, XXVI (1920—21), 273—314; 425—74; 588—600; 716—43.

② 明尼苏达州一小镇。——译者注

③ *Stillwater*, *the Queen of the St. Croix*, a report of a social survey, published by The Community Service of Stillwater, Minnesota, 1920, p.71.

洋月刊》里的描述——职业罪犯群体里存在的初级群体意识：

> 职业罪犯的特殊之处在于,他过着一种非常强烈的情感生活。他在社区里是孤立的,他在社区中,但是不属于它。他的社会生活——对于所有人来说就是社交——是狭隘的,但正是因为其狭隘,所以是极端紧张的。他生活在战争状态的生活里,具有战士的心理。他处于和社区的战争中,除了非常少的罪犯朋友,他不相信谁,并畏惧每个人,焦虑、恐惧、仇恨、危险、绝望和激情以比普通人更为紧张的形式呈现在他的生活里。他不安分,坏脾气,容易被刺激,而且焦虑。他生活在悬崖的边缘。这有助于解释他热烈的仇恨、他的残暴、他的恐惧,并赋予"死人不会告密"这句格言以悲情意味。他以正常生活的人当中少见的力量和激情留住了他为数不多的朋友。他的朋友站在他与发现者之间。他们是他生活的支持,是他安全的基础。
>
> 对于罪犯的群体来说,忠诚是地下社会的基本法则。不忠是背叛,并受到死亡的处罚;因为不忠可能意味着朋友的毁灭;它也可能意味着罪犯被抛入了绝境。
>
> 对于社区来说,罪犯是好斗的。对于罪犯来说,他的生活主要是防御。他的大部分力量、希望和成功都集中围绕着逃跑,围绕着成功的战斗,围绕着对他的踪迹进行的恰当掩饰,围绕着参与其行动的优秀、忠诚和值得信赖的朋友,他们将不会泄密并保持社区的其余部分不要涉足进来。所以,从罪犯的观点来看——我说的是职业罪犯——他们生活在一种与社区的防御性战争之中,而且胜算很大。所以,他建立起了与社区对抗的防御心理——一种大胆、虚张声势和自我辩解的心理。好的罪犯——也就是指成功的罪犯,他相当成功地对敌人、公敌、公众进行了一系列打击——是一个英雄。他得到像烧烤和宴请、信任和服从等方式的承认。但一直只是一个小群体。他们生活在他们自己的世界里,一种他们自己的生活,带着理想、习惯、展望、信任和联合,这些都特别适合于保持群体的士气。忠

诚、恐惧、无畏、慷慨,自我牺牲的意愿,面对指控的坚韧,对共同敌人的仇视——这些是保持士气的要素,但是所有这些都被用于和整个社区作对。①

在新新监狱②,初级群体原则被用来对付围墙内罪犯的方式是一个更为有趣的实例,证明了社会问题是群体问题这一事实。③

那么,假设每个社会群体都具有自己的(a)行政(b)立法和(c) 50
人类本性问题,这些问题可以参照社会群体类型作进一步的分类。大多数社会群体自然可以归入以下某个或另一个类别:

a)家庭。

b)语言(种族)群体。

c)地方和区域性社区:(i)邻里,(ii)农村社区,(iii)城市社区。

d)冲突性群体:(i)民族,(ii)党派,(iii)教派,(iv)劳工组织,(v)帮派,等等。

e)协调性群体:(i)班级,(ii)种姓,(iii)职业组织,(iv)宗派组织。

上述的分类既不充分,也不完全符合逻辑。前三种类别比后两种类别即冲突性群体和协调性群体具有更紧密的成员间的关系。这种区别是影响深远的,但其普遍特征表现在这个事实上:家庭、语言和地方群体是或者最初是所谓的初级群体,也就是由亲密的、面对面的关系组织起来的群体。冲突性群体和协调性群体代表的分歧肯定是出现在初级群体里,但在历史上通常是通过一个初级群体强加于另一个初级群体而产生的。

"历史上的每个国家都是一个阶级国家,一种上层与下层社会群体的政体,其基础是等级或财富上的区分。所以,这种

---

① Frank Tannenbaum,"Prison Democracy,"*Atlantic Monthly*,October,1920,pp.438—39.(Psychology of the criminal group.)

② 纽约州的一个监狱。——译者注

③ Frank Tannenbaum,"Prison Democracy,"pp.443—46.

现象必须被称为'国家'。"①

无论如何,正是较大群体范围内存在的冲突与协调,将这种群体和以初级关系为基础的群体区别开,并最终赋予它被称为"次级的"特征。

当一个语言群体变得好斗和自觉的时候,就具备了民族的特征。实际上,足够大以及足够独立的家庭就会具有自我意识,通过这个事实,家庭呈现出一个宗族的特征。在这方面,重要的是,一个正在形成群体意识的群体会改变其性格。外部冲突总是强有力地作用于社会群体的内部组织。

群体的自我意识似乎是冲突性群体和协调性群体的共同特征,并把它们和以家庭和地方社群为代表的更为基础性的社群形式区分开来。

3. 社会群体的组织和结构。——关于社会群体的分类有一个整体方案,目的是发现能用于研究所有群体类型(从家庭到教派)的分析方法。这样一种分析方案将揭示的,不仅仅是典型群体的组织和结构,还将指出这种组织和结构与那些实际的和普遍承认的社会问题之间的关系。这类现在被普遍承认的事实不仅在社会研究中,而且在社会问题研究中都是重要的:

a) 统计:人口数量、地方分布、流动、出生、死亡、疾病和犯罪等事件。

b) 机构:地方分布、分类(即工业的、宗教的、政治的、教育的、福利和共同协助的),社区组织。

c) 传承:群体传播的风俗和传统,特别是与宗教、娱乐和闲暇时间、社会控制(政治)有关的内容。

d) 公共意见的组织:党派、教派、帮派和新闻界。

4. 社会过程和社会进步。——社会过程是对群体生活的改变给出的称谓。可以说,当一个群体有历史的时候就有了自己的生

---

① Franz Oppenheimer, *The State*(Indianapolis, 1914), p.5.

活。在社会过程中,我们可以区分出(a)历史,(b)文化,(c)政治和(d)经济几个类别。

a) 历史过程就是社会传统的存量——也是每个永久性社会群体的遗产——一代一代累积起来,并进行传播的过程。

历史在个体中起着记忆的作用。毫无疑问,没有历史,社会群体也会有兴衰,但它们既不能成长也不能获得进步。

移民漂洋过海,丢下很多他们的地方传统。结果,他们失去了——特别是在第二代——以前在他们身上发挥作用的家庭和群体传统的控制,但正是由于这种原因,他们更容易受到接纳国的传统和习俗的影响。

b) 假如历史过程的功能就是积累和保护社会经验的共同存量,那么文化过程的功能就是塑造和界定前面每一代人强加于继承者身上的社会形式和社会模式。

> "生活在社会里的个体必须适应预先存在的社会世界,参与到群体的享乐主义的、经济的、政治的、宗教的、道德的、审美的、智识的活动中去。对于这些活动,群体具有客观的**体系**,复杂性或多或少的方案,其组织要么是通过传统的联合,要么就是自觉考虑结果的最大效率,但必须从事这些活动的个体的特定欲望、能力和经验是次要的,群体对此甚至不感兴趣。
>
> 在个人发展的个体因素和社会因素之间,并没有任何预先存在的和谐,个体的基本倾向总是和社会控制的基本倾向有某种不一致。个人的发展总是个体与社会之间的一种斗争——个体为了自我表达而斗争,社会为了使个体服从而斗争,正是在斗争的整个过程里,人格不是作为一种静态的本质,而是一种动态的,持续发展的行为集合——体现和构建自己。"[1]

c) 一般来说,道德中的行为标准不是讨论的主题,除非有必要

---

[1]　Thomas and Znaniecki, *op. cit.*, III, 34—36.

讨论决定,这种或那种行为是否属于这种或那种可接受的社会裁断。与文化过程相区别的政治过程所关注的,就是那些存在分歧和差异的事情。政治涉及的就是这些事情。

黑人——特别是在南部各州——是公众讨论的长期主题。每次当黑人发现自己处于一种新的形势,或者处于白人不习惯看到他的局面时,就会激起两个种族之间的争论。另一方面,当一个南方人问道:"你希望你的女儿和一个黑人结婚吗?"那就是停止讨论的时候。种族之间的任何关系问题只要看起来直接或间接处于不可忍受的准则之下,就总是会立即得到处理。政治问题是妥协和权宜之计的问题。另外,种族之间通婚与习俗是相违背的。因此,反对它的规则是绝对的。

一个社会或社会群体筹划并执行其意愿的政治过程,在习俗的界限之内继续进行,并通过公共讨论、立法和法院判决来开展。

d) 经济过程,就其与商品生产和分配的区别而言,就是形成价格并且使价值交换生效的过程。大多数的价值,也就是说,我当前的社会地位,我对于未来的希望,我对过去的记忆,都是个人化的,不是可以交换的价值。经济过程涉及的是可以当作商品来处理的价值。

所有这些过程可能而且确实出现在大多数(但不是每一个)社会和社会群体里。商业以个体追求自己利益的自由为前提,而且商业只能在这种自由得到许可的程度和范围内才能运作。但是,商业自由一方面受限于习俗,另一方面受限于正规法律。所以,经济过程一般是在文化和政治过程限定的范围内运作。只有在既没有文化秩序也没有政治秩序的地方,商业才是绝对自由的。

文化、政治和经济领域以及它们彼此之间的关系可以用一个同心圆来体现。

在这种表现之中,最广泛的文化影响领域与商业领域几乎是一致的,因为商业在其最广的范围内,始终是在某些习俗和习惯法的约束之下开展的。否则就完全不是商业,而是某种在法律之外的贪婪。但是,假如经济过程的领域总是与最广泛的文化影响领域结合,它就不会延伸到较小的社会群体里。一般来说,商贸不会侵入家庭。家

庭利益总是个人化的,甚至当它们以商业的形式运作时也是如此。　54
局限于村庄范围内的原始社会通常是共产主义的。所有价值都是个
人的,个体之间的经济或者非经济关系都由习俗和法律预先决定。

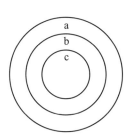

图 2:a＝最广泛的文化影响领域和商业领域;
b＝正规政治控制的领域;c＝纯粹个人关系的,共产主义的领域。

在任何社会或社会群体里,非个人的价值即交换价值似乎都与
个人价值呈一种对立关系。

以这样详细的方式描述历史、文化、政治和经济过程的尝试是
合理的,因为它能使我们认识到,社会生活的各个方面——它们都
是专门社会科学即历史学、政治学和经济学的主题——牵涉到那些
能够被抽象、公式化、比较和关联性看待的特定变迁形式。在它们
的彼此关系中观察它们的尝试,同时也是在把它们作为整体的一部
分来区分和看待。

与这里提到的社会变迁类型所不同的,是其他单方面和渐进的
变化;这些变化通常被称为"运动",即群众运动。这些是新的社会
组织和机构发生的变化。

所有较为显著的社会变迁形式都与某些我们称为社会动荡的
社会现象相关联。在一般情况下,社会动荡问题作为新的社会接触
的插曲,是沟通和互动过程中更有活力的节奏的象征。

在所有社会变革发生之前,都有某种程度的社会和个人的解　55
组。在正常状况下,这一般会紧接着重组运动。所有进步都意味着
某种程度的解组。所以,在研究社会变迁时,即使不是进步的变迁,
至少我们会对以下的东西感兴趣:

（1）解组：作为社会解组之体现和程度的加速流动、动荡、疾病和犯罪。

（2）社会运动（重组）包括：（a）集体行动（即暴民、罢工，等等）；（b）（宗教和语言上的）文化复兴；（c）时尚（衣着、惯例和社会礼仪的变化）；（d）改革（社会政策和行政管理上的变化）；（e）革命（制度和风俗上的变化）。

5. **个体与人**。——人是有地位的个体。我们作为个体来到这个世界。我们获得地位，从而变成人。地位意味着在社会中的位置。个体在其作为成员的每一个社会群体里都不可避免地具有某些地位。在一个确定的群体里，每个成员的地位取决于他与该群体其他成员的关系。类似地，每个较小的群体在它作为组成部分的较大群体里，也有自己的地位，而且取决于和较大群体里其他成员的关系。

个体的自我意识——他关于自己在社会中角色的概念。它的"自我"虽然与其人格不完全一致，但却是它的一个实质性要素。但是，个体的自我概念以他在其作为成员的群体中的地位为基础。其自我概念与其地位不吻合的个体是一种孤立的个体。完全孤立的个体——其自我概念在任何意义上都不足以反映其地位——很可能是精神失常的。

从以上所说来看，一个个体根据其所属的群体以及这些群体与其他群体隔离的程度，可能拥有很多"自我"。个体确实还受到它作为成员的不同类型群体在不同程度上和特定方式上的影响。这指明了可能对个体人格进行社会学研究的方法。

56　　每个个体来到这个世界，都带有某些特征和相对固定的行为模式，对此我们称之为本能。这是它与该物种的所有成员共有的种族遗传。他来到这个世界时，还被赋予了某些不明确的能力，用于学习其他行为方式，这种能力在不同个体里差别很大。这些个体差异和本能就是我们所称的原始本性（original nature）①。

---

① 它与社会福祉和人类进步之间关系的原始性质已经成为一门专门科学——优生学的主题。关于对优生学作为一门社会科学的主张的批判，参见 Leonard T. Hobhouse, *Social Evolution and Political Theory*（Columbia University Press，1917）。

　　社会学对"原始本性"感兴趣,因为它提供了创造个体人格和社会秩序的原材料。社会和构成社会的人都是社会过程运作的产物,而且要利用每一代新人都做出了贡献的这些材料。

　　最早对初级和次级群体作出重要区分的查尔斯·库利已经指出,初级群体(即家庭、邻里和村庄社区)亲密的、面对面的联合,对于塑造个体的社会本质和理想来说是根本性的。[①]

　　但是,还有一个生活领域,其中的联合比通常认为的初级群体还要亲密。那就是母亲和孩子之间的关系(特别是在婴儿期),以及性本能影响之下的男女之间的关系。在这些联合之中,形成了最持久的情感和最强烈的反感,我们可以把它描述为触觉关系的领域。

　　最后,存在次级联系的领域,其中的关系是相对非个人化、正规和契约性的。正是在社会生活的这个领域,个体同时获得了个人自由和特立独行的机会,而这在初级群体中是被否定的。

　　事实上,我们当前很多的(即使不是大多数的话)社会问题的根源和开端就在于大量人口——比如移民——脱离了以初级群体关系为基础的社会,进入大城市那宽松、自由,而且较少控制的生活方式里。 57

　　　"'道德动荡'是如此深地渗透到所有的西方社会里,人格日益暧昧和优柔寡断,旧时代'强劲而稳定的特性'消失殆尽,简而言之,玩世不恭之风(Bohemianism)[②]和布尔什维克主义在所有社会里快速且普遍地增长,这不仅是早期初级群体在一般社会基础之上控制其成员的所有利益、中世纪行会群体在专业基础之上控制其成员大多数利益这类事实的结果,即使是与其他很多群体分开,要永久组织其成员态度的现代专门群体,也日益丧失其基础。社会革新的步伐已经变得如此之快,使专门群体正丧失持久和稳定,对于符合其共同追求的成员的态度,已经无法组织和保持其有序性。换句话说,社会正在逐步失去

---

① Charles H. Cooley, *Social Organization*, p.28.
② 原文为Bohemianism,该词最早出现于19世纪的英语之中,用来描述反传统的生活方式。——译者注

其决定并保持个体特征稳定性的旧机制。"①

每个社会群体总是会从组成它的个体之中创造自己的性格类型,而且这些已经形成的性格变成了个体融入其中的社会结构的组成部分。所以,社会生活的所有问题都是个体的问题,所有个体的问题同时也是群体的问题。这种观点在预防医学里,以及某种程度上在精神病学里已得到承认,但还没有在社会个案工作的技术上得到充分承认。

在社会实践中进一步运用社会原理,还有待于对这些问题更彻底的探讨,系统的社会研究,以及实验性的社会科学。

系统社会学及社会学研究方法的代表性著作

I. 进化的科学

(1) Comte, Auguste. *Cours de philosophie positive*, 5th ed. 6 Vols. Paris, 1892.

(2) ——. *Positive Philosophy*. Translated by Harriet Martineau, 3d ed. London, 1893.

58　(3) Spencer, Herbert. *Principles of Sociology*. 3d ed. 3 Vols. New York, 1906.

(4) Schaeffle, Albert. *Bau und Leben des socialen Körpers*. 2d ed., 2 Vols. Tuebingen, 1896.

(5) Lilienfeld, Paul von. *Gedankenüber die Socialwissenschaft der Zukunft*. 5 Vols. Mitau, 1873—81.

(6) Ward, Lester F. *Dynamic Sociology*. 2 Vols. New York, 1883.

(7) De Greef, Guillaume. *Introduction à la sociologie*. 3 Vols. Paris, 1886.

(8) Worms, René. *Organismeetsociété*. Paris, 1896.

---

① Thomas and Znaniecki, *op. cit.*, III, 63—64.

II. 学派

A. 唯实论

（1）Ratzenhofer, Gustav. *Die sociologische Erkenntnis*. Leipzig, 1898.

（2）Small, Albion W. *General Sociology*. Chicago，1905.

（3）Durkheim, Émile. *De la Division du travail social*. Paris，1893.

（4）Simmel, Georg. *Soziologie. Untersuchungenüberdie Formen der Vergesellschaftung*. Leipzig, 1908.

（5）Cooley, Charles Horton. *Social Organization. A study of the larger mind*. New York, 1909.

（6）Ellwood, Charles A. *Sociology and Its Psychological Aspects*. New York and London，1912.

B. 唯名论

（1）Tarde, Gabriel. *Les Lois de l'imitation*. Paris, 1895.

（2）Giddings, Franklin H. *The Principles of Sociology*. New York，1896.

（3）Ross, Edward Alsworth. *The Principles of Sociology*. New York，1920.

C. 集体行为学派

（1）Le Bon, Gustave. *The Crowd. A study of the popular mind*. New York, 1903.

（2）Sighele, Scipio. *Psychologie des sectes*. Paris, 1898.

（3）Tarde, Gabriel. *L'Opinionet la foule*. Paris, 1901.

（4）McDougall, William. *The Group Mind*. Cambridge, 1920.

（5）Vincent, George E. *The Social Mind and Education*. New York，1897.

III. 社会学研究方法

A. 研究方法的批判性观察

（1）Small, Albion W. *The Meaning of Social Science*. Chicago,

1910.

（2）Durkheim，Émile. *Les Règles de la méthodesociologique*. Paris，1904.

59　　（3）Thomas，W. I.，and Znaniecki，F. *The Polish Peasant in Europe and America*. "Methodological Note," I，1—86. 5 Vols. Boston，1918—20.

B. 社群的研究

（1）Booth，Charles. *Labour and Life of the People*：*London*. 2 Vols. London，1891.

（2）——. *Life and Labour of the People in London*. 9 Vols. London，1892—97.8 additional Vols. London，1902.

（3）*The Pittsburgh Survey*. Edited by Paul U. Kellogg. 6 Vols. Russell Sage Foundation. New York，1909—14.

（4）*The Springfield Survey*. Edited by Shelby M. Harrison. 3 Vols. Russell Sage Foundation. New York，1918—20.

（5）*Americanization Studies of the Carnegie Corporation of New York*. Edited by Allen T. Burns. 10 Vols. New York，1920—21.

（6）Chapin，F. Stuart. *Field Work and Social Research*. New York，1920.

C. 个体的研究

（1）Healy，William. *The Individual Delinquent*. Boston，1915.

（2）Thomas，W. I.，and Znaniecki，F. *The Polish Peasant in Europe and America*. "Life Record of an Immigrant," Vol. III. Boston，1919.

（3）Richmond，Mary. *Social Diagnosis*. Russell Sage Foundation. New York，1917.

IV. 期刊

（1）*American Journal of Sociology*. Chicago，University of Chicago Press，1896.

（2）*American Sociological Society，Papers and Proceedings*. Chicago，University of Chicago Press，1907.

（3）*Annales de l'institut international de sociologie*. Paris，M. Giard et Cie.，1895.

（4）*L'Annéesociologique*. Paris，F. Alcan，1898—1912.

（5）*The Indian Journal of Sociology*. Baroda，India，The College，1920.

（6）*Kölner Vierteljahr sheftefür Sozialwissens chaften*. Leipzig and München，Duncker und Humblot，1921.

（7）*Rivistaitaliana di sociologia*. Roma，FratelliBocca，1897.

（8）*Revue del'institut de sociologie*. Bruxelles，l'Institut de Sociologie，1920. [Successor to Bulletin del'institut de sociologie Solvay. Bruxelles，1910—14.]

（9）*Revue internationale de sociologie*. Paris，M. Giard et Cie.，1893.

（10）*The Sociological Review*. Manchester，Sherratt and Hughes，1908. [Preceded by Sociological Papers，Sociological Society，London，1905—7.]

（11）*Schmollers Jahrbuch für Gesetzgebung，Verwaltungund Volkswirtschaftimdeutschen Reiche*. Leipzig，Duncker und Humblot，1877.

（12）*Zeitschrift für Sozialwissenschaft*. Berlin，G. Reimer，1898.

60

主题相关的论题

1. 孔德的人性概念
2. 赫伯特·斯宾塞论社会有机体
3. 斯莫尔界定的社会过程
4. 作为基本社会事实的模仿和思想相似性
5. 作为社会学问题的社会控制
6. 群体意识和群体心智

7. 由匹兹堡调查和卡内基美国化研究来说明的调查与研究

8. 社会学中的群体概念

9. 人、人格与地位

10. 社会学与经济学、政治学的关系

讨论问题

1. 你认为孔德为社会学在科学里要求一席之地的目的何在？

2. 和自然现象相比，社会现象容易进行科学预测吗？

3. 孔德的科学出现的次序是什么？你如何解释社会学在此序列中出现较晚？

4. 当把"实证"这个术语用于社会科学的时候，你认识到什么？

5. 如果不具备实验性，社会学能成为"实证的"吗？

6. 讨论"自然科学重视抽象，历史学家则对具体感兴趣"。

7. 在处理以下现象的时候，你如何区分历史学方法和自然科学方法：(a)电力；(b)植物；(c)牛群；(d)城市。

8. 区分历史、自然史和自然科学。

9. 韦斯特马克的《道德观念的起源与发展》是历史学、自然史还是社会学？为什么？

10. "历史是过去的政治，政治是现在的历史"，你同意吗？阐述你的立场。

11. 历史对于个人有何价值？

61　　12. 按照(a)自然法则(科学意义上的社会法则)、(b)道德法则(习惯性制裁，道德原则)以及(c)民事法则，对以下行为准则进行分类："物以类聚"，"不可杀人"，禁止超速驾驶条例，"诚实是最好的政策"，一夫一妻制，模仿总是以几何级数蔓延，"女士优先"，黄金律，"走老路"，联邦童工法规。

13. 给出一个社会学假设的例证。

14. 以下关于事实的表述，哪些是历史学的，哪些是社会学的？
奥古斯都·孔德患有近视。

"人人生而自由,但无时不在枷锁之中。"

"科学工作不是为了民族或者其精神,全都是为了世界大同。"

15. 你将如何验证以上每个表述? 区分社会学和历史学的证明方法。

16. 运用比较方法的是历史学还是自然科学?

17. "社会有机体:是人类还是利维坦?"你对这种选项的反应是什么? 为什么?

18. 孔德和斯宾塞各自的社会有机体概念有何差别?

19. 仅仅个体的集合如何以团体和持续的方式成功采取行动?

20. 解释"人与社会既是自然的产物也是人类技巧的产物"。

21. 关于群体对其成员的行为进行控制,以下解释的价值和局限是什么:(a)同质性;(b)心智相似性;(c)模仿;(d)共同目的。

22. 作为对群体行为的解释,心智相似性、模仿和共同目的相关理论对恐慌和踩踏事实是什么态度?

23. "整个群体对构成它的个体进行控制,这正是独特的社会现象,这种控制事实是根本性的社会事实。"就群体对其成员的控制给出一个例证。

24. 目前在使用"城市观念""农村观念""公共观念""种族意识""民族意识""阶级意识"等说法时所暗示的群体意愿和群体意识之间的差别是什么?

25. 你如何理解"存在中的群体"? 与航海用语"存在舰队"相比,"一支存在舰队"是一个社会有机体吗? 它是否具有"社会心智"和"社会意识"? 就像我们讨论的"种族意识"或"群体意识"那样? 62

26. 公共舆论在何种意义上是客观的? 分析一个选定的案例,在其中,作为整体的群体的意见与作为个体的成员的意见是不一样的。

27. 为什么"社会控制"这一事实要用"集体意愿"来解释?

28. 以下哪个是社会现实:(a)社会是心智相似的人的集合,或(b)社会既是互动的过程也是产物?

29. 社会学从历史哲学向社会科学转型的三个步骤是什么?

30. 你在社会问题的分类中发现了什么价值?

31. 按照(a)行政管理问题或(b)政策问题或(c)人性问题对以下研究进行分类:判定健康保险解决疾病问题可行性的调查;关于警察部队的调查;研究对战争的态度;种族群体接触的调查;为改进社会机构中工人技术的调查;刑罚机构中犯人自治的实验研究。

32. 把伟大城市描述成"社会实验室",这是比喻还是事实?

33. 你怎么理解这句话:"社会学将变成一门实验科学——一旦它在表述其问题时采用的方式是:一种情况下的结果展示出在另一种情况下能做的事情"?

34. 假如社会学能相当精确地预测政治行为的效果——比如禁令的影响,那对政治生活会带来什么影响?

35. 一旦社会学变成一门实证科学,你赞成把政府交给专家来控制吗? 为什么?

36. 可以在多大程度上把以控制选举为业的政治家视为一种实践社会学家?

37. 作为一门艺术的社会学和作为一门科学的社会学有什么区别?

63

38. 区分课文中使用的"研究"和"调查"这两个术语。

39. 美国社会中什么例证让你想起(a)专制的和(b)民主的社会变迁方式。

40. "所有社会问题最终都是群体生活的问题",有什么例外吗?

41. 任意选择 12 个群体,将其纳入社会群体的分类当中,什么群体难以归类?

42. 根据(a)相关的统计事实,(b)其制度方面,(c)其文化遗产,(d)其集体意见,来研究上述群体中某一个的组织和结构。

43. 解释"所有进步都意味着一定量的解组"。

44. 你怎么理解不同社会过程——(a)历史;(b)文化;(c)经济;(d)政治——之间的差别?

45. 文化、政治和经济过程各自涉及的领域范围的重要性是什么?

46. "人是有地位的个体",动物有地位吗?

47. "在一个确定的群体之中,每个成员的地位取决于它与其他成员之间的关系",给出一个例证。

48. 为什么人的问题也是群体的问题?

49. 关于社会学学科发展,在参考书目和篇章顺序上有什么建议?

50. 对你而言,强调过程而不是进步在多大程度上解释了在社会学理论和观点中已经发生的变化?

第二章　人　类　本　性

I. 引　　言

1. 人们对于人类本性的兴趣

人们对人类本性的兴趣是众所周知的。人们关注其他人的行为是一种原始倾向。经验强化了这种兴趣，因为个人对其他人有依赖性——不仅是为了物质上的生存，也为了社会生活。

每个民族的文学在很大程度上只不过是这种持久兴趣的结晶。各民族的俚语和谚语代代相传，敏锐地概括人类行为。在笑话和警句中，在漫画和滑稽剧中，在闹剧和喜剧中，各个种族和各个时代的人们都乐于从中敏锐地品味着行为的习惯动机和天然动机之间的反差带来的幽默。在希腊神话中，人性的个体特征在神的身上被抽象化、理想化和拟人化。北欧传说和日耳曼传说中的英雄是原始情感与情绪的宏大象征。历史人物生活在社会记忆里，不仅是因为可以用政治、宗教或民族运动来辨认他们，而且还因为他们是人类关系的典型代表。达蒙和皮西厄斯的忠诚[1]，拉结为她的孩子而哭泣的悲哀[2]，自我中心的尼禄

---

[1]　罗马民间传说中的人物，达蒙和皮西厄斯（Damon and Pythias）是一对年轻朋友，皮西厄斯被叙拉古国王狄奥尼修斯判处死刑，达蒙为了让其友回家处理家务而代他人狱，刑期已至，皮西厄斯未归，正将处死达蒙之际，皮西厄斯归来，国王被他们的信义感动，宽恕了他们俩。"Damon and Pythias"也成为英语中刎颈之交的固定称谓。——译者注

[2]　拉结（Rachel），圣经人物，雅各的妻子，因难产而死，葬于伯利恒。《耶利米书》中用拉结为自己孩子的哀哭寓意以色列北国成为亚述的奴隶。——译者注

见利忘义的残暴①,本尼迪克特·阿诺德的背叛②,对亚伯拉罕·林肯的理解和同情③,这些都是众所周知的,也已成为所有参与到我们西方文化中的人们共同语言的一部分。

诗歌、戏剧和造型艺术只有在全新和不断变化的环境里揭示基本人性的不变特征时,它们才是有趣和重要的。在人类研究中,这种天真和浅薄的兴趣的例证对我们中任何人的经验和观察来说都是非常熟悉的。对人类特性和人类行为知识上的兴趣和科学观察都起源于人对同伴的天然兴趣和不假思索的观察。历史学、民族学和民俗学对单一文化特征——语言、宗教和法律——的所有比较研究,只是对人类这种普遍兴趣更系统的追求。

2. 人类本性的定义

"人类本性"(human nature)这种措辞的自然史是很有趣的,其用法已经赋予其意义上很多的差异。在更精确地界定这个术语时有一种倾向,即毫无根据地缩小或者不恰当地扩展和过分强调该术语不同含义中的一种或另一种。对这些不同用法的调查揭示了这个词语共同和基础的意义。

人类本性这一术语在共同意义上的运用是重要的。它在多种背景下使用时,带有最具分歧性的含义,但又总是意在解释典型的人类行为。这一措辞有时被用来表达愤世嫉俗的不满,就像经常这么说的:"喔,那是人的本性。"或者作为一种赞许的表达:"他多有人性啊。"

俗语表达的重点明显在于对人性的贬低上。

"这是人的本性,也许——

---

① 尼禄(Nero),罗马皇帝,以残暴著称。——译者注
② 本尼迪克特·阿诺德(Benedict Arnold, 1741—1801),美国独立战争时期的大陆军将领,1780 年 9 月阴谋通敌的计划败露后脱逃,后来作为英军的一名准将,1781 年率兵对康涅狄格的新伦敦进行袭击,后在伦敦度过余生。被乔治·华盛顿缺席判处死刑。他的名字由此成为"叛徒"的美式代名词,等同于圣经中的犹大。——译者注
③ 亚伯拉罕·林肯(Abraham Lincoln, 1809—1865),美国第 16 任总统。——译者注

假如是的话,喔,人性不是这么差吧!"

这是吉尔伯特(Gilbert)①的音乐喜剧《巴宝莉之恋》的两句台词。"犯错是人之常情,宽恕则是神赐"这句话让我们想起一个熟悉的对比,"人性就像一只破钟,它时不时就会走对,也会罢工一下,但它内部的结构总会出错",这是一个比喻,强调人的行为总会不正当这种普遍想法。一位英国神学家用这样的表述解决了问题:"人的本性就是流氓和无赖,否则它为什么永远需要法律和宗教呢?"

甚至那些理解自然人优点的人也承认,人本身具有犯错的倾向。托马斯·布朗爵士(Sir Thomas Browne)②宣称:"人性自然知道什么是善,但却自然而然地追求恶。"克拉伦登伯爵(Earl of Clarendon)给出了模棱两可的解释:"假如我们不去煞费苦心地败坏我们的本性,那我们的本性就永不会使我们堕落。"爱迪生(Addison)从对人和人的举止进行观察和批判的超然立场得出结论:"因为人是由不同极端构成的生物,他自己身上有某些非常伟大和非常卑劣的东西。"

人与低等动物之间得到最普遍承认的差别在于,人拥有理性。然而熟悉的说法总会从人的品质中排除智识因素。培根勋爵(Lord Bacon)精明地论述道:"一般来说,存在于人性之中的更多是愚蠢而不是智慧。""他是自然的孩子"这样的说法意味着社会关系中的行为是冲动的、简单化的,直接的而不是反思性的,复杂的或前后一致的。华兹华斯③在他的诗《她是个快乐的精灵》里描述了这种类型的人:

一个既不过分精明也不过分美妙的生灵
适合人性的天然需要

---

① 威廉·施文克·吉尔伯特(William Schwenck Gilbert,1836—1911),英国剧作家、文学家、诗人。其剧作至今仍在英语国家经常演出,很多台词已经成为英语的一部分。——译者注
② 托马斯·布朗(Thomas Browne,1605—1682),英国哲学家、作家、联想主义心理学家。——译者注
③ 威廉·华兹华斯(William Wordsworth,1770—1850),英国浪漫主义诗人。——译者注

适合短暂的忧伤、天真的取闹、
也适合赞美、责备、爱恋、亲吻、眼泪和微笑。

人类理性信念和冲动行为之间的不一致是普遍观察到的现象。"那不是逻辑、理性或哲学,而是人性。"现在普遍承认的古老的英格兰概念,由开明的自我利益所驱动的"经济人"和"理性人"与由冲动、偏见和情感(总之,就是人性)驱动的"自然人"相去甚远。大众已经频频批判政治改革者、工业效能专家、宗教和道德的形式主义者,其基础就是他们忽视或无视所谓的"人类因素"。阿瑟·赫尔普斯爵士①说:

> 艰苦的工作无疑是一个伟大的监督机构,假如每个人从清早就工作到晚上,随后仔细地锁好门,那么犯罪登记数量将会极大下降。但是人性将会变成什么呢?在这样一个体系里,成长空间在哪里?正是通过悲伤和欢笑、丰富和需求、林林总总的激情、环境和诱惑,甚至是罪恶与苦难,人类的本性才得以发展。

已经引用的某些说法暗示了人类本性是控制其行为应该考虑的事实,"人性有其界限",这是不可能轻易逾越的。按照佩里安德 (Periander)②的说法,"人性是难以克服的"。然而我们也承认斯威夫特(Swift)所说的:"人性就是天生从一个极端走向另一个极端。"最后,没有什么比这样的表述更老套和熟悉:"人性在世界各地都是一样的。"人性这种根本上的相似性——尽管存在人为的和肤浅的文化差异——已在吉卜林(Kipling)的名句里找到了经典的表达:"上校夫人和无论什么贱女,说到底都是血肉之躯。"③

67

---

① 阿瑟·赫尔普斯(Arthur Helps, 1813—1875),英国作家,剑桥使徒社成员。——译者注
② 佩里安德(Periander,前665—前585,又译"拍立安得"),古希腊政治家、哲学家,"古希腊七贤"之一。——译者注
③ 拉迪亚德·吉卜林(Rudyard Kipling, 1865—1936),英国诗人,文中诗句来自其诗作《The Ladies》。——译者注

因此，人类本性和正规的个体意愿及社会的传统秩序不同，它是人类生活中必须考虑的一个方面。常识早已认识到这一点，但直到现在也没有作出系统尝试去**分离**、描述和解释个人生活与社会生活中特殊的人类因素。

在关于这一主题的所有著作中，最充分的表述来自库利，他以不同寻常的洞察力和独特的眼光，把人类本性解释为群体生活的一种产物。

> "通过人类本性，我们可以理解人类高于低等动物的那些情感和冲动，而且它们在某种意义上属于普遍的人类，而不是任何特定的种族或时代。特别是它意味着同情心和无数带有同情意味的情感，比如爱、怨恨、野心、虚荣、英雄崇拜和关于社会正确与错误的情感。
>
> 在此意义上，人类本性仅仅被看作是社会中一种相对固定的要素，人类每时每地都在寻求荣誉和害怕嘲笑，遵从公共意见，珍惜自己的物品和孩子，赞赏勇气、慷慨和成功。假设人们是并且已经是有人性的，这总是保险的。
>
> 人类本性不是单独存在于个体之中的事物，而是**一种群体本性或者社会原初的一面**，是社会意识相对简单和普遍的状况。它一方面是某种超出我们天生本能的东西——尽管其中也包含本能，另一方面它又不如构成制度的思想和情感那种更为复杂的发展，正是在那些简单的、面对面的群体里——如家庭群体、游乐群体和邻里——发展和表达出来的本性，在所有社会里都有某种程度的相似。在这些本质的相似性里，在经验里，发现了人类头脑中类似思想和情感的基础。在这些地方，人类本性随处存在。人类并不是天生就具有这些本性，除了通过交往，他不可能获得人性，而且还会在孤立中朽烂。"①

68

---

① Charles H. Cooley, *Social Organization*, pp.28—30.

3. 文献分类

随着生物学家、心理学家和社会学家心照不宣地赞成人类行为是一种自然现象，关于人类本性的文献已有快速的积累。这些文献的价值和多样性相当可观，因为这个领域的工作者用于解决这些问题的观点是多样的。当这些研究被汇集、分类和比较时，其成果的价值得以提升。

这些文献自然分为两个部分：(a)"人类本性的起源"和(b)"人类本性与社会生活"。这种区分的基础是先天特性和社会性获得的特征之间的区别——一种必然被这个领域的学者发现的区别。第三个标题"人性与社会自我"之下的文献指出了在社会影响下个体发展的方式，从"本能"的原材料转化为社会产品"人"。第四个部分"生物性与社会性继承"的文献对比了来自遗传物质的原始倾向的传播方法和来自教育的社会遗产的传播方法。

a) **人的原始本性**。——没有人比桑代克(Thorndike)①更清楚地把人类本性表述为两种因素的产物：(a)源于原始本性的反应倾向，和(b)外部及社会环境刺激的累积效应。刚出生的人是一堆随机的反应倾向，通过经验、习惯机制和性格等手段，确保了对本能反应的控制。换句话说，人的原始本性就像孔德说的，是一种抽象物，它只存在于怀孕期的精神真空里，或者说只存在于生殖细胞的潜能里。观察到的事实是，在对刺激的反应过程中，反应结构发生了不可逆转的变化。《婴儿传记》②一书为社会群体环境下婴儿的发展给出了一幅具体的图景。

关于性别、种族和个体之间差异的三篇论文，介绍了区分来自原始本性的行为和从社会经验中习得的行为的问题。男人和女人、白人和有色人种、约翰和詹姆斯之间的明显差别是来自遗传物质的差异，还是教育和文化联系上的差异呢？这些文章肯定不会就这个

①　爱德华·李·桑代克(Edward Lee Thorndike，1874—1949)，美国心理学家，动物心理学、教育心理学创始人。——译者注
②　作者为美国儿童心理学家米利森特·沃什伯恩·希恩(Milicent Washburn Shinn，1858—1940)。——译者注

主题给出最终的答案,它们充其量也就是仅仅代表这三位研究者得出的结论。为了体现赞同原始本性或者赞成教育之间的积极差异而做出的尝试,常常是出于先入为主之见。就科学而言,问题在于发现原始本性对社会模仿有什么限制,以及天生潜力在不同类型社会环境下寻找表达或者压抑的方式。

b) **人类本性与社会生活**。——原始本性体现在人类反应之中,因为它们取决于**有机个体的固有结构**。在此标题下收集的文献处理的是受到**社会组织的结构**影响、修改和重构的先天反应。

人类本性事实上的重组发生在对群体的风俗和道德、传统和习惯的反应之中。但是自然人对社会生活的适应是如此潜在、如此多样,成为可塑造的原始倾向可能采取的表达方式,使得本能被习惯、先例、个人禁忌和善的形式所替代。就像黑格尔所说的,人类本性的这种重组结构,这种客观的意识,被风俗和道德、社会仪式(即德语的 Sittlichkeit)和惯例固定和传播。

c) **人格与社会生活**。——在"人格与社会生活"标题之下的选文集中和比较了这个术语的不同定义。这些定义归到三个标题下:

(1) **作为人格的有机体**:这是一种生物学表述,作为一种定义,其好处仅仅在于为进一步的分析做准备。

(2) **作为一种情结的人格**:按照精神生活统一体来界定的人格是在最近的"个体心理学"里发展起来的一个概念。在这种情况下,人格包含的不只是个体的记忆和意识的流动,还有精神情结的独特组织和可以看作是超情结的倾向。双重和多重人格现象就发生在这种统一体解组的时候。从控制中释放情结群而产生的解组甚至会允许形成独立组织。莫顿·普林斯(Morton Prince)①的著作《人格的分离》是多重人格的经典案例研究,在"与社会人和传统人相对的自然人"和"分裂的自我与道德意识"标题下的文献指出了在人格组织中,对立情绪和利益之间的冲突更为常见和不那么极端。

(3) **作为群体之中个体角色的人格**:人格这个词来自拉丁语

70

---

① 莫顿·普林斯(Morton Prince,1854—1929),美国心理学家、神经学家。——译者注

persona，即演员使用的一种面具。这个词的词源表明，可以在社会群体中的个体角色里找到其意义。在使用中，人格带有行为的社会表达的意味。可以把人格界定为，决定群体之中个体角色的那些品质的总和与组织。以下是对影响人的社会地位和效率的特征的分类：

（a）身体特征，例如体型、相貌，等等；

（b）气质；

（c）个性；

（d）社会表达，例如面部表情、姿势、态度、言谈、写作，等等；

（e）声誉，例如出身、成就、地位，等等；

（f）个体对自己角色的构想。

这些特征的意义在于它们进入社会环境中个体角色的方式。其中最主要考虑的，是个体对于在同类中承担的角色的概念。库利对于"镜中我"的决定性阐述给出了一幅个人根据他人对他的态度来构想自己的过程的图景。

　　　　"反射性自我或镜中自我似乎有三个主要的要素：想象我们在他人眼中的形象；想象他人对这种形象的判断；以及某些自我感觉，例如骄傲或屈辱。与镜中我相比很难提出第二类要素，即相当必要的对判断的想象。驱使我们感到骄傲或羞涩的东西并不仅仅是我们自己的机械性反思，而是一种归因心理，即想象这种反思对他人心灵的影响。这很明显，因为我们从他人心里看到的我们自己的性格和分量与我们自己的感觉完全不同。"[1]

凡勃伦（Veblen）[2]在分析"招人反感的对比"和"炫耀性消费"时，就个体的社会角色观念控制其行为的方式给出了一种精妙的分析。[3]

———————————

[1]　Charles H. Cooley, *Human Nature and the Social Order*, pp.152—53.

[2]　索尔斯坦·凡勃伦（Thorstein B. Veblen, 1857—1929），美国经济学家、社会学家。——译者注

[3]　*The Theory of the Leisure Class*（New York, 1899）.

   d) **生物性遗传与社会性继承**。——著名的生物学家约翰·阿瑟·汤姆逊[①]在《自然与天性》为题的选文中,明确区分了生物性遗传与社会性继承。他指出,所谓的"获得性特征"或通过经验来对原始本性进行的改变,是通过沟通而不是遗传物质来进行传播的。

   桑代克的《原始倾向的清单》对生物性遗传的特征给出了详细的分类,由于对获得性特征没有相应的专门分析,以下给出社会继承类型的简要清单:

社会继承类型

   (a) 沟通方式,如语言、姿势,等等;

   (b) 社会态度,习惯、愿望,等等;

   (c) 性格;

   (d) 社会模式,如风俗、道德、习惯、理想,等等;

   (e) 技术;

   (f) 文化(与技术、正规组织和机关相区别);

   (g) 社会组织(初级群体生活、机构、党派、次级群体,等等)。

   以孟德尔[②]的工作为基础,生物学家们已经在确定原始本性具体特征的遗传上取得了显著的进展。来自美国最重要的遗传和优生学者 C. B. 达文波特[③]的选文《原始本性的遗传》标志着对个体先天特征的遗传进行预测的精度和准确度。

72   社会遗产的传播机制尽管比生物性遗传更易于观察,但一直没有成为深入研究的对象。就像科勒(Keller)指出的,社会遗产的传播以很多感官为中介,在沟通中进行。各种类型的社会遗产以两种方式进行传播:(a)通过传统,一代向一代传播;(b)通过文化同化,从群体向群体传播。

[①] 约翰·阿瑟·汤姆逊(John Arthur Thomson, 1861—1933),苏格兰博物学家。——译者注

[②] 格雷戈尔·约翰·孟德尔(Gregor Johann Mendel, 1822—1884),奥地利生物学家,现代遗传学奠基人。——译者注

[③] 查尔斯·本尼迪克特·达文波特(Charles Benedict Davenport, 1866—1944),美国优生学家、生物学家,美国优生学运动的领导者之一。——译者注

在社会遗产的传播中,不管是通过传统还是文化适应,可以区分出这个过程的两个方面:(a)由于群体成员的性格、兴趣和注意力的运转,这些遗产——不论是一个词语、一种技艺还是一种社会态度——都会在其文化里被选择、调用和吸收。这是通过**模仿**进行的沟通。(b)文化遗产可以通过权威和程序、禁忌和镇压强加于群体成员身上。这是通过**灌输**进行的沟通。在任何具体的情况下,社会遗产的传播可能混合这两个过程的多种要素。从"教育"(education)这个词的词源来说,它表示的是原始倾向的文化,而一个学校体系的日常工作程序常常是按照正规规则而不是围绕着兴趣、才能和注意力来组织的。

历史上来看,关于生物性遗传和社会性继承问题的科学兴趣本身涉及的是毫无新意的问题,一方面重视的是自然遗传,另一方面则是社会继承。选文《气质、传统和民族》认为,更重要的研究是去确定,原始本性和社会传统之间的互动如何决定一个种族群体或者社会阶级的行为模式和文化。根据这个概念,种族气质是一种积极的选择性力量,决定着兴趣和注意力的方向。另一方面,群体遗产代表着一种单独的外在社会环境,一种刺激因素的复合体,只有在做出反应的时候才有效。群体文化是社会遗产的总和与组织,这些遗产由于种族气质和群体的历史生活而获得社会意义。

II. 文　选

73

A. 人类的原始本性

1. 界定原始本性[①]

一个人的本性及其发生的变化可以用他作出的反应——思想、感觉、行为和态度,以及这些反应与生活提供的情境之间连接的纽

---

① 选自 Edward L. Thorndike, *The Original Nature of Man*，pp.1—7。下一节"原始倾向的清单"选自 pp.43—194。(Teachers College, Columbia University, 1913. Author's copyright.)

带来描述。任何智识、性格或技艺上的事实都意味着以某种方式回应某种情境的倾向——涉及影响这个人的**情境**或事件状态,这个人对事件的**反应**或状态,以及使后者成为前者之结果的**联系**或纽带。

任何人在其生命的起点——也就是在精子和卵子结合起来创造他的时刻——就具有了很多针对未来行为的明确倾向。在他将遭遇的情境和他将对此作出的反应之间,存在着预先形成的纽带。这两种胚芽的构成决定了在某种环境下,他将以某种方式去看、去听、去感觉和去行动。他的智力和道德,还有他身体的器官和运动,部分是其生命之初胚胎特性的结果。一个人在其一生中是什么和做什么,是他一开始就拥有的体格和在出生前后施加于其身上的力量的结果。我将用"原始本性"这个术语来指代前者,用"环境"一词指代后者。他的原始本性用来命名他得以发源的,结合起来的生殖细胞的特性,他的环境用来命名宇宙的其余部分,只要是能直接或间接影响他的。

三个术语,反射、本能和天生能力,区分了对这些天然倾向进行命名的工作。当这种倾向涉及对相当简单的感官情境作出非常明确和一致的反应时,当情境和反应之间的联系很难改变,并且强大得几乎不可避免时,它导致的联系或反应就被称为反射。膝跳反应是一种针对突然施压于某个点的简单感官刺激非常明确和一致的反应。

当这种反应更为不定,情境更为复杂,联系更为可变时,"本能"就变成了习惯用语。因此,一个人被鄙视时的痛苦是对如此复杂的情境作出的如此不明确的反应,并且是如此容易改变,甚至可被称为一种反射。当这种倾向是针对非常复杂的情境作出的极端不定的反应,或者是一系列反应时,就像这种联系的最终强度通常是由于训练的巨大贡献一样,似乎更适合用能力、倾向或潜力这样的术语来代替反射和本能。因此,通过艺术和科学学习上的成就来回应学校教育环境的原始倾向被称为学术能力。

当然,在反射和本能之间,或者在本能和一直不容易描述的原初倾向之间,是没有鸿沟的。事实上,就反应特征来说,原初倾向的范围从个体中单一、简单、明确、一致的反应和个体中微小的变化,一直

74

到个体生活以及个体内部高度复合、复杂、模糊和多样化的反应。

典型的反射、本能或能力作为一个整体,包含了感知某种情境的能力,作出某种反应的能力,以及回应情境所依据的纽带或联系的存在。比如,小鸡对于自己物种里其他同伴的缺席比较敏感,能够去啾啾叫,而且是如此有组织,以至于其他成员的缺席就会使它啾啾叫。但是,对于某种情境的敏感倾向可能存在,而不用关联任何排他性反应,而且,作出某种反应的倾向也可能存在,同时无需将这种反应局限于任何个别场景。三个月大的小孩天生就对其他人的存在和行动非常敏感,但是其反应的具体特征是多样的。哭泣的原初倾向非常强,但是没有一种情境是与之专门连接的。原始本性似乎决定了回应某种情境的个体意愿,这比决定当事者将做什么更为常见,并且决定他将作出某种反应比决定他何时作出反应更常见。所以,为了便于思考人类的天然能力,对于同样情境作出多种反应,以及同一反应的多种原因,都可以大致看作是事实。

75

　　2. 原始倾向的清单

I. **感官能力**

II. **原初的注意力**

III. **总体身体控制**

IV. **获取食物和居住**

　　A. 获取食物

　　1. 进食。2.伸手,抓取,放入嘴里。3.获取和持有。4.捕猎(a)小型的逃跑猎物,(b)离开或经过的无防御姿态的小型或中型猎物。5.可能的专门化倾向。6.采集和囤积。7.回避和排斥。8.对抗与合作。

　　B. 居住

　　1. 对监禁的反应。2.迁移和家庭生活。

V. **恐惧、战斗与愤怒**

　　A. 恐惧

　　1. 不愉快的期待和恐惧。2.焦虑和担心。3.讨厌和回避。4.震撼。5.躲避、麻痹,等等。

B. 战斗

1. 逃脱束缚。2.克服移动的障碍。3.反击。4.不理性地回应疼痛。5.竞争中的战斗。6.求偶时怨恨其他男性的出现。7.持续挫败中的愤怒行为。

C. 愤怒

VI. 对其他人行为的反应

A. 母性行为

B. 孝顺行为

C. 回应别人的存在、赞许和鄙视

1. 合群性。2.对人的关注。3.引人注意。4.回应赞许和鄙视。5.用赞许和鄙视做出回应。

D. 掌控与顺从行为

1. 展示。2.害羞。3.自觉行为。

E. 其他社会本能

1. 性行为。2.隐匿。3.竞争。4.合作。5.暗示和反对。6.羡慕和嫉妒行为。7.贪婪。8.所有权。9.亲切。10.戏弄、折磨和欺凌。

F. 模仿

1. 一般性模仿。2.特殊行为的模仿。

VII. 原始的满足和厌恶

VIII. 轻微的身体运动和脑力联系

A. 发声

B. 视觉探索

C. 操控

D. 其他可能的专门化活动

1. 建设性。2.清洁。3.装饰和艺术。

E. 好奇心和精神控制

1.好奇心。2.多种形式心理活动的本能。3.多种形式体力活动的本能。4.做工的本能和对卓越的渴望。

F. 游戏

IX. **情感及其表达**
X. **意识、学习和记忆**

3. 人性并非天生①

人不是天生就有人性,人只能缓慢而艰难地在卓有成效的联系、协作以及和同类的冲突之中,才获得人类本性的独特品质。在他的胎儿时期,他就已经大致重演了生物学家所说的,其动物性祖先的整个历史。他一出生就带着大量的本能和倾向,其中很多会持久地存在于生命之中,而很多只会是斯坦利·霍尔②所称的其野蛮祖先的"残留痕迹",事实表明,这些痕迹将不再有用,而且不久就会消失。

> "早期婴儿和晚期孩童的非自主行为(例如舔东西,点一下舌头,磨牙齿,咬指甲,耸动皱纹,按按钮,缠绕衣服,扯绳子,转铅笔,等等)都是过去有用而现在基本过时的形式的残留物。运动、抓握、平衡、防卫、攻击、好色等方面的古老模式都经过排练,有些完全靠模仿,有些仅借鉴最微弱的模仿暗示,轻微的痉挛性紧张、姿势或者面部表情。"

因此,人类本性整体上可以看作是建立在本能、性格和倾向之上的上层建筑,继承自长长一列人类和动物祖先。它主要包括一种高度组织化的力量,一种潜伏于桑代克所说的"人的原始本性"之中的力量更为精妙的升华。

> "人的原始本性大体上就是所有人的共同之处,除去对工具、房屋、衣服、家具、文字、信仰、法律、科学、艺术作出的所有

---

① 选自 Robert E. Park, *Principles of Human Behavior*, pp.9—16。(The Zalaz Corporation, 1915.)
② 斯坦利·霍尔(G. Stanley Hall, 1844—1944),美国心理学家、教育家、教育心理学先驱,美国心理学会创立者。——译者注

调适,以及为了适应它们的其他任何人类行为。从我们发现的人性当中,首先要剔除所有属于欧洲人而不是中国人,属于斐济岛民而不是爱斯基摩人,所有地方或暂时性的东西。随后还要除去所有人类艺术作品的成果。人类智力和性格里剩下的主要——不是全部——是原始的,所有那些我们称为思想和判断的知识要素必定要从他的反应里减去,人最初只有在经过一定数量的教育之后,才具备产生思想和判断的能力。"

总之,在被经验所修改、被教育所塑造,在与同伴的互动和联系规范形成之前,这些特性就是人类本性。

有几位作者——其中有威廉·詹姆斯[①]——已经尝试对人类与生俱来的特殊本能倾向作出一个粗略的盘点。首先是所有那些较为简单的反射,例如"哭泣、打喷嚏、打鼾、咳嗽、叹息,哭泣,作呕,呕吐,打嗝,启动,被触摸、吹气、逗乐时移动肢体,被触摸、挠痒或抚摸脚底时伸开脚趾,在任何突然的感官刺激下伸出或举起手臂或者眼睑快速跳动"。

然后还有更复杂的原始倾向,比如吮吸、咀嚼、坐起和发出咕噜声,在更为普遍的天然孩童反应中,有恐惧、愤怒、好斗、羡慕、嫉妒、好奇、建设性、喜爱节日、仪式和折磨,交际性和羞怯、隐瞒,等等。详细引用了这个列表的桑代克已经试图通过明确界定和区分行为所回应的情境特征,来使其描述变得明确。例如对于这种情境,"陌生的人或动物,孤独,黑色的东西,黑暗的地方,洞穴和角落,一具人的尸体",原生的和天然的反应是恐惧。人对于孤独的原始反应是一种不适的体验,面对人群时,则有"一种加入他们并做他们在做的事情的倾向,并且不愿意离开和回家"。当他热衷于掩盖自己的风流韵事等诸如此类的事情时,这就是人类原始本性的一部分。

通过这个列表明显看出,原始本性表示的意思并不局限于一出

---

① 威廉·詹姆斯(William James,1842—1910),美国本土第一位哲学家和心理学家,机能主义心理学代表学者。——译者注

生就体现出来的行为,还包括人对个体所体验的情境作出的自发和天然的反应。

近年来,对于儿童研究的广泛兴趣已经激发出了大量涉及人类本性中原始和遗传倾向的文献。区分原始行为和后天行为的困难已有报告,进一步的困难在于对行为所回应的情境作出精确描述,这已经使得很多文献就科学目的来说价值可疑。然而这些研究已经促成我们在人类本性的概念上有了根本变化,它们已经展示出,人的意识和低等动物的意识之间的区分不是那么巨大,也不像曾经假设的那样深远。它们强调了以下事实:人类本性依赖于动物本性,以及从动物到人的转变,尽管它们各自的成果有差异,但却体现为细微的渐变。同样地,它们已经揭示出——在文化和个人成就的差异之下——所有种族和个体共有的一种普遍的、相对不变的人类本性的轮廓。

人类本性的研究开始于描述,但是从这一点继续走向解释。假如我们迄今对人性的描述是不完美的,并且缺乏精确性,那么迄今为止提出来的解释整体上也同样是不充分的。其原因之一就是任务的难度。正如可以预见的,控制人类行为的机制极其复杂,要深入它们的基本形式进行分析,并把它们的多种表现简化为精确而清晰的公式,这是既复杂又令人困惑的问题。

然而,解释人类本性的基础已经由动物行为研究和神经系统的生理学比较研究奠定了。进展的取得一方面是通过探寻神经反应中精确的心理—化学过程,另一方面是通过把较高级的心理过程简化为趋向运动和反射行为所代表的基础形式。

在这里,科学在关于人类行为的解释上,已经取得了高于常识的相当大的进步,但是并没有提出新的原则,它只是使自己的表述更加详细和准确。比如,常识已经发现"被灼伤的孩子怕火""飞蛾追寻火焰",这些都是具有确定无疑的通则的真实陈述,但是为了让它们具备科学真理的有效性,我们需要知道相关过程的本质是什么,使孩子怕火和飞蛾扑火成为不可避免。说这种行为在一种情况下是本能的,在另一种情况下是理性的,这是不够的,除非我们能够给这些术语以精确和明确的意义。总之,除非我们能够指出这些反应得以进行的精确机制。以下来自勒布(Loeb)①关于大脑的比较生理学著作的例证将说明,关于人和低等动物行为的常识和更精确的科学解释之间的区别。

80

　　"众所周知的事实是,假如一只蚂蚁被从蚁巢里移走,然后放回原处,它将不会被攻击,而几乎不变的是,一只属于另一个蚁巢的蚂蚁会遭到攻击。我们已经习惯性地使用记忆、敌意、友好这些词语来描述这种事实。现在贝特(Bethe)进行了以下实验:一只蚂蚁被放在从蚁巢同伴身体里挤出的液体(血液和淋巴液)里,随后放回巢里,它不会遭到攻击,接着把它放入从敌对蚁巢居住者身上取出的汁液里,它立即被攻击和杀死了,贝特用专门的实验证明了蚂蚁的这些反应不是通过经验学习的,而是遗传的。蚂蚁之中对敌友的认知被简化为不同的反应,依赖的是化学刺激的特性而不是靠记忆。"

　　这里,在蚂蚁行为的常识和科学解释之间,又一次没有看到实质性的差异,除非科学解释更为精确,界定使"敌友"认知生效的精确机制,以及它所受的限制。

　　人和低等动物行为比较研究的其他成果已经使学者们相信,在以前所称的智识行为和本能行为之间没有根本性的差异,就像已经说过的,可以把这些行为简化为以动物的简单反射和植物的定向活动为代表的基本反应形式。所以,勒布说:

　　一位杰出的心理学家一直坚持,反射被看作是过去几代人意志行动(volitional movement)的机械效应,神经节细胞似乎是唯一能储存这种机械效应的地方,所以,它被认为是反射机制最根本的要素,神经纤维则被视为(可能是正确的)仅仅是导体。

---

① 雅克·勒布(Jacques Loeb,1859—1924),德裔美国动物学家和心理学家。——译者注

强调反射行为目的性的学者,和仅仅把它视为一种物理过程的学者,都不约而同地将神经节细胞看作是反射行为中复杂的协调动作主要的承载结构。

我本来应该像其他生理学家一样,尽可能少去怀疑这种概念的正确性,因为它还没有确立动物和植物对光的反应的同一性,证明了这种观点站不住脚,同时还提供了不一样的反射概念。飞蛾扑火的飞行是一种典型的反射过程:光线刺激了周边的感官,刺激通过了中枢神经系统,从那里到达翅膀的肌肉,飞蛾因此飞进了火里。这种反射过程在每个点上都与植物器官的趋日效应(heliotropic effects)[1]一样,因为植物没有神经,动物和植物趋日性的一致所能提供的只有一个结论——这些趋日效应必须依靠植物和动物共有的条件。

另一方面,华生(Watson)[2]在其《比较心理学导论》里把反射定义为"一种本能分析单位",这意味着人和动物的本能行为都可以看作是简单反射行为的组合,那也就是说"只有低等和高等有机体对刺激的天然反应是相当明确和一般能预见到的"。很多这些反射行为不是固定的——以前被假定为是固定的,但是较为不稳定和不明确。这一事实使得有可能通过混合与固定这些遗传性反应来形成习惯。

由勒布和华生以激进形式表达的这些观点自然足以成为有相当大争议性的主题——在科学和情感上。他们似乎把人类行为简化为一种化学和生理反应的系统,而且剥夺了生命的所有精神价值。另一方面,必须记住的是,人类像其他自然形式一样,有其机械性的方面,而发现和揭示这种机械性恰恰是自然科学的职责。只有如此,我们才能获得对自我和他人的控制。我们共同的经验是,我们会形成习惯,而教育和社会控制主要依靠我们在自己和他人之中

81

---

① 即植物总会趋向有日光的方向生长。——译者注
② 约翰·布罗德斯·华生(John Broadus Watson, 1878—1958),美国心理学家,行为主义心理学创始人。——译者注

建立习惯的能力。事实上，习惯是一个说明机械论（在该词这里使用的意义上）意味着什么的典型例子。正是通过习惯的固定，我们才能控制我们的原始本性，这使我们脱离野兽之列，并给予人类本性作为人的独特性。性格并不是我们称为习惯的这些机制的总和与协调，这些机制得以形成，是以遗传和本能倾向，以及我们在很大程度上和低等动物共有的性情为基础的。

82　　　4. 自然人①

　　　"他的第一个举动是哭，不是愤怒，就像康德所言，也没有欢乐的呼喊，如同施瓦茨所想，只是吸着鼻子，然后是悠长、细弱、无泪的啊啊叫，带有苏格兰风笛的音色，纯粹自发的，没有什么不适，带着这种单调凄凉的叫声，有着红色、干瘪、半熟的皮肤（孩子出生最初几天普遍会损失体重），眯眼、斗眼、大腹便便和弓腿都是不足为奇的，假如母亲没有按照福禄贝尔的嘱托，在孩子出生之前去爱孩子，那么在母性本能完全被激发出来之前，对于孩子会有一个偶尔具有危险性的短暂间隔期。"

　　新生婴儿所展示的猴子的所有特征之中，最奇妙之处来自路易斯·罗宾逊博士（Dr. Louis Robinson）的一项调查。它是由《咆哮营的幸运儿》②提出的。这个问题是在交谈时提出来的：一个不能用他无助的细脖子撑起脑袋的，步履蹒跚且软绵绵的婴儿，是否能做出像挤搓手指那样主动的事情？比较世故的人会坚持认为，一个小婴儿事实上能很好地把手扣在一起。对于罗宾逊博士来说，假如这事情真的发生了，那就是一个漂亮的达尔文主义观点，因为用手紧抓和挥舞当然是我们祖先所独有的——假如他们曾经像猴子一样在树上生活。能在母亲抓住时机用手、脚和尾巴逃到树上时贴紧母

---

① 改编自 Milicent W. Shinn, *The Biography of a Baby*, pp.20—77。（Houghton Mifflin Co., 1900. Author's copyright.）

② 美国小说家布雷特·哈特（Bret Harte，1836—1902）的小说，发表于 1868 年。

亲的婴孩,或者可以在食物稀缺时能够拿到更多难以获取的水果和鸡蛋的婴儿,将能活到把自己的特质传给后代;所以到今天,我们在襁褓和摇篮里的婴儿将用他们的力量保持我们在野外树上生活时代的回忆。

有另一类的活动,经常和反射相混淆,那就是本能活动。真正的抓握(区别于反射式的抓握)、咬、站立、行走,是这类活动的例子。它们是种族活动,是动物所属物种的习惯,每个正常的物种成员必定都要做这些活动,它们也不会像反射活动一样固定在身体机能里。

人类婴儿总会带到这个世界上的一种本能就是一种单纯反射式 83
行为——吮吸,作为一种反射,它一开始是去触碰某些物体——铅笔、手指或乳头,它可能是在嘴唇之间,但是在此之后就不像反射活动了。它持续并结束,无需外部刺激,或者开始刺激之前就给出,假如一开始就有反射特征,这种特征会逐渐消失并留下一种纯粹的本能。

我的小侄女在出生第一个小时里,就明显感受到了光明和黑暗之间的差异,因为当她的脸暴露在柔和的灯光下时,就停止了哭泣。在第一个星期,据报她有两到三次把头转向有光之处。聪明严苛的护士认为她在我侄女身上看到了这些,我没有,但是我看到她的眼球不断转向靠近她的人——转向干扰光线的大块的黑暗。在小家伙的头两个星期里,没有别的视觉信号出现,眼睛指向虚无,固定在虚无上,假如有人从面前走过,眼睛没有眨,不论看近处还是远处,焦点都没有变化。

直到第三天,婴儿也没有显示出任何听到东西的信号,此时她开始听到距她大约八英尺之外猛烈撕纸的声音。在那之后,偶尔刺耳或者突然的声音——比其他声音更常见的是纸张的沙沙声——可能使她开始听见或哭泣。经过几位生理学家仔细的测定,婴儿作为聋子的持续时间从出生后的几小时到几天不等。

味觉和嗅觉是婴儿直到很晚之后都还没有的感觉,饥饿的满足完全足够说明她在护理中的满足感。当她不饿的时候,她会吮吸最无味的东西,就像吮吸其他任何东西一样。

我们的婴儿从一开始就显示出她意识到自己被触摸,当她被拥抱和轻拍的时候就会停止哭泣。她在沐浴中表现出舒适,这可能部分是因为脱离了和衣服的接触,并且喜欢水的轻柔触及。对于初次接触她嘴唇的乳头,她报以吮吸运动。

84　　　我们的婴儿从出生第一天起就显示出随和愉快的气质,尽管我们很难看到这个,除非往回看。在第 25 天,到晚上,当婴儿躺在奶奶的膝盖上烤火,在高度幸福和满足的情况下,在奶奶关注的脸部表情注视下,我进来并紧挨着坐下,俯身向着宝宝,以至于我的脸肯定进入她的直接视力范围之内。此时她把眼睛转向我的脸,并且注视它,带着同样注意的表情,甚至是某种努力,通过眉毛和嘴唇的轻微张力来表示,然后把眼睛转回她奶奶的脸,然后又转向我,如此数次。最后一次,她似乎注视着我的肩膀——那里有来自灯泡的高光,不仅移动她的眼睛,还把头转回来以便更好地看,有时脸上带着新的表情凝视——一种昏暗而不成熟的渴望,我的笔记里写道,她不再盯着看,而是真正在看。

　　　　婴儿在视觉上不断增加的兴趣特别集中在与她有关的脸上,她全神贯注地凝视着,即使在仅仅是盯着看的期间,脸也最能吸引她的眼球,可能因为脸比其他光亮的表面更常进入她清楚观看的范围。大的、容光焕发的、移动的人脸(如普莱尔指出的)接近并进入视觉范围。更常见的是徘徊在比其他任何物体都清楚的点上,在脸颊、牙齿和眼睛上带着高光。据计算,一个月大的婴儿能够激发出最高程度的注意力。所以从最早的时候——在婴儿能真正看到她母亲之前——她的脸和其他最近的朋友的脸变成他们成长过程中最活跃的人物,以及她的经验中最有趣的事情。

　　　　此时,我们的婴儿在某种程度上意识到了陪伴和孤独的区别。在最初一个月的晚些时候,她将和附近的人安心待在房间里,但如果单独留下就会担心。到这个月结束的时候,当她被放在长椅上或休息室的时候容易感到焦虑,只有被抱到膝上时才会感到安心。这还不是明确的记忆和欲望,但却显示出愉悦和膝盖的联系已经形成,而且她会在缺乏这些东西的时候感到模糊的不适。

85　　　自然已经提供了完美适应儿童感官状况的教育器具,那就是紧贴着孩子头顶的母亲的脸庞，微笑、大笑、点头，以及高光下所有令人愉快的变化方式；还有上千种微小的无意义的爱抚声，歌唱、谈话、叫唤都从母亲的脸庞开始，而拍打、拥抱、举起以及所有婴儿感觉到的服侍，都与母亲的脸庞联系在一起，直到最后，它们被累积起来并形成孩子关于母亲的整体印象。

我们婴儿的母亲相当讨厌这种想法，即对于她的宝宝，她仅仅是分离现象的集合，而不是一位母亲；但是你对此想得越多，它就越是一种讨好，因为它融入你的元素里，并逐项混入婴儿精神生活的独特基础之中。这里暗示了人格哲学的大多数理念，鲍德温（Baldwin）教授已经写了一本可信赖的书，主要是从婴儿和孩童的成长里看出，其他所有人都是我们每个人的一部分，我们每个人也是其他所有人的一部分，所以，确实没有独立的人格，但是我们都有一个灵魂，假如我们认识到它的话。

5. 性别差异①

随着孩童因性别而出现身体上的分化，也出现精神上的分化。可以在职业、游戏、运动和其他大量细节上观察到这些差异。由于男人在生活中发挥着积极作用，男孩特别喜欢较为粗暴的户外游戏。而另一方面，女孩更宁愿把这些游戏作为对未来职业的适应。所以她们倾向于照顾更小的儿童，并且和洋娃娃玩。看看一个小女孩如何照顾她的洋娃娃，给它洗澡，穿衣服和脱下。当她才六七岁的时候，就常常是一个出色的护士。她用这些活动来满足自己的需求是如此强大，以至于假装她的洋娃娃生病了。

在所有方式中，我们看到小女孩使自己专注于她未来生活的行为和倾向。她实践家务工作，她有一个小厨房，她在其中为自己和她的洋娃娃烹调食物。她喜欢针线活，照顾自己，更特别的是她的装饰，这是不能忘记的。我记得看到一个三岁女孩哭叫着"新衣服"，

86

① 选自 Albert Moll，*Sexual Life of the Child*，pp.38—49. Translated from the German by Dr. Eden Paul. (Published by The Macmillan Co., 1902. Reprinted by permission.)

不断打断长辈的谈话,在得到后者充分的赞赏之前,她是不会保持沉默的。对自我装饰的喜欢几乎是专属于小女孩的。而另一方面,男孩宁愿做粗野的户外游戏,他们可以由此积极运用自己的肌肉,强盗游戏、战士游戏以及类似的游戏都行。不管在哪里,男女幼儿都喜欢非常嘈杂的游戏,这种喜爱在女孩身上比在男孩身上消失得早。

性别之间的差异也通过实验心理学的方式来确立,其基础是大量案例的检验。伯特霍尔德·哈特曼(Berthold Hartmann)通过一系列的实验研究了儿童思维的循环,检验的对象是男学童 660 人,女学童 652 人,年龄在五又四分之三岁到六又四分之三岁之间。引人注目的是,在某些概念比如三角、立方体和圆形上,女孩远远优于男孩;而在动物、矿物和社会观念上,男孩比女孩更为了解。按照梅依曼(Meumann)的观点,性别之间的差异事实是:对于"婚姻"这个概念只有 70 个男孩了解,相比之下女孩有 227 人了解;而对于"婴儿洗礼"的概念有 180 个男孩了解,女孩是 220 人。女孩能够比男孩更好地理解"愉悦"这个概念。记忆的检验也证实了孩童性别差异的存在。在男孩中,对物体的记忆一开始就得到很好的发展;成功记住了带有视觉内容的单词;而在女孩之中,观察到的情况相反。但是在大量细节上,权威之间存在冲突。最明显的是很多调查人员一致认为的事实:女孩对颜色有更卓越的认识。

还有关于儿童性别差异的其他心理学数据,我会回想起斯特恩(Stern)[1]关于证据心理学的调查,这显示出女孩比男孩更不精确。

87 普遍认为,这些性别之间的心理差异来自教育,而不是天生。然而,另外一些人认为,心理上的性别差异仅仅来自教育上的个体差异。斯特恩认为,至少就一种特定特征来说,他能证明很多世纪以来,两性在教育上没有什么差别,这个特征就是绘画能力。克申斯泰纳(Kerschensteiner)[2]已经研究了这种天赋的发展,并认为他的

---

[1] 威廉·斯特恩(William Stern,1871—1938),德国心理学家,人格心理学的开创者,他创造了智商(IQ)概念。——译者注

[2] 格奥尔格·克申斯泰纳(Georg Kerschensteiner,1852—1932),德国教育学家、心理学家。——译者注

成果已经无可争议地证明,女孩在这个方面要差于同年龄的男孩。斯特恩指出,无疑教育在培养上会导致才能上的性别差异,因为并没有尝试过针对某个性别的成员,排斥其他性别成员来进行普遍和系统的制图术教学。

我相信,我们有理由断言,目前在相当多心理特质上呈现出来的性别差异是直接遗传的结果。要是假设出现在每个个体身上的所有差异都是由于教育,这将会是错误的。确实,在我看来,遗传趋势可能会由于个体教育而增加或减少,而且当遗传趋势不是很有力的时候,这种方式甚至可能将其抑制。

我们一定不能忘记结构和功能之间频繁的密切联系。粗暴的户外游戏和摔跤是适应男孩体质的。所以,并非不可能的是,骨盆和臀部通过发育,已经开始显示出适应成熟女性至高无上功能的小女孩,也将隐晦地体验某种她们预先注定的母亲职能的冲动,而且她的倾向和娱乐也应该用这种方式来决定。确实,很多人——尤其是女权主义的极端拥护者——宁愿坚持这种性别差异倾向仅仅是由于个体教育的差异;假如男孩对洋娃娃和做饭没有持续的兴趣,这是因为他的母亲和其他人告诉过他——或许是带着嘲弄——这些娱乐不适合于一个男孩;同时用类似的方式劝阻女孩不去做男孩一样的粗暴运动。这样一种假设是普遍的心理和教育倾向的表达,即把意志的活动归因为一种对促进智力的器官发展施加的强大影响,这种影响接下来也加之于身体的其他器官。我们不能否认这样的事实,即意志的活动在某种限制之下是有效的,特别是在遗传倾向相对来说比较弱的情况下。从而我们能理解,在某些情况下,通过教育,一个孩子是如何对其正常性别特征留下印象的;而且一般仅出现在异性孩子身上的特质和倾向得到发展。但是,即使我们必须承认个体的活动可能以这种方式进行,我们还是不得不假定,某种倾向是天生的。无数通过教育来抵消这些天生倾向的尝试的失败,对个体意志行为的局限给出了强烈的启示,同样,也必须提到大量其他的经验。

犯罪学经验还确认了一种儿童和成人中都有的遗传性别差异

88

的概念。根据多种统计——涉及的不只是儿童期还包括了青少年期——我们认识到,女孩仅占少年犯总量的四分之一,为阐述这种不均衡,已经提出了很多不同的解释。比如,有人提请注意这样的事实,女孩身体上的弱势使她放弃对人进行暴力攻击的企图,这将足以解释为什么女孩很少犯这种罪行。在较少需要体力的违法行为中,比如诈骗、盗窃等,年轻女性犯罪的数量所占比例较大,尽管她们比相应年龄犯有类似罪行的男性还是要少。有人声称,在法庭上,女孩比男孩得到更多同情,由于这个原因,前者比后者得到更温和的判决,因此在结果上就表现为女孩的犯罪少于男孩。而其他人89 宁愿把两种性别青少年在犯罪上的差异归结为教育和整体环境的影响。然而,莫里森(Morrison)认为,所有这些影响加在一起还不足以解释两性之间巨大的不均衡,并坚持认为,青少年和成年人里都存在着特定的性别分化,这种分化很大程度上是基于精神和身体特征上的生物学差异。

成年男性和成年女性之间的显著差异在孩童身上确实是不存在的。和很多其他特征——如身体和精神特征——以及很多倾向和大量行为相类似,我们发现,在儿童之中,性别差异不像成年人生活里那样显著。尽管如此,一些性别差异在儿童期还是存在,虽然它们还没有显现出来。我们还是不得不假定,它们已经潜藏于儿童的器官里。

6. 种族差异①

剑桥托雷斯海峡考察②的成果表明,海峡岛民在视觉、听觉、嗅觉等感官的灵敏度上和我们并没有什么值得注意的差异。我们的

---

① 选自 C. S. Myers, "On the Permanence of Racial Differences," in *Papers on Inter-racial Problems*, edited by G. Spiller, pp.74—76。(P. S. King & Son, 1911.)
② 剑桥托雷斯海峡考察(Cambridge expedition to the Torres Straits)是 1898 年由英国人类学家阿尔弗雷德·哈登(Alfred Cort Haddon, 1855—1940)率队赴澳大利亚和新几内亚之间的托雷斯海峡群岛进行的人类学民族学调查。这次考察带回大量民族学素材,很多素材至今仍保存在大英博物馆。——译者注

结论是,不同旅行者引证的与之相反的非凡故事不能用感官的敏感度来解释,而要用原始民族的理解敏锐性来解释。把野蛮人放到繁华城市的街道上,并且看看他将忽视多少景象和声音,因为这些对他是无意义的。具备识别地平线上船只能力的水手在从未出过海的人眼里是如此不同寻常,安排他去探查微观领域里的微生物。原始人竟然能从远距离微小的斑点、最微弱的声音、丛林中的气味和痕迹中得出对陌生人来说不可思议的推论,这令人惊奇吗? 这种行为仅仅证明了原始人在对于他们来说有趣和有用的事物上有非凡的观察力。同样的能力体现在他用来表示同样事物的大量词汇里,例如说明某棵树处于不同的生长阶段。

因此,我们的结论是,在原始社会和文明社会之间,并不存在感官敏锐度和感觉辨别能力上的根本差异。进而,在他们之间也没有任何记忆差异的证据,可能对原始人来说,保存着更多采用和擅长机械式学习的倾向,并优先于理性的学习。但这确实也是欧洲农民的特点。只要他能通过死记硬背来学习,他就从不愿意通过思考事物的意义来记忆事物。

在气质上,我们在原始社会和文明社会遇到的变化是一样的。在每个原始的社会里,都可以发现轻浮、稳重、精力充沛、懒惰、开朗、郁闷、阴郁、暴躁、没头脑、富于哲思的个体,同时,不同原始人之间的平均差异就像普通德国人和普通意大利人之间的差异一样显著。

假设原始人和文明社会的农民有区别,认为原始人更为自由,其行为更少受到控制,这是一种常见而又明显的错误。恰恰相反,野蛮人可能在墨守成规上比我们更甚,他的一生是一个坚持习俗要求的轮回;比如,他可能被迫把自己刚出生的孩子交给外人,他可能被禁止和某些亲戚说话,他选择妻子时可能受到传统习惯法的严格限制。每次他都要举行仪式和制作礼物,以便安然避免厄运;至于原始人对他们行为的控制,不同种族之间有很大的不同。但是如果需要的话,我能举出很多自我控制的例子,这些例子甚至能使我们最文明社会的成员也要感到羞愧。

既然原始社会和文明社会之间在多种精神特征上不存在明显

的差异,由此就产生了问题,他们之间最重要的区别是什么? 会有人告诉我是在逻辑和抽象思维能力上。但是欧洲农民比他的原始兄弟在逻辑和抽象思维上优越多少呢? 研究我们农村的民俗,研究当今每个欧洲农民社区盛行的医疗和宗教的实际做法,发现了怎样实质性的差异呢? 当然,人们将会不假思索地敦促继续这些做法,它们仅仅是其曾经被相信并满含意义的时期的遗迹。但我确信这远远不是真理,它肯定也适用于原始民族的很多仪式和习俗。

可以说,欧洲农民在重要的思维上可能并没有更强的逻辑性和抽象性,尽管如此,他还是具备了如此思维的潜力,能有这种表现,只能通过给予教育和类似的条件。通过这些,已经创造出了欧洲的天才——出身于最低等级的艺术家和发明家的长长队列。

我稍后将提出异议。现在,我的目的是要确保,欧洲农民作为一个整体,运用他们精神力量的方式并不比原始人更富于逻辑性或者更抽象。我认为,这样的优势是因为他们有(1)环境差异和(2)可变性的差异。

我们必须记住,欧洲农民是在或多或少文明的环境下成长起来的,他学习了一种多多少少发达的书面语言,这些对于抽象思维来说是更容易的工具和更强大的动机,他天生就处于一种多多少少发达的宗教里。所有这些优势和欧洲农民受过更复杂教育的优势使他们在能力和教化上占据优势地位。从这些农民身上夺走这些机会,把他们扔到当前原始人的社会环境里,他们之间在思维能力上的何种差异将会消失呢?

回答这个问题把我带到我已经提过的第二个差异点上——可变性的差异。我已经暗示过,可以在每个原始社会的成员之间发现气质上的差异。但是这些差异和其他个体差异一样显著。我怀疑它们在原始人里不如在较发达社会里那样突出。假如这种可变性差异真的存在,很可能是更频繁的种族融合和文明社会里更复杂的社会环境导致的结果。在另一种意义上,野蛮人的可变性是通过某些心理学调查的比较数据体现出来的,一个文明社会在某一特征的平均或一般水平上可能和原始社会没有差别,但是均值中的极端偏差会更多和更为显著。这种可变性可能有其他的来源。一个原始社会的成员以最简单的方式来进行这种测试,我们将使用称为 A 的心理过程,除了 A 之外,更发达文明运用的其他心理过程被称为 B、C、D 或 E,每个个体都不同程度地将它们用于一种表现和同样的测试。最后,很可能还存在第三种可变性,其起源最终是环境因素,表现为极端的精神不稳定,也许异常的缺陷和杰出的天才在文明社会里比在原始社会里更为普遍。

我们在研究性别差异的时候,类似的特征无疑会符合我们的要求。总的来说,多种运用于男人和女人的心理能力测试的平均结果在两性之间没有多大差异,但是男性总是显示出比女性更大的个体可变性。而且在所有的情况下,两性中智力缺陷和天才出现频率之间的关系是毋庸置疑的。我们的精神病院收容的男性数量远大于女性,作为一种补偿,天才在女性中出现的频率要低于男性。

7. 个体差异[①]

一个人的生活是一个双重序列——世界上其他人对他产生的一系列影响,以及他在这个世界上产生的一系列影响。一个人的构成与本质等于世界以某种方式影响之下他的倾向,以及他以某种方式对世界的反应。

假如我们能充分描述一百万人中的每一个人,假如我们可以预测每个人对生活中每种可能的状况做出的反应,将会发现,这一百万人有很大的差异。这一百万人中可能没有两个人在智力特征上会如此相似,以至于一个了解他们所有特征的人也无法分辨。每个人都有把他和其他人区别开来的个性。我们研究一个人,可以根据普遍人性也可以根据其个性来进行。换句话说,我们可以研究对于人这种物种来说所有人共有的智力和性格特征,我们也可以研究区分开个人的智力差异和性格差异。

93

[①]　选自 Edward L. Thorndike, *Individuality*, pp.1—8。(By permission of and special arrangement with Houghton Mifflin Co., 1911.)

通常认为,无论是在数量或质量上、程度或类型上,个体的这些特征都是有差异的。当个体在相同特征上不一样时,就存在着数量的差异。所以,"约翰比詹姆斯更关注他的老师","玛丽不如露西那样喜欢洋娃娃","A 对他的国家比 B 做出的贡献大",这些是关于数量差异的表述,是那些被认为是同类的事物在数量上的差异。当一个个体具有的某些品质或特征在其他个体身上缺乏的时候,就存在质量差异。所以,"汤姆懂德语,迪克不懂""A 是一个艺术家、B 是一个科学家""C 是一个思想者、D 是一个行动者"这些说法体现了这样的事实:汤姆在德语知识这个特质上达到了某种数量或程度,而迪克没有;A 在艺术上有某些能力和兴趣,而 B 没有;B 在科学上有一定的能力,而 A 没有,诸如此类。

在一个项目为零,或者两个或更多项目数量差异混合的地方,智力或性格上的质量差异其实是一种数量上的差异。所有可理解的差异最终都是定量的。任何两个个体之间的差异可以通过比较 A 所具备的各种特征的数量和 B 所具备的同样特征的数量来描述。在智力和性格上,一个个体和其他个体间的类型差异可以界定为程度差异的混合。

假如我们能列出所有的特征,每个都代表着人类本性的某个特征,并衡量着一个人具备的每种特征的数量,那么我们就能用一个伟大的方程式呈现出他的本性——读出他的性格。约翰·史密斯就等于这么多单位,再加上这么多单位,如此等等。这样的心智清单将以其整体性和突出的精确性令人信服地表达他的个性。没有给任何人列过这种清单,更不用说对人的每种特征给出精确的数量了。但是在某些特征上,很多个体已被测量过,而且某些个体的大量特征也已得到测量。

重复计算已经发现的人类特征差异是无用的。因为人类没有哪个特征没有差异。当然,假如测量个体的尺度划分得很粗糙,他们的差异就可能隐藏起来。比如,假如只按两种区分尺度来测量学习能力,(1)学习能力不如普通小猫和(2)学习能力超过普通小猫,那么所有人都能被纳入级别(2)。就像假如人的身高按一码、两码、三码的级别来测量,几乎所有人都会被称为两码的身高。但是不论何时,只要测量尺度能做到足够细,差异会立即出现。它们的存在对于任何公正的观察者来说都是不容置疑的。早期心理学家忽视或者未能精确地观察到差异,因为早期心理学是片面的。它相信在创造了所有心智之后,有一种典型或模式化的心智,心智之间的差异仅仅是罕见的意外。它研究了"心智",却忽视了个体的思想;它研究了"人类"的"意志",却忽视了具体人的利益、冲动和习惯。

差异从一出生就存在,并且通常会随着人的成熟而增加。个性在学龄儿童身上已有清楚的体现。同样的情形激发出差别很大的反应;同样的任务以不同速度和不同的成功程度完成;同样的处理方式产生不同的结果。毫无疑问,在随机抽取的一千个十岁小孩中,有些人的精力、勤奋、快速、勇敢或诚实是其他人的四倍,或拥有四倍于其他人的细心、算术知识、自我控制能力、同情或类似的品质。研究发现,在同年龄儿童,以及具有本质上相同的家庭培养和学校优势的孩子之中,某些人在同样时间里做了六倍的事情,或者完成同样数量的事情,但错误率只有别人的十分之一。

B. 人类本性与社会生活

1. 人类本性及其重塑①

正如我们所发现的,人类是人造产品,而且不论好坏,他们必定总是如此。本性已经造就了我们,社会行动和我们的努力必定持续重构我们。任何为了"自然"而拒绝艺术的企图只能导致一种人为的自然,它远远不如天生的艺术作品那样真实和令人愉悦。

此外,随着自我意识的变化,这种重构活动的数量或程度也在改变。在人类历史显示出确实增长的极少方面之中,我们必须计入自我意识的程度和范围。作为一门科学的心理学的逐步发展,以及

---

① 选自 W. E. Hocking, *Human Nature and Its Remaking*,pp. 2—12。(Yale University Press,1918.)

文学和所有精致艺术中主观或内省要素的持续进步,都是这种变迁的标志。而且作为进一步的象征和结果,重塑人类的艺术已经具备了明确的特征,已经远离了其偶然的起源,已经变成了一种制度,一系列机构。

无论语言存在于哪里,作为一个装载既定意义的仓库,人们将会在其中发现一部关于赞扬和责备的词语列表,同时也是这种社会过程的结果与工具。这种词汇表的简单存在就可以作为一种持久的力量。但是,当一种连贯的力量——就像公共宗教——承担起对最严密社会准则的保护,并赋予它们以承载所有时代、所有空间、所有奇迹和所有恐惧的重要性时,当前理想的影响就加倍了。很多个世纪以来,宗教自身就包含着成熟的自知之明和人类心灵的自我约束。现在,除了这种原初的力量,我们还有它的衍生力量,政治、教育、立法、刑罚艺术。而包括心理学和伦理学在内的哲学科学是这些行业的专门仆人。

至于结构,人类本性无疑是生活世界里最具可塑性的部分,是最有适应性,最可培养的。在所有动物里,只有在人类当中,遗传的价值最小,而自觉建设的力量最大。考虑到其婴儿期最长,其本能最少被固定,其大脑在出生时发育最不全,其形成习惯和改变习惯的能力最显著,其对社会印象的感受性最强,所以很明显,自然在每个方面都已经为人类的更替提供了一种习惯性的力量。人类主要的本能和激情首先出现在场景里,但不是作为控制性的力量,而是作为一项长期性戏剧生活的**游戏**要素。其他生物的生活大都能够由自然来完成,而人类必须自己来完成。

而至于历史,不能说人在自我塑造尝试上的结果似乎与其结构所承诺的自由不相符。假如他已经放弃了他的自然外壳,而热衷于一种被称为衣服的设备,不仅能表达地位和财富、脾气和品味上无穷的细微差别——保守主义或冒险精神、严肃、快乐、慷慨、粉饰、自尊、疏忽或心血来潮,他并非不能以同样多变的性格和习惯模式来塑造他的内在自我。这是对社会主义(其成功要求人类本性的变化)的一种危险驳斥。在特定观念的驱使下,修道院式的团体兴盛起来,与它对人性的要求相比,社会主义所要求的变化——呼吁纯粹的利他主义而不是纯粹的经济愚行——只是微不足道的。对于任何一个坚持"人性永不改变"教条的人来说,公正的回复是:"正是人性改变了自身。"

　　当一个人反思种族和民族特征在多大程度上是由社会遗传而不是由自然遗传确定下来的思维方式时,虽然身体特征本身可能在很大程度上是性别选择(一开始是实验性的,随后是模仿性的,然后是习惯性的)决定的,但他不会轻视人类的自我矫正能力。只是他仍然可能怀疑真正自发的改变的深度和持久性。很少有行为准则和法律会与自然如此相悖,以至于连个人或社群都不能使之暂时生效。柏拉图的共和国从来就没有被完全尝试过,但是其片段和其他乌托邦在历史里却已经足够普遍。没人认为要去限制人们能够**尝试**的东西;人们只会探询,究竟是何种沉默的力量决定了什么能够**持续**。

　　明确地说,处理离婚、战争、政治腐败、卖淫、迷信的措施会有怎样的将来? 狂热的理想主义是一种不该浪费的宝贵力量——假如我们能通过认识到那些由好斗、贪婪、性、恐惧等词汇指明的人类永恒的成分,从而避免错误努力的话。马基雅维利(Machiavelli)①并不愿意无视不受阻碍的统治者对其臣民所做之事,但是他在这些热情里看到了对君主权力不变的限制。"这使他痛恨所有贪婪之事,以及对臣民财产和妇女的侵害,两个方面他都必须避免。"而且,假如马基雅维利式的专制主义在人类本能的潜流里遇到了其主人,不坚定的政府——不管是国家的还是民间的——如果缺乏足够的尊重,很难明智对待这些终极的事实。

97

2. 人类本性,风俗与道德②

　　普遍认为理所当然的是,人类从他们兽性的祖先那里继承了某

---

① 尼科洛·马基雅维利(Niccolò Machiavelli, 1469—1527),意大利政治思想家和历史学家,著有《君主论》,主张强力独裁的君主统治。马基雅维利主义也被视为权术和谋略的代名词。——译者注

② 选自 William G. Sumner, *Folkways*, pp.2—8。(Ginn& Co., 1906.)

些行为本能,这尽管从未被证实,却可能是真的。假如有这样一些遗产,它们会控制并促进满足需要的最初努力。类比容易使人假定,野兽的方式已经产生了习惯和倾向的渠道,沿着这些渠道,敏捷和其他心理—生理活动容易进行。新生动物的实验显示出,在缺乏手段和目的之间关系的经验的情况下,满足需要的努力是笨拙和浮躁的。这种方法是尝试性的和失败的,可以产生反复的痛苦、失落和失望。然而,它是粗陋的实验和选择方法。人类最早的努力就是这种类型。需求是驱动力。一方面是愉悦,一方面是痛苦,它们是对努力之必经之路施加的粗陋限制。区分愉悦和痛苦的能力是唯一需要假设的心灵力量。因此,人们选择了某些权宜之计,它们比其他方式更好地适应了目的,或者更少辛劳和痛苦。在被迫努力的过程中,习惯、程序和技能得以发展。维持生存的斗争得以进行,但不是个体的,而是在群体中进行的。每个人都从他人的经验中获益;所以,人们就最为有效的权宜之计达成了一致意见。

98　　　最终,所有人为了同样的目的而采取同样的方法,所以方法转变成了习俗,并变成了群众现象。本能的发展与它们有关。就这样,民俗产生了,年轻人通过传统、模仿和权威来学会它们。有些时候,民俗满足当时当地生活的所有需求,它们是连贯一致的,在群体中是普遍的,势在必行,不可改变。

　　风俗得以产生的操作包括经常重复的琐碎活动,通常是通过很多人协调一致的行动,或至少在面对同样需求的时候采用同样的方式行事。直接的动机是兴趣,它在个体中产生习惯,在群体中产生习俗。所以,它是最早和最原始的。在这些方法每次重复所包含的无意识实验中,都会产生愉悦或痛苦的问题,而且,只要人们能够反思,就会相信这些方法有助于社会福祉。当关于社会福祉的这种信念被添加到习俗里面时,习俗就被转换成了道德,而且,凭借添加到它们之中的哲学和道德因素,它们赢得了实用性和重要性,并且成为科学与生活艺术的源头。

　　首先需要重视的是,从人们尝试满足需要的首次行动开始,每次行为都是独立存在的,而且看上去仅仅是满足眼前之需。从反复出现的需要里,产生了针对个体的习惯和针对群体的习俗,但是这些结果的重要性从来没有被意识到,也从未被预见或谋划过。它们存在了很久才被注意到,在它们被领会之前,经过了很长时间。在用它们作为基础,针对将来可以预见其压力的问题推断出应对规则之前,必须再经历一个较长的时期,而且必须达到心智发展较高的一个阶段。所以,风俗不是人类目的和智慧的产物。它们就像人类无意识地运作的自然力量的产物,或者说,它们就像动物的本能,凭借经验发展起来,达到最大程度适应一种利益的最终形式,并且通过传统传承下来,不允许例外或者变异,但也会改变以适应新的状况,但始终采用同样有限的方法,没有理性的反思或企图。由此产生的结果就是,人类在所有时代和文化阶段的所有生活主要被大量风俗所控制,这些风俗从种族最早存在的时候传承下来,具备其他动物活动方式的特征,只有风俗的最顶层才是改变和控制的对象,并且某种程度上被人类的哲学、伦理和宗教或其他智力反思活动所修改。关于野蛮人,我们被告知的是:"难以穷尽野蛮种族的习俗和细小的礼仪习惯,风俗规范了一个人所有的行动——他的沐浴、清洗、剪头发、吃饭、喝水和禁食。从摇篮到坟墓,他都是祖先习惯的奴隶。在他的一生里,没有什么自由,没有原创,没有什么自发的东西,没有向着更高更好生活的进步,也没有改善他的智力、道德或心灵状况的尝试。"所有人都以这种方式行动,只有一点点自愿改变的余地。

　　所以,风俗就是:(1)服从改进的压力,使手段更好地适应目标,只是这种适应不是那么完善,以至于会产生痛苦;它们还是(2)服从彼此之间保持一致的压力,因为他们在彼此协作与支持的时候,以较少的摩擦和对立回应了他们各自的目的。产业的形式、家庭的形式、财富的概念、权利的构建以及宗教的类型都显示了整个文明史中彼此的一致。人类最伟大的两个文化分支是东方和西方。每个都是连贯的,都有各自的哲学和精神,它们从顶层到底层都被不同的道德、不同的立场、不同的道路,不同的对社会安排有利的概念所区分。在两者的对比中,它们在我们心里保持了可能的分歧类

99

型——涉及人类生活伟大问题的答案,以及尘世中可能控制生计政策的观点。假如两种文化可以合二为一,他们的居民在什么事情是最值得追求的,或者什么是最有利于生活幸福的方式这些问题上,不可能有广泛的差异。

习惯是同时发生的行为的产物。我们发现它存在,并在我们调查的范围极限里受到控制。它从何时开始?又如何而来?它如何"从一开始"就给予指导?所有的群众行为似乎一开始就是因为群众想一起行动,他们对于什么是正确以及最好的做法知道得越少,他们对于来自自然事件、偶发行为或流行的鬼神恐惧教条的主张就更能接受。一开始同时出现的事件是以后纠正的对象。既然如此,很明显在传统风俗指导下的本能行为是所有社会事件中第一重要的活动。因为习惯从来不会先于所有行为,我们最应该期望的是去看到它从最初的行为中产生,但是,由于这是不可能的,所以行动开始之后的过程才是我们的研究领域。原始习俗的起源总是失落在神秘之中,因为在这些行为之初,人类从来没有意识到这是历史性的行为,也不会意识到他们所做事情的历史重要性。当他们意识到自己行为的历史重要性时,其源头已经远远落在后头了。

3. 习惯与习俗,个体意志与普遍意志①

风俗(sitte)一词与习惯、惯例、约定、传统是同义词,也有时尚、礼仪、实践和相似等意思。通常认为,这些体现习惯性特征的词具有基本明确的含义。事实上,不考虑更为根本性的区别的话,语言混淆了差别很大的内涵。比如,我发现习惯(custom)一词——回到其最普遍的表达上来——存在三重含义,即:

① 简单的客观事实的意义。——在此意义上,我们说一个人有早起、在特定时间散步或午睡的习惯。在这里,我们的意思仅仅是他习惯于这样做,他规律性地这样做,是他生活方式的一个部分。

---

① 翻译并改编自 Ferdinand Tönnies,*Die Sitte*,pp. 7—14。(Literarische Anstalt,Rütten und Loening,1909.)

很容易理解这个意义接下来是如何被忽视的。

②　**人们为自己设置的一项规则或规范的意义。**——比如，我们说他形成了这种或那种习惯，类似的意思就是，他已经制定了一种规则，甚至一种法律，我们的意思是，这种习惯就像法律或戒律一样运作。通过它，一个人控制自己，并且把习惯作为一种不可避免的命令，一种主观的结构，但是又有客观的形式和认可。戒律将会制定出来，其原型将会被复制。一种规则可以作为告诫提出来，得到坚持，作为一种命令得以实施，这带出了习惯的第三种含义。

③　**对一件所欲之事或一种意志的表达。**——人们普遍最不注意的第三种意思却是最有意义的。说实话，假如习惯是人的意愿，那么单单这种习惯就是他真实的意志。在此意义上，这句谚语意义重大：习惯被称为第二天性，人是习惯的产物。事实上，习惯是一种精神倾向，它驱使并敦促一种特定的行为，这是意志最显著的一种形式，就像决定，或者"固定的"目标。

习惯不知不觉地进入了本能和冲动之中，我们所习惯做的事情也就是我们"自动"去做的事情。同样，我们会自动做出手势，表示欢迎和厌恶的动作我们从来没有学过，但是我们会"自然地"去做。它们的行动源头就在自我保护的本能和与之联系的感觉上。但是，对于那些我们习惯去做的事情，我们首先必须已经学过和实践过。正是这些实践，这些频繁的重复带来了行为自身的表现，就像一种反射，快速而且容易。绳索舞者能在绳索上行走，因为他习惯这样做。而且，习惯和实践不仅是为什么人能做某些事的原因，也解释了为什么他的表现相对较少花费力气和注意力。习惯不仅仅是我们认识某些事情的基础，也是我们能对之进行实际操作的基础。习惯的运作就像某种刺激，而且也可以说像某种必然性。"习惯的力量"经常被描述，也经常被谴责。

作为一种规则，意见（精神态度）取决于习惯；通过习惯，意见得到约束和限制。当然，意见也可以使自己摆脱习惯，并超越它，当它们变成普遍的舆论、原则和信念时，这就成功了。由此，意见就获得了打破和克服习惯的力量。信仰——从确保期望之事的传统宗教意义上来说——是意志的原始形式。虽然总体上来说,习惯和意见是一致的,但在它们的关系中存在着冲突和斗争的种子。思想不断趋于成为心智的主导因素,人也因此变得更有人性。

102 　　在常见的个体意义上,意志对于个人,以及社会意志对于任何社群或社会——不论是作为一种松散的关系还是一种正式的联盟和永久的联合,其意义都是一样的。这是什么意思呢?我已经在我关于习惯的讨论中指出过,在这里给出更为普遍的表述:社会意志就是一种普遍意志,它用于对个人意志进行治理和调节。每一种普遍意志都对应于"你应该",而且只要个人或者个人的联合把这种"你应该"指向自身,我们就承认这个个体或个体联合的自主性和自由。但其必然后果就是,个体会反对所有的对立倾向和意见,群体会反对对立的个体,无论它们的对立(或至少是尝试贯彻它们的意志,以便它们成为一种约束和施加压力)体现在什么地方。而且,为其目标而采用的方法本质上是独立的。至少在社会意义上,这些压力从敦促荣誉感和羞耻感的劝服措施,扩张到可能采用身体强制形式的实际压迫和惩罚。**风俗**(Sitte)发展成了最顽强,最无法抗拒的力量。

4. 法律、良心和普遍意志①

　　在英语当中,我们没有对德语 Sittlichkeit(德性)一词的称谓,这是不幸的。缺乏明确的名称已经导致思想和表达上的混乱。Sittlichkeit 是习惯性或习俗性行为的体系,是道德性的而不是法律性的,它包含了公民的所有义务,不管这些义务是"不良形式"还是"乌有之事"。确实,对这些义务的尊重往往不过是对被"删减"或蔑视之事进行的社会惩戒发出的命令。而且这一体系得到如此普遍的接受和获得如此高的尊重,以至于没有人敢冒险无视它,而又不会在这样做的邻居手里吃亏。假如一个男人虐待他的妻子和孩子,或者习惯性地在街上挤撞同胞,或者穷凶极恶地去做自私自利或很不得

---

① 选自 Viscount Haldane,"Higher Nationality," in *International Conciliation*,November,1913,No.72,pp.4—12。

体的事情,那他肯定会发现自己处于少数派,而且最终下场更糟。但是,不仅是不该做这些事情,而且正派的人也不希望做这些事情。一种类似于从他更为私密和个人的意识中生发出来的感觉约束着他。他发现,自己在日常生活的普通事务里如此受到约束。但是,他的行为所受的引导并不仅仅来自内心的感觉,就像良心这种情况。良心和法律与我正在谈论的社会义务领域有部分重叠。一项行为规则确实可能出现在不止一个领域,因此可能有双重的制裁作用。但是,公民主要看到的行为指引只是被社群认可的标准,这个社群主要是由那些社群所尊重并希望拥有其好意见的同胞组成。它处处现身说法,指导正派的人彼此接近,并有助于他们所属的社群。没有社群施加的这些引导和约束,就没有可以容忍的社会生活,也就无法享受不受妨碍的真正自由。正是对日常生活和行为中能做什么和不能做什么的本能感觉,成为自由和安逸的源头。正是这种本能的责任感成为社会的主要基础。它的现实具有客观的形态,并在家庭生活和我们其他的公民与社会制度里展示自己。它并不局限于任何一种形式,它有能力以新的形式体现自己,并有能力发展和改变旧的形式。确实,公民社会不只是一种政治架构,它包含了影响个体生活的所有社会制度——例如家庭、学校、教会、司法和行政。所有这些制度都不可能脱离其他制度而存活,它们在一起和其他类型的制度构成了一个单独的有机整体,这个整体就被称为国家。这个有机整体激励和推动的精神和生活习惯就是——就我当前的目的而言——我用 Sittlichkeit 一词表达的含义。

Sitte 在德语中指习俗,而 Sittlichkeit 意味着习俗与心智和行为的习惯,它还有更多的意味。费希特(Fichte)[①]对它的定义是值得引用的,我将把它翻译成英语:

> Sitte 首先表示什么,以及我们在什么意义上使用这个词

[①] 约翰·戈特利布·费希特(Johann Gottlieb Fichte, 1762—1814),德国哲学家。——译者注

呢？它意味着我们在每一次精确的参考下理解它，那些行为准则规范着人们彼此之间的关系，并在文化发展的阶段变成了习惯和第二天性。所以，我们并没有明确地意识到这些准则。我们称它们为准则，因为我们并没有把这种行为归结为是偶然的，或者取决于偶然因素，而是归结为行为的隐蔽性和一致性，我们假定这会出现在行为无偏差的人当中，而且我们从中能相当肯定地预测他将会做什么。我们说，准则已经变成第二天性，而且我们对此没有明确的意识，由此我们排除了所有以自由的个体选择为基础的冲动和动机，排除了 Sittlichkeit 的内在部分，也就是所说的道德，以及类似于法律的外在部分。因为一个人首先要反思，随后去自由解决的问题对他来说并不是一种行为习惯；只要行为习惯与特定的时代关联，它就被看作是时代精神不自觉的工具。

一个社会里伦理习惯的体系具有主导性，因为整个社会的决策和影响都体现在社会习惯之中。由于这种行为是系统性的，并且覆盖了整个社会领域，所以个人意志通过习惯而与社会的意志和精神紧密关联。而且，由于这种关系产生了足以控制个人行为的力量，假如这种力量无能或者变得虚弱，社会就会解组并可能分崩离析。不同的国家以不同的方式在其德性上各有所长。社会的精神及其理想可能差别很大。可能在德性上层次很低，我们有些民族甚至在这方面呈现出堕落的奇观。它可能与法律和道德冲突，就像决斗这种情况。但是当它在民族里达到较高层次时，我们会钦佩这个体系，因为我们不仅仅看到它指导人民和为了民族的事业把人们结合在一起，还给予那些在日常生活中惯于和普遍意志协调一致的人们以最大的思想自由和行动自由。

所以，就一个共同体（无论是城市还是国家）来说，我们都具备一种制裁的例证，足以强迫人们遵守规则，而无需质疑这种力量的运用。这种制裁可能具有较高的强迫性，它经常扩展，甚至使个体把社会的利益视为自己的利益。我们很多社会机构、医院、大学和其他类型团体的发展展示了它所能达到并且能发挥作用的范围。但是它还有更高级的、很接近良心义务层次的形式,尽管和义务的形式有区别。我将用例证来澄清我的意思。一个人可能因为对他自己所属的社会有团结感而被迫采取高度有序的行动,从公民的角度来说,其行为是大家都赞成的。他在这样一种情况下的行为对他来说是自然的,而且无需考虑报酬或处罚,但是他已经参考了社会设定的行为标准,并且仅仅因为社会设定了这些标准而予以接受,已故的阿尔弗雷德·莱尔爵士①写的一首诗体现了这种行为可能达到的高度。这首诗叫《绝境里的神学》,描述了印度兵变时被伊斯兰教徒叛乱分子俘虏的一个英国人的感受。他面对着残酷的死亡,假如他能重复《古兰经》里的某些教义的话,叛乱者可以给他活路。如果他服从了,多半也没有人会听说此事,他将自由地回到英国以及他爱的女人身边。此外,更实际的一点是,他不是基督教徒,并不存在否定自己的上帝的问题。他应该怎么做? 解脱是容易的,而且会有难以言表的极大宽慰和好处。但是当他听见他的狱友,一个混血儿急切地发出请求时,他毫不犹豫,疑虑的每个阴影都消失了。

我将举另外一个例子,这次来自古希腊的文学作品。在他的对话录"克里托篇"(Crito)中最短但给人最深刻印象的对话里,柏拉图②告诉我们苏格拉底③的品格——不是作为一个哲学家而是作为一个良好公民。他曾遭到雅典人不公正的谴责,被视为国家利益的敌人。克里托来监狱里看他,并劝说他逃跑。他向苏格拉底提出很多理由,包括他对于其孩子的责任。但是,苏格拉底拒绝了。他选择留下,这不是群众中任何人都能做的,而是理想公民应该树立的典范。从他所属的雅典正式通过的判决里逃脱是对其责任的违背,即使他认为这种法令应该有所不同。因为正是这种法令建立了他

---

① 阿尔弗雷德·莱尔爵士(Sir Alfred Lyall, 1835—1911),英国文学史学家、诗人。曾长期在英国的印度殖民政府任职,著有很多关于印度的文学作品。——译者注

② 柏拉图(Plato,公元前 427—前 347 年),古希腊哲学家,《对话集》是其代表作之一。——译者注

③ 苏格拉底(Socrates,公元前 469—前 399 年),古希腊哲学家。——译者注

的城邦的司法，他将不会逃避责任。他听到这样的话："苏格拉底，听从我们这些抚养你长大的人。"而在回复里，他拒绝离开，最后几句话是："这是我似乎在耳中听到的喃喃说出的声音，就像耳朵里神秘的长笛的声音；我的意思是，这声音在我耳中说着，阻止我听到其他人的话。我知道你说再多都是徒劳。"

为什么这种人会如此行事——这可能出现在引领战线之时，也可能在其他关键时刻？我认为，正因为他们远远不只是个体。他们是个体，但完全真实的是，即使是作为个体，也只是在他们与自己所属的有机体及社会整体（比如家庭、城市、国家）之间的关系中。在每一个确实组织起来的社群里，存在着构成这个社群的人所期望的一种普遍意志，而且这些人期望的不只是成为孤立的男男女女。确实，他们并非作为不相关的原子而活着。从善于接受的孩童时代到成熟时期，他们已经在一种榜样的氛围和普遍的习惯里成长起来，他们的生活从一个小世界扩展到其他世界和更复杂的世界。这样一来，通过占据生活中连续的位置，他们越来越在他们活动的社会整体中形成自己的生活。不参照其他人的个性，他们不可能标记或界定自己的个性。而且他们不知不觉地发现，自己处于整个体系的真实节律之中，他们自己就是整个体系。他们确实和体系互相交融，他们之所以是真实的，只是因为他们是社会性的。个体是现实的最高形式以及个体的关系仅仅是一种契约这种概念，以及霍布斯、边沁和奥斯丁的概念，最后都是不充分的。即使是一份日常契约，例如婚姻，也可以说是超出了契约范围的契约。只有当契约双方都超越了这个范围，才有可能怎么做。作为一个当代作家，牛津大学的 F. H. 布拉德利（F. H. Bradley）①——他在这些领域的调查让我们获益良多——已经细致入微地说过："道德有机体并不仅仅是动物有机体，后者的成员不会意识到它自己，前者的成员则能认识自己，从而认识整体的自己。人狭隘的外在功能并不是人的整体。他

---

① 弗朗西斯·赫伯特·布拉德利（Francis Herbert Bradley，1846—1924），英国哲学家，在道德哲学上反对个体主义，认为自我与道德本质上都是社会性的。——译者注

有一种我们不能用自己的眼睛看到的生活,没有什么责任是低微到不用实现也能为人所知的。重要的不是看得见的外部运作,而是它得以运作的精神。我的生活的广度不是用我追求的多样性和我在其他人中占据的空间来度量,而是用我所知的我整个生命的丰富程度来度量的。确实,现在我们每个人很少依赖这个或那个人,但是因此就说我们的个性会减少,以及我们身上的个性较少,这却是不对的。”

按照这样的观点,存在着一种普遍意志,它与好公民的意志是一致的。当他的私人意志与普遍意志不一致的时候,他就会鄙视自己。关于这一意志之现实性的这种概念并不是新东西。它和希腊人一样古老,对于希腊人来说,道德规则和城邦紧密相连,而且我们在我们没有寻找过的现代著作里发现它。让·雅克·卢梭可能最为世人所知的,就是他在《社会契约论》开篇的名言:“人人生而自由,但无处不在枷锁之中。那些认为自己是其他人主人的人,却比他人更像奴隶。”他接下来的话告诉我们,假如他仅仅是考虑强力及其作用,他将会说假如一个国家被强迫去服从和照此行事,它可以做得很好,但是每当它能摆脱它的枷锁并将其抛弃时,它可以做得更好。他写于 1762 年的言论变成了法国革命先驱者们的教科书,但是如果他们更深入地阅读这本书,他们会做得更好。随着卢梭继续下去,我们发现了一个不同的概念。他从考虑社会契约的虚幻性转向讨论普遍意志施加于个体的权力,人民借助普遍意志才变成一个民族。一方面,这种普遍意志即 Volonté Générale,卢梭将其与公共意志(Volonté de Tous)——仅仅是个体意志的数量总和——区别开。这些特殊的意志不会凌驾于他们自身之上。而另一方面,普遍意志代表着比构成社会的个体的意志更宏大的东西,有时,这种更高的意志比其他时代更明显。但是,假如社会涣散,可能就难以区分观点的聚合和暴民的意志。有趣的是,卢梭——经常与另一种学说联系在一起——最终认识到普遍意志的纽带确实能把社会结合在一起。对于他来说——就像对于那些更清楚把握原则的人一样——在对普遍意志的接受之中,我们不仅能实现真实的自我,还能超越我们平常的思维习惯。我们能达到我们无法达到,或者我们大多数人独自所不能达到的高度。毕竟在危机时期,很少有观察者不会对整个国家的绝妙团结和目标的集中留下印象。我们在一个国家为它的生存或伟大的事业而战的战争时期看到它。我们惊叹于历史上的很多例证,表明了普遍意志可以达到的高度,很少有公民个人能达到这种高度——即使在他们的梦想里曾经意识到这种意志。

通过领导,一种共同理想就能渗透到一个民族的灵魂里,并完全将其占据。这种理想可能很崇高,也可能很普通,以至于没有努力反思,我们都不会意识到它。但是,只要它存在,就会影响并指导日常行为。一方面,这种理想主义超越了法律的范围——法律只为相互保护和公正行动的自由提供必要的东西,而另一方面,它又达不到支配的程度——即康德所称的控制私人和个体意识的绝对律令,但是只靠律令的话,对普通和日常社会生活又没有充分的指引。当然我说的这种理想并不是没有约束力,它被公认为很有约束力,能使所有好人的行为都遵从它。

C. 人格与社会性的自我

1. 作为人格的有机体①

有机体和大脑作为最高级的代表,构成了真实的人格,它本身包含了我们拥有的所有东西,以及我们将出现的所有可能性。完整的个体特征被刻写在这里,包括它所有的主动和被动倾向、同情心、反感、天赋、才能、愚蠢、美德、恶习、麻木或活力。在所有这些因素之中,和那些被掩埋其下(尽管仍然活跃)的特征相比,呈现出来并实际触及意识的特征仅仅是一个小项目。自觉人格总是自然人格中比较虚弱的一个部分。

因此,自我的统一性并不是分散在多重现象里的唯灵论者的单一实体,而是一定数量的不断再生的状态的协调,它们支持着我们

① 选自 Th. Ribot, *The Diseases of Personality*,pp.156—157。Translated from the French.（The Open Court Publishing Co.，1891.）

身体的模糊感觉。这种统一不是从上到下,而是从下到上的。自我的统一不是一个开始,而是一个终点。

确实存在着一种完美的统一吗? 这当然不是严格的数学意义上的。在相对意义上,这是很少而且很偶然遇到的。在一个瞄准目标的精明射手或者一个进行困难手术的熟练外科医生身上,可以发现身体和精神上的趋同。不过,让我们注意到这种结果:在这些情况下,真实的人格意识消失了,有意识的个体被简化为一种观念;由此,接下来是意识的完美统一和人格意识的相互排斥。通过不同的过程,我们再次得出相同的结论,自我是一种协调。它在已经不存在的两个极端——即完美的统一和绝对的不协调——之间振荡。事实上,所有中间程度都没有健全和病态之间的任何分界线;一方侵蚀着另一方。

即使在正常状态下,协调往往也是足够松散的,允许几种状况分开并存。我们可以带着一种模糊和间歇性的运动意识来行走或进行体力劳动,同时还唱歌、沉思;但是,假如思维活动增加,唱歌就会减少。对于很多人来说,这是一种对智力活动的替代,一种思考和不思考之间的中间状态。

所以,在心理意义上,自我的统一是一种在明确的时间里,一定数量的清晰意识状态的凝聚,伴随着其他不清晰的意识状态,还有大量生理状态,而这些生理状态没有像其他人一样的意识,但在运作上与前者一样多,甚至更多。事实上,团结意味着协调。从上述评论中得出的结论就是,意识的一致从属于有机体的一致,自我统一的问题就其终极形式上来说是一种生物学问题。生物学的任务　110
是解释——假如它能够的话——有机体的起源及其组成部分的团结。心理学的解释只能跟随其尾迹而行。

2. 作为一种情结的人格①

观念在流经意识之后变成了休眠的状态(作为一种心理倾向保

---

① 选自 Morton Prince, "The Unconscious," in the *Journal of Abnormal Psychology*, III (1908—1909), 277—296, 426。

存起来），随后可能会，也可能不会像记忆一样在意识里被唤醒。在一些我们都很熟悉的状况下，很多这些观念总是会形成我们自愿或非自愿记忆的一部分，当然有些也不会形成。如果是这样的话，记忆一般不会包含整个既定的心理体验，而仅仅是它的摘录或摘要。这就是人类记忆以及随之产生的证据不可靠的原因之一。

如今，在特定的环境下，在任何既定时刻构成经验的观念往往会被组织成一个体系或情结，因此，当我们随后思考这种体验或唤起属于它的任何观念时，这个情结作为一个整体得以复苏。这是构建记忆机制的原则之一。所以，记忆在很大程度上是由情结构成的。这些情结可能组织得很松散，因为基本观念的结合很脆弱，在这种情况下，当我们试图唤起最初的体验时，只能唤起一部分。一种情结也可能组织得非常牢固——归功于它得以形成的条件，所以很多这种体验能回想起来。在这种情况下，任何与情结的某些要素相关的观念会通过联想法则唤醒整个最初的情结。比如，假如我们经历了一场铁路事故，牵涉令人兴奋的情节、生命的丧失等，那么"铁道""事故""死亡"这些词，或突发的撞击声，或血腥味，或者甚至是乘坐火车，都会自始至终唤起这种体验，或至少是其中突出的特征，也就是被组织起来的特征。关于这种体验的大部分记忆被很好地组织起来，虽然较早的事件和事故之后的事情可能已经完全不可能被自愿唤醒。

111　　举一个足够常见但恰好发生在我的观察范围里的例子：一名消防员从一辆冲向火场并与电线杆相撞的水带车上被抛出而严重受伤。他勉强生还。尽管三年过去了，但在乘坐开往火场的消防车时，他心里还是不可能不浮现起整个事故的回忆。当他这样做的时候，就再次经历了事故，包括实际碰撞之前的想法，当处于这种状况时，他被恐惧征服，再次表现出对于恐惧的所有身体反应，即出汗、震颤、肌肉无力。这是一个组织良好和相当有限的情结。

在很多个人，也可能在我们所有人之中松散组织的情结里，存在着某些代表着自然倾向、欲望和行为偏好的人生观倾向。由于这样那样的原因，我们总是去抑制这些倾向，或使其不能充分发挥。

例如,很多个体迫于义务和责任的苛求而过着严肃的生活,并致力于要求他们付出全部精力和思想的事情,从而不允许在生活的愉悦中放纵,而且还可能存在一种自然倾向,喜欢分享那些对所有人有内在吸引力和很多人都追求的愉悦。对于这些愉悦的渴望时不时会复发。心灵总会想着它们,想象是令人兴奋的,并编织成图景、思想和情感的结构,从而与情结相关联。可能会有一种反叛和"螳臂当车",由此解放情感力量,从而给整个过程中更强大的组织留下印象。这样一种情结的重复出现是我们所称的"心情"的一种形式,它有一种其所有者独有的情感基调。这种感觉基调的复苏总是会唤起相关的观念,反之亦然。这种感觉—观念情结经常被说成是"某人性格的一面",一个人可能时不时会对此发挥一下。或者,也可能出现相反的情况,一个致力于让自己的生活更为轻松愉快的人可能期盼和向往更严肃的追求,而且在这个方面,想象力同样会构建起可以用一种心情来表达的情结。所以,一个人经常被说成拥有"多重性格",并显示出一定程度的人格交替,这可以看作是作为异常状态人格的正常原型。 112

　　关于情结的结构,大多数已有的说法是对普通事实的表述,假如不是处于某种不正常情况,性格、主体和其他情结尽管组织松散,却经常起重要作用,我就不在这里重复了。这不是解释人格分离的地方,但是在这种情况下,我们有时会发现,性格情结会呈现在表面,并且取代或替换构成人格的其他情结。仅仅作为正常个体的心情或"性格之一面"的一种情结,在分离的情况下可能变成新人格主要的,也许是唯一的、复杂的和最重要的特征。例如,在博尚小姐[①]这里,所谓的B I 类人格几乎全部由宗教和道德观念组成,这些观念构成了原初自我的一个面向。在被称为"萨利"的人格里,我们多半

[①]　博尚小姐,全名克里斯汀·萨利·博尚(Christine "Sally" Beauchamp),是一个名叫克拉拉·诺顿·福勒的女人的化名,美国神经病学家莫顿·普林斯(Morton Prince)在1898至1904年间对其进行研究,她是第一批被诊断为具有多重人格的病人之一,普林斯在1906年出版的一本书里报道了她的病症,她具有三种人格,被普林斯称为B I 、B II 、B III 三种类型。——译者注

拥有的情结代表着享受年轻的愉悦和运动，摆脱常规的自由以及义务与责任感强加的人为限制。在B Ⅳ 类里，情结代表着现实生活的雄心与行动。在正常、没有分裂的整个博尚小姐之中，很容易认识到"作为她性格面向"的三种性格，尽管每一种性格通常被保持在其他性格矫正影响的恰当约束下。唯一需要的就是把她放在一个鼓励一方或另一方的环境中，让她与那些强烈显示她的一种性格或另一种性格——不论是宗教、社会、友爱或才智方面——的人发生联系，去观察B Ⅰ 、萨利或B Ⅳ 等性格作为主导性人格凸显出来。然后，我们就有了她性格中不同方面的交替表演。

事实上，我们情结的总和——从整体上来看，并基于它们对环境的反应，它们在各种社会生活状况下的行为，它们的天资、感觉基调、习惯和才能，我们称之为特性与人格——很大程度上是由过去的精神体验和记忆痕迹（已经作为这些经验的残余物被剔除）预先注定的。我们就是我们过往的产物。

113　　　我们的大量观念涉及去联想我们未察觉的起源，因为原初体验的记忆已经分裂，而且大部分已经被遗忘，即使曾经被完全领会过。我们都有我们的偏见，我们的喜好和厌恶，我们的品位和反感；要对它们的起源进行充分的心理解释，将会耗费我们的聪明才智。很久之前，它们就从教育、社会、个人以及其他的体验里诞生，我们多年拥有的细节已被遗忘。正是这些经验的残留物一直得以保存，并与作为我们人格特征而被保留下来的情结关联在一起。

3. 作为个人角色概念的自我①

暗示可能以创造一种新的人格为其目的和目标。随后，实验者可以选择他所期望的人格类型，以诱导和迫使主体去实现它。这种类型的实验在很多梦游症患者中获得成功，并经常产生很多奇妙的结果，长久以来已为人所知并已得到重复，可以说，最近几年已经达

① 选自 Alfred Binet, *Alterations of Personality*，pp. 248—257。（D. Appleton & Co., 1896.）

到了饱和状态。

当我们保持清醒,并具备我们全部的本能时,我们能设想出与我们的通常体验不一样的感觉。比如,当我正安静地坐在我的桌子边写这本书的时候,我能构想一个战士、一个女人、一个艺术家或者一个英国人在这样或那样情况下的感受。但是,无论我们形成的概念多么异想天开,我们都不会停止意识到我们个人的存在。想象已经在空中飞翔,但我们自己的记忆总是落在后头。我们每个人都知道他是自己而不是其他人,知道他昨天做了这个事情,知道他刚刚写了一封信,知道他明天必须给其他人写信,知道他离开巴黎一个星期了,等等。正是这种对过往事实的记忆——一种总是呈现在脑海里的记忆——构成了我们正常人格的意识。

M. 里奇特(M. Richet)研究过一个案例,其中两个女人 A 和 B 完全不一样:

> 去睡觉并受到一定的影响,A 和 B 忘记了她们的身份;年龄、服饰、性别、社会地位、民族,她们生活的地点和时间——所有这些都完全消失了。仅有一个单独的想法——一个单独的意识——残留着,正是涉及这种想法和这种新存在的意识在她们的想象里渐渐清晰起来。
>
> 她们已经失去了关于她们最近存在的想法。她们的生活、交谈和思考完全就像给她们暗示的类型那样。至于这些类型得以实现的巨大生命强度,只有那些已经参加这些实验的人才能领会,描述只能对此给出一个薄弱且不完美的概念。
>
> 她们做到这一点,不是仅仅想象一种性格,而是使其具体化。这并不像旁观者所看到的幻觉——一个人就像一个观众,看到图景在他面前展开。他更像是一个充满激情的演员,想象着他演出的剧目是一种现实,而不是一种幻想,而且他的身体和灵魂已经转化成了他自己扮演的人格。
>
> 为了实现这种人格的转变,只要有权威的言辞就够了。我对 A 说"你是一个老女人",她就觉得自己变成了一个老女人,

114

而且她的面容、举止、感觉都变成了老女人那样。我对 B 说"你是一个小女孩",她马上开始模仿一个小女孩的语言、游戏和口味。

尽管与看到她们自己惊讶和突然的转变相比,这些场景的记述是相当呆板无趣的,但我将尝试描述其中某些东西。我引用 M 的一些**客观化例证**:

作为一个农民。——她揉揉眼睛,伸个懒腰,"什么时候了?早上四点!"她像拖着木鞋一样走着,"现在我必须起床,让我们去牛棚,上来,红色的,上来,让一让。"她似乎是去给奶牛挤奶,"让我自己来,格罗斯·吉恩,别管我,我告诉你,当我做我的工作时,你很清楚我还没有完成我的工作,喔,是的是的,稍候。"

作为一个演员。——她的脸带着微笑而不是她刚才那样的沉闷和无精打采,"你看我的裙子吗?好的,我的经理要我这么穿很久了,这些经理都太无聊。对我而言,裙子越短,我就越喜欢。这种裙子总是太多了。一块简单的遮羞布!我的上帝,那就够了!你同意我的看法,亲爱的,没必要多于一块遮羞布?看看这个邋里邋遢的露西——她的腿在哪里,嗯?"

作为一个牧师。——她想象她是一个巴黎的大主教。她的脸变得非常肃穆。她的声音婉转动听,这与她曾经恶劣生硬的语气形成极大反差。"但是,我必须行使我的职责。"她把头斜靠在手上,慎重地说道:"啊,是你,副主教先生,你的事情与我何干?我不希望被人打扰,今天是一月的第一天,我必须去教堂,这群人非常恭敬,你不这样认为吗,先生?不管做什么事,人民中间有很多宗教。啊哈!一个孩子,让他来我这里得到祝福吧,这儿,我的孩子。"她向他伸出手,让他亲吻想象的主教戒指。在整个场景里,她用右手向各个方向做出祝福的手势,"现在我有责任来做了,我必须向共和国总统表达敬意,啊!总统先生,我给你敬献我的忠诚,教会期望您寿比南山,她知道,有这样一位可敬的人担任共和国的首脑,就算遭到残酷的攻击,也没有什么可怕的。"她安静下来,似乎在注意倾听。她独白道:"是的,正大光明的允诺,现在让我们祈祷。"她跪了下来。

　　作为一个修女。——她立即跪下,并开始说她的祈祷词,划了很多的十字,然后她站起来。"现在去医院,有一个受伤的人在这间病房,我的朋友,你今天早上好些了,不是吗? 那么,现在让我解开你的绷带。"她做着动作,就好像她在解绷带,"我会做得轻柔一些,这不是让你缓解了吗? 这里,我可怜的朋友,在痛苦面前如此勇敢,就像面对敌人时一样。"

　　我们可以从 A 那里举出其他客观化的例证——老女人、小女孩、年轻人,等等。但是已经给出的例子似乎足以就人格完全转变为这种或那种想象的类型产生某些想法,这不是一个简单的梦,而是**活生生的梦**。

　　感觉的完全转变不是这些客观化中最不离奇的现象,A——是胆小的,但是当她认为自己是一个勇敢的人的时候,就变得非常大胆。B——是安静的,当她代表着一个健谈的人时,就变得很能说。性情完全改变了,老的口味消失了。取而代之的是假定新角色应有的新口味。

在最近和 M. 费拉里、M. 赫里考特合作的一篇论文里,M. 里奇特为以前的实验增加了一个离奇的细节。他表明,人格变化的主体不仅被迫让自己的说话、姿势和态度适应新的人格,甚至他的笔迹也得修改,并与结合了他的意识的新观念产生联系。笔迹的这种修改是一个特别有趣的发现,因为按照目前的理论,笔迹无非是一种模仿。我列举了从这些作者那里借用的一些例子。　116

　　连续暗示一个年轻学生,他是一个狡猾奸诈的农民,然后是一个守财奴,最后是一个很老的人。虽然对主体的特征和行为普遍进行了修改,并与暗示的人格观念保持一致,但我们还是能发现,他的笔迹经历了类似的明显改变。每一种新的人格状态都有一种专门的特征。总之,文字的运动变化一般都会像姿势一样。

　　在一篇关于歇斯底里症患者书写的记录里,我已经表明,在情绪暗示或者感官刺激的影响下,一个歇斯底里症患者的笔迹可能会改变。比如,在动力激发之下写的字会更大。

我们刚才研究的暗示的特点就是,它并非完全取决于知觉或运动——也就是说,取决于一种有限的精神要素;但也有全面的暗示。它们给主体强加一个他们不得不使用自己所有的智力和想象资源来发展的主题。而且,假如仔细检查观察结果,还将看到,在这些暗示中,感知能力受到与思维相同的标准的影响和扭曲。于是,这个主体在他假设的人格影响下,停止感知外部世界的存在。他产生了与新的心理人格相关的幻觉。当作为一个主教时,他认为自己在巴黎圣母院,并看到大批信徒;当作为一个将军时,他认为自己被部队围绕,等等。与暗示相一致的事物被召唤出来,意识状态的这种系统发展在所有暗示里都有,但可能不像在人格转换里如此显著。

另一方面,任何与暗示不一致的事物都被禁止,并脱离主体的意识。就像已经说过的,人格的转换意味着失忆现象。为了使主体能承担想象的人格,他必须首先忘记他的真实人格。代表着他过去的体验,并构建起他正常自我的基础的无数记忆暂时被抹去了,因为这些记忆与暗示的目标是不一致的。

4. 与社会自我及传统自我相对的自然人①

与杰基尔博士和海德先生②的情况类似,我似乎具有了两种鲜明的人格,它们同时存在,但没有表现出像杰基尔-海德混合体那样尖锐的对立。它们差不多同样善良,它们的主要差别似乎是在年龄上,一个领先另一个十年。

有时,它们协调一致地运作,并且再一次背道而驰。我似乎没

---

① 选自 L. G. Winston,"Myself and I," in the *American Journal of Psychology*,XIX (1908),562—563。

② 英国小说家罗伯特·路易斯·史蒂文森(Robert Louis Stevenson,1850—1894)1886 年出版的科幻小说,原名 *Strange Case of Dr Jekyll and Mr Hyde*,中文译名《化身博士》,书中描写,杰基尔博士因为喝了一种试验药剂,晚上会化身为邪恶的海德先生到处作恶犯罪,白天又作为医生救死扶伤,终日徘徊在善恶之间。该书出版后成为畅销书,作者也因此名声大噪。Jekyll and Mr Hyde 也成为心理学中"双重人格"的代称。——译者注

有得到同样的发展,我的一部分恭顺地坐在我另一部分的脚下,接受劝告和指导。我的一部分在做了错事时感到被迫向另一部分进行忏悔,并温顺地接受责备。我的一部分试图震撼另一部分,并迫使较有尊严的部分去傻笑和胡作非为,而且做一些上流社会不认可的事情。

我较为年轻的部分乐于取笑较老的部分,怀疑它的动机,打断它的沉思。它想去玩耍,而较老的自我更是想这样。我年轻的自我只有十二岁,这是我的真实自我。依我看,我仍然是一个穿着短裙和一头卷发的小女孩。由于某些原因,我的自我观念从未超过这个点。长裙和高高叠起的头发似乎从来就不自然。有时我喜欢这种双重性,有时又不喜欢。有时两个部分兴高采烈地混合在一起,有时又残酷地争吵,而我(似乎是第三个我)在一旁看着结果。

老的部分先于年轻部分感到疲倦。年轻的部分仍然新鲜,并有良好的幽默感,承诺为老的部分提供娱乐。我经常把自己扔到床上,筋疲力尽,并对着我年轻的部分笑得发抖。她们确实很雀跃。在这些场合,她将继续和朋友——真实的朋友——进行谈话,并充满连珠妙语,尽管她自己兼而有之这两个部分,闪避和推挡却都是愉快的。

然而,我年轻的部分似乎把一切都搞糟。她将从早到晚让自己的两个部分持续争吵——激烈的争吵,还和我深爱的人争吵,还反对那些我并没有感到不满的人。这些对我较老的自我来说是巨大困扰。 118

在其他日子里,她似乎极其热衷于用想象的恐怖来折磨我。她割断我的喉咙,把我的眼睛挖出眼眶,切除肿瘤,切断四肢,直到我感到诧异有什么东西离开了我。她做这一切都不使用麻醉剂,而且似乎从我的恐惧和厌恶中取乐。

一些细微的叮当声或旋律会再次让她产生幻想,她也会对自己重复,直到我几乎发疯。有时候仅仅是一个词语,但对她似乎有一种迷恋的作用,她把这个词作为一块甜蜜的食物,在舌头下滚动着,直到睡眠才让她停止。

再一次,假如我(这个混合体)生病了,我从来没有发现,我的一部分总是提示说我完全没有生病,而只是一种伪装。正因为如此,它已经成为我认识到的早期疾病症状。

此外,年轻部分和老的部分从来不会在任何问题上站在一边。一个偏向智慧,另一个就喜欢享乐。我是一个分崩离析的房屋,年轻的部分渴望跳舞,去戏院和玩纸牌,所有这些都是老的部分不赞成的。年轻的嘲笑老的,说她是个伪君子或类似的人,直到老的部分也几乎相信了,并几乎屈服于这种请求。老的部分安详地听着这种说教,年轻的部分则计划她的复活节服装或取笑牧师。

老的部分宣称她将永远不会结婚,年轻的部分则嘲笑这是老处女的想法。但是,即使她能获得老的部分的同意,情况也只是稍微好点,它们的理想不一样。

在社会里,这种差异更为明显。我似乎是伴郎和被保护人的组合。老的部分显得轻松,年轻部分则害羞和尴尬——她从来没有登台亮过相,假如一个人对她进行了一句评论,她就会陷入彻底的混乱,直到老的部分赶来救援。但我是同情年轻部分的,因为到了今天,我这个混合体即使在无话可说的时候,也无法抗拒说话的诱惑。

119　　对我来说,如此不协调的两种人格连体双胞胎的安排是有些悲惨的。我既是学生又是老师,既是罪犯又是法官,既是执行者又是批评者,既是伴侣又是庇护者,既是一个整洁正规的老处女又是一个欢快的女学生,既是一个假小子又是一个过分正经的女人,既是一个圣徒又是一个罪人。从这样一种混合里能得出什么结果?我们对此能够容忍都算是个奇迹了。然而,有些日子我们能美好地在一起,我的一部分会向另一部分致意——整天就在做这些——直到我们每一方对另一方都有如此好的看法,让我们感到平等,那就是我们最快乐的时候。

但是我们互相对抗的日子是多么可怕啊!没有什么言辞足以表达我们对自己感到的蔑视。我们似乎把彼此放到角落里,而这种混合体作为一个整体是完全苦不堪言的。

我不得不怀疑、享受和等待,等着看看我自己是什么样,以及我将如何塑造我。

5. 分裂的自我与道德意识①

看待生命的两种方式分别属于我们所称的健康的头脑——天生只此一遭，以及病态的灵魂——为了愉悦必须出生两次。结果就产生了我们经验宇宙的两种不同概念。在原生的宗教里，这个世界是直线形的或者单层的事物，其叙述会保存在一个教派里，这个教派的组成部分具有的价值是它们自然具备的，其中正面和负面叙述的简单代数总和会得出总的价值。愉悦与宗教和睦存在于正面叙述这个方面。另一方面，在创生性宗教里，世界是双层的神秘事物，和平不能通过简单地增加正面叙述和从生活里剔除负面叙述来达成，天然的善不仅仅数量不足和短暂，还因为在其独特的存在中潜藏着虚伪。它被死亡取消，即使不是被先前的敌人取消，它也给不出最终的平衡，而且也绝不会意在成为我们持久崇拜的对象。相反，它使我们远离我们真正的善；所以，放弃它和对其绝望是我们迈向真理的第一步。存在两种生活，自然的和精神的，我们必须失去一种生活，才能参与另一种。

在它们的极端形式——纯粹的自然主义和纯粹的救世主义——之中，两种类型存在着强烈的对比，尽管就像大多数其他流行的分类一样，激进的极端是某种理想的抽象，我们最常遇见的具体的人是中间态的变种和混合物。然而实际上，你们都认识到了差异，比如你理解卫理公会教徒仅仅因为天蓝色就蔑视头脑健康的道德主义者，而你同样也会理解后者厌恶卫理公会教徒的病态主观主义，就像他所称的，向死而生，并把悖论和自然现象的倒置作为上帝真理的实质。

创生性性格的心理基础似乎是主体的天生气质中的某种不一致或异质性，一种不完全统一的道德和智识结构。

"人类是双面的，人类是双面的。"阿尔方斯·都德（Alphonse Daudet）②写道："我是在我弟弟亨利死的时候第一次感受到我是双

120

---

① 选自 William James, *The Varieties of Religious Experience*, pp.166—173。（Longmans, Green & Co., 1902.）

② 阿尔方斯·都德（Alphonse Daudet，1840—1897），法国作家。——译者注

面的,当时我父亲如此夸张地哭着说:'他死了,他死了。'当我的第一个自我哭泣时,我的第二个自我则在想,'哭得那么真实,简直就像在戏院。'那时我才14岁,这种恐怖的二元性经常让我反思,呵,这可怕的第二个我总是坐着,而另一个我则在走动、活动、生活、受苦、激励自己,我从来不能沉醉其中的第二个我,能使人流泪或让人睡觉。它如何洞悉事物,而且怎么嘲弄事物呢?"

有些人生来就有一种内在结构,一开始就与外部保持和谐与良好平衡。他们的冲动是彼此一致的,他们的意志毫无困难地遵循他们智识的引导。他们的激情不会过度,他们的生活很少受悔恨的折磨。另一些人则是相反的结构,在某些事情上的变化程度可能是如此细微,仅仅是导致一种奇怪或异想天开的不一致,使得结果在极端状态下可能是困扰人的。在更为天真的异质性类型中,我在安妮·贝赞特太太①的自传中发现一个很好的例子:

121

我曾经是软弱与强壮最奇怪的混合,并为这种软弱付出过沉重代价。作为一个孩子,我过去深受羞怯的折磨,就算我的鞋带松开了也会感到羞愧,以至于每只眼睛都盯着不幸的鞋带;作为一个女孩,我会躲避陌生人,并认为我自己是多余的,也是不被喜欢的,以至于我对任何一个礼貌地注意到我的人都充满感激。作为年轻的家庭主妇,我害怕我的仆人,宁愿放过别人粗心的工作,也不愿意承受谴责做错事者的痛苦;在讲台上时,我不乏精神地讲课和辩论;在旅馆里,我宁愿什么都不要就走掉,也不想打铃叫侍者拿过来。我在讲台上很好斗,为的是捍卫任何我关心的事情,在家里时,我在争吵或非难面前退缩。我内心里是个懦夫,公开时却是一个好战士。有多少次我在一小时里经过几刻钟的不快,才鼓起勇气去找某些下属的错误,我的职责驱使我去责备他们,我还多少次嘲笑自己伪装成

① 安妮·贝赞特(Annie Besant, 1847—1933),英国女权主义活动家、作家、演说家、社会主义者,支持爱尔兰和印度自治。——译者注

> 强悍的讲台斗士,却不敢去指责某些工作干得不好的马夫或者女佣。不友善的表情或言语就能使我自己退缩,就像蜗牛缩到自己的壳里,但是在讲台上,对抗使我说出我最好的讲话。

这些不一致只会被看作是温和的弱点,但是更强烈的异质性可能造成主体生活的浩劫。有一些人的存在不过是一系列曲折,就像现在某种倾向或另一种倾向交替占据上风。他们的精神与肉体作战,他们的期望不相容,任性的冲动打断他们最深思熟虑的计划,他们的生活是一部不断悔悟并修复行为不端与错误的漫长剧目。

不管异质性人格的原因可能是什么,我们在精神错乱的气质里发现了它的极端例子。所有讨论这种气质的作者在他们的描述中突出了内在的异质性。确实,正是这种特点常常使我们把这种气质完全归结到一个人身上。一个身心衰退的修道院长仅仅是一个在多个方向都很敏感的人,他发现自己在保持精神家园的秩序和确保正直处世上比平常遇到的困难要多,因为他的感觉和冲动过于敏锐,相互差异也太大。在萦绕心头的固执念头里,在彻底表现出来的非理性冲动,病态的顾虑、恐惧和压抑之中,我们就有了异质性人格的精致例子。班扬(Bunyan)[①]痴迷于这样一句话:"为这个出卖基督,为那个出卖他,出卖他。"这些话在他心里运转上百次,直到有一天呼吸急促地反驳:"我不会,我不会。"他冲动地说:"假如他愿意,让他走。"战斗的失利使他在绝望中度过一年。连圣徒的生活都充满了这种亵渎神明的困扰,总是归因为撒旦的直接力量。

圣奥古斯丁(St. Augustine)[②]的例子是不和谐人格的一个经典例子。你们都记得,他作为半异教徒半基督徒在迦太基长大,他移民到罗马和米兰,他采用摩尼教义,以及随后的怀疑,还有他不断追

122

---

① 约翰·班扬(John Bunyan,1628—1688),英国作家、布道家。以宗教寓言文学著称,著有《天路历程》,被誉为"英国文学中最著名的寓言"。——译者注

② 圣奥古斯丁(St. Augustine,354—430),早期基督教神学家和哲学家,其思想极大影响到西方哲学与基督教的发展,最著名的作品有《论自由意志》《忏悔录》《上帝之城》等。——译者注

求真理和生活的纯洁,最后如何因为自己胸中两种灵魂的斗争而心烦意乱,并因自己意志的软弱而羞愧,因为很多他认识的人和认识他的人已经摆脱了肉欲的束缚,并把自己奉献给纯洁和更高尚的生活。他在花园里听到一个声音说:"拿着,读。"于是他随便翻开圣经,读着经文:"不可好色邪荡……"这似乎是直接送给他的,并使他内心的风暴永远平息。奥古斯丁的心理学天赋让他描述了一个从未被超越的分裂自我的麻烦:

> 我开始具有的新意志还没有强大到足以征服其他意志,长期的放纵会加强它。所以这两种意志——一个新,一个老,一个是肉体的,另一个是精神的——互相争斗,扰乱了我的灵魂。我根据我的经验理解我所读过的经文,"情欲和圣灵相争,圣灵和情欲相争。"正是我自己处于两种意志之中,在其中,我赞成的比我不赞成的要多,正是通过我自己,习惯如此激烈地主宰了我,因为我已经愿意去我不愿意的地方。啊!上帝,我始终被限制在地上,我拒绝在你这边战斗,却又如此害怕摆脱所有的羁绊,因为我理应害怕被它们所束缚。
>
> 所以,我对你的默想就像一个人努力想唤醒自己,但又被睡意压倒,立马再次睡着。一个人睡意很浓的时候,四肢常常会推迟摆脱它,尽管并不赞成和鼓励它,即使如此,我也确定,屈服于你的爱也比屈服于我的色欲要好。然而,前者说服我,后者却使我高兴并束缚我,我对你"醒来,睡着的人"的呼喊无动于衷,只是慢吞吞、昏昏欲睡地说:"马上,是的,马上,等一会。"但是"马上"并不是"现在","一会儿"其实很长,因为我害怕你立刻听到我的话,并立即治愈我色欲的疾病——这是我希望得到充分满足而不是被扑灭的。我不会用言语的鞭子来惩罚我自己的灵魂,它退缩了,它拒绝了,尽管没有提供什么借口。我对我自己说:"来,现在就去做吧。"就像我说的,我是在解决问题,我差不多做到了,但我没有做。我又做了一次努力,而且几乎成功了,但我没有办到,没有把握住,还在犹豫,是死

123

于死亡,还是生于生命,我如此习以为常的罪恶比我还没尝试过的更好生活更多地控制了我。

对于意志分裂可能没有比这更完美的描述了,此时更高尚的愿望不过是缺乏持久的敏锐性,这种敏锐性能感触到爆发的强度和动力品质(用心理学家的行话来说),能使他们炸裂自己的外壳,并极其有效地进入生活,永远抑制住低下的倾向。

6. 个体人格与民族人格①

在我看来,人格不仅仅是控制思想和行为的一种统一与指导的原则,还是界定个体与其同伴关系的原则。人格概念所包括的,除了冲动的内在统一和协调,还有直接指向外部世界的明确态度,而外部世界取决于个体组织其外部刺激的方式。

在这个定义中,强调了人格的客观方面与主观方面相对立。对于心理现象,我们不应满足于主观的界定。精神生活不仅仅是主观经验的总和,还总是用一系列明确的客观表达来体现自己。这些客观表达是人格对外部社会环境的贡献。更重要的是,只要人格的这些客观表达是可以进行外部观察的,这些表达本身就具有客观价值。

里博(Ribot)②认为,真实的人格是大脑中处于最高水平的有机体。大脑包含着我们所有的过去和我们未来的可能性。个性具有其所有的主动和被动特征,所有的憎恶对象、天资、才能、愚蠢、美德和恶习,它的惰性与活力都在大脑里预先注定了。 124

从客观的观点来看,人格是带有其所有原初特征的心理个体,一种与其社会**环境**自由联合的个体。在它们自身之中,构成人格的既不是天生的智力,不是创造力,也不是我们所称的意志。从客观

---

① 翻译自 V. M. Bekhterev(W. v. Bechterew), *Die Persönlichkeit und die Bedingungenihrer Entwicklung und Gesundheit*, pp.3—5。(J. F. Bergmann, 1906.)

② 特奥多尔·阿芒特·里博(Théodule-Armand Ribot, 1839—1916),法国心理学家,以退行性失忆的里博法则而闻名。——译者注

角度来看,恰恰是心理表现的总和——所有那些包括了把一个人与其他人区别开来,并决定了他实际个体性的习性——具备了人类人格的特征。

不同文化层次的人其智识水平各不相同,但是没有一个人因为智力低下的原因而失去被承认为人的权利,只要他能保持——在与其环境相对抗时——个体的健全,并仍然是一个自我决定的人。正是这种自我决定的个性的丧失,就足以使人完全没有人性。当个人的自发性无力体现的时候,我们就会说这是一个不明确的或一个"被动的"人格。总之,从客观角度来说,人格是一种具有独特性质的自我决定的个体,并在他周遭的社会世界里有一个明确的地位。

现在,假如在前面定义的基础上,我们寻求界定社会和公共生活中人格的意义,那么人格就表现为所有社会制度、运动和状况——简而言之,所有社会生活现象——的基础。我们时代的人类不再是黄金时代那样笨嘴拙舌的群众。他们是或多或少活跃的人格的总和,连接他们的是共同的利益,部分则由种族起源和基本心理特质上的某种相似性来连接。

一个民族就是一种具有特定种族和心理特征的集体人格,被共同的政治期望和政治传统驱动。民族及其文明的进步,以及它们文化的进步,天然就取决于构成它们的人格的发展。自从人类从臣服状况下解放以来,民族和社会的生活就取决于每个社会成员积极参与到代表所有人目标的共同福利之中。作为一种精神上自我决定的个体,人格在历史事件的普遍进程中越积极地坚持自己的主张,一个民族就越远离剥夺其人格权利的臣服状态。

在每个活动领域,更为发达的人格开辟新的道路。天生顺从的消极人格倾向于仅仅是模仿和重复。现代国家的存在很少依靠粗糙的自然力量及其人格化的力量,而是更多依靠构成这个民族的人格的道德凝聚力。

从一开始,只有道德价值得以延续。强力只能暂时支持国家。当一个民族罔顾道德力量,并在粗鲁的军事冲突里寻求救赎时,它

125

本身就孕育着自我毁灭的种子。世界上没有军队强大到足以维持一个道德基础动摇的国家,因为军队的强大取决于其道德信念。

当社会状况加快了社会生活的运动时,人格在人类历史生活中的重要性就显现出来。人格就像其他任何力量一样,在遇到阻力的时候达到其最大值,在冲突和对抗中——当它战斗时——在各国工业和文化的友好对抗中达成其巨大的价值,特别是在自然灾害或有外敌的时候。由于个体发展的成果有助于社会价值的共同基础,所以很明显,在其他条件相同的情况下,具有最发达和最活跃人格的社会和民族对文明的进步贡献也最大。似乎并没有必要去证明,各民族的和平竞争及其成功依赖于构成它们的人格的发展。如果一个国家的个体和构成它的社会单元发展很虚弱,就不可能保卫自己,去抵御由发展更优越的人格构成的国家的剥削。

D. 生物遗传与社会遗传

1. 天性与培育①

我们已经看到,科学在变异的可遗传性上的立场应该是一种积极怀疑论,似乎没有令人信服的证据支持肯定的立场,倒是有很强的否定性推论。

一种变异是个体身上一种明确的变化,由"培育"中的一些变化所导致。并没有保险的证据表明,个体的任何收益或损失能如此传递,或传递时达到任何典型程度。这将如何影响我们对"培育"的价值的评估呢? 怀疑或否定的答案——我们相信答案是科学的——如何影响我们在教育、物质文化、功能进步、环境改善等方面的实践呢? 让我们就我们已经说过的东西给出一个实用的观点。

a) 每一种遗传如果要在发展中得以实现,都要求一种恰当的培育。培育为遗传的充分表现提供了必需的刺激释放。一个人的性格和体质是"自然"和"培育"的函数。在关于天才的古老寓言里,所

---

① 选自 J. Arthur Thomson, *Heredity*, pp.244—249。(G. P. Putnam's Sons, 1908.)

给予的东西必定是能够交易的。一个男孩可能就只是老街区的一个碎块,但是他自身能表现到多大程度,取决于培育。培育的条件决定了遗传的表现是全面的还是部分的。几乎无需说,一种(遗传的)个性的强度可能大到在面对不恰当培育时也能表现自己。历史上有很多例子。如歌德①所说:"人类总是达成不可能之事。"科洛特是一个成功的礼帽制造商和富裕商人的儿子,但在离开布匹商店去研究自然时,他已经三十岁了。

b) 虽然变异似乎并不以那种方式或以任何典型程度来传递,但无疑它们或它们的间接结果可能在某些情况下影响到后代。特别是在典型的哺乳动物里。在出生之前,母亲和未出生的孩子之间有一种持续很久的(胎盘的)联系。在这些情况下,后代在一段时间里几乎就是母体的一部分,容易受到变异(即或好或坏的营养条件)的影响,在其他情况下,也可能深深渗透到父母的变异里,例如酒精或其他药物的后果会影响到生殖细胞,也就是后代。一种疾病可能通过毒素和废物渗透到身体里,这些可能引起有害的胚胎变化。

c) 尽管由于改变了培育环境,变异似乎不会传递,但它们可能在每一代里再次表现出来,所以在我们眼中,培育的重要性不是变小而是变大。

"我爷爷的环境不是我的遗传吗?"一个美国作家古怪且可怜地问道。对,假如不是,让我们为我们自己和我们的孩子去确保"爷爷的环境"中那些促进进步演化的因素,并避开那些趋向其他方向的因素。

由于培育环境改变而来的变异对于后代就不必要了吗? 可能正是因为如此,我们甚至在培育上还是新手! 此外,这种非传递性具有两面性,假如个体的变异性收益没有遗传下来,变异性损失也是如此。

---

① 约翰·沃尔夫冈·冯·歌德(Johann Wolfgang von Goethe,1749—1832),德国思想家、作家。——译者注

　　"天性"——也就是说，胚胎结构——都是世代相传的，都是没有个人收益结果的资本总和；一想到损毁我们文明的很多有害功能和环境，至少我们从过度悲观主义之中解脱出来。在我们周围，可以看到很多有害的后天获得的特征，但是假如它们不可遗传，那它们就不需要持续。

　　在"性格"的发展中，很多依赖于早期的培育、教育以及周边环境的普遍影响，但是个体如何回应这些因素，基本上必须依靠他的遗传。个体自身确实形成自己的性格，但是他这样做，是针对周边影响习惯性地调整他的（遗传决定的）结构来达成的。培育为道德传承的表达提供了刺激，遗传能在多大程度上表达自己，受限于培育—刺激的有效性，正如培育的结果取决于它得以运作的遗传决定的特性。我们可能极力主张的是，作为习惯性感觉、思考和行动模式的产物，性格不能说是**继承下来的**，但是身体特征也是一种依赖于生存经验的产物。在我们看来，否认某些孩子"天生就好"或者"天生就坏"似乎是无意义的，就像否认某些孩子天生强壮，而其他的孩子天生虚弱，某些孩子很有活力而其他孩子易累或显老一样。也许很难说，性格中明显遗传的好或坏是由于（出生之前和之后）母亲营养上的影响，我们必须让读者的经验和观察来决定我们的观点是对还是错，即除了母体营养的影响，还存在一种对亲切性情、强烈的同情心、幽默感和善意的真正传承。进一步的困难——真正的有机体特征可能被培育的后果半遮半掩，或者是被外部风俗遗产和传统所抑制——似乎并不严重，因为后天获得的利他主义的自私就像盗贼中的荣誉一样为人熟知。

　　我们无法想象，在个体生命之初的原生质里，善恶倾向如何成为其一部分，在这种困难面前踌躇犹豫是完全无用的。毫无疑问，事实上道德品质的主动性在某种程度上是可以传递的，尽管从这种情况的性质来看，教育、榜样、环境和喜好的影响比结构特征更强。我们不能用母猪的耳朵做出一个丝绸钱包，但是培育之中的性格可塑性是一个给我们所有人以希望的事实。要解释它，我们做不到，但是性格的原材料的传递是事实，我们必须用托马斯·布朗爵士

(Sir Thomas Browne)①的话来说："要祝福的不是你出生在雅典,而是在你不断增加的感谢中,抬手指着天,说你出生于诚实的父母,谦逊、恭敬、诚实都**在同一个卵子里**,并和你一起来到这个世界。"

2. 原始本性的遗传②

遗传的原则(概述如下):

首先,我们发现单元性状原则是有用的。根据这个原则,性状在大多数情况下是相互独立继承的,而且每个特质作为一个单元遗传下来,或者分解成为可以继承的性状。

其次,必须承认性状本身是不可遗传的。严格来说,我的儿子没有我的鼻子,因为我始终拥有它,能传递下来的是决定了他鼻子形状的某种东西,这可以简称为"限定因子"。所以第二个原则就是,单元性状通过生殖细胞中的限定因子来继承。

最后,要认识到确实没有从父母到孩子的遗传,但是父母和孩子彼此相似,这是因为他们来自同样的遗传物质,他们是来自同一堆古老物质的碎片,儿子是他父亲同父异母的兄弟。

这三个原则是我们今天认识的遗传的三个基石,独立单元性状的每个原则都来自遗传物质中的限定因子。

关于人类遗传的已知事实有多符合这些原则呢?毫无疑问,所有的人类特质都是根据这些原则遗传的,但是这个领域的知识演进很缓慢。

作为第一个例子,我可以举人类眼睛的颜色为例。虹膜是由纤维支架构成的,其中悬浮的颗粒产生蓝色。此外,在很多眼睛里,棕色素可能数量较少,并围绕在瞳孔周围,或广泛弥漫于整个虹膜,使其全部呈棕色,然后可以看到,棕色的虹膜由蓝色以外的某些东西构成,棕色虹膜可以说是积极的特质,依赖于棕色素的限定因子,而

① 托马斯·布朗爵士(Sir Thomas Browne,1605—1682),英国哲学家、心理学家。

② 改编自 C. B. Davenport, "The Method of Evolution," in Castle, Coulter, Davenport, East, and Tower, *Heredity and Eugenics*, pp. 269—287。(The University of Chicago Press,1912.)

蓝色作为一种**消极的**特质，依赖于棕色限定因子的缺失。

现在，当父母双方都有棕色的眼睛，并有棕色眼睛的祖先时，很可能他们所有的生殖细胞都容纳着棕色虹膜色素的限定因子。所以，当这些都携带着限定因子的生殖细胞化合时，所有后代都将接收来自双方的限定因子，因此，这些限定因子在它们的身体里就是双倍的，随之而来的虹膜色素沉着可以说是**复式的**。当一个个体里的某个特征是复式的时，就意味着生殖细胞在每一个容纳一个限定因子的个体体内成熟了，所以，个体——就它而言——能够强度不减地传递它的特质。

假如父母有纯蓝色的眼睛，就证明在他产生的联合生殖细胞里，都没有决定虹膜色素沉着的限定因子；因此，就棕色虹膜色素沉着而言，这个人可以说**无显性组合**。现在，假如这样一个人与一个有两种眼睛颜色的人（其所有的生殖细胞都包含着限定因子）结婚，每个小孩都将只能从家庭的一方接收虹膜色素的限定因子。当然，这些限定因子将会引起色素沉着，但是这种色素沉着是单一的，仅由一种限定因子来决定。所以，这种色素沉浊容易变弱，当一个其色素限定因子来自父母一方的人形成生殖细胞时，那么一半将具备这种限定因子，而另一半则缺失。假如这样的人与所有生殖细胞都包含虹膜色素限定因子的配偶结婚，生下的所有孩子当然都将接收虹膜色素沉着，但是一半将是复式的，另一半将是单一的。假如父母双方都是单一的，那么在每一方里，在生殖细胞的结合中，一半的生殖细胞具有而另一半则缺乏限定因子，有四种同样容易发生的情况：1）一个带有限定因子的卵子与一个带有限定因子的精子结合；2）一个带有限定因子的卵子与一个不带限定因子的精子结合；3）一个不带限定因子的卵子与一个带有限定因子的精子结合；4）一个不带限定因子的卵子与一个不带限定因子的精子结合。所以，特征在一种情况下是复式的，在两种情况下是单一的，在一种情况下是无显性的；也就是说，四种情况当中有一种没有棕色眼睛，或者将是蓝眼睛。假如父母一方是单一的，结果就是，生殖细胞具备和缺失限定因子的机会均等，当另一方是无显性的，那么一半孩子的眼睛颜色将是单一的,而另一半是无显性的。最后,假如父母双方在眼睛颜色上都是无显性的(也就是蓝眼睛)。那么他们的生殖细胞就不会有限定因子,所有的孩子都将是无显性的,或者说都是蓝眼睛。眼睛颜色的遗传可以作为任何单位性状遗传方法的范式。

现在,让我们考虑像棕色眼睛一样遵循同样法则的某些人体特征,这些特征显然是积极的,并且是由于生殖细胞里明确的限定因子所致。

131 　头发颜色要么是由于金黄色色素(聚集起来看像黑色),要么是由于一种红色素。由于缺乏某些色素颗粒,较浅和较深色彩被区别开来。假如父母双方都不能产生大量的头发色素颗粒,孩子就不具备这种能力,即两个亚麻色头发的父母只能有亚麻色头发的孩子。但是一个黑头发的父母可能既是单一的又是复式的,两个这样的父母就**可以**生出带有浅色头发的孩子,但比重不会超过四分之一。总的来说,孩子的头发颜色总是不会比深色头发父母的颜色更深。皮肤色素遵循类似的法则。实际上,现代研究一个令人惊讶的事情就是,皮肤色素会遵循普通的遗传法则;人们通常认为它是混合的。皮肤颜色的继承并不依赖于种族,两个金发碧眼的人永远不可能有黑头发的后代,但是黑头发女性却可能有金发后代。极端的例子就是白化病患者,皮肤、头发和虹膜都没有色素,两个白化病患者只可能有白化病的孩子,但是白化病患者可能来自具有两种色素的父母。

同样,直头发的父母缺乏卷发因子,他们只会有直头发的孩子。两个高个的父母也只会有高个的孩子。**矮小**是这样一种特质:高个是消极特征。另外,当父母双方都不强壮时,则所有的孩子都不会强壮。

现在,我们可以简单考虑一下某些病态或异常状态的遗传,来看看上述原则对它们有多大的影响。异常状态由于是新的特质,有时是积极的;但有时则相反,正常状态是积极的,而其特质是因为一种缺陷。

聋哑症来自一种缺陷,但是这种缺陷的特征在不同情况下是不一样的。聋哑症是如此多样,以至于两个不相关的聋哑人可能生出有听觉的孩子。但是,假如聋哑症父母是表亲,耳聋的概率则由于**同样的**单位缺陷而增加了,所有的孩子都将可能是聋的。

戈达德(Goddard)博士和其他人的研究表明,当父母双方都是弱智时,则他们所有的孩子也将会是如此。这个结论已经过反复检验。但是,假如父母**之一**是正常的或者来自正常的祖先,那么所有的孩子都可能是正常的;反之,如果正常人具备有缺陷的生殖细胞,他与弱智妇女的后代将有一半是有缺陷的。

很多罪犯——特别是进行人身侵犯的——是弱智,这可以从他们的弱智兄弟或者弱智双亲的关系里看出。对亲属精神状况的测试可以由法官采纳,来裁定一个施暴者的责任。

不仅是不完善的精神发展状况,而且神经系统承压能力缺失也可能遗传。罗萨诺夫(Rosanoff)博士①及其同事的研究表明,假如父母双方都有狂躁抑郁性精神病或者早发性痴呆,那么所有的孩子都将是神经病;假如父母之一受到愚钝血统的影响,那么一半的孩子都容易有疯病;假如父母都是健全的,这些类型的精神崩溃就永远不会发生。

最后,一项对具有特殊能力家庭的研究揭示出一种完全类似于神经缺陷的遗传方式。假如父母双方都是色彩艺术家或者有高超的声乐能力,或者是高水平的文学家,那么他们所有的孩子都会是高水平的。假如父母一方具备高能力,而另一方能力较低但是祖先能力较高,那么部分孩子有高能力,部分是低能力。这似乎是一个不同寻常的结论,即高能力是遗传的,就像弱智和精神病遗传一样,是由于缺乏限定因子。我们想起这句诗:"伟大的智慧与疯狂确实是近在咫尺。"天才人物的家系给出了这种关系的证据,即这些人经常可以表现出才能与精神错乱的混合。难道不是因为缺乏控制,才

132

① 阿隆·罗萨诺夫(Aaron Joshua Rosanoff, 1878—1943),俄裔美国精神病学家。——译者注

允许"想象力的飞舞"与那些有精神弱点或缺陷的人的疯狂特征发生关联吗？

精神缺陷遗传的研究不可避免地引出如何剔除精神缺陷的问题。这是一个很重要的事情，因为一方面，现在已经逐步认识到精神缺陷是大多数社会问题的根源。极度酗酒通常是精神伪装的后果，这种伪装是为了掩饰在烈性酒的嗜好上缺乏自我控制。贫困是精神缺陷的一种后果，使贫民在竞争的世界中不能维持自己的地位。男女在性方面的不道德通常是由于在理解后果上的某种无能，不能把原因和后果的必然性形成思维图像，有时还混合着性欲亢进和缺乏自控。最恶劣形式的犯罪同样是由于缺乏对道德观念的理解和接受。

假如我们想知道这些缺陷的起源是什么，我们必须承认它是很古老的。它们很可能来自我们的猿类祖先，这些缺陷在祖先身上是**正常的**特质。在人身上则出现一种菌株，尚未获得高度发达文明人才有的抑制特征。这方面的证据就是，回到很久以前，我们一直在追溯缺陷遗传的黑线病（一种植物病）。

现在我们必须要回答缺陷遗传法则的优生运用问题。首先可以指出，缺乏限定因子导致的特征体现为它们通常在血缘上是稀少的，特别是当父母都是正常的时候；事实上，它们频繁出现在表亲婚姻之中，因为表亲本身尽管是正常的，但生殖细胞里总是带有同样的缺陷；还体现为两个受到影响的父母拥有完全正常的孩子，而两个属于同一血统，或者同属于保存同样缺陷的血统的正常父母会有一些（大约 25%）有缺陷的孩子。但是，一个有缺陷的人与纯粹正常的人结婚，将不会出现有缺陷的后代。

明确的优生规则就是：让不正常的人和没有缺陷痕迹的正常人结婚，并让他们的正常后代轮流进入较强的血统，那么缺陷就永远不可能再次出现。来自缺陷血统的正常人可以和正常祖先的正常人结婚，但是特别要避免近亲结婚。

社会学的结论就是：防止弱智、酒鬼、贫民、性犯罪者和刑事罪犯与和他们类似的人，或表亲或任何属于神经病血统的人结婚。实际上，可能好的做法就是，在一代人的生殖期内隔离这些人，那么缺陷的产物实际上将化为乌有。

3. 获得性特征的遗传：传统①

和有机进化遗传相对应的社会进化遗传的因素是传统；这种传递的执行者是神经系统，通过其各种感官而不是生殖细胞。传递的器官是眼睛、耳朵、舌头，等等，而不是性。传统这个说法就像变异和选择，是在广义上使用的，自然的变异使后代不同于父母，后代相互之间也不一样；风俗上的变异则导致一时一地的人和他们的祖先不一样，某种程度上他们内部也不相同。它是位于变迁基质上的关键因素。自然遗传使后代类似或者重复当下的类型；在社会进化中的传统使一个时期的风俗去重复以前时期的风俗。每个人都是严格的保护者。变异意味着多样性，遗传和传统意味着类型的保存。假如没有遗传或传统的力量，就不会有自然或社会形式的系统或分类，创世假说就会成为唯一站得住脚的学说，因为血统理论就没有了基础。假如没有变异，所有自然与人类的设置就将显得像沙漠一样单调乏味。遗传和传统分别允许有机变异或社会变异通过重复选择来积累，并在这个或那个方向上进行世代扩展。总之，关于遗传在有机领域里的普遍影响，也可以用来解释习俗领域的传统。在这种情况下通过性器官和生殖细胞进行的传递，在其他情况下则是通过声带、听觉神经等的活动，与功能释放的基本同一性相比，这似乎是瞬间完成的。

从某种意义上说，传统比遗传——如果这样的比较是有益的——更保守。在传统的内容里有一种恒定性，假如它像生殖细胞的结构一样，是一种双重的复合体，就不可能存在。这里我们必须回顾一下我们迄今从另外角度看的习俗的某些关键品质。传统总是把习俗看成是可以传递的构成物。但是习俗在它们的实践中同

---

① 选自 Albert G. Keller, *Societal Evolution*, pp. 212—215。（Published by The Macmillan Co., 1915. Reprinted by permission.）

时出现之后就已经建立起来,包括了对它们是否有益于社会和个体福利的判断,这就是它们被恰当地称为习俗的地方。它们变成了群体的繁荣策略,年轻人在它们的支配下成长,并把老人视为先例和习惯的存放之处。但是现在老人死了,按照当时的观念,他们就变成了更高权力的存在,而活着的人对他们负有责任,不想违背他们的意愿。对鬼魂的恐惧扩展到了习俗上,这些习俗作为群体繁荣的策略,已具备了模式化特征,于是它们变成了一种更高程度的"群体中的统一性、普遍性,不可改变,不可避免。随着时间推移,它们变得越来越随意、主动和专横。假如要问,为什么它们在某些情况下如此行事? 原始人总是会回答:因为他们和他们的祖先总是如此做"。所以习俗的传递将是一个体现最大保守性和最小变化可能性的过程。这种状况代表着社会对生活状况的适应,这似乎是因为变化接踵而至,需要一种极度保守的力量(就像种族主义或宗教)去保持进化运动中的某种平衡和稳定。

习俗的传递通过模仿或灌输的方式来进行。通过一方或另一方分别按照接受方和给予方来采取主动。灌输包括了最广意义上的教育,但是由于这个说法在一般使用中意味着教育者对年轻人所持的某种态度(例如保护性的),因此选择了更广泛和更浅白的称谓。文化同化是一个群体或民族从其他群体那里学习的过程,不论这个文化或者文明是通过模仿还是灌输来获得。由于必须有接触,同化有时候被归因于"传染"。

4. 气质、传统和民族性[①]

照我看来,黑人的气质包括几个基础但又独有的特征,取决于
身体组织和生物传递,这些特征使他们自己表现为可亲、开朗和善于交际的性格,表现为对外部和自然事物而不是对主观状态和内省对象的兴趣和依恋,表现为倾向于表达而不是计划和行动。

136

---

① 选自 Robert E. Park, "Education in Its Relation to the Conflict and Fusion of Cultures," in the *Publications of the American Sociological Society*, XIII(1918), 58—63。

在这种气质的体现之中发生的变化被一种天然和内在的冲动——所有生物的特征,即在变化了环境里存续和维持自身——所驱使,就像任何有机体都可能发生的。这些变化最可能发生在任何努力生存并利用其环境进一步完善自身存在的有机体里。

结果就是,这种种族气质从它所接触的大量文化材料里被挑选出来,这些技术、机械和知识装置在它们存在的特定时期满足其需要。它以它能够使用或获准使用的新风俗、新习惯和新文化形式包装和丰富了自己。同时,它已经把变化的经验和不变的种族个性放入了这些相对外在的事物之中。无论在哪里,它更感兴趣的是表达而不是行动,兴趣在于生活自身而不是生活的重构或改革。黑人在天性上既不是脑力发达的也不是像犹太人那样的唯心主义者,既不像东印度人那样沉思内省,也不像盎格鲁撒克逊人那样是开拓者和拓荒者。黑人主要是一种艺术家,热爱生活本身,他的**工作**(metier)是表达而不是行动。黑人可以说是种族中的女士。

在回顾美国黑人生活中的外部事件表现出来的黑人气质的命运时,我们的分析认为,黑人的这种种族特征在每个地方都抑制了他们自己,某种意义上就像弗洛伊德分析梦境生活中愿望所扮演的角色。他在这里发现的外部文化形式就如同个体记忆一样,已经提供了种族愿望——即黑人气质——所掩盖的材料。这些形式承载的内在意义、情感、鲜明性、情感色彩都是它们从白人向黑人转移的结果,已经成为黑人自己的东西,它们已经代表了他的气质——虽然他的气质已经被他在这个国家积累的经验和传统所改变,这种气质是非洲的,但是传统是美洲的。

假如犹太人确实由于其智力而成为天生的唯心论者、国家主义者、教条主义者和革命者,而黑人由于对为人熟知的对象、地点和人自然的依恋,预先适应了保守主义,以及对个人和地方的忠诚,假如这些事情是真实的,那我们最终将不得不切实考虑这些因素。可以肯定的是,黑人在奴隶时期对其主人,在自由时期对南部和全国已经一致显示了忠诚的倾向。他在非常沮丧的情况下也保持了这种

137

忠诚的态度。我曾经听过凯利·米勒(Kelly Miller)①——他那个种族里最具哲学性的领袖和教师——在一次公开演讲里说,黑人在这个国家里承受的最大困难之一就是他不被允许爱国这一事实。

当然,所有这些所谓的种族特征都有积极和消极的意义,每个种族就像每个个体一样,都有其不足之处。问题仍然在于,所谓的种族特征在什么程度上确实是种族的,即生物性的,它们在什么程度上又是环境条件的产物呢? 本文的观点是:(1)作为兴趣和关注力之基础的基本性格品质作为选择性机构,决定了每个种族在文化环境中将选择什么要素,它将在什么区域里寻找和发现它在更大社会组织中的使命。(2)另一方面,文明人生活和工作所需的技术、科学、机械、工具、纪律、习惯、规则以及所有知识与机械装置,相对于构成我们所称的群体意志的重要态度和价值观的内核来说,仍然是相对外在的。这种种族意志确实主要是社会性的,也就是被社会经验所修正的,但是它最终要依赖于种族遗传特征的合成。

个体的人都是双重遗产的承担者。作为一个种族的成员,他通过生物遗传的杂交繁殖来传递。另一方面,作为一个社会或社会群体的成员,他通过传播社会遗产来传递。体现种族群体中个体特征遗传性状的特定合成体构建了种族气质。通过传播和教育来传递的习惯、适应、情感、态度和理想的特定组合构成了一种社会传统。就像早已普遍认识到的那样,在这种气质和传统之间,存在着一种非常亲密的关系。我的假设是:气质是兴趣的基础,在长期的运作中,它决定了注意力的普遍延续,并最终决定了个人的职业选择和种族群体的文化选择。也就是说,气质决定了个体和全体将对什么事物有兴趣,他们将吸收已经接触到的哪些普遍文化要素,他们将吸收(从教学上来表述)哪些将要学习的东西。

很明显,一旦同一种族的个体以及有同样气质的个体被联合起来,气质上的兴趣就总是会彼此增强,群体成员的注意力将会更彻

① 凯利·米勒(Kelly Miller,1863—1939),美国黑人数学家、社会学家、作家、报纸专栏作家,被称为"波托马克河畔的吟游诗人"。——译者注

底地集中到与种族气质相契合的特定目标和价值上。于是,种族品质变成了民族的基础,一个民族性群体仅仅是一个文化群体,最终会成为一个建立于种族遗产基础之上的政治社群。

　　另一方面,当种族隔离被打破以及种族群体成员被分散开时,会产生相反的效果。这解释了经常成为评论和观察对象的这种现象:种族特征以一种不同寻常的方式,在大规模同质性集合里体现自己,在一个种族的群众集会和其他种族的类似集会之间,这种对比特别显著。在那种情况下,特定的种族特征和气质的差异显示出来,否则就会完全被忽视。

　　当群体的自然团结由于父母和子女的传承而得以延续时,种族气质(包括寄生于其中的基本态度和价值观)就得以完整保存。但是,当社会发展并由于移民和适应而得以延续时,接踵而至的就是,由于混血,构成种族气质的生物遗传品质结合体破裂了。这再次引发了道德、传统以及最终在社会制度上的变迁。尽管从种族气质的改变之中产生的这种变迁将轻微改变社会传统的外在形态,但是它们将很可能深刻改变其内容和意义。当然,其他因素——个体竞争,阶级的形成,特别是交流的增长——会一起使整个形势复杂化,并改变在孤立状态下运作的种族因素产生的影响。

139

III. 研究与问题

1. 宗教和政治学说内含的人性概念

　　尽管这个主题的系统性研究是最近才有的,但一直存在涉及人类本性的大量观察和许多假设。法学、历史学、神学和政治学中最早的系统性论述必然要从某些关于人类本性的有几分天真的假设出发。在罗马法向臣服民族的扩展中,出现了国际法和自然法的区分,即专属于特定国家的法律和与之形成对比的,所有国家共有,来自人类本性的法律和习俗。麦考莱(Macauley)写作关于"人性的原则"的内容,并从中推导出一种政府理论。神学家在设计一个上帝给人的思想逻辑体系的时候,以某种人性概念为基础。原罪,人的固有堕落,自然人和灵性人之间的战争,这些学说在关于人类堕落、通过信仰得救赎以及人在地上生命的预备性特征的教义中都有其背景。与神学家对人类本性的悲观态度形成鲜明对比的是,像卢梭这样的社会进化论者已经谴责了社会制度固有的邪恶,并乐观地寄希望于人性与生俱来的善。

在这些论述中,关于人性的假设要么是先入之见,要么是法律、道德、宗教或政治思想体系附带的对经验的理性化。所以,在这些论述中,对人类特质的分析或详细描述很少,或者就没有。确实没有证据表明人们曾经努力通过对人性的客观研究,达成对人类行为的理解。

关于人性的历史假设,不管有多么异想天开或不科学,却仍然对群体行为产生了深远的影响,社会革命时期是由理论家开创的,他们只意识到制度之恶和人性之善。另一方面,不相信人性冲动的"社会守护者"则信赖惯例和现存的社会组织形式。共产主义社会已经根据某些关于人性的观念组织起来并得以存活,因为激励他们的这些信念控制着群体成员的行为。

苏格拉底时代的哲学家们总是试图证明自己的政治和道德理论中关于人性的概念——尽管并不明确。在两部经典著作即亚里士多德的《政治学》和霍布斯的《利维坦》里,给出了对人性大相径庭的解释。亚里士多德强调人的利他特质,而霍布斯则关注人自私自利的倾向。这些关于人类行为的对立概念是很明确的,每个都给出了自己的证据。但是学者们很快意识到,哲学家在形成其概念的时候,既不是完全没有恶意,也不是完全别有用心。当在产生这些概念的情境下考虑这些概念时,它们似乎不像是人性分析的结果,而是为了政治理论设计出来的公式。亚里士多德描述的是理想状态,霍布斯则对确保现有社会秩序感兴趣。

然而,社会和政治哲学家做出的贡献是真实的。他们对人类行为的描述即使不充分和不科学,但至少认识到了理解人性是社会重组的先决条件。事实上,哲学概念和理想建构本身就是社会力量,经常代表着既定的利益,并已成为社会科学和自然科学的障碍。

孔德认为，每门科学在其具备实证科学的特征之前，都必定要经过神学和形而上学的阶段。就社会学而言，这个观点似乎是对的。当主张把人性作为政治科学的基础时，马基雅维利令他那个时代的道德观念——即使不是所有时代的道德家——受到震动。赫伯特·斯宾塞坚持认为，指望"乏味沉闷的本能产生高贵优秀的行为"是不现实的。对于他那个时代的乌托邦社会改革家，他指出，英格兰的一系列福利措施与其所期望的结果正好相反。

对关于人性的先入为主的概念和推断进行负面批评，为公正的观察和比较铺平了道路。某些现代趋势和运动促进了对人类行为进行公正的研究。民族学家收集了关于原始人行为的客观描述。在心理学里，对孩童的研究和对人与动物行为的比较研究出现了有趣的发展，精神病学家在处理像歇斯底里症和多重人格这样的异常行为时，不得不客观研究人类行为，所有这些都为立足于客观和公正观察的人性科学与社会科学铺平了道路。

2. 文学与人性的科学

诗人最早认识到"人类最合适的研究对象是人"，他们也最早对其进行客观解释。诗人和艺术家对人性和人格的描述和评价，要早于心理学家和社会学家进行的系统性与反思性分析。此外，近年来人们已经很自觉地努力使文学和历史变得"科学"。格奥尔格·勃兰兑斯（Georg Brandes）[1]在其《19世纪文学主流》里给自己设定的任务是"去探寻文学和生活之间最早和最突出的关联"。丹纳（Taine）[2]的《英语文学史》则尝试描述文学名著折射出的英国人的气质和性格。

强调"环境"和"人物"的小说与强调"行动"和"情节"的小说相

---

[1] 格奥尔格·勃兰兑斯（Georg Brandes，1842—1927），丹麦文学评论家、文学史家。《十九世纪文学主流》是其主要著作。——译者注

[2] 伊波利特·阿道尔夫·丹纳（Hippolyte Adolphe Taine，1828—1893），法国文学理论家、史学家。——译者注

比,是分析人性和社会的文学手段。埃米尔·左拉(Émile Zola)①在一篇名为《实验性小说》的论文里,很大胆地提出以小说作品为手段,对人类行为进行科学剖析和解释。

142

> "小说家既是观察者,也是实验者。作为观察者,他观察了他已经发现的事实,提出了出发点,展示了他的人物将走过的坚实土地以及现象的发展。随后,实验者出现了,并引入了一个实验,即把他的人物安排在一个特定的故事里,以展示事实的演替将是实验要求下现象决定论的产物。小说家开始于对真相的追求,我将举巴尔扎克的小说《贝蒂表姐》里于洛男爵这个人物作为一个例子。巴尔扎克观察到的普遍事实是,一个男人的多情气质会在他的家庭、家族和社会里造成破坏。一旦他从已知的事实里选择了他的目标,他就进行实验,并把于洛暴露在一系列审判之中,把他放置在特定的环境之中,为的是展示他复杂的激情机制是如何运转的。很明显,这里不仅有观察还有实验,就像巴尔扎克并不满意于记录自己收集的事实,还以直接的方式干预,把他的角色置于某种情况下,他仍然是这些事情的主人。问题在于去认识。在那样一种环境和境遇下,这样一种激情在个体和社会的角度上将会产生什么。而一本实验小说——例如《贝蒂表姐》——只是小说家在众目睽睽之下进行实验的报告。事实上,这整个运作实际上都由事实构成,然后在不偏离自然法则的情况下,通过改变境遇和环境,研究作用于这些事实之上的机制。最后,你具备了关于人的知识,关于人的个体与社会关系的科学知识。"②

然而,毕竟实验性小说的主要目的就像历史学一样,可以说是

---

① 埃米尔·左拉(Émile Zola,1840—1902),法国小说家。——译者注
② 选自 Émile Zola, *The Experimental Novel* (New York,1893), pp. 8—9. Translated from the French by Belle M. Sherman.

评价和理解,而不是概括和提出抽象的公式。这种小说必须提供洞见和同情心,以及"理解一切就在于宽恕一切"这句话所表达的人类团结的神秘感。这些是社会学家不能忽视的素材。目前为止,还没有哪个自我中心人格的自传或传记像乔治·梅瑞迪斯(George Meredith)①的《利己主义者》那样有说服力。守财奴是一种社会类型,但是没有案例研究像乔治·艾略特(George Eliot)②的《织工马勒》那样具有同情心和洞察力。在社会科学里,案例研究的技术在犯罪学里发展得最广泛。但陀思妥耶夫斯基③在《罪与罚》中对谋杀犯自我分析的描绘却使所有小说之外的类似研究都相形见绌。然而,所谓的心理或社会小说的功能止步于对个体事件或案例的呈现,它满足于对读者经验的吸引力进行测试。而人性的科学研究要更进一步,它寻求的是普遍化。它从历史和文学的案例研究里抽象出人类行为的法则和规范。

143

3. 原始本性领域的研究

考古学、民族学、民俗学积累了人类本性研究的宝贵材料。威廉·G. 萨姆纳(William G. Sumner)在他的著作《风俗论》里,通过分析人种学资料,使其适用于社会学用途。通过对原始人习俗的分类和比较,他表明了文化差异的基础是民俗和习惯在适应环境时的变化,而不在于人性的基本差异。

研究兴趣已经产生了人类原初本性与后天本性两个研究领域之间的分工。对原初倾向的考察和遗传研究已有密切联系。关于这个领域的研究史,研究者认为源于拉马克、达尔文、德弗里斯④、魏斯曼(Weis-

---

① 乔治·梅瑞迪斯(1828—1909),英国维多利亚时代小说家、诗人,《利己主义者》被视为其小说的最高成就。——译者注

② 乔治·艾略特(George Eliot, 1819—1880),原名玛丽·安·伊万斯(Mary Ann Evans),19世纪英语著名小说家。——译者注

③ 费奥多尔·米哈伊洛维奇·陀思妥耶夫斯基(Fyodor Mikhailovich Dostoevsky, 1821—1881),俄国作家,《罪与罚》是1866年出版的长篇小说。——译者注

④ 雨果·德弗里斯(Hugo Marie de Vries, 1848—1935),荷兰植物学家和最早的遗传学家之一。以进化学说突变论著称,并提出了基因概念。——译者注

mann)①和孟德尔关于遗传学和进化论的著作。最近在生物遗传机制上的发现已经组织起了一门新的应用科学"优生学"。这门新科学提出了一种改善种族特质的社会计划，其基础是育种和自然遗传上的研究。优生学研究得到英国的高尔顿实验室②以及美国冷泉港的优生学记录办公室③的推动。兴趣已经集中到弱智遗传的研究上。对弱智家庭和群体的研究——如戈达德(Goddard)④的《卡里卡克家族》，达格代尔(Dugdale)⑤的《朱克斯》，以及麦卡洛克(M'Culloch)⑥的《以失马利部落》——已经表明，精神缺陷如何成为导致产业低效、贫困、卖淫和犯罪的一个因素。

4. 人类人格的研究

人类本性的研究趋势已经转向人格的研究。对歇斯底里、失忆等异常行为的观察——其原因并不是器官上的，而推测为是精神上

---

① 奥古斯都·魏斯曼(August Weisman，1834—1914)，德国动物学家，遗传学家，提出种质连续学说，奠定了现代遗传学的基础。——译者注

② 高尔顿实验室(Galton Laboratory)是英国伦敦大学学院于 1904 年建立的优生学实验室，后来也研究人类基因，1996 年成为伦敦大学学院生物系的一部分。——译者注

③ 优生学记录办公室是卡内基学院建立的一个研究所，位于纽约的冷泉港，1910—1939年间是美国优生学和人类遗传研究的中心，收集美国人口的生物与社会信息。——译者注

④ 亨利·赫伯特·戈达德(Henry Herbert Goddard，1866—1957)，20 世纪早期美国著名的心理学家和优生学家。他最著名的案例研究是对卡利卡克家族的研究，卡利卡克是 18 世纪美国独立战争时期的一名战士，与一个弱智的女服务员结合，在随后150 年里形成一个由 480 名后代组成的家系，他研究了其中 189 人，不正常人比例占 75.66%，而卡利卡克在回到故乡之后又与一位正常智能的妇女结婚，形成另一个有 496 名后代的家系，全部都是正常人。戈达德把这种区别归因为遗传因素。——译者注

⑤ 理查德·路易斯·达格代尔(Richard Louis Dugdale，1841—1883)，美国社会学家，最著名的研究就是《朱克斯：一项关于犯罪、贫困、疾病与遗传的研究》，他于 1874 年寻访了纽约州的 13 个监狱，调查了与 6 个在押犯有血缘关系或姻缘关系的 709 人，发现其中犯罪、贫困、死于非命等不正常状态的占了大多数，其结果被优生学家解释为是基因遗传导致的。——译者注

⑥ 奥斯卡·麦卡洛克(Oscar C. McCulloch，1843—1891)，美国社会福音运动改革家。——译者注

的——促进了人格问题的科学研究。以夏科特（Charcot）①、雅内（Janet）②和里博为代表的法国精神病学家和心理学家的学派已经对人格疾病的理解做出了显著贡献。对于理解人来说，这个领域非常宝贵的研究已经在探究双重和多重人格。弗洛伊德、荣格（Jung）③、阿德勒（Adler）④和其他精神分析学家的工作已经揭示了精神冲突、压抑和愿望在人格发展中的作用。

在社会学里，人格研究不仅仅从其组织的主观立场来进行，更多还在于其客观方面，并参照个人在群体中的作用。"行为类型"的最早分类之一，由据传是亚里士多德门徒的泰奥弗拉斯托斯（Theophrastus）⑤进行了描述，他把自己称为"人性的学者"。《泰奥弗拉斯托斯的人物论》由诸如"马屁精"、"乡下人"、"胆小鬼"、"饶舌的人"等人物类型的速写构成——幽默且尖刻，甚至是肤浅的。但他们在现代生活里就像亚历山大时代一样真实，泰奥弗拉斯托斯的现代模仿者是拉布吕耶尔（La Bruyère）⑥，他在1688年出版了《品格论》，这是一系列关于他那个时代风俗的散文，以同时代人的肖像作为例证。

自传和传记为研究个人生活和人的社会角色提供了原始资料，三部激励了个人叙事写作的伟大自传本身就代表着不同的类型：恺撒的《随记》（Commentaries）⑦带有对他伟大功绩超然的客观描述，圣奥古斯丁的《忏悔录》具有直接的自我分析和自我谴责，还有鲜为

---

① 让-马丁·夏科特（Jean-Martin Charcot，1825—1893），法国神经病学家和解剖病理学家，被认为是现代神经病学的奠基人，以研究歇斯底里症最为有名。——译者注
② 皮埃尔·雅内（Pierre Janet，1859—1947），法国心理学家，精神病学家，法兰西学院院士，认为歇斯底里症是由于心理失调。——译者注
③ 卡尔·古斯塔夫·荣格（Carl Gustav Jung，1875—1961），瑞士心理学家，人格分析心理学的创立者。——译者注
④ 阿尔弗雷德·阿德勒（Alfred Adler，1870—1937），奥地利精神病学家，个体心理学创始人。——译者注
⑤ 泰奥弗拉斯托斯（Theophrastus），公元前4世纪的古希腊哲学家，其作品以《人物志》尤为有名，开"性格描写"的先河。——译者注
⑥ 让·德·拉布吕耶尔（Jean de La Bruyère，1645—1696），法国作家，《品格论》是其最著名的作品。——译者注
⑦ 古罗马政治家恺撒仅有两部著作，原作均以Commentaries命名，即随记、手记之意，是对自己著作的谦称，后人分别将其命名为《高卢战记》和《内战记》。——译者注

人知的卡丹(Cardan)的《我的生平》①,后者是科学自省的一次严肃
尝试。近年来,注意力已经转向积累从精神病学和精神分析学角度
来解读的自传和传记材料。费迪南德·普罗布斯特(Ferdinand
Probst)博士的研究《奥托·魏林格》是这种类型的代表性专著。这
种方法及其用于社会学解释的突出例子就是托马斯(Thomas)和兹
纳涅茨基(Znaniecki)的《波兰农民》第三卷中"一个移民的生活记
录"。在与克里夫兰基金会的《娱乐调查》和卡内基基金会的《美国
化研究》有关的研究里,生命史已经发展成为研究技术的一部分。

5. 个体差异的测量

随着人们日益意识到人类本性中个体差异的重要性,已经尝试
对它们进行测量。对身体和精神特质的测试现在已经达到了准确
和精密的程度,而气质和社会特征的研究现在仍然处于初级阶段。

身体特征的测量领域被郑重地称为"人体测量学"。在 19 世
纪,人们普遍对头盖骨和脸部测量在理解人类精神和道德特征上的
重要性寄予厚望。由加尔(Gull)②和斯普茨海姆(Spurzheim)③发起
的颅相学研究已经证明是盲目的路径。塞萨雷·龙勃罗梭(Cesare
Lombroso)④建立的通过某些异常面相和体形来识别犯罪类型的科
学犯罪学学派被查尔斯·戈林(Charles Goring)⑤的控制性研究所
动摇。目前,专家的共识是,只有对于小群体来说,身体发育的显著

---

① 卡丹,意大利名字吉罗拉莫·卡尔达诺(Girolamo Cardano,1501—1576),文艺复兴时
   期意大利著名学者,数学家、医学家、物理学家。——译者注
② 弗兰茨·约瑟夫·加尔(Franz Josef Gall,1758—1828),德国神经解剖学家、生理学
   家,颅相学的创始人。认为颅骨形状反映脑的发育情况,从而反映人的性格。——译
   者注
③ 约翰·加斯帕尔·斯普茨海姆(Johann Gaspar Spurzheim,1776—1832),德国医学家,
   加尔的学生,与加尔共同创立颅相学。——译者注
④ 塞萨雷·龙勃罗梭(Cesare Lombroso,1836—1909),意大利犯罪学家、精神病学家,侧
   重研究遗传因素对犯罪的影响,提出天生犯罪人理论。——译者注
⑤ 查尔斯·伯克曼·戈林(Charles Buckman Goring,1870—1919),英国犯罪学家,在其
   著作《英国犯人》里认为身体异常现象在犯罪人当中并不比在正常人中更常见,反对天
   生犯罪人理论。——译者注

不正常才与异常的精神和情绪反应有关。

1905 年 11 月,比奈(Binet)和西蒙(Simon)①设计了一系列测试来测定法国学校孩子们的心理年龄。心理测量的目的是评估天生的心理能力,所以,测试排除了与特殊社会经验有关的素材。随着它们被介绍到美国,某些修订和调整——例如哥达德修正量表、特曼修正量表、约克斯-布里奇斯分数量表——被制作出来,满足标准化的要求。

心理测量在不同种族和社会阶级中的运用引起了社会经验差异带来的个别群体变异程度的问题,虽然并不是绝对有可能从他们的经验表达中分离出原初倾向,但是设计实验来考虑不同的社会环境还是可行的。

意志特征和气质的研究还处于起步阶段。目前很多关于气质分类的尝试取决于主观的基础,就像流行的四重维度划分一样:乐观的、易怒的、忧郁的和冷静的。界定气质差异的努力中有两项取决于第一手的案例研究。琼·E. 唐尼(June Etta Downey)博士②设计了一系列实验,其基础是用来测量意志特质的笔迹素材。在她的小册子《意志简介》里,她给出了一项针对 12 种意志特征的分析:修正、坚持不懈、协调冲动、关注细节、运动抑制、抵抗、无耻、运动冲动、决策快速、灵活性、免于惰性和运动速度。通过一项包含几百个案例的研究,她界定了某些明显具有个人类型特征的意志模式。在她的经验里,她已经发现了通过意愿测试为主体评级在补充智力测试上的独特价值。

克雷佩林(Kraepelin)③以对异常精神状态的考察为基础,提出

146

---

① 法国心理学家阿尔弗雷德·比奈(Alfred Binet, 1857—1911)和同事泰奥多尔·西蒙(Theodore Simon, 1872—1961)于 1905 年发明测量智力的方法,编成世界上第一种智力测量量表,又称比奈-西蒙量表。——译者注

② 琼·埃塔·唐尼(June Etta Downey, 1875—1932),美国心理学家,开发出个人的意志—气质测试,并首次进行了性格特征评估,后成为美国历史上第一位担任州立大学系主任(怀俄明大学心理学与哲学系)的女性。——译者注

③ 埃米尔·克雷佩林(Emil Kraepelin, 1856—1926),德国精神病学家,现代精神病学的创始人。克雷佩林以精神病病原学的研究而著称,还是人格测验的先驱。——译者注

了精神变态人格类型的划分,他区分了六个分组:兴奋的、不稳定的、变态倾向的、古怪的、反社会的和爱争议的。在精神分析中,经常采用一种更简单的二分法,也就是内向或内省的个体和外向或客观型个体。

社会类型的研究至今仍然是一个未成型的领域。我们周遭的文献和生活在个性上越来越专门化,但是分类方面的尝试仍然处于主观性的阶段。托马斯主张把人的社会类型分为无教养型、放荡不羁型和富于创造力型。这虽然是建议性的,但显然过于简单,无法对丰富且复杂的人格多样性做出充分的描述。

这项调查表明了目前界定和测量原始特征与人类特征之间差异的现状。个体差异的知识在社会控制的每个领域都是重要的。重要的是,这些测试已经用于满足医疗、工业、教育、刑罚与管教机构中的政策和管理问题。工作分析、人事管理、劣质住房、优秀儿童班级、职业指导等指出了个体差异测量试验的发展可能运用的领域。

147

<h1 style="text-align:center">参考书目</h1>

I. 原始本性

A. 种族遗传

(1) Thomson, J. Arthur. *Heredity*. London and New York, 1908.

(2) Washburn, Margaret F. *The Animal Mind*. New York, 1908.

(3) Morgan, C. Lloyd. *Habit and Instinct*. London and New York, 1896.

(4) ——. *Instinct and Experience*. New York, 1912.

(5) Loeb, Jacques. *Comparative Physiology of the Brain and Comparative Psychology*. New York, 1900.

(6) ——. *Forced Movements*. Philadelphia and London, 1918.

(7) Jennings, H. S. *Behavior of the Lower Organisms*. New York, 1906.

（8）Watson，John. *Behavior：an Introduction to Comparative Psychology*. New York，1914.

（9）Thorndike，E. L. *The Original Nature of Man*. Vol. I of "Educational Psychology." New York，1913.

（10）Paton，Stewart. *Human Behavior*. In relation to the study of educational，social，and ethical problems. New York，1921.

（11）Faris，Ellsworth. "Are Instincts Data or Hypotheses?" *American Journal of Sociology*，XXVII（Sept.，1921.）

B. 遗传与优生学

1. 系统性论著：

（1）Castle，W. E.，Coulter，J. M.，Davenport，C. B.，East，E. M.，and Tower，W. L. *Heredity and Eugenics*. Chicago，1912.

（2）Davenport，C. B. *Heredity in Relation to Eugenics*. New York，1911.

（3）Goddard，Henry H. *Feeble-mindedness*. New York，1914.

2. Inherited Inferiority of Families and Communities：

（1）Dugdale，Richard L. *The Jukes*. New York，1877.

（2）M'Culloch，O. C. *The Tribe of Ishmael*. A study in social degradation. National Conference of Charities and Correction，1888，154—159；1889，265；1890，435—437.

（3）Goddard，Henry H. *The Kallikak Family*. New York，1912.

（4）Winship，A. E. *Jukes-Edwards*. A study in education and heredity. Harrisburg，Pa.，1900.

（5）Estabrook，A. H.，and Davenport，C. B. *The Nam Family*. A study in cacogenics. Cold Spring Harbor，N.Y.，1912.

（6）Danielson，F. H.，and Davenport，C. B. *The Hill Folk*. Report on a rural community of hereditary defectives. Cold Spring Harbor，N.Y.，1912.

（7）Kite，Elizabeth S. "The Pineys," *Survey*，XXXI（October

148

4，1913），7—13. 38—40.

（8）Gesell，A. L. "The Village of a Thousand Souls," *American Magazine*，LXXVI（October，1913），11—13.

（9）Kostir，Mary S. *The Family of Sam Sixty*. Columbus，1916.

（10）Finlayson，Anna W. *The Dack Family*. A study on hereditary lack of emotional control. Cold Spring Harbor，N.Y.，1916.

II. 人类本性

A. 人类特征

（1）Cooley，Charles H. *Human Nature and the Social Order*. New York，1902.

（2）Shaler，N. S. *The Individual*. New York，1900.

（3）Hocking，W. E. *Human Nature and Its Remaking*. New Haven，1918.

（4）Edman，Irwin. *Human Traits and Their Social Significance*. Boston，1919.

（5）Wallas，Graham. *Human Nature in Politics*. London，1908.

（6）Lippmann，Walter. *A Preface to Politics*. ［A criticism of present politics from the point of view of human-nature studies.］New York and London，1913.

（7）James，William. *The Varieties of Religious Experience*. A study in human nature. London and New York，1902.

（8）Ellis，Havelock. *Studies in the Psychology of Sex*. 6 Vols. Philadelphia，1900—1905.

（9）Thomas，W. I. *Source Book for Social Origins*. Chicago，1909.［Contains extensive bibliographies.］

B. 习俗

1. 文化特征的比较研究

（1）Tylor，E. B. *Primitive Culture*. Researches into the development of mythology, philosophy, religion, language, art, and custom. 4th ed. 2 Vols. London, 1903.

（2）Sumner, W. G. *Folkways*. A study of the sociological importance of usages, manners, customs, mores, and morals. Boston, 1906.

（3）Westermarck, E. A. *The Origin and Development of the Moral Ideas*. London and New York, 1908.

（4）Ratzel, F. *History of Mankind*. Translated by A. J. Butler. London and New York, 1898.

（5）Vierkandt, A. *Naturvölker und Kulturvölker*. Leipzig, 1896.

（6）Lippert, Julius. *Kulturgeschichte der Menschheit in ihre-morganischem Aufbau*. Stuttgart, 1886—1887.

149

（7）Frazer, J. G. *The Golden Bough*. A study in magic and religion. 3d ed., 12 Vols.(Volume XII is a bibliography of the preceding volumes.) London and New York, 1907—1915.

（8）Dewey, John, and Tufts, James H. Ethics. New York, 1908.

2. 个人特征研究：

（1）Fouillée, A. *Psychologie du peuplefrançais*. Paris, 1898.

（2）Rhŷs, J., and Brynmor-Jones, D. *The Welsh People*. London, 1900.

（3）Fishberg, M. *The Jews*. A study of race and environment. London and New York, 1911.

（4）Strausz, A. *Die Bulgaren*. Ethnographische Studien. Leipzig, 1898.

（5）Stern, B. *Geschichtete der öffentlichen Sittlichkeit in Russland*. Kultur, Aberglaube, Sitten, und Gebraüche. Zwei Bände. Berlin, 1907—1908.

（6）Krauss, F. S. *Sitte und Brauch der Südslaven*. Wien, 1885.

（7）Kidd, D. *The Essential Kafir*. London, 1904.

（8）Spencer, B., and Gillen, F. J. *The Native Tribes of Central Australia*. London and New York, 1899.

C. 人类本性与工业

（1）Taylor, F. W. *The Principles of Scientific Management*. New York，1911.

（2）Tead, O., and Metcalf, H. C. *Personnel Administration*; *Its Principles and Practice*. New York，1920.

（3）Tead, O. *Instincts in Industry*. A study of working-class psychology. Boston，1918.

（4）Parker, C. H. *The Casual Laborer and Other Essays*. New York，1920.

（5）Marot, Helen. *Creative Impulse in Industry*; *A Proposition for Educators*. New York，1918.

（6）Williams, Whiting. *What's on the Worker's Mind*. New York，1920.

（7）Hollingworth, H. L. *Vocational Psychology*; *Its Problems and Methods*. New York，1916.

III. 人格

A. 人格的起源

（1）Baldwin, J. M. *Mental Development in the Child and the Race*: *Methods and Processes*. 3d rev. ed. New York and London，1906.

（2）Baldwin, J. M. *Social and Ethical Interpretations in Mental Developments*. Chap ii, "The Social Person," pp.66—98. 3d ed., rev. and enl. New York and London，1902.

（3）Sully, J. *Studies of Childhood*. rev. ed. New York，1903.

（4）King, I. *The Psychology of Child Development*. Chicago，1903.

（5）Thorndike, E. L. *Notes on Child Study*. New York，1903.

（6）Hall, G. S. *Adolescence*. Its psychology and its relations to physiology, anthropology, sociology, sex, crime, religion, and education. 2 vols. New York，1904.

（7）Shinn，Milicent W. *Notes on the Development of a Child*. University of California Studies. Nos.1—4. 1893—1899.

（8）Kirkpatrick，E. A. *The Individual in the Making*. Boston and New York，1911.

B. 个人的心理学与社会学

（1）James，William. *The Principles of Psychology*. Chap，x，"Consciousness of Self，" I，291—401. New York，1890.

（2）Bekhterev，V. M.（Bechterew，W. v.）*Die Persönlichkeit und die Bedingungenihrer Entwicklung und Gesundheit*. "Grenzfragen des Nerven und Seelenlebens，" No.45. Wiesbaden，1906.

（3）Binet，A. *Alterations of Personality*. Translated by H. G. Baldwin. New York，1896.

（4）Ribot，T. A. *Diseases of Personality*. Authorized translation，2d rev. ed. Chicago，1895.

（5）Adler，A. *The Neurotic Constitution*. New York，1917.

（6）Prince，M. *The Dissociation of a Personality*. A biographical study in abnormal psychology. 2d ed. New York，1913.

（7）——. *The Unconscious*. The fundamentals of human personality，normal and abnormal. New York，1914.

（8）Coblenz，Felix. *Ueber das betendeIch in den Psalmen*. Ein Beitragzur Erklaerung des Psalters. Frankfort，1897.

（9）Royce，J. *Studies of Good and Evil*. A series of essays upon problems of philosophy and life. Chap，viii，"Some Observations on the Anomalies of Self-consciousness，" pp.169—197. A paper read before the Medico-Psychological Association of Boston，March 21，1894. New York，1898.

（10）Stern，B. *Werden and Wesen der Persönlichkeit*. Biologische und historische Untersuchungen über menschliche Individualität. Wien und Leipzig，1913.

（11）Shand，A. F. *The Foundations of Character*. Being a study

151 of the tendencies of the emotions and sentiments. London, 1914.

C. 个人研究的资料

（1）Theophrastus. *The Characters of Theophrastus*. Translated from the Greek by R. C. Jebb. London, 1870.

（2）La Bruyère, Jean de. *Les caractères, ou les mœurs de ce siècle*. Paris, 1916. *The "Characters" of Jean de La Bruyère*. Translated from the French by Henri Van Laun. London, 1885.

（3）Augustinus, Aurelius. *The Confessions of St. Augustine*. Translated from the Latin by E. B. Pusly. London, 1907.

（4）Wesley, John. *The Journal of the Rev. John Wesley*. New York and London, 1907.

（5）Amiel, H. *Journal intime*. Translated by Mrs. Ward. London and New York, 1885.

（6）Cellini, Benvenuto. *Memoirs of Benvenuto Cellini*. Translated from the Italian by J. A. Symonds. New York, 1898.

（7）Woolman, John. *Journal of the Life, Gospel Labors, and Christian Experiences of That Faithful Minister of Jesus Christ, John Woolman*. Dublin, 1794.

（8）Tolstoy, Count Leon. *My Confession*. Translated from the Russian. Paris and New York, 1887. My Religion. Translated from the French. New York, 1885.

（9）Riley, I. W. *The Founder of Mormonism*. A psychological study of Joseph Smith, Jr. New York, 1902.

（10）Wilde, Oscar. *De Profundis*. New York and London, 1905.

（11）Keller, Helen. *The Story of My Life*. New York, 1903.

（12）Simmel, Georg. *Goethe*. Leipzig, 1913.

（13）Thomas, W. I., and Znaniecki, F. *The Polish Peasant in Europe and America*. "Life-Record of an Immigrant," III, 89—400. Boston, 1919.

（14）Probst, Ferdinand. *Der Fall Otto Weininger*. "Grenzfragen des Nerven- und Seelenlebens," No.31. Wiesbaden, 1904.

(15) Anthony, Katherine. *Margaret Fuller*. A psychological biography. New York, 1920.

(16) Willard, Josiah Flynt. *My Life*. New York, 1908.

(17) ——.*Tramping with Tramps*. New York, 1899.

(18) Cummings, B. F. *The Journal of a Disappointed Man*, by Barbellion, W. N. P. [*pseud.*] Introduction by H. G. Wells. New York, 1919.

(19) Audoux, Marguerite. *Marie Claire*. Introduction by Octave Mirabeau. Translated from the French by J. N. Raphael. London and New York, 1911.

(20) Clemens, Samuel L. *The Adventures of Tom Sawyer*, by Mark Twain[pseud.]. New York, 1903.

(21) Hapgood, Hutchins. *The Autobiography of a Thief*. New York, 1903.

(22) Johnson, James W. *The Autobiography of an ex-Colored Man*. Published anonymously. Boston, 1912.

(23) Washington, Booker T. *Up from Slavery*. An autobiography. New York, 1901.

(24) Du Bois, W. E. B. *The Souls of Black Folk*. Chicago, 1903.

(25) Beers, C. W. *A Mind That Found Itself*. An autobiography. 4th rev. ed. New York, 1917.

152

IV. 个体差异

A. 个体差异的本质

(1) Thorndike, E. L. *Individuality*. Boston, 1911.

(2) ——."Individual Differences and Their Causes," *Educational Psychology*, III, 141—388. New York, 1913—1914.

(3) Stern, W. *Ueber Psychologie der individuellen Differenzen*. Leipzig, 1900.

（4）Hollingworth，Leta S. *The Psychology of Subnormal Children*. Chap. i. "Individual Differences." New York，1920.

B. 心智差异

（1）Goddard，H. H. *Feeble-mindedness*. Its causes and consequences. New York，1914.

（2）Tredgold，A. F. *Mental Deficiency*. 2d ed. New York，1916.

（3）Bronner，Augusta F. *The Psychology of Special Abilities and Disabilities*. Boston，1917.

（4）Healy，William. *Case Studies of Mentally and Morally Abnormal Types*. Cambridge，Mass.，1912.

C. 气质差异

1. 系统性论著

（1）Fouillée，A. *Tempéramentetcaractèreselon les individus，les sexes et les races*. Paris，1895.

（2）Hirt，Eduard. *Die Temperamente，ihrWesen，ihre Bedeutung，für das seelische Erleben und ihre besonderen Gestaltungen*. "Grenzfragen des Nerven- und Seelenlebens，" No.40. Wiesbaden，1905.

（3）Hoch，A.，and Amsden，G. S. "A Guide to the Descriptive Study of Personality，" *Review of Neurology and Psychiatry*，（1913），pp.577—587.

（4）Kraepelin，E. *Psychiatrie*. EinLehrbuchfür Studierende und Ärzte. Vol.IV，chap. xvi，pp.1973—2116. 8th ed. 4 Vols. Leipzig，1909—1915.

（5）Loewenfeld，L. *Ueber die geniale Geistesthätigkeit mit besonderer Berücksichtigung des Genie's fürbildende Kunst*. "Grenzfragen des Nerven- und Seelenlebens，" No.21. Wiesbaden，1903.

2. 气质类型

（1）Lombroso，C. *The Man of Genius*. Translated from the Italian. London and New York, 1891.

(2)——. *L'uomodelinquente in rapportoall'antropologia*, *allagi-urisprudenzaedalle discipline carcerarie*. 3 vols. 5th ed. Torino, 1896—1897.

(3) Goring, Charles. *The English Convict*. A statistical study. London, 1913.

(4) Wilmanns, Karl. *Psychopathologie des Landstreichers*. Leipzig, 1906.

(5) Downey, June E. "The Will Profile." A tentative scale for measurement of the volitional pattern. *University of Wyoming Bulletin*, Laramie, 1919.

(6) Pagnier, A. *Le vagabond*. Paris, 1910.

(7) Kowalewski, A. *Studienzur Psychologie der Pessimismus*. "Grenzfragen des Nerven- und Seelenlebens," No.24. Wiesbaden, 1904.

D. 性别差异

(1) Ellis, H. H. *Man and Woman*. A study of human secondary sexual characters. 5th rev. ed. London and New York, 1914.

(2) Geddes, P., and Thomson, J. A. *The Evolution of Sex*. London, 1889.

(3) Thompson, Helen B. *The Mental Traits of Sex*. An experimental investigation of the normal mind in men and women. Chicago, 1903.

(4) Montague, Helen, and Hollingworth, Leta S. "The Comparative Variability of the Sexes at Birth," *American Journal of Sociology*, XX(1914—1915), 335—370.

(5) Thomas, W. I. *Sex and Society*. Chicago, 1907.

(6) Weidensall, C. J. *The Mentality of the Criminal Woman*. A comparative study of the criminal woman, the working girl, and the efficient working woman, in a series of mental and physical tests. Baltimore, 1916.

(7) Hollingworth, Leta S. "Variability as Related to Sex Differ-

ences in Achievement," *American Journal of Sociology*, XIX
154 (1913—1914)，510—530.［Bibliography.］

E. 种族差异

（1）Boas，F. *The Mind of Primitive Man*. New York，1911.

（2）*Cambridge Anthropological Expedition to Torres Straits*. 5
Vols. Cambridge，1901—1908.

（3）Le Bon，G. *The Psychology of Peoples*. Its influence on
their evolution. New York and London，1898.［Translation.］

（4）Reuter，E. B. *The Mulatto in the United States*. Boston，1918.

（5）Bruner，F. G. "Hearing of Primitive Peoples," *Archives of
Psychology*，No.11. New York，1908.

（6）Woodworth，R. S. "Racial Differences in Mental Traits,"
Science，new series，XXI(1910)，171—186.

（7）Morse, Josiah. "A Comparison of White and Colored Children
Measured by the Binet-Simon Scale of Intelligence," *Popular Science
Monthly*，LXXXIVC(1914)，75—79.

（8）Ferguson，G. O.，Jr. "The Psychology of the Negro，an Ex-
perimental Study," *Archives of Psychology*，No. 36. New York，
1916.［Bibliography.］

主题相关的论题

1. 库利的人类本性概念
2. 人类本性与本能
3. 人类本性与习俗
4. 习俗演化、禁忌、生育控制、儿童社会地位的研究
5. 作为一个人类本性问题的劳动管理
6. 政治中的人类本性
7. 人格与自我
8. 作为一个社会学概念的人格

9. 气质、环境和社会类型;政治家;劳工领袖;牧师;演员;律师;出租车司机、歌舞女郎,等等

10. 放荡不羁型、无教养型和富于创造力型

11. 乞丐,游手好闲者和流浪者

12. 作为性格研究原材料的文学作品

13. 选定社区中的杰出人格

14. 作为人类本性研究原材料的自传

15. 个体差异与种族差异的比较

16. 作为生物学与社会学产物的天才人物

17. 亚群体研究:朱克斯与肯德雷德

18. 比奈—西蒙试验的历史

19. 智力测量与职业指导

20. 精神病学与青少年犯罪

21. 当前的青少年女孩研究

22. 心理自卑与犯罪

讨论问题

155

1. 人性在所有个体中是根本性的和相似的吗? 或者它是那些当我们在个体中接触到时,我们认识并理解的作为人的品质吗?

2. 原始本性和环境之间的关系是什么?

3. 桑代克区分反射、本能和天生能力的基础是什么?

4. 仔细阅读桑代克的《原始倾向》,你身上原始特质的例证是什么?

5. 你如何理解帕克关于人不是天生即为人的观点?

6. "人性是一种上层结构",这种比喻的价值是什么? 其局限何在? 给出一个比喻以更充分地说明原初本性与习得本性之间的差别。

7. 何种意义上可以说习惯是控制原始本性的一种工具?

8. 按照帕克的观点,本能与习惯之间的关系是什么? 你同

意吗？

9. 你如何理解"原始本性是盲目的"这句表述？

10. 本能与集体生活之间的何种关系是完美的？

11. 我们在何种意义上可以说婴儿是"自然人"？

12. 种族差异在多大程度上是(a)原始天性的差异,(b)从经验中获得的特征的差异？

13. 有什么证据可以证明这种观点:精神特征上的性别差异是后天的而不是天生的？

14. 你如何区分心智与气质？

15. 你如何解释两性之间在成就上的巨大差异？

16. 有什么证据表明两性之间、种族之间存在气质上的差异？

17. 将来,女人在成就上会和男人一样吗？

18. 照你看来,个人差异的范围是什么？它比种族和性别差异大还是小？

19. 你对本能所代表的种族遗传和天生的个人差异之间的区别理解多少？你认为这两者都应该被视为原始本性的一部分吗？

20. 教育和劳动分工对(a)本能和(b)个人差异的影响是什么？

21. 个体差异或相似性对于社会来说更重要吗？

22. 你理解的个体差异对于(a)社会生活,(b)教育,(c)产业的重要性是什么？

156　23. 你对于人类本性的改造有什么了解？这一准则对于政治、产业和社会进步来说有什么重要性？

24. 解释谚语:"习惯是十倍的天性";"习惯是第二天性"。

25. 库利对人类本性的定义是什么？你对他是同意还是不同意？阐述你的立场。

26. 人类本性与种族及地理环境有多大区别？

27. 按照这个定义,你如何重新解释亚里士多德和霍布斯的人类本性概念？

28. 你认为习俗和道德之间差异的例证是什么？

29. 把以下行为类型归类为(a)风俗或(b)道德:歪戴帽子,向一位军官致敬,一夫一妻制,参加教堂活动,遵守安息日,禁忌,作为一种洗礼形式的浸礼,英国人的下午茶,双重道德标准,十诫,金科玉律,美国宪法。

30. 你对道德与人类本性的关系有什么理解?

31. (a)习惯与意志,(b)惯例与普遍意志以什么方式关联在一起?

32. 你如何把普遍意志和(a)法律,(b)习惯区分开来?

33. 以下哪个术语体现了你对"德性"一词之含义的理解:善的形式、正派、自尊、礼貌、良好的教养、惯例?

34. 描述和分析一些由德性而不是良心或法律控制个人或群体行为的社会情境。

35. 你对惯例有什么理解?惯例与本能的关系是什么?惯例是人性的一部分吗?和忠诚、荣誉等程度相同吗?

36. 说道德、仪式和惯例是黑格尔所说的"客观心智",这是什么意思?

37. "有机体以及作为其最高代表的大脑构成了真实的人格",在这种定义中,强调了人格的什么特征呢?

38. 人格一词来自拉丁词汇"*persona*"(演员佩戴的面具),这有什么意义呢?

157

39. 传统的自我是习惯、德性、法律或良心的产物吗?

40. 他人对于自我意识的发展来说,有什么重要性?

41. 自我意识在什么条件下产生?

42. 你如何理解作为一种复合体的人格?作为心智复合体总和的人格呢?

43. 如双重人格和心境所表明的,记忆与人格之间的关系是什么?

44. 你如何理解库利的"镜中我"概念的含义?

45. 你会主张用什么样的例证来表明,个体自己的人格意识依赖于他在群体中的地位?

46. "全世界就是一个舞台,所有男人女人不过是演员",采用个人对其角色的观念足以界定人格吗？

47."假如你有一种美德，就假装它"这句话有什么社会学的意义？

48.按照别赫捷列夫的观点，人格与社会环境的关系是什么？

49.你对民族人格的理解是什么？民族的人格与构成这个民族的个人的人格之间是什么关系？

50.你如何理解本性与后天培育之间的差异？

51.什么是获得性特征？它们是如何传递的？

52.你如何理解孟德尔遗传法则？

53.你认为本能与传统之间差异的例证有哪些？

54.作为色素沉着欠缺的蓝眼睛与作为缺陷特征的弱智之间的差异是什么？

55.社会政策应该通过种族隔离或者更严厉的措施来淘汰低于某个心智水平的所有成员吗？

56.对脾气的微弱抑制是通过生物遗传传递的一种特征，你能从这个事实得出什么对于父母和教师来说具有实用价值的处置原则吗？

57.为什么理解生物遗传法则对于社会学来说是重要的？

158

58.根据凯勒的观点，传统通过哪两种途径来传递获得性特征？

59.列出个人从其(a)生物遗传和(b)社会遗传中获得的不同类型的特征。

60.你的家庭成员有什么特质、气质、智力、举止或性格是独特的？其中哪些是遗传的，哪些是后天获得的？

61.人类原始本性的缺陷导致了什么社会问题？

62.什么问题是风俗和道德缺陷的后果？

63.种族气质和传统以什么方式决定了民族性格？黑人的宗教行为在什么程度上取决于(a)气质,(b)模仿白人文化？你如何解释苏格兰的经济、爱尔兰人的政治参与、犹太人的智力等现象？

第三章　社会与群体

I. 引　　言

1. 社会、社区与群体

人类本性和人都是社会的产物。这是前面一章阅读材料的总结和实质内容。但是，社会——个体们的生活是如此紧密地交织在这个网络里，同时这个网络又是如此外在，某种意义上异于个体——又是什么？从常识的角度来看，"社会"有时被设想为社会制度的总和。家庭、教会、产业和国家，所有这一切构成了社会。在这个词的使用中，社会体现为社会结构，或多或少外在于个人。

按照这个词的另一个习惯用法，"社会"指的是一群人。这是一个模糊的概念，不过它至少用个人来呈现出社会，而不是把社会与个人分离开来。但是这个定义显然是肤浅的，社会并不是像砖堆一样堆在一起的一群人。尽管我们可以想象社会的组成部分与整体的关系，社会不仅仅是一种物理聚集体，也不仅仅是一种数学或统计单位。

人们已经提出比表面观察更加深入的各种解释，以解决社会个体与社会群体，以及社会与个体关系中最重要的问题。社会已被描述为一个工具、一种装置。可以说，它是有机体个体的延伸。这种观点是这样的：人类的手，尽管的确是自然有机体的一部分，仍可以看作是整个身体的一种装置。如果意外失去了它，可以想象一种机械手可以代替它，尽管它不是身体的一部分，依然可以承担血肉之手的所有实际功能。一把锄头可以看作是一只高度专业化的手，所 160

以从逻辑上来说——即使不太形象——犁也是如此。那么，另一个人的手如果做了你要求的事情，那也可以看作是你的装置、你的手。语言见证了雇主谈到"工作的手"这一事实。社会制度同样被认为是个人实现他们目的的工具。因此从逻辑上讲，社会无论是作为制度的总和，还是作为人类的集合，都可以认为是手段的总和，是人类有机体功能的延伸，能使个人进行其生命活动。从这个角度来看，社会是一个巨大的、涉及相互服务的协作机构。

后者是经济学家们试图分离出来进行研究的社会的一个方面。从这个角度来看，个人之间的关系可以看作是彼此间纯粹外在的东西，就像是一个植物群落里植物间的关系。只要存在合作，就是竞争性的和"无拘束的"。

与认为社会制度和社群本身是组成社区的个人纯粹的装置和工具这种社会观形成对比的，是认为社会取决于生物适应性的观点，也就是说，取决于本能、群聚性，比如模仿或心智相似性。以本能为基础的社会的典型例子是社会性昆虫：众所周知的蜜蜂和鼎鼎大名的蚂蚁。在人类社会中，家庭——其中性别与年龄组、丈夫和妻子、孩子和父母之间存在独特的差异和相互依赖——最接近于这种类型的社会。只要社会组织取决于遗传差异或本质差异，就像在所谓的动物社会里的情况一样，竞争停止了，其组成部分的个体之间的关系可以说变成了群体结构一个内在和稳定的部分。

另一方面，人类的社会组织，社会群体的不同类型，以及它们在不同环境和不同时代所发生的变化，都不仅仅取决于本能和竞争，还取决于习俗、传统、舆论和契约。在动物社会里——如牛群、羊群和狼群，集体行为显然可以用本能和情感来解释。然而，就人类的情况来说，本能变成了习惯；情感变成了情绪。而且，所有这些行为形式往往变成惯例，于是也变得相对独立于个人和本能。因此，人的行为最终由正式的标准来控制，这些标准在道德上是含蓄的、在法律上却是明确的。现在，社会可以定义为**习惯和情绪**、**民俗和道德**、**文化和技术**的社会传承。所有这些对于人类的集体行为来说，都是附带的或者必需的。

所以，人类社会不像动物社会，它主要是一种在交流中创建和

161

传播的社会遗产。一个社会的延续与寿命取决于它对民俗、道德、技术和理想的代代相传。从集体行为的角度来说，这些文化特征都可以被简化成一个词："共识"。抽象地看，社会是一种个体的组织；具体而言，则是有组织的习惯、情感和社会态度的一种合成体——简而言之，就是共识。

学者现在使用社会（society）、社区（community）和社会群体（social group）这些术语时，强调的东西有所不同，但在意义上则几乎没有差异。社会是更为抽象和包罗广泛的术语，社会由社会群体组成，每个群体都有其独特的组织类型，但同时又具有抽象意义上社会的所有普遍性特点。社区这一术语则用于从个人和机构地理分布的角度来考虑的社会和社会群体。它遵循的是，每一个社区都是一个社会，但并不是每一个社会都是一个社区。一个人可能属于许多社会群体，但他通常不会属于多个社区，除非他所属的更小社区包含在一个更大社区里，那他也属于这个大社区。但是，至少从社会学的角度来看，个人不是因为他居住于其中而成为一个社区的成员，而是因为在某种程度上，他参与了该社区的共同生活。

当学者尝试给社会分类时，就开始使用社会群体这一术语。社会可以根据它们在更大的社会群体或社会里发挥的作用来进行分类。任何特定社会群体的内部组织将取决于它与所属社会中其他群体的外部关系，以及群体中个人之间的关系。一个男孩的帮派、一个女孩的圈子、一个大学的班级或一个符合这种定义的邻里，完全就像一个工会、一个企业、一个政党或一个国家。"群体"术语的一个优点在于，它可以适用于最小以及最大的人类联合形式。

162

2. 文献的分类

社会，在这个术语最具包容性的意义上，正如格雷厄姆·沃拉斯（Graham Wallas）①的描述，经过分析，大社会就是其他较小社会

---

① 格雷厄姆·沃拉斯（Graham Wallas，1858—1932），英国社会主义者、社会心理学家、教育家。费边社的领导人之一和伦敦经济学院的联合创办人之一。——译者注

即种族、民族、政党、派别、小圈子和俱乐部等的聚合。另一方面,社区,世界社区——仅仅从其成员地域分布的角度来看待的大社会——提出了一种不一样的社会集合序列,而大社会在这方面呈现出一个完全不同的模式。从组成社区的个人的地域分布来看,世界社区由国家、殖民地、势力范围、城市、城镇、地方社区、邻里和家庭组成。

这些大致代表着社会学的科学主题。它们的组织、相互关系、构成要素,以及它们之中发生的独特变化(社会过程)是社会学的科学现象。

我们遇见的人类是在地理空间里有多种分布的移动实体。个人之间的联系允许他们在保持彼此距离的同时,能够为了共同的目的而团结协调地行动,总之,这种联系的本质是什么?分开个人的这些距离不仅仅是空间上的,也是心理上的。社会存在于这些**相对来说**克服了距离的地方。总之,社会不只是存在于有人群的地方,还存在于有交流的地方。

163 本章中的文献是为了显示(1)个人之间通过交流建立的关系的基本特征;(2)这些关系在动物社会和人类社会里的逐步演化。在由此建立的原理的基础上,有可能对社会群体进行合理的分类。

埃斯比纳斯(Espinas)①用团结行为来界定社会。只要是在单独的个体们作为一个单元一起行动的地方,他们合作起来就好像是同一个有机体的组成部分,他在那里发现了社会。从这个角度来看,社会并不局限于一个物种的成员,而可能是由存在长期共同行动的物种的不同成员组成。在对动物中的共生现象进行研究时,重要的是要注意一个或两个物种中结构调适的表现。在人类对动物的驯养和驯化中,共生效应十分明显。通过在育种中选择人们想要的性状,驯化改变了动物的原始本性。年轻一代自然给予其父母和同类成员的孝顺和群居反应在转移到人身上时,通过对习惯的控制

① 阿尔弗雷德·维克多·埃斯比纳斯(Alfred Victor Espinas,1844—1922),法国思想家,孔德和斯宾塞的学生,社会学上坚持唯实论。——译者注

来达成驯化。可以认为，人类是通过自然的社会选择来适应家庭生活的。优生学是一种有意识的深入驯化计划——通过消除有缺陷的身体和心理上的种族特征，以及通过优良特征的社会选择以改进种族。驯化一直是人类社会的一种功能，但它借助诸如"教育""社会控制""惩罚"和"改革"等名称而显得很庄重。

植物群落是社区中最简单、最不合格的例子。事实上，植物的生命提供的是**社区**的例子而不是**社会**的例子。它不是社会，因为它是一个个体的组织，这些个体的关系——如果不是完全表面上的——只要没有达成共识，无论如何都是"非社会的"。而且，植物群落十分有趣，因为它以最起码的抽象呈现了**竞争性合作**的特点，以及构成经济科学专门主题的社会生活。

这种以某种形式存在的生存斗争其实对社会的存在至关重要。竞争、隔离和适应都用于保持社会距离，固定社会地位，以及保持个人在社会关系中的独立性。一个所有距离（身体的和心理的）被废除，既没有禁忌、偏见，也不保留任何分类的社会，一个亲密关系不受限制的社会，将是一个没有个体也没有自由的社会。在植物群落的描述中显现出来的竞争、隔离和适应过程，与动物和人类社会的相同过程是完全可比的。村庄、小镇、城市或国家，都可以从以下这些角度进行研究——适应，生存斗争，个体成员在社区整体创建的环境中的生存。

如杜威所指出的，假如社会以本能为基础，那就是交流的结果。**共识**是比**协作**或**团体行为**更为显著的人类社会的标志。然而，杜威似乎把共识的使用限制在所有成员有意识和理性参与的群体决策上。但是传统和情感是与宪法、章程和选举差不多的共识形式。

勒庞把社会群体分为异质性和同质性人群，这种区分尽管有趣且具有启发性，但明显是不充分的。我们所有人熟悉的很多群体，例如家庭、游戏群体、邻里、公众，在他的体系里是找不到的。[①]

对群体行为的具体描述指出了群体成员共识中的三个要素。

164

---

① 　见 supra, chap.i, pp.50—51。

首先是被称为"团体精神"的群体特有的感觉状态。足球比赛中双方的热情，宗教仪式的狂喜，联谊会成员间的关系，僧侣教团的兄弟情谊，都是群体精神的不同表现。

共识的第二个要素以"士气"一词而为人熟知。可以把士气界定为集体意志。它就像个体意志，代表着一种对行为倾向的组织。个人的准则，他对群体的服从，就在于他对社会行动的参与和对规程的遵守。

共识的第三个要素能够统一起群体成员的行为，这已被迪尔凯姆以"集体表象"（collective representation）概念进行了分析，集体表象是体现群体行为目标的概念。

原始人的图腾，一个国家的国旗，一个宗教信条，数字体系，以及达尔文的人类起源理论——所有这些都是集体表象。每个社会和社会群体都有或总是会有其象征和语言。一个社会为其集体生存而推行的语言和其他象征设置就是集体表象。动物是不具备这些东西的。

II. 文　　选

A. 社会与共生现象

1. 社会的定义①

社会的理念关涉的是一种永久的协作，单独的生物在这种协作中承诺去完成一项相同的行动。这些生物可能发现，自己被它们的条件带到一个点上，在这里，它们的协作迫使它们以某种明确的形式聚集在一起，但是它们并不必然一起行动，从而形成一个社会。或多或少独立的个体之间习惯性的相互服务是社会生活独有的特征，一种不会因接触或远离而发生根本改变的特征，也不受参与者在空间里显而易见的混乱或规律性配置的影响。

————————

① 译自 Alfred Espinas，*Des sociétés animales*（1878），pp.157—160。

这样，两个生物可能形成看起来是单一集合的东西，而且能够生活，不仅是彼此联系，甚至还能在没有构成一个社会的情况下相互渗透。在那种情况下，人们把它们视为是完全明确的，它们的行为趋于对立或仅仅是目的不同。假如他们的功能而不是协作有分歧，假如一方的善就是另一方的恶，不管他们的关系有多亲密，也没有社会纽带会把它们联合在一起。

但功能的本质与器官的形式是不可分离的。假如两个生物被赋予了必然结合的功能，他们就还会具备至少是对应的（即使不是类似的）器官。这些具有相似或对应器官的生物要么是同一物种，要么就是几乎相同的物种。

然而，可能会遇到这种环境：其中两个具有完全不同器官，甚至属于相隔很远物种的生物可能会偶然位于一个对双方都有用的点上。它们的行为之间可能建立起一种习惯性的关系，但仅限于这个点上，而且是在这种有用性存在的时间限制之内。这种情况即使不是为一个社会，至少也为一种联合提供了机会，也就是说，一种不那么必然、较少限制、不大能持久的联合可能在这种相遇中发现其起源。换句话说，除了明确相似的要素构成的正常社会——缺了彼此就不能存在，还会有更为偶然的聚合（形成要素或多或少是不相似的），这种聚合比较方便但并非必然。我们将着手研究后者。

对于社会来说，两种生物之间最为不相容的关系是捕食者和猎物之间的关系。一般来说，捕食者比其猎物庞大，因为他要压倒并吞噬猎物。然而，较小的生物有时也会攻击较大的生物，分时段消耗对方，让捕食者尽可能长地靠猎物来生存。在这种情况下，它们被迫在或长或短的时间里附着于它们受害者的身体，随时携带着它，不论其生命的兴衰会把它带去哪里。这种动物被称为寄生者。寄生现象形成了我们主题开始的内在界线。因为，假如一个人能想象，寄生不是以它赖以存活的动物为食，而是满足于生活在其他动物的食物残余里，那么就会发现，自己不是存在于一个实际的社会里，而是在一种半幅的社会状态里；也就是说，在这种关系里，两者的对抗消失了，两者之中的一个对另一个有用，这就是共栖现象。

但是这种联合并没有给出所有社会的关键要素:协作。当共生对于其宿主的作用并不亚于后者对于共生的作用时,当两者都关心在互惠关系中生活,并以相应的方式发展它们的双重行动,以达成一个单一和相同的目标时,就存在着协作。人们已经把这种行为模式称为互惠共生。驯化仅仅是其形式之一,寄生、共栖、互惠共生存在于不同物种的动物之中。

167
2. 共生现象(字面意思即"一起生活")①

在对植物世界广泛且密切的认识之中,蚂蚁也熟悉了大量从植物里直接获得营养的昆虫——不管是吮吸其汁液还是以它们的叶子为食。前者属于疫霉菌同翅目,例如蚜虫、介壳虫、粉蚧、角蝉、灯笼蝇或红木虱,后者属于细纹蝴蝶的毛虫,通常称为"布鲁斯蓝"或"冰蓝"。所有这些生物排出蚂蚁迫切需要的液体,并构成某些物种的全部或部分食物。作为回报,同翅目和毛虫也从蚂蚁那里获得某些服务,所以,这两种差别较大的昆虫之间建立的关系可以被称为一种共生。这些关系在蚜虫的例子里最为明显,而且这些昆虫在欧洲和美国得到更加频繁和密切的研究。

蚂蚁与蚜虫的合作得到后者喜欢群居和长久不动习性的极大促进,特别是它们处于无翅阶段的幼虫,使蚂蚁能获得大量食物而又无需耗费时间和能量远离巢穴。蚂蚁还能在蚜虫移动的区域附近建立巢穴,或实际上使蚜虫进入它们的巢穴或为此目的精心建造的"棚"里。

有些蚂蚁仅仅通过吮吸叶子和茎的表面,就能获得从上流下的蜜露,但是很多物种已经学会了轻抚蚜虫并诱导它们逐步排泄液体,从而直接吸收。一群移动的蚜虫——特别是当它们停留在新鲜多汁的枝叶上时——可以产生足够的蜜露来喂养整个蚂蚁群相当长的时期。

---

① 改编自 William M. Wheeler, *Ants*, *Their Structure*, *Development*, *Behavior*, pp.339—424。(Columbia University Press, 1910.)

由于蚂蚁和多种同翅目昆虫之间的关系已被看作是互惠共生的，因此，整理似乎能够确保这种解释的事实可能是有好处的。适用于这些情况的"互惠共生"这个说法当然意味着蚜虫、介壳虫和角蝉是服务于蚂蚁的，反过来，它们也因为与这些更为积极和更具侵略性的昆虫相伴而获益。在标识出蚜虫适应与蚂蚁生活的明确证据的结构和行为变化中，可以引证以下几点：

（1）蚜虫并不试图从蚂蚁身边逃走，或者用虹吸管保护自己，而是接受这些伴随者的出现是理所当然的。

（2）蚜虫通过逐步挤压蜜露来回应蚂蚁的吮吸，而不是就像在蚂蚁不在的情况下那样突然把蜜露喷出一段距离。

（3）很多习惯性地与蚂蚁一起生活的蚜虫物种已经长出一种肛周硬毛来支持蜜露的滴出，直到蚂蚁能够吸收。这种硬毛在很少或从未被蚂蚁光顾的蚜虫那里是缺失的。

（4）某些观察显示出，蚜虫在蚂蚁到访时提取比蚂蚁不在时更多的植物汁液。

蚂蚁这方面的适应——除了一个可疑的例外——都是行为上的而不是结构上做出的改变。

（1）蚂蚁不会抓住并杀死蚜虫，就像它们遇到其他不好动的无防卫昆虫一样。

（2）蚂蚁以特定的方式轻抚蚜虫，为的是使它们排出蜜露，并且确实知道哪里可以排空这种液体。

（3）蚂蚁保护蚜虫，多个观察已经发现，蚂蚁驱赶食肉昆虫。

（4）当很多喜欢蚜虫的蚂蚁受到干扰时，会立即攻击并拉着蚜虫的下颌骨，到达安全位置，显示出在这些无助生物身上很清楚的所有权和利益。

（5）所有蚂蚁还显示出在它们的巢穴里庇护根蚜虫和根系介壳虫。这些昆虫不仅被蚂蚁禁闭，而且它们还被蚂蚁置于根部，为了做到这一点，蚂蚁把土从根的表面搬走，并围绕它们建造廊道和房间，以使同翅目昆虫能轻易获得食物，甚至能随意移动。

（6）很多蚂蚁经常在远离巢穴的地方用泥土、纸盒或丝绸建造

168

169

小小的封闭棚子,作为它们的牲畜和自己的保护壳,这种奇异的习惯可能是最近才从更老和更普遍的习惯里发展出来的,即围绕地下根茎开挖隧道和小室。

(7)蚂蚁关心的不仅仅是包裹住成年蚜虫及介壳虫,还扩展到它们的虫卵和幼虫。大量的观察者已经发现,蚂蚁在秋天收集并存储虫卵于其巢穴的室中,照顾它们过冬,并在春天时把刚孵化出的蚜虫放置在植物的根茎里。

我在前面已经讨论了蚂蚁和多种其他有机体的行为关系,但是这并不包括对最有趣的某些共生关系的解释,即蚂蚁与其所属群体中其他物种以及白蚁的关系。这些不同物种一起生活的聚居地可以恰当地称为社会共生,以区别于不同物种的单个生物之间的简单共生,以及生活在蚂蚁或白蚁聚居地的单个生物展示出的间接共生形式。

过去四十年来的研究已经揭示了大量社会共生的显著事例,其亲密程度和复杂性是如此多样,以至于可以构建起一个系列,从仅仅是同时占据一个狭窄的活动处所,或仅仅是住所的接近,到实际上的融合——包含一个物种的聚居地对另一物种聚居地的极度依赖或寄生。当然,这样一个系列是纯粹概念化的,不会在自然界呈现出实际的发展过程,就像在动物和植物王国里,其发展并不会遵循简单的线性过程,而是反复分叉发展,并终止于当前时代的多种类型之中。

按照欧洲作家冯·哈根(Von Hagens)、福勒尔(Forel)、魏斯曼和其他人的做法,把所有的社会共生状况归为两个大类,即复合巢穴和混合聚居地。不同的蚂蚁和白蚁物种可以看作是形成了复合巢穴——当它们的廊道仅仅是共用的,或实际上相互依赖并彼此开放时,尽管这种聚居地显示出它们把各自的幼虫放置在不同的房屋里。另外,在混合聚居地里,在自然状态下,只有分类上和蚂蚁密切关系的物种才能形成,这种昆虫生活在一个单独巢穴里,并共同抚养它们的幼虫。尽管这些种类包含大量不同的社会共生类型,而且,尽管在某些环境下可能——就像在续篇里将展示的——转换成一种混合聚居地,但其区别仍然是根本性的。然而,必须承认,在最近的分析里,两种类型都取决于蚁后依赖性的,寻求收养的本能,以及能使联合物种和类属能够在非常近的距离内共同生活的显著可塑性。由于一个奇怪的悖论,这些特点是在生存斗争中产生的,尽管这种斗争在不同的蚂蚁种类之间比在蚂蚁和其他生物之间更为严峻——如福勒尔所说:"蚂蚁最大的敌人是其他蚂蚁,就像人最大的敌人是其他人。"

3. 动物的驯服和驯化①

原始人在具备使用武器的智力之前,几乎就是个猎人。从最早的时候开始,为了食物或者乐趣,原始人必须了解他所追捕的野生动物的习惯。作为一个猎人,他很可能首先是去收养在树林或平原上发现的幼小动物,并且惊奇地发现,这些幼兽愿意继续处于他的保护之下,而且令人高兴且有用。他逐渐从一个猎人转变为羊群和牛群的看守者。从早期到现在,人类就对低等动物感兴趣,但真正被驯化的少之又少。生物世界似乎提供了几乎无限范围的可以转化为我们福利的物种,并作为满足我们舒适和方便的驯化动物。然而,似乎有某些植根于动物天性或人类力量之中的障碍,因为人类利用少量驯化动物的年代存在于比较久远的史前遗迹之中。地球表面已经被探索过,育种生理学也已经被研究过,我们关于动物王国的知识已有大量的增加,今天很少有农场饲养的兽类是使用石头武器的人们所不熟悉和不能驯化的。欧洲、美洲和亚洲的大多数驯化动物起源于中亚,在它们的主人即抓住它们的原始猎人的照管下,已经四处扩散。

没有猴子被驯化过,肉食动物中只有猫和狗是真正被驯化的,有蹄类动物中有马和驴、猪、牛、绵羊、山羊和鹿。啮齿类动物中有兔子和豚鼠,可能还有些大鼠和小鼠种类也包含在内。鸟类里有鸽

171

---

① 改编自 P. Chalmers Mitchell, *The Childhood of Animals*, pp.204—221。(Frederick A. Stokes & Co., 1912.)

子、鸟、孔雀和珍珠鸡,还有水生鸟类如天鹅、鹅、鸭,唯一真正驯化的雀形目鸟类是金丝雀。金鱼是驯化的,还有无脊椎动物蜜蜂和蚕蛾不能被忘记。要在驯化动物和被部分或完全束缚起来喂养的动物之间划出一条分界线并不容易。像非洲大羚羊这样的羚羊、大鹿、狍鹿以及鸵鸟农场的鸵鸟,则位于驯化动物的边界线上。

而且,也很难确认驯服的动物意味着什么。蟑螂经常会在被干扰的时候逃脱,并且似乎已经学会,人类仅仅是与其敌对的一种麻烦。但是很多人并不憎恶它们。一个漂亮的女孩,干净精致,却会专注于所有的动物,经常喜欢坐在厨房这种恶心生物大批出没的地方,并且告诉我当她一个人的时候,它们会跑过她的衣服,当她把它们举起时它们也不会大吃一惊。我听说过有一只蝴蝶,过去经常吮吸一位女士手上的糖;还听说那些饲养蜘蛛和蚂蚁的人宣称,这些聪明的生物学会了区分它们的朋友。还有鱼,就像枫丹白露花园里的大鲤鱼以及很多在水族馆和私人池塘里的鱼,学会了获得喂养。但是我并不认为这些应该被称为驯服动物。大多数在动物园里的野生动物非常快地学会从人群中识别出某人,服从其饲养员的召唤并得到喂养,尽管它们确实是危险的,甚至对于饲养员来说——假如他们进入它们的笼子——也是如此。在我看来,驯养是远远超出喂养的事情,而且事实上,很多驯养动物在喂养的时候是最不驯服的。例如,幼小的食肉动物,可以被随意操控而且也很亲热,但要避免在喂养的时候去触摸它们。驯化的真正品质是,驯养的动物不仅仅能容忍人类的存在,不仅是学会把人与食物联系起来,还要在人的陪伴中获得某种愉悦,并表现出某种情感。

另外,我们不能只从驯化动物里得出我们的驯服观念。这些动物已经被驯服了很多代,而那些最为野生,并且表现出任何抵抗人类行为的动物则被杀死,或者允许逃走。狗总是被看作最重要的驯服例子,感伤主义者用尽辞藻来赞扬它们。和大多数人一样,我很喜欢狗,但这是一种没有尊重的情感。狗被随意圈养,从第一个猎人使用野生小狗以来已经过去了很长时期,经过了人类不断的选择,每只表现出精神独立性的狗都已被杀死。人类曾经尝试过生产一种纯粹的服从性生物,而且这个任务已经成功。一只狗无疑是忠诚和有感情的,但是假如它不是这样,它会被枪杀、淹死或被地方法令责令毁灭。原初精神的小小残余已经离它而去,仅仅是因为它们的主人想拥有不会咬自己,但会咬其他人的动物的野心。而且,甚至这种看门狗的特质也是机械的,因为房子的看守者会担心无害却又必要的邮递员,并带着讨好的喜悦欢迎大胆的盗贼。狗是一个奴隶,它的驯服的至高无上的证据——它会奉承已经打过它的人——就是从它身上孕育出来的性格的结果。狗是一种迷人的伴侣,是比最精巧的钟表更有趣的活泼玩物,但只有我们异常的虚荣使我们称赞自己拥有的特殊动物的情感和忠诚。这可怜的兽类对此毫无帮助,其他所有品质都是在它几代之前培育出来的。

　　当野生动物变得驯服,它们确实会把它们自然给予自己母亲的信任和爱扩展或转移到人类身上,而这种观点将会比任何其他观点解释更多关于驯化的事实。每种突然享受母爱(或不如说是双亲之爱)的动物有时就像父亲一样,关心起自己分担或承担保护幼仔的职责,准备把它的奉献精神转移到其他动物或者人类身上——如果这种做法对它很容易,如果它所受的待遇没有太过违背其自然本能的话。在那些与其父母相处时间最长,并且关系最为密切的动物里,被驯化的能力是最大的。在那些从父母那里自然学习了最多东西的动物里,学习新习惯的能力是最强的,而且青年时期并不仅仅是一个成长的时期,一个本能苏醒的时期,也是一个进行真正教育的时期。这些被驯服和学习新习惯的能力在高等哺乳动物里比在低等哺乳动物里更强,在哺乳动物比在鸟类里更强,在鸟类比在爬行动物里更强。它们在很幼小的动物里(它们最为依赖父母)比在年长的动物里更强,而且这种能力随着动物长大而逐渐消失,尤其是在完全成长和独立的高智慧生物里。

　　圈养环境中出生的年幼动物并不比那些从母亲身边被带走的动物更容易驯化。假如它们仍然和母亲在一起,它们经常会成长得比其母亲更为害羞,更不能容忍人类。没有可遗传的驯服或驯化,关于这一事实的普遍调查证实了我的信念,即驯服过程几乎完全是年轻动物把自然给予母亲的信任和情感向人类的转移。驯化的过程是不一样的,并且要求把一个动物物种圈养繁殖很多代,并逐步剔除在驯服的年轻动物里被成年动物的野生本能替代的东西,并创造出一种带有新的和异于本能的血统。

B. 植物群落和动物社会

1. 植物群落[①]

某些物种把自身集合成为自然的联合,也就是说,成为我们时不时遇到的群落,并且展示出相同的生长形态的混合与同样的外观。在北欧,这样的例子可以引用具有草地和多年生牧草的牧场,或者具有山毛榉以及经常伴随这些树的所有物种的山毛榉树林。形成一个群落的物种要么必须遵照同样的秩序,对其环境有极其近似的要求(对于营养、光照、湿度等),要么就是一个物种的生存必须依赖其他的物种,有时要达到这样的程度:后者提供给它必须的甚至是最适它的东西(紫叶酢浆草和腐生菌从山毛榉的阴影及其腐殖土中获得营养);在这些物种之间,一种共生关系似乎比较普遍。事实上,人们经常发现——就像在山毛榉林子里一样——在其他物种的阴影和保护下成长的植物,属于最多样化的家族,具有彼此间非常相似的生长形态,但是本质上不同于那些彼此一致的树木。

对一个植物群落的生态学分析会让人认识到构成它的作为最终单元的生长形态。从已经说过的关于生长形态的观点可以得出,多种外貌的物种可以很容易地出现在相同的自然群落里。但是除此之外,正如已经指出的,物种的巨大差别不仅与外貌还与它们整个的秩序有关。因此,我们可以期待,在构成一个自然群落的物种之中发现大不一样的形态和复杂的关系;作为一个例子,我可以引用所有群落类型中最丰富的群落——热带雨林。还需注意的是,群

---

① 改编自 Eugenius Warming, Oecology of Plants, pp.12—13, 91—95。(Oxford University Press, 1909.)

落外貌在一年的所有时间里并不必然是相同的,差别有时候是因为物种的循环。

几乎无需说的是,不同的群落彼此之间几乎不能明显区分开。正如土壤、湿度和其他外在条件是由最渐进的过渡联系起来的一样,植物群落也是如此,特别是在耕地里。此外,同样的物种经常出现在几种差别很大的群落里;比如,北极花不仅生长在针叶林中,也长在桦树林里,甚至高过挪威山区和格陵兰岛稀矮植物区的树木生长线。看来,外部因素的不同组合可以互相替代,并产生大致相同的群落,或至少可以满足相同物种的需要。比如,潮湿的气候经常可以完全替代干燥气候中的树木阴影。

群落一词意味着一种多样性,但同时也意味着各个单元之中某种有组织的统一性。这些单元就是出现在每个群落里的很多单个植物,不管是一片山毛榉树林、一片草地或一片石南。当某种气候、土地和其他的因素一起运作的时候,统一性就得以建立;这要么是因为某种明确的秩序在群落里留下了印记,要么是由于大量不同的生长形式混合起来,形成了具有明确且稳定形象的单一聚合体。

植物群落的分析通常会揭示出由寄生物、腐生物、附生植物以及类似物种作为例证的一种或多种共生关系。很少有一片树林或灌木丛会缺乏这些共生现象的例子;例如,假如我们研究热带雨林,我们肯定会在其中发现所有能想到的共生类型。但是一个植物群落里主要的个体得以联系起来的纽带并不同于已经提到的,用**共居**进行了最好描述的纽带。共居性(commensalism)这个术语由范·贝内登(Van Beneden)[1]提出,他写道:"共居仅仅是同桌共餐。"但我们是在不同意义上来使用这个词的,用以表示物种之间维持生存的关系——它们彼此共享土地和空气里蕴含的食物供给,从而能在同一块地层上得到食物。

对植物群落更详细的分析揭示了共居物中相当大的差异,有些

---

[1]　皮埃尔-约瑟夫·范·贝内登(Pierre-Joseph van Beneden, 1809—1894),比利时动物学家和古生物学家。——译者注

关系会在接下来的段落里予以考虑。

同类共居。——当一个植物群落只由属于一个物种的个体构成——比如单一的山毛榉林或曲芒草——那么我们就有了同类共居最纯粹的例子。这些植物对于营养、土壤、光线和其他条件有同样的需求。由于每个物种都要求一定量的空间，所以其后代就不会有足够的营养。一旦一定数量的个体占据空间，植物之中就会产生对食物的争夺。位于不利位置以及弱小的个体被抑制和消灭。这种激烈的斗争发生在所有的植物群落里，可能亚冰期群落和沙漠群落是唯一的例外。在这些**开放群落**里，土壤经常或总是如此开放，如此不规则地被覆盖，以至于能为比实际呈现出来的更多个体提供空间。究其原因，很明显在于不适于生命的气候状况；这要么阻止植物产生足够的种子和其他繁殖体覆盖地面，要么阻止种子的生长。在这种土地上，几乎不可能谈什么生存竞争。在这种情况下，斗争发生在植物和无生命的自然之间，而植物之间很少或几乎没有斗争。

属于一个物种的个体聚集到一个群落里对于这个物种有利可图，这是显而易见的；很明显，有多种方式有助于保持物种的生存，比如，促进充足和特定的受孕过程（特别是在风媒植物里）以及种子的成熟；此外，生存的社会模式可能带来其他未知的好处。但是另一方面，也会导致寄生物造成严重破坏和毁灭的巨大风险。

就如已经指出的，把相同个体连接在相同栖息地的纽带是针对生存的同样需求，这些需求在它们正规的栖息地里能得到满足，并达到物种能够保存自己、对抗敌手的程度。森林里树木天然不混杂的联合是与其他物种竞争的结果，但是在一个群落能够产生并得以形成的轻松程度上是有差异的。某些物种比其他物种更具社会性，更适于形成群落。造成这一现象的原因是生物性的，因为物种——如芦苇、湖滨薹草、沙丘植物、款冬花、款冬叶和香车叶草——通过匍匐茎就很容易繁殖，其他一些物种——比如丝路蓟和苣荬菜——则从它们的根里发芽，还有其他物种能产生大量容易播撒并长时间保持发芽能力的种子，帚石南、欧洲云杉和松树就是这种情况。还有其他的物种,如山毛榉和云杉,具有持续遮挡甚至用它们形成的阴影抑制其他物种的能力;很多物种——如凤尾蕨、菖蒲,浮萍和灰菜——是社会性的,同样也有非常广泛的分布,几乎只靠生长手段来繁殖,很少或从来不结果实。相反地,某些物种——如很多兰花和伞形科植物——几乎总是单独生长。

对于很多物种来说,某种生态条件有利于它们聚合为一个纯粹的群落。北欧的树林由少数物种构成,而且不是像热带或者甚至是奥地利和其他南欧地区那样的方式混合,原因可能是土壤在地质上非常新,因为自从冰川时代以来,对于允许大量竞争性物种的迁移来说,时间是太短了。

异类共居。——严格来说,由属于一个物种的个体构成的群落几乎没见过,但是一个群落里主导性的个体可能属于一个单独的物种,就像在山毛榉树林、云杉树林或孤独石楠花里那样——只是到目前为止,这种案例才得以继续。总的来说,很多物种并肩生长,很多不同的生长形式和共生类型从广义上说都可以在群落里发现其聚集,甚至当一个物种占据着土壤性质完全容许的区域时,其他物种也能在它的个体之间找到空间并能生长。事实上,假如土壤完全覆盖着植被,也必然总是异质错杂型的。在最大多样性占优的地方,就会产生最大规模的生物聚集。共居生活的类型取决于物种就生活条件提出的需求的特征。在人类群落里也是一样,**同类之间的斗争**是**最激烈的**,也就是说,在具有或多或少相同的需求,并想在同一张桌子上寻觅相同食物的物种之间。在一片热带混交林里,有数百种树种一起生长,而且是如此地丰富多样,让眼睛几乎不能一次看到同一物种的两个个体,这无疑代表着它们在生活条件的需求上相当一致,直到目前为止,它们都是相似的。在它们之中必然发生对食物的激烈竞争。在这些情况下,某些物种容易在彼此相伴之下生长,这种类型最为人熟悉的例子是花卉,比如,当水韭、半边莲和车前草一起生长的时候,对于外部状况的共同需求显然形成了把它们团结起来的纽带。在这些物种中,竞争性的斗争必然发生,哪个物种的个体数量最多,当然常常要依靠偶然状况,在一个方向或其他方向上的微小变化无疑经常起决定性作用,但是撇开这个方面,则呈现出形态学和生态学特征,比如,不同季节的生长可能改变竞争的特征。

然而,在每个植物群落里,很多物种在光照、热量、营养等的需求上**差别很大**,这些物种之间的竞争越少,它们的需求差距就越大。完全可以想象这种情况:**一个物种恰恰就需要其他物种避开的东西**,两个物种在对土壤的占据和利用上将会是彼此互补的。

还有很明显的情况,即不同的物种彼此服务。比如在松树林里,苔藓保护着土壤不至于干燥,这对于松树是有用的,在另一方面,它也从松树的阴影庇护之中获利。

作为一项规则,数量有限的物种是最有影响力的,而且就像绝对的君主一样,能够支配整个区域。而其他物种,尽管可能比这些物种的数量要多,但却是从属性的,甚至要依赖于它们。在这种情况下,从属物种只能在其阴影之下,或者靠主导性物种掉落的碎片才能繁茂生长。这显然是树木和很多在高大树林的地面生长的植物——比如苔藓、真菌和其他腐生植物、紫叶酢浆草和它们的同伴——之间的关系。因此,在这种情况下,存在着一种共居关系,其中的个体在同样的地层上获得养分,但是食物不一样。当物种并不在同样的季节吸收它们的营养时,额外的因素介入进来。很多春天的植物——例如雪莲、紫堇属、黄花草、霜霉属真菌——在夏季植物开始正常生长之前就枯萎了。某些动物物种也同样局限于某些植物群落,但是在不同地点或土壤中的同样高的植物会有不同物种的低矮植物作为同伴,比如高大山毛榉树林的植物同伴就依赖于气候和树林土壤的特征。根据冯·贝克(von Beck)的看法,欧洲黑松能够在欧洲的不同部分保持黑海、中欧或者波罗的海的植被。

在植物群落与人类或动物群落之间有某些相似性,其中之一是食物的竞争,这发生在相似的个体之间,并导致弱者或多或少受到压制。但它们之间区别更大:植物群落是最低等的形态,它仅仅是单元的聚合而已,其中不存在为了共同福利的协作,却存在所有敌对方之间不停歇的斗争。只有在宽松的意义上,我们才能说某些个

179

体在保护其他个体,比如,当最外层和最暴露的灌木个体为其他物种挡风,使它们长得更高更好的时候,因为它们不会出于任何专门的动机而提供保护;就像在一些动物群落里遇见的那样,它们也不会采取任何专门行动来反抗共同的敌人。在植物群落里,利己主义至高无上。植物群落不存在与人类社群有关的更高级单元或显贵,而人类社群有自己的组织,以及按照法律规定为了共同利益进行协作的成员。在植物群落里,很多物种之间确实经常(或总是)存在某种自然依赖或相互影响,它们产生更高级秩序的明确组织单元,但是没有彻底或有组织的劳动分工——就像在人类和动物群落里出现的那样,在这里,某些个体或群体为了整个群落的利益,而作为器官(在这个术语的广泛意义上)来运作。

伍德黑德(Woodhead)已经提出了"互补性联合"这个术语来表示和谐生活在一起的物种群落,因为它们的根茎在土壤里占据不同的深度;比如,他描述了一种联合,其中软绒毛草是表面植物,蕨类蒿有更深的根茎,而绵枣儿把自己的球茎埋得最深,这些植物嗜光的部分是季节性互补的。相反的极端则是由那些彼此争斗的物种构成的**竞争性联合**。

180

2. 蚂蚁社会①

在人类社会和蚂蚁社会之间,肯定有某种惊人的相似之处。某些像托皮纳德(Topinard)②这样的人类学家区分了人类社会发展的六种类型或阶段,分别命名为狩猎、放牧、农业、商业、工业和知识。而蚂蚁体现出的阶段则对应于这些分类中的前三种,正如卢伯克(Lubbock)③所评论的:

有些物种,例如大黑蚂蚁,主要靠捕捉猎物过活,因为尽管

---

① 改编自 William E. Wheeler, *Ants*, *Their Structure*, *Development*, *and Behavior*, pp.5—7。(Columbia University Press, 1910.)
② 保尔·托皮纳德(Paul Topinard, 1830—1911),法国人类学家。——译者注
③ 约翰·卢伯克(John Lubbock, 1834—1913),英国博物学家。——译者注

它们部分靠蚜虫的蜜露为食,但它们并没有驯化这些昆虫。这些蚂蚁可能保留着所有蚂蚁共有的习惯,它们类似于人类主要以狩猎维生的低等种族,就像他们一样,频频光顾森林和荒野,生活在相对较小的群落里,因为集体生活的本能在它们之中很少发展。它们单独捕猎,它们的战斗都是单打独斗,就像荷马史诗里的英雄。像黄墩蚁这样的物种代表着明显较高级的社会生活类型,它们显示出更为熟练的建筑技术,简直可以说是已经驯化了某些蚜虫物种,并且可以和人类进化中的放牧阶段相比较——即以他们的羊群和牛群的产品为生的种族。它们的群落更多,它们的行动更为协调一致,它们的战斗不仅仅是单打独斗,它们还知道如何联合行动。我倾向于冒险推测,它们将逐步消灭只会狩猎的物种,就像野蛮人消失在更先进种族面前一样,最后,收获蚁可以和农业国家相比较。

虽然承认上述蚂蚁社会与人类社会之间的相似性,但是昆虫和人类组织与发展之间仍然有三个深远的差异必须铭记于心:

a) 蚂蚁社会是雌性的社会。雄性实际上不参与拓殖活动,而且在大多数物种里,雄性只有在确保年轻蚁后受孕时,才会在巢穴里逗留很短时间。雄性也不参与建设、物资供应或者保卫巢穴、喂养工蚁和幼虫。它们在任何意义上都只发挥性别功能。所以,蚂蚁类似于某些像亚马逊那样的神秘人类社会,但又不同于这些社会,它们所有行为的中心在于新生代的繁殖与照顾。

b) 在人类社会,除了依赖于性别划分的职能,除了可能被精心设计的教育体系部分或全部抑制、平衡或增强的个体差异和缺陷之外,所有个体都有正常的自然天赋。每个正常的个体都保持其多样的生理和心理需要,以及能力的完整,不一定为了社群的福利而牺牲其中任何人。但是在蚂蚁之中,正常构成其社会的雌性个体在其结构(形态多样性)和行为(生理上的劳动分工)上不是全都一样,而是经常有差异。每个成员**显然**预先规定了要从事某种排除其他个体的社会行为,这不是像人类一样,对所有社会成员进行某种共同的教育来达成,而是通过固定在孵化期里的结构迫切性来达成,即个体开始其生命的时候,就是群落当中一个有效的成员。

c) 由于这种预先设定的结构和它所暗示的专门化功能,蚂蚁能够生活在一种无政府主义的社会状态之下,每个个体本能地满足社会生活的要求,而无需指导者、监督者或统治者,就像所罗门(Solomon)正确观察到的那样,但并不是说在评估其同伴的行动时就没有模仿和暗示。

所以,可以把蚂蚁社会看作是一个扩大的家庭,其成员合作的目的是进一步扩展家庭,并将自己的一部分分离出来,以建立其他同类型家庭。因此,冷静的生物学家所无法回避的是,在蚂蚁聚居地与构成多细胞动物身体的细胞聚居地之间,存在着惊人的相似之处。控制着细胞起源、发展、生长、再生产的很多法则,对于被视为较高级个体的蚂蚁社会来说也是有效的。就像在单个动物的情况下,聚居除了在面对不断变化的环境时保存自己,直到能够复制出类似结构的聚居地之外,看不到聚居的其他目的。蚂蚁聚居地的蚁后显示出所有个体普遍的潜力,就像多细胞动物的卵保持着身体其他所有细胞的能力一样,如果继续这个类比,我们可以说,由于蚂蚁聚居地的不同等级为了满足不同功能而具有专门化的形态,它们确实可以和多细胞动物身体的差别化组织相比较。

182

C. 人类社会

1. 社会生活①

生命与无生命物质之间最显著的区别就是前者通过更新来维持自身,一块石头被敲击的时候,假如它的抵抗力大过击打的力量,它会保持外观无变化,否则它就会碎裂成小块。石头从来不会尝试以一种能保持自身对抗击打的方式来做出反应,更不用说把这种打击

---

① 选自 John Dewey,Democracy and Education,pp. 1—7。(Published by The Macmillan Co.,1916. Reprinted by permission.)

转化为对其持续行动有影响的因素。虽然有生命的物质可能很容易被更高的力量粉碎，但它依然会尝试把这种作用于它的力量转化为自己进一步生存的手段。假如它不能这么做，那就不仅仅是分裂成更小的碎片（至少在更高级的生命形式里），而是丧失其生物的身份。

只要它能延续下去，它就会努力利用周围的力量为己所用，它使用阳光、空气、湿度和土壤材料。说它利用它们，就是在说它把它们转化为自身生存的手段。只要它在生长，它耗费在其中的能量就会把环境转化为它所得到的回报：即它的生长。在此意义上来理解"控制"一词，可以说生命就是一种为了自身的持续活动而对能量（否则这些能量就会作用于生物自身）进行的征服与控制。生命是一种施加行动于环境的自我更新过程。生命的延续意味着为了有机体的需要而对环境持续不断的再适应。

183　　我们已经用最低等的术语来谈论生命——作为一种自然事物。但是，我们采用的"生命"这个词指的是个体和种族经验的整个范围。当我们读一本叫《林肯的一生》的书时，我们不会期望在书皮下找到一篇生理学的论文，我们看的是社会经历的记述，看到早期环境的描述，看到家庭的状况和职能，看到性格发展的主要情节，看到引人注目的斗争与成就，看到个人的希望、品位、欢乐和痛苦。我们以极为相似的方式谈到野蛮人部落的生活，雅典人的生活，美国民族的生活，"生活"覆盖了风俗、制度、信仰、胜利与失败、娱乐与职业。

我们在同样富于想象力的意义上使用"经验"一词。对于它和仅仅是生理意义上的生命来说，都适用于通过更新进行延续的原则。在人类的例子里，通过物质存在的更新，信仰、理想、希望、愉悦、痛苦得以重新创造。通过社会群体的更新，任何经验的持续性就是确实的事实。教育在其最广泛意义上是生命进行社会延续的手段。社会群体的每一个构成要素——在现代城市里就像在野蛮部落里一样——生来都是不成熟的、无助的，缺乏语言、信仰、思想或社会标准。每个个体，每个单元，都是其群体的生命经验的载体，随着时间而逝去，而群体的生活仍然继续。

社会通过传播过程而存在，这和生物性的生活完全一样。这种传播的发生是通过老一代向新一代进行做事、思考和感觉习惯的交流来达成。没有那些经历过群体生活的社会成员向即将经历的成员进行这种理想、希望、期待、标准和意见的交流,社会生活就不可能生存。

　　社会不仅仅通过传播和沟通而持续存在,甚至还可以说,它就存在于传播和沟通之中。在共同语言、社群和沟通之间,存在着不止一种言语上的联系。人们生活在一个社群里,凭借的是他们共有的事物,而沟通是他们掌握共同事物的办法。正如社会学家所说,为了形成一个社群或社会,他们必须共同拥有的是目标、信仰、愿望、知识——一种共同的理解——以及相似的态度。这些事物不可能像砖块一样从一个传给另一个;它们不可能像人把馅饼切成小块来分享。确保参与共同理解的沟通也能确保类似的情感和智力倾向——就像回应期望和需求的方式。184

　　人们并非通过生活上的物理性邻近而变成社会,正如一个人不会由于和其他人相隔多少英尺或英里就不再受社会影响一样。一本书或一封信可以在相隔几千英里的人之间建立起比一个屋檐下的居民之间更为亲密的联系。个体甚至不会由于为了共同目的而工作就构成一个社会群体。机器的工作部件可以为了共同的结果而最大限度地协作,但是它们并不构成一个社群。然而,假如它们都认识到共同的目的并都对此感兴趣,它们就能为此规范它们专门的行动。但是这将涉及沟通。每个个体都知道他者是有关的,并且必须用某些方式告知他人自己的目的和方向。共识就需要沟通。

　　所以,我们不得不承认,即使是在大多数社会群体里,还是存在着很多尚未社会化的关系。在任何社会群体里,大量的人际关系始终处于机械式的层面上。个体彼此利用,为的是获得期望的结果,而无需参照情感和智力倾向,以及被利用者的赞同。这样的利用表达的是物质上的优越性,或地位、技艺、技能、机械或财政工具控制上的优势。到目前为止,父母和孩子、教师和学生、雇主和雇员、统治者与被统治者的关系始终保持在这一水平,他们形成的不是真正的社会群体,不论他们各自的行为如何紧密地联系彼此。命令的发出和接受会改变行动与结果,但是它本身不会带来目标的共享、兴趣的交流。

社会生活不仅等同于交流,而且所有的交流(以及由此而来的所有真实的社会生活)都是教育性的。作为交流的接收者,将会具有扩大且改变了的经验。一个人不论如何(充分或不充分)分享他人的想法和感受,他的态度都会有改变。进行表达的人也不会不受影响。尝试一下丰富且精确地向其他人表达某些经验——尤其是假如它相当复杂,那么你将会发现,你关于自己经验的态度会变化,否则你会诉诸咒骂和惊叫。为了沟通之需,这种经验必定已经被仔细构想过,要求外在于经验来进行构想,就像其他人一样来看待它,考虑它与其他人生活的接触点,以便能够达成别人能理解其意义的形式。除了处理陈词滥调和把握短语,一个人必须富有想象力地吸收其他人的某些经验,以便能明智地告诉他人自己的经验。所有的交流都像艺术。所以,可以公平地说,任何社会安排——只要仍然具有社会性或共享性——对于参与其中的人来说都是教育性的。只有当它被铸造成一种模式,并以常规方式运作时,它才会失去其教育的力量。

因此,说到底,社会生活不仅要求为其持久存在进行教与学,而且生活的过程都和教育不可分,它扩展和启发经验,它刺激并丰富想象力,它为叙述和思考的精确与生动创造出责任感。一个真正独居(精神与身体的孤独)的人很少或根本没有机会反思他过去的经验,以便提取其纯粹的意义。成熟者与不成熟者之间成就上的不对等不仅使教育年轻人成为必然,而且这种教育的必然性提供了巨大的刺激,去把经验简化为秩序与形式,使经验最容易传播、最有用。

2. 行为与举止①

"行为"(behavior)一词通常以多种有趣的方式来运用,例如我

---

① 选自 Robert E. Park, *Principles of Human Behavior*, pp.1—9。(The Zalaz Corporation, 1915.)

们谈论海上船舶的行为,战斗中战士的行为,还有主日学校里小男孩的行为。

> "正如劳埃德·摩根(Lloyd Morgan)①所说:'地质学家告　186
> 诉我们,一条冰川的活动在很多方面都像一条河,并讨论了在
> 地球应力下地壳如何活动。至于天气,人们评价风暴临近时气
> 压计里水银的运动。当女仆玛丽和娇小的史密斯小姐从布朗
> 少爷的生日宴会上回来的时候,她会被仔细盘问她们的
> 行为。'"

总之,这个词从科学和常识上来说都为人熟知,而且同样适用于自然物质的活动与人类的举止。抽象科学与具体及描述性的科学一样,都要涉及行为。"化学家和物理学家经常谈论原子和分子的运动,或者是变化了的气温和压力条件下气体的运动。"事实上,每种科学处处都在寻求描述和解释运动、变化和反应,也就是说,这个世界涉及我们的那些部分的行为。确实,我们不论在哪里,都会有意识地让自己去观察和反思将会涉及我们的变化,行为总是让我们感兴趣。科学和常识相比,仅仅是在好奇心上更为执着,在观察上更为细致和精确。附带说一下,这种观察的习性——带着对事物不偏不倚的观点——是人类本性的特征之一,这也使人类本性区别于其他所有动物的本性。

因为每门科学都要涉及某种形式的行为,那么由此产生的第一个问题就是:我们所指的人类与其他动物在行为上的区别是什么?把人类与动物和植物的活动(而人类和动植物又有那么多共同之处)区分开的人类行为的独特性是什么?

这个问题更为困难,因为在它的某个方面或其他方面,人类行为涉及几乎所有具备自然形式特征的过程。比如,我们有时候把人

---

① 劳埃德·摩根(Lloyd Morgan,1852—1936),英国生态学家和心理学家,以突发进化论著称。——译者注

说成是机器。确实,从把人类看作是开展滋养、繁殖和运动等重要过程的心理—生理机械的角度来说,人类的身体事实上就是一部相当复杂的机器,其运作包含了大量的化学和物理反应,所有这些都可以视为人类行为的形式。

然而,人类不完全是或不仅仅是机器,他们是活着的有机体,和植物以及低等动物共享某些形式的行为,而这些行为形式不管如何都可能简化为准确与清晰的化学或物理公式。

但是,人不仅仅是有机体,他们还是更小的有机体的家园和栖息地。在某种意义上,人类的身体是构成它的微小而简单的有机物(即细胞)的一种组织——一种社会组织,每个细胞都有其行为模式的特征。事实上,人类的生活正如简单的单细胞生物之上所有其他生物的生活一样,可以说是由构成人类的更小有机体的协作生活构成的。在人类之中,就像在某些大城市里一样,更小有机体之中的劳动分工得到进一步推进,单个部分的互相依赖更加完善,而且整体的协作生活更为复杂。

所以,并不奇怪的是,劳埃德·摩根从描述细胞的行为来开始其动物行为研究。而桑代克在其著作《人的原始本性》里得出结论:人类原初倾向的基础在于其神经元和神经细胞,在于这些细胞及其祖先已经经历的变化之中。因此,共同生存与协作生存的必然性就成为人类有机体必需的组成部分。人类所有后天获得的特征,他们所学习的每一样东西,都来自神经元的彼此刺激和联合,正如社会学家现在倾向于把文明和进步解释为是因为人类的互动与联合,而不是由于人类本性自身的任何根本性变化一样。换句话说,一个野蛮人与一个文明人之间的差别不是因为他们大脑细胞之中的任何根本差异,而是由于细胞之间通过经验和教育建立起来的联系与互相刺激。在野蛮人之中,这些可能性不是不存在,而是潜在的。同样地,中非文明和西欧文明之间的差异不是因为创造文明的个体和民族在天生能力上的差别,而在于这些个体和群体之间在联合与互动形式上的差别。我们有时把我们遇到的种族中的文化差异主要归结为气候和自然条件,但是在长期的运转之中,这种差异取决于气候和自然条件决定的个体们联系与沟通的方法。

因此,在单个人的团体生活中,正是神经细胞的联合,它们联系与沟通的方法,成为无知者与受教育者、野蛮人与文明人之间大多数差异的决定因素。然而,神经元就像阿米巴虫和草履虫一样,是一个小小的单细胞动物。它的生命包括(1)饮食,(2)排泄废物,(3)生长,(4)感知和(5)运动,而且就像桑代克所表达的:"关于神经元单独活动的最保险的临时假设就是,它们保持着和单细胞动物共同的行为模式,只是要与它们作为人类神经系统要素的特定生命条件相一致。"

在这个词最广泛的意义上,行为可以说包括了在有机体内所有持续的化学和物理变化,以及对来自有机体内外部刺激的每一种反应。但是在当前关于动物行为的研究中,这个词已经获得了一种专门的和技术性的意义,专门用于那些已经或可能被有意识的经验改变的行为。动物为觅食而做的努力是行为,但是消化过程则被降格到另一个观察领域,即生理学。

迄今为止提到的人类和动物的所有行为类型并没有得到根本性的区分。但是,存在着人类本性特有的行动方式,这是人类与低等动物不同的行为形式。似乎能区分开人与动物的一件事就是自我意识。人类交往的结果之一就是,他们会去反思他们行为的冲动与动机,去设置标准来寻求自我控制。钟表就是那样一种标准。我们都从经验中知道,在平淡的日子里,当没有什么事做的时候,时间的流逝要比兴奋的时候慢。另一方面,当生活活跃和激荡的时候,时光飞逝。钟表把我们的主观进度标准化了,我们可以用钟表控制自身。一只动物永远不会看表,这是人类与动物行为上的典型差异。

只要我们还能学习,人类就是习惯性判断自身行为或思考自身对错的唯一物种。当这些关于我们或他人行动的想法制定和表达出对我们的反应和控制时,那就是我们在墙上挂标语的原因之一,那就是为什么在一个繁忙的人的桌子上看到"现在就干"的铭文。野兽不知道这些装置,它们可能不需要这些东西,它们没有生活的目标,它们不工作。

能把人类与动物的行为区分开来的,可能就是"举止"(conduct)一词表达的意思。在一般用法上,举止用于那些可能被视为正确或错误、道德或不道德的行为。它几乎不能作为一个描述性的术语,因为关于人在不同时间和地点所称的道德或不道德行为,似乎没有任何明显的标志。我在这里使用它来区分那些被视为专属于人类的行为类型,即自觉的和个人的行为。在此意义上,脸红可以被视为一种举止形式,和制造工具、做生意与实物交易,谈话或祈祷等差不多。

毫无疑问,所有这些活动都有其开端,而且以这些活动为基础,我们可以在低等动物里发现其雏形。但是在所有独特的人类活动里,存在着一种传统的,几乎可以说是契约性的要素,而这在其他动物的行为里是缺乏的。人类行为往往受到他们对其他人眼中自我形象的感觉或理解的控制。这种感觉和理解体现在某些风俗或仪式性的惯例里,并以这种形式一代一代进行传递,成为情感上尊重的对象,使自身体现在明确的准则里。它不只是尊重和敬畏的对象,还是反思和思考的对象。它构成了一个群体的风俗或道德习惯,并且不再被视为属于个体。

3. 本能与性格①
190

世界上没有哪个地方和哪个时期能让我们发现人类行为会留给不合规则的自由。每个地方的人类生活都受到风俗、法律、信仰、理想的组织和指导,并形成其目标,指引其活动。因为在人类社会中,通过规则来指导生活是普遍的,所以整体上来说是专属于人类的。没有理由认为,除了人类之外的任何动物能确切说明或运用普遍的行为规则。然而,在动物世界里,我们并不想要我们称之为生命组织的东西。要多高的智力才能构成高等动物社会生活的基础,这确实是很难确定的。在他们经常给予彼此的帮助之中,在他们联合的狩猎之中,在他们的游戏之中,在警告性的叫声中,以及岗哨的

---

① 改编自 L. T. Hobhouse, *Morals in Evolution*, pp.1—2, 10—12。(Henry Holt & Co., 1915.)

运用中——这些在鸟类和哺乳动物里都很常见,乍一看包含了相当程度的**彼此理解**,我们至少可以发现人类习俗、职能分配和劳动分工的相似物——相互依赖使其成为可能。这种类比可以强调到什么程度,像"习俗"和"共同理解"这些来自人类经验的术语是否能正确用于动物社会,这是我们目前将会触及的问题。让我们首先观察,当我们下降到动物的层级时,**智力活动**的范围会逐步缩减,而行为仍然是受到规范的。最低等的生物在给定条件下有它们明确的活动方式。变形虫在被触摸时收缩自身,收回受到粗暴触碰的伪足,或用它围住可以作为食物的小物体。给定条件的话,它就会以最适于避免危险或确保营养的方式采取行动。我们利用普遍原则来对行为进行智力管控还有很长的路要走,但是我们仍然找到了适合于有组织生活之要求的手段。

当我们来到人类社会时,我们会发现,社会生活的组织基础早已存在于人类的动物特征之中。和其他高等动物一样,人类是一种群居动物,他的利益在于他与同伴的关系,在于对妻子和孩子的爱,在于友情,可能还在于他与同伴的竞争和奋斗之中。他的爱与恨,他的欢乐与悲伤,他的骄傲、他的愤怒、他的温柔、他的勇气、他的胆怯——所有这些贯穿于人类,仅有程度差异的永恒品质属于其遗传结构。广义上来说,它们都是本能的类型,但是本能在它们的运作模式里已经变得高度可塑,并且需要经验的刺激来召唤本能,并给予它们明确的状态。

在动物之中如此显著低下的机械反应方式,在人类生活中只占据次要的领域。确实,身体的日常运作仅靠机械方式就足够了。在走或跑时,在防止自己摔倒时,在咳嗽、打喷嚏或吞咽时,我们就像低等动物一样机械地做出反应。但是在明显的人类行为模式中,遗传结构占据的位置是非常不同的。饥饿与干渴无疑是本能特征的体现,但是满足饥渴的方法却来自经验或教育。爱与整个家庭生活有一种本能的基础,也就是说它们依赖于大脑和神经结构遗传的倾向,但是为了满足这些冲动而必须做的每件事都取决于个体的经验,他所生活的社会的法律和习俗,他遇到的女人,他们交往的偶然

191

性,等等。在高等动物里早已可塑与可改变的本能,在人这里变成了性格的基础,决定了他将如何获得自己的经验,而没有经验,本能就仅仅是一张没有填写内容的空白表格。

比如,被邻居的意见打动是普通人性里一种根深蒂固的倾向。这是一种强大的行为动机,但是它将激起的行为类型显然依赖于邻居认可的事物类型。在世界上有些地方,追求名望的野心会促使一个男人去埋伏着等待一个女人或孩子,为的是在其收集品里增加一个新鲜的颅骨。在其他地方,他可能被类似的动机所驱使,去探索一门科学或画一幅画。在所有这些情况下,同样的遗传或本能因素在起作用,这种性格品质使一个人敏感地回应其他人向他呈现出来的感情。但是这种敏感性可能支配的行为类型完全取决于这个人所处的社会环境。同样,就像俗话经常指出的:"人性"为权利而立,一个人将努力确保那些算得上是他所拥有的东西,但是对于他所算计的东西,对于在给定环境下他所期望的实际待遇,他的观点取决于"国家的风俗",取决于他看到的他人的坚持和获得,取决于已经向他承诺的东西,等等。甚至是深深植根于动物本性之中,类似于性嫉妒的感情,在其运用中受到很大限制,并取决于习俗采用的形式。一个会把自己妻子借给别人的好客的野蛮人,也会因为她按同样的动机,以同样的方式行动而杀死她,在这种情况下,他行使了自己的所有权,在后一种情况下,她违反了这种权利,这是在维护与嫉妒有关的主张,决定这种主张的标准是国家的习俗。

所以,在人类社会里,控制行为的条件是首先要被极大改变的。变得更加模糊和普遍的本能已经演变成了"性格",同时,智力发现自身面对必须去调整行为来适应的习俗。习俗是如何产生的? 让我们首先考虑一下什么是习俗。它不仅仅是一种行为习惯,还意味着对于行为的判断,以及用普遍的和非个人化的术语来阐述的判断。它似乎意味着一个旁观者或者第三方,假如 A 打了 B,B 可能打回来,这样做是他的习惯,但是假如袖手旁观的 C 宣称它是或不是一次公平的打击,他将可能呼吁把国家习俗——例如传统的战斗规则——作为他判断的基础。那就是,他将建立一种普遍性的规则,这种规则适用于类似情况下的其他个体，而且借助于此，他将作为公正的第三方来评价争议双方的行为。这些规则的形成有赖于塑造和运用普遍概念的力量，是人类道德与动物行为之间主要的区别。事实上，它们的形成及世代相传使社会传统成为规范人们行为的主导因素。没有这些规则，我们几乎不能想象社会的存在，因为只有普遍遵从人们彼此能够理解的习俗，每个人才能知道他人在给定条件下将如何行动。没有这些理解，作为关键社会原则的互惠性就会消失。

193

4. 集体表现与智力生活①

逻辑思维由概念组成。所以，寻求社会如何能在逻辑思维的起源里起作用，可以简化为寻求社会如何能参与到概念的形成之中。

概念与每种秩序的感官表现——感觉、知觉或意向——是相对立的，因为它具备以下特性：

感官表现处于不断流动的状态，它们纷至沓来，就像河里的波浪，甚至在它们延续的时间里，也不会保持不变。每一种感官表现都是它得以产生的精确瞬间不可缺少的部分，我们永远不能确信能再次找到我们初次体验这种表现的感觉，因为即使被感知的事物没有改变，我们也不再是原来的自己。相反，概念就像其曾经存在的那样，是外在于时间与变化的，它处于所有骚动的深处之下，可以说它位于心灵之中更为宁静和安详的部位。它自身不会通过内在和自发的演化来变动，而是正相反，它抗拒变化。它每时每刻都是一种被固定和具体化的思考方式。只要它成为应该成为的样子，它就是不可改变的，假如它改变了，那不是因为其本性使然，而是因为它必须被矫正。我们在日常生活中用于思考的概念体系是通过我们母语的词汇来表达的，因为每个词都可转化成一个概念。如今，语言是固定的事物，它虽然变化，但是很缓慢，所以它表达的概念体系也一样。学者发现自己为之献身的科学所采用的专门术语，以及这

---

① 改编自 Émile Durkheim, *Elementary Forms of Religious Life*, pp.432—437。(Allen & Unwin, 1915.)

些专门术语对应的专门概念体系也处于同样的状况。他的确能做出革新，但这总是对既有思考方法的一种冒犯。

194　　同时，它是相对不变的，概念是普遍性的，或至少能变得普遍。一个概念不是我的概念，我和其他人一样把握它，或者在任何情况下都能和他们就此进行交流。对于我来说，不可能使一种感觉通过我的意识进入他人的意识，它紧密地保持在我的机体和人格里，不可能和它们分离，我所能做的就是请求他人像我一样面对同样的目标，让自己顺其自然。另一方面，人与人之间的交谈和所有智力交流就是概念的交换。概念是一种本质上客观的表现，正是通过概念，人类的知识得以交流。

　　如此定义的概念之本性展露出了其起源。假如它是大家共有的，那它就是社会的事业，因为它承担的不是特定心灵的标记，很显然它由一种独特的智慧来阐述，所有人都会这里彼此相遇，并在概念形成之后滋养他们自己。假如它比感觉或想象更稳定，正是因为集体表现比个体表现更为稳定。所以，即使一个个体意识到在其环境里发生的微小变化，但也只有更为严重的事件才能成功影响到一个社会的精神状态。每当我们面对**一种**统一强加于特有意志或智识的思想或行动时，这种压力就会作用于背叛群体干预的个人。而且，就像我们已经说过的，我们通常思考时采用的概念就是我们词汇中的概念。现在毫无疑问的是，语言以及它转化出来的概念体系是集体精心制作的产物，它所表达的是社会整体表现经验事实的方式。符合多种语言要素的概念就是集体表现。

　　甚至它们的内容也证明了同样的事实。实际上，在我们通常采用的词汇之中，很少有什么词的意义不会突破我们个人经验的限制。一个术语经常会表达我们从未有过的体验或我们从未见证过的

195 的事物。即使我们对它所关涉的对象有些了解，那也只是一种特例，用于说明这个概念，而这些对象自身永远不可能形成这个概念。所以，大量的知识浓缩在我从未收集过的词汇里，而且它也不是个体的；它甚至超过我们，达到了我们不能掌握其所有后果的地步。我们有谁懂得自己所说语言的所有词汇以及每个词的

完整意义吗？

这种评论能使我们确定当我们说概念是集体表现时所蕴含的意义。假如概念属于整个社会群体，那不是因为它们代表着相应的个人表现的平均水平；因为在那种情况下，它们的知识内容要比后者贫乏，虽然事实上，它们包含的内容远远超出普通个人的知识。它们并不是仅仅在特定意识里才具有现实性的抽象概念，而是能够塑造其个人环境的个人的具体表现；它们符合非常特殊的存在——社会——看待其固有经验的方式。事实上，假如这些概念几乎总是普遍性观念，而且，假如它们表达的是范畴和类别而不是特定的对象，那是因为事物独特而易变的特征很少引起社会的兴趣。由于社会范围之广，几乎只受事物一般和持久特征的影响，所以社会只关注事物普遍性的一面，它天生就习惯于从事物通常具备的方面来看待事物。但是这种普遍性对于概念来说不是必要的，而且在任何情况下，甚至当这些表现具有它们通常具有的类别特征时，它们也是社会的产品，并因其经验而变得丰富。

集体意识是精神生活的最高级形式，因为它是知觉的意识。它外在于并高于个体与局部的偶发事件，它看到的只是事物恒久和关键的部分，并具体转化为可交流的观念。与此同时，它在每时每刻都看得更高更远，它包含了所有已知的现实，这就是为什么只有它能为心智提供可用于事物整体，并使对事物进行思考成为可能的模式。它不会刻意创造这些模式，它在自身之中找到模式，它只不过是意识到了它们。它们解释所有现实阶段都能找到但只在最高阶段才全部清楚呈现的存在方式，因为精神生活的复杂性使意识的更多发展成为必然。集体表现也包含着主观因素，而假如我们要更紧密地接近现实的话，这些因素必须被逐步根除。然而，不管这些因素起初是如何粗糙，但事实仍然是，有了它们，就产生了新思想的萌芽，个体永远不可能通过自己的努力提高自己，由于集体意识，通向稳定、客观和有条理思想的道路就打开了，而这种思想除了开发其天性，已经无事可做。

196

D. 社会群体

1. 群体的定义①

"群体"（group）一词作为一个实用的社会学称谓，指称任何数量——或大或小——的一群人，可以发现，这些人之间的关系必须放在一起来考虑。"群体"是社会学里用于指称人的联合最笼统、最无特色的术语。一个家庭、一群暴民、一个野餐聚会、一个工会、一个城市街区、一个企业、一个国家、一个民族，世界上文明和不文明的居民都可以作为一个群体来看待。所以，对于社会学来说，一个群体就是其彼此关系足以引起人们注意的一群人。这个术语仅仅是一个普通的工具，它没有包含什么神秘的东西。它只是一个把手，用来把握因利益变化而把人吸引到其中的数不清的各种安排。联合的一般条件可以用同样普通的方式来表达：人总是生活在群体中，而同样的人很可能是很多群体的成员。

没有什么地方的人会完全与世隔绝地生活。不存在所谓的社会真空。为数不多的鲁滨逊·克鲁索们并不是这个法则的例外。假如他们是例外，那他们就像爱尔兰人的马一样，他们开始适应这种例外的状况时，就是他们的死期。事实上，人总是在群体里生活、活动，并在群体里体现其存在。这些群体或多或少是复杂的、连续的和僵化的。人类的命运总是与他们作为成员的群体之命运息息相关。虽然个体是真实的存在，而群体只是个体间的关系，但人们构成的群体的所有意图和目的却是个体生活独特而有效的塑造者，它们就好像是完全独立于个体而存在的实体。

比如大学联谊会或大学班级，假如每个成员都退出，那就仅仅只是一个名字而已，而且马上连名字都不是了。它就是成员自身，而不是某种外在于他们的事物。对于 A、B 或 C 来说，联谊会或班级也不妨是他旁边的一条河或一座山，而他无助于移动它。他也可

①　选自 Albion W. Small, *General Sociology*, pp. 495—497.（The University of Chicago Press，1905.）

能稍微改变它,也确实被它所改变,这对于 A、B 或 C 所属的其他所有群体来说也是如此。为什么 A、B 或 C 能如此做? 这个问题很大程度上同等于问:A、B 或 C 所属群体的特殊性是什么? 假如"班级精神"没有为个人癖好增加刺激的话,A、B 或 C 永远不可能在夜晚的阴影下偷偷摸摸潜行,手里拿着油漆罐和刷子,在人行道或建筑物上涂抹海报大小的阿拉伯数字。假如加入联谊会不能使一个学生与其他个体有什么不同,那么 A、B 或 C 都不会卖力去奉承和劝诱新人加入。这些仅仅是遵循普遍法则的常见事例。

　　事实上,我们所属的群体可能与我们分离,并且是独立的,就像城市的街道和建筑与市民的关系。即使居民的身体已经迁移,但街道和建筑仍然存在。这不是人类群体的真实状况,但是它们对构成群体的人的反应却仍然是真实与明显的。我们是我们的社会场景,即我们的教会、我们的政党、我们的商业和专业圈子的一部分。这种情况从世界一开始的时候就是如此,将来也还是如此。要理解社会——无论是大还是小——是什么,社会为什么是这样,以及社会可能在多大程度上造成差异,我们就必须一方面要解释群体,另一方面也不能少说个人。目前在芝加哥有一个很显著的例证(1905年夏天)。某个人在很短时间里完全改变了他的群体关系。他是这个城市最有影响力的工会领导人之一,现在变成了雇主联合会的执行官员,在那些不受其群体关系决定的要素上,他是和以前同样的人。然而,那些恰好是可以排除在社会问题之外的要素。使他在城市生活里具有独特意义的个人方程式的所有要素,是通过他在这个或那个群体里的成员资格所赋予的。直到昨天,他还在全力组织劳工对抗资本家,现在他则全力为资本家服务,对抗劳工。

　　不论我们面对什么样的社会问题,不管什么人进入我们的视野,相关的首要问题总是:这些人属于什么群体? 这些群体的利益是什么? 这些群体用什么手段促进它们的利益? 相比于和它们有利益冲突的群体,这些群体有多强大? 这些问题与所有社会解释有同一个根源,不管是远至过去的历史事件,还是近到我们邻里最实际的问题。

198

2. 社会群体的团结①

长期以来,社会学里一个最重要的问题就是去确定,如何客观认识社会群体的连续性与持久性这种如此真实和明显的事实。作为一种物质性的对象,社会似乎是由移动和独立的单元构成的。问题在于理解把这些独立单元联系起来的纽带的本质,以及这些联系是如何维持与传递的。

199　　　　从最低层次来设想,社会群体的团结可以和植物群落相比较。在这些群落里,组成群落的单个物种之间的关系似乎首先是完全偶发和外在的。就其存在而言,合作与群落,纯粹只因位于特定地理区域内这一事实;某些物种在一起,仅仅是因为每个物种的存在碰巧为其他物种的生活提供了比它们孤立生活更容易、更安全的环境。然而,似乎也有这样的事实,互相关联的植物的共同生活——就像另一种生命形式——实现了一种与生长、衰败和死亡相对应的一系列典型变化。植物群落经历生长、成熟、衰老以及最终的死亡。但在这种过程中,它以自己的死亡提供了一种环境,其他群落形式在其中找到了自己的自然栖息地。每个群落都在前面为其后继者铺平了道路,在这种环境下,单个群落的演替本身就呈现出生命过程的特征。

在动物和人类社会中,我们拥有所有这些条件和力量,以及更多的东西。与一个动物群落相联系的个体不仅彼此提供所有个体都能生活的自然环境,而且社群成员还彼此有机地预先适应,而适应方式具有植物群落成员所不具备的特征。结果,动物群落成员之间的关系具有更多的组织特征。事实上,动物社会的特征就是社会群体成员相互的有机适应,因此,动物社会的组织几乎总是完全通过身体遗传来传递的。

在人类社会,我们不仅发现了动物社会特有的有机遗传适应,还有大量以社会遗传形式传递的习惯和适应。动物社会里确实存在着某些与社会传统对应的东西。动物通过彼此模仿来学习,而且有证据表明,

①　选自 R. E. Park, "Education in Its Relation to the Conflict and Fusion of Cultures," in the *Publications of the American Sociological Society*, VIII(1918),38—40。

这种社会传统随着环境的变化而变化。然而,在人类当中,联合以某种超出习惯或本能的东西为基础。在人类社会,主要作为语言的一种结果,存在着自觉的目的共同体。我们不仅有民俗——这个术语的延伸可以归结到动物身上——我们还有道德观念和正式的行为标准。

在最近一本关于教育的著名著作里,约翰·杜威提出了教育过程的一个定义,这是他通过人类社会传统的传递过程识别出来的。他认为,教育事实上就是一个自我更新的过程,一个社会有机体赖以生存的过程: 200

> "对人类而言,随着物质性存在的更新,产生了信仰、理想、希望、愉悦、痛苦与行动。通过社会群体的更新,经验的连续性是字面上的事实。教育在其最广的意义上,是生命的社会连续性的工具。"

一般情况下,社会传统从父母向孩子传递。孩子出生在社会里,并简单自然地习得其风俗、习惯和生活标准,不会有什么冲突。但是任何人会马上意识到,社会的物质生活并不只是以这种自然方式——即父母向子女的传承——持续和保存。新的社会是通过征服和人对人的强迫来形成的。在这种情况下,会出现文化的冲突,导致融合的过程变得缓慢,而且往往还不完整。新的社会屡屡通过殖民化来形成,在此情况下,新的文化嫁接到旧的文化上,传教社团的工作本质上就是这种意义上的一种殖民化。最终,我们就像美国一样,通过移民获得了社会的成长。这些移民来自世界各地,带有他们文化分支的碎片。在这里,同化的过程再次变得缓慢,常常是痛苦的,而且并不总是能完成。

3. 社会群体的类型①

在两个极端——群众和国家——之间,在人类联合的链条的这

---

① 翻译自 S. Sighele, *Psychologie des Sectes*,pp.42—51。(M. Giard et Cie.,1898.)

些极端环节之间,其他中介群体是什么? 它们独特的特征是什么?

古斯塔夫·勒庞对不同的群众类型(聚集)进行了分类:

A. 异质群众

　　1. 匿名(例如街头人群)

　　2. 非匿名(例如议会集会)

B. 同质群众

　　1. 宗派(政治,宗教,等等)

　　2. 等级(军队,僧侣,等等)

　　3. 阶级(资产阶级,工人阶级,等等)

这种分类容易受到批评。首先,不分青红皂白就把群众(crowd)这一名称赋予每种人类群体,这是不精确的。这种反驳从字面上(词源学的立场)对我来说似乎是无法回答的。塔德更为准确地区分群众、联合与协作。

但是我们仍然保持着"群众"这个类别术语,因为它标明了社会群体的第一个阶段,而这是其他所有群体的源头,而且因为这些前后相继的区别,不会给予它自身模棱两可的意义。

第二,很难理解为什么勒庞把宗派视为同质群众,而同时又把议会集会归为多样混杂的群众。一个宗派的成员彼此之间通常在出身、教育、专业、社会地位上的差别一般比政治集会上的成员差别更大。

在批评之后,我们不分析异质群众,而是去确定三大同质群众:阶级、种姓和宗派的主要特征。

异质群众是由全世界像你、像我、像任何一个路人这样的每个人构成的,**机遇**使这些个体在物理上联合起来,**场合**则从心理上联合他们;在他们发现自己在一起之后,他们并不了解彼此,他们可能永远也不会彼此相见。打个比方,这是一种精神上的流星,最不可预知,短暂而且转瞬即逝的那种。

在意外和偶发性基础上,在这里或那里形成的其他人群总是异质性的,但是却具有某种稳定的或至少是周期性的特征。一个戏院里的观众、俱乐部的成员、一个文学或社会集会的人员也构成一个人群,但和街道上的人群是不一样的,这些群体的成员彼此有所知晓,他们即便没有共同的目的,但至少有共同的习惯。他们仍然是勒庞所称的"匿名的人群",因为他们自身之中并没有组织核心。

进一步来说,我们发现人群还是异质性的,但并不是匿名的,比如陪审团和会议群体。这些小群体体验一种匿名人群所不知晓的新的情感,责任心有时可能会使他们的行动有不同的方向。所以,议会里的人群将与其他人区分开,因为就像塔德以他惯常的洞察力所观察到的,他们是双重人群:他们代表着与一个或多个少数派冲突的多数派,这确保他们在大多数情况下不受全体一致意见的影响,而这是人群面对的最大危险。

我们现在来说同质人群,其中第一种类型是宗派。我们再次发现,在出身、教育、职业和社会地位上有差异的个人却团结起来,而且他们确实是被一种极其强大的纽带、一种共同的信念和理想自发地牢牢联合在一起。信仰、宗教、科学或政治的纽带迅速创造出一种情感上的交流,能给予那些具备这种情感的人以高度的同质性和力量。历史记录了在基督教影响下野蛮人的行为,阿拉伯人被穆罕默德转化成了一个教派。由于他们的宗派组织,可以预见社会主义者将来会把握什么。

宗派是被挑选出来的永久性人群,人群则是不挑选其成员的暂时性宗派。宗派是一种长期存在的人群,人群则是转瞬即逝的宗派。人群是由大量没有凝聚力的散沙组成的,宗派则是能对抗任何尝试的大理石。当一种本身就具有存在理由的情绪或理念进入人群时,其成员会立即结晶并形成一个宗派。宗派是每种教义的初次结晶化。从混乱和无定型的状态,它向人群体现自己,每种理念注定要以更为专门的宗派形式来界定自己,随后变成一个党派、一个学派或一个教派——科学的、政治的或宗教的。

任何信仰,不管是伊斯兰教、佛教、基督教、爱国主义、社会主义、无政府主义,都不得不经过这种宗派阶段。这是第一步,在这个点上,人类群体脱离平淡无奇的衰退地带,并把人群自己提升为一种定义和整合,这随后可以达到最高级和最完美的人类群体:国家。

202

203

假如宗派是由共同思想和目标联合起来的个体组成的,那就会不顾出身、教育和社会地位上的多样性,相反地,种姓联合了那些可能有(和那些有时会有)多样化思想和期望的人,但这些人是通过职业认同汇集在一起的。宗派对应于信仰共同体,种姓则对应于专业观念共同体。宗派是**自发的**联合,而种姓在很多方面则是**被强迫的**联合。在选择了一个职业——成为牧师、士兵、地方法官——之后,一个人必然就属于一个种姓。与之相反,一个人并不必然属于一个宗派。当一个人属于一个种姓时——即使他是世界上最独立的人,他也或多或少处于所谓的"团体精神"的影响之下。

种姓代表着容易影响同质性人群的最高组织程度。它由那些在品味、教育、出身和社会地位上不同的个体构成,其行为和习俗的基本类型彼此相似。甚至有某些种姓,比如军队和僧侣,其成员在外观和举止上也是如此相似,甚至任何伪装都不能隐瞒他们职业的本质。

种姓为其成员提供已经成型的观念和已经认可的行为规则,总之,它减轻他们用自己大脑思考的负担。当一个人所属的种姓已为人所知,所需要做的就是按下其心智机制的一个按钮,就可以释放出同一种姓的每个个体都已形成的完全相同的一系列意见和措辞。

这种强大而又非常保守的和谐集体是西方国家与印度这样的国家最显著的相似之处。在印度,种姓取决于出身,它由一个特征来区分:某个种姓的人只能与同样种姓的个体生活、饮食和结婚。

在欧洲,除了出身,还有环境和教育决定一个人进入某个等级;那些能够通婚、频繁来往、受邀到同一张桌子上吃饭的,只有同样种姓的人,欧洲的这种现实和印度一样。在欧洲,上述提到的规则建立在惯例之上,但不会没人遵守。我们都生活在一个很有限的圈子里,我们在这里找到我们的朋友、客人、媳妇和女婿。

不恰当的婚姻在欧洲确实是可能的,而在印度则不可能。但是假如有宗教禁止这些结合,我们的公共舆论和习俗很少会给予补偿,根本上来说,这种类比还是完整的。

阶级在程度上优于种姓,假如宗派的心理纽带是信仰共同体,

204

种姓的纽带则是职业共同体，那么阶级的心理纽带就是利益共同体。

阶级的界限比较不精确，比宗派和等级更为离散和不紧凑；今天，阶级代表着名副其实的处于动态的人群，它可以在一瞬间从这一位置下降，变成静态的人群。这正是从社会学观点看来最可怕的人群类型，它正是在今天具备了好斗的态度，通过其态度和戒律应对暴徒残酷的打击。

我们所说的"阶级冲突"——从理论的角度来看，以及在正常与和平的生活中——仅仅意味着一种运用合法手段的观念斗争。总是取决于场合，一个或多个男人的胆大妄为，情境的特征，阶级冲突被转化为某些更为物质性和更暴力的东西——即转化为叛乱或革命。

最终，我们形成了国家。托克维尔说，构成社会的阶级形成了如此之多独特的民族。它们是成为国家之前最伟大的集体。

这是最完美的人群组织类型，也是最终和最高级的类型，假如没有其他集体能在数量和程度上高于它，那么这种集体就由种族来塑造。

团结一个国家所有公民的纽带是语言和民族性，在国家之上，只有这种人群由种族决定，它包含了很多国家。这些人群就像国家和阶级一样，是能在一瞬间转化为暴力人群的人类聚合，但是，公正地说，由于它们的进化和组织更为发达，它们的暴徒被称为军队，它们的暴力活动被称为战争，它们拥有其他人群里不为人知的合法性印记。在这种思维秩序之中，可以把战争定义为集体犯罪的最高形式。

4. 团队精神、士气与社会群体的集体表现①

战争无疑是人类关系中最缺乏人性的。只有在劝说终止的时候，只有在适合动脑子的争论被适于开山炸石的火药取代时，它才

---

① 改编自 William E. Hocking, *Morale and Its Enemies*, pp.3—37。（Yale University Press, 1918.）

会开始。这意味着,至少有一种国家意志已经放弃了自己的人性,并使自己成为一种物质性的障碍或威胁。所以,战争似乎是(而且经常被称为)兽性力量的角逐。它确实是人做出的最极端的身体努力,庞大人口的每一样资源都用于增加前线的力量总和,两条战线在这里缠绕着,如同摔跤运动员为最终击倒对方而发力。

然而很少有物质力量能决定一场长期战争,因为战争召唤的是技术对技术、头撞头、持久力对持久力,还有数字与机器对抗机器与数字。当一台引擎自身做功的时候,要耗费更多的能源,消耗更多的燃料,但不会使用神经;当一个人发挥自我的作用时,他必须在这上面集中自己的意志。身体活动越极端,内部或道德力量上的张力就越大。所以,战争的悖论就是:仅仅因为它要求最大的物质表现,它就会唤起最多的道德资源。一旦人站在了枪和刺刀的背后,人的品质,他们的心智与意志品质就必定要用武器的威力来计算。

只要人在国家和军队里战斗,那种从一个人传向另一个人的微妙且强大的力量、群体的性情和精神必定要用单个公民和战士的品质来衡量。但是无形的、心理的因素其价值几何呢?拿破仑在其时代对此估计得较高:"在战争中,道德相当于三倍的体力。"

206 因为完整来看,战争不仅仅是物质力量的碰撞,更是意志对意志的碰撞。毕竟,正是国家的精神与意志——一种无法触摸也看不到的事物——集结了战争物资、战斗力、军械、全部的物质性兵力。正是这种不可见的事物进行着战争,正是这些同样看不见的事物在这边或那边确认了战争的结束以及如何结束。就现状来看,正是"士气"这种要素控制着结果。

我说"就现状来看",是因为,即使得到高昂的战斗精神、智慧和良好道德的支持,确实也不能把有意志力就足以赢得战争作为一种历史法则。比利时拥有所有这些东西,但在独自抵挡德国人的时候还是必定失败。她的精神创造的奇迹是在列日[①],把德军的作战计

---

① 列日(Liege),比利时第三大城市,一战爆发时在此发生列日保卫战,为协约国军集结争取了时间。——译者注

划推迟了十天,从而可能拯救了巴黎,或者是欧洲。但是这种拯救是因为事件发生在塞尔维亚和比利时,得到他们所属一方的物质支持,直到其力量能与敌人的物质优势相匹敌。士气不是靠自己赢得战争,而是靠扭转天平,它拥有的价值就像少数派的力量或移动的储备力量。它增加了一方或另一方的最后一盎司力量,对于其对手来说,这正是压垮脊梁的最后一根稻草。

要解释士气的意义,最简单的办法可能就是说说什么是强壮者身体的条件,士气是针对精神的。士气就是条件,良好的士气就是人内在的良好条件,这是一种意志状态。在此状态下,你可以从机制里获得最多,以最大的效力施展打击,以最小的沮丧承受打击,并持续最长的时间。正是战斗力、持久力和强壮抵抗着恐惧、沮丧和疲劳带来的精神感染,例如渴望任何方式的和平——即使只是得到短暂的缓和,或者敏感地看到自己一方的缺陷——直到它们似乎比击败敌人的需要更为重要为止。这是不间断的恢复能力。

从这里可以看出,良好的士气和良好的精神或热情不是一回事。它绝不是清晨的开朗乐观或为每一次胜利欢呼的癖好,它和心理学家所描述的群众的唯情主义①并无共同之处。很难在战争的早期阶段发现它。它最彻底的测试可以在以下问题里找到,即厌战情绪如何影响你?

去年从美国到欧洲去的人里,没有人会不注意到长期经历战争的国家和刚进入战争的国家在思想上的广泛差别。在那里,"群众心理"已经不管用了,很少有旗帜飘扬,公共音乐提供者不会处处演奏(或获准演奏)国歌旋律,假如在巴黎的某些电影院里放起马赛曲,没人会站起来或跟着唱。暴行的报告很少能唤起明显的愤怒,甚至没什么谈论——他们认为理所当然。总之,朴素的情感已经耗尽,或者更确切地说,他们已经在知识和行动之间形成了清楚的联系。人们已经找到了能够无限保持的精神步态。甚至一次伟大的

207

---

① 20世纪20年代英美等国流行的一种元伦理学,主张道德是个人情感的表达,否认道德的客观性。——译者注

进步也会让他们警惕过多的快乐。当第二次马恩河战役的胜利消息传来时，我们发现了这种消息："巴黎并没有兴高采烈。"

在战壕中也是如此，甚至程度更甚。关于战争的所有虚张声势和幻想——也包括所有神经质的厌恶——都已消失，在他们的位置上，瞬间便掌握了一种可怕的可依靠的力量源，几乎是机械式地准备着去做必须做的事情。猜测危险是无用的，痛苦、延迟、单调乏味、人员伤亡，都已失去了令人感叹的价值，并陷入日常工作阴沉的程序里。正是在这里，士气开始在其最重要的维度上显示出来。在这里，人与人之间、一方和另一方之间那些实质性的差距开始显示出来，因为它们从来就不会出现在训练营里。

对行动的适应和准备——士气里的积极要素——不是单单涉及好和坏的事情，还涉及程度问题。毅力、勇气、活力、主动性可能从零开始向上变化，没有限制。可能最重要的分界线——一条已经在多种临界点上显现出来的分界线——位于防御意志和攻击意志、防御心态和攻击心态之间。这正是驯服和奋进之间、依赖邻居或领导做助手的信念和让自己承担领导资格做领袖的信念之间的差异。

但是，愿意等待——这种士气中的负面因素——和愿意行动是同样重要的，它常常还是更难得的美德。耐心——特别是在对什么会被酝酿出来毫无所知的状况下——是对主动精神和批判精神的折磨。然而急性子、超越秩序、不愿在大局要求时撤退，这些不是良好士气的信号，而是正相反。它们表明一个人的心思不可能保持不变，除非受到总是向前的恭维性刺激的影响——这种精神状态可能使一个指挥官陷于严重的尴尬境地，甚至不可能做出坚定的战略决策。

事实上，从功利主义角度判断，士气越好，其神秘性就越深刻。在单调果决宣布失败的力量之中，具有某种神秘的东西，能增强一个人勇于做出牺牲和应对紧急情况的性情。没有人能触及一支军队或一个国家最深层的道德资源，军队或国家并不知道，君主适当的兴奋可能使人们直面问题——**只要他们相信君主**。在有的时代，人们似乎有受苦的嗜好，当从他们的行为举止来判断时，命运能提供给他们的最好诱饵就是去面对死亡或承担不近人情的重负。这种精神状态本身并不存在；它是最佳状态的士气，只有当场景触动了激起人的意识或潜意识的超凡景象的神经时，它才会出现。但是，它通常出现在召唤领导者的时候，这个领导者欢迎为自己的追随者设置的挑战。阿尔弗雷德国王的魔力就在于他呼吁其首领们为丹麦而战，此时他能向他们呈现出的一切就是他的愿景。

> "天空变得更暗了，
> 海水就会升得更高。"

对于战争的更大目的来说，士气是一种信仰状态；它的逻辑将是高超且难以捉摸的人类信仰的逻辑。正是由于这个原因，士气虽然与事业的正当性不同，却从未能达到其高度，除非战争的目的能够完整无缺地保持在人民不加掩饰的道德感中。这是在事物更深层的秩序里为更好的正义类型逐步居于主导而进行的准备之一。

在陆军和海军里仍然有军官——不像以前那么多——完全相信，通过规训和**团队精神**的影响力，可以把士气注入每个新兵的身体里。"他们知道在这里能成为恺撒，那就是他们需要知道的全部。"不久前一个这样的军官对我说："一个人到了这里两个月之后，你能给他的最糟的惩罚就是告诉他不能马上去法国了。士兵就是一个行动者，他想得越少，就越好。"在这方面，有很多实用的智慧，因为人类的心智具有很强的采用适合其习惯和感觉倾向的信仰的能力，而且这种倾向由军队目标全体一致的方向强力塑造。在一个致力于战争的身体里，有一种几乎是不可抗拒的正统观念。而当前把智力仅仅作为意志工具的（实用主义的）心理学似乎在鼓励这种准则："首先做决定，然后依此思考。"

但是，就这种观点，有两种看法。首先，在一支军队士气的实际创造过程中，要包含很多思想，如果没有一个人赞同这些思想，什么事也完成不了。当意识里没有抵触的时候，训练在培养士气上会产生奇迹。其次，足以满足训练之需的士气却未必足以应付战场

209

压力。

心理学家所称的"情感性士气"的内在弱点就是，它能使双方具备同样的精神和道德基础，它可以为我们自己和我们的对手进行辩解，也可以使双方都成为非理性情绪的产物。

群众能够在冲动之下做不合理的事情，也能不经反思就采纳某种教条，但是一支军队不是群众，一个民族更不是群众。一群暴民或群众是无组织的人类群体，较少受到其成员平均个人智力的控制。军队和国家是组织起来的人口，使他们受到高于平均水平的智力的控制。为战争的伟大目标贡献巨大动力的本能是智力的仆人，而不是智力的主人。

210

III. 研究与问题

1. 社会的科学研究

对"社会本来面目"进行研究的兴趣来源于两种不同的动机。旅行者的故事总是让人着迷。民族学家的研究始于对旅行者关于不同种族和民族的风俗、文化和行为的故事和有趣观察进行批判和系统化。他们后来进行的更为系统的研究总体上受到知识好奇心的启迪，而这种好奇心与改变所研究社会的生活方式和社会组织的强烈愿望是分离的。

系统观察现实社会的第二个动机来自那些想进行社会改革，但被迫认识到乌托邦计划徒劳无益的人。奥古斯都·孔德认为社会学这门科学是用社会事实来替代社会教条，但是他解释社会进化的尝试导致的是一门历史哲学，而不是关于社会的自然科学。

赫伯特·斯宾塞领会到的事实是：社会学这门新科学要求广泛的材料作为其归纳的基础。通过助手的工作，他为自己设定了里程碑式的任务，即汇编历史和文化材料——不仅涉及原始与野蛮的民族，还有希伯来人、腓尼基人、法国人和英国人。这些资料被分类，并出版了名为《描述社会学》的八大卷著作。

人类社会的研究太大了，不能用一个人的著作来满足。除此之

外,像大多数英国社会学家一样,斯宾塞更感兴趣的是文明的进步
而不是其过程。斯宾塞的社会学仍然是一种历史哲学而不是一种
社会的科学,历史哲学把它的研究单位和对人类社会进化的解释作
为一个整体,而目前社会学的趋势是研究**社群**而不是**社会**。社会学
研究与其说是研究进化的阶段,不如说是对社会问题进行诊断和
控制。

逻辑上来说,现代社会学从孔德和斯宾塞那里继承的就是一个
问题:社会是什么?

显然,假如社会中个体之间的关系不仅仅是形式上的,而且假 211
如社会是某种大于其组成部分之和的事物,那么这些关系必须用互
动来界定,也就是说,从过程来界定。那么什么是**社会过程**? 如何
把社会过程与物理、化学或生物过程区分开来? 一般来说,为了塑
造社会成员,需要建立的关系的本质是什么? 这些问题是基础性
的,因为它们规定了社会学的观点,并描述了科学试图处理的事实
的类别。在这些问题上,各个学派存在分歧,到目前,社会学家在这
些问题上也没有非常普遍的共识。本书的序言章节就是对这些观
点的回顾,并尝试去找到答案。在第三章末尾提及的参考文献中,
以比本卷可能做得更加彻底的方式讨论了所涉及的逻辑问题。

幸运的是,在分析和收集事实之前,科学不用等着去界定其观
点,也不用解决理论问题。事实恰恰相反,科学收集事实并回答随
后的理论问题。事实上,科学正是通过成功分析和收集那些揭示人
类问题的事实,才最终证明了科学理论。

2. 社区调查

历史学家和哲学家引起社会学家进行社会研究,但迫使社会学
家去研究社区的,却是改革者、社会工作者和生意人。

社区研究仍然处于开始阶段。但是在这个主题上的文献已经
有了快速的增长。民族学家已经给我们呈现了原始社区生动而详
尽的图景,例如麦吉(McGee)的《塞里印第安人》,金克(Jenk)的《邦
都伊科洛特人》,李夫斯(Rivers)的《托达人》。印度、俄罗斯和早期

英格兰的村庄社区研究已经对社会组织的地域因素有了新的认识。

212　　更晚近的社会问题的影响已经强化了对现代社区的研究。查尔斯·布斯里程碑式的著作《伦敦人民的生活与劳动》是对社区社会生活状况进行的全面描述。在美国,社区研究的兴趣主要体现为1907年匹兹堡调查(Pittsburgh Survey)推动的社会调查运动。至于比调查更有前途的社会学研究,则是一些旨在对社区进行社会分析的专著,例如威廉姆斯(Williams)的《一个美国城镇》,或加尔平(Galpin)的《一个农业社区的社会剖析》。尽管这些富于希望的开端得到认可,但必须承认,还没有关于人类社区的著作能比得上关于植物和动物群落的一些著作。

3. 作为一个调查单位的群体

社会研究主要涉及的是社会组织的类型和其中体现的态度和文化因素,社区调查根本上要处理的是与社区相关的社会状况及问题。

社会群体研究是个体研究的自然产物。为了理解人,必须考虑群体。研究的注意力首先转向社会机构,然后是冲突性群体,最后是群众和群众的影响。

社会机构自然是最早被研究的群体。人类学家的工作激起了对社会起源的兴趣。尽管进化最初是一个纯粹的生物学概念,却激发了对社会结构的历史发展的研究。当代社会中制度的差异带来比较研究,对制度的批评——无论是外部的反传统主义者还是内部的改革者——迫使人们考虑制度更为基础的方面。

关于冲突群体最早的书面记述,很自然,完全是它们的保卫者和反对者进行的宣传。比如国家的历史就起源于颂扬国家的爱国主义动机。随着对历史批判的客观标准的接受,就为把国家作为冲突群体的社会学研究准备好了基础。以龚普罗维奇、拉岑霍费尔和诺维科为代表的欧洲社会学派强调,冲突是社会群体的行为特征。

213 正如参考文献里表明的,他们已经开始对多种冲突群体如帮派、工会、政党和教派进行研究。

对于群体控制个体的机制的兴趣已经集中到了对群众的研究上。法国的塔德和勒庞,意大利的西盖勒,以及美国的罗斯是描述与解释暴民和大众行为的先驱。大战期间的群众现象已经激发了几种关于群众和群众影响的著作的产生,虽然它们主要只是对塔德和勒庞的解释进行的肤浅和大众化的阐述。关于群体行为的具体资料快速积累起来,但是在社会学阐释方面进步甚微,甚至没有进展。

目前有很多迹象表明,群体行为研究方面的兴趣在增长。当代文献呈现出现实主义描述的特点。辛克莱尔·刘易斯(Sinclair Lewis)[①]在《大街》里具体描述了小镇日常生活外在的单调乏味和内在的热情;报纸和杂志对其读者的购物习惯进行调查,作为刊登广告的基础;联邦农业部与农业院校合作,对农村社区进行深入的研究;社会工作者意识到对社会群体更为基础的理解是个案工作与社区组织的必要基础。机构和社区的调查如今在很多赞助之下,从多种观点来开展。所有这些在社会学理论上产生了丰富的回应。

4. 家庭的研究

家庭是最早、最基本和最持久的社会群体。和其他人类联合形式相比,它所有的方面都得到了更全面的研究。家庭生活的调查方法是可以用来描述其他社会形式的典型方法。因为这个原因,给予家庭生活研究的关注,比研究其他类型和较为临时性质的社会群体要多。

旅行者、人类学家和历史学家的描述,是我们在原始人和历史上人们婚姻、仪式和家庭组织上最早的知识贡献。这些资料的早期研究者提出了家庭进化的阶段理论,已经形成了一本由研究者构想的家庭原始形式的概念组成的选集,比如,巴霍芬(Bachofen)[②]的母

214

---

① 辛克莱尔·刘易斯(Sinclair Lewis, 1885—1951),美国小说家,1930 年成为美国第一位诺贝尔文学奖获得者。——译者注
② 约翰尼·雅各布·巴霍芬(Johann Jakob Bachofen, 1815—1887),瑞士人类学家、法学家,最早提出原始社会以母权为主导的观点。——译者注

权社会理论,摩尔根(Morgan)①提出的从早期群交关系里产生的群婚制,达尔文的一夫多妻制家庭,韦斯特马克的配偶婚姻制度。在摩尔根的《古代社会》里,可以发现一种巧妙但被废弃的方法,把观察到的所有家庭类型安排在一系列代表性的进化阶段里。霍布豪斯、金斯伯格和惠勒对原始人的家庭调查形成这样的观点:尽管家庭生活在较低的文化层次上是最为多样的,但任何民族家庭的历史发展都必须结合其物质和社会环境来研究。

然而家庭进化理论已经对现代家庭的批判给出了一种较为超然的观点。社会改革者已经采用进化理论作为一个准则来攻击作为一种制度的家庭,并支持关于家庭重构的最多样的提议。像艾伦·凯(Ellen Key)②的《爱与婚姻》、迈泽尔-赫斯(Meisel-Hess)③的《性危机》这样的著作不是对家庭的科学研究,而是针对婚姻和家庭的社会政治批判。

人类学观察、历史学研究和宣传文章激发的兴趣已经使某些研究者的注意力转向了家庭及其问题的严肃研究上。霍华德(Howard)④的《婚姻制度史》是关于家庭法律地位演化的学术性和全面性的论著。现在,除了美国政府,所有重要国家都在汇编和出版结婚和离婚的年度统计数据。但是在美国,已经进行了关于婚姻和离婚的三项研究:一个是劳工部 1887—1888 年做的,覆盖 1867—1886 年间的二十年;另一个是人口普查局在 1906—1907 年做的,针对 1887—1906 年间的二十年;最后一项也是由人口普查局进行的 1916 年调查。

家庭手工业向工厂体制转型导致的家庭生活变化已经带来新

---

① 路易斯·亨利·摩尔根(Lewis Henry Morgan, 1818—1881),美国民族学家,代表作《古代社会》,全面提出了社会进化理论。——译者注
② 艾伦·凯(Ellen Key, 1849—1926),瑞典作家,20 世纪初欧洲著名的女性主义理论家。——译者注
③ 格蕾蒂·迈泽尔-赫斯(Grete Meisel-Hess, 1879—1922),奥地利女权主义者。——译者注
④ 乔治·艾略特·霍华德(George Elliott Howard, 1849—1928),美国教育家,作家。——译者注

的社会问题。女工和童工问题、失业和贫困问题是机器工业的产物。缓解城市生活状况下困苦的尝试导致了慈善组织协会和其他慈善机构的形成,以及试图控制得到援助的个体和家庭的行为。社会机构经验的增长已经逐步结合了工人的技术。玛丽·里奇蒙德(Mary Richmond)[1]在《社会诊断》一书里已经对社会个案工作者的工作程序进行了分析和标准化。

其他研究者已经进行了不太直接但更为基础的家庭生活研究。法国社会经济学家勒·普莱(Le Play)[2]和他所观察的家庭一起生活,介绍了对家庭生活的经济组织进行专题研究的方法。欧内斯特·恩格尔(Ernst Engel)[3]通过他对萨克森工人阶级家庭支出的研究,构想出了所谓的家庭收入和家庭支出之间关系的法则。目前由蔡平(Chapin)、奥格本等人做的家庭收入和预算研究给工资和生活标准之间的关系带来额外的启发。关于家庭经济的兴趣体现为营养学、家计管理和家政学研究数量的增加。

韦斯特马克在其《人类婚姻史》中尝试撰写一种家庭社会学。特别有趣的是,他试图比较动物家庭与人类家庭。这样做的影响是强调了家庭的本能与生物性方面而不是其制度特征。哈佛洛克·艾利斯(Havelock Ellis)[4]的《性心理学》首先奠定了家庭生活心理学的基础。精神分析学家的个体案例分析经常会引入家庭情结,并阐明家庭态度与愿望的结构。

把家庭作为一个自然与文化群体来进行社会学研究现在只是个开始。把家庭作为一个互动成员的统一体而进行的杰出的家庭理论研究

---

① 玛丽·里奇蒙德(Mary Richmond, 1861—1928),美国社会工作的先驱,美国专业社会工作教育的最早倡导者。《社会诊断》一书1917年出版,是个案社会工作专业化的里程碑。——译者注
② 弗雷德里克·勒·普莱(Frédéric Le Play, 1806—1882),法国社会学家、经济学家,是社会学史上第一批系统研究工人家庭的学者。——译者注
③ 欧内斯特·恩格尔(Ernst Engel, 1821—1896),德国统计学家,提出著名的恩格尔系数。——译者注
④ 哈佛洛克·艾利斯(Havelock Ellis, 1859—1939),英国医生、作家、性心理学家,最早提出性别与染色体相关的观点。——译者注

是鲍桑葵(Bosanquet)①的《家庭》。从风俗道德上对家庭进行的界定已经得到描述和解释,比如托马斯(Thomas)②在其《波兰农民》的头两卷里分析了大型农民家庭群体的组织。美国关于家庭研究的材料已由卡尔霍恩(Calhoun)③汇集在其《美国家庭社会史》里。

当家庭被库利(Cooley)列于初级群体之中时,这个概念正逐步得到认可,即家庭在某种区别于其他社会群体的独特意义上来说是初级的。家庭成员生物性的相互依赖与协作、最紧密的亲密关系和最持久的联系,在其他人类群体之中都没有相似之处,到目前为止,还没有发现家庭生活亲密纽带里的吸引力、紧张和适应之间的互动在社会学研究中有具体的描述或充分的分析。

家庭生活最好的案例研究目前出现在小说里,而不是社会机构的案例记录里,也不在社会学文献里。阿诺德·班尼特(Arnold Bennett)④的三部曲《克莱汉格》《希尔达·莱斯韦斯》和《老两口》,提出了一种即使在社会工作者和社会学家看来也并非无价值的模式。《伊丽莎白和她的德国园林》的作者所写的《牧师的妻子》⑤是对家庭生活亲密关系影响下的英国和德国的风俗习惯进行的令人愉悦的对比。

在缺乏把家庭作为自然和文化群体进行案例研究的情况下,以下为社会学研究提供了初步的纲要:

(1)**时空上的位置和范围。**——保存在家庭记忆中的族谱;小家庭和大家庭成员的地理分布和移动;家庭的稳定性和流动性;它

---

① 伯纳德·鲍桑葵(Bernard Bosanquet,1848—1923),英国哲学家、社会改革家。——译者注

② 威廉·伊萨克·托马斯(Willam Isaac Thomas,1863—1947),美国社会学家,芝加哥学派代表人物。——译者注

③ 阿瑟·华莱士·卡尔霍恩(Arthur Wallace Calhoun,1885—1979),美国学者。——译者注

④ 阿诺德·班尼特(Arnold Bennett,1867—1931),英国作家、小说家,20世纪初英国现实主义小说的代表人物。——译者注。

⑤ 作者是奥地利出生的英国小说家伊丽莎白·冯·阿尼姆(Elizabeth von Arnim,1866—1941)。——译者注

的农村或城市区位。

（2）**家庭传统和礼仪**。——家庭罗曼史；家庭架构；家庭仪典；情感的示范；家庭事件；等等。

（3）**家庭经济**。——家庭共产主义；家庭成员间的劳动分工；其成员的职业影响。

（4）**家庭组织和控制**。——冲突与适应；统属与从属关系；控制的典型形式——父权制、母权制、共识，等等；家庭的团队精神；家庭道德；家庭目标；家庭在社区里的地位。

（5）**家庭行为**。——从四种期望（安全、回应、认知和新体验）来看的家庭生活；家庭危机；家庭与社区；家庭至上相对于个人至上；家庭生活与人格的成长。

参考书目

217

I. 社会的定义

（1）Kistiakowski, Dr. Th. *Gesellschaft und Einselwesen*; *eine methodologische Studie*. Berlin, 1899.［A review and criticism of the principal conceptions of society with reference to their value for a natural science of society.］

（2）Barth, Paul. *Die Philosophie der Geschichte als Sociologie*. Leipzig, 1897.［A comparison of the different schools and an attempt to interpret them as essays in the philosophy of history.］

（3）Espinas, Alfred. *Des sociétés animales*. Paris, 1877.［A definition of society based upon a comparative study of animal associations, communities, and societies.］

（4）Spencer, Herbert. "The Social Organism," *Essays, Scientific, Political and Speculative*. I, 265—307. New York, 1892.［First published in *The Westminster Review* for January, 1860.］

（5）Lazarus, M., and Steinthal, H. "Einleitende Gedanken zur Völkerpsychologie als Einladung zu einer Zeitschrift für Völkerpsychologie und Sprachwissenschaft," *Zeitschrift für Völkerpsychologie und Sprach-wissenschaft*, I(1860), 1—73.[This is the most important early attempt to interpret social phenomena from a social psychological point of view. See p.35 for definition of *Volk* "the people."]

(6) Knapp, G. Friedrich. "Quételet als Theoretiker," *Jahrbücher für Nationalökonomie und Statistik*, XVIII(1872), 89—124.

(7) Lazarus, M. *Das Leben der Seele in Monographien über seine Erscheinungen und Gesetze*. Berlin, 1876.

(8) Durkheim, Émile. "Représentations individuelles et représentations collectives," *Revue de métaphysique et de morale*, VI(1898), 273—302.

(9) Simmel, Georg. *Über sociale Differenzierung*. Sociologische und psychologische Untersuchungen. Leipzig, 1890.

[See also in Bibliography, chap.i, volumes listed under Systematic Treatises.]

II. 植物群落与动物社会

(1) Clements, Frederic E. *Plant Succession*. An analysis of the development of vegetation.Carnegie Institution of Washington, 1916.

(2) Wheeler, W. M. "The Ant-Colony as an Organism," *Journal of Morphology*, XXII(1911), 307—25.

(3) Parmelee, Maurice. *The Science of Human Behavior*. Biological and Psychological Foundations. New York, 1913.[Bibliography.]

(4) Massart, J., and Vandervelde, É. *Parasitism*, *Organic and Social*. 2d ed. Translated by W. Macdonald. Revised by J. Arthur Thomson. London, 1907.

(5) Warming, Eug.*Oecology of Plants*. An introduction to the study of plant communities. Oxford, 1909.[Bibliography.]

(6) Adams, Charles C. *Guide to the Study of Animal Ecology*. New York, 1913.[Bibliography.]

(7) Waxweiler, E. "Esquisse d'une sociologie," *Travaux de l'Institut*

218

de Sociologie(*Solvay*)，*Notes et mémoires*，Fasc. 2. Bruxelles，1906.

（8）Reinheimer，H. *Symbiosis*. A socio-physiological study of evolution. London，1920.

III. 社会群体的分类

A. 社会群体的类型

1. 非地域性群体：

（1）Le Bon，Gustave. *The Crowd*. A study of the popular mind. London，1897.

（2）Sighele，S. *Psychologie des sectes*. Paris，1898.

（3）Tarde，G. *L'opinion et la foule*. Paris，1901.

（4）Fahlbeck，Pontus. *Klasserna och Samhallet*. Stockholm，1920. (Book review in *American Journal of Sociology*，XXVI［1920—21］，633—34.)

（5）Nesfield，John C. *Brief View of the Caste System of the North-western Provinces and Oudh*. Allahabad，1885.

2. 地域性群体：

（1）Simmel，Georg. "Die Grossstädte und das Geistesleben," *Die Grossstadt*，Vorträge und Aufsätze zur Städteausstellung，von K. Bücher，F. Ratzel，G. v. Mayr，H. Waentig，G. Simmel，Th. Peterman，und D. Schäfer. Dresden，1903.

（2）Galpin，C. J. *The Social Anatomy of an Agricultural Community*. Madison，Wis.，1915.（Agricultural experiment station of the University of Wisconsin. Research Bulletin 34.）［See also *Rural Life*，New York，1918.］

（3）Aronovici，Carol. *The Social Survey*. Philadelphia，1916.

（4）McKenzie，R. D. *The Neighborhood*. A study of local life in Columbus，Ohio. Chicago，1921［in press］.

（5）Park，Robert E. "The City. Suggestions for the Investigation of Human Behavior in the City Environment," *American Journal of*

Sociology, XX(1914—15), 577—612.

（6）Sims, Newell L. *The Rural Community*, *Ancient and Modern*. New York, 1920.

B. 个别社区的研究:

（1）Maine, Sir Henry. *Village-Communities in the East and West*. London, 1871.

（2）Baden-Powell, H. *The Indian Village Community*. Examined with reference to the physical, ethnographic, and historical conditions of the provinces. London, 1896.

（3）Seebohm, Frederic. *The English Village Community*. Examined in its relations to the manorial and tribal systems and to the common or open field system of husbandry. An essay in economic history. London, 1883.

（4）McGee, W. J. "The Seri Indians," *Bureau of American Ethnology 17th Annual Report 1895—96*. Washington, 1898.

（5）Rivers, W. H. R. *The Todas*. London and New York, 1906.

（6）Jenks, Albert. *The Bontoc Igorot*. Manila, 1905.

（7）Stow, John. *A Survey of London*. Reprinted from the text of 1603 with introduction and notes by C. L. Kingsford. Oxford, 1908.

（8）Booth, Charles. *Life and Labour of the People in London*, 9 Vols. London and New York, 1892—97. 8 additional volumes, 1902.

（9）Kellogg, P. U., ed. *The Pittsburgh Survey*. Findings in 6 Vols. Russell Sage Foundation, New York, 1909—14.

（10）Woods, Robert. *The City Wilderness*. A settlement study, south end of Boston. Boston, 1898. ——. *Americans in Process*. A settlement study, north and west ends of Boston. Boston, 1902.

（11）Kenngott, G. F. *The Record of a City*. A social survey of Lowell, Massachusetts. New York, 1912.

（12）Harrison, Shelby M., ed. *The Springfield Survey*. A

219

study of social conditions in an American city. Findings in 3 Vols. Russell Sage Foundation. New York，1918.

（13）Roberts，Peter. *Anthracite Coal Communities*. A study of the demography，the social，educational，and moral life of the anthracite regions. New York and London，1904.

（14）Williams，J. M. *An American Town*. A sociological study. New York，1906.

（15）Wilson，Warren H. *Quaker Hill*. A sociological study. New York，1907.

（16）Taylor，Graham R. *Satellite Cities*. A study of industrial suburbs. New York and London，1915.

（17）Lewis，Sinclair. *Main Street*. New York，1920.

（18）Kobrin，Leon. *A Lithuanian Village*. Translated from the Yiddish by Isaac Goldberg. New York，1920.

IV. 家庭研究

220

A. 原始家庭

1. 婚姻的自然史：

（1）Bachofen，J. J. *Das Mutterrecht*. Eine Untersuchung über die Gynaikokratie der alten Welt nach ihrer religiösen und rechtlichen Natur. Stuttgart，1861.

（2）Westermarck，E. *The History of Human Marriage*. London，1891.

（3）McLennan，J. F. *Primitive Marriage*. An inquiry into the origin of the form of capture in marriage ceremonies. Edinburgh，1865.

（4）Tylor，E. B. "The Matriarchal Family System，" *Nineteenth Century*，XL(1896)，81—96.

（5）Dargun，L. von. *Mutterrecht und Vaterrecht*. Leipzig，1892.

（6）Maine，Sir Henry. *Dissertations on Early Law and Custom*. Chap. vii. London，1883.

（7）Letourneau，C. *The Evolution of Marriage and of the*

Family.（Trans.）New York，1891.

（8）Kovalevsky，M. *Tableau des origines et de l'évolution de la famille et de la propriété*. Stockholm，1890.

（9）Lowie，Robert H. *Primitive Society*. New York，1920.

（10）Starcke，C. N. *The Primitive Family in Its Origin and Development*. New York，1889.

（11）Hobhouse，L. T.，Wheeler，G. C.，and Ginsberg，M. *The Material Culture and Social Institutions of the Simpler Peoples*. London，1915.

（12）Parsons，Elsie Clews. *The Family*. An ethnographical and historical outline. New York and London，1906.

2. 不同文化区域内家庭生活的研究：

（1）Spencer，B.，and Gillen，F. J. *The Native Tribes of Central Australia*. Chap.iii，"Certain Ceremonies Concerned with Marriage," pp.92—111. London and New York，1899.

（2）Rivers，W. H. R. *Kinship and Social Organization*. "Studies in Economics and Political Science"，No.36. In the series of monographs by writers connected with the London School of Economics and Political Science. London，1914.

（3）Rivers，W. H. R. "Kinship," *Cambridge Anthropological Expedition to Torres Straits*，*Report*.V，129—47，VI，92—125.

（4）Kovalevsky，M. "La famille matriarcale au Caucase," *L'Anthropologie*，IV（1893），259—78.

（5）Thomas，N. W. *Kinship Organizations and Group Marriage in Australia*. Cambridge，1906.

（6）Malinowski，Bronislaw. *The Family among the Australian Aborigines*. A sociological study. London，1913.

221   B. 家庭态度与情感研究的素材

（1）Frazer，J. G. *Totemism and Exogamy*. A treatise on certain early forms of superstition and society. London，1910.

（2）Durkheim，É. "La prohibition de l'inceste et ses origines," *L'année sociologique*. I(1896—97)，1—70.

（3）Ploss，H. *Das Weib in der Natur-und Völkerkunde*. Leipzig，1902.

（4）Lasch，R. "Der Selbstmord aus erotischen Motiven bei den primitiven Völkern," *Zeitschrift für Sozialwissenschaft*，II(1899)，578—85.

（5）Jacobowski，L. "Das Weib in der Poesie der Hottentotten," *Globus*，LXX(1896)，173—76.

（6）Stoll，O. *Das Geschlechtsleben in der Völkerpsychologie*. Leipzig，1908.

（7）Crawley，A. E. "Sexual Taboo: A Study in the Relations of the Sexes," *The Journal of the Anthropological Institute*，XXIV (1894—95)，116—25；219—35；430—46.

（8）Simmel，G. "Zur Psychologie der Frauen," *Zeitschrift für Völkerpsychologie und Sprachwissenschaft*，XX，6—46.

（9）Finck，Henry T. *Romantic Love and Personal Beauty*.Their development，causal relations，historic and national peculiarities. London and New York，1887.

（10）——. *Primitive Love and Love Stories*. New York，1899.

（11）Kline，L. W. "The Migratory Impulse versus Love of Home," *American Journal of Psychology*，X(1898—99)，1—81.

（12）Key，Ellen. *Love and Marriage*. Translated from the Swedish by A. G. Chater；with a critical and biographical introduction by Havelock Ellis. New York and London，1912.

（13）Meisel-Hess，Grete.*The Sexual Crisis*. A critique of our sex life.Translated from the German by E. and C. Paul. New York，1917.

（14）Bloch，Iwan.*The Sexual Life of Our Time in Its Relation to Modern Civilization*. Translated from the 6th German ed. by M.

Eden Paul. Chap. viii, "The Individualization of Love," pp. 159—76. London, 1908.

C. 家庭的经济学

(1) Grosse, Ernst. *Die Formen der Familie und die Formen der Wirtschaft*. Freiburg, 1896.

(2) Le Play, P. G. Frédéric. *Les ouvriers européens*. Études sur les travaux, la vie domestique, et la condition morale des populations ouvrières de l'Europe. Précédées d'un exposé de la méthode d'observation. Paris, 1855.[Comprises a series of 36 monographs on the budgets of typical families selected from the most diverse industries.]

(3) Le Play, P. G. Frédéric. *L'organisation de la famille*. Selon le vrai modèle signalé par l'histoire de toutes les races et de tous les temps. Paris, 1871.

(4) Engel, Ernst. *Die Lebenskosten belgischer Arbeiter-Familien früher und jetzt*. Ermittelt aus Familien-Haushaltrechnungen und vergleichend zusammengestellt. Dresden, 1895.

(5) Chapin, Robert C. *The Standard of Living among Workingmen's Families in New York City*. Russell Sage Foundation. New York, 1909.

(6) Talbot, Marion, and Breckinridge, Sophonisba P. *The Modern Household*. Rev. ed. Boston, 1919.[Bibliography at the end of each chapter.]

(7) Nesbitt, Florence. *Household Management*. Preface by Mary E. Richmond. Russell Sage Foundation. New York, 1918.

D. 家庭的社会学

1. 家庭组织的研究:

(1) Bosanquet, Helen. *The Family*. London and New York, 1906.

(2) Durkheim, É. "Introduction à la sociologie de la famille." *Annales de la faculté des lettres de Bordeaux*(1888), 257—81.

(3) ——. "La famille conjugale," *Revue philosophique*, XLI (1921), 1—14.

（4）Howard，G. E. *A History of Matrimonial Institutions Chiefly in England and the United States*.With an introductory analysis of the literature and theories of primitive marriage and the family. 3 Vols. Chicago，1904.

（5）Thwing，Charles F. and Carrie F. B. *The Family*.A historical and social study. Boston，1887.

（6）Goodsell，Willystine. *A History of the Family as a Social and Educational Institution*. New York，1915.

（7）Dealey，J. Q. *The Family in Its Sociological Aspects*. Boston，1912.

（8）Calhoun，Arthur W. *A Social History of the American Family from Colonial Times to the Present*. 3 Vols. Cleveland，1917—19.［Bibliography.］

（9）Thomas，W. I.，and Znaniecki，F. *The Polish Peasant in Europe and America*. "Primary-Group Organization," I, 87—524，II.Boston，1918.［A study based on correspondence between members of the family in America and Poland.］

（10）Du Bois，W. E. B. *The Negro American Family*. Atlanta，1908.［Bibliography.］

（11）Williams，James M. "Outline of a Theory of Social Motives," *American Journal of Sociology*，XV(1909—10)，741—80.［Theory of motives based upon observation of rural and urban families.］

2. 家庭解组研究的素材：

（1）Willcox，Walter F. *The Divorce Problem*.A study in statistics. ("Columbia University Studies in History, Economics and Public Law," Vol.I. New York，1891.)

（2）Lichtenberger，J. P. *Divorce*. A study in social causation. New York，1909.

（3）United States Bureau of the Census. *Marriage and Divorce*，1867—1906. 2 Vols. Washington，1908—09.［Results of two federal investigations.］

（4）——. *Marriage and Divorce 1916*. Washington，1919.

（5）Eubank，Earle E. *A Study in Family Desertion*. Department of Public Welfare. Chicago，1916.［Bibliography.］

（6）Breckinridge，Sophonisba P.，and Abbott，Edith. *The Delinquent Child and the Home*. A study of the delinquent wards of the Juvenile Court of Chicago. Russell Sage Foundation. New York，1912.

（7）Colcord，Joanna. *Broken Homes*. A study of family desertion and its social treatment. Russell Sage Foundation. New York，1919.

（8）Kammerer，Percy G. *The Unmarried Mother*. A study of five hundred cases. Boston，1918.

（9）Ellis，Havelock. *The Task of Social Hygiene*. Boston，1912.

（10）Myerson，Abraham. "Psychiatric Family Studies," *American Journal of Insanity*，LXXIV(April，1918)，497—555.

（11）Morrow，Prince A. *Social Diseases and Marriage*. Social prophylaxis. New York，1904.

（12）Periodicals on Social Hygiene：

Zeitschrift für Sexualwissenschaft，Bd.1，April，1914—，Bonn［1915—］.

Social Hygiene，Vol.I，December，1914—，New York［1915—］.

Die Neuere Generation，Bd.I，1908-Berlin［1908—］.Preceded by *Mutterschutz*，Vols.I—III.

主题相关的论题

1. 社会与个人：社会学的基本问题。
2. 历史上的社会观：亚里士多德、霍布斯、卢梭，等等。
3. 植物群落。
4. 动物社会：蚁穴、蜂巢。
5. 动物群落，或动物生态的研究。

6. 人类社区、人类生态学,和经济学。

7. 城市的自然区域。

8. 群体意识的研究:民族的、派系的、国家的、公民的。

9. 合作对共识。

10. 作为一种社会控制形式的驯服。

11. 植物、动物和人类之中的驯化。

12. 群体团结与不同的共识形式:团体精神、士气、集体表现。

13. 概念的社会本质。

14. 举止与行为。

讨论问题

1. 你认为埃斯比纳斯的社会定义中,关键要素是什么?

2. 在何种意义上,社会不同于联合?

3. 按照埃斯比纳斯的定义,以下哪些社会关系等同于社会:盗贼与被抢者;乞丐与施舍者;慈善组织与接受救济者;主人与奴隶;雇主与雇员?

4. 人类社会共生现象有什么例证发生在你身上?

5. 人类共生导致的变化是(a)结构上的还是(b)功能上的变化?

6. 人类社会与蚂蚁社会的社会共生有何相似之处和不同之处?

7. 驯服和驯化之间的区别是什么?

8. 驯化与社会之间的关系什么?

9. 人是一种驯服的动物还是驯化的动物?

10. 植物群落与人类社区之间的相似之处是什么? 差别是什么?

11. 植物群落与蚂蚁社会之间的根本差异是什么?

12. 人类社会与动物社会之间的差异是什么?

13. 蚂蚁有习俗吗? 仪式呢?

14. 你认为蚂蚁社会里有什么类似于公共情绪的东西吗?

15. 教育与社会传承的关系是什么?

16. 你从什么方面来区分机器和人的行为特征？

17. 解释"社会不仅通过传播和交流而存在,甚至完全可以说,社会就存在于传播和交流之中"。

225

18. 如何区分杜威和埃斯比纳斯的社会定义？你更喜欢哪一个？为什么？

19. 共识是合作的同义词吗？

20. 在什么条件下,杜威认为以下社会关系是社会性的:主人和奴隶;雇主和雇员;父母和孩子;教师和学生？

21. 在什么意义上,与他人交流经验会改变经验本身？

22. 在什么意义上,"社会的"概念与"个人的"感知相比？在群体生活之外,有可能产生什么概念吗？

23. 帕克如何区分行为和举止？

24. 人类社会的起源和延续在什么方面以行为为基础？

25. "人的动物本性"(霍布豪斯)多大程度上为生活的社会组织提供基础？

26. 根据霍布豪斯的观点,人类德性与动物行为之间的区别是什么？

27. 你怎么理解集体表现？

28. 你如何区分社会、社会共同体和群体这些术语？你能给一个不能视为社区的社会命名吗？你能命名一个并非社会的社区吗？

29. 根本上来说,一个群体的统一性在于什么？

30. 勒庞的社会群体分类中遗漏了什么群体？列出一个所有群体的列表,包括正式的和非正式的,还有你作为其成员的群体。按照一般性介绍(p.50)中给出的分类排列这些群体,把这些分类与勒庞的分类进行比较。

31. 你如何区分作为共识形式的团体精神、士气和集体表现？

32. 把群体行为的以下各个方面归入团体精神、士气或集体表现:足球比赛中的欢呼,军规,旗帜,大学精神,所谓的"战争精神错乱",威尔逊总统的十四点计划,"英国从来不知道什么时候会被打败",标语,"巴黎并未欢欣鼓舞",群众狂热,金科玉律,"有志者必有路",格兰特的决心,"我就在这条路上奋战到底,哪怕花上整个夏天",理想。

33."人类的心智具有很大的采用适合其习惯和感觉倾向的信仰的能力。"给出军队生活之外的具体例证。

34.研究作为社会群体的家庭具有怎样的重要性?

第四章　孤　　立

I. 引　　言

1. 地质学和生物学上的孤立概念

人与人的关系，以及群体与群体的关系可能是孤立的关系，或者是联系的关系。本章的重点是**孤立**，下一章则关注**联系**，并比较它们对个人行动和群体行为的影响。

个人与其群体成员的绝对孤立是不可想象的。即使在生物学上，高等动物物种的两个个体也是新个体存在的先决条件。在人类之中，对于新生儿的生理性生存来说，父母进行五到六年的产后护理也是必需的。不仅在生物学上，而且社会学上的完全孤立也是一个矛盾的说法。拥护亚里士多德的社会学家都同意他的观点，即人性在社会关系里得以发展，而在社会关系之外则衰退。所以，孤立在生物和社会意义上都是**相对的**，而不是**绝对的**。

"孤立"(isolation)这一术语最早用于人文地理学——即对人与其自然环境之间关系的研究，像山脉、海洋和沙漠这样的自然障碍被认为影响到种族的位置与人民的移动，以及文化联系的类型和程度。地理学家认为，人与群体分离的性质与程度是对自然环境的反映。

在生物学里，孤立作为进化和物种生活里的一个因素，是从动物群体的角度而不是环境的角度来研究的。因此，物种的彼此分离不仅被视为是完全不可能进行身体联系的产物，更多还是其他因素的产物,如身体结构、生活习惯和本能上的差异。约翰·阿瑟·汤姆森①在他的著作《遗传》里,就作为一个遗传因素的孤立给出了简洁而富于启发性的论述。

　　"生物学家们都同意,除了物竞天择,其他唯一具有指向性的进化因素就是隔离——缩小可能的交叉半径的各种方式的通称,正如瓦格纳(Wagner)、魏斯曼(Weismann)、罗马尼斯(Romanes)、古利克(Gulick)和其他学者所阐述的,孤立具有很多形式——空间的、结构的、习俗的和心理的,也有多种多样的结果。

　　它倾向于把物种分离为亚种,它使得新的变异更容易创建自身,它促进遗传优势——也就是饲养者所称的'繁衍能力',它能固化特征。最成功的牛的品种之一(无角的安格斯牛)似乎源于一个农场;其早期的历史是近亲繁殖,其遗传优势相当显著,从我们的观点来说,它的成功是巨大的。很难获取自然隔离结果的确切数据,但是古利克近来关于这一课题的文章有大量具体的例证,我们似乎可以确信,隔离的状况一直都有,而且经常发生。

　　瑞普迈尔(Reibmayr)已经收集了人类历史中各种孤立形式的大量例证,他的论文似乎认为:一个成功的种族或种群的建立,需要能固定特征的近亲繁殖(同系交配)期和通过引进新鲜血液、促进新变异的远亲繁殖(异系交配)期先后交替。也许适合用犹太人来说明隔离在促进类型稳定和遗传优势方面的影响力;或许适合用美国人来说明不同种群混合可能带来的变异性。在对不同种族的起源难题进行的历史探究中,似乎有理由想到,'突变'——不连续的运动——时期会使主要种群产生大量分支;这些变异体移入相对孤立的新环境后,它们就变得

────────────

① 约翰·阿瑟·汤姆森(John Arthur Thomson,1861—1933),英国博物学家。——译者注

强势和稳定起来。"①

"孤立"这个术语在生物学上的使用带来了一种新的重点。分离可能是空间上的,但其影响越来越多是结构和功能上的。事实上,空间孤立是物种起源的一个因素,因为对不同地理条件会有专门的有机适应。换句话说,物种的结构、生活习惯及其先天的和后天的反应,往往会将它与其他物种分离开。

人类作为一个动物物种,在其历史发展中曾经成功地试图摧毁将他与其他动物分开的障碍。通过驯服和驯化,人类改变了许多动物原有的天性和生活习性。狗,人类的朋友,是人与动物联合取得的最高成果。但是,将狗和主人分离的障碍不可逾越。即使作为"人类的候选者",狗也永远无法分享人类的传统和文化。

2. 孤立与隔离

在地理上,孤立表示空间上的分离。在社会学中,孤立的本质特征是杜绝沟通。

只要阻止了沟通,地理形式的孤立就具有社会学上的意义。南部各州山区白人的孤立,即使是基于空间的分离,也包含了缺乏联系和竞争,以及缺席参与文明的进步潮流。

不同种族之间的生物学差异——无论是身体的还是精神的,在它们影响沟通的程度上都具有社会学的重要性。对他们自己来说,种族之间的肤色差异不会阻止思想的彼此沟通。但种族差异的身体标记总是成为种族团结和种族排斥的符号。人类的问题完全不同于所有相同肤色的种族将会有的问题,因为他们是一个血统。

自身某些身体和精神上的缺陷与差异总是会把个体与其群体分开。盲哑人和聋人被剥夺了正常的沟通途径。贝多芬写道:"我的失聪迫使我在流亡中生活。"身体上的障碍经常使人不能以和自己同伴一样的方式参与到某些人类活动里。少数的身体缺陷和显

---

① J. Arthur Thomson, *Heredity*, pp.536—37.(G. P. Putnam's Sons, 1908.)

著的身体变异总会变成社会歧视的基础。

心理差异常常会对社会联系带来更大的障碍。白痴和傻瓜显然无法与其聪明的同伴进行正常的沟通。在"傻子"一词被创造出来之前很久,"笨蛋"就已经被村民的奚落和鄙视孤立起来,或者把弱智者隔离在机构和聚居区里。有较高天赋的个体、天才和有才能的人因为与其同伴更微妙的孤立而受益或受损,这就是卓越者的孤立。"与世隔绝的原因",独处爱好者梭罗(Thoreau)[1]说:"并不是因为我们喜欢独处,而是因为我们喜欢翱翔。当我们飞翔的时候,同伴会变得越来越少,直到无人留下。"

到目前为止,作为社会分析工具的孤立被视为地理分离或者结构分化的结果,从而导致沟通受限。社会距离通常以其他微妙的孤立形式为基础。

群体之间文化差异的研究揭示了和物质空间及其结构一样真实和有效的那些障碍。语言、风俗、道德、传统和理想的变异把个体与民族彼此分开,其距离如同海洋和沙漠那样广阔。英国和澳大利亚之间的沟通比德国和法国之间更为紧密与自由。

像宗派和政党这样的冲突群体,以及像种姓和阶级这样的地位群体因为孤立而得以生存,敌对党派的自由交往总是对他们士气的一种威胁。敌对军队的战士之间或竞争教派的牧师之间的深交引起忧虑,是因为这使他们代表的组织的战斗效率处于危险之中。群体的团结就像个体的整合,意味着与其他群体和人的孤立措施至少是其生存的一个必要条件。

在分析任何群体的生活史的时候,都会发现其中包含了孤立和社会联系的要素。一个群体的成员资格会增加参加者圈子里的联系,减少与无接触者的联系。正因如此,孤立是保持个性与团结性的一个因素。团队精神和群体士气主要通过关注某些排除他人的集体表现来维持。成员的记忆和情感来源于过去的个体经验,非成

---

[1] 亨利·戴维·梭罗(Henry David Thoreau,1817—1862),美国作家、哲学家、自然主义者,代表作品《瓦尔登湖》。——译者注

员则与这种经验隔离开。这种针对排他性体验的自然倾向经常被着重保密的意识强化。原始与现代的秘密社团、女生联谊会、兄弟会都围绕着孤立原则进行组织。一个社团的秘密就像个人的储蓄，保护其不受公共性崩溃之害。家庭拥有其"壁橱里的密室"，社会群体避免公开地"清洗脏抹布"，社区只要可能，就会从意识里驱逐它的贫民窟，并炫耀它的公园和林荫大道。每个有个性的个人根本上都会保持某些隐私地带。

一项对任何社会里群体结构的形态学调查揭示的事实是，在社会结构里有横向和纵向的分工。群体被安排在相对优等和劣等的阶层里。在一个分层的社会里，种姓的孤立是僵化的，而且完全不可改变。在一个自由的社会里，竞争总是摧毁阶级和种姓。新的策略用于把有抱负和反叛的个体与群体保持在恰当的社会层级里。假如"熟悉滋生轻视"，那么尊重则可以用内敛来确保。在军队里，军官的威望很大程度上取决于"距离"。"神性为国王筑起篱笆"，很大程度上是因为仪式性隔断把国王与他的臣民分隔开。屈尊和怜悯尽管代表着外部联系，却也包含了精神高地的设想，这在共识和同情中是找不到的。为了防范人格内在领域和群体个性受到渗透，会用怀疑和厌恶、沉默和内敛来进行防御，用来确保恰当的社会距离。

3. 文献分类

本章里的材料旨在说明这样的事实：个人与群体的个性既是隔离的结果也是其原因。

一开始在"孤立与人的个性"标题下的选文提出的观点是，孤立在人类发展中的功能不在于和其他人有多么彻底的物质性分离，而在于摆脱外部社会联系的控制。所以，卢梭在他树林隐居处的避风港里构建了一个理想社会，孤独的孩子喜欢他虚构的同志的陪伴。乔治·艾略特期望加入无形的唱诗班。神秘主义者寻求的是与神交流。

社会交往领域中的孤立形式被称为隐私。隐私确实可以界定

231

为从群体中退出，同时又准备着进入群体。正是在独处之中，有创造力的头脑组织起从群体中取出的材料，为的是形成新颖而富有成效的创新。隐私为个人提供反思、参与、重塑和原创的机会。人类要求隐私的实践认知已经在部长的书房、商人的办公室、男孩的小窝里得以实现。寺庙和大学是提供闲暇和从世界中退出的机构，是个人发展的基础，并为生命的运作做好准备。隐私的其他价值则与自我意识、自我尊重和个人行为理想的成长有关。

很多孤立形式和隐私不同，它们阻止激发社会交往，"孤立与抑制"标题下的选文指出了抑制精神成长与个人成长的条件。

野蛮人的案例由于缺乏反驳性的证据，似乎足以支持亚里士多德的观点，即社会交往对于人的成长来说是必不可少的。著名的天才盲聋哑人海伦·凯勒（Helen Keller）①摆脱感官剥夺的禁锢，进入自由沟通的生活的故事，就是最有意义的社会学记录。我们所有人从出生时像动物一样孤立的孩童转向对全面人类生活的个人参与，这是逐步进行的。在海伦·凯勒的案例里，几个月的转型被压缩为几分钟。当进行社会学分析时，沟通的"奇迹"似乎就体现为从人与动物共有的**感官体验**向人类独有的**思想**与**自我意识**发展的转变。

其余关于孤立和智障的文献阐明了孤立导致智障，和智障反过来强化孤立的不同情况。一个受过科学训练的人在巴塔哥尼亚的独处之下回归到动物的心智水平，表明了野蛮人、农民和落后种族低下的智力很可能主要是由于缺乏刺激性的联系，而不是最初低劣的心智。所以，农民的个性与保守主义使他们不能赶上城镇的居民。加尔平把这个归于社会交往不足。个人发展和成就中微妙的障碍形式也是由于社会孤立的类型——就像种族偏见，女性受庇护的生活，社会阶级的排他性——造成的，并增大隔离。

在这一点上，孤立已经被静态地看作一种原因。在"孤立与隔离"标题下，它又被看作是一个结果，竞争的一个结果，以及随之而

232

---

① 海伦·凯勒（Helen Keller，1880—1968），美国著名女作家、社会活动家，19个月大时因病失明失聪，但努力学习，先后出版14部著作，一生致力于盲人福利和教育事业。——译者注

来的选择与分隔。

在任何社会中引入竞争的第一个结果就是,打破所有基于缺乏沟通和交往的孤立和地方主义。但是随着竞争的持续,自然选择与社会选择就会起作用。成功的类型出现在竞争过程之中,而未能保持步伐或符合标准的变异个体会从群体中退出或被驱逐。来自几个群体的流亡变体在有希望的环境下可能转而形成一个社群,其中选择的过程将直接与他们原属群体的选择过程相对立。在新的社群里,选择过程自然会突出和完善最初导致排斥的特征。隔离的结果就是,创造出使孤立最大化的专门社会类型,孤立的圈子就这样完成了。

竞争、选择与隔离过程的循环效应——从孤立到孤立——可以在现代西方社会的每个地方找到。带有犯罪倾向的变异个体从村庄和镇子里被放逐出来。通过选择过程,在普遍称为"犯罪滋生地"的城市区域里形成了分隔性群体。与世隔绝者的部落、锡皮镇、千魂村都是弱智个体的逆向选择形成的社区,被排斥在竞争性智力斗争和高尚社区之外。结果就是形成了一种犯罪类型和弱智种姓。这些贫民窟和被排斥者群体又与进步的外部世界丰富而自由的沟通隔离开。

被"孤立与民族性"标题下的文献标识出来的民族个性,很大程度上是基于孤立的文化过程的后果。历史上的欧洲民族在生物学上是混血的,被共同的语言、风俗和道德团结起来。这种母语和文化的团结是历史和文化过程的产物,这些过程如谢勒(Shaler)所说,是被分离开的地理区域所限定的。

对历史上不断进步的人类生活中的文化过程进行更深入的考察,揭示出孤立与社会交往之间的相互作用,格罗特(Grote)基于陆地上小规模孤立区域的性格和航海交流带来的交往等方面,对希腊的成就进行了深入的分析。英语民族今天的世界霸权不仅仅依靠海军优势和物质资源,更多还依靠多样化地区里个体的发展和国际交往的巨大自由相结合。

II. 文　　选

A. 孤立与人的个性

1. 社会与独处①

对他来说,用几句话讲出额外的真理和谬误比说"凡是喜欢独处的人不是野兽就是神"要难。因为最真实的就是,任何带点野兽性质的人心里对社会都会有一种天然和隐秘的憎恶和逆反;然而,要说此人有什么神的性质,也是最不真实的,除非这种心理的运作不是出于喜爱独处,而是因为渴望隔绝自我,以寻求更崇高的对话,譬如在异教徒里发现的某些虚假和不实的人物,如坎迪安的埃庇米尼得斯(Epimenides)②,罗马的努马(Numa)③,西西里人恩培多克勒(Empedocles)④,泰纳的阿波罗尼奥斯(Apollonius)⑤;古代隐者和基督教圣父中确实也有好几个这样的人。但是很少有人能意识到独处是什么,它能延伸到多远。因为一群人并不是伙伴,而脸只是一堆图画,谈话也不过是铙钹叮当作响,那里是没有爱的。拉丁谚语对此说道:Magna civitas magna solitudo(一座伟大的城市就是一片伟大的荒原),因为在一个大城市里,朋友是四处分散的,所以,对大多数人来说,没有像在小范围邻里中那样的交情。但我们还能走得更远,并且最真实地申明,想要真正的朋友就是一种凄惨的孤独,没有朋友,世界不过是一片荒原,甚至在孤独的意义上也是如此,凡是

234

---

① 选自 Francis Bacon, *Essays*, "Of Friendship"。

② 埃庇米尼得斯(Epimenides),克里特预言家,传说他睡了 57 年,醒来之后获得预言能力。——译者注

③ 努马(Numa,公元前 753 年—公元前 673 年),罗马王政时期第二任国王,传说人格高尚,因为不希望获取权力而和妻子隐居在森林里的小村庄。——译者注

④ 恩培多克勒(Empedocles,约公元前 495 年—约公元前 435 年),古希腊哲学家,传授知识时自称是受神的指示,甚至宣称自己是神,为了证明自己的预言,跳入埃特纳火山而死。——译者注

⑤ 阿波罗尼奥斯(Apollonius of Tyana,约公元 15—100 年),古希腊哲学家,一生独身过着苦行的生活。——译者注

其天性与情感框架都不适于友情的人，他获得的只有兽性而不是人性。

2. 独处中的社会[1]

先生，你认为什么时期是我最频繁和最愿意在我梦中回想的？不是我青春的快乐，它们太少了，混合了太多的痛苦，而且现在也太遥远。我记起的是我隐遁的时期，我郁郁独行的时期，我短暂而美好的时期。我自己已经完全经过了这一时期，和我善良单纯的管家，和我可爱的狗，我的老猫，和野外的鸟儿，森林里的母鹿，和全部自然以及她那不可思议的创造者。

但是，当我一个人的时候我喜欢什么呢？我自己，整个宇宙，一切，一切可能的事物，一切世界上美好的感觉，一切在智慧的世界里可以想象的，我收集了我周围所有能照亮我心灵的东西；我的愿望是我快乐的极限。不，从来没有人享受过这种愉悦；我已经从我的幻想里获得了上百倍的快乐，胜过从现实里得到的东西。

森林里的蛮荒处所（卢梭为其独自散步和冥想选择的地方）在我的想象里，不再是荒地。我马上让我的心和生灵生活在一起，抛弃意见、偏见和所有虚伪的激情，我给这些避难所带来值得住在其中的人。我用这些构成了一个迷人的社会，在其中我不会觉得我是无价值的。我根据我的设想构建了一个黄金时代，用那些我生命中留下最温柔回忆的场景填满其中，还有那些我的心一直渴望的东西。我使我自己为真正人性的愉悦流泪——快乐如此美味、如此纯粹，还远离人类。喔，假如在这些时刻，任何关于巴黎、时代和我小小的作者虚荣心的想法妨碍我的冥想，我会多么蔑视地把它们赶走，把自己完全放在充满我灵魂的细腻情感之中。然而，在这一切之中，我承认我幻想里的虚无有时会出现，并且会在一瞬间让我伤心。

235

---

[1] 改编自 Jean Jacques Rousseau, *Letter to the President de Malesherbes*, 1762。

3. 作为一种孤立形式的祈祷①

祈祷者开始其祈祷的时候,都带有关于神的某些想法,一般来说是他从教诲或当前传统中获得的想法。他通常会退隐到一个安静的地方,或者一个与宗教思维有精神联系的地方,为的是"把世界拒之门外"。在闭上眼睛之后,精神开始集中,排除大量无关的印象,身体弯腰,跪下,或采用某些其他需要较少肌肉紧张并且有利于伸展放松的姿势。现在,记忆提供祈祷词或神圣的经文,或使一个人先前的经验变得生动。敬拜者向他自己呈现了他的需要,或者似乎最重要的利益(其中某些使人快乐),通过想象神如何关注他们,他使他们与神产生联系。整个过程的前提是,上帝看待问题的方式是真实和重要的。那么,围绕着上帝,个人的利益现在刚刚组织起来,某些在祈祷开始之前看起来比较大的事情,现在看起来却很小,因为它们与注意力集中于其上的组织理念有关。另一方面,表达这种组织理念的兴趣通过摆脱竞争性和抑制性的考虑,而获得了情感品质。要说现在意志被组织起来走向团结,而且获得了新的力量,这只是说出了运动的另一个方面,这种运动是观念的,情绪化的和意志上的集中,它们结合在一起,通过专注于上帝的理念来达成。

那些被失眠症、易醒或噩梦困扰的人,已经能够通过仅仅是放松肌肉和机械式的重复动作来确保良好的睡眠,无需再做得更多,有一些公式描述了他们期望的东西。主要观点就是,注意力应该集中到恰当的组织理念上。当这种情况发生在复苏之时,你可能会发现自己发生了出乎预料的转变。当这种情况发生在祈祷中时,你可能会惊讶地发现,自己的整个心情从绝望转为充满勇气,从喜欢某事转向憎恨某事(比如酗酒或抽烟),或从孤独转向与神相伴的感觉。

这种对祈祷结构的分析已经触及了祈祷的某些功能,这是一种方法,能让自我稳定下来,调动和集中一个人分散的能力,或产生克

236

---

① 改编自 George Albert Coe, *The Psychology of Religion*, pp.311—18。(The University of Chicago Press, 1917.)

235

服困难走向胜利的信心。它在心烦意乱的头脑里产生作为力量的宁静,它更新被陈规陋习抑制的头脑,它揭示新的真理,因为头脑更有灵活性和更能持续关注。所以它能移开并超越个体和世界之中的山峦。

　　在疾病、悲痛和疑虑中祈祷的价值决不能用其主要原因消失的程度来衡量。尽管麻烦还在,但还是会真正克服麻烦。它有时也是伟大的力量源泉,仅仅为了达成对一件事物的完全理解。拥有一些无需保守秘密的朋友或帮助者,其价值比以前更为令人印象深刻,这是由于采用了弗洛伊德—荣格方法,即通过一系列的精神大扫除来舒缓精神失调,或者公开病人隐藏的痛苦,甚至是他最私密和最含蓄的期望。我们不需要进入由精神分析学带来的治疗心理学,只是要注意到,一个不变的因素似乎是从私人所有向社会所有转变,特别是另一个人理解的意识。我猜想,只要我们认为正常经验具有自我改变(ego-alter)的形式,那我们就离真理不远了,因为在一个人成长的体验中,持续拥有自我就要求发展这种关系。也许,我们甚至可以相信,将任何经验都仅仅看作是私人物品是病态的。但是,无论情况可能是什么,当通往平衡、自由和愉悦的道路是社会共享的时候,还是会有很多机会。所以,认罪的祈祷不仅仅是因为它帮助我们看清自己,还因为它与其他人分享我们的秘密,它对于组织自我来说有很大的价值。这样,我们从他人的错误判断中、从我们针对自己的秘密中解脱出来,因为我们在一个不会犯错的法官面前展现自己事例的本来面目。所以,祈祷在发展个人自我实现的根本社会形式上是有价值的。

　　要达成祈祷的这种功能性认识,我们必须确保进化论的视角。假如我们注视一下遥远的根源,然后再看看眼下的目标,会发现祈祷的进化已经发生了一个巨大的改变,这是转变了的神性和对人的价值进行平行约束的相互关联。用福斯迪克(Fosdick)的话来说,可以把祈祷看作是主导性的欲望,但是它也是控制欲望的一种方式。它确实是一种自我主张,有时它形成一个人的最高要求,就如同当生命遇到最悲惨的危机时;但它即使在同样的行为里,也屈服于过

237

度的自我。因此,我们在祈祷功能上有更大的问题。它一开始是作为任何一种欲望的主张,而其结束是**把自己的欲望组织成为一个被认为优越的欲望体系,然后形成自己的体系。**

4. 孤立、独创性与学识①

世界上那些思想和行动上的领袖在多大程度上是伟大的读者,这不是容易回答的问题,这部分是因为有时候信息来源不足,部分则是因为书籍本身数量比较少。假如我们能证明,自卡克斯顿(Caxton)②以来,世界上的原创思想总数随着出版物的增加而减少,那我们就将能在坚实的基础上,给霍桑(Hawthorne)③曾设想过的那种浩劫发出指令。但是没有合理或者可能的证据。我们只能对这样一个事实印象深刻:历史上最美好的知识时代的显著标记就是,相对缺乏希腊人看作是书的手稿,而假如进一步分析所有时代那些指引者们的生活,将会显示出他们对那个时代书籍的奉献是微不足道的,这只会加深人们的怀疑,即直到今天,我们仍然没有正确看待印刷品和有思想的头脑之间的关系。

佛陀、耶稣、圣保罗、穆罕默德——这些是改变历史进程的人的名字,但是他们就暗示着大量的学识,或者对任何意义上的书籍具有透彻的了解吗? 他们是伟大的创建者,尽管他们也是建立在他人的基础上,但是他们的原创性不是靠图书馆的激发。我们怎么能想象穆罕默德仔细研究古代的手稿,获得他的新宗教所要求的知识和动力呢? 和佛陀在一起的,不是 1% 的莎草纸卷和 99% 的冥想吗? 当圣保罗在去大马士革的路上被击倒的时候,他并没有去最近的犹太神学院去阅读预言来进行修正。他说:"我进入了阿拉伯。"沙漠中的隐居处是唯一能为他的新经验找到依据的地方。他不是在类

238

---

① 　T. Sharper Knowlson, *Originality*, pp.173—75.(T. Werner Laurie, 1918.)

② 　威廉・卡克斯顿(William Caxton, 1422? —1491),英国第一位印刷家。——译者注

③ 　纳撒尼尔・霍桑(Nathaniel Hawthorne, 1804—1864),美国首位短篇小说作家,在其短篇小说集《古屋青苔》中的故事《大地浩劫》里认为世界的灾难都是人心的邪恶导致的。——译者注

似于耶稣的独居生活里达成自我实现的吗？迪恩的《伪经：影响我们的主及其门徒的书》并不认为弥赛亚从拉比的文献里获得了他的思想，从希腊和其他来源获得的就更少，确实，《新约》认为他在早期的时候就显示出了在神圣事务上的天才。

我们将主张的是，把这种探究局限于宗教上的伟大名字是不公平的，因为这些领袖无疑是独立于这些文献的，确实，他们往往是文献的创造者。这是真的，但是这个事实本身就富于启发性。假如伟大的文献只来自冥想，我们不是要被迫去问："哪里能找到智慧，理解又在哪里？"是否只能在过去印刷出来的智慧里才能找到启蒙呢？我们知道不是，但是我们还知道，把真理的一个源头凌驾于其他源头之上，就好像它们是敌人一样，这是毫无用处的。灵魂有它的位置，书也有自己的位置，但是需要说灵魂做了比书更精彩的事情吗？语言仅仅是符号，灵魂才是现实。

但是让我们为其他的名字赋予不同的联想——柏拉图、查理曼大帝、恺撒、莎士比亚、拿破仑、俾斯麦。能说这当中任何一个人把自己三分之一的卓越归功于从手稿或书里学来的东西吗？我们知道，俾斯麦确实是一个博览群书的人，但是作为一个历史与公共事务的学者，是有选择原则的。他的藏书在支配他生活的目的——即德国统一——的影响下增长，所以在精力分配上不会含糊不清。关于莎士比亚的阅读我们知之甚少，但是没有证据表明他是一个书籍收集者，或者是一个仿效他那个时代文人的学者。要评价他是个怎样的阅读者，最好的办法就是通过他戏剧的参考资料来评判，而这些并没有显示出他对文学的熟悉有多么广泛和紧密。他在本·约翰逊（Ben Johnson）①——一位多才多艺的学者——那里被塑造出来的形象并不是一个学习者，而是完全相反。给《栋梁、或人与事物上的发现》的作者留下深刻印象的是莎士比亚"开放自由的本性"，他"杰出的想象力、大胆的见解，以及文雅的表达，在其中，他能滔滔不

---

① 本·约翰逊（Ben Jonson，约 1572—1637），文艺复兴时期英国剧作家、诗人和演员。与莎士比亚同时代，以自己的评论较早确立了莎士比亚在世界文学史上的地位。——译者注

绝,但又能在必要时停止"。当和同族精神放在一起看时,莎士比亚表现出了我们期待的那种谈话风格——不是拉丁语、希腊语,或者法语和意大利语的引语,不是对过去和现在的书籍进行评论,而是一连串的谈话,带着华丽的想象、惊人的比喻、独特的对照和对痛苦的探寻,而其中的主题不是文学,而是生活。

B. 孤立与落后

1. 野性的人①

假如出生时具有正常有机组织,并给予足以维生的食物和阳光的孩子被剥夺了常见的人类交往的优势,结果会如何?可能出现什么样的心理成长呢?

也许没有哪个人物比卡斯帕尔·豪泽尔(Caspar Hauser)②能引起人们更大的兴趣了。一千多篇不同价值的文章写到他。在英国、法国、德国、匈牙利和奥地利的剧院里,戏剧以他的离奇故事为基础,很多能干的人扮演过历史上的他。

根据 1828 年一个下午在纽伦堡发现的一封信所述,他出生于 240
1812 年,被遗弃在一个匈牙利农民的茅舍台阶上,被这个农民收养并严格隔离抚养。

当他出现于纽伦堡时,他只能困难地行走,不懂德语,不懂别人跟他说的话,毫不理会发生在他身上的事情,对社会习俗一无所知。当把他放到一个马厩里时,立马就倒在一堆稻草里睡着了。后来得知,他曾经被关在一个低矮的黑地牢里;他从没看到过给他食物的人的脸,有时他在别人给他喝了一杯酒之后睡着,醒来的时候,他发现自己的指甲剪掉了,换上了干净的衣服;他唯一的玩具是两匹系着红丝带的木马。

---

① Maurice H. Small, "On Some Psychical Relations of Society and Solitude," in the *Pedagogical Seminary*, VII, No.2(1900), 32—36.

② 卡斯帕尔·豪泽尔(Caspar Hauser,约 1812—1833)是历史上一个真实的在与世隔绝状态下成长的人,最后被刺伤而死。——译者注

在首次被发现的时候,光线都能让他痛苦,但是他的视力在夜里却很好。他能区分树上的果实和叶子,能读出别人在黑暗中看不到的门牌上的名字。他没有视觉上的距离感,却能抓住远处的物体,就好像很近一样。他把男人女人都叫作 Bua,所有动物都叫做 Rosz,他对于名字的记忆广度是不可思议的。在《生活时代》的作者冯·科尔伯(Von Kolb)与斯坦霍普(Stanhope)的画页里说:他被第一次看到的火烧伤了手,他也不害怕被剑击中,但是鼓声却会让他抽搐。他认为绘画和雕塑都是活的,树木、纸片以及任何偶然会动的东西也是活的。他喜欢口哨声和闪闪发光的物品,但是不喜欢油漆的气味、纺织品和大多数花。一开始,他的听觉很敏锐,触觉也很敏感,但在人们对他的兴趣减轻之后,他所有的感觉都显示出快速衰退的迹象。他似乎缺乏性本能,而且不能理解宗教仪式的意义。在他待在监狱里的最初几天,偷偷观察他的默克(Merker)宣称,"他在所有方面都像一个孩子"。安斯巴赫学院的梅耶(Meyer)发现他"懒惰、愚蠢和无用"。奥斯特豪森(Osterhausen)博士发现他的腿部形状偏离正常状态,使其行走困难,但是卡斯帕尔从不厌倦骑马。

241　　他的尸检显示了一个没有异常的较小的大脑,这只是证明缺乏发育。

讨论那些只在动物照顾和指导下为生存奋斗的儿童们,就会回想起居鲁士(Cyrus)在狗窝里得到抚养,以及罗马建国难以置信的传说①。罗贝尔(Rauber)收集了很多野人的案例,其中一些采自市政编年史,由值得信赖的作者担保,必须作为真实事件来接受。

a)黑森男孩:1341 年被猎人发现,和狼一起四足奔跑;被抓住后移交给地方领主。他总是很不安,不能适应文明生活,死于无法驯服。这个事例由维尔海姆·迪利奇(Wilhelm Dilich)记录在黑森编年史里。卢梭在《论人类不平等的起源和基础》里也引用了这一事例。

---

① 古代波斯国王居鲁士据说得到狗或狼的抚养,而在传说中,古罗马的建国者是母狼喂养的两兄弟。——译者注

b）爱尔兰男孩：由阿姆斯特丹体育馆长蒂尔普（Tulp）博士研究和描述。他有动物化的特征，身体覆盖着毛发，和羊生活在一起，也像羊一样咩咩叫；迟钝、无自我意识，不会注意人；凶猛、不可驯服；皮肤很厚，触感迟钝，甚至感觉不到荆棘和石头；年龄大约16岁。（罗贝尔）

c）立陶宛男孩：描述了三个。第一个于1657年被发现和熊在一起，脸部不让人厌恶，也不像野兽；头发浓密呈白色；皮肤干燥和不敏感；发声似咆哮；身体很强壮。他被小心地教导和学习，并在一定程度上服从他的驯养者，但还是总是保持熊的习惯；吃植物类食物、生肉，以及任何不含油脂的东西；习惯在僻静的地方蜷着身体和长时间打盹。第二个据说在1669年被抓住，描述得没有第三个那么好。康纳博士在《波兰史》里说第三个男孩发现于1694年，他很难学会自立行走，总是不安地跳来跳去；他学会在桌子上吃东西，但是只能掌握很少的词汇；说话的声音刺耳且不像人声。他表现出很擅长在树林中生活。

d）克莱恩堡的女孩：出生于1700年，16个月大时丢失；皮肤黑、粗糙、坚硬；对她说话，她只能理解很少；说话很少而且口吃；食物——根茎、树叶和牛奶。（罗贝尔）

e）奥弗代克的克莱门斯：这个男孩在德意志与拿破仑的战争之后被带到冯·德雷克伯爵的庇护所。他懂得很少，说得很少，在仔细的训练之后，收集到的信息显示他的父母死了，一个农夫收养了他，并安排他去牧猪；他只得到少量的食物，学会了吮吸奶牛，与猪一起吃草。在奥弗代克，他手脚着地，用牙齿刨出蔬菜，他的智力低下，感情冲动，喜欢猪胜过喜欢人①。

242

f）让·德·里吉（Jean de Liége）：5岁时丢失，在树林里生活了16年，食物——根茎、植物、野生水果；嗅觉超乎寻常的敏锐，能通过气味分辨人，就像狗认识主人一样。态度不安，总是试图逃跑。（罗贝尔）

---

① *Anthropological Review*，I（London，1863），21 ff.

g) 阿韦龙野人：被抓住之后，得到锡卡尔修道院伊塔德博士的照料。皮肤感觉比动物迟钝；神志恍惚的凝视；话语不足，想法很少；食物——生土豆、橡子和水果。会急切地剖开一只鸟生吃；不活跃、偷偷摸摸、隐藏在花园里，直到饥饿驱使他去厨房；像动物一样在新雪里打滚；不理会枪支的射击，但是对坚果开裂的声音很警觉；有时怒气冲冲，这使他全身力量随之扩大；很喜欢山和树林，总是在被带到山林里之后尝试逃走；愤怒时会啃咬衣服，猛扔周围的家具，害怕从高处往下看，伊塔德通过把他的头推出窗外而治愈了他的愤怒性痉挛；他无动于衷地对待所有教他的努力，只学习了很少的语言。①

h) 印度狼孩：由《钱伯斯杂志》②的一位作者和罗贝尔描述的两个案例都是大约十岁的男孩。他们生吃食物，拒绝熟食；一个从来不说话、微笑或者大笑，对男性和女性都很回避，但却允许狗和他们一起吃饭；他们在囚禁中很憔悴，只活了很短的时间。③

i) 汉诺威的彼特：发现于汉诺威的树林里，食物——芽、树皮、根、青蛙、鸟蛋和其他任何他能在户外找到的东西；有在春天到处游荡的习惯，吃了晚饭就上床睡觉；一开始不能穿鞋走路，过了很长时间才能容忍自己的头被东西覆盖住。尽管奎恩·卡罗琳为他找了个老师，他还是从未学会讲话。他变得很温驯，但仍然保持清淡寡欲的习惯，除了被迫的情况；他学会了干农活；他的听觉和嗅觉很敏锐；在天气变化之前会郁闷和烦躁。他一直活到将近70岁。④

J) 喀琅施塔得的野人：身材中等，大眼睛、深下巴，粗大的喉结、肘部和膝盖厚实；趾部皮肤反应迟钝，不能完整理解词语或姿势。

---

① *All the Year*，XVIII，302 ff.
② 《钱伯斯杂志》(*Chambers' Journal*)是威廉·钱伯斯于 1832 年创办的一份 16 页的周刊，主题涵盖历史、宗教、语言和科学，一直发行到 1956 年停刊。——译者注
③ *Chambers' Journal*，LIX，579 ff.
④ *The Penny Magazine*，II，113.

总的来说比较冷漠,被发现于 1784 年。①

　　k) 松吉的女孩:按照罗贝尔的说法,这是最常引用的野性案例之一,这个女孩 1731 年从夏隆附近的森林里出来。据认为她有 9 岁大;她手里拿着一根棍子,她用这个杀死了一只攻击她的狗;她能轻易爬上树,能在墙壁和屋顶上筑起壁龛;跑得像松鼠一样;她抓住鱼并生吃它们;用叫喊来发言;她表现出用树叶和花来打扮自己的本能;她发现很难让自己适应文明生活的习俗,并生了很多病。在 1747 年,她进了夏隆的一个修道院,学了一些法语、家政学和刺绣。她很容易就理解了给她的指示,但总发出某些听不懂的声音;她声称在接受教育之后首次开始反思。在她的野外生活里,她考虑的只是自己的需要,她相信土地和树木生育了她。她最早的关于庇护所的记忆就是地上的洞。②

　　2. 从独处到社群③

　　我记得我一生中最重要的一天是我的老师安妮·曼斯菲尔德·沙利文(Anne Mansfield Sullivan)到我这里来的时候,当我考虑到两种生活之间无可估量的对比时,心中充满了惊奇。那是 1887 年 3 月 3 日,我差三个月满 7 岁。

244

　　这天早晨,我的老师来了之后,她带我进入她的房间并给了我一个洋娃娃。是帕金斯盲人学校的一个小盲童送给我的,劳拉·布里奇曼(Laura Bridgman)④已经为她穿好了衣服,但是直到后来我才知道这些。当我和她玩了一会之后,沙利文小姐慢慢在我手上拼

① Wagner, *Beitragenzurphilosophischen Anthropologie*; Rauber, pp.49—55.
② "Histoire d'unejeunefillesauvagetrouvéedans les bois àl'âge de dix ans,"*Magazin der Natur*, *Kunst*, *und Wissenschaft*, Leipzig, 1756, pp.219—72; *Mercure de France*, December, 1731; Rudolphi, *Grundriss der Physiologie*, I, 25; Blumenbach, *BeiträgezurNaturgeschichte*, II, 38.
③ 改编自 Helen Keller, *The Story of My Life*, pp.22—24。(Doubleday, Page & Co., 1917.)
④ 劳拉·布里奇曼(Laura Bridgman, 1829—1889),第一位在英语上得到重要教育的美国盲童,因狄更斯为其成就撰写文章而闻名。——译者注

写 d-o-l-l 这个单词,我立即对这种手指的运动感兴趣并尝试模仿它。当我最终成功地正确拼写出这些字母之后,我满脸兴奋,带着孩子般的愉快和自豪,跑下楼给我母亲举起手并画出 doll 的字母。我并不知道我正在拼写一个单词甚至也不知道这个词的存在。我仅仅是用我的手指像猴子一样在模仿,在随后几天里,我学会了用这种不完整的方式拼写了很多词,其中有 pin、hat、cup,还有 sit、stand 和 walk 等少数动词。但是在我理解每样事物都有一个名称之前,我的老师教了好几个星期。

一天,当我玩着我的新洋娃娃时,沙利文小姐把我又大又旧的洋娃娃放在我的膝盖上,拼出 d-o-l-l 并尝试让我明白 doll 可以用于这两个洋娃娃。这天早些时候,我们已经就单词 mug 和 water 起过争执,沙利文小姐已经试图让我明白 m-u-g 是杯子,而 w-a-t-e-r 是水,但是我坚持要混淆两者,绝望中,她为了节省时间而放弃了这个主题,只是在有了第一次机会时又重新提起。在她重复尝试时我变得很不耐烦,我抓住新的洋娃娃把它扔在地板上。当我感到洋娃娃的碎片掉在我脚上时,感到很高兴。我的热情爆发时既不悲伤也不后悔,我并不喜欢这个洋娃娃,在我生活的寂静而黑暗的世界里,没有强烈的情绪或者温柔的感觉。我感到我的老师把碎片扫到壁炉边上,我感到一阵满意,因为我不快的原因被移走。她把我的帽子递给我,我知道我走进了温暖的阳光里。这种思想——假如一种无言的感觉可以称为思想的话——让我欢欣鼓舞。

我们走下通往井亭的小径,被覆盖其上的金银花的香味吸引。有些人在汲水,我的老师把我的手放在出水口下。当冰冷的水喷在一只手上,她拼写着另一个单词 water,开始很慢,然后加快。我一动不动地站着,全部注意力都集中在手指的移动上。突然,我感到某种已被遗忘的模糊意识——一种回归思想的震颤;不知什么缘故,语言的神秘暴露给我。我那时知道 w-a-t-e-r 意味着某种流过我手的愉悦的凉爽事物。鲜活的单词唤醒了我的灵魂,给它光芒、希望、愉快,让它自由!确实还是存在障碍,但是障碍迟早会被冲

245

走的。

我离开井亭，渴望学习。每件事物都有一个名字，每个名字都诞生一种新的思想。当我们回到房间时，我触摸的每个物品似乎都有生命的颤动。这是因为，我看每一件东西都带有我已经苏醒的陌生和新的眼光。进门时，我记得我打破的那个洋娃娃。我摸索着走到壁炉边，并捡起碎片，我徒劳地试图把它们拼在一起。随后我的眼睛充满了泪水，因为我认识到我所做的事情，我第一次感到后悔和悲伤。

那天，我学会了很多新词，我不记得它们都是些什么，但是我认识了母亲、父亲、姐妹、老师，都在这些让整个世界向我绽放的单词之中，"就像亚伦带着花的魔杖"。很难找到比我更幸福的孩子了。在那个重要的日子，我躺在我的小床上，并生活在它带给我的愉快之中，并首次渴望新的一天的到来。

3. 独处的心理影响[①]

我在里奥内格罗河[②]上的一个地点度过了大部分冬天。此处离海有70—80英里。我的习惯是每天早上带着枪骑马出去，并有一只狗跟着，骑马离开谷地；一旦我爬上坡地并进入灰色的普通灌木丛里，我就会发现自己完全孤独了，似乎离开山谷和河流500英里而不是5英里。如此荒凉、孤独和遥远，灰暗的荒原似乎延伸到无限，一片毫无人迹的废弃之地。这里连野兽也如此稀少，以至于它们在荆棘荒野上都没形成可被发现的小径。246

我不止一次或两三次，而是每天都回到这种独处状态，每天早上去那里，就像参加一个宴会，只有饥渴和西沉的夕阳才能迫使我离开。我去那里也没什么目的——没有什么值得一说的动机，尽管我带着一支枪，却不是去打什么——射击都留在山谷里了。有时我经过一整天也见不到一只动物，各种大小的鸟可能也不超过一打。

① 选自 W. H. Hudson, "The Plains of Patagonia," *Universal Review*，VII(1890)，551—57。
② 里奥内格罗河，亚马逊北岸最大的支流。——译者注

当时天气是沉闷的,天空中布满了灰色的云层,还有寒风,时常冷得足以让我握缰绳的手变得麻木。我以缓慢的步伐——在其他情况下这似乎是不可忍受的——骑行大约几个小时。到达一座山之后,我会慢慢骑到它的坡顶,站在那里环顾这种景象。山势在某一边都以巨大的起伏状延伸出去,荒凉而不规则。这一切多么灰暗,没有什么比阴霾包裹的地平线更近的了,山坡在这里很暗淡,轮廓因为太远而模糊不清。从我的视点往下,我会继续我漫无目的游荡,并造访另一个高地,在另一个地点凝视同样的景观并持续几个小时。中午我会下马,并在我的折叠雨披上坐着或躺着一个小时或更长。有一天,在这些漫步中,我发现了一个由 20 或 30 棵树组成的小树林,生长在一个方便到达的距离里,这显然是一群鹿或其他野生动物喜欢去的地方。这片树林在一座山上,形状和附近其他山上的树林不一样;在一段时间之后,我把它当成一个观察点,并用来作为每天中午的一个休憩之地。我并没有问自己为什么要选择那个地点,有时我会出去几英里,坐在那里,而不是坐在其他山边上百万棵树和灌木的其中一棵下面。我完全没有想这些,而是无意识地行动。只是后来我似乎觉得在那里休息了一下之后,每次我都想再去休息,这种愿望会联想到特定树丛的形象,有光亮的根茎和干净的沙地;在一段短时间内,我养成了回到那里的习惯,就像动物喜欢回到同一个地点一样。

247　　说我会坐下来并休息,这可能是一个错误,因为我从来没有觉得累,也不感到厌倦,在中午暂停的这段时间,我会坐一个小时而不移动,十分愉快。这里全天都不会有声音,甚至没有树叶的沙沙声。有一天,在**感受**这种寂静时,我的脑海里会想,假如我大喊一声会有什么后果。在当时这似乎是一个可怕的建议,这几乎让我颤抖;但是在这些独处的时光里,我的心里很少有什么想法掠过。在我的这种意识状态里,思想已经变得不可能。我处于一种**悬置**和**警觉状态**,我并不期望遭遇一种冒险,觉得无忧无虑,就像我现在坐在伦敦的房间里感觉到的一样。这种状态似乎是熟悉的而不是陌生的,并且伴随着强烈的欣快感;我并不知道在我和我的理智之间发生了什么，直到我回到以前的自我——去思考，以及旧日平淡的存在之中。

我毫无疑问已经**回去**了，那种使更高心智能力暂停的，强烈的警觉或警惕状态代表着纯粹野蛮人的精神状态。他很少思考，缺乏理性，更纯粹地靠本能指引；他与自然完美地和谐相处，在心智上和他捕食以及反过来会捕食他的野生动物几乎处于同一水平。

4. 孤立与乡村意识①

作为一种职业，农业主要——即使不是全部——涉及植物和动物的生长和照顾。广义上来说，农民一直从事着与自然的斗争，生产某些传统的食物原料和大量让人感到舒适的材料。总的来说，农民已经从无限多样的人类愿望、冲动和时尚的要求所产生的微妙形势里解脱出来，可能是因为主要的谷物、蔬菜、水果、纤维、动物和动物产品很少有机会满足多种形式的人类口味和任性要求。农民在其很大一部分活动上不用直接与人打交道，也无需费力取悦于人，这无疑在很大程度上可以解释——可能仅仅就是由于隔离于土地之上——农村人强烈的个人主义。

与之形成鲜明对比的是，村民和城市工人总是忙于用易受影响的材料如铁、木材、黏土、布料、皮革、黄金等来制造物品或其组成部分，以满足、适用于各种各样和日益复杂的人类欲望，或直接应对千变万化的人类心智——无论是在事物上，还是在心智本身的烦恼和理想上。与人在商业上不断打交道将不只是解释因城市生活的复杂组织而产生的稠密人口。此外，高度组织化的城市社会组织已经强化了城市商人敏锐的洞察力，所以他有双重能力去赢得斗争。城市工人了解人，农民则了解自然，两者都因各自较为深厚的知识而获利，也都因为各自的无知而受到惩罚。

成功农业实践下的现代状况和盈利欲望，要求农民要比过去任

248

---

① 改编自 C. J. Galpin, *Rural Social Centers in Wisconsin*, pp.1—3。(Wisconsin Experiment Station, Bulletin 234, 1913.)

何时代更广泛、更频繁地与人打交道。他的原材料也因为选择和育种而变得更加有弹性，服从快速的变迁。

农民的社会问题似乎是如何克服在其职业本质上不可避免的社会缺陷的障碍，从而扩展他对人的认识。其次是如何在土地上建立足以增强他个体人格的社会机构，使其能够处理自己的困难。

必须创造机会，也必须制定计划，以大规模的方式把人们结合在一起，来促进社区熟人的相互交流。对于农村孩子来说，特别必要的就是认识更多的孩子。独栋地方学校(one-room district school)①已经证明了它在使邻里的孩子彼此熟悉上的价值。合并和集中学校的主要原因之一就是地域单元规模的扩大，有更多的孩子能相互认识和交往。地方学校的互访——一所学校，教师和学生，定期接待六所学校，利用比赛和游戏等孩子们最容易结识的方式——是在良好支持之下扩展交往的成功手段。

249　　农村社区里大范围的熟悉——男人与男人、女人与女人、孩子与孩子——一旦成为事实，第一步就是确保在社区的土地上建立恰当的社会机构。

5. 孤立的微妙影响②

现代文化的机理是复杂的。个人能在其群体之外，从较大的世界里获得原料。他的意识不止通过口头言辞，也通过印制的书页来构建。他在德国书籍里经历的东西可能和在火边谈话中经历的一样多。纽约邮局里每天处理的邮件远远超出18世纪末13个州一年发出的邮件数量，但是由于贫困、地理隔离、种姓观念或"伤感"，个人、社群和种族可能被排斥在某些达到高级心智所必需的刺激和

---

① 独栋地方学校(one-room district school)是欧美国家早期推行义务教育时出现的一种学校形式，一般设立于农村地区。学校的所有学生都在一栋房子里学习，由一名教师讲授初小（一、二年级）的所有课程。最早出现于18世纪晚期的普鲁士。今天只有一些发展中国家或发达国家的偏远农村还有遗存。——译者注

② W. I. Thomas, "Race Psychology," in the *American Journal of Sociology*, XVII(1911—12), 744—47.

文化复制之外。野蛮人、黑人、农民、贫民窟居民和白人女性是值得注意的排斥的受害者。

　　"方便的思想沟通促成理性和功能性类别的分化,这有别于隔离带来的随机变化。必须记住的是,任何类别都是理性与功能性的,实际上都在把自身推荐给人类精神。现在甚至叛离一种占优的类别还比以前容易,因为反叛者能够用过去离经叛道者的成功记录来强化自身。

　　农民(19世纪中期)在文化方面局限于其乡村生活,他的思想、感受和行动仅限于他的家乡范围内;他的思想从来不会超出他的农场和邻居;对于在其村庄之外发生的政治、经济或国家事务,不论是涉及自己的国家还是外国,他都是完全无动于衷的,即使他已经学会了其中某些事,他也是以一种异想天开的、神话般的方式来进行描述,只有用这种形式才能添加到他的文化环境里并传递给其后代。每个农民的农场几乎都是只为自己生产,只在最有限的程度上才用于交换。每个村庄形成一个经济单元,它和外部世界只有松散的经济联系。表面上看,村庄聚落及其居民彼此之间,与国家其余部分和其他社会阶级之间是完全隔离的。而内部完全是同质的,农民群众具有同样的经济、社会和文化品质,更有天赋和更有能力的个人没有进步的可能,每个人都被压到一个平均的程度。一个村庄的农民通常会固守自我,即使不是直接敌对,至少也是不会热情对待其他村庄的农民。生活在同一个村庄的贵族甚至想强加给农民一个完全不同的起源,因为有《圣经》传说的帮助,他们希望从被诅咒的含①那里追寻农民的起源,而他们自己却源自《圣经》里名声更好的雅弗。同时他们把自己归结为犹太人,把闪当成祖先。"

----

① 《圣经》里记载,诺亚的儿子含(Ham)因看到父亲的裸体并告诉两个兄弟而被诺亚诅咒。——译者注

孤立对知识状态的可悲影响记录在很多逃亡奴隶的故事里。

"带着额外两个男孩,我开始想去自由州,我们不知道它们在哪里,但是想试着找到它们。我们跨过波托马克河并四处搜寻,有些人给我们指示去华盛顿的路,但是我们迷路了,整晚都在瞎转,然后我们发现我们自己还在我们出发的地方。"

就我们的目的来说,可以把种族偏见看作是一种孤立的形式。在美国黑人的例子里,由于白人已经下定决心要保持黑人的孤立——"待在他的地方",这种状况更为恶化。如今,由于这种孤立非做不可,同时带有禁忌的情绪化特征,障碍确实就相当严重。事实上,最聪明的黑人通常有一半或超过一半的白人血统,但这究竟是因为混血,还是由于他们在违反禁忌的情况下更为成功,这始终是有待调查的问题。

"最谦卑的白人雇员知道,他们工作得越好,他们在行业中上升的机会就越多。黑人雇员则知道,他们工作得越好,他们从事这工作的时间就越长。他通常不可能希望能够上升。

由于其肤色,所有这些职业从一开始就对黑人关闭了。什么样的律师会给黑人助手一个微不足道的案件呢?或者什么大学会指派一个年轻的黑人担任导师呢?所以,年轻白人在生活一开始时就知道,在某些有限和有门槛的机遇里,要靠天才和勤勉来作保证,而年轻的黑人则一开始就知道,由于他的肤色,他在所有方面无疑都很难取得进步,即使没有完全封闭。

251 　在生活的每一步中,黑人容易遇到某些针对他的异议或者某些不礼貌的待遇。假如任何场合给公众发出邀请,黑人永远不知道他是否会受到欢迎。如果他去了,他很容易感觉受到伤害,并陷入不愉快的争吵之中;假如他离开,会被指责冷淡;假如他在大街上遇到一个毕生交往的白人朋友,他会陷入两难,假如他不向这个朋友打招呼,会被看作是粗鲁无礼,假如他打招呼,有可能会遭到断然拒绝。如果他无意之中被介绍给一个白人男性或女性,他可以预见下一次相遇时会被忽视,而且通常就是如此。白人朋友可以去拜访他,但是他却很少期望能拜访白人,除了严格的业务上的事情。假如他获得一个白人女性的感情并且结婚,他可能总是会预见到他和她的名声将遭到诋毁,他和她的种族都会回避他们的结合;当他死去时,他不可能被埋葬在白人伴侣的旁边。"

凯利·米勒自己是一个纯血统的黑人(为此黑人已经表达了他们的感谢),他把黑人的落后归因为以下说法:

> 希望佐治亚的黑人在不被允许持有武器的情况下能产生像拿破仑那样伟大的将军,或者在几年前他们还被禁止使用文字的情况下嘲笑他们没有产生像文艺复兴时代那些人物一样的学者,这都太过于荒谬。你能在黑人不被允许投票的州里找到伟大的黑人政治家吗? 最重要的是,南方白人男性痛斥黑人未能获得最高级的荣誉,这种无情的自相矛盾真是登峰造极。回想一下《泰特斯·安特洛尼克斯》①里野蛮的条顿人在可爱的拉维尼亚被割掉舌头和砍去双手之后,残忍地斥责她没有要甘甜的水来洗她细嫩的手吧。

对于黑人和混血儿不能——至少在美国——完全融入白人的世界,这还没有说太多。但是我们必须承认,他们的落后不完全是由于偏见,一个拥有完备技术的种族也能在偏见之中生活下去,甚至能从中获得某些启发。但是黑人已经失去了很多他们特有的职业,并在其他职业上被大大超过,这不是由于偏见,而是由于竞争者步伐更快。

---

① 《泰特斯·安特洛尼克斯》(*Titus Andronicus*)是莎士比亚的一出悲剧,1592 年首次上演,是其九部悲剧中最惨烈的一部,以血腥恐怖著称。——译者注

显然，抑制一个种族的障碍可能促进其他的种族。甚至俄国和罗马尼亚反对犹太人的极端措施也没有孤立他们。他们拥有自己的资源、传统和技术，我们甚至要从他们那里借债。

C. 孤立与隔离

1. 作为一个过程的隔离[①]

虽然在法定的限制范围内，人性的必然过程会使这些区域和这些建筑具备不容易控制的特征。例如，在我们的个人所有权体系里，不可能预先决定任何特定区域里的人口集中程度。城市不可能确定土地价值，我们在很大程度上把决定城市界线、居民区和工业区区位的任务留给私有企业来处理。个人品位和便利、职业和经济利益总是会把大城市的人口隔离开，并对其进行分类。城市以这种方式获得了一种组织，这既不是设计出来的，也不是被控制的。

自然地理、天然的优势和交通手段预先决定了城市规划的总体框架。随着城市人口的增长，同情、竞争和经济的微妙影响总会控制人口的分布。商业和制造业寻求优越的区位并围绕它们吸引一定比例的人口。在时髦住宅小区涌现出来的地方，由于地价上升，较为穷困的阶级被排斥出去，由此就会形成大量贫困阶级居住的贫民窟。这些人不能使自己摆脱遗弃和邪恶。随着时间的推移，城市的每个部分和地区会呈现出其居民的某些特征与品质，城市每个单独的部分不可避免地沾染上其人口的特定情绪。这种效应将把最初仅仅是地理上的表现转化为一种邻里，也就是说，一种具有情感、传统以及其历史的地点。在这种邻里之中，历史过程的连续性以某种方式得以保存。过去把自己强加于现在，每个地方的生活以自己的某种势头而发生变化，这或多或少会独立于更大的生活圈子和与之相关的利益。

在城市环境里，邻里总是会失去很多它在更为简单和更为原始

---

① Robert E. Park，"The City：Suggestions for the Investigation of Behavior in the City Environment，" in the *American Journal of Sociology*，XX(1915)，579—83.

的社会形式中具有的意义。方便的通讯和交通工具能使个人分配他们的注意力，并且能同时在几个不同的世界里生活，但也总是会摧毁邻里的持久性和亲密性。此外，在同一种族或同一职业的个体在隔离群体里一起生活的地方，邻里情感总是会把种族对立和阶级利益融合在一起。

物理距离和情感距离以这种方式相互加固，在社会组织的演进中，人口的地方分布的影响介入阶级与种族影响之中。每个大城市都有其种族聚居地，就像旧金山和纽约的唐人街，芝加哥的小西西里，以及其他很多种不太显著的类型。除了这些，大多数城市都有其隔离开的缺陷区域，就像直到最近芝加哥还存在的类型，以及它们形形色色罪犯的聚集地。每个大城市都有像芝加哥的牲畜围场那样的职业性郊区，还有像波士顿的布鲁克林那样的居住郊区，其中每个都具有完整的单独市镇、村庄或城市的规模与特征，但其人口是经过选择的。毫无疑问，这些城中城——其最有趣的特征就是它们由同一种族，或者不同种族但是同一社会阶级的人组成——最引人注目的是拥有 200 万劳动人口的东伦敦（East London）①。

　　东伦敦最初的人口现在已经向外溢出，并跨过了利亚河（Lea）②，分散到草地和沼泽上。这些人口已经把以前乡间的村庄变成了新的城镇，西汉姆差不多有 30 万人口，东汉姆则有 9 万人口，斯塔福德及其"女儿"们有 15 万人口，其他的"小村庄"也有类似的过度增长。把这些新的人口包括进来，我们就有了差不多 200 万人口的聚合体。这一人口比柏林、维也纳、圣彼得堡或费城都要多。

　　这是一个布满了教堂和礼拜场所的城市，但是没有主教座堂——不管是圣公会的还是罗马教会的。它有充足的小学，但是没有公共学校或高中，它没有提供高等教育的学院，没有大

254

① 东伦敦（East London）是英国首都伦敦一个非正式的组成区，位于古代伦敦以东，泰晤士河以北。——译者注
② 利亚河（Lea）是流经伦敦东部的一条河，泰晤士河主要的支流之一。——译者注

学;人们都读报纸,但是除了小报和地方性报纸,没有东伦敦的报纸……在街上,从来看不到任何私家四轮马车,没有时髦的区域……在主要大道上是遇不到女士的。人、商店、住房、交通工具——所有这些都盖上了明确无误的工人阶级的印记。

在所有这些现象中,可能最为奇怪的就是:在一个200万人口的城市里,没有旅馆! 这当然就意味着没有造访者。

在较老的欧洲城市里,种族隔离进程走得更远,邻里区别很可能比美国更为明显。东伦敦是一个单一阶级的城市,但是在城市的界限内,人口一次又一次根据种族和职业利益被分隔开。邻里情感深深地植根于地方传统和地方风俗之中,对城市人口产生着决定性的选择效应,并最终以一种显著的方式把自己呈现在其居民的特征之中。

2. 作为一种隔离后果的孤立[1]

精神缺陷具有在地方中心集中的明显趋势,从而导致近亲繁殖。弱智是一种社会层级,而这个层级的成员像其他层级的成员一样,受到社会和生物倾向的影响,例如相似人格的集中,以及类似精神能力的人在交配上的自然选择。这些是普遍的倾向,而且不会受到恒定法则的制约。弱智者与正常人主要是在精神和社会品质上存在量的差异,而且不会构成一个单独的物种。高级弱智者和低级正常人的边界线可能证明了普遍法则的例外。但是,像达文波特和丹尼尔森(Davenport and Danielson)的"山民"、达文波特和伊斯特布鲁克(Davenport and Estabrook)的"弱智村民"、达格戴尔的"朱克斯"、科斯特(Kostir)的"萨姆六十岁"、戈达德的"卡利卡克斯"、凯特的"泽西恶魔"等研究以及其他很多研究强烈证明了精神缺陷显示出一种趋势,即聚集到一起,通婚并使自己与社群的其余部分隔离,

---

① L. W. Crafts and E. A. Doll, "The Proportion of Mental Defectives among Juvenile Delinquents," in the *Journal of Delinquency*, II(1917), 123—37.

就像富人居住在排他性的郊区一样。因此,他们甚至在某些地区、县和城市占据优势。这种隔离在很大程度上与其说是自觉意愿的表达,不如说是一种强加于精神缺陷者身上的情境,通过天生的智力及社会缺陷,把他们束缚在不适合正常人的经济及其他环境中。这种现象在农村社区最为明显,在这类地方,作为现代城市趋势的移民运动已经进行了某种自然选择,但是这也清楚体现在城市——不论大城市还是小城市——里的贫民窟和贫困区域里,正如任何一个田野工作者都将证明的一样。与这种孤立因素紧密关联的是,在不同国家和同一国家的不同部分(城市或社区)发现的不同比例的精神缺陷者。因此,不同青少年犯罪群体中精神缺陷的百分比很可能会因发生犯罪的特定收容所、城市、县或州而有所不同。所以,在研究特定地方青少年犯罪群体中精神缺陷者的数量时,关键是关于这些社群中精神缺陷者可能或近似数量的适用理念。假如在城市贫民窟的人口里发现的精神缺陷者比居住区里要多,那可以预计,贫民窟的青少年犯罪群体里会有更多的精神缺陷,首先是因为他们构成该人口的大部分,其次他们更倾向于攻击社会。此外,某个地方弱智的盛行可能影响到针对这些社群儿童的执法机制。

弱智的内在特征和倾向的进一步后果可以在自然选择的生物法则对他们的影响中找到,这是普遍的生存斗争和适者生存导致的。我们不需要在这里讨论自然选择对一般精神缺陷者的生活产生的经济上以及其他方面的深远影响,但是简要评价自然选择对青少年犯罪群体的影响,这还是有益的。

从最初的冒犯行为到最终被抓获,任何犯罪群体都服从这种选择。它经历了一个不断筛选的过程,其操作主要取决于群体成员的自然选择。很大一部分幸运的、有知识的或得到社会青睐的个体能摆脱这种群体,所以,群体剩下的成员在社会和智力上都是最不适合的。心智有缺陷的青少年罪犯在这种不适应者中占比过高,即使他们可能获得像他们智力正常的同伙那样的好机会,但却不可能像这些同伙一样,通过智力或社会地位摆脱他们犯罪行为的结果。进而,弱智的罪犯和他更机灵、更有精力,具有正常禀赋的同伙相比,常常更容易被抓住,在被拘捕之后,他更不可能从警察和法院的偏见,或者家庭财富和社会影响的优点里获得好处。如果处于缓刑期,他更容易因为自身的弱点和不利的环境而失败。所以,弱智的罪犯比他心智正常的同伙更可能出现在法庭上,而且更可能被送去少年犯管教所、监狱或工读学校。所以,事实上,每个最终被收监的青少年犯罪群体在其精神缺陷的比重上和更大的犯罪群体(拘捕的或未拘捕的)非常不一样。事实上,设想任何被逮捕、拘留和判缓刑的罪犯群体代表着(或至少是恰恰代表着)所有少年犯中心智缺陷的真实比重,这是令人怀疑的。除非特定类型的法律过程能够消除缺陷,似乎不可避免的结果就是,自然选择的作用将使心智缺陷者的比例不断超过原始群体中的比例。

据我们所知,自然选择的这一因素在任何已发表的少年犯调查中都没有得到充分的考虑,但是,假如我们对其影响的估计是完全合理的,那么对大多数少年犯的审问——特别是在改造与工读学校——已经揭示出心智缺陷比例明显超出以前存在于所有罪犯群体中的原初比例。这些审问的报告就弱智者的罪行程度及其与整个犯罪量的关系给出了完全错误的印象,随之还导致不准确的推论。弱智者无疑比普通的正常人更易于犯罪,但是由于不考虑自然选择因素以及其他因素的影响,精神缺陷者犯案的比重与少年犯和刑事犯中精神缺陷者的实际比重经常被夸大。

D. 孤立与民族性格

1. 作为孤立之产物的历史族群[①]

欧洲大陆和其他大陆的不同在于,它事实上是半岛和岛屿的奇特聚合,起源于单独的山脉生长的中心,以及被高耸的山峰与外部世界隔开的封闭山谷。其他大陆都有点半岛化;亚洲在这个方面接

---

① L. W. Crafts and E. A. Doll, "The Proportion of Mental Defectives among Juvenile Delinquents," in the *Journal of Delinquency*, II(1917), 123—37.

近于欧洲,北美不怎么依赖于其较大的岛屿和可观的海岬,而非洲、南美和澳洲是单独的陆地单元。

高度分化的欧洲国家很热衷于在其孤立区域内的发展,每个区域都适合于一个单独的国家的生长,甚至在今天也适合于地方生活。尽管我们时代的商业以一种并非陈旧的方式把土地结合在一起。这些单独的区域不可思议地适合成为民族的摇篮;假如我们仔细审视欧洲地图,我们会马上注意到明显多变的土地所负载的地理孤立。

从地中海东部开始,我们有耸立着君士坦丁堡的半岛——一个由于地理特殊性而只需部分防御围攻的区域,而它与两边的大陆①主体的部分分开还要归功于当地历史的发展。接下来,我们有希腊及其附属岛屿——这是多少个世纪的安全要塞,允许培育出这个世界已知的最不同寻常的生活。再往西走是意大利半岛,作为保护屏障的海洋和作为壁垒的阿尔卑斯山脉及亚平宁山脉使几十个国家获得发展。在这里,罗马民族用其施加于其他种族的奇特力量吸引了大量原始文明中心,发展出使它主导古代世界的力量。西西里、撒丁岛、科西嘉岛,各自因其孤立而获益,并滋养出人的不同品质,并贡献出在地球历史中相互作用的很多动机。在西班牙,我们再次拥有一个很适合于成为伟大民族摇篮的区域,因为其地理位置,它事实上成为已知的世界上最发达的穆斯林所在之处。至于北部的山墙比利牛斯山,我们应感激它限制了穆斯林的侵入,并保护了中部欧洲免受其前进运动的影响,直到奢华和半心半意的信仰耗尽其力量。往北走,我们在诺曼底地区发现凶猛而强大的民族生长的地方,移民到那里的古代斯堪的纳维亚人占据他们的土地并且得以发展,直到他们强大到足以征服不列颠,并赋予它大量属于我们国家的共同品质。

由于一个微不足道的地理机遇,我们要感激大不列颠孤立于欧洲大陆,正如我们所知,英国民族所有伟大的历史都依赖于德文郡

① 即亚洲和欧洲。——译者注

257

海岸和法国北部相似的低地之间那狭长的海面。

英国东部有两个半岛是非常重要的民族的摇篮。瑞典和挪威半岛则是山脉生长的结果，丹麦则显示出主要是冰川和海洋侵蚀的产物，它那种并非出自山脉的起源与欧洲边缘其他所有半岛和岛屿都不一样，所以在欧洲的边缘，我们至少有一打的地理孤立区域。足够大的面积并与世界其余部分恰到好处的分隔使它们成为独立社会生活的所在地。这个国家内部也有几个类似的——尽管不完美——分离开的区域。其中最重要的区域位于阿尔卑斯山高地围住的地方。在这个广阔的山脉体系里，我们拥有能最适合于特定人类群体发展的地理条件，它保护这些摇篮中的民族免受平原上经常等着他们的破坏。所以，当欧洲低地的民族被接二连三的入侵浪潮蹂躏之时，他们的品质混合起来了，他们社会生活的继承性被打断了。瑞士在很大程度上得益于其山脉屏障保护其人民避开低地邻居们遭受的麻烦。结果就是，在一个不到马萨诸塞州两倍大的地区，我们发现了不可思议的民族多样性，这表现为几个重要谷地和其他具有复杂地形的组成部分在自然环境、道德品质、语言和宗教教义上的多样性。

当一个种族已经在一个有限地域内得以形成并培育出某种品质之后，在它已经具有某种赋予它特定印记的性格之后，原初摇篮的重要性就终止了。在种族状况的持久性——在它们被固定了上千年之后——里有些非常奇特的事物。当身体动机和精神动机在乡下人的身体里结合起来时，他们可以忍耐那些并非自己创造的环境；甚至在我们已经驯化了的动物和植物里，我们也可以发现，变体在恰当条件下被创造出来，在合适状况下获得它们的遗传特征，随后还可能在很多它们完全不可能开创的环境状况下繁荣兴盛起来。欧洲的谷场生物由于其固有的品质，可以被带到澳大利亚，并且在很多世代内都保持其特征；即使在其形态已经脱离母体的地方，其衰退总的来说也是缓慢的，而且在很长时间里也未必会显现出来。

种族特征的固定性能使几个民族的变体从他们的抚育所里走

出来,在其他地方经过几个世纪的生活后,仍然具备他们早期条件下培育出来的品质。意大利和西班牙的哥特血统仍然保持着很多父母的优点;印度尽管是一个与赋予其原初特征的状况相分离的世界,但其雅利安血统在很多方面与母体民族有明显的同源关系。摩尔人、匈奴人和突厥人——所有这些我们在当前世界状况下发现的数量庞大的民族都远离其发源地——在很大程度上仍然是他们的原初培育环境的产物。这种在低等动物和人之中使种族成熟的刻板性取决于他们完成指定工作的效力。

2. 地理孤立与海上联系①

希腊——考虑到其有限的总体范围——为其各种各样居民的 260 内部沟通提供的动机很少,而且沟通办法也不方便。每个村庄或城镇都在围合起来的山间各自占据平地,自给自足,同时,陆地的商品运输相当困难,极大阻碍了与邻近地区的任何定期商贸。就内陆国家的面貌而言,由于提供了如此之多难以跨越,有时甚至不可能跨越的藩篱和边界,自然状况似乎一开始就倾向于使希腊人民在社会交往和政治上保持分裂。然而,一个特殊的交往动机起源于这个国家特有的地理结构,以及它无穷无尽交替分布的山脉和谷地。高地和低地之间气候和温度上的差异非常大,一个地方获得收成是在另一个地方的庄稼成熟之前,在夏季的炎热之中,牛群要在平地草场被太阳烧毁之时找到山上的庇护所和牧场。他们按照季节变化从山地向平地的转移活动——就像远古时代那样一直维持着——与国家的结构密切关联,而且肯定从最早的时期就已经给分隔开的村庄带来了交流。

但是,内陆运输上的这些困难在很大程度上已被大比例的海岸地区和这个国家的海上可达性抵消。与处处标识出地表的高地与洼地的多样性相比,希腊海岸线的凸起和凹陷并不显著。希腊没有什么地方可以视为是远离海洋的,因为它的大多数地方都很方便和

---

① George Grote,*History of Greece*,II,149—57.(John Murray,1888.)

容易接近海洋。由于他们之间唯一的沟通就是航海，所以海洋——即使我们仅仅关注希腊——是传递思想和改良措施的唯一通道，也是在希腊人聚居地的那些边远成员里保持社会、政治、宗教和文学共鸣的唯一渠道。

261

古代哲学家和立法者对内陆和沿海城市之间的反差印象深刻。在前者那里，生活简单且无变化，古老习惯颇为坚韧且厌恶新事物与外来事物，一致排外的力量很强大，对象与观念范围狭小；在后者那里，感觉是多样且新奇的，想象力很广阔，宽容并偶尔喜好外来的习俗，有更多样的个人行为以及相应的状态易变性。在很多比较中，这种显著的区别形成于伯里克利雅典和更早的梭伦雅典之间的时期①。柏拉图和亚里士多德显然都对此进行过详细论述——特别是前者，他的天才构想了预先规定并在实践中确保个人在其想象的共同体中进行思考和感觉的整体方案。航海交流假如超越了最狭隘的限制，对于任何明智的教育计划的成功和延续来说都是至关重要的。可以肯定的是，在那些更多从事航海事务的希腊人和不这样做的希腊人之间，存在很大的性格差异。阿卡迪亚人（Arcadian）②可以说是纯粹的希腊陆上居民的一种类型，具有质朴与无知的习惯，饮食上喜欢甜栗子、大麦饼和猪肉（与构成雅典人食物的主要调味品的鱼形成对比）；有出众的勇气和耐力，敬畏作为古老和习惯性影响的斯巴达的领导地位；它的知识和想象力很贫乏，在事业上也很懈怠，与神的关系一贯很粗糙，这导致他们打猎后空手而归时会去抱怨和惩罚潘神（Pan）③。而福西亚（Phokaea）和米利都（Miletus）④的居民则是希腊海洋居民的典型，热切寻求收获——在海上主动、熟练且勇敢，但在陆地上的勇气却很低下，在想象力上更为兴奋，性格上

① 雅典城邦的伯里克利执政时期是公元前443—公元前429年，梭伦执政时期是公元前594年左右。——译者注
② 阿卡迪亚（Arcadia），古希腊一地名，位于伯罗奔尼撒半岛，与希腊大陆上其他地方隔绝，西方文化里将其引申为世外桃源。——译者注
③ 潘神（Pan），希腊神话里山林和畜牧之神，外形为半羊半人。——译者注
④ 福西亚（Phokaea）也称Phocaea，米利都（Miletus），古希腊城邦，都是位于安纳托利亚半岛西海岸的古希腊殖民地，今天属于土耳其。——译者注

更加易变,在对以弗所的阿尔忒弥斯(Ephesian Artemis)或布兰奇代的阿波罗神(Apollo of Branchidae)的宗教表现上充斥着炫耀和耗费,对于希腊精神的变体和希腊文明的精练影响有更加开放的头脑。

希腊版图的结构在很多方面就很像瑞士,对其伟大时代的人民的性格和历史产生了两种重大影响。首先,在物质上加强了它们的防卫力量,把国家封闭起来,对抗那些来自内陆,先后征服了他们欧洲大陆殖民地的入侵者。与此同时,它也使每一个部分都难以被其余国家攻击,以便施加某种保守的影响,以确保实际持有者的占有;因为色萨利(Thessaly)与福喀斯(Phokis)之间的塞莫皮来山口(Thermopylae)、博埃迪亚(Boeotia)和阿提卡(Attica)之间的西载隆(Kithaeron)山脉,或者奥内翁(Oneion)和杰拉奈亚(Geraneia)之间沿着柯林斯地峡(Isthmus of Corinth)绵延的山区,都是只需数量很少的勇敢者就能对抗大量攻击者的位置。但是,在接下来的地方,虽然它总是会保护希腊的每个地方不受征服,但也保持了他们在政治上的分裂并使其各自的自治权得以长存。它促进了有力的排斥原则,这使即便最小的城镇也倾向于建立使自己成为与其余地方分开的政治单元,并且反对所有与其他人联合的观念,而不管这种观念是温和的还是强制的。对于已经习惯大规模政治聚合,并通过代议体系来确保良好政府的现代读者来说,这要求某种心智的努力,来让他自己回到一个即使是最小的市镇也顽强坚持其自主立法权的时代。然而,这是一种古代世界的普遍习惯和情绪,遍及意大利、西西里、西班牙和高卢。这在希腊人中显得更为突出,这是因为几个原因。首先,因为他们似乎已经把自治单元的繁衍推到了一个极点,即使是在还没有佩帕瑞斯岛和阿莫尔戈斯岛那样大的岛屿上,也有两三个单独的城市共同体;其次,因为他们在人类历史上第一次产生了针对政府事务的敏锐且系统的思想家,在他们所有人中,自治城市的观念作为政治投机中不可缺少的基础而被接受;第三,因为这种不可救药的细分最终证明是他们毁灭的原因——尽管宣称他们在知识上比他们的征服者占优;最后,由于政治团结上的无能并不能阻止所有单独城市的居民之间有力且广泛的意气相投,总

262

是会出现互相交往以满足多种目的:社会的、宗教的、娱乐的、知识的和审美的。由于这些原因,自治城镇无限制地增加尽管是与亚洲大规模君主制形成对比的古代欧洲的普遍现象,但在古希腊显得比其他地方更为显著;所以,毫无疑问他们在相当程度上应归功于他们国家的结构提供的大量隔离性边界。

但也不能轻率认为,同样的原因总是会促进显而易见的原创性知识的发展。关于气候和自然力量影响性格的普遍主张确实是不可信的,因为我们关于地球的知识足以教会我们,炎热和寒冷、山脉和平原、海洋和陆地、潮湿和干燥的空气与居民多样性是一致的;此外,基督教时代之前七个世纪的希腊人与现代时期希腊人之间的反差就足以提出这样的推断。尽管如此,我们还是可以大胆注意到某些与他们的地理位置有关的改进性的影响,那时他们并没有书籍可以用来研究,也没有更多先进的前辈可以模仿。

首先,我们可以发现,他们的位置使他们既是登山者又是水手,从而给他们提供了极为多样的目标、感觉和风险;其次,每个依偎在它们分散开的岩石之中的小社区与其他人有足够大的距离,去拥有一种个人化的生活以及自己才有的习性,但还是不能脱离其他人的支持;结果,一个善于观察的希腊人在与差异极大的老乡——他懂他们的语言,他也能领会他们的癖好——做生意时,能够获得比其他任何人在如此不发达的时代亲自获取的经验更多的社会和政治经验。腓尼基人的船只比希腊人要优越,跨越的距离更远,见到过更多的陌生人,但是却缺乏与血缘和语言多样化的同伴进行亲密交流的类似工具,他的关系仅限于买和卖,不包含希腊节庆人群中弥漫的行动与反应的相互作用。这里呈现的场景本身是统一性和多样性的混合,极大刺激天才人物的观察能力,假如他试图表达自己的形象,或者对混合在一起的形形色色的观众采取行动,就不得不摆脱他的城镇或社区所特有的东西,并提出与所有人的感情相一致的问题。因此,我们可以在一定程度上解释,在如此众多古老史诗的文盲作者之中,那些对人类生活与特征的深刻理解,以及触及所有时代与民族共有的同情心的力量。彼此习惯性隔离开的同胞们周期性的交流是诗人获得丰富经验和多种肤色读者的唯一手段,这在很大程度上是地理因素的后果。可能在其他国家里已经找到这种促进因素,但还没有产生任何能与《伊利亚特》和《奥德塞》相媲美的成果。但是荷马仍然依赖他的时代状况,而我们至少能指出早期希腊社会的那些特殊性,没有这些特殊性,荷马的杰作将从来就不会存在——地理位置是一个因素,语言是另外一个因素。

3. 作为民族差异之一种解释的孤立①

作为任何社会现象的有效原因,在种族和环境之间做裁决是这个时代一件特别有趣的事情。一个对欧洲民族学最近的辉煌成就惊异不已的社会学学派显示出一种明显的倾向,即将种族解释深入到欧洲社会生活每一个可能的层面。必须承认这是受到挑衅的。民族的身体特征如此持久,说明如此热衷去寻找相应的精神特质遗传理论是不足为奇的。

这个社会哲学家的种族学派从法国源头获得了很多资料。由于这个原因,而且也是因为我们关于这个国家的人类学知识比涉及欧洲其他任何国家的知识都要完整,我们将把我们的注意力主要集中在法国。在毫无吸引力的孤立高地区域,是中部欧洲普遍的阿尔卑斯宽头颅种族。在北部,向下延伸到远至利摩日(Limoges)并沿着布列塔尼海岸的宽阔斜向地带,存在着与金发长头颅的条顿种族的混合;而沿着南部海岸,穿过莱茵河谷,可以发现有同样长头颅但肤色较深的地中海族群的延伸。这些种族现实与自然事实相符,三个地理隔离区域是阿尔卑斯种族分布的明显中心。

家庭组织是一个民族所达到的社会进化阶段的最可靠标准。没有其他任何阶段的人类联合有如此之多的面向,具有如此的基础性,如此孕育着未来。因此,我们要恰当开始我们的研究,可以考察与家庭内部结构稳定性有直接关联的现象——离婚。此类现实在法国的分布情况如何?不同区域间存在着显著差异,巴黎是一个极

265

---

① William Z. Ripley, *The Races of Europe*, pp.515—30. (D. Appleton & Co., 1899.)

端,科西嘉一如既往是另一个极端。我们特殊的兴趣在于,离婚分布与头型分布之间同时出现的相似性,阿尔卑斯种族居住的孤立区域的特征是,夫妻之间的家庭关系几乎都没有法律上的断绝。

上述事例有任何种族上的意义吗？它们意味着作为一个种族的阿尔卑斯人比日耳曼人更强硬地坚持其家庭传统,并对国家在其家庭内部机制上的介入感到愤怒吗？最重要的统计权威贾可·贝蒂荣(Jacques Bertillon)[①]已经致力于证明两者之间存在的某种关系。对于之前的事实,他的解释是这样的:南方各地的民族可能是变化无常的,但在任何类型的激情迸发之后,也会很快平静下来。丈夫和妻子可能争吵,但是在诉诸法律之前,这种疏远就已经消散;另一方面,属于日耳曼种族的诺曼农民既无情又矜持,能把自己的不满保持很久,他们仍然和对方住在一起,并暗暗坚持。"在南方,言辞甚至殴打会很快结束争吵,而在北方,这些要靠法官来解决。"从其他欧洲国家的类似比较中,贝蒂荣给出了最终的结论,即日耳曼种族背离了处理家庭问题上的这种奇异偏好,这变成了他们的一种种族特征。

另一种社会现象已经出现在北欧日耳曼种族的家庭里,这是一种甚至超过离婚,成为现代知识与经济进步伴生物的现象。我们指的是自杀,莫塞利(Morselli)[②]在他有趣的论文中专门有一章涉及这个主题,证明"日耳曼种族越纯粹——也就是说,国家的日耳曼主义越强——就越多揭示出在其心理特征上有一种不同寻常的自我毁灭的习性"。

参照法国的民族构成来考虑一下自杀的相对频率,两者之间的相似性在每个细节上都很精确。还有我们的三个阿尔卑斯种族区——萨伏伊、奥佛涅与布列塔尼——的年度自杀率下降到百万分

266

---

① 贾可·贝蒂荣(Jacques Bertillon,1851—1922),法国统计学家、人口学家。他发现自杀率和离婚之间的相关性,认为这两种现象都与社会不均衡有关。这一观点也影响到迪尔凯姆的自杀研究。——译者注

② 恩里克·阿戈斯蒂诺·莫塞利(Enrico Agostino Morselli,1852—1929),意大利医生、心理学家,著有《自杀:一篇关于比较道德统计的论文》(1881)。——译者注

之七十五。还有罗纳河谷和从巴黎向波尔多延伸的宽阔的斜线条状地带,其特点同样带有日耳曼特征的强烈浸染,以及相同社会现象的相对频率。

离婚和自杀将作为证明模式的例子,用于探寻其他很多社会现象的种族起源。所以拉波切(Lapouge)①把法国臭名昭著的大面积人口下降归因为人口构成中几个种族的混血导致的不孕现象。他试图从所有开放、肥沃地区出生率的下降来证明这一点,在这些地方,日耳曼元素已经和本地人混合在一起。由于财富集中在日耳曼人占据的肥沃地区,可以再次假定:这种巧合要么证明了这个种族特有的贪得无厌的天性,要么就是一种优越的节俭措施。

这时,我们产生了怀疑,这个观点是如此简单,其结论又过于深远。我们并没有丝毫否定地理分布事实的意思,我们只是否定种族解释的有效性。沿着这样的证明路线,我们能为我们的种族做得更多。有了这些资料,我们的计划就不会止于我们强加给种族类型的种族属性上。所以将显示出的是,在其贫瘠的隔离区域里的阿尔卑斯人就是左拉在其有力的小说里描述的渴望土地的民族。因为粗略来说,他们当中个人持有土地的平均数比日耳曼人多。农民所有制更普遍,佃农很少。两个区域的犯罪呈现在不同的方面,我们发现在阿尔卑斯种族的人口中,在孤立的高地里,人身侵犯在犯罪事件里居于主导地位。而另一方面,在塞纳河河谷,沿着罗纳河谷,只要是有日耳曼人的地方,就缺少对财产的尊重,所以如攻击、谋杀和强奸这样的人身侵犯就让位给贪污、盗窃和纵火。不妨说日耳曼人显示出对财产侵犯行为的偏好,本地居尔特人则同样倾向于人身侵害。

诉诸其他国家的社会地理——这些地方的种族权力平衡有不同的分布——可以直接反驳我们以法兰西为例的几乎任何貌似来自种族起源的现象,无论是自杀还是离婚。假如我们从法国转向意

267

---

① 乔治斯·瓦切尔·德·拉波切(Georges Vacher de Lapouge,1854—1936),法国人类学家、优生学家和种族主义理论家。——译者注

大利或德国,我们立刻会觉察到各种各样的矛盾。在法国不受自我毁灭或内部破坏习性影响的民族类型,在意大利就变得最为倾向于以其中一种方式来摆脱当代尘世的弊端。在意大利北半部的阿尔卑斯种族的据点,每种现象在频率上都达到其极点。从身体上来说,也没有可以察觉的日耳曼主义的灌输可以用来解释其中情感的变化。当然,可以认为这只是表明了南意大利的地中海种族不像阿尔卑斯种族那样倾向于这些方面,正如它也相应落后于日耳曼人。因为必须承认,即使是在意大利,离婚和自杀都不像在法国北部任何有日耳曼人的地方那么频繁。然后转到德国来,再次就这些方面来比较其两半部分,帝国的北半部是最为纯粹的日耳曼民族,南部在民族上则不能清楚辨析,正如我们在法国中部已经证明的,巴伐利亚、巴登和符腾堡的日耳曼人并不比奥弗涅(Auvergne)①更多,那么我们在这里发现了自杀现象的差异吗?比如按照种族边界来看。远非如此,萨克森是达到极点的中心,而我们知道,萨克森本质上是半斯拉夫的,就像在东普鲁士一样。假如种族因素稍微起点作用,自杀应该在石勒苏益格-霍尔施泰因与汉诺威最为频繁。事实上,这一观点自身也是支离破碎的,就像迪尔凯姆已经展示了的。他的
268 结论是这样的:

> 假如德国人更沉迷于自杀,这不是因为他们的血统关系,而是因为使他们得以产生的文明。

对于法国这类似乎具有独特种族性的社会现象做出的总结——假如我们把我们的视野扩展到全欧洲——会对前面提到的奇怪巧合与相似之处给出一种解释,这与种族解释是完全对立的。

因此,我们的理论是这样的:大多数我们已经提到的阿尔卑斯种族占据区域特有的社会现象是必然的结果,不是因为种族习性,而是因为这个种族栖息地具有地理和社会孤立的特征。由于同样

① 法国中部一省份。——译者注

的原因,种族类型始终是纯粹的,社会现象是原始的。所以,安着石头尖的木犁,血亲复仇,不被削弱的出生率,以及身体类型的相对纯净,都是来自共有原因——直接的自然孤立与巧合的社会孤立——的相似衍生物。我们发现主要是一种环境影响,其他人在这种环境中感知到种族遗传现象。

4. 民族发展中自然区位与相邻区位的对比[①]

与大陆和跨大陆区位不同,人类地理学承认这个术语的另外两个较窄的含义。人类种族天生的流动性——主要是由于永恒的食物追求和人数的增长——使一个民族在一块领地上扩散开,直到他们遇到大自然设置的障碍物,或者接触到其他部落和国家的边疆。因此,他们的栖息地或他们特定的地理区位受限于山脉、沙漠和海洋的自然特征,或者他们不能取代的邻居,或者更常见的是两者兼而有之。

因此,一个民族拥有双重的区位:一个是直接的,以它的实际领地为基础,还有一个是间接的或邻近的,从它与邻近国家的关系发展出来。第一个是他们脚下土地的问题,另一个是他们周围邻居的问题。最初的或者说自然的区位体现了当地地理条件的复杂性,而这为他们部落或国家的存在提供了基础。这种基础可能是一个半岛、岛屿、群岛、一片绿洲、一块贫瘠的草原、一个山系或者一片肥沃的低地。邻近地区越强,人民对周边国家就越依赖,但是它能在某种环境下对周边施加的影响就更强大。德国与荷兰、法国、奥地利和波兰的关系就是见证。另一方面,自然区位越强,其人民就越独立,民族性格就越显著,像瑞士、阿比西尼亚和尼泊尔这样的山地民族,朝鲜、西班牙和斯堪的纳维亚这样的半岛民族,和像英国、日本这样的岛屿民族就是典型。今天我们惊讶于日本人性格中强烈的原始烙印,这都是不能搞混或者抹去的。

269

[①]　改编自 Ellen. C. Semple, *Influence of Geographic Environment*, pp. 132—33 (Henry Holt & Co., 1911)。

明确界定的自然区位——山脉和海洋屏障在其中画出了边界，并确保了某种程度的隔离——总会使其人民处于平静的怀抱之中，以确保他们对抗外来干扰和外来血统的灌输，从而使他们在当地地理条件许可的方向上发展出民族天赋。在构成人类大多数历史与史前生活的不停歇运动中，在他们的迁徙和反迁徙活动中，他们入侵、退却，并在地球表面四处扩张。像俄罗斯开阔的低地与非洲草原这样的大量无屏障区域呈现出一条大道被蜂拥而至的民族横扫的图景。其他更为偏僻，显得像安静角落的区域则是为了暂时的停止和永远的安息而存在。从这里经过的人群的某些部分被捕捉，就像被装进一个容器里，直到形成一个民族，这些是种族特征明显的区域。罗马帝国在意大利、伊比利亚半岛和法兰西等自然限定的区域里各种种族后裔与政治后裔的发展，证明了在这些偏远地区发生的民族分化过程。

III. 研究与问题

1. 人类学和生物学中的孤立

对作为社会学概念的孤立的系统性论述还在撰写之中。而作为研究工具的孤立概念在地理学和生物学里比在社会学里得到了更为精确的塑造。

270 　人文地理学的研究已经把其目标定为研究人与地的关系。像孟德斯鸠和伯克这样的研究文明的学者试图把人类的文化与行为解释为自然环境的直接结果。弗里德里希·拉采尔（Friedrich Ratzel）①凭借其博物学家的完备训练、广泛的阅读和旅行，尤其是他广博的民族学知识，认识到了直接影响的重要性，譬如文化孤立。让·白吕纳（Jean Brunhes）②通过选择较小的自然单元即他所谓的"岛

---

① 弗里德里希·拉采尔（Friedrich Ratzel，1844—1904），德国人文地理学家、人类学家，现代人文地理学奠基者之一，首创"生存空间"概念，以地理环境决定论著称。——译者注
② 让·白吕纳（Jean Brunhes，1869—1930），法国人文地理学家，主张人地关系可能论。——译者注

屿",已经对萨布(Sub)和姆札卜(Mzab)沙漠的绿洲以及安第斯山脉中部高山上的孤立群体进行了深入的研究。

生物学表明,孤立是物种起源的一个因素。人类学从假设的史前分散导致的地理分隔中确定伟大的人类种族——高加索人、埃塞俄比亚人、马来人、蒙古人和印度人。一位德国学者格奥尔格·格兰德(Georg Gerland)博士已经筹备了一本地图集,按照身体特征——如肤色和头发——差异来制图,以表明种族的地理分布。

2. 孤立与社会群体

人类地理学与生物学的研究已经提出了隐含的或明确的假设,即地理环境、种族与个人的身体与精神特质**决定了**个体与集体的行为。人类地理学与遗传的研究事实上证明了地理环境和人类的原初天性**制约着**群体与个人的文化和举止。已在人类学家和地理学家的著作中流行的关于孤立的解释——就其对社会生活的影响而言——就太简单了。社会学家能够重视自然环境与种族遗传的学者所不考虑的那些孤立形式。关于民俗、道德、文化、民族的研究,关于文化或历史过程产物的研究,揭示了超越地理或种族分离障碍的社会联系的类型,并揭示了在有紧密地理联系或共同种族纽带的地方,阻止沟通的社会孤立形式。

关于孤立民族的文献的范围从调查文化发展的停滞,例如澳洲土著,南方各州的山区白人,或者皮特科恩岛居民[①],到研究隐居民族、印度种姓体系或者被抛弃的群体——例如弱智族群或村庄,罪犯兄弟会,卖淫行业的地下世界。关于方言、民间传说和地方主义的专门研究展示了空间隔离如何固化言语、态度、风俗和道德上的差异,而这些差异即使是在地理分隔已经消失之后,又会反过来强化孤立。

---

① 皮特科恩岛(Pitcairn Island),南太平洋小岛,英国属地,1790 年逃到该岛的几名英国军舰的哗变水手和十几名塔希提岛居民在此定居,成为最早居民。该岛与世隔绝,即使是今天也很少与外界来往。——译者注

毫无疑问,菲什伯格(Fishberg)①的著作《犹太人:一项种族与环境的研究》对从社会学角度研究孤立做出了最重要的贡献。作者指出,犹太人的孤立既不是自然环境也不是种族的结果,而是社会障碍造成的。在以色列人多年的流散过程中,犹太教一直得到两个因素的保存:阻止与非犹太教徒密切接触的分离性仪式,以及鼓励和强化孤立的欧洲基督教神权政治铁律。

3. 孤立与人格

哲学家、神秘主义者和宗教狂热分子总是强调冥想的隐秘状态,为了与神愉快交流而退隐,以及远离尘世的污垢。1784—1786年,齐默尔曼(Zimmermann)②写了一篇详尽的文章,在其中他详述了"是在社会中还是在独处中能更道德地生活这个问题",在第一部分"偶尔退隐对精神与心灵的影响"和第二部分"从社会中完全退出对精神与心灵的恶性影响"中对此进行了思考。

关于孤立对个人成长的影响的实际研究,更多的是针对未来的承诺而不是目前的成就。关于野蛮人案例的文献实际上都是没有受过现代科学方法训练的人观察到的奇闻轶事,但是"阿维隆野人(the savage of Aveyron)"③的案例得到法国哲学家和耳科医生伊塔德(Itard)④的深入研究。他对其心智与社会成长寄予厚望,经过五年耐心、多样但也徒劳的教育尝试之后,他承认自己非常失望,"由于我的痛苦消失以及徒劳无功,你自己回到你的森林和原始体验之中吧;或者假如你新的期望使你依赖于社会,那么你就因自己无用

272

---

① 莫里斯·菲什伯格(Maurice Fishberg,1872—1934),美国体质人类学家。——译者注

② 约翰·格奥尔格·齐默尔曼(Johann Georg Zimmermann,1728—1795),瑞士哲学家、博物学家,代表作《独处》(Solitude)。——译者注

③ 阿维隆野人是1798年在法国南部阿维隆省的山区里发现的一个自小在狼群里长大的男童,被发现时大约10—12岁,习性如狼,不晓人言。医生伊塔德对他进行了教育训练研究,培养其社会性,他虽然最终没能学会说话,但行为上还是有了进步。他于1828年因肺炎死于巴黎。——译者注

④ 让·马克·加斯帕德·伊塔德(Jean Marc Gaspard Itard,1774—1838),法国医生,智障儿童教育的开创者。——译者注

而遭到惩罚,并且去到比赛特尔,在悲惨中死去吧。"

在重要性上仅次于野蛮人例子的是对单独监禁效果的研究。莫塞利在其广为人知的自杀研究中,用统计数字表明,在监禁期间,关押在绝对隔离系统中的罪犯和关押在交往系统中的罪犯相比,自我毁灭的频率要高很多倍。对纽约奥本监狱、英国芒乔伊监狱以及欧洲大陆上惩戒机构的研究显示了单独监禁在自杀、精神错乱、伤残和死亡案例增加中的影响。

在儿童研究、精神病学与精神分析中,已经开始研究不同类型的孤立对个人成长的影响。有些人已经注意到像聋哑与失明这样的身体缺陷对精神与人格的影响。对所谓的道德缺陷儿童——即在情感和同情反应上显示出缺失的儿童——的研究认为(作为部分的解释),他们是由于在婴儿期和幼儿期与母亲缺乏亲密接触。一项尚未进行但对这一观点有决定性影响的研究就是,对家庭中长大的儿童和机构抚养长大的儿童进行比较研究。

精神病学与精神分析在探索精神生活与人格时,已经把某些精神反常及社会反常与社会联系上的孤立关联起来。偏执狂与自我中心人格的研究带来的是发现了专一情结或宠儿情结。根据发展理论,独生子女家庭中的男孩或女孩被排除在兄弟姐妹的民主关系之外,导致了自我中心主义的病态人格。精神分析学家说,导致同性恋的一个原因是,在儿童期时与同性个体的正常联系被隔断。早发性痴呆的研究揭示了一种症状,而且这种精神病症的一个原因很可能是因为个体从正常的社会联系中退出,并且用想象替代了人与事件的真实世界。一位精神分析学家已经把早发性痴呆与封闭型人格关联起来。

与个人发展有关的隐私主题的文献是零散的,但也使将来的研 273
究大有前途。对内省型人格的研究认为,自我分析(self-analysis)对应于社会关系中对自觉与冲动的自我表达的抑制,至于理解退隐和隐私与个人审美、道德与创造性生活的关系的文献,可以在隐士、发明家和宗教领袖的生活中,在关于隐居、祈祷和冥想的研究中,在关于禁忌、声望、优越感与自卑感的研究中找到。

参考书目:孤立研究的文献

I. 孤立者独特的情感与态度

（1）Zimmermann，Johann G. *Solitude*. Or the effects of occasional retirement on the mind，the heart，general society. Translated from the German. London，1827.

（2）Canat，René. *Uneforme du mal du siècle*. Du sentiment de la solitude morale chez les romantiqueset les parnassiens. Paris，1904.

（3）Goltz，E. von der. *Das Gebet in der aeltesten Christenheit*. Leipzig，1901.

（4）Strong，Anna L. *A Consideration of Prayer from the Standpoint of Social Psychology*. Chicago，1908.

（5）Hoch，A. "On Some of the Mental Mechanisms in Dementia-Praecox，"*Journal of Abnormal Psychology*，V(1910)，255—73.〔A study of the isolated person.〕

（6）Bohannon，E. W. "Only Child，"*Pedagogical Seminary*，V (1897—98)，475—96.

（7）Brill，A. A. *Psychanalysis*. Its theories and practical application. "The Only or Favorite Child in Adult Life，" pp.253—65. 2d rev.ed. Philadelphia and London，1914.

（8）Neter，Eugen. *Das einzige Kind und seine Erziehung*. Einernstes Mahnwort an Eltern und Erzieher. München，1914.

（9）Whiteley，Opal S. *The Story of Opal*. Boston，1920.

（10）Delbrück，A. *Die pathologische Lüge und die psychischabnormenSchwindler*. Stuttgart，1891.

（11）Healy，Wm. *Pathological Lying*. Boston，1915.

（12）Dostoévsky，F. *The House of the Dead；or，Prison Life in Siberia*. Translated from the Russian by Constance Garnett. New York，1915.

（13）Griffiths，Arthur. *Secrets of the Prison House，or Gaol*

274

Studies and Sketches. I，262—80. London，1894.

（14）Kingsley, Charles. *The Hermits.* London and New York, 1871.

（15）Baring-Gould, S. *Lives of Saints.* 16 Vols. Rev. ed. Edinburgh, 1916.[See references in index to hermits.]

（16）Solenberger, Alice W. *One Thousand Homeless Men.* A study of original records. Russell Sage Foundation. New York，1911.

II. 孤立类型与社会群体的类型

（1）Fishberg, Maurice. *The Jews.* A study of race and environment. London and New York，1911.

（2）Gummere, Amelia M. *The Quaker.* A study in costume. Philadelphia，1901.

（3）Webster, Hutton. *Primitive Secret Societies.* A study in early politics and religion. New York，1908.

（4）Heckethorn, C. W. *The Secret Societies of all Ages and Countries.* A comprehensive account of upwards of one hundred and sixty secret organizations—religious，political，and social-from the most remote ages down to the present time.2 Vols.New ed.，rev.and enl.London，1897.

（5）Fosbroke, Thomas D. *British Monachism，or Manners and Customs of the Monks and Nuns of England.* London，1817.

（6）Wishart, Alfred W. *A Short History of Monks and Monasteries.* Trenton, N. J.，1900.[Chap. i, pp.17—70，gives an account of the monk as a type of human nature.]

III. 地理孤立与文化区域

（1）Ratzel, Friedrich. *Politische Geographie；oder，Die Geographie der Staaten，des Verkehres und des Krieges.* 2d. ed. München，1903.

（2）Semple, Ellen. *Influences of Geographic Environment，on the Basis of Ratzel's System of Anthropogeography.* Chap. xiii,

"Island Peoples," pp.409—72. New York, 1911.[Bibliography.]

(3) Brunhes, Jean. *Human Geography*. An attempt at a positive classification, principles, and examples. 2d ed. Translated from the French by T. C. LeCompte. Chicago, 1920.[See especially chaps. vi, vii, and viii, pp.415—569.]

(4) Vallaux, Camille. *La Mer*. (GéographieSociale.) Populations maritimes, migrations, pêches, commerce, domination de la mer, Chap.iii, "Les isles etl'insularité." Paris, 1908.

(5) Gerland, Georg. *Atlas der Völkerkunde*. Gotha, 1892.[Indicates the geographical distribution of differences in skin color, hair form, clothing, customs, languages, etc.]

275 (6) Ripley, William Z. *The Races of Europe*. A sociological study. New York, 1899.

(7) Campbell, John C. *The Southern Highlander and His Homeland*. New York, Russell Sage Foundation, 1921.[Bibliography.]

(8) Barrow, Sir John. *A Description of Pitcairn's Island and Its Inhabitants*. With an authentic account of the mutiny of the ship "Bounty" and of the subsequent fortunes of the mutineers. New York, 1832.

(9) Routledge, Mrs.Scoresby. *The Mystery of Easter Island*. The story of an expedition. Chap.xx, "Pitcairn Island." London, 1919.

(10) Galpin, Charles J. *Rural Life*. New York, 1918.

IV. 语言边界与民族

(1) Dominian, Leon. *The Frontiers of Language and Nationality in Europe*. New York, 1917.[Bibliography, pp.348—56.]

(2) Auerbach, Bertrand. *Les Races et les nationalités en Autriche-Hongrie*. 2d rev.ed. Paris, 1917.

（3）Bernhard, L. *Daspolnische Gemeinwesen im preussischen Staat*. Die Polenfrage. Leipzig, 1910.

（4）Bourgoing, P. *de. Les guerresd'idiomeet de nationalité.* Tableaux, esquisses, et souvenirs d'histoire contemporaine. Paris, 1849.

（5）*Cambridge Modern History*, Vol. XI, "The Growth of Nationalities." Cambridge, 1909.

（6）Meillet, A. "Les Langues et les Nationalités," *Scientia*, Vol. XVIII, (Sept., 1915), pp.192—201.

（7）Pfister, Ch. "La limite de la langue française et de la langue allemande en Alsace-Lorraine," Considérationshistoriques. *Bull. Soc. Géogr. del'Est*, Vol. XII, 1890.

（8）This, G. "Diedeutsch-französische Sprachgrenze in Lothringen," *BeiträgezurLandes- und Volkskunde von Elsass-Lothringen*, Vol. I, Strassburg, 1887.

（9）———. "Die deutsch-französische Sprachgrenze in Elsass," ibid., 1888.

V. 作为一种孤立因素的方言

（1）Babbitt, Eugene H. "College Words and Phrases," *Dialect Notes*, II(1900—1904), 3—70.

（2）———. "The English of the Lower Classes in New York City and Vicinity," *Dialect Notes*, Vol. I, Part ix, 1896.

（3）———. "The Geography of the Great Languages," *World's Work*, Feb.15(1907—8), 9903—7.

（4）Churchill, William. *Beach-la-mar: the Jargon or Trade Speech of the Western Pacific.* Washington, 1911.

（5）Dana, Richard H., Jr. *A Dictionary of Sea Terms.* London, 1841.

（6）Elliott, A. M. "Speech-Mixture in French Canada: English and French," *American Journal of Philology*, X(1889), 133.

276

（7）Flaten, Nils. "Notes on American-Norwegian with a Vocabulary," *Dialect Notes*, II(1900—1904), 115—26.

（8）Harrison, James A. "Negro-English," *Transactions and Proceedings American Philological Association*, XVI(1885), Appendix, pp. xxxi—xxxiii.

（9）Hempl, George. "Language-Rivalry and Speech-Differentiation in the Case of Race-Mixture," *Transactions and Proceedings of the American Philological Association*. XXIX(1898), 31—47.

（10）Knortz, Karl. *Amerikanische Redensarten und Volksgebräuche*. Leipzig, 1907.

（11）Letzner, Karl. *Wörterbuch der englischen Volkssprache Australiens und der englischen Mischsprachen*. Halle, 1891.

（12）Pettman, Charles. *Africanderisms*. A glossary of South African colloquial words and phrases and of place and other names. London and New York, 1913.

（13）Ralph, Julian. "The Language of the Tenement-Folk," *Harper's Weekly*, XLI(Jan. 23, 1897), 90.

（14）Skeat, Walter W. *English Dialects from the Eighth Century to the Present Day*. Cambridge, 1911.

（15）Yule, Henry, and Burnell, A. C. *Hobson-Jobson*. A glossary of colloquial Anglo-Indian words and phrases, and of kindred terms, etymological, historical, geographical, and discursive; new ed. by Wm. Crooke, London, 1903.

VI. 作为一种孤立类型的身体缺陷

（1）Bell, Alexander G. "Memoir upon the Formation of a Deaf Variety of the Human Race." *National Academy of Sciences*, *Memoirs*, II, 177—262. Washington, D.C., 1884.

（2）Fay, Edward A. *Marriages of the Deaf in America*. An inquiry concerning the results of marriages of the deaf in America. Washington，D.C.，1893.

（3）Desagher，Maurice. "La timidité chez les aveugles," *Revue philosophique*，LXXVI(1913)，269—74.

（4）Best，Harry. *The Deaf*. Their position in society and the provision for their education in the United States. New York，1914.

（5）———. *The Blind*. Their condition and the work being done for them in the United States. New York，1919.

VII. 野性的人

（1）Rauber，August. *Homo Sapiens Ferus*；oder，Die Zustände der Verwilderten und ihre Bedeutungfür Wissenschaft，Politik，und Schule. Leipzig，1885.

（2）Seguin，Edward. *Idiocy and Its Treatment by the Physiological Method*. pp.14—23. New York，1866.

（3）Bonnaterre，J. P. *Notice historiquesur le sauvage de l'Aveyron，et sur quelques autres individus qu'on a trouvés dans les forêts à différentes époques*. Paris，1800.

（4）Itard，Jean E. M. G. *De l'éducation d'un hommesauvage，et des premiers developpemens physiques et moraux du jeunesauvage de l'Aveyron*. pp.45—46.Paris，1801.

（5）Feuerbach，Paul J. A. von. *Caspar Hauser*. An account of an individual kept in a dungeon from early childhood，to about the age of seventeen. Translated from the German by H. G. Linberg. London，1834.

（6）Stanhope，Philip Henry［4th Earl］. *Tracts relating to Caspar Hauser*. Translated from the original German. London，1836.

（7）Lang，Andrew. *Historical Mysteries*. London，1904.

（8）Tredgold，A. F. *Mental Deficiency*. "Isolation Amentia," pp.297—305.3d rev.ed. New York，1920.

主题相关的论题

1. 作为独创性条件之一的孤立。

2. 社会联系与孤立和历史发明与发现(如引力定律、孟德尔遗传法则、电灯等)的关系。

3. 孤立的类型:隐士、神秘主义者、先知、异乡人和圣徒。

4. 孤立、隔离和身体缺陷:例如失明、聋哑、身体残障。

5. 孤立区域和文化迟滞:南方山民、皮特科恩岛民、澳大利亚土著人。

6. "道德"区域、孤立与隔离:城市贫民窟、恶习地区、"犯罪滋生地"。

7. 对比弱智者隔离的受控过程和自然过程。

8. 孤立与精神错乱。

9. 家庭中的隐私。

10. 孤立与声望。

278

11. 作为人格侵害之防御手段的孤立。

12. 作为一种孤立形式的民族主义。

13. 生物免疫与社会免疫:或者说对于感染的生物免疫,对于社会道德败坏的个人或群体免疫。

14. 独生小孩。

15. 从孤立观点来看待病理性撒谎者。

讨论问题

1. 孤立与社会交往之间的区别是相对的还是绝对的?

2. 多种孤立形式中(空间的、结构的、习惯的和心理上的),你身上发生过什么例证?

3. 孤立通过什么过程影响种族差异?

4. 内婚制和外婚制与(a)孤立和(b)成功血统或种族的建立之

间是什么关系?

5.作为种族类型的犹太人和美国人以什么方式证明了孤立和联系的后果?

6.你理解的培根的孤独定义是什么?

7.“一个伟大的城镇就是一个伟大的独居之处”这句话说明了什么?

8.什么是虚构同伴的孤独者创造的社会学?

9.个人在什么条件下宁愿独居而不是待在社会里?给出例证。

10.祈祷中使用什么手段来确保孤立?

11.解释“祈祷有价值,因为它发展出了个人自我实现的本质社会形式”。

12.在理想自我的发展中,社会交往与隐私的相互关系是什么?

13.你理解的学识与独创性之间的关系是什么?

14.孤立以什么方式(a)促进或(b)阻碍独创性?除了孤立,还有其他什么因素与独创性有关?

15.隐私有什么价值?

16.修道院有什么价值?

17.你从野人案例的研究中得出什么结论?这些案例证明了亚里士多德关于孤立影响个人的理论吗?

18.海伦·凯勒关于她如何打破孤立障碍的叙述有什么意义?

19.哈德森描述的独处的心理影响是什么?你如何解释卢梭和哈德森对独处影响的描述之间的区别?

20.加尔平如何解释孤立与“乡村心态”发展之间的关系? 279

21.孤立对在农村长大的年轻男女有什么影响?

22.林肯是孤立的产物还是社会交往的产物?

23.农村问题在什么程度上是孤立的后果?

24.你怎么理解托马斯的表述:“野人、黑人、农民、贫民窟居民,以及白人妇女都是排斥的显著受害者”?

25.有其他什么微妙的孤立形式发生在你身上吗?

26.孤立总是被视为一种缺点吗?

27. 你怎么理解作为一个过程的种族隔绝？

28. 给出不同于已经提到的那些由于孤立而遭到种族隔绝的群体例证。

29. 你如何描述孤立使弱智者遭到隔绝的过程？

30. 为什么一个隔绝群体——就像弱智者这样——会变成一个孤立群体？

31. 隔绝导致孤立的其他例证是什么？

32. 你如何参照孤立区域的数量和分布来比较欧洲和其他大陆？

33. 你认为起源地对历史上种族的影响其本质是什么？

34. 关于(a)中心位置或(b)边缘位置的影响，你会从世界大战中举出什么例证？

35. 你如何解释古希腊内陆和沿海城邦居民特征上的对比？

36. (a)希腊城邦的崛起，(b)希腊的知识发展和(c)希腊的历史，可以在多大程度上可以用地理孤立来解释？

37. 你可以在什么程度上用孤立来解释，和欧洲的进步相比，非洲的文化迟滞？

38. 是种族还是孤立能更充分地解释以下法国几个区域的文化差异——离婚，自杀强度，判决的分布，男人写信的相对频率？

39. 乡村和城市人口移出和移入与孤立有什么关系？

40. 自然区位和邻近区位有什么差别？

41. 孤立以什么方式影响民族的发展？

42. 区域中的地理位置与文学的关系什么？

第五章 社会联系

I. 引　言

1. 社会联系的初步概念

基础的社会过程是互动过程。这种互动是(a)人与人和(b)群体与群体之间的。互动最简单的方面或其初级阶段是联系,可以把联系视为互动的初始阶段,或者是后续阶段的预备。在对社会互动机制进行更困难的研究之前,需要分析社会联系现象。

"我和谁联系?"常识对此问题早有答案。

首先,通过感官形成直接的联系圈子,触摸是最亲密的联系类型。除了触摸,面对面的关系包括听觉和触觉,说话和倾听以其独有的特性建立起人与人之间的联系纽带。

即使在普通用法中,"社会联系"(social contact)这种表达也超越了触觉、视觉和听觉的直接反应所固定的界限。其范围已经扩展到包括通过所有形式的沟通,即语言、信件和印刷品,通过电话、电报、无线电和电影为中介的联系。沟通工具的演化已经发生在两个单独的感官领域里,即听觉和视觉。触摸仍然局限于初级交往领域。但是具有精巧交流机制的报纸把伦敦、莫斯科、东京发生的事件公之于众,而电影则用现实的幻象给我们展开了远方土地和外国人民的景象。

通过商业,社会联系的疆域进一步扩展到最广阔的领域。比如,经济学家在他们的社会概念中包含了在世界经济范围里,个体与社群的竞争与协作创造出来的错综复杂的关系。社会联系概念中纳入了有意和无意的相互影响，能够使一个传教士村社的成员与非洲赤道地区的野蛮人联系起来；或者使脸色苍白的吸毒成瘾者与贝拿勒斯(Benares)①鸦片种植园里黑皮肤的印度劳工发生联系；或者让早餐桌上大口喝咖啡的人与爪哇的种植者产生联系；或者使太平洋上香料货船的船员与美国的食品批发和零售商发生联系。总之，每个人都以一种真实的——尽管隐蔽迂回——方式与世界上的其他每个人相联系。这种联系远离熟悉的日常生活体验，对于知识分子和神秘主义者却具有现实性，而只有在协作被打破，或者竞争成为有意识并转化为冲突时，才能被大众所领会。

关于联系的三种流行意义强调(1)感官反应的亲密性，(2)借助基于听觉和视觉的通讯装置，联系得到扩展，以及(3)社会生活的结构创造并保持的团结和相互依赖，这种结构是在世界范围的竞争与协作过程中，由错综复杂和无形的人类利益链条编织而成的。

2. 社会学的联系概念

社会学中"联系"概念的使用不是对其习惯意义的背离而是发展。在前一章里有人指出，孤立与联系之间的区别是相对的而不是绝对的。一个社会的成员即使在空间上分离，但通过感官的感知与思想的交流，仍然有社会性的联系，而且还可能被动员到集体行为中。对这种状况，社会学感兴趣的是这样的事实：人与群体之间的各种社会联系决定了行为。比如，美国社会问题的学者认识到，必须要理解外国人与本地人、白人与黑人、雇主与雇员的联系中包含的相互作用。换句话说，联系作为社会互动的最初阶段，指导和控制着这一过程的后续阶段。

为了某些目的，从空间来构想联系是最方便的。人与人的联系、群体与群体的联系可以用**社会距离**单位来绘制。这允许用分离单元和联系单元来对顺序关系或共存关系进行图形化再现。现在，

---

① 贝拿勒斯(Benares)，印度东北部城市。——译者注

这种空间概念可以用于解释社会联系中的阅读行为。

3. 文献分类

在社会学文献中,已经出现社会联系类型之间的某种区分。物质性联系与社会性联系被区别开;"内群体"中的关系被认为不同于"外群体"的关系;具有历史延续性的联系与流动性的联系相比较;初级联系从次级联系中生发出来。用空间术语阐述这些区别,能达到什么程度? 有什么优势呢?

A) **作为社会联系的基础之一的土地**。——个人与民族在地球上的位置给我们提供了一幅社会联系之空间概念的平实图景。意大利农业社区的家庭集群表明,和美国农村的孤立农场相比,它们的社会生活是不一样的。在庞大的美国地图上,每个家庭都被一个点标明出来,这以图示的方式代表了在干旱地区、空旷的农村、小村子、大村子、小镇和城市影响群体行为的某些不同条件。人们活动的详细制图足以呈现出每天、每周、每月和每年流程的变化,这无疑揭示出了在社会联系的亲密度和强度中有趣的同一性与差异性。参照人们日常生活的流程来对他们进行分类是可能的,也是有益的。

B) **作为社会联系之生理基础的触摸**。——空间概念上来说,最紧密的联系可能就是触摸。然而,触觉感知涉及的身体接近只是对联系做出反应的强度的象征,对于联系的渴望和厌恶,就像克劳利(Crawley)在其论文里展示的,是在人类生活最亲密的关系之中产生的。爱与恨、渴望与厌恶、同情与敌意随着亲密关联的加强而增加。目前的一种社会学谬论就是,亲密联系只会导致善意的增长。事实上,随着联系的增加,结果可能是吸引也可能是排斥,这根据情境和尚未充分分析的因素而定。联系的特定状况——例如其延续时间很长,频繁的重复——就像与正常联系相隔离的情况一样,可能使喜爱与厌恶的最初冲动与情感出现反转。[①]

---

① 亚历山大·蒲柏早就以流畅的手法、奇妙的措辞,具体描述了这种反常的过程:"恶是样子如此让人毛骨悚然的魔鬼,睹其恶行,恨由心生;耳濡目染,日渐熟悉;先容忍,再怜悯,进而拥抱。"

C) **"内群体"和"外群体"的联系**。——就距离而言的"我们群体"的概念指的是,在这种群体中,各个单元的团结是如此完整,以至于所有人的活动和情绪完全参照群体的利益和行为来进行规范。内群体对其成员的这种控制,使其在与外群体的关系中变得坚固和不可逾越。萨姆纳在其《民俗论》里指出,内部意气相投的联系和群体自我主义如何产生双重的行为标准:内群体成员中的善意与协作,以及针对外群体及其成员的敌意和怀疑。而最重要的一点可能是谢勒(Shaler)[1]对同情与分类别交往的区分。他描述了从外群体联系向内群体联系,或者说从疏远关系向亲密关系的转变,从远处来看,一个人具有他所属群体的特征,在密切的交往中,他暴露出他的个性。

D) **历史延续性与流动性**。——历史延续性保持着现在与过去的身份,意味着存在一套传统,从老一代向年轻一代传递。以传统为中介——包含所有的学习、科学、文学与实用艺术,更不用说口头传统,它们在生活中占据的部分比我们想象的还多——历史与文化生活得以保存。这就是人类较长儿童期的意义,在这个时期,年轻的一代人在老一代的照顾与保护下生活。当由于任何原因,年轻一代与老一代的联系被打破——正如移民中的状况那样真实——非常明显的文化退化就会接踵而至。

流动性联系是变迁中的当下的联系,并衡量社会生活与活动——发现时间、目前的书、正在发生的流行与时尚——所能提供的刺激因素的数量和多样性。流动性联系给予我们新奇事物与新闻。正是通过这种联系,变迁得以发生。

因此,流动性衡量的不仅是一个人从旅行和探险中获得的社会联系,还有通过传播媒介提供给我们的刺激与主张,通过这些媒介,情感和观念进入社会循环。通过报纸,今天的普通人参与到他们时代的社会运动中,另一方面,他的无知使他忍耐着过去,对他村子之

284

---

[1] 纳撒尼尔·谢勒(Nathaniel Shaler,1841—1906),美国古生物学家和地质学家。——译者注

外的世界潮流无动于衷。现代社会的节奏可以用通讯装置的相对完善以及情感、意见和事实循环的迅捷来衡量。确实，衡量任何社团或群体的效率，不能仅仅根据活动数量或物质资源，还应通过流动性，以及借助沟通与公开，对共同传统与文化的获取。

E）**初级与次级联系**。——初级联系是"亲密的面对面的交往"；次级联系则是外部与较远距离的交往。关于初级联系的一项研究指出，这种联系的范围分为两个区域：一个是亲密行为，另一个是熟识行为。在下图中，已经细分了亲密联系的领域，包含了（x）一个更为亲密的圈子，（y）更广的熟人圈子。完整的图示展示在第285页。

最密切的亲密联系是（a）通常在家庭里产生的，以情感来体现的那些联系，特别是在父母和孩子、丈夫和妻子之间；还有（b）家庭之外那种交情与喜爱，就像两个恋人、知己好友和酒肉朋友。这些关系都是渴望回应的表现。这些个人关系是人性与人格成长的温床。在心理学实验室里研究了几百名新生儿的约翰·华生得出结论："最初几年对于塑造儿童的情感生活来说是重中之重。"[1]库利富于同情心地写到的首要美德和理想，多半来自家庭生活的规划。当然，在家庭圈子的联系里，在最密切的朋友关系里，在最亲密的生活关系中，人格经受最严厉的考验，实现其最独特的表达，或者是最彻底的混乱。

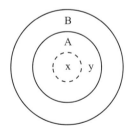

图3　A. 初级联系；x. 更亲密的圈子；y. 熟人关系；B. 次级联系

---

[1]　H. S. Jennings, John B. Watson, Adolph Meyer, and W. I. Thomas, "Practical and Theoretical Problems in Instinct and Habit," *Suggestions of Modern Science Concerning Education*, p.174.

就像家庭生活代表着触摸与反应的联系，邻里或村庄是天然的初级联系的区域，而城市是次级联系的社会环境。在初级联系中，个体在他们生活的所有方面与每个人都有切实的联系。在村庄里，每个人都知道自己之外每个人的每件事，行为准则是绝对的，社会控制是全面的，家庭与个体的地位是固定的。在次级联系里，个体仅在其生活的一点或两点上彼此联系。在城市里，个体变成匿名的，最好情况下他也只在其生活的一两个方面为人所知。行为标准是相对的，古老的初级控制已经消失；新的次级规训手段——必然是正式的——在大多数情况下是粗糙和低效的；家庭和个体的地位是不确定的，并容易遭受社会等级突然上升或下降的影响。

齐美尔在对陌生人进行社会学意义的分析中，已经做出了杰出的贡献。社会学意义上的陌生人是在其社会关系中结合了初级和次级联系的个体。齐美尔在他关于陌生人的表述中采用了社会距离的概念，把距离远近结合起来。其有趣和有意义之处在于，确定教师与学生、医生与病人、行家与外行、律师和客户、社会工作者和救济申请人之间的关系中亲密性与外部性不同类型的结合。

从一个基于连续性联系和初级关系联系的社会，到一个围绕着次级联系组织起来的，流动性不断增加的社会，要对支撑它们的个人生活和文化生活的变化进行完整分析，这是不可能的。然而，可以阐述一下这种转变最明显的对比。社会里不断增加的个人流动性几乎不可避免地导致变迁，并因此失去连续性。在社会生活变动缓慢的初级群体里，具有比变动迅速的次级群体更强的连续感。

在直接且亲密的联系与基于思想交流的联系之间，即使没有冲突，也有进一步的对立。就像文德尔班已经指出的①，所有的价值观都取决于具体的体验，那也就是说，基于感官接触。社会就其围绕着次级联系进行的组织程度来说，以抽象、科学和技术为基础。这种类型的次级联系只有次级价值，因为它们代表的是手段而不是

---

① 见导论，pp.8—10。

目的。正如所有行为都来自感官印象一样,它也必定终止于感官印象,以实现其目的和获得其价值。在以次级联系为基础的社会中,生活的作用就是在冲动及其目的之间构建一个方法的世界,规划未来的价值,并指引生活走向遥远希望的实现。

当个人适应次级社会时,对他的最终影响就是,在城市人为的物质环境中为他的初级反应找到一种替代性的表达。个人与社会现实亲密、直接、自发的联系相脱离,这很大程度上是导致城市生活错综复杂的原因。

从工业革命开始,经济与社会生活中出现了从具体和个人的联系向抽象和非个人联系的转变。机器是非个人的、不需技艺的、大规模生产的枯燥规程的象征,因为手工工具是个人的、熟练手工工作的有趣活动的象征。在现代工业匿名的标准化生产中,所谓的"技艺本能"不再能找到表现之处。①

人对反应、认知和自我表达的自然冲动不只是在工业里止步不前。在社会工作、政治、宗教、艺术和运动里,个体现在已由代理人代表,而以前是他亲自参与。以前所有人共享的所有形式的公共活动已经被专业活动替代。在现代社会的大多数社会活动中,大多数人不再是表演者,而是观众。当前时代的普通人由于职业政治家的影响,已经降格为纳税人的角色。在社会工作中,有组织的慈善已经介于施予者和穷人之间。

通过这些方式及其他多种方式,人造的城市生活环境已经剥夺了人们表达兴趣和力量的大多数自然渠道。这一事实很大程度上要归因于焦躁不安、对新奇和兴奋的渴望,这都体现了现代生活的特征。这种情绪动荡已经被报纸、商业化娱乐、时尚作为资本,而且它们呼吁把感觉、情绪和本能从对初级群体生活令人满意的迷恋中解脱出来。社会工作存在的理由和城市生活中所有社会制度的基本问题,必须从它们与这种背景的关系来理解。

---

① Thorstein Veblin, *The Instinct of Workmanship*, *and the State of the Industrial Arts*. (New York,1914.)

II. 文　　选

A. 物质联系与社会联系

1. 社会联系的边界①

社会学专门处理联系现象。人与人之间自愿或不自愿的联系导致的反应是特殊的"社会性"现象,这与属于生物和心理的现象相区别。

我们首先要指明的,不是社会联系的本质,而是社会联系的区位、范围和程度。假如我们能同意它在哪里,我们就能发现它是什么。作为一个术语,"社会的"是超越"个人的"。为了便于分析,假设我们的视错觉——"个体"——是一个孤立且自给自足的现实,那就有很多不需要超越这个事实的科学问题来满足它们特定的称谓。个体是否能从其环境中抽象出来并保持自我,这不是我们这里需要讨论的问题。无论如何,我们经验所知的个体不是孤立的。它以很多方式与一个或更多个体相连接。个体彼此之间连接的不同方式由包容性的术语"联系"来表示。然后,从个人开始,在其所有的维度上测量他,并且在其所有的阶段呈现他,我们发现,每个人是什么样,要凭借其他人的存在,凭借每个人与以前或同时存在的其他人之间的交互影响。我们向最后的中非土著撒下文明之网,给他们灌输对威士忌的渴望,增加了对我们酿酒厂产量的需求,影响到美国的国内税收,以及我们人民中每个成员的生活状况。这就是我们用"联系"所表达的意思。只要非洲部落对外部世界一无所知,并且世界(就欧洲世界而言)对他们也不了解,部落也就不存在。当部落接触到世界其他地方的时候,世界联系的聚合就得到扩大,社会世界也就得到扩展。换句话说,社会的领域是个体以

289

---

① 选自 Albion W. Small, *General Sociology*, pp. 486—89.（The University of Chicago Press, 1905.）

及个体组成的群体之间交互影响的循环领域。"联系"这个普遍性概念就是为了这个领域而提出来的,因为这是一个无需预先判断其内容就能标出边界的中性词汇,哪里有人与人之间身体或精神的联系,哪里就不可避免地会有影响力的交换循环。社会领域就是由这些交换构成的领域,它从母亲生育婴儿,同时婴儿也在塑造母亲扩展到世界大国生产出商人和士兵,以及商人和士兵塑造世界大国。

要指明社会学应该考虑的所有现象,又不引入意在解释的草率假说,最普遍和最包罗万象的方法就是主张它们是人与人之间"联系"的现象。

按照心理学与社会学之间劳动分工的说法,似乎最好是把个体内部发生的一切现象留给心理学家,而社会学家的工作可以从个体之间发生的事情开始。这种分工原则并不是能够绝对保持的原则,我们顶多能绝对保持其他任何抽象的实际行动分类。但是,它产生了某种粗略的用途。作为社会学者,当个体已经具备了个性的时候,我们的工作就真正开始了。人成长的这个阶段既是或多或少在一起的人们生活的原因,也是结果。在这些环境下,个体被生产出来;他们作为个体采取行动;通过他们作为个体的行动,他们生产出某种类型的社会。这些社会形态对个体做出反应,并帮助他们转变为不同类型的个体,他们反过来又产生出改进型的社会;这种节奏是永远在持续的。如今,所有这些事情得以发生的中介就是联系的事实——不论是身体上的还是精神上。在这两种情况下,联系都是个体利益的碰撞。

2. 土地与民族①

每个氏族、部落、国家或民族都包括两种观念:一个民族及其土地,要是没有后者,前者是不可想象的。历史学、社会学、人种学只 290

---

① 选自 Ellen C. Semple, *Influences of Geographic Environment*, pp.51—53。(Henry Holt & Co., 1911)

触及了地球上有人居住的区域。这些区域由于占据它们的人而获得最终的意义；它们当地的气候状况、土壤、自然资源、物质特征以及地理形态是实际或可能的居民得以发展的最重要因素。要完全理解一块土地，只有去研究它对其人民的影响，要理解一个民族，也不可能脱离它的活动地域。比这更重要的是，要完全理解人类行为，只有把世界不同地区曾激励他们的多种地理条件联系起来才行。至于航海、农业、贸易的演化原则，就像人口理论一样，永远不可能达成正确与最终的表述，除非产生结论的数据来自世界每个部分，并且每个事实都按照它所起源的当地状况来进行解释。所以，人类学、历史学和社会学应该被地理学渗透。

　　大多数社会学体系探讨人的时候，就好像人在某种程度上与地球表面是分离的；它们忽视社会的土地基础。人类地理学家认识到多种社会力量（经济的和心理的），社会学家把这些力量视为社会的黏合剂，但是人类地理学家要补充某些东西。他在原始部落或高度组织化国家占据的土地上看到了维系社会的潜在物质纽带，这是基本社会活动的最终基础，而社会活动都从土地上衍生出来。他看到共同的领地发挥着整合性的力量——在群体与其土地只建立起轻微和临时性关系的原始共同体里，这种力量是薄弱的，结果，这种低下的社会合成体就像其有机对应物（在阿米巴虫里发现的低等动物有机体）一样被轻易打破了；他看到，随着文明的每一次进步，地域纽带变得更强，涉及人与土地更复杂的关系——定居居民，不断增加的人口密度，对土地进行区别性利用和高度差异化利用，矿物资源的开发，以及最后商品和思想的广泛交换，这意味着建立多种外部领土关系。最后，现代社会或国家已经发展到自己的每一寸土地上，运用其每一种地理优势，利用其地理区位进行国际贸易，以使自己富足，并且只要可能的时候，就通过殖民手段来吞并边远的领土。这种地理基础越广阔，资源就越丰富越多样，越有利于其开发趋势，社会群体的成员通过地理基础建立的彼此联系就越多越复杂。或者，换句话说，其最终的历史意义就越伟大。

3.接触与社会联系①

关于人类关系的普遍观念是性别禁忌得以运作的中介,而且这些观念现在必定已得到检验。假如我们一般性地比较社会禁忌或其分支即性禁忌的现实,我们发现,对人类关系——无论是**类属**还是**物种**上——的最终检验就是**联系**。在此线索指引下,一项关于人与人之间关系的原始观念的调查将揭示构成性禁忌的理论与实践基础的原则。如我们已经看到的,这种禁忌从性别差异中产生,并由于职业差异和性别团结而强制延续,这种隔离得到宗教概念的持续支持,就像对人类关系一样。这些概念以联系为中心,而联系观念是任何文明阶段所有人类关系概念的根源;联系是一种对相互关系的普遍性检验,因为它是最为基础的形态。心理学证明了这一点,而且重点是心理上的而不是人种上的。

如同我之前已经指出并且有机会还会再次做的那样,在心理学帮助下,一项关于普通现代人情感和观念的比较性考察是对人种学研究最有价值的帮助。在这种联系中,我们发现对身体联系的期待或意愿是一种动物性的情绪,或多或少是潜意识的,这是相似性、和谐、友情或爱的特征。在全世界,朋友间打招呼是通过接触来表达的,不论是摩擦鼻子、亲吻、拥抱或握手;因此,男孩普通的友情表达是手臂和肩膀的接触。对于我们的目的来说,更有趣的是爱这种情感联系的通用表达。触摸情人是相爱者永远存在的欲望,在这种冲动之中,即使我们不把它追溯到——因为我们可能没有想象力——原子里固有的磁性或性的吸引力(即恩培多克勒的爱,φιλία),我们也可以为爱的开始和结束定位。在分析的时候,情感总是会回到接触上。

进一步说,当触摸的人是健康的时候,可以随处发现接触的意愿,假如接触的人不洁净,但来自相同的年龄、阶级或种姓,以及相同的性别,我们也可以接触。

292

---

① Ernest Crawley, *The Mystic Rose*, pp.76—79.(Published by The Macmillan Co., 1902. Reprinted by permission.)

　　另一方面,在缺乏和谐、友情或爱的地方,回避接触——不论是有意还是无意呈现出来的——仍然是人类关系的普遍特征。这出现在人们对病人、陌生人、远方的熟人、敌人的态度上,以及年龄、地位、同情或目的不一样,甚至是性别差异等情况上。俗语里到处是说明这种感觉的短语。

　　情绪病理学再次提供了很多奇怪的案例,这些案例似乎整个集中到了触摸的感觉上,对接触有不正常的欲望或厌恶;而且在心理愉悦和痛苦导致的情感演变中,在环境的功能性满足或不满足上,接触都起着重要的作用。

　　其次,存在着一些事实,首先,所有感觉里都存在着思想要素,虽然感觉制约着思想;其次,所有的感觉都有紧密的联系,这既是在起源里——所有感觉都是原始触摸感的变体,也在其后续发展里——专门的器官始终是通过有机体敏感表面的触觉感来达成协调的。这里,我们再次看到了联系观念的起源,它正是通过皮肤和感觉器官薄膜的触觉敏感性,形成了一种敏感化和保护性的表面。神经系统向大脑传递关于外部世界的信息,这种信息最初都是对冲击的反应。不亚于现代物理学的原始物理学认识到,接触是一种变化了的打击形式,这些考虑表明,接触不仅仅在精神生活中扮演着重要的角色,必定也对观念的发展具有深远的影响。如今可以假设,联系的观念已经成为人类关系里一种普遍性与原初性的固定因素,而且始终如此。应该强调后一种假设,因为我们发现,位于原始禁忌深处的观念始终是人类本性的关键部分,尽管这些禁忌里的宗教内容大多数已被腾空;而且还因为——如我所坚持的——仍然通行的仪式和规矩不可能具备这些禁忌所具备的活力,除非在它们背后有活生生的心理力量,例如我们从功能性过程直接产生的基本思想中找到那种力量。

　　这些联系的观念在这个词的每种意义上都是比较**原始的**,无论它们出现在文化的哪个阶段。它们在起源与特征上似乎都可以追溯到所有动物高度发达的敏感性,甚至是有组织的生活上——它们一起为整个有机体及其环境形成一种生物性的监控和保护。从这种敏感性里产生了涉及环境安全或危险的主观观念,而且对于人来说,我们可以假设这些关于其环境——特别是关于其同伴——的主观观念是他回避或期待联系的多种表现的源头。

最后可以看到,当禁忌的危险性比较突出的时候,附着于其上的最显著现象就是回避联系。在禁忌之中,"不被接触"的内涵是整个世界的显著点,即使是属于萨摩亚人和毛利酋长的永久性禁忌,也没有人敢于接触他们;我们同样可以推断,在所有这样的关系里都潜藏着同样的厌恶。

B. 与团结和流动有关的社会联系

1. 内群体与外群体①

我们应该形成的"原始社会"概念是那种分散在一片地域里的小群体。群体规模取决于生存斗争的状况。每个群体的内部组织与其规模相一致。一组群体彼此之间会有某些关系(亲戚、邻居、联盟、婚姻和商业),从而把他们吸引到一起并把他们和其他群体区分开。所以,在我们自身——我们群体(we-group)或内群体(in-group),以及其余每个人——或者说他者群体(others-group)、外群体(out-group)之间出现了分化。在我们群体中的内部人彼此之间存在着和平、秩序、法律、政府和产业的关系。它们与所有外部人——或他者群体——的关系是战争与掠夺,除非有协议改变了这种关系。假如一个群体是实行异族通婚的,它的妇女是在群体外某个地方出生的。在这个群体中可能发现的其他外来人就是被收养的人,做客的朋友和奴隶。

我们群体中友好与和平的关系,与针对他者群体的敌意和战争是相互关联的。对外战争的迫切需要能够在内部达成和平,以免内部的不和会弱化我们群体的战争能力。这些迫切性还在内群体中

① W. G. Sumner, *Folkways*, pp.12—13.(Ginn & Co., 1906.)

形成政府和法律，为的是阻止争吵与强化纪律。所以，战争与和平相互作用、相互发展，一个是在群体内，另一个在于群体间的关系。邻里越紧密，他们就越强大，战争就越激烈，所以内部组织和纪律就越强化。情感的产生是为了协调。对群体的忠诚，为它而牺牲，憎恨与蔑视外人，内部的兄弟情谊，对外的好战——所有这些一起成长，是同样情况下的共同产品。

种族中心主义是技术性名称，指的是这种观点：一个人所属的群体是其每件事的中心，并参照这一点来评价所有其他人。与之对应的民俗覆盖了内部和外部关系。每个群体都培育出它的自尊与虚荣，夸耀自己的优越性，提升自己的神性并蔑视外人。每个群体认为自己的民俗是唯一正确的，假如发现其他群体有别的民俗，这会激起他的蔑视。无理的言辞就来自这些差异。"吃相像猪"，"吃相像牛"，"异教徒"，"说话荒唐的人"，就是这种轻蔑与厌恶的言辞。

2. 同情性联系相对于区别性联系①

现在，让我们考虑当两个人——彼此都只是陌生人——在一起的时候会发生什么。我在另一章里已经考虑过的分类的动机能让他们同时认识到正在接近的对象是活着的，然后视为人类。身材和服饰带来的分类过程更为深入，所以它们被分组，比如这样那样的部落或社会阶级，而且当作出这些决定的时候，它们会唤起恰当的同情或怨恨，譬如通过经验而与几种类别相关联。可以发现，这些判断是天然生成的、本能的和不被人注意的。它们得以形成，是通过人们从祖先时代动物和人的生活里继承的联系艺术中的古老教育；它们很可能在某种程度上得到选择的确认，由于这些关于邻里性质的决定处于动物和人至关重要的较低级的生存阶段，这些生物的生存或死亡是根据它们的好或坏、快或慢来决定的。假如我们观察到我们的意识在这些接触中发生了什么，那我们将明白，这些行动的即时性就像眼睛受到威胁时眼皮的运动。如我们所说，在我们

① N. S. Shaler, *The Neighbor*, pp.207—27.(Houghton Mifflin Co., 1904.)

认识到它之前就已经发生了。

关于人类联系的条件——特别是当我们首次彼此相遇时发生的事情——让我们看到在近距离交往中发生了什么。我们已经发现，在任何熟人最初相识的时候，同伴关系不可避免地用分类的方式来处理，他作为一个群体的成员被接受，群体通过一些方便的信号被指明给我们；随着我们对特定人的了解得到加深，这种分类总是会得到认可。它的边界被推向这个或那个方向，直到它们被打破。在此过程中要注意的是，类别为自己而战，或者我们为它而战，以至于当前真理与偏见之间战斗的结果总是让人怀疑。正是在这里，知识，特别是通过个人体验而获得的知识是最有帮助的。不明情况的人在较近观察犹太人的时候开始发现，这些家伙就是像他自己，被他的分类以原始的方式占据。这种生物是一个犹太人，所以亲属关系的迹象不能算在内。消息灵通的人是或者应该是习惯于修改他的分类。事实上，他可能记得，他正在打交道的是一个种族的邻居，这个邻居不仅给了我们基督，还有已经塑造了我们道路的所有可接受的先知，他的理解帮助我们消除了本能偏见的障碍。

在增进了解的阶段，获得了友情，分类开始从我们的脑海里消失。我们确实可以用分类被打破的程度来衡量这种关系的增长。通过仔细观察那些我们熟悉的人的精神状况，我们看到，他们中大多数人——尽管有点模糊——被分成了几组，虽然较近的几个人自己站在了前面，但离我们最近的人绝对是个人化的，所以我们对于他们的判断是以我们的动机和我们自己的理解为基础来做出的。我们可以对我们的爱人、配偶或子女使用分类的称谓，但是它们没有实际的含义，这些人对于我们来说是纯粹个体化的，包容性类别的所有痕迹都消失了；字面上来说，他们是我们的邻居，离我们是如此的近，以至于当我们看他们时，我们看不到其他任何东西，甚至是我们自己。

总结这些关于人与人联系的考虑，可以说这个世界是通过一种个体体系来运作的，系统规模的增长就像我们从无机到有机系列的进步，直到我们找到人类发展的顶点。所有这些个体的状况都是孤

296

295

立的,每个人必然都与这个领域中的其他所有人分开,每个人都受到影响,并且反过来对他自己所属的物种和其他物种扩散他的特殊影响。对于人类来说,这种孤立特别显著,因为人类是我们所知的这个领域唯一被赋予意识的生物,他能领会自己的地位并了解孤立的程度。对于所有个体来说,可识别的仅仅是现存的一小部分。对于人来说,这种表现的程度甚至对他自己来说也是非常小的,他能轻易向邻居表明的东西也只是真实整体一个非常有限的部分。正是在这种薄弱的基础之上,假如我们要在知识基础上发现同伴,就必须与同伴休戚与共。这种确定同伴的方法的不完善表现为我们对同伴进行分类的琐碎内容。正如已经提出的主张,那些在我们与人的关系中引入谅解,从而获得关于我们的知识的人可以做更多的事情,改进这种关系唯一有效的途径就是同情。

297 在帮助我们理解同伴这个方面,知识所能做的充其量就是解释同伴在现象世界里的位置;知识本身只有科学价值。同情式的接近方式其优点就是,通过这种方式,可以假定邻居是我们自身的另一种形态,所以我们本能地假设他在本质上就是我们自己。毫无疑问,这种看待其他个体的方法可能会导致很多错误。我们在人格化过程的所有阶段都能看到这些错误的例子,从野蛮人对树或石头的崇拜到文明人拟人化的上帝概念。我们还可以在必然会限制我们物种的,归属于低等动物的思想和感觉里发现它们,但是对于人类来说,认同概念使错误最小化,使真理最大化。它确实给出了我们能做出或能有效想象的任何科学研究所能获得的东西更为正确的结果,这是因为以下的原因:

当处于同情状态时,我们感到我们物种的邻居根本上就是我们自己,心照不宣的假设就是,他的需要和感觉就像是我们的一样,因为我们在不同时期的精神状态是彼此相像的,所以我们可以与他交换动机而不会有很强的陌生感。我们的意识里所具备的不是指导或教育的措施,不是等级、地位或其他后天的环境,而是他的基本特质。现在,这个假设是完全有效的。我们对人类的所有了解证明了这样的观点:在原始同情心涉及的所有素质和动机上,人类有惊人的相似。他们的爱、恨、恐惧和悲伤根本上来说都是相似的；所以，认为其他人根本上与某人自己类似，这种对同情心的假定并不是胡思乱想，而是一种已经确立的真理。它不仅体现在所有人思想和行动的判断上，还从我们能运用于它的所有科学上得到担保。

很容易看出，通过同情，我们如何能立即跨越把人与人分开的鸿沟。古往今来，所有利用有声或无声语言的装置都未能成功跨过这种空隙，并把两个人分开；但只需一步，同情精神就能跨越这条鸿沟。在这种奇怪特征之中，我们具备了无机个体与有机个体之间完全的差异序列。在较低等的或非生命的孤立之中，为什么各个单元应该有超出机械式的互动，这并没有什么理由，它们在这个领域所有的作用通过保持永远彻底的分离而生效。但是当我们来看有机物序列时，这些单元开始需要理解其邻居，以便它们能塑造道德秩序的开端，而道德秩序即使是在最低等物种的成员里也能发展起来。在这种同情式的和谐中产生了社群，我们在生命的较早阶段看到其简单的开端；它随着生物规模的扩大而增长，并在人类身上获得了至高无上的成就。人类社会——所有有机联合中最大规模的联合——要求它的组成单元因某种共同目的和理解而结合在一起，要有效达成这种团结，只能通过同情——通过基本亲属关系的本能信念。

3. 历史延续性与文明[①]

在涉及政治与经济制度的事项中，我们注意到各个天然种族之间文明的巨大差别。因此，我们要在它们之中寻找的不仅是文明的开端，还有其演化非常重要的部分。同样可以肯定的是，这些差异很少归结为天赋的多样性，而要归结为其发展条件的巨大差异。交换也发挥着其作用，公正的观察者经常被事实呈现出来的一致性而不是差异性所震惊。"真令人吃惊。"查普曼（Chapman）在思考达玛

[①]　Friedrich Ratzel，*The History of Mankind*，I，21—25.（Published by The Macmillan Co.，1896. Reprinted by permission.）

拉（Damaras）的习俗时惊呼道："全世界的人类家庭在方式和实践上是多么相似，即使在这里，达玛拉两个不同的阶级在仪式实践上和新西兰人是一样的，例如拔掉门牙和切断小手指头。"并不令人惊奇的是——正如同样的旅行者所注意到的——他们与贝专纳人（Bechuanas）的一致性却很小。如今，由于文明的本质首先在于积累经验，然后保持经验使其固定，最后才能承载它们走得更远或者得以增长。我们的首要问题必然就是，如何可能实现文明首要的基本条件，也就是如何以便捷、知识、权力、资本的形式储存文明的存量？长久以来，人们一致认为，第一步就是从完全依赖大自然的免费提供，转向以人的劳动进行有意识的开发，特别是在农业或畜牧业上，其产物对于人类来说是最为重要的。这种转变一下子就打开了自然最为遥远的可能性，但是我们必须时刻记住，从第一步走到如今已经达到的高度，始终是一条漫长的道路。

人的智力以及整个种族的智力在天赋的差异以及外部环境对其产生的不同影响上表现出很大的差异。特别是在智力存量的内在一致性及其固定性与延续性上的变化。缺乏一致性、智力存量的瓦解都标志着在文明的较低阶段，其一致性、不可转让性以及权力的增长并不亚于高级文明阶段。我们发现，在较低的文明阶段，由于缺乏传统，这些种族既不能在任何可预见的时期里保持关于他们较早命运的意识，也不能增强或增加他们的知识储备——不管是通过获得个人杰出的智慧，还是通过采纳和促进任何刺激。假如我们没有完全搞错的话，这就是种族之间最根深蒂固的差异的基础，历史与非历史种族的对照似乎与此紧密关联。

在儿童快速成熟的不成熟状态与成人在很多方面已经停滞的有限成熟状态之间存在着区别。我们所说的"自然"种族有些更像后者而不是前者，我们称呼他们是有文明缺陷的种族，因为内在和外在条件阻碍他们获得文化领域的持久发展，而这是真正文明种族的标记和进步的保证。然而，只要他们之中没有人缺乏能够用来提升至较高阶段的原始手段——语言、宗教、火、武器、工具，我们就不能冒险称呼任何种族没文化；而正是具备了这些手段，以及很多其他手段(如家畜和种植作物)，才证明了与那些彻底实现文明的种族有多样和大量的交往。

他们不利用这些天赋的原因是多样的。智力天赋较低的种族经常位于最低的层级。这是一个方便但不完全公平的解释。在今天的野蛮人种族中，我们发现在天赋上有很大差异。我们无需争论的是，在发展历程中，天赋较高的种族具备越来越多的文化手段，并为他们的进步获得稳定与安全，而天赋较低的种族仍然落后。但是外部条件——就其促进或阻碍作用而言——可以得到更清楚的认识和评价，所以把它们列在第一位更为公平，更符合逻辑。我们可以设想，为什么野蛮种族的居民大部分住在人居世界的极端边缘，在寒带和热带，在遥远的海岛，在偏僻的山区，在沙漠。我们理解他们在地球上某些部分的落后状况，这里为农业和畜牧业提供的设施很少，例如澳大利亚、北极地区或美洲的极北与极南地区。在不能完全开发资源的局促不安之中，我们可以看到严重束缚他们脚步，并把他们的活动局限在一个狭小空间里的锁链。结果就是，他们人数很少，以及由此导致较少的知识总量与体力成就，杰出男性很稀罕，周围群众对个人行动与远见卓识缺乏有益的压力——而这种压力可以把社会划分成阶级，并促进健全的劳动分工。资源不安全的部分结果就是自然种族的不稳定，游牧习气贯穿其中，更容易使他们不稳定的政治和经济结构变得彻底不完整，即使一种懒散的农业似乎也能把他们束缚在土地上。因此往往就是这样，尽管拥有充足的文化供给和精心料理的文化手段，他们的生活仍然是杂乱无章的，浪费力量，毫无效果。这种生活并不具备内在一致性，不能确保增长，它不是我们在所谓的历史开端里经常发现的，文明的胚胎成长为宏伟成就的生活。它已经完全远离了文明，使文明领域的记忆变得暗淡，而在历史开端之前很久，这些记忆已经存在于很多文明 里，就像我们拥有记忆一样。

我们通常用"文明"或"文化"这种词表示人类智力的特定时代所有习得物的总和。当我们谈论阶段，高级与低级，半文明、文明与自然种族时，我们就给地球上多种文明采用了一个标准，这个标准来自我们自己已经达到的水平。文明意味着我们的文明。

分隔开棚屋、村庄和种族的时空限制不亚于世世代代所起的作用,涉及对文化的否定;与之相反的是,同代人的交往和祖先与后代的互相依赖,都带来发展的可能性。同代人的联合确保了文化的保留,代际联系得以展开。文明的发展是一个积累的过程,一旦一种维持力看顾着它们,自身的积蓄就会增长。在人类创造与活动的所有领域,我们将看到交往在所有更高层次发展的基础。只有通过合作与互相帮助——不论是当代人之间还是代际之间——人类才能成功攀上其最高级成员如今所处的文明阶段。增长取决于这种交往的性质及程度。所以,由家庭形成的同等重要的大量小规模聚合(个人在其中没有自由),并不比鼓励个人竞争的大规模社群和现代世界的国家更有利于交往。

4. 民族的流动性与迁移①

我们考察过其历史的每个国家都证明了对接踵而至的人类潮流的接纳性。即使四面环海的英格兰也承受过多种入侵的民族,从罗马占据者到目前俄罗斯犹太人的流入。在史前时代,在其人口中混合了几种因素,就像考古学家发现的"长冢人"和"圆冢人",以及民族学家对幸存的伊比利亚或地中海血缘的鉴别。埃及、美索不达米亚和印度给出了同样的故事,不论是在其有记录还是无记录的历史中。热带非洲缺乏一部历史,但在重建其过去的努力中,所有被人种学家和人类学家拼凑在一起的民族显示出不断的运动——增长、膨胀,短暂的征服,然后收缩,被其他入侵者排斥或吸收。种族和民族的这种不断转换,已经被称为历史运动,因为它构成大多数成文历史的基础,并构成未成文历史——特别是那些野蛮人和游牧的部落——的主要部分。

在原始人当中,这种运动是简单与单调的。它涉及了部落的所

① Ellen C. Semple, *Influences of Geographic Environment*, pp.75—84, 186—87.(Henry Holt & Co., 1911.)

有成员,这要么是游戏追逐,要么是跟随部落领地上的牛群,要么是在寻求更多更好土地的迁徙中。在文明民族当中,它呈现出多种形式,特别是对于社会群体的不同成员来说会有分化。文明国家发展出专门的开拓者——男人、军队、探险者、海上商人、殖民者和传教士,他们使人口的一部分保持不断的运动,并指引对外扩张,而一旦大多数人口把花费在迁徙性觅食上的力量转到内部行动上来,我们就遇到了一个悖论。随着定居生活的发展,整个民族的人口会增长,并伴随有外向运动的需要,它扩大其民族区域以及和其他土地的联系圈子,扩展其地理疆界,并改善其在日益增长的地域里的内部沟通;它对内对外都发展出了更高的流动性,虽然这种流动性只附属于某些社会阶级而不是整个社会集群。这种流动性变成了经济需求、智力需求和政治野心的整体复杂性的外在表现。它体现在建立帝国的征服中,体现在世界范围内的商品交换和思想交流中,这些交流提升了文明的层次,直到民族的运动变成历史的一个基本事实。

奥蒂斯·梅森(Otis Mason)①发现,一个社会群体的生活涉及大量不同类别或范围的运动:(1)每天从床到床的循环;(2)年复一年的循环,就像西伯利亚的通古斯鄂伦春人在追逐各种鱼类和猎物时,在他们的领地里月复一月地改变居住地,或者像游牧民族一样,根据季节从一个牧场到另一个牧场;(3)覆盖部落势力范围的不系统的外部运动,例如去远方猎场或渔场的旅程或航行,对邻里土地的劫掠或盗窃,结果通常是征服,为临时占据而扩张边界区域,或者殖民活动;(4)参与易货贸易或商业流通;(5)在更高阶段,在人类交往、经验和思想的大潮中,最终划定世界的边界。在所有这些活动里,有限的运动为更广泛的运动做准备,前者是后者的一种冲动和一个部分。

文明人比其原始兄弟具有或多或少的流动性。每次文明的进

①　奥蒂斯·塔夫顿·梅森(Otis Tufton Mason, 1838—1908),美国人文地理学家。——译者注

步都会增加或加强他与其土地的团结纽带，使他定居而不是到处流动。另一方面，文明的每次进步都伴随着森林的快速清除，以及建设桥梁和交错的道路，更有效率的交通工具的发明使交往增加，并使去往同样目的地的航海得以改善。文明人逐步改进他占据的土地，移走或减少交往的障碍，从而接近开放的平原。迄今他都在促进运动，但是当这样做的时候，他也给土地安置了密集的人口，紧紧附着于土地，强烈地抵抗入侵，而且由于经济原因，不欢迎任何明显的外来人口的加入。在空地或人烟稀少地区里的移民（例如在历史早期占主导地位的地区），和我们这个时代人口稠密的国家的移民之间存在很大的差异。当土地老化并且人口增殖，民族自身变成了任何大规模迁移的最大障碍，直到在欧洲和亚洲的某些国家，历史运动已被缩减为一种持续性的压力，导致这里的人口被压缩，那里的人口被抑制。所以，尽管政治边界可以改变，种族边界却很少变动。现代欧洲最大的战争很难对其人口分布留下痕迹，只有在巴尔干半岛，由于土耳其欧洲部分的边界已经被迫从多瑙河后退，外来的土耳其人已经撤退到苏丹收缩了的领地里，特别是指向小亚细亚。

304　　　在民族伟大到无法被逐出去的地方，征服的结果就是胜利者及其文明最终被当地民族吸收，就像在意大利的伦巴底人、非洲的汪达尔人和英格兰的诺曼人身上发生的那样。而在入侵者具有显著文化优势的地方，尽管人数居于弱势，征服导致的却是征服者利用宗教、经济手段、语言和新来者的习俗逐步渗透被征服者。在没有种族能够排他性存在的地方，后面这个过程还总是伴随着血缘的某些混合，但是这与文明的扩散相比规模较小。这就是希腊商人和殖民者把东地中海地区希腊化，并把他们的文化从其移民已经站住脚的海岸扩散出去的方法。通过这种方法，撒拉逊人的军队在穆罕默德死后立即把叙利亚到西班牙的整个地中海东部和南部地带阿拉伯化了，而且阿拉伯商人在远至莫桑比克的非洲东海岸留下了他们语言和宗教的印记。来到相对人烟稠密的墨西哥和秘鲁的少数西班牙冒险家给当地留下了一种基本上是欧洲人的文明，只留下了稀疏的卡斯蒂利亚血统。所以,少数联合起来的移民就足以影响如拉美那样广大地域的文化。

纵观任何民族的生活,从其在某些小地方的萌芽时期到其以广阔国家领土的占据和组织为标志的丰盛的成熟期,地域的逐渐变化标志着逐步的发展。这确实如此,不论我们是考虑他们商业交易的界限、海运冒险的规模、语言区域的广度、领土野心的程度、还是知识兴趣和人类同情心的范围。从土地到道德,规则保持着善行。处于较低文明阶段的民族已经把特定时期的空间观念、欲望与需要收缩到有限的版图里,尽管他们可能经常改变领地;他们以低级的线性方式来思考,眼界较小;只有一个与他人联系的小圈子,影响较小,只有部落式的同情心;他们对自己的规模和重要性有一种夸大的概念,因为他们比较的基础是极其有限的。而对于像英国人或法国人这样成熟且分布广泛的民族,这一切都是不一样的,他们会尽可能使地球成为自己所有。

正是由于占据更大土地和构成更大政治集合体的普遍倾向,在 ³⁰⁵ 对不同民族进行社会学或政治学评价时,我们永远不应忽视这样的事实,即所有种族和民族的特征就是把合并更多土地和促进政治扩张作为基本的价值。被这样一群船员掌控的国家航船会用它的船帆捕捉世界的风潮。

领地扩张之前,总是先要有影响圈子的扩大,而一个民族是通过它的商人、远海渔民、具有独创性的掠夺者和更为可敬的传教士来做到这一点的,更早的时候则只是通过偶然或系统的探索来扩展地理视野。

C. 初级联系与次级联系

1. 美国的村庄生活(来自一个年轻姑娘的日记)①

1852 年 11 月 12 日——今天我十岁了,我想我将写一篇日记,

---

① Caroline C. Richards, *Village Life in America*, pp.21—138.(Henry Holt & Co., 1912.)

说一下我是谁,我在做什么。我七岁时就和我的祖父母(比尔斯家)一起生活,还有当时四岁的安娜,我们的兄弟詹姆斯和约翰也来了,但是他们在东布鲁姆菲尔德的斯蒂芬·克拉克学院读书,那不勒斯的劳拉·克拉克小姐是他们的老师。

安娜和我去第11区的学校读书,詹姆斯·C.克洛斯先生是我们的老师,有些学者说他就像其名字一样脾气很坏,性格易怒,但是我喜欢他,他给我一本书,名叫《美国妇女的高尚事迹》,这是对我阅读课的奖励。

星期五——祖母说我会有很多问题要回答,因为安娜很崇拜我,并且尝试做每一件我做的事情,而且认为不论我说什么都是"福音一样的真理"。某天,女孩们在学校里和她争论什么,她说"假如不是的话,那就是这样的,因为克莱恩这样说的"。就像祖父说的,我必须"留点印记",假如她时时刻刻看着我并且跟着我的脚印走的话。

306　　　1853年4月1日——每个早上上学之前,我都要读三章《圣经》经文。我每天读三章,星期天读五章,这能让我在一年内读完《圣经》。今天早晨我读的是《约伯记》的第一、第二和第三章,第一章关于以利法责备约伯,第二章是从神的教训中获益,第三章是约伯为自己的抱怨辩护。然后我学了一篇要在学校里念的课文。我想在8点45分到学校,并且背诵我的课文。我已经祈祷过,然后进行一天的工作。在放学之前,我们背诵《熟悉事物的科学》和字典,然后做体操。

7月——住在迈伦·克拉克先生家的希拉姆·古德里奇、乔治·惠勒和沃特·惠勒在星期天出去寻求他们的财富,当他们没回来的时候,每个人都害怕了,开始去找他们。他们在主日学校上课之后出发,带着给他们募捐来的钱,并且已经走了几天。最终在帕尔迈拉找到他们,当问到为什么他们要跑出去时,其中一个人回答说该是他们去看看世界的时候了。我们听到克拉克先生和希拉姆在谷仓里有一会儿私下的交谈,惠勒先生和他的孩子也有同样的谈话,我们并不认为他们会再次毫不犹豫地出去旅行。厄帕姆小姐住在穿过街道的右边,她正在告诉小莫里斯·贝蒂斯,要他必须努力具备良好的信仰,而他问她那是否就是沃特·惠勒适合的战斗。在那之后,她可能不得不使她的教诲更为明确。

1854年,星期天——今天早上达格特先生的课文是《启示录》的第22章第16节,"我是大卫的根,又是他的后裔,我是明亮的晨星"。贾奇·泰勒太太今天教我们主日学校班,她说我们不该在星期天读我们的主日学校课本。我总是这么干。我今天的书是《汉纳·莫尔的廉价藏书小册子》,它似乎并不是完全世俗的书。

星期二——贾奇·泰勒太太今天要我过来看她。我不知道她想要什么,但是当我到那里时,她说她想和我一起就宗教主题谈话和祈祷。她带我进入房子的一翼。在此之前我从来没有到过那里,起初很害怕,但是在我习惯那里之后就好了。在她祈祷之后,她问我,但我想不起来,除了"现在让我躺下睡觉",我害怕她不喜欢那样,所以我们什么也没说。当我回到家并告诉安娜时,她说:"卡罗琳,我想可能是泰勒夫人希望你成为一个传教士,但我不会让你去。"我告诉她无需担心,我肯定会留在家里,并且照顾她。今晚放学后我和她一起来到阿比·克拉克的花园,她教我如何玩"mumble te peg"①,这很有趣,但是比较危险,我怕祖母不会给我一把小刀来玩这个。阿比·克拉克的花园里有漂亮的紫罗兰,她给了我一些根。

星期天——我几乎忘了今天早上是星期天,谈笑间好像我做了一周的事情。祖母要我在去教堂之前写下《圣经》的这一节,所以我记住了它:"你到神的殿,要谨慎脚步。因为近前听,胜过愚昧人献祭,他们本不知道所作的是恶。"现在我确实记住了它。我的脚完全适合我新款的鞋,但是我们必须当心我的头。托马斯·豪厄尔先生今天讲道,因为达格特先生去镇外了。祖母总是上楼去点蜡烛,并在她上床之前挡住我们,有些晚上我们睡得很好,没有听到她的动静,但是昨晚我们只能假装睡着。她跪在床下,大声为我们祈祷,我

307

①　一种在19世纪和20世纪初风靡美国的户外小游戏,需要使用小刀。——译者注

们会做个好孩子,可能会有力量从高处赋予她,指引我们在笔直狭隘的道路上走向永生。那些是她的话。在她下楼之后,我们从床上坐起来,谈论着,并且彼此承诺成为好人,而且从心底里说,假如我们破坏我们的承诺,"希望去死"。然后,汉娜害怕我们会死,但是我告诉她我不相信我们会像那样好,所以我们彼此亲吻,去睡觉了。

星期天——图斯利牧师先生今天为孩子们布道,并且告诉我们要多少步骤才会变坏。我想他首先说的是撒谎,然后是违抗父母、破坏安息日、诅咒、偷窃、酗酒。我不记得它们的顺序。这非常有趣,因为他讲了很多故事,我们唱了很长时间的歌。我认为艾迪·图斯利是一个整天和他父亲在家里的很好的男孩,但他可能不得不离开一段时间,去给其他孩子布道。

308　　　1855 年 12 月 20 日——今天下午苏珊·B. 安东尼在镇上的贝米斯大厅演讲。她提出了一个特殊的要求,即所有神学院女生以及镇上所有的妇女和女孩都应该来听她演讲。她有很多听众,她很明显地谈到了我们的权利,以及我们应该如何站起来,并且说除非妇女拥有像男人一样的投票和统治的权利,否则这个世界永远不可能好。她要求我们都上来,并且签下自己的名字,承诺用我们所有的力量带来平等权成为大地上的法则的一天。我们全部都上去了,并且在纸上签了名字。当我告诉祖母这事时,她说她猜想苏珊·安东尼已经忘记了圣保罗说过,妇女应该保持安静。我告诉她不是这样的,因为苏珊特别提到了圣保罗,而且说,假如他生活在今天,而不是 1800 年前,他应该渴望政府领袖里出现像她那样的妇女。我没能让祖母完全同意她的观点,她说我们都该呆在家里才更好。今晚我们去了祈祷会,一个女人站起来讲话,她的名字是桑兹太太。我们急忙回家,告诉祖母,她说她可能完全是认真的,她希望我们不要笑。

1856 年 2 月 21 日——我们在范妮·盖洛德的晚会和丰盛的晚餐上度过美好的时光。露西拉·菲尔德在回家路上发现自己整晚上都穿着她的套裤时笑得几乎散架。我们愉快地走回家,但没有停留。有些人问我是否每一套舞都是我跳的,我说不是。我会每一种舞。我告诉祖母,她很高兴。有些人告诉我们,祖母和祖父最初相遇是在卡南代瓜(Canandaigua)早期居住地的一次舞会上。我问她是否如此,她说她自从变成一个基督教信徒以来,就从来不跳舞,已经有 50 多年了。

1856 年 5 月——昨晚我们受邀去参加贝西·西摩尔的聚会,祖母说我们能去。这些女孩在学校里告诉我们,她们会穿低领短袖衫,我们最好的衣服的袖子则是被遮盖着的,我们尝试让袖子露出来,这样我们就能光着手臂,但我们不能让它们露出来。尽管这样,我们还是在晚会上度过了美好的时光。那里有些学院的男孩,他们邀我们去跳舞,当然我们不会去跳。我们绕着房间闲逛,想和他们出去吃晚饭。尤金·斯通和汤姆·艾迪想和我们回家,但是祖母为我们派了两个女孩,布里奇特·弗林和汉娜·怀特,所以他们也就没辙了。我们很失望,但是她可能下次不会这样为我们指派人了。

1857 年,星期四——我们在四个银烛台上有四根鲸蜡油做的蜡烛,当我们聚会的时候就会点上。牧师的儿子约翰尼·汤普森来到学院上课,他是一个很好玩的人,很快结识了所有的女孩。他告诉我们,今天下午"要点上别的蜡烛",因为他今晚会来看我们。威尔·施莱听到他这样说,他说他晚点也会来。这些男孩来了,我们度过了一个愉快的夜晚,但是当 9 点钟的铃声敲响时,我们听到祖父清理时钟和刮掉炉灰覆盖炉火(以便让火能保持到早上)的声音,我们都明白这个信号,他们给我们道晚安。《我们直到早上都不会回家》是一首永远不会在这个屋子里唱响的歌。

1857 年 9 月——祖母让安娜带六个小女孩在这里吃晚饭,直到晚上:路易莎·菲尔德、海蒂·派多克、海伦·柯伊、玛莎·登斯莫尔、艾玛·惠勒和爱丽丝·朱厄特。我们吃了一顿丰盛的晚餐,然后我们玩纸牌。我不是指普通的纸牌,祖父认为那些东西是有传染性的或不可容忍的,有些甚至是可怕的,他从来不会让这些东西进家。祖母说打扫完雇工的房间之后发现一副纸牌,它们很快被扔进火里。我们玩的这种牌是"巴斯比博士",另一种叫"老兵和他的狗,"它们是有筹码的,假如你没有能叫的牌,你不得不拿一张牌放

309

进池子里。这确实很有乐趣。他们都说玩得很快活,确实,他们给祖母道晚安的时候说:"比尔斯太太,你必须让卡丽和安娜有时间来看我们。"她说她会的,我觉得这是很好的聚会。

1858 年 8 月 30 日——有些人告诉我们,当鲍勃和亨利·安特斯还是小男孩的时候,他们觉得可以试试——就一次——会有多糟糕,所以,不顾图斯利先生的所有布道,他们有天外出到了谷仓后面,鲍勃轻声说"我发誓",亨利说"我也是",然后他们进入房子里,看上去很内疚,完全被震惊了。我想,他们没有像亚纳尼亚和赛弗拉那样因撒谎而被打死。

1859 年 2 月——玛丽·惠勒今天过来帮我穿耳,让我能戴爱德华叔叔给我的新耳环。她掐我的耳朵直到其麻木,然后用一根带着缝纫线的针穿透它。安娜没有呆在房间里,她也想做,但是不敢,对女孩来说,剪短头发并卷起来就是时尚。安娜和我已经剪短了头发,贝西·西摩尔今天要我去剪短她可爱的长发。要我们戴着满头的卷发纸睡觉并不舒服,但是我们现在必须这样做。我希望鲁斯瓦恩小姐给我做的新衣服的腰部前面能扣上,但祖母说我必须穿上它度过我的余生,所以我最好在后面长一点钩住。她说格洛丽安娜姨妈 1848 年结婚的时候,风尚是成熟女人的腰部要在背后系紧,所以新娘也这么穿,但是她觉得这是很蠢很不方便的时尚。不过,穿衣风格看着像其他人一样也不错。我有一件加里波第式背心,一件义勇军夹克和巴尔莫勒尔风格的裙子。

1860 年,星期天——弗兰基·理查德森要我们这个下午和她一起去教堂街的一个有色人种主日学校教一节课。我问祖母我是否能去,她说她从来没注意过我对有色种族有什么特别的兴趣,她觉得我只是想找个借口在星期天下午出去溜达,但是她说这次我能去。当我们到学院那里的时候,学院教师之一,诺亚·克拉克先生的弟弟出来了。弗兰基说他在主日学校领唱,她把我介绍给他,于是,他和我们一起走,并再次回家。祖母说,当她看到他为我开门的时候,她就明白我在传教工作上的热情。我们经常叫她"亲爱的小夫人",她总是因为精彩的鉴别力和精明的判断而为人注意,而且这些能力并没有随着年龄的增长而失去。有一天,有些人问安娜,她的祖母是否保持了所有的能力,安娜说:"确实是的,而且到了一种令人惊异的程度。"祖母知道我们认为她是一个完美的天使,尽管她有时候似乎比较严厉。不管我们是七岁还是十七岁,对她来说都一样是孩子。《圣经》里说:"儿女要在主里顺服父母,因为这是理所当然的。"我们很高兴我们在她看来似乎永远不会老。晚上我有相同的伙伴一起从教堂回家。他的家在那不勒斯。

311

1860 年圣诞节——我问祖母,克拉克先生是否能在星期天晚上和我们一起吃晚饭,她说恐怕他不懂教义手册。我在周五晚上问他,他说他将在周六学习一下手册,以便能回答任意三个问题。他这么做了,而且做得很好。我想他应该得到一顿丰盛的晚餐。

2. 次级联系与城市生活①

现代城市的通讯和交通手段——电力铁路、汽车和电话——在最近这些年已经安静且快速地改变了现代城市的社会和产业组织。它们已经成为商务区集中交通的方式,已经改变了零售业的整体特征,使居住郊区增长,并使百货商店成为可能。产业组织与人口分布上的这些变化伴随着习惯、情感和城市人口特征相应发生的变化。

这些变化的整体特征体现在这样的事实里:城市的增长伴随着社群中的个体联合已经用间接、次级的关系替代了直接,面对面的初级关系。

"关于初级群体,我指的是那些以亲密的面对面联合与协作为特征的群体。它们在几个方面是初级的,但是主要在于它们在塑造社会特征和个体的思想上是基础性的。亲密联合在心理学上的结果就是,个性在一个共同整体里的某种融合,所

---

① 选自 Robert E. Park, "The City," in the *American Journal of Sociology*,XX(1914—15),593—609.

以，一个人的自我因各种目的而成为群体的共同生活和目的。可能对这种整体性最简单的描述就是说那是'我们的'；它涉及同情心与相互认同，而'我们'是自然表达。一个人在这种整体感里生活，并在这种感觉里找到其意愿的主要目的。"

312　　　触觉和视觉，以及身体接触是最初和最重要的人类关系的基础。母亲和孩子、丈夫和妻子、父亲和儿子、主人和仆人、亲属和邻居、牧师、医生和教师——这些是最为亲密和实在的生活关系，而且在小社群里，它们具有实际上的包容性。

　　在如此形成的社群成员中发生的互动是直接和不假思索的。交往主要发生在本能和感觉的领域。社会控制主要是不由自主的，是对个人影响和公共情绪的直接回应。这是个人适应的结果，而不是理性与抽象原则来筹划的。

　　在一个大城市里，人口不稳定，父母和孩子要出门工作，而且经常在离城较远的地方，成千上万的人多年在一起生活，却没有一个熟识的人。这些亲密的初级群体关系被削弱，依赖于它们的道德秩序逐渐被消解。

　　在城市生活解组的影响之下，我们大多数的传统制度、教会、学校和家庭已经被逐步改变。比如，学校已经承担了某些家庭的功能，围绕着公立学校以及它对儿童的道德与物质福利的关心，某些类似于新的邻里和社区精神的东西总是会把自己组织起来。

　　另一方面，由于印刷品在解释生活方面已经极大代替了讲坛，教堂已经丧失了很多影响力，现在它似乎处于适应新传统的过程中。

　　在城市环境的影响下，地方依恋的瓦解和初级群体约束和禁忌的弱化，很可能要对大城市的不道德行为和犯罪增加承担主要责任。在这方面，有趣的是通过调查来确定，犯罪增加在多大程度上能与人口流动性的增加并驾齐驱。正是从这一点来看，我们应该寻
313　求的是解释那些记录道德秩序解组的数据，比如离婚、玩忽职守和犯罪的数据。

人城市总是种族与文化的熔炉。正是由丁这些鲜明且微妙的互动,它们成为了中心,那里已经有了更新的血统和社会类型。比如,美国的大城市已经从本地村庄的孤立中吸取了大量欧洲和美国的农村人口。在新的联系的冲击下,这些原始民族的潜在能量已经得到释放,微妙的互动过程已经产生的不只是职业类型,还有气质类型。

在很多其他安静但深远的变化中,交通与通讯已经影响到了我们所称的"个人的流动",它们为个人与其同伴的联系与联合增加了机会,但是它们也使这些联系与联合更为短暂和不稳定。大城市的大多数人口——包括那些在出租屋和公寓里安家的那些人——就像住大酒店的那些人一样生活,彼此相遇但互不认识,其结果就是把较小社群里更为亲密和稳定的联合替换成了偶然与临时的关系。

在这些环境下,个人的地位相当大程度上取决于约定俗成的符号——通过时尚与门面,而生活的艺术主要被简化为如履薄冰和对风格与态度的谨慎研究。

不仅是交通和通讯,城市人口的隔离也倾向于促进个人的流动。隔离的过程建立了道德距离,这使城市成了小世界的镶嵌,它们互相接触但不相互渗透。这就使个人有可能快速且轻易地从一种道德环境转向另一种环境,并鼓励在几种互相邻近但又广泛分离的差异世界里进行令人陶醉但又危险的生活体验。所有这些都会给城市生活一种肤浅和不定型的特征;它总会使社会关系复杂化,并产生新的和多样的个人类型。同时它又引入机会与冒险因素,这些会对城市生活增加刺激,并给它一种针对年轻和新鲜神经的特殊 314
吸引力。大城市的吸引力可能是直接作用于反射的刺激的结果。作为人类行为的一种类型,这就像火对飞蛾的吸引一样,可以解释为一种定向运动。

然而,大都市的吸引力部分是由于这一事实:长远来看,每个个体都在城市生活的多种表现中找到某些地方,其中的环境能使他发展,并感到安逸;简而言之,就是找到一种道德氛围,在其中他的独有本性获得的刺激使他天生的品质得到全面和自由的表达。我怀疑，这种动机是有其基础的，不在于兴趣，甚至也不在于情感，而是出于某些更为基础和原始的东西，导致很多——即使不是大部分——年轻男女离开他们农村家庭的保护，进入城市生活宏大、快速的混乱和兴奋之中。在一个小社区里，没有怪癖或天才的一般人似乎最可能成功。小社区经常容忍怪癖。城市里正好相反，犯罪的、有缺陷的和天才的人在一个小镇里同样都没有机会发展其天生的性情，而在大城市里总能找到机会。

50年前，每个村庄都有一到两个古怪的人物，他们一般会受到仁慈宽容的对待，但同时也被视为不切实际与古怪，这些例外人物孤立地生活着，他们的各种古怪行为——不论是天才还是缺陷——切断了与他们同伴的亲密交往。假如他们犯了罪，小社区的约束和禁忌会使他们变得无害。如果他们当中有什么天才，由于缺乏赏识或机会，也不会有什么成果。马克吐温写的《傻瓜威尔逊》的故事就是对这样一种不起眼和不得赏识的天才的描绘。事实并非如此，因为它是——

太多的花朵天生就要独自绽放
在荒地的空气里耗尽其清香

现代城市出现之前，格雷写了《墓畔哀歌》。

如今在城市里，很多这些不同类型的人都找到了或好或差的环境，使他们的性格和天才孕育和产出果实。

3. 作为一种次级联系的公共宣传①

政治机器已经在不同邻里和地区所代表的地方利益、个人利益以及直接利益基础上建立起了有组织的行为，与之形成对比的是，良好的政府组织、市政研究局以及类似组织都力求代表整个城市的

---

① Robert E. Park, "The City," in the *American Journal of Sociology*, XX(1914—15), 604—7.

利益,并呼吁一种既非地方也非个人的情感和意见。这些机构都力求通过教育选民——也就是说,通过调查和发布关于政府的事实——来确保效率和善治。

在这种方法中,宣传成为一种有组织的社会控制形式,而广告——"社会广告"——已经成为一种由专门知识支持的,具有精巧技术的职业。

广告在经济中占据着如此重要的一个位置,是建立在次级关系之上的城市生活与社会的一种独有现象。

近几年来,每个个人和组织都不得不处理公共事务,即在较小但较为亲密的村庄和小镇社区之外,公众不得不有其新闻代理人,这种人往往不是一个广告人而更像派驻报纸的外交官,并通过他们来传递消息给世界。像罗素赛奇基金会这样的机构,以及程度较低的普通教育委员会,都已经致力于通过宣传媒介来直接影响公共意见。关于医学教育的卡内基报告、匹兹堡调查、罗素赛奇基金会关于几个州公共教育成本比较的报告,都不只是科学报告,它们是新闻业的高级形式,严苛地处理现存的状况,并通过宣传机构寻求根本性的改革。纽约市政研究局的工作有类似的实用目的。对于这些工作,还必须开展儿童福利展,在全国各地进行社会调查,以及有益于公共健康的类似宣传。

作为社会控制的一个来源,公共舆论在以次级联系为基础的社会(大城市就是其中一种类型)里变得重要起来。在城市里,每个社会群体总会创造出属于自己的领域,当这些状况固定下来时,风俗就会趋于使他们自己适应于被创造出来的状况。在次级群体和城市里,时尚总会替代风俗,是公共意见而不是道德变成社会控制的主导力量。

在理解公共意见的本质及其与社会控制的关系的任何尝试中,重要的首先是调查在控制、启发和利用公共意见上进行实际运作的机构和手段。

这些机构与手段中首要的和最重要的就是新闻,也就是日报和其他形式的流行文献,包括时事类书籍。

316

313

在报纸之后,如今在大城市里如雨后春笋般出现的研究局是把宣传作为控制手段的最有趣和最令人惊讶的手段。

这些调查的成果并不直接触及公众,但通过新闻媒体、宗教讲坛和其他大众教化的源头进行传播。

除了这些,现在还有追求更好卫生状况的教育运动、儿童福利展览以及大量社会广告手段得到运用,有时是来自民间社团的倡议,有时来自大众杂志或报纸,为的是教育公众,并在改进社区生活状况的运动中争取大多数人民的支持。

报纸是城市里重要的沟通媒介,正是在信息的基础上,它提供公共意见。一份报纸所提供的首要功能以前是由村庄的街谈巷议来承担的。

317　但是,尽管报纸这个产业追求个人信息与人类利益,但它们作为社会控制的一种手段,却比不上村庄里的街谈巷议。一方面,报纸在个人信息上保持着一些不被流言蜚语所承认的自留地。比如,除非他们竞选公职,或者采取其他明显的公开行动,否则,单个男人或女人的私生活是报纸所忌讳的主题。它并不像流言蜚语那样,这部分是因为在一个小社区里,个体是模糊不清的,他的私人事务可以摆脱观察与讨论,部分则是因为这个领域是比较小的,在小社区里,数量惊人的个人信息浮现在构成社区的个人之上。

在城市里,这种缺乏在很大程度上使城市成为现在的样子。

4. 从感性态度到理性态度①

我可以想象,人们有很大的兴趣从陌生人的观点以及他对事件趋势的影响出发,来书写人类的历史。从最早的历史开始,我们就发现,由于外界的影响,社群如何在特定的方向上发展。无论是宗教还是技术发明,良好的行为方式还是衣着时尚,政治改革还是股票交易机制,动力总是——或者至少在很多情况下——来自陌生

---

① Werner Sombart，*The Quintessence of Capitalism*，pp. 292—307.（T. F. Unwin，Ltd.，1915.）

人。所以不必奇怪的是,在资产阶级的知识和宗教发展史上,陌生人扮演的可不是小角色。在欧洲的整个中世纪以及接下来的几个世纪里,各个家族离开了他们的家园,在其他土地上另起炉灶。大多数漫游者是具有很强资本主义倾向的经济行动者,他们开创了资本主义的方法并培育它们。所以,追溯移民的互动和资本主义精神的历史是有益的。

首先,就事实本身来说,可以区分出两种类型的移民——个人的和群体的。前一类必然是指一个家庭或几个家庭凭自己的自由意愿从一个地区或国家迁往另外的地区或国家。这种情况是很普遍的。但是我们主要涉及的是那些资本主义精神得以显露的例子,所以我们必须假定的情况是,移民在那里熟悉更为复杂的经济体系,或者是新产业的创立者。那些中世纪早期在英格兰、法国和其他地方开展业务的伦巴底人和其他意大利商人就是一个例子。或者回想一下在中世纪,有多少产业特别是丝绸业,在其得以建立的地区是由外来人引入的,而且往往是在资本主义的基础上建立起来的。"威尼斯丝绸业发展的新阶段始于来自丝绸业已达顶峰的卢卡(Lucca)的商人和丝绸工人。商业要素越来越突出,商人变成了生产的组织者,为熟练工匠提供原材料。"我们听说过一个类似的热那亚丝绸业的故事,当贝罗里利(Berolerii)开始雇佣来自卢卡的工匠时,热那亚的丝绸业得到较大的推动。1341 年,博洛尼诺·迪巴赫萨诺(Bolognino di Barghesano)兴建了卢卡的第一家丝绸业工厂。即使在里昂,传统上也认为,当 16 世纪在资本主义基础上建立丝绸业时,意大利人引入了蚕丝的生产,这一产业的首创权也是来自外国人。在瑞士也一样,那里的丝绸业由佩里加利(Pelligari)在 1685 年引入。在奥地利,我们也听到同样的故事。

在这些例子里,制丝只是一个例子,还有很多其他的事例。这里引入了一个产业,那里则是另外一种。这里由法国人或德国人引入,那里则由意大利人或荷兰人。新的企业总是在产业组织即将变成资本主义的时候得以建立。

个体的迁移对于社会的经济发展并不是没有影响。但是更有

318

319 力的影响来自从一地到另一地的大规模漫游者群体。从 16 世纪开始，这种移民类型可以区分为以下三种类型：(1)犹太移民；(2)受迫害的基督徒移民，特别是清教徒；和(3)殖民运动，特别是美洲的居民。

那么我们回到这个普遍性的问题，陌生人即移民具有特别发达的资本主义精神，并且这完全与其环境、宗教与民族相分离，这并非事实吗？我们在老的欧洲国家看到的，并不亚于远方的新居民点的情况；在犹太人和外邦人里；在清教徒和天主教徒里（19 世纪中叶路易斯安那的法国人是如此，在这方面一点也不落后于新英格兰的盎格鲁撒克逊人）。这种假设会迫使我们认为，这种特殊的社会状况——移民或习惯的改变——是资本主义精神得以展现的原因。让我们试着展示一下如何做到这一点。

如果我们满足于在单一原因里寻找它，那将是所有古老生活方式与所有旧社会关系的突破，陌生人在新土地上的心理确实很容易用这个最重要的事实来解释，不管他在他的家族、他的故乡、他的民族、他的国家之中扎根如何深，如今对于他都已不是现实，他的首要目的是获得利润，否则又能怎样呢？他没有别的什么事情可做。在原来的国家，他已经从他在公共生活中扮演的角色里被排除出去，在他选择的侨居地，没有什么公共生活可言。他不可能让自己过安逸懒散的生活；新的土地没有舒适可言，新来者也不会随情绪而搬走。他的环境对他毫无意义。他充其量把这视为达成目的——即谋生的一种手段。所有这些肯定会对只关心收获的心理期望的兴起产生重大影响；谁会否认是殖民活动创造了它呢？"我们的小溪与大河转动磨轮，把木筏带入溪谷，就像在苏格兰那样。但是没有一首民谣也没有一首歌曲提醒我们，在河流的岸上，男人和女人经历爱情的幸福和分离的痛苦，在溪谷中的每个房顶下，生活的愉悦与悲伤来来去去"，旧时代一个美国人的感叹表达了我的意思。这一次又一次被提及，特别是那些在 19 世纪初到访美国的人。美国人与其环境之间的唯一关系是一种实用性。正如其中一种说法，土

320 地没有被视为"人类的母亲，上帝的炉灶、以往各代人永久的休息之

地,而仅仅是获得财富的一种工具",无论哪里都没有什么"地方的诗歌"来抑制商业荒废。对于美国人来说,他的村庄的尖塔就像其他尖塔一样;在他的眼里,最新和最俗丽的画面是最美的。对他来说,一处瀑布仅仅代表着如此强劲的动力。这就像我们所确信的,"好大的水啊"是一个美国人首次见到尼亚加拉瀑布时常见的喊叫,他对此最高的赞誉就是它的马力数超越世界上其他的瀑布。

移民或殖民者对过去与现在是没有什么感觉的。他只有未来。短时间内,拥有金钱成为他的一个目的和野心,因为对他来说很明白的是,只有他的手段能够塑造未来。但是他如何积累金钱呢? 当然是通过奋进。他在所在的地方证明他有能力,他能冒风险;显而易见的是,他肆无忌惮的占有欲或早或晚会把他变成一个无休止的资本主义承办者吗? 这里我们再次有了因果关系。他低估了当前,高估了未来。所以他的行为正是如此。说得太多的是,即使在今天,美国文明也有某些没有完成的东西,某些东西似乎尚在进行中,某些东西从现在转向未来吗?

每个地方的新来者的另一个特点就是,他的奋斗没有约束,他不受个人考虑的抑制,在他所有的行为中,他只和像他一样的陌生人打交道。正如我们已经指出的,最初盈利的交易是和陌生人做的,你的朋友和亲戚从你这里获得援助,你借的钱只对陌生人产生利息,就像安东尼奥对夏洛克的评论,因为你能从陌生人那里要求多于你借出的钱。

除了个人因素,陌生人不受其他考虑的抑制。他没有传统需要尊重,他不受老旧商业政策的约束。他以清白的行为记录开始,没有地方联系能把他束缚在任何地点上。一个新国家的每个地方都不像其他每个地方那么好吗? 所以,你能决定能带来最大利润的地方。就像波尔舍说的,一个拿自己的一切来冒险,并举家跨越海洋去搜寻财富的人,将不可能在小的投机面前退缩,即使这意味着住所的改变。一次小旅行几乎不会产生差别。

所以,对新奇事物的狂热寻找很早体现在美国人的性格里。"假如生活意味着不断地移动,以及思想和感觉在快速演替中来来

321

往往，那么这里的人们有一百种活法。一切都是循环、运动和震颤的生活，假如一次尝试失败了，另一次尝试会接踵而至，在每一项事业完成之前，下一项就已经开始了。"（谢瓦利埃）奋进的冲动导致投机，早期的观察者再次注意到这种民族性。"每个人都在投机，没有商品能摆脱投机的狂热，这次不是投机郁金香，那就会是投机棉花、房地产、银行和铁路。"

由于陌生人是在一块或新或旧的土地上的侨居者，他的特征之一必然就是主动性。我指的是在经济和技术活动领域做出最大理性努力的决心。陌生人必须成功完成计划，因为有此必要，或者是因为他不能承担确保未来的欲望。另一方面，他能够比本地人更容易地行事，因为他不受传统的束缚。这足够清楚地解释了为什么外来移民——正如我们已经看到的——能在他们所在的任何地方推进商业和工业进步。我们同样可以解释众所周知的事实，即没有任何地方像在美国那样有那么多技术发明，铁路建设和机械制造过程比世界上其他任何地方都要快。这都来自这个问题的特殊情况，被称为殖民地的那种特殊条件——遥远的距离、昂贵的劳工和进步的意愿。将会有，不，必须要有进步，这种精神状态是属于陌生人的，不受过去的束缚，并凝视着未来。

然而，陌生人没有实现的结果仅仅是因为他们恰巧是陌生人。把一个黑人安置到一个新的环境里，他能建造铁路和发明节省劳力的机械吗？几乎不可能。必定存在某种适应性；它必须存在于血液当中。总之，除了仅仅是一块陌生土地上的陌生人而外，其他力量必然要在整体结果完全达成之前进行协作。这必然是一个选择的过程，产生最有效的类型，以及非常重要的伦理和道德因素。然而，移民本身在资本主义的成长中是一个非常有力的因素。

5. 陌生人的社会学意义①

假如把漫游理解为从空间中每个确定的地点解放出来，那么漫

① 译自 Georg Simmel, *Soziologie*, pp.685—91。（Leipzig: Duncker und Humblot, 1908.）

游就是与固定在该地点相对立的概念。"陌生人"的社会学形态提出了这两种说法的结合。它确实揭示了这样的事实：空间关系一方面是人际关系的环境，另一方面是人际关系的象征。所以，在经常采用的意义上，陌生人并不是今天来明天走的漫游者，而是今天来明天还留在这里的人，可以说，潜在的漫游者尽管没有再走，但也没有超越来来去去的自由。他被固定在某种空间循环里，但是他在其中的位置取决于一开始就不属于他的事实，他带给这里的品质不属于本地。

疏远与亲近的联合（人与人之间包含的每种关系）在这里产生了一种关系体系，或者一种用最少的文字阐述的聚合。关系中的疏远意味着近就是远，然而，作为外来者的事实又意味着远就是近。作为一个陌生人的状态自然是一种非常积极的关系，一种特殊的互动形态。天狼星的居民对我们来说并不是完全的陌生人，至少不是在我们考虑的这个词的社会学意义上的陌生人。在那种意义上，他们对我们来说完全不存在。他们超越了远和近。陌生人是群体自身的一个要素，而不是穷人和多种"内部敌人"，这个要素的固有地位和成员关系涉及外人和对立面。现在，简要分析一下这些相互排斥和对立的要素构成结合形式与互动统一体的方式。

在整个经济史上，陌生人在每个地方都是作为商人出现的，作为陌生人的商人。只要为自己的需要而生产成为普遍规则，或者产品在一个相对狭小的圈子里交换，群体里就无需任何中介。一个商人只要求那些生产出来的产品完全面向群体之外。除非有人要去外国的土地上买这些必需品，在这种情况下，他们自身是其他地区的"陌生"商人，商人必然是一个陌生人。没有其他存在的可能。

陌生人的这种地位在我们的意识里得到加强——假如他不是离开他活动的地方而是把自己固定在其中。对他来说，只有当他靠扮演中间人的角色做生意来维生时，这才成为可能。在任何封闭的经济群体中，如果土地与确保当地需求的技艺都已进行了划分，就会允许商人的存在。因为单靠贸易就能使无限的组合成为可能，智力在其中能发现更广的扩展和更新的增殖；这是在原始生产者那里

323

不大可能的事情，因为其流动性较低，对消费者圈子有限制，只能逐步地增加。贸易总是能比原初的生产吸引更多的人，所以也是最有利于陌生人的一个领域，这些人作为一种临时人员，把自己推入一个所有经济位置都已被占据的群体。历史提供了欧洲犹太人这种经典例证。陌生人本质上不是土地拥有者——也就是说，土地的占有不仅是在物质意义上，也是在实质与永久性存在的隐喻的意义上，它是被固定住的——即使不是在空间里，至少也是在社会秩序的某种想象的位置里。现在可以给出陌生人特有的社会学特征了。

A) **流动性**。——在人与人较为亲密的关系里，陌生人可以暴露出所有可能具有吸引力的和重要的特征，但只要他被视为一个陌生人，他就不再是土地拥有者。现在，对贸易的限制，以及频繁针对纯金融业的限制，似乎是通过对前者的升华来实现的，这给了陌生人特殊的流动性。由于这种流动性，当它发生于一个有限的群体中时，就会出现亲近和疏远的综合，而这构成了陌生人的正式位置；因为单纯的流动只是把每个单独要素偶然连接起来，而不是通过已经建立的宗族、地方或职业的纽带，把任何单一要素有机结合起来。

B) **客观性**。——这种关系的另一种表现在于陌生人的客观性。因为他并非扎根于群体特有的态度和有偏见的倾向，他与所有这些具有"客观"态度的人不同，客观并不仅仅是指一种远离和无私，而是疏远和亲密、关心与冷漠的特殊调和。我注意到陌生人对群体的专横态度，其原型出现在意大利城市从外部召唤法官的实践里，因为没有本地人不受家庭利益和派系偏见的影响。

C) **知己**。——与陌生人的客观性有关的现象确实主要属于（但并不是排他性的）流动人群，即最令人惊讶的公开和忏悔，甚至是忏悔式地公开每个密友所隐藏的那种秘密。客观性并不意味着缺乏同情心，因为那是完全外部的，并且超越了主观和客观关系。毋宁说那是一种积极与特殊的同情方式。所以，理论观察的客观性并不意味着心灵是一块可以往上刻写事件品质的白板，而是意味着心灵的活动根据其法则而运作，在其所处的状况下，偶然的错位和强调已被排除，个体的与主观的特性会就同样的对象给出完全不同

324

的图景。

D) **不受惯例约束**。——一人们也可以把客观性界定为自由。客观的人不受规矩约束,因为这些规矩可能损害他对既定现象的领悟、理解和判断。这种允许陌生人去体验和处理亲密关系的自由就好像鸟瞰一样,包含着所有危险的可能性。在所有类别的革命中,遭到攻击的一方宣称遭到外部的煽动——通过外国使节和煽动者。就这一点而言,那就只是陌生人特定角色的一种夸张;他在实践和理论上都是自由的人;他不带偏见地考察这种关系;他将它们交给更普遍、更客观的标准,而不会让他的行为受到习惯、虔诚或先例的约束。

E) **抽象关系**。——最后,使陌生人具有客观性特征的亲密与疏远的比例,为这种关系更为抽象的性质赋予了另一种实际的表达。看出这一点在于以下事实:一个人只有在与陌生人相同的情况下才具有某些更普遍的品质,而与这些人有机结合起来的关系以特定差别的相似性为基础,这些差别把亲密群体的成员与不具备这种亲密关系的人区分开来。所有个人关系不论怎样都取决于这种体系,但是呈现出来的形式会有变化。起决定作用的不在于与个人差异共存的某种共同特征——可能影响或不可能影响他们,而在于这种共同拥有物本身在某种条件作用下对个人关系的影响。它存在于这些个体之中,并且仅仅是为了他们而存在吗?它代表了群体中普遍的品质,但这是它特有的吗?或者它仅仅能被群体成员感觉为个体本身的某些特质,而实际上是被一个群体、一个类型或人类共同拥有的吗?在最后一种情况下,共同所有物的影响会随群体规模成比例地衰减。确实,共同特征的功能是要素结合的基础,但是不会具体地让这些要素彼此关联。如此广泛共享的相似性可以作为每个可能要素的共同基础。这显然是一种同时包含亲密和疏远关系的方式。在相似性变成普遍性的程度上,它们导致的关系的热情将具有一种冷静的要素,一种这种关系具有偶然性的感觉。联合起来的力量已经失去了它们特有的向心性。

这种聚合(其中很多人具有相似之处)获得了一种限定我们与

325

陌生人关系的,超乎寻常的根本性优势——相对于我们已经讨论过
的个体与个人因素。只要我们感觉到在陌生人与我们之间有民族
或社会地位、职业或普遍人性上的相似性,陌生人就离我们很近。
只要这些相似性触及他与我们,并且只是使我们双方结盟时,陌生
人就离我们很远,因为他们事实上与很多人结盟。

在此意义上,陌生的特质很容易进入即使是最亲密的关系里。
在最初的激情阶段,性爱关系对任何笼统思考它们的倾向显示出一
种非常坚决的背离。这样一种爱以前从不存在,也没有什么东西能
与我们对爱人的激情相比。一次疏远——究竟是原因还是结果很
难确定——总是会被设定在独特情感从关系中消失的那个时刻。
对其本身的价值以及对我们自身的怀疑使人认为,一个人毕竟只是
吸取了普遍人性,一个人经历了上千次重复设定的冒险,而且,一个
人如果没有偶然遇到这个人,其他任何人也会使我们获得同样的意
义。这些东西不可能不在任何关系里出现,它永远都是如此亲密,
因为对于两个人来说,共同的东西可能从来就不是只对他们才是共
有的,而是属于一种普遍的概念,这包含了相似的很多可能性。

由于它们可能不太现实,我们可能经常会忘记它们,但它们挤
在这里那里,就像人与人之间的影子,就像飘浮在每个词语意思面
前的薄雾,实际上它必须被凝结成固体的形态,才能被称为对抗。
也许在很多情况下,这是更为普遍的,至少比差异性和不可理解性
承担的东西更加不可逾越和古怪的事物。确实有一种感觉,不是那
种关系的特殊性质,而是潜在作用于我们和不确定数量的其他人的
更为普遍的关系,而且所体验的这种关系没有内在和最终的必
然性。

另一方面,有一种陌生感,在其中,以包含各方在内的普遍品质
为基础的各种联系被排除。希腊人和蛮族人的关系就是一个典型
例子;在所有情况下都是如此,专属于人的普遍特征不被另一个人
接受。但是"陌生人"在这里的表达不再有任何积极意义。与他的
关系是一种反关系。他不是群体自身的成员。他更被认为既疏远
又亲近,因为这种关系的基础如今只是建立在人的相似性之上。但

是,在这两种因素之间出现了一种特殊的张力,因为只有绝对共性的意识,才会产生强调非共性的效果。在根据农村、城市或种族来确定陌生人的情况下,人的个体特征不被感知,而是直接注意到了其外来人的出身,这是他与其群体成员共有的特征。于是,陌生人被人感知,不是作为个体,而是主要被视为某种类型的陌生人。他们的疏远性并不亚于其亲密性。

尽管与周围的邻接是无机的,但陌生人仍然是群体的有机成员,群体一致的生活受限于对这种要素的特别依赖。我们只是不知道如何指明这种立场的特征一致性,只能说它把某种数量的亲密与疏远集中到一起,这种集中在一定程度上体现出了这种关系的特征,以某种比例和特定的相互张力决定了陌生人具体、正规的关系。

III. 研究与问题

1. 物质上的联系

关于社会联系的研究文献自然地归到四个方面:物质联系、感官联系、初级联系和次级联系。

人对与其接触的物的反应,和对与其联系的人的反应形成的对比,是社会心理学一个有趣的篇章。对儿童的观察显示出,个体倾向于回应无生命的对象,特别是在他们不熟悉的情况下,似乎这些对象是活的和社会的。关于原始人泛灵论的研究指出,原始人对某些他们视为至高社会存在的动物的态度是这种反应的专门化表现。对各个时代和各民族的诗歌的调查揭示出,自然对于诗人和神秘主义者来说都是个人的。乡愁与怀旧是人与自然世界个人化及亲密的关系本质的一种象征。

似乎人类原始本性的一部分就是从社会和个人的角度看待世界。只有当事情变得熟悉与可控时,他才有了机制的概念。正是自然科学与机械使如此大的一部分世界对于我们大多数人来说成为非人格化的。

关于人和群体对他们物质环境的实际反应的科学研究仍然处

328

323

于开拓阶段。人类地理学家已经提出很多杰出的主张,并就自然环境对人类的社会和政治组织,以及态度和行为产生的直接和间接影响,进行了少许仔细和批判性的研究。亨廷顿①就气候对行为和效率的影响进行的提示性观察已经为研究开启了广阔的领域。②

　　心理学和社会学对于个体和群体对其环境的物质状况所做回应的兴趣在增长。这个国家大大小小的社区由于具备了公民意识,已经制订了城市规划。纽约已经形成了详尽的报告,涉及这个城市的商业、工业和居住区。大量住房调查已经从低标准居住、过度拥挤、寄宿者问题导致的卫生与社会后果等角度,给出了物质生活的实际状况的现实图景。即使是对艺术及装饰、装潢与衣着的历史记录和印象式观察,也指出了这些物质性装饰与个体在其社会环境中的自我意识的关系。

　　必须保留意见的是,关于区域、城市规划和住房的研究已经考虑了经济、美学和卫生因素,而不是联系的因素。然而,这些研究的某些方面经常会呈现出一种无意识的动机,已经成为对城市、人为物质环境对人类本性带来的影响做出的一种评价,而不只是针对现代利维坦——大都市的创造者。

　　对于这些微妙影响的特征与过程的大致了解,在正规研究里很少出现。偶尔像简·亚当斯(Jane Addam)写的《青年精神与城市街道》这样的书,对初级群体的温情、真诚、健全与城市生活次级组织的油滑、冷酷、道德风险之间的对比产生了极大的启发。

　　对城市人为的物质与社会环境对人的影响进行社会学研究,将有意识地考虑这些社会因素。城市房客缺乏对家庭的依恋与乡村自有住宅者的情感和地位相比较,城市居民在必要的日常工作中的流动性,对愉悦、精明、掩饰的不停追求,脱离初级群体束缚的个人追求自我——所有这些都代表着研究的问题。

　　文献里偶尔会提到被称为城市儿童天然态度的倒置现象。他

329

---

① 埃尔斯沃斯·亨廷顿(1876—1947),美国地理学家。——译者注
② Ellsworth Huntington, *Climate and Civilization*.(New Haven, 1915.)

的注意力、他的反应，甚至他由于城市街道的刺激而固定下来的意象①。对于那些对儿童福利和人类价值感兴趣的人来说，这是城市最大的悲剧。

2. 触摸与亲密的初级联系

对感官与个人及社会行为之间关系的研究在心理学、精神分析、民族学中都有其起源，在种族与民族的研究中则涉及文化的冲突与融合。达尔文的物种起源理论提升了人们对本能的兴趣，正是本能的研究指引心理学家最终用刺激与反应来界定所有的行为类型。一种"联系"只是一种对于理解群体行为来说有意义的刺激。

在精神分析中，社会学家可以接触到快速增长的文献，涉及亲密的性别关系与家庭生活的本质与影响。实际上，弗洛伊德的利比多概念可以出于社会学的目的而转化成对反应的渴望。在所谓的"家庭浪漫史"研究中，指出了巩固与瓦解家庭的爱恨情感的强度。生活史揭示了母亲和儿子或者父亲和女儿之间互相影响，以及父亲和儿子或母亲与女儿之间相互对抗的自然倾向。

在民族学里，人们很早就直接关注禁忌现象，即禁止通过接触带来的污染。初级社群的文献充满了避免接触的事实，如在两性之间、岳母与女婿之间，还有"具有邪恶眼睛"的人与人之间，等等。弗雷泽在其作品《金枝》中有名为"禁忌与灵魂的危险"的章节，还有克罗利，在他的书《神秘的玫瑰》里提到两个显著的例子，收集、分类和解读了很多禁忌类型。在关于禁忌的文献里，还发现了"洁净"与"不洁"之间在仪式上的区别，以及崇拜与敬畏向"神圣"与"圣洁"的发展。

目前关于种族和民族的研究，通常被视为是纯粹经济性或政治性的研究，呈现出厌恶与恐惧的意义，而其基础是典型的种族名声，标记出了肤色与外貌的变异，以及饮食习惯、个人行为、民俗、道德

330

---

① 以下是这种观点的典型例证：一位美术老师带领一群儿童从肮脏的城市区域的一个居民点去农村，她要求这些孩子画任何他们感兴趣的东西，检视这些画时，她惊奇地发现的不是自然景观，而是城市街道的图景，比如灯柱和烟囱。

和文化上的变化。

3. 熟人的初级联系

关于初级联系的两个最好的社会学表述可以在库利教授的著作《社会组织》的初级群体分析和谢勒在其著作《邻里》中对同情接近方式的阐述中找到。可从很多来源获得大量用于进一步研究初级联系的描述性材料。原始民族的研究表明，早期社会组织以宗族纽带和初级群体联系为基础。所有年代和所有种族的村庄生活展示了行为的绝对标准和对行为严格的基本控制。康涅狄格州的蓝色法案不过是写入法律的初级群体的态度。普通法作为初级群体经验认可的传统合法行为的守则，可以和成文法相比，成文法是对次级社群中社会生活的抽象描述。此外，还应该包括对初级联系基础上的社群组织进行考察的程序与计划，比如沃德的《社会中心》一书。

4. 次级联系

从封建时代的村镇社会向我们现代大都市的世界社会的转型，从经济学和政治学得到的关注要超过社会学。对城市生活产业基础的研究已经给了我们城市的外部格局：它的地形条件、作为大规模生产之结果的人口集中、劳动分工，以及工作上的专业化。市政治理的研究已经从以林肯·斯蒂芬斯（Lincoln Steffens）的《城市的耻辱》为标志的"扒粪"阶段向前进，转到纽约市政研究局（New York Bureau of Municipal Research）开展的公共事业与城市行政调查这种类型。

城市的社会利益首先受到反对城市生活中政治与社会无序的论战的刺激。有那么一些摧毁城市的人，目的是为了弥补其祸害并恢复乡村的简单生活。社会学通过研究城市生活的现实，为解决这些问题探索一种更为确实的基础。政府各部门的人口统计提供了关于状况与趋势的数据。社区调查把大量关于城市生活常规方面的信息转化为可理解的形式。

很自然地，城市生活得到赞同和引人注目的图景来自定居点的

331

居民，就像简·亚当斯的《赫尔大厦二十年》、罗伯特·伍德(Robert Wood)的《城市荒野》、丽莲·沃尔德(Lillian Wald)的《亨利大街的房子》和西姆克赫维奇(Simkhovitch)太太的《城市工人》里的世界。格奥尔格·齐美尔在其论文《大都市与精神生活》中已经为一种城市的社会学，或者更好一些，为一种城市的社会哲学做出了突出贡献。

参考书目：社会联系研究的文献 332

I. 社会联系的本质与重要性

（1）Small，Albion W. *General Sociology*. An exposition of the main development in sociological theory from Spencer to Ratzenhofer, pp.486—91.Chicago，1905.

（2）Tarde，Gabriel. *The Laws of Imitation*. Translated from the French by Elsie Clews Parsons. Chap. iii，"What Is a Society?" New York，1903.

（3）Thomas，W. I. "Race Psychology：Standpoint and Question-naire，with Particular Reference to the Immigrant and the Negro." *American Journal of Sociology*，XVII(May，1912)，725—75.

（4）Boas，Franz. *The Mind of Primitive Man*. New York，1911.

II. 亲密的社会联系与感官社会学

（1）Simmel，Georg. Soziologie. Untersuchungen über die Formen der Vergesellschaftung.Exkurs über die Soziologie der Sinne，pp.646—65.Leipzig，1908.

（2）Crawley，E. *The Mystic Rose*. A study of primitive marriage. London and New York，1902.

（3）Sully，James. *Sensation and Intuition*. Studies in psychology and aesthetics. Chap，iv，"Belief：Its Varieties and Its Conditions." London，1874.

（4）Moll，Albert. *Der Rapport in der Hypnose*. Leipzig，1892.

（5）Elworthy, F. T. *The Evil Eye*. An account of this ancient and widespread superstition. London, 1895.

（6）Lévy-Bruhl. *Les fonctions mentales dans les sociétés inférieures*. Paris, 1910.

（7）Starbuck, Edwin D. "The Intimate Senses as Sources of Wisdom," *The Journal of Religion*, I(March, 1921), 129—45.

（8）Paulhan, Fr. *Les transformations saddles des sentiments*. Paris, 1920.

（9）Stoll, O. *Suggestion und Hypnotismus in der Völkerpsychologie*. Chap. ix, pp. 225—29. Leipzig, 1904.

（10）Hooper, Charles E. *Common Sense*. An analysis and interpretation. Being a discussion of its general character, its distinction from discursive reasoning, its origin in mental imagery, its speculative outlook, its value for practical life and social well-being, its relation to scientific knowledge, and its bearings on the problems of natural and rational causation. London, 1913.

（11）Weigall, A. "The Influence of the Kinematograph upon National Life," *Nineteenth Century and After*, LXXXIX(April, 1921), 661—72.

333

III. 流动性研究的文献

（1）Vallaux, Camille. "Le sol et l'état," *Géographie sociale*. Paris, 1911.

（2）Demolins, Edmond. *Comment la route crée le type social*. Les grandes routes des peuples; essai de géographie social. 2 Vols. Paris, 1901.

（3）Vandervelde, É. *L'exode rural el le retour aux champs*. Chap. iv, "Les conséquences de l'exode rural."(Sec. 3 discusses the political and intellectual, the physical and moral consequences of the rural exodus, pp. 202—13.) Paris, 1903.

（4）Bury, J. B. *A History of Freedom of Thought*. London and New York, 1913.

（5）Bloch, Iwan. *Die Prostitution*. Handbuch der gesamten Sexualwissenschaft in Einzeldarstellungen. Berlin, 1912.

（6）Pagnier, Armand. *Du vagabondage et des vagabonds*. Étude psychologique, sociologique et médico-légale. Lyon, 1906.

（7）Laubach, Frank C. *Why There Are Vagrants*. A study based upon an examination of one hundred men. New York, 1916.

（8）Ribton-Turner, Charles J. *A History of Vagrants and Vagrancy and Beggars and Begging*. London, 1887.

（9）Florian, Eugenio. *I vagabondi*. Studio sociologicoguiridico. Parte prima, "L'Evoluzione del vagabondaggio." pp. 1—124. Torino, 1897—1900.

（10）Devine, Edward T. "The Shiftless and Floating City Population," *Annals of the American Academy of Political and Social Science*, X(September, 1897), 149—164.

IV. 初级群体中的社会联系

（1）Sumner, Wm. G. *Folkways*. A study of the sociological importance of usages, manners, customs, mores, and morals. "The In-Group and the Out-Group," pp. 12—16. Boston, 1906.

（2）Vierkandt, Alfred. *Naturvölker und Kulturvölker*. Ein Beitrag zur Socialpsychologie. Leipzig, 1896.

（3）Pandian, T. B. *Indian Village Folk*. Their Works and Ways. London, 1897.

（4）Dobschütz, E. v. *Die urchristlichen Gemeinden*. Sittengeschichtliche Bilder. Leipzig, 1902.

（5）Kautsky, Karl. *Communism in Central Europe in the Time of the Reformation*. Translated by J. L. and E. G. Mulliken. London, 1897.

（6）Hupka，S. von. *Entwicklung der westgalizischen Dorfzustände in der 2. Hälfte des 19. Jahrhunderts，verfolgt in einem Dörferkomplex*. Zürich，1910.

（7）Wallace，Donald M. *Russia*. Chaps. vi，vii，viii，and ix. New York，1905.

（8）Ditchfield，P. H. *Old Village Life，or，Glimpses of Village Life through All Ages*. New York，1920.

（9）Hammond，John L.，and Hammond，Barbara. *The Village Labourer*，1760—1832. A study in the government of England before the reform bill. London，1911.

（10）*The Blue Laws of Connecticut*. A collection of the earliest statutes and judicial proceedings of that colony，being an exhibition of the rigorous morals and legislation of the Puritans. Edited with an introduction by Samuel M. Schmucker. Philadelphia，1861.

（11）Nordhoff，C. *The Communistic Societies of the United States*. From personal visit and observation. Including detailed accounts of the Economists，Zoarites，Shakers，the Amana，Oneida，Bethel，Aurora，Icarian，and other existing societies，their religious creeds，social practices，numbers，industries，and present condition. New York，1875.

（12）Hinds，William A. *American Communities and Co-operative Colonies*. 2d rev. Chicago，1908. [Contains notices of 144 communities in the United States.]

（13）L'Houet，A. *Zur Psychologie des Bauerntums*. Ein Beitrag. Tübingen，1905.

（14）Pennington，Patience. *A Woman Rice-Planter*. New York，1913.

（15）Smedes，Susan D. *A Southern Planter*. London，1889.

（16）Sims，Newell L. *The Rural Community，Ancient and Modern*. Chap. iv，"The Disintegration of the Village Community." New York，1920.

334

（17）Anderson, Wilbert L. *The Country Town*. A study of rural evolution. New York，1906.

（18）Zola，Émile. La Terre. Paris，1907.［Romance.］

V. 次级群体中的社会联系

（1）Weber, Adna Ferrin. *The Growth of Cities in the Nineteenth Century*. A study in statistics. New York，1899.

（2）Preuss，Hugo. *Die Entwicklung des deutschen Städtewesens*. I Band. Leipzig，1906.

（3）Green，Alice S. A.（Mrs. J. R.）*Town Life in the Fifteenth Century*. London and New York，1894.

（4）Toynbee，Arnold. *Lectures on the Industrial Revolution of the Eighteenth Century in England*. London，1890.

（5）Hammond, J. L., and Hammond, Barbara. *The Town Labourer，1760—1832*. The new civilization. London，1917.

（6）——. *The Skilled Labourer，1760—1832*. London，1919. ［Presents the detailed history of particular bodies of skilled workers during the great change of the Industrial Revolution.］   335

（7）Jastrow, J. "Die Stadtgemeinschaft in ihren kulturellen Beziehungen."（Indicates the institutions which have come into existence under conditions of urban community life.）*Zeitschrift für Socialwissenschaft*，X（1907），42—51，92—101.［Bibliography.］

（8）Sombart，Werner. *The Jews and Modern Capitalism*. Translated from the German by M. Epstein. London，1913.

（9）——. *The Quintessence of Capitalism*. A study of the history and psychology of the modern business man. Translated from the German by M. Epstein. New York，1915.

（10）Wallas，Graham. *The Great Society*. A psychological analysis. New York，1914.

（11）Booth，Charles. *Life and Labour of the People in London*.

V, East London, chap, ii, "The Docks." III, chap, iv, "Influx of Population." London, 1892.

（12）Marpillero, G. "Saggio di psicologia dell'urbanismo," *Rivista italiana di sociologia*, XII(1908), 599—626.

（13）Besant, Walter. *East London*. London and New York, 1901.

（14）*The Pittsburgh Survey—the Pittsburgh District*. Robert A. Woods, "Pittsburgh, an Interpretation." Allen T. Burns, "Coalition of Pittsburgh Coal Fields." New York, 1914.

（15）*Hull House Maps and Papers*. A presentation of nationalities and wages in a congested district of Chicago, together with comments and essays on problems growing out of the social conditions. New York, 1895.

（16）Addams, Jane. *Twenty Years at Hull House*. With autobiographical notes. New York, 1910.

（17）——. *The Spirit of Youth and the City Streets*. New York, 1909.

（18）Simkhovitch, Mary K. *The City Worker's World in America*. New York, 1917.

（19）Park, R. E., and Miller, H. A. *Old World Traits Transplanted*. New York, 1921.

（20）Park, Robert E. *The Immigrant Press and Its Control*. (In press.)

（21）Steiner, J. F. *The Japanese Invasion*. A study in the psychology of inter-racial contacts. Chicago, 1917.

（22）Thomas, W. I., and Znaniecki, F. *The Polish Peasant in Europe and America*. Monograph of an immigrant group. Vol. IV, Chicago, 1918.

（23）Cahan, Abraham. *The Rise of David Levinsky*. A novel. New York and London, 1917.

（24）Hasanovitz，Elizabeth. *One of Them*. Chapters from a passionate autobiography. Boston，1918.

（25）Ravage，M. E. *An American in the Making*. The life story of an immigrant. New York and London，1917.

（26）Ribbany，Abraham Mitrie. *A Far Journey*. Boston，1914.

（27）Riis，Jacob A. *The Making of an American*. New York and London，1901.

（28）Cohen，Rose. *Out of the Shadow*. New York，1918.

336

主题相关的论题

1. 作为社会联系之基础的土地。

2. 人口密度、社会联系与社会组织。

3. 流动性与社会类型，例如吉卜赛人、诺曼人、无业游民、拓荒者、商业旅行者、传教士、周游世界者、犹太漫游者。

4. 稳定性与社会类型，例如农民、房屋业主、商人。

337

5. 感官体验与人类行为，怀旧（思乡病）。

6. 种族偏见与初级联系。

7. 禁忌与社会联系。

8. 初级群体中的社会联系，例如家庭、游戏群体、邻里、村庄。

9. 初级群体中的社会控制。

10. 作为社会问题原因的次级联系对初级联系的替代，例如贫困、犯罪、卖淫，等等。

11. 通过次级联系控制社会问题，例如慈善组织、社会服务登记局、警察局、道德法庭、报纸的公共舆论，等等。

12. 工业革命与大社会。

13. 城市中恢复初级群体的尝试，例如社会中心、居民点、社会单元实验，等等。

14. 尝试恢复雇主与雇员之间的初级联系。

15. 报纸的匿名性。

16. 大社会的标准化与非人化。

17. 陌生人的社会学；对宗教复兴运动者、专家、天才、商人的研究。

讨论问题

1. 你对联系概念有何理解？

2. 地理状况影响联系的方式是什么？

3. 原始人和现代人在与土地的联系上有什么差别？

4. 用什么方式增加社会联系以影响到与土地的联系？给出具体例证。

5. 相比于其他感觉、触摸的社会意义是什么？

6. 触摸在什么意义上是一种社会联系？

7. 你用什么原则来解释对于联系的期望或厌恶？

8. 给出例证说明多种社会生活领域中触摸的意义。

9. 你如何解释去触摸吸引注意力的对象的冲动？

10. 原始社会里群体内联系与群体外联系的差别是什么？

11. 用什么方式使外部关系影响到群体内的联系？

12. 给出群体自我主义或种族中心主义的例证。

13. 内群体团结依赖于和外群体的关系，这在什么程度上影响到当前的国际局势？

14. 移民的社会控制在多大程度上依赖于保持移民群体的团结？

15. 我们遇到一个朋友或一个陌生人的反应是什么？

16. 你如何理解谢勒以下表述的意义："在任何熟人刚开始被认识的时候，显然都是受到区别对待的"？

17. "同情的接近方式"在人际关系中有多实用？

18. 动物社会和人类社会在延续性基础上的差别是什么？

19. 何种类型的社会联系是为了历史延续性？

20. 在原始民族和文明民族的运动中，社会联系有何差异？

21. 文明在何种程度上依赖于增加联系和联系的亲密性？

22. 流动性总是意味着增加联系吗？

23. 在什么条件下，流动性有助于增加经验？

24. 流浪汉比学校男生有更多的经验吗？

25. 对比历史延续性和流动性的优势和局限。

26. 你对初级群体有何理解？

27. 初级群体局限于面对面的群体成员吗？

28. 什么态度和关系体现了村庄生活的特征？

29. 从社会学上来解释农村社区里群体对个体行为的控制。 338

30. 为什么城市的发展导致次级社会联系替代初级社会联系？

31. 初级关系的破裂会导致什么问题？初级关系的破裂解决了什么问题？

32. 城市生活的联系有利于个性、人格和社会类型的发展吗？

33. 在美国人的生活中，宣传以什么方式成为次级联系的一种形式？

34. 为什么欧洲农民在移民到美国之后会首先成为报纸的读者？

35. 为什么从农村到城市的转变包括（a）从具体关系到抽象关系，（b）从绝对生活标准到相对生活标准，（c）从个人关系到非个人关系，（d）从感性态度到理性态度？

36. 社会团结在多大程度上建基于具体和感性的关系，而不是抽象和理性的关系？

37. 移民为什么有利于从感性生活态度转变为理性生活态度？

38. 资本主义以什么方式与次级联系相关联？

39. 陌生人如何包含外部性和亲密性？

40. 你用什么方式说明一下齐美尔描述的混合了"疏远"和"亲近"的关系？

41. 为什么陌生人会与群体中革命和破坏的力量联系在一起？

42. 为什么陌生人会有威望？

43. 对于陌生人，学术人的态度在什么意义上可与实干者的态度相比？

44. 专业人员在什么程度上具有陌生人的特征？

45. 为什么一种关系的感觉是独一无二的,当和其他人分享这种关系时,它就会失去价值呢?

46. 在承认这种关系和其他种族在类似局面下的关系是同一类型的情况下,对美国黑人和白人的关系问题会有什么影响?

第六章　社　会　互　动

I. 引　　言

1. 互动概念

互动（interaction）理念并不是一个常识性概念。它代表着人类长期持续反思的顶点，即不断努力去解决多样性中的一致性问题——即"一"与"多"这一古老悖论，以便在物质变迁与社会事件明显的混乱中发现法则与秩序，从而为宇宙、社会和人的运转找到解释。

对物质领域和社会万物产生好奇和反思的性情是人类特有的。因为人类和动物不同，他们不仅生活在直接现实的领域中，还生活在观念的世界里。这个观念世界不仅仅是感官—感知提供给我们的一面镜子，更不是最终的事实，它似乎只是个开场白和邀约。人类怀着成为自身以及自然之主宰的野心，去看镜子的后面，去分析现象和寻求原因，为的是获得控制。科学（自然科学）是对原因的研究——也就是去研究机制，从而发现技术装备、组织与机器的运用，由此，人类可以声称它控制了自然界甚至是人类本身。教育至少从其技术方面来说，是一种社会控制的装置，就像印刷机，是一种可以用于同样目的的工具。

社会学就像其他自然科学一样，目的是根据对人与社会的本质所做的调查来进行预测和控制，而本质在这里意味着——就像在科学的其他方面一样——生活中那些可确定与可预测的方面。为了

340 描述人与社会,从而揭示他们的天性,社会学把生活的复杂性与丰富性简化为最简单的术语,也就是要素和力量。一旦"要素"或"力量"概念被接受,互动概念就是一种不可避免且合乎逻辑的发展。比如,在天文学里,这些要素是(a)一群天体,(b)它们的位置,(c)它们运动的方向和(d)它们的运转速率。在社会学里,这些力量是制度、倾向、人类、观念以及任何体现与表达动机和意愿的东西。在**原则上**——并参照其逻辑特征——社会学中的力量和要素可以和其他任何自然科学的力量和要素做比较。

奥蒙德(Ormond)[1]在其《知识的基础》一书中,[2]对互动给出了一个具有启发性的分析,即互动作为概念可以同样运用于自然对象与人的行为。

> "互动概念并不简单,而是非常复杂。这个概念不止涉及最基本的冲突与反应的观念,还涉及某些更为深远的东西,即冲突的行动者内在的可变性。举个最简单可行的例子,一个台球撞上另一个,我们说一个球的撞击影响到另一个球的运动,所以被撞的球从静止状态转为运动状态,而撞击球经历了相反的变化。但是这种表述解释不了什么,因为,假如除了运动的交流之外,什么也没发生,为什么它不会穿过被撞的球并使其状态保持不变?这种现象的特征不可能如此简单,但是冲击的承受者必定在某个点上把自身汇聚成一个节点,变成冲击的目标,从而转入运动状态。我们就这样运动起来,撞击、冲击再次转化为运动,表面上这个台球从静止状态转向运动状态;或者在撞击球这一方,从运动转向静止。现在,台球的例子是最简单的互动例子。我们已经看到,它提出的问题并不简单,甚至非常复杂。假如我们不假定行动者的内在可变性,这种情况是完全不可想象的,这意味着这些行动者能够以某种方式接受以

---

[1] 亚历山大·托马斯·奥蒙德(Alexander Thomas Ormond,1847—1915),美国哲学家。——译者注
[2] pp.70 and 72.

行动或动机的形式从外部传递来的冲击,并做出反应。所以,最简单的互动形式包含了内在主观观点或其类似物的猜测,由此接收和回应冲动。"

在社会学作者中,齐美尔尽管没有明确界定这个术语,但已经 341 采用了互动概念,并清楚意识到其逻辑意义。另外,龚普罗维奇已经寻求把社会互动界定为所有自然科学——也就是那些寻求通过过程描述变化的科学如物理学、化学、生物学、心理学——的一个基本原则。在所有这些科学里,逻辑原则都是一样的,**过程**和**要素**则是不同的。

2. 文献分类

本章的文献将放到三个主要的主题之下:(a)作为互动的社会;(b)作为互动中介的沟通;(c)作为互动机制的模仿与暗示。

(a) **作为互动的社会**。——用机械论的术语来说,社会可以简化为互动。一个人只要对社会力量做出回应,就是社会的一个成员。当互动结束的时候,他是孤立和被隔离的,他停止作为一个人并变成一个"迷失的灵魂"。这就是社会的界限与互动的界限几乎一致的原因,这就是人们参与社会生活的界限。衡量一个人健全或正常生活的一个方法就是通过这样一个纯粹外在的事实:他是社会中的社会群体成员,他的命运在其中得到塑造。

齐美尔已经用具体细节的广泛调查说明了互动如何在时间和空间上界定群体。通过历史连续性的联系,社会生活回溯到史前时期。比当代发现与发明更有说服力的群体行为是"过去的死者之手"通过习俗与道德惯性,通过记忆与情感的复苏,通过传统与文化的留存所施加的控制。另外,流动性的联系界定了群体成员在空间里互动的区域。背离公认观点与行为模式的程度,以及怀着同情心接近陌生与奇异事物的程度,主要依赖于流动性联系的比率、数量和强度。

(b) **作为社会互动中介的沟通**。——每门科学都假定自己的互

342　动中介。天文学与物理学设想了一种假设的物质：以太（ether）。物理学有其摩尔运动与反应的原理；化学研究分子的互动。生物学和医学把它们的研究指向有机体的生理互动。心理学从刺激和反应的互动来关注有机个体的行为。社会学作为群体的心理学，处理的是沟通。社会学家把这一过程归因于心灵之间的刺激与反应。

关于沟通的读物如此广泛，足以明确形成三个自然的互动层次：（x）感官的；（y）情感的；（z）情绪与观念的。

通过感官与情感反应进行的互动可称为沟通的自然形式，因为它们对于人和动物来说都是共有的。齐美尔对感官互动的解释暗示了个人态度得以形成的微妙、无意识但又深远的方式。这不只是视觉，还有听觉、嗅觉和触觉，都不同程度地展示了这种评价的情感反应。这意味着在感性基础上理解其他的人或事。

来自达尔文和摩尔根的涉及动物情感表达的文献说明，自然的表达符号如何变成沟通的工具。言语和观念上的先入之见遮蔽了人类行为中情感交流、面部表情和姿势所发挥的重要作用。脸红与大笑都是特别有意义的，因为这些情感反应的形式只属于人类。说当一个人害羞时会脸红，当他脱离、超然但又对一件事感兴趣时就会笑，这意味着脸红和大笑代表着对社会情境的两种不一样的态度。脸红和大笑与社会控制的关系，作为个人对群体的情感依赖的明证，是在青春期达到顶峰的。

借助感官印象和情感表达进行的互动仅限于态度和情感的交流。"语言与观念沟通"标题下的文献呈现出了人类言语独有的特征。就像马克思·穆勒（Max Müller）坚持认为的，概念是在社会经343　验中锻造出来的共同符号。它们或多或少是习俗化的、客观的、可理解的符号，已经按照共同经验（或者就像逻辑学家说的论域）进行了界定。每个群体都有其论域。总之，用迪尔凯姆的话来说，概念是"集体表征"。

人们已经根据重大事件、划时代的人物、社会运动和文化变迁，对历史进行了多种构想。从社会学的观点来看，要对社会进化进行有益的研究，重点在于它与沟通方式及技术的发展和完善之间的关系。从口头语言与记忆向书写记录的转变多么具有革命性！古代文明开始于五个独立的中心，埃及、幼发拉底河谷、中国、墨西哥和秘鲁，这似乎不可避免地关联着从象形文字向书写文字的转变，那也就是说，从表意符号转向表音符号。现代时期开始于印刷术和印刷机的发明。当书籍变成普通人也能拥有的东西时，民主实验的基础也就打下了。从社会学的观点来看，书籍是一种客观组织起来的心灵，所有人都能接触其思想。书籍在社会生活中的角色长期以来已得到承认，但没有被充分领会。基督教会确实把《圣经》视为上帝的话语，军队不会质疑《武器手册》的正确无误，我们的成文宪法被称为"约柜"，正统的社会主义者则呼吁毫不犹豫地信任马克思的沉闷著作。

今天的世界-社会，依赖着全世界各种事件和观点的即时性沟通，有赖于电报的发明和大洋电缆的铺设。无线电报和广播只是完善了这些早期工具，使对人民之间沟通的垄断或审查成为不可能。传统文化是隔离年代的社会遗产，现在处于互动与改良的世界过程之中，这是观念和情绪的现代传播手段的迅捷与冲击导致的。在当前时代，污蔑报纸是如此普遍，以至于很少人认识到，新闻在很大程度上使人们免受政党和社会机构的控制，而且还免受书籍的"暴政"。

（c）**模仿与暗示，机械的互动形式**。——在所有沟通形式中，行为都有变化，但只有在两种情况下，这些过程才被分析、界定并简化为简单的术语，这就是模仿和暗示。

模仿，顾名思义，是一个复制或学习的过程。但是，模仿只有在具备实验或试错的特征时，才是一种学习。同样也很明显的是，所谓的"本能"模仿完全不是学习，因为实验心理学的成果已经把本能模仿的领域限定在少数简单的行为里，就像当其他人跑的时候也想跑，其他人笑也想笑，与坚持不懈地努力复制标准行为模式的模仿相比，本能模仿在人类生活中的地位微不足道。

在社会影响之下，这种再生产副本的人类倾向已经从心理学上解释了注意力和兴趣。兴趣决定了注意力的运作，注意力的方向决定了模仿的副本。不应忽视这种解释的心理学有效性，或者它在教

344

341

育运用上的实践价值,不应无视社会因素对兴趣和注意力的控制。在一个初级群体里,社会控制严密限定了模式与行为的选择。在一个孤立的群体里,个体可能没有任何选择。其次,注意力也可以被确定,不是由来自个人能力或天赋的兴趣,而是来自融洽的关系,也就是对提供了副本的个体声望或特征的兴趣。

复杂的模仿过程与简单的试错方法之间的关系是有意义的。通过模仿进行学习意味着人们对提供副本的个体的认同,但又与其有差别。通过模仿,我们欣赏其他人,我们与他人意气相投或是融洽,而与此同时,我们也利用其情感和技术。里博和亚当·斯密分析了模仿与意气相投之间的关系,西恩(Hirn)则指出,在艺术中,这种内在模仿的过程对于美学鉴赏来说是不可或缺的。

在鉴赏和学习的过程中,原始的试错法服务于模仿。从实际意义上讲,模仿是机械和保守的,它为原创提供了一个基础,但是它的功能是去传递而不是发明新东西。另一方面,试错的简单过程是人和动物共同具备的,其结果就是发现和发明。

对于暗示的发挥来说,最具科学性的受控情境就是催眠。分析观察到的催眠事实有助于理解日常生活中的暗示机制。催眠的基本事实可以简单总结为以下几点:(a)建立实验者和实验对象之间的融洽关系,后者执行前者给出的暗示;(b)实验对象对暗示的成功反应取决于暗示与他过去经验之间的关系;(c)实验对象响应的是自己对暗示的想法,而不是从实验者那里接收来的观念。对案例的考虑足以使学者相信,社会生活中的暗示与催眠中的暗示是完全相同的,至少对后面两点是如此。无论人与人之间的和谐在哪里发展起来,例如母亲与儿子之间的爱,情人的感情,亲密朋友的同志关系,都会产生暗示的互相影响机制。但是在正常的社会情境下——不同于催眠——在不存在和谐的地方,暗示也可能起作用。

这就是别赫捷列夫(Bechterew)①区分主动感知(active perception)

---

① 弗拉基米尔·米哈伊洛维奇·别赫捷列夫(Vladimir Mikhailovich Bekhterev 1857—1927),俄国心理学家、神经学家。——译者注

与被动感知(passive perception)的意义所在。在被动感知里,观念和情感回避"自我",进入了"潜意识",并且不受主动感知的控制,形成了"丧失"记忆的组织或情结。于是,在两个人之间不存在融洽关系的社会情境下,通过拨弄正确的记忆之弦,或者是复苏被遗忘的情感,可能产生一种转变其他人生活的暗示,就像换位法。在选自别赫捷列夫的第二篇论文里,指明了社会生活中暗示的领域,在随后"社会控制"与"集体行为"的章节里,会进一步考虑决定群体行为的暗示机制。

模仿和暗示都是社会互动的机制,在其中,一个个体或群体被其他个体或群体控制。两种过程之间的区别现在是清楚的。模仿 346 的特征就是在社会性呈现的复制品的影响下,去构建习惯、情感、理想和生活模式机制的倾向。与社会互动中的模仿不同,暗示的过程是在已经组织好的恰当的社会刺激机制下释放本能、情感或习惯。模仿和暗示之间的其他差异都源于这种基本区别。在模仿中,注意力是警觉的,时而关注模仿对象,时而关注反应。在暗示中,个体是自觉的,暗示的对象对其行为是无意识的。在模仿之中,行为总是在复制副本,在暗示中,反应可能像也可能不像副本。

II. 文　　选

A. 作为互动的社会

1. 社会的机械论解释[①]

在每个自然过程里,我们都可以观察到构成该过程的两个关键因素,即异质性要素及它们的互相作用,而我们将其归因于某种自然力量。我们在行星的自然过程里观察到这些因素,不同的天体通过这些因素,彼此施加着某种影响,我们将其归因于引力或者重力。

---

① 翻译并改编自 Ludwig Gumplowicz, *Der Rassenkampf*, pp.158—61。(Innsbruck: Wagnerische Univ. Buchhandlung, 1883.)

> "行星与太阳之间没有什么物质联系。基本力量——普遍的引力——的直接活动通过其影响的灵活性,使双方保持着一种看不见的联系。"

在化学的自然过程中,我们观察到最多样的元素以最多样的方式彼此关联。它们彼此吸引或排斥,它们进行混合或者退出,这些不过是我们归结为内在于这些元素的某种力量导致的行动或互动。

不论如何,植物和动物的自然过程开始于异质性要素的接触,我们把这种要素称为生殖细胞(配子)。它们彼此施加一种相互影响,并进入植物和动物的活动过程之中。

347　　原子理论最好地说明了,科学在何种程度上被"异质性元素彼此作用是一个自然过程所必需的"这种假设所渗透。

很明显,我们承认,要解释所有自然过程的起源,没有比假设其存在于隐形微粒的体内更好的了,每个微粒都有某种独立的存在,并作用于其他微粒。

整个假设只是自然观察在人类头脑中产生的自然过程概念的结果。

尽管我们设想社会过程是独特的,并且不同于上述的四种自然过程,但还是必须在其中确认构成自然过程类属概念的两个关键因素。事实上,这就是我们的发现。我们假定,无数的人类群体是人类生存的最早开端,它们构成了大量的异质性种族要素。这些要素已经随着游牧部族和部族数量的减少而减少。根据之前的解释,我们势必认为,在这个领域,我们关注人种差异与异质性要素。

现在,问题仍然在于自然过程的第二个构成要素,即这些要素之间明确的互动,特别是那些具有规律性与持久性特征的互动。当然,我们必须避免与其他自然过程中异质性要素的彼此互动进行类比。在严格遵从科学方法的情况下,我们仅仅把这些互动视为常识与实际经验提供给我们的事实。从而,我们将能愉快地去规划异质性种族——或者社会要素,假如你愿意的话——相互作用的原则;数学的确定性和普适性是无可辩驳的,因为它在历史和生活领域中的每个时刻和每个地方都能体现自己。

这个原则可以很简单地表述为：每个强大的种族或社会群体都努力征服每个存在于或可能进入它影响范围内的弱势群体，并使它们服务于它的目的。本文涉及异质性种族与社会要素彼此的关系，以及从中产生的所有后果，并在其中包含着解决人类历史自然过程中全部谜团的钥匙。我们将看到，这篇文章说明了在过去与现在，无论何时何地，异质性种族和社会要素的相互关系，并相信其普遍有效性。在后一种关系里，它完全不符合诸如引力和重力或者化学亲和性等自然法则，也不符合植物和动物生活的法则。为了更好理解这种社会天然法则的普遍有效性，我们必须研究其不同的后果，以及随环境与状况呈现出来的多种形式。

2. 作为时间与空间里群体定义的社会互动①

社会存在于单个个体具有互相关系的任何地方。这种相互作用总是来自特定的冲动，或者是因为特定的目的。性欲的、宗教的或仅仅是联合的冲动、防御或攻击、游戏和收益、协助和指导的目的以及无数的其他目的把人们带入群体关系之中——即人们相互采取行动、一起做事，或者相互对抗，即人们对这些联合状况施加影响，并受其影响。这些反应意味着，由于个人承担了这些偶发的冲动和目标，一个统一体即"社会"逐渐成熟。

一个有机体是一个统一体，因为它的器官具有比任何外部存在更为密切的能量交换关系。一个**国家**是一个**统一体**，因为其国民之间存在着相互影响的关系。假如世界的每个部分并没有以某种方式彼此影响，假如这种影响的相互作用被切断了，那我们确实不能把这个世界称为一个**统一体**。根据其相互作用的类型和程度，这种统一体或者社会化可能具有非常不同的等级，从短暂的一起闲逛到家庭，从所有"随意的"关系到成为一个国家的成员，从旅馆客人的

① 翻译自 Georg Simmel, *Soziologie*, by Albion W. Small, *American Journal of Sociology*, XV(1909), 296—98; III(1898), 667—83。

临时聚集到中世纪行会的密切团结。

349　　现在,出现在个体之中的每件事物——所有历史现实直接的具体位置——都具有冲动、兴趣、目的、倾向、心理适应性等特征,以至于这些类型的运动随后或者由此对其他个体产生影响,或者从其他人那里接受影响——我认为所有这些就是社会化的内容或材料。在它们之中以及它们自身,充满生活的这些材料和推动生活的这些动机本质上并不是社会的。既不是饥饿或者爱情,不是劳动或者宗教,也不是技术或者智力的功能和结果,因为它们是被直接给予的,所以在其严格意义上并不意味着社会化。相反的是,只有当它们把个人肩并肩的孤立状态塑造成明确的彼此相伴的形式时——这属于普遍性的相互作用概念,它们才构成社会化。因此,社会化就是这样一种以无数方式实现自身的**形式**,其中的个体——以感官上的或理想的、短暂的或永恒的、有意的或无意的、随意推动的或有意指引的利益为基础——在一个统一体里一起成长,利益借助这个过程得以实现。

　　构成"社会"的显然是相互影响的类型。任何人类的集合不论如何都会变成"社会",这不是因为每个个体中都具有激励个体这样做的生命内容,而只有当这些内容能保持相互影响的形态时才行。只有当一个人向其他人施加一种影响——不论是直接的还是通过第三方,社会才能形成,而不仅仅是个体在空间上的并置或时间上的共时或延续。所以,假如有一门科学,其对象是"社会"而不是别的,它能研究的仅仅是这些相互影响,是社会化的种类与形式。至于在社会里发现并通过社会得以实现的其他每样事物,并不是"社会"本身,而仅仅是构成社会,或者被这种共同存在形式所构建的内容,而且这些事物确实只有和"社会"一起,才能形成真实的结构,即更为广泛和常见的意义上的"社会"。

　　群体的持续存在是基于　点:虽然群体成员有离开和变化,但群体仍然是统一的。我们说几十年或几百年前就存在的同一个国家、同一个社团、同一支军队,尽管最初组织里的成员已无人留存,

350　但群体如今还存在着。这是例子之一,其中事件的时间顺序与空间

秩序表现出相似之处。在一起存在，又彼此分离的个体之中，一种社会团结得以形成。而人们之间不可避免的空间分隔被他们之间的精神纽带所征服，所以会产生一种统一共存的现象。个体以及不同代人之间在时间上的分隔以类似的方式，把他们的联合作为一种连贯的不间断整体呈现在我们的概念里。在人们处于空间分隔的情况下，这种团结通过保持它们之间跨越鸿沟的相互作用而生效。复杂存在物的团结只不过意味着力量的相互作用而产生的要素聚合。然而，当人们在时间上被分隔开时，团结不可能以这种方式生效，因为缺乏相互作用。较早的一代人可能影响较晚的一代人，但晚辈却不可能影响到前辈。所以，尽管成员发生着变化，社会团结也能持续下去，这就提出了一个特殊问题，这个问题不能靠解释群体如何能在特定时刻生存来解决。

　　（a）**依凭位置连续的持续性**。——确保群体团结持续性的首要和最明显的要素就是位置（即群体生活的地方与土地）的延续。国家，更多的是城市，还有数不清的其他联合，都把它们的团结首先归功于构成了它们所有变化的持久基础的领地。可以肯定的是，单单是位置的延续并不意味着社会团结的延续。因为，假如一个国家的全部人口都被征服者群体驱逐或奴役，我们提到的就是已经变化了的公民群体，尽管其领地得以延续。而且，我们说的人们在特征上的统一是心理上的，正是这种心理因素本身使领地的底层形成统一体。但是，这种统一体一旦形成，其位置就构成了群体进一步延续必不可少的附着点。但这只是一个要素，因为也有群体无需地方基础也能相处。一方面，有像家庭这样非常小的群体，在居住地变化之后也能继续保持原样。另一方面，有像"文学界"这种想象社群，或者因文化兴趣而成立的国际协会，或从事国际商业的群体之类很大的群体，它们独有的特征来自完全不依附于任何明确的位置。　351

　　（b）**依凭血缘关系的持续性**。——与这种更为正规的状况形成对比的，群体的维持是代际之间的生理联系。在长时间里，家系共同体并不足以确保统一体的一致性。在很多情况下，必须增加地方团结。自从离散以来，犹太人的社会统一体已经有很明显的弱化，尽管他们在生理和宗教上是统一的。而在犹太群体已经在同一地域长时间居住的情况下，社会统一体却更为紧密，现代"犹太复国主义"在较大范围内复苏犹太人团结的努力就取决于在一个地方的集中。另一方面，当其他团结的纽带失效的时候，生理纽带就成为群体的自我保存所求助的最后手段。德国的行会越是衰退，其内在的凝聚力就变得越弱，每个行会就越是积极地试图使自己变得排外，也就是坚持一个人除非是主人的儿子、女婿或者主人寡妇的丈夫，否则不能担任行会会长。

连续几代人的生理一致性对于保持群体单一性来说具有无可比拟的意义，因为一代人被后一代人替代不是**一下子发生的**。凭借这一事实，就保持了一种延续性，它使生活在一个特定时刻的大多数人进入下一个时刻的生活。这种变化（即人的消失与进入）在两个相邻的时刻影响到的人，与那些保持不变的人相比，数量相对较少。这个方面的另一个影响因素是：人类不受特定交配季节的约束，可以在任何时间生孩子。所以，任何群体都不可能准确断言，新一代人会在任何明确的时刻开始。老一代人离去和新一代人进入的过程是如此缓慢和连续，以至于群体似乎成为像有机体一样的统一的自我，尽管其原子发生了变化。

假如变化是瞬间发生的，那在关键时刻之后，我们说这个群体是"一样的"这种说法的合理性就很可疑了。变迁在特定时刻影响到的状况仅仅是群体总寿命的最低限度，只是使群体有可能通过变化来保持自我。我们对此可以概括性地表达如下：假如个体的总数或者群体生活的其他状况可以用 a、b、c、d、e 来代表，在以后的时刻用 m、n、o、p、q 来代表。然而，假如按以下过程发展，我们可以说相同的自我得以存留：a, b, c, d, e—m, b, c, d, e—m, n, c, d, e—m, n, o, d, e—m, n, o, p, e—m, n, o, p, q。在这种情况下，每个阶段和后续阶段只有一个成员不一样，每个时刻都与相邻时刻共享同样的主要成分。

（c）**依凭群体成员资格的持续性**。——作为群体统一性载体的个体具有的这种持续性是最直接和最明显的——当它依赖于生殖

352

的时候。但是在排除这种身体作用的情况下，也可以发现同样的形式，比如在天主教教士之中。在此，延续性的确保是通过提供足够多的人，以保持一直能接纳新人。这是一个极其重要的社会学事实，它使官僚制变得顽强，并使其品质和精神得以持续——即使所有的个体都改变了。自我维持的生理基础在这里让位于心理基础。确切地说，在这种情况下，群体认同的保持当然是依赖于统一性载体中常量的数量，但是无论如何，在任何特定时刻，属于该群体的所有成员要与群体分开，只能是在他们与其后继者联系的时间长到足以把后者吸收进他们自身（即群体的精神、形式、旨趣）之后。群体不朽的名声依赖于变迁是足够缓慢和循序渐进的。

　　"群体的不朽"这种说法提及的事实是最重要的。群体的同一自我在实际上无限周期里的保存，赋予群体在其他条件不变的情况下远远高于个体的意义。由于其目的、价值和力量，个体的生命注定要在有限的时间里结束，每个个体一定程度上必定在起点开始。因为群体的生命并没有一种先验的固定时间限制，其形态实际上是被安排好的，而且这些形式好像会永远持续下去一样，群体达成了成就、力量和经验的总和，由此使它自身远远优于片断化的个体生命。自从中世纪早期以来，这就已经成为英格兰市政社团的权力来源。每个人一开始就有这种权利，如斯塔布斯（Stubbs）所表达的，"通过填补空缺来维持其存在。"古代的特权很明显只给予市民阶层及其继承人。事实上，他们把这作为添加新成员的权利来执行，所以不论什么命运降临到成员和他们的生理后裔身上，社团都能保持完整无缺。当然这肯定是要付出代价的，由于作为群体维持工具的个体重要性的消失，群体的安全必定受损，因为与成员的易逝个性联系更紧密。另一方面，成员越是匿名和非个人化，就越是适合取代另一个成员，如此才能确保群体不间断地进行自我维持。依靠这个巨大的优势，玫瑰战争时期的英国下院击败了上院以前占优的权力，摧毁这个国家一半贵族的战斗也夺走了上院贵族一半的权力，因为这是附着于人身上的。下院原则上确保自己不受这种削弱，财产权最终通过平衡其成员而获得主导性，这表明了群体生存最具持

353

久性的权力。这种环境使每个群体在与个体竞争时具有优势。

（d）**依凭领导才能的持续性**。——在这种情况下，只要群体生活与一个领袖（发号施令的个人）的生活紧密相连，就必须做出特殊的安排。在这种社会学形式中，隐藏着对群体完整性的威胁，这可以从所有政权更迭的历史中学到。当然，危险增长的比率与统治者实际形成其职能中心点的增长比率是一样的，通过这些中心点，群体保持了自己的团结，或者更准确地说，在每个时刻都重新创造出它的团结。因此，统治者之间的分歧可能是一个无足轻重的事情，因为君主只是进行名义上的统治——"当政但不统治"。但在另一方面，我们即使是观察蜂群时也能看到，一旦蜂后离开，就会导致混乱。尽管用人类统治者的类似之处来解释后一种现象是完全错误的，因为蜂后并没有赋予秩序，但是蜂后占据着蜂巢的活动中心点。通过她的触角，她与工蜂不断沟通，整个蜂巢的所有信号都得通过她，凭借这一事实，蜂巢感到自身是一个统一体，而且这种统一体会随着职能中心的消失而消亡。

（e）**依凭遗传准则的持续性**。——在政治群体里，这种尝试用于防范人性的各种危险，特别是那些可能介于重要人物之间的危险，所采用的原则是"国王永不死"。在中世纪早期盛行的传统是，当国王死亡之时，他的和平也与他一起死去，而较新的原则包含了群体自我存续的条款。它涉及一个非常重要的社会学概念，即国王不再是作为人的国王，而是正相反，也就是他的肉体本身仅仅是抽象王权不相干的载体，这就像群体本身一样固定不变，由此，王权就是顶峰。群体用王权反映出其不朽，而君主则反过来用自己的肉体给这种不朽提供一个看得见的表达，而且通过这样做，相互加强了群体的活力。社会凝聚的强大因素——包括对统治权力的情感忠诚——可能出现在与统治者个人有忠诚关系的非常小的群体里。对于大群体，斯塔布斯曾经给出的这个定义肯定是适用的，即："忠诚是一种强大且忠实附着于个人的习惯，与其说是因为他的个人性格，不如说是因为其官方地位。"通过把不死的职位进行客观化，君主原则获得了一种使群体集中和凝聚的新的心理力量。而仅仅依赖于君主人格的旧君主原则,必然随着群体规模的增长而失去其力量。

(f) 依凭物质符号的持续性。——群体凝聚的客观化也可能脱离个人形式,达到将自身依附于物质符号的程度。因此,在中世纪的德国土地上,皇室珠宝被看作是王国及其延续性概念在视觉上的实现,所以,持有它们就给了一个觊觎高位者一种压倒其他渴求高位者的决定性优势,这显然是帮助已故皇帝的继承人获得继承权的影响因素之一。

　　鉴于物质客体的易破坏性——这个缺点不能像人一样用遗传的连续性来抵消,对这个群体来说,为其自我保护寻求支持是非常危险的。很多部队由于失去其军旗而丧失凝聚力,很多类型的社团在它们的守护神、它们的知识宝库、它们的圣杯被摧毁之后瓦解了。然而,当以这种方式失去社会凝聚力之时,可以稳妥地说,它以前必定遭受过严重的内部混乱,在此情况下,代表着群体团结的外部符号的丧失仅仅象征着社会成员已经失去其凝聚力。当最后情况不是如此时,群体符号的丧失不仅不会产生崩溃的后果,还产生了一种直接的整合影响。当符号失去其物质实体之时,它可以仅仅是作为思想、渴望、理想来运转,而且更有力、更深远、更不可摧毁。我们可以用提图斯(Titus)①摧毁犹太圣殿的后果作为参照,好好观察一下群体符号的毁灭方式对群体团结产生的两种相反影响。等级制的犹太国家是以统一帝国为目标的罗马国策的肉中刺。就牵涉其中的一定数量的犹太人来说,消灭这个国家的目标是通过摧毁圣殿来达成的。不管怎样,对于那些对中央集权漠不关心的人来说,就是这样的效果。这一事件有力促进了圣保罗派基督徒与犹太教的疏远。另一方面,对于巴勒斯坦的犹太人来说,犹太教与世界其余部分的裂痕加深了。由于其符号被摧毁,他们民族宗教的排他性加深到不顾一切的地步。

---

① 提图斯(Titus,79—81),古罗马皇帝,公元70年攻破耶路撒冷,赢得第一次犹太战争。——译者注

（g）**依凭群体荣誉的延续性**。——作为凝聚力的一种形式,荣誉的社会学意义非同凡响。通过呼吁荣誉,社会确保其成员采取有助于其自身维持的行为,特别是介于犯罪领域与纯粹个人道德领域之间的行为。通过群体荣誉标准中对成员的要求,群体保持了在同样的包容性联合里自身的统一性以及与其他群体的区别。基本事物是狭小群体内特定的荣誉理念——家庭荣誉、军官的荣誉、商人的荣誉,是的,甚至还有盗贼的荣誉。由于个体属于多个群体,个体可能同时处于几种彼此独立的荣誉要求之下。一个人可以保持其商人的荣誉,或者作为一个研究者的科学荣誉,但失去其家庭的荣誉,反之亦然;匪徒可能在侵犯其他人之后,严格遵守盗贼荣誉,一个女人可能已经失去了其贞操,但在其他每个方面却是最可敬的。所以,荣誉存在于个体与特定圈子的关系之中,在这方面体现出个体与其他群体的分离和社会学区别。

（h）**依凭专门机构的延续性**。——从社会自我维持的源头到单个的人,到物质内容,到一种理想的概念,我们现在来到这种情况,即利用一群人组成的机构而达成的社会存留。例如,一个宗教社群以其神职体现出其凝聚力和生活原则;一个政治社群以其行政组织体现出其内在的联合原则,以其军队体系体现出对抗外来力量的联合,而后者体现在其军官团之中;每个永久性联合都体现于其官方首脑,暂时性联合体现于其委员会,政党体现于其议会代表之中。

B. 沟通的自然形式

1. 感官的社会学:视觉互动①

正是通过感官的中介,我们才能感知我们的同伴,这一事实具有两种基本的社会学意义:（a）评价;（b）理解。

---

① 翻译并改编自 Georg Simmel, *Soziologie*, pp. 646—51。（Leipzig: Duncker und Humblot, 1908.)

（a）**评价**。——感官印象可能引起我们的愉快或痛苦、兴奋或平静、紧张或放松等情感反应，这些反应的产生是通过个人的特征，或者其声调，或者仅仅是他的身体出现在同一个房间里。然而，这些情感反应并不能使我们理解或界定其他人，我们对其他人的感官印象所产生的情感反应是将其真实自我排除在外的。

（b）**理解**。——当感官印象成为理解他人的中介之时，这种印象可能往相反的方向发展。我看到、听到、感觉到的他人仅仅是我触及其真实自我的桥梁。说话的声音及其意义可能给出了最清晰的例证。一个人讲话就像人的外观一样，可能立即产生吸引或排斥。另一方面，他所说的话能使我们理解的，不仅仅是他瞬间的想法，还有其内在的自我。同样的原则也适用于所有感官印象。

任何客体的感官印象在我们心中产生的不仅仅是针对它的情感和审美态度，还有对它的理解。在对非人类客体做出反应时，这两种反应一般来说是广泛分开的。我们可以评价客体的任何感官印象的情感价值。玫瑰的香气，音调的魅力，风中树枝摇摆的优雅，都可以作为灵魂中产生的喜悦来体验。另一方面，我们可能期望理解和领会玫瑰、声调或者树枝。在后一种情况下，我们以完全不同的方式来做出反应，通常是有意识的努力。这两种相互独立的不同反应一般在人这里整合成一种统一的反应。理论上来说，我们对一个人的感官印象一方面是直接评价其情感价值，另一方面是对其做出冲动或慎重的理解。事实上，这两种反应是共存的，并且形影不离地交织在一起，成为我们与其关系的基础。当然，评价和理解的发展程度完全不一样。两种不同的反应——针对声调和针对说话的意义，针对一个人的外貌和针对其个性，对其人格的吸引或排斥，对于其性格以及文化程度的感性判断——以非常不同的程度和组合呈现在任何感知里。

至于专门的感觉器官，眼睛具有独特的社会学功能。个体的联合与互动植根于彼此的目光。这可能是到处都存在的最直接、最纯粹的相互作用。然而，这种最高级的精神反应——眼睛对眼睛的注视把人联合起来——形成非客观的结构；两个人之间瞬间产生的这种联合呈现在此场合里,溶解在其功能之中。这种团结是如此顽强与微妙,以至于只能通过眼睛之间最短、最直的连线来保持,而其中最小的偏离,哪怕是最轻微的一瞥也完全能摧毁这种联合的独特性。就像人们直接或间接发现的,这种关系不会在人与人之间其他所有联系类型里留下客观的痕迹,比如在言辞的交互之中那样。眼睛与眼睛的相互作用消亡于这种作用的直接性丧失之时。但是,假如没有眼睛的一瞥,人类社会关系的整体、他们的自我主张与自我克制、他们的亲密和疏远,都会以不可预见的方式改变。人与人之间这种相互一瞥区别于他人简单的观看或观察,意味着他们之间全新的和独一无二的联合。

这种关系的界限取决于一个重要的事实,即一个人寻求感知他人的这一瞥本身就是意味深长的。通过显露出他人的这一瞥,一个人也显露了自己。通过同样的行动,观察者寻求了解被观察的对象,他听任自己被观察者理解。眼睛并不能在给予的同时有所收获。当一个人寻求发现其他人的灵魂时,他的眼睛就暴露了他的灵魂。在直接的相互一瞥中发生的事情代表着整个人类关系领域中最完美的相互作用。

羞愧感使一个人看着地面,以避免其他人的注视。这样做的理由不仅仅是因为省掉了使其他人注意到他痛苦状况的明显证据,更深层的原因则是把他的目光下降到某种程度,以阻止其他人理解他的困惑程度。其他人眼中的一瞥不仅使我了解他人,也使他人能了解我。在两只眼睛的连接线上,传达给他人真实的人格、真正的态度和真实的冲动。在这种解释中,"鸵鸟政策"有了正当的理由:不看其他人的人实际上对观察者部分隐藏了自己。一个人不会完全呈现给其他人,当后者看他的时候,这只能是他也看他人的时候才行。

眼睛的社会学意义专门提到了作为人与人之间首要视觉对象的面部表情。很少有人能清楚理解我们的实际关系在多大程度上依赖于相互认知,这不只是从作为他人瞬间表现与态度的所有外部特征的意义上来说的,也涉及我们对其生活、内在特征及其存在的永恒性的了解或直观感知,所有这些不可避免地给我们与他人短暂和永恒的关系进行了渲染。脸是所有这些经验的几何图表。正是个人带给他的所有这些符号成为他生活的先决条件。在脸上,存放着从过去经验中沉淀下来的东西,成为他生活的基底,这已经结晶成为他脸上永久的特征。当我们对一个人的脸认识到这种程度的话,就进入了社会关系,就它服务的实际目的而言,这是超级实用的要素。由此可见,一个人首先被人认识的是其表情而不是其行动。作为表达媒介的脸,完全是一种理论器官,它并不像手、脚、整个身体那样行动,它并不处置人的内在关系或实际关系,它只进行讲述。眼睛所传递的特殊且重要的社会学"认知"艺术取决于这样的事实:面孔是个人之间视觉上的关键对象。这种认识与理解仍然有某种差异。在某种程度上,以及在高度可变的水平上,我们第一眼就知道要和谁打交道。我们没有意识到这种知识及其基本意义,是因为我们把注意力从这种不言而喻的直觉转去理解决定我们与特定个体实际关系的专门特征。但是,假如我们意识到这种不言而喻的事实,那么我们会惊讶,我们乍一看一个人,居然就能对他了解这么多。我们没有从他的表达里获得意义,因为这容易被分析为个人的特质。我们不能绝对地说他是聪明还是愚蠢,本性是好还坏,喜怒无常还是迟钝冷漠。所有这些都是他与其他无数人共有的特征。但是,乍一看传递给我们的东西不能被分析或评价成这样的概念要素和表达要素。我们最初的印象仍然是后来所有关于他的知识的基调。正是他的外表,特别是脸暴露在我们目光下,才使我们对其个性有了直接的感知。

对盲人的社会学看法完全不同于针对聋哑人的看法。对于盲人来说,其他人实际上只呈现于他说话的交替阶段里。焦虑与不安的表达,所有过去事件的痕迹,都暴露在人们的脸上,但避开了盲人。这可能就是盲人形成和平与平静的性格,并对周围漠不关心的原因,这经常可以在盲人身上观察到。确实,脸部呈现的大多数刺激经常让人困惑;总的来说,我们在一个人身上看到的东西可以用我们从他那里听到的东西来解释,但反过来就不常见了。所以,一个能看但不能听的人比能听但不能看的人更加困惑、茫然和焦虑。这一原则在理解现代城市的社会学时极为重要。

和小镇相比,大城市的社会生活在**看**人而不是**听**人上显示出极大的场合优势。对此的一种解释是,小镇的人熟悉几乎他遇到的所有人,因此,他与人交流的一个字或一个眼神,以及他们的表情向他呈现的就不仅仅是可见的人格,而确实是整个人格。另一个具有特别意义的原因就是公共交通工具的发展。在公共汽车、铁路和街道电车于 19 世纪出现之前,人们不可能在几分钟或几小时里相互看着却不交谈。现代社会生活中,人们不断提升视觉印象的作用,而视觉印象始终是人与人之间所有感官关系的主要成分。这必然把社会看法与感觉放到了一个完全改变了的基础上。与只能听的人相比,只能看的人具有更加焦虑的特征,这就把我们带到现代生活的情绪问题上:集体生活缺乏方向,极度的孤独感,以及个体四周被紧闭的门包围的感觉。

2. 情绪的表达 ①

任何类型的行为,假如有规律地伴随着任何思想状态,立即被认为是表达性的。这些行为可能包括身体任何部分的运动,就像狗摇摆尾巴,人耸肩,头发倒竖,汗水渗出,毛细血管循环,呼吸困难,还有发出声音,以及其他产生声音的手段。甚至昆虫也用它们的鸣叫声表达愤怒、恐怖、嫉妒和爱。对于人来说,呼吸器官在表达中特别重要,不仅以直接的方式,在间接方式上也达到较高程度。

在我们目前的主题中,很少有比导致某些表达活动的极其复杂的事件链条更为有趣的。例如,一个承受悲伤或焦虑之苦的男人倾斜的眉毛。当婴儿因饥饿或疼痛而大声尖叫时,血液循环会受到影响,眼睛会充血,随之眼睛周围的肌肉出于保护之需而用力收缩。经过许多世代,这种行为已经牢牢固定下来并得以传承;但是随着年岁增长和文化程度提升,尖叫的习惯被部分抑制,但只要感受到

---

① Charles Darwin,*The Expression of the Emotions*,pp.350—67.(John Murray,1873.)

轻微的疼痛,眼睛周围的肌肉就总会收缩。由于这些肌肉的作用,鼻子尖端比其他部位更不受意志的控制,它们的收缩只受额肌中部筋膜的阻碍,后者的筋膜移动眉毛的内端,并使前额以特定方式皱起,由此我们立即可以识别出这是在表达痛苦或焦虑。就像刚刚描述过的这些轻微运动或者难以觉察的嘴角牵拉,都是极其明显与可理解的运动最后的残留或雏形。它们在表达方面对我们来说非常重要,就像博物学者的有机生物分类与谱系中的普通雏形一样重要。

362

　　人和低等动物呈现出来的主要的表达活动是天生的或继承的——也就是未被个体所习得的,这是大家都承认的。这些活动中能够学会或模仿的是如此之少,以至于它们从最早时期就开始并贯穿一生都不受我们控制,比如脸红时静脉血管的放松,心脏在愤怒的时候增加跳动。我们可以看到只有两三岁的孩子,甚至那些天生盲人会因羞愧而脸红,还有很小的婴儿光光的头皮因激动而发红。婴儿出生后因直接的疼痛而尖叫,他们所有的特征在随后的岁月里都呈现出同样的形式。单单这些事实就足以表明,我们很多最重要的表达并不是习得的;但值得注意的是,某些天生的表达在以充分完善的方式执行之前,要求个体进行练习,比如哭和笑。我们大多数表达行为的继承解释了这样的事实:那些天生的盲人(正如我从布莱尔牧师那里听说的)和天生具有视力的人表现得一样好。因此,我们还能理解这样一个事实:不同种族的年轻成员与老成员——既指人也指动物——能以同样的活动表达同样的精神状态。

　　我们对年轻和年老动物以同样方式展示它们的感觉是如此熟悉,以至于我们很难意识到,小狗像老狗一样,高兴时摇动尾巴,假装凶狠时则压低耳朵和呲开犬齿,或者小猫像老猫一样,惊恐和愤怒时弓起它小小的背和竖起它的毛等表现有多么了不起。然而,当我们转向我们自己不太常见的姿势时——我们习惯于将其看作是人为的或惯常的,就像耸肩表示无能为力,或者举起手臂并张开双手叉开手指表示惊讶——我们可能会惊讶地发现,它们是天生的。

对于这些以及其他一些传承下来的姿势，我们可能从非常小的儿童、天生盲人和有广泛区别的种族的表现来推论。我们还应该记住，与某种精神状态关联的新的和很独特的技巧，据知产生于某些个体之中，并随后传递给他们的后代，在某些情况下甚至传递了不止一代人。

对我们来说似乎很自然的其他某些姿势，我们可能很容易想象它们是天生的，显然就像语言中的词汇一样被学会。这似乎就是在祈祷中加入举手和眼睛向上看这种情况。所以，亲吻是感情的标记，但这是天生的，因为这取决于和爱人的接触产生的愉悦。至于点头和摇头作为肯定和否定信号得以遗传的证据是可疑的，因为这种表达并不普遍，而且似乎过于笼统，没有被如此多种族的所有个体独立获取。

我们现在要考虑意愿与意识在各种表达活动的发展中能起多大的作用。据我们判断，每个个体都只学会了很少的表达活动，比如刚才提到过的那些动作，也就是说，在生命的早期，为了某些明确的目的或模仿他人，而有意识地和自愿做出的动作，然后变成习惯。正如我们已经看到的，更多的表达活动以及所有更重要的活动是天生的或遗传的，并且不能说依赖于个人意愿。然而，那些包含在我们第一原则里的所有姿势，首先是为了一个明确目的而自愿做出的，即为了摆脱某些危险，减轻某些痛苦或者满足某些欲望。例如，用牙齿搏斗的动物已经从它们的祖先那里获得了变得凶狠的时候把耳朵向后紧紧贴住头的习惯，它们自愿采取这种姿势，目的是保护它们的耳朵不被敌手撕裂；至于那些不用牙齿搏斗的动物，不会表现出凶狠的精神状态。我们还能推断，很可能我们自己已经从祖先那里获得了轻轻哭泣的同时收缩眼部周围肌肉的习惯，也就是不发出响亮的声音，特别是在婴儿时期，已经经历过尖叫时眼球不舒服的感觉。某些高表现力的活动是由于努力抑制或阻止其他表达活动。所以，眉毛的倾斜和嘴角的下垂是为了阻止即将出现的大声尖叫，或者在尖叫发生之后进行抑制。这里很明显的是，意识和意愿必定首先起作用；不是我们在这些情况或其他情况

下意识到什么肌肉会付诸行动,更多时候我们采取的是最普通的
行动。

在人类的发展中,同一部落成员之间通过语言进行沟通的力量
具有至高无上的重要性。语言的力量得到脸部和身体表达活动的
很多帮助。当我们与任何把脸隐藏起来的人就一个重要话题进行
交谈时,就会立即意识到这一点。然而,就我所能发现的而言,没有
理由相信有任何肌肉是为了表达而专门生长或改变的。产生各种
表达性声音的语音和其他发声器官似乎是部分的例外,但是我在
其他任何地方都试图展示,这些器官首先是为了性的目的而发展
起来的,为的是一个性别能够呼叫或吸引另一个性别。我也无法
找到理由相信,如今作为一种表达工具而遗传下来的任何活动,
最初是自愿和有意识地为特殊目的而运作——例如聋哑人采用的
某些姿势和手语。相反地,每个真实的或遗传性的表达活动似乎
都有某些天然和独立的起源。但是一旦获得,这些活动就可能作
为沟通工具而被自愿或有意识地采用。如果细心关注,甚至婴儿
在很早的时期也能发现他们的尖叫可以带来放松,很快他们就会
自觉实践。我们可能经常看到一个人自动扬起眉毛来表达惊讶,
或者用笑表达假装满意和默许。一个人经常希望做出某些显眼
或感情外露的姿势,并愿意在头上举起他伸开的双手和叉开的指
头,以表示惊奇,或耸起肩膀接近耳朵,以表明他不能或不愿意做
某事。

我们已经看到,表达理论的研究在某种有限的程度上证明,人
类源自某些低等动物,并支持几个种族明确或近似明确的团结这种
信念,但是,据我们的判断,这种确认并不需要。我们还看到,表达
本身或者情感性语言就像有时所说的,对于人类的福祉具有某种重
要性。只要可能,就要尽可能去理解,我们周围人的脸上随时看到
的各种表情的来源或起源,更不用说我们驯化的动物,应该引起我
们更多的兴趣。从这几个原因,我们可以得出结论,我们这个主题
的宗旨已经得到几位杰出观察者的关注,它还应得到进一步的关
注,特别是来自有能力的生理学家的关注。

365

3. 害羞①

脸红是所有表达方式中最奇特和最具人类特征的。猴子由于激动而脸红,但是还需要大量证据来使我们相信任何动物都会脸红。由于害臊而脸红是由于小动脉的肌群放松,使毛细血管充满了血,这取决于适当的血管收缩中枢所受的影响。毫无疑问,假如同时有大量精神上的激动,整体循环会受到影响,但这不是由于心脏的活动使覆盖脸部的微小血管在羞愧感之下充血。我们可以用挠痒痒来使人发笑,用重击引起哭泣或皱眉,因害怕疼痛而颤抖,等等,但我们不能用任何物理手段——也就是用任何身体的活动来引起脸红。必定受影响的正是心灵。脸红不仅是不由自主的,而且通过引起自我关注来抑制脸红的期望实际上增加了这种倾向。

年轻人的脸红比老年人更加随意,但很明显在婴儿期并非如此,正如我们所知的,婴儿在很早的时候就会因激动而脸红。我收到过可靠的记述,关于两个小女孩在两三岁阶段的脸红,还有另一个敏感的一岁孩子因犯错误遭到责骂而脸红。很多孩子在稍微有点大的时期,以一种标志性的方式脸红。这显示出婴儿的心智力量还没有充分发展到允许脸红的程度。所以,白痴很少脸红。克里奇顿·布朗博士(Dr. Crichton Browne)为我观察了在他照顾之下的白痴,但是从未见过他们脸红,尽管他已经看到,当食物放在面前时,他们因喜悦而脸红,或者因愤怒而脸红。然而,假如不是完全退化,某些人也是能脸红的,比如一个头部很小的 13 岁白痴在愉快或被人逗笑的时候,眼睛会稍微亮一些。贝恩博士(Dr. Behn)描述说,他在脱衣服接受医疗检查的时候会脸红并转向一侧。

女人比男人脸红的情况更多,很少看到一个男性老人脸红,但很少看到不脸红的老妇人。盲人也不例外,天生就是盲人而且完全是聋的劳拉·布里奇曼(Laura Bridgman)会脸红。伍斯特学院院长雷夫·R. H. 布莱尔告诉我,有三个七八岁还待在精神病院里的天

---

① 改编自 Charles Darwin, *The Expression of the Emotions*, pp.310—37。(John Murray, 1873.)

生盲人孩子是大红脸。盲人最初没有意识到被人观察,而他们的教育中最重要的部分就像布莱尔先生告诉我的,就是在他们的意识里铭刻上这种知识,通过增加自我关注的习惯,这种印象会极大加强脸红的倾向。

脸红的倾向是可以遗传的。伯吉斯博士给出一个由父母及十个孩子组成的家庭的例子,所有成员毫无例外都容易脸红到最痛苦的程度。孩子们长大了,"有些孩子被派出去旅行,为的是磨损一下这种病态的敏感,但是丝毫无济于事。"脸红的这种特征似乎是可以遗传的,詹姆斯·佩吉特爵士在研究一个女孩的脊柱时,震惊于她独特的脸红方式,大团的红点首先出现在一侧脸颊上,随后飞溅到另一侧脸颊,向各方扩散到脸和脖子上。他后来问女孩的母亲,她的女儿是否总是以这样独特的方式脸红,她回答说:"是的,她和我很像。"佩吉特爵士随之发觉,在问这个问题的时候,他已经使这个母亲脸红了,并像她女儿一样呈现出同样的特征。

在大多数情况下,脸、耳朵和脖子是唯一变红的部分,但是很多一紧张就脸红的人感到他们的整个身体会发热,还有刺痛,这显示出整个体表必定以某种方式受到影响。据说脸红有时候从额头开始,但更常见的是在脸颊上,然后扩散到耳朵和脖子。在伯吉斯博士检查的两个白化病患者中,脸红首先出现在脸颊上一个有限的点,覆盖在腮腺神经丛上,随后增加成一个圆圈,在这个红圈与红脖子之间有一条明显的分界线——虽然两者是同时出现的。白化病人自然发红的视网膜总是在变红的同时增加,每个人肯定已经注意到,在脸上有一次脸红之后,新的脸红多么容易接踵而至。脸红发生之前,皮肤上会有特别的感受,根据伯吉斯博士的观点,皮肤普遍会有轻微的苍白,显示出毛细血管在膨胀之后的收缩,在有些罕见的情况下,苍白替代发红是因为处于会自然导致脸红的状况之下。比如,一位年轻的女士告诉我,在大型拥挤的聚会上,她自己的头发被路过侍者的纽扣牢牢勾住,花了一些时间才得以脱身,在她的感觉中,她想象自己已经满脸通红,但是一位朋友保证,她当时的脸色极为苍白。

367

361

导致脸红的心理状态包括害羞、耻辱和谦虚。所有这些状态的关键要素是自我关注。有很多理由让人相信,指向个人外表的初始自我关注——与他人意见有关——是令人兴奋的原因,而与道德有关的自我关注通过社团的力量,随后会产生相同的效果。这不是简单地反映我们自己外表的活动,而是在思考其他人怎么看待我们,这引起了脸红。在绝对的独处状态下,最敏感的人也完全不会关注自己的外表。我们更敏锐地感受到责备或非难而不是赞赏。因此,更容易使我们脸红的,是对我们外表或行为的贬低或嘲弄,而不是赞美。但是,赞赏和钦佩毫无疑问是很有效的:一个漂亮女孩会在男人专心凝视她的时候脸红,尽管她可能很清楚他不是在贬低她。

368 很多孩子以及年老和敏感的人会在受到赞赏的时候脸红。接下来,我们将讨论的问题是,意识到他人关注我们的个人形象如何会导致毛细血管(特别是脸部的)立即充血。

我相信对个人外表而不是道德行为的直接关注是形成脸红习惯的基本要素,其原因现在可以给出了。它们分开来是微不足道的,但混合起来却很有分量。众所周知的是,没有什么比评论个人形象(即使是轻微的)更能使一个害羞的人脸红。一个人不可能注意到,甚至评价女人的衣服也能使人脸红,用力盯着一些人就足以使他们脸红,正如科尔利奇评论的,"谁都可以脸红"。

在伯吉斯博士对两个白化病人的观察中,"最细微地考察他们特质的尝试"总是会使他们强烈地脸红。女人对于自己的个人形象比男人更为敏感,特别是年龄较大的女人比较老的男人更甚,她们更容易脸红。年轻男女在同样的问题上比老人更为敏感,他们也比老人更容易脸红。孩子们在很早的时期是不脸红的,他们也不会显示出自我意识的其他迹象(一般会伴随着脸红),他们主要让人着迷的东西之一是,他们不会关心其他人怎么看待他们。在人生早期,他们会死盯着一个陌生人,眼睛都不眨一下,将其视为一个无生命的物件,采用的是我们这些年龄较大的人不可能模仿的方式。

每个人都清楚,年轻的男人和女人对于彼此之间在个人形象上的意见是高度敏感的,他们在异性面前比在同性面前更是害羞得无与伦比。一个不是很容易脸红的年轻男人会因为一个女孩(她对任何重要事物的判断都是他嗤之以鼻的)对他外貌的任何轻微嘲弄而剧烈脸红。没有一对幸福的年轻情侣——认为彼此的钦佩和爱比世界上其他事情更看重——会无需脸红就能彼此求婚。根据布里奇斯先生的说法,即使是火地岛的野蛮人,脸红也主要是因为女人,当然也会因为他们个人的外表。

在身体的各个部位中,脸是最被看重和关注的,这自然是因为它是表达的主要部位以及声音的来源。它也是体现美丽和丑陋的主要部位,在全世界来说也是最具装饰性的。所以在很多代人里,脸比身体其他部位受到更紧密和更认真的自我关注,而且按照这里提出的原则,我们可以理解为什么它最容易发红。尽管暴露于温度的交替之中,这可能更增加了脸部和相邻部位的毛细血管膨胀与收缩的力量,但这本身很难解释这些部位比身体其他部位更红,因为它没有解释手很少发红这一事实。欧洲人脸很红的时候全身会有轻微的刺痛,而对于那些习惯于近乎裸体的种族,发红现象会扩散到比我们更大的体表。这些事实在某种程度上是可以理解的,因为原始人和现存的一直裸体的种族的自我关注不会像现在已经穿上衣服的人一样,只限于他们的脸。

我们已经看到,在全世界,因为某些道德过失而羞愧的人倾向于移开、低下或遮住脸,而不考虑他们的个人外表。对象很难掩藏他们的害臊,因为在排除任何隐藏羞愧之需的环境下,脸是移开或隐藏的,就像内疚完全得到承认和忏悔之时。但是,在获得较多道德敏感性之前,原始人会对其个人外表高度敏感,至少是在涉及异性时,他会对关于他形象的任何言论感到痛苦,这是羞愧的一种形式。由于脸是最受重视的人体部位,可以理解的是,任何为自己外表感到羞愧的人都会希望掩盖其身体的这一部位。在感觉到由于严格道德原因产生的羞愧时,已经如此养成的习惯自然会继续下去,否则并不容易看到,为什么在这种情况下,会有一种隐藏脸部而不是身体其他部位的渴望。

对于每个感到羞愧的人来说,这种移开或降低视线,或不停地

369

370

把眼球从一侧移动到另一侧的习惯是如此普遍,很可能是被在场的人直接一瞥之后就开始的,使人们相信他受到了认真的对待;他努力不看在场的人,特别是他们的眼睛,以便马上摆脱这种痛苦的念头。

4. 笑①

当同情心不是直接原因的时候,它是引发笑声存在的条件。有时它激发笑声,它总是传播,维持并加强笑声。

首先,笑的本质就是表达自己,以至于当它不再表达自己的时候,也就不复存在了。一个人可以说,欢乐的爆发需要鼓励,因为它们不是自发产生的。不去分享它们就是在使之丢脸和消灭它们。在一个活跃而又愉快的群体里,当某些人依然冷漠或沮丧时,笑声会立即停止或受阻。然而,大众把那些人生动地称为"湿毯子"(冷场者)、"糟蹋娱乐者"(败兴的人)或者"杀死快乐者"(煞风景的人),这些人并不必然对其他人的欢乐充满敌意。事实上,他们可能仅仅是具有与欢乐格格不入的缺点。即使他们冷静下来,似乎也还是冒犯了其他人的热情和高昂的精神,仅此一点就能摧毁这种快乐。

笑不仅由同感来保持,它甚至就来自同感。世界由两种类型的人组成:使人笑的人和被人逗笑的人,后者的数量是无限多的。确实,有那么多人没有幽默感,他们自己也不会因为看到别人笑就会笑。对于那些具备才智和滑稽感的人来说,他们是否像享受(假如不是更多)笑话的成功一样享受笑话本身呢?他们的高兴至少随着传播笑话的愉悦而成长。很多时候,很多好的幽默作家非但没有快乐的气质,而且只在别人有回响的时候才会为自己的笑话而笑,对自己激发的笑声做出回应。因此,笑就是分享别人的快乐,不论这种欢乐是他们传递给我们还是我们传递给他们。似乎只有别人的欢乐才能打动我们去笑,只有其他人间接传递给我们时,我们才拥有自己的快乐。人类的团结再不会有比笑的时候表现得更清楚了。

---

① 翻译并改编自 L. Dugas, *Psychologie du rire*, pp.32—153。(Félix Alcan, 1902.)

然而，我们能说实际上是同感产生了笑声吗？仅仅说同感增加了笑声，加强了笑的效果，还不够吗？毫无疑问，我们所有的情绪在某种程度上都是他人向我们显露出来的。正如罗什福科（Rochefoucauld）所说，假如从来没有读过小说，那么多少人会对爱无知啊！同样地，那么多人永远不会自己发现人与事可笑的一面。然而，即使一个人通过传染体验到的感觉，也只能通过个人的协调，以个人的方式，根据个人的性格来体验。仅仅是它们的传染这个事实就证明了，一个人出生就带着这种萌芽。因此，同感可以解释笑的传染，但不能解释其产生。事实上，我们的感觉只有在它们具有沟通价值或社会价值的时候才存在，它们只有通过传播才能体现自己。同感不会创造这些感觉，但会给予它们在这个世界上的位置，它给予它们的仅仅是强烈情感的入口，否则，它们的特征就不可能发展甚至出现；所以，我们的笑声对于我们来说就好像不存在一样，假如它没有在自身之外找到能增加笑声的共鸣的话。

从同感是笑的法则这一事实出发，能说它是笑的原因吗？根本不是，甚至维持这一点都是矛盾的。笑是被给予的，别人笑是出于同感。但是最初的笑或者原初给予的笑是从哪里来的呢？交际式的笑意味着自发的笑，正如回声意味着声音。假如同感解释了一个方面，那么似乎反感或者缺乏同感能产生另一方面。亚里士多德说："我们所笑的事情是一种缺点或者丑陋之物，而且没有大到足以导致伤害或痛苦。比如，一张可笑的脸就是一张丑陋或畸形的脸，但是痛苦没有在脸上标识出来。"贝恩（Bain）说过类似的话，"可笑之物是丑陋的或畸形之物，但不会达到痛苦或有害的程度。适合笑的场合就是在不会产生强烈情绪的环境下贬低一个有自尊的人"，这种强烈情绪比如生气、发怒或怜悯。笛卡尔对笑提出了更多的限制，提到怨恨，他说除非是由于轻微且意料之外和应得的厄运，否则笑不可能被激发出来。"嘲笑或讽刺，"他说，"是一种混合了厌恶的玩笑，它来自一个人感受到的某人身上**应有的小小不幸**，我们讨厌这种厄运，但是乐于看到它出现在某些应受厄运的人身上，而且**当它意外发生的时候，惊奇会使我们爆发出笑声**。但是这种厄运必须

372

是很小的,因为假如是很大的厄运,我们不能相信遭遇它的人该受此报,除非这个人本质上非常恶毒或可恨。"

这一事实可以直接通过分析最残忍的笑声来证实。假如我们进入一个笑着的人的感觉里,并且把有时会作用到我们身上的不愉快的情绪、恼火、愤怒、厌恶放到一边,我们就会明白,即使野蛮的嘲笑对我们来说也似乎是对苦难的侮辱;庆祝把敌人踩在脚下的野蛮人的笑,或者折磨不幸动物的孩子的笑,事实上这种笑的方式并不伤人,它只是残酷,但不是故意的,它表达的不是一种堕落邪恶的玩笑,而是一种**冷酷无情**,这样说是恰当的。在孩童和野蛮人之中,同情还没有诞生,也就是说,完全缺乏对他人受苦的想象。因此,我们有一种消极的残忍,一种利他的或社会性的麻木。

当这种麻木尚不完整,当一个笑着的人的利他感还是迟钝的时候,他的自我中心主义会非常强烈,他的笑声也许显得不那么残忍。它将表达的不是看到其他人受苦的快乐,而是高兴于不必经历他们的痛苦,以及有权力仅仅将其视为一种景观来看待。

相似的事实可能离我们更近,很容易去核实。那些享受着身体健康的人经常嘲笑残疾人:他们的想象力并不完全理解身体的痛苦,他们不能同情经历身体痛苦的人。同样地,那些生活风平浪静的人不可能不去嘲笑疯狂或无力的愤怒。总的来说,我们不会认真对待那些对我们来说陌生的感觉,我们认为它们是过度的和好玩的。"一个人怎么可能是波斯人?"嘲笑就是把自己与他人分开,分离自我并乐在其中,通过对比其他人与自己的感情、性格与气质来逗笑自己。伯格森先生已经公正地指出,**漠不关心**是嘲笑者的本质特征,但是这种漠不关心、这种**冷漠无情**给出了很多确实的和病态的效果,伯格森先生只是以一种新的方式,更为清晰和正确地简单重复和表达了亚里士多德的观点:笑的原因是被漠不关心缓和了的恶意,或者是缺乏同情心。

这样定义的话,恶意毕竟在实质上是相对的,当一个人说我们笑的对象是别人的不幸时,**我们知道**这是可以忍受的和轻微的,必须明白的是,这种不幸**本身**可能很严重,并且是不应有的,也因此,

373

笑常常真是残酷的。

人们越粗野,就越缺乏同情心的想象,他们对于他人的嘲笑就越是无理和野蛮。那些没有接触身体痛苦的人会嘲笑瘸腿的人拖着脚走路,驼背者的丑陋,或者白痴令人厌恶的丑态。另外一些人被身体的痛苦打动,但是完全不受道德痛苦的影响。这些人所嘲笑的是触及感情中枢的自恋,是受伤的自尊,是窘迫或羞愧的人痛苦的自我意识。在他们的眼中,这些嘲笑是无害的,是轻微的刺痛,他们自己由于大自然的粗糙或者良好的道德健康,可能会平静地忍受下去,无论如何,他们都不会代表他人来感受,他们不会受同情心的折磨。

按照《幽默与笑声的世界》的作者 M. A. 米切尔斯的说法,"以笑谑正风俗"这句格言必须在最广的意义上来理解。"任何违背人类完美的绝对理想的事物",无论是身体上的、心灵上的、道德上的或社会的,都会引起笑声。害怕被奚落是我们最具主导性的感情,它在最大多数事情上最强地控制了我们。由于这种恐惧,一个人会做那些由于公正、谨慎、荣誉或好意而不会做的事情,一个人会服从道德不敢规定,而且也不包含在法律之中的义务。米切尔斯说:"良心和成文法形成了对抗罪恶的两条防线,荒唐的是第三条防线,它阻止、侮辱和谴责警卫放过的小小罪恶。"

因此,笑是伟大的缺陷监察者,它不会宽恕,甚至不允许最轻微的缺陷,不管其性质为何。米切尔斯归功于笑的这项任务承认已经达成,而不是取代它在自然或天赐的事物秩序中的位置,难道它不是简单回答了社会给我们每个人提出的要求(不论是否有充分的根据)吗?伯格森先生很合理地承认这一点,当他把笑界定为一种社会镇静剂时,这就够了。但是总体来说,它不再是一种缺陷,甚至也不是不道德,恰当地说,笑声纠正的仅仅是孤僻,或者是理解上的好坏。更准确地说,它是一种特殊的孤僻,一种逃避其他所有惩罚的行为,这正是笑所达成的功能。这种孤僻能成为什么呢?它是我们每个人的自恋,因为它对其他任何人都不满,是对每种有害或可恶要素的抽象。它是无害的自恋,轻微而无力,某个人不会害怕它但某个人会鄙视它,它对所有这些不会宽恕,而是相反,会无情地追捕、伤害和侮辱。所以,自恋被界定为是空虚无聊的,而笑所执行的所谓道德矫正是对自恋的伤害。伯格森说:"空虚无聊的专门补救是笑,实质上荒唐的是空虚。"

人们明白笑在什么意义上是一种"矫正"。不论是讲笑话,小丑的感觉,或者嘲笑对象的情绪,从道德角度来说,笑似乎是一种最不恰当的矫正,一种不公正的——或至少是与错误不相称的——无情和残忍。

事实上,正如我们已经说过的,人们所嘲笑的自恋是无害的。此外,它经常还是一种自然的失败,一种弱点,而不是一种恶习。即使它是一种恶习,小丑在笑声中也并不会有所调整,因为他自己似乎也不能幸免。相反地,他的虚荣心在其他人的笑声中被放大了。最终,嘲笑带来的耻辱并不是一个人接受的惩罚,而是一个人承受的折磨。它是一种怨恨感,一种苦痛感,而不是一种健全的羞耻感,任何人都不可能从中获益。所以,笑可能具有一种社会功能,但它不是一种正义的行为。它是一种快速即时的管制措施,不会接受过于严密的审查,但毫无保留地谴责或赞成它都是不明智的。社会是根据似乎以理性为模式的自然法则建立和组织起来的,但是自恋和自律相互冲突,并且相互制约。

C. 语言与思想的沟通

1. 低等动物的相互沟通[1]

就像模仿一样,相互沟通的基础在于某些本能的反应模式,受到同一社会群体中其他动物活动的刺激。

对幼鸟发出的声音已经给出了一些描述,这些声音似乎是本能的,标明了发声之时的情绪状态。在更多情况下,它们都能产生类似的情绪状态,而且与同一鸟巢里其他鸟的表达行为相关联,这是

---

[1] 改编自 C. Lloyd Morgan, *Animal Behaviour*, pp.193—205。(Edward Arnold, 1908.)

毫无疑问的。一只小鸟的警报声将使其同伴处于警戒状态，一只年轻的沼地母鸡以奇特的蹲姿发出刺耳的"克列"声，经常会使其他鸟也采取这种姿势，尽管这种警报声的制造者可能是看不见的。一窝雏鸟的叫声对母鸡的影响是一种随便可以观察到的现象，她的危险信号使雏鸟们立即蹲下，或者跑向她以求得保护，这可不少见。凡是看到猫与小猫、绵羊与羊羔在一起的人，没有谁会怀疑这些"沉默的动物"的行为会受到暗示性声音的影响。重要的问题是，它们是如何起源的，它们的价值是什么，这样的相互沟通——假如我们能这么称呼的话——能延伸到什么程度。

　　可能会有点问题的就是，在所有自然条件下的动物里，这些行为具有一种本能的基础。尽管后果可能是形成一种沟通手段，但这并不是它们一开始就有意识的目的。它们大概是先天性和遗传性的情绪表达模式，用于激起其他动物的反射行为，这种相互作用普遍起源于配偶之间、父母和后代之间，或者同一家庭群体的成员之间。**正是这种相互作用构成了社会进化中的一个要素**。它对行为主体的主要兴趣在于，它显示出智力的以及最终是理性的相互沟通模式得以建立的本能基础。因为出于本能，声音一开始就通过进入意识状态并与经验进行复杂的联合，使它们在社会生活里变成了被智力修改和指导的部分。对于他们原初本能的价值——作为刺激的产物，而且还要负责刺激回应行为——一旦它们处于决定智力行为的指导情境之下，就增加了意识的价值。假如它们还用于在社会群体交替变化的成员之中激发类似的情绪状态，这就能增加进一步的社会联系，因为这奠定了同情的基础。

　　　　"'什么使老母猪呼噜叫而小猪则又唱又哼唧呢?'一个小女孩问一个胖胖的敦实农民，'我想它们是为了做伴，亲爱的。'这是一个简单而谨慎的回答。就外表来说，农民看上去就像人们能做的那样在道理上没错，然而，他对动物发声的原初目的给出了可以视为是最满意假设的简练表达。声音是一种手段，借助这种手段，每个动物向其他动物表明它舒适的存在这一事

376

实，而且它们在很大程度上保持着首要的功能。蝗虫的鸣叫、蝉的歌声、池塘里的蛙声、羊羔黄昏时的叫声、满足的牛群叫声、候鸟的呼唤——所有这些，不管它们可能是什么，都是声音令人安心的社会联系，令人愉快的同类在场的信号。因此，由于其产生与原始的社会同情关系紧密，所以自然会在情绪强烈兴奋的时候被唤起，去产生特殊的力量和暗示性，而且我们可以相信，最早的分化仅仅取决于情感表达的路线。这样，雄性和雌性会各按其类发出相应的交配叫声；父母的叫声多多少少区别于后代的叫声，母羊更深的音符除了音高和音色，与羊羔的叫声几乎没有区别，而母鸡的咯咯叫与小鸡的偷叫有很大区别。因此也会产生愤怒和战斗、恐惧和痛苦、惊恐与警告的音符。假如我们把这些称为情感表达的本能语言，我们必须记住，这些'语言'明显不同于把句子作为公认单位的'语言'。"

但是，通过意识情境中的联想，源于情感表达并在其他类似情感状态下被唤起的声音会要求一种新的暗示价值，这并非不可能，比如特殊敌人的出现。有个例子将很好说明我的意思，以下来自 H. B. 梅德利科特（H. B. Medlicott）：

在一个灰暗早晨的凌晨时分，我正沿着南比哈尔地区穆赫尔山的山脚进行地质考察，突然丛林边缘出现了一大群猪，发出尖叫四散而逃，它们短暂地跑了一段之后再次转向丛林，几分钟里出现了另一次骚乱，但是声音和动作不一样；估计是战斗的参与者来到了吵闹开始的地方，几秒钟之后，一只巨大的金钱豹从扭打中跃起，它在很小的范围里暴露出来，保持着向后看，舔着它的肋部。猪群没有散开，而是继续它们的行程。经过平原上一个夜晚的喂养之后，它们回到它们的巢穴，几个家庭为了互相保护而混合在一起，而捕食的野兽显然是在等待时机。我就一个人，虽然有武器，但我不想敲打地面，以便看看一场杀戮在什么情况下会发生。大量兽群覆盖着相当大的空间,而且灌木丛很密。在每种情况下,迅速的协调行动必须以特定的叫声来启动。我想象最初的攻击者是一只老虎,立马就可以知道这种状况是无望的,叫声立刻激起战斗,而在第二种情况下,叫声是为了防御。毫无疑问,在第一种情况下,每只成年的猪都能看到老虎,而在第二种情况下则看到一只金钱豹或者更小的敌人。

假如我们承认梅德利科特先生的解释大体上是正确的,我们在这种情况下拥有了:(1)社会行为中的共同行动;(2)情感状态的共同体;(3)在兽群经验里并不陌生的天敌的联想。因此,一个并非不可能的假设就是,在进化过程中,发出声音的最初价值是情感性的,但在进一步发展中可能与特定敌人的象征嫁接在一起。比如,假如老虎喊出了猪群中提醒立马逃跑的叫声,那么可以合理地假设,这种叫声将会产生对这种意识情境产生影响的那种动物的代表性意象,但是假如第二次叫声(为了防御)有时由一只豹子,有时由其他某些小的对手发出,那么这种叫声就不会产生同样明确的典型意象。动物是否具备故意区分它们发出的声音来指示不同目标的能力,这是极其可疑的。一只狗会视情况发出不同声调的吠叫来指示"猫"或"鼠"吗? 不太可能,但是可以问为什么。假如一头猪能发出不同的尖叫,那么可能会附带表明一种声音指老虎,而另一种声音指豹子,那么一只狗为什么就不能用不同的吠叫声来适当地指出猫或鼠呢? 因为已经假定猪的这两种不同叫声是两种不同情绪状态的本能表达,而且梅德利科特先生能把它们区分开。反之,在狗的例子里,我们能辨别它的吠叫声在这种情况和另一种情况下没有差别,体现出来的情绪状态似乎也没差别。当然,可能是有差别的,而我们没能察觉。但是,**为了**指示猫或鼠而**故意**以不同声调发出的叫声,这可以视为不可能。

动物具备的这种相互沟通能力以直接的联系为基础,并适合于此时此地。一只狗也许能够告知其同伴,它已经注意到了一只可恶

378

的猫,但是一只狗能告诉它的邻居它喜欢前天在花园里和人玩饼干盒那种愉快的担忧吗? 不太可能,它永远不会有这样富于情感性的吠叫。

379　　从很多狗呼叫其他狗来帮助它们,或者把其他狗带到亲切喂养或对待它们的人那里等趣闻轶事中,我们确实可以推断出一种社会倾向和行为的暗示效应的存在,但是我们不能得出任何类似于描述性沟通的确凿证据。

　　在动物里发现的这些有意的沟通——假如我们确实能如此恰当称呼的话——似乎来自某种意识情境下的行为表现的联合,包括为了其完整的发展而采取的进一步行动。所以,当想离开房间的时候,抓着门把手的猫已经有了体验,其中行为的表现与意识情境的特殊发展相结合,这就类似于你的狗把一个球拍到你的脚边,希望你把球投出去,让它去捡这种情况。显然,这样一种行为是理性生物有意行为的感性先兆,借助于此,信号被明确落实为一个符号,其意向性质的意义确实存在于思想之中。这涉及把信号视为一种思考对象的判断,很可能超越了狗的能力。这就像罗马尼斯[①]自己说的,"正是因为人的智力能够位于自身之外,所以能形成自己的想法,能就其思考主题进行判断——不论是在想象活动或预测活动中,我们没有证据显示有什么动物能够把自己的想法具体化,所以我们没有证据说明会有任何动物能够进行判断。"

　　2. 作为人类沟通中介的概念[②]

　　在语言中有一种让人惊异的哲学,假如我们考察最古老的关于"名字"(name)的词,会发现在梵文里是 nâman,在拉丁语里是 nomen,哥特语中是 namô,这个 nâman 代表着 gnâman,而且来自词根 gnâ,原来的意思是:我们认识一件事物。

---

① 乔治·约翰·罗马尼斯(George John Romanes, 1848—1894),加拿大生物学家和生理学家,主张进化论,是达尔文的学术支持者中最年轻的。——译者注

② 改编自 F. Max Müller, *The Science of Language*, I, 520—27。(Longmans, Green & Co., 1891.)

我们如何认识事物？

通往真正知识的第一步，无论看起来多么小，但却把人类和其他动物永远分开。这一步就是**命名一个事物**，或者使一个事物可以认知。所有的命名都是分类，使个别置于普遍之下；而且不论我们是从经验还是科学上来认识，我们都是通过我们的普遍观念来认识它。

恰恰在人类与野蛮世界分离开的这一刻，理性的最初闪烁作为我们内在的光芒而出现，在这里，我们看到了语言真正的起源。分析你喜欢的任何词语，你将会发现，它表达了这个名字所属的个体特有一种普遍观念。月亮的含义是什么？测量仪器。太阳是什么意思？生产者。土地是什么意思？耕作。

假如梵文里把蛇称为 sarpa，这是因为它是在爬行的普遍概念下被构想出来的，是由词根 srip 所表达的一个意思。

用于人的一个古老词语在梵文里是 marta，希腊语是 brotos，拉丁语是 mortalis。marta 意思是"死了的他"，而且值得注意的是，在其他每件事都在改变、衰落和死亡的地方，这本应被选来作为人的区别性命名。

有很多用于人的名称，就像在古老语言里各种事物都有很多名称一样。能使观察者的头脑震惊的异常性格的特征都可以用来提供一个新的名称。在常见的梵文字典里，我们发现有 5 个单词指代手，11 个指代光，15 个指代云，20 个指代月亮，26 个指代蛇，33 个指代屠杀，35 个指代火，27 个指代太阳。太阳可能被称为光明、温暖、金色、保护者、毁灭者、狼、狮子、天堂之眼、光与生命之父。所以古老方言中同义词的过剩，以及这些词汇为生存进行的斗争导致的是那些不太有力、欠丰富和较少愉悦的词语被摧毁，结局就是在每种语言里，对每个对象来说，那个作为公认与恰当名称的词语胜出。在很小的范围里，这个自然选择（或者更好的称谓，淘汰）的过程即使在现代语言里——那就是说，即使在如英语和法语这样古老和历经磨炼的语言里——也仍然可以看到。我们能从这些孤立案例里收集到的词语就来自方言的首次爆发，正如冯·哈默（von Hammer）所

380

计算的,有 5744 个词语都与骆驼有关。

381 　　每个词最初都是一个谓语——名称尽管是单独概念的符号,但都毫无例外地来自普遍的观念,这个事实是语言学上最重要的发现之一。在此之前,我们都知道语言是人类独有的特征;我们还知道,正是拥有普遍观念,才使人与兽之间有了完美的区分;但是这两者只是同一事实的不同表达,这却不为人所知,直到根理论由于优于拟声词理论与感叹词理论而得以建立。虽然我们的现代哲学并不了解这一点,但古代诗人和语言创造者却必定是知道的。因为在希腊,语言是逻各斯(logos),但逻各斯还意味着理性,alogon 被选为最恰当的指代兽类的名称。据我们所知,除了人,没有动物可以思考和说话。语言和思想就是不可分开的。没有思想的词语是死的声音,没有词语的思想是虚无,思考就是低声地说,而说话就是大声的思考。词语就是思想的化身。

　　在《语言科学》的结尾,还有两个悬而未决的问题:"单纯的哭声如何变成语音类型?"和"感觉如何转化为概念?"这两个问题放在一起,就成为所有哲学最高级的问题:"理性的起源是什么?"

3. 作为一种沟通类型的书写[①]

　　文字的最初阶段是使用象形文字,就是画在书写表面上的直接的图画,尽可能再现物体本身在观察者心中形成的印象。确实,这种用来代表事物的绘画并不是事物的精确复制品或全面的副本,但它是相当直接的图像。眼睛直接的感知诉求激起了视觉记忆图像,任何人都能阅读以象形文字形态书写的文件——假如他以前见过图像指代的事物的话。在这个发展阶段的图像或视觉形态和音节语言中使用的声音之间,没有什么特别的关系。这类文字的具体例子可以在早期纪念碑上看到,在这上面,月亮用新月形状来代表,国王则用戴着王冠的人像代表。

382 　　书写的下一个发展阶段开始于象形文字的复杂性被简化为尽

---

① 改编自 Charles H. Judd, *Psychology*, pp.219—24。(Ginn & Co., 1917.)

可能简单的线条。把图像简化为概略的线条取决于阅读者进行必要解释的能力的提升。图形上所需要的就是某些能够在意识里暗示出完整图像的东西。完整的图像确实也可能是不需要的，即使是在读者的意识里。记忆图像通常是感性事实更为简化的复制品。在书写中，我们对这种记忆倾向有具体的表达，即去掉其全部的复制形式，并为了有意识的思考将其缩减为内容最薄弱的要点。书写形式的简化很早就达成了，即使在野蛮部落使用的图像里也能看到。所以，要代表敌军的数量，并不必然要画出敌人形态的完整图像；用带有某些简要标识的单条直线——可能在线段系列的开始——就足以显示每个敌人的位置。图画的这种简化使书写符号更可能与阅读者的意识形成新的关系。现在，不是用特定的图画关联特定事物，而是用其简单的特征引起很多不同的解释。比如，一条直线可能不仅代表着敌军的数量，可能还代表着羊群里羊的数量，或者村庄里帐篷的数量，或者其他可以计数的任何东西。为这些各种各样的目的使用直线激发了心智的新发展。这体现为：数量关系观念——区别于一个事物可能具备的大量可能的关系——的发展得到通用的数字书写符号的促进。观念发展和语言发展之间的亲密关系是一个非常醒目的例证。图画变得更为有用，因为它关联着更为复杂的观念，而观念的发展是因为它们在图画里发现了明确的内容，有助于标记出观念，并给予其独立的特征。

　　一旦图画开始失去作为事物的直接感性复制品的意义，并通过附属于其上的联想获得新的和更广泛的含义，书写形式就变成了一种符号，而不再是对视觉记忆的直接诉求。作为一种符号，它所代表的东西并不是它本身。由此，书写符号与口头语言（这也是一种符号形态）之间建立关系的道路打开了。清晰的发音是简化的经验形态，能够连接上与声音本身无直接关系的表达意义的观念。当书写符号开始与声音符号联系起来时，一开始是松散和不规则的关系。埃及人似乎已经在某种程度上建立起了这种关系，他们时不时用图像来表示声音，就像我们现在在图画谜语里写的那样。在这些谜题里，一个事物的图画是为了唤醒读者的心灵，而不是与图画代

383

表的事物相对应的专门的观念群组,而声音的作用是成为事物的名称。当声音向读者发出暗示时,他就被假定注意到了这一点,并建立起与这种声音对应的某些其他联想。举一个现代例证,比如我们可以使用眼睛的图片来代表第一人称代词,在这种情况下,图片与它采用的观念之间的关系通过事物名称的发音来描述。早期的字母表就是呈现在它们名称中的这种画谜类型的图画,比如希伯来字母表的最初三个字母就分别命名为阿尔法(意指公牛)、贝塔(意指房子)和吉梅尔(意指骆驼)。

要从这种画谜型书写中全面发展出一种发音字母表,毫无疑问要求在成功建立这种联系的民族里进行大量实验。普遍认为,腓尼基人发明出了我们今天使用的字母形式与关系。他们对文明的贡献怎么估计都不为过,这并不在于为有意识的体验提供了新的材料或内容,而在于通过内容群组的联合,在这种新的关系里改变了思考和表达的整个过程。他们把视觉和听觉内容联系起来,并通过联想赋予视觉要素一种意义,而这种意义对于向我们证明这种联系是一种新发明来说,具有独特的重要性。

384 有某些书写系统表明,我们采用的关系类型并不是唯一可能的关系类型。比如,汉语一直使用关联着复杂发音的简单符号,而不是像我们的字母关联的是基本发音。在汉字的书写里,很多符号尽管其形式已有很多退化,但仍然代表着一种事物。确实,汉字的书写形态与它们起源的图画之间早已失去了直接关系。呈现出来的形态是简化的和象征性的。符号的使用是如此自由,以至于形式已经被任意修改,以便书写者能随意使用中国人进行书写的简陋工具。假如这些符号直接的象形文字特征没有在短时间里让位给一种达成图形重要性的符号性文字,这些实践考虑就不可能变成操作性的,这不是因为它自身显示的东西,而是因为它向读者的心灵暗示的东西。然而,符号与基本发音之间的这种关系从未建立起来,与基本发音缺乏联系使汉语书写处于比我们的书写更低和更接近原始象形文字形式的水平。

无论我们拥有的是一个详尽的符号体系(例如汉语书写所体现

出来的），还是有一个关联着发音的书写形式，关涉书写的主要事实
（就像所有语言一样）就是，它的价值更多取决于符号带入个人意识
之中的概念关系，而不是它唤起的印象。

假如没有社会协作的话，出现在发达语言中的概念联系可能永
远不会达到它们现在呈现出来的这种复杂程度。当脱离开自身时，
个人倾向就是回到适合于自己生活的直接调整之中。他可能因为
自己的缘由而把发音发展到某种程度，但是语言发展的主要冲动来
自与他人的交往。正如我们已经看到的，最简单的沟通形式的发展
就像在动物里一样，是一个社会模仿的问题。书写也是社会关系的
一种自然结果。假如没有得到社会鼓励，文明父母的孩子是否有充
足的动机来发展写作，是极其可疑的。

4. 人类发明对沟通的延伸①

如果要求说出是什么力量编织起智力和物质影响的大网，把现
代人类整合为社会统一体，人们无需太多思考就会首先列出报纸，
然后是邮政、铁路和电报。

事实上，报纸构成了现代商业机制链条的一个环节，它正是促
进社会中智力和物质商品交换的诸多发明之一。但它不是邮政或
铁路（它们必须运输人员、商品和消息）意义上的商业交往工具，而
是信件和传单意义上的。这些工具使新闻得以传播，仅仅是因为它
们能够在书写和印刷的帮助下，将新闻从创作者那里解放出来，并
赋予它物质上的独立性。

无论信件、传单和报纸之间的差别在今天体现得有多大，但少
许思考就能显示出，这三者本质上是类似的产品，都起源于交流新
闻的必要性和专门写作的满足感。唯一的区别在于，信件是写给个
人的，传单用于多种指定的人群，报纸则用于很多非指定的人群。
或者换句话说，信件与传单是用于私下沟通消息的工具，报纸是公

385

---

① 改编自 Carl Bücher，*Industrial Evolution*. Translated by S. Morley Wickett，pp. 216—
43。(Henry Holt & Co.，1907.)

布消息的工具。

当然,今天我们习惯于定期印制报纸并在较短间隔里出版报纸,但这些并不是作为新闻公布工具的报纸的实质性特征。相反,可以直接看出的是,使这种强大的商业交往工具得以起源的原始报纸,既不具备印刷的形式,也不是定期出版的,而是十分类似于信件,两者确实很难区分开。确实,在较短间隔内反复出现是新闻出版的本质,因为新闻的价值仅仅在于它是新鲜的,而且为了保持新闻的新颖性,其出版必须跟随事件的步伐。然而,我们很快就会看到,这些间隔的周期性——就新闻业的初期所能注意的情况来说——取决于新闻传播机会的规律性重现,而且与报纸的本质没有任何联系。

定期收集和发布新闻意味着对公众事务的一种广泛兴趣,以及展示出大量商业联系和利益组合的广阔贸易范围,或二者兼而有之。这种利益直到人类被或多或少具有广泛性的政治组织联合成为某种生活利益共同体之后,才得以实现。古代的城市共和国需要的不是报纸,它们对出版物的需要能够用根据场合发布通告和题写碑文来满足。只有在罗马霸权将其影响扩展到地中海各国之时,那些去往行省担任官员、包税人和其他职位的统治阶级成员才需要某种工具来接收首都流传的消息。重要的是,作为罗马军事君主制和行政集权的创造者,恺撒被认为是最早发明类似于报纸这种东西的创始人。

确实,在恺撒任职之前很久,各行省的罗马人已经习惯于在首都保持一个或多个通讯员,以便向行省传递当时政治活动过程和其他事件的书面报告。这种通讯员一般来说是熟悉首都事务的聪明的奴隶或自由人,此外,他们还经常为一些人承接通告业务。这也就是一种原始的记者,和今天记者的差别仅仅在于写作,不是为报纸写,而是直接为读者写。凭借雇主的推荐信,这些通讯员有时甚至获准参与议会讨论。安东尼保持着这么一个人,其职责就是不仅向他报告议会的决议,还有议员的演讲和投票。西塞罗在担任殖民地总督的时候,从他的朋友凯里乌斯那里接收克立斯塔斯的报告,

386

但似乎对后者关于角斗士运动、法院诉讼和各种城市流言的报告不是特别满意。就在这种情况下，这些通信从未扩展到能超越需要党派朋友的信件来补充事实的粗糙关系。这些朋友正如我们在西塞罗的例子里所知的，提供了关于政治氛围的真实报告。

387

恺撒的创新包括，公布议院事项和决议的简要记录，他还公布了公民集会和其他重要公共事务的事项。

在罗马人之后，在欧洲历史上取得领导地位的日耳曼人在文明和政治组织上都不适合于保持类似的新闻业务机构，他们也不需要这个。在整个中世纪，人们的社会生活被限制在狭隘的范围内，文化退缩到修道院走廊里，而且在几个世纪里只影响到显赫的人。没有什么贸易利益能超越他们的城镇或庄园的狭窄围墙，去把人们吸引到一起。只有在中世纪后期的几个世纪，广泛的社会联合才再次出现。首先是教会——其等级制度包含了所有日耳曼和拉丁文明国家，然后是拥有城市同盟和共同贸易利益的市民阶级，以及最后，作为这些的一种对立影响的世俗领主力量，他们成功地逐步实现了某些形式的联合。我们注意到，在12世纪和13世纪，在修道院、大学和很多宗教领袖的信使中，出现了进行消息和信件传递的有组织服务的最初痕迹；在14世纪和15世纪，已经发展出一种综合的，几乎类似于邮政的地方通信机构这样的组织，用于商人和市政当局的书信来往。现在，我们首次见到了Zeitung或者报纸这个词，这个词最初的意思是当时发生的事情（Ziet＝时间），一个当下的事件，然后指关于这件事的信息、一条消息、一份报告、一条新闻。

长久以来，威尼斯被视为现代意义上的报纸的诞生地，作为东西之间的贸易通道，作为首次组织政治新闻服务和现代意义上的领事体系的政府所在地，这个古老的潟湖之城形成了获取来自世界各地重要消息的自然收集中心。甚至早至15世纪，正如圣马可图书馆管理员瓦伦蒂内利（Valentinelli）的调查所显示的，已经应威尼斯市政当局要求收集的消息，要么是发生在共和国里的事件，要么是被大使、领事和官员、船长、商人以及类似的人报告的事件，这些消息作为通知急件，被发送给驻外的威尼斯代表，使他们了解国际事

388

务，这种消息集子被称为"新闻公告"（fogli d'avvisi）。

自从更普遍采用印刷出版物以来，新闻发布在它占据的领域里的进一步发展已经专门化了。在一开始，定期印刷报纸的出版商与其他任何印刷品（比如小册子或书籍）的出版商绝无差异，他不过是文字产品的扩大者与销售者，他对于其内容并没有控制。报纸出版商销售印刷的定期邮递新闻，就像其他出版商给公众提供一本草版书或者一位老作者的某版书。

但这种情况立即发生了改变。人们很容易发觉，一期报纸的内容并没有形成和书或小册子内容意义相同的整体。新闻条目被放在一起，来自不同的来源，有不同的可靠性。它们需要公平地和批判性地使用：在其中，一种政治或宗教偏向可能找到方便的表达，当人们开始在报纸上讨论当代政治问题，并运用报纸作为党派观点的媒介时，情况就更加严重了。

这种情况首先发生在长期国会[①]与 1640 年革命期间的英国。尼德兰和部分德意志帝国自由市镇紧随其后。在法国，这种变化在大革命之前并不完善，在其他很多国家则发生在 19 世纪，报纸从一开始仅仅是发布新闻的载体，变成了支持和塑造公共舆论的工具，以及党派政治的武器。

这对报纸事业内部组织的影响是，在新闻收集与新闻出版之间引入了一个第三部门：编辑部门。不管怎样，它标志着报纸出版商从单纯的新闻售卖者变成了公共舆论的经销商。

389　　起初，其意义不过是出版商所处的位置可以把其承担的部分风险转移给一个党派组织、一个利益相关者圈子或一个政府。假如报纸的倾向招致读者的讨厌，他们就会停止卖报纸。归根到底，他们的意愿仍然是报纸内容的决定因素。

印刷报纸的发行量逐步扩展，但它们很快就被当局用来发布公共通告。随着这一做法的出现，在上个世纪的前 25 年，私人通告得以扩展是通过所谓的广告部门，某些这种组织作为政治新闻收集

---

① 长期国会（Long Parliament），1640—1660 年间的英国国会。——译者注

者,被掌握在通信部门手中。

现代报纸是一种资本主义企业,是一种雇用了很多人(记者、编辑、排版、校对、机器主管、广告采集、办公室文员、通讯员,等等)的新闻工厂,在单独的管理下进行多种专业工作。报纸为未知的读者圈子生产产品,此外它们还经常被中介机构,例如投递部门和邮政机构分开。读者或资助者的简单需要不再决定这些产品的质量;如今,它在出版市场处于非常复杂的竞争状况之下。但是在这个市场里,就像在批发市场一样,产品的消费者即报纸读者并没有直接参与,决定因素是批发商和新闻投机者。各国政府、电报局依赖它们专门的通讯员、政党、艺术与科学团体、从事"变革"的人,以及最后但并非不重要的广告部门和大量登广告的个体。

今天出现的每本伟大期刊都是经济劳动分工、资本主义组织和机械技术的一个奇迹,它是一个知识与经济交流的工具,在其中,其他所有商贸工具——铁路、邮政、电报和电话——的效力被结合在一个点上。

D. 模　　仿

1. 模仿的定义 ①

"模仿"一词在普通语言里被用来表示对已被观察者注意到的任何行动或思想的重复。所以,一个人模仿其他人的面部表情,或他的演说方式。借助加布里尔·塔德的著作,这个术语在科学讨论里已经变得显著,他在其《模仿的法则》一书里指出,模仿是引起所有社会发展的基本事实。社会习俗一代又一代被模仿,当下的时尚被大量的人模仿,他们丝毫没有意识到来自这种共同行为模式的社会团结。通过这些多种多样的模仿,发展出了一种对于特定社会群体的所有成员都通用的经验。在复杂社会里,人们经常在冲突中发

390

---

① 选自 Charles H. Judd, "Imitation" in *Monroe's Cyclopedia of Education*,III,388—89。(Published by The Macmillan Co., 1912. Reprinted by permission.)

现趋于自我设置的多种模仿;所以,服装上的精致时尚倾向一直受到简单时尚的反倾向的限制,倾向的冲突导致任何特定时间里提供的范例发生个别变异,结果就是出现新的范例被人遵循。因此,复杂的社会范例就是冲突的产物。

塔德的一般性主张已经被当前很多作者进行了详尽阐述,罗伊斯(Royce)呼吁关注作为社会传承手段的模仿的根本重要性。鲍德温(Baldwin)在其《儿童与种族的心智发展》和《社会与伦理阐述》中也提出同样的主张。在这些后来的作者看来,模仿具有一定程度的技术意义,并且比塔德主张的或这个术语的普通用法上的意义更广。鲍德温使用这个术语来指涉个人重复他自身已经经历过的行为这类状况。在这样一种情况下,一个人模仿他自身,并且建立鲍德温所称的循环反应。从而,模仿原则被引入个人心理学和一般社会心理学之中,个体行为与自己的意象之间的关系被置于同样的普遍原则之下,作为个人对其社会环境的反应。模仿这个术语在更广的意义上与同情的过程紧密关联。

"社会遗传"这个词已被非常频繁地用来联系这里讨论的所有过程。社会总是使自己在新的个人之中长存,采用的办法类似于较老一代人的身体特征总是使自身在新一代人的身体特征里变得不朽的方式。由于行为模式——例如礼貌行为——不可能通过身体结构来传递,所以,假如它们不能通过一代一代人的模仿来保持,就将会消逝。因此,模仿能够赋予社会行动以同一性,并由此被当作一种增补继承形式来看待,超越身体遗传,并使既定的社会行动形式生效。

2. 注意力、兴趣和模仿①

对于人和动物的心智生活的发展来说,模仿是一个非常重要的过程。它以更为复杂的形式预设了观念的培养;但是究其本质特征

---

① 改编自 G. F. Stout, *A Manual of Psychology*,pp.390—91。(The University Tutorial Press,1913.)

来说,它是在感官层面上呈现和运作的。正是主要通过模仿,一代人的经验成果才得以传递给下一代,以便形成进一步发展的基础。在观念训练相对不重要的地方——就像在动物里——模仿可以说是社会传统的唯一形式。就人类而言,前几代人的思想体现在语言、制度、机制以及类似的东西里。这种独特的人类传统意味着要在前几代人里进行观念训练,这对新一代人的环境影响之大,以至于在理解和使自己适应这种环境时必须重新思考旧的思维训练。这种传统在动物的生活里是找不到的,因为动物的心智不是通过观念训练来行进的,较为聪明的动物依然主要依赖传统。这种传统实质上在于年轻一代对父母或者他们出生的社区其他成员的行为的模仿,同样的直接模仿过程虽然远未形成人类的整个社会传统,但形成了其中非常重要的一个部分。

392

　　A) **模仿的冲动**。——我们必须区分模仿的能力和模仿的冲动。我们可能已经完全能做一种动作,而看到其他人做这个动作可能仅仅是唤起我们去复制它。但是看到其他人做这种动作还可能有教育上的影响;它可能不仅刺激我们去做无需它的帮助就能做的事情,它还能使我们去做没有先例可循就不能做的事情。当一个人咳嗽引起另一个人咳嗽时,很明显这里的模仿仅仅在于如法炮制的冲动。第二个人没有学会如何根据第一个人的例子来咳嗽,他仅仅是在这个特定的场合被唤起,去做他在其他场合完全能做的事情。但是,如果我正在学台球,而有人用他的例子向我展示如何进行特殊的击球,情况就不一样了。在第一个例子里,并不是他的事例激发我去行动,他仅仅是展示了去做我早就想做的行为的方式。

　　我们接下来首先讨论模仿冲动的本质——采取一种行为的冲动,来自对其他人采取这种行为的感知。

　　这种冲动是一种全神贯注的意识。对一种动作的感知促使我们去复制它——当且仅当它能够激起兴趣,或者至少与激发兴趣的东西有紧密联系时。此外,兴趣必定具有这样的特征:它通过部分或完全复制感兴趣的动作来获得更为全面的满足。所以,模仿是注意力的特殊发展,注意力总是在追求对其目标更生动、更确定和更完整的理解。模仿是这种努力能满足自身的一种方式——当对目标的兴趣属于某种类型时。很明显,我们不会仅仅因为出现在我们的眼皮底下,就无区别地模仿所有类型的行动。那些熟悉与常见的事物,或因其他原因而无聊平淡的事物不能激起我们去再次展现它。不然的话,就是那些显然很新奇或以任何方式引人注目的事物,使我们对它津津乐道或迷恋。当然,不可能任何吸引注意力的行为都能激起模仿。只有在模仿有助于注意力的地方才行,这实际上是注意力特殊发展的地方。这样做是因为自己的利益直接集中到行为本身之上,而不是集中到其可能的结果和相似的别有用心的动机上。但这并不必然要求行为本身是有趣的,在最重要的一类情况下,兴趣中心并不直接在于外在的模仿行为上,而在于其他某些与行为紧密联系并实质上形成其一部分的事物上。因此,有一种模仿倾向,不仅模仿有趣的行为,还模仿有趣的人的行为。人倾向于模仿那些激起他们的赞美、喜爱或某些其他个人兴趣的人的动作和说话方式。儿童模仿他们的父母或他们游戏场上的领袖。甚至一位伟人的言谈举止和权谋诡诈也经常被那些视他为英雄的人们无意识地模仿。在这些例子里,首要的兴趣在于榜样的全部人格;但是,通过再现其外部特征,这会更为生动明确地在意识之前出现。我们的结果就是,对一个行为的兴趣激起与其强度成正比的模仿,只要这种兴趣由模仿活动来满足或维持。

　　B) **通过模仿来学习**。——现在让我们转到这个问题的另一方面。让我们考虑在模仿过程之中并通过模仿来获得采取行动的力量这种情况。这里有一种一旦指出就很明显的普遍规则。它是更为普遍的"给予已经被给予者"这一规则的一部分。我们模仿他人行为的能力与我们早先具备的独立进行同样活动的能力是严格成比例的。比如,一个缺乏音乐才能的人根本没有能力模仿约阿希姆(Joachim)①的小提琴演奏,模仿能够发展和改善一种已经存在的能力,但不能创造出能力。想想孩子最开始在一本习字本上写字,他

---

① 约瑟夫·约阿希姆(Joseph Joachim,1831—1907),匈牙利小提琴家。——译者注

通过模仿来学习，但是这仅仅是因为他具备了一些基本的，能画出像铁圈一样简单图形的初步能力，所以模仿过程才得以开始。在一开始，他潦草的笔画非常不像放在他面前的模型，他逐步改善，一步一步增加独立创作的能力，也增加模仿能力，直到他接近他在这个方向的能力界限，不能取得任何更明显的进步为止。

但这是对这种事情一种不完整的表达。通过模仿来学习的能力是通过经验进行学习的普遍能力的一部分，它包含了精神上的可塑性。一只动物如果生下来就具有天生的倾向与固定的、模式化的资质，以至于在个体成长过程中只能进行少量的改变，那么它通过模仿来学习的能力也相应地非常有限。

在心智成长的高级阶段，模仿的冲动就没那么明显，因为冲动的活动总体上会受到一个统一体系里有组织活动的抑制和阻止。文明人的模仿，与其说是对被模仿行为有直接兴趣，不如说是为了获得满意的结果。

3. 同感的三个层次①

同感不是一种本能或倾向——即一组适应于特定目的的协调活动，并在意识里把自身表现为一种情绪，例如害怕、愤怒、性感；相反，它是一种高度普遍化的生理-心理特质。对于每种情绪的专门特征，它与几乎无限可塑性的特征相对立。我们还没有在其所有方面考虑它，只是将其作为情感生活最重要的体现之一，作为温柔情感的基础，以及社会存在与道德存在的基础之一。

A）**第一阶段**。——同感的最初形式是反射性的、自动的、无意识的，或只有非常微弱的意识。拜恩（Bain）认为，它是这样一种倾向，即在我们自身之中产生我们能在其他人身上感知到的一种态度、一种状况、一种身体活动。这是模仿最基本的形式。在同感与模仿之间——至少在这个原初时期——我只看到一个方面的不同：

———————————

① 改编自 Th. Ribot，*The Psychology of the Emotions*，pp. 230—34。（Charles Scribner's Sons，1898.）

同感到处标志着这种现象被动、消极的一面,模仿则标志着积极和主动的一面。

它在动物中对自身的体现是形成聚集体(不是社会),比如一群羊,或者通过纯粹自然的模仿冲动而同时奔跑、停止和吠叫的一群狗。在人类当中,具有感染力的大笑或打哈欠,步调一致地行走,看到走钢丝演员时模仿其动作,当看到一个人跌倒时一条腿的抖动,以及一百种其他这种类型的事件,都是生理同感的情况。它因其快速的打击和突然的恐慌而在群体心理中扮演着一个重要的角色。在神经疾病中,有很多例子:癔病性抽搐的蔓延、抽搐性的尖叫、打嗝,等等。我省略了精神疾病(自杀的蔓延,双重或三重疯狂),因为我们只考虑纯粹的生理阶段。

综上所述,同感最初是生命物质的一种属性,因为存在一种感官的记忆和敏感性,作为构成这些物质的组织和最终组成要素,有一种感官上的同感,由感受性和模仿动作组成。

B) **第二个阶段**。——下一个阶段是心理上的同感,必然与意识相伴随;它在两个以上的个体中产生出相似的情感状态。就是在这些情况下,我们说,恐惧、愤怒、快乐或悲伤是相关联的,它包含对他人之中存在的情绪的感觉,而且,它用自己的生理表现向我们揭示了自己,这个阶段由两个层面构成:

(1)第一个可以定义为心理上的协调,在这个协调的阶段,假如我们能读出那些同感者的心智,我们将看到反映在几个个体的意识中的一种单一情感事实。洛瑞(L. Noiré)在其著作《语言的起源》中提出这样的理论:语言起源于最早人类的行动共同体。当工作、比赛、跳舞、划船时,他们发出声音,成为这些不同活动或不同目标的通称,这些由所有人发出的声音必然被所有人理解。不管这种理论是对是错(它已被马克斯·穆勒接受),都可以作为一种例证。但是这种同感状态自身并不能在那些感到它的人之间构成一种情感或温情的纽带,它只是准备达成这种情感的方式,它可能是某种社会团结的基础,因为同样的内部状态能激起机械的、外部的、非道德团结的同样行动。

（2）第二个阶段就是同感阶段——在这个词严格和流行的意 396
义上来说。这包括心理上的协调，再加上一个新的要素：添加了另
一种情感表现，温柔的情感（仁慈、同情、怜悯，等等）。它不再是纯
粹或简单的同感，它是一种二元的复合物。人们只考虑各种现象较
高级和完备形式的普遍习惯经常让我们对其起源和结构产生误导。
此外，为了理解这是一种二元性状态——两种明确要素的融合，以
及我们的分析并非虚假，只要指出同感（词源学意义上的）的存在无
需任何温柔的情感就足够了——不仅如此，它能排斥而不是激起温
柔的情感。按照卢伯克（Lubbock）的观点，当蚂蚁带走它们的伤员
时，蜜蜂——尽管组成了社会——彼此之间却是冷漠的。众所周
知，群居的动物几乎总是回避或抛弃群体中受伤的成员。在人类之
中，不论有多少人，当他们看到苦难，都会赶紧从这种场景中撤回视
线，为的是避免同感会唤起他们的痛苦。这种冲动可能持续到厌恶
的程度，典型的如福音书里的财主。认为同感能让人脱离利己主
义，这完全是一种心理错误，同感仅仅是迈出了第一步，而且并不总
是如此。

C）**第三个阶段。**——在智力层面下，同感是感觉和行动上的一
致，以表征的统一体为基础。成长的法则可以总结为斯宾塞的公
式："同感的程度和范围依赖于表征的清晰性和广度。"但我要补充：
以情感气质为基础的存在的条件，最终这是同感之**优点**的来源，因
为它像回声一样振动，活跃的气质很少使它有这种冲动，因为它必
须做如此之多的事情来表现其个性，以至于很少能体现其他人的个
性；最终，冷静的气质表现得如此之少，因为它呈现了最低限度的情
感生活，就像莱布尼茨说的单子①，它是没有窗户的。

从情感阶段到智力阶段，同感获得其广度和稳定性。事实上，
情感上的同感要求气质或本性上的某种相似性；它很少能在胆怯者
和胆大者、乐观者与忧郁者之间建立起来；它可能扩展到所有人类 397

———————
① 单子是莱布尼茨定义的世界上最小的单位，是一切事物的根本，不可再分割。——译
者注

和最接近我们的动物之中,但是不会超越他们。与之相反,智力的特殊属性是到处寻求相似性或类似性,并达成统一,它涵盖了整个自然。按照转移法则(我们已经研究过),同感跟随着这种入侵行军,并理解甚至是非生物的对象;就像诗人,他们感觉到自己与海洋、树木、湖泊或山脉进行交流。此外,智力上的同感参与到表征的相对固定性之中,关于这点,我们在动物社会里发现一个简单的例子,就像蜜蜂,其成员中的统一性或同感只能由蜂王的感知或表象来维持。

4. 理性的同感①

因为我们对其他人的感受没有直接体验,我们就无从理解影响他们的方式,而是设想我们自己在类似状况下应该感觉到什么。尽管我们的兄弟处于刑架之上,但只要我们自己是自由的,我们的感觉就永远不会告诉我们他所受的痛苦。它们永远不会,也绝不能带我们超越自己的身体,只有通过想象,我们才能就他的感觉形成某种概念。这种想象能力除了给我们表明,假如我们处于他的情况之下,我们自己会有什么感觉,也没有其他办法可想。我们的想象唯一能复制的只有我们自己的感官印象,而不是他人的。通过想象,我们把自己放到他的情境下,我们想象自身经受了同样的折磨,我们就好像进入了他的身体,并且在某种程度上变得和他一样,从而形成了关于他的感觉的某些想法,甚至感受到某些东西——尽管程度较弱,但不会和他的感觉完全不一样。当我们明白这些痛苦,并且接受这些痛苦,使之成为我们的痛苦时,他的痛苦终于开始影响我们。于是,只要想到他所感觉到的东西,我们就会战战兢兢。由于任何形式的痛苦和悲伤都会引起极度的悲伤,所以,去设想或想象我们处于痛苦之中,也会激起某种程度的类似情绪,其程度与想象的灵活或迟钝成正比。

---

① 改编自 Adam Smith, *The Theory of Moral Sentiments*, pp. 3—10。(G. Bell & Sons, 1893.)

这是我们对其他人痛苦而发的同胞之情的来源,通过在想象中与受难者改换位置来达成的,我们要么设想要么承受他所感受的东西,这可以由很多明显的观察来证明——如果认为它本身不是足够明显的话。当我们看到一下有目的的打击准备落到其他人的手或腿上时,我们会自然地缩回我们的手或腿;当它落下之际,我们在某种程度上感受到它,并且和受难者一样受到伤害。当观众注视着松弛绳索上的舞者时,他们会像舞者一样自然地蠕动、扭动、旋转和保持身体的平衡,他们感到自己在舞者的状况下也必须这么做。纤瘦和身体差的人抱怨,当看到街头乞丐的伤口和溃疡时,他们容易感到自己身体相应的部分会发痒和不适。他们从这些不幸者的痛苦中构想出的恐怖对他们自己身体专门部分的影响比其他人都多,因为恐怖来自他们设想自己若真的成为自己看到的不幸者时会承担的痛苦,以及假如自己身体的特定部分在同样状态下实际受到的影响。这种概念特有的力量足够在其脆弱的体格里产生他所抱怨的发痒和不适感。最健壮的人会注意到,在观察受伤的眼睛时,他们经常会感到自己的眼睛有非常敏锐的疼痛,这也是由于同样的原因;眼睛这个器官,在最强壮的人身上比在最弱的人身上更为脆弱。

在某些场合,同感似乎仅仅来自对其他人某种情感的看法。在某些场合,激情似乎可以即刻从一个人注入另一个人身上,而且比使主要相关者兴奋的任何知识都要先出现。例如,任何人的眼神和姿势强烈表达出来的悲伤和快乐,会立即影响到具有类似痛苦或愉悦情绪的旁观者,一张笑脸对于看到它的每个人来说都是赏心悦目的,正如一副悲哀的面容总会让人伤感。

但这并不普遍,也不是每一种激情都会如此。有些激情表达的兴奋完全不是同感,反而在我们了解适合于它们的场合之前会导致反感,并激起我们去反对它们。一个发怒者的狂暴行为更可能激怒我们去反对他自己而不是其敌人。因为我们并不了解他的愤怒,我们不可能对他的状况感同身受,也不能设想这种愤怒引起的任何激情。而当我们可以清楚地看到使他愤怒的那些人的状况,以及从如此狂暴的对手那里可能暴露出来的暴力时,我们就会乐于对他们的恐惧或愤恨产生同感,并立即倾向于反对那些使他们处于危险中的人。

假如正是悲痛和快乐的表现激发起我们某种程度的类似情绪,那是因为它们给我们暗示了我们观察的人身上降临的某些好运或厄运的普遍观念。而且在这些激情里,这足以对我们产生某些小的影响。悲痛和快乐的影响在感觉到这些情感的人那里止步,而这些情绪的表达不像那些不满的情绪,不会向我们暗示我们关心的其他任何人的想法。所以,好运或厄运的普遍观念会让经历过好运或厄运的人产生某些关切,但是愤怒的普遍观念不会激起接受这些观念的人愤怒的同感。它似乎会自然教会我们更不愿意陷入这种激情,并且在被告知其原因之前,更倾向于反对它。

即使是我们对他人痛苦和快乐的同感,在了解其原因之前,也总是极其不完善的。一般的哀叹,除了表达受难者的痛苦,什么也表达不了,它创造出的是探寻受难者状况的好奇心(伴随着与他同感的倾向),而不是任何明智的实际同感。我们问的第一个问题就是:你发生了什么事?在得到回答之前,尽管我们是心神不安的——这既是因为对他之不幸的模糊想法,更多还是因为猜测发生了什么事而折磨自己——但我们的同感却不怎么多。

因此,同感与其说来自激情,不如说来自激发激情的情境。我们有时会感觉到其他人自己似乎都不可能具备的激情,因为当我们使自己处于他的情况下时,我们胸中出现的这种激情来自于想象,尽管他那里没有来自现实的激情。我们对其他人的粗鲁和无礼感到脸红,尽管他本人对自己行为的不当似乎毫无感觉,因为假如我们以如此荒谬的方式行事,我们会情不自禁地感到自身将处于困惑之中。

对于那些还有点人性火花的人来说,在使人类面临死亡的灾难中,理性的丧失是最为可怕的,他们怀着比其他人更深的怜悯注视着人类苦难的最后阶段。但是身处其中的失去理智的人还唱着、笑着,可能对于自己的苦难完全无动于衷。所以,人类在看着这样一个状况时感觉到的痛苦不可能是受难者任何情感的反映。旁观者的怜悯必然全部来自这种考虑:假如他处于同样不幸的境地,以及

（这也许是不可能的）同时能够用他目前的理性和判断去处置时,他自己会感觉到什么。

当一个母亲听到她的婴儿在疾病痛苦中呻吟,而又不能表达感受时,她的痛苦是什么? 在她关于受苦的想法中,她在现实的无奈中加入了她无助的意识,以及对婴儿身体失调的未知结果的恐惧,而且,由于所有这些东西,在她的悲痛之中形成了痛苦和苦难最完整的图景。但是,婴儿只感到当前时刻的不适,疾病可能不严重。婴儿的将来绝对是安全的,因为它根本不会去考虑,而且不会焦虑,但是人类胸中最大的苦恼一旦滋长起来,却是理性和哲学都难以克服的。

但是,不论同感的原因是什么,或者它可能被什么激发起来,我们最愉快的莫过于看到其他人具有带着我们心中所有感情的同感,也没有什么比相反状况的出现更能使我们震惊。那些喜欢从某种精细的自恋中推断我们所有情感的人认为,按照他们的原则,他们自己毫无遗漏地理解了这种愉悦和这种痛苦。他们说,意识到自己的弱点以及自己需要他人协助的人在发现他人也具有他的这种激情时,就会感到高兴,因为他由此确信会得到帮助,而看到相反的情况时就会感到悲伤,因为他由此确信他们是敌对的。但是愉悦和痛苦总是突如其来地被感觉到,而且经常出现在毫无意义的场合,似乎很明显的是,它们都不可能来自自我利益的考虑。当一个人努力转移同伴的注意力之后,他环顾四周,看到除了自己之外没人为他的玩笑而发笑,此时他是受到伤害的。相反地,同伴的欢笑使他极为愉快,他把他们的情感和他的情感如此一致视为最好的喝彩。

5. 艺术、模仿和欣赏①

对群众心理的调查和暗示疗法实验已经证明,通过无意识地模仿伴随产生的活动,心理状态可以在多大程度上从个体传递到个

---

① 选自 Yrjö Hirn, *The Origins of Art*, pp.74—85。(Published by The Macmillan Co., 1900. Reprinted by permission.)

体。普遍同情理论——很久前亚当·斯密的道德理论里已经给出了一种清晰的表述——由此在现代模仿行为理论中获得了一种心理学上的正当性。当代科学终于学会了去领会模仿对于人类文化发展的根本重要性。有些作者甚至走得更远,致力于从这一原则中推导所有社会学法则。同时,自然史已经开始越来越多注意到,模仿对于本能的完全发展以及生活中最必需的那些活动的训练来说,是不可或缺的。

402 　　对于艺术理论来说幸运的是,模仿功能的重要性在很多科学门类里已经同时得到承认。不管人们如何看待在最近新原则的运用中产生的某些大胆概括,不可否认的是,只有参照普遍的模仿倾向,才能理解和解释审美活动。同样重要的是,在实验心理学家开始把注意力转向这个方向之前很早的时候,审美方面的作家就已经感到自己被迫建立了一种模仿理论。在德国,从维舍(Vishcer)①的时代开始,对形式和形式关系的喜好就被解释为是运动的结果,这指的不仅是我们的眼睛也是我们整个身体遵循外部事物架构的运动。在法国,朱福若依(Jouffroy)②指出,接受美学印象的条件是"对现有天性中外在表现出来的状态进行内在模仿的力量"。最后,在英格兰,弗农·李(Vernon Lee)③和安斯特拉瑟—汤普森(Anstruther-Thompson)④已经建立了一种以我们在无意识的活动中模仿物体形式的相同心理冲动为基础的美与丑的理论,比如在休谟、贺加斯⑤、杜格尔德·斯图尔特⑥和斯宾塞的作品里,可以发现很多单独评论,涉及通过感知线条和形状,直接作用于我们精神生活的影响。

---

① 弗里德里希·特奥多尔·维舍(Friedrich Theodor Vischer, 1807—1887),德国小说家、诗人、剧作家和艺术哲学作家。——译者注

② 弗朗西斯·朱福若依(François Jouffroy, 1806—1882),法国雕塑家。——译者注

③ 弗农·李(Vernon Lee),英国小说家维奥莱特·佩吉特(1856—1935)的笔名,她流传后世的主要是超自然小说和美学方面的著作。——译者注

④ 克莱蒙蒂娜·卡罗琳·安斯特拉瑟—汤普森(Clementina Caroline Anstruther-Thomson, 1857—1921),苏格兰作家和艺术理论家,她与弗农·李的合作激发了她在美学心理上的兴趣。——译者注

⑤ 威廉·荷加斯(William Hogarth, 1697—1764),英国画家、艺术理论家。——译者注

⑥ 杜格尔德·斯图尔特(Dugald Stewart, 1753—1828),苏格兰哲学家。——译者注

　　然而，在大多数这些理论和观察之中，模仿行为得到关注，仅仅是因为它有助于从感官印象中获得的审美愉悦。但是其重要性绝不局限于此，相反，我们相信它是直觉本身存在的基本条件。没有所有这些难以觉察的追踪行为——这使我们的身体伴随着眼部肌肉对外部事物轮廓的适应，我们关于深度、高度和距离的概念肯定不会像它们那样清楚。另一方面，可以说做这些运动的习惯把外部世界带入内在的领域。已经以人作为衡量世界的标准，而衡量对象已经被转化成心智体验的语言，这些印象的获得不仅在于情感的基调，也在于知识的可理解性。

　　更重要的是模仿在我们关于运动物体的直觉上的重要性，一种困难的运动本身只有在它被模仿——要么是内在的，要么是实际的外向活动——的时候，才能被完全理解。所以，运动的念头通常关联着一种被抑制住的采取行动的冲动。更紧密的反省将向每个人展示，我们的知识（即使是关于人类的知识）有多么大的一部分是建立在运动要素之上的。通过在我们的身体里无意识地和不知不觉地复制外在的人类行为，我们可以学会用仁慈或恶意的同感去理解它。而且毫无疑问，大多数读者都会承认，他们对自己朋友和仇敌的了解胜过对其他人的了解的原因在于，他们对这些人的记忆不仅在他们的眼中，还在于他们整个的身体之中。在空闲的时候，我们发现，对一个缺席朋友的记忆会毫无理由地涌现在我们的意识里，我们可能经常惊讶地注意到，我们已经不知不觉采用了他特有的某种态度，或者模仿他特定的姿势和步伐。

　　然而可能遭到反对的是，上述的情况可能只适应于特定类型的个体。在其他人的想法里，将会说世界的图景完全构建在视觉和听觉要素上。同样不可否认的是，现代心理学引入的对不同类型头脑的分类是正当的，因为有利于研究的目的。但是，我们不大可能相信这种区分对几种心理要素的相对优势视而不见。很容易理解的是，一个视觉或听觉映像占据着记忆库首要位置的人，会倾向于否认无意识复制的运动感觉在某种程度上进入其心灵体验。但是一种专门的视觉上的世界图景——假如这种事情可能的话——与包

403

含运动要素的直觉相比,显然不仅在情感上较为贫乏,而且在知识上也较不清晰和不完整。

运动感觉在知识心理学中的重要性本身并没有审美上的趣味,在这种联系中触及这个问题,仅仅是因为它给模仿理论提供了例证。假如正如我们所认为的那样,为了获得对事物和事件的完整理解,确实必须去体验它们——也就是说,去追求和把握它们,不仅借助它们所要求的特定的感觉器官,还要通过追踪整个身体的运动,从而就无需对模仿冲动的普遍性感到奇怪。按照这个观点,模仿不仅仅促进我们在有用活动上的训练,而且帮助我们从自己的感觉里获得一种审美愉悦,它还——而且可能首要是——作为我们适应外部世界的权宜之计,并通过参照我们自身,成为事物的解释。所以,模仿活动自然应该在儿童和原始人类的活动中占据如此重要的地位。而且我们还能理解,为什么这种根本性的冲动——它已在种族教育和个人教育里扮演着如此重要的角色——能够变得就像一种疾病那样重要,并主导着全部有意识的生活。作为孩子,我们在理解事物之前就在模仿,而且我们已经学会了通过模仿来理解。只有当我们已经通过模仿而熟悉了最重要的感知信息时,我们才能以更为理性的方式运用知识。尽管成年人无需借助外部模仿来理解新的印象,唯一自然的做法就是在疾病状态下,他将重新陷入原始的模仿反应。而且同样自然的是一种内在的,即受到抑制的模仿,将在我们所有的感知之中发生。在对这种现象的普遍性进行解释之后,我们就无需进一步关注模仿的一般心理了。我们在这里只是注意到它对于感觉沟通的重要性。

众所周知,只有在敏感性异常增长的情况下——比如在催眠和思想传播的某些阶段,与精神状态对应的运动才可以模仿得如此真实和完整,以至于模仿者能够分享存在于他人身上的这种状态的所有**知识**要素。另一方面,享乐主义的品质——这是很多更为简单的运动对应的生理状况——当然可以更完美地得到传递:暗示一种愉悦比暗示思想要容易。同样明显的是,正是最普遍的享乐与意志要素得到那些在他们的内在模仿理论中论述审美的德国作家的考虑。

他们似乎认为,通常伴随着特定情感状态而采取的态度和运动,也能在某种程度上成功形成类似的情感状态。这种假设是完全合理的,即使已经以联想的方式解释了感觉和运动之间的联系。当运动的变化被认为是感觉本身的生理关联时,也无需任何理由。

　　日常经验提供了很多通过表达活动的模仿来产生感觉的例子。405一个孩子重复父母的微笑和笑声,从而在能够理解笑声的原因之前,就能分享他们的快乐。成人的生活自然不会给我们很多机会,去观察这种直接和几乎是自动传播的纯粹形式。但即使是在成人的生活里,我们可能经常会遇到一种似乎总是独立于任何知识交流的感情交换。恋人们知道这一点,还有像龚古尔兄弟①一样的亲密朋友,更不用说像催眠师和他的对象那样亲密融洽的人。甚至在先前没有同感关系的地方,一种愉快或哀伤的状态——即使只是明显表达出来——也可能经常会从受其客观原因影响的个人转移到另一个人身上,这个人模仿了这种感觉,但对其原因仍然一无所知。我们几乎每天都在体验这种现象,受到社会交往加之于我们身上的影响,甚至是那些自然部分的影响——比如开阔的蓝天或高悬的山峰——都会自然唤起我们情感状态在身体上的表现。我们周围的强制力量——有生命的或无生命的——迫使我们接受它们的态度、形态或运动带来的感觉。这种力量可能是一种自我控制的,不诉诸感情的人也难以注意的规则。但是,假如我们想要这种影响力最强的例子,只需要记住对于一个个人来说,要对抗集体感觉的传染是多么困难。在公共场合,普遍的情绪——不论是愉快或悲伤——经常被传递给那些甚至本来具有相反感觉的人。根据 M. 弗雷(Féré)的观点,高度兴奋的传染力是如此强大,即使是极其冷静的人在参加狂饮时,也经常会被引诱以"二手陶醉"的方式(因感应而产生的醉酒)参与到其醉酒同伴滑稽的动作中。在中世纪重大的精神传染

①　龚古尔兄弟(The Goncourt brothers)指埃德蒙·德·龚古尔(Edmond de Goncourt,1822—1896)和儒勒·德·龚古尔(Julesde Goncourt,1830—1870),法国作家,两兄弟一生形影不离,都未结婚,共同献身艺术和文学,法国著名的龚古尔文学奖最初就是哥哥为纪念弟弟而设立。——译者注

病中,这种传染类型的后果比之前之后任何时代都更致命。但是,即使在现代社会,一场民众街头暴动就可能经常向我们展示出某些相同的现象。据说,1886 年伦敦大骚乱提供了一个很好的机会,来观察那些最初保持冷漠态度的人逐渐被普遍的兴奋感染,甚至到了参与暴行的程度。在这个例子里,表现行为的传染性影响得到助长,无疑是因为它们与劫掠和破坏这种如此原始的冲动有关联。但是所有作为我们最强感觉状态之外在表现的行为都会如此,它们全部由每个人的经验中熟悉的本能行动组成。所以很自然的是,愤怒、憎恨或爱几乎可以自动地从个体传递给大众,并从大众传给个体。

现在,已经表述和解释了感觉在个体之间扩散的原理,我们可以回到我们研究的主线,并检验其在表达冲动上的举止。我们已经看到,在个人周遭的社会环境里,形成了一种类似于在他自身的有机体里发生的过程。正如从器官到器官的功能改变,就像系统中越来越大的区域被带入原始的强化或抑制之中。所以,一种感觉是从一个个人向重复其表现行为的同感者圈子扩散。而且,就像所有有助于原始感觉的,扩大了的"身体共鸣"会增强力量和增加确定性一样,个人的情感状态必定可以通过表达的追溯刺激来强化,也就是说,这种状态可以借此在其他人那里延续。通过彼此模仿的原始活动和借鉴活动的相互作用,社会表达以和个人表达相同的方式来运作,我们有权将其视为普遍的表达冲动的次要结果。当我们被一种强烈的感觉支配时,我们通过同感者的追溯来寻求强化或放松,他们复制并在他们的表达里重现支配我们的精神状态。

事实上,我们能在所有强烈的情绪——它们在个体表达之中没有达成满意的释放——里观察到对社会共鸣的追求。一个愉快的人想看到周围快乐的面孔,为的是从他们的表情里获得进一步的滋养,并增强自己的感觉。所以,乐善好施的心态通常来说都伴随着所有强烈与纯粹的快乐。因此,还要用礼物或殷勤来表达愉悦的扩散趋势。在压抑的心情里,我们同样渴望向周围环境表达我们的感觉。在绝望的深渊里,我们可能渴望一场普遍的大灾难来扩散我们的痛苦。快乐自然会使人受益,痛苦也经常会使人努力和残忍,但情况并非总是如此,因为我们在每次痛苦的体验中增加了同感的力量。而且,为了适应我们对抗痛苦的运动反应,我们需要同感性的融洽。悲伤、绝望或愤怒的所有主动表现——它们自身并不全是痛苦的——都得到集体兴奋相互影响的助长。因此,所有强烈的情绪,不论愉快的还是痛苦的,都作为社交因素起作用,这种社交活动在成长的所有阶段都可以观察到。即使动物也要寻找同伴,为的是通过共同表达强烈的感觉,来刺激自身和彼此。就像艾斯比那(Es-pinas)已经说过的,交配季节雄鸟的群集可能多半是因为渴望相互刺激,以争夺雌鸟的青睐。金刚鹦鹉结群鸣叫和黑猩猩的协调击鼓表演,仍然是集体情绪表达更好的和明白无误的例子。在人类身上,我们在所有部落相遇以表达欢庆或哀悼的集会中,在不同的发展程度中,发现同样的渴望社会表达的后果,而且,作为相同的基本冲动更高的发展,在人类中出现了艺术活动。

我们越是有意识地渴望同情者的反作用,我们就越是要发展出更多有意识的努力,以使尽可能多的人尽可能完整地具备这种感觉。一种偶然的公开同情带来的共鸣并不能满足表达的冲动,它的自然目的是把越来越多的生灵置于同样情感状态的影响之下。它寻求的是战胜倔强与唤醒冷漠。一个共鸣,一个真实而有力的共鸣,这就是它运用所有长期未得到满足的能量所期望的一切。作为这种渴望的结果,表达活动带来艺术产品。艺术作品本身是最有效的工具,个人能够由此向越来越宽广的同感者圈子传达一种类似于主宰他自身的情感状态。

E. 暗　　示

1. 暗示的一种社会学定义[①]

暗示(suggestion)的本质显然不在于任何外在的特殊性。它基 408

---

① 翻译并改编自 *Die Bedeutung der Suggestion im Sozialen Leben*,pp.10—15,from the o-riginal Russian of W. v. Bechterew.(J. F. Bergmann, Wiesbaden, 1905.)

于特定类型的人际关系,在接受和实现暗示的过程中,向主体的"自我"提出暗示。

暗示,总的来说是人对人施加影响的诸多手段之一,它有意或无意地作用于人,人们对此有意或无意地做出回应。

为了更紧密地了解我们所说的"暗示",可以看到,我们的感知活动分为(a)主动的和(b)被动的。

(a)**主动感知**。——第一种情况下,主体的"自我"必然涉足其中,并根据我们思想的趋势或环境状况,使注意力指向这些或那些外部的表达。由于它们通过注意力与意志的参与,以及反思和判断而进入了意识。这些表达被同化并被永久融入个人意识或我们的"自我"之中。这种感知方式丰富我们的个人意识,并成为我们观点和信念的基底,对或多或少明确的信念进行组织,是主动感知构成的反思过程的产物。在被我们的个人意识占有之前,这些信念可能把自身暂时隐藏在所谓的潜意识之中,只要某些经验过的表现物得到复制,它们就能在任何时候被"自我"的欲望唤醒。

(b)**被动感知**。——与主动感知相反,我们更多是以一种没有"自我"参与的被动状态感知环境。当我们的注意力被转移到任何特定的方向或集中到某种特定的想法上时,并且当它的连续性因某个或其他原因被打断之时——例如出现了所谓的注意力分散——这种情况就会发生。在这些情况下,感知对象不会进入个人的意识,但是进入了我们头脑的其他区域,也就是我们所称的一般意识。一般意识在某种程度上是独立于个人意识的,由于这个原因,进入一般意识的每件事都不可能随意进入个人意识。然而,一般意识的产物进入了个人意识的领域,而不会意识到它们原初的由来。

在被动感知里,无需注意力的任何介入,一系列各种各样的印象涌入我们的脑海,并把我们过去的自我直接压向一般意识。这些印象是外部世界施加的影响的来源,即使对我们自己来说也是模模糊糊的,但是决定了我们的情感态度,以及在某些环境下经常主宰我们的隐晦动机和冲动。

一般意识以这种方式在个人的精神生活里扮演着永恒的角色。

从现在开始,在一个偶然的观念链条里被动接受的一种印象进入了个人意识的领域,成为一种精神意象,其新奇之处令我们震惊。在特定情况下,这种意象或错觉在形态上体现为一种特殊的声音、一个影像,甚至是一个幻觉,它的源头无疑在于一般意识之中。当个人意识暂时失效——就像在睡觉或者深度催眠时,一般意识的活动就会位于显著的位置。一般意识的活动所受的限制既非我们看待事物的方式,也非个人意识运作的环境。因此,在梦境或深度催眠之中,行动似乎是可行与可能的,并具有我们不敢去设想的完整的个人意识。

把我们的心智划分为个人意识与一般意识的做法,为清楚理解暗示的原则提供了一个基础。个人意识即所谓的"自我",在意志与注意力的协助下,主要控制着对外部印象的接受,影响着我们观念的趋势,并决定着我们自发行为的执行。个人意识传递给心智的每个印象常常容易遭到一定的批判和重塑,这导致我们观点与信念的发展。

外部世界对我们心智的影响模式是"逻辑的信念"。作为印象 410 的内在重构的最终结果,总是这样的信念:"这是真的,有用的,必然的,等等。"当个人意识的活动对我们的印象重构产生影响之时,我们就可以在内心里这么说。很多印象在我们没有注意的时候进入我们的心智。在注意力分散的情况下,当我们的自觉注意力处于搁置状态时,印象无需避开我们的个人意识就进入了心智之中,不用与自我接触。不是通过前门,而是——可以这么说——登上后面的台阶,它在这种情况下直接进入了心灵的深处。

现在,可以把暗示界定为,一个人受到处于特定精神状态的其他人直接的感染。换句话说,暗示是一种陌生的观念在没有直接参与主体的"自我"的情况下,渗透或接种到意识之中。此外,个人意识一般也无法拒绝暗示,即使在"自我"察觉了暗示的非理性时,也是如此。由于暗示无需自我的积极协助就能进入心智,所以,它始终位于个人意识的边界之外。因此,暗示的所有进一步影响是在无需"自我"控制的情况下发生的。

至于暗示这个术语，我们通常并不理解外部刺激对心智整体的影响，但是个人对个人的影响是通过被动感知而产生的，并且不依赖于个人意识的活动。而且，暗示区别于通过注意力的心智过程和个人意识的参与来运作的其他影响类型，从而产生逻辑信念和明确观点的发展。

洛温菲尔德（Lowenfeld）强调暗示的实际过程与其结果的差别。不言而喻，这是两个不同的过程，不能相互混淆。一个更为充分的定义可能被接受，同时包括了"暗示"特有的方式及其行为的结果。

因此，暗示不仅仅是它自身特有的过程，或心灵影响的方式，还 411 是这种反应的结果。所以，我不会把暗示仅仅理解为影响人的一种明确类别和方式，它同时还是其最终结果，而且在"暗示"之下，不仅是一种明确的心理结果，某种程度上还是获得这种结果的方式。

暗示概念的一个关键要素首先是行动明显的直接性。一个暗示的产生不论是通过言辞还是态度、印象或活动，也不论是口头的还是具体的意见，只要其影响永远不是通过逻辑信念来获得，在这里都没有什么区别。另一方面，暗示总是直接进入心智，避开个人意识或至少没有受到对象的"自我"预先的重塑。而这一过程代表着观念、感觉、情绪或其他心理状态的真实感染。

以同样的方式，出现了某种相似的精神状态，即自动暗示（auto-suggestion）。这些状态的出现并不渴求对它们外表的外部影响，而是直接源于心智本身。比如这样的情况：任何类别的意象将自己作为某种完整的东西强加到意识之中，不论它是一种突然出现并主宰着意识的观念，还是一种幻觉，一种预感，或类似的东西。

在所有这些情况下，在没有外部刺激的情况下产生的心理影响已直接注入了心智，从而避开了"自我"或个人意识的审核。

因此，"暗示"意味着或多或少直接地将观念、感觉、情绪和其他心理状态注入个人的心智之中，为的是不给评判和思考留下机会。另一方面，可以把处于"暗示"之下理解为，那些避开了自我、个人自我意识和批判态度的观念、感觉、情绪和其他精神物理状态直接孕育了个人的心智。

时不时地，特别是在法国作者之中，你会发现除了"暗示"，还有"心理传染"（psychic contagion）这个术语，虽然其中除了无意识模仿，再没有什么可理解的了（对照 A. Vigouroux 和 P. Juquelier，*La contagion mentale*，Paris，1905）。假如一个人在更广的意义上使用暗示这个概念，并以此来考虑以示范和模仿的方式进行无意识暗示的可能性，那就会发现，暗示概念和心理传染概念彼此之间有最紧密的相互依赖，并且两者在很大程度上不能明确地区分开。不管怎样，我们认为心理传染和暗示之间并不总是存在严格的界限，维耶罗（Vigouroux）和尤奎勒（Juquelier）在他们的论文里已经正确强调过这一事实。

2. 暗示的微妙形式①

在一个非常特殊的方面，催眠给了我们心理学上最重要的教训：它已经证明，在规划心理学实验的时候，必须采用特殊的预防措施。催眠训练已经揭示了这种错误的源头，一个催眠师可能——经常并不知道这一点——用他的声调或某些轻微的动作，使催眠对象表现出一开始只能靠明确的语言暗示来产生的现象，而催眠师为了暗示而采用的信号的敏感性可能继续增加。错误的一个危险来源是催眠对象努力猜测和服从实验者的意图。这种观察已经证明在非催眠实验中也是有用的。在催眠时代之前，我们确实知道，A 向 B 泄漏想法的信号可以逐步变得更加微妙。比如，我们在学童的例子里看到，学童逐步学会如何从老师轻微的动作里探查出自己的回答是对还是错。我们在训练动物时发现同样的状况——比如训练马，最初采用的粗糙方法逐步淡化，直到最后，驯马师做出一个极其细微的动作也能产生当初粗糙动作达到的同样效果。但是，即使信号强度的减弱与催眠无关，但正是后者向我们展示了忽略这个要素

---

① 改编自 Albert Moll, *Hypnotism*, pp. 453—57. The Contemporary Science Series。（Walter Scott, 1909.）

会多么容易导致错误的结论。催眠对象的可暗示性使这些极小的信号对他来说特别危险。但是，一旦认识到这种危险，投注到非催眠情况的错误根源上的注意力会比以前更多。可以肯定，很多心理实验由于实验对象知道实验者的期望而遭到破坏。因此，结果只能看作是暗示的效果；它们依赖的不是实验的外部条件，而是进入实验对象心中的东西。

在其发生之时引起了相当骚动（我指的是"机灵汉斯"①的例子）的一件事将展示出，忽视催眠教给我们的上述教训，会在多大程度上影响到我们。假如柏林心理学家施通普夫（Stumpf）②——调查委员会科学主管——考虑到催眠术的教诲，他就不会遭受这样的惨败：承认"机灵的汉斯"这匹马能够像孩子一样被教育，而不是像动物一样被训练。

"机灵汉斯"用它的马蹄轻敲舞台来做出回答。而观察者，特别是施通普夫主持的委员会相信，马敲出的答案是马思考的结果，正如巫师相信灵魂能够通过轻敲来与他们进行智力交流一样。一次敲击表示 a，两次表示 b，三次表示 c，等等，或者在涉及数字的地方，一次敲击表示 1，两次是 2，等等。动物以这种方式回答最复杂的问题。比如，它显然不止解决了用敲击 12 次表示 3 乘以 4，敲击 18 次表示 6 乘以 3 这样的问题，甚至可以提取平方根，区分一致与不一致，分辨十种不同的颜色，并能够识别人的照片。总之，"机灵汉斯"被认为达到了第五类孩童（这是德国高级中学里最低的一级）的水平。在调查了这件事情之后，施通普夫和他的委员会成员起草了以下联合报告，根据这个报告，两件事中只有一件是可能的——要么马能够独立思考和计数，要么就是它处于心灵感应或神秘力量影响之下：

①　"机灵汉斯"是一匹奥尔洛夫快步马，1907 年，有人宣称它能做算术和其他智力测试，心理学家施通普夫组成了委员会对其进行研究，最终心理学家奥斯卡·芬格斯特证实这匹马不能真正地进行计算。——译者注
②　卡尔·施通普夫（Carl Stumpt，1848—1936），德国哲学家、心理学家，以声调心理学著称，并影响到格式塔心理学的创立。——译者注

以下一起签名认为,在赫尔·v. 奥斯腾和他的马进行的表演中是否有任何花招,即他的马是否得到有意识的帮助或影响。作为详尽测试的结果,他们得出一致结论,除了赫尔·v. 奥斯腾的个人性格(其中大多数都是人们熟悉的),调查中采用的预防措施排除了任何这些假设。尽管进行了最仔细的观察,他们都未能察觉可能用于对马发出信号的任何手势、动作或其他暗示。为了排除部分观众无意识动作的可能影响,仅在委员会委员赫尔·布施在场的情况下进行一系列实验。在部分这些实验中,在他作为一个专家的判断中排除了驯马师经常采用的把戏。其他系列实验是如此安排的:让赫尔·v. 奥斯腾自己也不知道他给马所提问题的答案。而且,从以前的个人观察来看,大多数签名者知道在大量的个案中,其他人已经在赫尔·v. 奥斯腾和赫尔·希林斯缺席的情况下收到了正确答案。这些情况还包括:发问者要么不知道解决办法,要么对问题只有错误的认识。最后,有些签名者对赫尔·v. 奥斯腾的方法有自己的了解,这些方法与普通的"训练"有本质的不同,并且从小学采用的授课系统中复制出来的。签名者认为,这些观察的集体结果表明:即使是目前已知的无意识的信号也被排除了。他们一致认为,我们已在这里处理了一个根本上不同于以前的和明显类似的所有案例,它与"训练"这个词可接受的意义无关,因此值得认真和深入的科学调查。柏林,1904 年 9 月 12日。[以下签名,其中包括枢密院议员施通普夫博士,大学教授,心理研究所所长,柏林科学院成员]

任何一个在催眠领域做过批判性工作的人,在南锡学派(Nancy school)①强调的方法出现之后,都会不禁从一开始就认为施通普夫

① 南锡学派(Nancy School)是一个以催眠为主的精神治疗学派,其思想源头由现代催眠疗法之父,法国医生安布罗斯-奥古斯特·李贝奥(Ambroise-Auguste Liébeault,1823—1904)于 1866 年在法国南锡提出,故名。其研究和理论对今天的心理治疗产生巨大影响。——译者注

的调查方法是错误的。第一个必须考虑的错误来源就是那些在场的人——可能是赫尔·奥斯腾或者其他什么人——在马停止敲击的时候，无意中给了马一个信号。正如施通普夫的报告指出的，只考虑奥斯腾不知道答案并不够，知道答案的人就不该在场，这是做那种实验第一个要满足的条件。任何一个接受过催眠训练的人都知道，这些微不足道的信号就是错误的主要来源之一。催眠领域一些领先的现代研究者——比如沙尔科（Charcot）和海德汉（Heidenhain）——被误导，他们认为自己已经发现了催眠中新的身体反应。但是在 1904 年这个时候，暗示已得到充分的研究，以防止这种状况出现，一个心理学家不可能陷入一种 20 年前就已经充分犯够了的错误之中。但主要的一点是：对他人来说细微的信号却被受过训练去这样做的主体感知到，不论这个主体是一个人还是一个动物。

3. 社会暗示与大众的或"团体的"行动①

在大多数情况下，群众自然都处于领导者的影响下，这些领导生来就认识到群众的重要性与强大，寻求通过暗示的力量而不是明智的信念来指引群众。

因此，可以想象的是，任何懂得如何抓住群众注意力的人总是能影响群众去做伟大的事情，历史也确实充分证明了这一点。人民可能会想起俄罗斯的米宁（Russia Minin）②——他用一句口号拯救他的祖国于严重的危险之中——的历史，他的"典当你的妻儿，解放你的祖国"这话必然对处于热情之中的群众产生有力的暗示。以下鲍里斯·希季斯（Boris Sidis）的叙述表明了如何控制群众及他们的情绪：

1895 年 8 月 11 日，在缅因州老奥查德（Old Orchard）召开

---

① 翻译并改编自 *Die Bedeutung der Suggestion im Sozialen Leben*，pp.134—42，from the original Russian of W. v. Bechterew。（Wiesbaden：J. F. Bergmann，1905.）

② 库兹马·米宁（Russia Minin，？—1616），原为下诺夫哥罗德的商人，在 17 世纪俄罗斯反抗波兰干涉军的战争中参与组织人民武装，成为俄罗斯的民族英雄。——译者注

了一次露天聚会。当时的事务是为传教目的募捐。牧师进行了以下的暗示：我在国外最非凡的回忆是关于群众的，那些失去人性的人不停撞碎在来世的彼岸上，他们是多么绝望，多么缺乏爱——他们的宗教不知道快乐、没有愉悦、没有歌唱。我曾经听一个中国人说，他为什么是一个基督徒，对于他来说，他似乎处于一个不能逃脱的深渊里。你曾经为失落的世界哭泣过吗，就像耶稣基督一样？假如没有，那么你有灾祸了，你的宗教仅仅是梦和盲目。我们看到耶稣考验他的门徒，他将会带着他们一起吗？我亲爱的，今天他将考验你们。（间接的暗示）他可以使一个千万富翁皈依，但他给了你一个得救的机会。（更直接的暗示）你的信念足够强大吗？（以下接着一个信仰问题的讨论）没有信仰，上帝就无法做伟大的事情，我相信耶稣会出现在那些坚定信仰他的人面前，我亲爱的，假如你只是为上帝而给予，你就参与了这种信仰。（更为直接的暗示）年轻人带着五条面包和两条小鱼（以下是故事），当一切结束的时候，他不会失去他的面包，还剩 12 个篮子，喔，我亲爱的，那如何回报！有时，万王之王会呼唤你，并给你一个荣耀的帝国，仅仅是因为你对他有少许的信仰。这对你来说是多重要的一天，有时上帝将会给我们展示，他保护我们的宝藏比我们自己做好得多。这种暗示有预期的效果，钱从四面八方流来，几百变成几千几万，群众捐助了七万美元。

同样重要的是在战争中，在军队走向辉煌胜利时出现的暗示因素。纪律和责任感把军队团结成一个强大的巨大实体。然而，为了使其足够强大，这个实体需要通过暗示性观念来进行鼓舞，以便在战士们心中找到积极的回应。对于聪明的将军来说，在决定性的时刻维护好战精神是最重要的问题之一。

即使在胜利的最后一线希望似乎已经消失之时，一位受尊敬的战争领袖的号召就像一粒暗示性的火花，可能激起战士们的自我牺牲精神和英雄主义。一声号角、一声欢呼、国歌的旋律，都能在这个决定性的时刻产生不可估量的作用。无需回顾马赛曲在法国大革命时代所起的作用。在那种情况下，暗示的力量可能产生在此之前既不可预期也没什么指望的结果，在意志和责任感似乎无能为力的地方，暗示机制能产生惊人的影响。

417　　众所周知，兴奋的群众能做出最不人道的行为，确实正是由于代替了合理逻辑的这个原因，下意识行为和冲动成为暗示的直接后果。美国人针对罪犯或者那些仅仅是有犯罪嫌疑的人采取"林奇法"①的现代暴行使这块自由的土地蒙羞，但是在毫无怜悯的群众的冲动中，可以发现他们的充分解释。

所以，永远都会引领大众的，一方面是向他们暗示的观念的内容，以及庄严崇高的行为，另一方面还有较为低级野蛮的本能的表达。这就是操控大众的艺术。

把采纳了某种统一想法的大众集合视为单个元素的总和，就像人们时不时尝试过的那样，这是错误的。在那些情况下出现的不是偶然的，而是实际的心灵融合过程，在它的建立与保持中，相互暗示有高度的影响。群众中单个要素的攻击性同时达到其高点，借助完整的精神一致性，群众现在能像一个人一样行动，它活动起来就像一个巨大的社会实体；由于事实上存在一种所有人共有的思想特征，这个实体才得以把所有人的思想和感觉联合在一起。然而，就像人群很容易被激发到最高的活跃程度，它允许自己（如我们已经看到的）很快——实际上更快——被一场恐慌驱散吗？在这里，恐慌完全取决于暗示、反暗示和模仿本能，而不是逻辑与信念，其中的驱动因素是下意识行为而不是智慧。

对于暗示来说，其他通常比较有利的条件则普遍存在于人类社会之中，相比于群众，社会的个体成员彼此之间在身体上是分开的，但精神上确有联系。显然在这方面，心理感染的传播缺乏初始条

① 林奇法（lynch law）是美国革命时期弗吉尼亚州林奇堡当地采用的一种法律，由本地自设人民法庭就地审判嫌疑犯，自行执法。这种做法得到周围村镇效法，并在战后长期存在于南方各州，其含义等同于"民众私刑"，美国人后来将其反省为国家罪行，成为"多数人暴政"的典型。——译者注

件,因为这些条件存在于群众中,发声、模仿和手势这些经常能以闪电般速度激起热情的手段,却不被允许用于自身。这里存在的,毋宁说是以某种共同印象(戏剧性的再现)为基础的精神凝聚力,一种相似的思考方向(期刊文章等)。这些条件足以为相似的感觉通过暗示或自我暗示,从个人向个人进行扩散奠定基础,对于很多人来说,类似的决策已经成熟。

在这里,事情发生得更慢、更平和,没有群众所承受的那种激情爆发,但这种缓慢的感染更为确定地体现在感情上,而群众的感染通常只会持续一段时间,直到后者被打破。

此外,这些在公众中感染的例子通常不会导致容易在群众中诱发的那些不可预见的行动。但是在这里,感染也频频无视个人健全的智力而起作用;完整的观点因为信任和信念而被接受,无需进一步的讨论,并经常形成不成熟的决议。在这个代表着世界舞台的地方,曾经有过动人的偶像,他们在自己唤起的第一次仰慕风暴之后,陷入被遗忘的境地。人民领袖的名声通过统一群体相似的民族利益产生的心理感染而得以保持。而经常发生的情况是,当群众发现他的面貌与他们的期望和理想不符,从而开展第一次反抗时,他的光芒就熄灭了。然而,我们在接近群众时所看到的东西,都会在每种社会环境中,在每个较大的社会里重现出来。

在这些社会领域的单个要素之间,发生着不间断的心理感染和反感染。根据所受感染材料的特征,个人感到自己受到庄严和崇高或者低级和野蛮的吸引。那么,师生之间、朋友之间、情人之间的交往不受相互暗示的影响吗?自杀约定和其他共同行动体现了对互动暗示的参与。还有更多。每天无论发生什么,很少有单独行为是显眼的,很少有罪行不经第三者直接或间接的同意而得到承诺,并毫不罕见地具有和暗示相似的影响。

这里我们必须承认塔德是对的,他说,发现群众犯罪并不比发现非群众犯罪困难,而且这种犯罪完全没有环境的促进与参与。情况确实达到这样的程度,即可以问是否存在任何纯粹个人的犯罪,就像可以想到这样的问题:是否有任何不具备集体特征的天才作品。

419   很多人相信犯罪总是经过考虑的,但是关于犯罪行为更为深入的洞察证明,在很多情况下,即使有长时间的犹豫过程,一个来自环境的单独的鼓动词语,一个带有暗示效果的例子,也足以驱散所有考虑,并把犯罪意图转为行动。在有组织的社团里,仅仅是领袖的一个点头经常也能给犯罪带来神奇的力量。

个人的观念、努力与行为决不能被看作是某种截然不同的,个人独有的东西,因为从这些观念、努力与行动的形式与方式来说,迟早会显示出环境的影响。

与这一事实密切相关的,还有环境对于难以从其环境中上升或脱离的个人产生的所谓收敛作用。在社会里,一个人发现的名为"暗示"的杆菌无疑表现为一种拉平要素,因此,无论个人是高于还是低于他的环境,他在这种影响下无论变得更好还是更糟,他总会从与他人的联系中获得或失去某些东西,这就是暗示——作为一种能够把社会均一性强加于个人的要素——的重要性的基础。

然而,暗示和反暗示的力量还能进一步扩展,它能增强情绪与目的,并能把公众的行动激发到一种不寻常的程度。

很多知道如何用自身来体现群众的情绪与期望的历史人物——我们可以想到圣女贞德、穆罕默德、彼得大帝、拿破仑——被或多或少盲目信仰他们天才的人民带来的光环所环绕,这种频频作用于周围同伴的暗示性力量能带来一种领袖的魔力,支持和协助通过精神优越感被赋予历史性任务的领袖。深受爱戴的军队领袖的一个点头就足以重新燃起部队的勇气,并引导他们无可抗拒地走向死亡。

众所周知,很多人倾向于否认个人人格对历史事件进程的影响。对于他们来说,个人只是大众意见的一种表达,只是时代的一

420   个化身,因此不可能积极影响历史进程,他更多是被历史事件从群众里抛出来的,在他们自己选择的道路上继续行进。

在这种理论里,我们忘记了暗示性因素的影响,这些因素具有独立的禀赋和能量,表现为那些被创造为群众领袖并拥有幸运地位

的人手中强大的杠杆。个人反映了他的环境和时代,世界历史的事件只有在恰当准备的基础上,并位于适当的良好环境之中才会发生,没有人能否认这一点。然而,在语言与文字大师里,在煽动家和人民的宠儿里,在伟大的将军和政治家里,有一种内在力量,能把群众凝聚在一起,为一种理想而战,将他们推向英雄主义,激发他们去从事能在人类历史上留下持久印记的行为。

因此,我相信,暗示作为一种积极的力量,将成为历史学家和社会学家最感兴趣的研究对象,在对这个因素缺乏认识的地方,一系列历史与社会现象会面临不完整、不充分,甚至可能是错误的解释威胁的危险。

III. 研究与问题

1. 互动过程

普遍性互动概念最初是在哲学里提出的。康德在他的动态范畴里列出了共同体或互惠关系。在赫尔巴特(Herbart)[①]关于一个由共存个人组成的世界的理论里,互惠概念居于中心位置。洛策(Lotze)[②]的独特贡献在于,他认识到各个组成部分的互动意味着整体的统一性,因为外部行动意味着互动对象内部的变化。奥蒙德在他的著作《知识的基础》里,通过把互动表现为一个基于社会心理学的结论而完成了这个哲学构想。正如社会是由互动的人构成的,作为互动的结果,这些人的深层本质对于每个人来说都是内在的。所以,宇宙是由互动单元的整体构成的,这些单元本质上倾向于作为该过程的要素和产品来互动。

在社会学里,龚普罗维奇(Gumplowicz)在他关于种族冲突的研究中提出了"自然社会过程"与"异质性要素互惠活动"的概念,拉岑 421

[①]　约翰・弗里德里希・赫尔巴特(Johann Friedrich Herbart, 1776—1841),德国数学家、心理学家、科学教育学的奠基人。——译者注
[②]　鲁道夫・赫尔曼・洛策(Rudolf Hermann Lotze, 1817—1881),德国哲学家、心理学家。——译者注

霍费尔、齐美尔和斯莫尔把社会过程与社会化置于他们的社会学体系的核心位置。库利最近的著作《社会过程》是对"互动"与"社会过程"直接的展示,"社会是一种形式或过程的复合体,每种形式或过程通过彼此互动来生存和发展,社会整体是如此统一,以至于部分的变化会影响到其余的一切。它是一个巨大的互惠活动的组织,分化成无数的体系,其中有些活动完全不一样,其他活动则不容易追寻,所有这些交织在一起,以至于你根据你采取的观点,会看到不同的体系"。①

这是社会过程和社会互动的普遍文献的简短摘要,引出对更具体的关于交流、模仿和暗示的文献的考察。

2. 沟通

查尔斯·达尔文在 1872 年写道:"已经有很多关于表达的著作,但更多是关于人相学的。"人相学——或者说通过观察面貌来解释性格——长期被科学世界归类为占星术、炼金术、颅相学和骗子行为占据的中间领域。

在达尔文之前,对人类表达的评价做出积极贡献的有查尔斯·贝尔爵士(Sir Charles Bell)、皮埃尔·格拉蒂奥莱特(Pierre Gratiolet)和皮德里特(Piderit)博士,达尔文的《人与动物的情感表达》一书标志着对这个主题的思考进入了一个新时代。尽管他用于解释情感信号的效用、对照、直接神经释放三原则可能是值得商榷的,生理心理学家威尔海姆·冯特(Wilhelm Wundt)宣称他的贡献的巨大价值是公认的。他令人信服地论证了不同人类种族情感表达的普遍相似性——一种基于人类共同遗传的相似性,这为进一步的研究铺平了道路。

达尔文认为,情感是一种先于表达并导致了表达的精神状态。
422 根据后来观察的结果——即俗称的詹姆斯—兰格理论②——情感是

---

① Social Process,p.28.

② 詹姆斯—兰格理论(James-Lange theory)由美国心理学家威廉·詹姆斯(Willian James,1842—1910)和丹麦生理学家卡尔·兰格(Carl Lange,1834—1900),分别于 1884 年和 1885 年提出的内容相同的一种情绪理论。他们强调情绪的产生是植物性神经活动的产物。——译者注

一种行为变化的精神信号,其外在方面构成了所谓的"表达"。由这种新的情感观带出的重要观点就是,强调涉及情感反应的生理变化的本质。某些刺激影响内脏的运作,从而改变对外部对象的感知。

达尔文对这个主题研究的推进首先体现在不同情感表达的观察报告上。恐惧、愤怒、愉快构成了这部个人专著的主题。在专门涉及笑的领域里,出现了由萨利、杜加斯、伯格森写的几篇精彩文章。最近十年,在构成情感反应内在部分的生理与化学变化的实验研究中,出现了一个明显趋势,例如坎农(Canon)[1]在著作《疼痛、饥饿、恐惧和愤怒中的身体变化》里就他的研究给出的报告。

在对情感反应的生理方面进行研究的同时,对其表达即情感的表现有了进一步的观察。对情感和思想交流的研究从自然手势到姿势,最终到语言。遗传心理学家指出,自然姿势是一种简化的行为。马洛里(Mallery)[2]基于"北美印第安人与其他民族和聋哑人手语比较"的调查,揭示了印第安部落里手势交流的高度发展。威尔海姆·冯特在其预示着语言和姿势之间密切关系的语言起源研究中得出结论,语言就是有声的姿势。关于书写起源的类似研究——正如本章前面所述——通过来自图像中象形文字的中介形态推导出了这一观点。

通过发明来扩展交流,这为社会生活带来的意义已经给人种学家、历史学家和社会学家留下了深刻印象。人种学家通过书写的发明确定了古代文明的开端,历史学家指出并强调了印刷出版物与中世纪向现代社会过渡之间的关系。格雷汉姆·华莱士在他的《伟大社会》里,把现代社会解释为机器和人造沟通手段的创造物。

423

社会学对语言和书写的兴趣正从研究起源转向考察它们在群体生活中的功能。现在可用的文献标明了通过语言来研究群体可

---

[1] 沃尔特·布拉德福德·坎农(Walter Bradford Cannon,1871—1945),美国 20 世纪贡献最大的生理学家之一,首先将 X 射线用于生理学研究,提出生物体"自稳态"理论。——译者注

[2] 加里克·马洛里(Garrick Mallery,1831—1894),美国民族学家,专门研究美洲土著的手势语言和象形文字。——译者注

能达到的程度。因此,研究正统语言或者"正确"英语的观点是,社会的连续性——就像对异端语言或俚语研究的观点——就是当前群体生活的连续性,"每个群体都有它的语言"这一事实的意义在研究中得到承认。对孤立群体的方言、社会阶级的行话、职业群体的专业术语、科学群体的精确用语的研究表明了具体材料的种类繁多。"不同话语体系"这种表达说明,沟通如何把个人与群体分开或者联合起来。

3. 模仿

白芝霍特(Bagehot)①的《物理与政治》出版于1872年,其中关于"模仿"的章节是对社会生活中模仿角色的特征进行的第一次认真论述。法国一位治安法官加布里尔·塔德对把模仿作为犯罪行为的一种解释很感兴趣,并着手对模仿在整个人类行为领域的作用进行一项广泛的观察。在他出版于1890年的著作《模仿的法则》中,他把模仿视为心智之间所有活动的同义词。"我总是给它(模仿)一个非常精确和独特的意义,在头脑对一段距离之外的头脑产生的作用……我所说的模仿就像是心理之间摄影留下的每一种印象,不管这种活动是有意还是无意的,被动还是主动。"②"每种社会事实不变的特征就在于,它是可以模仿的,这种特征只属于社会事实。"③

在对模仿概念的这种毫无根据的延伸中,塔德无可争辩地犯下了不可饶恕的科学罪过,即他把对模仿行为的仔细研究和耐心观察替换成了对社会统一性简单且耀眼的概括。心理学家对理解实际模仿过程做出了贡献,鲍德温(Baldwin)提出了循环反应概念,来解释模仿当中刺激与反应之间的相互关系。他还在对个人成长(这里,自我在与其他人的自我相互给予和接受的过程中成长起来)的

424

---

① 沃尔特·白芝霍特(Walter Bagehot,1826—1877),英国社会主义者,社会学家,其思想对现代社会心理学产生重要影响。——译者注
② p.xiv.
③ p.41.

辩证法的描述中指出了模仿在个人成长中的位置,杜威、斯托特、米德、亨德森和其他一些人强调,用模仿对模仿进行神秘化解释是徒劳无益的,他们已经指出了利益和兴趣对作为一个学习过程的模仿产生的影响。敏锐分析社会形势的米德则认为,模仿是个人在社会生活中实践自身角色的过程。桑代克的研究可能是对这个主题进行的重要实验研究的代表。

4. 暗示

模仿的反思性研究源于对个人行为一致性的尝试性解释,暗示的研究则开始于狭隘且神秘的超自然领域。1765 年,梅斯默(Mesmer)①由于提出天体通过他所称的"动物磁性"影响人体的理论,而受到广泛关注。1814—1815 年,从印度来到巴黎的法利亚神父(Abbé Faria)通过实验证明,催眠术影响睡眠的原因是主观的。随着"催眠"这个词的创建者詹姆斯·布雷德(James Braid)②博士在1841 年所做的实验,催眠的科学发展阶段开启了。科学界接受催眠这一事实是查科特(Charcot)与他南锡心理学派的学生共同工作的结果。

从催眠研究到观察社会生活中暗示的作用,只是短短一步。比奈(Binet)③、席德斯(Sidis)④、蒙斯特伯格(Münsterberg)⑤已经构想出了暗示的心理学定义,并指出了暗示在理解人类行为中所谓的群体行为上的意义。别赫捷列夫在其著作《暗示在社会生活中的

---

① 弗朗茨·安东·梅斯默(Franz Anton Mesmer,1734—1815),奥地利精神科医生,认为在所有生物和无生命物体之间有一种天然的能量转移,称为"动物磁性"并作为催眠术的理论依据。——译者注
② 詹姆斯·布雷德(James Braid,1795—1860),苏格兰外科医生,催眠治疗的先驱,被认为是现代催眠之父。——译者注
③ 阿尔弗雷德·比奈(Alfred Binet,1857—1911),法国心理学家,发明了第一个实用的智商测试(IQ test)。——译者注
④ 威廉·詹姆斯·席德斯(William James Sidis,1898—1944),一位具有非凡天才的美国神童,11 岁入学哈佛,精通多门语言。——译者注
⑤ 雨果·蒙斯特伯格(Hugo Münsterberg,1863—1916),德裔美国心理学家,应用心理学先驱之一。——译者注

重要性》中,已经对社会学研究的独特价值给出了一种解释。当前,暗示研究在广告、领导、政治、宗教等专门领域还有很多有前途的发展。

425 # 参考书目

I. 互动与社会互动

(1) Lotze，Hermann. *Metaphysic*. Vol.I, chap，vi，"The Unity of Things." Oxford，1887.

(2) Ormond，Alexander T. *Foundations of Knowledge*. Chap，vii，"Community or Interaction." London and New York，1900.

(3) Gumplowicz，L. *Der Rassenkampf*. Sociologische Untersuchungen. pp.158—75. Innsbruck，1883.

(4) Simmel，Georg. "Über sociale Differenzierung，sociologische und psychologische Untersuchungen." *Staats-und Socialwissenschaftliche Forschungen*，edited by G. Schmoller. Vol.X. Leipzig，1891.

(5) Royce，J. *The World and the Individual*. 2d ser. "Nature，Man，and the Moral Order，" Lecture IV. "Physical and Social Reality." London and New York，1901.

(6) Boodin，J. E. "Social Systems，" *American Journal of Sociology*，XXIII(May，1918)，705—34.

(7) Tosti，Gustavo. "Social Psychology and Sociology，" *The Psychological Review*，V(July，1898)，348—61.

(8) Small，Albion W. *General Sociology*. Chicago，1905.

(9) Cooley，Charles H. *The Social Process*. New York，1918.

II. 社会互动与社会意识

(1) Marshall，Henry R. *Consciousness*. Chap，vii，"Of Consciousnesses More Complex than Human Consciousnesses." New York and London，1909.

（2）Baldwin, James Mark. *Social and Ethical Interpretations in Mental Development*. A study in social psychology. New York and London, 1906.

（3）Royce, Josiah. "Self-Consciousness, Social Consciousness and Nature," *Philosophical Review*, IV (1895), 465—85; 577—602.

（4）——. "The External World and the Social Consciousness," *Philosophical Review*, III(1894), 513—45.

（5）Worms, René. *Organisme et Société*. Chap. x, "Fonctions de Relation." Paris, 1896.

（6）Mead, G. H. "Social Consciousness and the Consciousness of Meaning," *Psychological Bulletin*, VII(Dec. 15, 1910), 397—405.

（7）——. "Psychology of Social Consciousness Implied in Instruction," *Science*, N.S., XXI(1910), 688—93.

（8）Novicow, J. *Conscience et volonté sociales*. Paris, 1897.

（9）McDougall, W. *The Group Mind*. A sketch of the principles of collective psychology with some attempt to apply them to the interpretation of nationallife and character. New York and London, 1920.

（10）Ames, Edward S. "Religion in Terms of Social Consciousness," *The Journal of Religion*, I(1921), 264—70.

（11）Burgess, E. W. *The Function of Socialization in Social Evolution*. Chicago, 1916.

（12）Maciver, R. M. *Community*. A sociological study, being an attempt to set out the nature and fundamental laws of social life. London, 1917.

426

III. 沟通与互动

A. 情绪与情绪性表达

（1）James, William. *The Principles of Psychology*. Vol. II, chap. xxv. New York, 1896.

（2）Dewey, John. "The Theory of Emotion," *Psychological Review*, I(1894), 553—69; II(1895), 13—32.

（3）Wundt, Wilhelm. *Grundzüge der physiologischen Psychologie*. 3 Vols. 6th ed. Leipzig, 1908—11.

（4）Ribot, T. *The Psychology of the Emotions*. London and New York, 1898.

（5）Darwin, Charles. *The Expression of the Emotions in Man and Animals*. London and New York, 1873.

（6）Rudolph, Heinrich. *DerAusdruck der Gemütsbewegungen des Menschen dargestellt und erklärt auf Grund der Urformen-und der Gesetze des Ausdrucks und der Erregungen*. Dresden, 1903.

（7）Piderit, T. *Mimik und Physiognomik*. Rev. ed. Detmold, 1886.

（8）Cannon, Walter B. *Bodily Changes in Pain, Hunger, Fear, and Rage*. An account of recent researches into the function of emotional excitement. New York and London, 1915.

（9）Hirn, Yrjö. *The Origins of Art*. A psychological and sociological, inquiry. London and New York, 1900.

（10）Bergson, H. *Le Rire*. Essai sur la signification du comique. Paris, 1900.

（11）Sully, James. *An Essay on Laughter*. Its forms, its causes, its development, and its value. London and New York, 1902.

（12）Dugas, L. *Psychologie du rire*. Paris, 1902.

（13）Groos, Karl. *The Play of Man*. Translated from the German by Elizabeth L. Baldwin. New York, 1901.

（14）——. *The Play of Animals*. Translated from the German by Elizabeth L. Baldwin. New York, 1898.

（15）Royce, J. *The Spirit of Modern Philosophy*. An essay in the form of lectures. Chap. xii, "Physical Law and Freedom: The World of Description and the World of Appreciation." Boston, 1892.

（16）Bücher, Karl. *Arbeit und Rhythmus*. Leipzig, 1902.

427

（17）Mallery, Garrick. "Sign Language among North American Indians compared with That among Other Peoples and Deaf Mutes." *United States Bureau of American Ethnology. First Annual Report.* Washington，1881.

B. 语言与印刷出版物

（1）Schmoller, Gustav. *Grundriss der allgemeinen Volkswirtschaftslehre.* Chap, ii, 2, "Die psychophysischen Mittel menschlicher Verständigung: Sprache und Schrift." Leipzig，1900.

（2）Lazarus，Moritz. "DasLeben der Seele，" *Geist und Sprache*, Vol. II. Berlin，1878.

（3）Wundt, Wilhelm. "Völkerpsychologie." Eine Untersuchung der Entwicklungsgesetze von Sprache，Mythus，und Sitte. *Die Sprache*, Vol. I. Part i. Leipzig，1900.

（4）Wuttke, Heinrich. *Die deutschen Zeitschriften und die Entstehung der öffentlichen Meinung.* Ein Beitrag zur Geschichte des Zeitungswesens. Leipzig，1875.

（5）Mason，William A. *A History of the Art of Writing.* New York，1920.

（6）Bücher，Carl. *Industrial Evolution.* Translated from the German by S. M. Wickett. Chap. vi, "The Genesis of Journalism." New York，1901.

（7）Dibblee, G. Binney. *The Newspaper.* New York and London，1913.

（8）Payne，George Henry. *History of Journalism in the United States.* New York and London，1920.

（9）Kawabé, Kisaburō. *The Press and Politics in Japan.* A study of the relation between the newspaper and the political development of modern Japan. Chicago，1921.

（10）Münsterberg, Hugo. The Photoplay. A psychological study. New York，1916.

（11）Kingsbury，J. E. The Telephone and Telephone Exchanges. Their invention and development. London and New York，1915.

（12）Borght，R. van der. Das Verkehrswesen. Leipzig，1894.

（13）Mason，O. T. *Primitive Travel and Transportation*. New York，1897.

C. 俚语、行话和论述体系

（1）Farmer，John S. *Slang and Its Analogues Past and Present*. A dictionary，historical and comparative，of the heterodox speech of all classes of society for more than three hundred years. With synonyms in English，French，German，Italian，etc. London，1890—1904.

（2）Sechrist，Frank K. *The Psychology of Unconventional Language*. Worcester，Mass.，1913.

（3）Ware，J. Redding. *Passing English of the Victorian Era*. A dictionary of heterodox English，slang and phrase. New York，1909.

（4）Hotten，John C. *A Dictionary of Modern Slang，Cant，and Vulgar Words*. Used at the present day in the streets of London；the universities of Oxford and Cambridge；the houses of Parliament；the dens of St. Giles；and the palaces of St. James. Preceded by a history of cant and vulgar language；with glossaries of two secret languages，spoken by the wandering tribes of London，the costermongers，and the patterers. London，1859.

（5）——. *The Slang Dictionary*. Etymological，historical，and anecdotal. New York，1898.

（6）Farmer，John S. *The Public School Word-Book*. A contribution to a historical glossary of words，phrases，and turns of expression，obsolete and in present use，peculiar to our great public schools，together with some that have been or are modish at the universities. London，1900.

（7）*A New Dictionary of the Terms Ancient and Modern of the Canting Crew*. In its several tribes of gypsies，beggars，thieves，cheats，etc.，with an addition of some proverbs，phrases，and figurative speeches, etc. London, 1690. Reprinted, 19—.

(8) Kluge, F. *Rotwelsch*. Quellen und Wortschatz der Gauner-sprache und der verwandten Geheimsprachen. Strassburg, 1901.

(9) Barrère, Albert, and Leland, C. G., editors. *A Dictionary of Slang, Jargon, and Cant*. Embracing English, American, and Anglo-Indian slang, pidgin English, gypsies' jargon, and other irregular phraseology. 2 vols. London, 1897.

(10) Villatte, Césaire. *Parisismen*. Alphabetisch geordnete Sammlung der eigenartigen Ausdrucksweisen des Pariser Argot. Ein Supplement zu allen französisch-deutschen Wörterbüchern. Berlin, 1899.

(11) Delesalle, Georges. *Dictionnaire argot-français et français-argot*. Nouvelle Edition. Paris, 1899.

(12) Villon, François. *Le jargon et jobelin de François Villon, suivi du jargon an théatre*. Paris, 1888.

(13) Săineanu, *Lazar. L'Argot ancien* (1455—1850). Ses éléments constitutifs, ses rapports avec les langues secrètes de l'Europe méridionale et l'argot moderne, avec un appendice sur l'argot juge par Victor Hugo et Balzac; par Lazare Sainéan, pseud. Paris, 1907.

(14) Dauzat, Albert. *Les argots des métiers franco-provençaux*. Paris, 1917.

(15) Leland, Charles G. *The English Gypsies and Their Languages*. 4th ed. New York, 1893.

(16) *Dictionnaire des termes militaires et de l'argot poilu*. Paris, 1916.

(17) Empey, Arthur Guy. *Over the Top*. By an American soldier who went, Arthur Guy Empey, machine gunner, serving in France; together with Tommy's dictionary of the trenches. New York and London, 1917.

(18) Smith, L. N. *Lingo of No Man's Land; or, War Time*

Lexicon. Compiled bySergt. Lorenzo N. Smith. Chicago，1918.

（19）Săineanu，Lazar. *L'Argot des tranchées*. D'après les lettres des poilus et les journaux du front. Paris，1915.

（20）Horn，Paul. *Die deutsche Soldatensprache*. Giessen，1905.

IV. 模仿和暗示

A. 模仿

（1）Bagehot，Walter. *Physics and Politics；or，Thoughts on the Application of the Principles of "Natural Selection" and "Inheritance" to Political Society*. New York，1873.

（2）Tarde，Gabriel. *The Laws of Imitation*. Translated from the 2d. French ed. by Elsie Clews Parsons. New York，1903.

（3）Baldwin，James M. *Mental Development in the Child and the Race*. Methods and processes. 3d. rev. ed. New York，1906.

（4）——. *Social and Ethical Interpretations in Mental Development*. A study in social psychology. 4th ed. New York，1906.

（5）Royce，Josiah. *Outlines of Psychology*. An elementary treatise with some practical applications. New York，1903.

（6）Henderson，Ernest N. *A Text-Book in the Principles of Education*. Chap. xi，"Imitation." New York，1910.

（7）Thorndike，E. L. *Educational Psychology*. Vol. I.，The Original Nature of Man. Chap. viii，pp.108—22. New York，1913.

（8）Hughes，Henry. *DieMimik des Menschen auf Grund voluntarischer Psychologie*. Frankfurt a. M.，1900.

（9）Park，Robert E. *Masse undPublikum*. Eine methodologische und soziologische Untersuchung. Chap. ii，"Der soziologische Prozess," describes the historical development of the conception of imitation in its relation to sympathy and mimicry in the writings of Hume，Butler，and Dugald Stewart. Bern，1904.

（10）Smith，Adam. *The Theory of Moral Sentiments*. To which

is added a dissertation on the origin of languages. London，1892.

（11）Ribot，T. *The Psychology of the Emotions*. Part II，chap. iv，"Sympathy and the Tender Emotions," pp. 230—38. Translated from the French，2d ed. London，1911.

（12）Dewey，John. "Imitation in Education," *Cyclopedia of Education*，III，389—90.

（13）Him，Yrjö. *The Origins of Art*. A psychological and sociological inquiry. Chap.vi，"Social Expression." London and New York，1900.

B. 暗示

（1）Moll，Albert. *Hypnotism*. Including a study of the chief points of psychotherapeutics and occultism. Translated from the 4th enl. ed. by A. F. Hopkirk. London and New York，1909.

（2）Binet，A.，and Féré，Ch. *Animal Magnetism*. New York，1892.

（3）Janet，Pierre.*L'Automisme psychologique*. Essai de psychologie expérimental sur les formes inférieures de l'activité humaine. Paris，1889.

（4）Bernheim，H. *Hypnotisme*，*Suggestion*，*Psychothérapie*. Paris，1891.

（5）Richet，Ch.*Experimentelle Studien auf dem Gebiete der Gedankenübertragung und des sogenannten Hellsehens*. Deutsch von Frhrn. von Schrenck-Notzing. Stuttgart，1891.

（6）Pfungst，Oskar. *Clever Hans（The Horse of Mr. von Osten）*. A contribution to experimental animal and human psychology. New York，1911.［Bibliography.］

（7）Hansen，F. C. C.，and Lehmann，A. *Über unwillkürliches Flüstern*. Philosophische Studien，Leipzig，XI(1895)，471—530.

（8）Féré，Ch. *Sensation et mouvement*. Chap，xix，pp.120—24. Paris，1887.

（9）Sidis，Boris. *The Psychology of Suggestion*. A research into

430

the subconscious nature of man and society. New York，1898.

（10）Bechterew，W. v. *Die Bedeutung der Suggestion im Sozialen Leben*. Grenzfragen des Nerven- und Seelenlebens. Wiesbaden，1905.

（11）Stoll，Otto. *Suggestion und Hypnotismus in der Völkerpsychologie*. Leipzig，1904.

（12）Binet，Alfred. *La Suggestibilité*. Paris，1900.

（13）Münsterberg，Hugo. *Psychotherapy*. Chap. v，"Suggestion and Hypnotism，" pp.85—124. New York，1909.

（14）Cooley，Charles. *Human Nature and the Social Order*. Chap. ii. New York，1902.

431　（15）Gulick，Sidney. *The American Japanese Problem*. A study of the racial relations of the East and the West. pp.118—68. New York，1914.

（16）Fishberg，Maurice. *The Jews*. A study of race and environment. London and New York，1911.

主题相关的论题

1. 社会互动概念的历史。
2. 相互作用与原子理论。
3. 互动与社会意识。
4. 互动与自我意识。
5. 宗教与社会意识。
6. 公共宣传与社会意识。
7. 互动与群体的界限。
8. 感觉与沟通：触觉、味觉、视觉和听觉在社会互动中的作用。
9. 作为一种沟通形式的面部表情。
10. 笑、脸红与自我意识。
11. 手势的社会学。

12. 微妙的互动形式:"读心术"、"思维传送"。

13. 友好关系,亲密交往中相互影响的研究。

14. 作为一种社会学理论的模仿史。

15. 作为集体行为之一种解释的暗示。

16. 亚当·斯密关于同情与道德判断之间关系的理论。

17. 兴趣、注意力和模仿。

18. 模仿与欣赏。

19. 印刷与出版的历史。

20. 交流的现代扩展:电话、电报、广播、电影、流行音乐。

21. 从次级沟通设备对次级社群的一种解释。

22. 格雷汉姆·华莱士关于次级社群中社会遗传问题的构想。

讨论问题

1. 你认为龚普罗维奇的"自然过程"是什么意思?

2. 你认为"自然过程"这个概念适用于社会吗?

3. 龚普罗维奇的社会要素互动原则有效吗?

4. 你如何理解齐美尔所说的社会是什么意思?社会化呢? 432

5. 你是否同意齐美尔的观点,"就它们自身来说,这些充满生活的材料,这些激励它的动机,本质上并不是社会性的"?

6. 按照齐美尔的观点,互动以什么方式及时维持了群体的机制?

7. 你如何理解齐美尔对欣赏和理解两种态度的区分?

8. 解释"基于相互一瞥的个体互动可能是现存的最直接和最纯粹的相互作用"。

9. 解释为了避免他人目光而向下看这种行为的社会学。

10. 齐美尔区分了盲人和聋哑人对他人做反应的差别,这种区分以什么方式解释了农村和大城市在社会生活上的差别?

11. 情感在什么意义上是表达性的?它们对什么人有表现力?

12. 情感表达与沟通之间是什么关系?

13. 你为什么会说达尔文的表述："脸红是所有表达中最奇特和最人性的"？

14. 独处的人会脸红吗？

15. 在你看来，脸红与互动和沟通有什么关系？

16. 在社会生活中，脸红和大笑的功能有什么区别？

17. 同情在什么意义上是"笑的法则"？

18. 什么决定了笑的对象？

19. 对社会控制中的笑与嘲弄有什么社会学解释？

20. 动物的相互交流和人的语言有什么相似性与差别？

21. 按照马克斯·穆勒的观点，区分动物和人的标准是什么？

22. 在你看来，语言导致的是态度一致性还是多样性？

23. 解释"语言和构思过程同时发展，而且彼此之间都是必需的"。

24. 作为沟通手段的书写的演化与(a)观念的发展和(b)社会生活是什么关系？

433   25. 由(a)仅通过表达符号，(b)语言，(c)书写，(d)印刷开展的沟通在功能上有什么区别？

26. 公共宣传的演化如何展示出人类发明对沟通的扩展？

27. 涉及初级和次级联系的沟通以什么方式得到扩展？

28. 交流的增长对个性的发展是有利还是不利？

29. 你如何界定模仿？

30. 注意力和兴趣与模仿机制是什么关系？

31. 模仿与学习是什么关系？

32. 模仿与里博区分的同感三阶段是什么关系？

33. 你对斯密的同情定义作何理解？它与里博的定义有什么区别？

34. 在什么情况下，观察者产生的情感可能和观察对象的情感类似？什么时候可能会不同？

35. 同情在什么意义上成为对一个人或一项行为进行道德判断的基础？

36. 你对"内在模仿"的理解是什么？

37. 模仿对于艺术欣赏的意义是什么？

38. 你如何理解"欣赏"一词？区分"欣赏"和"理解"。（比较西恩和齐美尔的区分）

39. 暗示的本质以什么为基础？你如何界定暗示？

40. 你如何理解别赫捷列夫对主动感知和被动感知的区分？

41. 我们为什么可以说暗示是一种精神上的下意识行为？

42. 把暗示比喻为传染或接种有多真实？

43. 你对个人意识和普遍意识的区分有何理解？

44. 注意力在决定暗示的性质上有何意义？

45. 友好关系与暗示有什么关系？

46. 你如何区分暗示与其他形式的刺激和反应？

47. 暗示是个体心理学术语还是社会心理学术语？

48. "机灵汉斯"的例子对于解释所谓的心灵感应和肌肉理解有何意义？　434

49. 你会说，正常生活中微妙暗示的形式有多广泛？你能给出什么例证吗？

50. 在群众活动中，社会传染的作用是什么？

51. 你如何理解别赫捷列夫所说的"融合的心理过程"，"精神凝聚力"，等等？

52. 历史上的重要人物"在他们自身之中体现群众的情感和愿望"，这句话是什么意思？

53. 按你的判断，暗示和模仿的区分标准是什么？

54. 你如何理解作为互动机制的模仿和暗示这种说法的意义？

第七章　社　会　力　量

I. 引　　言

1. 社会力量概念的起源

互动概念是离普通经验如此遥远的一种抽象,以至于它似乎只出现在科学家和哲学家那里。而在物质本质和社会表现背后的力量理念,则是一个从普通人的经验中自然产生的概念。历史学家、社会改革者和社区生活的学者已经用常识性语言来使用这个术语,去描述社会状况之中他们已经识别出,但并不尝试去描述或界定的因素。社会改革运动常常遇到意料之外的障碍。公共福利计划遭遇公共对抗而不是大众支持,这也并不少见。缺乏成功已经引起对原因的探寻,同时,调查已经揭示出,对改革的阻碍和帮助体现在有影响力的人物之中:"政治大佬"、"工会领袖"、"地方大亨",以及像政党组织、工会、商业协会这样的实力群体。社会控制显示出是内在的——不是在作为个体的个人之中,而是在作为社区与社会群体成员的个人之中。坦白承认这些人和群体的作用,促使大众作家在社会、政治和经济主题上给予他们客观的称谓,即"社会力量"。

一位学者给他生活过的一个小社区里的社会力量做了以下粗浅但具有启发性的分析:"社区俱乐部"、"戴维森派"和"琼斯派"(这两个大的家族群体有强烈的敌意,并分裂了乡村生活);社区的卫理公会教会;长老会教会群体(没有教堂);图书馆;两个什么饮料都卖的软饮料商店;每天的火车;电影放映室;舞厅;一个赌博团伙;性吸引；流言蜚语；"运动"的冲动；变得"体面"的冲动。

"结果，"他说，"就是一场我们现代文明的耻辱，这是我见过的最糟糕的社区之一。"

社区研究最重要的类型是社会调查，其历史要早于它目前的发展。调查运动从 1085 年征服者威廉（William the Conqueror）的"末日审判调查"①到最近卡内基公司的"美国化方法调查"，其基础都是对社区及其构成群体的相互关系或含蓄或明确的认识。"末日审判调查"尽管是为了财政和政治目的，但也描绘了英国作为由孤立地方单元构成的组织的图景，诺曼征服者首先要求的是更紧密的团结。罗素赛奇基金会已经引人注目地强调社区生活背景下的社会问题研究与社会制度研究；"卡内基美国化方法研究"②里不同部门的中心主题是移民参与我们民族生活与文化生活的特征与程度。总之，调查不管是无意还是有意，都倾向于深深渗透到表面的观察之中，以便发现社会群体与制度的相互关系，揭示作为**社会力量聚集体**的社区生活。

2. 社会力量概念的历史

社会力量概念具有不同于互动概念的历史，正是在历史学家而不是社会学家的著作里，这个术语首次得到流传。历史学家在他们对人与事件的描述和解释中，识别出明确的动机或倾向，从而赋予事件的单纯时间序列以一种它们所不具备的重要性。历史学家把这些倾向称为"社会力量"。

从改革者的观点和目的来看，社会力量体现在制度之中。就历

①　诺曼征服之后，征服者威廉为了在英国树立权威，便于征税，于 1085 年开展全国土地调查，1086 年完成。由于调查项目事无巨细，人民面对清查就像面对末日审判一样无处可逃，所以当时又将其称为"末日审判调查"，最终成果是《末日审判书》（Domesday Book），又称《大调查》（The Great Survey），也被视为英国历史上第一次全国普查。——译者注

②　由卡内基公司在 1918 年发起的一项关于移民如何融入美国社会的研究，全称"本土及国外出生者融合的美国化方法研究"，其研究结果提交给联邦归化及教育局，成为发展移民政策的第一步。——译者注

史学家的目的来说,它们仅仅是一种倾向,被结合起来界定历史变迁的普遍趋势。逻辑动机——这在任何地方都指引科学规划其构想——在这里揭示了其最单纯和基础的形式。自然科学不可避免地追求通过过程来描述变迁,也就是说,从趋势的相互作用来描述。这些倾向就是科学所称的力量。

437　　　但是,为了充分地描述,不仅有必要从力量的相互作用来设想变迁,还要把这些力量视为某种客观的体现,就像社会力量被设想为体现在制度、组织和人之中。社会力量似乎驻足的这些事物并不是任何真实意义或形而上学意义上的力量,就像物理学家告诉我们的,它们仅仅是能够使我们设想变迁方向和测量变迁强度的参照点。

　　　在任何明确的情况下,制度与社会组织可以被视为社会力量,但是它们不是终极的也不是基础的力量。人们必须进一步分析社群的情况,以发现事实上制度和组织可以进一步分解为更小的因素和派别,直到我们触及单个男女。一般意义上来说,个体很明显是每个社群或社会组织的最终要素。

　　　社会学家已经做了更进一步的分析,他们试图用两个事实来解决问题:(1)同一个体可以同时是不同社团、社区和社会群体的成员;(2)在某些环境下,他作为一个群体成员的利益可能与作为另一个群体成员的利益相冲突。所以,不同社会群体之间的冲突将反映在个体自身的心灵与道德冲突之中。进而,如我们经常说的,在不同时间和地点的个体显然"并不是同一个人"。情绪和双重人格现象仅在这个方面具有社会学意义。

　　　从所有这一切看,显然个体在社会学意义上并不是基础性的。正是由于这个原因,社会学家在探寻社会学要素时,不是在个体之中,而在个体的欲望、渴求、愿望等这些驱使他去行动的人类动机之中来着手。

3. 文献分类

本章的阅读材料按照社会力量概念发展的自然次序来安排。它们首先被历史学家认为是趋势和倾向。然后在通俗的社会学中,通过重要的社会对象来确认社会力量,在这些对象中体现出了所考虑的情境因素。这是朝着界定基础社会力量的方向迈出的一步。随后,利益、情感和态度等术语使它们出现在经济学、社会心理学和社会学的文献里。最后,首先被社会学家以"渴求"之名进行了含糊理解,随后在精神分析学的运用中获得了更充分描述和界定的"愿望"概念被 W. I. 托马斯(W. I. Thomas)[1]以"四种愿望"为题重新引入社会学。这个简短的叙述足以表明,是什么动机决定了"社会力量"称谓所包含的文献的次序。

在刚才列举的社会力量的清单里,出于社会学的目的,态度是基础性的。这是因为,它们作为行动倾向,具有表现力和可传播性,它们以我们能客观理解的唯一形式即行为来呈现人类动机。人类的动机只有在具有可传播性并得到传播的时候才能变成社会力量,因为就社会学而言,态度具有这种基础特征,在试图界定它与愿望和情感之间的关系之前,界定"态度"这一术语是可取的。

（a）**界定社会要素**。——态度是什么？态度不是本能,不是欲望,不是习惯,因为这些涉及的是特定的行为倾向,它们制约态度而不是界定态度。态度同样也不是情感或情绪,尽管态度总是具有情感色彩,并经常得到情绪的支持。意见不是态度,意见是一种陈述,用来对现存态度或偏好进行证明或使之可以理解。愿望是通过关注对象、人或行为模式而固定下来的传承性趋势或本能,它的目标具备了价值特征。态度则是人对整体状况做出积极或消极反应的倾向。因此,可以把态度定义为对人的意志的调动。

态度与它们回应的局面一样,也是多种多样的。这当然不是去否认本能、欲望、习惯、情感、情绪、意见和渴望都与态度有关。态度是参照一定的情况来对愿望进行调动和组织。在特定形势下,我的愿望可能是非常积极明确的,但也可能是摇摆不定的。另一方面,在没有较多牵涉我的愿望的情境下,可以清楚界定我的态度。与

---

① 威廉·伊萨克·托马斯(William Isaac Thomas, 1863—1947),美国社会学家,芝加哥学派代表人物。——译者注

"实用的"态度和情绪性态度不同,所谓的学术态度的特征就是,个体在这种态度影响下,寻求强调情境中的所有因素,从而符合情境,并经常弱化行动意志。愿望作为组成部分出现在态度中。在不同时代,有多少多变的、不明确的和矛盾的愿望可能成为,并已经成为决定了个体与国家针对战争与和平事务的态度和情感的愿望呢?我们可以假设,基本的愿望在所有情境中都是相同的。但个体愿望所表达的态度和情感并不仅仅取决于这些愿望,还取决于情境中的其他因素,比如其他人的愿望。渴望得到承认是人性之中一个永恒与普遍的特征,但是在自我中心主义人格下,这种愿望可能会体现为过度谦恭或狂妄吹嘘的形式。愿望是一样的,但表达的态度却是不同的。

作为**社会学分析**基础的态度,可以通过**心理学分析**将其分解成更小的因素,于是我们可以(假如我们选择的话)认为,态度是我们称之为愿望的较小组成部分的聚合。事实上,精神分析对我们关于人类行为的知识最大的贡献之一就是,它已经能展示出,态度可以分解为更为基础的组成部分,而且这些成分就像态度一样,涉及它们自身的互动过程。换句话说,在态度的构成要素里存在着组织、张力和变迁,这在一定程度上解释了它们的易变性。

(b) **作为行为模式的态度**。——假如可以说态度在社会学分析里起的作用就像元素在化学分析里的作用,那么愿望的作用可以类比于电子。

最清楚的思考态度的方式就是行为模式或者行为单元。两种最基础的行为模式是接近倾向和退出倾向。把这些模式转化成单个有机体的术语,就是扩展与收缩的趋势。当自我扩展到包含其他的自我时——就像志同道合与友谊之类的情况,就出现了自我感向整个群体的延伸,在随后建立起来的融洽中,自我意识进入了群体意识。在这种扩张运动中,个体特征处于集体兴奋的影响下,个体被淹没在大众之中。

另一方面,在其他人退缩或后退的运动中——其特征是恐惧和窘迫,产生了自我意识的增强。从其他人的自我中识别某人的自我,在与他人精神联合的狂喜中迷失自我,这种倾向本质上是一种

440

430

走向联系的运动;而区分某人的自我、导向一种脱离他人的自给自足式生存的倾向,明显是一种导致孤立的运动。

个体和群体行为最简单与最基础的类型体现在这些接近或者退出一个目标的对立倾向之中。假如不把这两种倾向视为无关的,而是把它们视为对同一情境的相互冲突的反应——接近倾向在这里被退却倾向改变和复杂化——那我们就触及了**社会距离**现象。存在接近趋势,但不会太近。存在兴趣感和 A 对 B 的同情,但是只有当 B 保持某种距离时才行。所以,南方各州的黑人"在他们的地方正好",北方的慈善家对黑人进步有兴趣,但只想他们仍然待在南方。至少他不会想要黑人当邻居。南方的白人喜欢作为个体的黑人,但是他不愿意平等对待黑人,北方的白人愿意平等对待黑人,但是又不想他们离得太近。两种情况下的愿望本质上是一样的,但态度不一样。

如此明目张胆地展示在种族偏见现实里的对立倾向之间的调和,并不局限于黑人和白人的关系。同样的机制涉及所有的依附、排斥、隐私、社会距离和保留,我们通过巧妙的禁忌设置和社会仪式,到处寻求维持与捍卫这些机制。在引发竞争或冲突倾向的情境下,随之而来的态度很可能就是一种调和——其中已经被描述为距离的东西是决定性的因素。当一种调和采用 A 主导而 B 屈服的形式,最初的接近与退却倾向被转化为统属与从属的态度,假如从横向距离来考虑原始的扩展与收敛态度,那么优越与自卑的态度就可以在垂直平面上绘制成如下图解: 441

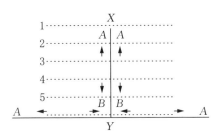

图 4:A＝接近倾向;B＝退却倾向;
1、2、3、4＝界定调和层级的距离;X＝统属;Y＝从属

态度的这种两极概念——其中按照扩张和收缩、接近与退却、吸引与厌恶、支配与屈服等活动来设想态度——可以用于情绪的分析。

如麦克杜格尔(McDougall)所定义的,一种情绪就是以某些对象的观念为中心的一种情感倾向的组织体系。然而,情感具有极性,这是其明显而突出的特征之一。爱与恨、喜欢与厌恶、依恋与背弃、自尊与谦逊,都具有这种极性,因为每一对情感和态度都代表着愿望的相同成分的不同聚合。

情感和态度的一个突出特征就是内在的紧张性与随之而来的变化倾向,爱变成恨,或者厌恶转变成喜爱,或者谦逊被自尊替代。这种易变性可以用刚才提到的事实来解释,即情感-态度是围绕着一个人或对象组织起来的愿望和欲望的结合体。在这个结合体里,一种动机——比如爱——只在一段时间是主导性成分,在这种情况下,趋于激发排斥、敌意和厌恶的成分在这一刻是被抑制住的。随着形势的变化——比如距离的变化——这些被抑制的成分得以释放,并获得控制权,把体系转向对立的情绪,如仇恨。

(c) **态度与愿望**。——按照普遍的设想,愿望和它们指向的对象或价值一样多。由于具有正面和负面的价值,所以就有正面与负面的愿望。弗洛伊德心理学派的推断已经尝试把所有的愿望都简化为一个愿望,"利比多"。在这种情况下,愿望如我们对它们的认识以及它们在我们意识里的呈现,被认为是一种渴望的衍生物,或者说得更好一些,是这种渴望的详细表述。当一种愿望指向这种或那种对象的时候,它就给了对象一种价值,而这种对象把自己的名字赋予愿望。以这种方式,一种愿望就变成了很多愿望。

然而,科学需要的不是一种愿望起源的理论,而是基于根本自然差异的分类;在解释人类行为时,这些差异是必需的。托马斯的四重分类满足了这个目的。对安全的愿望、对新体验的愿望、对回应的愿望以及对承认的愿望是人类永久的和基本上无意识的动机,这些动机体现在很多不断变化的具体且自觉的愿望中。由于愿望体现为特定的行为形式,也可以在空间上将其视为接近或远离它们特定对象的倾向。对安全的愿望可能表现为位置，即仅仅是不移动；对新体验的愿望可能表现为最大可能的活动自由和位置的不断改变；对回应的愿望表现为联系点的数量和密切程度；对承认的愿望表现为在统属与从属的垂直方向上期望或达到的水平。

对于社会研究来说，分类的基本价值在于，一个类别的愿望事实上不可能被另一个类别的愿望替代，对回应和喜爱的欲求不可能用名声和承认或者其中之一来满足。健全的个体是四种渴望都以某些形式得以实现的个体。任何社会或联合体的安全和持久依靠的是它允许作为其成员的个体实现他们基本渴望的程度，躁动的个体是即使在梦中也没有实现其愿望的个体。443

这说明了分类在社会科学上的意义。正如我们所知道的，人性与人格为确保其健康的成长，需要安全、新体验、回应和承认。在所有种族和所有的时代，这些人性的基本渴望已经体现出来了，表达和固定愿望的特定模式依赖于人的某些特殊体验，受到原始本性中个体差异的影响，并且受到其群体的习俗、道德、惯例和文化的限制。

II. 文　　选

A. 倾向、趋势与公共舆论

1. 美国历史上的社会力量①

政治斗争立足于经济利益，今天很少有社会学者对此提出争议。本书已经尝试去追溯在每个社会阶段产生和斗争的各种各样的利益，并确定这些相互竞争的利益在社会制度的创造中产生的影响。

每个政党的背后总是站立着一个期望通过政党活动和成功而获利的集团或阶级，任何政党获得权力，正是因为它试图根据其利

---

① A. M. Simons，in the Preface to *Social Forces in American History*，pp. vii—viii.（Published by The Macmillan Co.，1912. Reprinted by permission.）

益去建立制度或改变现实。

社会工业基础——发明、新的工序、生产与分配商品的组合与方法——的改变创造出新的利益,并用新社会阶级代表它们。生产技术上的这些改进就是带来我们所称的社会进步的动力要素。

在这项工作里,我试图从社会进步的每条路线的起源开始。首444 先力求描述机械进步的步骤,然后是通过机器变迁而凸显出来的社会阶级,接着是这些新阶级试图获得社会权力的斗争,最后是作为斗争的结果,或由于新阶级的胜利,而被创造出来的制度或者对现存制度的改造。

对我来说,这些潜在的社会力量似乎比被迫面对这些斗争过程的个体,甚至比为了记录冲突结果而制定的法律更为重要。总之,我尝试描述历史的动力而不是记录既成事实,去回答这样的问题:为什么会发生? 以及发生了什么?

对原因的调查显然是比记录既成事实更重大的任务。要判断原因,必然要花大量时间来研究"原始文件"——报纸、杂志,每个时期的文学小册子。在这些文件而不是国家的"陈腐文件"中,我们发现历史正在形成。在这里,我们可以看到利益在形成法律和制度之前的交锋。

2. 作为社会力量的社会倾向①

18世纪的哲学认为,社会研究中要考虑的最重要的事情是外在本质,而不是社会本身。社会中的伟大力量对于社会来说是外来的。但是按照我们时代的哲学,社会中起作用的主要力量确实是社会力量,也就是说,它们是社会自身固有的。

让我们简要考察一下起作用的社会力量,财富所有权的集中或扩散。假如真的有一种财富的集中,富人必然变得更富,财富被传递到越来越少的人手中,那就有充分的理由相信,那些坚持每个生

---

① Richard T. Ely, *Evolution of Industrial Society*, pp.456—84.(Published by The Macmillan Co., 1903. Reprinted by permission.)

产领域迟早必定被垄断者控制这一事实的人是对的。另一方面,假如我们发现使财富分散的力量占据主导,我们就可以相信,社会完全有可能控制生产力量。

（a）财富集中方向上运作的力量：(1)土地的自然增值——特别是在城市里——毫无疑问是一种真实的力量;(2)信托活动至少在其较早阶段是在财富集中方向上运作;(3)在第三个领域,战争不论何时来临,都会把财富带给少数人而不是多数人;(4)利用多种信托工具提及的一种或另一种确保长子继承权与限定继承权的安排;(5)另一种集中财富所有权的力量可以被称为经济惯性。根据惯性原理,力量会持续运作,直到受到其他与之联系的力量的抑制。

（b）财富分散方向上运作的力量——(1)大体上来说,教育应该是首先被提及的力量;(2)其次,必须提及公共对社团的控制;(3)税收改变是这里列举的第三项力量;(4)接下来提及的是财富信托观念的发展;(5)利润分成和协作:(6)下一个是稳定的通货;(7)公共设施的公共所有权是一种更深远的力量;(8)劳工组织;(9)专门顾及社群里工薪族与经济弱势群体利益的制度;(10)储蓄机构与保险。

3. 公共意见:英国的思想与立法学派①

19 世纪就已经存在于英格兰的公共立法意见呈现出一些值得注意的方面或特征。为了方便认识它们,可以放到五个主题下:在任何特定时期存在的主导性公共意见;这些意见的起源;它们的发展与延续;现存的反对意见对这些意见的抑制;作为立法意见创造者的法律本身的行动。

首先,在任何特定的时代,都存在一套信仰、信念、情感、公认的原则或根深蒂固的偏见,它们在一起形成了特定时代的公共意见,

---

① A. V. Dicey, *Law and Public Opinion in England*，pp.19—41.(Published by The Macmillan Co., 1905. Reprinted by permission.)

446 或者我们所称的支配性或主导性意见。而且,正如在最近三四个世纪里——特别是 19 世纪——所关注的,这种主导性意见的影响已经——在英国,假如我们宽泛地看待这事——直接或间接地决定了立法进程。

其次,影响法律发展的意见往往——至少在现代英国——是起源于某些单个思想家或者思想家流派。无疑有时会把盛行的信仰或意见说成是"存在于空气中",这种表达意味着一种看待事物的特殊方式已经成为全世界所共有的。但是,尽管一种信仰(在它盛行的时候)可能最终被整整一代人接纳,但很少有一种广泛传播的信念能在大众中同时生长。有人说过:"所有智慧或高尚的事物都源于个人,一般首先是从某个人开始。"对此应该加一句,新的蠢行或新形式的卑鄙必定源自个体或者某个个体。与群众相比,个体的特殊性既不在于美德也不在于邪恶,而在于独创性。把所有善行归功于少数人,却不把起码是由于人类最稀有的品质即创造性导致的罪恶归咎于他们,这是毫无根据的。

至少在英国,事件的进程常常是这样描述的:一种新的,并且——让我们假设——真实的想法出现在某个有原创性或天才的人面前;新概念的发现者,或者某些热切信奉它的追随者向朋友或门徒宣讲,他们反过来对概念的重要性和真实性留下印象,并且一整个学派逐步接受了新的信条。这些新信念的使徒既是被赋予特殊能力的人,同时也是(这完全可能)由于特殊的地位而摆脱偏见(不论道德上,还是知识上),并支持盛行错误的人。终于,真理的传道者直接给普通大众或某些卓越的人形成一种印象,说明一位主要的政治家位于给普通人留下印象的位置上,并赢得国家的支持。然而要成功使人们形成新的信仰——宗教的、经济的或政治的,很少

447 依赖于捍卫该信仰的思辨强度,而取决于其追随者的热情。信仰的改变主要是由于出现了某些情况,使世界上大多数人去倾听有好感的理论,而这些理论一度被有常识的人嘲笑为荒谬和自相矛盾。比如英格兰的自由贸易理论在半个世纪里被视为无懈可击的经济政策信条,但即使是一位愚蠢无知的历史学家也能想象得到,人民会

凭直观的良好判断力发现贸易保护的谬误,甚至人民良好判断力的存在都比政治虚构要靠谱。就英国人而言,自由贸易的原则可以看作是亚当·斯密的教义,从事物的本质来说,对其有利的原因从来没有、将来也不会被大多数人掌握。对商业自由的辩解总是给人一种自相矛盾的气氛,每个人都感到或认为保护政策会有利于他的商业,却很难认识到对任何个人可能是好处的东西,对于整体来说却没有好处。如自由贸易者们设想的,对自由贸易的反对意见可能得到满足,但满足这些反对意见的原因往往是复杂微妙的,不能说服公众。认为对贸易自由——或其他任何教条——的信仰仅仅通过思辨的力量就能赢得大多数皈依者,这是毫无根据的。事情的过程大不一样,自由贸易理论逐渐得到具有特殊洞察力的政治家的赞成,并使这种新的经济宗教争取到一个又一个的智者。科布登(Cobden)①和布赖特(Bright)②最后变成了这种并非他们发现的真理的强力鼓吹者。这一论断丝毫无损于这些杰出人士的声誉。他们赞美公众领袖的适当作用;通过精神上的天才和把握良机,他们最大限度地利用了机会,他们赢得了英国人民对真理的接受,这些真理在除了英国以外的很多国家都不被欢迎。这很大程度上是由于恰逢其时。保护政策戴上了最有防御力的面具——当它可能被面包税暴露出来,并且可能(没有显著的不公)被描述成饥饿与饥荒的根源之时。此外,谷物税本身不得人心对于保护性关税来说几乎是致命的,因为通过关税保护获利的阶级相对较小,而由于高价面包而受苦以及从自由贸易中获利的阶级却较大,而且由于已经获得太多,这些人一定会取得更多的政治权力。此外,爱尔兰饥荒使谷物法的搁置成为必然。所以,很容易就能明白,在英国决定废除贸易保护这个问题上,外部环境——几乎可以说是由于偶然状况——

448

---

① 理查德·科布登(Richard Cobden,1804—1865 年),英国政治家,英国自由贸易政策的主要推动者,被称为"自由贸易之使徒"(Apostle of Free Trade),促成英国国会在 1846 年废除谷物法。——译者注
② 约翰·布莱特(John Bright,1811—1889),英国激进派政治家,工厂主出身,与科布登一起主张废除谷物法,推行自由贸易政策,曾任格莱斯顿内阁贸易大臣。——译者注

起了多么重要的作用。学者应该进一步注意到，在自由贸易变成英国政策的既定原则之后，大多数英国人接受它主要是由于权威，既非地主也非农民的那些人很容易就能意识到谷物税刺眼的罪恶，但是他们和他们的首领受反对贸易保护争论的影响，要小于工匠和劳工受面包降价直接和显而易见的好处的影响。然而，与大多数英国人相比，最该考虑的是"商业应该是自由的"这种学说的协调一致，以及怀疑国家介入的好处——这在 1846 年已经在不止一代人里占据了优势。

确实不可能过分强硬地认为，虽然舆论控制着立法，但舆论本身远远不是推论或争论的结果，而是人类所处环境的结果。在1783—1861 年间，黑人奴隶制在美国北方各州被废除——几乎可以说是不复存在。而在南方，保持奴隶制发展成为一种固定的政策，在脱离联邦的战争之前，这种特殊的制度已经变成社会体系的基石，但是宗教信仰——除了奴隶制的存在——以及全美通行的政治制度都是一样的。北方对奴隶制的谴责和南方对奴隶制的辩护必定都可以归结为环境的差异。奴隶劳动在马萨诸塞、佛蒙特或纽约明显是不合适的，在南卡罗来纳它似乎——即使在现实中并不是——在经济上有利可图。一项与北方各州的社会状况完全不匹配的制度却与南部各州的社会状况很协调——或者看上去是协调的。反对这一特殊制度的观点本身在它们得以通行的南部邦联同样很强大，它们说服了马萨诸塞的白人公民，但是没有说服南卡罗来纳的公民。公平地说，信仰和最诚实的信念很大程度上不是争论的结果，甚至也不是直接的利己主义的结果，而是环境的产物。在这种情况下，真实的东西对其他人来说就是好的，没有理由去假设在 1830 年，英国乡绅会不如工厂主爱国，或者没有能力掌控支持或反对议会改革的观点。但是每个人都知道，一般来说，乡村绅士是保守派和改革反对者，而工厂主是激进派与改革者。环境是大多数人意见的创造者。

第三，公共舆论的发展，以及由此而来的立法意见的发展在英国一直都是逐步的、缓慢的和持续性的。缓慢与连续这两种品质可以方便地放在一起考虑,它们之间有紧密关联,但是它们是有区别的,本质上也不一样。

立法上的公共意见在英国普遍变化得出乎意料的慢。亚当·斯密的《国富论》于 1776 年出版,但自由交易政策在 1846 年之前都不被英国完全接受。赞成天主教解放的最强有力的原因是伯克在 1760—1797 年间向英语世界提出的,而罗马天主教救济法令直到 1829 年才得以施行。

改变法律的意见从某种意义上说是法律实际上被修改的时代的意见,在另一个意义上,在英国,这种意见经常会在那个时代来临之前流行二十或三十年,在现实里,这种意见经常不是今天的,而是昨天的。

立法意见必须是当时的意见,因为当法律被修改的时候,这种修改必须由那些相信这种变化是一种修正的立法者使之生效,但是这种立法意见也是昨天的意见,因为在立法机构得到支持并修改法律的信念,已经被那些在法律变化之前就长期施加影响力的思想家或作者创造出来了。所以,很可能在提出一项创新的时候,那些提出对其有利观点的学者已经进坟墓了,或甚至——这是很值得注意的——在思想领域里,已经出现了反对它们在行动和立法领域发挥其全部效力的运动。

在英国,立法是年龄较大的人的工作;领导下院的政治家们,更不用说领导上院的贵族们,很少有不足三十岁的,他们的大多数有四十多岁。他们已经形成或树立了自己的信念,以及更重要的是,形成了他们在成年早期——这是一个人们很容易被新思想打动的时期——的先入之见。所以,英国的立法者保持了他们年轻时获得的偏见或思考方式;而且当他们在晚年参与实际立法时,他们会按照自己成年早期流行的理论来立法——无论是普遍情况下,还是立法者所属的社团里。因此,1850 年的立法者可能使 1830 年的意见生效,1880 年的立法者很可能把 1860 年的信仰,或者吸引了 1830 年的年轻人和 1860 年年轻人的观念印在法令册子上。我们无需惊讶于发现,一种思潮可能在其力量已开始下降的时候对立

450

法产生最大的影响。这一浪潮会在其高点下落,一种主宰立法者的思想流派或者情感在尚不能影响立法的更年轻的一代人那里失去其权威。

第四,当时起支配作用的立法意见从来没有——至少在 19 世纪——施加绝对或专横权威,它的力量总会由于存在与当时流行观点不一致的反对意见而减弱。

451 　在这里,一种反对意见意味着与特定时代主流观点或多或少直接抵触的一堆观点、信仰或情绪。这种逆流通常来自逐步失去对特定一代人——特别是年轻人——的掌控而幸存下来的观念或信念。这种"保守主义"促使人们保留那些对世界大众失去掌控的信念,应该注意的是,在一种宗教或政治信条的拥护者中,也有同样多的其他信条的拥护者。在路易十四统治时期坚持新教教义的任何一个法国人;18 世纪英国忠于其父辈的罗马天主教的任何一个北方乡绅;作为辉格派与自由派思想家里的保守派和高教会派①挺身而出的塞缪尔·约翰逊(Samuel Johnson);格利高里修道院长(Abbé Gregoire)在 1830 年保持着法国国教主教的信仰,而这种主张已经被教会和国家拒绝;詹姆斯·密尔(James Mill)尽管是 1832 年激进哲学的领导人,但自认为是民主进程的先驱,实际上,"他是 18 世纪的最后一人"——这些都是知识和道德保守主义的例子,而且在任何地方——特别是在英国——都已经成为一股强大的力量。过去控制着现在。

反对意见也可能来自开始影响年轻人的新理想,刚刚进入公共生活领域的这代人的希望或梦想破坏着主流信条的活力。

反对意见不论其来源为何,都有一种确定的和可能的效果,确定的效果就是对主流信仰的行动施加的抑制。

第五,法律培育或创造立法意见,这种说法对于已经学会法律是公共意见的产物的人来说,似乎是矛盾的;如果正确理解,它不过是一种不可否认但有时又被忽视的真相。

---

① 英国圣公会的一个教派。——译者注

B. 利益、情绪和态度

1. 社会力量与互动①

一开始,我们就必须警惕一种已经产生了混乱影响的错觉。没有社会力量不是同时对个人施展力量,从个人之中获得力量,并通过个人进行运作的。没有什么社会力量能潜藏在苍穹之中,并且无需其他人的力量就能影响人们。无可否认的是,所有自然状况对人类的影响就和对其他事物的影响一样。到目前为止,这些都不是社会力量,在它们进入人类社会之前,都不可能成为社会力量。而且在这些人当中,它们采用驱使人们去回应其他人的感情形式。因此,人类是把各种自然力量转化为社会力量的炼金士,但是所有被恰当指明的社会力量本质上都是人为的。它们存在于某些人之中,并激发他们对其他人采取行动,它们或者存在于其他人之中,并让自身成为外部刺激,来作用于迟钝的人。在以上任何一种情况下,社会力量都从人到人施加个人影响,并产生满足社团需要的行动。

只要社会力量的概念仅仅是一个日常口头禅,那它就从未受到挑战。当它逐渐变成技术性的表达形式时,怀疑就开始出现了。假如任何美国人在 50 年前质疑过格兰迪太太(Mrs Grundy)②的存在,他会被视为一个无害的自然人而被同情和忽略。社会力量采用谣言的形式,并在格兰迪太太身上被拟人化,这对于每个人来说都是真实的。但是格兰迪太太所代表的特殊社会力量和其他民间传说里无名的社会力量相比,其真实性不会更多也不会更少。人不断地影响他人,这种影响模式多得不可名状,它们是有意的和无意的,偶然的和短暂的,或是刻意的和执着的,它们是传统的和持续性的,个

① Albion W. Small, *General Sociology*, pp. 532—36. (The University of Chicago Press, 1905.)
② 英语文化中极其传统和墨守成规者的代名词,最初是托马斯·莫顿 1798 年的戏剧《加速前进》中一个不露面的角色。——译者注

人习惯或者习俗的结果凝结成为民族或种族的制度。

　　社会力量概念所代表的简单事实是,每个人以无数的方式作用于和他有联系的人,并接受其反作用。这些人与人之间的作用与反作用模式可以分类,其中较为明显和经常发生的类型可以列举出来。更重要的是,这些社会力量的行动可以观察到,观察的结果可以组织成社会的法律。假如我们没有发现社会力量的存在和作用,确实将只有两种选择,一方面,社会科学顶多是自然科学的一个分支,另一方面,剩下的选择就是全部社会科学都成为不可能。

453　　但是社会力量就像化学力量一样可以明显识别。我们对它们不熟悉这一事实不仅不利于它们的存在和重要性,而且还会使人们忽视这种氛围的压力。它们不仅仅是氛围,还是整个道德世界里一个非常大的部分。假如我们能对社会力量做一个完整的描述,我们应该同时——至少在一个关注点上——完成一门涉及人类社会每件事的科学。

　　"所有能够采取行动的存在,都服从那些和欲望挂钩的心智状态。"但是我们已经倒退了一步,超越了欲望,并已经发现,必须假定潜在利益的存在。这些利益必然渴求物质与属性之间的关系,或者说类属与种群之间的关系。我们的利益可能超越或低于我们的知识范围,我们的欲望强烈而清楚,我可能没有在任何深层意义上意识到我在健康上的利益,但是我们的欲望所宣称的渴求是特定的、具体的且真实的。这些我们可能没有很好意识到的含蓄的利益使我们转向欲望,而这些欲望与利益的真实内容可能一致也可能不一致。在所有事件中,正是这些欲望构成了积极的社会力量,不论它们与催生它们的利益是协调还是不协调。人们实际感受到的欲望实际上是我们不得不去估测的基础力量。它们和物质的性质一样真实,它们有自己的能量比率,就好像它们是自然力量一样。它们有其特殊的行动模式,对此可以像各种化学作用模式一样进行确实的阐述。

　　任何人心中的每种欲望都是一种创造或毁灭、增强或削弱他们身处其中的社会结构与功能的力量。人类的欲望是什么,他们彼此的关系如何,他们在不同的环境下有什么特定的变化——这些都是大体上必须通过社会心理学来回答的详细问题,尤其是要通过对每种社会状况的专门分析来回答。在这一点上必须考虑的就是"社会力量"概念具有真实的内容,它代表着现实。存在着社会力量。它们是人类的渴望,它们的能量范围很广,从使个人暂时不满于其群体的流浪狂想,到整个种族共享的近亲情感。社会设置和社会设置理论必须处理的,正是这些微妙的力量。

454

2. 利益①

在过去的一代人里,物理发现之中大量使用"原子"概念。尽管从没有人看到过原子,但在思想史上最密集研究的时期,认为存在着终极物质粒子(所有物理特性与活动的前途和潜力得以存留于其中)的猜想已经成为一种研究工具。如果没有关于原子的假设,物理学、化学以及间接意义上的生物学将缺乏它们探索航程中的海图和指南针。尽管原子概念正在快速改变,而且物理科学的趋势是用运动而不是传统的原子来解释物理事实,但对于我们来说,像外行一样用这种精妙的理论来关注我们自己,这很可能是无用的,也是没有必要的。尽管我们不可能避免提及物质能够被分开的最小组成部分,而且另一方面,尽管我们不可能想象物质的任何部分如何存在,如何不会被分成几部分,但我们即使诉诸任何形式的争议性假说,也还是完全不可能使我们摆脱悖论。也就是说,对于大多数的头脑来说,这些微妙之处太美妙了。除非把分析推进得远一些,或者把理论停止在与物理学原子理论的类比上,那就必须去找到某些起点,由此来探寻众生的构成,就像物理学家认为在原子里发现了他们的起点一样。相应地,利益概念在社会学里服务于同样的目的,就像原子概念在物理学里一样。利益是构成人的原材料。更精确地说,我们能简化人类行为的最后要素就是我们能方便命名为"利益"的单元。仅仅把表达形式颠倒过来说就是:**利益是我们能在**

---

① 改编自 Albion W. Small, *General Sociology*, pp. 425—36。(The University of Chicago Press, 1905.)

人类行为之中探寻到的最简单的动机模式。

455   对于心理学家来说,主要感兴趣的是把个人作为认识、感觉和意志的中心,对于社会学家来说,当个人正在认识、感受和乐于做**某事**之时,个人就开始变得有趣了。只要强调的技巧能用于区分问题,就指明了社会学的起点。在经验中给出的个人被认为是适合于社会学假设的点,此时他被认为是有利于某些外在于心灵的事物的行动中心。这些行动必定被主要归结为欲望,但是欲望本身可以进一步归结为某些普遍性的利益。在这一角色里,个人变成了已知或假定的社会学术语之一。作为积极利益中心的个人可能被认为既是社会等式中最低级的术语,也是其要素必须被理解的复合术语。这些要素要么是更明显的欲望,要么是个人欲望以某种方式代表的更为遥远的利益。同时,我们必须再次承认,这些假设的利益就像是物理学的原子,它们是我们的头脑在解释具体事实时的形而上学的源头。我们从未看过或触摸过它们,它们是个体活动展示出来的行为规律的假设性基础。

      我们可以从人们熟悉的流行表达开始:"农业利益"、"铁路利益"、"包裹利益"、"工厂利益",等等。每个人都知道这些表达是什么意思。我们对"利益"一词的使用与这些表达并不一致,但是可以借助它们予以处理。所有在商业和政治上努力争取承认的"利益"都是高度综合的。比如,一个面粉厂的老板在成为厂主之前是一个男人,他最终因为是一个男人而成为厂主,也就是说因为他有利益——在更深层次上而不是流行的表达上——这驱使他为了获得满足而行动。所有社会行动的线索都基于个人利益这一事实。每个人做的每一件事都可以回溯到某种利益上。因为有对食物的欲望,我们吃东西,但是这种欲望的启动是由于身体想更新被耗尽的力量;我们睡觉,因为我们累了,但是困倦是身体想重建疲惫组织的一种机能;我们游戏,因为身体有兴趣去使用肌肉;我们做研究,因为存在满足好奇心的心智兴趣;我们和同伴在一起,因为有兴趣去匹配我们的人格以对抗其他人;我们为了经济利益而去做买卖,我们去打仗,为了某些不论是混合的还是简单的社会利益。

　　通过这些介绍,我们可以冒险对"利益"概念进行一种极端抽象的界定。总的来说,**利益是一种未得到满足的能力,相当于一种未得到实现的状况,它倾向于重新安排,以便把可能的状况转化为现实**。人类的需要和人类的期望是潜藏的人类利益和部分满足的达成之间一系列事件中的小插曲。所以,人类利益是社会学里终极的估算术语。**就我们所知,整个生命历程不论是从个人还是社会的方面来看,最终都是发展、调整和满足利益的过程。**

　　在最近的社会学中,没有单个的术语比"利益"更常被使用。我们以复数形式来使用它,为的是使之区别于现代教育学中已经为人熟知的同样术语。这个称谓的两种用法是紧密相关的,但它们并不完全相同,教育学强调的更多在于关注一个可能对象的自愿态度。社会学强调的则是可以和不同元素的化学亲缘性相比的人的属性。

　　要区分"interest"一词的教学用法和社会学用法,我们可以从教学上来描述一种假定的状况:"这个男孩对物质文化、车间、与其他男孩交往、学习、艺术或者道德都没有**兴趣**。"那就是说,注意力和选择是教育学意义上的兴趣的根本要素。另一方面,我们可以在社会学意义上说同一个男孩:"他没有发现他的健康、财富、交际性、知识、漂亮和公正上的利益。"我们也就是在暗示,在社会学意义上,利益并不必然是关注和选择的事情,它们是吸引力,潜藏在人之中,迫切需要满足,不论人们是普遍还是具体地意识到它们或者没有意识到,它们就是人们在人格实现过程中进入和占据的活动区域。

　　因此,我们无形中已经说出,利益仅仅是个人单元构成的详细阐述。我们多次命名了我们认为在社会学里有用的最普遍的利益分类:**健康、财富、交际性、知识、漂亮**和**公正**。

　　此外,我们需要强调关于这些利益的几种考虑,这些利益是所有个体和社会行动的引擎。首先,它们都有主观与客观的方面。在推理式的讨论中将很容易使用这些利益的说法,从而荒谬地把意义从一个方面转向另一个方面,亦即道德行为,作为涉及其他人的时候进行的实际调整,这就是客观意义上的人的利益。另一方面,我们必须思考人自身之中驱使他——尽管是无意识的——走向道德

457

445

行为的某些东西,也就是主观意义上作为"未能满足的能力"的利益。其他利益也是如此。这个词语的两种意义总是相关的,这一事实永远都不能忽略;但是在我们达成这种区别所要求的精细分析之前,它们可能还是会被忽略。其次,人类的利益越来越多从潜藏的、主观的、无意识的状态转为主动、客观、有意识的形式。那就是,在婴儿有自我意识之前,婴儿在身体健康上的本质利益通过发挥感官功能来运作,婴儿长大一些之后就足以理解饮食上的某些规则、某些类型的工作或游戏,这将有助于塑造和保持其健康与强壮。从此之后,他就有一种基础意义上的利益协作,以及衍生的、次级意义上的利益,涉及关注和选择。假如我们能就这一术语的使用达成一致,我们就可以使用"欲望"一词来表示利益的发展,也就是,严格来说,生理上的功能表现就是健康利益,人们在身体功能领域实际追求的欲望可能是正常的或变态的,其变化范围是无限的。所以和其他利益有关。第三,有了这些条件,把人类行为分解为对不同利益458的追求就成了解开社会奥秘的第一条线索。为了我在这种讨论中的目的,我们不需要用利益的各个方面之间形而上学的区别来太麻烦自己,因为我们讨论利益时采用的意义和当事人使用这个词时的意义是一样的。实干的政治家审视华盛顿的游说团体,并对构成这些团体的要素进行分类。他说:"这是铁路利益,食糖利益,劳工利益,军事利益,运河利益,古巴的利益,等等。"他基本上是在社会学意义上使用"利益"这个词,但形式相对具体。他所想的不过是财富利益的变化而已。他会把某次国会开会期间的立法解释为这些相互冲突的金钱利益的最终平衡。他大体上是对的,而且每个社会行动——以同样的方式——都是相关社群所代表的各种利益的一种调和。

3. 社会压力①

政府现象从头到尾都是力量现象。但是力量是一个令人反感

---

① Arthur F. Bentley, *The Process of Government*, pp.258—381.(The University of Chicago Press, 1908.)

的词,我宁可用压力一词来代替力量,因为它保持了对群体本身的密切注意,代替了任何一种假设位于底层并支持它们的神秘"现实",还因为其内涵并不局限于狭义的"物质性"。我们经常说"施加压力"于某人,我们在这里使用这个词,但略有扩展超出其普通的含义。

如我们所要采用的,压力总是一种群体现象。它指明了群体之间的逼迫与对抗。群体压力的平衡是社会的现状。压力含义之广,足以包含所有形式的群体对群体的影响,从战斗和暴动,到抽象的思考和敏感的道德。它运用自身的道德能量并对良心进行最巧妙的歧视时,就像权力的嗜血欲望一样容易。它允许人道主义运动,就像允许政治腐败一样容易,行动的倾向既是压力,也是更明显的活动。

所有政府现象都是群体与其他群体相互施压、相互构建的现象,并推出新的群体和群体代表(政府的机关或机构)来协调这种调整。只有当我们把这些群体的行动隔离出来,确定它们的代表性价值,并以它们为单位来把握整个过程时,我们才能对政府有一个比较满意的了解。 459

当我们把某种政府机构视为一个专横的统治者时,我们不可能事先理解它,除非通过其社会中由它最直接体现出来的群体行动,还有那些似乎并不完全由它来体现的行动,或者以不同程度和不同方式体现它的行动。民主制度也是如此——即使是其最简单、最纯粹的形式,以及最复杂的形式。我们不可能很清楚地讨论专制或者民主,好像它们是绝对有区别的政府类型,彼此之间或与其他政府类型之间有明显的反差。每种专制、每种民主以及其他每一种政府形式都依赖于特定的利益、它们的关系以及它们互动的方式。利益集团创造出政府,并通过政府来运作;政府作为活动类型,为群体而工作;从群体的观点来看,政府有时也可能是他们的私人工具;而从其他群体的角度来看,政府有时似乎是他们的死敌;但是这个过程是一样的,共同参与总是存在的,但它可能在公共舆论或喧哗吵闹里得到阐述。

研究政府的时候,在大多数情况下,把这些群体作为利益来讨论是方便的。但是我已经足够清楚地指明,利益不过是群体行为本身。我们称为利益的这个词经常最好地表达了群体行为对于其他群体行为来说的价值:假如允许我采用这种措辞的话,它们的含义更多是定性的而不是定量的。但这有时是一种巨大的罪恶,有时又是一种优点。我们必须始终记住,在利益之中没有什么东西纯粹是由于它们自身,并且我们能依赖它们,只因它们代表着正在行动、将要行动或与其他群体一起行动的群体。

460　　当我们让群体行动在较低的层面上运作,并以多种较高级群体的形式呈现出来,并最终在政治群体之中呈现出来时,我们的解释就获得了进展。无论何时何地,我们的研究必然是去探寻通过政府运作的利益,否则我们就不会触及事实。研究单一的利益群体,并不足以成为我们解释的基础,即使是针对特地的时间和地点也不行。除了参照其他利益群体,没有什么利益群体具有意义;而其他的利益群体就是压力集团,它们在政府过程中起作用。被剥夺了财产权甚至生命权的最低级种姓将始终是治理中的一个因素,只要我们覆盖整个领域,并测量种姓真实的权力水平(直接的或代表性的)、对较高种姓的伤害潜力以及它们在某些目标上的认同——尽管这些东西在普通的视野下隐藏得很深。他们不是奴隶,即使遭到最坏的虐待,也有助于形成政府。他们是其中的一个利益群体。

如果要通过利益群体来检验,立法机构分为两种普遍类型。第一种机构代表着政府中与其他一些阶级(通常由君主代表)对立的一个阶级或者一组阶级。第二种机构不是一个阶级或一组阶级的专属据点,而是全国人口中所有群体运作的渠道。两者之间的边界当然是模糊的,但大概近似于一个有阶级组织的社会与一个阶级分化成更自由、更多变的群体利益的社会之间的边界。

立法机构的数量以及立法机构与行政机构的宪法关系,都不能用来界定这两种类型,几个立法机构可能就代表着几种阶级,或者说,两院体系事实上可能只是一种技术上的分工,同一种利益在两个机构里都有代表。行政部门可能是一个阶级的代表,或者仅仅是一个统筹机关,与立法机构分工,为同样多的利益群体的运作提供渠道。

从表面上看,作为阶级代理人的立法机构将根据其背后的阶级压力产生相应的后果。它的存在是通过斗争达成的,它的生命就是针对敌对阶级的代表进行持续不断的斗争。当然双方都会听到大量的争论,争论将涉及数不清的理由。确实是由于作为技术性调整手段的这种争论的优越之处(当然是在群体意义上),立法机构才得以生存。在某些条件之下,争论比斗殴更能节省劳动力,而且群体利益在其中更充分地展示自己。但是在所有争论背后,都是力量所在。争论的意义不亚于力量。新的俄罗斯杜马(假如它能够生存)将得到的是它代表的人民足够强大到使它获得的东西,而且炸弹和资金、饥荒和腐败基金的规模不多不少,都一样。

但是,我们在第二种类型的立法机构中前进得越远,我们就越不需要直接诉诸力量和武器,对群体成分的分析就越难,在辩论过程中获得的声望就越大,群体力量就越能熟练地用道德、理想和措辞来掩饰自己,就越能花言巧语地把立法工作解释为理性问题,而不是压迫问题,而且更为常见的是去谴责这个过程中那些通过推理展示出来的暴力——好像这些暴力本身是变态和堕落的——和毁灭的承担者。当然会有一个强大、真诚的群体反对暴力技术,这是一个重要的社会事实,但是根据反暴力利益群体采用的讨论形式来表现整个立法过程,这完全是不适当的。

4. 观念的力量①

我一开始假定的原则是,每种观念总是会诉诸行动。假如这是一种孤立的观念,或者它不会被一种更强的力量抵消,它就必定会实现。所以,生存斗争和选择的原则——对于后者是在其最广的意义上——照我看来适用于观念,就像适用于个人和生物物种一样,

① Alfred Fouillée, *Education from a National Standpoint*, pp.10—16.(D. Appleton & Co., 1897.)

大脑对最强和最独特观念的优越性进行选择,从而能够控制整个有机体。特别是儿童的大脑更是观念及其包含的冲动发生冲突的竞技场;在大脑里,新的观念就是对抗已有观念的新力量,而冲动已在其中发展起来。假设一个头脑还是空白的,突然往其中引入任何运动的表现,任何一种运动观念——就像举起手臂。这种观念是孤立的,而且没有对手,大脑中产生的干扰波将控制手臂的方向,因为在手臂里的神经会被手臂的表现干扰。于是手臂将会举起。在运动开始之前,我们必须考虑这个。现在,没有什么已经产生的运动会失去方向;假如不受其他表现或冲动的抑制,运动必定从大脑传递到器官。只要这种念头是孤立的和无对抗的,它就会不可避免地传递到四肢。我将此称为观念力量的法则,我认为我已经令人满意地解释了与观念的冲动行为有关的奇妙事实。

谢弗勒尔(Chevreul)关于"钟摆探索"和占卜棒的著名实验[①]展示出,假如我们让自己在某个方向表现出一种运动,我们的手臂最终将无需我们的意识就能执行这个动作,并将其传递到仪器上。转盘借助手的无意识活动来实现预想中的运动。读心术是对感觉不到的运动的解释,在这种运动中,主体的思想背叛了自身,甚至不牵涉他的意识。在这个我们入迷或者快要晕倒的过程中——这个过程在儿童身上比成人更为明显,存在着一种麻痹的意志无法制止的未成形的运动。当我还是小孩的时候,我曾经有次跑过横跨河坝的一块木板,我的脑子里从没想过有坠落的危险;突然,这种想法产生作用,就像与当时已经指引我脚步的连续思维过程间接混合在一起的力量。我感到恍若一只看不见的手抓住我,并把我往下拖,我尖叫着,站在泛着泡沫的水面上方发抖,直到救援到来。在这里,仅仅头晕的想法就产生了头晕,地面上交错的木板不会产生坠落的想法,但是假如是在一处悬崖上,并且我们意识到往下的距离,那么坠落的冲动就会非常强烈。甚至在我们完全安全的时候,我们还是可

① 米歇尔·欧仁·谢弗勒尔(Michel Eugène Chevreul, 1786—1889),法国化学家,在油脂化学、染色和色彩心理学等方面都有深远的影响。钟摆探索和占卜棒是他揭露神秘主义虚假性的著名实验。——译者注

能感到悬崖的"魅力"。对下方海湾的注视,变成一种固定的想法,对其他所有想法产生了抑制作用。诱惑总是困扰孩子,因为对他来说每件事都是新的,但这只不过是观念的力量及其冲动。

一种观念的力量越强大,它就越是突出地从意识的一般内容里被挑选出来。这种对观念的选择——观念变得如此排他,以至于整个意识都被它吸收——被称为"单一神论"。这种状态恰恰就是一个被催眠的人的状态。被称为催眠暗示的东西不过是人为选择了一种观念,排斥了其余的观念,让观念付诸行动。自然梦游症同样表现出观念的力量,不论梦游症患者接受什么样的观念,他都会采取行动。孩子经常做的梦与梦游症不无相似之处。固定观念是同一现象的另一个例子,这是在清醒状态下产生的,而且一旦被夸大,就会变成偏执狂——一种病态的单一神论;孩子想法很少,假如不是因为周遭世界不断变化使他们产生注意力的移动,他们很快会获得固定的观念。因此,照我看来,如今所有以自动暗示(auto-suggestion)为名归类的事实,都可以得到解释。这里我们将把这一法则归纳为这样的形式:心智所构想的每种观念都是一种自动暗示,其选择效应只能由产生了不一样的自动暗示的观念来抵消。这在年轻人身上尤为明显,他们能够把通过他们脑海的东西快速付诸行动。

17世纪的哲学家和笛卡尔及帕斯卡尔一样,把情绪和激情看作是模糊的思想,"思想,可以说处于沉淀的过程中。"这是真实的。在我们所有的情绪下面,潜藏着一整串有瑕疵的分析性观念,一股由拥挤、模糊的原因构成的汹涌激流,其力量把我们带走,一扫而空。相反,情绪是我们所有观念的基础,它们在将熄的抽象余烬下闷烧。甚至语言也有一种力量,因为它唤起了浓缩在一个准则之下的所有情绪;仅仅是"荣誉"和"责任"之名就能在意识之中激起无穷的共鸣。仅仅靠"荣誉"这个名称,大量影像就会上升,模模糊糊,就像黑暗中睁开的眼睛,我们看到我们行为所有可能的见证人,从父母到朋友和同胞;此外,假如我们的想象力足够丰富,我们还能看到那些在类似环境下绝不会踌躇不前的伟大先辈。"我们必须前进!"我们感到我们被召入了一支勇敢者组成的大军,整个种族以其最英

464

勇的代表敦促我们。在道德观念之下,潜藏着一种社会的要素甚至是历史的要素。语言除了是一种社会产物,还是一种社会力量。虔诚的心灵走得更远;责任被人格化为一种存在,一种我们听到其声音的活生生的善。

有些人谈论无生命的准则,而这种准则是很少的。一个单词、一种观念就是潜在行动的准则,以及准备进入行动的情绪准则;它们是"动词"。现在,按照命令被构想出来的每一种情绪、每一种冲动仅仅靠这个就获得了一种新的和准创造性的力量;它不仅仅是用自身的光芒显示出来,还被定义、被指定,并从其余的事物中被选择出来,并因此在其过程中得到指引。这就是为什么相对于行动来说,准则对于善或恶如此强大;一个孩子感到模糊的诱惑,一种不可能解释的倾向。在其听觉范围内宣布这种准则,把盲目的冲动变成清楚的观念,这将是一种新的主张,也许会使它落入它早已倾向的方向上。另一方面,某些慷慨激情的准则一旦说出来,就会令大量观众着迷。天才常常是把自己时代的愿望转化为观念的人;听到他的声音,整个国家都被打动。当长期被抑制和很少意识到其存在的情感被构想成观念和言辞的时候,伟大的道德、宗教和社会改革就会接踵而至;道路随后被打开,手段和目标都同样明显,选择发生了,所有的意愿同时被指引到同样的方向上,就像在大坝上找到最薄弱点的洪流一样。

5. 情绪①

我们很少体验在动物里普遍体现出来的,纯粹或非混合形式的465 原始情绪。我们的情绪状态普遍来自两种或更多本能倾向的同时兴奋;目前用来表示我们各种情绪的大多数名称都是混合、次级或复杂情绪的名称。可以恰当地把我们情绪状态的巨大变化视为相对少量的初级情绪或简单情绪混合的结果,而这并不是新的发现。

---

① William McDougall, *An Introduction to Social Psychology*, pp.121—64.(John W. Luce & Co., 1916.)

比如笛卡尔认识到，初级情绪或激情只有六种，他把它们称为钦佩、爱、仇恨、渴望、愉悦和悲哀，他还写道："其他所有情绪都是这六种情绪的某种组合，并且都来自它们。"他似乎并没有构想出任何原则来确定这种首要性，以及把它们和次级情绪区分开。

初级情绪的组合主要是——尽管不是全体——由于情绪的存在，某些复杂的情感过程只能由情绪来产生。在继续讨论复杂的情感之前，我们必须试着尽可能清楚地理解情绪的本质。

"情绪"（sentiment）一词一直在几种不同的意义上使用，里博和其他法国作者使用其法语对等词来涵盖所有感觉和情绪，作为心智过程的情感方面最普遍的称呼。我们要感谢尚德（Shand）先生认识到我们心智结构最重要的特征类型——这已经被其他心理学家严重忽视，并使用"情绪"一词来表示这种特征。尚德先生指出，我们的情绪，或者更严格地说，我们的情绪倾向总会被组织在一个与刺激它们的多种客体和客体类型有关的系统里。这样一种有组织的情绪倾向体系并不是一种事实或者经验模式，而是构成我们所有心理活动基础的，复杂组织起来的心智结构的特征。对于这样一个以某些对象为中心的有组织的情绪倾向体系，尚德先生建议用"情绪"这个名称。这个词的运用与它在通俗演讲中的使用是一致的，毫无疑问，它将很快被心理学家采用。

在心智的成长中，情绪的组织取决于经验过程；那就是说，情绪是心智结构的增长，而这种心智结构不是遗传结构中天然给定的。这大体上是真实的，尽管母亲的情绪可能是与生俱来的，但是我们必须记住，在人类的母亲这里，这种情绪可能——普遍就是这样——在孩子出生前就开始围绕着其目标观念而生长。466

情绪的增长对于个人和社会的特征与行为来说都是至关重要的；它是情感生活和意欲生活的组织。如果缺乏情绪，我们的情感生活将是一场混乱，缺乏秩序、连贯性或者任何类型的连续性；而且，我们基于情感及其冲动的所有社会关系和行为都将相应地出现混乱，不可预见，不稳定。只有通过在情绪中对情感倾向进行系统组织，才能对情感的直接刺激进行意志控制。同样，我们对价值与功绩的判断植根于我们的情绪之中；我们的道德原则也有同样的来源，因为它们是靠我们对道德价值的判断来形成的。

情绪可以根据其对象本质来进行分类；它们可以分为三种主要的类型：具体的特殊情绪、具体的普遍情绪以及抽象的情绪——例如，针对一个孩子的爱，针对普遍意义的儿童的爱，对正义和美德的爱。它们在个人之中的发展遵循这一次序。具体的特殊情绪当然是最早和最容易获得的。根据聚集对象的数量来估算，一个人能获得的情绪数量当然是很多的；但是几乎每个人都有少数的情绪——可能只有一种——在强度上大大超过其余情绪，并与其所产生的行为成正比。

每种情绪都有一部生活史，就像其他每一种至关重要的组织一样。情绪是逐步形成的，复杂性和强度会增加，并可能继续无限期地增长，或者可能进入一个下降期，而且可能或快或慢、或部分或整体地衰减。

当任何一种情感受到特定对象强烈或反复地刺激时，就会形成一种情绪的萌芽。假定一个孩童被扔去和某些频频爆发狂怒的人相处，比如说一个脾气暴躁的父亲冷漠对待这个孩子，除了威胁、斥责和打他之外，对他不闻不问。这个孩子在每一次暴力展示中首先体验恐惧，但是这些事件的重复会很快养成恐惧的习惯，在他父亲出现的时候，甚至在他心情温和的时候，这个孩子都会胆怯；就是说，仅仅是父亲的在场，就会把孩子的恐惧倾向置于一种亚兴奋状态，这在最微不足道的场合也会增长，直到它产生所有主观和客观的恐惧表现。在下一个阶段，仅仅是父亲这样一个念头也能产生和他在场一样的效应，这种念头已经与情感相关联，或者更严谨地说，具有这种精神物理倾向的人的兴奋包含了这种观念意识的产生，产生了身体和心灵上的恐惧症状，这样一种关联构建起了一种不成熟的情绪，我们只能称之为恐惧情绪。

以类似的方式，A 对 B 做出的一个善意举动可能激发出 B 对 A 的感恩情绪，而且，假如 A 重复他的善行，把利益给予 B，那么 B 的感恩就可能变成习惯，可能变成 B 对 A 的一种持久的情感态度——

一种感恩情绪。或者,在另一种情况下,一次激起强烈恐惧或感恩的单独行动足以使这种联系或多或少持续下去,而 B 对 A 这种恐惧或感恩的态度,或多或少是永久性的。

6. 社会态度①

雅克·洛布说:"意识仅仅是针对由联想记忆决定的现象的形而上学术语。借助联想记忆,我指的是一种机制,通过它,一种刺激不仅带来其本质和敏感器官的独特结构所要求的效应,还能产生其他刺激效应——这些刺激以前几乎是与相关刺激同时施加于有机体之上。假如一只动物能够被训练,假如它能学习,它就具有联想记忆。"总之,因为我们拥有记忆,我们就能从经验中获益。

总体上,正是记忆决定了什么对象对我们来说意味着什么,以及我们针对它们将有何举止。然而我们不能说,一种知觉或一个对象对我们完全没有意义。孩子向火伸出手意味着——即使在他有任何这方面体验之前——"要触及某些东西,要抓住某些东西。"然而,在第一次接触到火之后,这就意味着"有些具有天然吸引力但仍然要避免的东西"。每一种新的体验一旦保存在记忆里,就会给它关联的对象增加新的意义。

我们的感知和我们的观念体现了我们对于对象的体验,而且可以成为我们能预见它们的信号。它们是我们能用来控制我们针对对象的行为的手段。另一方面,假如我们失去我们的记忆,不管是暂时的还是永久的,我们就同时失去了对我们行为的控制,但仍然能够回应对象,但只是根据我们与生俱来的倾向。毕竟,我们失去了记忆,我们只能依靠我们的原始本性。

希季斯和古德哈特报道过一个显著案例,它说明了记忆在控制我们的遗传倾向上的作用。这是托马斯·汉纳牧师(Rev. Thomas C. Hanna)的故事,当他试图从一辆马车上下来时,失去了立足点,

①　Robert E. Park, *Principles of Human Behavior*, pp. 18—34. (The Zalaz Corporation, 1915.)

掉到地上,被人扶起时已不省人事。当他醒来的时候,被发现不仅失去了语言能力,还失去了对四肢的所有自主控制。他已经忘记如何走路。他没有失去知觉,能感觉和看,但是他不能区分物体。他没有距离感,他处于一种完全"精神失明"的状态。首先,他不能区分他的动作和其他对象的动作。他对自己肢体的动作和对外部事物一样感兴趣。他没有时间概念,"几秒、几分和几小时对他来说都一样。"他感到饥饿,但是不知道如何解释这种感觉,也不知道如何满足这种感觉。当给他食物时,他不知道该做什么。为了让他把食物吞下去,不得不把食物塞进他的喉咙里,以刺激吞咽运动的反应。在他们的报道里,作者们说道:

> 469　就像一个婴儿,他不知道最简单单词的含义,也不理解语言的运用。模仿是他最初教育的要素,他通过模仿与某些对象和活动有关的清晰明确的声音来学会单词的意思。他用同样的模仿方式来获得短语当中单词的发音及其组合。首先,他只是重复所听到的任何一个词和句子,认为这对其他人来说是有意义的。然而,这种盲目重复和愚钝模仿的方式迅速被放弃,他开始系统地学习与单词表示的客观内容相关联的单词的含义,就像处于早期成长阶段的孩子一样,使用一个词来标识很多本质不同,但具有某些表面相似的共同点的对象,在汉纳先生的例子里,他学到的第一个词被他用来指示他想要的所有对象。

他学会的第一个词是"苹果",而且在一段时间里,他只认识苹果这个词。一开始,他学会的只是特定对象的名称,似乎无法学习具有抽象或一般意义的词语。但是,尽管他沦落到一种婴儿的心智状态,但他的"智力"仍然保持,而且他以惊人的速度学习。"他的判断力、推理能力和以前一样健全和有力",报道继续说:"知识的内容似乎已经失去,但是知识的形式仍然像事故之前一样活跃,甚至可能更为清晰与明确。"

人类优于禽兽的一个原因可能就是他有更好的天然记忆。另一个原因是他能做更多的事情,所以他有机会获得更广泛和更多样的体验。想想一个人能用他的手做什么!他还增加了工具和机械,这些是手的延伸并使其力量成倍增长。然而,现在几乎都同意,人类超过兽类的主要优点就在于运用语言,由此能够表达他的思想。在相对较近的时代,人类通过发明印刷出版物、电话和电报增加了沟通方式。用这种方法,人能做的不仅是交流他的经验,还能把经验储存起来,一代一代传递下去。

一旦人类开始指出对象,并把它们和发音联系起来,他就拥有了一种符号,通过符号,他就能够用一种比以天然情感表达为中介更清晰明确的方式,有意识地把他的欲望和意图传达给他人。

470

我们可以假设,最初的词语是拟声词,那就是说,对它们所指的对象进行声音的模仿。不管如何,它们是在激发它们的情况下不由自主产生的。然后,它们被其他人模仿,并被群体共同和持久地拥有。因此,语言为群体承担了个体之中感知的角色,它变成了群体共同拥有的那些意义的符号和象征。

由于和观念的数量相比,这些符号的数量相对较少,所以单词不可避免地在不同背景中具有不同的意义。在长期的运作中,这种效应把单词与特定的情境——单词在其中产生并放松它们与特定情感和态度的联系——分离开。由此,它们拥有了更为独特的象征性和形式特征。因此,可能给予它们更精确的定义,使它们成为抽象概念和精神玩具,个人可以自由公正地玩弄它。就像用积木搭房子的儿童,他能够按顺序和系统来排列它们,创造出理想的结构——如同数学结构,他能够利用它们,使他更具体的经验有秩序和系统化。

所有这些都是为了使个人对其经验和群体的经验有更完全的控制。它使人们有可能对其经验进行分析和归类,并与其同伴比较,从而最终建立起正规的和科学的知识的宏伟结构,而其基础是人们能够在共同文明结构的协作中一起生活和工作。

关键在于,人们掌握的经验的广泛性和他观察上的大公无私是个人知识成就的基础,对种族来说也是如此。

假如人是完全理性的生物,我们就可以假定,他们在任何时候都将以他们所有的经验和能从其他人的经验中获得的所有知识作为行动的基础。然而,事实是,我们从来不能在任何时候去动员、控制和使用我们当下具备的,以及可能用于指导和控制我们行为的所有经验和知识。科学的功能正是为了我们的实际运用而收集、组织我们拥有的经验和知识储备,并使其可用。

我们不仅拥有了比我们能利用的知识还多的知识,而且我们还会在生命历程中放弃和失去很多个人经验。同时,后来的经验会不断添加进先前的经验中。由此,世界的意义对于我们来说是不断变化的,就像地球表面不断受到气候的影响一样。

在任何时刻,我们记忆和观念的实际聚合不仅取决于联合的过程,也取决于分离的过程。实际的利益、情绪和情感的爆发——爱、恐惧和愤怒——正不停地干扰心灵的逻辑和建构过程。这些力量趋向于消融观念之间的已有联系,并使我们的记忆分裂,使它们很少作为一个整体或单元产生作用,而是或多或少作为分离的体系发挥作用。

比如,纯粹的关注行为,一旦集中到一个单独对象身上,就会趋向于缩小联合的范围,抑制深思熟虑,并通过孤立一个观念或观念体系,使我们准备好按它们去行动,而不考虑在我们的经验中更广泛但现在被抑制的情境下其他观念的要求。孤立一组观念就意味着抑制与它们不一致或阻碍行动的其他观念。

当基本的本能情感被唤起,它们总是会孤立与它们关联的观念,并抑制相反的情感。这就是对战争的解释。当战斗本能被激起,人就不会害怕死亡和厌恶杀戮。

当一种观念——特别是与人性中某些原始倾向相关联的观念——在意识中被隔离,这种倾向就会自动回应它,就像一个人对简单的反射做出回应。这解释了暗示现象。一种可暗示的状态始终是暗示的先决条件,可暗示性意味着被暗示的观念就像已经描述过的那样,处于隔离和分离状态。催眠恍惚状态可以界定为一种不正常的可暗示状态,处于这种状态的主体倾向于自动执行实验者的命令,就像这种熟悉的措辞所表达的:"似乎他已经没有自己的意志了。"或者更确切地说,似乎实验者的意志已经代替了实验对象的意志。事实上,自动暗示现象——即一个人屈服于自己的暗示——与同样现象的其他形式的区别似乎在于,实验对象实际上服从自己的命令而不是实验者的命令。不仅暗示和自动暗示,还有模仿——这不过是另一种形式的暗示——之所以可能,是因为存在由分离所创造出的精神机制。

催眠代表着一种极端的但暂时性的记忆分离形式,是人为产生的。迷恋和出神(心不在焉)是同一现象较为轻微的形式,差别在于它们是"自然"发生的,没有人为刺激。

更持久的分离体现在心情之中。记忆——连接着记忆本身与心情——总是支持主导性情感。与此同时,倾向于以任何方式改变心情主调的记忆会被自发抑制住。

一个为人熟知的事实是,那些因其职业或者生活方式而被习惯性地带入不同世界的人——以至于他们和其他人在经验上很少有或者根本不会有共同点——不可避免地会养成某种类似于双重人格的东西。比如商人,在城里是一类人,而在郊区的家里又是另外一类人。

然而,最显著和最有启发意义的分离是双重或者多重人格的情况——在这种情况下,同一个人连续或者同时过着两种分离的生活,每一种生活完全忽略另一种。这种类型的典型例子就是威廉·詹姆斯在其著作《心理学原理》中记述的安塞尔·伯恩牧师(Rev. Ansel Bourne)的事例①。安塞尔·伯恩是生活在罗德岛格林(Greene, Rhode Island)的一位巡回传教士,1887年1月19日,他从普罗维登

---

① 安塞尔·伯恩(Ansel Bourne,1826—1910)是一个著名的心理学案例,因为他可能经历了记忆分离丧失,成为多重人格和失忆症的典型。威廉·詹姆斯是伯恩的侄子,对他进行了研究。他的名字可能是后世的小说和电影《伯恩的身份》的一个灵感来源。——译者注

473　斯的一家银行取了 551 美元,并进入一辆波塔基特(Pawtucket)马车①,随之消失。他被宣布为失踪,被怀疑有悖德行为。

3 月 24 日早晨,在宾夕法尼亚的诺瑞斯敦(Norristown, Pennsylvania),一个自称 A. J. 布朗的男人在惊恐中醒来,并要房子里的人告诉他他是谁。后来他说他是安塞尔·伯恩。诺瑞斯敦没人认识他,除了他在六星期之前租了一个小店,用来储藏办公设施、甜食和其他小物品,并做着不起眼的生意,"似乎没人觉得有什么不正常或不自然。"首先,人们认为他疯了,但是他的故事得到确认,并被送回了他家。接着,人们认为他已经失去了自从登上波塔基特马车以来这段时期的全部记忆。至于他离开普罗维登斯和到达诺瑞斯敦之间做了什么和去了哪里,没人知道一丝一毫的信息。

1890 年,威廉·詹姆斯劝说他做一次催眠,为的是搞清楚他在神志恍惚状态下能否回到"布朗"的记忆状态。这个实验是如此成功,正如詹姆斯所说的,"它证明了即使在催眠状态下,也完全不可能使他记起正常生活中的任何事实。"这份报告继续说:

> 他听说过安塞尔·伯恩,但是不知道他曾经接触过此人,当面对布朗太太时,伯恩说他之前从来没有见过这个女人,等等。另一方面,他说了他在失去的十四天里的旅程,并且给出了诺瑞斯敦插曲的所有细节。整件事情足够乏味,而且布朗人格似乎只不过是伯恩先生自己的一个萎缩、沮丧和遗忘的提炼。他没有给出这次漫游的动机,除了说"后面有麻烦"和他"想要休息"。在这种恍惚中,他看上去很老,嘴角疲惫地耷拉着,他的声音缓慢而微弱,他闪动着眼睛,徒劳地试图记起布朗经历的两个月之前和之后发生了什么,"我全被困住了,"他说,"我两头都出不来,我不知道什么使我坐在那辆波塔基特马车上,而且我不知道我究竟如何离开那个商店,也不知道后来发生了什么。"他的眼睛实际上是正常的,而且他所有的感觉(除了反应迟钝)在催眠

---

① 一种公共马车,19 世纪 20 年代开始在公共街道上运营——译者注

中和醒着的时候是一样的。我本来希望通过暗示把两个人格连接起来，并且使记忆延续，但是没有什么妙计能做到这一点，而且伯恩先生的头骨今天仍然覆盖着两个截然不同的自我。

关于这个例子及其他例子的一个有趣状况是，不同的人格——居于同一个身体之中，并且在它们之间隔开了单个个体的体验——不仅把它们自身视为有区别的和独立的个人，而且它们还展示出明显不同的性格、脾气和品味，并经常相互表达明确的反感。分裂人格展示出来的脾气和个性上的对立在博尚小姐的例子里得到说明，对于其古怪奇异的历史，默顿·普林斯已经贡献了一本将近 600 页的著作①。

在这个例子里，通过催眠调查了其病态的来源，除了博尚小姐原始的和真实的人格，还演变出不少于三种不同的人格。每种人格对于另外的人格来说都有明显的区别和明确的背离。

然而，皮埃尔·雅内的病人 B 夫人就是这种分离性人格的典型例证。从她 16 岁开始，她就被称为 Léonie，就常常被催眠，并接受如此之多的临床实验，以至于构建起了一个良好组织的第二人格，被定名为 Léontine。Léonie 是一个贫穷的农妇，严肃、胆怯和忧郁，而 Léontine 是快乐、嘈杂、不安和令人啼笑皆非的。Léontine 不承认自己与 Léonie 有任何关系，并把她称为"那个好女人"、"另一个人"、"那不会是我，她是如此愚蠢"，最终，被称为 Léonore 的第三个人格出现了，她不想被误认为是那个"很好但是愚蠢的女人"Léonie，也不是那个"愚蠢得胡言乱语"的 Léontine。

在这些人格之中，Léonie 具有的只有她的记忆，Léontine 拥有的是 Léonie 和她的记忆，而优于这两者的 Léonore 的记忆包含了 B 女士的整个一生。

与这种多重人格现象有关的特别有趣之处在于，事实上它以引人注目的方式揭示了潜意识和意识之间的关系。潜意识这个术语

①　参见第二章"作为一种复合体的人格"小节下的译者注。

461

在心理学文献中是作为一个多义词而出现的。然而一般来说,我们用潜意识指称一个意识区域,在其中,分离的记忆——它们被称为"被抑制的情结"——保持着某些种类的意识的存在,并对意识焦点中的观念和个人行为施加间接但又非常积极的影响。总之,潜意识是被抑制的记忆区域。这些记忆被抑制是因为它们与代表着个人人格的意识中的主导情结发生冲突。

"情感冲突"长期以来就是文学分析和讨论的主题。最近这些年,它们已经成为科学研究的主题。事实上,一个具有大量文献的医学心理学新学派已经围绕着抑制单一本能——即性冲动——的效应的研究而发展起来。全部这类精神失常——被称为精神神经病——直接归功于西格蒙德·弗洛伊德博士和精神分析学派对这些抑制的研究,其中很多记忆可以回溯到成年人形成性本能形式之前的儿童早期。

弗洛伊德的理论简单说来就是:作为情感冲突的结果,某些个人相当一部分的记忆,和与他们关联的运动冲动一起,被推入心智的背景,也就是潜意识之中。与运动神经关联的这种被抑制的记忆被他首先命名为"被抑制的情结"。如今可以发现,这些被抑制的情结——不再像它们在正常状况下那样回应刺激——可能一直在对意识焦点上的观念施加间接的影响。在某些情况下,它们完全不会进入意识,但是自身会有所表现,比如歇斯底里的抽搐、颤抖性抽搐和肌肉抽搐等形式。

在其他情况下,与被抑制情结关联的观念总会在个人生活中占据主导性和控制性位置。我们所有具备感情背景的观念都有这种特征。我们所有人在某些主题上,或涉及某些人或目标时,都有小小的野蛮和疯狂。在这些情况下,一句非常琐碎的话语,甚至是一个姿势都会点燃这些累积起来的观念中的某一个。结果就是一种情感爆发,一阵突然的哭泣,一阵暴烈、愤怒和牛头不对马嘴的情绪,或者,在感情更受控制的情况下,仅仅需要一点严厉的评论或者一阵冷嘲热讽的笑声。一个有趣的事实是,一句玩笑也可能表达出和一句咒骂或其他情感表达一样的"感觉"。所有形式的狂热、固化观念、恐惧、理想和被爱护的错觉,都可以被解释为"被抑制的情结"创造出来的心智机制的影响。

从以上论述来看,我们并没有假设在观念之中有任何必然的和不可避免的冲突。在我们的梦和白日梦之中——就像在仙境之中一样,我们的记忆以最混乱和最异想天开的方式来来去去,结果,我们似乎可以同时位于两个地方,或者我们甚至可以是两个人:我们自己和其他任何人。在一个没有韵律或理性的奇幻盛会里,每件事都轻快地进行。当我们坐下来推测任何主题的时候,我们发现某些相同的自由。各种观念都出现了;我们款待了它们一会,然后又打发它们走,把注意力转向其他某些更好适合于我们目的的心智图景。在这样的时代,我们没有发现一套观念和另一套观念之间有任何特殊的冲突。狮子和羔羊安静地躺在一起,即使有羔羊碰巧进来,我们也不会特别不安。

当我们的个人利益受到影响,当我们的情绪被触碰,当某些最喜爱的观点受到挑战时,记忆之间就会出现冲突。我们的记忆之间出现冲突时,它们正关联着我们的运动倾向,也就是说,当我们开始行动的时候。作为情感冲突产物的被抑制的记忆,与已有的运动倾向关联的记忆,都不可避免地会发现某些直接或象征性的表达。它们以这种方式导致我们在歇斯底里和精神衰弱里遇到的症状——恐惧、厌恶、妄想和痉挛,就像结结巴巴那样。

被抑制的情结不仅表现为病理学形式,但正常情结的活动在普通意识之中也不会给出它们自身清楚明确的证据。我们总是被我们部分意识到或者完全没意识到的动机驱使去行动。这不仅是真的,而且我们对自己和其他行为动机的解释往往是完全虚构的,尽管这些解释可能是完全真诚的。

不过,一个简单的例证将指出这是如何被影响的。在所谓的催眠后暗示(post-hypnotic suggestion)中,我们有一个例证,说明清醒的头脑可能受到实验对象完全意识不到其源头和意义的冲动的影响。在催眠入睡状态下,给出的暗示是,在苏醒之后,实验对象将根据某种信号站起来打开窗户,或者关掉灯。接着他被唤醒,而且——与他催眠入睡时的信号一致,但他现在完全没有意识到这一点——他将立即执行之前获得的命令。假如实验对象接着被问为什么他打开窗户或者关灯,他将带着明显的真诚给出某种普通的解释,例如"房间似乎太热了"或者他"觉得房间的灯光令人不适"。在某些情况下,当给出的命令似乎太荒谬时,实验对象可能不会执行它,但是他将随之展示出坐立不安和不适的迹象——比如当一个人意识到自己落下了某些他想做但又没做的事情时的感受,尽管他已经想不起那是什么了。有时候,当实验对象不愿意去执行实际给他的命令时,他将采取其他某些相关行动作为一种替代,就像一个良心不安的人在始终不愿意补偿或修正已犯错误的同时,会采取其他一些补偿行为。

我们的道德情操和社会态度很大程度上是固定的,并取决于我们仅仅是模糊意识到的过去的体验。

如默顿·普林斯认为的,"同样的原则构成了所谓的'社会良心'、'公民和民族的良心'、'爱国主义'、'公共舆论'、德国人所谓的'伦理'、'心灵的战争状态'等的基础,所有这些精神状态可以简化为共同的思想习惯和行为习惯,而这些习惯都源自特定社群共同的精神体验,并被社群中一些个体无意识地作为情结保存起来。"

首先对情绪进行界定,并将其与情感区分开来的是桑德(Shand),他把情绪构想为与某些特定对象或对象类型有关的情感的组织。比如,母爱包含了恐惧、愤怒、愉悦或悲痛的情感,所有这些围绕着孩子组织起来。这种母爱由与生俱来的倾向构成,但它本身不是原始本性的一部分。是母亲对孩子养育的关心发展出她们针对孩子的情绪,这种情绪依附于任何与孩子生活紧密联系的对象。摇篮是母亲所爱,因为它关联着她们照顾孩子的职事。对孩子物质福利上的忧虑,对孩子成就上的喜悦,对那些伤害或贬低孩子受伤害或者被贬低的人的愤怒,这些都是母爱情绪的组成部分。

母亲的情绪决定了她对自己的孩子、对其他的孩子和对孩子整体的态度,正如每种感觉、感知或想法的背后,都有某种行动倾向,所以我们的态度是受我们情感支持的,每一种政治观点的背后都有一种政治情感,而且正是这种情感给予这种观点以力量和意义。

因此,我们可以把意见理解为仅仅是心理-生理机制的代表,我们可以称之为"情绪-态度"。这些情绪-态度反过来被认为是原始倾向的组织,本能情感牵涉某些记忆、观念或对象——它们是或曾经是有组织存在的原始倾向的焦点和目标。用这种方法,意见最终取决于原始本性,虽然原始本性被经验和传统所改变。

C. 四个愿望:社会力量的一种分类

1. 愿望:社会原子①

弗洛伊德心理学建立在"愿望"学说的基础上,就像今天物理科学建立在功能概念的基础上一样。两者都可以称为动态概念而不是静态概念;它们把自然现象设想为过程而不是事物,而且这主要是因为它们具有卓越的解释价值。通过"愿望",精神现象的"事物"层面——更为本质的"意识的内容"——在某种程度上被修改和重新解释。这种"愿望"作为一个弗洛伊德没有分析的概念,包含了所有通常被分类的东西,以及任何被称为冲动、倾向、欲望、目的、态度和喜好的东西,但是不包括任何相关的情感成分。弗洛伊德还承认他所称的"消极愿望"的存在,而且这些不是恐惧,而是消极的目的。"愿望"的一个确切定义在于,它是设置了某些身体机能来执行的一个**行动进程**,不论它实际上是做了还是没做。所有的情感以及愉悦和不快的感觉都"愿望"分离,这阻碍了任何仅仅是享乐心理的想法。愿望是**行动进程**中任何一种计划目标,不论它仅仅是得到心灵的娱乐,还是得到具体执行,这是一个确实有点重要的区别。我们将会做得很好,假如我们认为愿望事实上取决于身体的**运动态度**,而愿望得到贯彻时会变成公开的行动和**举止**的话。

正是这种"愿望"把心理学的主要教义转化并重塑为科学,就像

① Edwin B. Holt, *The Freudian Wish and Its Place in Ethics*, pp. 3—56. (Henry Holt & Co., 1915.)

"原子理论"和后来的"离子理论"重塑了早期的化学概念一样。这种所谓的"愿望"变成了心理学的单位,替代了通称为"知觉"的较老的单位,后者曾经被标注为意识的**内容**,而"愿望"是一个更为动态的事物。

毫无疑问,心智以某种方式被"包含"在身体里,但这是怎么做的? 好,假如心智和性格的单位是一种"愿望",那就很容易理解它是如何结合起来的。这种"愿望"正是身体作为一种机制所能做的,是与身体结构所能施展的环境相关的行动过程。这种能力显然存在于身体构成的各个部分,以及这些部分的组合方式之中,它并不在于身体得以形成这件事情上,而在于身体组织起来时所采取的形式上。

为了更仔细地观察这一点,我们必须把进化系列深入到生物学和生理学领域。在这里,我们发现很多关于神经和肌肉、感觉器官、反射弧、刺激和肌肉反应的讨论,而且我们感到,不论怎么讨论,都没有触及事情的核心,而且它们永远也做不到;精神不是神经或肌肉的反应;而且心智的活动——更不用说有意识的思考——永远不可能被简化为反射弧和类似的东西——就像一份印刷出版物不仅仅是轮子和滚筒,更不是一堆铁块。假如生物学家忽视了直接放在他鼻子下的事物,那只能怪他自己。他已经忽视了这些反射弧的**组织形式**,他已经遗漏了轮子和滚筒安装成印刷机的步骤,还忽视了把反射弧组织——正如我们目前所看到的——成为一种智能的,有意识的生物的步骤。进化在很久之前就已经开始了组织的这一重要步骤,从而产生了尚不成熟的"愿望"。

现在,感觉器官在反射弧里受到刺激,而刺激的能量转化为神经的活力,然后通过传导中枢进入中央神经系统,通过传导或运动神经传递给肌肉,能量在这里再次转换而且使肌肉收缩。在动物有机体一个点上的刺激会在另一个部位产生收缩。这里涉及过敏性和运动性原则,但是,所有关于这个过程的进一步研究只会引导我们进入能量转换的物理和化学——也就是在分析的方向上。然而,假如我们探究这种反射以什么方式混合或"整合"进更为复杂的过程,我们会被引入完全相反的方向(即**合成**)上去,而且我们很快会转到这个合成的新奇领域中去——这是不足为奇的。这是**具体的反应**或行为。

　　在这种单一的反射中，对感觉器官做了某些事情，而且感官内部的过程可以和任何不稳定物质遭到外部能量撞击时的过程相比；它严格来说是一种化学过程，而且针对传导神经，类似于针对肌肉收缩。作为一个生理事实，它导致的是在此过程中储存的能量被释放，以至于一个反射收缩差不多就像是手枪开火。但是反射弧没有意识到任何事，而且事实上，除非是我们要开始分析这个过程，否则也没有什么可多说的。但即使是两个这样的过程在一个有机体里一起进行，那也是非常不一样的事情。两个这样的过程要求两种感官，两条传导路径，以及两块肌肉；而且，因为我们正在考虑两者混合的结果，这六种成分的相对解剖位置是非常重要的。为简单起见，我将给出一个假想的但又完全可能的情况。一只小型水生动物在它前部的每一侧各有一个眼点①，每个眼点都和每一侧后部尽头的振动鳍神经相连，每片鳍产生的推力都是向后的。现在，假如用光照射一个眼点，比方说右边，那么左边的鳍就会运动，动物的身体向右旋转，就像一只有一支桨的小舟。这就是对于这种动物来说反射弧所能做的全部。然而，因为现在有两个眼点，当动物转到右边足够远的地方，以至于有些光线会照到第二个眼点（当动物转到面对右侧的时候会发生），右边的第二个鳍会运动，两者一起推动这只动物在一条直线上前进，这条线的方向将是两只眼睛接收到等量光照时动物所处的方向。换句话说，通过两种反射的联合行动，动物会游向**有光的地方**，每个单独的反射只会使它像一个陀螺一样旋转。现在它专门回应光线的方向，而之前它只是被撞击时才旋转。

　　现在，假设它具有**第三个反射弧**——一个与同样的鳍或其他的鳍连接的"热点"，当受到某种程度的热量刺激时，它会产生阻止向前推进的神经冲动。这只动物一直被"撞击"，但是不管怎样，没有光能够通过灼热迫使它"盲目向死"地游动。它具有"智能"的雏形。但它之前也这样。一旦两种反射弧能使它机械地**向光游去**，它就完

481

---

① 退化的单眼——译者注

全不再像一具风车,它至少能明确回应在它环境中的某件事物。

这种释放过程的客观参照是有意义的。单纯的反射并不能归因于超越其自身的任何事物,假如它把某个有机体推向某个方向,那只是像一支火箭在某个方向上随机发射一样,取决于它如何发生。但是专门的反应并不仅仅发生在某个随机的方向上,它**指向一个目标**,而且假如这个目标是移动的,响应中的有机体会改变它的方向,并在此之后一直运动下去。而客观参照就是有机体**将参照环境中的某些目标或事实来运动**。因为有机体——它自身是一个非常有趣的机制——的运动对外开动了它自身之外的对象,很像地球轨道转向太阳;而且这些外在的——有时是很远的——对象同样是行为过程的**组成部分**,就像做这种转向的有机体。在我看来,正是这种**关键的外部目标**,这种具体反应的对象,似乎已经被忽视了。

并不奇怪的是,动物和很多无脊椎动物一样具有高度组织的反射,即使它们不具备超出具体反应的其他行动原则,各种各样的生命活动应该表现出相当的智力。而我相信,事实上这种智力纯粹是具体反应累积的产物。我们目前的观点就是,具体的反应和弗洛伊德所用的"愿望"这个术语是同一个东西。

2. 弗洛伊德式的愿望[①]

"假如愿望是马,乞丐也能骑"是一句幼儿园的谚语,按照最近的心理学发展,这句话已经得到了比以前所认为的更广泛的运用。假如弗洛伊德心理学派的追随者能够相信——而且有很多理由去相信它们——不论表面上如何满足,也不管地球上的好东西供给有多好,我们所有人都是"乞丐",因为我们每天都在以某种方式背叛未达成的愿望。其中很多愿望是我们自己不能用文字来表达的。确实,假如它们为我们说话,我们会马上否认这种愿望在我们清醒的时候被我们窝藏。但是"清醒时刻"标明的时间段仅仅是 24 小时

---

① 改编自 John B. Watson, "The Psychology of Wish Fulfillment," in the *Scientific Monthly*, III(1916), 479—86。

里很小的部分,即使在这段时间里,我们没有睡着,我们还经常是心不在焉,做着白日梦,让时光在冥想中逝去。只有在我们清醒时段的有限部分里,我们才在我们的能力支持下敏锐和警醒地"头脑清醒"。因此,即使除了睡眠,还有很多不留神的时刻,此时那些所谓的"被抑制的愿望"可能显现出来。

在清醒时刻,我们只是希望习以为常的事物不会与我们的社会传统或生活法则背道而驰。但是这些开放和正大光明的愿望对于心理学家来说不是很有趣。因为它们是无害的,并且需要我们圈子里每个人都想要的东西,所以我们不介意承认它们和讨论它们。开放和无保留的愿望在儿童身上(尽管儿童在很小的时候就开始出现压抑)有最好的体现。就在今晚,我听到一个九岁的小女孩说:"我希望我是一个男孩,而且有十六岁——我会和安(她九岁大的同伴)结婚。"最近我听到一个八岁男孩对他父亲说:"我希望你永远离开,那么我就可以和妈妈结婚。"当儿童能按照成人的习惯说话时,儿童天然的和无保留的愿望就逐步消失了。但是,即使愿望表达的愚钝方式随着年龄增长而消失,但并没有理由假设人类有机体能达到像上述愿望那样反传统却又不带来麻烦的地步。然而,这些愿望立即被抑制了;在我们清醒的时候,我们永远不会庇护它们,也不会向自己清楚地表达它们。

在较简单的情况下进行抑制的步骤不是特别难理解。当儿童想要某些不该拥有的东西时,他的母亲会给他某些别的东西,并转移相关目标,直到儿童离开那种状态。当成人为某些社会拒绝给他的东西而奋斗时,他的环境提供给他——假如他是正常的——某些"几乎一样好"的东西,尽管不可能完全替代他最初奋斗的目标。总的来说,这是一个替代或升华的过程。从童年的第一刻起,它就永远不会完成。因此,自然就会假设很多拒绝我们的东西将时不时会召唤我们。但是因为它们被禁止,它们必然以迂回的方式来召唤。这些过去和现在显得冷酷的幽灵无法突破我们清醒时刻稳重和冷静的阻碍,所以它们——至少对于内行人——在幻想中以模糊的形式,在我们谈话和写作的过错中,以及我们嘲笑的事物中以更为实

483

质的形式表现出自身,但是在梦里却是最清晰的。我说的这种意义对于内行人来说是清楚的,因为它要求特殊的训练和经验来分析这些似乎无意义的口误和笔误,这些精心阐述且看似无意义的梦,进入使它们得以产生的愿望(本能和习惯冲动)之中。对我们来说幸运的是,我们受到这样的保护:我们不必公开面对我们的很多愿望和朋友的愿望。

484 　　我们通过观察孩子的梦,获得梦境是愿望实现的线索。他们的梦境就像他们说话一样是没有保留的。圣诞节之前,我们的孩子们每夜都梦到收到了他们想要的圣诞礼物。这些梦是清楚、合乎逻辑和开放的愿望。为什么成年人的梦不那么合乎逻辑,不怎么开放,除非他们充当愿望的掩藏者呢?假如儿童以一种合乎秩序和逻辑的方式做梦,他真的不会好奇去寻找成人缺乏逻辑并且充满意义的梦境过程吗?

　　这一观点给了我们一个很好的先验基础去假定成人的梦境是充满意义和合乎逻辑的,在每个梦境里都有一个愿望,这个愿望在梦境里得到满足。梦显得不合逻辑的原因是因为,假如梦境可以用其逻辑形式来表达,它将不会和我们的日常思考与活动习惯相一致。即使是我们自己,也不会情愿承认我们有那样的梦。一醒来,如此多的梦被记住,也就是说变成了日常语言,将与我们当时的生活相一致。换句话说,梦是被审查的。

　　问题马上出现了,谁是审查者,或者我们身体的什么部分执行这种审查?弗洛伊德学派把审查者建构成了差不多是一种“形而上学的实体”。他们假设,当愿望被压抑的时候,它们就被压入“无意识”之中,而这种神秘的审查者站在意识与无意识之间的陷阱活门上。我们很多人不相信有一个无意识的世界(少数人甚至怀疑意识这个术语的用处),所以,我们尝试沿着正常的生物学路线来解释这种审查。我们相信,一组习惯可能“下降到”另一组习惯或本能下方。在这种情况下,我们正常的习惯体系——那些我们能够用我们真实的自我来表达的东西——抑制或者终止了(使之失效或者部分失效)那些很大程度上属于过去的习惯和本能倾向。

　　具有审查和未被审查特点的梦境概念已经指引我们把梦区分为似是而非或外显的内容（通常是无意义的表面价值），与潜在或合乎逻辑的内容。我们应该说，虽然梦境的外显内容是荒谬的，但其真实或潜在的内容通常是合乎逻辑的，并表达了在清醒状态下被抑制的那些愿望。 485

　　通过考察，梦的外显内容充满了符号。只要梦境不需要转化为习惯语言，就允许保持在它梦见的状态中——符号的特征是不受审查的。符号象征比通常认为的要更为普遍。所有早期的语言都是符号。儿童和野蛮人的语言盛产符号。在艺术和文学里，象征表达模式都属于最早的以微妙和无害方式处理困难状况的最早形式。换句话说，艺术中的符号是一种必然，就像梦境中的审查者一样服务于同样的目的。然而，即使是我们之中那些没有接受过艺术教育的人，通过对文学的了解，也能熟悉较为常见的符号象征形式。在梦里，当更为精细控制的生理过程暂时中止之时，存在着恢复象征表达模式的倾向。这有它的用处，因为一醒来，梦就不会使我们震惊，因为我们在梦中并不尝试分析或者追溯符号的原始意义。所以我们发现，外显的内容经常充满了偶尔给我们提供梦境分析线索的符号。

　　假如我们被社会或个人剥夺了权力、影响或爱，梦将终止我们的失调，我们能在我们的梦里获得这些迫切需要之物。我们能在梦里拥有我们目前在现实中不能拥有的东西，在梦中，穷人变成大富翁，丑女变得漂亮，没有儿女的妇女被孩子围绕，那些日常生活中地上刨食的人在梦里像王子一样进餐（在托尔图加斯群岛靠罐头食品生活了两个月之后，我每次做梦的重点都是食物）。在所希望之物与我们的日常符码兼容的地方，它们在醒来时就像在做梦时一样被记住。然而，社会不会允许未婚妇女拥有小孩，然而她们的需要又是如此强烈。所以她们会用无意义的文字和符号来记住满足了她们愿望的梦。

　　在弗洛伊德的学说面世之前很长时间，威廉·詹姆斯就给出了 486
我认为真正解释了愿望的钥匙。三十年之后，他写道：

　　　　我经常面对的是必须站在我自己的一边，同时放弃其余。假如我能的话，我并不是不想既英俊又丰满，衣着光鲜，身体很强壮，年入百万，喜欢锦衣玉食，多情圣手，还是一个哲学家，一个慈善家，一个政治家，一个武士，一个非洲探险家，还是一位诗人和圣徒。但这是不可能的。百万富翁的工作与圣徒的事业背道而驰，喜欢锦衣玉食者和慈善家会彼此绊倒，哲学家和情圣不可能住在同一栋粘土房子里。在生命的开端，这些不同的角色对于一个人来说都是可能的。但是要使其中之一变为现实，其余的就或多或少会被抑制住。

　　詹姆斯在这里特别强调的是，人类有机体能够沿着很多不同的路线发展，但是由于文明的压力，这些天生能力中的某些能力必然会受到阻碍。除了这些本能的因此也是遗传的冲动，有很多同样强大，但由于类似原因必然被放弃的习惯性冲动。我们在四岁时形成的习惯体系（即我们学会执行的活动）不会对十二岁的我们还有用。那些十二岁形成的习惯也不会在我们成年之后为我们服务。随着我们从童年变为成人，我们必须不断放弃上千种我们的神经和肌肉体系想去执行的活动。某些生来就用的本能倾向是低劣的遗产；某些我们早期发展起来的习惯同样是糟糕的财产。但是，不论它们是好是坏，它们必须让路，因为我们具备了成人所要求的习惯。它们之中有些会屈服于困难，我们常常在试图清除它们的时候遭遇严重的扭曲，就像每个精神病医院都能见证的一样。正是在这些令人沮丧的冲动里，我将发现未达成愿望的生理基础。这些"愿望"永远不需要成为"意识"，**也永远不需被压进弗洛伊德的无意识领域里。**由此可以推断，没有什么特殊的理由对这种倾向使用"愿望"一词。因此，我们在梦里、谈话口误及其他失误中发现的东西本质上是"反应倾向"——这是我们永远无需面对，或在任何时候都不用诉诸语言的倾向。按照弗洛伊德的理论，这些"愿望"曾经被个人面对并转化为语言，当面对之时，它们却被认为与其道德准则不相一致。它们会立即"被压进无意识之中"。

487

一些例证可以有助于理解受挫的倾向如何为后来出现在梦中的所谓未实现愿望奠定基础。一个人变成一名心理学家，尽管他很感兴趣成为一名医生，因为对他来说，当时循着心理学路径进行训练更为容易。另一个人追求商贸事业，但假如他有选择的话，可能已经成为一名剧作家。有时为了照顾母亲或年幼的弟弟和妹妹，一位年轻人没法结婚，尽管求偶的本能是正常的；这样的行动必然会在其教育中舍弃未达成的愿望和受挫的冲动。同样，一位因考虑成熟而结婚和定居的年轻人将显示出，假如他不受家庭的拖累，他的事业会进展更大。再有，一个已婚者甚至不承认自己的婚姻是失败的，他会逐步让自己与任何情感表达隔离开——通过升华自己天然的家庭纽带来保护婚姻状态下的自己，通常是做某些引人入胜的工作，但常以有问题的方式来进行——通过业余爱好、速度狂以及各种各样的过激行为。在这方面的有趣之处是汽车，它完全远离其功能上的价值，将成为一种广泛使用的抑制措施或升华愿望的工具。越来越多女性司机使我震惊，在目前的社会状态下，妇女并不能和男子一样获得吸引人的工作（这将很快变成一种比宗教审判严重得多的犯罪）。所以，她们正常上升的机会是很有限的。因此，妇女通过当护士，成为社会工作者，从事飞机制造业，等等，匆匆忙忙地投入战争，以寻求出路。现在，假如我的分析正确的话，这些去做不同于我们正在做的事情的倾向永远不会完全消除。除非我们能重建自己，使我们的有机体机制只沿着某些路线或只为某些职业运作，否则我们不能清除它们。因为我们不能完全适应这些趋势，我们都或多或少"失调"或不适应。凡是刹车停止时——也就是说，我们更高级和成熟的言行习惯静止时，比如睡眠、情绪紊乱等——这些失调就会显露出来。

488

很多但并非全部的这些"愿望"可以追溯到儿童早期或青春期，这是一个压力和紧张的时期，也是一个激动人心的时期。在儿童期，男孩经常把自己放在父亲的位置上，他希望自己能像父亲一样长大，取代父亲的地位，因为这样母亲就会更多注意他，他也就不必感到权威的分量。女孩也经常紧密依恋父亲，希望母亲死去（这在儿童期意指消失或离开),使她能全心全意对待父亲。从大众道德的角度来说,这些愿望是完全无辜的,但随着孩子长大,他们被告知,这些愿望是错误的,而且他们不能以那样"可怕的"方式说话。这些愿望接着会被逐渐抑制,被其他某些表达方式取代。但是这种取代常常是不完美的。使徒的话"既成了人,就把孩子的事情丢弃"[①]是在精神分析学时代之前写的。

3. 个人及其愿望[②]

人类有各种各样的"愿望",从渴望食物到为人类服务的愿望。

任何能得到欣赏(所欲的)的事物就是一种"价值"。食物、金钱、一首诗、一种政治学说、一种宗教教义、另一种性别的成员,等等,都是价值。

也存在负面的价值——那些存在着,但个人并不想要,甚至是鄙视的东西。烈酒或意地绪语对一个人来说可能是正面的价值,但对别人来说却是负面的。

个人针对某种价值的心态就是一种"态度"。喜欢钱、追求名声、欣赏某首诗、敬畏上帝、憎恨犹太人,都是态度。

我们把愿望分为四类:(1)渴求新经验;(2)渴求安全;(3)渴求承认;(4)渴望回应。

(1)渴求新经验以简单的形式体现在儿童的潜行和管闲事等活动,以及男孩和男人对冒险和旅行的喜爱中。它的道德品质范围从追求游戏和愉悦到追求知识和理想。这在流浪汉和科学探索者中同样都能找到。小说、戏剧、电影,等等,都是替代满足这种愿望的手段,它们的大众性是这种愿望的基础力量的标志。

渴求新经验的愿望其纯粹的形式意味着动机、变化、危险、不稳定、缺乏社会责任。受其支配的个人表现出无视现行标准和群体利

---

① 出自《新约·哥林多前书》13:11。——译者注

② 重述威廉·托马斯的一篇论文,"The Persistence of Primary-Group Norms in Present-Day Society," in Jennings, Watson, Meyer, and Thomas, Suggestions of Modern Science Concerning Education.(Published by The Macmillan Co., 1917. Reprinted by permission.)

益的倾向。由于他的不稳定,他可能是个彻底的失败者,或者是一个显眼的成功者,假如他把他的经验转变成社会价值——用诗歌表达它们,使它们对科学有贡献,等等。

（2）渴求安全与渴求新经验相对立。它意味着避免危险和死亡、谨慎、保守。与一个组织（家庭、社团、国家）的结合提供了最大的安全。在某些动物社会里（如蚂蚁），组织与合作非常僵化。同样,我们的移民群体代表的欧洲农民的所有行为路线都由传统预先决定了。在那样一种群体里,只要群体组织是安全的,个人就是安全的,但是他显然很少独创性和创造性。

（3）渴求承认体现在确保自身在公众眼中的独特性的手段上。寻求承认的不同方式的清单可能很长。它包括勇敢的行为,卖弄服饰和衣着,王室的排场,展示观点和知识,拥有特殊的造诣——比如在艺术上。它同样表现在傲慢和谦卑,甚至是殉道之中。寻求承认的某些模式被界定为"虚荣心",其他一些被界定为"野心"。"权力意志"也属于这里。也许没有什么因素比对"不朽名声"的渴求更能激发人的活动,也没有什么动机比对名声的追求更为直白,而且也很难估计渴求承认在社会价值观的创造中所起的作用。

490

（4）渴求回应一般说来不是渴望得到公众的承认,而是渴望个人更为亲密的欣赏。它的典型就是母爱（触摸在这种联系中起着重要的作用）、浪漫的爱情、家庭情感以及其他个人的依恋。它表现为思乡和孤独。确保承认的很多手段也用于确保回应。

显然,这四种类型包含了所有积极的愿望。像愤怒、恐惧、憎恨和偏见这样的态度,就是针对那些可能会阻挠愿望的事物的态度。

我们的希望、恐惧、灵感、快乐与这些愿望联系在一起,并从它们生发出来。当然,一生当中会有很多千变万化的愿望混合,一个特定的行为可能包含了其中很多种混合。因此,当一个农民移民到美国,他可能期望有好日子并学会很多东西（新经验）,期望发财（更大的安全）,期望在返乡之后有更高的社会地位（承认）,以及引诱某人和他结婚（回应）。

个人的"性格"取决于他的愿望构成的特性。四种愿望中任何一种所处的支配地位是我们对其性格进行普通判断的基础。我们对个人性格的欣赏（正面或负面的）基于他表现出来的与其他人相对的愿望，以及他寻求实现愿望的方式。

个人对其态度整体的态度构成了他自觉的"人格"。自觉的人格代表着自我概念，是个体对自己性格的欣赏。

491

III. 研究与问题

关于社会力量概念的文献分为四个方面：（1）流行的社会力量概念；（2）社会力量与历史；（3）作为社会力量的利益、情绪和态度；（4）作为社会力量的愿望。

1. 流行的社会力量概念

"社会力量"（social forces）一词首先在美国通行，伴随着"改革者"的兴起，也伴随着大众对城市生活问题的兴趣的增长；这些问题就是：劳工和资本，市政改革和社会福利，社会政治问题。

在农村社区，个人有所依赖，但在城市，他很可能迷失。正是大城市生活里个人重要性的下降——与非个人的社会组织、政党、工会和俱乐部相比——首先表明了社会力量一词的恰当性。1897年，华盛顿·格拉登出版了一本名为《社会事实与力量：工厂、工会、公司、铁路、城市、教会》的书，这个词立即得到了广泛的流传和普遍的接受。

在华盛顿召开的第28届国际慈善和矫正大会上，玛丽·E.里奇蒙德宣读了一篇名为"慈善合作"的论文，她在其中从社会工作者的角度提出了社区社会力量的图表和分类。

从1906年10月开始，《社会工作者、慈善团体和共识》杂志（现为《调查》杂志）连续几年以"社会力量"为题刊登关于社会、产业和市民问题的社论。在E.T.迪瓦恩写的第一篇文章里，进行了以下表述："在本栏目，编辑打算逐月就具有社会力量意义的人、书籍和事件发表意见……并不是所有社会力量都是善的力量，尽管它们都处于正义力量的终极控制之下。"

慈善工作者可以合作的力量示意图

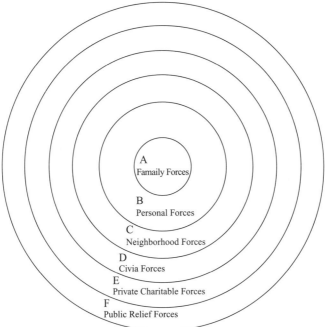

A—家庭力量

　每个成员的能力：

　　情感

　　训练

　　努力

　　社会发展

B—个人力量

　亲属

　朋友

C—邻里力量

　邻里、房东、商人

　以前和现在的雇主

　　　牧师、主日学校教师、教会同事

　　　医生

　　　工会、兄弟会和福利社团、社交俱乐部、工友

　　　图书馆、教育俱乐部、班级、定居点,等等

　　　储蓄机构、储蓄银行、集邮、建筑和贷款协会

　　D—公民力量

　　　学校教师、旷课训导员

　　　警察、治安法官、缓刑监督官、少管所

　　　卫生部门、卫生督导、工厂督察

　　　邮递员

　　　公园、浴室,等等

　　E—私人慈善力量

　　　慈善组织协会

　　　家庭所属教派的教会

　　　乐善好施的个人

　　　国家的、特殊的和普遍的救济协会

　　　慈善就业机构和工作室

　　　空气净化协会、儿童救助协会、儿童保护协会、儿童之家,
　　　等等

　　　乡村巡回护士、病号厨房、药房、医院,等等

　　　取缔罪恶协会、囚犯救助协会,等等

　　F—公共救济力量

　　　救济院

　　　户外贫困部

　　　公共医院和药房。

　　十年之后,全国社会工作大会的一组成员组成了一个名为"社区
的社会力量组织"的部门。与社会力量相关联的社区(community)
这个词表明,每个社区都可以设想为一个明确的社会力量的星座。
这个概念以这种形式卓有成效地提出了一个更为抽象、更易懂,同
时更健全的社区生活概念。

493

最近几年进行的大多数社会调查都是基于这样的概念:社区是体现在制度和组织之中的社会力量的复合体。每次社区调查的具体任务就是在单独的和经常是孤立的机构里揭示出社区。第三章"社会与群体"结论中的社区调查参考文献有助于进一步研究社会力量概念在社区研究中的应用。

2. 社会力量与历史

历史学家经常——特别是在最近几年——采用"社会力量"这种表达,尽管他们并没有对它下定义。库诺·弗兰克(Kuno Francke)[1]在他的书《社会力量决定的德国文学史》的前言里认为,该书是"分析决定整个德国文学成长的社会、宗教和道德力量的最坦诚尝试"。丹纳在《古代政体》的前言里说:"不偏袒任何一方,好奇心就变成了科学,并集中到指引这一奇妙过程的神奇力量上。这些力量由每一组行动者的情境、激情、观念和意志构成,而且可以界定和测量。"

在像法国的丹纳(Taine)[2]、英国的巴克尔(Buckle)[3]和德国的卡尔·兰普雷克特(Karl Lamprecht)[4]这样的历史学家——他们开始有意把历史写成自然史——的著作里,我们发现在历史研究里使用社会力量概念的首次严肃尝试。这个学派的作者对历史过程和对历史事实都同样感兴趣,并一直在努力把个人看作是阶级的代表,并用一般的和抽象的术语来界定历史趋势。

但是这些术语构建的历史往往成为社会学,兰普雷克特说:"历 494 史是一门**社会—心理科学**。在历史研究新旧倾向的冲突中,主要的问题必定是与个人心理因素形成对比的社会—心理问题;或者从总体上讲,是去理解作为历史进程之动力的环境和英雄。"[5]卡莱

---

① 库诺·弗兰克(Kuno Francke, 1855—1930),德国历史学家。——译者注
② 伊波利特·阿道尔夫·丹纳(Hippolyte Adolphe Taine, 1828—1893),法国文艺理论家和史学家,历史文化学派的奠基者。——译者注
③ 亨利·托马斯·巴克尔(Henry Thomas Buckle, 1821—1862),英国历史学家,著有《英国文明史》。——译者注
④ 卡尔·兰普雷克特(Karl Lamprecht, 1856—1915),德国历史学家。——译者注
⑤ Karl Lamprecht, What Is History? p.3.(New York, 1905.)

尔——他的历史观和兰普雷克特相去甚远——说道："世界的历史根本上就是伟人的历史。"

历史学家对历史的考证和使历史变得积极的尝试——从来没有完全成功——对这一主题提供了更为有趣的评论。①

3. 作为社会力量的利益、情绪和态度

已经写就的关于人类动机的作品（最初与最近的）比人类生活其他方面的作品都要多。但只是在最近几年，心理学家和社会心理学家才拥有了能使他们分析和解释这些事实的观点或研究方法。较老的内省心理学倾向于笼统考虑运动倾向和意志，但是在分析感觉和智力过程时，意志消失了。

关于这个主题的文献包括由动物行为和本能的研究者——劳埃德·摩根、桑代克、华生和勒布——撰写的作品。它包括别赫捷列夫、帕夫洛夫，以及所谓的俄罗斯客观心理学派对人类行为的有趣研究。它也应该包括像英国的格雷汉姆·华莱士、美国的卡尔顿·帕克和奥德维·泰德这样的作者，他们是寻求对社会问题运用新的人性科学的作者。②

早期社会科学基于某些含蓄或外显的人类动机理论。在对这一问题的经验性研究做出任何系统性尝试之前，经济学、政治学和伦理学已经构想出了人性理论，以证明它们的预设和程序是合理的。

495　　在古典政治经济学中，人类行为的单一动机体现在抽象的"经济人"里。功利主义伦理学派把所有的人类动机简化为自利。无私的行为被解释为开明的自利。由于把人化约为"一台有智力的计算器"，这种理论遭到批判。对于赫伯特·斯宾塞来说，进化论提出了对人类动机的一种新解释，重申了这些动机的个人主义起源，但将利他情操解释为进化缓慢积累的产物。斯宾塞认为利他主义是种

---

① 参见 chap.i, Sociology and the Social Sciences, pp.6—12。

② 参见 references, chap.ii, "Human Nature," p.149。

族的开明自利。

18 世纪的英国经济学家以确定的方式给了我们现代社会的首次系统解释。隐含在亚当·斯密的《国富论》里的社会概念既反映了英国人的脾气,也反映了他们生活的时代。[①]18 世纪是个人主义、放任和自由的时代。除了妇女,一切都处于解放过程之中。

这个时代经济学家的兴趣指向个人行为最具个人主义和受到最少控制的社会生活领域,即市场。如古典经济学家所构想的,经济人更完整地体现在拍卖场的交易者身上,而不是社会中其他任何情境中的其他任何人身上。处于这种地位的交易者发挥着非常重要的社会功能。

然而,也有其他社会情境创造了其他社会类型,而社会学家从 496 很早的时候就把他们的注意力指向了社会生活中很不一样的部分,即社会的统一与团结。成为社会学中社会概念之基础的,不是拍卖场,而是家庭。成为社会学中心问题与事实的,不是竞争,而是控制。

社会化——当这个词被用来进行评价而不是描述时——为社会努力设定的目标是一个这样的世界:冲突、竞争和个人外部性(假如不完全消失的话)将会萎缩,让所有人都能像一个家庭的成员一样一起生活。这也是我们当代主要的预言家威尔斯(H. G. Wells)[②]提出的进步目标。[③]

因此,可以理解的是,社会学家将用其他术语而不是自利来构想社会力量。如果没有经济人之外的其他人类动机产生作用,那将只有经济学而没有社会学了,至少在我们今天设想的意义上是这样。

在拉岑霍费尔和斯莫尔的著作里,利益被假定为既是行为的无意识动机,也是其有意识的结果。斯莫尔对利益的分类——健康、

[①]　关于亚当·斯密的政治哲学的哲学背景的讨论,可参见威廉·哈斯巴赫(Wilhelm Hasbach),Untersuchungenüber Adam Smith.(Leipzig, 1891.)

[②]　赫伯特·乔治·威尔斯(Herbert George Wells, 1866—1946),英国著名作家,特别是在其科幻小说里对人类社会的未来做出了很多预言。——译者注

[③]　H. G. Wells, The Outline of History, Vol.II, pp.579—95.(New York, 1920.)

财富、社交能力、知识、美貌、公正——已获得普遍接受。

"情绪"被法国作者勒布、比内和其他人用来作为整个情感生活领域的总称。A. F. 尚德在《心智》杂志的两篇论文《性格与情感》和《里博的激情理论》里区分了情绪和情感，做出了独特的贡献。尚德指出，情绪作为社会经验的产物，是围绕着某个事物的观念组织起来的情感。麦克杜格尔在他的《社会心理学》里采用了尚德的定义，并描述了典型情绪的组织，例如爱和恨。

托马斯是第一个采用态度这个术语获得成果的人，他把态度界定为一种"行动倾向"。他顺带指出，态度是社会性的，也就是互动的产物。

4. 愿望与社会力量

沃德曾说过："社会力量希望通过努力寻求满足，因此也成为激发活动的动力，这些活动指的是通过社会协同来创造社会结构，或者是通过创新和意志来改变已建立的结构。"①沃德在别处还说："欲望是唯一的行为动机。"②

精神病医生的精神分析学派试图把所有动机都简化为一个——愿望，或利比多。弗洛伊德认为，性欲和与之关联的记忆是人类某些重要行为形式（如果不是全部）的无意识来源。但弗洛伊德对性的解释似乎包括了源于触觉刺激的全部欲望领域。对荣格来说，性欲是激发人们调整生活的关键能量。阿德勒通过对有机体自卑感的研究，把性欲解释为对完美无缺的渴望。奇怪的是，这些对弗洛伊德的批判虽然不接受他对无意识愿望的解释，但仍然寻求把所有动机简化成一个单一的单元。然而，通过一个公式来解释所有行为，这什么也解释不了。

另一方面，用较老的社会学文献来解释很多不相关的有意的愿望，这并不是超越常识发现的伟大进步。托马斯的定义和分类的独

---

① Pure Sociology, p.261.(New York, 1903.)
② *Dynamic Sociology*，II，90.(New York, 1883.)

特价值在于，他把诸多欲望简化为四种。然而这四种愿望决定了最简单和最复杂的人类行为。他在波兰农民的研究中使用的这种方法表明了分析个人和社会的生活组织的可能性。

参考书目

I. 流行的社会力量概念

（1）Patten, Simon N. *The Theory of Social Forces*. Philadelphia, 1896.

（2）Gladden, Washington. *Social Facts and Forces*. The factory, the labor union, the corporation, the railway, the city, the church. New York, 1897.

（3）Richmond, Mary. "Charitable Co-operation," *Proceedings of the National Conference of Charities and Correction*, 1901, pp.298—313. (Contains "Diagram of Forces with which Charity Worker may Co-operate.")

（4）Devine, Edward T. *Social Forces*. From the editor's page of The Survey. New York, 1910.

（5）Edie, Lionel D., Editor. *Current Social and Industrial Forces*. Introduction by James Harvey Robinson. New York, 1920.

（6）Burns, Allen T. "Organization of Community Forces for the Promotion of Social Programs," *Proceedings of the National Conference of Charities and Correction*, 1916, pp.62—78.

（7）*Social Forces*. A topical outline with bibliography. Wisconsin Woman's Suffrage Association, Educational Committee. Madison, Wis., 1915.

（8）Wells, H. G. *Social Forces in England and America*. London and New York, 1914.

II. 作为社会力量的历史趋势

（1）Lamprecht, Karl. *What Is History*? Five lectures on the

modern science of history. Translated from the German by E. A. Andrews. London and New York，1905.

（2）Loria，A. *The Economic Foundations of Society*. Translated from the 2d French ed. by L. M. Keasbey. London and New York，1899.

（3）Beard，Charles A. *An Economic Interpretation of the Constitution of the United States*. New York，1913.

（4）Brandes，Georg. *Main Currents in Nineteenth-Century Literature*. 6 Vols. London，1906.

（5）Taine，H. A. *The Ancient Régime*. Translated from the French by John Durand. New York，1891.

（6）Buckle，Henry Thomas. *History of Civilization in England*. 2 Vols. New York，1892.

（7）Lacombe，Paul. *De l'histoire considérée comme science*. Paris，1894.

（8）Francke，Kuno. *Social Forces in German Literature*. A study in the history of civilization. New York，1896.[Pg 499]

499 　（9）Hart，A. B. *Social and Economic Forces in American History. From The American Nation*，*A History*. London and New York，1904.

（10）Turner，Frederick J. *Social Forces in American History*，*The American Historical Review*，XVI(1910—11)，217—33.

（11）Woods，F. A. *The Influence of Monarchs*. Steps in a new science of history. New York，1913.

III. 利益与期望

A. 社会学家界定的利益、愿望和欲望

（1）Ward，Lester F. *Dynamic Sociology*，*or Applied Social Science*. As based upon statical sociology and the less complex sciences. "The Social Forces," I，468—699. New York，1883.

（2）——. *Pure Sociology*. A treatise on the origin and spontaneous development of society. Chap. xii, "Classification of the Social Forces," pp.256—65. New York, 1903.

（3）——. *The Psychic Factors of Civilization*. Chap. ix, "The Philosophy of Desire," pp.50—58, chap. xviii, "The Social Forces," pp.116—24. Boston, 1901.

（4）Small, Albion W. *General Sociology*. Chaps. xxvii and xxxi, pp.372—94; 425—42. Chicago, 1905.

（5）Ross, Edward A. *The Principles of Sociology*. Part II, "Social Forces," pp.41—73. New York, 1920.

（6）Blackmar, F. W., and Gillin, J. L. *Outlines of Sociology*. Part III, chap ii, "Social Forces," pp.283—315. New York, 1915.

（7）Hayes, Edward C. "The 'Social Forces' Error," *American Journal of Sociology*, XVI(1910—11), 613—25; 636—44.

（8）Fouillée, Alfred. *Education from a National Standpoint*. Translated from the French by W. J. Greenstreet. Chap. i, pp. 10—27. New York, 1892.

（9）——. *Morale des idées-forces*. 2d ed. Paris, 1908. ［Book II, Part II, chap. iii, pp.290—311, describes opinion, custom, law, education from the point of view of "Idea-Forces."］

B. *经济学家界定的利益和欲望*

（1）Hermann, F. B. W. v. *Staatswirthschaftliche Untersuchungen*. Chap. ii. München, 1870. ［First of the modern attempts to classify wants.］

（2）Walker, F. A. *Political Economy*. 3d ed. New York, 1888. ［See discussion of competition, pp.91—111.］［Pg 500］

（3）Marshall, Alfred. *Principles of Economics*. An introductory volume. Chap. ii, "Wants in Relation to Activities," pp.86—91. 6th ed. London, 1910. 500

（4）——. "Some Aspects of Competition," *Journal of the Royal Statistical Society*. Sec. VII, "Modern Analysis of the Motives of Business Competition," LIII（1890）, 634—37. ［See also Sec. VIII, "Growing Importance of Public Opinion as an Economic Force," pp.637—41.］

（5）Menger, Karl. *Grundsatze der Volkswirthschaftslehre*. Chap.ii, Wien, 1871.

（6）——.*Untersuchungen über die Methode der Socialwissenschaften und der politischen Ökonomie insbesondere*. Chap.vii, "Über das Dogma," etc. Leipzig, 1883.

（7）Jevons, W. S. *The Theory of Political Economy*. Chap.ii, "Theory of Pleasure and Pain," pp.28—36; "The Laws of Human Wants," pp.39—43. 4th ed. London, 1911.

（8）Bentham, Jeremy. "A Table of the Springs of Action." Showing the several species of pleasures and pains of which man's nature is susceptible; together with the several species of interests, desires and motives respectively corresponding to them; and the several sets of appellatives, *neutral*, *eulogistic*, *and dyslogistic*, by which each species of motive is wont to be designated. ［First published in 1817.］ *The Works of Jeremy Bentham*, I, 195—219. London, 1843.

C. 欲望和价值

（1）Kreibig, Josef K. *Psychologische Grundlegung eines Systems der Wert-Theorie*. Wien, 1902.

（2）Simmel, Georg. *Einleitung in die Moralwissenschaft*. Eine Kritik der ethischen Grundbegriffe. Vol.I, chap.iv, "Die Glückseligkeit." 2 Vols. Berlin, 1904—05.

（3）Meinong, Alexius. *Psychologische-ethische Untersuchungen zur Wert-Theorie*. Graz, 1894.

（4）Ehrenfels, Chrn. v. *System der Wert-Theorie*. 2 Vols. Leipzig, 1897—98.

（5）Brentano, Franz.*Psychologie vom empirischen Standpunkte*. Chap.vi—ix, pp.256—350. Leipzig, 1874.

(6) Urban, Wilbur Marshall. *Valuation, Its Nature and Laws*. Being an introduction to the general theory of value. London, 1909.

(7) Cooley, Charles H. *Social Process*. Part VI, "Valuation," pp.283—348. New York, 1918.

IV. 情绪、态度和愿望

(1) White, W. A. *Mechanisms of Character Formation*. An introduction to psychoanalysis. New York, 1916.[Pg 501]

(2) Pfister, Oskar. *The Psychoanalytic Method*. Translated from the German by Dr. C. R. Payne. New York, 1917.

(3) Jung, Carl G. *Analytical Psychology*. Translated from the German by Dr. Constance E. Long. New York, 1916.

(4) Adler, Alfred. *The Neurotic Constitution*. Outlines of a comparative individualistic psychology and psychotherapy. Translated from the German by Bernard Glueck. New York, 1917.

(5) Freud, Sigmund. *General Introduction to Psychoanalysis*. New York, 1920.

(6) Tridon, André. *Psychoanalysis and Behavior*. New York, 1920.

(7) Holt, Edwin B. *The Freudian Wish and Its Place in Ethics*. New York, 1915.

(8) Mercier, C. A. *Conduct and Its Disorders Biologically Considered*. London, 1911.

(9) Bechterew, W. v. *La psychologie objective*. Translated from the Russian. Paris, 1913.

(10) Kostyleff, N. *Le mécanisme cérébral de la pensée*. Paris, 1914.

(11) Bentley, A. F. *The Process of Government*. A study of social pressures. Chicago, 1908.

(12) Veblen, T. *The Theory of the Leisure Class*. An economic study in the evolution of institutions. New York, 1899. [Discusses the

501

wish for recognition.〕

（13）——. *The Instinct of Workmanship*. And the state of the industrial arts. New York，1914. 〔Discusses the wish for recognition.〕

（14）McDougall，William. *An Introduction to Social Psychology*. Chaps. v—vi，pp.121—73. 13th ed. Boston，1918.

（15）Shand，A. F. "Character and the Emotions，" *Mind*.，n.s.，V(1896)，203—26.

（16）——. "M. Ribot's Theory of the Passions，" *Mind*.，n.s.，XVI(1907)，477—505.

（17）——. *The Foundations of Character*. Being a study of the tendencies of the emotions and sentiments. Chaps. iv—v，" The Systems of the Sentiments，" pp.35—63. London，1914.

（18）Thomas，W. I.，and Znaniecki，F. *The Polish Peasant in Europe and America*. III，5—81. Boston，1919.

主题相关的论题

1. 自然科学中的力量概念。

2. 历史阐释与社会力量。

3.《地方社区近期研究》中的社会力量概念。

4. 作为社会力量的机构：教会、出版社、学校，等等。

5. 作为社会力量组织的机构：分析一个典型的机构，它的组织、主导人物，等等。

6. 作为社会力量的人：分析决定典型社会群体中支配性人格行为的动机。

7. 作为社会力量的群体意见。

8. 时代的倾向、趋势和精神。

9. 心理学、精神分析和社会学里界定的态度、情绪和愿望概念的历史。

10. 作为愿望之组织的态度。

502

11. 弗洛伊德的愿望。

12. 从四种愿望的角度来看个人与社会的瓦解。

13. 四种愿望的法则：所有愿望都必须实现；一种类型的愿望（承认）不能替代另一种愿望（回应）。

14. 主导性愿望：它在人与群体组织中的作用。

15. 典型的态度：家庭主义、个人主义、"被压迫民族的精神紧张"、种族偏见。

16. 情绪—态度的突变性：爱与恨、自尊与谦卑，等等。

讨论问题

1. 列出你知道的影响社区社会生活的显著社会力量。这种分析的价值何在？

2. 西蒙斯如何使用"社会力量"这个术语来分析美国历史中的事件过程？

3. 你在何种意义上理解伊利（Ely）对"社会力量"这个术语的使用？

4. 你认为，会存在一种与其他倾向都无冲突的社会倾向吗？

5. 从目前的趋势预测将来，能有多大程度的正确性？

6. 你如何通过时代潮流来理解"时代趋势"、"时代精神"？

7. 你对公共意见有何理解？它是如何起源的？

8. 美国的立法总是公共意见的结果吗？

9. 公共意见的趋向能决定团体行动吗？

10. 公共意见等同于群体成员意见的总和吗？

11. 社会力量与互动的关系是什么？

503

12. 有可能把趋势、倾向和公共意见的研究和利益、情绪和态度的研究整合起来吗？

13. 欲望是基础性的"社会要素"吗？

14. 你如何理解斯莫尔所说"我们能简化人类活动的最终要素是我们可以方便命名为'利益'的单元"这句话？

15. 斯莫尔的利益分类是什么？你认为它令人满意吗？

16. 你认为冲动和利益之间的差别是什么？

17. 人们采取行动是根据他们的利益还是冲动？

18. 做一个图表来展示你熟悉的六个人的利益差异？

19. 做一个图表，指明六个选定群体的利益变化？

20. 你认为利益和社会压力之间的差别是什么？

21. 你认为本特利的以下表述是对的："没有奴役，没有受到最严重的虐待，但有助于形成政府"？

22. 群体对其社会成员施加社会压力吗？给出例证。

23. 你如何理解一个观念与一种观念—力量的差异？

24. 给出观念力量的例证。

25. 存在什么不是观念力量的观念吗？

26. 你对情绪有什么理解？

27. 利益和情绪有什么区别？分别给出例证。

28. 是情绪还是利益对一个人或一个群体的行为的影响更大？

29. 你对社会态度有什么理解？

30. 什么是心智冲突？

31. 无意识（而不是意识）在多大程度上决定人的行为？给出一个人的行为与其理性决定不一致的例子。

32. 你对心理情结有什么理解？

33. 记忆与心理情结有什么关系？

34. 你对人格有什么理解？它和心理情结有什么关系？

35. 常识意味着什么？

36. 霍尔特如何界定弗洛伊德所说的愿望？

504

37. 他对愿望和运动态度进行了什么区分？

38. 你如何说明导言里界定的态度和愿望之间的区别？

39. 你认为态度在多大程度上可以描述为愿望的一种组织？

40. 作为社会原子的愿望与作为社会要素的态度之间的类比在多大程度上是合理的？

41. 什么是"精神审查"？

42. 什么是弗洛伊德的抑制理论？抑制的是意识还是无意识？

43. 愿望与职业选择的关系是什么？

44. 给出"四种愿望"的例子。

45. 用四种愿望的表达方式来描述一个人。

46. 什么社会问题的产生是因为某些愿望被抑制？

47. "一种愿望不可能被另一种愿望替代"，你同意这种说法吗？详述你的立场。

48. 从四种愿望的角度分析一个群体的组织。

第八章 竞 争

I. 引 言

1. 流行的竞争概念

作为一种普遍现象，竞争首先在生物学家那里得到清楚的构想和充分的描述。就像进化论公式"生存斗争"所界定的，这个概念抓住了大众的想象力，并成为人们熟悉的口头禅。在此之前，竞争被看作是一种经济现象而不是生物现象。

正是在 18 世纪，在英国，我们首次发现商人和掮客在现代世界扮演的这种新角色得到普遍认可。"竞争是商业的生命"是商人的座右铭，它对竞争概念有条件的赞同包含了现代工业社会整个哲学的萌芽，因为其教义是由亚当·斯密和重农学派提出的。

18 世纪的经济学家首先试图使建基于竞争和个人自由之上的社会秩序合理化。他们教导说，在人的利益中有一种自然的和谐，它一旦得到解放，将会不可避免地带来所有可能的世界中最好的一种，即最大多数人得到最大的好处。

个人在追求自己的利益时，必定会寻求生产与出售对于社群来说最有价值的东西，"他在这件事上，就像在很多其他情况下一样"，如亚当·斯密指出的，"被一只看不见的手推动，去促成一个并非他本意的目标。"

这个概念已由法国作家弗雷德里克·巴斯夏(Frédéric Bastiat)①进

---

① 弗雷德里克·巴斯夏(Frédéric Bastiat，1801—1850)，法国自由主义经济学家。——译者注

行了更为丰富的表述。

> "由于起初似乎是个人排他性财产的商品被明智上天的可敬法令（竞争）变成了所有人的共同持有物；由于环境的自然优势、土壤的繁殖力、温度、矿藏的丰富程度，甚至是工业技能因为生产者之间的竞争而无法积累，但是会更多增进消费者的收益，因此，没有国家会对其他所有国家的进步不感兴趣。"① 506

商业在自由放任原则下寻求并获得的自由，已经极大扩展了竞争领域，创造出了一个以前只局限于本地市场的世界经济。同时，它已经创造出了一种包含人类所有国家和种族的劳动分工，并顺带使受人鄙视的掮客上升到了一个以前任何时代的上层阶级都想不到的富裕和有权力的位置。如今对于利益竞争的控制有了新的要求，这不仅是为了那些没能共享普遍繁荣之人的利益，也是为了竞争本身的利益。

"不公平竞争"是现在越来越多听到的一种说法。这表明存在着控制竞争的规则，从竞争本身的利益出发，竞争能够也应该被控制。同样的概念也体现在那些利用控制竞争来确保竞争的人对"竞争自由"的要求中。而在对竞争的谴责——因为"竞争创造垄断"——中出现了其他的声音。换句话说，竞争——假如达成其合乎逻辑的结论的话——最终导致竞争的湮没。在竞争对竞争的这种摧毁中，我们似乎是因为自由而失去自由，或者更笼统地说，没有社会控制的无限制的自由最终会以否定自由和奴役个人而告终，但需要说的是，竞争对竞争的限制简单来说意味着竞争过程总是趋于建立一种均衡。

更为根本的反对意见就是，在给予经济竞争的自由时，社会已经牺牲了并不直接参与经济过程的其他基本利益。在任何情况下，

---

① Bastiat，Frédéric，*Oeuvres complètes*，tome VI，"Harmonies économiques，" 9e édition，p.381.（Paris，1884.）

经济自由都存在于社会已经创造和保持的秩序之中。正如我们所

507　知,经济竞争意味着私人财产权(这是国家的创造物)的存在。正是在这种前提下,更为激进的社会学说——共产主义和社会主义——寻求彻底废除竞争。

2. 竞争,一个互动过程

在互动的四大类型——竞争、冲突、适应与同化——之中,竞争是初级、普遍和根本性的形式。正如我们看到的,社会联系引起社会互动。但是严格来说,竞争是**没有社会联系的互动**。如果从已有的观点来看,这似乎是某种悖论,那是因为在人类社会中。竞争总是由于其他过程而变得复杂,也就是说,它附带着冲突、同化与适应。

只有在植物群落中,我们才能够看到孤立的竞争过程,没有其他社会过程那么复杂。一个植物群落的成员生活在一种相互依存的关系中,我们可以称其为社会性的,因为虽然它是封闭和生死攸关的,但不是生物性的。它不是生物性的,因为这种关系仅仅是外在的,而且组成它的植物甚至不是同一物种。它们不能杂交。一个植物群落的成员彼此适应,就像所有生物使自身适应环境一样,但是它们之间没有冲突,因为它们并没有这种意识。只有当竞争被意识到时,当竞争者将彼此视为对手或者敌人时,竞争才会以冲突或者对抗的形式出现。

这意味着,竞争是**没有社会联系**的互动。只有当心灵相通,只有当一个人心中的意思传递到其他人心中,以至于当这些心灵互相影响时,才能恰当地说,社会联系是存在的。

另一方面,社会联系并不局限于触摸、感觉或言辞,它们可能比我们想象的更亲密、更无处不在。多年前,黄种的日本人击败了白种的俄国人,在接下来的几个月里,这一引人注目的事件报道正如

508　我们后来学到的,渗透到了地球的尽头。它带来了一种遍及亚洲的震撼,甚至在中非最黑暗的角落里也被人知晓,它在每个地方唤起奇怪且异想天开的梦想。这就是社会联系的意义。

a) **竞争与竞争性的合作**。社会联系会不可避免地引发冲突、适应或同化,同样也总是会创造出同情、偏见、个人关系与道德关系——它们会修改和控制竞争,使其复杂化。另一方面,在文化过程创造出来,并且由习惯、法律和传统强加的限制之中,竞争总是倾向于创造出一种非人格化的社会秩序。每个个体在其中都能自由追求他的利益,而且在某种意义上被迫这样做,使其他每个个体成为达成目标的手段。然而,在这样做的时候,他不可避免地通过彼此交换服务,为共同福祉做出贡献。正是交易业务的这种本质把获利动机分离出来,并使其成为商业组织的基础,而且,只要这种动机成为支配性的和排他性的,商业关系就必然具备普遍的非人格特征。

"竞争",沃克(Walker)说道:"与情绪相对立。无论何时,任何经济行动者去做或容忍任何事情,都会受到除了在交易中付出最少获得最多的欲望之外的情绪影响,也就是爱国主义、感激、慈善或者虚荣的情绪,这导致他去做不同于自身利益所激发的事情,在这种情况下,竞争规则被抛开。"①

这就是"不能把情感与生意混为一谈"、"生意就是生意"、"公司是无情的"等熟悉的谚语的意义所在。正是因为公司是无情的,也就是说非人化的,所以它们代表着最发达、最有效率的、最负责任的商业组织形式。但正是由于同样的原因,它们能够、也需要为了共同体的利益而被控制,而这种利益不能直接转化为个体的收益与损失。

植物群落是竞争性合作创造出的社会组织类型的最好例证,因为在植物群落里,竞争是没有限制的。

b) **竞争与自由**。社会的经济组织只要是自由竞争的一个后果,就是一个生态组织。除了植物和动物生态,还有一种人类生态。

假如我们假定经济秩序根本上来说是生态性的,也就是由生存斗争创造的像植物群落那样的一个组织,可以想象其中个体之间的关系至少是完全外在性的,那就可以恰当地提出这样的问题:为什么竞争及其创造出来的组织应该被视为完全是社会性的。事实上,

509

---

① Walker, Francis A., *Political Economy*, p.92. (New York, 1887.)

社会学家们已经普遍识别出了社会秩序与道德秩序,而杜威在其著作《民主与教育》中表明,纯粹的经济秩序——人在其中变成一种手段而非其他人的目的——是非社会性的,假如不是反社会的话。

然而,事实是,人类关系中的**外在性**特征是社会与社会生活的基础方面。它仅仅是那些被视为社会分配的方面的另一种表现。社会是由空间上分离、地域性分布、能够独立运动的个体组成的。这种独立运动能力是其他每一种独立形式的基础和象征。自由根本上来说是活动的自由,如果没有获得个人体验的能力和机会(这是独立行动的结果),个性是不可思议的。

另一方面,完全真实的是,只有在个人的独立活动因为群体整体利益而被控制时,社会才能存在。这就是控制问题(在其明显意义上使用这个术语)必然成为社会学核心问题的原因。

c) **竞争与控制**。与竞争相区别的冲突、同化与适应都与控制密切相关。竞争是社会的分配与生态组织得以创建的过程。竞争决定了人口的地域和职业分布。劳动分工和个人之间所有广泛的、有组织的、经济上的相互依赖,以及现代生活中个人群体的特殊性都是竞争的产物。另一方面,强加于这个竞争组织的道德和政治秩序是冲突、适应与同化的产物。

510　　在生物世界里,竞争是普遍性的。在普通环境之下,甚至与它牵涉最多的个人也没有注意到这一点。只有在危机时期,当人们做出新的和有意识的努力来控制他们共同生活的状况时,他们的竞争力量才会得到认可,竞争才被转化为冲突。正是在所描述的政治过程中,社会有意识地处理它的危机。①战争是典型的**政治过程**。正是在战争里,伟大的决策得以做出。政治组织的存在是为了处理冲突局面,政党、议会和法庭、公开辩论和投票都只不过是战争的替代品。

d) **适应、同化与竞争**。另一方面,适应是个人和群体针对竞争和冲突产生的社会状况而做出必要内部调整的过程。战争和选举改变形势。当如此进行的变革是决定性的和被接受时,冲突的缓和

---

① 参见 chap.i, pp.51—54。

及它所产生的紧张状态在适应过程中得到解决,使相互竞争的单元即个人和群体产生深远变化。一个人一旦彻底失败,就会像经常提到的"再也不会一样了"。征服、镇压和失败既是社会过程也是心理过程,它们建立一种新的秩序,这不仅仅是通过改变地位,还要改变当事人的态度。最终,新的秩序把自身固定在习惯和风俗中,然后被转化为已有社会秩序的一部分,以便代代相传。自然世界和社会世界都不能同时满足自然人的所有愿望。事实上,财产权、各种既得利益、家庭组织、奴隶、种姓和阶级、整个社会组织都代表着适应,也就是说,代表着个人自然愿望的限制。这些社会性传承的适应可能是在前几辈人的痛苦和抗争中成长起来的,但是他们已经传给下一代人并被接受,成为自然的、不可避免的社会秩序的一部分。所有这些都是通过地位限制竞争的控制形式。

然后,通过政治秩序和有意识的控制来确认冲突。另一方面, 511
适应与固定和建立在习惯与风俗中的社会秩序有关。

与适应不一样的同化意味着人格更为彻底的转型——一种在最具体和亲密的社会联系影响下逐步发生的转型。

适应就像宗教改宗一样,可以视为一种变异。愿望是一样的,但是它们的组织却有差别。同化的发生与其说因为组织改变,不如说是因为人格的内容即记忆的改变。个人单元由于亲密的联系,可以说是互相渗透的,并以这种方式获得共同的体验和传统。群体的持久和团结最终依赖于这些共同体验和传统。历史的作用正在于保护这些共同体验和传统,按照新的体验和改变了的状况去评判和重新解释它们,并以这种方式保持社会和政治生活的连续性。

社会结构与竞争、冲突、适应以及同化过程的关系可以用以下图式来表示:

社会过程	社会秩序
竞争	经济均衡
冲突	政治秩序
适应	社会组织
同化	人格与文化遗产

3. 文献分类

本章选择的文献展示的是(1)竞争在社会生活和所有生活中扮演的角色;(2)由于劳动分工,竞争创造出的组织类型。这些材料被自然地归为以下类别:(a)生存斗争;(b)竞争与隔离;(c)经济竞争。

512   材料的顺序用于指出人类对自然和人类自身进行控制的增长和延伸阶段。社会的演化是对自然控制的逐步扩展,以及用道德秩序来替代自然秩序。

竞争在生存斗争中有其背景,这种斗争通常呈现为竞争性个体的一场混战,不适应者在其中灭亡,使适者得以生存。自然秩序的概念作为一种无政府状态,"每个人对抗所有人的战争",霍布斯这句对社会学者来说是很熟悉的话最近出现在生物学中。在达尔文之前,植物和动物生活的研究者在自然界中看到的不是无序,而是有序,不是选择,而是设计。新老解释之间的差异与其说是事实的差异,不如说是观点的不同。参照植物和动物物种的分类来看,他们呈现出一系列相对固定和稳定的类型。植物和动物群落同样如此。在一般环境下,植物和动物群落成员和环境之间的调节是如此完整,以至于观察者将其解释为一种合作秩序,而不是一种竞争性的无序状况。

然而,调查发现,植物和动物群落处于一种不稳定均衡的状态,环境的任何变化都可能摧毁它们。这种类型的群落没有组织起来,使自身抗拒或适应群落在环境中的变化。例如,植物群落就只是一种隔离的产物,一种没有神经或者沟通手段的聚合,允许为了群落整体的利益而使个体受到控制。①

在所谓的动物社会中,情况则有所不同。动物在某种程度上适应了竞争状况,但也部分适应了合作状况。动物的母性本能、群聚性、性吸引都把竞争或多或少限制在同一家庭、兽群或物种的个体上。

513   在蚂蚁群落的例子里,有最小限度的竞争与最大限度的合作。

---

① 兔子被引入澳大利亚——这里没有食肉性的竞争对手——使这一物种极大增殖,使其数量已经成为一种经济威胁。一种攻击棉铃的昆虫——棉铃象鼻虫的出现已经极大改变了南部棉花种植区的农业特征。科学家现在正在寻找某些能够恢复平衡的棉铃象鼻虫的天敌。

　　而人在竞争上的自由发挥受限于情感、习惯和道德标准,更不要说通过法律进行的更为有意识的控制。

　　在没有限制的时候,竞争的特征在同样物种之中比在不同的物种之中更激烈。人最大的竞争者就是人。另一方面,人类对于植物和动物世界的控制如今几乎可以说是完成了,因此,一般来说,只有那些服务于人类的目的的植物和动物才被允许存在。

　　另一方面,人与人之间的竞争很大程度上已经转换为对抗和冲突。冲突的影响已经日益扩展到控制领域,并修改和限制这些领域之中的生存斗争。战争的影响总体来说已经扩展到和平的领域。竞争已经被习惯、传统和法律所限制,生存斗争已经呈现为针对生计和身份的斗争形态。

　　绝对自由的竞争既不可取也不可能。另一方面,从个体的角度来说,竞争意味着流动、自由,而从社会的角度来说,这意味着实用主义或实验性的变化。限制竞争等同于限制流动、接受控制,以及工具性利用(沃德创造的术语,指与自然变迁相区别的由社会推动的变迁)。

　　每个社会的政治问题就是这样的现实问题:如何确保竞争的最大价值,亦即个人自由、主动性和原创性,而且同时要控制竞争为社群利益释放的能量。

II. 文　　　选

A. 生存斗争

1. 生存斗争的不同形式①

　　达尔文在他关于有机生命的解释中采用了人类事务中为人熟知的"生存斗争"准则,而且他表明,假如我们认识到,在连续的过程中,生存斗争不仅仅可以与人类生活中的斗争相比拟,而且根本上 514

---

①　改编自 J. Arthur Thomson,*Darwinism and Human Life*,pp.72—75.(Henry Holt & Co.,1910.)

来说就是一样的,那我们会对生命的本质有明晰的认识。他为有机生命提出了一种社会学观念,并且展示出这种观念是合适的。但是,在他证明这种社会学观念在生物学领域的恰当性和功效时,他明白地宣布"生存斗争"这一说法意味着一种简略表述的公式,概括了大量的斗争与努力、推进与闪避、行动与反应。

某些达尔文的继承者煞费苦心地去区分很多不同形式的生存斗争,这种分析有助于使我们意识到这种过程的复杂性。达尔文本人似乎并没有太多关心逻辑上的筹划与精确,对他来说,只要坚持在"一种宏大和隐喻的意义上"使用这种说法,并对其各种模式进行充分的说明,就足够了。就我们目前的目的来说,效法他的榜样就足够了。

a) **同伴之间的斗争**。——当一大群蝗虫吃光了所有绿色植物,它们有时就会开始对付其他蝗虫。这种同一物种同伴间的同类相食——例如很多鱼类的例子所证明的——是生存斗争最激烈的形式。这种斗争并不需要直接成为现实,关键一点在于,竞争者寻求的是相同的迫切需要之物,而其供给是有限的。

作为密切相关的物种之间激烈斗争的一个例子,达尔文给出的是大鼠之间的斗争。在 1727 年褐色大鼠跨过伏尔加河之前,黑色大鼠存在于很多欧洲城镇里,当褐鼠来到之后,黑鼠则被击败。所以如今大不列颠事实上已经没有黑鼠。在这里,生存斗争又是直接的竞争。很难区分争夺食物的斗争和争夺配偶的斗争。似乎最清晰的是,这里包含了雄鹿和松鸡的战斗,或者黑色雄松鸡超乎寻常的求偶,它们日出时在山上展示自己的美貌。

b) **敌人之间的斗争**。——在蝗虫群与鼠类的战斗里,存在着同
515 一物种或关系密切物种之间的竞争,但是生存斗争包含了更宽泛的对抗。我们在性质完全不同的敌人之间、在食肉动物和食草动物之间、在猛禽和小型哺乳动物之间发现它。在所有这些情况下,都可能有光明正大的战斗,比如在狼与鹿之间,或者在鹰与貂之间,但是当整个战斗是单方面进行的时候,这一过程的逻辑和生物都不一样了。例如斯堪的纳维亚山谷里密度很高的旅鼠在行进时,会有鸟和

猛兽跟着,这使它们的数量越来越少。此外,物种之间的竞争不需是直接的,如果两者追寻的是同样的东西,就会有同样的结果。胜利将更有效和更多产。

　　c) **与命运斗争**。——我们的斗争进一步扩大,我们超越竞争的观念,转到活的有机体与其生活的非生命环境之间的生存斗争——比如,鸟与冬天的雪之间、水生动物与水的变化之间,植物与干旱之间、植物与霜冻之间——广义上来说就是生活与命运之间的斗争。

　　我们在这里不可能追求暗示性的想法,即除了个体之间的斗争,还有群体之间的斗争——后者在人类之中发展得最明显。类似地,其他方向的活动,在人体的器官或组织之间、身体细胞之间、等效的生殖细胞之间,以及——就像魏斯曼所描绘的——可能在构成我们遗产的很多事项之间,存在着斗争。

　　2. 竞争与自然选择①

　　"生存斗争"这一术语是在一个宽泛的和隐喻意义上来使用的,包括一方对另一方的依赖,而且包括的(这更为重要)不仅仅是个体的生活,还有留给子孙后代的成功。在饥荒的时候,两种犬科动物可以说真的是在为了食物和生存彼此斗争。而沙漠边缘的一株植物则为了抗拒干旱而进行生存斗争,尽管更确切地应该说它依赖的是降雨量。一株每年生产上千颗种子(其中平均只有一个能够成熟)的植物可以说是在与同类植物和覆盖地面的其他植物作斗争。槲寄生依赖于苹果和其他一些树,但这只能牵强地说,它在与这些树作斗争,假如太多的这些寄生虫生长在同一棵树上,这棵树就会凋萎和死亡。但是在同一树枝上紧挨着生长的一些幼苗状态的槲寄生却可以说是彼此在进行斗争。由于槲寄生是被鸟传播的,它的存在依赖于鸟,这可以比喻为在与其他结果实的植物进行斗争,诱使鸟类吞噬并散布其种子。在这些相互影响的意义上,为了方便起见,我采用"生存斗争"这一总称。

516

---

① 改编自 Charles Darwin, *The Origin of Species*, pp.50—61. (D. Appleton & Co., 1878.)

一场生存斗争不可避免地要遵循所有有机物趋于增长的高速率。每种在其自然寿命期内都会生产几个卵或种子的生物,必然会在其生命的某些时期里、在某些季节或偶然的年份遭到破坏,否则,按照几何增长原则,它的数量将会很快变得不同寻常地多,以至于没有任何国土能支持这种生产。所以,当生产出来的个体比可能生存的个体更多时,在每种情况下——一个个体与同一物种的其他个体,或者与不同物种的个体,或与生活的自然环境之间的斗争——必然就会有一场生存斗争。马尔萨斯的学说被多重力量运用于整个动物和植物王国,因为在这种情况下,不可能有任何人为的食物增长,也不会对婚姻有审慎的控制。尽管如今有些物种可能在数量的增长上或快或慢,但所有物种都不可能这样做,因为世界无法控制它们。

对于每种有机物都以如此高的速度进行自然增长的法则来说,是没有什么例外的,假如不摧毁此法则,地球将很快被一对配偶的后裔所覆盖。即使是缓慢繁殖的人类,也在25年里翻了一番,按照这种速度,在不到一千年的时间里,人类的后代就真的是没有立锥之地了。林奈(Linnaeus)①就计算过,假如一株一年生植物只生产两个种子——没有植物像这样缺乏生产力,而且它们的种子下一年也生产两个种子,那么在20年里就会有生产出一百万株植物。大象是所有已知动物里繁殖最慢的,我已经努力去估算它可能的最小自然增长率,最保险的假设是它三十岁时开始繁殖,生育持续至90岁,在此间隔里生产46个小象并得以存活,直到100岁;假如是这样,在740—750年这段时期,将会有将近1900万只象得以生存,而它们都起源于第一对大象配偶。

同一物种的个体和变种之间的生命之争是最严峻的。由于同一属的物种通常——尽管并不总是——在习惯和体质上很相似,结构上也总是类似的,假如它们彼此竞争,这种斗争总的来说会比和

517

---

① 卡尔·林奈(Carl Linnaeus,1707—1778),瑞典生物学家、首先提出物种分类法。——译者注

不同属的物种之间的竞争要严峻。我看到最近一种燕子在美国各地的扩张已经导致了其他物种的减少。目前槲鸫在苏格兰的增加已经导致画眉鸟的减少。我们经常听到一种鼠在最不一样的气候下替代另一种鼠！在俄罗斯，亚洲小蟑螂在它伟大的同类之前到处被驱赶。在澳大利亚，进口的蜂巢蜜蜂快速消灭了小的、无刺的本地蜜蜂。我们可以隐约发现，为什么在自然秩序中几乎填满同一地点的同盟者之间的竞争是最严峻的，但是在任何一种情况下，我们都不可能精确地说出为什么一个物种在伟大的生命之战中战胜另外的物种。

从上述言论里可以推断出最重要的结论，也就是，每个有机体的结构以最基本但往往是隐蔽的形式关联着其他所有有机体，它与这些生物争夺食物或居所，或者从这些生物那里逃脱，或者捕食这些生物。这一点明显体现在老虎的牙齿和爪子上，以及寄生在腿和爪子上，能爬到老虎毛发上的寄生虫上。但是在蒲公英漂亮的羽毛状种子里，在龙虱扁平与带毛边的腿上，这种关系似乎最初只限于空气和水的要素。羽毛状种子的优势无疑在于和已被厚厚的其他植物覆盖的土地最紧密的关系，这样种子就可以广泛散布和降落到未被占据的土地上。在水甲虫里，其腿部结构非常适合潜水，允许它与其他水生昆虫竞争，去捕食它的猎物，并且避免成为其他动物的猎物。

很多植物的种子里贮藏的养分初看起来似乎和其他植物没有关系，但是从豌豆和豆类在长草里播种生成的幼嫩植物的强劲生长来看，可以让人怀疑种子里养分的主要用途是满足幼苗的生长，以便和周围其他旺盛生长的植物竞争。

看看在其物种范围内的一种植物，它为什么不是其数量的两倍或四倍？我们知道它完全能够承受更多的热或者冷，更多的潮湿或者干燥，它可以延伸到更热或更冷、更潮或更干的任何地方。在这种情况下，我们能够清楚看到，假如我们希望在想象中赋予植物数量增长的能量，我们必须给它一些压过其竞争对手或者捕食它的动物的优势。在它地理范围的界限里，遵循气候而改变结构显然是我

518

们植物的一种优势。但是我们有理由相信,迄今为止,只有少量植物或动物的活动范围遭到严酷气候的专门性摧毁。直到我们达致生命的极端边界,在北极区域或者在完全沙漠的边界上,竞争才会停止。土地可能极端寒冷或者干燥,但在某些物种之间或者同一物种的个体之间,将会去竞争更温暖、更湿润的地点。

因此,我们可以看到,当一种植物或者动物被置于新竞争者所属的新国土时,它的生活状况一般会发生根本性的改变,尽管气候可能与它以前的居所完全一样。假如其平均数量在其新家有所增长,我们将不得不以一种不一样的方式改变它,去做我们在其故乡必须做的事情,因为我们必须给予它一些压过不一样的竞争者或对手的优势。

所以,尝试在想象中给任何一个物种以压倒其他物种的优势,519 这是很好的。可能在任何情况下,我们都不知道要做什么。这应该让我们明白,我们对所有有机体的相互关系一无所知,这是一种必要但又很难获得的信念。我们所能做的就是坚定地记住,每种生物都在努力达成几何级数增长;每个生物在其生命的某些时期,在某些季节,在每一代或每一间隔,都必须为生存而斗争,并承受巨大的破坏。当我们反思这种斗争时,我们可能用这样的信念安慰我们自己:大自然的战争不是无休止的,感觉不到恐惧,死亡通常是迅速的,而且有蓬勃、健康、愉快的生存和繁衍。

3. 竞争、专门化与组织①

自然选择只能通过保存与积累变化来运作,在每种生物在全部生命期里都暴露于其中的有机和无机环境下,这些变化都是有益的。最终的结果就是,每种生物与其环境的关系总会变得越来越好。这种改善必然导致全世界更多的生物组织逐渐进步。

但在这里,我们涉及了一个非常复杂的主题,因为博物学家们

---

① 改编自 Charles Darwin, *The Origin of Species*, pp.97—100。(D. Appleton & Co., 1878.)

并没有就组织的进步意味着什么给出令彼此满意的界定。在脊椎动物里，智力程度和结构方式对于人类来说显然产生着作用。人们可能认为，不同部位和器官在它们从萌芽到成熟的发展过程中的变化数量足以作为比较标准；但也有某些情况，就像某些寄生甲壳动物，结构的一些部分变得不那么完美，所以不能说成熟的动物就会比其幼体更高级。冯·巴尔（Von Baer）[①]的标准似乎是最为广泛采用的，并且是最好的，即同一生物成年状态下各部分分化的数量，还有——我倾向于补充的——它们针对不同功能的专门化；或者就像米尔恩·爱德华兹（Milne Edwards）[②]所表达的，生理劳动分工的完整性。但是，我们将看到这一主题是多么晦暗不明，例如我们看看鱼，某些博物学家把像鲨鱼这样最接近两栖动物的鱼类列为最高等级；另外一些博物学家则把普通的多骨或硬骨鱼视为最高级，因为它们是最严格的鱼类，并与其他脊椎动物区别最大。如果转向植物，我们可以更清楚地看到这个主题的模糊性。智力的标准在植物中当然是完全排除的，某些植物学家把那些拥有每一种器官如萼片、花瓣、雄蕊、雌蕊，以及每一片花都得到充分生长的植物列为最高等级，而另外的植物学家——可能更为真实——则把那些有几种器官得到较大改良并且数量减少的植物列为最高等级。

520

假如我们把每种生物成熟时（这将包括大脑出于智力目的的发育）几种器官的分化和专门化的数量作为高度组织化的标准，自然选择显然会指向这个标准；由于所有的生理学家都承认器官的专门化——只要在这种状态下，它们就能更好发挥功能——都有益于每种生物；因此，变化的累积趋向于专门化正是在自然选择的范围之内。另一方面，我们可以看到——考虑到所有有机体正努力以高速率增长，并利用自然秩序中每一个未被占据或较少被占的地点，自然选择完全可能逐步使一种生物适应几种器官变得多余或无用的状况，在这些情况下，组织规模将会出现退化。

---

① 卡尔·欧内斯特·冯·巴尔（Karl Ernst Ritter von Baer，1792—1876），德国生物学家、地理学家。——译者注
② 米尔恩·爱德华兹（Milne Edwards，1800—1885），法国动物学家。——译者注

但是，假如说所有有机体的规模总会增长，这可能会遭到反对。世界各地的生物是如何以最低数量的形式而存在，而且在每个大类当中，某些形式如何比其他形式有更高度的发展呢？为什么发展得更为高级的形式不会处处都替代和消灭较低级的形式呢？根据我们的理论，低级有机体的持续存在不会给自然选择带来困难，或者说，最适者的生存并不必然包括进步性的发展——它只是利用产生的这些变异，并在其复杂的生命关系中有利于每一种生物。可能有人会问，据我们所见，高度组织化对于一种滴虫类微生物——就像肠蠕虫，甚至是蚯蚓——来说，到底有什么好处。如果没有好处，这521 些形式将会被自然选择舍弃，毫无改进或者改进甚少，而且可能会无限期地处于当下这种低级状况之中。而且，地质学告诉我们，某些最低级的形式——比如纤毛虫和跟足虫——在它们当前的状态里已经存在了很长时期。但是，假设大多数现存的低级形式自从其生命之初起就处于最不发达的状态，这就太轻率了；对于每个已经解剖过某些如今在规模上排名很低的生物的博物学家来说，肯定都被它们真正奇妙且美丽的组织所震惊。

假如我们观察同样的大群体之中不同等级的组织，比如脊椎动物中哺乳动物和鱼的共存，哺乳动物中人与鸭嘴兽的共存，鱼类当中鲨鱼和文昌鱼（蛞蝓）——后者的结构极其简单，接近于无脊椎动物——的共存，几乎同样的说法也是适用的。但是哺乳动物和鱼类几乎不可能彼此竞争，整个哺乳动物或者其中某些成员进化到最高等级，并不会使他们替代鱼类。生理学家认为，大脑必须沐浴在热血中才会保持高度活性，这要求呼吸空气，所以温血哺乳动物住在水里时就处于必须持续到水面呼吸的劣势。至于鱼类，鲨鱼家族的成员并不会替代文昌鱼，至于文昌鱼，按我从弗雷泽·穆勒那里听到的，已经是巴西南部贫瘠的沙质海岸上一种不规则环节动物的唯一伙伴和竞争对手。三种最低级的哺乳动物，即有袋类、贫齿类和啮齿类，在南美某些区域与大量猴子共存，相互间的干扰可能很少。

虽然整体来说，全世界的组织可能已经发展了，而且可能始终在前进，但规模将总是呈现出很大程度的完善；因为某些类别整体，或者每个类别的某些成员的高度进化并不必然导致那些没有与它们进行激烈竞争的物种的灭绝。在某些情况下,低级的组织形式由于栖居在有限或特定的地点而一直保存到今天,在这些地方,它们只面对不严重的竞争,它们微薄的数量已经阻止了有利的变异机会的出现。

最后,我相信,如今全世界很多低级组织形式的存在是有多种原因的。在某些情况下,有利于自然的变异或个体差异可能永远不会因为自然选择的行动和累积而产生。也许无论如何都没有时间达成尽可能多的发展数量。在少数情况下,会出现我们必定称之为组织退化的状态。但主要原因在于,事实上在非常简单的生命状况下,一种高级的组织将是无用的——很可能实际上还是有害的,因为其性质更为脆弱,更容易失去秩序和受到伤害。

4. 人类,一种适应机制①

自然界中的每个事物——有生命或无生命——的存在与发展都以牺牲其他某些有生命或无生命的事物为代价。植物要借用土壤,土壤借用岩石和大气,人和动物要借用植物,并彼此借用在死亡后返回给土地、大气和植物的元素。年复一年,一个世纪又一个世纪,一个时代接一个时代,强大的、不可估量的、不停歇的元素循环在这样惊人的化学变化过程中持续着,这标志着物质永恒的生命。

对于肤浅的观察者来说,自然在其所有的组成部分里似乎充满了一种深刻的和谐与和平的精神;对于科学家来说,很明显这个巨大场域里的每个微小粒子都处于一种孤注一掷的状态,并不停地斗争,以获得恰当的物质和能量供给的份额,足以维持它与周围环境处于均衡状态。这种斗争不仅表现在生命形式里,在鸟和兽类以及昆虫对食物与栖息地的竞争里,而且——假如我们相信放射现象科学的启示(一种变化的过程,一种元素的原子瓦解并同时形成另一

---

① 改编自 George W. Crile, *Man：An Adaptive Mechanism*, pp.17—39。(Published by The Macmillan Co., 1916. Reprinted by permission.)

种元素的过程)——还发生在无生命物质的每个片段里,这个过程
的特征类似于有机体中更为短暂的生与死的过程,很可能再现了地
球上所有有机与无机形态伟大进化过程的最初步伐,已经从最初的
太空演化而来,动作缓慢得让人不可思议,持续不断,并且不允许打
破从无生命到有生命事物的序列。

从胶质黏液到人类是一条漫长的路,其概念把我们的想象力耗
费到了极致,但这是一种现在已经很好证明了的上升过程。确实,
缺失环节的问题并不像人类作为适应的产物而获得功能和器官起
源这个问题难。不论我们把我们目前身体的组成部分看作是有用
还是无用的机制,我们都必须把它们视为环境力量和有机体之间长
期冲突的结果。

到处都有生物在追逐,有些生物在摆脱另一些生物。这是一个
获取食物和寻求不被当成食物的永恒剧目,冲突结构中的进化适于
完成这两种反应。强者到处捕食弱者,快捷者捕食迟钝者,机灵者
捕食笨拙者;弱者、迟钝者和笨拙者通过进化出防御机制来反击,这
或多或少足以击退压迫者,或者使其攻击无用。因为每种生物必须
要生存,而且那些已经生存下来的生物,已经通过或多或少适应它
们的环境证明了它们生存的权利。生物之间这种双重冲突的结果
就是进化出多种多样的结构和功能:牙齿、爪子、皮肤、色彩、皮毛、
羽毛、角、獠牙、狡诈的本能、力量、隐藏、欺诈和谦让,这些构成了动
物世界的特征。根据每种动物的天敌的特征与数量,都会进化出它
的特殊机制,把它与其同伴区分开来,并使它能在其特殊的环境里
生活。

在每种情况下,每种生物的命运似乎就已经限定在一种机制
里。老虎依靠其牙齿和爪子,大象和犀牛依靠其强壮,鸟类依靠其
翅膀,鹿依靠其速度,乌龟依靠其外壳——所有这些都能对抗敌人
的攻击,并进行繁衍。在有消极防御的地方,比如贝壳或羽毛,很少
需要智力,也没有智力的证据;在有难闻气味的地方,不需要也不会
出现爪子或硬壳;在有毒液或毒刺的地方,不需要也不会拥有气味、
爪子、外壳、超出寻常的强壮,或精明;在斗争最严酷的地方,存在着

最复杂和最丰富的生存手段。

在整个进程中,在有机体的斗争中可以看到的进化过程,已经体现为脑力对体力的不断胜利。而反过来,这也可以视为依靠**易变性**而非**稳定性**的生存过程的一种体现。无论哪里,展示出快速反应、对刺激极其敏感、改变能力等品质的有机体都是生存、征服、进步的个体。从控制更广阔环境的角度来说,自然之中最有用的品质就是**易变性**、**可塑性**、**流动性**或**多用途性**。人类适应环境的特殊手段就是这种多用途性。借助于高度组织的中枢神经系统的多重反应表达出的这种品质,人类能够支配动物并使自己维持在一个比动物更宽广的环境里。就像外壳、毒物和气味的防御机制,人类特殊的防御机制即神经反应(心智)的多用途性,是由于其环境状况的特定组合而自动获取的。

在大约两千万年前的第三纪,沐浴在热带温暖气候中的地球已经产生了繁茂的植被和庞大的小头动物成群结队的后代,繁茂的植被为它们提供了丰富且容易获得的食物。它们是一种巨大、笨拙和奇形怪状的物种,体积庞大且强壮,但智力低下,笨重地在大地上漫游,懒洋洋地吞噬着大地上丰富的食物。随着食肉动物的进步,我们的老虎、狼、土狼、狐狸的最初先驱迎来了一个压力期,相当于经历了七年丰收之后的七年饥荒,使这些冷漠的食草怪物遭受了一场严峻的淘汰斗争。

在身体更轻、更敏捷、更为聪明的敌人进行主动攻击之前,这笨拙和缺乏灵活性的物种垮掉了,那些幸运的具有更多反应的唯一幸存下来的物种能够发展出防御模式,和其敌人具有的攻击模式旗鼓相当。很多未能发展出地面战斗所必需的敏锐感觉和敏捷肢体的物种退出了争斗,并获得更为消极和被动的防御手段。有些动物,比如蝙蝠,逃入空中。其他像松鼠和猿猴的物种则到树上避难。 525

正是在这些虚弱生物——它们由于在地面上缺乏足够的进攻、防卫或逃逸手段而逃到树上——构成的大厅里,人类远古祖先的面貌已经被识别出来。你可以想象,来自食肉动物的压力必然迫使类人猿祖先的脚出现选择性的转变,成为可以握持的手。和树上生活相一致的,人类特有的"适应"——**多用途性**——路径无疑是迅速进化出来的。多用途性的增长和手的进化使人类能够在百万年后从树上下到地面,通过进一步演化和运作它的战略器官——大脑,去征服世界。因此,我们可以假定,已经出现了我们如今称为心智、理性、远见、发明等精细的复杂反应。

人类要在动物中占据优越地位的要求与其说取决于**不同的**反应,不如说取决于和低等动物的反应相比**更大的反应数量**。对环境中更多要素做出适应性反应的能力带来更大的主导权,这就是全部奥秘。

同样是去测量人类物种——艺术家、金融家、政治家、科学家——神经反应的数量,总是比冷漠的野蛮人的反应更多。在所有动物里,只有人类能达成足够的多功能性,这并不比大象进化出比野猪更大的鼻子和獠牙,鹿的腿应该比牛的要敏捷,燕子的翅膀应该比蝙蝠的翅膀飞得快等现象更为引人注目。每个有机体在特定环境中发展出与其安全相称的特征组合时,都达到了其必要性与"进步"能力的极限。有大量且可靠的事实证据表明,不管人类在哪里受到有利于生活的不变环境的抑制性影响,他都没有显示出比最迟钝的动物更为进步的倾向。确实,他常常退化。为食物和居所而战斗的需要一直在刺激人类前进,去构成人类今天生存的物质与精神生活的多重形式。就像植物获得空气,以及动物在战斗中击败竞争对手的简单适应机制一样,思想与人际关系的高度差别化功能是有机体适应其环境中各种实体的必然结果。

B. 竞争与隔离

1. 植物的迁移、竞争与隔离①

侵入是一种完整且复杂的过程,迁移、定居(植物对新家的适

---

① F. E. Clements, *Plant Succession*. An analysis of the development of vegetation, pp.75—79. (Carnegie Institution of Washington, 1916.)

应)和竞争是其中必要的组成部分,而竞争是关键的部分。它包括植物或植物群落从一个区域进入另一个区域,并在后者当中拓殖的全部运动。从迁移的特征来看,侵入在任何时刻和方向都在进行。

有效的侵入主要是局部的,它只在贫瘠区域和能保持物种进行开拓的毗邻社群之间,或在提供某种类似条件、保持大范围调整的物种的连续社群里大规模运作。入侵遥远区域很少有连续的影响(即趋于改变植物群落特征的影响),因为入侵者太少,在对抗已有植物和更接近新区域的植物方面进展甚少。对一个新的区域或植物群落进行入侵,首先是迁移,然后是定居。在新的区域,定居立即会带来反应(一种植物或一个群落对其栖居地施加的影响),而紧接着就是隔离和竞争,反应不断增加。在一个已经被植物占据的区域,定居和竞争相伴出现,并很快产生反应。在发展过程中,迁移者进进出出,多种过程的相互作用达到最复杂的程度。

大规模的局部入侵基本上是连续的或周期性的。在相邻的群落之间,这是共有的,除非它们实在是没有什么相似性。结果就形成一个体现下一阶段发展缩影的过渡区或群落交错区。目前为止,入侵现存植被最多的就是这种类型。进入一个空置区域的运动同样也是连续性的,但它不一定是共有的,所以在早期阶段不存在过渡地带。持续性入侵的显著特征就是,前哨可以得到反复强化,允许快速的隔离和定居,而且产生新的中心,物种从这里可以扩展到更大的区域。与持续性入侵相对的就是进入遥远地带的间歇性或周期性运动,但这很少连续不断。当入侵者进入一个群落的运动规模如此之大,以至于原来的占据者被驱逐时,入侵就**完成了**。

限制或阻止入侵的地形特征或物质(生物)结构是一种障碍。地形特征通常是不变的,并产生永久的障碍。生物特征常常是短暂的,只存在几年甚至是一个季节。然而,临时性障碍常常反复出现。障碍完整或不完整涉及它们行动的彻底性。它们可能通过限制迁移或阻止定居来影响入侵。

527

生物障碍包括植物群落、人和动物以及寄生植物。一个植物群落的限制作用体现在两个方面。首先,由于栖息地的自然差异,一个生态群落作为一道屏障,阻止了来自另一个生态群落的物种入侵。不管这种屏障是完全的还是部分的,都将依赖于两个区域间相对的不相似性。阴处生长的植物不可能入侵一片草原,尽管开放灌木丛或林地的物种在某种程度上能这么做。由于所有入侵者都会遇到激烈和连续的竞争,封闭的群落(即所有土地都被其占据)同样对减少入侵产生显著的影响。封闭的群体通常完全起屏障作用,更开放的群体对入侵的限制则和其占据程度成正比。这一事实可以追溯到继承的基本法则(一种群落或者结构被另一种群落或结构继承的法则),即阶段的数量主要取决于随着区域稳定而不断增加的入侵难度。人类和动物通过破坏胚胎来影响入侵。在空置区域和演替阶段,啮齿类和鸟类的行动往往决定了整个发展过程改变的程度。人类和动物作为定居的显著屏障来运作,它们到处改变环境,使其对入侵者不利,或者通过耕作、放牧、扎营、寄生来扭转竞争的规模。对于远离其通常栖居地或区域的物种来说,授粉昆虫的缺乏有时就是一种奇妙的障碍。寄生真菌在影响种子生产的范围内减少迁移。它们要么是通过消灭入侵者,要么是把入侵者置于相对于居住者来说不利的位置来限制或阻止迁移。

"反应"这个术语被理解为一种植物或一个群落对其栖息地施加的影响。在演替方面,这个词仅限于特别狭义的意思上,即对于栖息地的调整和适应,这完全区别于植物或种群的反应。总之,栖息地影响植物的功能和生长,而植物又对栖息地做出反应,改变其一个或多个因素,使其达到决定性的或可观的程度。这两个过程是相互补充的,并经常以最复杂的方式互动。

一个群落的反应通常比构成这个群落的物种和个体的反应总和还多。产生反应的是单个植物,尽管后者常常是通过群体的联合作用而被识别出来的。在大多数情况下,群体行动累积或强调了一种本来微不足道或短暂的效果。一个树木群落比同样数量的孤立树木投下的阴影要小,但这种影子是恒定和连续的,所以是可控的。

群落反应的意义很好体现在腐叶土壤和生面团的例子里。凋落的叶子是所有落叶个体的总和,但其形态完全依赖于群落。植物对风带来的沙和淤泥中水的反应说明了同样的事实。

2. 迁移与隔离①

所有史前调查,只要涉及生命世界的现象,就必然取决于迁移的假设。植物、低等动物以及人类在地球上的分布,存在于不同语言、宗教概念、神话和传说、风俗和社会制度之间的关系,所有这些似乎都能在这一个假设里找到它们共同的解释。

可以说,文明每一次新的进步都伴随着一个新的漫游期。最原始的农业是游牧的,耕作区域逐年放弃;最早的贸易是迁移性贸易;使自己摆脱家庭畜牧业,并成为单独个人特定职业的最早产业是巡回进行的。宗教的伟大建立者,最早的诗人和哲学家,过去时代的音乐家和演员,都是伟大的漫游者。即使在今天,发明家、新教义的布道者和艺术爱好者不是从一地旅行到另一地,以寻找拥护者和赞赏者吗?——尽管信息交流手段在今天已有巨大的发展。

随着文明的年岁增长,定居变得更为持久。希腊比腓尼基更稳定,罗马又比希腊稳定,因为一方总是继承了另一方的文明。环境并没有改变。日耳曼人比拉丁人更具迁徙性,斯拉夫人又比日耳曼人更甚。法国人坚守乡土,俄罗斯人则更倾心于在他广阔的祖国寻求更适合生活的地方。甚至工厂工人也是一种周期性漫游的农民。

在人类的历史进程中,从经验里可以引证出这样的观点,即人类变得日益稳定,由此引出对其双重本质的整体考虑。首先,固定资本的范围随着文化的进步而增长;生产者因其生产手段而变得固定。南部斯拉夫国家的流动铁匠和威斯特伐利亚的钢铁厂,中世纪的马帮和我们城市里的大货栈,剧团马车和固定的剧院,都标志着这种演变的起点和终点。其次,现代运输机械更大程度上促进了货物的运输,而不是人的运输。劳动力的分布取决于能获得更重要地

529

530

① Carl Bücher, *Industrial Evolution*, pp.345—69. (Henry Holt & Co., 1907.)

位的区位,而不是生产手段的自然分布;在很多情况下,后者吸引着前者,而以前则是反过来的。

在欧洲人民历史的开端,迁徙事件是整个部落的迁徙,一场从东到西的集体单位的推进与压迫,历时达数百年。中世纪的迁徙只影响到个别阶级:十字军东征里的骑士、商人、工匠、学徒期满的手工工人、杂耍艺人和吟游诗人、在城镇的围墙里寻求庇护的农奴。相反,现代迁徙总的来说是一件私人的事情,个人被最为多样化的动机引领。他们几乎都没有组织。每天重复上千次的这一过程只能靠一个特征联合起来,那就是到处都有一个人们寻求更有利生活条件的区位变迁问题。

在社会生活的所有适合统计处理的大众现象中,毫无疑问,几乎没有什么现象像迁徙那样受到普遍因果法则的彻底影响,同样,也很少有人对其真正的原因持有如此模糊的概念。

整个移民部门从来没有进行过系统的统计观察;迄今专门的注意力只集中在此类现象中的个别显著事件上。甚至根据社会科学的需要对迁徙进行的理性分类目前也是缺失的。

从人口的角度来说,这样一种分类必须以迁徙的结果为出发点。在此基础上,它们可以分为以下几类:(1)位置连续变化的迁徙;(2)临时改变居住地的迁徙;(3)具有固定居住地的迁徙。

第一组属于吉卜赛人的生活,兜售、巡回贸易、流浪生活;第二组则是漫游的熟练手工艺人,家政雇工,为临时企业寻求最合适地点游走的商人,按照时间委托在明确地点办公的官员,参加国外学习机构的学生;第三组则是:同一国家或省份里从一地到一地的迁徙,还有到国外的迁徙,特别是跨越海洋的。

531　　第一和第二组之间的中间阶段出现在**周期性迁徙**中。这个阶段属于收获季节的农村劳动力,制糖季节的糖业劳动力,上意大利和提契诺地区的石匠,普通短工、制陶工、烟囱清洁工、板栗烘焙工,等等,这些都出现在明确的季节里。

在这种划分中,确实忽视了不同国家的自然隔离和政治隔离的影响。然而,不可忽视的是,在民族主义和保护国家劳动力的时代,政治忠诚在移民的客观方面具有一定的重要性。因此,我们认为,更为公正的是以移民的政治地理范围为基础,做另外一次划分。从这个角度来看,迁徙将划分为**内部**和**外部**迁徙两类。

内部迁徙是那些出发点和目的地都在同一国家边界内的移民;外部迁徙则是超出这些边界的移民。外部迁徙可以进而分为**大陆**和**欧洲之外**(一般是跨海的)移民。然而,在更广的意义上,可以把所有未离开大陆边界的迁徙都视为内部迁徙,与之相反的是真正的向外移民,或者说把永久住所转移到地球的另外一个部分。

在所有这些种类繁多的迁徙中,只有跨海的迁徙经常成为官方统计的对象;即使对这一类的处理也是不完善的,正如这一主题的每位学者所知道的那样。劳工和行商的周期性流出偶尔也会成为统计调查的对象——大多数是立法限制的辅助目的。然而,在同一国家里,从一地到一地的迁徙数量更加庞大,其后果比所有其他迁徙加在一起都更为重要。

根据 1880 年 12 月 31 日普查的结果,比利时王国的总人口中,至少 32.8% 出生在他们有临时住所的市政区之外;在奥地利 1890 年的人口中,这一比例是 34.8%;普鲁士的 27279111 人中有 11552033 人或者 42.4% 是在他们定居的市政区之外出生的。超过五分之二的人口至少改变过一次他们的市政区。

假如我们把在国家边界内确定地点出生,并居住在任何地方的所有人称为当地的土著人口,那么根据刚才提出的人口交换条件,那么这个国家的土著人口比实际人口要多;城市的土著人口要少一些。

奥尔登堡大公国内部迁移账户的平衡使城市出现盈余,而使农村自治区域产生了 15162 人的人口赤字。在人口经济之中,一方是对另一方的补充,就像两个不同性格的兄弟,其中之一按部就班地消耗另一个辛苦挣来的东西。在这方面,从人口的角度来说,我们完全有理由指明,在社会有机体中,城市在对人口进行消费,而农村则生产人口。

对国家里这种事务的状况有一种非常自然的解释。在其居住地人口较少的地方,农民在当地帮助的选择上相当受限,毗邻的社区必然相互补充。同样地,小地方的居民比大地方的居民会更加频繁的内部通婚,因为后者在本地人口上有更多的选择。在这里,我们有机会大量移民到较远的地方。然而,这种迁移仅仅意味着社会联盟成员的当地交换。

吸收移入人口超过移出人口的部分是现代城市的特征。假如我们在考虑这个问题时,特别关注这种城市特征以及工厂区——这里内部迁移的条件很相似——的类似特征,我们将得到充分的回报,即发现在这些居住区,人口内部迁移的结果会有最清楚的表达。在这里移民人数最多的地方,在移民和本地人之间发展出了一种社会斗争——争夺最好的维生或生存条件,或者,以一个部分适应另一个部分,或者一方被另一方彻底征服作为结束。所以,根据施里曼(Schliemann)的观点,士麦那城在1846年时有80000土耳其人和8000希腊人,1881年则反了过来,有23000土耳其人和76000希腊人。人口当中的土耳其人在35年里下降了71%,希腊人则增加了9倍。

当然这些斗争并不是在每个地方都以这种普遍替代过程为其形式;但是在个别情况下,在一个国家里,将以无穷无尽的频率发生的就是,较强和装备较好的人口征服较弱和装备较差的人口。

所以,我们这里有一种类似于自然界中经常发生的情况:在同一地带里,组织程度更高的植物或动物不再有生存空间,其他没有它们那样苛求的物种则占据自己的位置和繁荣,事实上,新移民的到来导致原住民消失,并使他们撤退到更为有利的环境里,这并不少见。

假如这些考虑表明,大多数内部移民绝不会在城市里找到它们的目标点,他们同时证明,移民趋向显著人口中心具有广泛的社会和经济意义。它在整个国家的人口分布上带来了一种改变;而且在其起点和目标点上,它会产生立法和行政机关一直在努力克服的困难(通常只获得适度的成功)。它几乎是直接把大量人口从一个以物物交换为主的生活领域转移到了一个货币与信用交换主导的领域,从而影响到了体力劳动阶级的社会生活状况以及社会习俗,这在一定程度上满足了忧心忡忡的慈善家。

3. 人口隔离与社会选择①

有两种产生人口固化的方式。一个民族可能在横向上变得僵化,分成种姓或者社会阶层;它也可能在地理上被分隔成局部的社区,规模各不相同,从孤立的村子到高度个性化的民族。今天,在欧洲和美国,这两种固化方式在现代工业化和民主化的压力下已被打破。

大城市的突然增长是我们已经注意到的这种迁徙现象的首要后果。我们认为,这在本质上是一个美国问题。我们用这种想法来安慰我们自己在市政管理上的失败。这是一种严重的欺瞒。大多数欧洲城市的人口增长要快过美国城市。这在伟大的德国城市中心特别真实。柏林已经发展到超过了我们的大都市纽约,在不到一代人的时间,也就是 25 年里实际增加的人口有芝加哥那么多,并且两倍于费城。汉堡自从 1875 年以来增加的人口两倍于波士顿;莱比锡已将圣路易斯甩得远远的。同样的人口暴增也发生在较小的德国城市里。在德意志帝国的范围之外,从挪威到意大利,情况同样如此。

与这种城市中心的神奇增长同时发生的是,我们观察到农村地区的人口在逐步减少。在我们新英格兰各州——特别是马萨诸塞——发生的事情完全具有欧洲广大区域的特点。比如法国,城镇吸纳的人口甚至超过了农村人口的自然增长,它们正在吸走中年人和青年人。大片区域的人口实际上已经减少。

一个选择过程正在大规模起作用。今天流入城市的大多数人就像自然迁移的旧时代流向美国的移民一样,迁移过来是因为他们有物质装备和远离家乡寻求更多财富的思想倾向。当然,这类移民当中一支相当可观的队伍由那些仅仅是不满足、不安分和喜欢冒险的人组成,但是主要来说,土地上最好的血液滋养着城市生活的动脉。

---

① 选自 William Z. Ripley, *The Races of Europe*, pp. 537—59。(D. Appleton & Co., 1899.)

另一种更确切的检验模式有可能证明,城市人口主要由来自农村的直接移民和其直系后代组成。汉森发现,在德国城市里,接近一半的居民是直接的农村血统。在伦敦,已经证明其三分之一强的人口是移民,而巴黎的现实也是如此。对三十个欧洲主要城市来说,已经统计出它们的人口增长中只有五分之一来自自身人口的生育,农村出生的占了压倒多数。

和农村人口相比,城市人口的第一个生理特征——也是我们已经注意到的——是它们趋于我们的种族中两大类型即日耳曼人与地中海人的头部特征的倾向。似乎是因为某种原因,宽头颅的阿尔卑斯种族是明显的农村类型。三十年前,一位法国中南部阿尔卑斯种族区的观察者注意到,城镇与农村人口的头部类型之间有相当明显的差异。在六个较小的城市里,他的观察表明,长头颅类型比农村地区周边更为普遍。卡尔斯鲁厄的阿蒙博士对巴登大公国数千名应征入伍者进行了测量,发现城市与农村人口之间、大城镇里上层阶级和下层阶级之间在头部形态上的根本差异。对此有几种可能的解释。可以想象,城市生活的直接影响可能通过优越的教育、生活习惯以及类似因素产生作用。这种假设并没有什么心理基础。另一个站得住脚的假设就是,在这些城市中——正如我们已经尝试去展示的,在人口的两种种族类型并存的土地上,城市由于某些理由,对长头颅种族发挥了较优的吸引力。假如确实如此,那么通过社会与种族选择的混合过程,这些城镇将不断吸收高大且金发碧眼的日耳曼人口,而正如历史教给我们的,这类人口几个世纪以来主宰着欧洲的社会与政治事务。这就提出了这个问题的可能解决办法;过去五年里欧洲各地的调查就是为了进一步分析这种现象。

这种现象——城市人口中长头颅生理类型的隔离——仅仅是体现了日耳曼种族在 19 世纪竞争的新阶段反复声称的不断运动的倾向吗?纵观历史,这种类型一直是主导性阶级的特性,特别是在军事和政治——而不是纯粹智力上的——事务上。欧洲所有主要的王朝长期以来都是从这种类型里吸收新成员。与这种其能量已经遍及欧洲的类型相比,阿尔卑斯种族的长期静止是非常明显的。

536

某种被动性或者耐心是阿尔卑斯农民的特性。一般来说,阿尔卑斯种族没有日耳曼人专横跋扈的气质,它是一种安逸且满足的邻居,一个顺从且和平的对象。不论阿尔卑斯种族这种较为消极的性格是完全天生还是部分天生,它就像很多社会现象一样,仅仅是反映了长期被隔离的,总是不适于居住的栖息地而已。

现在让我们来考虑一下城市人口的第二个自然特征——即身高。假如在平均身高方面有一个法则的话,它证明的是城市生活的抑制性影响,而不是相反。比如,汉堡的平均身高远低于德国的平均水平。在整个英国,有迹象表明这一法则,即城镇人口平均来说相对较低的身高。这一专业的伟大权威贝多博士(Dr. Beddoe)总结了他对大不列颠人口的调查结论:"可以认为,英国大城市的男子身高大大低于这个国家的标准,而且这种退化可能是遗传的和进步的。"

在这种关系里,最重要的一点就是城市人口在规模上的巨大变化。所有观察者对此进行评论,它具有深远的影响。在每个城市,东西两端的人口差别很大。经常可以发现的是,贵族居住区的人口在身高上要超出租房区域的人口。当然,我们应该认为这是不良环境抑制性影响的直接后果。然而,显然还有另外一个因素即社会选择。虽然城市容纳了如此大比重的身体退化类型,在平均身高上低于周围农村,不过也可以发现它们包含了大量非常高和良好发育的个体。换句话说,相较于所有人都处于同样生活状况下的农村地区,我们发现,城市里的人口分化成为很高和很矮两类。537

对这种现象的解释很简单。然而这不是直接的,正如托皮纳尔(Topinard)的观点,这是一个种族问题,或者说是环境改变从而刺激增长的问题。相反,似乎是这种增长带来了变化。高大的男人主要是那些精力充沛、生气蓬勃,想来也是比较健康的个体,他们自己或者他们的父辈来到城市,搜寻城市生活给予成功者的奖励。另一方面,退化的、发育障碍的,那些其数量远超其他人并且把城市整体拖累得低于正常水平的人,是城市磨盘磨碎的谷粒。他们是租房户、血汗工厂、恶习与犯罪的产物。当然,正常发育的人构成了人口的主要部分,但是这两个广泛分开的阶级达成了相当可观的代表性。

到目前为止,我们已经看到,证据似乎指出了日耳曼长头颅人口在欧洲城市中心里的聚集。也许在某些城市里,高个子的人可能是种族原因造成的。然而存在有一个奇怪的异常现象有待注意。城市人口似乎体现出一种深色化的趋势——就是说,与邻近的农村地区相比,它们似乎包含了一种不正常的深肤色特征人口。当六百万学龄儿童在菲尔绍(Virchow)[①]指导下接受检验时,这种趋势明显显示出了整个德意志帝国的特征。在 33 个较大城市里有 25 个城市的深肤色性状比农村常见。

538

奥地利的 33 个主要城市里有 24 个城市同样有趋于深肤色性状的倾向。更远的南部,在意大利,很早就注意到城市容纳的金发碧眼人口比农村地区周边要少。最后让我们补充——不是作为额外的证据,这些数据缺陷太多——说明,在波士顿理工学院的 500 名美国学生里,大致分一下类,农村出生和接受教育的人口里,有 9％的纯深肤色类型人口,而城市出生和有城市家庭出身的人口里,这种深肤色类型的比例高达 15％。

并非不可能的是,在深色皮肤、黑头发和黑眼睛人口里,会有重要优势的迹象。假如是这样,这可以作为我们一直在费尽心机描述的社会现象的部分解释。如果在同一个社会里,深肤色人口具有少量重要的优势,我们应该期待去发现这种类型的人口会在城市里缓慢聚集;因为它需要身体和精神上的力量和勇气,不仅要打破家庭的束缚和进行迁移,还要在城市生活的压力下保持自我。

从前面一系列令人敬畏的证据来看,城市人口的变化趋势肯定不是朝着纯粹的金发碧眼、长头颅和高个日耳曼人的类型发展。城市选择的现象比人口中单个种族要素向城市迁移更加复杂。城市居民的身体特征过于矛盾,不能单靠种族来解释。诚然,这种趋势

---

① 鲁道夫·路德维希·卡尔·菲尔绍(Rudolf Ludwig Karl Virchow,1821—1902),德国医学家、人类学家。——译者注

是轻微的；我们甚至不能肯定它们普遍存在。我们只是看到了它们的证明或者反证。然而，在我们已经注意到的现象里，没有什么是不可能的。为了给很多重大的自然问题给出最终解释，博物学家已经转向了环境。在这种情况下，我们必须对人类已知的环境突然且根本性的变化做点什么。城市生活的每种状况——精神与物质上的——都比全国普遍存在的情况要极端。否认人类结构和功能上的伟大改进可能来自一种变化对另一种变化的影响，就是在否认自然史上的所有事实。

4. 种族竞争与种族自杀①

作为估计，我已经谈到了我们港口的外国入境者。然而，从 1820 年开始，我们对每年到达我们海岸的人口数字已有了海关统计。其中某些人确实没有留在这里；但毫不客气地说，我们可以把他们都称为移民。在 1820—1830 年间，人口增长到 12866020 人，在这十年里到来的外国人的数量是 151000 人。因此，我们有了 40 年的人口增长，实质上远远超出了我们生活在 1790 年的 400 万人口的生殖能力，总计几乎 900 万人，或者说增长了 227％。在覆盖任何广泛区域的相当规模的人口中，这样一种增长率之前或之后都从来不被人所知。

然而，大约在这个时候，我们达到了我们人口史上的一个转折点。在 1830—1840 年间的十年里，外国入境者的数量有巨大的增长。移民确实没有达到后来日子里那样大规模的程度。在我们讨论的十年里，来到美国的外国人几乎是前十年的四倍，即 599000 人。如今最重要的问题是：国家的人口也相应增加了吗？我的回答是没有！通过计算，1840 年的人口中，外来移民确实没有增长。1840—1850 年间，外国人再次进入，这次规模很大，十年来入境者总计不少于 1713000 人。在这个庞大的总体里，1048000 人来自英

539

---

① 改编自 Francis A. Walker, *Economics and Statistics*, II, 421—26。（Henry Holt & Co., 1899.）

伦三岛,1846—1847 年的爱尔兰饥荒驱使成千上万的悲惨农民到我们的海岸寻找食物。我们再次发问,这种超额数量构成了国家人口的净增长吗?答案仍然是否定的!在移民像洪水一样涌入之前,人口并没有成比例增长。换句话说,随着外国人以较大的数量进入,本地人越来越多地抑制了自己的增长。

540 现在,这种对应可以用三种不同的方式来解释:(1)可以说这只是一种巧合,两种现象之间没有因果关系;(2)外国人的到来是因为本地人口相对减少,也就是不能保持其原初的增长率;(3)大量外来人口的涌入抑制了本地人口的增长。

认为这种对应关系仅仅是巧合,一开始就纯粹是偶然,这也许是最常见的观点,假如这是正确的解释,这种巧合就是最显著的原因。在这本杂志的六月号,我引用了艾尔卡纳·华生(Elkanah Watson)在 1790 年、1800 年和 1810 年普查基础上对这个国家外来人口的预测,而移民仍然保持在最低限度。现在,让我们把 1840 和 1850 年的实际普查数据,华生对这些年的估测,以及之前十年的外国入境者汇总起来:

年　　份	1840 年	1850 年
普　　查	17069453	23191876
华生的预测	17116526	23185368
差　　距	−47073	＋6508
之前十年外国入境者	599000	1713000

我们在这里看到,尽管 1830—1840 年间的 500000 外国入境者四倍于之前十年的数量,普查数据极其接近华生以移民之前时代人口增长为基础做出的预测,在总计 1700 多万人里,只减少了 47073 人;而在 1850 年的实际人口里,虽然移民数量超过 1713000 名入境者,但在 23000000 的总数里,也只比华生的预测超出 6508 人。确实,假如外国人口的增长和本地人口的相对下降之间的对应仅仅是一种巧合,这就是人类历史上最神奇的一幕了。不大可能之事的实现

是如此巧合、如此接近，超出范围如此之大，我不会同意去计算这个。

另一方面，假如宣称两种现象之间存在因果关系，那可以分为两种差别较大的方式：要么是外国人因本地人口相对下降而增长，要么是本地人口因为外国人蜂拥而至而未能保持之前的增长率。对于前一种解释，我们该说些什么呢？对于我们正在考虑过的，对这一重大人类事实进行的如此真实的解释，还需要多说什么吗？假设在这样一种空间距离里，在新的通讯和海洋交通状态下，尽管由于欧洲农民的无知和极端贫困，移民普遍比较疲惫，但他们却不仅能精准认识到本地人不能保持其增长率这一事实，而且还知道其精确的下降率，能使那些农民——不论有没有相互理解——提供的人口数量恰恰满足我们的人口达到恰当的比例，这是相当可笑的。今天，即使有了快速的旅行，便宜的货运，还有航海交通，但世界上没有一家批发行业能具备这种程度的知识，其结果也达不到这种精确度。

对于我们正在考虑的这种显著事实的真实解释，我相信是三种观点中的最后一种。在那个时代和那种环境下，外国人的进入对本地人的人口原则构成了一种冲击。这种原则对情感和经济状况总是极其敏感。而且需要注意的是，本地人口的下降不仅与入境者的过量有奇特的对应，它还主要发生在那些新来者最能自由到达的区域。

但是，有什么样可能的理由能用来解释为什么外国人的到来抑制了本地人口按传统速率增长的趋势呢？我的回答是，最好的理由可能是分配。在整个东北部和中北部各州，在我们考虑的这个时期，新来者大量涌入，物质生活、普遍智力和社会体面的标准已经变得相当高。即使是在其最艰难的时候，生活也总是有其奢侈的一面；婴儿已经成为漂亮的事物，得到精细的养育和自豪的展示；成长的孩子有体面的穿着——至少在学校和教堂里；无论代价多大，房子都保持得井井有条，大门挂着门帘，百叶窗就位，前院绽放着简单的鲜花；村里的交通、公共学校经过巨大的耗费，已经成为社区里能

541

542

耸立和维持的最好建筑。然后,外国人来了,进入了小村庄,带来的——对他有少许怪罪——不仅仅是低很多的生活标准,而且目前还没有能力去理解在这个他寻找一个家的社区里生活和思想的高雅。我们的人民不得不看着那个仅仅是居住壳子的房子,大门无需装饰,百叶窗上下摆动或者放下,院子里的绿色水池,婴儿和孩童半裸着(甚至更糟)打滚,疏于照顾、肮脏、邋遢。这难道不是一个情感性的理由,强大到足以冲击这种人口原则吗?但是除此之外,还有一个经济原因抑制本地人的增长。美国人因此从强加于他的工业竞争里退缩出来。他不愿意与人口中的这些新成员一起从事最低级的劳动;他甚至不愿意把子女带入这个世界,陷入这种竞争。在我们的历史上,各自由州的人民第一次分化为阶级。这些阶级就是本地人和外国人。在政治上,这种区分仅仅是某种力量,已经或多或少屈服于党派压力之下;但是在社会和产业上,这种区分已经成为巨大的力量,其主要的影响已经作用于人口之上。广义上来说,社会协作和外国人的产业竞争都得不到本地人的欢迎。

几乎无需说,并不打算把以上描述运用于这个时期所有的大规模移民。成千上万的人来自良好的家庭,很多人有教育和文化上的优势,有些人具有男子气概和公民权上的最好品质。

但是让我们继续人口普查。1860 年,导致本地人口增长下降的原因——这已经明显增加了生活方式中重要变化的力量,引入了更奢侈的习惯,城市生活的影响和“寄宿”的习惯——已经达到这样的高度,尽管移民一直在增长,已使农村人口比估计的少了 310503 人。内战时期可怕的损失和习惯性的快速扩张并不利于人口数量增长,使得对华生的计算作任何进一步的使用都没有意义;然而,在我们的人口随后所有的历史中,一个重大事实仍然突出,即进入美国的外国人更快地增长,更低的增长率不仅出现在本地人口中,也包括这个国家包含外国人的整体人口中。这一运动在 1880—1890 年的十年间达到高潮,外国入境者上升至可怕的 525 万人(两倍于之前所知的数量),而人口即使包括了这样巨大的援助,增长也比我们历史上除了内战时期的其他任何时期都要慢。

假如上述观点是对的,或包含了相当程度的真理,那么进入这个国家的国外移民从其首次达到较大的人口比重之时起,就已经不是在加强我们的人口,而是用外国人口替代本地人。假如外国人没有到来,本地人口将填满外国人霸占的地方,我认为这毫无问题。面对 1790—1830 年的记录,质疑美国人口这样做的能力,那将是荒诞的。在 1830—1860 年间,这个国家的物质生存状况越来越有利于人口依靠国内资源增长。屠戮老人的医术已经被逐出文明社区;住房变得更大;人们的食物和衣服也变得更丰富、更好。大约 1840或 1850 年,在克莱本(Clibborne)先生如此严厉指责的氛围中,也没有发现抑制人口增长的原因。美国的气候已经好到足以使我们养殖英格兰短角牛,并对其进行极大改良,这种动物以极高的价格重新出口到英国就是清楚的证明;获得英格兰赛马并将它们改良到 Parole, Iroquois 和 Foxhall[①] 取得令人惊讶的胜利的程度;获得英国人,并改良他们,在其强壮之上增加了敏捷性,使其眼睛变得敏锐,手更加稳定,所以,在赛艇、骑马、射击和拳击上,今天纯英国血统的美国人是更好的人种。不! 不论什么原因抑制了本地人口的增长,那既不是身体上的也不是气候上的。它们主要是由于社会与经济因素,其中主要的是大量国外移民进入,他们带来了一种我们的人民厌恶的生活标准。

544

C. 经济竞争

1. 改变中的经济竞争形式[②]

在某种意义上,大多数正统的政治经济体系永远都是正确的。通过健全的推理得出的结论总是和推导出它们的假设一样正确。假如存在无限竞争的话,大多数传统法则将在现实世界中得以实现,这将永远是对的。同样正确的是,在呈现出近似于李嘉图竞争

[①]　都是美国繁殖的纯种赛马,先后在欧洲著名大赛中获得冠军。——译者注

[②]　改自 John B. Clark, "The Limits of Competition," in Clark and Giddings, *The Modern Distributive Process*, pp.2—8。(Ginn & Co., 1888.)

的工业领域的那些角落,将会看到理论与事实之间的很多对应,就像坦白的推理者所宣称的一样。如果政治经济学使自身满足这种类型的真理,那就永远无需被工业革命所干扰。科学不需要费心去进步。

这种假设的真理,或者说社会按照理想模式而产生的科学,并不是李嘉图认为他已经发现的东西。他的体系是积极的;现实生活通过发展那个时代的传统所不能解释的科学公式的趋势来提出建议。这是一个新的工业世界,要求一种现代化的经济教义体系。李嘉图第一个理解了这种形势,探寻走向完善的新趋势,并以洞察力和远见创造了一个科学体系。他在这个过程里超越了历史,在精神上创造了一个比任何一个曾经存在过的世界更为无情竞争的世界;然而,作为整个体系基础的是事实而不是想象。蒸汽已经得到运用,机器正在排挤掉手工劳动,工人正迁往新的生产中心,行会的规矩正在让路,一种以前没有听说过的竞争类型正开始占上风。

545

不平等力量的团体之间的生存斗争已经开始。在制造业里,力量的平衡已被蒸汽扰动,以前时代的小店正在消失。适合于这种状况的科学是经济达尔文主义;它包含了新的掠夺成性的竞争者和那些以前主宰这个领域的较为平和的竞争者之间生存斗争的法则。尽管这个过程是野蛮的,但它提供的前景并不完全是邪恶的。天生强壮的幸存者长远看来是可取的。机器和工厂对每个社会阶级来说都意味着便宜的商品和更舒适的生活。高效率的劳动企业正在发展;社会有机体为了与粗野自然的竞争而完善自己。这是对地球更全面、更快捷的主宰,是如今称为集中化的人类力量集中的后果。

这个时代的理论家不可避免的错误在于,以进化状态所负载的事实为基础来建立科学体系。这是试图从暂时的现象里得出永恒的准则。有些准则必定会变得过时;现代经济学家的工作要求把李嘉图体系中永恒和短暂的部分区别开。当不平等的竞争者之间的斗争结束的时候,当少数最强者占据这个领域的时候,有多少法则是真实的?

在制造业的大多数部门里,除了地方运输业,强者与弱者之间的对抗要么已经解决,要么正在解决之中。幸存者变得如此之少,如此有力,而且如此接近平等,以至于假如斗争持续下去,将会公平地把他们所有人卷入一场共同的毁灭中去。真正发展起来的并不是巨人间的战斗,而是武装中立者的体系和巨人的联盟。新的时代明显是一个团结起来的力量的时代;竞争的企业形成联合,工会的准则正把自身延伸到劳动和资本之上。一度彼此竞争的劳动者如今集体与他们的老板讨价还价。还在进行陈旧管理的单干的雇主正在把他们的资本联合起来,并允许统一进行管理。

546

不平等派别之间的掠夺性竞争是李嘉图体系的基础。这个过程是模糊构建出来的,从来没有被全面分析过;与此相关的人类思想中突出的是单个的斗争要素。仅仅为了生存而努力——这个过程的达尔文主义特征——就是“竞争”一词意味着的全部含义。但是一个有组织社会的竞争活动是系统性的,每个参与者都被限定在特定领域里,并在其限度内趋于自我毁灭。

凯恩斯教授努力形成一个消除某些困惑的竞争概念。他的“非竞争群体”的方法是其价值理论的一个特征,这是经济思想上值得注意的一个贡献。密尔先生遵循李嘉图,教导说商品的自然价值受到生产成本的控制。凯恩斯教授接受了这种观点,但是给它增添了一种新的意义,实际上,他说:

> 商品确实是根据它们的生产成本来进行交换,但是成本与目前这个称谓所传递的意思完全不同,它仅仅是资本主义雇主在原材料、劳动等方面的支出。真实的成本是生产参与者(工人和雇主)的个人牺牲。它不是一种商业现象而是心理现象,是一种由劳动者的努力和资本家的节制引起的反应。这些个人牺牲衡量着理论上来说自由竞争领域商品的市场价值。这种调整通过资本和劳动力自发地从产出较少回报的职业转到产出较大的职业来进行,资本自由地从一地到另一地,从一种职业移动到另一种职业。假如一个产业有不正常的盈利,资本就会寻找它,使其产品增加和降价,并使其利润减少到普遍的

水平。利润一般会趋于一致。

据说工资仅仅在限制范围内才趋于平等，劳动力从一个行业到547 另一个行业的转移受到障碍的抑制。

"[继续凯恩斯教授的观点]事实上我们所发现的不是全体人口不分青红皂白去竞争所有职业，而是一系列产业分层，一个叠加在另一个之上，在每一分层里，各种各样的求职者都有真实和有效的选择权，而那些占据几个层级的人就有效竞争的所有目的来说，实际上是彼此孤立的。我们也许可以冒险按这样的次序来安排他们，首先，在底层将有大量不熟练或接近不熟练的劳动力群体，包含农业劳动力，从事城镇杂工的劳动力，或正在参加熟练劳动的劳动力；第二将是工匠群体，包含中间等级的熟练劳动力——木匠、工匠、铁匠、泥瓦匠、鞋匠、裁缝、帽匠，等等——其中可能包括很大一类小规模零售商，他们的工具和位置使他们可以获得和工匠阶级一样的产业就业机会；第三层级将容纳较高级别的生产者和经销者，他们的工作将要求的资格只有那些拥有实质性手段和公平教育机会的人才能获得，比如民用与机械工程师、化学家、眼镜技师、制表工和同样产业等级的其他人，其中可能发现较高级别零售商的位置。在这些之上将是第四层级，包含更适合环境的人，他们丰富的手段给他们更广泛的选择。这个最后的群体将包括有学问的专家，还有从事多种科学与艺术职业以及商贸领域较高级部门的人士。"

这个理论的关键之处在于，不仅工人，还有他们的孩子也将被限制在一个生产群体里。即使人们实际上没有放弃一个职业而进入另一个职业，但平等化过程仍然可能发生；为了生存，年轻一代不会忠于任何职业，一次性的劳动基金将被自然吸引到支付最高工资的行业里。铁匠并不必然转变为鞋匠，反之亦然，但是只有这两种工匠阶级的孩子能自由进入得到最好回报的行业。

凯恩斯教授并未宣称他的分类已经穷尽,也没有说这种划分是绝对的。

> "毫无疑问,各个阶层将会随着难以察觉的渐变而相互消散,各个阶级中的个体会不断上升或下降;但是当这种情况发生时,仍然真实的是,普通工人不论处于什么样的层级,会发现他的竞争力受限于某个职业范围的实际目的,结果,尽管工资率可能上升较高,但他却被排除出分享之列。因此,我们不得不承认非竞争产业群体的存在是我们社会经济的一个特征。"

548

可以看到,我们这里讨论的竞争是一种非同寻常的类型,而普遍术语无需解释就能运用于它这一事实证明了竞争概念的模糊性,敏锐的作者因此使自己心满意足。实际的竞争总是在努力抛出敌对的生产者。一个木匠与一个木匠竞争,因为他创造出了一种类似的器械,并将其投入市场。在凯恩斯教授的理论里,木匠是铁匠的竞争者,因为他的孩子可能进入铁匠行业。在他自己行业的实践中,一个工匠绝不会影响另一个。这里讨论的毋宁说是潜在的竞争,而不是实际的竞争,甚至这也取决于成长中新一代的活动的有效性。

现代生产方法已经擦去了凯恩斯教授的分隔线。潜在的竞争扩展到了工业领域(人们在其中有组织的公司里工作)的每个部分。且不谈职业、少数最高类别的行业,还有雇主自己以及他们拿薪水的助手扮演的劳动阶级,劳动力实际上处于普遍的衰落和流动之中;它自由地转移到目前高报酬的职业中,并将其酬金降到普遍水平。

对建议分组提出的异议不是理论性的,这是一个事实问题;正是现行工业的发展使得在七十年里表达了关于英国经济关系重要真理的理论无效。此外,该理论的创造者预见到了一种将减弱其理论在将来状况下的适用性的变化。他记录了他的信念,即教育将证明是一台轧平机,它将在某种程度上融合工业社会的各个阶层。当他们获得所需要的教育时,灰浆搬运工的孩子也可能成为机械师、会计师或者律师。他还承认,在新国家提供的条件下,分工的方法是模糊的。他并不欣赏主要的拉平力量,即如今扩展和完善的机器生产方法。教育使劳动者能够做相对困难的事情,机器使他需要掌握的过程变得相对简单。所谓的不熟练工人比以前时代的同类拥有较高的个人地位,新的制造方法正把阶级缩减到那个水平。机械劳动正在把自身的过程变得如此简单,使任何人都能学到它们。一个旧时代的制鞋匠不能变成一个制表匠,甚至他的孩子也会发现,在他们尝试掌握较高级行业的道路上困难重重;但是琳恩制鞋厂的一个技工却可以,只要他学几分钟涉及沃尔萨姆手表生产的微小行业就行;他的孩子也可以毫无困难地这样做,这就是维持行业间自然平衡所必需的一切。

工人之间留存下来的最大生存差异是道德上的。身体力量对一些事情是有价值的,精神力量则对更多事情有价值;但是,对于相信工人是有价值的材料和精密机器的雇主来说,主要决定工人价值所要考虑的就是忠诚问题。品格不会被任何社会阶级所垄断;它是普遍增长的,得到现代产业里主要产业的照顾,并将以前时代的阶级差异缩小到最低的程度。

职业生活的回报主要由性格和先天禀赋来衡量,并且达到向工人的孩子开放的程度。然而,随着时间的推移,在大量的教育上出现了新的障碍,这对从事这些工作的人提出了要求;这些障碍给了我们正在批判的分类体系中第四级和最高级中的部分职业一种永久的存在基础。另一类劳动保持着基于本地适应性和专门机会的突出地位。它就是雇主自身的工作,它是一种组织和指导工作,而且在大型产业里,只能由所有者来从事。这项工作的一部分要交付给受雇的助理。严格来说,一家大企业的企业家或雇主不是一个人,而是很多人。他们以集体的身份工作,并从总体上来获得报酬,等同于"监管者的工资"。对这个管理团体的某些成员来说,回报以工资的形式出现,但对其他成员来说,一定程度上是以红利的形式来实现的。但是,假如我们从整体上留意他们的工作,并把他们的工资看成一个单独的总数,我们必须按企业家的盈利而不是普通工资来对其归类。它是与分布在散工工人中的工资总数不一样的那部分生产,这实际上把管理群体和我们目前研究的这个阶级区分开了。通常要获得较高等级的位置,要么通过持有资本,要么是借助与资本持有者的关系。尽管较低级别的文书工作并不要求工人的孩子所不能得到的学识,尽管较高等级的晋升一直是开放的,但时代的趋势是,从劳动层级向管理层级的转移越来越难。真正的劳工阶级正在融合它的各个分支,它与利益处于资本一方的阶级更明确地分离开。

2. 竞争与个人利益的自然协调①

社会的全体产业从来不可能超过社会能够利用的资本。由于能够被任何特定的人雇佣的工人数量必须占其资本的一部分,所以能够被一个庞大社会的所有成员持续雇佣的人的数量必然占用这个社会整个资本的一部分,并永远不可能超出这个比例。在任何社会里,对商业的任何管制都不可能把产业数量增加到超出这个社会的资本所能保持的程度。它只能把其资本的一部分转移到本来不会去的方向上;而且也不能确定这种人为的方向就可能比资本自身愿意去的方向更有利于社会。

每个个体都在努力寻找对于他能控制的任何资本来说最优的职业。他认为这是他的优势,而不是社会的优势。但是对自己优势的研究自然地——或者说是必然地——指引他去从事最有利于社会的职业。

因此,每个个体尽其所能,努力在国内产业的支持下去利用他的资本,并由此指向他的生产可能产生最大价值的产业;每个个体必定尽力提高社会的岁入。确实,他一般来说既不打算促进公共利

551

① Adam Smith, *An Inquiry into the Nature and Causes of the Wealth of Nations*, I(1904), 419, 421. (By kind permission of Messrs. Methuen & Co., Ltd.)

益,也不知道他提升了多少公共利益。他宁愿得到国内产业而不是国外产业的支持,他只关心他的安全;他以那样一种方式指引其产业,使其产品达到最大价值,他只为自己的收益打算,他在这种情况下就像在其他很多情况下一样,被看不见的手指引。上升到一个并非其意图之组成部分的终点。对于社会来说,这不是其意图的一部分并不总是坏事。通过追寻他的利益,他经常能比他有意促进社会利益时更有效地促进社会发展。我从来不知道那些想为公共利益做交易的人做得有多好。实际上,这是商人之中不是很常见的一种装模作样,很少需要用言辞去劝阻他们不要这样做。

他的资本可以利用的国内产业是什么,并且其产品可能具有最大价值,很显然,每个个人都能就其情况做出判断,而且比任何政治家或者立法者能为他们做的要好。那些试图指引私人运用他们资本的政治家不仅使自己负担了最不必要的关注,还承担了得到放心信任的权威,让如此愚蠢和傲慢的人觉得自己适合行使这种职权,这不仅对个人,而且对任何市政会议或者议会来说,都是相当危险的。

3. 竞争与自由①

究竟什么是竞争?它是像霍乱一样自我存在与行动的事物吗?不,竞争只是缺少压迫而已。对于和我的利益相关的事物,我更喜欢自己选择,而且我不想其他任何人违背我的意愿为我选择,仅此而已。而且,假如任何人承诺在与我有关的事情上用他的判断来代替我的判断,我会要求在与他相关的事情上按我的想法来越俎代庖的特权。有什么能担保这种安排将对事情有改善呢?很明显,竞争就是自由。摧毁行动自由就是去摧毁选择、判断、比较的可能性以及相应的能力,就是去扼杀智慧,扼杀思想,扼杀人类自己。无论从什么角度来说,现代改革总有终结之处;为了改善社会,必定要摧毁

_____

① 译自 Frédéric Bastiat, Œuvres complètes, tome VI, "Harmonies économiques," 9e édition, p.350。(Paris, 1884.)

个体,其假设就是个体是万恶之源,而且似乎个体也不可能是万善之源。

4. 金钱与自由①

金钱不仅使个体与群体的关系更为独立,还使特定类型的社团的成员,以及参与者和这些社团的关系受到全新的分化过程的制约。

中世纪的公司自身包含了所有人类利益。一个裁缝的行会不是专门培育裁缝利益的个人的联合,它是一个由职业、个人、宗教、政治意义以及其他很多方面组成的共同体。然而,技术上的利益可能在那种社团里结合起来,它们有一种针对所有成员的直接且活跃的利益。成员全部被约束在这种社团里。

与这种组织形式相反,资本主义体系已经可能形成数不清的社团,它们要么要求其成员提供金钱上的贡献,要么只为金钱利益服务。特别是对于商业性公司来说,成员的组织基础仅限于红利方面的利益,它是如此专门,以至于社团(企业)实际产生的就是这么一种完全无视个体的事物。

个人作为具体对象——他在其中只有金钱利益——的独立性同样也反映在和他有专门金钱利益的其他个人的关系上。这已经产生了一种最有效的文化形式——使个人可能参与一个社团,其目的是促进、利用和享受,而社团不会带来任何进一步的个人联系或强加任何更多的义务。金钱带来的就是,个人能够把自己与他人联合起来,同时不会被迫放弃个人的自由或已有的东西。这是使人与人之间的联合失去差别的中世纪组织,与作为组织成员的人的联合之间根本性的和难以形容的主要差别。中世纪的形态或组织把全部商业、宗教、政治利益,以及构成它的个人的友好利益平等地联合在一个圈子里。

553

---

① 译自 Georg Simmel, *Philosophie des Geldes*, pp. 351—52。(Duncker und Humblot, 1900.)

III. 研究与问题

1. 生物竞争

竞争概念有双重的起源：(a)生存斗争和(b)生计斗争。自然，竞争概念在生物学和经济学上是平行发展的。两个思想领域里这个概念的发展尽管是平行的，却也不是独立进行的。事实上，生物学和经济学对这一概念的不同构想之间果实累累的互动过程是科学异体孕育的一个重要例证。尽管马尔萨斯是一位政治经济学家，但他的人口原理根本上来说是生物学的而不是经济学的，他关心的是生存斗争而不是生计斗争。为反驳孔多塞（Condorcet）和戈德温（Godwin）关于人类自然平等、完美性和必然进步的理论，马尔萨斯在 1789 年提出了人口总是以几何级数增长而生计则以算术级数增长这一让人沮丧的法则。在他《关于人口原理的论文》第二版的序言里，马尔萨斯承认自己受惠于"休谟、华莱士、亚当·斯密博士和普莱斯博士"。无疑，亚当·斯密预见并很可能给马尔萨斯提出了554 这样的观点，如国富论的这些段落："每种动物的自然繁殖与其生计手段成比例"、"人类的需求必然规制着人的生产"，然而，这些关于人口与食物供给关系的论述只是附带出现在亚当·斯密的一般经济学理论之中，而马尔萨斯的贡献则在于，使这一原则突破了其有限的情境，给予其科学归纳的特征，并运用于目前的社会改革理论和方案。

达尔文和华莱士都承认生物学对马尔萨斯的亏欠。在达尔文开始其研究 15 个月之后，有机会着手阅读马尔萨斯的《关于人口原理的论文》，这给了他通过生存斗争来解释物种起源的线索。在间歇性热病困扰之中，华莱士回顾了他在 12 年前对马尔萨斯理论的阅读，并在其中找到了生物进化问题的结论。

尽管"生存斗争"这个短语实际上是马尔萨斯使用的，达尔文、华莱士和他们的追随者却首次将其用于所有的生命形式。达尔文在他出版于 1859 年的《物种起源》里，以详尽的细节分析了生存斗争、竞争的特征与形态、自然选择、最适者幸存、物种隔离及随之而来的物种专门化。

近年来,生物学研究已经把注意力从进化理论转到了植物和动物群落的田野研究上。瓦尔明(Warming)[1]、亚当斯(Adams)[2]、惠勒(Wheeler)[3]和其他人已经在他们的植物和动物生态学里描述了使群落得以形成的竞争和隔离过程。克莱门斯(Clements)[4]在两项研究即《植物演替》和《植物指标》里详细描述了这些群落的生活史。他对相同地理区域内植物群落的演替以及组成这些群落的不同物种的竞争性协作关系进行的研究,很可能为人类生态中的类似研究提供了很好的范例。

2. 经济竞争

经济学上关于竞争的研究归为两个方面:(a)竞争的自然史;（b)竞争的理论史。 555

(a)经济层面上的竞争,即关于生计的斗争,其起源在市场里。亨利·梅因爵士在他研究村庄社区的基础上认为,实际上经济行为的源头首先可以在陌生人和敌人的中立交汇处看到。

"为了理解市场最初是什么,你必须试着构想自己有一块被村庄占据的领地,能自我运转和自治,每个人在荒废地块中种植其耕地,而且每个人——我恐怕得补充一下——都与其邻居处于不断的争斗之中。但是在由两三个村庄汇聚控制的几个点上,似乎存在着我们现在称为中立地带的空间,这些就是市场。它们可能是不同的原始群体成员为除了战争之外的任

---

① 约翰内斯·尤金纽斯·布洛·瓦尔明(Johannes Eugenius Bülow Warming,1841—1924),丹麦植物学家,现代生态学创始人。——译者注
② 查尔斯·克里斯托弗·亚当斯(Charles Christopher Adams,1873—1955),美国动物学家。——译者注
③ 威廉·默顿·惠勒(William Morton Wheeler,1865—1937),美国昆虫学家。——译者注
④ 弗雷德里克·爱德华·克莱门斯(Frederic Edward Clements,1874—1945),美国植物生态学家。——译者注

何目的而聚会的唯一地点,而参与他们之中的人无疑是第一批有权使一个小村庄社区与其他社区交换产品和制成品的人。但是,除了中立概念,另一个想法与市场有古老的联系,这就是大胆实践和讨价还价的观念。

与近亲或者朋友讨价还价是不值得赞赏的,这种感觉的真正起源是什么?很难说有什么道德法则来禁止它。在我看来,这种感觉似乎带着古老观念的痕迹,即在自然群体里联合起来的人不会按交易原则来彼此打交道。如今人们加入的唯一的自然群体就是家庭,唯一类似于家庭的团结就是人们通过友情为自己创造的纽带。

作为政治经济学基础的一般命题只有在允许人们以正常关系打交道的情况下——不是作为同一群体的成员,而是作为陌生人——才首次接近真理。获得最佳价格的权利假设逐渐渗透进这些群体的内部,但是只要人与人的联系纽带被假定为是家庭或宗族联系的纽带,这一假设就永远不会被完全接受。当原始群体遭到毁灭时,这一规则才获得胜利。在被认为表达了人性原初和基本的倾向之前,是什么原因把市场原则普遍化,这些原因是如此繁复,不可能完全表述出来。有助于把社会从家庭的聚集转化为一种个体集合的每件事,都有助于增加政治经济学家关于人类本性的断言的真实性。"①

556　　市场关系在事实上向生活的所有方面的延伸是工业革命和大社会发展的结果。商品、价格和工资的标准化,商业关系的非人格化特征,所有人际关系的"现金来往"和信用基础已经极大延伸了互动的外在竞争形态。货币由于其抽象的价值标准,不仅仅是一种交换媒介,同时还是现代竞争社会经济本质的卓越象征。

描述从家庭共产主义、典型的原始社会向现代资本主义社会竞

---

① Henry S. Maine, *Village-Communities in the East and West*, pp.192—97. (New York, 1889.)

争经济转变的文献都在参考书目里标出。

（b）作为政治经济学概念的竞争，其历史可以追溯到重农学派。这个法国经济学流派强调食物供给是国民财富的基础和衡量标准，要求废除对农业生产与贸易的限制，重农学派的理论基础是个人在自由上的自然权利。

> "国家的悲惨状态似乎要求彻底的转变。税收很多而且是间接的。让税收成为单一的和直接的，企业的自由遭到束缚，让它自由。国家管制过度，放任自流！他们对经济自由的诉求得到比国王或大臣更强烈的对自然的呼吁的支持，还得到一种主张的支持，即人类自然、固有的权利在他的自由里是畅通无阻的，除非他侵犯他人的自由。"[1]

在重农学派强调自由在工业中对于个人自然权利的好处的同时，亚当·斯密在他的《国富论》里强调了竞争的优点。对他来说，竞争是反对垄断的一种保护，"它（竞争）永远不会损害消费者或者生产者，相反的，它必定会使零售商卖得更便宜和买得更贵，而不是整个贸易被一两个人垄断，[2]这同时有益于生产者和消费者。垄断是良好管理的大敌，使其永远不可能建立起来，但是自由和普遍竞争会迫使每个人为了自保而求助于它。"[3]

557

在达尔文之前，已经根据自由和利益的自然和谐对竞争进行了构想。他用这个词在竞争里引入了生存斗争与最适者生存概念。这个新概念（其中竞争似乎是所有生活的基本过程）已经成为自由放任政策的有力支柱并使其延续，不顾及痛苦与贫困——即使这不是它创造的，它确实也没有进行补救。赫伯特·斯宾塞（进化教义最伟大的阐述者）的作品包含了大量赞成自由放任的有力的证据，并成为关于人类行为的科学研究的结论。"只有社会生活的原则对

---

[1]　Henry Higgs, *The Physiocrats*, p.142. (London, 1897.)

[2]　Adam Smith, *Wealth of Nations* (Cannan's edition), I, 342. London, 1904.

[3]　Ibid. I, 148.

人性缓慢地调整，"他说，"才能产生永久的有利变化。弥漫在几乎所有政治与社会团体思想中的一个根本错误就是，允许对罪恶进行直接与激进的补救。"①

随着大规模生产的增长，出现了形成联合与垄断的趋势，由于竞争的自由，开始出现无限制竞争这个主题的作品。频频出现在最近文献里的"不公平"与"凶狠"竞争的说法提出了新的观点。另一种委婉的说法——在此说法下，就限制竞争与自由放任提出了其他更深远的建议——是"社会公正"。与此同时，英格兰一百多年来的立法趋势——正如 A. C. 戴西先生②已经指出的③——尽管有赫伯特·斯宾塞，但已远离了个人主义，转向集体主义社会秩序的方向。这意味着更多的立法，更多的控制，较少的个人自由。

然而，只有在考虑到通讯、经济组织和城市的增长时，才能充分558 理解法律和观念上这一变化的全部意义，所有这些变化已经增加了所有社会成员之间的相互依存，足以补偿自由放任体系本应确保的古老自由与解放的虚幻与不真实。

3. 竞争与人类生态

社会生态概念指的是一个由竞争性合作创造的社会。亚当·斯密的《国富论》描述了一种作为经济竞争产物的社会。大卫·李嘉图在他的《政治经济学原理》中更为抽象地界定了竞争过程，并以更为无情的精确性和一致性表述了其后果。"他的理论，"科尔塔默(Kolthamer)在他的导言里说，"似乎是对现状不断的辩解，至少它被采用了。"

但是，李嘉图的教义既是对中产阶级的一种支持也是一种恐

---

① Thomas Mackay, *A Plea for Liberty*. An argument against socialism and socialistic legislation, consisting of an introduction by Herbert Spencer and essays by various writers, p.24. (New York, 1891.)

② 阿尔伯特·维恩·戴西(Albert Venn Dicey, 1835—1922)，英国法学家，当时著名的宪法学者。——译者注

③ *Lectures on the Relation between Law and Opinion in England*, *during the Nineteenth Century*. 2d ed. (London, 1914).

吓,而自此以后,他们推崇的错误已经成为大多数激进与革命计划的前提。

> "社会主义者采用了他的价值与工资理论,把李嘉图粗糙的表达解释得对他们有利。为了改变李嘉图的结论,他们说,就要改变这些结论所依赖的社会状况:提高维持生计的工资,剥夺资本从劳动中偷走的东西——即劳动创造的价值。土地出租者同样采用李嘉图的租金理论:租金是一种无需单个人负责的生存盈余——为了所有人的利益,土地的存在创造了租金。"①

文献书目里提到的无政府主义、社会主义和共产主义学说,它们本身可以视为社会主义现象,而没有提及它们作为方案的价值。它们的基础是社会的生态学与经济学概念,其中竞争是基本事实,而且从这些学说的观点出发,竞争是社会的基本罪恶。这些学说在社会学上的重要性在于它们表达的愿望。无论如何,它们展示了人类在这个广阔的、新的、焦躁不安的世界里对伟大社会的希望和期冀的特征,人类在其中发现自我,但是他们尚未能够,也可能永远没有归宿。

4. 竞争和"内部敌人":身心缺陷者、依赖者与少年犯

格奥尔格·齐美尔在他的论文《陌生人》里提到了穷人和罪犯,给他们安了一个富于暗示性的标题"内部敌人"。犯罪在任何时候都被看作是对社会的反叛,只有在最近,才认为依赖者和身心缺陷者是对社会秩序有害的存在。② 559

现代社会,只要它是自由的,就已经在竞争的基础上组织起来。因为穷人、罪犯和依赖者的地位主要取决于他们的竞争能力和意愿,关于身心缺陷者、依赖者和少年犯的文献可以就它们与竞争过

---

① *The Principles of Taxation.* Everyman's Library. Preface by F. W. Kolthamer, p. xii.
② *Soziologie*, p.686. (Leipzig, 1908.)

程的关系来考察,为此目的,依赖者可以被界定为一个不能竞争的人;身心缺陷者即使并非不能竞争,至少也是有残疾妨碍他去竞争的人。另一方面,罪犯则是可能无法,但无论如何都拒绝按照社会制定的规则去竞争的人。

马尔萨斯的《关于人口原理的论文》首次呼吁注意现代社会中生存斗争的病理学影响,并强调控制的必要性,这不仅仅是为了被击败和被排斥的社会成员的利益,也是为了社会自身的利益。马尔萨斯试图为人口过剩的罪恶探寻一种缓解措施——即使不是一种补救的话,这就是他所称的"道德抑制",即"出于审慎的动机而自我克制不结婚,在抑制期间保持严格道德的行为"。可供选择的方案是战争、饥饿和瘟疫。后面这些实际上在晚近时期已经成为解决人口过剩问题的有效手段。

新马尔萨斯主义运动——弗朗西斯·普雷斯(Francis Place)、理查德·卡莱尔(Richard Carlile)和罗伯特·戴尔·欧文(Robert Dale Owen)于 1820—1830 年间,查尔斯·布拉德罗(Charles Bradlaugh)和安妮·贝赞特(Annie Besant)于 1870—1880 年间对此进行领导——倡导对家庭进行人为限制。小康和受教育阶级的小孩数量比穷人和未受教育阶级的小孩数量下降更多,生育率的这种差异化下降是通过英格兰的高尔顿优生学实验室所做的调查发现的,并被描述为一种国家性的威胁。用大卫·赫伦(David Heron)的话说,伦敦的一项分区调查显示,"四分之一的已婚人口已经生育了一半的下一代"。在美国,不太详尽的调查显示,同样的趋势正在出现,这一事实造成的警告有了一个大众化的表达:"种族自杀"。

正是在这种情况下,由于优生学的调查和鼓动,穷人、身心缺陷的人和少年犯已经被视为"内部敌人",这在一百年前是难以理解的。

现代社会的贫困和依赖具有对过去社会来说完全不同的意义。描写原始社区的文献指出,在一个立足于宗族的经济共产主义社会里,饥饿是很频繁的,但贫困不为人知。在古代和中世纪社会,依赖——只要不是职业性的,就像托钵僧的宗教规则那样——是私人

560

化的和个人的事情。在这个方面，它完全不同于我们现代城市里有组织的、官方的、有监督的慈善活动。

随着奴隶制的废除，中世纪行会的崩溃，个人自由时代的开始，以及现代工业秩序引领下相对不受限制的竞争（自由放任），生存斗争不再是公共的，而变成了个人的。立足于个人自由的新秩序和以控制为基础的旧秩序形成鲜明对比，被描述为一种允许每个人"用他个人的方法下地狱"的体系。密尔说："权力能够正当施行于文明社会每个成员并违背其意志的唯一目的，就是阻止他伤害他人。他在身体和道德上的优点都不是充足的理由。"只有当个人变成罪犯或者穷人之时，国家或有组织的社会才会尝试去控制或者协助他进行生存斗争①。

由于竞争性工业起源于英国，对英国济贫法的研究具有指导意义。在马尔萨斯和古典经济学家的影响下，早期的贫困研究者把贫困视为政治经济学"铁律"运转下一种不可避免和自然的结果。比如，当哈里特·马蒂诺（Harriet Martineau）②在 1833 年工厂委员会收集的证据面前被迫承认"这些不幸的工厂童工的情况似乎很绝望"时，她还补充道："唯一的希望似乎在于这一种族在两到三代内灭绝。"

卡尔·马克思接受了李嘉图的经济学，强调了竞争过程中产生的痛苦与贫困，并要求废除竞争，并用社会主义国家的绝对控制来取而代之。

目前的研究把贫困和依赖看作是一种疾病，并着眼于对其进行预防和救治。工会、行业协会和社会保险都是旨在保护产业和工人对抗如今普遍公认的无限制竞争后果的举动。产业民主和产业公民权的概念已经带来了有趣和有前途的实验。

在此联系中，雇主保护自身和社区免受意外和职业病影响的努

① John Stuart Mill, *On Liberty*. (London，1859.)
② 哈里特·马蒂诺（Harriet Martineau，1802—1876），英国社会理论家、作家，1853 年首次把孔德的《实证哲学教程》译为英文，故经常被视为第一位女性社会学家。——译者注

力可能会得到恰当的考虑。自从大战开始以及在战争期间,人们也已经在很大范围内做出努力,以恢复、再培育和修复战争中受伤士兵的效能。对于退役军人的这种兴趣以及已做出的成功的努力,使人们对各个阶层的工业残疾者越来越感兴趣。在这个国家的不同地方已经做了大量残疾人的调查,并正在努力发现可以雇佣聋人、盲人和其他工业残疾者的职位和职业,从而恢复他们的作用和相对独立性。

当前警察权力在公共健康、卫生和普遍公共福利方面的广泛延伸,代表着政府在一个旧的健康和安全不再存在的个人主义社会里,努力去保护个人和社群不受无限制竞争的后果的侵害。

犯罪学文献已经对犯罪之谜给出了一个答案。欧洲犯罪学家的著作对此进行解释的范围从龙勃罗梭——他把犯罪视为罪犯的一种天生倾向,到塔德——他把犯罪界定为一种纯粹的社会产物。

社会主义者 W. A. 邦格[1]已经试图表明,犯罪是现代经济体系的直接产物。不接受邦格的证据或结论,就不可能否认,研究当代罪犯的着眼点应该是,他们未能以一种健全和正常的方式参与到我们以私人财产和个人竞争为基础的竞争性次级社群里。

少年犯在遵守社会准则上的失败可以从两个角度来研究:(a)个人作为原始的精神特征和气质特征的一种组织;以及(b)在社会群体里具有地位和角色的人。威廉·希利(William Healy)的著作《个体少年犯》把罪犯作为一种个体的研究置于合理的科学基础之上。人可以并且应该被视为其社会环境的一部分这种观点,已在 T. M. 奥斯本(T. M. Osborne)的两本著作《监狱围墙》和《社会与监狱》里得到了引人注目的说明。事实似乎是这样,犯罪问题本质上类似于我们社会秩序里的其他主要问题,其解决办法包括三个要素,即:(a)分析个人才能和人的意愿;(b)从社会的专业化和劳动分工来分析我们社会的活动;(c)个人对社会和经济环境的适应或调整。

---

① *Criminality and Economic Conditions*.(Boston,1916.)

参考书目

I. 生物竞争

（1）Crile, George W. *Man an Adaptive Mechanism*. New York, 1901.

（2）Darwin, Charles. *The Origin of Species*. London, 1859.

（3）Wallace, Alfred Russel. *Studies Scientific and Social*. 2 Vols. New York, 1900.

（4）——. *Darwinism*. An exposition of the theory of natural selection with some of its applications. Chap. iv, "The Struggle for Existence," pp.14—40; chap. v, "Natural Selection by Variation and Survival of the Fittest," pp.102—25. 3d ed. London, 1901.

（5）Weismann, August. *On Germinal Selection as a Source of Definite Variation*. Translated from the German. Chicago, 1896.

（6）Malthus, T. R. *An Essay on the Principle of Population*. Or a view of its past and present effects on human happiness, with an inquiry into our prospects respecting the future removal or mitigation of the evils which it occasions. 2d ed. London, 1803. [1st ed., 1798.]

（7）Knapp, G. F. "Darwin und Socialwissenschaften," *Jahrbücher für Nationalökonomie und Statistik*. Erste Folge, XVIII（1872）, 233—47.

（8）Thomson, J. Arthur. *Darwinism and Human Life*. New York, 1918.

II. 经济竞争

（1）Wagner, Adolf. *Grundlegung der politischen Ökonomie*. pp.794—828. [The modern private industrial system of free competition.] pp.71—137. [The industrial nature of men.] Leipzig, 1892—94.

（2）Effertz, Otto. *Arbeit und Boden*. System der politischen

563

Ökonomie. Vol. II，chaps，xix，xx，xxi，xxiii，xxiv，pp. 237—320. Berlin，1897.

（3）Marshall，Alfred. *Principles of Economics*. Appendix A，"The Growth of Free Industry and Enterprise," pp. 723—54. London，1910.

（4）Seligman，E. R. A. *Principles of Economics*. Chap，x，pp. 139—53. New York，1905.

（5）Schatz，Albert. *L'Individualisme économique et social，ses origines，son évolution，ses formes contemporaines*. Paris，1907.

（6）Cunningham，William. *An Essay on Western Civilization in Its Economic Aspects*. Medieval and modern times. Cambridge，1913.

III. 自由与放任主义

（1）Simmel，Georg. *Philosophie des Geldes*. Chap. iv，"Die individuelle Freiheit," pp. 279—364. Leipzig，1900.

（2）Bagehot，Walter. *Postulates of English Political Economics*. With a preface by Alfred Marshall. New York and London，1885.

（3）Oncken，August. *Die Maxime Laissez Faire et Laissez Passer，ihr Ursprung，ihr Werden*. Bern，1886.

（4）Bastiat，Frédéric. *Harmonies économiques*. 9th ed. Paris，1884.

（5）Cunningham，William. *The Growth of English Industry and Commerce in Modern Times*. Vol. III，"Laissez Faire." 3 Vols. 3d ed. Cambridge，1903.

（6）Ingram，John K. *A History of Political Economy*. Chap. v，"Third Modern Phase；System of Natural Liberty." 2d ed. New York，1908.

（7）Hall，W. P. "Certain Early Reactions against Laissez Faire," *Annual Report of the American Historical Association for the Year 1913*. I，127—38. Washington，1915.

（8）Adams，Henry C. "Relation of the State to Industrial Action," *Publications of the American Economic Association*, I(1887), 471—549.

IV. 市场

（1）Walker, Francis A. *Political Economy*. Chap. ii, pp. 97—102. 3d ed. New York, 1887. [Market defined.]

（2）Grierson, P. J. H. *The Silent Trade*. A contribution to the early history of human intercourse. Edinburgh, 1903. [Bibliography.]

（3）Maine, Henry S. *Village Communities in the East and West*. Lecture VI, "The Early History of Price and Rent," pp. 175—203. New York, 1885.

（4）Walford, Cornelius. *Fairs, Past and Present*. A chapter in the history of commerce. London, 1883.

（5）Bourne, H. R. F. *English Merchants*. Memoirs in illustration of the progress of British commerce. New ed. London, 1898.

（6）Webb, Sidney and Beatrice. *Industrial Democracy*. Part III, chap. ii, "The Higgling of the Market," pp. 654—702. New ed. London, 1902.

（7）Bagehot, Walter. *Lombard Street*. A description of the money market. New York, 1876.

V. 竞争与产业组织

（1）Crowell, John F. *Trusts and Competition*. Chicago, 1915. [Bibliography.]

（2）Macrosty, Henry W. *Trusts and the State*. A sketch of competition. London, 1901.

（3）Carter, George R. *The Tendency toward Industrial Combination*. A study of the modern movement toward industrial combination in some spheres of British industry; its forms and developments, their causes, and their determinant circumstances. London, 1913.

（4）Levy，Hermann. *Monopoly and Competition*. A study in English industrial organization. London，1911.

（5）Haney，Lewis H. *Business Organization and Combination*. An analysis of the evolution and nature of business organization in the United States and a tentative solution of the corporation and trust problems. New York，1914.

（6）Van Hise，Charles R. *Concentration and Control*. A solution of the trust problem in the United States. New York，1912.

（7）Kohler，Josef. *Der unlautere Wettbewerb*. Darstellung des Wettbewerbsrechts. Berlin und Leipzig，1914.

（8）Nims，Harry D. *The Law of Unfair Business Competition*. Including chapters on trade secrets and confidential business relations；unfair interference with contracts；libel and slander of articles of merchandise，trade names and business credit and reputation. New York，1909.

565   （9）Stevens，W. H. S. *Unfair Competition*. A study of certain practices with some reference to the trust problem in the United States of America. Chicago，1917.

（10）Eddy，Arthur J. *The New Competition*. An examination of the conditions underlying the radical change that is taking place in the commercial and industrial world；the change from a competitive to a co-operative basis. New York，1912.

（11）Willoughby，W. W. *Social Justice*. A critical essay. Chap. ix，"The Ethics of the Competitive Process," pp. 269—315. New York，1900.

（12）Rogers，Edward S. *Good Will*，*Trade-Marks and Unfair Trading*. Chicago，1914.

VI. 社会主义与无政府主义

（1）Stirner，Max.（Kaspar Schmidt）. *The Ego and His Own*.

546

Translated from the German by S.T.Byington. New York, 1918.

（2）Godwin, William. *An Enquiry Concerning Political Justice and Its Influence on General Virtue and Happiness*. Book V, chap. xxiv. London, 1793.

（3）Proudhon, Pierre Joseph. *What Is Property*? An inquiry into the principle of right and of government. Translated from the French by B. R. Tucker. New York, 189—?

（4）Zenker, E. V. *Anarchism*. A criticism and history of the anarchist theory. Translated from the German. New York, 1897. [With bibliographical references.]

（5）Bailie, William. *Josiah Warren, the First American Anarchist*. A sociological study. Boston, 1906.

（6）Russell, B. A. W. *Proposed Roads to Freedom*. Socialism, anarchism, and syndicalism. New York, 1919.

（7）Mackay, Thomas, editor. *A Plea for Liberty*. An argument against socialism and socialistic legislation. New York, 1891.

（8）Spencer, Herbert. "The Man *versus* the State," Appendix to *Social Statics*. New York, 1897.

（9）Marx, Karl, and Engels, Frederick. *Manifesto of the Communist Party*. Authorized English translation edited and annotated by Frederick Engels. London, 1888.

（10）Stein, L. *Der Socialismus und Communismus des heutigen Frankreichs*. Ein Beitrag zur Zeitgeschichte. Leipzig, 1848.

（11）Guyot, Édouard. *Le Socialisme et l'évolution de l'Angleterre contemporaine(1880—1911)*. Paris, 1913.

（12）Flint, Robert. *Socialism*. 2d ed. London, 1908.

（13）Beer, M. *A History of British Socialism*. Vol.I, "From the Days of the Schoolmen to the Birth of Chartism." Vol.II, "From Chartism to 1920." London, 1919—21.

（14）Levine, Louis. *Syndicalism in France*. 2d ed. New York,

566

1914.

（15）Brissenden，Paul F. *The I. W. W.* A study of American syndicalism. New York，1919. ［Bibliography.］

（16）Brooks，John Graham. *American Syndicalism*. New York，1913.

（17）——. *Labor's Challenge to the Social Order*. Democracy its own critic and educator. New York，1920.

VII. 竞争与"内部敌人"

A. 生存斗争及其社会后果

（1）Henderson，Charles R. *Introduction to the Study of the Dependent，Defective，and Delinquent Classes，and of Their Social Treatment*. 2d ed. Boston，1908.

（2）Grotjahn，Alfred. *Soziale Pathologie*. Versuch einer Lehre von den sozialen Beziehungen der menschlichen Krankheiten als Grundlage der sozialen Medizin und der sozialen Hygiene. Berlin，1912.

（3）Lilienfeld，Paul de. *La Pathologie sociale*. Avec une préface de René Worms. Paris，1896.

（4）Thompson，Warren S. *Population*. A study in Malthusianism. New York，1915.

（5）Field，James A. "The Early Propagandist Movement in English Population Theory，" *American Economic Association Bulletin*，4th Ser.，I(1911)，207—36.

（6）Heron，David. *On the Relation of Fertility in Man to Social Status*. And on the changes in this relation that have taken place during the last fifty years. London，1906.

（7）Elderton，Ethel M. "Report on the English Birthrate." University of London，Francis Galton Laboratory for National Eugenics. *Eugenics Laboratory Memoirs*，XIX—XX. London，1914.

（8）D'Ambrosio，Manlio A. *Passività Economica*. Primi principi di una teoria sociologica della popolazione economicamente passiva. Napoli, 1909.

（9） Ellwood, Charles A. *Sociology and Modern Social Problems*. Rev. ed. New York, 1913.

B. 贫困、劳动和无产阶级

（1） Woods, Robert A., Elsing, W. T., and others. *The Poor in Great Cities*. Their problems and what is being done to solve them. New York, 1895.

（2） Rowntree, B. Seebohm. *Poverty, a Study of Town Life.* London, 1901. 567

（3） Devine, Edward T. *Misery and Its Causes*. New York, 1909.

（4） Marx, Karl. *Capital*. A critical analysis of capitalist production. Chap. xv, "Machinery and Modern Industry." Translated from the third German edition by Samuel Moore and Edward Aveling, and edited by Frederick Engels. London, 1908.

（5） Hobson, John A. *Problems of Poverty*. An inquiry into the industrial condition of the poor. London, 1891.

（6） Kydd, Samuel ［Alfred, pseud.］ *The History of the Factory Movement*. From the year 1802 to the enactment of the ten hours' bill in 1847. 2 Vols. London, 1857.

（7） Rowntree, B. S., and Lasker, Bruno. *Unemployment, a Social Study*. London, 1911.

（8） Beveridge, William Henry. *Unemployment*. A problem of industry. 3d ed. London, 1912.

（9） Parmelee, Maurice. *Poverty and Social Progress*. New York, 1916.

（10） Gillin, John L. *Poverty and Dependency*. Their relief and prevention. New York, 1921.

（11） Sombart, Werner. *Das Proletariat; Bilder und Studien*. Frankfurt am Main, 1906.

（12）Riis, Jacob A. *How the Other Half Lives*. Studies among the tenements of New York. New York, 1890.

（13）Nevinson, Margaret W. *Workhouse Characters and Other Sketches of the Life of the Poor*. London, 1918.

（14）Sims, George R. *How the Poor Live; and Horrible London*. London, 1898.

C. *产业残疾者*

（1）Best, Harry. *The Deaf*. Their position in society and the provision for their education in the United States. New York, 1914.

（2）——. *The Blind*. Their condition and the work being done for them in the United States. New York, 1919.

（3）United States Bureau of the Census. *The Blind and the Deaf*, 1900. Washington, 1906.

（4）——. *Deaf-Mutes in the United States*. Analysis of the census of 1910 with summary of state laws relating to the deaf as of January 1, 1918. Washington, 1918.

（5）——. *The Blind in the United States 1910*. Washington, 1917.

（6）Niceforo, Alfredo. *Les Classes pauvres*. Recherches anthropologiques et sociales. Paris, 1905.

568　（7）Goddard, Henry H. *Feeble-mindedness, Its Causes and Consequences*. Chap. i, "Social Problems," pp. 1—20. New York, 1914.

（8）Popenoe, Paul B., and Johnson, Roswell H. *Applied Eugenics*. Chap. ix, "The Dysgenic Classes," pp. 176—83. New York, 1918.

（9）Pintner, Rudolph, and Toops, Herbert A. "Mental Test of Unemployed Men," *Journal of Applied Psychology*, I (1917), 325—41; II(1918), 15—25.

（10）Oliver, Thomas. *Dangerous Trades*. The historical, social, and legal aspects of industrial occupations affecting health, by a number of experts. New York, 1902.

(11) Jarrett, Mary C. "The Psychopathic Employee: a Problem of Industry," *Bulletin of the Massachusetts Commission on Mental Diseases*, I(1917—18), Nos.3—4, 223—38. Boston, 1918.

(12) Thompson, W. Gilman. *The Occupational Diseases*. Their causation, treatment, and prevention. New York, 1914.

(13) Kober, George M., and Hanson, William C., editors. *Diseases of Occupation and Vocational Hygiene*. Philadelphia, 1916.

(14) Great Britain. Ministry of Munitions. *Health of Munition Workers Committee*. Hours, fatigue, and health in British munition factories. Reprints of the memoranda of the British Health of Munition Workers Committee, April, 1917. Washington, 1917.

(15) Great Britain Home Department. *Report of the Committee on Compensation for Industrial Diseases*. London, 1907.

(16) McMurtrie, Douglas C. *The Disabled Soldier*. With an introduction by Jeremiah Milbank. New York, 1919.

(17) Rubinow, I. M. "A Statistical Consideration of the Number of Men Crippled in War and Disabled in Industry," *Publication of Red Cross Institute for Crippled and Disabled Men*. Series I, No.4, Feb. 14, 1918.

(18) Love, Albert G., and Davenport, C. B. *Defects Found in Drafted Men*. Statistical information compiled from the draft records showing the physical condition of the men registered and examined in pursuance of the requirements of the selective-service act. War Department, U.S. Surgeon General's Office, Washington, 1920.

D. 酗酒和毒瘾

(1) Partridge, George E. *Studies in the Psychology of Intemperance*. New York, 1912.

(2) Kelynack, T. N. *The Drink Problem of Today in Its Medicosociological Aspects*. New York, 1916.

（3）Kerr，Norman S. *Inebriety or Narcomania*. Its etiology, pa-
thology, treatment, and jurisprudence. 3d ed. London，1894.

569　　　（4）Elderton，Ethel M. "A First Study of the Influence of Paren-
tal Alcoholism on the Physique and Ability of the Offspring."
Eugenics Laboratory Memoirs，University of London，Francis Galton
Laboratory for National Eugenics. London，1910.

（5）Koren，John. *Economic Aspects of the Liquor Problem*. An
investigation made for the Committee of Fifty under the direction of
Henry W. Farnam. Boston，1899.

（6）Towns，Charles B. *Habits that Handicap*. The menace of
opium，alcohol，and tobacco，and the remedy. New York，1916.

（7）Wilbert，Martin I. "The Number and Kind of Drug Addicts,"
U.S. Public Health Reprint，No.294. Washington，1915.

（8）Rowntree，B. Seebohm. *Land and Labour*：*Lessons from
Belgium*. Chap.xxvi，"The Drink Problem." London，1910.

（9）McIver，J.，and Price，G. F. "Drug Addiction," *Journal of
the American Medical Association*，LXVI（1915），476—80. ［A
study of 147 cases.］

（10）Stanley，L. L. "Drug Addictions," *Journal of the
American Institute of Criminal Law and Criminology*，X（1919），
62—70.［Four case studies.］

E. 犯罪与竞争

（1）Parmelee，Maurice. *Criminology*. Chap.vi，pp.67—91. New
York，1918.

（2）Bonger，William A. *Criminality and Economic Conditions*.
Translated from the French by H. P. Horton，with editorial preface by
Edward Lindsey and with an introduction by Frank H. Norcross. Bos-
ton，1916.

（3）Tarde，G. "La Criminalité et les phénomènes économiques,"
Archives d'anthropologie criminelle，XVI（1901），565—75.

（4）Van Kan，J. *Les Causes économiques de la criminalité*. Étude historique et critique d'étiologie criminelle. Lyon，1903.

（5）Fornasári di Verce，E. *La Criminalità e le vicende economiche d'Italia，dal 1873 al 1890，con prefazione di Ces. Lombroso*. Torino，1894.

（6）Devon，J. *The Criminal and the Community*. London and New York，1912.

（7）Breckinridge，Sophonisba，and Abbott，Edith. *The Delinquent Child and the Home*. Chap.iv，"The Poor Child：The Problem of Poverty，" pp.70—89. New York，1912.

（8）Donovan，Frances. *The Woman Who Waits*. Boston，1920.

（9）Fernald，Mabel R.，Hayes，Mary H. S.，and Dawley，Almena. *A Study of Women Delinquents in New York State*. With statistical[Pg 570] chapter by Beardsley Ruml；preface by Katharine Bement Davis. Chap.xi，"Occupational History and Economic Efficiency，" pp.304—79. New York，1920.

（10）Miner，Maude. *The Slavery of Prostitution*. A plea for emancipation. Chap.iii，"Social Factors Leading to Prostitution，" pp.53—88. New York，1916.

（11）Ryckère，Raymond de. *La Servante criminelle*. Étude de criminologie professionelle. Paris，1908.

主题相关的论题

1. 生存斗争和最适者生存。
2. 经济竞争与经济均衡。
3. "不公平"竞争与社会控制。
4. 竞争与情感的对抗。
5. 市场、交易所、同业公会的历史。
6. 经济学和政治学上自由放任理论的自然史。

7. 竞争、货币与自由。

8. 产业和社会里的竞争与隔离。

9. 新马尔萨斯运动与种族自杀。

10. 竞争的经济秩序与"内部敌人"。

11. 英格兰济贫法的历史。

12. 竞争性次级社群里的失业和贫困。

13. 现代经济与放纵心理学。

14. 现代工业、身体残疾和康复计划。

15. 犯罪与经济状况的关系。

16. 社会改良的方法：慈善事业、产业福利工作、社会保障，等等。

17. 限制竞争的实验：集体谈判、同业公会、劳资协商会，等等。

讨论问题

1. 流行的竞争概念起源于哪些领域？

2. 竞争以什么方式成为区别于冲突、适应和同化的互动形式？

3. 你理解斗争、冲突、竞争和对抗之间的区别吗？

4. 生存斗争的不同形式是什么？

5. 你认为达尔文用"生存斗争"这个词有什么不一样的含义吗？

571　　6. 当达尔文说："每个有机体的结构都以最基础但也常常是最隐蔽的方式，与和它竞争食物或居所的其他有机体以及它必须逃避或抓捕的其他有机体相关联。"你理解它是什么意思吗？

7. 在人际关系或社会关系里，你经历过什么竞争的例子吗？它们在什么方面（a）类似于或（b）不同于植物群落的竞争？

8. 现代人类社会里多大程度上存在着生物竞争？

9. 竞争总是会导致更多的专门化和更高级的组织吗？

10. 社会上有什么证据证明竞争对专业化和组织化的影响？

11. 你理解克莱尔"在任何情况下，每个物种的命运似乎都押在了一项机制上"这句话是什么意思？涉及人的这种机制是什么？

12. 你认为克莱尔对心智进化给出了充分的解释吗？

13. 动物的生存斗争和人的生存斗争在特征上有什么差异？

14. 基于相似性的社区和基于差异性的社区在内部竞争上有什么差别？

15. 比较生态学的"反应"概念和社会学的"控制"概念。

16. 你怎么理解这种表达："一个群落的反应通常大于组成该群落的物种和个体的反应之和"？请解释。

17. 克莱门斯在分析一个植物群落被另一个群落侵入时采用的迁移、生态和竞争等术语，在多大程度上可以用来分析移民"侵入"这个国家的过程，即迁徙、定居和同化、"美国化"？

18. (a)内部和(b)外部移民中的社会力量是什么？

19. 你怎么理解隔离这个术语？社会力量在多大程度上造成了(a)经济和(b)情感的隔离？举例说明。

20. 到美国的移民以什么方式造成隔离？

21. 美国城市里移民的隔离促成还是反对(a)竞争(b)冲突(c) 572 社会控制(d)适应和(e)同化？

22. 造成美国内部迁徙的因素是什么？

23. 人口流向城市在什么意义上是竞争的后果？

24. 在城市选择和城市的种族构成上，里普利的结论是什么？

25. 美国人口隔离和社会选择的突出后果是什么？

26. 按你的判断，种族间竞争的主要特征是什么？

27. 你在何种程度上同意沃克对美国种族自杀现象里社会力量的分析？

28. 现在，竞争以什么特殊的方式成为种族自杀的一个因素？

29. 种族间竞争对美国种族存量的未来影响是什么？

30. 解释"在某种意义上，很多正统的政治经济学体系是永远正确的"。

31. 经济竞争在什么程度和什么意义上是无意识的？

32. 在不同社会群体和不同人之间的竞争中，除了先天精神能力，还有别的什么差别吗？

33. 谁是你的竞争对手?

34. 这些竞争对手中,有多大比例是你没意识到的?

35. 竞争性协作是什么意思? 举例说明(参见第 508 页、558 页)。

36. 你理解"经济均衡"这个术语吗?

37. "经济均衡"等同于"社会团结"吗? 两个概念之间的关系(如果有)是什么?

38. 竞争在什么程度上导致个体利益的自然和谐?

39. 亚当·斯密用"看不见的手"意指什么?

40. "文明不是有意识合作的结果,而是个体之间无意识竞争的结果。"你同意还是不同意这种表述?

41. "通过追寻他的利益,他常常比他真正想促进社会利益时更有效地促进社会利益。"赞成和反对这一立场的理由是什么?

42. 为什么经济上的自由放任理论基本上被放弃了?

43. 你理解"自由"这个术语吗? 自由在多大程度上可以等同于竞争自由。

573   44. 你接受巴斯夏的概念"竞争即解放"吗?

45. 货币如何带来自由? 它导致还是反对协作? 协作与竞争是相互对立的吗?

46. 在什么情况下,你与个人竞争和与群体竞争?

47. 你如何理解无政府主义、社会主义和共产主义建立在社会的生态观念之上这种说法?

48. (a)作为一种论据的意见或学说和(b)作为一种价值观的意见和学说之间有何差别?

49. 可以从什么角度把依赖者、缺陷者和少年犯视为"内部敌人"? 这个概念是个人主义的? 社会主义的? 或者你如何总结其特征?

上海三联人文经典书库
134

社会学科学导论

·下·

[美] R. E. 帕克　E. W. 伯吉斯　著

叶涯剑　张汉娇　译

INTRODUCTION TO
THE SCIENCE OF SOCIOLOGY

上海三联书店

"十四五"国家重点图书出版规划项目

国家出版基金资助项目

目　录

第九章　冲　　突

I. 引　　言

1. 冲突概念

竞争和冲突之间的区别已被指出。它们都是互动的形式,但是竞争是那些彼此之间并不必然有接触和沟通的个人或群体之间的斗争;虽然冲突是一种竞争,但接触并不是其中必不可少的条件。像植物之间毫无限制和不受控制的竞争,以及在人与其同类和有生命的自然之间重大客观的生活斗争之中,竞争是无意识的。而冲突总是有意识的,它激起最深处的感情和最强的激情,并争取到注意力和努力最大程度的集中。竞争和冲突都是斗争的形式,但竞争是连续和一般性的,而冲突是间歇性的与个人化的。

竞争是在一种经济秩序里针对地位的斗争。世界经济里人口的分布,国民经济里的产业组织,以及劳动分工里个人的职业——所有这些归根到底都取决于竞争。另一方面,个人或者群体在社会秩序中的地位则取决于对抗、战争或者微妙的冲突形式。

“两个人是伙伴,三个人则是群众”这句话说明,在一种社会状况中,一个新因素的出现是多么容易打破社会均衡。在同一社交圈里赋予不同个人的微妙差别和不同的关注程度,是潜藏于文雅社群平和端庄外表之下的对抗与冲突的表面反映。

一般来说,我们可以说竞争决定了个人在社群里的位置,冲突固定了他在社会里的位置。区位、地位、生态上的相互依赖——这

575 些都是社群的特征。地位、从属与统属、控制——这些是一个社会的独特标志。

冲突概念如同事实一样,有其深藏于人的利益之中的根源。战神在诸神的等级体系中一直占据着高位。不论何时何地,斗争都以冲突的形式出现。不论是种族、民族或者个人,它总能抓住和引起观众的注意。而这些观众——当他们没有参与到战斗中时——总是站在一旁。正是这些非战斗人员的冲突形成公共舆论,而公共舆论总是在人类冲突中扮演着一个重要角色。正是这种情况使战争从身体力量的单纯发挥中产生,并赋予它一种道德斗争、善恶冲突的悲剧意义。

结果就是,战争总是具有诉讼的特征,成为一种裁决程序,习惯在其中决定着诉讼的方法,斗争问题则作为案件的判决而得到接受。

与战争的赌注不同,决斗尽管从来没有司法程序的特点,却发展出一种严谨的准则,使它在道德上约束着个人去寻求对错误进行补偿,并事先决定了能够并且应该获得这种补偿的诉讼方法。刑罚则使作为成员的个人失去在特定群体中的地位。

正是公众的在场、诉讼的仪式性特征以及认为看不见的力量站在真理和正义一边的信念给予神明审判和战斗审判一种意义,而决斗和其他任何形式的私人复仇都不具备这种意义。

这方面有趣的是,政治与司法程序是在冲突模式下进行的。一场选举是我们在不能打破头的时候点算鼻子数量的比赛。陪审团进行的一场审判是一场由捍卫者代表的参与各方的斗争,就像早期的司法决斗一样。

因此,一般而言,人们可以说竞争在冲突中变得有意识和个人化。在这个转换过程中,竞争者被转变成了对手和敌人。然而,在
576 其更高级的形式中,冲突变成非个人化的——即一场建立和保持正义规则与道德秩序的斗争。在这种情况下,涉及的不仅仅是个人福利,还有社群的福利。这就是政治党派和宗教教派的斗争。在这里,问题并非取决于直接卷入其中的竞争者的力量和重要性,而是

或多或少取决于社群公共舆论的力量和重要性,并最终取决于人类的判断力。

2. 文献分类

关于冲突的材料在阅读材料里按四个主题来进行组织:(a)作为有意竞争的冲突;(b)战争、本能和理想;(c)对抗、文化冲突和社会组织;(d)种族冲突。

(a) **有意竞争**。——个人的自我意识形成于和他人的联系和冲突之中。它在骄傲与谦逊,空虚与自尊,谦虚与傲慢,怜悯与轻蔑之中,还有种族偏见、沙文主义、阶级与种姓差别,以及保持社会距离的其他每一种社会设置里有多种多样的表现。

正是在这些由社会联系与交往引发的多种反应中,个人的人格得以发展,其地位得到界定。正是在保持或改善这种地位,保卫这种人格,扩大其领地,扩展其特权并保持其声望的努力中,冲突产生了。这适用于所有的冲突,不论它们是个人和党派的争吵、宗派分歧,还是民族战争与爱国战争,因为个人的人格总是如此紧密地连接着其群体和宗族的利益与秩序,以至于在斗争中,他将群体的事业视为自己的事业。

关于战争的经济因素,已经说了和写了很多。但是,不论我们情感的终极来源可能是什么,很可能真实的是,人类从来不会仅仅为了经济原因而进行战争。因为财富和财产与世界里的威望、荣誉和地位息息相关,人类和国家才为此而战斗。

(b) **战争、本能与理想**。——战争是冲突之中显著与典型的事例。在战争中——敌意压倒了情感或功效上的每一种利益,否则其就会使参与竞争的派别或群体团结起来——社会生活中冲突的动机和作用以最清楚的轮廓呈现出自身。此外,把战争作为冲突的一个例证是有实际原因的。所有时代都体现出对于战争的巨大兴趣,为了军事进攻或防御而组织起来的人口释放出惊人的力量和资源,为了祖国的光荣、尊严或安全而承受的巨大损失和牺牲已经使战争令人难忘。集体生活中没有其他更大的方面能让我们有如此充分的

577

记录。

战争与人类本能和人类理想的关系是最新观察和讨论的焦点问题。断言敌意并非植根于人类本性，这似乎是无稽之谈。这一章给出的具体材料毫无疑问地表明：人类的愿望和本能是多么容易采取战斗模式的形态。另一方面，认为传统、文化和集体表征不能决定国家对于战争的态度，这种观点似乎同样是站不住脚的。意义重大的社会学研究就是去确定原始本性中倾向的结合、传统和文化的力量以及形势的迫切需要以何种方式决定战斗模式的组织。我们有过尚武的人民把和平的国家变成军国主义的历史例子，对这种过程机制的理解是任何控制活动的首要条件。

（c）**对抗、文化冲突与社会组织**。——对抗是冲突的一种升华形式，其中个人的斗争从属于群体的利益。类似地，在群体对抗中，冲突或竞争从属于包容性群体的利益，对抗可能被界定为利益集团控制的冲突。关于对抗现象的调查揭示了它作为一种组织力量在群体生活中的作用。

在研究冲突群体时，并不总是肯定能运用这里对竞争与冲突做出的区分。宗派是一种冲突群体，在它与其他群体争夺生存和成功时，它的目标是这个普泛性社群的最高福利。然而，实际上宗派战争可能违背社群的道德、社会和宗教利益。教派是一种适应性团体，通过竞争与对抗去力争的不仅仅是促进普泛性社群的福利，还要促进其他组成部分的利益。

在文化和政治冲突中，冲突在社会生活中的功能变得可以理解与合理。个人生活中心理冲突的作用是为了做出调整以适应形势变化，并吸收新的经验。正是通过有分歧的冲动之间产生的冲突过程，个人才能做出决定——就像我们说的，"下定他的决心"。只有在这里，冲突才具有行为意识和自我意识，只有在这里，才有理性行为的条件。

（d）**种族冲突**。——任何社会联系都不会像种族关系那样容易激起冲突，特别是当种族差异被强化的时候——不仅是通过文化差异，还有肤色差异。可以补充的是，没有什么地方对社会联系的反应会如此明显，而与此同时，分析和界定起来又如此困难。

就像我们所称的支持种族禁忌的情绪一样，种族偏见不是——至少在美国——一种模糊不清的现象。但是还没人能成功使其明白易懂。很明显，在种族偏见中——区别于阶级和种姓偏见——有一种植根于害怕不熟悉与不理解事物的本能因素。肤色——或者其他强调身体差异的任何一种种族标记——成为可能并不存在的道德分歧的象征。我们对陌生人既恐惧又着迷，而另一个不同种族的个人似乎比我们种族的人更像陌生人。这种幼稚的偏见除非被其他因素强化，都很容易改变，就像奴隶制里黑人与白人的亲密关系。

种族对抗中一个更为积极的因素是文化冲突，一个种族不愿与不同文化或劣等文化的种族进行个人竞争。长远来看，这事实上是一个占据优越地位的人群或种族不愿意与低地位人群在平等意义上进行竞争。种族冲突就像战争，根本上是种族群体的地位斗争。在此意义上并从这个观点来说，欧洲各民族和所谓的"从属民族"为了独立与自决的斗争实际上是在国际大家庭里为了地位的斗争。 579

在这种斗争状况下，种族或民族意识自身的体现——比如爱尔兰民族主义、犹太复国主义和黑人种族意识——是对冲突形势自然和明显的反应。欧洲、印度和埃及的民族主义运动就像战争、对抗和更为个人化的冲突形式一样，主要是为了争得承认，也就是荣耀、尊严和威望。

II. 文　　选

A. 作为有意竞争的冲突

1. 冲突的自然史①

社会里的所有阶级以及两性在差不多相同的程度上，对涉及技

---

① 选自 William I. Thomas，"The Gaming Instinct，"in the *American Journal of Sociology*，VI（1900—1901），750—63。

能和运气的各种竞争都有深深的兴趣，特别是危险或者风险比较大的竞争。每个人都会驻足观看一场街头斗殴，同样，假如没有什么顾忌妨碍他们观看的话，这些人也会显示出对职业拳赛和斗牛的兴趣。我们社会里发展起来的同情和怜悯可能会从以身体伤害作为比赛目标的场景中后退，但是我们对冲突行为的兴趣之深，被我们对诸如足球这样拥有大量观众的比赛的痴迷所证实，在那里，我们对于冲突形势的本能情绪反应因冲突模式场景的激烈程度而得到满足。

实际上，如果我们审视我们的快乐与痛苦，我们喜悦和沮丧的时刻，我们发现，它们多半会回到争夺食物与配偶时发展起来的本能上。有机体的结构通过最有效结构的幸存而逐步建立起来。与机械式适应成功活动的结构相对应，在精神方面发展起了一种对冲突形势的兴趣，就像结构自身一样完美。实际上，情绪状态是行动的有机准备，大体上对应于前进或后退的倾向；而且在愉悦状态和肌肉伸展之间、在痛苦状态和肌肉屈缩之间已经形成一种联系。我们可能无法充分了解，在这些结构类型和对冲突模式的兴趣发展起来之前，实际上消耗的时间和所做的实验，但是我们从地质记录中得知，时间和实验又长又多，竞争是如此激烈，以至于最终——不止在人类之中，还在所有高级动物之中——身体和心智，结构和兴趣在冲突、竞争和对抗的生活所涉及的暴力活动里完美地运作起来。如果对我们所称的危险或不安全状态毫无兴趣，就不可能发展出一种基于为食物和生计而采取攻击与防御活动的有机体。缺乏这种兴趣的物种类型将存在缺陷，并会在发展过程中退出。

我们的兴趣和热情是在冲突形势下被唤起的，要发现这一事实，最容易的就是看看激起它们的局势。战争仅仅是一种有组织的战斗形式，正因如此也是最有吸引力的，或者，至少可以说有力地引起人们的兴趣。随着财富的积累以及敏感性和智力的增长，很明显战争是一个浪费与不安全的过程，公共和个人利益指引我们尽可能避免它。但是，尽管真正的战争可能遭到反对，它确实是一种刺激的游戏。近来,这个国家的"莽骑兵"(Rough Rider)①和最近英国贵族家庭的年轻人们无疑是出于爱国主义的动机想参加战争,但也有明白无误的证据表明,他们也把战争视为一生中有机会参加的最伟大的运动。还有大量证据表明,女人对战争的情感态度同样强烈。格雷说,六个澳大利亚的老妇人因为想象受到伤害而驱使男人去和邻近部落开战。犹太少女载歌载舞出门,歌颂扫罗杀死了数千人、大卫杀死了上万人。②在最近的西班牙战争中,据称哈瓦那的青年妇女把她们衣柜里的衣物送给她们认识的犹豫参加叛乱的青年男子,并要求他们穿上这些衣物,直到他们参加战争为止。

仇杀是另一种暴力的、天生的、有吸引力的反应模式。仇杀最初对于个人和部落具有防御性价值,因为在没有刑法的情况下,感到报复会接踵而至是对攻击行为的一种威慑。但是在早期社会,这是一种达成秩序的昂贵方法,因为对刺激的回应会恢复刺激,每次死亡都会召唤另一次死亡。所以,在最终经过很多尝试与设计之后,国家禁止个人以自己的手来实现公正。然而,在政府控制软弱的偏僻之地,人们仍然会亲自解决争端,而且一个熟悉仇杀过程的人不可避免地会得出这样的结论:这种做法会继续下去,不是因为没有法律来解决,而是因为老办法更为直接和让人着迷。我的意思简单来说就是,仇杀中的情感可能性和实际情绪反应远比适当的法律过程更有力。

角斗表演、斗熊、斗牛、斗狗、斗鸡和职业拳赛为满足人们对冲突的兴趣提供了条件。观众的情绪反应类似于战斗者的反应,但是没有人身危险,并且间接体验着奴隶、俘虏和动物(他们的献血和生命是廉价的)的争斗,这是达到更高道德阶段之前种族自身所允许的愉悦。拳击赛是以一种稍有不同的方式来改良的战斗。战斗者

581

----

① 西奥多·罗斯福在美西战争期间组织的志愿骑兵的名称。——译者注
② 扫罗是以色列犹太人进入王国时期的第一个王,建立强大的军队,经常与腓力士人作战。大卫则是以色列第二个王,年轻时就是勇敢的武士,成名于击败腓力士巨人歌利亚。扫罗和大卫都以杀敌众多而著称,当时就有歌谣唱道:"扫罗杀敌千千,大卫杀敌万万。"——译者注

是社会的成员,不是奴隶或者俘虏,但冲突是得到许可的,以便保护自己的生命,尽管可能有伤害,但实际上是有计划的。伤害的意图是社会和法律反对的要点。但就现状来说,职业拳赛是一场战斗,人们为了目睹这些比赛而克服的困难就足以证明它们的魅力。一场足球比赛也是一场战斗,附加限制是不能有计划好的伤害,事实上它优于职业拳赛的一点是,它不是单枪匹马的冲突,而是有组织的混战——一场行动规模更大,复杂性和战略机会倍增的战斗。这方面有趣的事实是,除非现象是骗人的,一年内到访一所大学的大量访问者是去参观足球场。这是大学生活里唯一直接和有力地吸引本能的方面,因此它也是大学生活里唯一对文人、艺术家、商人、城镇居民、全能运动员以及事实上对全世界人都有同样吸引力的方面。

人的本能是天生的;种族获得了艺术与工业,出生后的个人必须学习。我们已经明白,为什么本能行为是令人愉快的,而后天获得的习惯则令人生厌。赌徒代表着还没有摆脱其本能的一类人。在每个物种里,都有生物性的"炫耀"和崇拜,在爱好运动的男性里有这种类型的个人,他们不被普通的社会观点和刺激触及。但是,要承认我们所称的本能兴趣在运动型人群里比在商人群体里强得不相称,但这些本能在大致称为艺术家阶层的群体里也很强烈;而且对情感上的刺激有显著的心理倾向,而正是由于这种倾向,艺术家阶层有很高的社会价值。艺术作品确实可能比其他任何产品获得更高的尊重。所以,艺术家阶层并非因为其本能兴趣而在社会上难以管理,尽管我们可以说其某些成员从社会流浪中被拯救出来,仅仅是因为他们的情感倾向已经在赋予了某些社会价值的情感行为里找到了一种表达。

2. 作为一种社会互动类型的冲突①

冲突之所以具有社会学意义,是因为它既产生又改变利益共同

---

① 改编自 Georg Simmel, *Soziologie*, by Albion W. Small, "The Sociology of Conflict," in the *American Journal of Sociology*, IX(1903—4), 490—501。

体,联合与组织在原则上是没有争议的。另一方面,对于普通思想模式来说必定自相矛盾的,是去问冲突本身——不提及其结果或伴生物——是不是一种社会化的形式。乍一看,这似乎仅仅是一个说法问题。假如人类的每一种反应都是一种社会化,冲突当然也必然如是,因为它是最强烈的反应之一,而且在逻辑上也不可能局限于一个单一因素。实际上分离的因素是冲突的原因——憎恨与嫉妒、需要和欲望。然而,假如冲突从这些冲动中爆发出来,事实上就是去除了这种二分法,并达成某种形式的统一,即使这要通过消灭其中一方来达成。这种情况某种程度上就像最剧烈的疾病症状一样。它们经常代表着有机体使自己摆脱疾病与伤害的努力。这绝不仅仅等同于平凡琐碎("想要和平,就得准备战斗"),而是对特殊情况的广泛概括。冲突本身就是在解决对立面之间的紧张关系。它最终在和平中结束,这只是一种单一的、特别明白与显而易见的表达,说明事实上它是各种要素的结合。

当个人达成了其人格的统一,不是因为其内容总是符合逻辑或物质、宗教或伦理的标准,相反,矛盾和冲突不仅先于统一出现,而且在生活的每时每刻都发挥作用;所以,很难预期会出现某种社会统一体,其中各种要素的趋同性会不与分歧性相交织。一个完全向心与和谐的群体不仅在经验上不可能,而且也不可能显示出基本的生命过程和稳定的结构。因为宇宙需要爱与恨、吸引与排斥,从而具备一种构型,与之类似,社会也要求和谐与不和谐、联合与分离、喜欢与厌恶之间的某种定量关系,以便达成一种明确的结构。事实上,社会是两种反应的结果,而且都以完全积极的方式起作用。误认为一个要素撕裂另一个要素建立的东西,而最终剩下的是一个要素减去另一个的结果(虽然事实上这不如看作是一个要素与另一个相加的结果),这无疑是源于统一体概念的模棱两可。

我们把统一描述成社会要素的一致与联合,这与它们的分歧、分离、不和谐相对立。然而,我们也用统一这个词来表示人、能量和形式在一个群体中的全面综合。其中构成最终完整性的不仅仅是那些在狭义上统一起来的要素,还有那些更狭义的二元性要素。我们把相应的双重含义与分裂或对抗联系起来。由于后者在**个体要素之间**展示出了无效或破坏性的意义,所以我们仓促做出结论,即它必然会以同样的方式对**整体关系**产生作用。然而,事实上这绝不意味着在个人之间的行动中,在确定的个别方向上,这些消极与微小的要素对于它们关系的整体具有同样的作用。在更大的关系圈里,看法可能完全不同。那些消极与双重的因素,在扣除了其在特定关系中的破坏活动之后,整体上可能会发挥着完全积极的作用。在那些精确与谨慎地保留着社会分工与等级纯洁性的社会结构里,这一点尤其明显。

印度的社会体系不仅依靠种姓等级制,还直接依靠种姓的相互排斥。敌意不仅防止社会内部边界的逐渐消失——而且由于这个原因,这些敌意可能会有意识的提升,成为现存社会结构的保障,更重要的是,敌意具有直接的社会学效力。它们确定各个阶级和人物的相互位置,假如敌意的客观原因恰恰以同样的方式呈现和生效,但是没有伴随着敌意感,那他们本来是找不到这些位置的。假如这些细看起来似乎可憎和有害的力量消失了,那绝不意味着会形成一种安全与完满的社会生活,就好像非生产性因素消失之时,并不会产生性质不变和更丰富的财产;但是,在剔除了同情、援助、利益和谐等协作力量之后,接踵而至的就是一种发生变化但经常不可实现的状况。

在同一社团中,个体成员与其他成员的对抗绝不仅仅是一种消极的社会要素,在很多方面,这也是个体与不能容忍之人共存的唯一方式。假如我们没有力量与权利去对抗暴行与顽固、任性与粗鲁,我们就不可能忍受与背叛了这些特征的人之间的关系。我们将被驱使去采取终结这种关系的绝望行动。这里不单是基于不言而喻的原因——然而这在这里并不重要——即假如平静和没有抗议地忍受,这些令人不快的状况会加剧;但更重要的是,对抗给了我们一种主观的满足、消遣、宽慰,就像在其他心理状态下一样——这里无需讨论它的变化,谦恭和耐心可以产生同样的结果。我们的对抗给我们的感觉是,我们并没有完全被关系压制,它允许我们保持一

585

种力量意识,并给我们的关系带来活力和互惠,没有这种矫正,我们将不惜代价来解脱自身。如果这种关系纯粹是外在的,并因此不能深入实际,那么潜在的冲突形式就会释放出这种感觉,即厌恶、相互疏离与排斥感,在任何类别的亲密联系发生时,这些感觉会立即转化为积极的仇恨与冲突。在每个人每天与数不清的其他人产生联系的大城市里,没有这种厌恶,生活的形式将不可想象。我们的头脑活动以某种明确的感觉回应从其他人那里接收到的几乎每一种印象。所有无意识的、短暂的、易变的印象似乎只以某种冷漠的形式存留着。事实上,后者对于我们来说是不自然的,因为我们无法忍受被大量我们毫无选择余地的意见包围。反感保护我们去对抗大城市里这两种典型的危险。这是实际对抗的初始阶段。它产生距离和缓冲区,否则这种生活根本无法进行。这种生活的聚集与混合,它产生的形式,它的兴衰节奏,这些具有狭义统一动机的联合给予大城市不可分割的整体性。无论这种在整体上似乎是一种分裂要素的东西是什么,实际上只是它的基础社会化形式之一。

为斗争而斗争似乎有其自然基础,即某种正规的敌意冲动,这有时逼迫它自己以很多形式进行心理观察。它首先表现为人与人之间自然的敌意,这经常被疑心重的道德说教者强调。理由是,因为我们最好朋友的不幸并不都会使我们不快,而且在这种情况下,这假设排除了物质利益的冲突,这种现象必须追溯到一种先验的敌意,即"一个人对另一个人来说就是狼"(homo homini lupus)①,这成为经常被掩盖,但可能永远不会失效的所有人类关系的基础。

3. 冲突局面的类型②

(a) **战争**。——原始人群的相互关系臭名昭著,而且出于经常讨论的原因,总不可避免地体现为一种敌意。美洲印第安人提供了也许是决定性的例证,他们之中的每个部落一般都与其他每一个与

586

----

① 拉丁谚语,意指人更像一种残忍的动物,而不是文明的动物。——译者注
② 编选自 Georg Simmel, *Soziologie*, by Albion W. Small, "The Sociology of Conflict," in the *American Journal of Sociology*, IX(1903—4), 505—8。

其没有明确和平协议的部落处于战争状态。然而，不要忘记，在文明的早期阶段，战争几乎是与异己群体发生联系的唯一形式。只要跨地域的贸易不发达，个人比武还不为人知，知识分子共同体还没有超越群体的边界，那么除了战争，在各种群体之间就不存在任何社会学关系。在这种情况下，群体成员之间以及原始群体之间的关系呈现为完全对立的形式。在封闭圈子里，敌意通常意味着关系的断绝，自愿的孤立，以及避免接触。伴随着这些消极现象，还将呈现出公开斗争的激烈反应现象。另一方面，只要存在和平，作为整体的群体与相似群体之间仍然冷淡地挨在一起。结果就是，只有在战争爆发时，这些群体彼此之间才变得有意义。从这个观点做类似的考虑，敌意的态度可能在灵魂里独自产生，这较少遭到怀疑，因为就像在其他很多容易观察的状况下一样，它体现为一种冲动的具体化——这种冲动最初是普遍性的，但也要以特定的形式出现，即**与他人形成关系的冲动**。

587

尽管这具有自发性与独立性——我们可以归因为敌对的冲动——但还是有问题，这是否足以解释整个敌对现象？对这个问题必然给出否定的回答。首先，自发的冲动不会使自身作用于每个对象，而只会作用于那些可操作的对象。比如，饥饿来自主体，不会源于客体，尽管如此，它不会尝试用木头或石头来满足自己，而会选择唯一可吃的东西。同样地，无论爱与恨的冲动对外部刺激的依赖有多么少，还是需要某些对立的客体，而且只有进行这样的协作，完整的现象才会出现。另一方面，在我看来，敌对冲动可能由于其形式化特征，一般来说只是作为物质利益激发的冲突的强化，同时为冲突提供了一个基础。一场纯粹因为喜欢打架而产生的争斗，对于事件素材和个人对手来说完全是非个人化和中立的，对敌手的仇恨与愤怒在冲突过程中不可避免会增加，而且还可能对事件中的重大利益感兴趣，因为这些情感刺激和培育着斗争的心理能量。憎恨因任何理由而与之斗争的敌手是有好处的，就像爱一个与其命运结合起来并且必须合作的人是有用的。要理解人之间的相互态度，往往只能立足于这样的认知，即对实际状况的适应教会我们那些适当的感觉;最适用于职业或克服现状的感觉;通过心理联系,带给我们必需的力量去执行随时出现的任务并击败对抗冲动的感觉。

因此,没有严重的斗争能够不靠心理冲动的支持而长久持续。当然,这些冲动可能在斗争的过程中逐步发挥其效用。因此,为冲突而冲突的纯粹性被掺入了杂质,这部分是因为与客观利益相混合,部分则是因为引入不进行斗争就不能满足的冲动,这实际上在斗争和相互关系的其他形式之间形成了一座桥梁。事实上,我知道只有在一种情况下,斗争与胜利的刺激本身能构成唯一的动机,即战争游戏,而且只有在除了较量本身的结果之外,不再能获得其他东西的情况下才是如此。在技能的斗争中,自作主张与支配他人的纯粹社会学吸引力与采取有目的和成功的行动时纯粹的个人愉悦相结合,伴随着冒险的兴奋,以及用权力关系神秘的和谐感刺激我们的命运风险,超越了个人事务和社会事件。无论如何,战争较量**从其社会学动机来说**,绝对包含了斗争本身。由于人们经常以玩金币一样的认真劲去游戏,无价值的标记表明了这种冲动的形式主义,但即使是在为金币而玩的时候也经常远远超过物质利益。然而,值得注意的是,为了上述状况的发生,某些社会学形式——狭义上的统一——是预先设定的。为了斗争,必须达成一致,在相互承认规范与规则的前提下发生斗争。在整个过程中,统一的动机如前所述,不会出现,但是整个互动在这些显性或隐性协议提供的形式下塑造自身,它们创造了这种技术。如果没有这些,这种冲突——排除所有异质性或客观因素——将不可能发生。事实上,战争较量的行为往往是如此严格、如此非个人化,而且可以看到双方都有那么好的荣誉感,以至于社团秩序的统一性也很少能在这些方面与之相比。

（b）**世仇与内讧**。——这里单独讨论世仇而不是差异意识的理由在于,出现了一个全新的动机——特殊的社会仇恨现象,即指向一个群体的成员的憎恨,不是出于个人动机,而是因为他威胁到群体的存在。只要这种危险通过群体内部的世仇产生威胁,一方就会憎恨另一方,这不仅有挑起争吵的物质基础,还有社会学基础,即我们憎恨群体的敌人,就像那些威胁到群体统一的人。由于这是相互的事情,每一方都会把威胁整体的过失归罪于另一方,对抗达到了一种处于团结状态的成员不会发生的严重程度。在这方面,最独特的就是群体瓦解尚未发生的状况。假如这种瓦解已经发生,它意味着冲突在某种程度上的结束。个体差异已经发现了其社会学的终局,导致不断出现冲突的刺激已被消除。要达成这一结果,对抗与坚持统一之间的紧张关系必须立即生效。与一个会和他绑在一起,不论从外在还是主观都不可能摆脱的人处于敌对状态(即使一个人愿意)是让人畏惧的,但假如这个人不和社群脱离,就会越来越痛苦,因为他不愿意放弃统一体里的成员价值,或者因为他感到这种统一是客观的善,这种威胁值得产生冲突与伤害。从这样一种相关性里产生了怨恨,比如在一个政治派别、一个工会或一个家庭里,争吵因此变成了战斗。

个人的精神提供了一种类比。在我们心中,感官感觉与禁欲感觉、自私与道德冲动或者实践野心与心智野心之间的冲突不仅削弱了一方或双方的要求,而且既不允许完全自由地实现自我,还威胁到团结、均衡与整个精神的全部能量——在很多情况下,这种感觉一开始就抑制着冲突。假如这种感觉达不到那种程度,那么相反的,它会给冲突留下痛苦与绝望的印象,强调实际发生的冲突是因为某些更本质的东西,而不是为了当前的争论,每种寻求征服另一方的倾向的力量得到的滋养不仅来自它们的自私利益,还来自远超自我利益的利益,并把自己依附于自我的统一。因此,这种斗争意味着瓦解与破坏——假如它不以团结的胜利告终的话。所以,一个紧密结合的群体内部的斗争,往往会扩展到足以超越其目标和各派直接利益能够证明合理的程度。感觉累积起来,以至于斗争不再仅仅是各参与方的事,也是整个群体的事;每个派别必须憎恨它的对手,这不仅仅是一个对手,同时还是更高层次社会团结的敌人。

(c)**诉讼**。——此外,我们习惯于在法律过程中所说的冲突的愉悦与激情,在大多数情况下可能是某种完全不同的东西,那就是充满活力的正义感,对于权利领域受到的实际或假想的侵犯的不可容忍，因为自我在其中体会到了团结感。那种斗争中的参与各方往往要保持对自己伤害的争议——即使是在原告一方，这种顽固与不妥协的坚持很少有真正意义上的攻击性，而是一种更深层意义上的防御。争论的要点在于人格的自卫本能，人格可以用财产和权利来进行确认，所以对财产和权利的任何侵犯似乎都是对人格的一种破坏，而冒着整个生存的风险来保护它们的斗争是前后连贯的。这种个人主义的冲动——并非社会学的斗争动机——将因此成为这种情况的特征。

　　然而，就斗争本身的形式而言，司法冲突无可否认是一种权威的类型，即相互的要求都以一种无情的客观性和采用所有可行的手段来主张，不会因人为的或其他无关的考虑而转移或改变。所以，司法冲突是绝对的冲突，不属于冲突并且不满足冲突目标的事物都不能介入整个活动；否则的话，即使是在最野蛮的斗争中，至少也可能出现某些主观的、纯粹的命运反常，以及某些第三方的干预。在司法斗争里，这些类型的每件事都被实事求是的态度排除，争论以外的东西都不会被留意。确实，将与冲突无关的一切东西排除在司法争议之外，肯定会导致斗争的形式主义，这种形式主义可能具有一种和斗争内容相对立的独立性。这种情况的发生，一方面是在不考虑用真实的要素来彼此对抗，而只是用完全抽象的概念来保持彼此争论之时。另一方面是在争论经常被转换成与斗争决定的主题毫无关系的要素之时。因此，高等文明的司法争论由律师来承担，这一手段可以把争议从所有本质上不相关的个人联系中抽象出来。另一方面，假如奥托大帝（Otto the Great）①认定一项司法争议应该用职业斗士之间的法庭斗争来解决，整个利益斗争只保留起码的形式，即斗争与胜利。

　　后一种情况以漫画式的夸张描绘了司法冲突被简化成斗争要素。但是，正是其纯粹的客观性，使它超越了怜悯与残忍的主观对

591

————————
① 奥托大帝（912—973），即德意志国王奥托一世（936—973年在位），神圣罗马帝国第一位皇帝（962年加冕）。——译者注

立,这种没有恻隐之心的斗争整体来说依赖于参与各方对统一性和共同体的预设,而这种统一性和共同体在其他地方从未如此严格和持续地被维持。共同服从法律,相互承认只能根据证据的客观权重来做出判决,遵从双方都不可侵犯的形式,意识到整个过程都被社会力量与秩序包围,而这是给予程序以意义和安全性的手段——所有这些使司法争议建立在广泛的社会基础和对立双方的共识之上。这实际上是一种较低程度的团结,由参与方通过协议或商业交易来构建,其先决条件就是承认——把利益对立也加上——他们服从某种共同的、强制性的、必需的规则。这种把每一件仅仅是个人的事情从司法争议中排除出去的共同预设具有纯粹的客观性,与之对应的是斗争类型的尖锐、无情和绝对性。社会学关系的二元论和统一论之间的相互作用相应表现在司法斗争之中,这并不亚于战争较量中的表现。两种情况下都会出现最极端的和无限制的斗争阶段,因为这种斗争被共同规范和限制的严峻统一性包围和维持。

592

    （d）非个人理想的冲突。——最后一种情况是,其中的参与方被一种客观兴趣驱动,也就是说,斗争的兴趣以及斗争本身与人格区别开的情况。这仅仅代表着超个人主张的存在意识——那就是,不是为了自己战斗而是为了事情本身——可能导致斗争走向激进主义和冷酷无情,这在很多非常无私与高尚的人的整个行为中都有类似体现。因为他们不考虑自己,他们同样也不考虑其他人,并使他们自己完全理所当然地去牺牲每个人,甚至牺牲他们自己。这种把所有人的力量都投入进去的斗争——胜利只属于事业——具有高尚的特征,因为有声誉的人完全是人格化的,然而他们知道怎样全面掌控自己的人格。因此,客观性就像贵族一样运作。然而,当达成这种分化,而且斗争被客观化的时候,它却不会做进一步的保留(这将是完全前后矛盾的),事实上这违背了已经把斗争局部化了的兴趣本身的内容。基于参与者之间的这种共同因素——即每一方仅仅保卫这个主题及其权利,并排除每一种个人自私的考虑——斗争的进行虽不尖锐,但也没有因个人因素的掺和而有所缓和。这种状况的内在逻辑不过是绝对精确地服从。团结和对抗之间的这种对立形式也许最明显的就是参与双方都在实际追求一个相同目标的情况；比如在以达成真理为主题的科学争论之中。在这种情况下，每一次让步，每一次以最无情方式阻止暴露对手错误的礼貌的同意，每一次在获得决定性胜利之前做出的和平决定，都将是对现实的背叛。为此，要从冲突中排除个人因素。

带着无穷的变化方式，马克思以来的社会斗争已经以上述形式发展起来。由于人们已经认识到，劳动者的处境取决于生产体系的客观组织和准则，独立于个人的意志和力量，伴随着普遍斗争和局部冲突的个人愤懑是普遍冲突必然减少的典型例证。企业家不再是吸血者和可恶的自私自利者；普遍也不再认为劳动者是因为罪恶的贪婪而行动；双方至少开始放弃以个人恶意所激发的需求和战术来指控对方的计划。德国已经开始照字面而不是沿着理论路径来解释冲突；而在英国是通过工会的运作，在这一过程中，对抗的个人因素已被克服。在德国，这主要通过对历史和阶级运动更为抽象的概括来起作用。在英国，则是通过工会及雇主联合体的行动中严峻的超个体团结来实现的。然而，斗争的强度并没有减弱。相反，斗争者更加意识到其目的，更为集中，同时更为积极，在个人意识中，他的斗争不仅仅是——而且常常并不全是——为自己，而是为了广阔的超个人的目标。 593

这种关联最有趣的症状出现在 1894 年劳动者抵制柏林啤酒厂的活动中。这是最近十年最激烈的地方斗争之一，双方以超常的力量进行着。双方对于另一方都没有任何个人的冒犯，尽管刺激因素近在咫尺。确实，在斗争过程中，两个党派的领导人在同一本杂志上发表了他们的意见，他们同意对客观事实的描述，但只在就事实给出实际结论时，本着党派精神表达了不同意见。由于这场斗争排除了一切与个人无关的东西，从而在数量上限制了对抗，促进了对每一样个人事务的理解，认识到双方都受历史必然性的驱使，这种共同的基础并没有减少而是增加了斗争的强度、势不两立和顽固性。 594

B. 战争、本能与理想

1. 战争与人类本性①

关于战争的原因,有什么可说的呢? ——不是它的政治与经济原因,也不是参与冲突的国家提出的那些原因,而是它的心理原因。

战争在很大程度上消除了文化压抑,并允许本能充分发挥作用,这一事实毫无疑问成为一个值得考虑的因素。人类在无意识之中确实乐于抛开束缚,并允许自己享受无拘无束地表达原始的动物倾向。他在其文化进步的道路上建立起来的社会契约、习俗、形式和制度代表着如此之多用于抑制的能量,抑制代表着持续的努力,而一种战争状态则允许努力的松懈甚至放弃。

在其他领域里,我们都熟悉无意识的、本能的倾向突破抑制活动强加于他们的束缚的现象。犯罪和所谓的"精神失常"现象代表着这些例子,而醉酒是大家都熟悉的一个例子。酒后吐真言这种现象表达了醉汉的状态,也就是他真实、原始的自我摆脱束缚,并狂乱奔跑时的状态。人群的心理显示出这种机制的运作,特别是在像处私刑这样凶险的例子里,而每一群大学生在一次成功的棍棒突袭之后在城市的主要街道上号叫着行进,展示的是释放情绪的愉悦。以这样的方式,没有个体会用片刻来思考如何有利于自己。

除了这些无意识的主动展示,还有一些更被动的表现。不少人乐于卸下他们被迫背负的责任,并且他们在不必再采取主动,但必须服从上级权威指示的情况下,被迫寻求庇护。在有些政府机构中,政府承担了他们的某些义务,比如对妻子和子女的支持,使他们摆脱了肮脏的贫困问题,陷入一种充满了戏剧性兴趣的局面。然后,假如家里出了什么问题,他们不会抱怨,他们已经尽其所能,他们已经做的事情得到公共的认可。贫民窟的一个居民乐于用贫困与肮脏、生病的妻子和半饥半饱的孩子交换光荣的自由——特别是

595

---

① William A. White, *Thoughts of a Psychiatrist on the War and After*, pp.75—87.（Paul B. Hoeber, 1919.）

受到各种爱国主义和责任驱使时,这有什么奇怪呢?

然而,这些都是纳入战争原因的个体因素。它们体现出人类为什么喜欢战斗的某些原因,因为很难不相信,即使没人想去战斗,战争也是完全可能的。它们也代表着这幅图景中更为黑暗的一面。正如已经指出的,从积极的方面看,战争为利他倾向提供了最多的机会,它为服役提供了最光荣的场合,并对这些行为报之以社会评价中最大可能的奖励。但我认为战争的原因似乎更为深刻,它们主要涉及是群体的问题,而不是个体的问题,而且我认为存在着使之高度可能的很好的生物类比。

整合机制解释了群体的发展如何依赖于部分对整体的从属,这个整合过程趋于越来越有效地解决调整问题,特别是在某些方面,朝着越来越稳定的方向发展。它是功能结构化的过程。然而,稳定性的增长虽然有反应确定性更强的优点,但也有变化能力减弱的缺点,因此其效率依赖于一个稳定的环境。只要对这种机制没有什么不寻常的要求,它就能很好地工作,但是,一旦不寻常的状况产生,它就会趋于彻底崩溃。然而,生命是不稳定的,而是流动的,处于一种持续的变化状态,所以,虽然为满足某种适应性要求而发展结构是非常可取与必要的,但它必定有某种或早或晚会达到的极限。这方面最典型的例子就是变老的过程。儿童是高度可塑的,因此不可依靠,成人虽然更可依靠,但缺乏可调节性,老人的反应已经变得墨守成规。大自然解决这种僵局的方法就是死亡。死亡确保了不再能调节的人不断被移除,那些死者的位置被适合于新要求的材料填满。但正是用这种方式,自然确保了能够更新的材料始终能得到调节,这是有意义的。在每个成年人生活历程中的某些时候,自然就已规定,在高等动物里,一小部分将被分离出来,与另一个个体分离出来的类似部分结合在一起,这将生成一个孩子,并最终准备好在他衰老和死亡的时候取代他。由此,生命得以保存在一条持续不断的遗传物质长流里,而不会在其过程中被死亡周期性地打断。

这种分离出来的小块遗传物质的特点很有趣。它不会表现出

596

575

我们在身体其他部分遇到的任何复杂的结构。身体的几个部分是高度分化的，每个部分都有专门的功能，腺体细胞用于分泌，肌肉细胞可以收缩，骨骼细胞承受机械应力，等等。沿着这些线路中任何一条的显著发展都不会产生个体在这些部分具有的所有品质。发育必须追溯这些变化的原始起点，为的是把它们都包含进来。换句话说，再生必须从相对未分化的材料里开始。很多低等动物，特别是单细胞动物提供了很好的证明，在低等动物中，再生产不是以性的方式，而是通过简单的分裂。一个细胞宁静地一分为二，每半个细胞随后又导致一个独立的存在。在这种分裂之前和细胞处于静态之时——处于休眠阶段，它在其生命中获得的结构分化消失了，它变成未分化的，相对简单的结构。这个过程被称为"去分化"。当所有已有的分化都被清除之时，分裂——返老还童——就发生了。

从这个角度来看，我们可以在战争中看到返老还童的初级过程。国际调解和妥协得以达成，直到它们不再能达成；欧洲已经达成了一种被称为力量平衡的状况，直到这种局势变得复杂，直到每一次新的调整产生如此广泛的衍生后果，威胁到整个结构。最后，由于外交关系和先例的累积，出现了一种状况，即已经不可能用已发展出来的机制进行调整，纸牌搭成的整个屋子会垮掉。这种崩溃是一个去分化的过程，老的结构在其中被摧毁，先例不被承认，新的形势以令人困惑的速度发展，因为没有得到承认的恰当机制来处理。社会从一种个人主动性与发展可能到达的高级阶段恢复到一种相对共产主义的和家长式的状态，行为记录被擦去，并沿着新状况——返老还童的可能——画出的前进路线重新开始。

从这一点来看，战争是沿着新的必然路线发展的先决条件，去分化是建设性过程的第一个阶段。旧的机构必须拆毁，才能用构成它们的砖块建造新的建筑。这解释了战争的周期性——这是人类社会中循环前进的生命力进步的外在与明显的方面。只有用这样的办法，才能打破僵局。

战争是最大规模的矛盾情绪的例子。也就是说，它对最大的善

597

和最大的恶都具有说服力;恰恰是在死亡之中,它呼吁最热烈的生存;在面对最伟大的自我克制时,它提供最大的奖励;为了最大的自由,它要求个人的自我给予最大的付出;为了活得最好,它要求付出生命。"假如社会的真正利益得到促进,那就没有人会成为不死的道德多数派,没有以死亡的代价换来的价值,世界会是什么样子呢?"在此意义上,伟大的创造力:爱,以及最高的否定:死亡,合二为一了。较大的种族生命应该走向更伟大的事物,较小的个人生活必定会毁灭。为了人类得以重生,他必须首先死去。 598

　　所以这一切是否一定意味着战争——在时不时重新调整的过程中——是必不可少的? 我认为没人怀疑这在过去是必要的。将来会是什么样,取决于某些升华了的程序形式是否能被充分地替换,我们通过发展体育和商业竞争,已经在很大程度上成功处理了我们的好斗本能,而且我们在对付所谓的"罪犯"表现出的多种反社会行为时,极大净化了我们的仇恨本能。各个国家能否为了一个类似的目的团结起来,或者建立一个国际法庭,并采用其他方式,以类似的方式处理违反国际法的行为,这还需要观察。

　　2. 作为一种消遣方式的战争[1]
　　事实上,不用非常仔细地阅读人类思想,也能发现,所有乌托邦及所有社会主义方案都立足于其思想本质的错误概念。

　　绝不能确信人类期望的是和平、安宁和稳定。人类最担心的是过于接近厌倦无聊。人类想要的不是和平而是战争,他必须用自己的力量来对付某人或某事。每种语言都有最丰富的关于战役、战争、对抗、冲突、争吵、战斗、搏击的同义词。德意志儿童成天与他们的玩具士兵游戏。我们的体育采用对抗的形式——足球、篮球以及成百种其他形式。职业拳赛、斗狗、斗鸡在所有年龄段都受欢迎。当罗马在一个季节里都没进行一场真正的战争时,克劳狄乌斯

---

[1]　G. T. W. Patrick, "The Psychology of War," in the *Popular Science Monthly*, LXXXVII
　　(1915), 166—68.

（Claudius）①就会举办一场海战，为的是享受大型场景，19000 名角斗士会被驱使去成为悲剧的一部分，结果是船只被打成碎片，湖水被鲜血染红。

你可能会回想起詹姆斯教授所描绘的在造访肖托夸（Chautauqua）②时令人吃惊的图景。他在这里发现了现代文化的最佳状态，没有贫困、没有酗酒，没有传染病，没有犯罪，没有警察，只有彬彬有礼和高雅无害的人民。这里是一个中产阶级的天堂，幼儿园和示范学校，讲座、课程与音乐，骑单车与游泳，文化与善行，还有天堂般的和平。但是到周末的时候，他走出这里，进入现实世界，他说：

> 出来了！好一种解脱！现在需要某些原始和野蛮的东西，即使如同亚美尼亚屠杀一样糟糕，也能直接给人再次平衡。这种秩序太温顺，这种文化太平庸，这种善良太让人毫无兴趣。这出人类的戏剧没有一个恶棍或是痛苦；这个社区是如此精致，以至于冰激凌和苏打水是它能给人类之中的畜生提供的最好贡品；这个城市在温热的湖边晒着太阳；所有一切无害得真是糟透了——我不能忍受他们。

他说，人类想要的是某种更险峻的东西，其中有更多的趣味，有更大的风险，几乎所有的乌托邦都把未来的生活描绘成一个巨大的肖托夸，其中每个男人和女人都在工作，所有人都吃得好、满意和有教养，但是正如人类如今的构成，他很可能发现，那样一种生活单调、陈腐、毫无益处。

人类最初并不是一种工作动物，文明把工作强加于人类，而且假如人类工作太辛苦，就会放弃工作，转而投入战争。尼采说人类

---

① 克劳狄乌斯（Claudius，公元前 10—公元 54 年），罗马帝国朱里亚·克劳狄王朝第四任皇帝，公元 41—54 年在位。——译者注
② 肖托夸（Chautauqua）是纽约的一个小镇，1874 年在此发起的成人教育运动在 19 世纪末 20 世纪初流行于全美，也称为肖托夸运动，在促进成人学习的同时也为美国农村社区带来了娱乐和文化。——译者注

想要两件事——危险和游戏。战争代表着危险。

　　因此，我们所有的社会乌托邦都是错误的设想。它们都以一种享乐经济理论为基础。但是历史和进化显示的是，人类是通过一种痛苦经济从低等动物发展起来的。人类早就在挣扎——通过永不停息的痛苦、努力、奋斗和战斗为自己打开上升之路。乌托邦描绘的是一个人类已经停止奋斗的社会。人每天工作八小时——每个人的工作——并用其余的时间来睡眠和娱乐。但人不是一种工作动物，而是一种战斗动物。乌托邦是理想化的——但它们不是心理上的。适合那样一种理想社会秩序的公民是缺乏的，人类不会为此服务。

　　我们当前的社会越来越以其和平年代的外在形式朝着肖托夸计划的方向发展，但与此同时，奋斗和激情会在人类的大脑里燃烧，直到他们发现无法忍受这种枯燥无味的生活为止。他们会诉诸疯狂的娱乐、吸毒成瘾、政治冲突、犯罪泛滥，最后就是战争。酒精问题很好说明了我们指出的这种趋势。科学和卫生学终于显示出，酒精——不论剂量大小——毫无疑问对精神和身体都产生破坏性的影响。它减低身体与精神的效率，缩短寿命，并助长社会混乱。尽管事实如此，而且更令人惊叹的是，尽管已经以立法手段做出巨大努力来禁止酒类交易，但美国的人均酒类消费量还是一年一年地增长，从 1850 年的人均消费 4 加仑一直稳定上升到 1913 年的 25 加仑。

　　麻醉药品——如酒精和烟草——以人为方式缓解大脑的紧张，即暂时轻微地麻痹当前较为高度发展的大脑中枢。这些药品用量的增长既是现代生活紧张的指针，同时某种程度上也是一种缓解手段。如果这些药物的使用突然遭到抑制，没有哪个心理学或历史学学者会怀疑社会的易怒性会直接增长，容易出现社会不稳定和社会动荡。

　　因此，心理学迫使我们得出结论，战争和酒精都不可能从这个世界被逐出——不论是通过简单的手段还是直接的镇压。人的思想必须改变。因为人的思想是被建构出来的，他永远不会愿意满足

600

579

于仅仅是一个劳动者、一个生产者和一个消费者。他喜爱冒险、自我牺牲、英雄主义和消遣。

必须以某种方式来提供这些东西。然后必须要有一个与我们目前体系差别很大的年轻人的教育体系。新的教育将不仅仅着眼于效率和越来越高的效率，还要注重产生和谐平衡的人格。我们必须停止对美国效率的尊崇，回到亚里士多德以及他关于"适度"的教育。

3. 好战动物与伟大社会①

我们必须承认，人类如其已经存在的那样——就目前我们所能读到的人类发展的历史而言，已经是（今天仍然是）一种战斗动物，也就是说，他过去已经回答过，并且仍然回答说，某些刺激来自构成战斗的直接反应。

我们在我们周围的普通人那里发现了战斗本能存在的证据。在顷刻间消除我们文明的土地给予的抑制，这种倾向在最轻微的刺激下也可能变得很突出。我们在世界各地的拓荒者和冒险家、在远西部的牛仔、在亚马逊的橡胶采集者、在刚果的象牙贸易商的生活里发现这种典型的例证。

此外，职业拳击手一直是我们社会里杰出的一类人物，总体来说，甚至是在我们的体育活动里——就像由"绅士业余爱好者"来从事的事情一样，我们发现，必须制定严格的规则来防止友好的对抗发展成为一种依靠个人身体优势的激烈斗争。

但是人类在动物之中获得其卓越地位，主要是因为他有能力形成协作群体，为共同的目标工作；而且，在人类学研究给我们提供明确知识的时代之前很久，人类已经把自己个人主义战斗的本能转向为群体或氏族服务。也就是说，他已经变成了一名武士，把他最强的力量用于协作性攻击，这是他作为个体为自己而行动所无法满

① Henry Rutgers Marshall, *War and the Ideal of Peace*, pp. 96—110. (Duffield & Co., 1915.)

足的。

我们较早的研究已经教会我们,假如能够对人类的本能倾向进行某种方式的抑制或调整,他就会展示出其他的特征,而不是在天生本能目前的表现里观察到的特征,于是,人类本性的法则正好在这个事实里被改变。因此,我们被引导去询问生物学家是否找到了证据,表明动物的本能可以在表达方式上有所改变。

生物学家对我们这样说:尽管新的种族特征很少是由于本能的消失而获得,但种族特征发生变化与其说是因为这些遗传本能的丢失,不如说是因为控制。

这种控制通过两种方式中的任何一种起作用:第一,阻挠或者抑制本能的表达;第二,把这种表达转向其他的用途,而不是其原初固有的用途。

作为阻挠本能表达的一个例子,我们可以看看性本能的功能,如我们在动物里看到的,人类的性本能随着人类规模的上升而受到抑制。 602

这种变化模式——仅仅涉及对本能倾向的束缚——受制于一个巨大的难题。这种束缚可能被意外打破,抑制可能被清除,然后自然本能倾向会立即展示自身。文明社会的束缚哪怕只是消除一点点,我们人类性本能的表现形式就离在动物里观察到的形式相去不远了。把一个人放到饥饿状态下,他会表现出像狗一样的贪吃。

第二种变化模式——关于本能的功能向新渠道的转移——遇到了这种特殊的困难,因为它并不依赖于本能的束缚。它实际上是利用本能。本能功能的新参照对于种族越重要,就越有可能替代原始的参照。假如新的功能模式带来了显著的优势——而这种优势是在本能的早期表现中失去的,以至于恢复早期本能对于种族来说是有害的,那么这种变化很可能就会变成永恒的。

没有什么比战争本身的存在能更好说明本能功能的第二种变迁模式了。基本的本能指引野蛮人为保卫自己而战,或者通过攻击来为自己获得某些东西。战争已经成为这种本能功能转变的产物——这首先只有一种个人主义的参照,到最后成为种族或民族的参照。早期人类发现,除非他在防御或攻击中和同伴联合起来,否则他不能作为个体取得成功;而这就意味着战争。

要注意,表达战斗本能的参照的这种转变很快对人类来说变得如此重要,以至于不得不禁止恢复原初的个人主义参照。一个人对他所属氏族或民族的其他人的侵略性攻击必然会弱化社会单元,并减少在防御或侵略战争中的力量;因此,个体进行的攻击会遭到阻止,最终在很大程度上会被压制。

这里可以看到,个体的战斗本能并没有被抹掉,它甚至没有受到束缚;但是它的表达模式已经改变得具有了种族意义,在这种新的关系中,它已经如此重要,以至于恢复其原初表达形式已经变成了种族进步的严重阻碍。

所以,尽管本能不太可能被消除,但它们的表现方式可能被改造,从而给予动物全新的特征。这就意味着,假如我们描述的,作为人类战斗本能表达的这些特征可能发生如此的变化,以至于这些表达被禁止或者转向全新的途径,那么人类将不再被描述成一种战斗动物。

在我们的意识生活里,禁止或改变任何本能或习惯之功能的任何倾向的第一个迹象必定表现为对这种功能的后果的厌恶(一种由此而来的反感),并创造关于功能的一种理想,以避免随这种厌恶产生的不适。而且,当这种理想一旦实现,就可能——如我们已经看到的——通过设计寻求实现理想的手段,用我们的创造性效率改变自然的特征。

我们有最清楚的证据表明,这一过程正在发展,关联着导致战争的这些特殊本能;因为我们这些后来时代的男人和女人被这些战斗本能运作的后果驱使,而我们已经创造出和平的理想,关于这种状况的概念如今实际上没有实现,但是我们认为有实现的可能。

但是,理想存在本身就表明了一种倾向——即怀抱理想的人改变他特有的活动。所以在和平理想的存在中,我们似乎发现了人性变化的证据,其结果将是,我们不再有理由把人类描述成一种战斗动物。

C. 对抗、文化冲突与社会组织

1. 动物的对抗①

在哺乳动物中,个体和全体的本能就是把自己凌驾于他者之上,结果就是一个更有力或更霸道的个体获得统治权,并且此后只有它能够加以维持。在这方面,低等动物非常像我们,而且在所有物种里,都是一个脾气暴躁者统治整体,以及它之下的少数派掌控其他成员,这是效果最好的;事实上不可思议的是,它们应该能够在其他任何体系下生存。

在潘帕斯草原的肉牛养殖场,通常要保持大量脾气暴躁的狗。我已经观察了大量的这些动物,并认为它们在习性上很像野狗和狼。它们不停地争吵,但是当战斗开始时,狗群的头领通常会迅速冲向现场,于是,战士们分开冲向不同的方向,否则就自己卧倒,并用凄惨的姿势和哀鸣来反对它们的暴君的愤怒。假如这些斗士都很强壮,并在它们的头领出现之前就已经使自己怒气冲冲,这可能会让它们难受;它们不再认识它,它所能做的就是加入打斗;然后,假如斗士们攻击它,它可能受伤,以至于失去力量,而狗群里下一只最好的狗会代替它的位置。最激烈的竞赛总是在最势均力敌的狗之间展开,双方都不会让位给另一方,所以它们都要把对手打出局;但是从权力最强者到最弱者,存在着一种权力的等级。每一方都知道能走多远,当它脾气暴躁或希望维护自身主张时,它可以欺压哪个同伴,当轮到它的时候,它必须恭顺地服从谁。在这样一种状态下,最弱的狗必定屈服于其他所有狗,并使自己躺下,似乎把自己称呼为奴隶和崇拜者,狗群里其他成员都有机会向它咆哮,或者命令它欣然放弃它的骨头。

在社会性哺乳动物里如此普遍的这种傲慢或盛气凌人的脾气,

604

---

① William H. Hudson, "The Strange Instincts of Cattle," *Longman's Magazine*, XVIII (1891), 393—94.

是病人和弱者遭到迫害的原因。当一只动物开始生病,它就不再能掌控自己,它停止抱怨针对它偶尔发生的不良攻击,它不好斗的状况很快暴露出来,它立即下降到了比最差者还低的位置;大家都知道,在兽群里,它可能被所有野兽推来推去,甚至是那些迄今已遭受打击的动物也能这样做。但是从我的观察来判断,这种困扰通常并不严重,而且很少致命。

2. 社会群体的对抗①

冲突、竞争和对抗是迫使人们结成团体,并主要决定了他们之中会发生什么事的主要原因。冲突就像战争、革命、骚乱一样始终都会存在,但是,可能有人认为它们会逐步服从于经济为主的竞争。很多这些冲突似乎完全是个人的,但是经过仔细分析,其中大多数都与群体竞争有密切联系;第三种形式,对抗,描述了针对地位、社会威望、公众(即观看这些比赛的观众)支持而进行的斗争。国家是竞争和对抗的舞台。

很多这种竞赛是隐藏起来的。在教会联合服务之下有一种对抗因素——大多数成员并没有意识到其存在,目的是确保公众的支持,而在这些时期要求的是友爱和善意而不是改宗与辩论。很多针对共同事务的公共捐助立足于群体对抗或者由群体决定的个体竞争。罗兹奖学金(Rhodes scholarships)②在某种意义上是促进帝国利益的一种手段。滥施于孩子的圣诞礼物经常承载着家庭给敌对家庭留下印象的野心。大学的开明政策里,附加了招生科目的列表,渴望与公立中学建立更密切的关系,这当中存在着争取学生和大众赞赏的某些竞争痕迹。国家对海牙法庭表现出的兴趣,是期望获得国际和平倡导者的好感。在劳资争端中,一方或双方公开宣称渴望通过仲裁解决分歧,这是为争取旁观社群支持的一种竞争形

---

① George E. Vincent, "The Rivalry of Social Groups," in the *American Journal of Sociology*, XVI(1910—11), 471—84.

② 罗兹奖学金是英国殖民时期矿业大亨塞西尔·罗兹1902年创设的奖学金,专供外国精英前往牛津大学研习之用。——译者注

式。所以，在国际关系和每个国家的生命历程中，数不清的群体处 606
于冲突、竞争或对抗之中。

群体在与其他群体的斗争中追求生存、主导、强大、威望，这种
观点是一种有价值的解释工具。让我们快速审视一下一个群体在
进行斗争和竞赛时成功的条件。为了生存或者成功，群体必须组
织、欺骗、规训和刺激其成员。幸运的是，它发现人性在很大程度上
是由控制塑造的。

集体自豪感或者群体利己主义是冲突中基本的力量来源，每个
高效的群体都培育这种自豪、重要和优越的感觉——通过很多符
号、短语和传说手段，以及对对手的蔑视和嘲笑。大学联谊会崇高
的自尊给予它力量去争夺成员和威望。在"繁荣的"城镇和宗教派
别以及国家里，存在着一种沙文主义。对于个人来说就是自豪与自
信，对于社会团体来说就是民族优越感、爱国主义、地方忠诚。缺乏
自信、谦恭、畏缩、宽容对于好斗群体和战士来说都一样危险。

然后，群体制定了人格类型和英雄类型用于被仿效，制定叛徒
类型用于被诅咒。这些人格类型融入了抽象的理想和标准之中。
"热情支持者"和"吹毛求疵者"提供了必须在所有危险情况下保护
其希望和自尊的奋斗社群的图景；"政治家"和"煽惑民心者"唤起每
个自治社群必须面对的选择问题；"信念保卫者"和"异教徒"雄辩地
表达出，教会在僵化的正统和对变化秩序的灵活适应之间进退
两难。

随着在冲突或对抗的危机中的转变，这些类型在价值和重点上
发生变化，或者根据新的需要创造出新的类型。在与西班牙的战争
中，美国寻找军事英雄。经济与政治上的人格典范、工业领袖、迷人
的金融家、政党偶像，该是时候为将军和舰队司令、士兵和水手、军
营里和战舰上的英雄让路了。一旦战争结束，替代类型又会和其他
被创造出来处理新的行政、经济和道德问题的类型一起重新出现。 607
在一个为和平使徒、兄弟情谊和合作鼓掌的时代，竞争中的教会让
它好斗与善辩的领导人退场。在一个特定的时代，群体的英雄和叛
徒反映了它与其他群体的竞争与对抗。

斗争迫使群体必须欺诈、引诱和管理其成员。大多数成员陷于一个广泛的平庸领域，这体现了群体的特征，并代表着对生活状况的普遍调整。在这个中间区域，个体发生了改变，有些改变有助于群体竞争，另一些则危及群体成功。群体的任务既要维持中间地带的团结，又要区分可用的变化与有害的变化。后者必然被控制或者压制，前者得到鼓励并被给予机会。在柏拉图的《理想国》里，城邦卫士承担了选择的工作，而在现代群体里，对选择的关注过程似乎只有轻微的意识和目的性。

竞争群体在寻求确保默许和忠诚时，阐述了一种保护哲学，通过这种哲学在成员中创造出一种信念，即他们的命运比其他同伴和其他社团的命运更为优先。西部美国人满足于以一种自由、进步、充满希望的方式生活在"上帝之国"，他们并不试图对东部人的小气保持伪善的道义，而是对一个没落社会的守旧习俗进行真心的鄙视。东部人则认为自己幸运地拥有一种高度发达的文明，他们通常对那些似乎生活在精神——即使不是地理上的——边疆的人保持一种真正的怜悯。中产阶级有一种哲学，他们用这种哲学来保护自身对抗来自富人炫耀性生活的阴险建议。另一方面，这些人半信半疑地认为简单质朴和家庭生活可能具有某种价值，他们高傲地谈论中产阶级的装模作样和资产阶级的"市侩家庭"。不太富裕的专业阶层倾向于更多强调他们的知识资源，与假想出来的富人的精神贫困做比较。乡下人则通过宣称他们对于社会的基础价值，并赞美他们简单且直截了当的美德来鼓励自己，这与城市居民狡猾的阴谋诡计形成对比。布克·华盛顿（Booker Washington）反复宣称，假如他能再出生一次，他将选择成为一个黑人，因为黑人是唯一面对这一伟大问题的种族，其中包含着保护性哲学的建议。一个群体利用令人满意的命运理论来加强自身的这种倾向很明显与群体的自我中心主义有关，并直接涉及群体对抗。

竞争群体嘲弄持不同意见者，这种嘲弄可能是无意识的，或者是反省式的和协商好的。一个在服装、言辞或思想上发生变化的人可能会马上引起大声狂笑，也可能招致一个计划好、互相配合的奚落,系统应用于拒不服从者身上。嘲弄是群体筛选和测试变异体的最有效手段。

少数对绰号充耳不闻的反叛者会因此遭到排斥。其表现有异,从"冷眼旁观"到完全的"抵制"。失去同志的友谊和赞同,脱离社会同情,这是一种常见的群体压力的形式。奚落和嘲笑只是转瞬即逝的排斥,对同志关系的一种暂时排斥。社会热度的降低有不同层次:冷淡、交流上的拘谨、避免看到、彻底切割、放逐,等等,它们形成不断递增的序列。经济压力越来越成为现代群体的避风港。工作、生意或者专业活动的丧失使很多人成为时代的反叛者。由于群体在冲突、竞争和对抗中被施压,所有强迫都会有明显增长。

竞争群体的这些危机和冲突提出了必须解决的一些问题——组织问题,各种发明的问题,新理念和新哲学的问题,调节方式的问题。竞争和对抗的状况打破了习惯和习俗的均衡,而解决问题的过程随之产生。一场伤寒疫情会迫使村庄去保护自己,以对付更健康对手的竞争。资源丰富的工会面对一个提供分红和退休津贴的公司时,必定形成一种保护理论和实践。一个被较低层阶级过分仿效的社会集团必须重新获得其特质和优势。一个国家必须时刻保持警惕,使自己适应国际贸易状况的变化以及对手的战争装备和训练。

609

群体对抗理论阐明了个体。人属于多少个群体,就有多少个自我。他既简单又复杂,因为他所属的群体可能不多,而且很和谐,也可能很多,但冲突不断。要使商业和道德上的自我保持相互守望,要防止科学的自我与神学的自我陷入争论,这需要多么熟练的管理啊!很多群体里的大多数人就像圆滑的主人,学会在给定的时间里只邀请与自己意气相投的同伴,少数勇敢者决心安排自己的房子,用于款待那些能够在善意和相互尊重中一起生活的自我。有这些诚挚的人们,他们的群体就不得不去掂量。良心的冲突就是群体的冲突。

宽容是一种信号,表明群体内的重要问题失去了重要性,或者群体感到安全了,或者是群体缓慢地,甚至是无意识地融合到一个更大的群体里。神学上的自由主义提供了一个恰当的例子。在教派斗争的早期，宽容对于群体忠诚和好斗精神来说都是危险的。出于其他原因，玩世不恭也是一种威胁，它意味着对集体自我，对群体的传统、准则、象征和命运失去了信任。战斗中的群体不能容忍，也不能庇护玩世不恭者。容忍和玩世不恭对于群体的衰败来说既是原因也是结果。它们预示着解体，或者预示着在另一个层面上为其他问题而斗争的新群体。福音派教会正齐心协力，相互容忍，以结成反对现代怀疑论和犬儒主义（它们直接反对较老的信念和道德）的统一战线。

群体对抗的主观方面提供了一个重要的研究。对个人意识中控制过程的反思充满了兴趣。反叛的变体保护自身不受同志压制的手段已在嘲弄和绰号的描述中提出了。这些保护方法把它们自身分解成与被嘲弄或被指责的个体头脑中的其他群体对抗的群体。

一个民族群体被认为是一个具有基本特征的包罗万象的统一体，大量群体在此基础上相互竞争与对抗。国家的任务就是去控制和利用这种群体斗争，尽可能使其保持在一个高水平上，使其转向共同的解释。政府从群体为了自身利益而去攫取政治权力的对抗中获得主要的意义。贵族制与民主制都可以从群体对立的角度来解释，专业化的少数人对阵无差别的多数。在一个以相互信任和竞赛来替代冲突的较大群体里，理想融合了效率和团结这两种要素。就像人必须被训练，去为群体服务一样，群体必须从属于国家的福祉。正是在与其他国家的冲突或竞争中，一个国家变成了对于构成群体的成员来说生动的统一体。正是对抗带来团队工作的意义，即社会意识。

3. 文化冲突与教派组织[①]

我认为，假定思想和信仰中的矛盾除了我们称为逻辑不兼容的

---

① Franklin H. Giddings, "Are Contradictions of Ideas and Beliefs Likely to Play an Important Group-making Rôle in the Future?" in the *American Journal of Sociology*, XIII(1907—8), 784—91.

特定类型外,还有很多不同的程度和模式。比如,一种感知可能在外观上和其他感知不一致或者不调和;一种没有客观证据支持的单纯信仰可能在情感上与另一种单纯信仰存在对立,就像一种判断可能与其他判断存在逻辑上的不相容一样。当不同的思想或信仰不是在同一个人的头脑中产生,而是在不同的头脑中产生,并因此带上了个人或党派利益的色彩,并被心智构成上的习性所扭曲时,矛盾的这种广泛可能性就被认识到了。我们现在关心的思想和信仰上的矛盾比单纯的逻辑斗争更广泛、更多样,它们也不那么明确和精确。在现实中,它们是文化冲突,其中对立的力量远不止是特定的思想或纯朴的信仰,实际上或多或少是观念、信仰、偏见、同情、厌恶和个人利益让人困惑的混合体。

我还假设,任何观念或者一组观念,任何信仰或一组信仰,可能碰巧成为一种共同的利益,被或多或少的个体共享。它可能以熟人、联合甚至合作的纽带把他们吸引和控制在一起。于是,它可以起到群体塑造的作用。因此,矛盾的观念或信仰可以在双重意义上发挥群体塑造的作用。每一方都会把它感兴趣或觉得有吸引力的个人的想法联合在一起。每一方也会抵制那些它厌恶的想法,并驱使它们走向由矛盾的思想或信仰构建起来的群体。因此,可以假定,观念和信仰中的矛盾整体上趋于深化群体之间的界限。

我认为,这些假设是如此充分地被人们的日常观察所证明,并且被历史证实,所以现在没有必要去讨论它们,或者以任何方式仔细研究它们。摆在我们面前的问题变得很明确:"观念和信仰上的矛盾可能在未来发挥**重要的**群体塑造作用吗?"我将把重要这个词解释为意味着数量和质量。事实上,我将尝试把向我提出的这个问题转化为这一问题:从现在开始,最可能在世界上的进步民族里创造和保持的观念和信仰中,什么类型的群体是不可避免的矛盾?

三百多年之前,新教教义和地理大发现相结合,创造了极为有利的条件,形成了以各种相互冲突的观念和信仰为核心的群体或社团;在将近三百年里,世界已经发现了两种根本不同类型文化群体的显著增长。一种类型是一个教派或宗派,不限于当地居民,但是

611

589

在不同的村社、省份、国家赢得拥护者,因此,其成员要么集中在当地,要么或多或少广泛分散;其分布可能很规律,也可能很不规律。另一种类型的文化群体是一个自给自足的社区,它可能是一个村庄,一个殖民地,一个州,或者一个国家。其成员是集中的,其习俗也是明确的。

众所周知,美国的殖民化过程很大程度上是通过宗教社区的形成来进行的。那是朝圣者和新教的共同体,那是罗德岛和宾夕法尼亚的教友派团体,那是邓卡德兄弟会、莫拉维亚兄弟会和门诺派教徒的地方社团。

612

迟至 19 世纪中期,美国人民才见证了史上最突出的宗教社团之一的产生与成长。源于 1830 年的犹他州摩门社团,作为亲戚和熟人的纽带,按照一种观念组织起来并很快形成一种教义。它在 50 年里实际上已经成为一个的联邦,公然反对美国法律的权威。

然而,我们不可能再次见证文明世界里的这种现象。最近,我们已经看到另一种美国宗教,即基督教科学派信仰的兴起及令人吃惊的快速扩散。但它并没有创建社区团体,它只创建出了一个分散的教派。很明显,对任何一个聪明的观察者——尽管他可能没有接受过社会学辨识力方面的训练——来说,新教的力量仍然是分裂和分化的,不再可能创造出新的,能在较大程度上自给自足的社区。它们只造成不规则的地理分散,其成员或多或少不稳定或多变的社团。一句话,冲突性观念的力量在我们的殖民时代趋于创造社区群体和教派,如今趋于创造仅仅是教派或党派社团的派系实体。

假如我们倒回宗教改革之前的几个世纪,调查一个更广阔的范围和一个较长的历史时期,可以看到,在文化群体形成的较早阶段和较晚阶段之间有类似的对立。

历史知识中的一个普遍现象就是,在所有最早的文明里,都有一种具有宗教和种族感情,带着种族意识和政治意识的相似的宗教认同。每个人都有其部落神或民族神,它们被列为民族的财富,对其评价和对那些附属于部落或民族领地上的事物的评价一样高。

然而,当罗马帝国的统治扩展到文明世界之时,随之产生的文化冲突仅仅将相似信仰者聚集成宗派团体,发挥他们的群体创造力。基督教对于所有种族,在一定程度上对所有经济阶层都有吸引力,并蔓延到地中海东部的所有地区,它没有在任何程度上创建起社区。基督教的真理和密特拉崇拜(Mithras cult)①的真理以相似的方式,在2世纪时广泛扩散。即使是伊斯兰教——一种似乎精心打造来创造自律状态的信仰——在与一个罗马组织准备的世界接触时,也不能完全将自己与明确的政治边界联系起来。 613

这些对比最直接的原因并不模糊。我们必须假设一个自足的社区可能在某个时期和另一时期,被已成型的信仰吸引在一起。但是,它可能在某个地方扎根,而且通过保护自身不受外部的破坏性影响,在相对较长的时期里成功保持了其完整和团结。它必定享受某种相对的孤立。在字面意义上,这种孤立必须是那些构成无信仰与黑暗的外部世界的敌对力量所不能轻易达到的。

然而,这种孤立只有在政治整合的早期阶段才是容易的和可能达成的。在各个民族被结合成世界帝国的发达阶段,这总是困难与不常见的。如今几乎不可能了,所有的大陆都已处于所谓的文明民族的统治之下,这些能够自由沟通和交融的民族彼此保持着良好的理解,而这在某种更广的意义上构成了世界社会。人们已经普遍认识到所描绘的这种对比的直接影响。

只要血缘同感、宗教信仰和政治意识大体一致,它们形成的群体(不论是地方社区还是国家)必然会有严格的界分。它们必定是内部团结的,它们的成员是稳定的,因为打破血缘纽带不仅仅是使自身被排斥,还是对祖先神的不忠;改变一个人的宗教信仰不仅仅是不虔诚,还犯下了叛国罪;自己移居出国不仅仅是叛国,也是亵渎上天。

但是当持有共同哲学或教义的信徒或人的团体不再是自给自足的社群,当靠血缘组成的民族在结构上变得复合,所有的社会群 614

---

① 密特拉(Mithras)是一个古老的印度—伊朗神祇,公元初的几个世纪,密特拉崇拜在罗马世界风行一时,成为基督教的强大对手。——译者注

体、集体或组织就不仅仅是由成型的理念吸引到一起的文化实体，还是经济和政治实体，某种程度上还具有了可塑性。它们的成员随之发生转变和更新。在这些环境下，任何给定的人类团体——不论是一个村庄、一个宗教团体、一个贸易联盟、一个公司或者一个政党——不仅会时不时吸收新成员，还允许老的成员离开。有人来有人走，但社团或群体自身却不变。因为群体或者组织都没有受到削弱。

这种可塑性和可再生性带来的经济优势是不可估量的。它允许并促进人类在任何时刻从他们最不需要的地点征募人员，集中到他们最需要的地点。精神和理想的优势不会减少。注意力和热情在战略要点上的集中给进步运动带来不断增长的动力。

现在，让我们从群体形成最直接的原因和影响转去关注某些发展过程，这些过程可以追溯到更远的进化序列，对于我们的研究来说也有意义，因为当我们理解它们时，它们可能协助我们去尝试回答这个问题——从现在开始，什么类型的群体塑造可能通过文化冲突来达成？

对于发生在一种信仰和另一种信仰之间的冲突，最容易察觉的——因为是最形象的——就是那些发生在已经当地化的信仰和通过地理扩展在广阔的边疆地带展开竞争的信仰之间的冲突。在所有这些冲突中，世界现在已经完全进入了东西方思想之间的冲突，但不仅仅是最广阔的，也是迄今最有趣和最生动的。

不太生动但更为戏剧性的是发生在每个地理区域、每个国家、老的信仰和新的信仰之间的冲突——这是连续不断的观念冲突（这区别于同时生存的冲突），是时间上的冲突（区别于空间里的冲突）。一种新知识的获取会驱使我们去质疑旧的教条，一种新信仰的产生会替代古老的传统。当新的蜂蜡在适合于它的区域得到增强时，它就会在那里开始，在当地的限制下去替换旧的蜂蜡。只有到那时，当旧事物和新事物之间的冲突实际结束的时候，成功的新事物就会作为一种征服性的影响，开始在空间上从它年轻时的家乡进入偏僻边远的区域。

615

　　然而,不论文化冲突呈现出什么样的形式——连续性的、戏剧性的,或是地理上的和生动如画的,它先前的心理状况在某些重大本质上是一样的。人们在理论和信仰问题上站在敌对阵营里,不仅仅是因为他们有多方面的和冲突性的信息,更是因为他们在精神上不相似,他们的心智通过结构性分化来进行准备,去把握不同的观点,并珍视对立的信念。也就是说,某些人的头脑已经变得具有理性、批判性、可塑性、开放性、前瞻性,尤其是具有了对客观事实和关系的直觉。而另一些头脑在其基本结构上仍然是教条的,只能直观感知个人态度或主观情绪,性情上保守和本能。一种头脑欢迎新的和广泛的知识,主动去拥抱它。另一种头脑则抵制它。

　　所以,在隔离发生时,通常会显露出按性别分组的趋势。

　　是否女性的心智和道德品质是内在的并因此恒久不变,或者她们受到有限经验的影响从而注定是可改善的,这对我们当下的目的来说是不重要的。并不确定是生物学家还是心理学家会准备回答这个问题,但可以肯定的是,社会学家不会回答。对于我们正在做的分析来说,假如我们能说——仅仅作为一种描述性的事实——在人类历史上,女性一般更为本能化,更偏向主观直觉状态,更情绪化,比男人更保守;同时,普遍来说男人比女人对客观关系更具直觉,倾向于和本能决裂,且依赖于大脑后来发展起来的推理过程,并随之乐于冒险、试验和革新,那就足够了。

　　假如如此多的东西得到承认,我们就可能说,正是因为这些心智上的差异,在新旧思想之间、新知识与老传统之间的冲突中,通常会发生的是,大多数女性会站在老的阵营里,而新的阵营主要由男性组成。

　　在新的阵营里,总是会发现敏锐聪慧的女人,她们碰巧也是性情激进的人;其中的女性其理性习惯已经压过了本能,直觉已经成为识别客观关系的真正科学力量。而在聚集了大多数女性的守旧阵营,也可以发现大多数保守的男性,其中大多数人的直觉和理性力量与思考世界或其中具有客观因果关系的任何事物的努力并不对等。通常会发现,与所有这些因素关联的男性和女性最终可能具

616

有僧侣般的人格,不一定是神职人员,而是那些热衷于坚持精神统治、运用权威、得到尊敬和服从的人,以及那些自然会在缺乏怀疑精神和容易被打动的人当中寻找追随者的人。

粗略来说,这些就是文化冲突的心理背景。然而,它也只是一个背景,一种持续的力量和条件的集合;它不是文化冲突得以进行的原因。

D. 种族冲突

1. 社会联系与种族冲突①

有一种信念在当前时代的美国十分普遍,即国际战争最富于成果的来源就是种族偏见和国家中心主义。这种信念是当前很多和平主义的胆气所在。它得到非官方外交的鼓舞,比如联邦基督教理事会(Federal Council of the Churches of Christ)努力增进日美两国之间更好的理解。杰西·斯坦纳(Jesse F. Steiner)写的《日本入侵》这本书则尝试研究种族偏见和国家中心主义,揭露了日美两国关系中的这些现象,并估计其在未来两国关系中可能扮演的角色。

据我所知,迄今尚未进行过一项这种性质的精确调查。一个原因可能就是,这个问题直到最近才以这种形式出现,只要各国实际上生活在孤立之中,要通过职业外交官来进行它们之间的互动,并且对彼此的了解主要通过它们交换的产品、普查报告和政治旅行者的谨慎观察,那么种族偏见就不会干扰国际关系。随着国际贸易的扩展、移民的增长以及民族的彼此渗透,情况发生了变化。铁路、蒸汽轮船和电报正快速调动着地球上的人们。国家正在脱离它们的孤立状态,分隔开不同种族的距离在通讯延伸之前正快速让路。

使人们把贸易—沟通网络扩散到全球,以实现商品交换的人类动机如今带来新的人口分布。当这些人口变得像商品一样可以流

---

① Robert E. Park, Introduction to Jesse F. Steiner, *The Japanese Invasion*. (A. C. McClurg & Co., 1917.

动时,对世界范围的经济和个人竞争实际上就失去了限制——除了像个别国家保持的海关和移民管制那样的人为障碍。此外,当自然障碍被打破时,人为障碍的保持也会越来越难。

在这些力量影响下,世界上发生变迁的程度可以体现在以下事实里:1870年,欧洲运输一蒲式耳谷物的成本是如此之高,以至于不可能在超出主要市场两百英里范围外进行销售。1883年,产自美国西部大草原处女地上的谷物的进口导致西欧每个国家都出现农业危机。

人们可以说明——但几乎不可能估计——海洋运输的大量增加带来的经济变迁。1840年,第一艘丘纳德班轮①——740马力,航速8.5节——开始建造。1907年,当卢西塔尼亚号建成时,远洋船只已经能达到25节的速度,由70000马力的引擎驱动。

很难估计这些数字所代表的海洋运输变化导致的经济变迁。更不可能去预测地球上人口流动性的稳定增长产生的政治影响。目前,这种流动性已经达到了这种地步:把世界上的人口运送到原材料产地,常常比把世界上的制造品运送到既定的人口聚集地更容易、更便宜。

随着交通运输不断提升的速度、便利性和安全性,以及通讯的增长,紧接着出现的就是人口从土地上不断分离,同时集中到大城市。这些城市迟早变成大量无家可归者、临时性与季节性劳工、租房房客和公寓居民、复杂且不受拘束的都市客们的中心。这些人聚到一起,既不受当地的约束,也不受家庭、宗族、宗教或民族纽带的束缚。在这种状况下,可以合理地预见到,使每个商人在行情最高时卖出和在行情最低时买进的同样经济动机将稳定增长,并强化这种趋势,这早已在资源缺乏的过分拥挤地区波及了很大比重的人口,使他们在资源未开发的新国家长期或暂时地去寻求他们的财富。

618

---

① 英国的豪华邮轮公司,1839年获得第一条英国到美国的跨大西洋航线运营权。——译者注

商业的扩张和移民的增长已经形成了一种跨国和跨种族的局面,这已经使美国传承性的政治秩序变得紧张。正是人口和商业同样的扩张运动,以及由此产生的种族和国家对抗,首先摧毁了欧洲传统的力量平衡,随之打破了倚靠其上的国际控制体系。不论世界大战的直接原因可能是什么,更为遥远的冲突根源无疑必须在重大的宇宙力量里去寻找,这种力量已经打破了以前分隔开世界上种族和民族的障碍,并迫使他们进入新的密切交往和新形式的竞争、对抗和冲突之中。

自从 1870 年以来,我尝试描绘的状况已经稳定地迫使美国和欧洲各国面临同化他们各自的异质性人口的问题。我所称的种族问题只是这种同化过程的一个事件,也是其失败的一个证据。

本书(《日本入侵:一项种族间交流的心理学研究》)涉及但没有处理我已经简要勾画的普遍状况。正如它的标题所表达的,它是一项"种族间交流"的研究,尝试去区分和探寻他们的态度和情绪——也就是说彼此的偏见——的来源,一直以来,那都是美日两国人民之间相互激怒和误解的根源。

根本上来说,美国针对日本的偏见仅仅是附着于每个异质群体和移民群体之上的偏见。来自欧洲的移民就像来自亚洲的移民,来这个国家是因为他在这里找到个人行动的自由,以及在家乡找不到的经济机会。这是人们从一个相对封闭的区域移到相对开放区域的普遍倾向的一个例子。长远来看,这种运动就像水从山上的源头流向大海一样,是不可避免和不可抗拒的。那是恢复经济平衡和带来经济均衡的一种方式。

现代人口移动的这种情况本身就意味着移民的生活标准——即使不是文化上的——要比当地人低。结果就是,移民带来了一种新的困扰人的竞争形式,即较低和较高生活标准人口之间的竞争。这种竞争(它是自由的和无限制的)的后果要么是降低本地人的生活标准,把他们从移民能够或者被允许竞争的职业里驱逐出去,或者是另外一种更凶险的后果,即引起对本地人出生率的限制,以确保其最终灭绝。事实上,后者似乎正在新英格兰的制造业城镇里发生,那里本地人的出生率在过去几年里已经降到低于死亡率,以至于本地人长久以来就已经停止自我再生产。另一方面,外来人正快速替代本地人,不仅仅是新移民的影响,更因为出生人口超过死亡人口相对较多。

人们一直认为,使一个种族对其他种族的美德视而不见,并使他们夸大其他种族缺点的这种偏见,本质上是一种误解,而更多的知识可以驱除这种误解。然而这种观点远非事实,以至于可以更确切地说,我们的种族误解仅仅是我们种族反感的表达。在这些反感的背后,是深层的、关键的和本能的冲动。种族反感代表着无形力量的碰撞、利益的交锋、尚未清楚感知到的模糊感觉。在种族和民族的根本利益不能通过某些法律、习惯,或者其他任何一种要求双方赞同和彼此支持的生活方式进行规范的局势下,它们就会出现。我们憎恨人,因为我们害怕他们,因为我们的利益与他们的利益对立。另一方面,善意建立在长期协作的基础之上。我们所谓的利他情绪的延续,只有通过组织我们原本冲突的利益,以及扩展协作与社会控制机制才能实现。

种族偏见可以视为一种天然生成的、多多少少本能的防御性反应,其实际影响就是限制种族之间的自由竞争。它在社会功能上的重要性是由于这一事实:自由竞争(特别是在不同生活标准的人之间)似乎至少是——即使不是原始来源——种族偏见做出回应的刺激因素。

从这个角度来说,我们可以把种姓制,甚至是奴隶制看作是给种族问题找到自然解决办法的一种调适行为。种姓制通过把治下的种族降级到一种低等的地位,至少让每个种族得到对其职事的垄断。当这种地位被治下种族接受时,也就是种姓制或奴隶制体系完全建立起来之际,种族竞争停止,种族敌意趋于消失。这就是奴隶制中主人和奴隶之间经常存在亲密和友好关系的解释。由于这个原因,今天我们才会听说黑人在其位置上是完全正当的。在其位置上,他是一种便利设施,而不是竞争者,每个种族各安其位,种族协作就不会存在障碍。

621

种族偏见是由于（或者在某种程度上有赖于）种族竞争，这一事实进一步体现在斯坦纳先生强调的事实上，即对日本人的偏见在全美国各地并不统一。只有在日本人的数量足以实际扰乱白人经济地位的地方，偏见才会达到要求对此进行严肃对待的程度。还有一个有趣的事实是，对日本人的偏见如今比对其他东方民族的偏见更为严重。正如斯坦纳先生已经指出的，其中的原因是日本人更具侵略性，更倾向于检验《独立宣言》宣称的"所有人在生命、自由和对幸福的追寻上都是平等的"这一主张的诚意——顺便说一下，这一主张仅仅是适用于个人关系的自由及无限制竞争的自由主义信条的一个司法主张。

日本人、中国人，无疑在其位置上都是正当的，这个位置——假如他们找到的话——将是一个他们不会太强大，并且不会如此怨恨与白人进行生存斗争的位置。困难在于，日本人相比于黑人和中国人，更不愿意服从种姓体制的控制去留在原地。日本人是一个有组织的和有道德效率的民族，他们拥有取决于效率意识的民族自豪感和民族中心主义。事实上，无需多说，民族中心主义——假如你喜欢这样称呼它——对于民族效率来说必不可少，就像某种火暴脾气对于一个好战士来说至关重要一样。

另一个困难在于，种姓制和对自由竞争的限制在经济上不健全，尽管在政治上是可取的。一项关于国家效率的国家政策要求每个个体不仅仅有机会，而且还要必须准备好为社会提供特定的服务，只要他的天生性格和能力可用于这种服务，而不论其种族或"先前的状况"如何。

最后，种姓制和限制经济机会即使不是违背我们的传统，至少也是违背了我们的政治原则。这意味着将始终有一个积极的少数派，以政治情绪为理由，反对任何立足于种姓体系，应用于黑人或棕色人种的解决方案。在这个国家直接受到入侵种族竞争的不利影响的地区，这一少数派比重较小，在受影响不大的地区则比重较大。假如移民增长很快，使竞争更为尖锐，这类人会增加。如果事实证明，我们不能，或由于多种原因不在乎永久阻止东方入侵者兴起的

622

浪潮,那我们必须依靠其他措施来解决日本人问题。

我已经说过,从根本上和原则上来说,今日美国针对日本人的偏见和附着于任何移民民族之上的偏见是相同的。就像斯坦纳先生已经指出的,存在着一种差别。这是因为在人类头脑中存在着一种机制,通过这种机制,我们不可避免地、自动地对我们遇到的每个个人进行分类。当一个种族背上一种其每个个体成员都能被正确无误识别出来的外部标记时,这个种族就会因此被分开和隔离起来。日本人、中国人和黑人不能像其他种族的成员一样在我们之中自由行动,因为他们背负着明确他们作为其种族成员的标志。这一事实孤立了他们。最终,这种孤立对日本人自身以及他们生活的人类环境的影响是深远的。孤立既是种族偏见的原因也是结果。这是一个恶性循环——孤立、偏见;偏见,孤立。即使没有其他原因促使我们以一种不同于针对欧洲移民的方式来考虑日本人和其他东方人群的状况,但他们势必要在美国社会里或多或少孤立生活这一事实也将迫使我们这样做。

总之,我也许会用一个词来说明斯坦纳先生的著作实际承载的意义。种族偏见是一种群体意识的机制,它对恰当的刺激自动做出反应。就我所遇到的情况而言,这些刺激似乎是具有不同生活标准的民族无限制的竞争,从中生发出来的种族敌意和所谓的种族误解是无法解释或者争论的。只有在关系的重新调整和利益的组织能够带来较多合作和较少摩擦和冲突的情况下,它们才会受到影响。这要求的不只是善意的外交,它要求的是在坚定不移考察事实的基础上制定的国家政策。

2. 冲突与种族意识[①]

内战削弱但没有完全摧毁奴隶制在奴隶与其主人之间建立起来的生活方式。随着解放,以前由奴隶主施行的权威转移给了国

---

① Robert E. Park, "Racial Assimilation in Secondary Groups," in *Publications of the American Sociological Society*, VIII(1913), 75—82.

家,而华盛顿特区开始在获得自由的奴隶心中承担起以前被种植园的"大房子"占据的地位。但是,黑人民众仍然保持着他们依赖的习惯,而且在变迁的最初混乱之后,他们之中大多数人的生活像在战争之前一样继续着。就像一位老农民解释的,他能看到的唯一差别就是在奴隶制下,"他为老主人工作,现在他为自己工作"。

尽管如此,在奴隶制和自由之间还是有一个对自由人来说很现实的区别,就是流动的自由。从一个种植园搬到另一个种植园,以免他不满,这是一个自由人能够实现他的自由并确保他拥有自由的一种方法。这种迁徙自由对于种植园黑人的意义远比不了解南方局面的人可能理解的要多得多。

假如南方有丰富的劳动力,假如当时的形势是黑人劳工在寻找工作机会,或者是黑人佃农为了有机会获得一块土地而竞争——就像欧洲经常出现的状况,那么形势将会与实际有很大的不同。但是和一个"封闭"资源的国家相反,南方过去和现在都是聂伯尔(Nieboer)所称的"开放"国家。换句话说,南方一直以来多的是土地而不是劳动力。地主被迫争夺劳工和佃农来为他们的种植园工作。

由于对商业事务的无知和长期建立起来的顺从习惯,黑人在解放之后和白人打交道的时候处于极大的劣势。他从一个种植园向另一个种植园流动的权利变成了黑人佃农强迫种植园主给予报酬的方法。他不可能和种植园主进行争论,因为他没有能力这样做,要尝试这样做是无利可图的,但是假如他感到委屈,他可以离开。

这就是1879年发生在南部各州的黑人流动的意义,当时40000人离开路易斯安那和密西西比的黑人地带,去往堪萨斯。有色人口的大军不满足于他们从种植园主那里得到的待遇,并决心去往一个"自由的国度"——正如他们所描述的。与此同时,正是由于种植园主尝试把那些欠债的黑人佃农束缚在他们的土地上,才形成了今天仍然以较为缓和的形式存在于南方的劳役偿债体系。

当黑人离开赖以生存的种植园时,他就断绝了和主人手下那些人的个人关系。正是在这个点上,两个种族开始失去彼此的联系。从此时开始,黑人和白人的关系——在奴隶制下是直接的与个人的关系——由于老的联系被打破而每年都变得越来越间接和次要。白人对每个黑人的亲切态度和黑人对白人的尊敬态度仍然挥之不去。但这些都是逐步消失的习惯。奴役本能和习惯的破坏以及黑人大众获得自由本能和习惯的过程正在缓慢且稳定地进行。这种变化在某些情况下似乎比其他情况下进行得更快的原因，可以用这一事实来解释：在解放之时，美国 10％ 的黑人已经是自由的，而在其他那些做贸易的黑人之中，很多人已经从他们主人那里利用了自己的时间，已经变得多多少少适应于自由社会的竞争状况。

黑人动员的后果之一就是他们与自己的民族建立起了更为紧密和更多的联系。共同利益已经把黑人拉在一起，而种姓情结已经把黑人和白人分开。始于双方自发运动的种族隔离是由支配种族的政策促成的。重建时期的躁动使种族间在政治上的区分变得绝对。从那时起，其他方面的隔离和区分一直在稳定进行。如今，黑人有专门的教堂、学校、图书馆、医院、基督教青年协会，甚至是专门的城镇。在美国可能有六个社区的每个居民都是黑人。大多数所谓的黑人城镇是郊区村庄，其中两个至少是相当多黑人农业人口的中心。总的来说，在没有单独设立黑人学校、教堂和基督教青年协会的地方，黑人是不存在的。

很难估计黑人这种孤立的最终影响。最重要的后果之一就是，已经在所有不同肤色和阶级的种族之中形成了共同的利益。这种团结意识随着黑人人口的组织而逐步增长。它在种族隔离更为全面的南方比在北方要强大，而在二十年前，可以很保险地说北方不存在这种意识。在较大的白人世界里，一个小世界——黑人的世界——正在逐步地、不知不觉地、悄无声息地形成。

教育和知识上的每一次进步都使黑人掌握白人的沟通和组织技术，有助于扩大和巩固白人之中的黑人世界。

增强团结的动机来自不断增加的压力，或者，我应该说可能是来自黑人对压力与偏见不断增加的敏感性。种族忠诚的情感——这是增长中的种族自我意识相对较新的一种表现——必定被视为是对变化中的种族内外部关系的回应和调适。黑人最初称为种族自豪的情感在北方并不像在南方那样存在,但是就像在南方一样,在北方,一种不断增加的强化种族区分的倾向正在形成。

在这个方面,有一两个事件是重要的。几年前,这个国家最大的黑人出版企业的首脑去到德国,并带着一批根据他的规格生产的黑人玩偶。在这个公司成立的时候,黑人孩子习惯于玩白人玩偶。市场上早就有了黑人玩偶,但它们是给白人孩子生产的,代表着白人的黑人概念而不是黑人对自身的想象。新的黑人玩偶是适合传统黑人类型并带有细微调整后的规整特征的黑白混血儿,它是整洁、规矩、穿着讲究、举止得体、自尊的玩偶。后来,据我所知,还有其他的玩偶,在外观上同样整洁和得体,但是色调较暗,带有更为明显的黑人特征。设计这些玩偶的人完全清楚地考虑了他制作的替代品的意义。他说,他认为让黑人女孩习惯于她们肤色的玩偶是一件好事。他认为重要的是,只要种族被隔离开,玩偶就像其他艺术形式一样成为模式,并象征着理想,也应该被隔离。

黑人模型替代白人模型是一个非常有趣和重要的事实。它意味着黑人开始塑造自己的理想和自己的形象,而不是白人的。还很有趣的是,黑人玩偶公司已经成功,这些玩偶如今被广泛销售到美国各地。近几年里,没有什么比黑人玩偶这个插曲更清楚地展示出黑人被奴隶制同化的程度,以及他们与过去决裂的程度。

这一事件是很典型的,它指明了在黑人思想背景之下激起的力量和趋势的本质,尽管他们并没有成功迫使自身——除了特殊的例子——形成清楚的意识。

在同样的范畴里,必须推崇保罗·劳伦斯·邓巴(Paul Lawrence Dunbar)①的诗歌,正如威廉·迪恩·霍威尔斯(William Dean Howells)②已经说过的,在这些诗歌里,黑人“获得了文明”。在保罗·劳

---

① 保罗·劳伦斯·邓巴(Paul Lawrence Dunbar, 1872—1906),美国黑人作家,种植园奴隶的儿子,以诗歌创作闻名,因第二部诗集《老老少少》得到霍威尔斯的好评而获得声誉。——译者注
② 威廉·迪安·霍威尔斯(William Dean Howells, 1837—1920),美国作家、评论家,其作品是当时美国文学的象征,有文坛泰斗之誉。——译者注

伦斯·邓巴之前,黑人文学要么是道歉性的,要么是自作主张的。但是邓巴"客观地研究了黑人"。但他不仅没有道歉,还带着深切的理解和同情来代表黑人——而这只能属于他们自己。在邓巴这里,黑人文学获得了一种种族优越感。以他的诗歌为媒介,黑人生活的普通形态和形式具有了他的感情和情绪的色彩,我们看到的黑人不是其外表,而是其感觉和现状。

　　一个重要的事实是,相当数量的受过教育——或者所谓的受过教育——的黑人首先并不愿意接受邓巴的方言诗歌或者黑人生活的熟悉图景,而这些经常是他的诗歌寻求表达的符号。有时为方言诗歌给出的解释是:"它们是被用来取悦白人的。"这种假设似乎是,如果它们是为黑人而写,那在他的诗里就不可能把黑人和白人区别开来。这是一种永远不会与人民大众共享的情绪,在邓巴吟诵诗歌的场合,由于他提供的图景的真实性,群众产生相当程度的乐趣和愉悦。如今,邓巴已被公认为有成百上千的模仿者。

　　文学和艺术在欧洲的种族斗争中扮演着与美国相似的甚至可能更为重要的角色。一个原因似乎是种族冲突——就像它们在次级群体里发生的那样——首先是情感上的,其次是经济上的。当文学艺术被用来表达种族情感并且塑造种族理想的时候,就会和其他机构一起去动员群体,并使大众与他们的领导人以及彼此之间协调一致。在那样的情况下,艺术和文学就像沉默的鼓手,召唤种族的潜在本能和力量去采取行动。

628

　　我可以补充说,这些斗争——其中被淹没的民族寻求崛起,并在一个已被上层种族及特权种族占据的世界里为自己争得一席之地——并不会因为斗争不流血就不致命或者不重要。它们有助于激起雄心,激发理想,而这些理想可能在臣服者与从属者之中被压抑了很多年。事实上,似乎是通过这种类型的冲突而不是通过战争,少数民族才注定获得了道德集中和纪律,使他们能在类似的平等条件下自觉地分享文明世界的生活。

　　直到上个世纪初,欧洲农民仍然像黑人奴隶一样被束缚在土地上,生活在直接的个人关系的小世界里,生活在家长式的统治下。

正是军事上的迫切性首次把像普鲁士的腓特烈大帝这样的政治家的注意力转到农民的福利上来。正是 1807 年拿破仑征服普鲁士带来了他对这个国家的最后解放。在当前时代，国家之间在经济效率上的斗争极大促进了欧洲农民和劳工阶级的动员。

当农民慢慢摆脱农奴制，他发现自己是被压迫阶级的成员，没有教育、没有政治权力、没有资本。正是这个阶级为争取更多机会和更好生活条件的斗争造就了上个世纪大部分的历史。在这些处于种族边缘的人民之中，这种斗争的影响总的来说是把一种横向的社会组织——其中的上层阶级，也就是富人和特权阶级主要属于一个种族，而穷人与被统治阶级是另一个种族的主体——替换成了一种垂直组织（其中每个种族群体的所有阶级都以各自民族的名义联合起来）。由于这种组织，民族一方面代表着难以对付的少数派，为了政治特权或者经济优势而从事残酷的党派斗争，另一方面则代表着文化群体，每个民族都在努力保存他们所代表的种族的独特传统、语言和制度。

欧洲种族形势的概述当然是最直白的抽象，不应该得到实际的接受。它仅仅是为了用较为宽广的概述表明，在欧洲产生民族的动机和在美国产生黑人的动机是相似的，就像布克·华盛顿（Booker Washington）①所说的，"一个国中之国"。

可以说，黑人和欧洲各民族之间存在深刻的区别，黑人由于遭到排斥，被迫孤立于白人社会之外，具有了自己的独立性以及随之产生的种族意识。与之相反，斯拉夫民族隔离自身是为了摆脱同化，避开大帝国的种族灭绝。

然而这种差别并不像看上去那么大。除了波兰人这个例外——其民族情感早在五十年前就已经不存在了。四十年前，当德语还是受教育阶层的语言时，受过教育的波希米亚人会有点羞愧于在公共场合说他们的语言。如今，民族主义情绪是如此强烈，以至于在捷克

①　布克·华盛顿（Booker Washington，1856—1915），美国黑人运动领袖、教育家。以积极促进黑人教育事业而闻名。——译者注

民族已经控制的地方,正试图抹去德语留下的每个痕迹。它已经改变了街道、建筑和公共场所的名字,比如在布拉格,所有以前让人产生日耳曼联想的地方现在都散发出波希米亚民族的情感。

另一方面,直到普法战争之后,波兰人民才开始珍视点滴的民族情感,事实上,斯拉夫人中的民族情感就像黑人中的种族情感一样,都是由于反对基于种族差异的特权和歧视的抗争而涌现出来的。这种运动在黑人当中没有那么发达,情感没有如此强烈,为的是一些可能永远不会成立的原因。

综上所述,似乎可以合理地得出一个结论,即在次级联系的状况下——也就是说,以个人自由与个体竞争为特征的现代文明的状况下——被压迫的种族群体倾向于采用民族的形式。一个民族在狭义上可以定义为获得了自我意识的种族群体,不论它与此同时是否获得政治独立性。

在循着水平线路组织的社会里,较低阶级的个人倾向于在高于他们的阶级中寻找模式。忠诚依附于个人——特别是上层阶级,他们的个人和生活为低于他们的大众提供了模式。在贵族失去了与他的职业相关联的每一样社会功能之后很久,贵族的理想在我们关于绅士、优雅举止和翩翩风度的概念里得以幸存。

黑人奴隶的情感在某种意义上不仅仅是忠诚于他的主人,还有对白人种族的忠诚。老辈的黑人经常带着一种拥有者的意味说“我们白人”。这种情感并不总是局限于无知的大众。一位受过教育的有色人种人士曾经给我解释“我们有色人种总是希望我们白人是优越的”。当我对这种情绪并没有表现出特别热忱的时候,他很震惊。

要探寻民族主义运动的基本意义,就必须在被统治种族的努力中去寻找,他们有时有意,有时又是无意地去替换异己种族基于自己的种族个性来给他们提供的模式,并体现从他们的生活里自然生发出来的情感和理想。

在一个种族以这种方式获得了其道德独立性之后,同化——在复制的意义上——将一直继续。民族和种族借鉴他们害怕的人和尊崇的人。然而,以这种方式接管的材料不可避免地带有适合于他

630

们民族个性的印记,这些材料将有助于他们民族的尊严、声望和团结,但将不再能激发他们对所借鉴的种族的忠诚。一个已经获得民族特征的种族可能一直保持对它所属的那个国家的忠诚,但只限于那个国家将该民族作为其组织必需的部分,包容其实际利益、愿望和理想的情况。

631　　当前,在奥匈帝国各民族之间进行竞争的目的似乎是成为一个联邦——就像瑞士,以构成帝国的不同种族的自治为基础。同样地,在南方,各个种族似乎倾向于成为一个双重种族的社会组织,其中黑人逐步获得有限的自治。这一运动最终的结果可能并不像预期的那么保险。

　　3. 冲突与调适①

　　首先,什么是种族冲突? 要回答这个基本问题,必须界定种族冲突最终依赖的抽象的心智品质。这是种族"反感",通俗的说法是"种族偏见"。然而偏见不过是意味着偏好——既可能是倾向也可能是反对,反感意味着"自然的对立","互不兼容",或者"品质上的厌恶"。引用《世纪字典》的说法,反感"表达了大部分的本质感觉,以及最少的意愿","它是一种厌恶,似乎本质上针对人、事物和行为,所以它包含了有时给不出什么好理由的厌恶"。因此,我把种族反感界定为一种自然的对立、品质上的矛盾、个人或种族之间的不兼容,这足以把他们分化开来,构成我们所称的种族。最重要的是,它包含了一种本能的憎恨、厌恶或抵触感,对这种感觉有时是给不出什么好理由的。冲突首先可以界定为"缺乏和谐",或者"相互恼火"。在种族冲突的情况下,它被反感强化。我们并不是非要依靠种族骚乱或者其他暴力行为,作为种族冲突增长的解决办法。它的存在可以用一个眼神或者一个姿势,一个词语或一个动作来体现。

　　在使用"种族"(race)一词的时候,我们发现了一个引起很多无

---

① Alfred H. Stone, "Is Race Friction between Blacks and Whites in the United States Growing and Inevitable?" in the *American Journal of Sociology*, XIII(1907—8), 677—96.

用和不必要争论的言语上的原因。当我们说"种族问题"或者"种族反感"的时候,我们用"种族"意指什么? 显然没有什么科学定义,因为人种学者自己也不同意按照种族线索来对人类家族进行分类。即使达成协议,这种所谓的种族偏见也丝毫不会顾及如此的分类。这并不受语言学或者人种学定义的限制。英国科学家可能告诉印度的英国士兵,本地人事实上是他的兄弟,但这完全是荒唐的、不合逻辑的和不科学的,因为"种族偏见"这样一种现实是存在于他们之间的。汤米·阿特金斯(Tommy Atkins)①仅仅耸耸肩来回答说,对他和餐桌伙伴来说,本地人就是个"黑鬼";就他们的态度来说,此事到此为止。假如同样的意见——且不论这种类似中的科学精确性——向菲律宾的美国士兵提出,也会得到同样的答复。我们已经浪费了无数的时间用来没完没了地争论不同种族的相对优势和劣势。如果由科学人员本着纯粹的科学精神来做的话,这些讨论还有点价值。但是为了解释或者建立某种关于种族关系的固定原则,它们也只是聊胜于无。日本人无疑很满意其民族比西方文明暴发户式的增长要优越,并且发现,可以毫无困难地从后者借用一切值得复制的东西,并对其进行改善,以适应他们种族的需要。中国人不会浪费时间来讨论他们的种族相比于白种野蛮人的相对地位,这些白人用荒诞不经的习惯、异教观念和幼稚的新宗教侵犯了他们自己。印度人则暗中蔑视征服者的种族借口,在等待地球上更黑暗的种族再次进入他们的社会时,不会用他的临时主人是否种族平等这种无聊的问题来困扰自己。只有白人书写的著作在纸上建立起了一种优越性的事实,一方面这是显而易见的事实,无需证明,另一方面它又不是事实,是不可论证的。真正重要的是种族差异这个几乎没有争议的事实。它是实际的差异问题——身体外表,心智习惯和思想,社会习俗和宗教信仰,事情上千篇一律的根本性差异可以敏锐和清晰预见到的,但有时又难以捉摸和无法界定——这些问题就

632

① 汤米·阿特金斯是普通英国士兵的通称,据信这个称谓最早出现于1743年,其起源众说纷纭,可能是一位勇敢士兵的名字。——译者注

633 是在我们所称的种族问题和种族偏见里创造和找到表达的东西,为的是有更好的说法。只要这些差异是固定的和永久关联着的,两个族群的特征就会造成反感,两者之间的问题就是永久性的。

也许与我们用来作为反感基础的符合要求的种族分类最接近的方法就是根据肤色,依循某种宽泛的线路对人类进行分组,肤色伴随着多种多样,以及经常是广泛的,总是相当持久的差异化的身体和精神特征。这实质上使我们成为白种人——而不是高加索人、黄种人——不是中国人或日本人以及黑种人——不是黑人种族。可以发现,这些综合性群体之间和他们的某些分支之间的反感本质上来说是基础性的,但还会发现,他们在实际和潜在的剧烈程度上呈现出几乎无限的差异。基本的心理在这里也发挥着作用。黑人种族的分支之一由混合血统的人组成。在很多情况下,这些人更像白人而不是黑人,然而几代人在观念上的联系始终把他们和黑人联系在一起——而且在这个国家,这种阶层和白人的冲突甚至比白人和黑人的冲突还要严重。

种族冲突只是这种冲突更为显著的实际表达。它们是在种族反感抽象性中看得到的现象,是种族问题存在的确实证据。这类反感的表达形式随每种情况下种族接触的本质而有所不同。它们的差异和广泛变化的各个方面是种族关系中令人困惑和自相矛盾的现象。它们依赖于不同的条件,而且不像人性的奇思怪想,更容易受到僵化与持久的分类的影响。种族摩擦或冲突的先决条件是足够数量的两个不同种族群体之间的接触,这个不只是一句老生常谈。个体间联系和群体间联系这两者之间有明确和确实的差异。两个种族的两个孤立个体成员之间的联系完全不同于同一种族群体的集团之间的联系。事实上,数量因素包含了从不同种族之间联系中生发出来的问题的诸多症结。

634 种族冲突的主要原因是模糊的、相当难以确定但又完全真实的"压力感",在出现一大群不同种族的人时,这种感觉几乎是本能地出现在白人身上。在某种重要的意义上,所有种族问题明显都是种族分布问题。当然,控制种族的明确行动——特别是以法律表达出

608

来的——取决于这个种族与下等种族在人口上的数量差异。这一事实在我们控制黑人奴隶的殖民地立法历史上十分突出。随着奴隶人口的增长,这些法律的严重性达到了一定程度。在南部、东部、新英格兰和中西部各州战前控制自由黑人人口的立法之中,也暴露出同样的状况。因此,今天美国没有哪个黑人人口只占总人口10%或15%的州会有单独的汽车法规。没有哪个州会在黑人人口不足10%的情况下维持两个单独的学校系统。可能会找到地方上隔离的方式,但在这个问题上不会有法律表达。

就像黑人人口的大幅增长增加了冲突、直接立法、保护极端社会习俗,以及白人普遍的动荡感或不安感一样,这类人口的减少,或者和白人相比相对较少的增长会带来较少的冲突、较多的种族容忍以及降低严厉的歧视性法律或习俗的必要性。除了实际接触点增加或减少的差异,还因数量的不同而变化。假如我们发现在两个普查期内,黑人种族的数量确实下降了,无疑这会表现为白人整体对于黑人的普遍态度将变得不那么强硬。种族反感不会减少,但是激发其外在表现的条件将发生更好的改变。太平洋沿岸的人们对中国人态度的缓和与1890—1900年间中国人数量的下降存在着直接关系。假如条约条款禁止更多的移民,对日本人的态度迟早也会出现这种感觉上的差异。在白人对夏威夷土著的容忍态度和本地人是堕落与垂死种族的感觉之间,也有同样的直接关系。除了印第安人的好战品质和拒绝服从奴役的影响,白人种族针对他们的态度和倾向也受到类似于今天在夏威夷运作的因素的影响,同样的影响已经成为决定英国人对缓慢消亡的新西兰毛利人所持态度的一个因素。

在英语民族的历史上,我们从未在任何时代和任何地方拥有这样的记录,即在英语民族的很多人接触过几乎同等数量黑人的地方,前者承认后者在政治、经济或社会上的绝对平等。除了五个新英格兰州,1860年的黑人总人口只有16084人,在内战之前,联邦里每个州都在政治上歧视黑人。北方和南方的白人继续这样做——只要他们继续控制着他们州的选举规则。这样做的决心使

635

这个国家的一部分实际上成了一个政治单元。在南非,我们看到白人不顾黑人数量占优而施加统治的同样决心。同样的决心使牙买加放弃了自治的权利,而满足于今天这种混合的政治安排。在哥伦比亚特区,十万黑人的实际存在使二十万白人满足于生活在一个自治国家的异常状态之下。这种主张对于讨论来说是如此基础,以至于白人在面对足够数量的黑人时,会在他的心里创造出一种政治动荡感或危险感,这要么会改变其政府形式,以摆脱噩梦,要么就靠武力、借口或直接行动来摧毁黑人的政治力量。

大体上,南方成百万的黑人与他们的白人邻居和平生活在一起,群众——只有一代人摆脱奴隶制的影响,其中成千上万的人仍然受到奴隶制影响的控制——接受了白人种族的优越感,无论他们某些成员的个人意见是什么。此外,他们接受这种上下关系是一种理所当然的事实,就像某些不用去质问、好奇或担忧的事情。尽管表面印象是相反的,但普通的南方白人不会比黑人更多思考这个事情。正如我一开始尝试澄清的,地位的尊卑仅仅是其本能心智素养一个遗传下来的部分,一个他不需要推论的概念。各自的态度是互补的,在相互接受和理解之下,仍然存在成千上万数不清的友好和深情关系(外部世界不知道也不理解这种关系)的例子。在群众之中,南方黑人已经二十多年没有为投票烦恼过,这不是由于他所谓的政治领导人让他孤立;他不会为单独设立的黑人学校和汽车烦恼,他既不知道也不关心关于"社会平等"的任何事。

但是其他类别呢?"群众"充其量不过是一个不令人满意和不确定的说法。它远远没有包含南方的黑人,我们无需忘记,七年前有90万这个种族的成员生活在南方之外。这类人主要在城市里,数量也很多,已经失去了黑人典型的习惯和态度,而且在现存条件下,什么人越来越变得焦躁不安和易怒呢?在所谓黑人的社会和智力进步和沿着社会路线的冲突事件之间,存在着一种密切和非常自然的关系。事实上,只有我们接触到更高的群体时,我们才能在一个与南方普通大众不同的层面上领会到接触的潜在后果。有一大类人群正在稳定增长,他们与黑人多多少少有血缘上的关联,而且完全被美国的社会习惯所认同,他们拒绝安静接受白人关于种族的态度。我领会那种过分强调任何人或群体的话语的错误,但是这种情况下的错误采取的是另外的方式。美国白人对于今天在很大程度上塑造和指导了这个国家黑人舆论的有色人种男女的思想和观点知之甚少,甚至毫无所知。即使那些认为自己是种族问题研究者的白人,也很少呈现出什么认识能超出对黑人问题的深远无知。他并不知道其他人在这个主题上的思考和言论。这种混合类型被我们诗意地称为"黑色",但它实际上是从黑到白的每一种渐变,缓慢发展成其种族团结的一种意识。它正找到其独有的声音,并通过其著作、报纸和杂志,通过它的社会组织,为其不满发言,并使其要求为人所知。

637

随着这种种族意识初现端倪,人们同样认识到在其演变与发展中的局限和约束。种族摩擦可能性增加的最好指标之一就是,黑人认识到了白人针对他们的种族反感的普遍性。这是反对这事的抗议风暴中的一个清晰标记,在他最高的愿望里,白人的偏见无论在哪里都阻碍着有色人种的道路。白人可能会用足够长的利益暂停来追问黑人发现自身所具有的更深层的意义。难道这不是对地球上深肤色种族做出普遍唤醒的一部分吗?英国军人威尔逊上尉(H. A. Wilson)说,在整个非洲,已经知悉一份模糊混杂的报告,即在遥远未知的外部世界的某处,白种人和黄种人之间发生了一场伟大的战争,而且黄种人赢得了战争。甚至在日俄战争之前,"埃塞俄比亚主义"和"非洲只为非洲人"的呼吁已经开始扰动南非的英国人。人们屡屡说道,这场战争的结果强化了印度人中的不满和骚乱。毫无疑问,在任何仔细读过美国黑人期刊的人的心中,他们对于日本人胜利的欢欣鼓舞和美国白人的兴奋是完全不同的。这远远不止是对一个民族的同情,这个民族为了自身生存而战,反对一个由于对待臣民的做法而遭到文明世界厌恶的强权。相反,这是对白人种族被一个深肤色种族打败而发出的狂喜呼喊。假如白人拒绝正视现实——即在种族冲突的可能性里,和白人的种族反感、偏见或者我们能选来称呼它们的任何东西相比,黑人日益增加的种族意识起着很重要的作用,那么他们并不比鸵鸟更聪明。

III. 研究与问题

1. 冲突、有意识竞争和对抗的心理学与社会学

638　　意识已被描述成冲突——个人之中运动倾向的冲突,群体之中情感、态度和文化的冲突——的一种后果。在既定形势下被对立倾向激活的个人被迫重新界定他的态度。意识是这种调整的一个附带物。

调整常常涉及为了其他人的利益而压制某种倾向,压制一种有利于其他人的愿望。在这些压制持久不变的地方,常常会导致行为的混乱和人格的解体。当压制扰乱自觉生活的时候,这种被压制的愿望就被精神分析学家称为一种**情结**。弗洛伊德和他的同事已经分离出并描述了这些情结的某些方面,其中最为人熟知的就是俄狄浦斯情结(Oedipus complex)——这被解释为父子之间由于爱母亲而发生无意识冲突的后果;还有伊莱克特拉情结(Electra complex),同样源于母亲和女儿由于对父亲的感情而出现的无意识斗争。阿德勒(Adler)在他对"自卑"情结的描述中,将其解释为个人的理想与现实地位的反差导致的冲突的一个后果。精神分析学家描述的其他精神冲突被归结为"养子"情结、纳西索斯(Narcissus)情结、性休克等,这些扰乱人们精神生活的冲突都是社会关系的反映,并且可以用个人在群体中的地位和角色来解释。

竞赛和对抗代表着较高社会层次的冲突,在那里,冲突已经被转化为有益于群体生存与成功的形式。这个领域的研究——虽然很零碎——证实了普遍的印象,即通过与同伴有意识的竞争来激发努力。阿德勒的"精神补偿"理论基于这样一种观察:残障人士经常在他明显缺乏竞争资格的领域表现杰出。例如,德摩斯提尼(De-
639　mosthenes)①尽管事实上说话结巴,但还是成为伟大的演说家。奥

---

① 古希腊雄辩家,政治家。——译者注

达尔(Ordahl)对这个领域的文献进行了唯一的全面研究。

齐美尔为冲突社会学概念做出了杰出的贡献。正如个人的态度代表着对抗性因素的组织,社会如他所解释的,是一个其中要素具有冲突趋势的统一体。他坚称,如果个人之间和群体之间没有厌恶、敌意、差异,以及同情、喜爱和相似性,社会将会完全不同。社会统一体包含了这些对抗的力量,而且事实上,社会是在冲突的基础上组织起来的。

冲突是社会的一种组织原则。就像个人在与他人的接触和冲突影响之下获得一个地位并发展出一种人格一样,由个人构成的群体在和其他群体的冲突中获得了团结、组织、群体意识,并具备了冲突群体特有的形式——也就是说,它们变成了党派、宗派和民族,等等。

2. 冲突的形式

齐美尔在他的冲突研究中区分了四种类型——也就是战争,争吵和内讧,诉讼,以及争论,即不同派别和不同原因的非个人冲突。这种分类虽然有所区别,但也是不完整的,比如有很多体育活动,冲突在其中体现为对抗。这些活动是按照冲突模式来组织的。这个方面特别有趣的是概率游戏,赌博和赌博手段诉诸如此基础的人性,以至于没有哪个民族的习俗中会缺少这种例子。

按照格鲁斯的观点,赌博是一种"战斗游戏",人类对这一运动普遍感兴趣是由于"事实上,没有其他游戏形式以如此多面的方式展示出人类的好斗性"。①

决斗的历史,无论是以司法斗争的形式,中世纪的战斗赌注形式,还是私人报复的形式,都为心理学或社会学研究给出了有趣的素材。从私人报复向公共控告的转变——决斗的手段就是一个例子——并没有完成。事实上,在某些情况下,新的形式会逐步获得社会认可。对于某些罪行,我们始终有我们的"不成文法"。众所周

① Karl Groos, *The Play of Man*, p.213. (New York, 1901.)

知,在这个国家的某些地方,比如在芝加哥,很难确保对一个杀死其丈夫或其情人的女人定罪。南方各州对黑人的私刑活动,针对妇女的犯罪,以及被解释为挑战统治种族的其他任何形式的行为,都是来自有所不同的领域的例证,所谓的不成文法不仅仅是存留下来,还逐步发展。这些做法和其他所有不成文法得以产生,而且其中习惯控制与正式成文法相违背的环境,还没有从社会学角度以及它们的人性方面进行过调查。

关于比赛和赌博的几项研究——在有些方面是人类兴趣最独特的客观表现——已经从基础人性的角度展开。值得注意的是托马斯在《比赛本能》中的文章,格鲁斯(Groos)①在他的《人类的游戏》中关于"战斗游戏"的章节,以及帕特里克(G. T. W. Patrick)的《消遣心理学》中"人的游戏"章节,其中自从亚里士多德以来就为人熟知的宣泄理论被用于解释游戏、大笑、渎神、饮酒习惯和战争。

有大量原始材料用于研究争吵、诉讼和战争。似乎还没有人尝试对争吵和诉讼进行比较研究,就像韦斯特马克对婚姻制度的研究那样。这方面在战争主题上确实已经做了一些东西,突出的如法国的莱图诺(Letourneau)和德国的弗洛贝纽斯(Frobenius),萨姆纳(Sumner)的著名文章《战争》同样是对这个主题重要的贡献。但是关于战争的文献是如此卷帙浩繁和重要,以至于将在后面单独进行更为详细的讨论。

和战争主题同样有趣和重要的是争论的自然史,包括政治和宗教争议和社会煽动,都已被归结为非个人的或次级的冲突。

然而争论的历史是自由的历史——至少是在思想和言论的自由上。只有当和平和自由已经得以建立,争论才可行或可能。最近这些年已经撰写了大量历史,描述了理性主义的兴起以及争论和煽动在社会生活中的角色。德雷珀(Draper)的《欧洲知识发展史》和莱基(Lecky)的《欧洲理性主义精神的兴起和影响》是这个领域较早的著作。罗伯特森(Robertson)的《自由思想史》主要是对宗教怀疑

641

① 卡尔·格鲁斯(Karl Groos, 186—1946),德国哲学家、心理学家。——译者注

论的考察,但也保存了在各民族文化接触与冲突中,抽象思想产生的自然过程的重要与启发性的参考,其中征服和贸易带来了同样的论域。在这些著作里,我们似乎拥有了构建思想的公共过程的材料。一旦形成,它就变成了群体生活中一个永久性的因素。后面将考虑争论在公共过程中的角色,会涉及报纸、新闻广告、宣传以及决定公共舆论形成的诸多因素和机制。

3. 战争的文献

1859 年,达尔文的《物种起源》出版之后,强调生存斗争似乎为很多思想家提供了战争必要性和不可避免性的一个生物学基础。这个学派的作者没有区分竞争和冲突,假定这两者都以本能为基础。尼科莱(Nicolai)的《战争生物学》是一篇旨在反驳战争的生物学正当性的论文。

战争的心理学研究把战争解释为本能的一种表达,或者是人类原初的动物性行为的复苏。后一学派的代表帕特里克把战争解释为一种放松形式,G. W. 克莱尔(G. W. Crile)立足于经历战争的人发生的化学变化,给出了关于战争与和平的一种机械论解释。但是,克莱尔得出结论,战争是一种行为模式,固定在民族群体的社会遗传里,而不是一种生物性决定的行为类型。

战争中的人性和驱使人类进行伟大冒险和甘冒最高战争风险 642
的动机还没有得到社会学的研究。但是,由各种类型的个人文件、信件、常识性观察和日记构成的大量材料如今可用于这样的研究。

很多关于战争的文献已经集中到废止战争的问题上。有一些理想主义者和拒服兵役者出于良心、人道主义情感以及和平主义,通过转变人们的态度和国家政策来结束战争。另一方面,也有冷静和实际的思想者和政治家,他们和霍布斯一样,相信在建立起强大到足以威慑顽固国家的力量之前,战争将不会结束。最后,还有第三类社会思想家群体,他们强调构建世界公共舆论的意义。他们认为,这种国际意识对于人类的未来来说,比战争或和平、国家对抗或未来种族冲突等问题更为重要。

4.种族冲突

一个欧洲社会学派强调,冲突是基本的社会过程,龚普洛维奇在他的著作《种族斗争》中阐述了一种原初种族群体概念之上的社会联系与冲突理论,人类的历史可以根据这些群体的互动来书写。诺维科(Novicow)与拉岑霍费尔保持了类似的——尽管不是那么极端——社会起源与历史发展理论。

随着通讯的巨大扩展和商业的增长,今天的世界是一个巨大的社区,而一个世纪前对此是不可能理解的。但是这个世界——假如它如今是一个社区的话——还不是一个社群。商业已经创造出经济上的相互依赖,但是联系和交流并没有带来政治或文化上的团结。事实上,社会联系效应显示出的最初迹象是破坏性的而不是团结性的。在世界上白人和有色人种已经建立起密切联系的每个地方,种族问题已经成为所有社会问题中最棘手的问题。

643　　对这个问题的兴趣体现在关于这一主题的大量文献中。然而,其中大多数已有的文献是肤浅的。很多东西仅仅是多愁善感,对它所展示的态度来说是有趣的,但无助于我们认识事实。对美国的局面进行的最好论述无疑是雷·斯坦纳德·贝克(Ray Stannard Baker)[1]的《遵循肤色的界限》。莫里斯·埃文斯(Maurice Evans)在《东南非的黑人与白人》中对南非的局势进行了有趣而客观的描述。斯坦纳(Steiner)的书《日本入侵》可能是对日美形势进行的最好论述。

种族问题融入了民族问题和所谓的被统治种族问题中。少数族群为自决而进行的斗争是种族冲突的一个阶段,然而在这个阶段,是语言而不是肤色成为分裂和冲突的基础。

5.冲突群体

在第一章里,冲突群体被分为帮派、劳工组织、宗派、政党和民

---

① 雷·斯坦纳德·贝克(Ray Stannard Baker, 1870—1946),美国作家、编辑。——译者注

族。①这些群体的共同点是，它们都是涉及与同一类型其他群体的冲突，或者多多少少具有敌意的社会环境的一种组织和取向，就像宗教教派的情况一样。

被称为团伙（gangs）的男孩和年轻人的自发组织在美国社区里引起公众的注意，是因为这些团伙与青少年违法犯罪之间的关系。近些年，一种有趣但又肤浅的关于团伙的文体已经发展起来，典型代表是 J. 亚当斯·普菲尔（J. Adams Puffer）的《男孩和他的团伙》。对个别团伙简短但生动的描述似乎指出，当游戏群体与其他类似群体或社区发生冲突时，就倾向于变成团伙。完全发展起来的团伙表现为拥有有限的成员、一个天然的领导人和一个名称——通常是领导人或者区位的名字，一整套传统、习惯，一个仪式，一个集结地点，一块作为占有物并对抗其他群体侵入的领地。如布鲁斯特·亚当斯（Brewster Adams）先生在一篇名为《作为一个政治因素的街头团伙》的文章里所说的，人们很早就开始关注团伙逐渐进入当地政治组织的能力，这代表着典型美国城市的政治力量的源头。

尽管经济群体的冲突不是一个新的现象，甚至也不是一个现代的现象，但直到最近才有资本和劳工所代表的那种持久的冲突群体存在。凡勃伦对这一点已经做了敏锐的观察。他认为美国的劳工联合会"不是为了生产而是为了谈判而组织起来的"。它实际上是通过强迫失业和阻挠，而不是商品和服务的生产，在战略上击败了雇主和竞争团体的组织。②

644

英国的韦伯夫妇以及这个国家③的康芒斯、霍克西和其他人对劳工问题的研究主要涉及工会的历史、构成和功能。目前倾向于调查产业冲突原因里的人性方面。最近的说法"产业天性"、"经济中人的因素"、"劳工运动心理"、"工业、情绪和动荡"等标明了态度上的这种变化。可以看到，根本性的斗争不在于阶级冲突——虽然激

---

① *Spra*，p.50.
② *The Dial*，LXVII（Oct.4，1919），297.
③ 指美国。——译者注

烈而无情,而越来越多的在于机械和非人的体系与具有不满和贪婪愿望的人之间的根本斗争。迄今所有把劳资关系置于道德基础之上的尝试都失败了,这个方向上最新和最有希望的实验是由制衣业工人联合会及其雇员建立的所谓的劳工法庭。

已有的关于宗派和政党的文献,大多数是为了给挑剔且怀着敌意的公众辩解他们那几个组织的宗派和党派目标及行动。在一些作品如西盖勒的《宗派心理学》和米歇尔斯的《政党政治》中,已经尝试对宗派和政党的活动机制进行客观的描述和分析。

从部落到现代国家的自然史已经形成了一个建基于冲突之上的政治社会。弗兰茨·奥本海默(Franz Oppenheimer)①在他的著作《国家:社会学视角下的历史和发展》里坚持这样的观点:征服已经成为国家的历史基础。换句话说,国家是一种组织,由冲突中的群体即阶级、种姓、政党等组成。

一个民族不同于一个国家——如爱尔兰民族的例子,它是一个在较大的帝国或跨国群体中进行地位斗争而形成群体意识的语言和文化群体。换句话说,民族主义是一种国际主义现象。

关于这个主题的文献是巨量的。目前关于这个综合性主题的最有趣的作品是多米尼安(Dominian)的《欧洲的语言和民族边界》,皮尔斯伯里(Pillsbury)的《民族心理学与国际主义》和奥克史密斯(Oakesmith)的《种族和民族》。

参考书目

I. 冲突的心理学和社会学

A. 冲突与社会过程

(1) Simmel, Georg. "The Sociology of Conflict." Translated

---

① 弗兰茨·奥本海默(Franz Oppenheimer, 1864—1943),德国社会学家和政治经济学家。——译者注

from the German by Albion W. Small. *American Journal of Sociology*, IX(1903—4)，490—525；672—89；798—811.

（2）Gumplowicz, Ludwig. *Der Rassenkampf*. Sociologische Untersuchungen. Innsbruck，1883.

（3）Novicow, J. *Les Luttes entre sociétés humaines et leurs phases successives*. Paris，1893.

（4）Ratzenhofer, Gustav. *Wesen und Zweck der Politik*. Als Theil der Sociologie und Grundlage der Staatswissenschaften. 3 Vols. Leipzig，1893.

（5）——. *Die sociologische Erkenntnis*. Positive Philosophie des Socialen Lebens. Leipzig，1898.

（6）Sorel, Georges. *Reflections on Violence*. New York，1914.

B. 冲突与心智冲突

（1）Healy, William. *Mental Conflicts and Misconduct*. Boston，1917.

（2）Prince, Morton. *The Unconscious*. The fundamentals of personality, normal and abnormal. Chap. xv, "Instincts, Sentiments, and Conflicts," pp. 446—87; chap, xvi, "General Phenomena Resulting from Emotional Conflicts," pp. 488—528. New York，1914.

（3）Adler, Alfred. *The Neurotic Constitution*. Outlines of a comparative individualistic psychology and psychotherapy. Translated by BernardGlueck and John E. Lind. New York，1917.

（4）Adler, Alfred. *A Study of Organ Inferiority and Its Psychical Compensation*. A contribution to clinical medicine. Translated by S. E. Jelliffe. "Nervous and Mental Disease Monograph Series," No. 24. New York，1917.

（5）Lay, Wilfrid. *Man's Unconscious Conflict*. A popular exposition of psychoanalysis. New York，1917.

（6）Blanchard, Phyllis. *The Adolescent Girl*. A study from the psychoanalytic viewpoint. Chap. iii, "The Adolescent Conflict," pp. 87—115. New York，1920.

646

（7）Weeks，Arland D. *Social Antagonisms*. Chicago，1918.

C. 对抗

（1）Baldwin，J. Mark，editor. *Dictionary of Philosophy and Psychology*. Article on "Rivalry." Vol.II，pp.476—78.

（2）Vincent，George E. "The Rivalry of Social Groups," *American Journal of Sociology*，XVI(1910—11)，469—84.

（3）Ordahl，George. "Rivalry：Its Genetic Development and Pedagogy," *The Pedagogical Seminary*，XV(1908)，492—549.［Bibliography.］

（4）Ely，Richard T. *Studies in the Evolution of Industrial Society*. Chap.ii，"Rivalry and Success in Economic Life," pp.152—63. New York，1903.

（5）Cooley，Charles H. *Personal Competition：Its Place in the Social Order and Effect upon Individuals；with Some Considerations on Success*. "Economic Studies," Vol.IV，No.2. New York，1899.

（6）Triplett，Norman. "The Dynamogenic Factors in Pacemaking and Competition," *American Journal of Psychology*，IX(1897—98)，507—33.

（7）Baldwin，J. Mark. "La Concurrence sociale et l'individualisme," *Revue Internationale de sociologie*，XVIII(1910)，641—57.

（8）Groos，Karl. *The Play of Man*. Translated with author's co-operation by Elizabeth L. Baldwin with a preface by J. Mark Baldwin. New York，1901.

D. 讨论

（1）Bagehot，Walter. *Physics and Politics*. Or thoughts on the application of the principles of "Natural Selection" and "Inheritance" to political society. Chap.v，"The Age of Discussion," pp.156—204. New York，1875.

（2）Robertson，John M. *A Short History of Free Thought*，

Ancient and Modern. 2 Vols. New York，1906.

（3）Windelband，Wilhelm. *Geschichte der alten Philosophie.* "Die Sophistik und Sokrates，" pp.63—92. München，1894.

（4）Mackay，R. W. *The Progress of the Intellect as Exemplified in the Religious Development of the Greeks and Hebrews.* 2 Vols. London，1850.

（5）Stephen，Sir Leslie. *History of English Thought in the Eighteenth Century.* 2d ed.，2 Vols. London，1881.

（6）Damiron，J. Ph. *Mémoires pour servir à l'histoire de la philosophie au 18 ième siècle.* 3 Vols. Paris，1858—64.

（7）Draper，J. W. *History of the Intellectual Development of Europe.* Rev. ed.，2 Vols. New York，1904.

（8）——. *History of the Conflict between Religion and Science.* New York，1873.

（9）Lecky，W. E. H. *History of the Rise and Influence of the Spirit of Rationalism in Europe.* Rev. ed.，2 Vols. New York，1903.

（10）White，Andrew D. *History of the Warfare of Science with Theology.* An expansion of an earlier essay，"The Warfare of Science，" 2d. ed.，1877. 2 Vols. New York，1896.

（11）Haynes，E. S. P. *Religious Persecution.* A study in political psychology. London，1904.

II. 冲突的类型

A. 战争

1. 战争的心理学与社会学

（1）Darwin，Charles. *The Descent of Man.* Chaps. xvii and xviii. "Secondary Sexual Characters of Mammals，" pp.511—67.（Gives account of the fighting instinct in males and the methods of fighting of animals.）2d rev. ed. New York，1907.

（2）Johnson，George E. "The Fighting Instinct: Its Place in Life，" *Survey*，XXXV（1915—16），243—48.

（3）Thorndike，Edward L. *The Original Nature of Man*. "Fighting，" pp.68—75. New York，1913.

（4）Hall，G. Stanley. "A Study of Anger，" *American Journal of Psychology*，X(1898—99)，516—91.

（5）Patrick，G. T. W. *The Psychology of Social Reconstruction*. Boston，1920.

（6）——. *The Psychology of Relaxation*. Chap. vi, "The Psychology of War，" pp.219—52. Boston，1916.

（7）Pillsbury，W. B. *The Psychology of Nationalism and Internationalism*. New York，1919.

（8）Trotter，W. *Instincts of the Herd in Peace and War*. London，1916.

（9）La Grasserie，R. de. "De l'intolerance comme phénomène social，" *Revue International de Sociologie*，XVIII(1910)，76—113.

（10）Percin，Alexandra. *Le Combat*. Paris，1914.

（11）Huot，Louis，and Voivenel，Paul. *Le Courage*. Paris，1917.

（12）Porter，W. T. *Shock at the Front*. Boston，1918.

（13）Lord，Herbert Gardiner. *The Psychology of Courage*. Boston，1918.

（14）Hall，G. Stanley. *Morale，the Supreme Standard of Life and Conduct*. New York，1920.

（15）Roussy，G.，and Lhermitte，J. *The Psychoneuroses of War*. Translated by W. B. Christopherson. London，1918.

（16）Babinski，J. F.，and Froment，J. *Hysteria or Pithiatism，and Reflex Nervous Disorders in the Neurology of the War*. Translated by J. D. Rolleston，with a preface by E. Farquhar Buzzard. London，1918.

2. 战争的自然史

（1）Sumner，William G. *War and Other Essays*. Edited with an introduction by Albert Galloway Keller. New Haven，1911.

（2）Letourneau, Ch. *La Guerredans les diverses races humaines*. Paris, 1895.

（3）Frobenius, Leo. *Weltgeschichte des Krieges*. Unter Mitwirkung von Oberstleutnant a. D. H. Frobenius u. Korvetten-Kapitän a. D. E. Kohlhauer. Hannover, 1903.

（4）Bakeless, John. *The Economic Causes of Modern Wars*. A study of the period 1878—1918. New York, 1921.

（5）Crosby, Oscar T. *International War, Its Causes and Its Cure*. London, 1919.

（6）Sombart, Werner. *Krieg und Kapitalismus*. Studien zur Entwicklungsgeschichte des modernen Kapitalismus. Vol.II, München, 1913.

（7）Lagorgette, Jean. *Le Rôle de la guerre*. Étude de sociologie générale. Préface de M. Anatole Leroy-Beaulieu. Paris, 1906.

（8）Steinmetz, S. R. *Der Kriegals sociologisches Problem*. pp.21 ff. Amsterdam, 1899.

（9）———. *Die Philosophie des Krieges*. "Natur-und kultur-philosophische Bibliothek," Band VI. Leipzig, 1907.

（10）Constantin, A. *Le rôle sociologique de la guerre et le sentiment national*. Suivi de la guerre comme moyen de sélection collective, par S. R. Steinmetz. "Bibliothèque scientifique internationale," Tome CVIII. Paris. 1907.

（11）Keller, Albert G. *Through War to Peace*. New York, 1918.　649

（12）Worms,René, editor. "Les luttes sociales." Études et paroles de E. Levasseur, Lord Avebury, René Worms, J. Novicow, Lester F. Ward, A. P. Xénopol, Louis Gumplowicz, Ferdinand Tönnies, Raoul de la Grasserie, Simon Halpércine, Ludwig Stein, Émile Worms, Charles M. Limousin, Frederick Harrison, C. L. Loch, G. Arcoleo, R. Garofalo, J. K. Kochanowski, Léon Phillipe, Alfredo Niceforo, N. A. Abrikossof, Adolphe Landry. *Annales de l'institut international de sociologie*. Tome XI. Paris, 1907.

（13）Fielding-Hall，H. *Nature of War and Its Causes*. London，1917.

（14）Oliver，Frederick S. *Ordeal by Battle*. London，1915.

3. 战争与人性

（1）Petit-Dutaillis，C. E. "L'Appel de guerre en Dauphiné Ier 2 août 1914，" *Annales de l'Université de Grenoble*，XXVII(1915)，1—59.〔Documents consisting of letters written by instructors and others describing the sentiments with which the declaration of war was received.〕

（2）Wood，Walter，editor. *Soldiers' Stories of the War*. London，1915.

（3）Buswell，Leslie. *Ambulance No. 10：Personal Letters from the Front*. Boston，1916.

（4）Kilpatrick，James A. *Tommy Atkins at War as Told in His Own Letters*. New York，1914.

（5）Fadl，Said Memun Abul. "Die Frauen des Islams und der Weltkrieg，" *Nord und Süd*，CLV(Nov.1915)，171—74.〔Contains a letter from a Turkish mother to her son at the front.〕

（6）Maublanc，René. "La guerre vue par des enfants(septembre，1914)." (Recits par des enfants de campagne.) *Revue de Paris*，XXII (septembre-octobre，1915)，396—418.

（7）Daudet，Ernest，editor. "L'âme française et l'âme allemande." Lettres de soldats. *Documents pour l'histoire de la guerre*. Paris，1915.

（8）"Heimatsbriefe an russische Soldaten." (Neue philologische Rundschau；hrsg. von dr. C. Wagener und dr. E. Ludwig in Bremen，jahrg. 1886—1908.) *Die neue Rundschau*，II(1915)，1673—83.

（9）"The Attack at Loos，" by a French Lieutenant. "Under Shell-Fire at Dunkirk，" by an American Nurse. "The Winter's War，" by a British Captain. "The Bitter Experience of Lorraine，" by the Prefect of Meurthe-et-Moselle. *Atlantic Monthly*，CXVI(1915)，688—711.

（10）Böhme，Margarete. *Kriegsbriefe der Familie Wimmel*. (Personal experiences in the Great War). Dresden, 1915.

(11) Chevillon, André. "Lettres d'un soldat," *Revue de Paris*, XXII(juillet-août, 1915), 471—95.

(12) Boutroux, Pierre. "Les soldats allemands en campagne, d'après leur correspondance," *Revue de Paris*, XXII(septembre-octo-bre, 1915), 323—43; 470—91

(13) West, Arthur Graeme. *The Diary of a Dead Officer*. Post-humous papers. London, 1918.

(14) Mayer, Émile. "Emotions des chefs en campagne," *Bibliothèque universelle et Revue Suisse*, LXIX(1913), 98—131.

(15) Wehrhan, K. "Volksdichtung über unsere gefallenen Helden," *Die Grenzboten*, LXXIV(No. 28, July 14, 1915), 58—64. [Calls attention to growth of a usage(anfangs, wagte sich der Brauch nur schüchtern, hier und da, hervor) of printing verses, some original, some quoted, in the death notices.]

(16) Naumann, Friedrich. "Der Kriegsglaube," *Die Hilfe*, XXI (No.36, Sept.9, 1915), 576. [Sketches the forces that have created a war creed, in which all confessions participate, immediately and without formalities.]

(17) Roepke, Dr. Fritz. "Der Religiöse Geist in deutschen Soldatenbriefen," *Die Grenzboten*, LXXIV(No. 30, July 28, 1915), 124—28. [An interesting analysis of letters which are not reproduced in full.]

(18) Wendland, Walter, "Krieg und Religion," *Die Grenzboten*, LXXIV(No.33, Sept.11, 1915), 212—19. [Reviews the literature of war and religion.]

(19) Bang, J. P. *Hurrah and Hallelujah*. The teaching of Germany's poets, prophets, professors, and preachers; a documentation. From the Danish by Jessie Bröchner. London and New York, 1917.

B. 种族冲突
1. 种族关系通论

（1）Bryce, James. *The Relations of the Advanced and the Backward Races of Mankind*. Oxford, 1903.

（2）Simpson, Bertram L. *The Conflict of Colour*. The threatened upheaval throughout the world, by Weale, B. L. P. [pseud.]. London, 1910.

651

（3）Steiner, Jesse F. *The Japanese Invasion*. A study in the psychology of inter-racial contacts. Chicago, 1917.

（4）Stoddard, T. Lothrop. *The Rising Tide of Color against White World-Supremacy*. New York, 1920.

（5）Blyden, Edward W. *Christianity, Islam, and the Negro Race*. London, 1888.

（6）Spiller, G., editor. *Papers on Inter-racial Problems*. Communicated to the First Universal Races Congress, London, 1911, pp.463—77. Boston, 1911. [Bibliography on Race Problems.]

（7）Baker, Ray Stannard. *Following the Color Line*. An account of Negro citizenship in the American democracy. New York, 1908.

（8）Miller, Kelly. *Race Adjustment*. Essays on the Negro in America. New York, 1908.

（9）Stephenson, Gilbert T. *Race Distinctions in American Law*. New York, 1910.

（10）Mecklin, John M. *Democracy and Race Friction*. A study in social ethics. New York, 1914.

（11）Evans, Maurice. *Black and White in South East Africa*. London, 1911.

（12）——. *Black and White in the Southern States*. A study of the race problem in the United States from a South African point of view. London, 1915.

（13）Brailsford, H. N. *Macedonia: Its Races and Their Future*.

London，1906.

（14）Means，Philip A. *Racial Factors in Democracy*. Boston，1918.

2. 种族偏见

（1）Crawley，Ernest. *The Mystic Rose*. A study of primitive marriage. pp.33—58；76—235. London，1902.［Taboo as a mechanism for regulating contacts.］

（2）Thomas，W. I. "The Psychology of Race-Prejudice，" *American Journal of Sociology*，IX(1903—4)，593—611.

（3）Finot，Jean. *Race Prejudice*. Translated from the French by Florence Wade-Evans. London，1906.

（4）Pillsbury，W. B. *The Psychology of Nationality and Internationalism*. Chap. iii，"Hate as a Social Force，" pp. 63—89. New York，1919.

（5）Shaler，N. S. "Race Prejudices，" *Atlantic Monthly*，LVIII (1886)，510—18.

（6）Stone，Alfred H. *Studies in the American Race Problem*. Chap. vi，"Race Friction，" pp.211—41. New York，1908.

652

（7）Mecklin，John M. *Democracy and Race Friction*. A study in social ethics. Chap v，"Race-Prejudice，" pp.123—56. New York，1914.

（8）Bailey，T. P. *Race Orthodoxy in the South*. And other aspects of the negro question. New York，1914.

（9）Parton，James. "Antipathy to the Negro，" *North American Review*，CXXVII(1878)，476—91.

（10）Duncan，Sara Jeannette. "Eurasia，" *Popular Science Monthly*，XLII(1892)，1—9.

（11）Morse，Josiah. "The Psychology of Prejudice，" *International Journal of Ethics*，XVII(1906—7)，490—506.

（12）McDougall，William. *An Introduction to Social Psychology*. Chap.xi，"The Instinct of Pugnacity，" pp.279—95；"The Instinct of

Pugnacity and the Emotion of Anger," pp. 49—61. 4th rev. ed. Boston, 1912.

（13）Royce, Josiah. *Race Questions, Provincialism, and Other American Problems*. Chap. i, "Race Questions and Prejudices," pp. 1—53. New York, 1908.

（14）Thomas, William I. "Race Psychology: Standpoint and Questionnaire, with Particular Reference to the Immigrant and the Negro," *American Journal of Sociology*, XVII(1912—13), 725—75.

（15）Bryce, James. *Race Sentiment as a Factor in History*. A lecture delivered before the University of London, February 22, 1915. London, 1915.

3. 罢工

（1）Schwittau, G. *Die Formen des wirtschaftlichen Kampfes, Streik, Boykott, Aussperung, usw.* Eine volkswirtschaftliche Untersuchung auf dem Gebiete der gegenwärtigen Arbeitspolitik. Berlin, 1912. [Bibliography.]

（2）Hall, Frederick S. *Sympathetic Strikes and Sympathetic Lockouts*. "Columbia University Studies in Political Science." Vol. X. New York, 1898. [Bibliography.]

（3）Bing, Alexander M. *War-time Strikes and Their Adjustment*. With an introduction by Felix Adler. New York, 1921.

（4）Egerton, Charles E., and Durand, E. Dana. *U.S. Industrial Commission Reports of the Industrial Commission on Labor Organizations*. "Labor Disputes and Arbitration." Washington, 1901.

（5）Janes, George M. *The Control of Strikes in American Trade Unions*. Baltimore, 1916.

（6）United States Strike Commission, 1895. *Report on the Chicago Strike of June-July, 1894, by the United States Strike Commission*. Washington, 1895.

（7）Warne, Frank J. "The Anthracite Coal Strike," *Annals of*

653

the American Academy, XVII(1901), 15—52.

(8) Anthracite Coal Strike Commission, 1902—3. *Report to the President on the Anthracite Coal Strike of May-October, 1902, by the Anthracite Coal Strike Commission.* Washington, 1903.

(9) Hanford, Benjamin. *The Labor War in Colorado.* New York, 1904.

(10) Rastall, B. M. *The Labor History of the Cripple Creek District.* A study in industrial evolution. Madison, Wis., 1908.

(11) United States Bureau of Labor. *Report on Strike at Bethlehem Steel Works, South Bethlehem, Pennsylvania.* Prepared under the direction of Charles P. Neill, commissioner of labor. Washington, 1910.

(12) Wright, Arnold. *Disturbed Dublin.* The story of the great strike of 1913—14, with a description of the industries of the Irish Capital. London, 1914.

(13) Seattle General Strike Committee. *The Seattle General Strike.* An account of what happened in the Seattle labor movement, during the general strike, February 6—11, 1919. Seattle, 1919.

(14) Interchurch World Movement. *Report on the Steel Strike of 1919.* New York, 1920.

(15) U.S. Bureau of Labor Statistics. *Report in Regard to the Strike of Mine Workers in the Michigan Copper District.* Bulletin No.139. February 7, 1914.

(16) ——. *Strikes and Lockouts, 1881—1905.* Twenty-first annual report, 1906.

(17) Foster, William Z. *The Great Steel Strike and Its Lessons.* New York, 1920.

(18) Wolman, Leo. "The Boycott in American Trade Unions," *Johns Hopkins University Studies in Historical and Political Science*, Vol.XXXIV. Baltimore, 1916.

(19) Laidler, Harry W. *Boycotts and the Labor Struggle.* Eco-

nomic and legal aspects. With an introduction by Henry R. Seager. New York and London, 1914.

(20) Hunter, Robert. *Violence and the Labour Movement*. New York, 1914. [Bibliography.]

4. 私刑

(1) Walling, W. E. "The Race War in the North," *Independent*, LXV(July-Sept.1908), 529—34.

654

(2) "The So-Called Race Riot at Springfield," by an Eye Witness. *Charities*, XX(1908), 709—11.

(3) Seligmann, H. J. "Race War?" *New Republic*, XX(1919), 48—50. [The Washington race riot.]

(4) Leonard, O. "The East St.Louis Pogrom," *Survey*, XXXVIII (1917), 331—33.

(5) Sandburg, Carl. *The Chicago Race Riots, July, 1919*. New York, 1919.

(6) Chicago Commission on Race Relations. *Report on the Chicago Race Riot*. [In Press.]

(7) Cutler, James E. *Lynch-Law*. An investigation into the history of lynching in the United States. New York, 1905.

(8) National Association for the Advancement of Colored People. *Thirty Years of Lynching in the United States, 1889—1918*. New York, 1919.

(9) ——. *Burning at Stake in the United States*. A record of the public burning by mobs of six men, during the first six months of 1919, in the states of Arkansas, Florida, Georgia, Mississippi, and Texas. New York, 1919.

C. 世仇

(1) Miklosich, Franz. *Die Blutrache bei den Slaven*. Wien, 1887.

(2) Johnston, C. "The Land of the Blood Feud," *Harper's*

Weekly, LVII(Jan. 11, 1913), 42.

（3）Davis, H., and Smyth, C. "The Land of Feuds," *Munseys'*, XXX(1903—4), 161—72.

（4）"Avenging Her Father's Death," *Literary Digest*, XLV (November 9, 1912), 864—70.

（5）Campbell, John C. *The Southern Highlander and His Homeland*. pp.110—13. New York, 1921.

（6）Wermert, Georg. *Die Insel Sicilien, in volkswirtschaftlicher, kultureller, und sozialer Beziehung*. Chap. xxvii, "Volkscharacter und Mafia." Berlin, 1901.

（7）Heijningen, Hendrik M. K. van. *Het Strafen Wraakrecht in den Indischen Archipel*. Leiden, 1916.

（8）Steinmetz, S. R. *Ethnologische Studien zur ersten Entwicklung der Strafe, nebst einer psychologischen Abhandlung über Grausamkeit und Rachsucht*. 2 Vols. Leiden, 1894.

（9）Wesnitsch, Milenko R. *Die Blutrache bei den Südslaven*. Ein Beitrag zur Geschichte des Strafrechts. Stuttgart, 1889.

（10）Bourde, Paul. *En Corse*. L'esprit de clan—les mœurs politiques—les vendettas—le banditisme. Correspondances adressées au "Temps." Cinquième édition. Paris, 1906.

（11）Dorsey, J. Owen. "Omaha Sociology," chap. xii, "The Law," sec.310, "Murder," p.369. In *Third Annual Report of the U.S. Bureau of American Ethnology, 1881—82*. Washington, 1884.

（12）Woods, A. "The Problem of the Black Hand," *McClure's*, XXXIII(1909), 40—47.

（13）Park, Robert E., and Miller, Herbert A. *Old World Traits Transplanted*. New York, 1921. [See pp.241—58 for details of rise and decline of Black Hand in New York.]

（14）White, F. M. "The Passing of the Black Hand," *Century*, XCV, N. S.73(1917—18), 331—37.

655

（15）Cutrera，A. *La Mafia e i mafiosi*. Origini e manifestazioni. Studio di sociologia criminale，con una carta a colori su la densità della Mafia in Sicilia. Palermo，1900.

D. 决斗及战斗的神裁法

（1）Millingen，J. G. *The History of Duelling*. Including narratives of the most remarkable personal encounters that have taken place from the earliest period to the present time. 2 Vols. London，1841.

（2）Steinmetz，Andrew. *The Romance of Duelling in All Times and Countries*. London，1868.

（3）Sabine，Lorenzo. *Notes on Duels and Duelling*. Boston，1855.

（4）Patetta，F. *Le Ordalie*. Studio di storia del diritto e scienza del diritto comparato. Turino，1890.

（5）Lea，Henry C. *Superstition and Force*. Essays on the wager of law，the wager of battle，the ordeal，torture. 4th ed.，rev.，Philadelphia，1892.

（6）Neilson，George. *Trial by Combat*. In Great Britain. Glasgow and London，1890.

E. 游戏与赌博

（1）Culin，Stewart. "Street Games of Boys in Brooklyn，N. Y.，" *The Journal of American Folk-Lore*，IV(1891)，221—37.

（2）——. *Korean Games*. With notes on the corresponding games of China and Japan. Philadelphia，1895.

（3）——. "Games of the North American Indians，" *Twenty-fourth Annual Report of the Bureau of American Ethnology*，1902—3. Washington，1907.

（4）Steinmetz，Andrew. *The Gaming Table：Its Votaries and Victims，in all Times and Countries，Especially in England and in France*. London，1870.

（5）Thomas，W. I. "The Gaming Instinct，" *American Journal of Sociology*，VI(1900—1901)，750—63.

656

（6）O'Brien, Frederick. *White Shadows in the South Seas*. Chap. xxii, pp. 240—48. [Memorable Game for Matches in the Cocoanut Grove of Lano Kaioo].

III. 冲突群体

A. 团伙

（1）Johnson, John H. *Rudimentary Society Among Boys*. "Johns Hopkins University Studies in Historical and Political Science," 2d series, XI, 491—546. Baltimore, 1884.

（2）Puffer, J. Adams. *The Boy and His Gang*. Boston, 1912.

（3）Sheldon, H. D., "Institutional Activities of American Children," *American Journal of Psychology*, IX(1899), 425—48.

（4）Thurston, Henry W. *Delinquency and Spare Time*. A study of a few stories written into the court records of the City of Cleveland. Cleveland, Ohio., 1918.

（5）Woods, Robert Λ., editor. *The City Wilderness*. A settlement study by residents and associates of the South End House. Chap. vi, "The Roots of Political Power," pp.114—47. Boston, 1898.

（6）Hoyt, F. C. "The Gang in Embryo," *Scribner's*, LXVIII (1920), 146—54. [Presiding justice of the Children's Court of the city of New York.]

（7）*Boyhood and Lawlessness*. Chap. iv, "His Gangs," pp.39—54. Russell Sage Foundation, New York, 1914.

（8）Culin, Stewart. "Street Games of Boys in Brooklyn, N.Y.," *The Journal of American Folklore*, IV(1891), 221—37. [For observations on gangs see p.235.]

（9）Adams, Brewster. "The Street Gang as a Factor in Politics," *Outlook* LXXIV(1903), 985—88.

（10）Lane, W. D. "The Four Gunmen," *The Survey*, XXXII (1914), 13—16.

（11）Rhodes, J. F. "The Molly Maguires in the Anthracite Region of Pennsylvania," *American Historical Review*, XV（1909—10）547—61.

（12）Train, Arthur. "Imported Crime: The Story of the Camorra in America," *McClure's*, XXXIX(1912), 82—94.

B. 宗派

（1）Nordhoff, Charles. *The Communistic Societies of the United States from Personal Visit and Observation*. Including chapters on "The Amana Society," "The Separatists of Zoar," "The Shakers," "The Oneida and Wallingford Perfectionists," "The Aurora and Bethel Communes." New York, 1875.

657

（2）Gillin, John L. *The Dunkers: A Sociological Interpretation*. New York, 1906. [Columbia University dissertation, V, 2.]

（3）Milmine, Georgine. *The Life of Mary Baker G. Eddy and the History of Christian Science*. New York, 1909.

（4）Gehring, Johannes. *Die Sekten der russischen Kirche, 1003—1897*. Nach ihrem Ursprunge und inneren Zusammenhange dargestellt. Leipzig, 1898.

（5）Grass, K. K. *Die russischen Sekten*. I, "Die Gottesleute oder Chlüsten"; II, "Die weissen Tauben oder Skopzen." Leipzig, 1907—9.

（6）Lea, Henry Charles. *The Moriscos of Spain*. Their conversion and expulsion. Philadelphia, 1901.

（7）Friesen, P. M. *Geschichte der alt-evangelischen mennoniten Brüderschaft in Russland (1789—1910) im Rahmen der mennonitischen Gesamtgeschichte*. Halbstadt, 1911.

（8）Kalb, Ernst. *Kirchen und Sekten der Gegenwart*. Unter Mitarbeit verschiedener evangelischer Theologen. Stuttgart, 1905.

（9）Mathiez, Albert. *Les origines des cultes révolutionnaires*. (1789—92). Paris, 1904.

（10）Rossi, Pasquale. *Mistici e Settarii*. Studio di psicopatologia collettiva. Milan，1900.

（11）Rohde，Erwin. *Psyche*：*Seelencult und Unsterblichkeitsglaube der Griechen*. Freiburg，1890.

C. 经济冲突群体

（1）Webb，Sidney and Beatrice. *Industrial Democracy*. London，1897.

（2）——. *The History of Trade Unionism*. （Revised edition extended to 1920.）New York and London，1920.

（3）Commons，John R.，editor. *Trade Unionism and Labor Problems*，Boston，1905.

（4）——. *History of Labor in the United States*. 2 Vols. New York，1918.

（5）Groat，George G. *An Introduction to the Study of Organized Labor in America*. New York，1916.

（6）Hoxie，Robert F. *Trade Unionism in the United States*. New York，1917.

（7）Marot，Helen. *American Labor Unions*. By a member. New York，1914.

（8）Carlton，Frank T. *Organized Labor in American History*. New York，1920.

（9）Levine，Louis. *Syndicalism in France*. 2d rev. ed. of The Labor Movement in France. New York and London，1914.

（10）Brissenden，Paul Frederick. *The I. W. W.，A Study of American Syndicalism*. New York，1919. ［Bibliography.］

（11）Brooks，John Graham. *American Syndicalism*；*the I. W. W*. New York，1913.

（12）——. *Labor's Challenge to the Social Order*. Democracy its own critic and educator. New York，1920.

（13）Baker，Ray Stannard. *The New Industrial Unrest*. Reasons and remedies. New York，1920.

658

（14）Commons，John R. *Industrial Democracy*. New York，1921.

（15）Brentano，Lujo. *On the History and Development of Gilds and the Origin of Trade Unions*. London，1870.

D. 党派

（1）Bluntschli，Johann K. *Charakter und Geist der politischen Parteien*. Nördlingen，1869.

（2）Ostrogorskïı，Moisei. *Democracy and the Organization of Political Parties*. Translated from the French by F. Clarke with a preface by Right Hon. James Bryce. New York and London，1902.

（3）Lowell，A. Lawrence. *Governments and Parties in Continental Europe*. 2 Vols. Boston，1896.

（4）Merriam，C. E. *The American Party System*. In press.

（5）Haynes，Frederick E. *Third Party Movements since the Civil War，with Special Reference to Iowa*. A study in social politics. Iowa City，1916.

（6）Ray，P. O. *An Introduction to Political Parties and Practical Politics*. New York，1913.

（7）Bryce，James. *The American Commonwealth*. 2 Vols. New rev. ed. New York，1911.

（8）Hadley，Arthur T. *Undercurrents in American Politics*. Being the Ford Lectures，delivered at Oxford University，and the Barbour-Page Lectures，delivered at the University of Virginia in the spring of 1914. New Haven，1915.

（9）Lowell，A. Lawrence. *Annual Report of the American Historical Association*，*1901*. 2 Vols. "The Influence of Party upon Legislation in England and America"（with four diagrams），I，319—542. Washington，1902.

（10）Beard，Charles A. *Economic Origins of Jeffersonian Democracy*. New York，1915.

（11）Morgan，W. T. *English Political Parties and Leaders in*

the Reign of Queen Anne, *1702—1710*. New Haven, 1920.

（12）Michels, Robert. *Political Parties*. A sociological study of the oligarchical tendencies of modern democracy. Translated by Eden and Cedar Paul. New York, 1915.

（13）Haines, Lynn. *Your Congress*. An interpretation of the political and parliamentary influences that dominate law-making in America. Washington, D.C., 1915.

（14）Hichborn, Franklin. *Story of the Session of the California Legislature*. San Francisco, 1909, 1911, 1913, 1915.

（15）Myers, Gustavus. *The History of Tammany Hall*. 2d ed. rev. and enl. New York, 1917.

（16）Roosevelt, Theodore. *An Autobiography*. New York, 1913.

（17）Platt, Thomas C. *Autobiography*. Compiled and edited by Louis J. Lang. New York, 1910.

（18）Older, Fremont. *My Own Story*. San Francisco, 1919.

（19）Orth, Samuel P. *The Boss and the Machine*. A chronicle of the politicians and party organization. New Haven, 1919.

（20）Riordon, William L. *Plunkitt of Tammany Hall*. A series of very plain talks on very practical politics, delivered by ex-Senator George Washington Plunkitt, the Tammany philosopher, from his rostrum—the New York County Court House boot-black stand. New York, 1905.

E. 民族

（1）Oakesmith, John. *Race and Nationality*. An inquiry into the origin and growth of patriotism. New York, 1919.

（2）Lillehei, Ingebrigt. "Landsmaal and the Language Movement in Norway," *Journal of English and Germanic Philology*, XIII (1914), 60—87.

（3）Morris, Lloyd R. *The Celtic Dawn*. A survey of the renascence in Ireland, 1889—1916. New York, 1917.

（4）Keith，Arthur. *Nationality and Race from an Anthropologist's Point of View*. London，1919.

（5）Barnes，Harry E. "Nationality and Historiography" in the article "History，Its Rise and Development," *Encyclopedia Americana*，XIV，234—43.

（6）Fisher，H. A. "French Nationalism," *Hibbert Journal*，XV（1916—17），217—29.

（7）Ellis，H. "The Psychology of the English," *Edinburgh Review*，CCXXIII（April，1916），223—43.

（8）Bevan，Edwyn R. *Indian Nationalism*. An independent estimate. London，1913.

（9）Le Bon，Gustave. *The Psychology of Peoples*. London，1898.

660　　（10）Francke，K. "The Study of National Culture," *Atlantic Monthly*，XCIX（1907），409—16.

（11）Auerbach，Bertrand. *Les races et nationalités en Autriche-Hongrie*. Deuxième édition revisée. Paris，1917.

（12）Butler，Ralph. *The New Eastern Europe*. London，1919.

（13）Kerlin，Robert T. *The Voice of the Negro 1919*. New York，1920. [A compilation from the colored press of America for the four months immediately succeeding the Washington riots.]

（14）Boas，F. "Nationalism," *Dial*，LXVI（March 8，1919），232—37.

（15）Buck，Carl D. "Language and the Sentiment of Nationality," *The American Political Science Review*，X（1916），44—69.

（16）McLaren，A. D. "National Hate," *Hibbert Journal*，XV（1916—17），407—18.

（17）Miller，Herbert A. "The Rising National Individualism," *Publications of the American Sociological Society*，VIII（1913），49—65.

（18）Zimmern，Alfred E. *Nationality and Government*. With other wartime essays. London and New York，1918.

（19）Small，Albion W. "Bonds of Nationality," *American Journal of Sociology*，XX(1915—16)，629—83.

（20）Faber，Geoffrey. "The War and Personality in Nations," *Fortnightly Review*，CIII(1915)，538—46. Also in Living Age，CCLXXXV(1915)，265—72.

主题相关的论题

1. 作为一个社会学概念的冲突的历史。

2. 冲突的类型：战争、决斗、诉讼、赌博、世仇、争论，等等。

3. 冲突群体：团伙、劳工组织、宗派、党派、民族，等等。

4. 心智冲突与个性的发展。

5. 冲突中的性别差异。

6. 微妙的冲突形式：竞争、模仿、嫉妒、厌恶，等等。

7. 上流社会中的个人竞争。

8. 冲突与社会地位。

9. 为表达得到承认的愿望而进行的罢工。

10. 民众的正义：莫里·马奎尔斯、暗夜骑士①等的历史。

11. 种族偏见的社会学。

12. 北方和南方的种族骚乱。

13. 作为一种行为模式的战争，生物性的还是社会性的？

14. 作为一种消遣形式的战争。

15. 由个人文件来解释世界大战。

16. 冲突与社会组织。

17. 冲突与社会进步。

661

---

① 莫里·马奎尔斯（Molly Maguires）是 19 世纪活跃于爱尔兰、利物浦和美国东部的一个秘密组织，经常组织暴力活动。暗夜骑士（Night Rider）是 19 世纪美国南部在夜间蒙面采取暴力活动的组织。——译者注

讨论问题

1. 你如何区分竞争和冲突？

2. 冲突总是有意为之的吗？

3. 你如何解释冲突中的情感利益？

4. 你认为，两性对冲突都同样感兴趣吗？

5. 你从什么角度理解齐美尔把冲突和社会过程关联起来？

6. 战争与社会联系的相互关系是什么？

7. 解释"没有厌恶之物，大城市的生活就没有可以想象的形式"。

8. 解释"憎恨正在斗争的对手是有利的"。

9. 给出齐美尔没有提到的世仇的例证。

10. 你如何区分世仇与诉讼？

11. 你身上发生过什么非个人理想冲突的例子？

12. 战争的心理原因是什么？

13. 解释"我们可以在战争中看到复兴的初步过程"。

14. 战争对于社会调整过程是至关重要的吗？它始终是必需的吗？

15. 你如何理解作为一种娱乐形式的战争？

16. 你怎么解释詹姆斯教授对肖托夸的反应？

17. 冲突在娱乐当中有何作用？

18. 有可能为战争提供心理上的等价物吗？

19. 你如何把理想与本能之间关系的社会学理论运用于战争？

20. 你如何把对抗与竞争及冲突区分开来？

21. 如何通过动物对抗的事实来理解人类社会的对抗？

22. 群体达成和保持团结的不同手段是什么？这些手段中有多少具有战争时期的特征？

23. 群体对抗关系以什么方式关联着人格的发展？

24. 对抗如何有助于社会组织？

25. 你如何理解吉丁斯对文化冲突和"逻辑斗争"的区分？

26. 你有理由认为文化冲突在未来起的作用不如在过去吗？　662

27. 世界大战在什么程度上是一场文化冲突？

28. 社会联系在什么环境下会导致(a)冲突和(b)合作？

29. 详述沟通的扩展对国家的关系有什么影响。

30. 你如何理解种族偏见是一种"或多或少的本能防御反应"？

31. 种族偏见在什么程度上立足于种族竞争？

32. 你相信有可能消除种族偏见的根源吗？

33. 种族冲突以什么方式导致种族意识？

34. 在种族互动之中,导致种族冲突和种族意识的不同要素和力量是什么？

35. 种族的价值意识或劣势意识是对种族群体的强化吗？

36. 你如何解释当前黑人把白人玩偶的仿制品替换成有色人玩偶的倾向？

37. 解释"在南方,这些种族似乎倾向于社会的双重种族组织,黑人在其中逐步获得有限的自治"。

38. "所有种族问题都是明显的种族分布问题。"结合美国某些地方黑人、中国人和日本人的相对比例来解释。

39. 为什么南方没有或很少发生种族骚乱？

40. 种族骚乱在什么情况下会在南方发生？

第十章　调　　适

I. 引　　言

1. 适应与调适

适应（adaptation）这个术语来自达尔文自然选择的物种起源理论。这个理论的基础是观察到在一个生物种类或一个科里没有两个成员是完全一样的。每个地方都存在变异和个性。达尔文的理论假设了这种变异，并把物种解释为自然选择的结果。这些个体最适合于生活在环境提供的生活条件之下，生存下来并产生现存的物种。其他都已死亡，它们代表的物种也已消失。物种之间的差异被解释为具有"生存价值"的个体变异积累和延续的后果。适应就是以这种方式被选择和传递下来的变体。

调适（accommodation）这个术语则是含义稍有不同的同源概念。差别在于，适应适用于生物性传递的有机修正，而调适的使用参照了习惯的改变——可以或者可能进行社会性（就是以社会传统的形式）的传递。这个术语在此意义上首先被采用是鲍德温（Baldwin）①在《哲学与心理学词典》中进行的界定。

在现代生物学理论及其讨论中，应当区分出两种适应模式：(a)通过变化来适应［遗传］；(b)通过修正来适应［习得］。关于个人

---

① 詹姆斯·马克·鲍德温（James Mark Baldwin，1861—1934），美国哲学家、心理学家。——译者注

针对其环境做出的功能调整,J. 马克·鲍德温提出了"调适"一词,
建议把适应限定于先天和遗传的结构调整,而"调适"这个词则用于
任何获得性的功能改变——这会带来对环境的更好调整,以及由此
产生的功能性变化。①

　　调适一词虽然在生物学中运用范围有限,但在社会学里却有广
泛且多样的用法。所有的社会遗传、传统、情感、文化、技术都是调
适——也就是说,习得性调整是社会性而不是生物性传递的。它们
不是个人种族遗传的一个部分,而是个人在社会经验中获得的。这
两个概念更进一步的区别在于,适应是竞争的一种后果,而调适,或
者更恰当地说是社会调适,是冲突的结果。

　　生存斗争迫使下的适应和调适的后果,是对抗性物种和这些物
种的个体成员之中的相对均衡状态。由适应建立起来的均衡是生
物性的,那也就意味着,只要它是永恒的,并且固定在种族或物种之
中,它就会通过生物遗传来传递。

　　而以调适为基础的均衡不是生物性的,而是经济性的和社会性
的,而且通过传统来传递。竞争带来的经济均衡的特征在第八章里
已有全面的描述。植物群落就是这种均衡的绝对形式。

　　在动物和人类社会中,可以说社群在群体的单个成员中变得具
体。个体适应于某种特殊类型的公共生活,而这些适应——在动物
中和在人类社会中是不一样的——体现为性别之间的劳动分工,体
现为确保幼小成员安全与福利的本能,体现为所谓的合群本能,所
有这些都代表着生物性传递的特征。但是人类社会尽管也提供了
原始倾向的表达,但却是按照传统、道德、集体表征,总之就是共识
来组织的。而共识代表着的不是生物学适应,而是社会性的调适。

　　除了以竞争和适应为基础的秩序外,社会组织根本上来说通过
冲突对差异进行的一种调适。这一事实解释了为什么是多样性而
不是相似性成为人类社会区别于动物社会的特征,库利教授对此的
论述是清楚的:

---

①　*Dictionary of Philosophy and Psychology*,I,15,8.

> 社会心智的统一不在于一致,而在于组织,事实上组织的各个部分之间相互影响或互为因果,由此在其中发生的一切都与其他一切有关,所以它是整体的结果。①

调适与适应之间的区别体现在驯养和驯服之间的差别中,通过驯养和繁殖,人类已经改变了植物和动物原初的可遗传特性。人类改变了物种的特征。通过驯服,与人类发生自然冲突的物种个体变得适应于人类。优生学可以看作是人类在社会理想的自觉实现中的生物适应计划。另一方面,教育代表着一种调适计划,或者对原初文化性状的组织、修改和培养。

每一个社会都代表着或多或少彼此对抗但暂时统一在一起的成员的组织,或至少是界定了彼此关系和各自活动领域的安排。这种调适、这种暂时的妥协在一个靠种姓制来构建的社会里可能是相对固定的,而在一个由开放阶级构成的社会里则完全是暂时性的。在这两种情况下,这种调适只要得以维持,就确保了个体或者群体公认的地位。

调适是冲突的自然结果。在调适中,敌对要素的对抗暂时是受到管制的,作为公开行动的冲突消失了,尽管它作为一种潜在的力量潜伏下来。随着形势的变化,曾经成功控制了敌对力量的调整会失败。在公开的冲突中会出现混乱和动荡。冲突——不论是一场战争,一次罢工,或者仅仅是相互礼貌的暗讽——总是在新的调适或者社会秩序中产生问题,一般都会涉及参与者关系的一种变化状态。只有通过同化,这种潜藏在个人或群体组织中的敌意才可能完全消解。

2. 文献分类

666 关于调适的文献按照以下标题来组织:(a)调适的形式;(b)从属与统属;(c)冲突与调适;(d)竞争、地位与社会团结。

---

① *Social Organization*,p.4.

第十章　调　适

（a）**调适的形式**。——调适有很多形式，最微妙的一种就是人文地理学中所称的环境适应性，"适应新的气候条件"。当前的研究比如亨廷顿（Huntington）在他的《气候与文明》中就已经强调了气候对人类行为的影响。布林顿（Brinton）关于环境适应性的文选表述了关于种族群体对不同气候环境做出调整的问题。他对这些问题给出的答案不应被视为决定性的，仅仅是代表着一种研究学派，并与这个领域的其他权威进行辩驳。

归化（naturalization）这个词的原初意义是指一个人在一种陌生的社会环境下变得自然（即随意和像在家一样）的过程，这是一个在美国使用的术语，用来描述一个外国人获得公民权的法律过程。归化作为一种社会过程，自然地比归化的法律过程更为基础。它包含了对民俗、道德、习惯和社会礼制的适应。它还假定参与到——至少在某种程度上——新社会群体的记忆、传统和文化中去。"在罗马做罗马人"这句谚语是归化的一个基本原则。世界主义者就是乐于让自己适应新社会环境行为准则的人。①

对新社会环境做出社会调适的困难并不总是得到充分的领会。关于乡愁和怀旧的文献指出了人对熟悉的社团和早期亲密个人关系的情感依赖。第一次离家，农村小伙子在城市人潮中强烈的寂寞感，移民在陌生的混乱复杂之中的困惑，以及对他来说莫名其妙的习俗，都足以成为归化的个人障碍与社会障碍。但是，对处于新社会世界里的人来说，大多数社会调整的障碍由于其微妙和无形而更加令人困惑。

就像生物平衡代表着"由于整个有机体的结构适应而处于相对良好的调整状态"，调适——当应用于群体而不是个体的时候——

667

---

① 芝加哥公立学校的一位教师有一封由一位黑奴男孩写给密西西比一位朋友的信件，这个男孩两个月前才从南方来到这个城市。这封信说明，他很快适应了包含着怀着敌意的爱尔兰群体（温特沃斯大道上的"米奇帮"）的局面："亲爱的里昂，我写信给你，让你听到我的声音，博伊，你不知道我有多少时间和雪橇在一起，这里经常下雪。我们玩足球，但是现在雪太多了，我们不玩足球了。我们骑在雪橇上，博伊，我有一个雪橇叫山丘之王，告诉萨拉太太，科恩·罗斯科·康克林·西蒙在我们所属的圣马可教堂说的话。"

意味着从包容性社会组织的来看,他们的协作令人满意。

历史上,较具包容性的社会的组织——即国家、联盟、帝国、社会和政治单元,由具有包容性但并不完全同化的群体构成——呈现出四种典型的群体成分的聚合。原始社会是一种宗族群体组织。古代社会则由奴隶主和奴隶组成,带有针对自由人和陌生人——他们肯定不是公民,但也不是奴隶——的某些特殊包容形式。

中世纪社会依赖于一种等级体系,在实施范围上接近种姓制。在形形色色的情况下,竞争只发生在同一地位的个体之间。

与之相反,现代社会由经济和社会阶级构成,具有经济竞争和从一个阶级转向另一个阶级的自由。

(b) **从属与统属**。——在个人关系领域,调适总会采用从属与统属的形式。即使在用武力强加宽容的情况下——就像奴隶制,主人和奴隶的个人关系也总是得到适当态度和情绪的支持。《西印度奴隶主杂志摘录》这篇文献令人信服地展示出,统属者和从属者的态度如何表现在主人正大光明和洋洋自得的父权主义情绪,以及奴隶的讨好与虔诚的忠心之中。同样地,《一个老仆人的回忆》这篇文献表明,遵照一种可接受处境成长起来的从属情绪最终会以自然的方式变成这个人人生哲学的基础。

奴隶制和种姓制是明显的调适形式。在社会生活的其他阶段,从属事实是完全真实的,尽管没那么明显。比如,存在于情人、夫妻或者医生和病人之间的特殊亲密关系包含着从属和统属关系,尽管这种关系不被承认。一个教练对球队队员,一个牧师对他的信众,政治领袖对他的追随者施加的个人支配是同样现象的例子。

齐美尔在其关于这个主题的有趣论述中指出,从属与统属关系事实上是互惠的。为了将其意志强加给奴隶,奴隶主必须保持对他们的尊重。没有什么人比内战之前的南方黑奴更热衷于欣赏贵族和更为鄙视"贫穷的白人"。

帮派领袖尽管似乎握有绝对的决定权,但却要能领会其追随者的态度。所以,成功的政治领导人有时在他倡导的新问题上似乎冒

668

着风险,所以要让耳朵紧贴公共舆论的基层。

在"从属与统属的心理学"这个主题的选文中,蒙斯特伯格(Münsterberg)①从支配与服从的角度来解释暗示、模仿和同情。个人影响力、声望和权威不论以什么形式来表达,都或多或少以暗示的微妙影响为基础。

自然情感是一种社会纽带,但采用奴役的形式却并不少见。很多母亲由于对儿子或女儿的情感而沦入卑贱的臣服状态。两性关系方面,同样的事情也是众所周知。我们必须要在这种社会情结之中,而不是在正式的政府程序中寻找社会控制的基本机制。

人与人之间以及群体与群体之间的冲突和调适,都可以在人类愿望的冲突与调适之中找到其原型。人类精神生活中的冲突与调适在**升华**的精神分析中得到命名。一个愿望的升华意味着其表达形式适应了另一种有冲突的愿望(它抑制着最初愿望的原始反应)。人格的逐步形成依赖于这一升华过程的成功运转。人出生时的愿望是不发达的,随着心智的成长,这些愿望彼此之间以及和周围的社会环境之间产生冲突。青春期是特殊的"风暴和压力"时期。青年生活在精神冲突、反叛和有抱负的愿望的迷宫之中。转换则是生活态度通过愿望重组和转型而发生的突变。

（c）**冲突与调适**。——齐美尔在分析战争与和平以及妥协问题时,论述了冲突与调适的内在关系。"和平时代存在的形势正是战争出现的条件。"换而言之,战争使相互竞争与冲突群体之间的关系得到改变。所以,这一问题必须找出某种解决方法,使和平状况下潜在或显露出来的冲突可以不用诉诸战争就得到调整。只要战争是和平状况所强加的抑制产生的后果,战争的替代品就必须——如威廉·詹姆斯主张的——为个人和国家扩展的力量提供表达,其方式要有助于社群以及最终有助于整个人类的福祉。目的是让生活更加有趣,同时更加安全。

---

① 胡戈·蒙斯特伯格（Hugo Münsterberg, 1863—1916）,美籍德裔心理学家,应用心理学先驱之一。——译者注

困难在于,使生活更为安全的手段经常使生活更少趣味和更难承担。竞争——为了生存以及为了常常比生存更重要的地位而斗争——可能变得如此激烈,以至于和平难以持久。

670 更有甚者,在和平状况下,那些在战争基础上形成其生活习惯和传统的民族常常会繁殖到战争不可避免的程度。自从部落战争停止之后,南非本地人数量增长如此之快,成为对白人不断增长的威胁。趋于破坏种族平衡的人类状况的任何改善很可能扰乱国家的和平。当洛克菲勒医疗基金会的代表提议在中国引入理性医疗体系的时候,据悉那个国家的某些聪明人摇着头,对死亡率大幅下降可能带来的结果表示怀疑,认为中国已经人口过剩。

同样地,教育——如今已经变成全人类的遗产,而不是所谓的优越民族的特权——无疑已经极大增加了世界人口的流动性和不稳定,只要这成为事实,就使保持和平更为困难和危险。

另一方面,教育和智力的扩展无疑增加了和解与妥协的可能性,正如齐美尔指出的,这代表着恢复和保持和平的方式,而不是征服者民族的完全胜利和镇压。正是这种考虑使得像冯·毛奇(von Moltke)①这样的人认为:"普遍和平是一个梦想,甚至不是一个愉快的梦想。"也使得像卡内基(Carnegie)②那样的其他一些人去建立和平宫殿,世界各民族在其中可以通过妥协和法律来解决他们的分歧。

(d)竞争、地位和社会团结——以"竞争、地位和社会团结"为标题的选文放在强调竞争与调适的材料中。到目前为止,材料中只考虑了冲突和调适的关系。地位已经被描述为冲突的一个后果。但很明显,经济竞争常常变成有意识的,从而演变成较为温和的冲突形式。除此之外,更明显的是竞争决定了个人的职业,还间接决

① 赫尔穆特·卡尔·贝恩哈特·冯·毛奇(Helmuth Johannes Ludwig von Moltke, 1800—1891),德国军事家,普鲁士元帅,军国主义思想的代表。又被世人称为"老毛奇",以与其后来担任德意志帝国参谋总长的侄子"小毛奇"相区别。——译者注
② 安德鲁·卡内基(Andrew Carnegie, 1835—1919),美国钢铁大王、亿万富翁、慈善家,主张世界和平。——译者注

定了人的地位,因为它决定了他注定要归属的阶级。同样,竞争对
社会组织负有间接的责任,因为它决定了很可能存在于冲突群体之　671
间的调适与理解的特征。社会类型和地位是竞争间接决定的,因为
其中大多数是职业性的。如"个人竞争与个体类型演化"的选文所
表明的,现代城市的社会类型是劳动分工的一个后果。迪尔凯姆指
出,劳动分工在滋生职业的时候,就已经增加而不是减少了社会的
团结。不同个体与群体的相互依赖使社会团结成为可能,否则社会
团结将不复存在。

II. 文　　选

A. 调适的形式

1. 环境适应性①

与气候相关联的最重要的种族问题是一个种族适应与其早已
习惯的气候状况差别很大的气候状况的可能性。这是环境适应性
的问题。

环境适应性和种族心理学的关系可以通过提出一些实际问题
来说明:英国人在印度能蓬勃发展吗？法国人能在苏丹成功殖民
吗？欧洲人移民到美国是失去还是获得了权力？是白人还是其他
什么种族能最终变成地球的唯一主宰？

可以看到,这些问题的解答取决于种族的命运和现代发明提供
的运输设施种类的后果。这个主题已经得到了医学地理学家和统
计学家的仔细研究。

我只能对他们的结论给出一个简要的表述。首先,他们的大意
是,迁移大致沿着同样的等温线进行,而等温线体系的变化是微小
的,但是随着年平均温度的上升,身体变得越来越不能抵挡其有害

---

① Daniel G. Brinton, *The Basis of Social Relations*, pp.194—99. (Courtesy of G. P. Putnam's Sons, New York and London, 1902.)

作用,直到达到华氏 18 度温差,在这个点上,更偏北的种族不可能持续生存。他们受困于血液细胞状况的化学变化,导致个体贫血,而且到第三代时血统就会灭绝。

这是种族与气候之间关系的一般法则,像大多数法则一样,根据特定的条件,它也有其例外。长期习惯于气候变化的家畜有更大的能力适应于任何状况,这解释了犹太人特别乐于在所有地带定居和繁荣昌盛。出于类似的原因,一个在国内适应了像美国东部那样广泛且剧烈气候变化的人,在其他地方维持生存所损失的能量要少于平均水平。

一个地方可能极其热,但是不会有其他有害的影响,由于定期且温和的风而变得干燥,还有良好的排水,比如红海与尼罗河之间的某些区域就相当有利于健康。

最后,某些个人和家庭由于某些我们无法解释的幸运的抵抗力,在他们的同伴灭亡的地方成功适应了水土。大多数成功适应热带地区的欧洲人就是由于这样的例外,数量很大的受害者则被忽略了。

假如这些所谓的成功案例(或者犹太人、阿拉伯人的例子)得到仔细的考察,几乎可以肯定会发现另一种心理因素在积极促成环境适应性,那就是与本地种族的血缘融合。在美洲的热带地区,西班牙人已经生存了四个世纪,但是有多少拉蒂诺人(Ladinos)①能实实在在宣称自己有纯粹的血统呢? 比如,在危地马拉,一位近距离的观察者说,并非谁都如此。马拉巴尔(Malabar)②海岸的犹太人实际上已经变得像黑人,在非洲,也有很多阿拉伯人声称自己是先知的后裔。

但是,伴随着融合带来的这一适应过程的,无疑是较高级种族精神活力的下降。这就是他们为了在新状况下的生存特权付出的代价。但是,按照所有人类学家接受的原则,这样一种下降必然对

---

① 西班牙人和印第安人混血的后代,他们抛弃印第安文化,过着西班牙式的生活。——译者注
② 位于印度西南沿海地区。——译者注

应着最高等级结构即大脑细胞的退化。

所以,我们被迫得出结论,人类物种只能在热度适中的环境下, 673
例如温带为主的环境(年均温度 8—12 度),才能获得最高程度的发展,更令人震惊的结论是,如今极地和热带地区的本地种族有明显的病态,这是一种退化,已经丧失了他们最高级的生理要素,为的是换取对他们生活的不利气候条件的免疫。我们必须同意一位法国作家的话:"人并不是世界性的",假如他坚持成为一位"世界公民",他就会因为他的傲慢而在其最好的地产上被课以重税。

在种族心理学中,这种观点背后的推论太过明显,都不需要详细提及。自然选择已经使爱斯基摩人和苏丹人适合于他们各自的居住地,但是已经受到倒退演化过程的影响,人类的倒退演化已经将其局限于较少极端气候的区域。

环境适应性的事实紧密关联着另一个对我的主题来说很有趣的人类学原则,即"民族地理范围"(ethno-geographic provinces)。亚历山大·冯·洪堡(Alexander von Humboldt)似乎是第一个对这种人类集群体系进行了阐述的人,并由他的弟子巴斯蒂安(Bastian)教授对此勤勉耕耘。它取决于把两种在动物学和植物学里得到承认的普遍原则运用于人类物种。一个原则是,每个有机体直接依赖于其环境,两者之间有持续的作用与反作用;另外一个原则就是,没有两种动物区系或植物区系①在特定类型有机体发展的能力上是相等的。

按照巴斯蒂安的观点,把一个民族的地理范围和另一范围区分开的特征主要是气象上的,而且他宣称,和按照一般性大陆区域即非洲、欧洲和美洲亚种这种分类相比,这些特征允许对人类群体进行更细的分类。

更广泛的研究可能使人种学家在这种意义上描绘出我们物种的分布,但是气象条件的长期变化,再加上大多数早期社群的迁移

---

① 动物区系是指在历史发展过程中形成而在现代生态条件下存在的许多动物类型的总体,植物区系是指某一地区、时期、分类群等所有植物种类的总称。——译者注

习惯，必定极大干扰这些原则在民族志中的严格运用。

674 　　"文明中心"的历史理论与民族地理范围相结合。这类聚合的例子是为人熟知的。巴比伦平原、尼罗河流域、美洲的墨西哥高原和特奥蒂瓦坎高原是经常被提到的这类例子。这些环境所提供的地理优势——肥沃的土壤，便于防御，可移植作物，以及温和的气候——被视为发达文明为何能快速发展并扩散到邻近区域的原因。

　　虽然不否认这些环境的优势，但是东西半球最新的研究都倾向于缩减物质性的影响。这些文化并非在一个点上开始并由此辐射出去，而是在广大的区域和不同的语言群落里同时兴起，彼此有微小的关联，只是在后来，成功集中到某一个部落里，现在人们相信，这受益于血族因素而不是地理因素。

　　亚述学家不再相信苏美尔文化起源于幼发拉底河三角洲；埃及学家在利比亚寻找尼罗河流域文明的源头；甚至在新世界，被牵涉到阿兹特克研究中的不是一个而是七个族群，其中六个被归因于印加文明。欧洲的史前文化并不是迦太基人或者腓尼基人的文化，而是自我发展起来的。

　　2. 奴隶制的定义①

　　在大多数知识分支里，科学家必须处理的现象都有其技术性名称，当使用一个科学术语的时候，他无需考虑这个术语在普通语言里表达的意义，他知道他不会被他的科学家同行误解。比如，德语里把鲸鱼称为 Wallfisch，而英语称的是 shellfish，但是一位动物学家采用 fish 这个词时，无需担心一个懂行的人会去想他的意思是 Wallfisch 还是 shellfish。

　　在民族学里，情况是完全不同的。很少有科学术语具有明确的意义，比如泰勒教授欣然引入的"泛灵论"和"幸存"这样的术语。但675 是属于我们科学的大多数现象尚未得到研究，难怪不同的作者（有

---

① Dr. H. J. Nieboer, *Slavery as an Industrial System*, pp.1—7.（Martinus Nijhoff, The Hague, 1910.）

时甚至是同一个作者在不同书页上的表达）会对同样的现象给出不同的名称，另外，同样的术语（比如母权制）有时却运用于差异很大的现象。关于我们所要处理的这个问题，我们现在将看看几位作者给出了奴隶制的定义，但是没人费力去研究其定义是否能在社会科学里有任何实际的用途。所以，我们将尝试给出一个好的定义，并证明它。

但是我们不能让自己满足于此，我们还必须注意"奴隶制"这个词的含义，因为它是普遍使用的。这样做有两个原因，首先，我们必须依赖于民族学者的表述，假如一位民族学者指出某些野蛮部落实行奴隶制，但没有界定这种奴隶制的构成，那我们就必须要问：说这话的人可能是什么意思？而且，由于他可能已经在普遍意义上使用了这个词，我们就必须探究："奴隶制"这个词的普通意义是什么？

第二个原因在于，几位理论家在讨论奴隶制的时候没有界定这个词的含义，我们采用他们的言论，却不知道他们赋予词语的含义，这不可能对我们有什么好处。就算假定他们有可能在普遍意义上来使用这个词，那我们还是要再次追问："奴隶制"这个词在常用语中的意义是什么？

通常情况下，这个词的一般用法是相当不准确的，英格拉姆（Ingram）说：

> 粗心或虚夸的作者以非常宽松的方式来使用"奴隶"和"奴隶制"这些词。所以，当抗议所谓的"妇女的屈从"时，他们荒谬地把这些词语用于现代西方妇女的状况，甚至对于印度闺阁中的妇女来说，这个称呼也并不恰当；他们还把现代工人说成是"有酬奴隶"，即使他们得到强大工会的支持。激情有自己的语言，诗人和演说家无疑用"奴隶制"这个词来表示劳动者缺乏民事能力，或者被排斥在政治权力运作之外的状态，但是在社会学研究里，事物应该拥有其正确的名称，而且这些名称应该尽可能被统一运用。

676   但是我们可以保险地把这个词语的这种用途视为一种比喻,没有人宣称这些劳动者和妇女真是奴隶,不论谁用这个词,奴隶制在其一般意义上都伴随着一种相当独特的含义。这种含义是什么?我们可以最一般地表达为:奴隶就是一个不自由的人。没有什么奴隶是自由的,没有人同时既是奴隶又是自由人。虽然我们必须谨记,作为一种社会动物,没有人是真正自由的;所有社会成员彼此间的行为都受到社会规则和习惯的限制。但是无论如何,自由人是相对自由的,所以,一个奴隶必定是一个不能分享共同自由,但又与社会联系兼容的人。

以下三个方面给我们呈现了与自由人相对立的奴隶的状况:

首先,每个奴隶都有他所服从的主人。而这种服从是一种特殊的类型。不像一个自由人有时具有对其他人的权威,主人对于其奴隶的权力至少在原则上是无限的;对主人自由行使权力的任何限制都是对奴隶制的缓解,就像在罗马法里,所有人不论如何处置他的财产,都不受特定法律的禁止。主人和奴隶之间的关系可以恰当表达为,奴隶被称为主人的"占有物"或者"财产"——我们经常遇到的表达。

其次,奴隶的处境比自由人低。奴隶没有政治权利,他不能选择自己的政府,不能参与公共议事机构。他遭到社会性的蔑视。

第三,我们总是把奴隶制与强迫劳动的观念结合起来。奴隶被迫劳动,自由的劳动者可以不工作,假如他喜欢,可以用饥饿作为代价。然而,所有强迫劳动并不都是奴隶劳动,后者要求特殊类型的强迫,也就是前面说的"占有物"或"财产"这样的词所表达的。

总结一下,我们可以在奴隶这个词的一般意义上将其界定为,一个作为其他人财产的人,在政治和社会上低于人民大众的水平,并从事强制劳动。

677   奴隶制的重大功能也就是**劳动分工**了。劳动分工在这里取其最广的意义,包含的不只是质的分工——通过分工,一个人干一种工作,而其他人做不同的工作,也是量的分工——一个人的需求不止由他的工作,也由其他人的工作来满足。一个没有任何劳动分工的社会将是一个每个人都为自己的需要工作，没有人为其他人工作的社会，但是，在任何情况下都会有最广意义上的劳动分工。如今，这种分工可以由两种方式来实现：普齐塔（Puchta）说："有两种方式能让我们从我们需要的其他人的力量中获益。一种方式是自由商贸的方式，这不会干扰服务于我们的人的自由，通过履行契约，我们交换其他人的优点和技能，或者他们的产品，雇佣服务，购买制成品，等等。另外一种方式就是征服那些人，能使我们利用他们的长处来满足我们自己，同时损害被征服者的人格。可以想象，这种征服可能受限于某种目的，比如土地耕种，和耕田农奴，其结果就是，这种征服由于多种原因，存在有限和明确的目的，并不会完全抹去服从者的自由。但是，这种臣服也可能是无限制的，就像被征服者在其整个外在生活上被视为只是有权力者达到目的的手段，他的人格完全被吸收的情况。这就是奴隶制度。"

3.《西印度奴隶主杂志》摘录①

9点过后不久，我们到达了萨瓦纳·拉·玛尔（Savannah la Mar）②，在那里，我发现我的受托人和一整个骑兵队在等待引导我去我的庄园；为此他已经给自己准备了一辆轻便马车，给我准备的是一对马车，为我的仆人准备了一辆双轮马车，两个黑人男孩骑一头骡子，一辆八头牛拉的货车给我运行李。道路很好，我们的旅行没有超过五英里；马车一进我的大门，随之而来的是难以描述的喧嚣和混乱。工作都被抛到一边，所有活物都从四面八方涌向房子，而且不只是男人、女人和儿童，还有猪、狗、鹅、鸡和火鸡，都匆匆出于本能跑来，去看看可能是什么事，似乎害怕来晚了。不论黑人的快乐是真心的还是可疑的，但确实是我见过的最响亮的；他们在一起聊天、唱歌、跳舞、大喊，他们做出暴力的姿势彼此摔倒，并在地上滚来滚去。二十个声音同时问候我的叔叔、阿姨、祖父和曾祖母——他们在我出

678

---

① Matthew G. Lewis, *Journal of a West India Proprietor*, pp. 60—337. (John Murray, 1834.)
② 牙买加威斯特摩兰教区的首府和主要城镇。——译者注

生之前很久就已被埋葬,而且我真的相信,他们大多数只是在传统中为人所知。一个女人向我举着她小小的裸体小孩,笑得合不拢嘴:"看啊,老爷,看这儿,给老爷行个好礼。"另一个抱怨道:"多久没来看我们了,老爷,好老爷,终于来了。"至于老人,他们都在同一个故事里,如今他们终于得见到老爷,他们准备明天去死了,他们不在乎。

呼喊声、欢笑声、野蛮的笑声,他们陌生且突然爆发的歌舞,还有几个老女人裹在大斗篷里,她们的头缠着不同颜色的手帕,挂着手杖,静静地站在喧闹之中,她们的眼睛始终固定在我占据的门廊,这活脱脱就是麦克白(Macbeth)①里女巫欢宴的场景,没有什么能比这整个场景更加古怪和新奇;其中有些东西使我不禁受到影响,也许是因为我意识到所有这些人都是我的**奴隶**;——确实,我从没看到过人们在我的生活里是如此快乐,我相信他们的状况比大不列颠的劳动者舒适得太多了;而且,毕竟就**他们的**情况而言,奴隶制不过是奴役的另外一个名称,如今再也没有更多的黑奴被强行带出非洲,并处于航海的恐怖和到达之后衰老的恐惧之中;但是,朱丽叶早上说"名称有什么要紧"的时候,我就知道我错了。因为在我到达萨瓦纳·拉·玛尔的寓所后不久,一个看上去干干净净的黑人小伙子拿着水和毛巾出现了——我断定他是酒店的人,而且当我还回毛巾的时候,他发现我没有注意到他,他终于大胆地介绍自己说:"老爷不认识我,**我是您的奴隶**。"这声音确实让我感到一阵心痛。这个小伙子显得兴高采烈,很幽默,他满脸焦急地把自己介绍给我,但是"奴隶"这个词似乎意味着,尽管他在给我服务的时候感到愉快,但假如他憎恨我,他也必须一直为我服务。这一刻我确实感到羞辱,并且很想对他说:"别再说了,说你是我的黑人,但是别说自己是我的奴隶。"

这天上午,当我从距我庄园一英里的蒙特哥湾回来的时候,一个身影出现在我面前,我真是觉得这是我见过的最美丽的身影;这

---

① 麦克白(Macbeth),莎士比亚四大悲剧之一。——译者注

是一个黑白混血的女孩,出生于康沃尔,但是毗邻庄园的监工已经获得我的许可用她去和其他奴隶交换,还有她为他生的两个小孩;但现在由于很难买到单个黑人,他一直不能找到替代者,所以玛丽·韦金斯仍然是我的奴隶。然而,由于她已被认为是被解放的奴隶,她不敢在我到达的时候出现在康沃尔,唯恐会被当成闯入者;但是她现在出现在我的路上,告诉我她多么高兴看到我,她总是想着(这是一种抱怨)"她没有老爷了",并且她多么高兴获得了一个正式的邀请,来参加明天我的黑人庆典。通过这种普遍的抱怨,看起来虽然韦尔伯福斯先生在哀叹他们服从主人的艰辛命运,但他们最大的恐惧是没有一个他们认识的主人;而另一处庄园的黑人说"他们是无主的",这是他们能施加的最具鄙视性的责骂之一。可怜的家伙,当他们在周三晚上偶然听到我的马车第二天早上受命去蒙特哥湾时,他们想象我是要永远离开了,于是他们在嘈杂之中回到这房子,以至于我的代理人不得不抚慰他们,并保证我星期五一定回来。

但是回到玛丽·韦金斯这里,她太漂亮,没有获得去康沃尔的邀请;相反地,我坚持要她来,并且命令她告诉她**丈夫**,我非常钦佩他选择她的品位。我确实认为,她的外表和特征是我所见过的最具雕像感的,她的肤色并不黄,也没有棕到成为黑色——那是一种比其他颜色更像灰鸽的颜色,她的牙齿不论形状还是颜色都十分漂亮,她的眼睛足够温和与明亮,她的脸的轮廓大小刚好足够显现出可能的温柔和宏伟,她的气色和表情适合于雅里科,但是她使我想起《太阳贞女》中的格拉西尼,只是玛丽·韦金斯要漂亮一千倍,替代白色袍子的是她穿着的一件棕色、白色和黄色混合的裙子,与她的肤色十分协调;当她一只漂亮的手臂搭在额头上为眼睛遮阳时,手指上的戒指在阳光下闪闪发光。玛丽·韦金斯和一棵老棉花树是我这二十年来见过的最漂亮的事物。

我确实相信,黑人女子乐于生小孩,而且在她们不怀孕的地方,就像母鸡不会在船上下蛋一样,因为它们不喜欢这种环境。库比纳的妻子在家里,我告诉他如果这个孩子活下来,我将给他洗礼,假如他希望这样的话。"谢谢你,好老爷,我很喜欢这样,假如老爷这样

680

做,我非常感谢。"所以我答应在同一天为父亲和婴儿施洗,并且说,我将成为我在牙买加居住期间所有出生在这个庄园的孩子的教父。这事迅速传播开去,尽管我到达这里还不到一星期,却有两个女人分娩了,嘉格·贝蒂和米涅瓦,第一个是我的司机的妻子,但是我发现米涅瓦的丈夫被称为船长时,我还是很高兴的。我想没有人会指责我忽视对我的黑人进行宗教教育,因为我不仅答应为所有婴儿施洗,而且这天上午遇到一个说他的名字是摩西的黑人小男孩时,我还给了他一块银币,并告诉他这是因为亚伦的缘故;我很高兴在他幼小的心灵里种下了基督教义的种子①。

681 在我前次到访牙买加的时候,我在我的庄园里发现一个贫穷的妇女几乎一百岁了,而且是个瞎子,她走路太虚弱,但是两个年轻的黑人背着她走上我房子的台阶,照她说的,这是为了她至少能摸摸老爷,尽管她看不见他。当她吻我的手时,"那就够了",她说:"现在我已经吻过老爷的手,我愿意明天就去死,我不在乎。"有个妇女很好地为她服务,并显示出极大的耐心和关注,然而她在我离开之后没有活多久。还有个三十岁左右的黑白混血儿,名叫鲍勃,他几乎被可怕的可可湾剥夺了四肢的作用,自从他 15 岁以来连最少的工作也不能做了。他是如此温和谦卑又是如此恐惧,因为他意识到他的整个状况不能引起我的注意,我忍不住同情这个可怜人,每当他出现在我的路上时,我总是试图用小礼物和其他微不足道的恩惠来鼓励他。在他预计会被当成无用累赘的地方,这种和蔼可亲的意外会面在他的心里留下了强烈的印象。

4. 种姓在印度的起源②

假如有可能把解释印度种姓起源及其特征的复杂理论压缩为一个单独的段落,我将尝试用以下这样一些词汇来概括:一个种姓就是一个婚姻联盟,其成员来自很多按照某些产业、手艺或职

---

① 摩西和亚伦都是圣经人物,摩西是古犹太人领袖,亚伦是摩西的哥哥。——译者注
② "Modern Theories of Caste: Mr. Nesfield's Theory," Appendix V, in Sir Herbert Risley, *The People of India*, pp.407—8.(W. Thacker & Co., 1915.)

业——不论其属性是世俗的还是宗教的——而确定的不同部落（或者来自形形色色类似构成的其他种姓），这是他们共同具备的特征。涉及配偶权利和交际权利的成员身份由内部规则来界定和强化，而这些规则是从种姓时期之前很多个世纪的部落时期借用的，而部落时期由于各个部落被合并为一个共同王权统治下的国家而告终。作为婚姻联盟的种姓的差异在于某些职业共同体，而作为婚姻联盟的部落的差异则在于一个共同的祖先，或者一个共同的崇拜，一个共同的图腾，或者事实上除了共同职业之外的任何一种共同财产。

在印度大地上形成种姓之前很长时间，大多数产业阶级——他们现在都有对应物——已经存在了几百年，而且作为一项规则，他们从事的大多数产业是在父系的男性当中继承的，这些世系阶级过去和现在都只不过是标志着世界各地人类产业发展的连续文化阶段的具体体现。在世界各地（至少除了那些仍然处于野蛮状态的国家），人类从渔猎阶段进步到游牧和放牧阶段，又从游牧发展到正常农业。每个地方都有冶金时代、艺术时代，以及和之前粗陋时代相伴随的产业，只有那些能满足狩猎、捕鱼和游牧之需的艺术才为人所知或得到实践。每个地方都有负责仪式的祭司阶级和精通文字的神学家，而之前出现的是没有教养的礼拜者阶级，他们仅仅是给看得见的宇宙那人格化的力量贡献酒肉，却没有世袭的职业神职人员的协助。每个地方都有贵族和领地酋长阶级，而之前出现的是一个谦卑的小农地产者阶级，这些人把自己置于他们的庇护之下，并以供品和租金作为回报。在每个地方，贵族和酋长阶级都试图让自己与祭司或神职阶层结盟；在每个地方，神职阶层都试图控制在其保护下生活的酋长和统治者。

在像种姓这样的事物在印度土地上为人所知之前，所有这些阶级都已经存在了几个世纪；唯一需要把它们转换为种姓（就像他们现在这样）的事物是婆罗门——他们占据所有职业中最高的等级（僧侣）为此设定榜样。它一开始建立的规则就是，除非父母**都**出身自婆罗门，否则没有儿童（无论男女）能够继承婆罗门的名字和地位。通过建立这种规则，婚姻联盟的原则被添加到职业联盟的原则

682

之上，也只有通过这两种原则的混合，才能形成严格意义上的种姓。所以，就像印度教书籍告诉我们的，婆罗门是"种姓中第一个出生的"，当这个榜样被一个傲慢专横的神职人员阶层（其自命不凡是不可能放下的）树立起来之时，其他世袭阶级则遵循秩序向下发展，部分是为了模仿，部分是为了自我保护。直接跟在婆罗门之后的是刹帝利，即军事首领或地主。它是第二个出生的种姓。然后是银行家或者上层商贸阶级（Agārwal，Khattri，等等），有学问的音乐家和歌手（Kathak），写作或文学阶级（Kāyasth），诗人或系谱学家（Bhāt），还有下等贵族阶级（Taga 和 Bhuinhār），他们不用向土地贵族缴纳租金。这些就是第三个出生的种姓。接下来是工匠阶级，他们与冶金时代和艺术处于同一时期；冶金阶级本身；中等商贸阶级，它们把自己定位于得到刹帝利保护并支付租金的中农阶级（Kurmi，Kāchhi，Māli，Tāmboli）；还有像 Napit 和 Baidya 这样的中等服务阶级，他们为与自己相同的阶级和更高阶级的身体需要服务。这些就是第四个出生的种姓。他们在社会等级中的排位取决于这样的事实：他们的生活方式和观念极大远离之前来自婆罗门理想的那些种姓。接下来是低等工匠阶级（Teli，Kumhār，Kalwār，等），他们出现在冶金和艺术时代之前；部分游牧和部分农业阶级（Jāt，Gūjar，Ahir，等）；低等服务阶级如 Kahār；还有低等商贸阶级如 Bhunja。这些就是第五个出生的种姓。他们的生活模式比之前的种姓还要远离婆罗门理想。所有阶级中最后出生也是最低的阶级是那些半野蛮社群，部分是部落，部分是种姓，他们的职业包括捕鱼和打猎，或者充任整个社群的屠夫，或者饲养猪和家畜，或者做最卑微的家务如清扫和洗涤，或者做人类最低等的手艺，比如编织篮子、制革，等等。因此，在印度种姓的整个序列里，社会优先地位的双重考验来自活跃的力量——产业种姓和婆罗门种姓；这两个种姓几乎是步调一致的，就像拉着一辆马车的两匹马。任何特定种姓所从事职业的上升或下降和工业发展的规模成比例，种姓本身也是按比例上升或下降，受到其周围社会的整体基调的推动，更远或者更近地接近婆罗门的生活观念。正是这两个标准结合在一起，决定了印度社会等级里各个种姓的相对级别。

5. 流行语中反映的种姓与种姓情感①

没有人不会被印度谚语哲学强烈的大众化特征，和印度文学里如此明显的不受学究气限制的特点所打动。这些古怪的话语从印度乡下人的嘴边流出，生动反映了他们日常生活中的焦虑、烦恼和幽默。任何一个具有同情心的观察者只要感受到东方村庄的魅力，就会毫无困难地从这些材料里建构起一幅关于印度农村社会相当精确的图景。这图景不一定令人愉快，它向我们展示出普通农民依赖于季节变迁和季风变幻，日复一日地看着一年会发生什么。只要能在关键时刻下雨，他的妻子就会得到金耳环，但是短短两周的干旱就可能带来灾难，此时"神一次就能带走一切"。Baniya 通过销售腐败的谷物发横财，Jāt 这样的耕种者种姓则破产了。首先死去的是目光短浅的 Musalmān② 纺织工，然后是其产品无人需要的榨油工；运货马车无所事事地呆着，因为牛已经死了，而新娘不按习惯的仪式就去找她的丈夫。但是不论季节好坏，虔诚的印度教徒的生活永远被婆罗门勒索的阴影覆盖——"脖子上缠着一根绳子的东西"（打击神圣想法的一种亵渎），外表上是祭司，心里却是屠夫，在谚语里咯咯笑的一群折磨者的首领：

> 世界上有三种吸血鬼，
> 臭虫、婆罗门和跳蚤。

在婆罗门挨饿之前，国王的粮仓将变空，蛋糕必须给他，然而家里的孩子却可能舔着磨石当饭；他的肚子是一个无底洞；他吃得如此过分，以至于死于风中；他将带着口袋里的一大堆卢比去乞讨，手里拿着一个银的讨饭钵。在对丧葬费的贪婪之中，他像秃鹫一样窥

685

---

① Sir Herbert Risley, *The People of India*, pp.130—39.(W. Thacker & Co., 1915.)
② Baniya、Jāt、Musalmān 等都是印度种姓体系中的次种姓之一。——译者注

测尸体,并高兴于他的佃户的不幸。一个有婆罗门的村庄就像一个装满了螃蟹的水池,和它当邻居比和麻风病人为邻还糟;假如一条蛇被杀死,应该安排婆罗门去做,因为没有人会怀念他。假如环境驱使你去做伪证,而手边有一个婆罗门的时候,干嘛还要用你儿子的头来发誓呢?如果他死了(就像大众所相信的),世界就不会穷了。就像英语谚语哲学中的魔鬼一样,婆罗门可以为了自己的目的引用经文;他要求崇拜他自己,但不顾一切地去踢他那些低种姓的同胞;他洗他的圣衣,但不会净化自己的内心,他的贪婪如此之大,以至于其他种姓的人应该祈祷:"喔,上帝,不要让我重生为一个婆罗门祭司吧,他总是乞求,但永远不会满意。"他甚至欺诈众神;毗瑟奴①只得到无价值的祈祷文,而婆罗门则吞噬祭品。所以潘(Pan)在和卢西恩(Lucian)的一次对话中抱怨说,他只在人们提供的神龛里才做好事。

接下来,在我们的流行肖像画廊里最突出的人物是 Baniya,即放债人、粮食经销商和垄断者,他主宰着物质世界,就像婆罗门支配着精神世界。有人告诉我们,他的心灵并不比香菜籽大,他有短吻鳄的下巴和蜡做的胃;他并不比一只老虎、一只蝎子或一条蛇更可信;他像一根针一样进来,像一把剑那样出去;作为邻居,他就像腋窝里的胀肿一样糟糕。假如一个 Baniya 在河的另一边,你应该在这边留下你的包,因为害怕他会偷走它。当四个 Baniya 在一起时,他们会洗劫整个世界。假如一个 Baniya 溺水,你不该伸手给他,他跌下水飘着,肯定会有某种基本动机。它使用轻的砝码,并发誓说天平会自己偏倒;他用一种除了神没人能读的字符来记账;假如你找他借钱,你的债务会像垃圾堆那样增高,上涨速度像奔马一样快;假如他和客户谈话,会画条线,并把谈话计入借方,当他的信用不可靠的时候,他就会把交易写到墙上,以便这些话能很容易地擦去;他是如此吝啬,连狗也会饿死在他的宴席上;假如他妻子在槟榔上多花一个子,他会骂她。一个耆那教的 Baniya 喝脏水,害怕杀死蚂蚁和

686

① 印度教主神之一。——译者注

苍蝇，但不会拖延追逐利益的谋杀。作为药剂师，Baniya 会和医生联盟，以名义上的价格买下杂草，然后高价卖出。最后，他总是一个让人触目惊心的胆小鬼。

在大众讽刺诗人的手里，教士种姓也没有好的表现。在三个 Kāyasth 聚集在一起的地方，一定会有雷电打下；当最诚实的人倒下时，Kāyasth 就获得了机会。当一个 Kāyasth 放高利贷时，他就是无情的债主。他是个人物，他靠笔杆过活，在他的房子里，即使是猫也学过两个半字母。他是一个多才多艺的人，在没有老虎的地方，他会变成一只老虎；但他并不比一只乌鸦或者没有尾巴的蛇更可信；有时归咎到受过教育的印度人身上的一个缺陷在这句话里遭到攻击："和 Kāyasth 喝酒与他母亲的奶水息息相关。"

考虑到印度农业人口的巨大力量，可能会发现有更多的谚语是直接反对大耕种者种姓的。可能原因在于他们产生了最多的谚语，人们很难指望他们能用自己的缺点来增进自己的智慧。然而，在两个省里，帕斯昆（Pasquin）农村的 Jāt——东部旁遮普和联合省西区的典型农民——在道德和举止上比较自由。我们得知，你也可以在 Jāt 里寻找善，就像在石头里寻找象鼻虫。他是你的朋友，只要你手里有根棍子。假如他不能伤害你，他经过时也会留下难闻的气味。对他彬彬有礼就像给驴子糖一样。假如他乱跑，那神就会抓着他。一个 Jāt 的笑会打断一个普通人的肋骨。当他学会礼貌时，他会用一个垫子来擦鼻子。他的婴儿有一个当玩具的犁柄，Jāt 站在自己的玉米堆上向国王的象夫喊道："嗨，你要拿些什么给这些小毛驴？"他相信实行兄弟共妻——就像 18 世纪早期的威尼斯贵族——可以作为家庭经济的一种衡量措施，据说整个家庭里只有一个妻子。

Dom——我们在其中发现清扫工、除虫工、刽子手、制篮工、音乐师、职业窃贼——可能代表着一个不被入侵的雅利安人承认的德拉威部落留下的残余，并被判从事卑微和有辱人格的职业。G. 格里尔逊爵士（Sir G. Grierson）抛出一个生动别致的主张，认为他们是欧洲吉卜赛人的祖先，而 Rom 或 Romany 不过是 Dom 的一个变种。在谚语的讽刺性语言中，Dom 被认为是"死亡之神"，因为他为印度

687

教火葬提供了木头。他与婆罗门、山羊一起列为需要时无用的生物。一种常见的特别具有攻击性的辱骂方式就是告诉一个人,他吃了 Dom 的剩饭。一系列谚语把他表现为与各个种姓的成员交朋友,并且在此过程中做好事和坏事。因此,Kanjar 偷他的狗,Gūjar 掠夺他的房子,另一方面,理发师免费给他刮胡子,糊涂的 Jolāhāa 给他做一套衣服。他的传统把他和驴子联系起来,而且据说,假如这些动物能分泌出糖,Dom 将不再是乞丐。"轿子里的 Dom 和步行的婆罗门"是一种翻天覆地的社会类型。尽管如此,Dom 在印度社会结构里占据着他的位置。在葬礼上,他提供木头和给尸体穿衣,将此作为自己的补贴,他伴随着婚礼游行并演奏刺耳的音乐;篮子、扇子和柳条制品都是他制作的。

在印度西部,Mahār 和 Dhed 和 Dom 具有同样的地位。在马尔蒂农村围着墙的村子里,Mahār 是清道夫、巡夜者和看门人;他的存在就是污染,他不被许可在村子里生活;他可怜的窝棚挤在围墙外。但是他挑战来到门口的陌生人,而且由于这样那样的服务,他得到许多额外的福利,其中有挨家挨户乞讨。他把旧毯子献给他的神,他孩子的玩具是骨头;Dhed 的地位同样低贱。假如他看了看水缸,就污染了里面的水;假如你偶然碰到他,你必须去洗澡;假如你惹恼一个 Dhed,他会把尘土扫到你的脸上。当他死了,世界是如此清洁,假如你来到 Dhed 的地盘,你会发现那里只有一堆骨头。

688　　　低种姓被驱逐到贫民窟在印度南部有很长时间,这里婆罗门的不容忍现象十分明显。在典型的马德拉斯村庄,Pariah——破败部落地盘上的住民——生活在棕榈叶覆盖的不规则锥形茅屋里,这被称为 pārchery,其肮脏与邋遢与婆罗门聚居的由瓷片砖石房屋构成的整洁街道形成鲜明对比。谚语里说:"每个村庄都有 Pariah 的小村"——一个受到污染的地方,甚至由于高种姓普查员不愿意进入这些不干净的范围,使现在的普查很难开展。另一个谚语说:"一棵棕榈树无遮无挡,一个 Pariah 没有种姓和规则。"对 Pariah 道德的普遍评估来自这句话:"背信弃义的人内心就是一个 Pariah。"而在这个虔诚的问题中,讽刺的语气占了主导:"如果一个 Pariah 提供煮好的米饭作为献祭,上帝会不接受它吗?"这意味着把献祭交给偶像的婆罗门祭司太贪心了,以至于无法询问是谁献上的。

B. 从属与统属

1. 从属与统属的心理学①

典型的暗示是用话语给出的。但是,在以更直接显示行动本身的形式提出行动时,在其他人影响下采取行动的冲动仍然会产生。然后,这种提议采用了模仿的形式。这是最早的从属类型。暗示在通过话语开始其影响之前很久,它就在婴儿的生活里起着基础的作用。一旦运动冲动与运动印象之间形成联系,婴儿就会不由自主地模仿。首先,自动的反射产生各种动作,每种动作唤醒运动知觉和肌肉感觉。通过联想,这些印象和运动冲动联系在一起。一旦其他人的动作产生类似的视觉感受,运动知觉就会关联起来,并实现相应的运动。不久,联想的辐射变得更加复杂,整组情绪反应都被模仿。儿童在模仿中哭和笑,最重要的是言语活动的模仿。在词语的意义得到理解之前很久,声音唤起产生同样发音的冲动。所以,模仿是获得言语的条件,后来是学习其他所有技能的条件。但是,尽管模仿起初仅仅是自动的,但它会变得越来越有意识。儿童总会模仿教师展示的例子。有意识的模仿无疑是社会组织最重要的工具之一。以某种模式行事的欲望变成最有力的社会能量。但是,即使最高度的社会分化也不会消除自动及冲动模仿的持续运作。

模仿和暗示之间的内在联系体现在它们最能生效的条件的相似性上。暗示性的每一次增长都会促进模仿。在一个群体的任何一种情感兴奋之中,每个成员都会给其他人以暗示,但是这种暗示来自实际的运动。恐慌中的人群或骚乱中的暴徒体现了暗示性的增长,由此每个个体自动重复他的旁人所作的事情。即使一支作战

①　Hugo Münsterberg, *Psychology*, *General and Applied*, pp. 259—64.（D. Appleton & Co., 1914.）

的军队也可能变成——可能由于热情，也可能由于恐惧——这样的群体：其中每个人失去个性，每个人在模仿冲动的驱使下去战斗或者逃跑。精神物理学实验无疑说明，这种模仿反应释放了心智机制中最强的能量来源。假如手臂提起测力器的重量，直到意志不能克服疲劳，仅仅是看到其他人做这种运动也会迫使运动中心产生新的效率。

　　我们看到，我们的感觉状态既是我们行动的原因也是结果。我们的情绪环境没有新的变化，就不可能体验行动的冲动。所以，模仿行为也涉及一种内在的感觉模仿。笑着回应母亲笑容的儿童分享着母亲愉快的感觉。目击一场有人受伤的事故的成年人会本能地模仿伤者的肌肉收缩，由此他会在自身没有痛感的情况下感到强烈的厌恶。从这些基本的经验中，模仿的情感生活发展起来，受到普遍的同感倾向的控制。我们通过自动的内在模仿来分享其他人的愉悦和不快。这种同感以其更丰富的形式变成了一种**利他主义的情感**；它唤起消除我们周遭苦难的欲望，并展开到一种普遍的精神环境中，经由这种心态，每种行动都直接指向对其他人的服务。但是从婴儿最微弱的感官反应到利他冲动最高等级的自我牺牲，我们具有共同的服从要素。个体的感觉以及相应的行动不是在实现个人冲动，而是受到其他人格的影响。

　　这种通过同情、怜悯和共同的快乐从属于其他人的感觉，在温柔的情感特别是父母之爱中产生了一种新的心理形态。父母与孩子的关系当然包含着统属因素，但是精神上最强的因素仍然是从属，即完全服从于那些依赖父母照顾者的感情。在其更高的发展阶段，父母之爱不会屈服于孩子每一刻的喜欢或不喜欢，但会针对持续的满意及以后不幸的根源来调整教育影响。但是，父母顺从孩子生活中的感觉节奏仍然是家庭本能的基本原则。虽然父母的爱与温柔意味着强者屈服于弱者，甚至会达到自我牺牲的最高点，而被爱的孩子还是会出于依赖感所维系的感情而服从父母。这种作为一种从属动机的依赖感进入了数不清的人类关系之中。每个地方都是弱者依靠于强者，并在那些他们满怀信心的人的影响下选择他们的行为。相应的情感显示出谦虚、赞美、感激和希望等多种多样的色调。然而,假如依赖更强者的意识是通过恐惧和反抗,或者与嫉妒密切相关的情绪来感觉到的话,那这只是社会关系的另一个方面。

在社会的相互作用中,维护自己主张的欲望与服从的冲动一样有力。社会需要领袖,也需要追随者。自作主张的前提是与其他个体的联系。人类保护自己不受自然的危害,而且人类还主宰自然;他自己声称反对干涉他的人或想强迫他服从的人。在自作主张的界限里,最直接的反应就是**拒绝干涉**。这是一种即使婴儿也会显示出来的反对服从的形式,他排斥在本能冲动得以实现的过程中干扰他的任何努力,从最简单的婴儿在游戏或吃饭时受到干扰的反应中,一条发展线路指向人类的战斗精神。他的好斗性和渴望与敌人战斗的意志,每种形式的敌对、嫉妒和不容忍都能在这种感觉群里找到其自动对应的源头,最复杂的智力过程也会屈从于这种自作主张的情感。

但是,把自己的意愿强加于其他人的努力并不仅仅是冲突造成的。一个完全不同的情感中心仅仅来自**自我表达**的欲望,在人类行为的每个领域,个体都可以表现自己的创造性,展现出与其他人不同的能力,作为模式,被追随者模仿。正常的人有一种健康的和本能的欲望,即要求社会群体的成员予以承认。这既不会妨碍协作精神也不会干扰谦逊的服从,只要个体要求他的个人行为和个人成就得到承认,他就会采取行动使自己高于其他人。他想要他的精神态度影响和控制社会环境。在其更全面的发展中,这种内在心境变成领导实际生活事务或文化工作领域的野心。

肤浅的对立面是**自我展示**的欲望,带有自负和羞怯的各种变体。从最害羞的服从到最炫耀的自作主张,从母爱的自我牺牲到专横的自我中心的好斗,社会心理学家可以通过干扰群体平等的人类力量的所有强度来探寻人类冲动。每种变体都有其情感背景和冲动的释放。在正常的界限里,它们对于群体的生物性存在具有同等的作用,并且通过对群体的功用,最终服务于其成员。只有通过统

691

667

692　属和从属,群体才能获得内在的坚定性,从而把仅仅是人的混合体转化为工作单元。它们给予人类社会强大灵活的组织,这对于其成功发展来说是必须的条件。

2. 从属中的社会态度:一个老仆人的回忆[①]

工作是一种伟大的祝福,而且它已经被我们神圣的主人明智地安排好了,以至于所有生物应该都有某种工作可做。有些人弱小,有些人强大。老人和年轻人、富人和穷人,都有我们期望的工作,当我们工作的时候,我们是多么愉快。

有如此之多的事情需要学习,这么多不同的工作必须去做,从而使世界变得好。有些工作比其他的容易,但是所有的工作都应该以一种愉快和满足的方式好好做。有些人宁愿用手脚来工作,他们说那比脑力工作容易,但两者确实都是繁重的工作,因为它依赖于你的能力。

男孩和女孩不会像五六十年前那样早早离开学校。男孩们高高兴兴地出去,富有男子气概地在一些农场放牧,在他们学会做点生意之前,这都是很有用的几年;然后,一个较小的男孩会填补他的位置;通过这样做,他们学会了好好种地,在之后几年里,假如他们想再次回到农事之中,这会对他们有用。我们遗憾地看到,小听差不是太想成为他过去那样;对一个小男孩来说,这曾经是多大的帮助啊。在他进入绅士的房子之前,他首先在马厩院子或车库里学会了很多东西,给人带信的时候都是干净整齐的。在我们年轻的时候已经看到过很多这样的人,甚至流浪儿也被好主人捡了起来,在马厩里开始工作,并且在同一个家庭里努力成为一个受人尊敬的侍从,还经常在仆人的大厅里讲述他的流浪生活。

老仆人经历了很多变化,而且在很多情况下更喜欢好的老规矩;我们毫不怀疑会有一些更好的安排,但我们惊奇的是,我们以前
693　亲爱的雇主在他们的孩子成长起来之后忽视了好的老规矩。仆人

---

① *Domestic Service*, by An Old Servant, pp.10—110. (Houghton Mifflin Co., 1917.)

需要来自他们上司的好榜样，当他们听到全世界都在说他们的好话时，他们确实会在家庭生活里寻求好的方式。我们都喜欢维护雇主的好名声，假如我们对我们的工作感兴趣，我们确实会这么做，假如我们感到我们不能对他们尽责，我们应该去别的地方，而不是欺骗他们。我们得到很多信任，假如我们尽我们所能做一个忠实的仆人，而且在最后带着我们已尽力了的感觉放下工具休息，这对我们是有好处的。

我们必须记住，每个人生来就处于他生活的位置中，被一个"知道一切并是我们最高统治者"的神明智地安排。没有人能改变这个，也没人对他说："你做了什么？"所以我们必须保持彼此的位置，并尊敬那些谦卑地尝试过基督徒生活的富人和穷人，当他们的缺点被我们看到时，我们立即转向我们自己，并看看我们是否也是人类，并且可能像他们一样有罪。

我们已经注意到，有些访客对仆人很粗鲁，而对我们的雇主是如此不同，我们给他们打上一个记号，因为我们不会为他们服务。我们记得有一次，当我们夫人的兄弟带领一位来访的女士观看前门附近的古旧遗迹时，他们遇到了正在清洗教堂长椅的女仆领班（她们是在教堂维修的时候搬来的），她旁边有一架很老的大钢琴。女士嘲笑地问道："这是女仆的钢琴？"这位绅士使劲盯着这位女仆，因为我们肯定他对这个女仆很恼火，但是我们没有听到他的回答。但是这位女仆明智地保持了安静，尽管她本可以让她继续这种嘲笑，因为我们不是她那种等级的仆人，她也不是我们这种等级的雇主。我们听说过她的性格，但从来没有注意到她。有些仆人有很大的自由，然后假定所有的人都是这样的；但是我们很高兴所有的女士都不像这样，因为世界本来就不好，它们很快就会毁掉所有的女孩——也难怪她的丈夫离开她。我们听说过一位绅士很喜欢他的洗衣女仆，他把所有的仆人叫到一起，并告诉他们他要娶她，并带她回家成为这所房子的女主人，他希望他们留在原位；但是，假如他们感到不能把她当成他们的女主人和他的妻子，他们可以自行离开。他们没有一个人离开，因为他们和他呆了很多年。这是一个来自认

694

669

识他们的人所说的真实故事，并且这人可以给我们指出他们在伦敦的房子。如今，我们和高级仆人们住在一起，如今我们很愿意为他们服务，即使现在我们老了，也不会为任何从来不尊重仆人的女士服务。

没有什么比突如其来的丧亲之痛更能把主人和仆人紧密联系在一起，如果不是因为在服务中度过了很多悲伤的日子，也许这本书不会写得如此悲伤，如今很少看到雇主；当他们和我们在一起时，我们一直得到他们的尊重，会有常见的欢迎——因为他们会像我们在过去那样回顾往事。在我们年轻的时候，屈膝礼是很时髦的，你会看到每个男人的女儿在遇到女士、绅士或她们的老师时行屈膝礼。这种习惯如今已经没了，我们奇怪为什么，只是时代已经改变，有人把这种做法称为教育；它不可能是教育，因为我们从有教育的人而不是从我们称为无知阶级的人那里寻求更多的尊重。

在战争的这些年中，仆人有多幸福啊，因为他们无需担心房租，也不用为他们的煤炭账单焦虑，也不需担心食物，等等。不像很多贫穷的工人那样操心税收；他们也确信，到结账日的时候，他们的工资是无虞的。她可能有一个寡妇母亲需要房租、煤炭或食物方面的接济，但是有很多应该珍惜好境况的人，不论是在小而舒适的房子里，还是在有几个仆人的更大规模的境况下，因为我们已经看到他们全体，知道他们像什么样的人，所以，我们一般会说，应该感谢他们是热心家务的仆人，要学习如何向周围的人表示感谢，因为每个人都有自己的工作要做。

很容易写很多，我们也希望一些老仆人毫无保留地说出支持家庭服务的话，所以让它再来一次吧，而且双方都以应有的眼光看待彼此，因为总要有主人和仆人，我们有来自一位知情者给出的仆人数量，或者说大致数量，最近一次 1911 年普查里有 1330783 名家庭女仆，所以，家政服务是最大的单一产业；被雇用当家庭仆人的人口比其他职业阶级都多。在结束这本书之前，作者要求对那些一度不光彩的女孩们给多一点兴趣；她们中很多人没有家，我们可能去试着帮她们解决问题。这个呼吁来自一个老管家，也来自一个为了年

695

轻女孩的利益而和她们多次交谈的人;但她们常常被引入遥远的歧途。我们应该再次给她们机会,假如这位女士不是她的朋友,也不是管家的话,我们很同情她。

3. 从属与统属的互惠特征①

每一次社会事件都由个人之间的相互作用组成。换句话说,在一次相互作用中,每个个体同时是主动和被动的行动者。然而,在优势与劣势行动者相处的情况下,这种关系呈现出一边倒的状况;一方似乎是在施加影响,另一方似乎仅仅是在接受影响。但事实并非如此。没人会费心去换取或保持优势——假如这种优势没有带来好处或享受的话。向优势一方的回归可能来自这种关系,但只能是在劣势者对优势者有相互作用的情况下。这一关系的决定性特征就是,劣势者对优势者施加的影响取决于后者。优势者使劣势者产生一种优势者将感受到的特定效果。在这种操作中,假如从属关系是绝对的,从属一方不会表现出任何自发性。互惠影响就像一个人和一个无生命的外部物体之间的关系,前者为自己的目的而行动。也就是说,人对客体采取行动是为了后者能对自己做出反应,在客体的这种反应之中,客体一方是看不到什么自发性的,只有人这一方自发性地进一步操作。优势者与劣势者这种极端的情况在人类当中几乎不会发生。相反,某种程度的独立性、关系的某种方向也是从自我意志和从属特征出发来进行的。不同的统属和从属状况也会相应表现为劣势者和优势者在整体关系自发性上相对数量的差异。劣势者这种对等行为——优势者和劣势者自身由此表现出恰当的社会化——的例子,我将只给出少数例子,其中的互惠关系难以辨别。

在绝对专制的情况下,统治者将惩罚的威胁或奖赏的承诺附加在他的法令上,意思是君主本人将受到他制定的规则的约束。而另

696

---

① Adapted from a translation of Georg Simmel by Albion W. Small, "Superiority and Subordination," in the *American Journal of Sociology*, II(1896—97), 169—71.

一方面,劣势者将有权从立法者那里要求某些东西。后者随后是否兑现承诺的奖励或保护,这是另外一个问题。法律考虑的这种关系的精神就是,优势者完全控制劣势者,但给后者确保一定的要求,并宣称可以施压或者使这种关系失效,所以,即使是这种最明确的关系形式也包含着劣势者的自发性要素。

更进一步说,"法律"这个概念似乎意味着,制定法律的人是无可争辩的优势者。除了由将成为法律主体的人来制定法律的情况,立法中似乎没有法律主体一方自发性的迹象。然而,观察罗马的法律概念中如何突出优势者与劣势者的相互作用,这是很有趣的。拉丁语法律(lex)一词最初的意思是"契约",可以肯定,在此意义上,契约的措辞是由提议者确定的,另一方只能整体接受或拒绝。《罗马人民法》最初的意思是国王提议,人民接受。因此,即使在这里,概念本身似乎表达了优势者完全的单面性,以及从劣势者合作的口头表达中体现出的罗马人细致的社会本能。由于对社会化的本质有类似的感受,后来的罗马法学家宣称"与狮子合伙"①不应视为社会契约,这里一方绝对控制着另一方,劣势者所有的自发性都被排除,不再有任何的社会化。

面对集会的演说者,或者课堂上的教师,他们似乎是唯一的领导者,却是暂时的优势者。然而,每个发现自己在此情况下的人都会意识到群众有限的和受到控制的反应,对他的指令的这些反应很明显仅仅是消极和顺从的。这不仅是双方彼此直接面对的状况。所有的领导者也被领导,就像在数不清的例子里,主人是他的奴隶的奴隶。"我是你的领袖,所以我必须跟随你们",一位最杰出的德国议员在谈到他的党派时如是说。每个记者都受到公众的影响,而他对公众似乎在施加一种完全没有反应的影响。实际相互影响最典型的例子是催眠暗示。一位著名的催眠师最近宣称,在每一次催眠中,被催眠者都会对催眠师产生实际的影响,而且没有这种影响,

① 来自拉丁语谚语:societas leonina,意指合伙两方实力悬殊,强大的一方可以侵吞所有利润。——译者注

就不会产生这种效果。

4. 从属与统属的三种类型①

可能用三种可能的类型来呈现优势。优势的发挥可能通过
(a)一个个体;(b)一个群体;(c)一种高于个体的客观准则。

(a) **从属于一个个体**。——一个群体服从单个人意味着这个群体非常牢固的团结。这种从属关系的两种典型形式也是同样的情况,即(1)当群体跟着其首领构成一种真正的内部团结时;当上级更多是一位领袖而不是一个主人,而且他自己只代表群体的权力和意志时。(2)当群体意识到自己与其首领之间的对立时,当一个反对首领的派别形成时。在两种情况下,最高首领的统一性总会带来群体内部的团结。后者的要素是意识到自身是归属到一起的,因为他们的利益交汇在一个点上。而且,与这种统一控制力量的对抗迫使群体集合起来,并把自身凝聚成统一体。这个事实不止出现在政治团体身上。在工厂、教会社区、学校班级,以及各种联合体中都可以发现,组织以一个首领为依归——不论是和谐还是对抗——都有助于产生群体的统一。这在政治领域最为引人注目。历史已经展示出,君主最大的优势就是把民众的政治利益统一起来。社会整体有共同的兴趣把王室的特权保持在其边界内,这可能是为了限制特权,或者是在那些其利益关联着王室的人和反对王室的人之间存在共同的冲突领域。所以,存在着一个最高点,人民参照它构建一个单独的政党,或者至多两个。当所有人从属的首领消失的时候——随着政治压力的终结,所有政治统一体同样会停止。会出现很多政党派别,它们以前由于最高政治利益或者因为对抗君主,是找不到生存空间的。

人们常常会对单个人向一大群人行使权威这种状况的不合理感到奇怪。当我们考虑到统治者和受到控制的单个主体绝不可能

698

---

① Adapted from a translation of Georg Simmel by Albion W. Small, "Superiority and Subordination," in the *American Journal of Sociology*, II(1896—97), 172—86.

形成人格平等的关系时,这一矛盾就会得到修正。群众的组成是通过这样的事实:很多个体把他们人格的片段——片面的目的、利益和力量——结合起来,而每个人格都高于这个共同的层次,根本不会进入"群众"之中,即那种真正由单个人掌控的状态。因此,在非常专制的群体之中,个性往往得到非常自由的发展,特别是那些没有大众参与的方面。所以,在意大利文艺复兴的专制统治中,开始了现代个性的发展。这方面,如同在其他类似的情况下(比如在拿破仑一世和三世的统治下),为了专制君主的直接利益,允许那些不被受管制群众认可者(即与政治最无关者)在人格的所有方面享有自由。由此,从属得到更多的容忍。

699

(b) **从属于一个群体**。——在第二类中,群体可以采取金字塔的形式。在这种情况下,劣势者反对优势者不是在平等的群众之中,而是在非常讲究的权力层级体系里。这些层级越往上范围就越缩小,但重要性却更大。它们从下等的群众向上延伸,直到首领即单一的统治者那里。

这种群体形式可能以两种方式存在。它可能来自个人的独裁专制权力。后者常常失去权力的实质,并允许其下滑,同时保留其形式和头衔。在这种情况下,离前独裁者最近的秩序比离得较远的秩序能保持更多的权力。既然权力是不断渗透的,那么优势和劣势的连续性和层次性必定会发展自身。事实上,这就是东方国家社会形式经常出现的方式。上级秩序的权力瓦解了,这要么是因为它本质上不连贯,从而不知道如何达成上面强调的服从与个人自由之间的比例;要么是因为组成行政当局的人太懒散,或者对治理技术太无知,无法维护最高权力。因为在一个大圈子里行使的权力永远不会被长久持有。假如想保留超出它的影子和名称的某种东西,就必须不断获取和保护新东西。

在一个至高首领身上构建起一定规模权力的其他方式与刚才的描述正相反。从社会成员的相对平等开始,某些成员获得更大的重要性,从而在这样的势力范围内形成某些区别于他们自身的特别有权力的个人,直到这种状况发展到使自身适用于一个或少数几个首领。在这种情况下，优势和劣势的金字塔从底部开始向上构建，而在前一种情况下，则是从上往下发展。这第二种发展形式往往出现在经济关系里，一开始，在某种产业社团里从事工作的人们之间存在着某种平等关系。现在，其中一些人获得了财富，另一些人则变穷。其他人陷入中间状态——这种状态取决于财富的贵族，就像较低层的秩序取决于中间阶层一样。这种贵族以多种层次出现在权贵之中，有时他们之中的每个人被适当地指定为一个产业分支的"国王"。通过这两种方式的一系列组合，群体的优势和劣势等级形成了中世纪的封建制。只要全部公民——希腊、罗马或日耳曼人——知道不存在对一个个体的服从，对他来说，一方面与其同等级的那些人是完全平等的，另一方面又对那些较低等级的人严格排斥。封建制把这种典型的社会形式改造成同样典型的安排，以阶级等级填平了自由与束缚之间的鸿沟。

対一些个体的特殊服从形式是多数投票决策。多数人支配原则设想的是，存在着一组起初拥有平等权利的成员。在投票过程中，个人把自身置于服从权力（他是权力的一分子）的地位，但以这种方式，他不论属于优势还是劣势一方，他的意志只能取决于胜出的一方。我们现在对优势者完全正规的（比如科学大会的决议）情况不感兴趣，我们感兴趣的是由于获胜党派的意志而被迫行动（也就是他必须实际服从多数派）的那些人。

在我们这个大多数人决策的时代，由于其他人尽管权利平等，但却有别的想法这个事实，数量支配原则绝不是理所当然之事。古代日耳曼法对此一无所知。假如一个人不同意社团的决议，他不会受决议的约束。作为这一原则的一种运用，后来在选举国王时要求必须一致同意，这显然是因为不可能期望或要求一个没有选择这个国王的人去服从他。反对授权征税或者不在场的英国男爵经常拒绝交税。在易洛魁族印第安人的部落会议上，就像在波兰国会上一样，决定必须是一致同意的。所以，不存在个人对多数的服从，除非我们认为，假如一项提议没有得到提出措施的那些人的一致赞成、服从和投票胜出，就视为被拒绝。

700

701

相反,当多数派的统治存在时,少数派有两种可能的服从模式,而且两者之间的区别具有最大的社会学意义。首先,控制少数派是因为这个事实:多数人比少数人更有力量。尽管参与投票的个人被假定是平等的,但多数派拥有物质力量去强迫少数派。进行投票和少数派的臣服是为了实际运用力量,但是通过点算票数,达成了同样的结果,因为少数派确信诉诸武力是徒劳的。群体中存在着两个对立的党派,就像是两个群体,两者之间由投票代表的相对力量来决定。

然而,另一种原则在第二种模式里是生效的,群体作为一个整体,压倒了所有个体,以至于投票通过**仅仅是表达统一的群体意志**。在从前者向第二种原则的转变中,极为重要的一步就是,从仅仅由个体总和构成的整体转为承认和运作一种抽象的客观群体团结。古典风俗迈出这一步要比德国人民早很多——不仅绝对来说是如此,相对来说也很早。在德国人中,社团的统一性与个体并不对立,而是完全存在于个体之中。因此,只要有一个成员表示反对,群体意志不仅不会颁布,甚至不会存在。除非所有成员都团结在一起,否则群体就不完整,因为只有在成员的总和之中,群体才得以组成。然而,假如群体是一种自我存在的结构——不论是有意为之还是仅仅从事实上来看,假如由个体联合组成的群体组织即使有个体发生变化也保持不变,这种自我存在的统一体——国家、社区、具有特定目的的社团——必定以明确的方式下决心和采取行动。然而,由于两种矛盾的意见中只有一种最终能占上风,那么人们会假定,多数派更可能比少数派更好地认识和代表这种意志。根据这种假想的原则,少数派在这种情况下不会被排斥,而是被包含进来。因此,在社会学发展的这个阶段,少数派的从属和在多数派仅仅代表着较强权力的情况下的从属完全不一样。在当前情况下,多数派发言不会以自己的名义,而是以理想的统一和整体的名义。只有为了多数人所说的团结,少数派才服从它。这是我们议会决策的内在原则。

(c)**从属于一种非个人的原则**。——第三,对于这些必须加入

702

676

的成员来说,既不是服从个人,也不是服从多数派,而是服从一种非个人的客观原则。在我们似乎被禁止谈论上级和下属之间**相互影响**的地方,社会学感兴趣的只有两种情况:首先是这种理想的统属原则被解释为现实社会力量的心理固化时;其次是这种原则在那些普遍服从它的人之中建立起具体独特的关系时。前一种情况主要和道德规则有关。在道德意识中,我们感到自己服从一项似乎不是由任何个人力量发布的法律;我们倾听自己良心的声音,然而却有一种力量和确定性,这和所有主观的利己主义相反,它似乎来源于一种主体之外的权威。众所周知,我们已经尝试解决这种矛盾,即假设我们从社会法令中获得了道德内容。任何对物种和群体有用的东西,成员为了群体的自我保护而要求的任何东西,都在个体之中逐渐得到培育,成为一种本能,从而从适当的个人冲动的角度宣称它是一种特殊的——因此常常也是矛盾的——自发感觉。这样就可以解释道德命令的双重特征。一方面,在我们看来,它似乎是一种我们必须服从的非个人的秩序。而另一方面,没有什么可见的外部力量,只有我们自己最真实与个人的本能才能将其强加于我们自身。社会学上来看,这是个体与其群体之间完全特有的反应形式的一个例子。在这里,社会力量完全在个体自身之中发展起来。

我们现在转向第二个社会学问题,它产生于从属非个人的理想原则这种情况。这种从属如何影响到共同从属的人之间的关系呢?雅利安人当中家长(pater familias)地位的发展清楚展示了这种过程。家长的权力最初是无限的和完全主观的;也就是说,允许用他一时间的欲望、他的个人优点来为所有的规则做出决定。但这种随心所欲的权力逐步受到责任感的限制。体现在家族精神中的家庭群体的团结发展成为理想的力量,与之相关的,整个家庭的主人认为自己只是一个忠顺的代理人。因此,是道德和习俗而不是主观偏好决定了他的行为、他的决策、他的司法裁决;他不再表现为是家庭财富的绝对主人,而是为了家庭整体利益的管理者;他的地位更多具有官方职位而不是无限权利的特征。因此,上下级之间的关系被置于一个全新的基础之上。家庭被认为是凌驾于所有个体成员之

703

上的。指导性的族长自己像其他每个成员一样，从属于家庭理念。他只能以高尚的理想团结的名义给其他家庭成员发出命令。

C. 冲突与调适

1. 作为冲突与调适类型的战争与和平[1]

显然，从战争向和平的过渡必然呈现出比反向运动（即从和平向战争过渡）更需考虑的问题。后者确实不需要什么特别的注意。因为和平时期存在的局势恰恰是战争出现的条件，而且这些局势之中包含着模糊的、无人注意的或潜在的斗争。比如，假如内战时期美国南部邦联各州由于奴隶制而拥有对北部各州的经济优势也是这场战争的原因，只要从中没有产生对抗，而仅仅是内含于现有条件之下，冲突的根源就不会专门变成战争与和平问题。然而，在这一时刻，对抗开始呈现出一种色彩，意味着战争、敌意的积累、憎恨的情绪、报纸辩论、私人之间的摩擦，以及在边界上、在核心对立面之外的事情上立即表现出来的彼此道德上的模棱两可。从和平向战争的过渡不会根据特定的社会学形势来区分。相反，敌意是在和平局面下存在的关系中，以其最明显和最有力的形式发展起来的。然而，如果从相反的立场来看待的话，情况就不同了。和平不会在冲突之后马上出现。终止纷争是一项特殊的事业，既不属于某一类人，也不属于另一类人，就像一座以不同类型部分与两边河岸连接的桥梁。所以，斗争的社会学要求——至少是作为一种附加物——分析冲突终止的形式，这展示出了某些特殊的反应形式，这在其他情况下是观察不到的。

在大多数情况下，与从战争向和平的过渡相对应的特殊动机只是对和平的简单渴望。事实上，随着这一因素的出现，和平就产生了，最初是以愿望的形式和斗争本身一起出现，它可能没有任何用

---

[1] Adapted from a translation of Georg Simmel by Albion W. Small, "The Sociology of Conflict," in the *American Journal of Sociology*, IX(1903—4)，799—802.

来取代斗争的特殊过渡形式。我们无需长时间停下来观察对和平的渴望可能是直接还是间接产生。前者的发生可能是通过本质上赞成和平的党派重新恢复和平性质的力量，也可能通过仅仅改变斗争与和平的刺激形式，后者以不同的节奏浮出水面，并呈现出一种只受自身本性认可的控制。然而在间接动机的情况下，一方面，我们无需消除持久的争议，就可以辨别出资源的耗尽——这就意味着对和平的要求；而另一方面，可以辨别出利益从斗争中撤出——由于在其他目标上更高的利益。后一种情况引起各种虚伪和自欺欺人。人们主张并相信，和平可以从和平本身理想的利益和对敌意的抑制之中获得，而在现实之中，只有为之而战的对象失去了利益，战士们宁愿把他们的力量自由用于其他的活动。

　　从战争到和平最简单和最激进的途径就是胜利——生活中一种独特的现象，当然有无数的独特形式与措施，但它们与人和人之间可能发生的任何其他形式都没有相似之处。胜利仅仅是战争与和平之间的分水岭；绝对来说，只有一种不会在相当长时间内扩展它自身的理想结构。因为只要斗争持续下去，就不会有明确的胜利者，当和平存在时，胜利就**已**取得，但胜利的行为已停止存在。在胜利的很多阴影中，它能实现接下来的和平，我在这里所谈的只是一个例证，胜利不只是由于一方的数量优势，也是由于（至少是部分原因）另一方的顺从。劣势者的忏悔，对失败的承认，或者还没有耗尽斗争资源和机会就赞成把胜利送给另一方，这些绝不是一种简单的现象。某种克己苦行的倾向也可能作为一种纯粹的个人因素，即自卑和自我牺牲的倾向，这种倾向还没有强大到足以使一个人一开始不经斗争就投降，但是一旦被征服的意识开始占据灵魂，或者这种意识的变体找到与仍然重要和活跃的斗争倾向相对立的至高诱惑，它就会出现。此外，当感到投降更有价值，而不是相信最后一刻还有翻盘的渺茫机会时，也会有得出同样结论的冲动。放弃这个机会，以此为代价逃避彻底失败导致的最终结果——这当中体现了那些不仅确信自己的长处，也清楚自己弱点的人们伟大高尚的品质，对他们来说，没有必要在每种情况下都意识到这一点。最后，在这种承认失败的随意性之中，有最后的证据证明行动者的力量；他自己稍后能够行动。他实际上给征服者送了一份礼物。因此，在个人冲突中经常可以看到，一方在另一方能够实际强迫它之前做出让步，后者把这种让步视为一种侮辱，好像后者是弱者似的，然而他们在没有必要的情况下，由于某些原因做出了让步。在"为了甜蜜的和平"而投降的客观原因背后，主观动机的混合并非很少被掩盖。然而对于参与各方进一步的社会学态度来说，这些动机不是完全没有明显的结果。与靠胜利来结束冲突完全相反的，是靠妥协来结束冲突。划分斗争最典型的方法之一就是看这些斗争在本质上是否允许妥协。

2. 妥协与调适①

总的来说，妥协，特别是通过谈判产生的那种妥协，无论在现代生活过程中是多么普通和实际的事物，却是对于文明来说最重要的发明之一。不文明人类的冲动就像儿童的冲动一样，就是在没有进一步考虑的情况下去夺取每个想要的目标，即使它已被其他人持有。抢劫和赠与是最天真的占有物转移形式，而且在原始社会，占有物的改变很少不经过斗争。所有文明工商业都开始寻找办法来避免这种斗争，通过这一过程，从想要进行交换的人的占有物中提取某些别的物品，交给他所想要物品的持有者。通过这一安排，和继续或开始斗争的过程相比，能量的总消耗减少了。所有的交换都是一种妥协。我们知道，在某些社会状况下，抢劫和为抢劫而战被视为勇武，而在同一个社会中，交换和买卖被视为不体面和粗俗。对这种情势的心理解释部分可以归因于交换中的妥协因素，撤退和放弃因素使交换成为所有斗争和征服的对立面。每一次交换都假定价值和利益具有客观性。决定性因素不再是主观的欲望激情——这只与斗争相对应，而是对象的价值——这得到利益相关各

---

① Adapted from a translation of Georg Simmel by Albion W. Small, "The Sociology of Conflict," in the *American Journal of Sociology*, IX(1903—4), 804—6.

方的承认,但如果不做必要的修改,可以用多种对象来代表。放弃所讨论的有价值的对象——因为它以另一种形式获得了包含在同一对象中的价值总量——是一个绝好的原因,也因其质朴而很绝妙,由此,对立的利益不用斗争就得到调和。当然需要长期的历史发展,才能使这些手段有效,因为它预设了对单个对象普遍估价的一种心理概括,换句话说,对象最初得到确认的价值的一种抽象;也就是说,它的前提是有能力超越当前欲望的偏见。通过代表进行妥协(其中交换只是特例)原则上意味着——尽管只是部分实现——在有关各方仅靠力量来决定事情之前,有可能避免斗争,或者为其设限。

与通过妥协实现斗争调和的客观性不同,我们应该指出,和解是纯粹主观的避免斗争的方法。在此我指的和解不是妥协或延迟斗争的结果,而是延迟的原因。使和解成为可能的心态是一种基本态度,它与客观理由完全分离,寻求的是结束斗争,而另一方面,争吵倾向即使没有真实的需要,也会促成斗争。这两种心智态度可能作为与某种形势有关的效用而得到发展;无论如何,它们在心理上已经发展到了独立冲动的程度,每一种态度自身都可能感到另一种态度更有实际用处。我们甚至可以说,除了和使用武力相一致的情况,斗争还会在无数的情况下结束,这种相当基础和毫无道理的和解倾向是结果中的一个因素——一个完全区别于软弱或好交情的因素,这来自社会道德或同伴之情。事实上,这种和解倾向是一种新的具体的社会学冲动,它自身完全表现为一个调解者,甚至与一般的和平倾向也不同,后者在任何情况下都避免冲突,或者继续冲突,一旦它承诺了,就不会走极端,并总是伴随着渴望和平的潜流。但是,和解的精神常常体现在完全放弃斗争之后,在冲突能量在冲突中全部产生作用之后它全部的特性之上。

和解完全依赖于外部形势。它可能发生在一方的完全胜利之后,也可能在模糊不清的斗争有所进展之后,还有在妥协的安排之后。这些形势中的任何一种都无需对手的额外和解就能结束斗争。为了实现后者,没有必要给斗争附加否定意见或者表达遗憾。此外,应该把和解与随后可能出现的状况区分开。这可能是一种依附或结盟,而且相互尊重的关系,也可能是避免积极接触的永久疏远。于是,和解消除了冲突的根源,不用提及以前令人厌烦的成果,也不用涉及后来在其所在地种下的果实。

D. 竞争、地位与社会团结

1. 个人竞争、社会选择与地位[①]

作为社会体系的一部分,个人竞争的功能是给每个人分配他在体系里的位置。如果"全世界是一个舞台",这就是一个在演员之中分配角色的过程。它可能做得好,也可能做得差,但是在采用一些做法之后,它做到了。有的人可能饰演不适合他们的角色,好的演员可能被完全剔除,而糟糕的演员却得以保留;但尽管如此,事情已经以某种方式安排了,表演得继续下去。

在我看来,这一过程必须存在,这几乎没什么疑问;事实上,我相信那些谈论废除竞争的人是在另一种意义上使用这个词,而不是这里的意图。在人类生命漫长的进程中,必定会有人的完全更新,他们的沟通和协作构成了社会生活。当新成员来到这个世界时,没有什么清楚的标记来指出他们适合什么,这对其他人来说,一开始就是个谜,对他们自己来说,一旦有了反思能力,这也是个谜:年轻人不知道他适合什么,也没有其他人能告诉他。洞察这件事唯一可能的方法就是实验法。通过一次又一次地尝试和反思他的经历,他开始认识到自己,世界也开始了解他。当然,他的调查范围是有限的,他自己的判断和其他人的判断都可能出错,但是这一切的倾向很难说没有指引他去选择最适合他的职业。我说这么多,也许并未假设作为社会职能分配者的竞争的效率或正义,稍后我会就这个问题给出一些意见。我在这里想说的就是,社会生活状况天生就具有

[①] 改编自 Charles H. Cooley, "Personal Competition," in *Economic Studies*, IV(1899), No. 2, 78—86。

某种选择过程的必要性。

很明显，在我使用这个词的意义上，竞争并不必然是一种敌对性的争夺，甚至也不是竞争个体总能意识到的某种东西。从我们的婴儿期到现在，我们每天都在形成对我们自己的判断，而我们对此并不知情，但却决定了我们的事业。"世界处处是审判日"，比如 A 和 B 因某些职务而被上级考虑，做出任命的人对每个人的经验和个人品质进行适当的权衡，我们可以说，A 是被选中的。直到做出选择，每个人都不需要知道关于此事的任何事情。正是能够履行某种社会职能使一个人成为竞争者，他对此可能知道，也可能不知道，即使知道，他可能会或不会有意地去反对别人。我相信读者就会记得，我总是在这里解释的意义上使用竞争这个词。

作为决定个体在社会体系中的位置的一种手段，只有一种方式能替代竞争，那就是某种形式的地位，某些固定的、机械的规则，通常是继承的规则，它不用参考个人特征就能决定个体的职能，从而免除任何比较过程。可以设想，一个社会完全以职业继承为基础组织起来，而且确实存在着符合这种条件的社会。比如在印度，普遍认为个人的社会职能不可改变地由其出身决定，村庄的铁匠、鞋匠、 710 会计师或牧师的地位分配是通过世袭规则，这和欧洲某顶王冠的传承一样严格。假如所有职业都是这样传承下来，假如从来没有任何有缺陷或多余的孩子能取代他们父母的位置，假如社会体系没有任何进步或衰败，使得采取必要的新行动或分配旧行动，那么就不会采用选择过程。但恰恰是在脱离这种状况的社会里，个人特质得到承认，并变得有效，或者任何类型的社会变迁都会成真，在这种状况下，必定会有竞争。

地位并不像竞争一样是一个积极的过程；它仅仅是一种保存规则，一种避免社会结构不断调整带来不便的权宜之计。竞争或选择是唯一的建设性原则，任何配得上组织名称的事物在某些时候都具有一个竞争源头。当前，贵族的长子可能凭着出生的权利就能继承一个上议院的议席；但他的祖先获得这个席位是通过竞争，是通过发挥某些个人品质，使他得到国王或大臣的重视、喜爱或恐惧。

　　亨利·梅因爵士指出,竞争的增长是现代生活的一个典型特征,旧世界强大的古代社会大多在结构上是非竞争性的。虽然这是事实,但如果由此把地位是一种特别自然或原始的组织和竞争原则这种推论当成一种较新的发现,这却是错误的。相反,人类当中的自发关系——正如我们在儿童之中看到以及我们从低等动物中推断出来的那样——是高度竞争的,个人的技艺和优势就是一切,血统方面则很少考虑。另一方面,地位继承的政治体制则是一种相对复杂和人为的产物,必然是后来增加的,它在旧世界成功社会中的普遍盛行无疑可以用它为社会提供的稳定和力量来解释。它之所以生存下来,是因为在某些状况下,它是最合适的。在野蛮人或野蛮民族中,它过去和现在都不是普遍占优的。比如美洲印第安人,地位的确定性和权威性相对较低,个人技艺和主动性相应变得重要。美国民族学局①出版,多尔西(Dorsey)②所著的关于奥马哈人③社会学的有趣著作保存的很多事实,展示出这个民族的生活是高度竞争性的。当这个部落打仗的时候,任何勇敢者都可以组织一次对抗敌人的远征,假如他能吸引足够多的人加入他,这个组织者通常就承担指挥之责。类似地,捕猎的管理者也因其个人技能被选中,总之,任何人都可以通过打仗或赠礼以及频繁举行宴会,成为“恶棍”或勇敢者,从而在国家之中赢得名声或等级。

711

　　在历史上,就地位原则和竞争原则在社会体系中应该起什么作用,一直存在着斗争。一般来说,地位的优势在于它能够给予秩序和连续性。正如吉本(Gibbon)④告诉我们的,“出身的优越特权,当

---

① 美国民族学局(Bureau of American Ethnology)成立于1879年,目的是将与北美印第安人有关的档案、记录和材料从内政部移交给史密森学会,但更多是在美国组织人类学研究。它赞助了很多研究项目,促进了美国人类学的发展。1965年与史密森人类学系合并。——译者注

② 詹姆斯·欧文·多尔西(James Owen Dorsey, 1848—1895),美国民族学家、语言学家。——译者注

③ 奥马哈人(Omaha),美洲印第安部族之一,生活在美国中西部。——译者注

④ 爱德华·吉本(Edward Gibbon, 1737—1794),英国历史学家,著有《罗马帝国衰亡史》。——译者注

他得到时间和大众意见的认可时,是人类所有区别中最朴素和最不令人作呕的。"他无疑正确地把罗马帝国后来的混乱主要归因于缺乏传承帝国权威的既定规则。地位的主要危险在于抑制个人发展,并由此导致社会衰弱、僵化和最终的腐败。另一方面,竞争发展个体,赋予社会灵活性和活力,其危险主要是某种形式的解体。现代社会的普遍倾向是自由或竞争原则的相对增长,因为确保稳定的其他手段的出现减少了对地位的需要。但即使是在最自由的国家,后者仍然是财富传承的方法,而且在社会阶级当中,阶级的存在也主要以继承的财富和随之而来的文化和机会为基础。这种状况得以延续(没有遭到严重的反对)的最终原因——面对它持续存在的明显不平等和对自由的限制——可能是因为事实上没有其他传承方法表明自己有能力给财富的控制提供连续性和秩序。

712

2. 个人竞争与个体类型的演变①

古代城市主要是一个堡垒,一个战争时期的避难所。与之相反,现代城市主要是商业的便利设施,它的存在归功于它得以产生的市场。工业竞争和劳动分工对发展人类潜在力量起了最大作用,但只有在市场、货币和助长商业与贸易的其他设置存在的状况下才有可能。把城市描述为自由人的天然环境的古老格言仍然有效,只要个体在机遇之中找到多样的兴趣和工作,在城市生活大量的无意识协作中找到选择职业和发展他特殊的个人才能的机会。个人竞争总是会为每一项特定工作选出最适合的执行者。

"现实中,不同的人在天生才能上的差异比我们意识到的要少得多;似乎把不同职业的人区分开的不同天才在发育成熟之后,在很多场合下与其说是劳动分工的原因,不如说是其后果。比如,一个哲学家和一个普通街头搬运工在特征上最大的

① 选自 Robert E. Park, "The City," in the *American Journal of Sociology*, XX(1915), 584—86。

区别与其说来自自然,不如说来自习惯、风俗和教育。当他们来到这个世界上以及头六年或八年里,他们可能是非常相似的,他们的父母和玩伴都不可能感受到有任何明显的差异,大约在这个年纪或不久之后,他们开始从事不同的职业。才能的差异开始被注意到,并在程度上扩大了,直到最后哲学家的虚荣心愿意承认稀少的相似之处。但即使没有运货、讨价还价和交易的倾向,每个人也必须获取他想要的每一样生活必需品和便利品。所有人必然有同样的职责要履行,有同样的工作要做,就业差异不可能像给予任何一种天才的机会那样,有那么大的差异。

713

由于交换的力量给了劳动分工以机会,所以这种分工的程度必定总是受到这种力量的程度的限制,或者,换句话说,受到市场程度的限制。有某些类型的产业(即使是最低级的)也只能在大城市里进行。"

在个人竞争的情况下,成功有赖于对某些单一工作的专注,这种专注激发了对理性方法、技术手段和特殊技能的要求,虽然以天生才能为基础,但也需要特殊的准备,这就要求建立行业学校和专业学校,最后还要职业指导局。所有这些不管直接还是间接,都起到选择和强调个人差异的作用。

促进贸易和工业的每一种手段都为进一步的劳动分工铺平了道路,这样就更倾向于使任务专门化,人们在其中找到自己的职业。

这一过程的后果就是打破或改变了老的社会组织——它们的基础是家庭纽带、地方联合、文化、种姓和地位,并用一种基于职业利益的组织取而代之。

在城市里,每一种职业(即使是乞丐)都会具有专业特征,成功强加于任何职业的原则,和被它强化的联合一起,强调了这种倾向。

职业和劳动分工的后果首先产生的不是社会群体,而是职业类型——演员、水管工和伐木工。这些组织——就像行业协会和工会——由基于共同利益的相同行业或职业的人组成。在这方面,它们不同于邻里那样的联合——它们基于毗邻、个人联系和共同的人文纽带。不同的行业和职业似乎倾向于把自己分为阶级，即工匠、商人和专业阶层。但在现代民主国家，阶级还没有形成有效的组织。而以努力创建一种基于"阶级意识"的组织为基础的社会主义，从未成功创造过超出政党的成果。

714

劳动分工的后果作为一门学科，可以在它产生的职业类型中得到最好的研究。在这些类型中，有兴趣研究的有：女店员、警察、小贩、出租车司机、守夜人、占卜者、杂耍演员、江湖郎中、酒保、选区负责人、破坏罢工者、劳工煽动者、学校教师、记者、股票经纪人、当铺商人；所有这些都是城市生活状况下的典型产物；每类都有其专门的经验、洞察力和主张，决定着每个职业群体以及城市整体的个性。

3. 劳动分工与社会团结①

劳动分工最显著的后果不是它强调了早已分开的职业的区别，而是使它们相互依存。在每一种情况下，它的作用不只是修饰或完善现有的社群，而是建立可能的社群（没有它，社群就不存在）。如果性别之间的劳动分工缩减到一定程度，家庭就不复存在，只有短暂的性关系得以存留。假如两性从未完全分开，也就不会产生任何形式的社会生活。可能劳动分工在经济上的效用是造成现有婚姻社会形式的一个因素。然而，由此创造出来的社会不仅仅限于经济利益，它代表着一种独特的社会和道德秩序。个人相互联系在一起，否则就是独立的。他们不是各自发展，而是共同努力；他们是一个统一体中相互依存的部分，这种统一不仅在交换服务的短暂时刻里有效，而且在其后也无限有效。比如，当今存在于最有教养的人当中的那种婚姻团结难道不是对生活的所有细节不断施加影响吗？另一方面，由劳动分工创造出来的社会不可避免地带有它们起源的印记。由于有了这特殊的起源，他们就不太可能类似于那些源于相

---

① 翻译并改编自 Émile Durkheim, *La division du travail social*, pp. 24—209。（Félix Alcan, 1902.）

715 似吸引力的社会;后者不可避免地以另一种方式来构建,对应于其他的基础,并呼吁其他的情感。

认为劳动分工产生的社会关系存在于服务交换之中的假设仅仅是对交换的含义及其产生的影响的误解。它假设两种存在是相互依赖的,因为它们如果没有另一方就是不完整的。它将这种相互依赖解释为纯粹的外部关系。实际上这仅仅是对内在和更深刻状态的肤浅表现。正是由于这种状态是恒定的,它激起了心智意象的情结,具有独立于外部关系的连续性。使我们变得完整的意象与我们自己的意象是不可分开的,这不只是因为它与我们相关,尤其因为它是我们自然的补充。然后它就变成了自我意识永久和不可分割的一部分,以至于我们不能离开它,并用每一种可能的手段以求强调和强化它。我们喜欢一个其意象萦绕在我们心头的社会,因为对象的存在强化了实际感受,并给我们安慰。相反,我们对类似于离别和死亡这样一些情况的忍受,很可能妨碍或削弱与我们自己的看法一致的思想的活力。

尽管这种分析很简短,但它足以展示出这种情结和基于同情的情结不一致,只不过它们的来源是相似的。毫无疑问,只有当我们设想其他人和我们自己联合的时候,才会出现我们与他人之间的团结感。当这种团结来自相似的感觉时,它就是一种凝聚力。这两种表现被合并是因为它们混杂在一起,不只是一体,而且只能在它们混杂起来的程度上才能合并。与之相反,在劳动分工的情况下,每一方都外在于另一方,而且它们只是因为有区别才团结起来。两种情况下的情感不可能是一样的,也不可能产生相同的社会关系。

然后,我们会扪心自问,是否劳动分工没有在更广泛的群体里扮演同样的角色;假如在当时的社群中,它有了我们熟悉的发展,是716 否其运作方式就不能起到整合社会和确保其统一的作用。可以相当合理地假定,我们观察到的事物在那里复制了自身,只是规模更大。大的政治社团就像较小的社团一样,我们可以假定保持他们的均衡是多亏了它们任务的专业化。劳动分工即使不是唯一的,至少也是主要的社会团结来源。孔德已经得出了这个观点。在我们所知的社会学家当中，他是第一个指出劳动分工不只是纯粹经济现象的学者。他在那里看到了"社会生活最基本的条件"，提出了一个设想，"在其所有合理的程度上，也就是说，一个人把这个概念用于我们所有的行动，而不是将其局限于简单的物质性用途。"就这方面的考虑，他说：

> 它立即使我们不仅把个人和阶级，而且在很多方面把不同的民族视为不断参与到——以其典型的方式和恰当的程度——一项庞大而共同的工作中，其不可避免的发展逐渐把实际操作者与其前辈联合在一起，同时也联合了他们的接班人。因此，正是我们多样化人类劳动的持续分化构建了社会团结，变成了社会有机体复杂性得以扩展和增加的基本原因。

如果这一假设得到证实，劳动分工所起的作用就比一般认为的更重要。不要将它仅仅视为一种奢侈，一种虽然值得拥有，但不是社会必不可少的东西；毋宁说它是社会存在的条件。正是这一点，或者说至少主要是因为这一点，确保了社会群体的团结；它决定了群体构成的主要特征。由此得出——即使我们还没有准备好对此问题给出最终结论，但我们还是可以从这一点上预见到——的认识是，假如这确实就是劳动分工的功能，那我们从道德需要来理解的话，因为存在对秩序、和谐、社会团结的普遍需要，它就可能具有道德特征。

社会生活来自两个来源：(a)心智相似性；(b)劳动分工。个体在第一种情况下得到社会化，因为他不具备自己的个性，他与其同伴被混淆在相同的集体类型之中；在第二种情况下，因为即使他拥有区别于他人的外貌和气质，他也依赖于将他和他人区分开的这些职业。社会产生于这种联合。

心智相似性产生了司法规则——在镇压措施的威胁下，给每个人强加统一的信仰和做法。心智相似性越明显，社会与宗教的混合

717

689

就越彻底,经济制度就越接近共产主义。

另外,劳动分工产生了决定各个职业的本质与关系的规章和法律,但是对它们的违反只承担惩罚措施,而不是补偿性措施。

每一部法典都伴随着一整套纯粹的道德规范。在刑法宽松的地方,道德共识非常广泛;也就是说,很多集体行为处于公共舆论的监护之下。在赔偿权得到充分发展的地方,每种行业都保持着职业道德准则,普及到群体界限内,这些准则尽管没有得到司法惩罚的加强,仍然在实施其命令。存在着所有行业成员承认的规矩和习俗,没有人可以不受社会的谴责而违反它们。这种道德准则当然与前面提到的不一样,其差别类似于分开两种法律的差别。事实上,它是一种局限于有限社会领域的准则。此外,它所附加的制裁的镇压特征显然不那么突出。职业过失比冒犯更大社会的道德造成的反应要弱得多。

然而,职业习俗和准则是必不可少的。它们迫使个人根据并非自己目的的目标去行动,去做出让步、同意妥协,去考虑比自己的利益更高的利益。结果就是,即使是在社会最彻底依赖劳动分工的地方,也不会分解为彼此之间只存在外部和暂时联系的原子的尘埃。

个人行使的每一项职能必然取决于他人行使的职能,并和它们形成一个相互依赖的体系。由此断定,从一个人选择的任务性质来看,相应的责任随之而来。由于我们履行了这样那样的家庭或社会职能,我们就被囚禁在一个义务的大网里,而我们没有权利使自己从中摆脱。尤其是有一个我们的依赖状态不断提升的器官——国家。我们和它的接触点正在成倍增加。在此场合下,它也让自身唤起我们的共同团结感。

社会生活中有两股巨大的潮流,集体主义和个人主义,与之对应,我们发现了两种不同的结构。这些潮流中,以心智相似性为起源的潮流最初是独一无二的,没有对手。此时,它与社会的生活相一致,渐渐地,它找到了自己单独的渠道并缩减其影响,与此同时,第二种潮流变得越来越大。同样,社会的分支结构越来越多地被其他结构遮盖住,但是没有完全消失。

718

III. 研究与问题

1. 调适的形式

关于调适的文献将按四大类来考察:(a)调适的形式;(b)从属与统属;(c)调适群体;(d)社会组织。

正如已经指出的,调适这个词是作为生物学适应概念这个领域的变异体发展起来的。沃德的格言"环境改变动物,而人类改变环境"①包含了这种区别。托马斯同样区分了动物的适应方法和人类的控制方法。布里斯托尔(Bristol)在他的著作《论社会适应》里也有涉及,就像该书副标题指出的,"随着作为一种社会进步理论的适应思想的发展"。然而,在他提议的几种适应类型里,只有第一种代表着调适。鲍德温尽管不是第一个做出这种区分的,但却是第一个使用单独术语"调适"的学者。"通过调适,老的习惯被打破,新的更复杂的协作得以形成。"②

鲍德温建议把调适划分为三个领域:驯化、归化和平衡。"平衡"一词精确描述了不同生物物种与环境的竞争建立起来的组织类型,但不是我们在人类社会里发现的更为持久的个人组织和群体。在人类社会里,平衡意味着组织。关于驯化的研究相当多,尽管对其发现还远远没有形成一致意见。

与驯化密切相关,但又属于社会归化领域的是发生在殖民和移民之中的调适。在殖民过程中,调整所针对的不只是气候状况,还有生计方法,以及新形势所要求的生活习惯。历史上的殖民定居点很少建立在不适合居住的地区,这涉及与定居者不一样,而且普遍文化水平较低的原始民族的调适。凯勒(Keller)教授的著作《殖民化》调查了不同的殖民类型,并描述了相关的调整。它也包括很有价值的这个主题的文献书目。

719

---

① *Pure Sociology*，p.16.
② *Mental Development in the Child and the Race*，p.23.

在移民中,针对经济形势和当地社会风俗和道德的调适比针对殖民的调适更为重要。关于移民的大量文献轻描淡写地涉及了新来者对新环境的有趣调适。在这个过程中,就像当前卡内基公司的"美国化研究"所强调的,重要因素之一就是作为熟人与陌生人之间中介力量的移民社团。与较早时期相比,目前移民准备程度更高的调适已经根据交通、通讯设施进行了解释,甚至更多涉及了大规模工业社会中的职业流动性,这种社会有更细的劳动分工,对雇员的技能和训练要求更少。

对新社会环境更微妙的调适形式尚未成为分析主题,尽管有较少但重要的对思乡病的研究。可以肯定的是,在小说里,边疆社区新来者的困难,或者城市环境下笨拙的乡下佬,以及成功融入社会精英之中的暴发户,经常得到恰如其分的描述。最近的移民自传包含了一些资料,就移民适应美国环境的调适过程中的状况提出了新的看法。

社会组织的整个过程涉及个人在群体中找到自己的位置,以及群体在更大和包罗更广的社会生活里得到表达的过程。文献涉及动物驯养,青少年和成人教育以及属于这个领域的社会控制。关于外交、政治家技艺以及争端制裁的作品在这里也有考虑,无论是在狭窄的社会工作领域,还是较广的人类关系领域,人的问题基本上来说是一个人适应其社会环境、家庭、初级社会群体、产业,以及文化、市民和宗教制度的问题。社区组织问题很大程度上是调适问题,涉及群体与社区的结合,还有当地社区适应更广泛社区生活的问题。

过去对个人关系与社会关系的调整是草率鲁莽的,只涉及最低限度的个人意识和社会意识。现存文献稍微揭示了对这些调适的明显要求,而不是对调适发生过程的系统性研究。齐美尔对从属和统属的观察几乎是从社会学角度对这个主题进行的唯一尝试。

2. 从属和统属

关于从属和统属的材料可以在名称差异很大的文献中找到。

桑代克、麦克杜格尔以及其他人已经报告了个人支配和服从，或者自作主张和自我贬低的原始倾向。凡勃伦则在他对有闲阶级自觉招致厌恶的态度和明显浪费的分析中给出了最为接近社会学的解释。

运用我们关于和谐、团队精神和士气的知识来解释个人举止和群体行为是未来研究中最具希望的领域之一。在家庭当中，和谐与共识代表着其成员最彻底的协作。应该对家庭生活进行更深入的研究，为的是更确切地界定家庭共识的本质，家庭和谐的机制，以及出于这个现实统一体的利益，把冲突最小化和避免解体倾向而做出的少许调适。

斯特雷奇（Strachey）[①]的《维多利亚女王的生活》描绘了一个有趣的从属和统属的例子，其中女王是从属者，而她精明而又愤世嫉俗的大臣迪斯累利则是主人。

未来的研究将提供一门更充分的关于从属和统属的社会学。对关于个人联系的性质与影响的材料当前产出的调查强化了对这种基础研究的需要。关于个人吸引力的过时著作已被所谓的"推销心理学"、"品质阅读的科学方法"和"领导心理学"取代。这些书籍的广泛销售指明了大众的兴趣，完全缺乏对人际关系技术的基本理解。

3. 调适性群体

适合于调适性群体以及它们和冲突性群体之间关系的调查领域可以用本书 722 页的表格来给出最好的说明。

党派、宗派、民族等冲突性群体的存在代表着任何不稳定平衡社会中的区域。调适性群体、阶级、种姓和教派代表着同一社会中稳定平衡的区域。一个按照公认的规则进行竞赛的男孩俱乐部具 722 有类似的组织。一个教派为了全世界教会的共同利益而与其他教

---

① 利顿·斯特雷奇（Lytton Strachey，1880—1932），英国著名传记作家、文学评论家。——译者注

派进行兄弟般的竞争。一个民族只有在它作为成员的民族共和国中才拥有地位、权利和责任。

冲突性群体	调适性群体
帮派	俱乐部
劳工组织、雇主联合会、中产阶级协会、租户保护协会	社会阶级、职业群体
种族	种姓
教派	宗派
民族	国家

关于调适性群体的著作几乎都涉及组织的原则、方法和技术。实际上,有一两部关于原始和现代时期秘密组织的描述性著作。然而,关于有组织男孩群体的著作和论文讨论了童子军、男孩共和兄弟会、乔治少年共和国、亚瑟王骑士团,以及这些类型的很多其他俱乐部。它们都不是对自然群体的研究。

社会阶级与职业群体的比较研究是一个尚未成形的领域。社会类型的分化(特别是在城市生活里)以及把社会阶级与职业阶层分开的社会区别的复杂性和微妙性,为调查开辟了丰硕的前景。它们分散在广泛的文献里,从官方研究到小说作品,偶尔在一些段落、书页和章节里存在对其价值的观察。

在种姓领域,研究工作正顺利进行。印度的种姓体系已经成为仔细考察和分析的主题。西格勒指出,在最严格与最绝对形式中观察到的禁止通婚是种姓的基本区别。假如把这作为基础标准,美国的黑人种族就处于种姓的地位上。在美国,妓女直到最近才形成一个单独的种姓。随着我们大城市里隔离开的红灯区的系统瓦解,作为一个种姓的卖淫者似乎消失了。妓女的场所似乎被暗娼占据了,这些人生活在城市的郊区,但绝对不是流浪者。

很难把民族的材料和国家的材料分开。但为了促进法律和秩序而对国家内部组织进行的研究将会归于后一类。这里也会包括关于扩大警察权力以促进国家福利的研究。在国际关系中,关于国

723

际法、国际仲裁法院、国际联盟或协会的研究表明,人们对避免或推迟好战民族之间冲突的和解措施越来越感兴趣。

在美国,有相当多的文献涉及教会联合会和社区教会。这种文献表现了新教教会从为支持独特教义或教条而致力于战争的教派团体,向组织成为美国基督教会联邦委员会这种合作性宗派的转变。

4. 社会组织

直到最近,人们更感兴趣的是阐述社会演化阶段的理论,而不是分析不同类型社会的结构。然而,迪尔凯姆在《社会分工论》里指明了劳动分工和社会态度(或者说对生活形势的心智调适)如何塑造社会组织。另外,库利在他的著作《社会组织》里把社会结构构想为"更大的头脑",或者人类本性与人类理想的一种产物。

不断增加的对单个原始社区的研究已经为不同类型社会组织的比较研究提供了资料。舒茨(Schurtz)、费尔康特(Vierkandt)、里夫斯(Rivers)、洛维(Lowie)等人在最近二十年已经在这个领域进行了重要的比较研究。这些学者的工作已经使较早的文化均质进化阶段概念被废弃,这些概念对所有的民族——不论是原始的、古代的还是现代的——都可以分类。新的见解已经涉及小家庭、较大的家庭群体、宗族、氏族或亲属、秘密社团和部落中的实际配置——这些配置决定了不同地理和历史状况下原始民族的生活模式。

当前,对流行的和大众感兴趣的社会组织的调查都与社会工作和社区生活有关。"社区组织"、"社区行动"、"认识你的社区"是表达社区研究尝试背后实际动机的短语。这些调查正如已经执行的,除了少数的例外如匹兹堡调查和罗素赛奇基金会的社区研究,基本上是肤浅的。也许这些研究都是尝试性的和实验性的。社区尚未从基础角度得到研究。实际上,作为方法和取向的背景,对社会组织还没有任何有效的适当分析。

对社区社会结构的深入分析必须完全以人文地理学研究为基础。植物和动物地理学已经得到了研究,但是很少关注人文地理

724

学，也就是构成一个社区的人的当地分布，以及由于随之产生的物理距离和社会关系而做出的调适。

对个别社区的民族学与历史学研究为一部关于人文生态学的著作提供了有价值的材料，该文可以作为社区组织研究的一份指南。加尔平(C. J. Galpin)的《一个农村社区的社会解剖》是对社会组织研究中作为基础的生态因素进行认识的例子。

在本章的参考书目里，列出了社区组织中某些实验的参考文献。学生应该根据较早书目里所列的更为基础的社会群体类型研究和个别社区研究来研读这些文献。①显然，农村社区比城市社区得到更仔细的研究。但在城市里做的社区组织试验要比农村社区多。关于社会中心的活动、社区理事会和其他社区这种类型的报告往往是热情的，而不是真实的和批判的。在辛辛那提所做的最著名的社区组织实验"社会单元计划"是戏剧评论家所称的"只有行家赏识"的那种实验，但在实验之后就被放弃了。对社区生活状况的控制不可能获得成功，除非一方面基于对人性的理解和欣赏，另一方面基于社区生活的自然组织或生态组织。

参考书目

I. 调适的心理学和社会学

A. 调适的定义

（1）Morgan，C. Lloyd，and Baldwin，J. Mark. Articles on "Accommodation and Adaptation,"*Dictionary of Philosophy and Psychology*，I，7—8，14—15.

（2）Baldwin，J. Mark. *Mental Development in the Child and the Race*. Methods and processes. Chap, xvi, "Habit and Accommodation," pp.476—88. New York，1895.

（3）Simmel，Georg. *Soziologie*. Untersuchungen über die Formen

---

① *Supra*，pp.218—19.

der Vergesellschaftung. "Kompromiss und Versöhnung," pp. 330—36. Leipzig，1908.

（4）Bristol，L. M. *Social Adaptation*. A study in the development of the doctrine of adaptation as a theory of social progress. Cambridge，Mass.，1915.

（5）Ross，E. A. *Principles of Sociology*. "Toleration，" "Compromise，" "Accommodation，" pp.225—34. New York，1920.

（6）Ritchie，David G. *Natural Rights*. A criticism of some political and ethical conceptions. Chap. viii, "Toleration，" pp.157—209. London，1895.

（7）Morley，John. *On Compromise*. London，1874.

（8）Tardieu，É. "Lecynisme: étude psychologique," *Revue philosophique*，LVII(1904)，1—28.

（9）Jellinek，Georg. *Die Lehre von den Staatenverbindungen*. Berlin，1882.

B. 环境适应性与殖民化

（1）Wallace，Alfred R. Article on "Acclimatization." *Encyclopaedia Britannica*，I，114—19.

（2）Brinton，D. G. *The Basis of Social Relations*. A study in ethnic psychology. Part II，chap. iv，"The Influence of Geographic Environment，" pp.180—99. New York，1902.

（3）Ripley，W. Z. *The Races of Europe*. A sociological study. Chap. xxi, "Acclimatization: the Geographical Future of the European Races，" pp.560—89. New York，1899.[Bibliography.]

（4）Virchow，Rudolph. "Acclimatization，" *Popular Science Monthly*，XXVIII(1886)，507—17.

（5）Boas，Franz. "Changes in Bodily Form of Descendants of Immigrants，" *Report of Immigration Commission*，1907. Washington，1911.[p.726]

（6）Keller，Albert G. *Colonization*. A study of the founding of 726 new societies. Boston，1908.［Bibliography.］

（7）——. "The Value of the Study of Colonies for Sociology," *American Journal of Sociology*，XII(1906)，417—20.

（8）Roscher，W.，and Jannasch，R. *Kolonien*，*Kolonialpolitik und Auswanderung*. 3d ed. Leipzig，1885.

（9）Leroy-Beaulieu，P. *De lacolonisation chez les peuples modernes*. 5th ed.，2 Vols. Paris，1902.

（10）Huntington，Ellsworth. *Civilization and Climate*. Chap. iii，"The White Man in the Tropics," pp.35—48. New Haven，1915.

（11）Ward，Robert De C. *Climate*. Considered especially in relation to man. Chap. viii，"The Life of Man in the Tropics," pp.220—71. New York，1908.

（12）Bryce，James. "British Experience in the Government of Colonies," *Century*，LVII(1898—99)，718—29.

C. 统属与从属

（1）Simmel，Georg. "Superiority and Subordination as Subject Matter of Sociology," translated from the German by Albion W. Small，*American Journal of Sociology*，II(1896—97)，167—89，392—415.

（2）Thorndike，E. L. *The Original Nature of Man*. "Mastering and Submissive Behavior," pp.92—97. New York，1913.

（3）McDougall，William. *An Introduction to Social Psychology*. "The Instincts of Self-Abasement(or Subjection) and of Self-Assertion (or Self-Display) and the Emotions of Subjection and Elation," pp.62—66. 12th ed. Boston，1917.

（4）Münsterberg，Hugo. *Psychology*，*General and Applied*. Chap. xviii，"Submission," pp.254—64. New York，1914.

（5）Galton，Francis. *Inquiries into Human Faculty and Its Development*. "Gregarious and Slavish Instincts," pp. 68—82. New York，1883.

(6) Ellis, Havelock. *Studies in the Psychology of Sex*. Vol. III, "Analysis of the Sexual Impulse." "Sexual Subjection," pp. 60—71; 85—87. Philadelphia, 1914.

(7) Calhoun, Arthur W. *A Social History of the American Family*. From colonial times to the present. Vol. II, "From Independence through the Civil War." Chap. iv, "The Social Subordination of Woman," pp. 79—101. 3 Vols. Cincinnati, 1918.

(8) Galton, Francis. "The First Steps toward the Domestication of Animals," *Transactions of the Ethnological Society of London*, III, 122—38.

D. 改变宗教信仰

(1) Starbuck, Edwin D. *The Psychology of Religion*. London, 1899.

(2) James, William. The Varieties of Religious Experience. Lectures ix and x, "Conversion," pp. 189—258. London, 1902.

(3) Coe, George A. *The Psychology of Religion*. Chap. x, "Conversion," pp. 152—74. Chicago, 1916. [p. 727]

(4) Prince, Morton. "The Psychology of Sudden Religious Conversion," *Journal of Abnormal Psychology*, I(1906—7), 42—54.

(5) Tawney, G. A. "The Period of Conversion," *Psychological Review*, XI(1904), 210—16.

(6) Partridge, G. E. *Studies in the Psychology of Intemperance*. pp. 152—63. New York, 1912. [Mental cures of alcoholism.]

(7) Begbie, Harold. Twice-born Men. *A clinic in regeneration*. A footnote in narrative to Professor William James's The Varieties of Religious Experience. New York, 1909.

(8) Burr, Anna R. *Religious Confessions and Confessants*. With a chapter on the history of introspection. Boston, 1914.

(9) Patterson, R. J. Catch-My-Pal. *A story of Good Samaritanship*. New York, 1913.

(10) Weber, John L. "A Modern Miracle, the Remarkable Con-

727

version of Former Governor Patterson of Tennessee," Congregational-ist, XCIX（1914），6，8.［See also "The Conversion of Governor Patterson," *Literary Digest*, XLVIII(1914)，111—12.］

II. 调适的形式

A. 奴隶制

（1）Letourneau，Ch. *L'évolution de l'esclavage dans les diverses races humaines*. Paris，1897.

（2）Nieboer，Dr. H. J. *Slavery as an Industrial System*. Ethno-logical researches. The Hague，1900.［Bibliography.］

（3）Wallon，H. *Historie de l'esclavage dans l'antiquité*. 2d ed.，3 Vols. Paris，1879.

（4）Sugenheim，S. *Geschichte der Aufhebung der Leibeigenschaft und Hörigkeit in Europa bis um die Mitte des neunzehnten Jahrhun-derts*. St. Petersburg，1861.

（5）Edwards，Bryan. *The History, Civil and Commercial, of the British Colonies in the West Indies*. 3 Vols. London，1793—1801.

（6）Helps，Arthur. *Life of Las Casas, "the Apostle of the In-dies."* 5th ed. London，1890.

（7）Phillips，Ulrich B. American Negro Slavery. A survey of the supply，employment，and control of Negro labor as determined by the plantation régime. New York，1918.

（8）——. Plantation and Frontier，1649—1863. Documentary history of American industrial society. Vols. I—II. Cleveland，1910—11.

（9）*A Professional Planter*. Practical rules for the management and medical treatment of Negro slaves in the Sugar Colonies. London，1803.［Excerpt in Phillips，U.B.，Plantation and Frontier，I，129—30.］

（10）Russell，J. H. "Free Negro in Virginia，1619—1865," *Johns Hopkins University Studies in Historical and Political Science*. Baltimore，1913.

（11）Olmsted，F. L. *A Journey in the Seaboard Slave States*. With remarks on their economy. New York，1856.[p.728]

（12）Smedes，Susan D. *Memorials of a Southern Planter*. Baltimore，1887.

（13）Sartorius von Walterhausen，August. *Die Arbeitsverfassung der englischen Kolonien in Nordamerika*. Strassburg，1894.

（14）Ballagh，James C. "A History of Slavery in Virginia," *Johns Hopkins University Studies in Historical and Political Science*. Baltimore，1902.

（15）McCormac，E. I. "White Servitude in Maryland，1634—1820," *Johns Hopkins University Studies in Historical and Political Science*. Baltimore，1904.

（16）Kemble，Frances A. *Journal of a Residence on a Georgian Plantation in 1838—1839*. New York，1863.

B. 种姓制

（1）Risley，Herbert H. *The People of India*. Calcutta and London，1915.

（2）——. *India*. Ethnographic Appendices，being the data upon which the caste chapter of the report is based. Appendix IV. Typical Tribes and Castes. Calcutta，1903.

（3）Bouglé，M. C. "Remarques générales sur le régime des castes," *L'Année sociologique*，IV(1899—1900)，1—64.

（4）Crooke，W. "The Stability of Caste and Tribal Groups in India," *Journal of the Royal Anthropological Institute*，XLIV(1914)，270—81.

（5）Bhattacharya，Jogendra Nath. *Hindu Castes and Sects*. An exposition of the origin of the Hindu caste system and the bearing of the sects toward each other and toward other religious systems. Calcutta，1896.

（6）Somló，F. *Der Güterverkehr in der Urgesellschaft*. "Zum

728

Ursprung der Kastenbildung," pp.157—59. Instituts Solvay: Travaux de l'Institut de Sociologie. Notes et mémoires, Fascicule 8. Bruxelles, 1909.

(7) Ratzel, Friedrich. *Völkerkunde*. I, 81. 2d rev. ed. Leipzig and Wien, 1894.[The origin of caste in the difference of occupation.]

(8) Iyer, L. K. Anantha Krishna. *The Cochin Tribes and Castes*. London, 1909.

(9) Bailey, Thomas P. *Race Orthodoxy in the South*. And other aspects of the Negro question. New York, 1914.

C. 阶级

(1) Bücher, Carl. *Industrial Evolution*. Translated from the 3d German edition by S. Morley Wickett. Chap. ix, "Organization of Work and the Formation of Social Classes," pp. 315—44. New York, 1907.

(2) Hobhouse, L. T. *Morals in Evolution*. A study in comparative ethics. Part I, chap. vii, "Class Relations," pp.270—317. New York, 1915.[p.729]

729   (3) Schmoller, Gustav. *Grundriss der allgemeinen Volkswirtschaftslehre*. Vol. I, Book II, chap. vi, "Die gesellschaftliche Klassenbildung," pp.391—411. 6. Aufl. Leipzig, 1901.

(4) Cooley, Charles H. *Social Organization*. Part IV, "Social Classes," pp.209—309. New York, 1909.

(5) Bauer, Arthur. "Les classessociales," *Revue internationale de sociologie*, XI(1903), 119—35; 243—58; 301—16; 398—413; 474—98; 576—87.[Includes discussions at successive meetings of the Société de Sociologie de Paris by G. Tarde, Ch. Limousin, H. Monin, René Worms, E. Delbet, L. Philippe, M. Coicou, H. Blondel, G. Pinet, P. Vavin, E. de Roberty, G. Lafargue, M. le Gouix, M. Kovalewsky, I. Loutschisky, E. Séménoff, Mme. de Mouromtzeff, R. de la Grasserie, E. Cheysson, D. Draghicesco.]

（6）Bouglé, C. *Les idées égalitaires*. Étude sociologique. Paris, 1899.

（7）Thomas, William I. *Source Book for Social Origins*. "The Relation of the Medicine Man to the Origin of the Professional Occupations," pp.281—303. Chicago, 1909.

（8）Tarde, Gabriel. "L'hérédité des professions," *Revue internationale de sociologie*, VIII(1900), 50—59.[Discussion of the subject was continued under the title "L'hérédité et la continuité des professions," pp.117—24, 196—207.]

（9）Knapp, Georg F. *Die Bauernbefreiung und der Ursprung der Landarbeiter in den älteren Theilen Preussens*. Leipzig, 1887.

（10）Zimmern, Alfred E. *The Greek Commonwealth*. Politics and economics in fifth-century Athens. pp. 255—73, 323—47, 378—94. 2d rev. ed. Oxford, 1915.

（11）Mallock, W. H. *Aristocracy and Evolution*. A study of the rights, the origin, and the social functions of the wealthier classes. New York, 1898.

（12）Veblen, Thorstein. *The Theory of the Leisure Class*. An economic study in the evolution of institutions. New York, 1899.

（13）D'Aeth, F. G. "Present Tendencies of Class Differentiation," Sociological Review, III(1910), 267—76.

III. 调适与组织

A. 社会组织

（1）Durkheim, É. *De la division du travail social*. 2d ed. Paris, 1902.

（2）Cooley, Charles H. *Social Organization*. A study of the larger mind. Part V, "Institutions," pp.313—92. New York, 1909.

（3）Salz, Arthur. "Zur Geschichte der Berufsidee," *Archiv für Sozialwissenschaft*, XXXVII(1913), 380—423.

（4）Rivers, W. H. R. *Kinship and Social Organization*. Studies in economic and political science. London，1914.

（5）Schurtz，Heinrich. *Altersklassen und Männerbünde*. Eine Darstellung der Grundformen der Gesellschaft. Berlin，1902.

（6）Vierkandt，A. "Die politischen Verhältnisse der Naturvölker，" *Zeitschrift für Sozialwissenschaft*，IV，417—26，497—510.[p.730]

730 （7）Lowie，Robert H. *Primitive Society*. Chap. x, "Associations," chap. xi, "Theory of Associations," pp.257—337. New York，1920.

（8）Zimmern，Alfred E. *The Greek Commonwealth*. Politics and economics in fifth-century Athens. 2d rev. ed. Oxford，1915.

（9）Thomas，William I. *Source Book for Social Origins*. Ethnological materials，psychological standpoint，classified and annotated bibliographies for the interpretation of savage society. Part VII, "Social Organization，Morals，the State，" pp. 753—869. Chicago，1909. [Bibliography.]

B. 秘密社团

（1）Simmel，Georg. "The Sociology of Secrecy and of Secret Societies，" translated from the German by Albion W. Small，*American Journal of Sociology*，XI(1905—6)，441—98.

（2）Heckethorn，C. W. *The Secret Societies of All Ages and Countries*. A comprehensive account of upwards of one hundred and sixty secret organizations—religious，political，and social—from the most remote ages down to the present time. New ed.，rev. and enl.，2 Vols. London，1897.

（3）Webster，Hutton. *Primitive Secret Societies*. A study in early politics and religion. New York，1908.

（4）Schuster，G. *Die geheimen Gesellschaften*，*Verbindungen und Orden*. 2 Vols. Leipzig，1906.

（5）Boas，Franz. "The Social Organization and the Secret Societies of the Kwakiutl Indians，" U. S. *National Museum*，*Annual Report*，1895，pp.311—738. Washington，1897.

(6) Frobenius, L. "Die Masken und Geheimbünde Afrikas," *Abhandlungen der Kaiserlichen Leopoldinisch-Carolinischen deutschen Akademie der Naturforscher*, LXXIV, 1—278.

(7) Pfleiderer, Otto. *Primitive Christianity, Its Writings and Teachings in Their Historical Connections*. Vol. III, chap, i, "The The rapeutae and the Essenes," pp. 1—22. Translated from the German by W. Montgomery. New York, 1910.

(8) Jennings, Hargrave. *The Rosicrucians, Their Rites and Mysteries*. 3d rev. and enl. ed., 2 Vols. London, 1887.

(9) Stillson, Henry L., and Klein, Henri F. Article on "The Masonic Fraternity," *The Americana*, XVIII, 383—89. [Bibliography.]

(10) Johnston, R. M. *The Napoleonic Empire in Southern Italy and the Rise of the Secret Societies*. Part II, "The Rise of the Secret Societies," Vol. II, pp. 3—139, 153—55; especially chap. ii, "Origin and Rites of the Carbonari," Vol. II, pp. 19—44. London, 1904. [Bibliography.]

(11) Fleming, Walter L. *Documentary History of Reconstruction*. Vol. II, chap. xii, "The Ku Klux Movement," pp.327—77. Cleveland, 1907.

(12) Lester, J. C., and Wilson, D. L. *The Ku Klux Klan*. Its origin, growth, and disbandment. With appendices containing the [p.731] prescripts of the Ku Klux Klan, specimen orders and warnings. With introduction and notes by Walter L. Fleming. New York and Washington, 1905.

(13) La Hodde, Lucien de. *The Cradle of Rebellions*. A history of the secret societies of France. Translated from the French by J. W. Phelps. New York, 1864.

(14) Spadoni, D. *Sètte, cospirazioni e cospiratori nello Stato Pontificio all'indomani della restaurazioni*. Torino, 1904.

(15) "Societies, Criminal," *The Americana*, XXV, 201—5.

731

（16）Clark，Thomas A. *The Fraternity and the College*. Being a series of papers dealing with fraternity problems. Menasha，Wis.，1915.

C. 社会类型

（1）Thomas，W. I.，and Znaniecki，F. *The Polish Peasant in Europe and America*. Monograph of an immigrant group. Vol. III，"Life Record of an Immigrant." Boston，1919.["Introduction," pp. 5—88，analyzes and interprets three social types：the philistine，the bohemian，and the creative.]

（2）Paulhan，Fr. *Les caractères*. Livre II，"Les types déterminés par les tendances sociales," pp.143—89. Paris，1902.

（3）Rousiers，Paul de. *L'élite dans la société moderne*. Son rôle，etc. Paris，1914.

（4）Bradford,Gamaliel，Jr. *Types of American Character*. New York，1895.

（5）Kellogg，Walter G. *The Conscientious Objector*. Introduction by Newton D. Baker. New York，1919.

（6）Hapgood，Hutchins. *Types from City Streets*. New York，1910.

（7）Bab，Julius. *Die Berliner Bohème*. Berlin，1905.

（8）Cory，H. E. *The Intellectuals and the Wage Workers*. A study in educational psychoanalysis. New York，1919.

（9）Buchanan，J. R. *The Story of a Labor Agitator*. New York，1903.

（10）Taussig，F. W. *Inventors and Money-Makers*. New York，1915.

（11）Stoker，Bram. *Famous Impostors*. London，1910.

D. 社区组织

（1）Galpin，Charles J. "Rural Relations of the Village and Small City," *University of Wisconsin Bulletin* No. 411.

（2）——. *Rural Life*. Chaps. vii—xi，pp.153—314. New York，1918.

（3）Hayes，A. W. *Rural Community Organization*. Chicago，1921.[In Press.]

（4）Morgan，E. L. "Mobilizing a Rural Community," *Massachusetts Agricultural College*, *Extension Bulletin No. 23*. Amherst，1918.

（5）"Rural Organization," *Proceedings of the Third National Country Life Conference*, *Springfield*, *Massachusetts*, *1920*. Chicago，1921.

（6）Hart，Joseph K. *Community Organization*. New York，1920.

（7）*National Social Unit Organization*, *Bulletins 1*，*2*，*2a*，*3*，*4*，*5*. Cincinnati，1917—19.［p.732］

（8）Devine，Edward T. "Social Unit in Cincinnati," *Survey*, XLIII(1919)，115—26.

（9）Hicks，Mary L.，and Eastman，Rae S. "Block Workers as Developed under the Social Unit Experiment in Cincinnati," *Survey* XLIV(1920)，671—74.

（10）Ward，E. J. *The Social Center*. New York，1913.［Bibliography.］

（11）Collier，John. "Community Councils—Democracy Every Day," *Survey*，XL(1918)，604—6；689—91；709—11.［Describes community defense organizations formed in rural and urban districts during the war.］

（12）Weller，Charles F. "Democratic Community Organization," An after-the-war experiment in Chester，*Survey*，XLIV (1920)，77—79.

（13）Rainwater，Clarence E. *Community Organization*. Sociological Monograph No. 15，University of Southern California. Los Angeles，1920.［Bibliography.］

732

主题相关的论题

1. 生物调适与社会调适。

2. 作为调适的环境适应性。

3. 调适的心理学。

4. 作为一种调适形式的转换:关于宗教、政治、道德、个人关系中态度转换的研究。

5. 乡愁与怀旧的心理学与社会学。

6. 冲突与调适:战争与和平,敌意与和解,竞争与地位。

7. 作为一种调适形式的妥协。

8. 微妙的调适形式:奉承、掩饰、礼节等。

9. 调适中的态度组织:威望、禁忌、偏见、恐惧等。

10. 作为调适形式的奴隶制、种姓制和阶级。

11. 对典型调适例子的描述和分析:政治"老板"和选民,医生和病人,教练和团队成员,城镇大亨和他们的市民,"上层社会"和"下层大众",等等。

12. 作为竞争性群体组织方式的社会团结。

13. 作为调适形式的劳动分工。

14. 从其成员从属和统属形式的变迁对历史上的家庭形式进行调查。

15. 作为调适的社会类型:江湖郎中,记者,破坏罢工者,学校教师,股票经纪人,等等。

讨论问题

1. 你如何区分生物性适应和社会性调适?

2. 驯化是生物学适应还是社会性调适?

3. 举例说明作为调适形式的环境适应性。

4. 参照调适讨论殖民现象。

5. 孤独与调适是什么关系?

6. 你同意尼布尔对奴隶制的定义吗? 奴隶是人吗? 假如是,是在什么程度上? 你如何从地位上比较农奴和奴隶?

7. 作为调适形式的奴隶制和种姓制在多大程度上依赖于(a)身体力量,(b)心理态度。

733

8. 从属和统属的心理是什么？

9. 你对暗示和融洽与从属和统属的关系有何理解？

10. 一个人"知道自己的位置"是什么意思？

11. 你如何解释"老仆人"对社团的态度？你同意她对从事家务劳动的人们态度上的改变而悲伤吗？

12. 什么微妙的调适形式发生在你身上？

13. 你会提出什么论据来证明尊卑关系是互惠的呢？

14. 解释"所有的领导者都被领导，就像在数不清的例子里，主人也是他奴隶的奴隶"。

15. 除了课文，还有什么能证明你在从属和统属中的互惠关系呢？

16. 对于三种统属和从属类型，你怎么理解它们的典型差异？

17. 你如何按照三种类型给以下群体分类：父权制家庭、现代家庭，1660—1830 年的英国，制造业企业、工会、军队、男孩帮派、男孩俱乐部、基督徒、人道主义运动？

18. 你认为齐美尔的术语"调适"是什么意思？

19. 调适如何与和平相关联？

20. 调适终结了斗争吗？

21. 商业在什么意义上意味着调适？

22. 妥协涉及什么类型的互动？你能用什么例证来提出你的观点？

23. 妥协有利于进步吗？

24. 妥协比其中包含的一项或两项建议更好还是更差？

25. 照你看来，个人竞争与劳动分工是什么关系？

26. 你认为经济领域之外有什么劳动分工的例子吗？

27. 你怎么理解个人竞争和群体竞争的关系？

28. 地位以什么不同的方式(a)产生和(b)防止个人竞争和群体竞争的过程？

29. 目前，生活的成功在多大程度上取决于个人竞争，而社会选择在多大程度上取决于地位？

30. 劳动分工以什么方式促进社会团结？

31. 基于心智相似性的社会团结和基于心智多样性的社会团结有什么差异？

第十一章 同 化

I. 引 言

1. 流行的同化概念

就其在流行用法中的定义而言,同化(assimilation)概念从与移民问题的关系中获得了其含义。更具体和熟悉的称谓就是抽象的名词"美国化"和动词"美国化""英国化""德国化"以及类似的说法。所有这些词都旨在描述一个社群或国家的文化传递给被接纳公民的过程。消极来说,同化是一个去民族化的过程,事实上这就是它在欧洲采取的形式。

在文化问题上,欧美的差异在于,在欧洲,困难来自少数文化群体即民族被强制性地合并到较大的政治单元即帝国里。在美国,这个问题来自这个国家的自愿移民已经放弃了对原来国家的政治忠诚,逐渐获取新的文化。在这两种情况下,问题的根源都在于,在一个没有共同文化的共同体里建立与保持政治秩序的努力。根本上来说,在一个由白人和黑人组成的南方村庄里保持一种民主政府形式的问题,和在除了强力之外的任何基础之上维持国际秩序的问题是一样的。现存的道德和政治秩序的最终基础始终是宗族与文化。在两者都不存在的地方,一种不以种姓或阶级为基础的政治秩序至少是成问题的。

正如在美国所普遍认为的,同化在多年前赞格威尔(Zangwill)[①]

[①] 以色列·赞格威尔(Israel Zangwill,1864—1926),英国犹太剧作家。——译者注

的戏剧寓言《熔炉》里已得到象征性的表达。威廉·詹宁斯·布赖恩(William Jennings Bryan)①已经雄辩地表达了对于这一过程的有益结果的信念："希腊人、拉丁人、斯拉夫人、居尔特人和撒克逊人曾经都是伟大的，但比这些都伟大的，是结合了他们所有美德的美国人。"

按照这样的设想，同化是一个自然和独立的过程，而实践——假如不是政策的话——已经和这种自由放任的概念相一致，其结果显然是合理的。无论如何，在美国，同化的速度比其他地方都要快。

与同化的这种"魔法坩埚"概念具有密切同源性的是"心智相似性"理论。这一思想部分是吉丁斯(Giddings)教授的社会学理论的产物，而部分则是相似性和同质性等同于统一性这种流行概念的结果。同化的理想被认为涉及相似的感觉、想法和行动。这些术语都被当代社会学家用来描述同化与社会化。

另外一种不一样的同化或美国化概念基于这样的信念，即移民在过去已经做出了贡献，可以期望能对未来的美国文明贡献出他的某些气质、文化和生活哲学。这一概念起源于移民本身，而且已经被那些与移民亲密接触的人（就像社会定居点的居民）详细阐述和解释过了。当然，这种对进入文化过程的要素多样性的认识，不会与产品最终同质性的预期不一致。无论如何，它已经提醒关注这样一个事实：同化过程涉及的差异性和相似性是一样多的。

2. 同化的社会学

调适已经被描述为一个调整的过程，也就是对社会关系和态度进行组织，以防止或减少冲突，控制竞争，并保持社会秩序的安全基础，使不同利益和类型的个人和群体能在一起各得其所。在冲突和解的意义上，调适总是政治过程的目标。

同化是一个相互渗透与融合的过程，个人和群体在其中学到其他个人或群体的记忆、情感和态度，而且通过分享他们的经验和历

---

① 威廉·詹宁斯·布赖恩(William Jennings Bryan，1860—1925)，美国政治家，民主党和平民党领袖，曾三次竞选总统失败。——译者注

史,与他们在共同的文化生活里协作。就同化表示出共享传统和共同经验的密切参与而言,同化就是历史和文化过程的中心。

就它们在社会中的作用来说,调适和同化之间的区分解释了这两个过程之间某些重要的形式上的差异。对冲突的调适,或者对一种新形势的调适可能快速发生,而同化涉及的更为密切和微妙的变化则更为渐进。调适中发生的变化不仅常常是突然的,还是革命性的,就像转换过程中态度的突变。同化过程中态度的修改不仅是渐进的,而且是温和的,即使它们在很长时间里表现出相当大的态度积累。假如突变是调适的象征,那么增长就是同化的隐喻。在调适中,人和群体逐步——尽管并不总是这样——意识到这种状况,就像结束战争的和平条约、产业争议的仲裁、个人在新的社会世界里为了生活的正式要求而做的调整一样。在同化中,这一过程通常是无意识的,个人在自己意识到之前就已经融入群体的共同生活里,并且对于导致这种融合的事件的过程知之甚少。

詹姆斯已经描述了人们针对某种目标而改变态度的方式,比如,妇女的投票权并非有意反思的结果,而是对一系列新体验作出草率反应的结果。家庭和游戏群体的密切联合,参与宗教崇拜仪式和国家节日庆典,所有这些活动给移民和外来人传递了大量本地人共有的记忆和情感,这些记忆是我们文化生活里所有特殊和神圣的事物之基础。

当社会联系开辟了互动,同化就是其最终的完美产物。在此过程中,社会接触的本质是决定性的。在初级联系的地方,也就是最亲切紧密的地方,就像在触觉关系的区域、在家庭圈子和亲密融洽的群体里,同化自然发生得最快。次级联系则有助于调适,但对同化不会有太大促进,这里的联系是外在的和过于遥远的。

一种共同语言对于群体成员的亲密联系来说是不可或缺的,缺失共同语言是不可克服的同化障碍。在"每个群体都有其独有的语言"这种现象里,其特殊的"话语域"和文化象征是沟通和模仿之间相互关系的证明。

通过模仿和暗示机制,沟通对群体成员的态度和情感进行了一种渐进和无意识的调整。这种统一体并不必然或甚至正常达成心智相似性,它是经验与取向的统一,由此可能发展出一种目标和行为的共同体。

3. 文献分类

关于同化的材料选择按照以下三个类别来安排:(a)同化的生物学方面;(b)文化的冲突与融合;(c)作为一个同化问题的美国化。阅读过程从分析同化的性质到对其过程的调查,最终是考虑美国化的问题。

(a) **同化的生物学方面**。——同化区别于融合,尽管两者有紧密的关系。融合是一个生物学过程,通过杂交和通婚,种族达成融合。而另一方面,同化局限于文化的融合。异族通婚或者种族混合是种族历史中普遍的现象,换句话说,没有种族就不会有杂交。虽然文化适应,或者说文化元素从一个社会群体向另一个群体的传递总是发生在较大范围,而且其区域要大于异族通婚。

融合尽管局限于通过通婚来使种族特征交叉,但会自然而然地促进同化或社会传统的交叉渗透。混合婚姻的后代不仅在生物上继承了父母双方的生理和气质上的特质,还获得了家庭生活的滋养,即父母的态度、情感和记忆。从而,种族合并确保了最有利于同化的初级社会联系的条件。

(b) **文化的冲突和融合**。——对民族学家所称的文化适应过程的调查,正如其在文化冲突和融合中历史性呈现出来的那样,指出了这个领域现象的广泛性。

(1) 社会联系即使是微弱的或间接的,也足以使文明的物质要素从一个文化群体传向另一个文化群体。酒精饮料和火器在其效果得到客观证明之后迅速传播,美洲本地产的土豆在白人探险者来到之前就已经渗透到非洲的很多地区。

(2) 在种族和民族的联系、冲突与融合过程中,语言的变化为更充分地描述同化过程提供了资料。统治群体在什么情况下能将其言论强加于大众,或者最终屈服于普通人的粗俗话语呢?在现代

738

时期,印刷出版物、书籍和报纸都倾向于矫正语言。出版物已经使民族运动中可行的语言恢复到以前不可能达到的规模。

强调语言是文化传播的中介,取决于一种良好的原则。因为习惯用语(特别是在口语中)可能比历史本身更能精确反映出人们的历史体验。在历史上大多数民族之中,统一的基础是语言上的而不是种族上的。拉丁民族是这个事实的一个方便例子。如今在菲律宾群岛上开展中的实验在这方面具有重要意义。这些岛屿上由本地气质,由西班牙语和传统,或者由英语和美国学校体系决定的民族和文化上的发展会达到什么程度呢?

(3)里弗斯在对美拉尼西亚(Melanesia)和夏威夷文化进行的研究中,对社会结构基础要素的持久性留下深刻印象。尽管在技术、语言和宗教上已经有深远的转型,但家庭和社会生活的基本模式在实践上并没有什么调整,显然,外来社团的很多物质手段和正式表达可以在本地文化无需做出重要改变的情况下被接纳。

然而,可能提出的问题是,完全采用西方的科学和工业组织是否不会给社会组织带来深远变化。日本经济、社会和文化的变化趋势将阐明这个问题。即使确实发生了革命性的社会变迁,仍然可以认为,它们将是新经济体系的产物,而不是文化适应的后果。

(4)同化的快速性和完整性直接取决于社会联系的亲密性。这是由于一个奇怪的悖论:奴隶制——特别是家庭奴隶制——很可能是除了通婚之外,最有效的促进同化的手段。

原始民族中的收养和启蒙为诱使外来人和陌生人进入群体提供了一种仪式性的方法,只有在更充分地研究整个仪式之后,才能理解其重要性。

(c)**作为一个同化问题的美国化**。——当涉及同化社会学时,对美国化的政策、程序和方法进行任何考虑都会获得视角。卡内基公司的"美国化方法的研究"把美国化界定为"移民参与到他们居住的社区的生活里"。从这一观点出发,参与既是同化的中介也是其目标,移民对美国生活中任何一个领域的参与都使他们做好了参与其他领域的准备。移民和外来人最需要的是参与的机会,当然首要的是语言,此外他还需要了解,为了他的利益和自我保护,如何运用我们的制度。但是真正的参与必须是自发的和需要动脑筋的,这就意味着,长远来看,移民在美国的生活必定关联着他们已知的生活。这不是通过抑制旧的记忆,而是通过他们与新生活的结合,从而实现同化。欧洲自觉和强制性剥夺公民权的政策的失败,和美国化早期和被动阶段的巨大成功,在这个方面形成印象深刻的对比。这表明,同化不可能直接促进,而只能通过间接的方式,也就是为参与提供条件。

没有过程而只有生活本身能有效擦去移民关于他们过去的记忆。把移民纳入我们的共同生活可能是最好的选择,因此,在合作中看到的更多是未来而不是过去。移民的第二代可能会完全分享我们的记忆,但在实践中,我们对国外出生者所能要求的,就是参与到我们的理想、愿望和共同的事业之中。

II. 文　　选

A. 同化的生物学方面

1. 同化与融合①

历史学和社会科学的作家刚刚开始关注社会同化这一大课题。直到最近,这个主题还少有人关注,只要看看我们主要的社会学家和历史学家的著作,就很容易看出这一点。这个词本身很少出现,但是当触及这个主题的时候,甚至在作者心中似乎也并不存在明确、稳定的想法。所以,吉丁斯有次用"相互调适"来明确同化。在另一个场合,他用"相似的增长过程"来界定它,而且他再次告诉我们,这就是美国社会中的外国人变成美国人的方法。诺维科夫(M. Novicow)在这个主题上的概念不是完全明晰,因为他有时把同

---

① 改编自 Sarah E. Simons,"Social Assimilation,"in the *American Journal of Sociology*,VI(1901),790—801。

化视为一个**过程**,有时又视为一种**艺术**,还视为一个**结果**。他把"去民族化"这个词和我们的"同化"一词共同扩展,并且说,政府诱导一个民族放弃一种文化转向另一种文化的整个措施就是去民族化。国家权威执行的去民族化政策都带有一定程度的强制性,总是伴随着暴力措施。然而在下一句中,我们被告知,"去民族化"这个词也可以用于一个民族被另一个民族同化的非强制过程。诺维科夫进一步谈论同化的**艺术**,他告诉我们,生活在同一政府下的种族之间的智力斗争的**后果**——不论是自由的还是被迫的——在每种情况下都是同化。伯吉斯对这个主题也采取狭义的观点,把同化力量的运作局限在于现在,并将同化视为现代政治联合的一个后果。他说:"在现代时期,处于主导性种族领导下的不同种族的政治联盟就导致同化。"

741

在某种意义上,同化是一个具有主动和被动成分的过程,从另一个角度看,它就是个结果。然而,在这种讨论中,同化被视为一个长期联系的过程。它也可能被界定为发生在两个不同种族之间的调整或调适的过程,假如他们的联系被延长,而且假如存在必要的精神条件。结果就是群体同质性达到或大或小的程度。打个比方,正是通过这个过程,人的聚集从单纯的机械式混合转变成一种化学混合。

同化过程本质上是心理的而不是生物性的,而且其根源是在性格、思想和制度上的相似性,而不是通婚带来的血统混合。同化过程的心智后果远比生理后果持久,所以,在今天的法国,尽管血统上的19/20是土著种族的,但语言却直接来自罗马人在征服高卢时期强加的语言。通婚——程度不同的种族联系的必然结果——在同化过程中有其作用,但仅仅是种族的混合并不会导致同化。此外,没有通婚,同化也是可能的——至少部分是,这种例子来自美国的黑人和印第安人的部分同化。思想家们开始怀疑一度作为文明一个要素的通婚的重要性,梅奥-史密斯(Mayo-Smith)说:"不是在血统的统一,而是在制度、社会习惯和理想的统一中,我们寻求我们称为民族性的东西。"而民族性就是同化的结果。

2. 同化的本能基础①

742 　一个令人吃惊的事实是,在动物之中,有些动物的行为可以很方便地概括为自我保护、营养和性等几类,但其他一些动物的行为则不能如此总结。虎和猫的行为很简单,也容易理解,反之,狗的行为则具有自己的意识,自己的幽默,自己对孤独的恐惧,为残忍主人奉献的能力,或者蜜蜂为蜂巢做出无私奉献的行为,这些行为提供了没有第四种本能的协助,诡辩也不能同化的现象。但是少量研究将表明,其行为难以概括进三种原始本能分类的动物是群居性的。那么,假如能够证明群居性具有与其他本能的意义相接近的生物重要性,那我们可以期望找到这些行为异常的源头,和人类行为复杂性的根源。

群聚性似乎经常被视为一种有点肤浅的特征,不值得归到本能的名头下,它是真实的,但并不具备根本的重要性,或者深深扎根于物种的遗传之中。这种态度可能是因为,无论如何,在哺乳动物里,群聚性的出现并没有伴随着任何与之明显关联的总体性身体变化。

无论出于什么原因,按当前作者的观点,这种认识社会习惯的方法没有得到事实的证明,还妨碍获取有相当成效的结论。

一项对蜜蜂和蚂蚁的研究立即表明,群聚的重要性如何变成根本性的。在这些社群里的个体完全不能——往往是身体上的——脱离社群而存在,这个事实立即引起怀疑,甚至在不像蚂蚁和蜜蜂那么紧密联系的社群里,个体事实上可能比乍一看起来更依赖于共同生活。

关于群聚重要性的另一项非常引人注目的一般性证据不仅较743 晚获得,而且其产生与特别的智力等级,或者对环境做出非常复杂反应的可能性有惊人的巧合。狗、马、猿、大象和人都是社会动物,这不能说是无意义的偶然。蜜蜂和蚂蚁的例子也许是最令人惊奇的。在这里,群聚性的优势实际上似乎超过了最奇异的结构差异,而且我们发现一种经常被认为仅仅是习惯的状况,它能使昆虫的神

---

① 改编自 W. Trotter, "Herd Instinct," in the *Sociological Review*, I(1908), 231—42。

经系统在适应能力的复杂性上能够和高等脊椎动物比肩。

从生物学的角度来说,群聚性在人类中成为一种原初和基础品质的可能性似乎是相当大的。它似乎具有扩大变异优势的作用。变化并不是马上有好处,变种广泛偏离标准,变异甚至不利于个体,可以推测它会给予一个生存机会。如今,人类的发展过程似乎呈现出很多特征,这与已经暴露在未经调整的自然选择行动中的孤立个体是不相容的。这些变化是如此重要,比如直立姿势的假设,颌骨和肌肉的减少,嗅觉和听觉敏锐度的下降,假如物种想要生存下去,要么进行一种敏锐的调整,伴随着智力的补偿性发展,其发展程度小得几乎不可想象;要么就是存在某种保护围栏,虽然不完美,但不同的个体在其中可以幸免于自然选择的直接影响。这种机制的存在将通过极大提升较大单元的力量,来补偿个人身体力量的损失,在这种单元里,自然选择的作用始终没有改变。

畜群的基本特质是同质性。显然,这种社会习惯的极大优势在于,能够使大量成员像一个成员一样行动,在狩猎性群居动物进行追踪和攻击时,其力量立即增长到超出被捕猎生物的力量,而在保护性社会主义里,新单元的警报敏感度大大超出畜群中的单个成员。

为了确保这些同质性的优势,显然畜群的成员必须对它们同伴的行为具有敏感性。孤立的个体将是没有意义的,作为畜群一分子的个体将能够传送最有力的冲动,畜群的每个成员都倾向于跟随其邻近成员,反过来也被跟随。在某种意义上,每个成员都能成为领头的,但是极大偏离正常行为的引领不会被跟随。领头者将只能因为它与正常状态相似而被跟随。假如领头者走得太远,都不停留在畜群中,它必定将被忽视。

行为的源头——也就是说,对抗畜群的声音——将受到自然选择的抑制;不跟随畜群冲动的狼将会挨饿,对羊群不作回应的羊会被吃掉。

同样,个体将不仅回应来自畜群的冲动,它还将把畜群作为正常环境来对待,留在其中并总是和畜群在一起的冲动会有最强的本

744

719

能力量。任何倾向于把它与其同伴分开的事物一旦被察觉,将招致强烈的抵制。

迄今我们已经对群居动物进行了客观考虑,现在让我们试着评估这些冲动的精神方面。假定一个物种恰好具有一种我们一直认为是自我意识的本能天赋,那么让我们问一下,这些现象将以什么形式出现在它的心中呢? 首先,很明显,来自畜群感觉的冲动将带着本能的价值进入头脑——它们将把自身呈现为“无需证据,只需自我证明的最完美类型的先验合成物”。它们将不会——虽然对于成员很重要——必然把这种品质赋予同样的具体行为,但会显示出这种极为出众的特征,即不论本能信仰的特征是什么,它们都会给出意见,使其得到先验的综合;所以,我们期望发现一些行为,如果将其视为贯彻特定本能的结果,带有本能的所有热情,并显示出本能行为的所有标志,那将是荒谬的。

在用心理术语解释群聚性的结果时,我们可以简单地用最方便的方式开始。有意识的个体将在其同伴的实际存在中感到一种不可分析的原始的舒适感,而在同伴缺席的时候会有类似的不适感。对于它来说,明显的真理就是,独处对人类来说是不好的。孤独是理性所无法克服的真正恐惧。

745

同样,某些条件与畜群的在场或缺场是次要相关的。比如热感和冷感。后者在群居动物十分拥挤的时候被阻止,而在相反情况下得到体验。因此,它在头脑中将与分离相关联,并因此获得完全不合理的伤害联想。同样,温暖感关联着安全和有益的感觉。

同样的同质性倾向更为复杂的表现是渴望在意见上得到群体的认同。在这里,我们发现,人类对根深蒂固的冲动进行的生物学解释总是显示出阶级隔离的取向。我们每个人在他的意见、行为、服饰、娱乐、宗教和政治里都被迫获取一个阶级的支持,群众中的个体要获得群众的支持。我们可以肯定,在意见或行为上最古怪的是得到一个阶级的支持,而支持的稀少导致他明显的反常,支持的宝贵使他坚韧地反对普遍意见。同样,任何倾向于强调与群体不同的事物都是令人不快的。在个体的头脑中,都有一种对思想或行动中的新奇之物的厌恶。根据我们已经在某种程度上界定的不同环境，它将是错的、有病的、愚蠢的、没希望的，或者就像我们说的糟糕的形式。

相对更为简单的表现显示为不喜欢引人注目、害羞和怯场。然而，对群体行为的敏感性对于群居动物的心智结构起着最重要的影响。就如西迪斯（Sidis）已经清楚看到的，这种敏感性与群居动物的可暗示性紧密关联，故此也关联着人类的可暗示性。它的作用显然就是使那些来自群体的暗示变得可接受，而且只有那些暗示被接受。特别重要的是要注意，这种可暗示性不是普遍的，只有被本能行为接受的群体暗示才有作用。

B. 文化的冲突与融合

1. 混合文化的分析①

在对任何一种文化进行分析的时候，研究者马上会遇到的一个 746
困难是，他不得不决定什么东西是由于单纯的接触，什么是由于密切的混合，例如，这种混合是来自一个人与另一个人的持久交往，还是通过军事入侵或者和平解决。迄今为止，大多数分析现有文化的尝试最根本的弱点就是，它们的出发点是研究物质对象，其理由也是明显的。因为事实上任何人都可以收集物质对象，并在空闲时由专家做长期的研究，我们关于物质对象分布及其制造技术的知识已经远远超出少量物质要素的知识。这里我希望指出的是，在区分单纯的接触和人的混合时，物质对象是所有文化成分里是最不可靠的。所以，在美拉尼西亚，我们有最清楚的证据表明，物质对象和过程可以通过单纯的接触来扩散，无需任何实际的人与人的混合，也无需其他文化特征的影响。虽然物质对象的分配在一开始就暗示文化共同体是最重要的，而且它在确定接触点的最终过程和填充文

---

① W. H. R. Rivers, "The Ethnological Analysis of Culture," in *Nature*, LXXXVII(1911), 358—60.

化混合的细节上也是同等重要的,但在必定形成文化人类学分析可靠基础的民族混合上,它是最不令人满意的指引。这种情况对于巫术—宗教体制的价值来说不是很强,同样,在美拉尼西亚,无疑整个文化能够通过一个民族传递给其他民族而无需任何实际的民族混合。我不想暗示这种宗教体制能很容易借助物质对象在民族与民族之间传递,而是指出,有证据表明,它们能够而且这样做了,同时几乎没有民族或者更深层、更基础的文化要素的混合。更重要的是

747 语言,假如你考虑到一个人访问或者是住在他人之中的实际状况,这种重要性将会很明显。让我们设想一群美拉尼西亚人访问一个波利尼西亚(Polynesian)岛屿,在那里呆了几个星期,然后回家(这里我们并没有给出一个虚构的事情,而是真实发生的)。我们可以很容易地理解,这些访客可能带着他们的槟榔混合物,然后把咀嚼槟榔的习惯介绍给一个新的家庭,我们可以很容易理解,他们引进一个饰物戴在鼻子上,另一个饰物则戴在胸部,他们讲述的故事将会被记住,他们表演的舞蹈将会被模仿,一些美拉尼西亚词语将进入波利尼西亚岛屿的语言,特别是这些陌生人介绍的这些物品或过程的名字;但令人难以置信的是,这些陌生人的短暂访问会在词汇表上产生广泛的变化,更重要的是他们将改变语言结构。这些变化从来不是单纯接触或短暂居住的后果,但始终指明了民族和文化混合更为深层和基础的过程。

也许很少人会犹豫接受这种立场,但是我估计我接下来的主张会遭到更多的怀疑,但我还是相信广泛来说(尽管不是普遍的)是正确的。这个立场就是,社会结构,即社会的框架,始终具有更为基础的重要性,而且不太容易改变——除非有密切的民族混合,并且因此为文化分析过程提供了最坚实的基础。我不可能希望在简短的表述过程中使这个命题成为真理,我建议你们的注意力只集中到一条证据线索上。

当前,我们已经看到了我们民族在地球表面扩散上的客观教训,从而我们能够去研究外部影响如何作用于文化的不同要素。我们发现的就是,单纯的接触更多是以物质文化的方式进行传递。一

艘路过的船甚至不用抛锚也能够输送铁器,欧洲的武器可能被从未
见过白人的人使用。同样,传教士把天主教介绍给那些不会说一个
英语单词或任何语言的人,但他们拥有或只使用那些被认为有必要
用来表达与这种新宗教有联系的观念或对象的欧洲词汇。有证据
表明语言如何轻易受到影响,而且今天在这里再次提出了一种使这
种变化得以发生的机制。现在,英语变成了太平洋和世界其他地区
的语言,通过对它的使用变成了一种混合语,能够使说不同语言的
本地人不仅能和欧洲人,还能和其他人用英语谈话,我相信这通常
是过去的机制,比如,我们现在称为美拉尼西亚语的语言结构的引
入,是因为定居在具有极大语言多样性区域的移民人口的语言会被
作为一种混合语来使用,从而逐步变成全体人民的语言基础。

　　但是现在让我们转向社会结构。我们发现,在大洋洲群岛,欧
洲人作为传教士或商人已经居住了五十或一百年;那些人穿着欧洲
服装和饰品,使用欧洲厨具,甚至战斗时使用欧洲武器;我们发现他
们具有欧洲宗教的信仰,并采用其仪式,我们发现他们说着一种欧
洲语言,甚至经常在他们自身内部也是如此,然而,调查显示,他们
的很多社会结构仍然是本土化的和不受影响的,这不仅是在其普遍
形式上,甚至在微小的细节上也是如此。外部影响已经席卷了整个
物质文化,以至于本地制造出来的物品只卖给旅游者,它已经取代
了一个全新的宗教,并摧毁了每一种老的物质遗迹,它已经导致老
的语言极大的改变和退化;但它使社会结构大致没有受到波及。其
原因是清楚的。一个民族的大部分基本社会结构是位于表面之下
的,它确实是民族整个生活的基础,它是看不到的;它并不明显,只
有通过耐心和辛苦的探索才能触及。我将给出几个具体的例子。
在太平洋的几个岛屿上,其中一些已经有欧洲移民居住超过一个世
纪,社区里最重要的位置被父亲的姐姐占据。如果这些岛屿的任何
本地人被问,谁是决定他们生命史的最重要的人,他将会回答:我父
亲的姐姐。这个亲戚在社会结构中的地位绝对是没有记录的,而且
我相信,对于这些岛屿上的欧洲居民来说绝对是不为人知的。同
样,欧洲人在斐济居住已经超过一个世纪,但是直到今年夏天,我才

从霍卡特先生(他目前在那里工作)那里听说,有最清楚的证据表明,目前认识到双重社会结构就是有效的社会体制。社会结构的这样一个基本事实是如此不引人注目,在这种情况下,我会非常强烈地认识到这一点,因为在三年前的访问中,它完全没有引起我的注意。

最后,我曾经遇到过的社会结构持久性最突出的例子在夏威夷群岛,在那里,原始的土著文化被缩减为最少的残骸,就物质对象而言,这里的人就像我们自己一样,老的宗教已经逝去,尽管在某些祖先巫术里还可能存留。这个民族自身在数量上已经减少,政治状况也改变了,社会结构必然也发生了极大的调整,但我还能确定其元素之一,一个我相信塑造出最深层基础的元素,社会结构的基石,关系的体系,一直没有变化地在使用中。我能够全面了解当前实际使用中的这个体系,并且发现它事实上和四十年前摩根和海德的记录是一样的。我得到的证据表明,这个体系始终与这个民族私密的精神生活深深交织在一起。

那么,假如社会结构具有这种基础和根深蒂固的特征,假如它是最不容易改变的,而且唯一的改变只是因为民族的实际混合或最深远的政治变迁,那么明显的推论就是,正是借助社会结构,我们才能开始尝试去分析文化,并确定文化共同体在多大程度上是由于民族的融合而产生,多大程度上通过单纯接触或短暂居住来传播。

然而,照我看来,我已经提出的考虑仍然更为重要,假如社会制度具有这种相对较强的持久性,假如它们与一个民族只能逐步改变的最深层本能和情感如此深层和紧密地交织在一起。那么对这种变化的研究岂不是给了我们最清楚的标准,来判断在具体文化里什么较早,什么较晚,从而对文化分析给出一种指导吗?假如我们要把我们分析的文化要素按时序进行排列的话,这种早晚的标准是必需的,而且仅仅靠地理分布本身是否能为这个目的提供一个充分的基础,这是很可疑的。我在此提醒你们,在美拉尼西亚文化复杂性的重要性迫使其进入我的脑海之前,我已经成功探索出了美拉尼西亚社会结构发展的路径,在这些文化的复杂性形成之后,我并没有

750

发现有什么必要去改变这个计划中任何重要的东西。所以,我认为,当文化的民族志分析必定会对任何普遍的进化推论提供必需的开端时,会有一种具有相对较高持久程度的文化要素,其发展过程可以为不同要素按时间排序提供一种指引,可能在其中分析特定的复杂性。

如果社会结构的发展被作为协助分析过程的一个指南,很明显将会涉及一个相当复杂的逻辑过程,其中将会有循环论证的危险。然而,假如文化分析是人类学家的首要任务,很明显科学的逻辑方法变得复杂,将超过迄今盛行的方法。我相信,一般情况下唯一合乎逻辑的过程是拟订符合事实的假想工作计划,而这类计划测试的将是它们自洽的能力,或者如我们普遍表达的,能够如我们所知道的去解释新的事实。这是处理像人类社会这种复杂事物的其他科学的方法,在其他很多科学里,这些新的事实是通过实验来发现的。在我们的科学里,它们必须通过探索来发现,不仅是探索那些以现存形式存在的文化,还有过去时代已被埋葬的文化。

2. 罗马文化在高卢的扩展①

罗马对高卢的征服部分是由于武功,但它更是罗马外交和殖民统治才能的胜利,罗马在高卢的势力集中在较大的城市和它们坚固的营堡之中。在那里,罗马的法律和法令得以颁布,并得到接受这些法律的被征服部落的称颂。在那里,法院得以建立并进行司法管理。罗马致力于使她新获得的领地拉丁化,她还逐步强迫较大城市的居民使用拉丁语。但是这种强迫尽管有效,却是通过外交方式达成的。甚至在恺撒时期,拉丁语成为执行法律、颁布法令、政府履行职责、司法行政和宗教运作的唯一媒介。它是和罗马人进行商贸活动、文学艺术、戏剧和社会关系的唯一媒介。最重要的是,它是在罗马政府中办公和从政的唯一道路。高卢的罗马官员鼓励和奖赏掌

751

---

① 选自 John H. Cornyn, "French Language," in the *Encyclopedia Americana*, XI(1919), 646—47。

握拉丁语和习得罗马文化、风俗和举止的人。得益于罗马政府这种明确的政策,高卢当地人甚至在恺撒时期就出任重要的官职。这些高卢—罗马官员的数量增长很快,他们的影响也由本地人稳步发挥,有利于本地人掌握拉丁语。一个更大的诱因使高卢人获得他们征服者的方法和文化。这就是罗马帝国城市的就业前景、政治偏好与荣誉。在外交所施加的压力下,拉丁语言、语法、文学和演讲的研究在高卢的各个城市里成为一种热潮,这些城市充斥着罗马商人、教师、哲学家、法律家、艺术家、雕塑家,以及政治职位与其他官职的追求者。拉丁语是生活各个方面成功的象征。高卢本地人变成了著名的富商、律师、战士,当地有权势的人,以及罗马和高卢之外其他殖民地有权力的政治人物的宠儿。高卢本地人还成为了这块土地上的最高长官,变成了元老院成员,后来一个高卢本地人还成为最著名的罗马皇帝之一。罗马的政治政策使拉丁语强加于高卢城市变成了相对容易的事情,只需要时间来确保其完成。在高卢每个人口稠密的城市,到处涌现出学校,其效率和名声与罗马最著名的学府不相上下,富有的罗马人把他们的儿子送到这些学校,因为它们的卓越,并使他们能够获得关于本地人生活和习俗的第一手知识,他们在将来可能被召去进行治理,或者与之建立政治或其他关系。所以,所有的高卢城市人都去往罗马——"条条大路通罗马"。

752

罗马文化的影响向农村地区扩展得较慢,农村居民除了较为保守和更热衷于依附他们本地的制度和语言,还缺乏野心和商贸必要性的刺激。一个有力的德鲁伊教(Druidical)祭司①能把农村的居尔特人团结在一起,并反对罗马文化和宗教。但即使在农村地区,拉丁语的发展也很慢,形式也很糟糕,但依然是确实的。达成这一点几乎完全是通过自然的压力,而不是由于克劳迪乌斯(Claudius)皇帝统治时期(公元 41—54 年)不断增长的拉丁语的力量。克劳迪乌

---

① 德鲁伊教(Druidical)是在基督教占据英国前,在古英国凯尔特文化中占据统治地位的宗教组织,在当时具有可与国王匹敌的权力。德鲁伊祭司不仅是僧侣,也是医生、教师、先知与法官。——译者注

斯出生于里昂,并在高卢接受教育,他为高卢开放了帝国所有的职业和荣誉,在很多大规模公共工程的建设中,他起用了很多高卢人,将他们置于需要诚恳、忠心和技艺的位置上。这些人反过来频频从高卢农村地区选拔劳动力。后者在居住于罗马和其他意大利城市,或者高卢城市期间,获得了一些拉丁语知识。因此,通过这些人和其他机构,一种混合语出现在高卢农村地区,作为说居尔特语的人口和城镇居民之间沟通的中介。这包括一个拉丁语词汇的框架,去掉了大多数变音,并进行了词语缩写和其他修改。在这个架构里有很多本地词汇,已经变成城镇和农村商贸及其他生活活动的财富。由于拉丁语的影响在城市里更强,它对农村地区持续施加更大的压力。这种压力很快开始作用于拉丁文化的中心,高卢每个地方(甚至在城市里)没有受过教育的阶层都说着很不完美的拉丁语,而拉丁语的天才与说着高卢本地语的人是如此不同。但是,虽然这些城市对群众中这种使拉丁语腐坏的普遍趋势做出了某些修正,一直普遍使用本地语言的农村地区的生活使高度变调了的罗马话不可避免地瓦解了。当城市和农村的群众变得更加拉丁化——以他们的母语为代价,在广大乡村地区说着的腐化拉丁语往往成为平民话语而通行,并排挤了古典或学校的拉丁语。由于这种腐坏的拉丁语在这个国家不同地方的变化很大,由于语言和其他影响,结果大量的罗马方言通行于高卢,其中很多方言还一直存在着。

753

　　基督教的引入进一步推动了拉丁语研究,教义很快变成了基督教会的官方语言;牧师们到处把拉丁语教给中产和上层阶级,他们还鼓励大众去学习它。这似乎是注定要维持拉丁语作为这个国家官方语言的威望。但是实际上,由于它越来越成为文盲群众的语言,加速了它的衰败。很快,农村地区就有了会说自己罗马语的牧师,在大众中恢复拉丁文的斗争被放弃了。当罗马帝国的衰落把日耳曼部落引入高卢,并把新的要素引入罗马语之中时,拉丁语的大量法兰西方言开始成形,已经把自己的意志作用于恺撒们的舌头。在这种影响下,松散的拉丁语结构消失了,冠词和介词取代了拉丁语中人为完善程度较高的曲折词尾。对非重读音节的广泛抑制极

754 大收缩了拉丁词语,以至于它们常常难以辨认。元音的修改提高了高卢人用拉丁词语伪装成罗马方言的效果;居尔特语和其他本地词语在当前用于表明群众的兴趣和职业,有助于把大众话语和古典拉丁语区分开来。作为一种口语,居尔特语已经在城市里完全消失了;甚至在农村地区,它也一定程度上被忽视了,因为在罗马占据的最初几个世纪里,向各个方向延伸的混合语已经变成日益流行的语言。

3. 文化语言的竞争①

前一段时间,一家打字机公司在给一台采用阿拉伯文字的机器打广告时,声称使用阿拉伯字母的人口超过使用其他所有语言的人口,一位闪米特语教授被问:"这是多大一个谎言?"他回答说:"这是真的。"

这在某种意义上是真的,其居民使用阿拉伯字母的所有国家的总人口略多于使用拉丁语字母及其微小变体的人口,或者使用汉字(这当然不是字母表)、俄语字母的人口,然而,如果这个问题是有多少人能实际使用任何字母或书写体系,阿拉伯语则是以上四种语言中最少的。

作为一种文学媒介,语言的相对重要性问题就是有多少人想去读它的问题。这些语言有两类:一种是他们本国的,另一种是他们除了自己的语言之外学会的。后者具有更大的与人数成比例的重要性,一个受过足够教育以学会一种外语的人肯定会使用它,而前一类中的很多人虽然能读,但确实读得很少,算在这一类的人就是那些从印刷品中获得信息就像通过听人谈话获得信息一样容易的人。衡量一个国家这类人相对数量的一个公平的指数就是报纸发行量。

755 一种语言必须有一种公认的文学标准,其领地上的所有人必须学习使用它,这样其影响力才能远及国外。英语、法语和德语,只有它们达到了这一点,法语和德语没有新的使用国,实际上他们整个

---

① 改编自 E. H. Babbitt, "The Geography of the Great Languages," in *World's Work*,XV (1907—8),9903—7。

国家现在都是识字的,它们在世界读物中的相对份额只能随着他们人口的增长而增加。另外,西班牙语和俄语都有新的国家和空间来达成更高的识字率。

很可能所有温带地区的国家到本世纪末都可以普及识字。在此情况下,即使在其本国之外没有人读英语,它仍将居于领导性文学语言的地位。德语和法语被作为母语的可能性必定相对下降,而英语在这个方面的重要性注定会上升。在很多欧洲和南美国家的学校里,已经给了英语以第一外语的地位;墨西哥和日本在所有高级学校里都将英语设为必修课,中国在这个方面的工作一旦组织起来,将会紧随日本。

世界上各种语言里,实际使用或因为现在太年轻将去学习的人口数如下:

	人数(百万)	百分比
英语	136	27.2
德语	82	16.4
汉语【A】	70	14
法语	28	9.6
俄语	30	6
阿拉伯语	25	5
意大利语	18	4.6
西班牙语	12	2.6
斯堪的纳维亚语	11	2.2
荷兰语和佛兰芒语	9	1.9
欧洲少数语【B】	34	6.8
亚洲少数语【B】	16	3.2
非洲少数语和波利尼西亚语【B】	2	0.5
总计	473	100

A:不作为口语,而是作为书面语体系。
B:不足总数的 1%。

756 　　英语现在就其阅读人数来说领先于其他所有语言,世界上四分之三的邮件是用英语写的。世界上超过一半的报纸用英语印刷,而且由于它们比其他语言报纸的发行量要大,很可能世界上四分之三的报纸是用英语来阅读的。

　　重要性次之的语言即法语和德语不能保持其相对位置,因为英语占据着温带地区超过一半的新土地,而它们没有。据有新土地其余部分的语言即西班牙语和俄语,它们没有像英语一样被确立为文化语言。没有任何其他语言——甚至法语和德语——拥有如此统一和成熟的本国语,而且在文学语言上的变化如此之小。在美国,说英语的人口超过五千万,而且变化如此之少,以至于没有外国人会注意得到。没有其他什么语言能超过说着如此类似语言的人的一小部分。

　　那么,在本世纪内,英语很可能成为世界上四分之一而不是十分之一的人的方言,世界上将有一半而不是四分之一的人能阅读它。

　　4. 种族的同化①

　　种族问题有时候被描述成一个同化问题。但同化意味着什么并不总是很清楚。历史上来说,这个词有两种不同的含义,在早期的用法中其意思是"比较"或"使之相似",而在晚期的用法中其意思是"接受并合并"。

　　在社会中有一个过程,个人在此过程中自发获取他人的语言、个性态度、习惯和行为模式。还有一个过程,个人以及个人组成的群体被接管并结合在较大的群体里。两个过程都涉及现代民族的构成,现代意大利人、法国人和德国人是几个不同种族群体的破碎

757 片段的合成物。杂交已经打破了古代种群,互动和模仿已经创造出了新的民族类型,它们在语言、举止和正式行为上表现出明确的统

---

① 选自 Robert E. Park, "Racial Assimilation in Secondary Groups," in the *Publications of the American Sociological Society*, VIII(1914), 66—72。

一性。

有时候会认为,一个民族类型的创生是同化的具体功能,民族团结立足于民族同质性和"意识相似性"。同一民族的个体展示出来的这种同质性的程度和重要性被大大夸张了。在法语"国民"这个词的意义上,杂交和互动都不能创造出比表面相似性或意识相似性更多的东西。种族差异确实已经消失或被掩盖,但是个体差异仍然存在。教育、个人竞争和劳动分工已经加剧了个体差异,直到世界性群体的个体成员能够在气质、性情和心智能力上表现出比区分开早期文明里更为同质的种族和民族的这些特征更大的差异。

那么,究竟什么是体现世界性群体特征的同质性的本质呢?

现代国家的成长展示出较小的、相互排斥的群体与较大的和更为包容的社会群体不断融合。其结果已经以多种方式达成,但它通常由较小群体成员或多或少完全采用较大和较具包容性群体的语言、技术和道德来完成。移民较容易采用接纳他的国家的语言、举止、社交礼仪和外在形式。在美国众所周知的是,不可能把一个波兰人、立陶宛人或挪威人的第二代和美国本地出生的人区分开来。

没有理由认为外来群体按本地标准的同化已经在很大程度上修改了基本的种族特征。但这已经消除了以前把一个种族的成员和其他种族区分开的外部标志。

另外,小群体孤立性被打破已经解放了个体,给他们空间和自由去扩张和发展他的个人能力。758

那么,人们在世界性群体里实际发现的就是一种表面的统一性,一种举止和时尚的均质化,与个人意见、情绪和信仰中相对深远的差异联系在一起。这与人们在原始人群中遇到的相反,在这里,不同群体之间外部形式的多样性伴随着个人心智态度的千篇一律。世界各地的农民尽管外部差异很大,但在情绪和心智态度上却存在着惊人的相似性。在德国巴登的黑森林,几乎每个村庄都展示出不同风格的习俗,不同的建筑类型,但是在每个不同的山谷里,每栋房子彼此都很像,而对于每个单独社区的每位成员来说,服饰和宗教绝对遵循相同的模式。另一方面,一个德国人、俄国人或南部各州的黑人彼此在有些方面都不一样,但在某些惯常的态度和情绪上却是非常相似的。

那么,正如我们发现的那样,同质性和心理相似性在世界性国家里的作用是什么?迄今它使每个个体看上去都像其他人一样——不论肤色上有多大差异,同质性动员起了个体的人。它清除了社会禁忌,允许个人移入陌生的群体,促进新的和有风险的接触。在消除外部特征时——这在次级群体里似乎是种姓和阶级差别的唯一基础——它为个人落实了自由放任的原则。它在经济上的最终效果是用个人竞争替代了种族竞争,并使各种力量自由发挥,使每个个人——不论种族或地位——处于他或她最适合的位置上。

事实上,在美国现有的状况下,外来群体已经能够轻松迅速地把他们自己同化到美国生活的习俗和举止中,这能使这个国家吸收和消化每一种正常的人类差异,除了纯粹外部的差异,比如肤色。

事实上也有可能,通过促进民族不同成分的混合,这种以民族类型来表达自身的心理相似性间接产生了作用。这是因为,现代国家的团结较少依赖于人口同质性,更多依赖异质性要素的混合(就像詹姆斯·布赖斯所主张的),心理相似性这个词意味着标准的智力等级对于民族团结作用很小甚至没有,相似性毕竟是一种纯粹的形式概念,本身并不能把任何事物结合到一起。

归根到底,社会团结立足于情感和习惯。正是忠诚感和萨姆纳称为"同步行动"的习惯,赋予了国家以实质性的和确定的统一性,就像赋予其他每种类型的社会群体一样。这种忠诚感基于一种权宜之计、一种工作关系,以及群体成员的相互理解。社会制度的基础不在于相似性,也不是差异性,而是在于关系,以及各个组成部分的相互依赖。当这些关系有了习俗的约束并固定在个人习惯里时,群体行为就会顺畅运转,个人态度和情感——个人的思想与其他个人碰撞和冲突的唯一形式——很容易使自身适应于现存的形势。

也许可以说,忠诚本身是心理相似性的一种形式,或者它在某

第十一章 同　化

种程度上依赖于它所结合在一起的个人的心理相似性。然而,这可能是不真实的,因为没有什么忠诚能胜过狗对主人的忠诚,这是一种忠实的动物通常会扩展到它所属家庭的其他成员身上的情感。一只没有主人的狗是一只危险的动物,然而被驯养的狗则是社会的一个成员,它当然不是一位公民,尽管它并非完全没有权利。但是它已经与它所属的群体具有了某种实际运作的关系。

正是这种实际的运作安排——具有广泛差异的心智能力的个人作为协调者加入其中——使社会群体具有了社团的特征,并确保他们的团结。正是通过这种同化过程,原本冷漠或者敌对的个人组成的群体具备了团体特征,而不是通过这个过程获得正式的心理相似性,这也是本文主要涉及的内容。760

在讨论种族问题时,人们经常遇到的同化概念的困难在于,它的基础是局限于观察个人主义群体,其关系特征是间接的和次级的。它没有把这种类型的同化视为发生在具有直接和个人关系的初级群体里,比如在部落和家庭里。

因此,查尔斯·弗朗西斯·亚当斯在 1908 年 11 月于弗吉尼亚里奇蒙德的一次演讲中阐述种族问题时说:

> 如我们所知,美国的体系建基于假设的共同人性基础之上,没有绝对基础的种族特征被接受为既定的真理。所有种族都被欢迎到我们的海岸上来,他们来是外国人,他们和他们的后裔将首先变成公民,随后成为土著。这首先是一个同化和吸收的过程,所有都取决于此。不可能有永久的分割线。这个理论现在显然已经被打破了。我们面对着难以否认的明显事实,即非洲人只是部分被同化,不可能被吸收。他仍然是身体政治上的一个外来因素。一种外来的事物,他既不能被同化也不可能被扔出去。

最近《展望》杂志的一篇社论讨论了日本人在加利福尼亚的形势,说了这样的话:

733

如今住在美国的上亿人必定是一个统一的民族,不仅仅是不同人群的集合,有不同的种族文化和观念,同意和平友好地生活在一起。假如这个国家想要延续下去的话,这上亿人必定有共同的理想、共同的目标、共同的习俗、共同的文化、共同的语言以及共同的特性。

所有这一切是非常真实和有趣的,但它没有清楚认识到的事实是,黑人和东方人同化的主要障碍不是精神上的,而是身体特征上的。这并不是因为黑人和日本人构造如此不同,以至于他们不能同化。假如他们有机会的话,日本人完全能够像意大利人、亚美尼亚人或者斯拉夫人一样,获得我们的文化并共享我们的国家理想。麻烦不在于日本人的心智而在于日本人的肤色。日本不是正确的肤色。

事实上,日本人在特征上有一个独特的种族标记,即他穿着一种种族的制服,把他分类了。他不可能仅仅是一个个体,在世界的民族群体中没什么区别,这就像爱尔兰人,以及在较小程度上像其他某些移民种族一样真实。日本人就像黑人一样,注定在我们之中只是个抽象,一个象征——不仅仅是他的种族的一个象征,也是东方和其他模糊不清种族的象征,一种我们有时称为"黄祸"的不明确的威胁。这不仅在很大程度上决定了白人世界对黄种人世界的态度,还决定了黄种人对白种人的态度。它在两个种族之间产生了一种无形但非常真实的自觉意识的鸿沟。

还有另一个考虑因素,我们对自己熟悉的民族是尊重和敬重的。但是在我们与外来人的偶然接触中,给我们留下印象的是攻击性的而不是愉悦的特征。这些印象累积起来并强化天然的偏见。在以某些外在标记区分种族的地方,它们提供了一个永久性的物质基底。在这些基础之上,附带在人类所有交往之上的愤怒和敌意总是会累积起来,由此获得力量和体量。

同化——如这里使用的这个词——带着某种借鉴自生理学的意义,在生理学里,这被用来描述滋养的过程。通过滋养过程,不论生理上如何类似,我们都能想象出外来民族与社区或国家结合,并成为其中一部分。同化一般是悄悄和无意识进行的,只有过程遇到某些中断或干扰的时候，才会强迫自己进入公众意识。

一开始可能会说，除非在次级群体里，同化很少成为一个问题。对于初级群体——也就是说群体中的关系是直接的和个人化的，例如在家庭和部落里——来说，同化相对比较容易，几乎不可避免。

对此最引人注目的是家庭奴役的事实，历史上来看，奴隶制已 762 成为人们与外来群体结合的常用方法。当一个外来种族的成员成为一个家庭的仆人或奴隶，特别是当这种地位是遗传下来的时候——这正是黑人在他们被输入美洲之后的情况，就伴随着快速的同化，而且是自然而然的。

很难想象两个种族的气质和传统会比盎格鲁—撒克逊人与黑人之间差得更远，南部各州的黑人——特别是作为家庭仆人被收养的地方——在相对较短的时间里学会了其主人家庭的举止和习俗。他很快掌握了主人的文明如此多的语言、宗教和技术，在他的岗位上，他适合于或者被允许获得这些东西。最终，黑人奴隶会把他们的效忠转向他们仅仅是间接成员的州，或者至少是他们主人的家庭，他们在其中大多数事情上感受到自己的情感和利益。

黑人农场工人的同化——这里的这些奴隶与其主人家庭的联系不那么亲密——自然不是很完整。在大的种植园里，一位监工位于其主人和大多数奴隶之间。特别是在南卡罗来纳沿岸的海岛种植园，主人及其家庭很可能只是过冬的访客，主人和奴隶之间的距离大大增加了。结果就是，这些区域的黑人和南部其他州相比，较少接触白人的影响和文明。

C. 作为一个同化问题的美国化①

1. 作为同化的美国化

美国化研究假定，我们所称的"美国化"的基本条件是移民参与

---

① 这个标题之下的三篇文选改编自 *Memorandum on Americanization*, prepared by the Division of Immigrant Heritages, of the Study of Methods of Americanization, of the Carnegie Corporation, New York City, 1919。

763 到他居住的社区的生活里。这里强调的一点是,爱国主义、忠诚和共识不可能通过纯粹的知识过程来创造或传递。人必须在一起生活、工作和战斗,为的是建立利益和情感的共同体,这将使他们能够以共同的意志应对他们共同生活中的危机。

但是很明显,"参与"这个词在这里有广泛的运用,对于行动目的来说,重要的是赋予这个词语更为明确和具体的意义。

2. 作为参与手段和产物的语言

显然,无论有组织的社会行动是什么,参与这种行动都意味着"沟通"。在人类之中,与动物的区别在于,社会的共同生活以共同语言为基础。共享一种共同语言并不能确保参与社区生活,但它是一种参与工具,一个移民群体的成员获得它,就理所当然地被视为美国化的一个信号和一个粗略的指标。

然而,社会交往的正常经验之一就是,词语和事物对于这个国家不同的人、不同的地方,不同的时期和不同背景来说,意义并不一样,同样的"事物"对于幼稚的人和成熟的人,对于孩子和哲学家来说有不同的意义。新的体验从之前体验的特征与组织里获得其意义。对于农民来说,一个彗星、一场瘟疫和一个癫痫病人可能意味着一个神圣的预兆、一次上帝的惩罚和恶魔的掌控,对于科学家来说,它们意味着某些完全不同的东西。"奴隶"这个词在古代世界和今天有非常不同的内涵,今天,它在南部各州和北部各州有非常不同的意义,"社会主义"对于生活在纽约"东城"的俄罗斯人,对于河滨大道的市民,对于佐治亚山区的本地美国人来说意义是很不一样的。

心理学家用不同个体和群体中的"统觉团"(apperception mass)来解释使用同一种语言的人口里同一词语内涵的差异。在他们的
764 用语里,"统觉团"指代存放在个人整个体验的意识中的记忆体,正是通过物质实体,每个新的体验数据得以连接,并在这种联系里获得其意义。

当人们在不同的基础上来解释数据的时候,当统觉团根本上不

一样的时候,我们一般就说他们生活在不同的世界里。逻辑学家通过说他们占据着不同的"论域"来表达这一点,也就是说,他们不能用同样的表达方式来讨论。牧师、艺术家、神秘主义者、科学家、非利士人、波希米亚人代表着或多或少不一样的论域,甚至社会工作者占据着的论域也不能相互理解。

类似地,不同的种族和民族作为整体,代表着不同的统觉团以及相应的不同论域,而且不是相互理解的。甚至我们遥远的祖先对我们来说也是很难理解的,尽管由于我们传统的延续性,他们会比东方移民更能被理解。尽管如此,我们要理解《艾尔希·丁斯莫尔》①或者《威斯敏斯特信条》②,还是像理解《古兰经》或《塔木德》一样困难。

很明显,在现代生活的广泛性和巨大的复杂性中——不同种族的人和文化在其中有密切的接触,个人和群体赋予行为对象和形式的意义和价值观上的分歧,比通过语言差异表达出来的任何东西都要深刻。

实际上,共同行动中的普遍参与意味着共同的"情境界定"。在现实中,每个单独的行动以及最终的道德生活都依赖于对情境的定义。情境的定义先于并限制了任何可能的行动,而对情境的再定义会改变行动的特征。比如一个虐待者会激起愤怒和可能的暴力,但是假如我们了解这个人是个疯子,情境的这种再定义就会导致完全不同的行为。

每个社会群体都为其成员发展出系统的和不系统的定义情境的手段。这些手段里有母亲的"不要"、社区的流言、绰号(骗子、叛徒、公贼)、嘲讽、耸肩、报纸、剧院、学校、图书馆、法律和赞美诗。教育在其最广泛的意义上——知识、道德、审美——是界定情境的过程。正是通过这个过程,较老一代的定义被传递给年轻一代。在移

---

① 《艾尔希·丁斯莫尔》(Elsie Dinsmore)是一套系列童书,由美国作家玛莎·芬利(1828—1909)创作于1867—1905年间,共28本。——译者注
② 《威斯敏斯特信条》是17世纪英国教会领袖编订的新教信仰标准,也浓缩了很多信仰知识,经当时的英国议会辩论之后于1647年发布。——译者注

民这种情况下，它是一个文化群体的定义被传递给其他群体的过程。

上面所述"统觉团"在意义和价值观上的差异得出的事实是，不同的个人和民族已经以不同的方式界定了情境。当我们谈论不同移民群体带来的不同"遗产"或"传统"时，意味着由于不同的历史环境，他们对情境进行了不同的界定。某些著名的人物、思想学派、教义团体、历史事件有助于界定情境，并决定了我们各种各样的移民群体以他们母国特有的方式体现出来的态度和价值观。比如对于西西里人来说，婚姻不忠意味着细高跟鞋，而对于美国人来说，则意味着离婚法庭。甚至当移民认为他理解我们的时候，他还是没有完全理解我们。在最好的情况下，他会以他的方式来解释我们的文化。实际上，先前行动的结果已经逐步重新界定了情境，而监狱经验就是用来给这种情境的再定义提供资料的。

很明显，重要的是，组成一个社群并共享共同生活的人应该有足够的共同记忆来理解彼此。这在民主国家尤其如此，在这里，民主的目的是用公共制度来回应公共意见。除非组成公众的人员能够生活在同样的世界里，并以同样的论域来说话和思考，否则不会有公共意见。由于这个原因，似乎可取的是，移民不仅应该说这个国家的语言，还应该知道他们选择去定居的这个民族的历史。出于同样的原因，美国本地人应该了解移民来源国的历史和社会生活，这很重要。

同样重要的是，每个个人都应该尽可能全面地共享整个社群共有的知识、经验、情感和理想，而且他自身也对此做出贡献。正因为如此，我们保持并寻求保持言论自由和学校自由。文学——包括诗歌、传奇小说和报纸——的功能就是能够使所有人胜利地和有想象力地分享内心生活。科学的功能就是收集、分类、消化和保存组成社群的个人的观念、发明和技术经验，其形式适用于整个社会。从而，不仅仅拥有共同的语言，还有教育机会的广泛扩展变成了美国化的条件。

移民问题的独特性在于移民给情境带来多种定义，这使他们难于参与我们的行动。与此同时,这个问题也是像工团主义、布尔什维主义、社会主义等为例的问题一样普遍的问题,在这种情况下,情境的定义与传统定义并不一致。现代的"社会动荡"就像移民问题一样,是缺乏参与的一个信号,其真实性达到这样的程度,即某些成员觉得暴力是唯一适合的参与手段。

3. 同化与个人差异的调和

总的来说,一个动荡的时期代表着正在准备情境新定义的阶段。激动和不安与失去控制的形势有关。控制以习惯为基础而得到确保,而习惯建立在情境定义的基础之上。习惯代表着定义正在起作用的形势。当失去控制的时候,就意味着习惯不再胜任,情境已经改变并要求重新定义。这就是我们不安的那个点———一种紧张的情绪状态,随意的运动,不规范的运动,而且这会持续下去直到情境得到重新定义。动荡与个人或社会感到无法行动的状况有关。它代表着力量,问题在于建设性地使用它。

旧社会总是通过压制或拖延愿望来界定局势,以此应对动荡,他们试图使拒绝愿望本身成为一种愿望。"满足""符合上帝的意志","最终在一个更好的世界里得到拯救",就是此类代表。美利坚的建立者从参与的角度来界定情境,但这实际上完全是以"政治参与"的形式出现的。目前的趋势是从社会参与的角度来界定情境,包括要求改善社会状况,达到所有人都能参与的程度。

但是,虽然重要的是,作为同一社群成员的人们应该拥有共同记忆和共同的统觉团,使他们彼此能够理智地交谈,但让每件事对每个人都有同样的意义既不可能也不必要。一种完全均质的意识意味着僵硬、神圣、一劳永逸地界定所有情境的趋势。像这样的事情确实发生在斯拉夫村庄社区和所有野蛮民族那里,而且这也是中世纪教会的理想,但是它意味着一种低下的效率和缓慢的进步。

事实上,人类在动物世界里脱颖而出是因为它由不同类型、不同品味和兴趣、不同职业和功能的人组成。文明是差别很大的个人结合起来的产物,而且随着文明的进步,单个类型的人的分化已经

767

并且必定持续不断地扩大。我们在艺术、科学以及价值观创造上的进步一般来说已经依赖于专家,他们独特的价值正是他们与其他人的区别。甚至很明显的是,我们已经能够有效利用那些在野蛮或粗俗社会里被归类为疯子的个人——他们可能确实是疯子。

有效参与的能力意味着参与者态度和价值观的多样性,但是多样性并没有大到降低社群的道德水平和阻止有效合作的地步。重要的是对所有当下的形势已有预先的界定,但是进步依赖于对眼前所有形势不断的重新界定,而这样做的理想条件就是具有不同定义的个人的存在,他们的作用——部分是有意为之,部分是无意识的——通过他们的个人主义和针对共同任务和共同目标的劳动。只有用这种办法,一个可理解的世界——每个人都能根据其智力而参与其中——才能变成现实。因为只有通过他们的成果,词语才能获得意义,情境才变得明确。正是通过冲突与合作,或者使用流行的经济学家的说法,通过"竞争性合作",一种独特类型的人类社会才能在任何地方都存在。隐私与公共性,社会和孤独,公共目的和私人奋斗,都是人类社会无处不在的独特要素。它们是历史上美国民主的独有特征。

在这整个关系中,群体意识和个体自身似乎被沟通和参与所塑造,沟通和参与自身则依赖于它们对于共同利益的意义。

但是,假设参与总是意味着亲密的个人、面对面的关系,那将是一个错误。专家在我们的共同生活中有显著和有效的参与,但是很明显这不是基于他们和邻居的个人关系。达尔文在对情境做出新界定时,得到了莱尔、欧文和其他同时代人的协助,但这些人并不是他的邻居。当梅耶(Mayer)提出他的能量转化理论之时,他在海尔布隆村庄的邻居仅有的参与是他们两次把他限制在疯人院里。一张邮票可能是比村庄会议更有效的参与工具。

当然,根据移民的参与来界定情境并不能解决移民问题。这涉及对人口的定量和定性特征的全部意义进行分析,并参考任何确定的价值——生活标准、个人效率水平、自由和宿命论,等等。比如,我们在美国具有某种文化水平,让我们从最小程度来说,这依赖于我们公共学校体系的延续性。但是,假如某种可以想象的天生畸形出生率增加一百倍,或者由于某种可以想象的大灾难使每年有几百万非洲黑人登上我们的东海岸,同时同等数量的中国苦力来到我们的西海岸,那么我们将既没有足够的教师,也没有充足的建筑和物质资源能够给予他们,甚至是给这些人口的一小部分也不行,而民主的前景——只要它依赖于参与——就会变得极其暗淡。另外,可以想象的是,相当数量的某些移民人口由于其特殊的气质、禀赋和社会遗产,将会对我们文明的存量做出积极和不断增长的贡献。这些是有待确定的问题,但是假如移民在任何基础上得到接纳,不论美国化的条件是什么,他都将有最广泛和最自由的机会,以自己的方式,对构成我们共有国家的文化的知识、理想和观念的共同基础做出贡献。只有通过这种方式,移民才能在这个词最全面的意义上来"参与"。

769

III. 研究与问题

1. 同化与混合

关于同化的文献自然归入以下三个主要方面:(1)同化与混合;(2)文化的冲突与融合;(3)移民和美国化。

关于同化的文献很大程度上是关于种族相对优势和劣势之争论的一个副产品。在本世纪,这个争论的存在是由于戈宾诺(Gobineau)[①]在1854年出版的《人类种族的不平等》。这个论著出现在居于支配性的欧洲民族致力于把他们慈善性的保护扩展到所有"无保护"的小族群身上的时代,它基于生物基础提出了"劣等"种族被"优等"种族统治的理由。

戈宾诺的理论以及保持和详细阐述其教条的学派把文化界定为一种本质性的种族特质。其他种族可能使自身去适应,但不可能

[①] 约瑟夫·阿瑟·孔德·德·戈宾诺(Joseph Arthur Comte de Gobineau, 1816—1882),法国外交官、人种学者和作家,提倡种族决定论,对后来欧洲的种族主义理论和实践有巨大影响。——译者注

原创也不可能保持优等文化。这是种族不平等的贵族式理论，可以想见，这受到列强的沙文主义热切的欢迎。

770　　对立的学派倾向于把现存的文明视为主要是历史机遇的后果，优等民族是那些能获得他们之前的民族累积的文化材料的人群。现代欧洲将其文明归功于祖先去学校学习这个事实，劣等民族则是那些没有这种优势的人群。

　　拉采尔（Ratzel）是第一个做理论冒险的人，认为自然人和文明人根本上是相似的，现存的差异虽然巨大，却是由于不发达种族在地理和文化上的孤立。博厄斯（Boas）的《原始人的心智》是对这一观点最具系统性和批判性的表述。

　　这些相互对立的理论的讨论激发学者更深入地去研究种族联系的影响，并对文化过程进行更为深远的分析。

　　种族联系已经不可避免地导致种族混合，这种混合就像黑白混血儿的例子，已经产生了黑人白人杂交的结果，往往会创造出一种独特的文化和种族类型。E. B. 路透（E. B. Reuter）关于黑白混血儿的书是把混血当成文化类型来研究，并在种族和文化冲突中界定其作用的首次认真尝试。

　　历史上，一个群体被另一个群体同化的情况屡见不鲜。坎德尔（Kaindl）①对喀尔巴阡地区德国居民的调查特别具有指导性。克拉科夫和加利西亚早期德国居民生活方式的历史主要是在波兰贵族影响下的波兰化，有趣的是与锡本布尔根（即特兰西瓦尼亚）——这里仍然是将近八百年来，德国语言和文化在罗马尼亚农村人口中的据点——的德国殖民者形成鲜明对比。更有趣的是目前普鲁士人对现在重新联合到波兰的前波森省进行的德国化尝试。普鲁士对波森的日耳曼农民的殖民化政策因为几个原因而失败了，但它最终的失败是因为日耳曼农民发现自己孤立于波兰社区之中，他们要么放弃政府给他们的土地并回到他的德国本地省份，要么让自己建立

---

① 雷蒙德·弗里德里希·坎德尔（Raimund Friedrich Kaindl，1866—1930），奥地利历史学家。——译者注

波兰社区的认同,从而失去日耳曼民族主义的动机。这一事件整个有趣的历史与伯纳德的《波兰问题》有关,该书同时叙述了日耳曼国家边界内一个自治波兰社区的组织。

语言的竞争与生存为研究文化接触和决定同化的条件提供了有趣的材料。欧洲民族的种族起源调查已经揭示了大量奇怪的文化异常现象。有的民族就像施普雷瓦尔德人(Spreewälder),他们居住在普鲁士的勃兰登堡省一个大约240平方英亩的文化孤岛上,是斯拉夫人幸存下来的残余,他们一直保持着他们的语言和部落习俗,而且,尽管他们只有三万人,而且被日耳曼人包围,但仍然保持着他们的文学运动。另一方面,日耳曼民族中最有活力和最强大的普鲁士人的名称来自一个被征服的斯拉夫民族,其语言"老普鲁士语"自从17世纪以来就不说了,只保存在少数印刷书籍里,包括一本教义问答和日耳曼—普鲁士词汇表,这是德国语言学家从遗忘之中拯救出来的。

2. 文化的冲突与融合

文化的联系和传播已经在不同社会生活区域里以不同的标题进行了调查。人种学者已经以文化适应为题对原始民族中的这一过程进行了调查。另外,在历史上的民族中,文化适应已经被称为同化。这个任务的目的总的来说是把世界带入单一道德秩序的主导之下,但是在寻求完成这一任务时,它们已经对种族和民族文化的融合和交叉孕育做出了很大贡献。

起源问题是原始文化研究提出的第一个也常常是最复杂的问题。①一种既定的文化特征如武器、工具或者神话,是被借用的还是发明出来的? 例如,弓和箭有几个独立的起源和传播中心。在至少五个不同的,分离得很远的区域里,书写接近或达到了完美的程度。其他已经被研究的文化适应问题包括以下这些:不同文化特征可传递性的程度和次序;不同特征对抗变迁的持久性或免疫力;文化特

---

① 参见 chap. i, pp.16—24。

772 征在传播过程中的调整；文化群体之间社会联系的特征；文化层次之间分开的距离；声望在激发模仿和复制上的作用。

世界贸易的发展，欧洲的殖民时代和在美洲、亚洲、非洲以及澳大利亚的帝国扩张，西方科学向前推进和西方大规模竞争工业体系已经创造出前所未有的种族联系、文化变迁、冲突和融合，而且达到了前所未见的程度、强度和直接性。俄罗斯社会秩序的崩溃在全世界引起回响；关于新企业资本化的报道表明，印度正在复制欧洲的经济组织；女权运动已经侵入日本，地球上将近五十个国家的代表在国际联盟集会上进行了秘密会议。

近年来，民族和文化的相互渗透已经如此全面，以至于国家现在不仅仅是寻求保护自身的生存，不受到军事力量的攻击，而且同样关心保护自身不受内部宣传的阴险攻击。在这些环境下，古老的言论和出版自由遭到审查和质疑。当这种言论和出版自由由外来民族实施时尤其如此，他们用外来语言批评我们的制度，并在他们已经成为公民之前，甚至在他们能够使用本地语言之前就声称有权改革本地制度。

3. 移民和美国化

在美国，大规模外国出生人群的出现首先被认为是一个移民问题。从大量爱尔兰人在 1820 年之后几十年迁移到这个国家的时期开始，每个新的移民群体都呼吁一种对抗罪恶的通俗文学。1890 年之后，不断增加的移民数量以及移民来源从西北欧转变为东南欧加剧了普遍的关注。1907 年，美国国会成立了移民委员会，以"全面研究、评估和审查移民问题"。这项工作的计划和范围如委员会

773 所概述的，"包括研究当前欧洲移民来源，入境移民的总体特征，为了阻止不符合美国移民法的移民人口而在国内外采取的办法，以及最终彻底调查最近作为美国居民的移民的普遍状况，以及这些移民对这个国家的制度、产业和人民的影响。"1910 年，这个委员会发表了其调查和发现的报告，连同结论和建议，一共 41 卷。

欧战把这个国家的注意力集中到美国化问题上，公众意识到这

样的事实:"在我们大门里的陌生人",不论是归化的还是没归化的,总是会保持对其来源地的忠诚,甚至在似乎与他对旅居国或移居国的忠诚发生冲突时也是如此。对这个国家里较大城市的移民殖民地已经进行了大量称为"测量"的肤浅调查。很多种类的美国化工作发展很快,大量文献涌现出来,以满足公众对这个主题的信息和指引的需求,鉴于这种形势,纽约的卡内基基金会在 1918 年着手进行了"本地与外国出生者的美国化或融合方法的研究"。这项研究所依据的观点可以从项目主任艾伦·伯恩斯(Allen T. Burns)的以下表述中推断出来:

> 美国化是新美国人与本地出生的美国人在更为全面的共同理解和欣赏中的团结,通过自治来确保所有人的最高福利。这种美国化将产生的不是一成不变的曾经交付给父辈们的政治、内政和经济规则,而是一种成长的和扩展的民族生活,包括无论哪里都能找到的最好生活。借助我们丰富的遗产,美国化将通过新老美国人的相互给予和为了共同福利而做出的贡献来发展。这项研究将遵循对美国化的这种理解。

如最初所计划的,这项研究被分为以下十个部分:移民的学校教育;报刊与戏剧;家庭与家庭生活的调整;司法保护和矫正;健康标准与保健;归化与政治生活;产业与经济融合;移民遗产的处理;邻里机构和农村发展。研究的不同部分的成果呈现在单独的篇章里。

这是最近一次关于移民的重要测量-调查,尽管这个领域里有很多印象不那么深但有意义的研究。其中有朱丽叶斯·德拉克斯勒(Julius Drachsler)《民主与同化》里对同化过程的有趣分析,以及 A. M. 杜什金(A. M. Dushkin)《纽约的犹太人教育》中的研究。

同化的自然史最好的研究可能在个人叙事和文件里,就像信件和自传,或者关于城市和农村移民社区的专著。最近几年,一系列个人叙事和自传体素描已经揭示了同化过程中私密的个人方面。初次体验的期望和幻灭,随之而来的怀旧和思乡病,逐步适应于新

774

745

的形势,初次参与美国生活,在美国社会环境的机会中固守愿望,利用接纳他的国家的记忆、情感和未来实现个人的最终认同——所有这些同化步骤在像亚伯拉罕·瑞巴黎(Abraham Rihbany)的《遥远的旅程》、玛丽·安汀(Mary Antin)的《应许之地》、罗斯·科恩(Rose Cohen)的《走出阴影》、M. E. 拉维奇(M. E. Ravage)的《一个形成中的美国人》、E. C. 斯特恩(E. C. Stern)的《我的母亲与我》这些有趣的书里都有描绘。

移民问题研究中对个人文件最具反思性的运用是托马斯(Thomas)和兹纳涅茨基(Znaniecki)在《身处欧美的波兰农民》中进行的。在这些研究中,第一次有条理地运用信件和生活史,来展示从欧洲农村向美国工业社区的移民殖民地转变过程中的调整。

托马斯和兹纳涅茨基的作品是真正意义上的对欧美波兰社区的研究。对单个移民社区已经做了不那么雄心勃勃的研究。而由孤立和未同化群体组成的几种宗教社区,如德国人的门诺教派,已得到深入的研究。

775　对于某些移民社区进行研究的有价值材料——完全出于其他目的而收集的——保存在年鉴、年刊和很多移民社区的地方史里。其中最有趣的是纽约的《犹太人公社登记册》和由美国的挪威路德教会在 O. M. 诺利(O. M. Norlie)指导下进行的调查①。

参考书目

I. 同化与混合

A. 同化的心理学和社会学

（1）Wundt, Wilhelm. "Bermerkungen zur Associationslehre," *Philosophische Studien*, VII(1892), 329—61.〔"Complication und Assimilation," pp.334—53.〕

（2）——. *Grundzüge der physiologischen Psychologie*. "Assimi-

---

① 见 *Menighetskalenderen*。(Minneapolis, Minn.：Augsburg Publishing Co.1917.)

lationen，" III，528—35. 5th ed. Leipzig，1903.

（3）Ward，James. "Association and Assimilation，" *Mind* ，N.S.，
II(1893)，347—62；III(1894)，509—32.

（4）Baldwin，J. Mark. *Mental Development in the Child and the
Race*. Methods and processes. "Assimilation，Recognition，" pp.308—
19. New York，1895.

（5）Novicow，J. *Les Luttes entre sociétés humaines et leur phases
successives*. Book II，chap. vii，"La Dénationalisation，" pp.125—53.
Paris，1893.[Definition of denationalization.]

（6）Ratzenhofer，Gustav. *Die sociologische Erkenntnis*，pp.41—
42. Leipzig，1898.

（7）Park，Robert E. "Racial Assimilation in Secondary Groups
with Particular Reference to the Negro，" *American Journal of Sociol-
ogy*，XIX(1913—14)，606—23.

（8）Simons，Sarah E. "Social Assimilation，" *American Journal
of Sociology*，VI(1900—1901)，790—822；VII(1901—2)，53—
79，234—48，386—404，539—56.[Bibliography.]

（9）Jenks，Albert E. "Assimilation in the Philippines as Interpre-
ted in Terms of Assimilation in America，" *Publications of the Ameri-
can Sociological Society*，VIII(1913)，140—58.

（10）McKenzie，F. A. "The Assimilation of the American Indi-
an，" *Publications of the American Sociological Society*，VIII(1913)，
37—48.[Bibliography.]

（11）Ciszewski，S. *Kunstliche Verwandschaft bei den Südslaven*.
Leipzig，1897.

（12）Windisch，H. *Taufe und Sünde im ältesten Christentum bis
auf Origines*. Ein Beitrag zur altchristlichen Dogmengeschichte.
Tübingen，1908.

B. 同化与混合

（1）Gumplowicz，Ludwig. *Der Rassenkampf*. Sociologische

Untersuchungen, sec. 38, "Wie die Amalgamirung vor sich geht," pp. 253—63. Innsbruck, 1883.

(2) Commons, John R. *Races and Immigrants in America*. Chap. ix, "Amalgamation and Assimilation," pp. 198—238. New ed. New York, 1920.[See also pp. 17—21.]

(3) Ripley, William Z. *The Races of Europe*. A sociological study. Chap. ii, "Language, Nationality, and Race," pp. 15—36. Chap. xviii, "European Origins: Race and Culture," pp. 486—512. New York, 1899.

(4) Fischer, Eugen. *Die Rehobother Bastards und das Bastard-ierungsproblem beim Menschen*. Anthropologische und ethnographische Studien am Rehobother Bastardvolk in Deutsch-Südwest Afrika. Jena, 1913.

(5) Mayo-Smith, Richmond. "Theories of Mixture of Races and Nationalities," *Yale Review*, III(1894), 166—86.

(6) Smith, G. Elliot. "The Influence of Racial Admixture in Egypt," *Eugenics Review*, VII(1915—16), 163—83.

(7) Reuter, E. B. *The Mulatto in the United States*. Including a study of the rôle of mixed-blood races throughout the world. Boston, 1918.

(8) Weatherly, Ulysses G. "The Racial Element in Social Assimilation," *Publications of the American Sociological Society*, V(1910), 57—76.

(9) ——. "Race and Marriage," *American Journal of Sociology*, XV(1909—10), 433—53.

(10) Roosevelt, Theodore. "Brazil and the Negro," *Outlook*, CVI(1904), 409—11.

II. 文化的冲突与融合

A. 文化适应的过程

(1) Ratzel, Friedrich. *The History of Mankind*. Vol. I, Book I,

sec. 4, "Nature, Rise and Spread of Civilization," pp. 20—30. Vol. II, Book II, sec. 31, "Origin and Development of the Old American Civilization," pp. 160—70. Translated from the 2d German ed. by A. J. Butler. 3 Vols. London, 1896—98.

(2) Rivers, W. H. R. "The Ethnological Analysis of Culture," *Report of the 81st Meeting of the British Association for the Advancement of Science*, 1911, pp. 490—99.

(3) Frobenius, L. *Der Ursprung der afrikanischen Kulturen*. Berlin, 1898. 777

(4) Boas, Franz. *The Mind of Primitive Man*. Chap. vi, "The Universality of Cultural Traits," pp. 155—73. Chap. vii, "The Evolutionary Viewpoint," pp. 174—96. New York, 1911.

(5) Vierkandt, A. *Die Stetigkeit im Kulturwandel*. Eine sociologische Studie. Leipzig, 1908.

(6) McGee, W. J. "Piratical Acculturation," *American Anthropologist*, XI(1898), 243—51.

(7) Crooke, W. "Method of Investigation and Folklore Origins," *Folklore*, XXIV(1913), 14—40.

(8) Graebner, F. "Die melanesische Bogenkultur und ihre Verwandten," *Anthropos*, IV(1909), 726—80, 998—1032.

(9) Lowie, Robert H. "On the Principle of Convergence in Ethnology," *Journal of American Folklore*, XXV(1912), 24—42.

(10) Goldenweiser, A. A. "The Principle of Limited Possibilities in the Development of Culture," *Journal of American Folklore*, XXVI(1913), 259—90.

(11) Dixon, R. B. "The Independence of the Culture of the American Indian," *Science*, N.S., XXXV(1912), 46—55.

(12) Johnson, W. *Folk-Memory*. Or the continuity of British archaeology. Oxford, 1908.

(13) Wundt, Wilhelm. *Völkerpsychologie*. Eine Untersuchung der

Entwicklungsgesetze von Sprache, Mythus, und Sitte. Band I, "Die Sprache." 3 Vols. Leipzig, 1900—1909.

(14) Tarde, Gabriel. *The Laws of Imitation*. Translated from the 2d French ed. by Elsie Clews Parsons. New York, 1903.

B. 民族化与去民族化

(1) Bauer, Otto. *Die Nationalitätenfrage und die Sozialdemokratie*. Wien, 1907. Chap. vi, sec. 30, "Der Sozialismus und das Nationalitätsprinzip," pp.507—21.(In: Adler, M. and Hildering, R. *Marx-Studien*; *Blätter zur Theorie und Politik des wissenschaftlichen Sozialismus*. Band II. Wien, 1904.)

(2) Kerner, R. J. *Slavic Europe*. A selected bibliography in the western European languages, comprising history, languages, and literature. "The Slavs and Germanization," Nos. 2612—13, pp.193—95. Cambridge, Mass., 1918.

(3) Delbrück, Hans. "Das Polenthum," *Preussische Jahrbücher*, LXXVI(April, 1894), 173—86.

(4) Warren, H. C. "Social Forces and International Ethics," *International Journal of Ethics*, XXVII(1917), 350—56.

(5) Prince, M. "A World Consciousness and Future Peace," *Journal of Abnormal Psychology*, XI(1917), 287—304.

(6) Reich, Emil. *General History of Western Nations, from 5000 B.C. to 1900 A.D.* "Europeanization of Humanity," pp.33—65, 480—82.(Vols. I-II published.) London, 1908.

(7) Thomas, William I. "The Prussian-Polish Situation: an Experiment in Assimilation," *American Journal of Sociology*, XIX (1913—14), 624—39.

(8) Parkman, Francis. *Conspiracy of Pontiac and the Indian Wars after the Conquest of Canada*. 8th ed., 2 Vols. Boston, 1877. [Discusses the cultural effects of the mingling of French and Indians in Canada.]

（9）Moore, William H. *The Clash*. A study in nationalities. New York, 1919.〔French and English cultural contacts in Canada.〕

（10）Mayo-Smith, Richmond. "Assimilation of Nationalities in the United States," *Political Science Quarterly*, IX(1894), 426—44, 649—70.

（11）Kelly, J. Liddell. "New Race in the Making; Many Nationalities in the Territory of Hawaii—Process of Fusion Proceeding—the Coming Pacific Race," *Westminster Review*, CLXXV (1911), 357—66.

（12）Kallen, H. M. *Structure of Lasting Peace*. An inquiry into the motives of war and peace. Boston, 1918.

（13）Westermarck, Edward. "Finland and the Czar," *Contemporary Review*, LXXV(1899), 652—59.

（14）Brandes, Georg. "Denmark and Germany," *Contemporary Review*, LXXVI(1899), 92—104.

（15）Marvin, Francis S. *The Unity of Western Civilization*. Essays. London and New York, 1915.

（16）Fishberg, Maurice. *The Jews: a Study in Race and Environment*. London and New York, 1911.〔Chap. xxii deals with assimilation versus nationalism.〕

（17）Bailey, W. F., and Bates, Jean V. "The Early German Settlers in Transylvania," *Fortnightly Review*, CVII(1917), 661—74.

（18）Auerbach, Bertrand. *Les Races et les nationalités en Autriche-Hongrie*. Paris, 1898.

（19）Cunningham, William. *Alien Immigrants to England*. London and New York, 1897.

（20）Kaindl, Raimund Friedrich. *Geschichte der Deutschen in den Karpathenländern*. Vol. I, "Geschichte der Deutschen in Galizien bis 1772." 3 Vols. in 2. Gotha, 1907—11.

C. 布道

（1）Moore，Edward C. *The Spread of Christianity in the Modern*
779 *World*. Chicago，1919.［Bibliography.］

（2）World Missionary Conference. *Report of the World Mission-*
ary Conference，1910. 9 Vols. Chicago，1910.

（3）Robinson，Charles H. *History of Christian Missions*. New
York，1915.

（4）Speer，Robert E. *Missions and Modern History*. A study of
the missionary aspects of some great movements of the nineteenth cen-
tury. 2 Vols. New York，1904.

（5）Warneck，Gustav. *Outline of a History of Protestant Mis-*
sions from the Reformation to the Present Time. A contribution to
modern church history. Translated from the German by George Rob-
son. Chicago，1901.

（6）Creighton，Louise. *Missions*. Their rise and development.
New York，1912.［Bibliography.］

（7）Pascoe，C. F. *Two Hundred Years of the Society for the*
Propagation of the Gospel，*1701—1900*. Based on a digest of the
Society's records. London，1901.

（8）Parkman，Francis. *The Jesuits in North America in the Sev-*
enteenth Century. Part II. "France and England in North America."
Boston，1902.

（9）Bryce，James. *Impressions of South Africa*. Chap. xxii,
"Missions," pp.384—93. 3d ed. New York，1900.

（10）Sumner，W. G. *Folkways*. "Missions and Antagonistic Mo-
res," pp.111—14，629—31. New York，1906.

（11）Coffin，Ernest W. "On the Education of Backward Races,"
Pedagogical Seminary，XV(1908)，1—62.［Bibliography.］

（12）Blackmar，Frank W. *Spanish Colonization in the South*
West. "The Mission System," pp.28—48. "Johns Hopkins University

Studies in Historical and Political Science." Baltimore, 1890.

（13）Johnston, Harry H. *George Grenfell and the Congo*. A history and description of the Congo Independent State and adjoining districts of Congoland, together with some account of the native peoples and their languages, the fauna and flora, and similar notes on the Cameroons, and the Island of Fernando Pô, the whole founded on the diaries and researches of the late Rev. George Grenfell, B.M.S., F.R. S. G.; and on the records of the British Baptist Missionary society; and on additional information contributed by the author, by the Rev. Lawson Forfeitt, Mr. Emil Torday, and others. 2 Vols. London, 1908.

（14）Kingsley, Mary H. *West African Studies*. pp. 107—9, 272—75. 2d ed. London, 1901.

（15）Morel, E. D. *Affairs of West Africa*. Chaps. xxii—xxiii, "Islam in West Africa," pp.208—37. London, 1902. 780

（16）Sapper, Karl. "Der Charakter der mittelamerikanischen Indianer," Globus, LXXXVII(1905), 128—31.

（17）Fleming, Daniel J. Devolution in Mission Administration. As exemplified by the legislative history of five American missionary societies in India. New York, 1916.[Bibliography.]

III. 移民与美国化

A. 移民与侨民

（1）United States Immigration Commission. *Reports of the Immigration Commission*. 41 Vols. Washington, 1911.

（2）Lauck, William J., and Jenks, Jeremiah. *The Immigration Problem*. New York, 1912.

（3）Commons, John R. *Races and Immigrants in America*. New ed. New York, 1920.

（4）Fairchild，Henry P. *Immigration*. A world-movement and its American significance. New York，1913.［Bibliography.］

（5）Ross，E. A. *The Old World in the New*. The significance of past and present immigration to the American people. New York，1914.

（6）Abbott，Grace. *The Immigrant and the Community*. With an introduction by Judge Julian W. Mack. New York，1917.

（7）Steiner，Edward A. *On the Trail of the Immigrant*. New York，1906.

（8）——. *The Immigrant Tide，Its Ebb and Flow*. Chicago，1909.

（9）Brandenburg，Broughton. *Imported Americans*. The story of the experiences of a disguised American and his wife studying the immigration question. New York，1904.

（10）Kapp，Friedrich. *Immigration and the Commissioners of Emigration of the State of New York*. New York，1880.

B. 移民社区

（1）Faust，Albert B. *The German Element in the United States*. With special reference to its political，moral，social，and educational influence. New York，1909.

（2）Green，Samuel S. *The Scotch-Irish in America*，1895. A paper read as the report of the Council of the American Antiquarian Society，at the semi-annual meeting，April 24，1895，with correspondence called out by the paper. Worcester，Mass.，1895.

（3）Hanna，Charles A. *The Scotch-Irish*. Or the Scot in North Britain，North Ireland，and North America. New York and London，1902.

（4）Jewish Publication Society of America. *The American Jewish Yearbook*. Philadelphia，1899.

（5）*Jewish Communal Register*，*1917—1918*. 2d ed. Edited and published by the Kehillah(Jewish Community) of New York City. New York，1919.

781

（6）Balch, Emily G. *Our Slavic Fellow Citizens*. New York, 1910.

（7）Horak, Jakub. *Assimilation of Czechs in Chicago*.[In press.]

（8）Millis, Harry A. *The Japanese Problem in the United States*. An investigation for the Commission on Relations with Japan appointed by the Federal Council of the Churches of Christ in America. New York, 1915.

（9）Fairchild, Henry P. *Greek Immigration to the United States*. New Haven, 1911.

（10）Burgess, Thomas. *Greeks in America*. An account of their coming, progress, customs, living, and aspirations; with a historical introduction and the stories of some famous American-Greeks. Boston, 1913.

（11）Coolidge, Mary R. *Chinese Immigration*. New York, 1909.

（12）Foerster, Robert F. *The Italian Emigration of Our Times*. Cambridge, Mass., 1919.

（13）Lord, Eliot, Trenor, John J. D., and Barrows, Samuel J. *The Italian in America*. New York, 1905.

（14）DuBois, W. E. Burghardt. *The Philadelphia Negro*, A *Social Study*. Together with a special report on domestic service by Isabel Eaton. "Publications of the University of Pennsylvania, Series in Political Economy and Public Law," No. 14. Philadelphia, 1899.

（15）Williams, Daniel J. *The Welsh of Columbus*, *Ohio*. A study in adaptation and assimilation. Oshkosh, Wis., 1913.

C. 美国化

（1）Drachsler, Julius. *Democracy and Assimilation*. The blending of immigrant heritages in America. New York, 1920.[Bibliography.]

（2）Dushkin, Alexander M. *Jewish Education in New York City*. New York, 1918.

（3）Thompson, Frank V. *Schooling of the Immigrant*. New York, 1920.

（4）Daniels, John. *America via the Neighborhood*. New York, 1920.

(5) Park, Robert E., and Miller, Herbert A. *Old World Traits Transplanted*. New York, 1921.

(6) Speek, Peter A. *A Stake in the Land*. New York, 1921.

(7) Davis, Michael M. *Immigrant Health and the Community*.
782 New York, 1921.

(8) Breckinridge, Sophonisba P. *New Homes for Old*. New York, 1921.

(9) Leiserson, William M. *Adjusting Immigrant and Industry*. [In press.]

(10) Gavit, John P. *Americans by Choice*.[In press.]

(11) Claghorn, Kate H. *The Immigrant's Day in Court*.[In press.]

(12) Park, Robert E. *The Immigrant Press and Its Control*.[In press.] New York, 1921.

(13) Burns, Allen T. *Summary of the Americanization Studies of the Carnegie Corporation of New York*.[In press.]

(14) Miller, Herbert A. *The School and the Immigrant*. Cleveland Education Survey. Cleveland, 1916.

(15) Kallen, Horace M. "Democracy versus the Melting-Pot, a Study of American Nationality." *Nation*, C (1915), 190—94, 217—20.

(16) Gulick, Sidney L. *American Democracy and Asiatic Citizenship*. New York, 1918.

(17) Talbot, Winthrop, editor. *Americanization*. Principles of Americanism; essentials of Americanization; technic of race-assimilation. New York, 1917.[Annotated bibliography.]

(18) Stead, W. T. *The Americanization of the World*. Or the trend of the twentieth century. New York and London, 1901.

(19) Aronovici, Carol. *Americanization*. St. Paul, 1919.[Also

in American Journal of Sociology，XXV(1919—20)，695—730.]

D. 个人文件

（1）Bridges，Horace. *On Becoming an American*. Some meditations of a newly naturalized immigrant. Boston，1919.

（2）Riis，Jacob A. *The Making of an American*. New York，1901.

（3）Rihbany，Abraham Mitrie. *A Far Journey*. Boston，1914.

（4）Hasanovitz，Elizabeth. *One of Them*. Chapters from a passionate autobiography. Boston，1918.

（5）Cohen，Rose. *Out of the Shadow*. New York，1918.

（6）Ravage，M. E. *An American in the Making*. The life-story of an immigrant. New York，1917.

（7）Cahan，Abraham. *The Rise of David Levinsky*. A novel. New York，1917.

（8）Antin，Mary. *The Promised Land*. New York，1912.

（9）——. *They Who Knock at Our Gates*. A complete gospel of immigration. New York，1914.

（10）Washington，Booker T. *Up from Slavery*. An autobiography. New York，1901.

（11）Steiner，Edward A. *From Alien to Citizen*. The story of my life in America. New York，1914.

（12）Stern，Mrs. Elizabeth Gertrude(Levin). *My Mother and I*. New York，1919.

（13）DuBois，W. E. Burghardt. *Darkwater*：*Voices from within the Veil*. New York，1920.

（14）——. *The Souls of Black Folk*. Essays and sketches. Chicago，1903.

（15）Hapgood，Hutchins. *The Spirit of the Ghetto*. Studies of the Jewish quarter in New York. Rev. ed. New York，1909.

783

主题相关的论题

1. 种族与文化,以及种族的相对优等和劣等问题。

2. 同化与融合的关系。

3. 作为文化类型的混血儿。

4. 作为同化手段的语言以及民族团结的基础。

5. 作为维护民族团结之手段的历史和文学。

6. 种族偏见和隔离与同化和适应的关系。

7. 家庭奴隶与黑人的同化。

8. 去民族化中历史实验的研究;波森的日耳曼化;波兰的俄国化;日本的朝鲜政策,等等。

9. "熔炉"与"连接符"之争和美国化的关系。

10. 从社会学的角度研究美国化的政策、计划和实验。

11. 作为一种美国化手段的移民社区。

12. 个人文件中揭示的同化过程,如安汀的《应许之地》、瑞巴黎的《遥远的旅程》、拉维奇的《一个形成中的美国人》,等等。

13. 外来布道与本土文化。

14. 同化与适应在个人发展中的作用。

15. 同化与适应和教育过程的关系。

讨论问题

1. 你如何理解西蒙斯所说的"同化"的意义?

2. 混合与同化的差别是什么?

3. 同化与混合怎样相互关联?

4. 你认为托洛特和克莱尔在人类进化上的解释有什么不同?

5. 你如何理解托洛特所说的作为控制行为的一种机制的群聚本能是什么意思?

6. 托洛特对(a)三种个人本能和(b)群聚本能所做的区分有什

784

么意义？

7. 对于种族联系和混合的研究来说,物质和非物质文化要素的意义是什么？

8. 你如何解释多种文化要素在同化速度上的差异？

9. 什么因素促进和妨碍了罗马文化在高卢的扩张？

10. 法语的起源涉及哪些社会因素？

11. 一种文化语言的扩展在多大程度上涉及同化？

12. 文化语言在什么意义上彼此竞争？

13. 在一个世纪里,英语将成为世界上四分之一人口的常用语,你同意这样的预测吗？ 为你的立场辩护。

14. 帕克的同化定义和西蒙斯的定义不一样吗？

15. 帕克说:"社会制度的基础不在于相似性,也不是差异性,而是在于关系,以及各个组成部分的相互依赖。"你如何理解他的意思？ 这一原则和同化过程有什么关系？

16. 你认为(a)促成群体团结和协作活动与(b)促成正式的心理相似性,这两种同化类型的差别是什么？ 什么条件有利于一种或另一种同化？

17. 你怎么理解"美国化"一词？

18. 美国化和普鲁士化之间有差别吗？

19. 你熟悉美国化的什么计划？ 从同化的社会学解释角度来说,它们足够胜任吗？

20. 语言在什么方面既是同化的手段,又是同化的产物？

21. "统觉团""论域""情境定义"这些说法是什么意思？ 它们对于同化有什么意义？

22. 同化以什么方式涉及个人差异的调和？

23. 移民的隔离是利于还是妨碍同化？

24. 初级和次级联系,模仿和暗示,竞争,冲突与调适,以什么方式进入同化过程？

第十二章　社会控制

I. 引　　言

1. 界定社会控制

社会控制(social control)已经得到研究,但是在社会学对这个术语的广泛扩展里,它并没有得到界定。所有社会问题最终都会成为社会控制问题。在本书的概论章节里,社会问题被分为三类:(a)行政管理问题;(b)政策与政治组织问题;(c)社会力量和人性问题。[①]在这些范畴的每一个里,都可以研究社会控制。社会学主要关注的是社会力量和人性。所以,本章将从这一角度考虑社会控制。

在之前的四个章节里,互动过程——以其四种典型形式:竞争、冲突、调适和同化——已得到分析和描述。社区和社区范围内的自然秩序似乎是竞争的一种后果。社会控制和社群单个成员的相互从属都在冲突中有其源头,在调适过程中显示出明确的组织形式,并在同化中得到团结和固化。

通过这些过程的中介,一个社群呈现出一个社会的形式。然而,顺便说一下,某些明确的和完全自发的社会控制形式发展起来了。这些形式以多种称谓而为人熟知:传统、习俗、民俗、道德、仪式、神话,宗教与政治信仰,教义和信条,最后还有公共舆论和法律。在这个章节,建议更精确地界定这些典型机制(社会群体通过它们

---

① Chap.i, pp.46—47.

才能行动)中的某些机制。在接下来的"集体行为"章节,将会提供
材料以展示行动中的群体。

正是在行动之中,控制机制得以创造出来,"集体行为"标题下　786
的文献是为了说明这些阶段:(a)社会动荡;(b)群众运动;(c)社会
得以形成和改革的机制。最后,在"进步"章节,将讨论社会变迁与
社会控制的关系,以及科学和集体表征在指引社会变迁方向上的
作用。

关于社会控制最明显的事实就是制定和执行法律的机制,即立
法机构、法院和警察。因此,当我们思考社会控制的时候,这些就是
我们看到的它所体现的图景,这些是我们寻求去界定它的术语。

长远来说,立法机构和警察必须具备公众的支持,这并不是如
此明显。休谟认为,政府——即使是最专制的,除了支持它们的意
见而外一无所有——如果没有某些条款的界定,是不可能被接受
的,即使它本质上是正确的。休谟的意见中包含了那些我们将和道
德区别开的东西。他可以在广泛的意义上补充说,被统治的人不论
有多么大规模,除非他们被"意见"团结起来,否则是无济于事的。

拥有一支军队或一部无关政治的"机器"以供其发号施令的国
王或者政治"大佬"能做很多事情。它也可能混淆或误导公共舆论,
但是国王或大佬都不愿意——假如他们聪明的话——挑战道德习
俗和社会常识。

然而,公共舆论和道德习俗,正如它们代表着社会对不断变化
的形势做出的反应一样,它们自身也服从于变迁和变异。但是,它
们以我们所称的根本人性为基础,也就是在每一种社会里以某种形
式被复制的某些特征。

"在过去七十年里,人种学家已对人类的很多部落、种族和
民族进行了详细的考察。成果的比较显示出,每个地方的基本
生活和行为模式是一样的,不论是古希腊、现代意大利、亚洲蒙
古人、澳大利亚黑人,还是非洲霍屯督人。它们都有一种家庭
生活的形式、道德和法律法规、一种宗教体系、一种政府形式、

787 　　艺术实践，等等。对任何特定群体(如非洲的卡菲尔斯人)的道
德规范进行考察，就会发现很多与其他任何特定群体(如希伯
来人)的相同之处。所有群体都有这样的'戒律'，例如'尊敬你
的父母'、'你不可杀人'、'你不可偷盗'。以前假设的是，这种
相似性是群体之间相互借用的后果。当巴斯蒂安(Bastian)记
录了一个类似于俄耳甫斯(Orpheus)和欧律狄斯(Eurydice)的
夏威夷神话时，就有人猜测，这个故事如何能从希腊流传过来。
但是现在认识到，文化的相似性主要不是由于模仿，而是由于
平行的发展。人的本性在任何地方从根本上来说都是一样的，
而且在任何地方都会以相似的情感和制度来表达自身。"①

　　在社会控制中，有某些因素比道德习俗更为根本。赫伯特·斯
宾塞在其"仪式性政府"一章里，已经从这个更为基本的观点出发界
定了社会控制。在那一章里，他把"人类由于同伴的存在而调整活
动形式"归结为一种控制形式，"其他更明确的控制得以从中演化出
来"，一个个体对其他个体的出现做出的自发反应最终被固定下来，
成为惯例，并作为社会仪式传递下来，构成了"原始的、无差别的政
府，政治政府和宗教政府是有区别的，而且它们继续深陷其中"。
　　在强调仪式以及那些直接和自发产生自个人对社会情境天生
与本能反应的行为形式时，斯宾塞认为政府的基础以行动为源泉，
至少就社会学来说，这是根本性的。

　　2. 文献分类
　　关于社会控制的选材已经按以下三个方面分类：(a)社会控制
的基础形式，(b)公共舆论和(c)制度。这一阅读次序表明了控制的
发展，从其在人群、仪式、威望和禁忌中自发的形式；它在谣言、传
788 闻、新闻和公共舆论中更为明确的表达；到其在法律、教条、宗教和

---

① 　Robert E. Park and Herbert A. Miller, *Old World Traits Transplanted*, pp.1—2.(New
York, 1921.)

政治制度中更为正式的组织形式。仪式、公共舆论和法律是社会生活寻找表达的独特形式,也是一种手段,使个人行为得到协调,集体冲动得到组织,以便能付诸行动,也就是(a)主要表现性的行为(例如游戏),或者是(b)主动行为。

所有人类行为中比我们一般想象的更大的部分只是表现性的。艺术、游戏、宗教实践和政治行动完全或几乎完全是表现形式,从而具备了专属于仪式和艺术的象征性及仪式性特征,但每一项活动的特点却是出于自身的原因。只有工作——出于某些不可告人的动机或自觉的责任感而采取的行动——才会完全并毫无保留地归为第二类。

(a) **社会控制的基本形式**。——人群控制(在这里,融洽关系一旦建立起来,每个个人都能直接回应其他每个人)是最基本的控制形式。

与人群中的个人对人群的支配性情绪或冲动做出的反应同样直接和自发的类似反应可以在兽群和家畜群(动物性群众)中看到。

在模糊恐慌感——或者仅仅是由于炎热和口渴的作用——的影响下,牛变得不安,并开始慢慢转圈,"转磨"。这种转磨动作是一种集体姿势,是不安或恐惧的一种表达。但恰恰是不安的特定表达趋于强化其表现,并增加畜群里的紧张。这会继续下去,只要达到这种地步:只要某种突发的声音,一声枪响或者一下闪电,就会使畜群陷入疯狂的踩踏之中。

畜群中的打转是人类社会中以微妙和不那么明显的方式发生的事情的一种可视景象。警报或不适会频频激发社会不安。但恰恰是这种动荡的表现往往会将其放大。这种形势是一种恶性循环。处理它的每次尝试只会加剧它。在 1830—1861 年间,我们在历史上见证了这种恶性循环,当时每次处理奴隶制的尝试都只会使各州之间不可避免的冲突更为接近。最后,有了这 20 年显而易见的准备,战争爆发了。

托尔斯泰在他伟大的历史浪漫作品《战争与和平》里,以一种历史学家比不上的方式描述了导致 1812 年法俄战争的事件,特别是拿破仑——尽管他努力去避免战争——被他所不能控制的社会力 789

量驱使去向俄国宣战,并由此导致他垮台的行为。

1870年法国被俾斯麦逼迫向普鲁士宣战的状况,以及奥地利在1914年向塞尔维亚宣战并引起世界大战的境遇,都展示了同样的致命循环。在这两种情况下,局面已定,准备工作也已做好,解决方案得以形成,并订立了各项协议,似乎很清楚的是,在达到某个点之后,所有行动都是被迫的。

这是最基本和最初级的控制形式,它是仅仅由基础力量来运作的控制。在某种程度上,这些力量可能会被操纵,就像其他自然力量一样;但是在某种限制之下,人类的本性是什么这个问题注定是致命的,就像确定了环境和牛群的本性,踩踏就是不可避免的。抽象地看,历史危机总是被非常像畜群转磨一样的过程创造出来的。这种恶性循环就是金融萧条和恐慌里所谓的“心理因素”,而且确实是所有集体行为中的一个因素。

这种循环互动形式的结果是增加了群体中的张力,并且通过创造一种期待状态,调动其成员采取集体行动。它就像个人的注意力:它是群体准备行动的方式。

其他每一种控制形式——仪式、公共舆论或者法律——的背后,总会有基本社会力量的这种互动。但是,我们通常所说的社会控制是某些个体——官员、官僚或领导人——在社会过程中的专横干涉。警察逮捕罪犯,律师以其三寸不烂之舌动摇陪审团的意愿,法官判刑,这些都是社会控制本身表现出来的为人熟知的正式活动。在严格意义上,使控制以这种方式产生社会性是因为这些行动得到习俗、法律和公共舆论的支持。

790　　　人群中的控制和其他社会形式中的控制之间的区别在于,人群没有传统,它没有关于其过去的参照点来指引其成员。所以,它既没有象征、仪式、典礼,也没有礼节,它不强加义务,也不创造忠诚。

仪式是一种在群体中复苏过去的生动感觉的方法。它是一种恢复兴奋情绪的方法,正是这种情绪激发了先前的集体行动。野蛮人的战争舞蹈是对战斗的戏剧性再现,有助于鼓励和唤醒尚武精神。这是仪式变成控制手段的一种方式。通过唤起关于早先战争的记忆，为新的一场战争动员起战士们。

欧内斯特·格罗斯（Ernst Grosse）[1]在《艺术的起源》里已经简洁阐述了给所有第一手观察者留下深刻印象的东西，即舞蹈在原始民族生活中扮演的重要角色。

> "狩猎民族的舞蹈通常来说是群舞。一般来说，部落的男人——而不仅仅是几个部落的成员——加入练习，整个群舞在某个时期按一种规律来运动。所有描述这种舞蹈的人都再三提及这种运动精彩的协调。在舞蹈的兴奋之中，几个参与者被融合成一个单独的存在，被一种感觉唤起和运动。在舞蹈过程中，他们处于一种彻底的社会统一状态，舞蹈群体就像一个单独有机体一样感觉和行动。原始舞蹈的社会意义就在于社会统一性的这种效果。它把大量处于松散和不安定生活状况下，并被不同个人的需要和期待不规则地驱使着到处运动的人聚在一起，并使他们在针对一个目标的冲动之下去行动。它把秩序和联系引入——至少是偶然的——狩猎部落散乱动荡的生活里。除了战争，它也许是使原始部落的拥护者能感受到团结的唯一因素，而且与此同时，它是最好的战争准备之一，因为健身舞蹈更多对应着我们军事活动的多个方面。原始舞蹈在人类文化发展中的重要性，怎么高估都不为过。所有较高程度的文明都以单个社会要素一致有序的协作为条件，原始人类通过舞蹈来训练这种协作。"[2]

原始人的生活中如此有特色和普遍的舞蹈——同时也是集体表达和集体再现的方式——不过是循环反应的一种习惯化形式，而其最原始的形式表现为畜群的转磨动作。 791

（b）**公共舆论。**——我们一般把公共舆论视为一种社会气象。

---

[1]　欧内斯特·格罗斯（Ernst Grosse，1862—1927），德国艺术史家、社会学家，现代艺术社会学奠基人之一。——译者注

[2]　Ernst Grosse，*The Beginnings of Art*，pp.228—29.（New York，1897.）

在某些时代和某些环境下,我们观察到强烈、稳定的舆论趋势,明显地向一个明确的方向运动并指向一个明确的目标。但是在其他时候,我们也注意到这种运动中的疾风、漩涡和逆流,时不时还有风暴、转换或死寂。当公共舆论里这些突发的转变以投票来表达的时候,会被政客们称为"滑坡"。

在所有这些运动中,对公共舆论更紧密的观察揭示出在方向上的逆流和改变,它总是可能识别的,但是在更大的规模上,不论群体何时准备行动,我们在其他地方都会发现同样的循环反应。在公众中就像在人群里一样,总会有一个循环,有时比较宽广,有时又比较狭窄,个人在其中会相互回应彼此的动机和兴趣,因此,由于社会力量的这种互动,任何时候都可能出现支配整体的共同动机和共同目的。

在已经描述过的相互影响的循环中,不会有畜群或人群处于兴奋状态时针对个体的那种彻底的和谐与对个体的彻底支配,但将会有足够的利益共同体来确保共同的理解。事实上,公众是在一个论域的基础上组织起来的,并且处于这种论域的限制之中,语言、事实陈述、新闻将具有对于所有实践性目的来说相同的意义。正是在这种相互影响的循环中,存在着界定公共界限的论域。

公众就像人群一样,并不被认为是一种像议会甚或公共大会那样的正规组织。在形成公共舆论方面,它总是存在有意识参与和共识的最广泛领域。公共并不只是一个圈子,还有一个中心。在这个存在参与和共识的领域里,总会有一个关注的焦点,构成公众的个体的意见似乎总是围绕着它。在普通情况下,这种关注焦点是不断转变的。公众关注的转移构成了公共舆论的变化。当这些变化指向一个明确的方向,并具有或似乎具有一个明确的目标时,我们就把这种现象称为社会运动。假如有可能把这种运动用地图或者图表的形式画出来,将可能显示出两个维度的运动。比如将会有一种空间里的运动。公共舆论的焦点——即具备舆论最大"强度"的点——总会从这个国家的一个部分移到另一个部分。[1]在美国,这

792

---

[1] A. L. Lowell, *Public Opinion and Popular Government*, pp.12—13. (New York, 1913.)

些运动由于可能从历史上进行解释的原因,很可能沿着东西向而不是南北向移动。在公共舆论的这种地理移动中,我们可能观察到强度上的变化和方向的改变(言语散漫)。

> "强度的变化似乎与某个具体问题可能存在的意见的领域成正比。少数派当中的意见一致性比多数派当中更强,这使少数派的影响力远远超过多数派。虽然强度的变化与具体问题的公共舆论可能存在的领域有明确的关系,但公共舆论的散漫性——与趋势有别——可能与参与者的特征有直接关系。适用于公共舆论的领域最终将不得不从社会距离而不是地理距离上来进行衡量,也就是说,从孤立和联系上来衡量。任何这类计算都会涉及数量因素。地理区域、通讯和牵涉其中的人口数量一般就是决定此处使用的区域概念的因素。假如党派精神强,那么公共舆论的大方向或大趋势将可能与方向上的转变或突然的短暂变化相交叉,而这些转变将与党派精神的强度成正比。查尔斯·E. 梅里亚姆最近关于政党的研究指出,少数党制定了美国大多数的法律,[1]这是因为在两大政党的政策之间没有很大的分歧,而政党斗争则发生在无关的问题上。只要这是真的,就确保了对抗政策上的任何突变。新的法律是顺应公共舆论的趋势而通过的,而不是回应激进党派精神带来的散漫和突然转变。"

所有这些现象都可以被观察到,例如在禁酒运动中[2]。迪西(Dicey)的《英国法律和公共舆论》中的研究表明,虽然舆论在特定问题上的指向非常不规律,但总的来说其运动有一个总的方向。公共舆论的倾向就是我们给这种总体运动的名称。在界定这种趋势的时候,转变、逆流和疾风不在考虑之列。当我们谈论公共舆论的

---

① *The American Party System*, chap. viii. (New York, 1922.) [In press.]
② 指 1920 年至 1933 年间美国政府的禁酒政策。——译者注

趋势或方向的时候,我们通常意指一个明确时期之内的趋势。

当公共关注的焦点不再移动或转变,当它固定下来,界定公共界限的圈子就缩小了。由于圈子变窄,意见本身变得更为紧密和集中。这就是危机现象。正是在这个点上,畜群发生了踩踏。

危机的影响总是会增加轻率行为的危险。在这种紧张时期,最琐碎的事件也可能使一个社群陷入无可挽回的灾难之中。正是在危机状况下,独裁立即成为可能和必然,这不仅为了使社群采取有力行动,还为了保护社群不受外部力量的影响。俾斯麦对著名的埃姆斯电报(telegram of Ems)做出轻微调整的做法就触发了法国的危机,并迫使拿破仑三世不顾自己和顾问的判断,向德意志宣战。这就是这种危险的一个例证。①

794 正是由于确定的公共舆论存在的领域变窄,立马创造出了可能性,并明确了专横控制的界限,只要它是由公共舆论创造或决定的。

到现在,已经采用了几乎所有适用于人群的术语来描述了公众。公众频频被描述,似乎它只是一个巨大的人群,一个像新闻一

---

① "7月13日下午,俾斯麦、鲁恩和毛奇一起坐在柏林的首相办公室里。他们郁郁寡欢,因为利奥波德王子放弃西班牙王位在巴黎被宣传为普鲁士的耻辱。他们还担心威廉国王的好脾气可能使他做出进一步的让步,而且普鲁士为了和法国不可避免的战争而进行的仔细准备可能被浪费,白白失去一次难得的机会。一封电报到了,这是在埃姆斯的国王发来的,描述了那天上午他与法国大使的交谈。国王就贝内德迪的担保(霍亨索伦家族不染指西班牙王位)要求给出了一个坚定而又礼貌的拒绝,当大使试图重新会谈的时候,国王通过侍从武官发给他一封礼貌的信件,告知这个话题必须结束了。最后,俾斯麦得到授权,在他认为合适的情况下去发表这封信。首相立即看到了他的机会。在这封皇室急件中,尽管主要事项已足够清楚,但还是有疑惑和犹豫,意味着有进一步谈判的可能性。删掉几行话并不会改变总体含义,但一定会改变信件的整个基调。俾斯麦转向毛奇,问他是否对突发的战争风险有所准备,在得到肯定的回答之后,首相拿起一支蓝色铅笔,迅速划出了电报里的几个部分。在不增加或修改一个词的情况下,这封信不再显示出是'谈判未决的片段',反而显得具有决定性的意义。在法国人的实际性情中,毫无疑问这封信不仅显得果决,还是出言不逊的,它的发表就意味着战争。"

"7月14日,埃姆斯电报在巴黎公之于众,结果是俾斯麦所预料到的。到目前为止,内阁里赞成和平的大多数被民众的浪潮冲走了,拿破仑本人也勉强屈服于他的大臣和皇后的要求,他们看到,一场成功的战争是保住她儿子王位的最好(即使不是唯一的)机会。7月14日晚间,宣战书签发了。"——W. Alison Phillips, *Modern Europe*, 1815—1899, pp.465—66.(London, 1903.)

样广泛分散传播的人群,并始终是新闻。①但这是有差别的。在人群的热情和兴奋之中,就像在原始人的合唱舞蹈之中一样,存在着可以说是社会力量完全融合的时刻。融洽暂且使人群以一种特殊的亲密方式形成一个社会单元。

公众之中不存在这样的团结。我们称为公共舆论的情绪和倾向从来就不是无限制的情感表达。差别在于,公共舆论取决于冲突和争论,不完全由个人意见构成。在任何引起政党精神的冲突中,构成公众的旁观者必然会有所偏袒。事实上,偏袒的冲动与表现出来的兴奋和党派精神成正比。但结果就是,一个问题的两个方面都得到考虑。某些争论被拒绝是因为它们经不起批判。以这种方式形成的公共舆论具有判断的特征,而不只是一种不假思虑的情感表达——就像人群里那样。公众从来不是狂喜的。它总是或多或少理性的。正是这种采用讨论形式的冲突,在公共舆论施行的控制之中引入了理性和事实的要素。

在公众对某次冲突或事件的最终判断中,我们确实可以预见到某种类型的一致判断,但是在普遍的共识之中,会有某些个人意见的差异仍然无法调和,或只是部分调和,公众最终的一致意见将或多或少需要那些共同形成其判断的所有不同观点的认可。

在这些材料中,随之产生了公共舆论和道德之间的区别,这种区别是重要的。习惯和风俗就像个人的习惯一样,可能被视为仅仅是过去活动的剩余。当风俗承载了道德的特征,它们就不再仅仅是现实事物和常识,它们是对曾经存在的问题做出的判断,因此,它们可能被视为是公共舆论的产物。

仪式、宗教和社会活动可能是结晶化的行为形式,就像合唱舞蹈一样,是情感和本能的直接表达。另外,道德只要还保持着理性的要素,就不仅仅是过去实践的累积和残余,还是公共舆论中表达出来的判断的结果。按照这样的设想,道德是公共舆论对那些已经解决和被遗忘的事件的判断。

---

① G. Tarde, *L'opinionet la foule*. (Paris, 1901.)

霍布豪斯(L. T. Hobhouse)在其著作《进化中的道德》里,已经以令人信服的方式描述了他所设想的习俗在个人和公众判断的影响之下调整与发展的过程。按照他的定义,公共舆论不过是个人判断的混合与升华。

当然,大多数这些判断仅仅是陈旧准则的重复,但是偶尔,当讨论的主题更深触及我们,触及某些我们有更深和更密切体验的事物时,那些在公共舆论中流传的普通话语就消散了,我们创生出一种道德判断,它和以前的意见不仅不同,而且还有冲突。在这种情况下,"我们变成了这种或那种判断向外扩散的中心,它们从我们这里传出,填补意见的氛围,并在塑造人们判断的影响之中占据位置"。

从个人互动中产生公共舆论的方式,以及最终变成法律基础的道德判断,可以在我们日常生活的过程中收集起来。

"判断一旦摆脱了我们——从我们嘴里流出的意味深长的话——它就会立即影响我们邻居那里产生的类似判断,而且,假如主题是令人兴奋的,空气里立即会充满相互冲击的力量,还会视具体情况相互偏转或强化,而且一般会倾向于某些占主导地位的意见——这是社会对这一事例的判断。但是在冲突过程中,很多最初的判断被修改了。讨论、深层考虑,最重要的是,仅仅我们邻居的影响就会影响到我们每个人,具有一种与我们的各种精神和道德特征、我们的视野清晰度、我们的坚定性或者性格的顽固性、我们的自信心等成正比的压力。因此,争论往往会在那些参与其中的人身上留下它或大或小的印记。它将总是会改变他们的判断模式,或是用以前的方式来巩固一种判断,塑造对另一种判断的信心,打开第三种判断的视野。类似地,它会为将来的判断设定一个先例,它将影响到人们所说的东西,并思考突然出现的下一个问题。它将其微小的分量添加到某种改变舆论规模,并为社会准备新历程的力量之上。无论如何,每天在我们眼前,在工作中的细小之处,都有道德判断产生和发展的基本过程。"①

---

① L. T. Hobhouse, *Morals in Evolution*, *A Study in Comparative Ethics*, pp. 13—14. (New York, 1915.)

（c）**制度**。——按照萨姆纳的观点，一项制度由一个概念和一个结构组成。概念限定了制度的目的、利益或功能。结构体现了制度的理念，并提供了把理念转化为行动的手段。结构中体现目的 797 （不论是个人的，还是集体的）的过程是一个连续性的过程。但是随之形成的结构不是物质性的，至少不完全是。结构——在萨姆纳使用这个词的意义上——属于它自身的范畴。它是一种习惯从中产生连续性、一致性和连贯性的范畴，因此结构这个单词可以恰当地用于关系结构，并规定功能与之永久连接的位置。正如一个社会的每个个体成员参与到习惯和舆论得以形成的过程中一样，他们也参与到结构的创造之中，即"习惯的蛋糕"，当它体现了一种明确的社会功能时，我们就称之为一种制度。

可以像颁布法律一样来创造制度，但只有与它们一致的社会形势存在时，它们才会变得可操作和有效。制度就像法律，依赖于道德并受到公共舆论的支持，否则它们就仍然只是纸上的方案和不产生实际功能的人造物。历史记录了征服者向被征服者强加其法律和制度的努力。这些努力具有指导意义，但不令人鼓舞。最引人注目的现代例子就是比利时的利奥波德国王把文明引入刚果自由邦的努力。[①]

就像公共舆论一样，法律的理性和世俗性特征是因为这一事实：它产生于调和冲突和解释争端的努力。

寻求对一个错误进行报复是一种自然的冲动，而习惯上对这一事实的认可所建立起来的不仅仅是一种权利，还是一种责任。战争——通过战斗、仇杀和决斗来进行审判的现代形式——就是这种自然和原始的争端解决方式一直存留到现代的例子。

在所有这些冲突形式中，习惯和道德总倾向于限定问题，并界定可能用强力解决争端的条件。与此同时，公共舆论在对问题做出判断时，会对斗争的结果施加积极的影响。

随着人们意识到冲突招致的损失，社会逐渐就会介入来阻止它 798

---

① E. D. Morel, *King Leopold's Rule in Africa*. (London, 1904.)

们。当血仇仍然被道德制裁的时候,用于避难和庇护的城市就建立起来,招致血仇的人可以逃到这里来,直到他的事情得到调查。假如当初的错误是无意的,或者有其他减轻处罚的情节,他可以在避难所找到庇护。否则,假如一项罪行被认为是冷血的,也就是古代犹太法典所称呼的"埋伏"或"敌意",当他遇见血仇者时,他可能被血仇者处死。①

于是,就逐渐建立起了这样的原则,即社会可以介入,这不仅仅是确保复仇以适当的形式来执行,还要确定事实,从而建立了通过法律过程来裁定被告有罪或者无罪的法庭。

宗族群体内部从来没有为审判罪行而设立过法庭,而是首先由长老和头领们做出努力,以调和争端,调解分歧。

证据表明,法庭首次出现是在较广泛区域里组织起社会之时,以及某些外在于地方社区的权威得以建立之后。当社会在一个较大的领地里组织起来时,控制就会扩展到人类生活更广阔的范围里,直到我们现在有了一个方案,为的是让国际法庭有权在国家之间进行干预,以阻止战争。②

社会就像单个的人一样,在大量微小冲动和倾向——它们相互作用,产生一种更为普遍的倾向,随之能主宰群体中的所有个体——的影响下移动和行动。这就解释了这样一个事实:一个群体(即使是像人群那样偶然的个体集合)或多或少能够作为一个整体来行动。人群在这种主导倾向影响下的行动缺乏深思熟虑,也不会明确提及过去或将来。人群没有过去也没有未来。公众给冲动漩涡的中心引入了反思因素。公众存在的前提是存在一种共同冲动,例如在人群里表现自己的冲动,但是它还要以代表着不同分歧的个体和群体的存在为前提。这些个体彼此**批判性地**相互作用。公众是——人群则不是——一个讨论群体。讨论的存在以真理和事实的客观标准为前提。公众的行动以一个论域为基础,其中的事物尽

---

① L. T. Hobhouse, *op.cit.*, p.85.
② 一种道德秩序在更广泛的社会生活领域里得以建立的整个演化过程,已由霍布豪斯以熟练的手法进行了简述,见其章节"Law and Justice," *op.cit.*, pp.72—131。

管对不同的个人有不同的价值,但无论如何都是可以用对于所有个人都意味相同的说法来描述的。换句话说,公众在一个客观和可理解的世界里活动。

法律以习惯为基础。习惯是群体的习惯。当群体行动的时候,就创造出习惯。很显然,习惯里隐藏着行动的定义和规则,它们在此环境下都被视为是正确和恰当的。法律明确了这些行为规则。但是,法律是在区分行为规则和事实的基础上发展起来的。习惯与产生习惯的事实紧密相连。法律是一种努力的结果,这种努力就是去塑造蕴含于习惯之中的行为规则的,采用的是普遍性的表达,使法律能应用于新的形势,涉及新的事实。在原始社会,不存在法律和事实之间的区分。法律和司法的演化正是在日益清楚认识到法律和事实之间区别的方向上发生的。这实际上意味着法庭对事实越来越多的认识,并倾向于根据事实采取行动。当前法庭的倾向——比如少年犯法庭就要求他们的援助专家在孩子们被带到法庭之前去考察他们的精神状况,以争取少年法庭官员的协助,以便在执法中给他们提供建议和帮助——就是日益倾向于考虑事实的一个例证。

对法律和司法机构的自然史不断增长的兴趣,以及不断增长的从社会学角度来给出解释的倾向,从其功能的角度来说,是同一倾向的另一个证据。

II. 文　　选

A. 社会控制的基本形式

1. 人群和公众中的控制①

1914 年 8 月,我在英属哥伦比亚边境的一个牧场当牛仔。我不　800

---

① 选自 Lieutenant Joseph S. Smith, *Over There and Back*, pp. 9—22。(E. P. Dutton & Co., 1917.)

敢说当一个牛仔有多么好,因为假如这个牧场外面有任何差事,工头似乎比这个组织里其他任何人更愿意叫我去做。

在那些日子里,我有一个野心——也只有一个。不是去拥有牧场,在这个世界上我想要的全部就是积累金钱,直到能够让我在巴拿马博览会于秋季召开的时候去旧金山。之后的事情我不关心。等我看了博览会之后,才是需要担心另一份工作的时候。

一般情况下,我一周有五天骑在马上。周六我会被派去送信,来回路程 35 英里。这是对我来说最愉快的一天。小径位于弗雷泽山谷,尽管我已经骑行了几个月,但它仍然在我身上编织着一个从来不会被打破的咒语。河水流得很快,就好像要从四周包围着它的山峰里逃脱,去往海边,这条河总是让我着迷。每次我走过河岸,它都是新的河流。

8 月一个周六的早上,我沿着小径慢慢跑向狗溪。狗溪是我们的邮局和贸易中心。但是这天早晨,我的心思不在弗雷泽谷底的美景上,而是关注狗溪旅馆。每个星期我都在那里吃午餐,然后在正午时出发返回牧场,这一天在"曲奇"发生了一场误会,在那里,我们队里所有男孩表现得是第二好的。我饿了,而旅馆的午饭味道会很好。在那里,我们已经听说了欧洲战争的传言。我们整个晚上都在讨论,并且认为那只是那些总在巴尔干爆发的战争之一。一场战争在几个月之前刚刚结束,我们认为它只是正在进行的另一场而已,所以我们对此事并没有特别的想法。但是,当我看到狗溪的时候,我知道有事情发生了。我听到的第一件事是有些军队已经从蒙斯(Mons)撤退,德国人正在追击他们。所以,德国人无论如何都是在战斗。当我下马的时候,一个大个子的印第安人向我走来,并告诉我英国的大个子主管要去打仗,或者已经去了,他并不肯定。但他也要去。我会吗?

我笑他说:"你什么意思,去打仗吗?"

我不是英国人,我不是加拿大人,我来自老好的美国,从我们所能理解的全部来看,美国是中立的。所以我认为我也应该是中立的,我进去看看有什么可吃的。

餐厅里很兴奋。在此影响下,我开始以不同的眼光观察事情。虽然我是一个外国人,我生活在加拿大,但我很中意她的好客。我的大部分教育是在加拿大的一所学校里获得的,加拿大人是我最亲爱的朋友之一,这些家伙中的一些人——在狗溪这里——正被征召入伍。

整个下午我们都在讨论此事。政治、经济、外交都没有纳入这个问题。事实上,我们根本不知道这场战争是怎么回事。我们的讨论只集中在我们个人应该怎么办上。英国处于战争之中,她已经向帝国的所有人发出召唤以寻求帮助。狗溪已经听到并在回答这个召唤。尽管我是一个外国人,我已经呆在这个地区一年多,我欠狗溪和这个地区的,要和其他人一起加入。那个时刻,我想去,我疯到要去! 去看看伦敦和巴黎以及其他一些老城市真太好了——假如战争持续得够长,能让我们到那里的话。我想到这个事情就开始热情洋溢起来。所以,第二天晚上我和几个男孩约好,骑马回到牧场,把信件和我的工作扔还给工头。

一个星期之后,我们到了温哥华。然后事情开始变得清楚起来——对于某些人。我们听到协议被破坏,"条约的碎片"、"军国主义"、大小民族的权利、"海上自由",以及其他对我们大多数人来说没啥意义的说法。这对我来说足够了,这个给予我法律保护的国家需要帮助英国,我相信政府知道它正在做什么。在我们进城之前一个小时,我们发现自己位于一个征兵办公室里,通过把我的出生地向北移动一百英里这样简单的权宜之计,我变成了一个加拿大人,并成为远征军(这可是个有大意义的词语)的一员。圣诞节到了,我在部队一个训练有素的营里,除了蒙斯撤退,马恩河战役和埃纳河战役,以及报纸偶尔报道的这里有成十万的部队被俘、别的某处有数十万人伤亡而外,我们对于战争并没有多少了解。我们知道,要是以这样的速度发展,战争不可能持续到我们到达大洋彼岸之时,但是我们大声祈祷能够做到。4月份时,我们听说首批加拿大人在伊普尔(Ypres)遭到毒气攻击。随后那个战场的伤亡名单来了,给了温哥华怦然一击。这立即给这个城市带来了变化。在那一天之

802

前,战争只是一种浪漫,一件可以远远阅读和挥舞旗帜的事情。它是无形的,与个人无关的。这是美国在1917年秋天展示出的同样态度。突然之间事情变得真实起来。这个小伙子和那个小伙子,一个邻家男孩,隔壁街区或者隔壁办公桌上的伙计,死了!吸入毒气!这就是战争,直接而个人化,在这里,你可以清点你朋友的伤亡。就个人而言,我认为德国人所做的是一件可怕的事情,我想知道他们可能是什么样的人,没有警告,搞出这样违规的打法。在获胜的钟声里,德皇会失去决断。我们想知道毒气,并在我们的营房里讨论它。我们有些人——比其他人更傻——坚持认为德国会拒绝承认自己军队的做法。但是一天天过去了,什么也没发生。然后我开始更认真地对待我的军人生涯。假如一个国家想要如此恶劣地赢得一场战争,以至于要用超出了所有人类文明冲突约束的手段来破坏其好名声,那必定是有一个非常大的目标。我开始——后来确实成真——获取这些目标的某些线索。

5月份时,我们在港口登船,准备航行去英国。卢西塔尼亚号①的新闻通过电报传来,那天晚上,我们的护航队快速航行。我相信,这是我第一次完全意识到我是这场所有时代最伟大战争中的一名战士。

在和船员们打着"二十一点"和"皇冠与锚"的纸牌游戏之中,我们讨论了我们士兵生涯里的两件大事——毒气和卢西塔尼亚。后来我们又增加了液体燃烧剂。

我们的观点和逻辑可能是初级的,但是我坚持它们触及了根源。我可以把它们总结如下:德国没有采用能得到文明国家支持的作战方式。当这个国家支持其军队的所有野蛮做法时,那必然是内在缺乏某些东西。尽管这个国家有精彩的音乐、神圣的诗歌和科学记录,但它在本质上必定是野蛮的。我们一致认为,假如它赢得了这场战争,那么作为同盟国的一员,甚至生活在世界上都是非常令

---

① 1915年5月7日,英国邮轮卢西塔尼亚号在爱尔兰外海被德国潜艇击沉,1198人死亡,其中有115名美国人,美德关系接近战争边缘,德国迫于压力,一度放弃无限制潜艇战。——译者注

人不安的,因为它是某种德意志举止和德意志方法,不会随着胜利而改善。而我们作为一个营,已准备好在法国各就各位,用行动支持我们的主张。

　　一周之后,我们在英国登陆。自从我们离开哈利法克斯以来,这些人身上已经发生了明显的变化。我们中的大多数人认为整个战争,或者我们在其中的作用,多多少少像一场玩笑。我们仍然是为了一个玩笑而登陆,但是我们意识到了别的东西。我们是为一个原因而战的战士——一个清楚明确的原因,也就是把世界从一个没良心的军事狂热国家手里拯救出来。在我们英国的营地里,我们看到第一师的男孩们,在一个4月明媚的上午,他们在战壕里好奇地看着一堆怪异的浓雾从敌军战线滚向他们。浓雾滚进了他们的战壕,一秒钟内那些人立即窒息和呼吸急促。他们的肺里充满了腐败的东西,即便在濒死之际,他们仍然在奋力抵抗尾随毒气云而来的部分"英勇的"普鲁士军队——这些士兵戴着防毒面具,刺刀刀尖滴落着地上垂死之人的鲜血。这些倒地的人确实还在"战斗",但只是为了能多喘一口气。一支伟大的军队,普鲁士军队,好一场"光荣的"胜利! 这些野人真该自豪! 对我来说,德意志不是在马恩河、埃纳河或伊瑟尔河战役里输掉这场战争的,她是在1915年4月22日的伊普尔输掉战争的。并不夸张地说,我们渴望工作,去完成我们的训练,去学会如何杀戮,这样我们就能在战线上站稳脚跟,并帮助击败那些疯狂的人。所有这些随时间推移而滋长。他们的暴行挺直了我们的脊梁,使我们疯狂战斗。我们已经看到他们对我们从加拿大来的男孩所作的事情;他们和他们的毒气。对我们营的影响就是对整支军队以及——我可以确定——对世界其余部分的影响。他们让自己越界了。他们迫使全世界把他们视为疯狗,并像对待疯狗一样对待他们。我们在英国受训直到8月,那时我们去了法国。我们外表上一直很高兴,无忧无虑的战士,一心为了好时候。我们是高兴的! 我们高兴我们在那里,内心深处是坚定的满足感,这不是因为欧洲每个大臣发布的五颜六色的条约,而是来自植根于白种人心中的一种感觉,并得到关于德国人行为的知识的支持,我们在

804

那里是因为正义的理由。我们向前线行军的第二站是一个曾经在德国鬼子疯狂冲向巴黎时占领过的小村子。我们的兵站是一个村庄边上的农场。主妇允许我们在她的厨房里做饭，同时卖给我们咖啡。我们在那里呆了两三天，与她十分友好，虽然她因为我们泥泞的靴子而骂我们。两个漂亮的小孩围着房子玩耍，挡了路，被责骂或者打屁股，而下一瞬间又会被太太爱得不行。然后她会在他们面前展示一幅穿着军服看着很整洁的法国人的照片，并说着某些"战争之后"的事情。在房间一边一个小小的婴儿床里，有一个婴儿，除了洗澡和喂饭而外，是被太太忽视的，这种忽视是如此明显，以致引起我们的好奇。解释来自流言蜚语，后来则是来自夫人自己。8月份的时候，一个野蛮人的骑兵上尉在这里呆了几天，他不仅允许他的分遣队在村子里获得特许，还以他那野兽阶级习惯的方式滥用他在房子里的地位。当夫人告诉我们她的故事，她的丈夫如何仓促地被第一次动员令征召，抛下她和两个孩子，以及金发野兽是如何到来时，我们紧握拳头并且勃然大怒。那是德国人的战争，但那不是全部。来自被占领的法国的故事会是什么样？这个法国女人的故事对于我们来说是新的，但是，就像战争中的其他事情一样，当我们穿过这个国家时，这些故事就会变得足够普通，这里和那里令人厌恶的细节比我们之前听过的更加可怕。

805 　　现在，德国人对英国人和法国人的坚持表现出惊讶。他们是有趣的民族，德国人。有很多事情他们不去（也可能是不能）理解。他们从来就不可能理解为什么美国人——比如我——怀着冒险精神应征入伍，对于原因的正义性没有什么想法，而且能够经历那样一种明显的感觉变化，以至于把这场冲突视为一个人能从事的最神圣的十字军远征。它是一场圣战。在世界历史上，站在一支军队一边的正当理由从来没有比像今天站在盟国军队这边那么肯定。我们这些通过法国炼狱的人知道了这一点。当我们国家加入进来的时候，我只说在一面外国旗帜下战斗的其他所有美国人都会说的话："感谢上帝，我们做到了，男孩们，威尔逊，相信我。"

2. 仪式性的控制①

假如不理会纯粹个人的行为,我们只考虑与其他人有直接关系的行为类型,假如以政府的名义,我们包括了对所有行为的控制,那么我们必定会说,最早的政府类型,最普遍的政府类型,以及曾经自发恢复的政府,就是尊奉仪式的政府。除了之前其他类型的政府,以及在所有时代和地点都更接近影响普遍性的政府而外,这种政府早就具备——而且会继续具备——规制人类生活的最大影响力。

要证明所谓的"举止"和"行为"的调整产生于政治和宗教限制因素导致的行为调整之前,其证据受制于这一事实:除了之前的社会进化,它们还先于人类进化,它们在高等动物中是可以追溯的。狗害怕被打,爬到主人那里,显然体现了屈服的愿望。狗做出的这种讨好的行为不是专门针对人类,它们对其他动物也会这样做。所有人偶尔都会看到,在接近某些强大的纽芬兰犬或獒犬时,一只小猎犬是如何在极度恐惧之下撒腿向后跑。显然,除了某些表达喜爱的行为模式——这在低于人类的动物那里形成得比较早,还形成了某些表达臣服的行为模式。

在认识到这一事实之后,我们将准备承认这样的事实,即最低等的野蛮人(他们小型的松散团体很少被称为是社会性的,没有政治和宗教控制)之中的日常互动处于相当数量的仪式规制之下。没有统治机构能超越于个人优越感之上,这是澳大利亚部落的特征,但是每个这样的部落都有不可避免的仪式。陌生人相遇时必须保持一段时间的沉默;接近到离营地一英里之内必须大声打招呼;一根绿色的树枝被作为和平的象征;兄弟般的感觉通过名字的交换来表示。在其他控制形式发育不成熟的很多地方,仪式性控制得到高度的发展。未开化的科曼奇人(Comanches)②"苛求陌生人严格遵守他们的仪式规则",任何破坏规则的行为都是"极大的冒犯"。当

806

---

① Herbert Spencer, *The Principles of Sociology*, II, 3—6.(Williams & Norgate, 1893.)

② 北美印第安人部族,历史上的生活地域在今天的新墨西哥、堪萨斯、得克萨斯、俄克拉荷马一带。——译者注

阿劳干人（Araucanians）①相遇的时候，习俗所要求的问询、祝贺和哀悼是如此复杂，以至于"繁文缛节要占用十或十五分钟"。

先于其他约束形式的仪式性约束始终是扩散范围最广的约束形式。我们都看到这样的事实：在每个社会的成员之间的所有互动中，果断的政府行为通常以仪式性的政府行为为开端。使节可能会失败，谈判可能因战争而结束，一个被另一个社会强压的社会可能用专横的命令来建立更广泛的政治支配，但是在更为专门和明确的规则之前，通常会有更为普遍和模糊的行为规则。所以，在一个社区里，民事或宗教统治机构相对严格的控制的开始和认可都来自仪式性控制——不仅是控制的起点，而且在某种意义上渗透到其他所有控制形式之中。教会人员和政府工作人员的程序可能是强迫性的，但在很大程度上都要符合礼节的要求。无论牧师多么傲慢，都会向人行礼，而法律官员履行其职责时则要服从某种安抚性的言辞和活动。

原生论的另一个迹象可能得到命名。这种控制类型用个人之中每一种新的关系来重新构建自身。甚至在密友之间，问候也意味着尊重的延续开启了每次交往的更新。当陌生人出现的时候，比方说在一节火车车厢里，参与像拿一份报纸这样的小活动也会展示出一种谋求好感的行为的自发产生，即使是最粗鲁的人也不会不这样做。因此，人们因同伴的出现而改变行为方式，这构成了相对模糊的控制，由此又形成其他更为明确的控制——原始和未分化的政府类型，从中分化出政治政府和宗教政府，而且它们始终沉浸于其中。

3. 威望②

一开始，威望（prestige）——这里词源上意味着儿童的恐惧——意指欺骗。它来自拉丁语 praestigiae（-arum）——尽管也有 praestigia（-ae）和 praestigium（-ii）的形式。杂要者本人（玩骰子的人，走钢丝

① 南美印第安人部族，今天大多居住在智利。——译者注
② 改编自 Lewis Leopold, *Prestige*, pp.16—62。(T. Fisher Unwin, 1913.)

演员,大力士,等等)被称为 praestigiator(-oris)。拉丁语作家和中世纪的词汇表编写者用这个词来意指"骗人的杂耍把戏",据我们所知,并没有在其今天的意义上来使用这个词。praestigiator 在桌子上掷骰子或扔硬币,然后把它们放到一个小容器或者小盒子里,快速而敏捷地移动它们,直到最后,当你认为它们处于某个确定的位置上时,硬币会在别处出现。旁观者被这种貌似无邪的伎俩所骗,经常倾向于把这种熟练的手法看作是魔术。

古老时代法国作家的做法——只要是我们能找到的,首先在超出拉丁语 praestigiae(prestige, prestigiateur, -trice, prestigieux)的意义之上使用了威望一词。这个词的使用并不局限于预言家、魔术师、恶魔的声誉,而是通过类比将其转化为妄想,其原因不再被归于超自然的力量。狄德罗实际上建构了和谐一致的威望这种意思。"prestige"一词变得高尚、高贵,作家和演说家对它进行提炼,使其适合于和最遥远的特征进行类比。卢梭认为,我们激情的"威望"使智者惊叹不已,使聪明人被骗。作为名称的威望一词不断被赋予每一种魔咒——其效果使我们想起法语"prestige",以及所有魔术般的魅力和吸引力——它们在强化感觉的同时弱化智力。我们可能知悉名声的威望——其力量在缺少威望的情况下只是一种蛮力。1869 年,数不清的海报在巴黎的大街小巷宣称,公共教育部长布尔博尽管被誉为杰出的律师,但"缺乏威望"——"布尔博没有威望"。英语和德语在后来的意义上使用这个词,而不是魔术师虚构的美德。一般来说,意大利语和西班牙语的 prestigio 也有同样的意义,只有意大利语的 prestigiáo 和西班牙语的 prestigiador 就像法语的 prestigiateur 一样,与最近的意义相反,保持着较老的含义;它们的意思不论怎样都不是魔术师或杂耍艺人。

市场上的小丑,走钢丝演员,吞剑者,长诗朗诵者,蔑视模仿的机灵的操作者——都具有威望,但是另一方面,威望围绕着魔鬼的咒语,法术和所有不能从逻辑上理解的效果。

当我们陈述某人具有威望时,会说出他的某些事情,但是我们的陈述并不清楚,而且断言不能和主题区分开来。至于那些可分析的、众所周知的、平常的事物，或者我们通过努力或模仿而成功透彻理解的东西，我们都不会说它具有威望。

威望和偏见之间是什么关系？当不可理解的或神秘的东西这一刻受到热情欢迎，另一刻却让人愤慨时，**这两种极端评价情绪的出现**——尽管出现在同样的环境下，但彼此截然相反——有什么必然性呢？

社会偏见最普遍的形式就是关于种族的。一个外国人会承受偏见、想象或威望的对待。假如我们把"概念"放到一边，会发现偏见和威望彼此面对。假如我们观察原始人接待陌生人时的不同举止，就会最清楚地看到这种分裂。在约尔·赫恩（YrjöHirn）①的《艺术的起源》里，我们被告知，那些学会野蛮人语言的旅行者经常观察到他们的人被野蛮人拿来塑造成即兴诗歌的对象。有时这些诗句带有嘲弄的特征，有时他们又赞美白人。他们何时嘲笑，何时赞美呢？

在存在着强烈偏见价值观的地方——就像黑人这种情况，包含在法典中的每个平等概念和国家主义概念都会被滥用。所有显示出永久分歧的东西都成为该死偏见的主题，并且越是明显和看似真实，抑制的印象就越原始，偏见就越普遍；嗅觉的影响比形式更强烈，形式的影响又超过思维模式。假如一个民族的成员不具有典型性，但却给我们留下排他与个人化的印象，他就具有威望；假如他是典型性的，他对我们就是无关紧要的，或者我们看不起他，并认为他滑稽可笑。总之，我们感到与我们相比有差别的陌生人是无关紧要的，或者是偏见的对象，对于那些我们感到不能用我们的标准来衡量的陌生人，我们觉得他们的标准——不是其品质——有所不同，我们获得了威望。我们带着偏见看待我们将其分离出来的陌生人，并对分离出来的陌生人施加我们的威望。

即使是在动物世界，我们也发现一贯得到尊重对待的个体。在他关于动物心理世界的作品中，佩尔蒂（Perty）有很多东西告诉我

---

① 约尔·赫恩（Yrjö Hirn, 1870—1952），芬兰美学家。——译者注

们："即使在动物世界里，"他说，"有某些相较于其物种中的其他成员来说较为出色的个体显示出能力、脑力和意志力上的优势，并获得对于其他动物的支配地位。"居维叶（Cuvier）在只有一只角的公鹿身上也观察到同样的现象；格兰特（Grant）告诉我们某种类人猿对其他猴子占据上风，并经常用棍棒威胁它们；从瑙曼（Naumann）那里，我们听说一只机灵的鹤统治着所有家养动物，并能很快解决这些动物之中产生的任何争吵。比这些具有某种模糊性的观察更重要的是，在对鸟群和畜群头领的机械遵从中，发现了动物世界特殊的社会机制，但这种遵从是如此明显、如此纯正的本能，而且在实质和强度上变化如此之少，以至于很难认为是威望在起作用。蜜蜂是强大的保皇主义者，但是它们选择蜂后的程度是本能的和严格排他的，证明这一点的事实是：强壮的蜂后的气味迫使它们憎恨她，它们杀死或者折磨她——尽管同样的工蜂宁愿饿死，也不允许它们的蜂后饿死。

810

　　当动物面对人类的时候，事情就发生了根本性的变化。有些动物与人有共鸣，喜欢参与人的捕猎和战斗，就像狗和马；其他动物则是由于力量而自食其力。因此，人类已经**驯化**了大量动物物种。正是在这里，我们发现了动物世界里发展过程的现象和行为反应的最初痕迹，这些痕迹在某种程度上提醒我们接受威望。达尔文说，一只狗在茫然之后回到主人那里的行为，或者一只猴子回到它喜爱的饲养员那里的行为，**与这些动物向具有它们自身同样秩序的生物所展示的行为大不一样**。在后面这种情况下，喜悦的表情似乎较少表露，它们所有的行为都表示出一种平等感。甚至布劳巴赫（Braubach）教授也认为，**一只狗把它的主人看作一个圣人**。布雷姆（Brehm）给我们描述了一只被带到他家里并被驯化了的黑猩猩向他的小孩表示出的这种温柔的尊重。"当我们初次把我六个月大的小女儿介绍给它时，"他说，"它首先带着明显的惊奇注意这个孩子，似乎是想说服自己相信它的人类特征，随后用一只手指带着明显的温柔碰碰她的脸，并且亲切地伸出手来。我在我家里驯养的所有黑猩猩那里观察到的这种细小特征值得特别强调，因为这似乎证明了**类人猿向更**

高的物种，人类——即使是最小的孩子——表示敬意。另一方面，它绝对不会向和它相似的生物表示出任何友好的感觉——甚至对幼小的动物也不会。"

在野蛮民族发展的每个阶段，我们都会发现模仿国王的典型例子——关于"在同等地位者中居首"、"因勇敢而当选"，而不是"因其尊贵而选为国王"——都涉及理性和有价值的领导人。智利的野蛮人选出能够搬运树干走得最远的人做他们的首领。在其他地方，军事技艺、文字的命令、手艺、关于咒语的知识都是给予酋长的微小敬意的因果来源。"处于最低文明阶段的野蛮人部落就像猴群一样，在权威的基础上组织起来。最强壮的老年雄性动物由于其强壮而获得某种支配地位，只要他的身体强壮程度优于其他每个雄性，这种支配地位就能持续下去。"

除了大自然的赋予，原始社会不承认其他威望，因为野蛮人社会缺乏威望的主观条件——大量而持久的定居。缺乏距离迫使野蛮人只尊重当场控制住他们的人；原始民族的尊敬如此清晰明白，是说服我们在这个要点上沉湎这么久的原因。野蛮人中需要这种威望的原因是群众缺乏集中性，而不是任何深奥的特性，这可以通过大自然造成的对距离的深刻心理欣赏来证明，更重要的是用部落生活扩展到野蛮人的生活里来证明。部落数量成十倍的增长，使得从逻辑、伦理或美学上选择领导人以及法术和迷信的直观控制变得很难。

人类威望的戏剧性表现与这种集中在群众中的首次呈现不谋而合，并因其胜利而满足。

4. 东南非的威望和地位①

在英国国旗下的其他任何土地上，可能除了远东，确实没有什么伟大的自治殖民地能像东南非洲那样，让我们把自身作为白人的地位放到那么高，而地位又是如此遭受抨击。和其他方面很不一样

---

① 改编自 Maurice S. Evans, *Black and White in South East Africa*, pp.15—35。(Longmans, Green & Co., 1911.)

784

的是,种族本能把白人团结在一起,要求承认他们是统治者和不可侵犯的种姓的成员——甚至他们当中最穷和最堕落的成员也是如此。这一立场意味着免除所有体力的和卑微的苦工;白人毫不含糊地要求这种自由,毫无疑问,黑人答应并承受负担,服从可能比他下等的人的种族命令。很难给一个从来不知道这种区别的人说明这种独特气氛布满东南非洲的方式。一个白人寡头政府,这个种族的每个成员都是贵族;一个黑人无产阶级,其种族的每个成员都是侍者;分裂的界线像肤色一样清楚和深刻。我们种族中缺乏能力和活力的人由此得到保护,在这里发现一种轻松、一种舒适、一种认可,他们的个人价值永远不会让他们在纯粹白人的人口中获得权利。

812

当未被我们文明较低级的形式污染时,当地人是客气的和礼貌的。即使在今天,大多数当局宣布形势恶化时,一个欧洲人还是能单独骑马或步行——没有武装甚至手无寸铁——穿行于纳塔尔(Natal)和祖鲁兰(Zululand)地区①,远离任何白人的房子几十英里,除了当地人谦恭的顺从,什么也没有。假如他碰见年轻人的队伍,即使他们穿着野蛮的服饰去参加婚礼或跳舞,用棍棒和盾牌武装着,充满年轻人的热血,他们还是会坚持站在狭窄的道路外,给白人以通行的权利,并在他通过时赞美他。我就这样独自穿过东南非,在成千上万黑人中旅行,附近从来没有一个白人,而且我也不可能记住这些本地人,即使遇到几十上百个,也从没争论过片刻。在整个非洲,我曲折地翻山越岭,走过草原和森林,从牛栏到牛栏,从部落到部落,走过本地人的小径。在这些狭窄的小径上,在行人脚下的草地上,你可以从纳塔尔旅行到达本格拉(Benguela)②,又回到蒙巴萨(Mombasa)③,道路宽度仅够一个人行走其上,假如相向的两人遇到,其中一人必须让路;本地人愉快、亲切,没有畏缩,经常还带有礼貌的致敬,站在路边让白人通过。一个人会不假思索地接受它,这是预料之中的。但是假如仔细思量,其中暗示了很多东西。

---

① 均为南非地名。——译者注
② 安哥拉西南部港口城市。——译者注
③ 肯尼亚城市。——译者注

5. 禁忌①

在刚才解释的意义上，神圣规则——即针对人任意使用自然物的限制体系，由超自然惩罚的恐惧来实施——可以在所有原始民族里找到。给这种原始体系一个独特的名称，将它与神圣观念后来在发达宗教里的发展区别开，会比较方便，为此选择了波利尼西亚词语"禁忌"（taboo）。在野蛮和半野蛮种族里，禁忌覆盖的范围很广，因为野蛮人不会觉得他们自己的生活里没有什么部分是不被神秘力量围绕的，并认识到需要小心谨慎地行走。此外，所有的禁忌都不属于宗教仪式，也就是说，它们并不总是规范人与神明之间联系的行为规则，当采用正确的方式时，这些禁忌可以算得上是友好的，但在很多情况下，更像是对恶意接近的敌人的预防——防止接触邪恶的灵魂和类似的东西。所以，除了完全符合圣洁规则、保护偶像与圣所、祭司和酋长，以及与神及其崇拜有关的所有人和事不被侵犯等禁忌，我们还发现另一种类型的禁忌，即闪米特人领域中类似于不洁净规则的禁忌。分娩之后的妇女，接触过尸体的男人，等等，都是暂时的禁忌，并与人类社会分离开，就像在闪米特宗教里同样不洁净之人一样。在这些情况下，处于禁忌之中的人不被视为是圣洁的，因为他不能接近圣所，也不能与人接触；但是他的行为或状态与超自然的危险有某种联系，按照一般的野蛮人解释，这些危险产生自可怕的灵魂，而这些灵魂像传染病一样被避开。在大多数野蛮人社会里，刚才指出的两种禁忌之间似乎没有划出明显的界线，甚至在很多发达民族里，圣洁概念与不洁也经常有联系。比如在叙利亚，猪肉是禁忌，但这是因为这种动物是圣洁的还是不洁的，却悬而未决。尽管并不精确，但圣洁和不洁之间的区别却是真实的；在圣洁规则里，动机是尊重神，而在不洁规则里，则主要是害怕未知或敌意的力量；尽管根本上——就像我们在《利未记》②的律法里看到

①　选自 W. Robertson Smith，*The Religion of the Semites*，pp. 152—447。（Adam and Charles Black，1907.）
②　圣经中的摩西五经之一，记载有各种律法条文。——译者注

的——洁净和不洁的法律可能被纳入神圣法令的领域,因为不洁之物是神所厌恶的,所有与神有关的人都必须避免。

事实上,所有闪米特族都有不洁规则和圣洁规则,两者之间的边界常常是模糊的,前者和后者在细节上与野蛮人的禁忌呈现出惊人的一致,对于圣洁观念的起源和终极关系没有合理的怀疑。另一方面,闪米特族——或至少是北部闪米特人——区分了圣洁与不洁,这一事实标志着高于野蛮人的真正进步。所有禁忌都受到超自然力量敬畏的启迪,但是在预防神秘敌对力量的入侵和预先建立对友好神明特权的尊重之间,存在极大的道德差异。前者属于魔力迷信——野蛮人想象的所有偏差里最无价值的一种,仅仅建立在恐惧的基础上,其行为不过是进步的障碍,是人类能量和工业自由利用自然的障碍。但是,由于尊重与人类结盟的已知和友好力量而对个人放纵进行的限制,无论在细节上有多么琐碎和荒谬,其中却包含着社会进步与道德秩序的萌芽状态的原则。要知道,只要一个人遵照某种规则行事,就会在某个方面拥有神秘的自然力量,就会给一个人力量和勇气去追求征服自然的任务。限制个人放纵不是出于奴性的恐惧,而是因为尊重更高的仁慈力量,这是一种道德原则,其价值不完全取决于神圣限制的合理性;一个英国学童要服从很多不合理的禁忌,这在性格的养成上并非没有价值。但是最终以及最重要的是,圣洁观念与仁慈的神明——其利益与社会的利益息息相关——的独特联系使社会法律和道德秩序,以及物质性仪式的纯粹外部戒律不可避免地被置于社会之神的约束之下。破坏社会秩序被认为是冒犯神明的神圣性,法律和道德的发展是可能的,在欠缺人类制裁,或者拥有太多权力却执行得不完美的阶段,只能秉持这样的信念:限制人类的放纵对社会福利来说是必须的,是神施加的条件,以便在神明自身及其崇拜者之间保持良好的理解。

野蛮禁忌和闪米特人的圣洁和不洁规则之间的多种相似之处将不时出现在我们面前,但是在这一点上,把两者起源上不易察觉的某些详细证据汇聚在一起可能是有用的。

圣洁之物和不洁之物有共同之处,即在两种情况下,对人使用

814

815

和接触它们都有某些限制,破坏这些限制就会牵涉超自然的危险。两者之间的区别不在于它们与人类普通生活的关系,而在于它们与神的关系。圣洁之物对于人来说不是自由的,因为它们从属于神;不洁之物被回避,按照较高级的闪米特宗教的观点,这是因为它被神所厌恶,所以在其圣所、尊奉者或土地那里都是不能容忍的。但是,当我们把导致不洁的行动等同于野蛮民族里把一个人置于禁忌之下的行为时——这些行为往往是非自愿的、无辜的,甚至对社会来说是必要的,这种解释无疑不是原始的。因此野蛮人把一种禁忌施加于分娩或者产褥期的妇女,并施加于接触了尸体的男人,不是出于对神的任何考虑,而仅仅是因为生育及与物种繁殖有关的每件事,另一方面还有疾病和死亡,对他来说这些似乎涉及危险的超人力量的活动。假如他尝试去解释,他这么做是因为假设这些场合存在着致死性力量的灵魂,在任何情况下,与之有关的人对他来说都是神秘危险的源头,具有传染的所有特征,除非遵守预防措施,否则可能扩散到其他人。这是不科学的,但却是完全可以理解的,并形成连贯的行为体系的基础。然而,当不洁规则基于神的意志时,它们似乎完全是随意的和无意义的。当我们观察到不洁之物像传染物一样被对待——必须被清洗或者用物理手段予以剔除——之时,这些禁忌与不洁规则的密切关系就最清楚地呈现出来。在《利未记》11章32节里就有处理有害物尸体产生的不洁的规则:它们接触的任何东西都必须被清洗,其次,水本身是不洁的,并能扩散传染物,不但如此,假如污垢落在(无釉)的瓦罐,污物也会渗入陶土孔中,而且无法清洗,所以这些瓦罐必须被打破。像这样的规则与希

816 伯来宗教精神毫无共同之处,它们只能作为一种原始的迷信而存在,就像避开污血以及类似事物的野蛮人将其视为超自然的和致命的病毒。希伯来禁忌的古风是通过它们在阿拉伯再次出现的方式而得以呈现的;比如,《申命记》21章12、13节里就有阿拉伯人剔除寡妇之污染的仪式。在阿拉伯人采取的形式之中,这种仪式纯粹是野蛮的;使男人和女人结婚变得不安全的生命危险以最物质性的方式转移到一只动物身上——普遍相信这只动物会因此死去,或者是

转移到一只鸟身上。

B. 公共舆论

1. 神话①

没有可以科学预测未来的过程,甚至也没有一个过程能使我们讨论与此有关的一个假设是否比另一个好;很多难忘的例子已经证明,最伟大的人在期望对即使是最近的未来做出预测上都犯过巨大的错误。

可是,如果不离开当下,不对这个似乎永远注定要逃避我们理性的未来进行论证,我们将完全不能行事。经验表明,**当在某些不明确的时间里**,以某种方式去**规划未来**是非常有效的,而且也没有什么不便;规划未来采用神话的形式时,就会发生这种情况,这些神话包含了一个民族、一个政党或一个阶级最强烈的倾向,这些倾向会在所有生活环境里随着本能的强调重现于脑海之中;神话还给予全部现实的一个方面以立即行动的希望,这使人类能够用比其他任何方法都更容易的方式重塑他们的期望、热情和精神活动。而且我们还知道,这些社会神话绝不会阻止一个人从他一生中所做的观察来获益,对他从事正常职业也不会形成障碍。

很多例子可以说明这一事实。

第一代基督徒期望基督的回归和异教徒世界的完全毁灭,而圣 817
徒的国度将在第一代人结束之时开启。这场灾难并没有发生,但是基督教思想从启示录神话中获益如此之大,以至于某些当代学者坚持,基督的全部布道就只是为了这一点。路德和加尔文在欧洲宗教狂热中形成的希望根本没有实现;这些改革之父似乎很快就成了过去时代的人;对现在的清教徒来说,他们属于中世纪而不是现代社会,最为困扰他们的问题在当代新教教义里只占据很小的位置。因此,我们必须否定他们的基督教复兴梦想带来的巨大成果吗? 必须

---

① Georges Sorel, *Reflections on Violence*, pp.133—37. (B. W. Huebsch, 1912.)

承认,革命的真正发展不会以任何方式类似于使革命的第一批能手们产生热情的迷人图景;但是,要是没有这些图景,革命会胜利吗?很多乌托邦与革命神话被混为一谈,因为后者是由一个热爱想象性文学,对科学充满信心,对于过去的经济史却知之甚少的社会所形成的。这些乌托邦化为乌有,但是可以问,和18世纪那些发明乌托邦的人们所梦想的东西相比,革命是不是更深远的变形呢?在我们的时代,马志尼(Mazzini)①追寻他那个时代自以为聪明的人所称的疯狂的妄想,但再也不能否认的是,没有马志尼,意大利永远不会成为一个大国,他为意大利统一所做的事情比加富尔及其派别所有的政治家都多。

神话的细节(这些细节实际上将形成将来历史的一部分)所保存的知识并不重要。它们不是占星术历书,甚至它们所保存的东西永远也不可能实现——就像第一代基督徒期望的大灾难一样。在我们的日常生活里,实际发生的事与我们预想的概念非常不同,我们难道不熟悉这一事实吗?但这并不会阻止我们继续做出决定。心理学家说,计划中的目的和实际实现的目的之间存在着异质性;最细小的生活经历给我们揭示出这一法则,斯宾塞将此转移到天性里,从中提取出他的效果增值理论。

神话必须被认为是针对当下的行动手段,任何讨论它在将来的历史里究竟能走多远的尝试都是没有意义的。**唯一重要的是神话整体**:其组成部分只有在提出主要观点时才会引起人的兴趣。因此,就社会战争过程中可能发生的事件,以及可能使无产阶级获得胜利的决定性冲突进行讨论,都是没有什么用处的;即使假定革命者在总罢工的想象图景的设定中已经全部彻底地被蒙骗了,但假如这幅图景包含了社会主义的所有愿望,而且假如它给予整个革命思想一种其他思想方法给不了的精确性和严格性,那么它在革命的准备过程中仍然是一种伟大的力量。

因此,要评估总罢工思想的意义,就必须抛弃目前在政治家、社

---

① 朱塞佩·马志尼(Giuseppe Mazzini,1805—1872),意大利革命家,民族解放运动领袖。——译者注

会学家或自诩通晓政治科学的人当中流行的所有讨论方法。其反对者努力去建立的一切可能都在承认它们,而不会以任何方式减少他们认为已被驳倒的理论的价值。总罢工是否是部分的事实,或者仅仅是大众想象的产物,这个问题并不重要。必须知道的一切就是,总罢工是否包含了革命无产阶级的社会主义理论所预期的每件事。

要解决这个问题,我们不再被迫从学识上就未来进行争论;我们不必沉溺于哲学、历史或经济学高尚的反思;我们不是在理论层面上,而是保持在可观察事实的层次上。我们必须怀疑无产阶级中那些积极参与实际革命运动的人,怀疑那些不想爬上中产阶级的位置,而且其心智不被社团偏见主导的人。这些人可能在无数的政治、经济和道德问题上被蒙骗;但他们的证词就是决定性的,至高无上的和无可辩驳的,因为他们知道是什么观念最有力地打动他们和他们的同志,最能要求他们与他们的社会主义概念保持一致,并且多亏这些观念,他们的理性、他们的希望和他们看待特定事实的方式似乎构成了一个不可分割的整体。 819

感谢这些人,我们知道总罢工确实如我已经说过的,是一个把社会主义完全包含在其中的**神话**,即一组意象,能够本能地唤起与社会主义者对抗现代社会的不同战争表现相符合的所有情感。罢工使无产阶级产生了他们具有的最高贵、最深刻和最动人的情感;总罢工把他们全都集合在一幅协调的图景里,而且通过聚集他们,给予他们每个人最强烈的情感,唤起他们关于特定冲突的痛苦回忆,它为出现在意识中的所有构图细节染上紧张生活的色彩。因此,我们获得了社会主义的直觉——这是语言不能完全清楚给予我们的,而且我们获得的是作为整体、即刻感知到的直觉。

2. 传说的生长①

德国军队刚刚进入比利时的时候,奇怪的谣言就开始流传。谣

---

① 改编自 Fernand van Langenhove, *The Growth of a Legend*, pp.5—275。(G. P. Putnam's Sons,1916.)

言从一地扩散到另一地,被媒体转载,并立即遍布整个德国。据说比利时人在神职人员的煽动下,已经背信弃义地介入了敌对活动;冷不防地攻击孤立的分遣队;给敌人指示被军队占领的阵地;妇女、老人甚至儿童对受伤和不能自卫的德国士兵犯下恐怖的罪行,撕裂他们的眼睛,切掉他们的手指、鼻子或耳朵;牧师在他们的讲坛上鼓动人们犯下这些罪行,向他们许诺会有天国的奖励,甚至带头实施这些暴行。

公众轻易接受了这些故事。这个国家的最高权威对此毫不犹豫地表示欢迎,并用自己的权力予以认可。甚至皇帝也附和他们,在 1914 年 9 月 8 日发给美国总统的一封著名电报里,对比利时人民和神职人员进行了最可怕的指控。

820   在入侵比利时之时,如我们所看到的,正是德军构成了传奇故事的主要滋生地。这些故事以很快的速度在部队里传播,联络官、通信骑兵、护粮队、供给站确保了其扩散。

这些故事毫不耽搁地到达德国。就像在大多数战争里一样,正是返回的士兵负责传播它们。

从敌军地域上的第一天敌对行动开始,作战部队就与后方部队持续保持联系,连续不断的车队穿过前线城镇,返回时是空的或载满俘虏和伤员。最后一批车队和护卫士兵一起,立即被热切的人群包围并催促新闻。正是他们带来了最初的故事。

"作为一个沉默的听众,坐在林荫大道上,我已经注意到人们——男人和女人——多么好奇地问正在那里休息的伤员,要求他们就战役目标、损失和战争暴行等问题做出回答,他们如何将沉默理解为肯定的回答,而且他们多么希望证实事情更为可怕。我相信不久之后他们会重复这对话,并补充说他们听到的东西是某些当事人的个人经历。"

在他们口头上,这种类型的故事是不确定的,它们的内容是可塑造的,它们可以根据叙述者的口味进行调整;它们改变自身,它们还演化着。总之,不仅从战场回来的士兵这样做,以确保故事的传播,他们还详细阐述故事。

军队邮政直接联系着作战的军队和德国。士兵给家里写信,在他们的信里,他们讲述他们的冒险,这是人们热切想听的,而且它们很自然地会包括部队中流行的谣言。所以,国民军的一名士兵会写信给他的妻子,说他在列日①看到一打牧师被宣判死刑,因为他们给德国士兵的脑袋定价;他还看见那里的平民割下一名红十字会护士的乳房。同样,一个黑森的中学校长在一封信里讲述他的分遣队如何遭到居民们背信弃义的攻击,而他们的头是神父。

经过德军军事调查部门的考查,证明这些故事毫无根据。它们 821 接收自前线,并由一名自称是目击者的士兵来讲述,但在公众观点里仍然具有特殊的权威。

然而,由于不受媒体的控制,来自前线的信里详细讲述的故事在报纸读者的眼里具有了新的权威——这是附着于印刷品的权威。它们在报纸专栏里失去了它们的个性和特殊性。那些发送它们的人就像《科隆人民报》指出的,通常已经抹去了所有个人的影射。于是,这些陈述获得了原本缺乏的实质性与客观性。当它们与真实的新闻混杂,公众就毫无疑问地接受了它们,出现在报纸上不就是精确性的保证吗?

除了把自身强加于公众的轻信之外,印刷出来的故事把自身固定在人们的脑海里。它采用一种持久的形式。它已永久地进入了意识之中,而且更重要的是,它已经成为一个参考来源。

然而所有这些伪历史出版物仅仅是关于这场大战(the Great War)②的大量文学作品的一部分。各种各样的流行文学,斗篷与匕首的浪漫故事,冒险故事,新闻与轶事集,戏剧本身,都转而致力于军事事件。大众喜爱活跃的行动、不同寻常的形势,以及耸人听闻的境遇,目的是刺激想象力和造成恐怖的颤抖。

---

① 比利时城市,一战爆发时德军借道比利时迂回法军侧翼,在此发生激烈的要塞防御战。——译者注
② 西方社会给予第一次世界大战的专门称呼。——译者注

所以,人们在这种下层阶级的文学里发现了主要传奇的片段,我们已经研究了其起源并跟随其发展;以适应于编织出一张阴谋大网的小说,它们已经经历了新的转型;它们已经失去了它们源头的每种迹象;它们已经变换到了为它们而设想的新环境里;它们通常与赋予它们个性并确定其时间和地点的环境相分离。然而,它们所产生的主题动机仍然是显而易见的。

822　　　于是,传奇故事已经到了它们精心构建的最后阶段,并完成了它们的扩散。它们不仅渗透到城市的郊区,还进入偏远的农村,进入了教育中心,就像在大众阶层里一样。处于康复期的伤员和在家休假了一段时间的士兵已经把它们告诉了市民和农民。两者都已经在来自前线的信里发现它们,都在杂志和书里读过它们,都听过政府的警告和皇室的言论。中学教师已经把这些片段和他的教学混合起来,他已经用它们滋养出了幼稚的想象。学者们已经在他们的课本里读到它们的文本,并在受战争启发的游戏里发布它们;他们已经在家庭圈子里讲述这些故事,给了它们附属于教师话语之上的权威。

这些记述已经到处成为热切评论的主题;在村庄里,在门口台阶上举行的会议之中,在客栈的酒吧间里,在大咖啡馆里,在电车里,以及城镇的公共走廊上。它们到处成为日常交谈的主题,它们到处获得早有准备的信任。"非正规狙击手"的称谓已经为人熟知,它已被普遍使用并被广泛接受。

一本为天主教德国士兵使用的祷告集包括了这样不可思议的文字:"羞辱和咒骂那些希望像背信弃义和残酷的比利时人和法国人一样做事的人,那些人甚至袭击了手无寸铁的伤员。"

3. 仪式、神话和教条①

古代宗教很大程度上是没有教义的,它们完全由惯例和实践构

---

① 选自 W. Robertson Smith，*The Religion of the Semites*，pp.16—24。(Adam and Charles Black，1907.)

成。毫无疑问，人们不会习惯性地遵循某种没有被赋予意义的实
践；但是通常我们会发现，虽然实践被严厉固定下来，附着于其上的
意义却是极其模糊的，相同的仪式被不同的人以不同方式来解释，
结果却没有任何正统和异端的问题。比如在古希腊，有些事情要在
神庙里来做，人们一致认为不这样做就是不虔诚的。但是，假如你
问他们为什么这样做，你可能会从不同的人那里得到几种相互矛盾
的解释，而且没人会觉得你采纳的答案是最无宗教意义的。事实 823
上，所提供的这些解释并不会唤起任何强烈的感情，因为在大多数
情况下，它们仅仅是不同的故事，说明仪式最初是如何通过神的命
令或直接的示范而形成的。简单来说，仪式与教条无关，而与神话
有关。

　　在所有古老的宗教中，神话取代了教条；也就是说，神职人员和
人们的神圣知识，只要不仅仅包括履行宗教活动的规则，就会具有
关于神的故事的形式；这些故事提供了关于宗教戒律和仪式规范的
唯一解释。但是严格来说，这种神话不是古代宗教的实质部分，因
为它没有神圣的法令，对于崇拜者也并没有约束力。与个别圣所和
仪式相关联的神话仅仅是崇拜机构的一个部分，它们用于激发想象
和维持崇拜者的兴趣。但是崇拜者经常要在同一事物的几种说法
里进行选择，而且，只要他精确地完成仪式，就没人关心他对仪式起
源的信仰。对一系列神话的信仰既不是作为真实宗教一部分的义
务，也不意味着一个人靠信仰就能获得宗教功德并能调节诸神的恩
宠。有义务和值得称道的是宗教传统规定的某些神圣活动的实际
执行。既然如此，神话就不应该在古老信仰的科学研究中占据过多
分派给它的突出位置。只要神话由仪式的解释构成，它们的价值就
完全是次要的，可以满怀信心地断言，在几乎每一种情况下，神话都
来自仪式，而不是仪式来自神话；因为仪式是固定的，而神话是多变
的，仪典是强制性的，而神话中的信仰是崇拜者自行判断的。结论
就是，对于古代宗教的研究，我们必须从仪式和传统习惯开始，而不
是从神话开始。

　　很难完全反对这个结论，即某些神话不仅仅是对传统实践的解

824 释,还显示了更大的宗教思考的开端,或者尝试把五花八门的地方崇拜和信仰进行系统化和简化。因为在这种情况下,神话的次要特征仍然更为明显。它们要么是早期哲学的产物,反映了宇宙的特征;要么属于政治范畴,被设计来为多种原本不同的群体崇拜之间的联合(它们已经被合并成一个社会或政治有机体)提供线索,或者最后,它们是史诗般的想象力自由运用的产物。但是,哲学、政治和诗歌都或多或少比宗教更纯粹、更简单。

毫无疑问,在古代宗教的后期阶段,神话获得了不断增加的重要性。在与持怀疑论的异端和基督教进行的斗争中,旧的传统宗教的支持者被驱使去搜索现代构型的观念,它们可以代表传统仪式真实的内在意义。为了这个目的,他们抓住了古老的神话,并将其运用于一种寓言式的解释体系。神话借助寓言,变成了为古老形式注入新意义的趁手工具。但是这样发展出来的理论是对于古老宗教原初意义最为错误的指引。

原始时代的宗教并不是具有实际应用性的信仰体系;它只是一种固定的传统习俗,每个社会成员都要理所当然地遵守它。假如人们同意无需理由就去做某种事情,那人就不成其为人;但是在古代宗教里,理由首先并不是被阐述为一种教条,然后在实践中进行表达,而是反过来,实践先于理论。人们在他们开始用言辞来表达普遍原则之前,会形成普遍的行为准则;政治制度要比政治理论古老,同样,宗教制度也早于宗教理论。这种类比不是随意选择的,因为在事实上,古代社会中宗教制度和政治制度完全是相互对应的。在每个领域,形式和先例都是非常重要的,但是对遵循先例的解释仅仅就是它最初形成的传奇。先例一旦确立,就具有了权威性,不会

825 要求任何证据。社会的规则以先例为基础,社会的持续存在就是为什么要继续遵循既有先例的充分理由。

我认为,最古老的宗教制度和政治制度呈现出一种紧密的相似性。应该可以更为精确地说,它们是整个社会习俗的组成部分。宗教是有组织社会生活的一部分,一个人在社会里出生,他以同样无意识的方式与他所生活的社会的任何习惯性做法保持一致。人

们认为神和他们的崇拜是理所当然的,就像他们认为国家的其他用途是理所当然的一样,假如他们对此进行推断或者猜测,他们这么做的前提就是,传统用途是固定的事物,在这些前提的背后,他们的推断不可能被推翻,没有推断能够允许被推翻。对于我们现代人来说,现代宗教首先是个人信念和理性信仰之事,但是对于古人而言,这是公民公共生活的一部分,简化为固定的形式,他不一定要理解,也不会自由批判或忽视它。不遵从宗教是对国家的触犯,因为假如神圣的传统被篡改,社会基础就会被侵蚀,神的恩宠就会丧失。但只要规定的形式得到适当遵守,一个人就会被认为是真正虔诚的,没人会问他的宗教是如何植根于他的心中,或者如何影响他的理性。就像政治责任——这确实是其中一个部分——一样,宗教也是通过遵守某些外在举止的固定规则,才得到完全理解的。

按照古代的观点,神本身是什么其实不是一个宗教问题,而是一个推断性问题;宗教所需要的是实际了解神的行为规则,以及神期望崇拜者组织他们行为的规则——也就是在《列王记下》17章第26节里所称的土地神的"惯例"或者更确切说的"习惯法"。甚至以色列的宗教里这也是如此。当先知们谈论着上帝的知识时,他们总是意指以色列政府法律和原则的实际知识,对宗教整体的一个总括性表达就是"对耶和华的知识和敬畏",即了解耶和华规定的知识,混合着虔诚的服从。

宗教的传统惯例在很多世纪的历程里逐渐成长起来,并反映了体现人类知识和道德发展不同阶段特征的思想习惯。没有任何关于神明本质的概念可以为后来的异教徒从每种文化状态下(从纯粹的野蛮往上)的祖先那里继承的所有仪式和庆典的复杂性提供线索,人类宗教思想的记录——正如在宗教机构里所体现的——类似于地球地壳历史的地质记录,新的和老的并排或者一层叠一层地保存着。按照恰当顺序对仪式形态进行分类是对它们进行解释的第一步,这种解释本身必须采取的形式不是一种推断性的理论,而是一种理性的生活史。

826

4. 公共意见的特征①

"人民的声音可能是上帝的声音,但是很少有人注意到,对于声音意味着什么或者人民意味着什么,从来就没有任何一致意见。"尽管关于民主有无穷无尽的讨论,亨利·梅因爵士的这句话仍然是如此正确,以至于不需要别的借口来研究作为大众政府特有基础的概念。在这样做的时候,必须把形式和实质区分开,因为政治世界里充满了丧失灵魂的形式——仅仅是掩饰,但有时即使是主事者也不承认,有时则欺骗局外的群众,有时又不再能误导任何人。掩饰确实不是没有价值的。政治掩饰对英国政府的影响和小说对英国法律的影响一样。它们已经在没有什么革命性变化情况下促进了增长。但是,虽然掩饰在政治演进中扮演了一个重要角色,但它们却是政治哲学家——他们没能看穿这些掩饰,并给这些形式赋予它们并不真正具备的意义——的陷阱。大众政府实质上可能以君主制的形式存在,而一种独裁专制可能不用破坏民主形式而建立。如果我们透过形式去观察它们后面的关键力量;假如我们不把注意力固定在选举权的范围、选举机制、选举过程,以及这些外在的东西上,而是注意事物的本质,那么大众政府至少在一个重要的方面上可以说是由公共舆论控制的政治事务构成的。

827

假如两个拦路劫匪在一条黑暗的路上遇到一个晚归的旅行者,并提出拿走他的手表和钱包,如果说这是存在于荒凉地点聚会上的赞成财产再分配的公共舆论,这显然是对这一术语的滥用。不管是两个劫匪和一个旅行者,还是一个抢劫者和两个受害者,都不会使其目的有任何差别。在那种情况下,谈论说少数派的责任就是服从公共舆论的意见,其荒谬性是不言而喻的,这并不是因为路上的这三个人构成了更大社群的一部分,或者他们是共同政府的管辖对象。假如不存在有组织的国家,这种表达也是很不适当的,比如在一个蛮荒的岛上,两个食人族都渴望吞噬一个沉船落难的水手。总

---

① 改编自 A. Lawrence Lowell, *Public Opinion and Popular Government*, pp. 3—14。(Longmans, Green & Co., 1913.)

798

之，在每种情况下，这三个人都不会形成一个能够就相关问题形成公共意见的社群，在一个有组织的政府之下，在那些为了某种目的组成社群的人之中，难道不是同样的道理吗？

给一个最接近家庭的例证。在美国内战之后的重建时期，就南方各州是否乐意把选举权扩大到黑人这个问题，在任何真实的意义上都不可能说是取决于两个种族中谁具有轻微的数量优势。一种意见对于白人来说可能是公开或普遍的，另一种意见对于黑人来说也是公开和普遍的，但两种意见对于全体人民来说都不是公开和普遍的。这种类型的例子可以无限地增加。在爱尔兰、奥匈帝国、土耳其、印度，在任何一个种族、宗教或政治分裂尖锐深切到足以把社会切割成碎片，无法就基本问题达成一致的国家，都可以找到这些例子。

在所有这些情况下，一种意见对于这个国家的哪一方来说都不可能是公共或普遍的。为此目的，他们就好像属于不同国家一样有区别。你可以数人头，也可能会打破头，你可能靠强力强加一致，但是在关键事务上，双方不会形成一个能够达成任何理性意义上的公共或普遍意见的共同体。假如我们要在对政府来说很重要的意义上来采用这个说法，那就意味着把道德和政治义务引入少数派身上，这足以表明，仅仅多数的意见本身并不充分。显然需要更多的东西。 ₈₂₈

但是，假如多数派的意见并不构成公共意见，那同样可以肯定的是，不需要一致意见。一致意见对于我们的目的来说并不重要，因为在任何形式的政府——甚至是专制政府——里，它都完全是有效的，它对于民主研究来说没有特殊的价值。按照一致意见通过立法实际上在波兰王国被尝试过，议会的每个成员都有自由否决任何措施的权利，而这样做阻止了进步，助长了暴力，导致了失败。波兰的制度被誉为自由的极致，但它事实上直接反对现代大众政府的基本原则；也就是根据公共意见来处理公共事务，而这些意见是一般性的——尽管不是处处适用，并且意味着在某种状况下，少数派有义务去服从它。

一群人只有同意政府的目标和宗旨以及达成这些目标的原则，

才能在政治上表达公共意见。他们还必须团结起来用某些方法来决定政府的行动,比如确信多数派——或者他们中的其他一些人——的意见应该占优,作为整体的一个政治共同体确实只有在大部分公民这样做的时候才能产生公共意见。这种假设是隐含的,尽管通常不会在所有社会契约理论里得到表达,但它确实涉及所有把被统治者的同意作为政府合法性基础的理论,因为这种赞同要求的不是所有人要全部同意每项措施的颁布,而是要对执政当局的合法性及其对出现的问题做决策的权利达成共识。

在离开多数派意见和公共意见之间的关系这个主题之前,必须多说一句。已故的加布里尔·塔德(以其一贯敏锐的观察力)坚持认为,信念的强度是意见传播之中的一个重要因素。有一种普遍的印象是,公共意见依赖于问题每一方的支持者人数,并用这些人数来衡量,但这是远远不精确的。假如一个共同体里 49% 的人强烈站在一方,而 51% 的人温和地站在另一方,前者的意见背后有更大的公共力量,即使它不马上行动,最终也肯定会占上风。

一个顽强坚持自己信念的人相当于好几个软弱坚持信念的人,因为他更具侵略性,从而能强迫和恐吓其他人明显同意他的观点,或至少保持沉默和不作为。这在道德问题上尤其如此。当社会里大多数人漠不关心或者持怀疑态度时,大部分公认的道德法则却靠少数人的真挚来维持,这并非不可能。总之,公共意见并不局限于多数派的意见,公共意见的表达方式也不仅仅用多数派来衡量,因为个人观点总是在某种程度上被权衡和计算的。

不用试图考虑如何精确测量精神强度和智力的权重,就我们的目的来说,只要指出当我们讨论多数派意见的时候,我们指的不是数量上而是有效性上的多数,这就足够了。

5. 公共意见与风俗民德①

我想我们对公共意见有兴趣,是因为从长远来说,公共意见是

---

① 选自 Robert E. Park, *The Crowd and the Public*。(Unpublished manuscript.)

国家至高无上的力量。现在没有,可能永远也不会有一个不依赖于公共意见的政府。这方面最好的证据就是,所有政府事实上都不可避免地寻求控制或至少激励和指导公共意见。

德国皇帝有他的"官方"和"半官方"组织。俄国的共产主义者则掌握着学校。正是在学校的教室里,布尔什维克主张完成革命,英国历史学家休谟——也是最伟大的英国哲学家——说道:

> 由于力量总是站在被统治者一方,统治者除了舆论,没有什么东西可以支持自己。所以政府只能建立在舆论之上,这一准则延伸到最暴虐和最军事化的政府以及最自由和最大众化的政府身上。埃及苏丹或罗马皇帝可以违背他们无助臣民的情绪和倾向,像残忍的野兽一样去驱使他们,但是他至少在指挥他的马穆鲁克或者禁卫军时,必须像人一样顾及他们的意见。

830

休谟的观点太过讽刺,不像是真的。政府能够,而且真的通过强力而不是赞同来保存自身。它们已经这样做了,即使它们在人数上居于劣势时也是如此。证据就是墨西哥的科尔特斯①,刚果的比利时人②,最近带着两百架飞机对抗索马里疯狂毛拉的英国征服者③。文明民族必须用微妙的方式来统治。不得人心的政府有时通过掌握通讯手段、污染信息来源、压制报纸以及宣传来保存自己。

卡斯帕·施密特(Caspar Schmidt)④即"马克思·斯特纳"——

---

① 指的是埃尔南·科尔特斯(Hernando Cortes,1485—1547),16 世纪入侵并征服墨西哥的西班牙冒险家。——译者注

② 19 世纪 80 年代比利时将刚果占为殖民地,进行残酷的殖民统治。——译者注

③ 指穆罕默德·阿卜杜拉·哈桑(Muhammad Abdullah Hass-an,1864—1920),19 世纪末领导索马里人反抗英国殖民统治的部族军事领袖。英国人称其为"疯狂毛拉"(Mad Mullah)——译者注

④ 卡斯帕·施密特(Kaspar Schmidt,1806—1856),又名马克思·斯特纳(Max Stirner),德国哲学家,常被视为虚无主义、存在主义、后现代主义和无政府主义的先驱之一。——译者注

最为一以贯之的无政府主义者——曾说,最后的暴行就是思想的暴行,换句话说,最后的暴君就是宣传者,即为了促成自己的社会福利概念而给予事实一种"偏见"的个人。

我们在较为广义和狭义上使用公共意见这个词。公共即大众的头脑受到超出意见或者狭义公共意见的某些事物的控制。

今天,我们生活在广告商微妙的暴政之下。他告诉我们穿什么,并使我们去穿它,他告诉我们吃什么,并使我们去吃它。我们不怨恨这种暴政,我们感觉不到它。我们做我们被告知的事情,但是我们做的时候觉得在遵循我们的野性冲动。这并不意味着在广告的启发下,我们毫无理性地行动。我们有理性,但是它们有时是在思考之后才出现的,或者它们是由广告商提供的。

广告是社会控制的一种形式。它是捕获公众思想的一种方式。但是广告不是通过引发讨论来产生其后果,这是它不同于公共意见的一个方面。

时尚是我们都会向其低头的微妙控制形式之一,我们都或远或近地追随时尚。我们有些人落在时尚之后,但是永远没有人能超过它,永远没人能站在时尚之前,因为直到时尚出现之前,我们从来就不知道时尚是什么。

831 广义上来说,时尚处于赫伯特·斯宾塞所称的"仪式性政府"的领导之下,他说,仪式是所有政府形式中最原始和最有效的形式。不会有对时尚的背叛,没有对社会仪式的背叛。至少这些背叛从来不会造成烈士或英雄。穿着男式服饰的玛丽·沃克博士[1]无疑是一个女英雄,但永远不会成为殉道者。

仪式性政府体现为规矩、社会仪式和形式。我们并不了解一种有影响力的社会形式有多么强大。有一些违反规矩的行为是任何普通人宁愿死也不会去做的。

我们经常谈论社会惯例和时尚的要求,似乎它们是被公共意见

---

[1] 玛丽·爱德华兹·沃克(Mary Edwards Walker,1832—1919),美国废奴主义者、外科医生,美国内战时期为联邦军队服务,获得荣誉勋章。她认为传统女性服饰不利于健康,主张改革女性服装并经常穿着男装。她成为受欢迎的女性主义者。——译者注

强加的。假如我们在狭义上使用公共意见，这并非如此。社会惯例不是意见问题，而是习俗问题。它们被固定在习惯里，它们不是思考的问题，而是冲动的问题。它们就是我们自己的一部分。

正如萨姆纳所说，在公共意见和社会习俗或道德之间存在着一种密切的关系。但有着这样的区别：公共意见会波动，它是摇摆不定的，而社会习俗和道德改变很慢。禁酒令执行了很久，但是饮酒的习俗却不会消失。道德缓慢改变，但是它们会在一个方向上改变，并且稳定变化。道德的改变就像时尚和语言的改变一样，按它们自身的法则来进行。

时尚必定会改变，这是它的本性使然。如果现存的事物失去了其新颖性，就不再刺激，不再有趣，不再是时尚。

时尚要求的并不是某种新东西，而是某种不一样的东西。它要求老东西有新的和刺激性的形式。每个追逐时尚的女人都想成为时尚，但是她渴求成为某种与其他每个人都不一样的人，特别是和她最好的朋友不一样。

语言的改变回应同样的动机，遵照同样的法则。我们在不断为旧观念寻求新隐喻，不断使用旧隐喻来表达新观念。想想俚语的发展方式吧！

公共意见中有一种时尚或一种趋势。A. V. 戴雪（A. V. Dicey）①在他的《英格兰的法律和舆论》里指出，英国法律一百年来有一种不间断的从个人主义走向集体主义的趋势。这并不意味着公共意见已经在一个方向上不断变化。如他所说，存在着"交叉趋势"（cross currents）。公共意见已经转向，但是道德却在一个方向上稳定改变。

基本态度已经有一种变化。这种变化是根据情况改变而发生的。道德变化就像某种鸟类——比如燕子——筑巢习惯的改变。这种变化就像鸟类习惯的改变，无需讨论就发生了，并没有明确的

832

---

① 阿尔伯特·维恩·戴雪（Albert Venn Dicey，1835—1922），英国法学家、宪法理论家。——译者注

意识去回应变化了的状况。此外,道德变化就像时尚的改变,仅仅处于我们的轻微控制之下。它们不是鼓动的结果,而是对鼓动负有责任。

今天,我们的社会组织里正在发生深远的变化。产业民主——或对此的某些回应——正在进行。它的进行不完全是因为社会鼓动,没有鼓动它也会发生。它是一种社会变迁,但也是整个宇宙过程的一部分。

在道德和意见之间存在一种密切的关系。道德代表着我们一致的态度,意见代表着我们不一致的态度。除了争论中的问题,我们没有什么意见。

只要我们被习惯、习俗以及道德控制,我们就没有意见。我发现,只有在我发现我不同意同伴之后,我才知道我的意见是什么。我所称的我的意见主要是用来证明我与主流公共意见的一致或不一致。道德并不需要辩解。一旦我为道德寻求正当理由,它们就变成了意见的问题。

公共意见仅仅是个人意见加上它们的分歧。在没有实质性一致的地方就没有公共意见。但是在没有分歧的地方也没有公共意见,公共意见以公共讨论为前提。当一件事已经处于公共讨论的阶段时,它就变成了公共意见的问题。

在宣战之前,法国存在着焦虑、投机。在动员开始之后,讨论停止了。国家观念得到颂扬,个人观念停止存在。人们甚至停止思考。他们只有服从,所有交战国都是这样,除了美国之外。它在这里完全没有发生。在这些环境下,公共意见停止存在。这在民主国家和专制国家里都是如此。

专制与民主之间的差异并不在于这种情况下人民的意志得到表达,而在另一种情况下却没有。它仅仅是在于,在一个民主国家,大量的公民参与到形成公共意见的讨论之中。至少他们被认为应当这样做。在一个民主国家,每个人属于——或应该属于——一个伟大的公共集体。而在一个专制国家,可能只存在很多小型的公众集团。

　　学校和学院在公共意见的形成中扮演什么角色？学校传递着传统。它们把我们的民族偏见标准化并传递它，它们必须这样做。

　　一种开明的或学院的教育倾向于改变和限定我们继承下来的所有政治、宗教和社会偏见。它这样做的方式是把本来没有进入公共意识的事情引入讨论领域。学院教育以这种方式使我们控制我们的偏见，而不是被偏见所控制。这就是开明教育的目的。

　　历史、文学以及更广泛生活经验所带给我们的解放允许我们同情地进入别人的生活和兴趣之中；它拓宽了由公共意见而不是由强力控制覆盖的领域。

　　它使扩大政治控制领域成为可能。它意味着共同生活中民主参与的延伸。大学通过它们在社会科学领域的专门研究，正在寻求积累更多得到证实的事实，并将其引入公共意见的视野中，公众可以用这些事实作为其意见的基础。

　　大学的使命可能不是鼓动改革，也不是试图直接影响关于当前问题的公共意见。这样做就放松了它的批判态度，淡化了它在事实上的权威，并破坏它来之不易的学术自由。当一个大学接管政党或教会的职能时，它就停止履行其作为大学的功能了。

　　6. 新闻与社会控制①

　　今天，各个地方的人们都意识到，他们必须用某种方法处理比教会和学校期望他们去理解的任何问题更复杂的问题。他们日益认识到，假如不能快速稳定地获得事实，他们就不可能理解这些问题。他们越来越困惑，因为事实并不可用；他们很疑惑的是，在一个由不受管控的私人企业制造赞同的时代，政府是否能靠赞同来生存。因为严格来说，当前西方民主的危机就是一场新闻业的危机。

　　我并不同意那些认为腐败是单一原因的人。当然，腐败现象很多，金钱控制，种姓压力，金融和社会的贿赂，绶带，晚宴，俱乐部，琐

834

---

① 改编自 Walter Lippmann, *Liberty and the News*, pp.4—15。(Harcourt, Brace & Howe, 1920.)

碎的政治。在巴黎证券所就占领彼得格勒而撒谎的俄国卢布投机者并不是他们这种物种的唯一例子，腐败并不能解释现代新闻业的状况。

富兰克林·亚当斯（Franklin P. Adams）①先生最近写道：

> 如今，在所谓的自由新闻报道里有很多琐碎的东西——几乎都是难以置信的愚蠢和无知；但正是这种琐碎普遍存在于所谓的人类之中——一种可以在音乐家、管道工、地主、诗人和侍者里发现的琐碎。当罗威尔小姐（她已经做出了常见的贵族的抱怨）谈到所有美国报纸时时刻刻取笑每件事的不可救药的渴望时，我们又吵了一架。在美国报纸里有一种无法矫正的欲望，就是把事情处理得比其应有的状况更为严重。罗威尔小姐读过从华盛顿传来的沉闷新闻吗？我们想知道，她读过社会新闻吗？她读过报纸吗？

亚当斯先生确实读过它们，当他写出报纸把事情应有的状况报道得更为严重时，他已经像市长夫人评论女王一样，说出了某种批评。尤其是战争开始以来，编辑就开始相信他们最高的责任不是去报道而是给出指示，不是印出新闻而是拯救文明，不是发表本杰明·哈里斯（Benjamin Harris）②所称的"国内国外最近事务的状况"，而是把国家保持在笔直狭窄的道路上。他们就像英国国王一样，已经选择让自己成为信仰的捍卫者。《纽约世界》③的柯柏先生说："五年来，世界的公共舆论未能自由生发。面对战争不可阻挡的需要，政府征用了舆论，训练舆论走正步，教它们立正和敬礼；有

835

---

① 富兰克林·皮尔斯·亚当斯（Franklin Pierce Adams，1881—1960），美国专栏作家。——译者注
② 本杰明·哈里斯（Benjamin Harris），英国出版商，生卒年月不详，1690 年在波士顿创办美国第一份报纸《国内外公共事务报》。——译者注
③ 《纽约世界》（*The New York World*）是 1860 年至 1931 年在纽约市出版的一份报纸。1883 年到 1911 年，在出版商约瑟夫·普利策（Joseph Pulitzer）的领导下，成为黄色新闻的先驱。——译者注

时——在停战协议签订之后——成百万的美国人发誓似乎再也不会为自己做任何思考了，他们将愿意为国而死而不会就此进行思考。"少数人——热切准备着去这样思考，而且不仅准备着，还确信只有自己知道如何思考——已经采纳了这样的理论：公众应该知道什么是有利于他们的。

由此，记者的工作就与布道者、宗教复兴运动者、预言家和鼓动家的工作混淆在一起。目前美国新闻界的理论就是，像真理一样的抽象和优雅的公平必须牺牲——只要有任何人随时认为文明必须要求这种牺牲。对于怀特利大主教（Archbishop Whately）的名言"不管你把真理放在第一位还是第二位，它都是重要的"，现代新闻业坦率的支持者会回答说，相对于他所认为的国家利益，他把真理放在第二位。仅仅通过他们的作品来判断，像奥克斯（Ochs）先生或诺斯克利夫子爵（Viscount Northcliffe）这样的人相信，除非允许用他们的爱国主义观念来调和读者的好奇心，否则他们各自的国家就会毁灭，文明会衰落。

他们相信教化比诚实更重要。他们深切、极度、无情地相信它。他们用此打扮自己。对于爱国主义，正如他们日复一日所界定的，所有其他的考虑都得服从。那是他们的骄傲。但是在这个教条的无数例子之中，哪一个是用结果来证明手段正当的呢？一个更为潜藏的误导性的行为准则就是，永远不要在人们之中设计规则。只要人们相信一个全知全能和善意的神会教他们寻求什么目标，这就是一项貌似有理的规则。但是如今，人们已经严肃地意识到，他们的目的对于他们的时代、他们的地区、他们的利益以及他们有限的知识来说是多么特别，正是强烈的傲慢牺牲了对于某些专门目标来说来之不易的可靠性标准。只有我想要的时候出现的才是我渴求的教条。其遗迹就是宗教裁判所和对比利时的入侵。这就是每一次非理性行为的理由，每当无法无天的举动为自己辩护的时候就会援引的法则。归根到底，这不过是妄自尊大为自己开道的人的无政府本性。

836

正如最有害的混乱形式是高层煽动的暴乱，最不道德的行为就是政府的无德,所以最具破坏性的谎言就是专门报道新闻的人的诡辩和宣传。新闻栏目是普遍的载体,当那些控制新闻栏目的人冒称自己有权靠自己的意思来决定什么应该被报道,以及为了什么目的而报道之时,民主就行不通了。公共意见被阻塞。因为当一个民族不再能自信地修复"他们信息的最好源头",那么任何人的猜测和谣言,每个人的希望和幻想就会变成政府的基础。假如不能稳定地提供值得信赖和中肯的新闻,那么所有针对民主的最尖锐批评就是确实的。无能与盲目、腐败与不忠、恐慌与终极的灾难必定会降临到无法获取事实的任何民族身上。没人能靠政治偏袒管理任何事。一个民族也做不到。

在近代历史上,很少有什么片段比这个更让人印象深刻:英国首相坐在早餐桌的晨报前,抗议他不能在关于俄国的事情上做明智的事情,因为一个强大的报业老板已经麻醉了公众。那次事件是大众政府面对的最高危险的照片。所有其他危险都因其而定,因为新闻是政府现在采用的主要意见来源。只要在普通公民和事实之间插入一个完全由私人和未经检验的标准决定的新闻组织,不论它有多么崇高,他将知道什么和他将相信什么,没有人能说民主政府的实质是牢固的。霍尔姆斯法官(Justice Holmes)说,我们的宪法理论就是:真理是人们的希望能够安全达成的唯一基础。就那些提供新闻的人来说,他们认为自己的信仰高于真理,他们正在攻击我们宪法体系的基础。新闻业里不可能有比阐述真理和羞辱魔鬼更高的法则了。

837　　　对于历史学家来说,几代人都会觉得可笑的是,一个声称政府取决于人民意志的民族应该不会认真确保不体现统治者意见的新闻。他们将会问:"在 20 世纪初,自称为民主的国家满足于处理发生在他们门前的事情,除了零星的揭发和抗议,他们并没有计划把这些共同的载体置于社会控制之下,他们没有为他们所依靠的人们提供真正的培训学校;毕竟,他们的政治科学家年复一年为了政府而写作和演讲,而不是进行一种关于公共舆论的单一和意义重大的研究,这可能吗?"然后,他们将回顾教会享有批判豁免权的几个世纪,并且他们还可能坚持认为世俗社会的新闻结构不会因为类似的原因而受到认真的检查。

7. 宣传心理学①

在克里尔(Creel)先生看来,报纸子弹赢得战争。但它们一直干扰我们心灵的平静。战争结束很久了,一切只能这么说;但我们在宣传企图上的内在意识是不变的。个人、社团和政府都已经发现,可以用某种类型的广告来改变公共意见和控制民主体制中的大多数。只要公共意见支配着人类事务的目标,控制它的手段就永无止境。

宣传的巨大力量如今是共同的财产,它们既可用于不择手段和破坏性的目的,也可用于建设性和道德的目的。这使我们对其技术产生了新的兴趣,也就是探究不论在什么地方,是否有机会对其不分青红皂白的开发利用进行调适性和保护性的干预。

直到最近,宣传一词最著名的历史性用法使它成为外交使命的同义词。正是教皇格雷戈里十五世在几乎整整三个世纪之前,在准备了很多年后,终于建立起了伟大的宣传学院(Propaganda College)以照顾非天主教国家教会的利益。以其几百年的经验,这可能是世界上最有效的宣传组织。也许宣传就是最高级的护教学(apologetics)②。没有什么宗教和时代能完全脱离它。

历史上经典的精神分析案例之一就是布洛伊尔(Joseph Breuer)③的水杯和小狗。一位年轻的女病人完全不能从杯子里喝水。这是一种深深的尴尬。甚至在炎热天气中严重口渴的重压和消除愚蠢的恐惧之下,她也可以拿着和举起杯子,但就是不能从中喝到水。精神分析揭示了以下的事实,在这种特殊的恐惧症之中,是一种对

838

① 选自 Raymond Dodge, "The Psychology of Propaganda," *Religious Education*, XV (1920), 241—52。
② 护教学原为基督教神学的一个分支,主要就针对基督教信仰的挑战进行辩论。——译者注
③ 指约瑟夫·布洛伊尔(Joseph Breuer, 1842—1925),奥地利医生,与弗洛伊德一起研究歇斯底里症,有人认为弗洛伊德在布洛伊尔的研究基础上形成了精神分析学说。——译者注

于狗的强烈反感。已经发现,这位年轻女士的室友用公用的饮水杯给狗喝水,对狗的反感只不过是转移到杯子上而已。

这个例子只是关于歇斯底里的历史记载中司空见惯之事。但是让我们考察其机制。假设我想保持那个水杯只供我个人使用。在缺乏其他良好动机可用的情况下,一个简单有效的权宜之计就是允许她看到狗喝这个杯子的水,从而利用这种反感。如此,这个例子将是一个完美的宣传例子。所有宣传都在利用偏见,它依赖于作为这个过程原动力的某些情绪前提。情绪转移是通过某些类似于相似、使用或因果关系这样的联想过程来运作的。衍生出来的交感神经厌恶代表着目标。

伟大的自我保护的、社会的和种族的本能将总是成为宣传活动主要的驱动力蓄水池。它们具有最广泛和最迫切的诉求,在重要性上仅次于这些的是代表着文明天赋的特殊种族倾向和历史传统。德意志的种族优越意识是为了宣传他们的"坚韧"而作为永不终止的动机来运作的。我们美国人有一个显著的文化前提,就是为失败者考虑。在我们家庭意识之外,很少有什么东西会像这种保护性本能的改变那样确实和普遍地唤醒我们。

839　除了产生于实践共同体的群体倾向,个人宣传可以运用于个人实践、个人倾向与偏见的每个阶段。我被告知,一流的销售员很少有不保留客户家族史的,通过孩子身上明显的个人兴趣来使客户产生对他们商品的赞赏态度。很明显,任何具有情感价值的观念集合都会成为宣传的基础。

宣传过程有三个限制:第一是情绪的退却,第二是有效驱动力的枯竭,第三是内在的对抗或消极态度的发展。

三者之中我们最熟悉的是情绪的退却。我们非常清楚,当我们告诉一个男孩他喜欢做的事情是"坏"的,所有他不喜欢的事情是"好"的时候,会发生什么。在某种程度上,好与坏的情绪价值将会转移到我们期望的行动上,但是每次转移都会在好坏概念上有一种情绪的退却。最后,最令人吃惊的事情可能发生。男孩脑海中的道德价值可能会得到扭转。坏可能代表着满意和称心的总和,好可能代表着不满和厌恶的总和。对于痛苦的成年人,这样一个结果完全是无法解释的,只是因为他未能认识到所有精神产物都是发展的。在情绪转移上总是有一种相互作用,经过修正的因子的价值会退缩到修正因素身上。

可能整个转移和退却机制最好的表达就是巴甫洛夫(Pavlov)①的条件反射。狗的唾液的流动是食物视觉和气味的自然结果。假如在闻味的同时狗被掐疼,疼痛就不再是怨恨的问题了。通过情绪转移过程,在被掐疼的时候,狗可能显示出属于食物外形和气味的生动喜悦。甚至唾液的分泌也可能是由于掐痛而开始出现。伟大的手术生理学家谢里登(Sherrington)在拜访巴甫洛夫之后宣称他终于明白了殉道者的心理。但是,假如食物的气味伴随着疼痛和损伤,其积极价值就可能崩溃。饮食的价值可能屈服于疼痛的价值。这就是“坏”这个概念的原型——此时它过多承载了本质上可取的情感价值。退却法则似乎是作用与反作用是相等的并处于相反方向上这种物理法则的心理相似物。

840

宣传的第二个限制发生在转移的互惠作用耗尽了恰当的心理驱动力的时候。宣传肯定会削弱人们经常求助的力量。很多伟大的人类驱动力在战争中会被利用到极限。如今比过去更难筹措资金,更难找到仍然有效的捐赠动机。我以前的一个同事曾经让我惊讶和震惊的是,去回应某些完美的宣传,而我试图告诉他这些宣传只是完成某种职责而已,产生的效果就是他厌倦于被告知有些事是他的责任,由此他也断然决定不去做其他事,因为那不是他的责任。似乎有证据表明,至少在某些方面,爱国主义、慈善事业和公民义务已被利用到当前体系所能承受的程度。这很可能耗尽我们社会驱动力的流动资本。当这种情况发生时,我们就面临着一种道德上的破产。

当宣传发展到出现消极防御反应的时候,就到了抵抗的最后阶

_____

① 伊万·佩特洛维奇·巴甫洛夫(Ivan Petrovich Pavlov, 1849—1936),苏联生理学家,条件反射学说的创立者。曾获 1904 年诺贝尔生理学—医学奖。——译者注

段。达到这样的消极性一直是反宣传的目的。它把敌对的宣传、偏见，半真半假的说法称为——或者就像德国人那样——"谎言，全是谎言"。很明显，德国人在我们报纸子弹火力之下的道德崩溃伴随着这样的信念：他们已经被自己的宣传人员系统性地欺骗了。

在宣传中有两种巨大的社会风险。强权掌握在不负责任的手上总是一种社会威胁。我们有一些法律上的保障来防止不小心地使用高爆炸药，但在防止破坏性宣传更大的危险上，似乎没有不危害言论自由神圣法则的保护措施。

第二种社会风险是，在追寻相对琐碎的目标时，每一种伟大的人类动机会出现过载和水平下降的趋势。变得厌倦是盘剥情感导致的不可避免的惩罚。我相信在我们电影里，以廉价的感情主义对人类情感进行鲁莽的商业化利用将会带来严重的惩罚。但是对于默许自身在道德上变得麻木的一代来说，还有更为严重的惩罚。在我看来，我们社会最为迫切需要的东西之一就是保护人类行动的伟大源泉不受自私、商业性或其他琐碎目标的破坏性开发。

通过系统教育构建道德信用的缓慢建设性过程缺乏宣传的逼真性，而且还缺乏快速的结果。但是，正如催眠术的捷径被证明是道德训练的危险替代品一样，我相信我们将发现，道德教育不仅仅是有效宣传的必要前提，最终还是更安全、更可靠的社会工具。

C. 制　度

1. 制度与风俗 ①

制度与法律从风俗中产生。一项制度由概念（观念、意见、教条、利益）和结构组成，结构是一个框架或者装置，或仅仅是在某种事态下以规定方式合作的一群官员。这个结构拥有概念并提供装置，以服务于社会中人们利益的方式来将其带入事实与行动的世界。制度可能是成长起来的，也可能是被制定出来的。当它们在习

---

① William G. Sumner, *Folkways*, pp.53—56. (Ginn&· Co., 1906.)

俗中形成时,那就是自己成长的,其成长靠的是产生风俗的本能努力。然后,这种努力通过长期的运用,变得明确而又具体。

财产、婚姻和宗教是最主要的制度。它们始于民俗,变成习惯。它们由于增加了某些关于福祉的哲学而在风俗里发展起来——虽然有些粗糙。然后,它们作为规则、法定的行动和被运用的机关而变得更加明确和具体。这就产生了一种结构,制度也就得以完成。人为制定的制度是理性发明和意图的产物。它们属于高级的文明。银行是建立在可以回溯到野蛮状态的习惯基础之上的信用制度。后来,有一段时间,在对经验进行理性反思的指导下,人们把这些已经通行的习惯进行系统化和规范化,从而创造出了积极的信用制度,由法律来界定,并由国家的力量来予以认可。很难找到既强大 842 又繁荣的纯粹人为制定的制度。很难为了一个目的,无中生有地发明和创造出一种制度。美国宪法中的选举团(electoral college)就是一个例子。在这个例子中,人民的民主习俗利用了这个方案,并使它与创造者的规划完全不同。所有的制度都来自习俗,尽管其中的理性要素有时候会庞大到难以搞清楚它在习俗中的起源——除非进行历史考察(立法机构、法院、陪审团、股份公司、证券交易所)。财产、婚姻和宗教仍然几乎完全存在于习俗之中。在原始人中,任何男人只要能够,就可以在任何时刻抓住和占有一个女人。他做到这一点靠的是占优势的力量,而这种力量就是他至高无上的正当理由。但是他的行动会把他的群体和她的群体带入战争,并对他的同伴带来伤害。所以他们禁止捕获女人,或对其设置条件。超越这种限制的话,个人可能仍然使用强力,但是他的同伴不再负责。假如他成功的话,荣耀对于他来说可能更大。他对他的猎物的控制是绝对的。在规定的条件下,"捕获"变成技术性和制度性的,而权利从中生长出来。妇女拥有一种由习俗界定的地位,这与真正的俘虏的地位是非常不一样的。婚姻是在社会及其认可下形成的男女制度关系,在这里以规定方式获取女性。从而,她成为一个"妻子"。她的权利和责任由习俗来界定,就像今天在所有文明社会里一样。

立法活动来自习俗。在低等文明中,所有社会规范就是习俗和禁忌,其起源是未知的。在达到验证、反思和批判的阶段之前,实在法(positive law)是不可能的。在此之前,只有习惯法(customary law)或普通法(common law)。习惯法可能被编成法典并根据某些哲学原则来系统化,但仍然是习惯性的。《摩奴法典》和《查士丁尼法典》就是例子。①除非对祖先的尊崇已经极大削弱,以至于不再认为积极立法对传统习俗的干涉是错误的,否则制定法律是不可能的。即使如此,制定法律还是勉勉强强的,而且有一个过渡阶段,传统习俗在其间通过阐释而得到扩展,覆盖新的情况并防止罪恶。然而,立法必须为现有的习俗寻求长期有效的基础,而且很快变得很明显的是,立法要想强大,必须与习俗相一致。习俗中已经被置于警察管制之下的事物,随后被置于实在法的管制之下。有时候说,"公意"必须批准和赞成警察管制,但是这种表述依据的是一种不完善的分析。管制必须符合风俗,这样公众才不会认为它们过于松弛或过分严厉。我们的城市和农村人口的风俗是不一样的,所以由其中部分人口制定的饮酒立法就不能成功运用于另外一部分人口。对饮酒场所、赌场和杂乱房屋的立法都经过了以上提及的阶段。究竟是把一个对象置于风俗之下、还是对其进行警察管制,或是将其纳入刑法,这总涉及一个权宜之计的问题。博彩、赛马、危险运动、电动汽车和交通工具如今都是处于积极立法的范围,并脱离了习俗不规范控制的例子。当制定一项法律的时候,都会对灵活性做出牺牲,对风俗自动做出自我适应,但法律颁布是具体的,并规定了制裁。当形成有意识的目的时,法律就生效了。人们相信,可以通过设计专门的手段来实现社会中的这些目的。然后还有,禁令代替了禁忌,惩罚被筹划出来进行威慑而不是报复。不同社会或不同时代的风俗的特点是,为了实现社会目的,人们或多或少愿意并有信心采取积极立法。

---

① 《摩奴法典》是古印度国家有关宗教、道德、哲学和法律的汇编之一,传说由天神之子摩奴制定,故名。《查士丁尼法典》是公元6世纪由东罗马帝国皇帝查士丁尼下令编纂的法典。——译者注

2. 普通法和成文法①

如果告诉早期英国人，他或其他任何人不懂法律——甚而至于需要靠议会或集会来告诉他法律是什么，他们可能会很惊讶。他们都懂法律，而且他们都知道他们懂法律，法律是一种他们很自然就认识的事物，就像他们认识捕鱼和打猎一样。他们在法律中成长起来，他们永远不会把法律当成一种外在的事物。

所以，人们已经发现，当你把儿童——现代儿童，至少是那些受过教育父母的儿子们——置于大众之中，他们将在没有任何明显读物参考的情况下快速发明出一种法律概念；也就是说，他们将发明出某种对于他们来说和法律一样的习惯，而且确实也像法律一样。他们曾在约翰霍普金斯大学进行了儿童实验，让他们完全靠自己，没有任何指导，奇特之处就在于惯例产生得有多么快，同样奇特，而且总是令社会主义者和共产主义者惊讶的一件事就是，他们最早达成的概念是关于私有财产的。他们会马上形成一个概念：一个孩子拥有一根棍子、一个玩具或椅子以及其他东西，其他人必须尊重这一财产。这里我仅仅采用一个例子来说明在 1500 年前的英国，我们祖先当中的法律概念是多么简单，以及它是如何与他们一起发展，当然，这要从很多世纪之前开始，但是儿童中的习惯概念和法律概念以差不多的方式发展。

自由的盎格鲁撒克逊人的法律被认为是一种独自存在的事物，就像阳光一样，或至少像一种被每个人观察到的普遍接受的习惯一样存在。500 年后，人们——甚至是英国议会议员——才意识到他们能够制定一部新的法律。他们认为他们能做的，以及人们理解他们所能做的仅仅是宣布法律，因为法律就在那儿，而且由来已久；观念总是存在的——你往回追溯得越远，人们就越简单，他们就越是具有这种观念——他们自由的法律和习惯来自世界的开端，他们总是认为法律是不变的，不会比自然的力量变化更多；而且在自由的盎格鲁撒克逊政府或后来的诺曼国王——他试图使它们不自

---

① Frederic J. Stimson, *Popular Law-Making*, pp.2—16. (Charles Scribner's Sons, 1912.)

由——的统治下，没有议会、没有国王能够制定法律，而是只能宣布一下法律是什么。关于这种区别的拉丁语说法是 jus dare（立法）和 jus dicere（执法）之分。在早期英格兰，在盎格鲁-撒克逊时代，议会除了宣布法律是什么，从来不做其他事情；而且就如我已经说过的，这不仅是当时的情况，而且如他们所认为的，几千年前就已经是这样了。立法机关制定新法律这种概念完全是现代的议会概念。

作为一种法规、一种被立法通过的事物、一种由代表大会颁布的新事物，这种法律概念完全是现代的产物，而且它已经如此彻底地占据我们的意识，特别是美国人的意识（因为每年除了国会之外，我们还运转着 48 个州议会，而且事实上它们尝试在立法过程中做大量工作以获得报酬），当我们向自己提出法律概念时，法令规章已经占据了我们头脑的主要部分。

成文法对于我们来说是最近出现的，各地制定成文法的立法机构都是最近才有的，立法本身完全是最近的事情，也就是说，它们只能追溯到黑暗时代（Dark Ages）①结束，至少在盎格鲁—撒克逊国家是如此。大多数学者认为，代议制政府本身是一种盎格鲁—撒克逊人特有的发明。

我完全可以肯定，当美国人在我现在阐述的意义上来思考法律的时候，即使他们还没考虑成文法的必要性，但所有美国人仍然实行着一种被某些有权力的人、某些拿着大棍子的人强制执行的法律。他们指的是一种法令、一种条例，一种由一个君主或至少是某种权力向他们发出的一种秩序或命令，而且，他们指的是一种惯例，假如破坏这种惯例，他们将遭受人身或财产上的损失。换句话说，他们拥有一种作为成文命令的法律概念，由最高统治者赋予主体，或至少由政府部门之一赋予公民。现在，我必须提醒你们，这首先是一个相当现代的法律概念，完全现代的法律概念在英格兰；它确实是罗马的，而不是我们的盎格鲁—撒克逊祖先所理解的法律。他

---

① 黑暗时代是西方文化对欧洲中世纪的专门称谓，欧洲史上约为公元 476—1000 年。——译者注

并不认为法律是一种成文的,国王赋予他们的东西。他既不必然认为法律是一种附加任何明确惩罚或任何法规的事物,以及任何"制裁"——如我们称呼的,也不认为是施行法律的机构、一种刑罚、罚款或监禁。对于法律来说,除了我们的人民通常认为内在于法律的制裁之外,还有"好制裁",而且往往要好得多,比如,制裁一种强大的习惯。采用任何你喜欢的例子,有很多州并没有规定白人黑人之间的婚姻不合法,但由于公共意见(风俗)的力量,这在实践中却是极端不合法的。在赌博债务问题上,它们得到比普通商业债务更普遍的偿付,即使涉及的是同样的人;但是并没有法律来强制他们——对于赌博债务的收取没有任何制裁。再看习惯的成长。我们知道我们在大学里的习惯有多强大。仅仅考虑一下俱乐部桌子上的习惯;没人敢于或冒险去替代桌子上的成员。这种制裁就像法规制定的法律一样好,可处以 5—10 美元的罚款或一周监禁。法官或陪审团承认这些做法是法律,就像他们制定成文法一样;当其他所有法律都缺乏的时候,我们的法院会问什么是"行业习惯"。这些就是法律,而且往往比成文法执行得更好;纽约股票交易的规则比州立法机构的法律得到更好的执行。如今,我们所有早期的盎格鲁—撒克逊法律就是这种类型的法律。因为法律不过是普遍性的习惯,而且习惯没有约束力,但是对于破坏习惯的行为,任何人都能做出个人的攻击,或者联合自己的朋友一起攻击破坏习惯的人,然后,当这种事情被两个部落的成员接手,并最终由作为司法法庭的民众大会采纳时,问题就成为,法律是什么。这就是古老的盎格鲁—撒克逊法律的运作,而且法律概念在他们意识中的改变已经过了很多世纪。这种不成文法在今天很多人的脑海中依然存在。

3. 宗教与社会控制[1]

作为一种社会事实,宗教确实不是某种与道德或社会标准无关

---

[1]　Charles A. Ellwood, "Religion and Social Control," in the *Scientific Monthly*, VII (1918), 339—41.

的事物,它们被视为是"神圣的"。严格来说,不存在不道德的宗教。我们认为某些宗教是不道德的,因为它们主张的道德不是我们的道德,也就是较高文明的标准。但是,就它们在支持习惯性道德方面没有例外这个意义上来说,所有宗教都是道德的,而且它们必须这样做,因为宗教观念使之普遍化和绝对化的价值观就是社会的价值观。所以,社会义务很早变成了宗教义务,宗教以这种方式变成了保存风俗和习惯的主要手段,而社会认为这些风俗习惯有助于社会安全,或者据信有助于社会福利。

作为道德的守护者,宗教发展出戒律和行为"禁忌",而社会群体或主导阶级对此是不赞成的。因此,这可能使其自身保持特定社会秩序的时间比这种秩序必需的时间还长,甚至当这种秩序成为社会进步的绊脚石时,还在保存它。由于同样的原因,它可能被统治阶级按照自己的利益所需来加以利用。也正是以这种方式,宗教常常变成进步的障碍和阶级压迫的工具。宗教这种社会保守性的一面是如此为人熟知,并被某些作者强调得如此多,几乎不需要被提及。这是滥用宗教的主要根源,而且在现代世界,这可能是宗教在某些只看到其负面和保守一面的思想家那里引起深仇大恨的主要原因。

然而,宗教施加的社会控制并不必然是阻碍进步的。宗教之中普遍化和绝对化的价值观就像那些静态价值观一样容易成为进步的价值观。在一个强调限制和仅仅是保持习惯或风俗的静态社会里,宗教当然会强调同样的事情;但是在一个进步的社会里,宗教很可能轻易把自己的约束力附着于社会理想和标准之上,而不是实际的现存社会秩序之上。然而,这样一种理想主义宗教是有缺陷的,主要就是迎合人性的进步与理想化倾向,而不是保守与反动倾向。当然,它也必然会更强烈地吸引社会里那些引领社会进步的开明阶级,而不是那些满足现状的阶级。为什么人类历史上进步的宗教极其罕见,而且它们作为整体只出现在文明进化的较晚阶段,这无疑是主要的原因。

然而,有充分的理由相信,宗教不可避免地向人道主义的方向进化,而且在社会理想主义和高级宗教之间有紧密的联系。这种普遍化有两个原因。随着每次成功地向上发展,社会生活变得更复杂,群体更加需要其成员不懈地奉献——假如他们要保持群体团结和效率的话。因此,宗教在其进化中越来越强调个体在危机时期对群体做出谦卑的奉献。而且,由于社会生活复杂性的增长,危机的增加,群体必然要求其成员不懈地服务和奉献。因此,宗教在其向上进化的过程中日益变成社会性的,直到最终把至高无上的重点放在服务生活和对群体的自我牺牲上;而且,当群体从氏族和部落扩大到全人类时,宗教必然变得部落特征更少,人道主义特征更多,直到它所灌输的最高奉献目标最终是全人类为止。

III. 研究与问题

1. 社会控制和人类本性

社会只要与构成它的个体分开,就会为那些个体发挥心灵的作用。就像个体的心灵一样,社会是一种控制组织。在动物当中,思维的证据就是能够就新的情况做出调整这一事实。任何人类群体构成社会的证据就是,群体能够作为一个单元,以某种一致性来行动。接下来,在"社会控制"这个术语最广的范围里,社会控制的文献包含了大多数已经写就的作品和这个主题上的所有基础性文献。在第二章,"人类本性"和随后的章节"互动"及其多种形式,"冲突"、"调适"和"同化"中,已经讨论了在社会控制的充分研究中恰当包含的观点和文献。目前的章节主要涉及仪式、公共意见和法律,即社会控制普遍存在的三种专门形式。

社会学受惠于爱德华·阿尔斯沃斯·罗斯(Edward Alsworth 849 Ross)[①],因为他提出的这个术语广泛到足以体现群体团结的所有

---

① 爱德华·阿尔斯沃斯·罗斯(Edward Alsworth Ross, 1866—1951),美国社会学家,"社会控制"概念的提出者。——译者注

专门形式。正是他在 1906 年发表的这个主题的杰出论文普及了社会控制这个术语。这些兼具普遍性和总结性论述的材料已经由萨姆纳汇集在他 1906 年出版的《民俗》一书里，这本书尽管不太系统，但还是被认为是迄今用英语写作的，关于人性和社会关系最巧妙的分析和最具提示性的论述。

然而，对事实和文献最系统与最彻底的评论是霍布豪斯的《道德进化论》。霍布豪斯之后最重要的作者是韦斯特马克，他 1906 年出版的著作《道德观念的起源与发展》是这个领域的先驱。

2. 社会控制的基本形式

关于社会控制基本形式的文献包括了仪式、禁忌、神话、威望和领导等材料。之所以说它们是基本的，因为它们在每个地方都自发地从原初自然里产生。如今我们发现它们的习惯化形式出现在它们从一代到另一代、从一种文化群体到另一种文化群体的重复与传递过程中。它们已经在很长时间和广大地域里得到了传递，这一事实表明，它们是表现基本人类冲动的自然媒介。

领导就像神话和威望一样，都是从情感环境里直接产生的。天生的领导者从来不是选出来的，而总的来说，领导是一种不能进行理性控制的活动。

关于仪式、社会典礼和风尚的文献和对这些现象进行系统研究的尝试相比，是很多的。赫伯特·斯宾塞关于"仪式性政府"的章节尽管是从个体而不是群体的角度来解释社会形式，但始终是这个专门领域的文献里唯一充分的研究。

850　　　民族学和民俗学已经积累了大量关于原始习俗的资料，这些习俗已经从关于人性与社会生活的最新研究的观点进行了解释。最重要的作品是弗雷泽的《金枝》以及《图腾制度与异族通婚》。克劳利的《神秘玫瑰》不是像弗雷泽的《金枝》那样的学术和学问上的丰碑，而且学习了弗雷泽的《金枝》，但也有启发性和趣味性。

威望和禁忌代表着人类的基本特征，其重要性绝不仅限于迄今已经被观察和研究的原始人的生活。

现有的关于领导行为的文献尽管强调了领导作为社会组织和社会过程中一个要素的重要性，但其基础是过于肤浅的分析，不具备永久的科学价值。还没有恰当的研究领导活动的方法。然而，总体上明显的是，研究领导必须结合它得以产生的社会群体，而且每种群体有不同的领导类型。预言者、煽动者和政治大佬是已经具备适合于研究和解释的材料的领导者类型。然而，一项领导行为研究除了更一般的类型，还应该包含诗人、牧师、部落首领和团伙头目，以及更为专门的社会生活领域里的领导：选区领袖、发起人、银行家、教堂核心人物、足球教练和社团领导人。

3. 公共意见与社会控制

公共意见——即伯克（Burke）所称的"第四权力"——已得到人们的赞赏，但还没有得到研究。古罗马格言"民之声，神之声"，是对作为终极权威的公共意见的承认。公共意见在别的地方已被确认为是"普遍意志"。卢梭认为，普遍意志的最好表达是通过全民表决，在其中提出问题，同时又不会产生公共讨论的分裂影响。人类本性的自然冲动会做出比讨论和深思熟虑形成的有算计的自我利益更统一和更有益的结论。像约翰·斯图亚特·密尔这样 19 世纪后半期的英国自由主义者把讨论自由和言论自由视为一个自由社会生活的呼吸系统，这一传统已经被最近的经验所动摇，但基本完整。

然而，广告与宣传的发展——特别是在世界大战以来的时期——已经引起对传统新闻自由很多的疑虑。沃尔特·李普曼（Walter Lippmann）①富于思想性的小书《自由与新闻》已经以新的方式阐述了整个问题，并已把注意力引向了一个全新的观察和研究领域。

在德·托克维尔的早期边疆研究著作《美国的民主》和詹姆斯·布莱斯的《美利坚共和国》中，已经给我们理解政治意见在美国

851

———————————
① 沃尔特·李普曼（Walter Lippmann, 1889—1974），美国新闻评论家和作家。在宣传分析和舆论研究方面享有盛誉。——译者注

的作用贡献了大量敏锐的观察。英语中把公共意见界定为一种社会现象，并对其进行客观研究的重要尝试是 A. V. 戴雪的《19 世纪英格兰的法律与舆论》和 A. 劳伦斯的《公共意见与大众政府》。尽管戴雪的研究局限于英格兰和 19 世纪，但他对事实的分析给公共意见的本质带来了新的启示。英格兰新闻界和代议制政府之间的紧密关系在迈克尔·麦克唐纳（Michael Macdonagh）有趣的历史著作《记者的旁听席》里得到揭示。

4. 法律制度与法律

公法的出现是社会为了处理冲突做出的努力。但是，在达成这一结果时，法院总是首先寻求根据先例来做出判决，其次则是与常识相一致。后者确保法律得到公平的执行，前者则确保对法律的解释是前后一致的。波斯特（Post）说：

> 法律的感觉主要是义愤感，就像一个人体验到不公正之时的感觉，一个人受到做错事的倾向影响时的恐惧感，一个人已经做了错事时的忏悔感。随着义愤感掺入复仇的欲望，随着忏悔感加入赎罪的渴望，前者会趋于报复行为，而后者趋于补偿行为。个人的法律判断不是完整的判断，其基础是一种不明确的对错感。在个人意识之中，并不存在能把产生法律判断的每种情况都包含进去的对错标准。一种简单的本能就能驱使个人去宣称一种行为是对是错。①

852

假如这些动机就是司法机关必须处理的材料，那么总是控制着法院的法律动机则完全不同。法院在法律的执行中总是优先寻求达成一致性。英格兰法律中一句古老的格言就是：与其说法律应该

---

① Albert H. Post，Evolution of Law：Select Readings on the Origin and Development of Legal Institutions，Vol. II，"Primitive and Ancient Legal Institutions," complied by Albert Kocourek and John H. Wigmore；translated from the German by Thomas J. McCormack. Section 2，"Ethnological Jurisprudence," p.12. (Boston，1915.)

是公正的,不如说法律应该是确定的。"①

　　法律中隐含的概念就是,一个案例中形成的规则必须运用于每一个类似的案例。在面对不断增加的案例保持这种连贯性的努力中,法院被迫制定了越来越普遍和抽象的原则,以增加区别和细微差别,并以法律想象的方式运作。所有这些使法律成为理性连贯体系的努力并不符合这种概念:法律就像宗教一样,有其自然的历史,并且像语言一样,参与了一个增长和衰退的过程。只是到了最近这些年,比较法学才成为法学流派。尽管有很多文献涉及法律史的主题,但梅因出版于1861年的《古代法》却始终是英语世界在这个领域的经典著作。

　　最近出现了一个被称为"法律人种志"的学派。这些研究的目的不是追溯法律的历史发展,而是寻求在孤立和原始的社会里使用的材料形式,这些材料将会以更基本的表达方式揭示每个民族的法律制度中共同的动机和行动。在最近出版的《法律制度的起源与发展文选》的前言里,编者冒险为该书包含的选自社会学的材料进行辩护 853 说:"可能与法律传统相反,法律本身只是一种社会现象,理解法律不能脱离使它产生的人类用途、迫切性和力量。"霍尔姆斯大法官②认为法律是"一种伟大的人类学文件"的界定似乎支持这种立场。

　　法律的起源与宗教有关。最早的公法就是强制执行宗教禁忌的法律,仪式性的净化和赎罪是为了保护社会不会因为任何对敬神仪式的无心冒犯或忽视而受到天谴,此类行为是由社会整体施加惩罚的首批犯罪,而且,如果未能惩罚或赎罪,它们将给整个社会带来劫难。

　　梅因说,希腊人最早的法律概念或生活规则保存在荷马诗篇关于西弥斯(Themis)和西弥斯第(Themistes)③的表述中:

---

① 引用自 James Bryce，"Influence of National Character and Historical Environment on Development of Common Law，" annual address to the American Bar Association，1907，*Reports of the American Bar Association*，XXXI(1907)，447。

② 指奥利弗·温德尔·霍尔姆斯(Oliver Wendell Holmes Jr. 1841—1935),美国法学家,曾担任美国最高法院代理首席大法官。——译者注

③ 西弥斯(Themis)是希腊神话中宙斯的陪审官,后成为正义和秩序女神,西弥斯第(Themistes)是其复数形式,意指神的审判。——译者注

当一个国王通过一场审判来裁决争端的时候,判决被认为是直接灵感的结果。神的代理人——向国王或诸神建议司法裁决,诸王之中最伟大者——就是西弥斯。这个概念的特殊性是由复数用法带来的。西弥斯第是西弥斯的复数,是判决本身,是给予法官的神谕。人们谈论国王时,似乎他有一个西弥斯第的仓库,随时准备着投入使用;但是必须明确认识到,它们不是法律,只是判决。格罗特(Grote)先生在其《希腊史》中说:"宙斯或地上人类的国王不是立法者,只是一个法官。"他的装备是与来自上天的信念相一致的西弥斯第,但是不能认为它们与任何原则线索相关联,它们是单独、孤立的裁决。①

只有在最近这些时代,随着教会与国家在职能上的逐步分离,法律制度已经获得了一种整体上世俗的特征。一方面由宗教来体现,另一方面由法律来体现的社会生活领域包含了所有制裁和过程,社会借此保持其权威,并将其意志强加于它的各个成员。②

854

参考书目

I. 社会控制与人类特征

（1）Maine, Henry S. *Dissertations on Early Law and Custom*. New York, 1886.

（2）Kocourek, Albert, and Wigmore, John H., editors. *Evolution of Law*. Select readings on the origin and development of legal institutions. Vol. I, "Sources of Ancient and Primitive Law." Vol. II, "Primitive and Ancient Legal Institutions." Vol. III, "Formative Influences of Legal Development." Boston, 1915.

（3）Sumner, W. G. *Folkways*. A study of the sociological importance

---

① Henry S. Maine, *Ancient Law*. Its connection with the early history of society and its relation to modern ideas, pp.4—5. 14th ed. (London, 1891.)
② 文化过程与政治过程的区别可见 *supra*, pp.52—53。

of usages，manners，customs，mores，and morals. Boston，1906.

（4）Letourneau，Ch. *L'Évolution de la morale*. Paris，1887.

（5）Westermarck，Edward. *The Origin and Development of the Moral Ideas*，2 Vols. London，1906—8.

（6）Hobhouse，L. T. *Morals in Evolution*. New ed. A study in comparative ethics. New York，1915.

（7）Durkheim，Émile. *The Elementary Forms of the Religious Life*. A study in religious sociology. Translated from the French by J. W. Swain. London，1915.

（8）Novicow，J. *Conscience etvolontésociales*. Paris，1897.

（9）Ross，Edward A. *Social Control*. A survey of the foundations oforder. New York，1906.

（10）Bernard，Luther L. *The Transition to an Objective Standard of Social Control*. Chicago，1911.

II. 社会控制的基本形式

A. 领导

（1）Woods，Frederick A. *The Influence of Monarchs*. Steps in a new science of history. New York，1913.

（2）Smith，J. M. P. *The Prophet and His Problems*. New York，1914.

（3）Walter，F. *Die Propheten in ihremsozialen Beruf und das Wirtschaftsleben ihrer Zeit*. Ein Beitragzur Geschichte der Sozialethik. Freiburg-in-Brisgau，1900.

（4）Vierkandt，A. "Führende Individuenbei den Naturvölkern," *Zeitschrift für Sozialwissenschaft*，XI(1908)，542—53，623—39.

（5）Dixon，Roland B. "Some Aspects of the American Shaman," *The Journal of American Folk-Lore*，XXI(1908)，1—12.

（6）Kohler，Josef. Philosophy of Law. (Albrecht's translation.) "Cultural Importance of Chieftainry." "Philosophy of Law Series,"

Vol.XII. [Reprinted in the *Evolution of Law*, II, 96—103.]

855   (7) Fustel de Coulanges. *The Ancient City*, Book III, chap. ix, "The Government of the City. The King," pp.231—39. Boston, 1896.

    (8) Leopold, Lewis. *Prestige*. A psychological study of social estimates. London, 1913.

    (9) Clayton, Joseph. *Leaders of the People*. Studies in democratic history. London, 1910.

    (10) Brent, Charles H. *Leadership*. New York, 1908.

    (11) Rothschild, Alonzo. *Lincoln: Master of Men*. A study in character. Boston, 1906.

    (12) Mumford, Eben. *The Origins of Leadership*. Chicago, 1909.

    (13) Ely, Richard T. *The World War and Leadership in a Democracy*. New York, 1918.

    (14) Terman, L. M. "A Preliminary Study of the Psychology and Pedagogy of Leadership," *Pedagogical Seminary*, XI(1904), 413—51.

    (15) Miller, Arthur H. *Leadership*. A study and discussion of the qualities most to be desired in an officer. New York, 1920.

    (16) Gowin, Enoch B. *The Executive and His Control of Men*. A study in personal efficiency. New York, 1915.

    (17) Cooley, Charles H. "Genius, Fame and the Comparison of Races," *Annals of the American Academy*, IX(1897), 317—58.

    (18) Odin, Alfred. *Genèse des grandshommes, gens de lettresfrançaismodernes*. Paris, 1895. [See Ward, Lester F., *Applied Sociology*, for a statement in English of Odin's study.]

    (19) Kostyleff, N. *Le Mécanisme cérébral de la pensée*. Paris, 1914. [This is a study of the mechanism of the inspiration of poets and writers of romance.]

    (20) Chabaneix, Paul. *Physiologie cérébrale*. Le subconscient chez les artistes, les savants, et les écrivains. Bordeaux, 1897—98.

B. 典礼、惯例和仪式

（1）Spencer, Herbert. *The Principles of Sociology*, Part *IV*, "Ceremonial Institutions." Vol. II, pp. 3—225. London, 1893.

（2）Tylor, Edward B. *Primitive Culture*. Researches into the development of mythology, philosophy, religion, language, art, and custom. Chap. xviii, "Rites and Ceremonies," pp. 362—442. New York, 1874.

（3）Frazer, J. G. *Totemism and Exogamy*. A treatise on certain early forms of superstition and society. 4 Vols. London, 1910.

（4）Freud, Sigmund. *Totem and Taboo*. Resemblances between the psychic life of savages and neurotics. Authorized translation from the German by A. A. Brill. New York, 1918.

（5）James, E. O. *Primitive Ritual and Belief*. An anthropological 856 essay. With an introduction by R. R. Marett. London, 1917.

（6）Brinton, Daniel G. *The Religious Sentiment*: *Its Source and Aim*. A contribution to the science and philosophy of religion. Chap. vi, "The Cult, Its Symbols and Rites," pp. 197—227. New York, 1876.

（7）Frazer, J. G. *Golden Bough*. A study in magic and religion. Part VI, "The Scapegoat." 3d ed. London, 1913.

（8）Nassau, R. H. *Fetichism in West Africa*. Forty years' observation of native customs and superstitions. New York, 1907.

（9）Hubert, H., and Mauss, M. "Essaisur la nature et la fonction de sacrifice," *L'Annéesociologique*, II(1897—98), 29—138.

（10）Farnell, L. R. *The Higher Aspects of Greek Religion*. New York, 1912.

（11）——. *The Cults of the Greek States*. 5 Vols. Oxford, 1896—1909.

（12）——. "Religious and Social Aspects of the Cult of Ancestors and Heroes," *Hibbert Journal*, VII(1909), 415—35.

（13）Harrison, Jane E. *Prolegomena to the Study of Greek Reli-*

gion. Cambridge，1903.

（14）De-Marchi，A. *Il Cultoprivato di Roma antica*. Milano，1896.

（15）Oldenberg，H. *Die Religion des Veda*. Part III，"Der Cultus，" pp.302—523. Berlin，1894.

C. 禁忌

（1）Thomas，N. W. Article on "Taboo" in *Encyclopaedia Britannica*，XXVI，337—41.

（2）Frazer，J. G. *The Golden Bough*. A study in magic and religion. Part II，"Taboo and the Perils of the Soul." London，1911.

（3）Kohler，Josef. *Philosophy of Law*. "Taboo as a Primitive Substitute for Law." "Philosophy of Law Series，" Vol. XII. Boston，1914. ［Reprinted in *Evolution of Law*，II，120—21.］

（4）Crawley，A. E. "Sexual Taboo，" *Journal of Anthropological Institute*，XXIV(London，1894)，116—25，219—35，430—45.

（5）Gray，W. "Some Notes on the Tannese，" *Internationales Archivfür Ethnographie*，VII(1894)，232—37.

（6）Waitz，Theodor，und Gerland，Georg. *Anthropologie der Naturvölker*，VI，343—63. 6 Vols. Leipzig，1862—77.

（7）Tuchmann，J. "La Fascination，" *Mélusine*，II(1884—85)，169—175，193—98，241—50，350—57，368—76，385—87，409—17，457—64，517—24；III(1886—87)，49—56，105—9，319—25，412—14，506—8.

857　（8）Durkheim，É. "La prohibition de l'inceste et ses origines，" *L'Année sociologique*，I(1896—97)，38—70.

（9）Crawley，A. E. "Taboos of Commensality，"*Folk-Lore*，VI (1895)，130—44.

（10）Hubert，H.，and Mauss，M. "Le Mana，" *L'Annéesociologique*，VII(1902—3)，108—22.

（11）Codrington，R. H. *The Melanesians*. Studies in their anthropology and folklore. "Mana，" pp.51—58，90，103，115，118—

24，191，200，307—8. Oxford，1891.

D. 神话

(1) Sorel, Georges. *Reflections on Violence*. Chap. iv, "The Proletarian Strike," pp. 126—67. Translated from the French by T. E. Hulme. New York, 1912.

(2) Smith, W. Robertson. *Lectures on the Religion of the Semites*. "Ritual, Myth and Dogma," pp. 16—24. New ed. London, 1907.

(3) Harrison, Jane E. *Themis*. A study of the social origins of Greek religion. Cambridge, 1912.

(4) Clodd, Edward. *The Birth and Growth of Myth*. Humboldt Library of Popular Science Literature. New York, 1888.

(5) Gennep, A. van. *La Formation des légendes*. Paris, 1910.

(6) Langenhove, Fernand van. *The Growth of a Legend*. A study based upon the German accounts of *francs-tireurs* and "atrocities" in Belgium. With a preface by J. Mark Baldwin. New York, 1916.

(7) Case, S. J. *The Millennial Hope*. Chicago, 1918.

(8) Abraham, Karl. *Dreams and Myths*. Translated from the German by W. A. White. "Nervous and Mental Disease Monograph Series," No. 15. Washington, 1913.

(9) Pfister, Oskar. *The Psychoanalytic Method*. Translated from the German by C. R. Payne. pp. 410—15. New York, 1917.

(10) Jung, C. G. *Psychology of the Unconscious*. A study of the transformations and symbolisms of the libido. A contribution to the history of the evolution of thought. Authorized translation from the German by Beatrice M. Hinkle. New York, 1916.

(11) Brinton, Daniel G. *The Religious Sentiment*: *Its Source and Aim*. A contribution to the science and philosophy of religion. Chap. v, "The Myth and the Mythical Cycles," pp. 153—96. New York, 1876.

（12）Rivers，W. H. R. "The Sociological Significance of Myth," *Folk-Lore*，XXIII（1912），306—31.

858

（13）Rank，Otto. *The Myth of the Birth of the Hero*. A psychological interpretation of mythology. "Nervous and Mental Disease Monograph Series," No. 18. Translated from the German by Drs. F. Robbins and Smith E. Jelliffe. Washington，1914.

（14）Freud，Sigmund. "Der Dichter und das Phantasieren," *Sammlungkleiner Schriftenzur Neurosenlehre*. 2d ed. Wien，1909.

III. 公共舆论与社会控制

A. 公共舆论研究的材料

（1）Lowell，A. Lawrence. *Public Opinion and Popular Government*. New York，1913.

（2）Tarde，Gabriel. *L'Opinionet la foule*. Paris，1901.

（3）Le Bon，Gustave. *Les Opinions et les croyances*；*genèse-évolution*. Paris，1911. ［Discusses the formation of public opinion，trends，etc.］

（4）Bauer，Wilhelm. *Die öffentliche Meinung und ihregeschichtlichen Grundlagen*. Tübingen，1914.

（5）Dicey，A. V. *Lectures on the Relation between Law and Public Opinion in England during the Nineteenth Century*. 2d ed. London，1914.

（6）Shepard，W. J. "Public Opinion," *American Journal of Sociology*，XV（1909），32—60.

（7）Tocqueville，Alexius de. *The Republic of the United States of America*. Book IV. "Influence of Democratic Opinion on Political Society," pp. 306—55. 2 Vols. in one. New York，1858.

（8）Bryce，James. *The American Commonwealth*，Vol. II，Part IV，"Public Opinion," pp. 239—64. Chicago，1891.

（9）——. *Modern Democracies*. 2 Vols. New York，1921.

（10）Lecky，W. E. H. *Democracy and Liberty*. New York，1899.

（11）Godkin，Edwin L. *Unforeseen Tendencies of Democracy*. Boston，1898.

（12）Sageret，J. "L'opinion," *Revue philosophique*，LXXXVI（1918），19—38.

（13）Bluntschli，Johann K. Article on "Public Opinion," *Lalor's Cyclopaedia of Political Science*，*Political Economy and of the Political History of the United States*. Vol.III，pp.479—80.

（14）Lewis，George C. *An Essay on the Influence of Authority in Matters of Opinion*. London，1849.

（15）Jephson，Henry. *The Platform*. Its rise and progress. 2 Vols. London，1892.

（16）Junius. (Pseud.) *The Letters of Junius*. Woodfall's ed.，revised by John Wade. 2 Vols. London，1902.

（17）Woodbury，Margaret. *Public Opinion in Philadelphia*，*1789—1801*. "Smith College Studies in History." Vol.V. Northampton，Mass.，1920.

（18）Heaton，John L. *The Story of a Page*. Thirty years of public service and public discussion in the editorial columns of *The New York World*. New York，1913.

（19）*Editorials from the Hearst Newspapers*. New York，1906.

（20）Harrison，Shelby M. *Community Action through Surveys*. A paper describing the main features of the social survey. Russell Sage Foundation. New York，1916.

（21）Millioud，Maurice. "La propagation des idées," *Revue philosophique*，LXIX(1910)，580—600；LXX(1910)，168—91.

（22）Scott，Walter D. *The Theory of Advertising*. Boston，1903.

B. 作为公共舆论机构的报纸

（1）Dana，Charles A. *The Art of Newspaper Making*. New

859

York，1895.

（2）Irwin，Will. "The American Newspaper," *Colliers*，XLVI and XLVII(1911). [A series of fifteen articles beginning in the issue of January 21 and ending in the issue of July 29，1911.]

（3）Park，Robert E. *The Immigrant Press and Its Control*. [In Press.]New York，1921.

（4）Stead，W. T. "Government by Journalism," *Contemporary Review*，XLIX(1886)，653—74.

（5）Blowitz，Henri G. S. A. O. de. *Memoirs of M. de Blowitz*. New York，1903.

（6）Cook，Edward. *Delane of the Times*. New York，1916.

（7）Trent，William P. *Daniel Defoe：How to Know Him*. Indianapolis，1916.

（8）Oberholtzer，E. P. *Die Beziehungen zwischen dem Staat und der Zeitungspresseim Deutschen Reich*. Nebsteinigen Umrissenfür die Wissenschaft der Journalistik. Berlin，1895.

（9）Yarros，Victor S. "The Press and Public Opinion," *American Journal of Sociology*，V(1899—1900)，372—82.

（10）Macdonagh，Michael. *The Reporters' Gallery*. London，1913.

（11）Lippmann，Walter. *Liberty and the News*. New York，1920.

（12）O'Brien，Frank M. *The Story of the Sun，New York，1833—1918*. With an introduction by Edward Page Mitchell，editor of *The Sun*. New York，1918.

（13）Hudson，Frederic. *Journalism in the United States，from 1690 to 1872*. New York，1873.

（14）Bourne，H. R. Fox. *English Newspapers*. London，1887.

（15）Andrews，Alexander. *The History of British Journalism*. 2 Vols. London，1859.

（16）Lee，James Melvin. *A History of American Journalism*. Boston，1917.

860

IV. 法律与社会控制

A. 法律的社会学概念

（1）Post，Albert H. "Ethnological Jurisprudence." Translated from the German by Thomas J. McCormack. *Open Court*，XI(1897)，641—53，718—32. [Reprinted in *Evolution of Law*，II，10—36.]

（2）Vaccaro，M. A. *Les Bases sociologiques*. Du droitet de l'état. Translated by J. Gaure. Paris，1898.

（3）Duguit，Léon. *Law in the Modern State*. With introduction by Harold Laski. Translated from the French by Frida and Harold Laski. New York，1919. [The inherent nature of law is to be found in the social needs of man.]

（4）Picard，Edmond. *Le Droitpur*. Secs.140—54. Paris，1908. [Translated by John H. Wigmore，under the title "Factors of Legal Evolution," in *Evolution of Law*，III，163—81.]

（5）Laski，Harold J. *Studies in the Problem of Sovereignty*. New Haven，1917.

（6）——. *Authority in the Modern State*. New Haven，1919.

（7）——. *The Problem of Administrative Areas*. An essay in reconstruction. Northampton，Mass.，1918.

B. 古代与原始的法律

（1）Maine，Henry S. *Ancient Law*. 14th ed. London，1891.

（2）Fustel de Coulanges. *The Ancient City*. A study on the religion，laws，and institutions of Greece and Rome. Boston，1894.

（3）Kocourek，Albert，and Wigmore，J. H.，editors. *Sources of Ancient and Primitive Law*. "Evolution of Law Series." Vol. I. Boston，1915.

（4）Steinmetz，S. R. *Rechtsverhältnisse von eingeborenen Völkern in Afrika und Oceanien*. Berlin，1903.

（5）Sarbah，John M. *Fanti Customary Law*. A brief introduction to the principles of the native laws and customs of the Fanti and Akan districts of the Gold Coast with a report of some cases thereon decided in the law courts. London, 1904. [Reprinted in *Evolution of Law*, I, 326—82.]

(6) McGee, W. J. "The Seri Indians," *Seventeenth Annual Report of the Bureau of American Ethnology*, 1895—96. Part I, pp.269—95. [Reprinted in *Evolution of Law*, I, 257—78.]

861

(7) Dugmore, H. H. *Compendium of Kafir Laws and Customs*. Grahamstown, South Africa, 1906. [Reprinted in *Evolution of Law*, I 292—325.]

(8) Spencer, Baldwin, and Gillen, F. J. *The Northern Tribes of Central Australia*. London, 1904. [Reprinted in *Evolution of Law*, I, 213—326.]

(9) Seebohm, Frederic. *Tribal Custom in Anglo-Saxon Law*. Being an essay supplemental to (1) "The English Village Community," (2) "The Tribal System in Wales." London, 1903.

C. 法律的历史与增长

(1) Wigmore, John H. "Problems of the Law's Evolution," *Virginia Law Review*, IV (1917), 247—72. [Reprinted, in part, in *Evolution of Law*, III, 153—58.]

(2) Robertson, John M. *The Evolution of States*. An introduction to English politics. New York, 1913.

(3) Jhering, Rudolph von. *The Struggle for Law*. Translated from the German by John J. Lalor. 1st ed. Chicago, 1879. [Chap.i, reprinted in *Evolution of Law*, III, 440—47.]

(4) Nardi-Greco, Carlo. *Sociologiagiuridica*. Chap.viii, pp.310—24. Torino, 1907. [Translated by John H. Wigmore under the title "Causes for the Variation of Jural Phenomena in General," in *Evolution of Law*, III, 182—97.]

(5) Bryce, James. *Studies in History and Jurisprudence*. Oxford, 1901.

（6）——. "Influence of National Character and Historical Environment on the American Law." Annual address to the Bar Association, 1907. *Reports of American Bar Association*, XXXI（1907）, 444—59. ［Abridged and reprinted in *Evolution of Law*, III, 369—77.］

（7）Pollock, Frederick, and Maitland, Frederic W. *The History of English Law before the Time of Edward I*. 2d ed. Cambridge, 1899.

（8）Jenks, Edward. *Law and Politics in the Middle Ages*. With a synoptic table of sources. London, 1913.

（9）Holdsworth, W. S. *A History of English Law*. 3 Vols. London, 1903—9.

（10）*The Modern Legal Philosophy Series*. Edited by a committee of the Association of American Law Schools. 13 Vols. Boston, 1911—.

（11）*Continental Legal History Series*. Published under the auspices of the Association of American Law Schools. 11 Vols. Boston, 1912—.

（12）*Select Essays in Anglo-American Legal History*. Compiled and edited by a committee of the Association of American Law Schools. 3 Vols. Boston, 1907—9.

862

主题相关的论题

1. 社会互动与社会控制。
2. 作为社会学核心事实与核心问题的社会控制。
3. 社会控制、集体行为与进步。
4. 作为社会控制形式的操控和参与。
5. 社会控制与自我控制。
6. 作为控制的调适。
7. 社会控制的基本形式：仪式、时尚、声望和禁忌，等等。
8. 控制的传统形式，如风俗、道德、神话、法律、教育、宗教，等等。

9. 作为控制形式的谣言、新闻、事实，等等。

10. 神话、传说、"致命谎言"等对集体行为产生影响的案例研究。

11. 作为控制的报纸和被公共意见控制的报纸。

12. 作为社会控制的流言。

13. 农村社区初级群体的社会控制与城市里次级群体的社会控制相比较。

14. 对选定社区里公共意见的分析。

15. 政客与公共意见。

16. 作为一种社会控制机制的社会调查。

17. 从道德和公共意见的角度对普通法和成文法的研究。

18. 从道德、趋势和公共意见等方面分析社会变迁的一个具体例子，比如妇女选举权、禁令、废除奴隶制、生育控制，等等。

19. 从作为一种控制力的起源和存续看待制度的生活史。

20. 不成文法：一项案例研究。

21. 法律的想象及其在法律实践中的功能。

22. 社会群体和国家中的权威社会学。

23. 梅因的原始法概念。

24. 希腊的西弥斯第概念及其与梭伦法典的关系。

讨论问题

1. 你对社会控制有何理解？

2. 你认为基本社会控制是什么意思？你如何将它与公共意见和法律所施行的控制区分开？

863

3. 人类社会中的社会控制如何区别于动物社会中的控制？

4. 什么是群众和公众中社会控制的自然史？

5. 在群体中建立控制的基本机制是什么？

6. 你如何解释犯罪在社会群体中发展的过程？

7. 独裁在什么条件下是必要的控制形式？为什么？

8. 群众以什么方式控制其成员？

9. 描述并分析你在群众中的行为。你意识到群体的控制了吗？

10. 公众之中的控制机制是什么？

11. 仪式在什么意义上是一种控制？

12. 音乐、韵律和艺术如何参与社会控制？

13. 分析以下仪式性控制形式的机制：致敬、拜访、装饰、演讲、出席、祝贺。你身上还发生过其他什么形式的仪式性控制？

14. 时尚与仪式性控制的关系是什么？

15. 典礼对个人有什么意义？

16. 仪式性控制的价值和局限性是什么？

17. 通过领导活动来解释控制的时候，你怎么理解"威望"？

18. 威望在什么意义上是个性的一个方面？

19. 如果有的话，威望与偏见有什么关系？

20. 你如何解释白人在东南非洲的威望？白人在有色人种中总是有威望吗？

21. 禁忌与联系的关系是什么？（见 pp.291—93.）

22. 为什么禁忌既针对圣物，也针对不洁物？

23. 禁忌如何在社会控制上起作用？

24. 通过选定群体中的禁忌来描述和分析控制机制。

25. 你发现了美国人禁忌的什么例子？

26. 神话的控制机制是什么？

27. "神话是我们希望和恐惧的一种心理投射。"参照弗洛伊德精神分析中的愿望来解释。

28. 你如何理解一个传说的成长？分析传说的起源和发展。

29. 新闻业在什么条件下促进神话和传说的增长？

30. 公共意见的控制存在于民主之外吗？

31. 多数派和少数派与公共意见的关系是什么？

864

32. 洛威尔对(a)有效的多数与(b)数量上的多数进行了什么区分？

837

33. 道德与公共意见有什么关系？

34. 你如何区分作为社会控制手段和形式的公共意见、广告和宣传？

35. 新闻与社会控制是什么关系？

36. "新闻栏目是共同的载体。"讨论这一表述的含义。

37. 你如何解释宣传的心理学？

38. 制度和道德之间是什么关系？

39. 制度施加的社会控制的本质是什么？

40. 道德与普通法和成文法之间是什么关系？

41. "在自由的盎格鲁—撒克逊政府之下，国王从不能制定法律，而只能宣布法律是什么。"讨论这一事实的意义。

42. 宗教以何种不同的方式控制着个人和群体的行为？

43. 宗教在社会中是一种保守因素还是一种进步因素？

第十三章　集体行为

I. 引　　言

1. 集体行为的界定

个人的集合不能仅靠其聚集性就成为一个社会。而另一方面，当人们以最偶然的方式在无论什么地方——街角或火车站——聚集起来时，不论他们之间的社会距离有多大，仅仅是他们意识到彼此的存在这一事实就会建立起一种活跃的交流，接踵而至的行为既是社会的，也是集体的。它是社会的，至少是在每个人思想和行为的培养都或多或少受到其他每个人影响的意义上；它是集体的，因为每个人的行为都受到每个人共享的心情或心智状态的影响，并与所有人完全无意识接受的惯例相一致，每个人的存在都会约束其他人。

对于一个社会所能容忍的不加以评论和抗议的正常和可接受行为模式，其中出现个别反常或偏差行为的数量自然会随社会特征而发生变化。一个像纽约这样的大都市社区能够忍受的个人偏差行为，在像波士顿那样较小的城市却是不可容忍的。不论如何，这就是这些观察的要点，即使是在最随意的生活关系中，人们也不会在其他人面前表现得好像鲁滨逊·克鲁索一样离群索居，每个人都在自己的个体之岛上。恰恰是他们彼此之间的相互意识总会保持和强化大量惯例和习俗，否则这些惯例和习俗就会被搁置和遗忘。所以，集体行为（collective behavior）是在共同和集体冲动影响下的个人行为，换句话说，一种作为社会互动产物的冲动。

839

2. 社会动荡和集体行为

866　　集体行为最基本的形态似乎是那种通常被称为"社会动荡"（social unrest）的状况。当不安从一个人向另一个人传递的时候，它就在个体之中变成社会性的，尤其是当它产生某些类似于畜群中惊慌冲撞过程的状况时。导致 A 的不满表现传播给 B，而且 B 又反馈给 A，这就会产生前面章节中描述的循环反应。

社会动荡的意义在于，它同时代表着打破既定惯例和准备新的集体行动。社会动荡当然不是一种新的现象，但它可能真是现代生活独有的特征。现代生活条件和原始社会条件之间的对比表明，为什么这可能是真实的。

萨姆纳说，我们应该形成的原始社会概念是指分散在一片地域上的小群体。这种群体的规模将取决于生存斗争的状况，而且每个群体的内部组织将对应于（1）群体规模和（2）与邻居斗争的性质与强度。

　　　　"所以，战争与和平相互作用、相互发展，一个在群体内部，另一个在群体间的关系里。邻里越接近，他们就越坚定，冲突就越激烈，随之每个群体的内部关系和纪律就越强化。情绪的产生是为了与之一致。对群体的忠诚，对它的牺牲，对外人的仇恨与蔑视，内部的兄弟情谊，对外的好战性——所有这些都一起成长，是同样形势下的共同产物。这些关系和情绪构成了一种社会哲学。它通过与宗教的联系而神圣化了。一个他者群体的人因其祖先与我们群体的祖先发动战争而成为外人。后者的灵魂将会乐见他们的后代继续战斗，并将帮助他们。美德包含在对外人的杀戮、掠夺和奴役中。"①

地域和文化上的孤立——只有在这种情况下才可能保持一种

---

① W. G. Sumner, *Folkways*. A study of the sociological importance of usages, manners, customs, mores, and morals, pp.12—13. (Boston, 1906.)

与萨姆纳的描述相一致的组织——在相对较近的时代已经在地球上所有宜居的地方消失了。取而代之的是——而且速度日益加快——出现了一个在其界限内包含了地球上所有人的社会，而且联系得如此紧密，以至于芝加哥的谷物投机买卖就可能会提升孟买的面包价格，巴尔干一个省会的刺客的行动就足以使全世界陷入一场改变三大洲政治地图的战争，并且仅仅在欧洲就耗费了850万名战士的生命为代价。

现代生活状况的第一种影响是增加和极大复杂化了陌生且互相远隔的民族之间经济上的相互依赖，即摧毁了距离并使世界——就国际关系而言——变得小而紧密。

第二种影响已经打破了家庭、地方和国家的纽带，并解放了单个的人。

> "当家庭不再是——就像它在城市里一样——一种经济单位，当父母和孩子的职业不仅阻碍了传统的家庭生活关系，还使他们不可能很好接近时，家庭就失去了社会控制组织的功能。当具有不同民族文化的民族彼此渗透得如此深，以至于每个民族在另一个民族的领土界限里都有自己的殖民地时，以前把人们连接在原始血缘关系和地方群体里的古老团结、共同忠诚和共同仇恨就不可避免地被破坏了。"

一项关于今日世界的调查表明，世界各地都在发生大规模的变迁。不仅在欧洲，还有亚洲和非洲，新的文化联系已经侵蚀和破坏了老的文化，这种影响已经放松了所有的社会束缚，并将社会还原到其各个原子身上。由此释放的能量已经产生了世界性的骚动。从老社团里脱离出来的个人更方便进入新社团。由于这种混乱，兴起了新的、陌生的政治和宗教运动，而这代表着人们对新社会秩序的摸索。

3. 群众与公众

古斯塔夫·勒庞（Gustave Le Bon）——第一位呼吁关注作为一

868　种社会现象的群众之意义的学者①——说：群众运动标志着旧统治的结束和新统治的开始。

> "当一种文明的结构腐朽时，总是群众使其垮台。②另一方面，所有宗教或政治信条的建立者之所以建立这些信条，完全是因为它们成功地用狂热的情绪鼓舞了群众，从而人们在崇拜和服从之中获得了快乐，并准备为他们的偶像付出生命。"③

　　勒庞认为，群众并不仅仅是任何因为某些偶然的兴奋聚集起来的群体，最重要的是，不受约束的群众对于旧秩序的忠诚纽带由于"我们文明的所有要素扎根其中的宗教、政治和社会信仰的破坏"而被摧毁了。换句话说，群众被勒庞视为现有社会秩序的典型代表。他说，我们处于一个群众的时代，一个人们在大城市里成群结队的时代，缺乏真正的信念或基本信仰，很可能在任何短暂兴奋的影响下，由于任何偶然的目的而向任何方向猛冲。

　　勒庞并没有试图区分群众和公众。这种区别首先是由塔德在1898 年发表于《巴黎评论》的一篇题为"公众与人群"的文章里做出的，并于 1901 年在"大众舆论"的主题下与其他几个人讨论了同一主题。照塔德看来，公众是印刷出版物的产物。群众的界限取决于声音所能传播的长度或眼睛所能看到的距离。但是，公众的先决条件是一个较高的社会发展阶段，意见能在其中以观念的形式进行传

869　播，并且存在着"无接触的传染"。④

---

① 西皮奥・西盖勒(Scipio Sighele)在其《宗派心理学》法文版的一条注解里声称，他的著作"*La Folladelinquente*"(1895 年在都灵出版了第二版)和他的论文 "Physiologie du succès"(载于 *Revue des Revues*，October 1，1894)是从集体心理的角度描述群众现象的首次尝试。勒庞于 1895 年 4 月 6 日和 20 日在 *Revuescientifique* 发表了两篇论文 "Psychologie des foules"。这些后来收入他的著作《群众心理学》(*Psychologie des foules*，Paris，1895)。见 Sighele，*Psychologie des sectes*，pp.25，39。

② Gustave Le Bon，*The Crowd*. A study of the popular mind，p.19.（New York，1900.）

③ Ibid.，p.83.

④ *L'Opinionet la foule*，pp.6—7.（Paris，1901.）

群众和公众之间的基本区别不是用交流的数量和沟通来衡量，而是用互动的形式和效果来衡量。在公众当中，互动采用讨论的形式，个人倾向于以批判性的态度对待对方；问题被提出，并且派别形成。意见之间有冲突，从而相互改变与缓和。

群众不进行讨论，也就不会深思熟虑。它只是在"乱撞"，在这种乱撞过程中，一种集体冲动得以形成，控制着群众中的所有人。当他们行动的时候，群众相当地冲动，勒庞说：群众"是自身冲动的奴隶"。

> "群众所能服从的各种冲动根据其兴奋的原因，可能是慷慨或残忍的，英勇或怯懦的，但是它们总是如此专横，以至于个人利益——甚至是自我保护的利益——都不能支配他们。"①

当群众行动时，就变成了暴民。当两帮暴民相遇时，会发生什么呢？我们在文献里并没有明确记录。接近它的最佳途径就是我们在旅行者的故事里发现的原始民族的军队相互接触与冲突的偶然记录。与文明民族的军队相比，这些不受约束的部落和武装暴徒没有差别。海因德船长在他关于刚果的比利时征服者的故事里描述了几场这样的战斗。从完全发生在野蛮人和无纪律部队之间的战斗的描述看来，很显然一支野蛮人部队的士气是相当不稳定的。战争的很大一部分包含着警报和远足，其间点缀着冗长的决斗，以保持一方的士气，并对另一方产生相应的压迫。②

帮派是冲突群体，他们的组织通常是完全非正式的，并取决于 870

① *The Crowd*, p.41.
② Sidney L. Hinde, *The Fall of the Congo Arabs*, p.147. (London, 1897.) 在描述一场奇怪混乱的战斗中的一次典型事件时，海因德说："激烈冗长的战斗甚至比我们的步枪还有效，穆罕默德和萨夫领导着阿拉伯人，他们嘲弄和辱骂卢泰特的人，说他们处境不好，最好离开这个白人，因为这个人不知道莫哈拉带着尼扬的所有军队驻扎在他的后方，卢泰特的人说：'喔，我们对莫哈拉了如指掌，我们前天已经吃掉了他。'在得到证实之后，这个消息更为令人沮丧。"也可见 Hirn, *The Origins of Art*, p.269, for an explanation of the rôle of threats and boastings in savage warfare.

他们与其他群体冲突的本质和急迫性。当一群人遇到另一群人,要么作鸟兽散,要么改变其性格以变成一个冲突群体。当冲突群体之间最终进行谈判和大费口舌之时,这两个群体就和间接参与到冲突中的中立方一起,构成了公众。可能这两个敌对的野蛮人部落——他们寻求通过威胁、讲大话和敲锣打鼓,去利用对方的恐惧和摧毁对方的士气——就构成了一种非常原始的公众类型。

如人们所预料的,讨论在原始人中采取的是古怪和有趣的形式。在《农村来信》里,恩格尔哈特描述了斯拉夫农民在村庄议事会里达成决策的方式。

> "在米尔(邻里组成的村社组织)讨论某些问题的时候,没有演讲、争论和投票。他们叫喊,互相辱骂——他们似乎处于要爆裂的点上,显然他们在以最无知的方式骚动着。有些人保持安静,随后突然吐出一个词或突然地喊叫,通过这个词或这种喊叫,他把整个事情颠倒过来。最后,你看看它,一个绝妙的决策已经形成,而且最重要的是,这是一个全体无异议的决策……(在土地的划分上),直到每个人都满意,不再出现怀疑者,哭闹和骚动才会消停。"①

4. 群众与宗派

已经提到了群众采取行动,但是群众并不总是行动。有时候他们仅仅是手舞足蹈,至少是做出富于表现力的动作,以舒缓他们的感情。如赫恩(Hirn)所说,"最纯粹和最典型的简单感情表达就是由随机运动组成的。"②当这些动作呈现出——因为它们可以轻易地做到——固定时间顺序的特征时,也就是说,当他们是有节奏的时候,他们就可以并必然——由于一种内在的强制——被目击者模

871

---

① Robert E. Park and Herbert A. Miller, *Old World Traits Transplanted*. Document 23, pp. 32—33. (New York, 1921.)

② YrjöHirn, *The Origins of Art*. A psychological and sociological inquiry, p. 87. (London, 1900.)

仿。一旦这种表达以有节奏的方式固定下来,其感染力就不可估量地增长。[①]

这就解释了舞蹈在原始人当中的功能和社会重要性。它是他们准备战斗和庆祝胜利的形式。这为他们的宗教仪式和艺术提供了形式。正是在这些舞蹈激发的记忆和情感的影响下,原始群体达成了一种团体统一的感觉,这使得团体行动有可能超越普通日常生活固定和神圣的程序。

假如艺术和宗教确实源于合唱舞蹈,那么现代时期的宗教教派和社会运动也确实起源于群众兴奋和自发的大众运动。通常用于它们身上的很多名称——贵格派、震颤派、变节派、圣灵降临派——不仅表明他们曾经被嘲笑过,同样表明了他们源于狂喜或富于表现力的群众,这种群众是不采取行动的。

所有伟大的群众运动都或多或少地显示出勒庞归结于群众身上的那种特质。谈到群众的信念时,勒庞说:

> 当仔细审视这些信念时——不论是以狂热宗教信仰为标志的时代,还是以上个世纪的政治动荡为标志的时期——很明显它们总是呈现为一种特定的形式,除了用宗教情感这个词,我没法更好地界定它们。[②]

勒庞关于宗教和宗教情感的定义很难得到普遍的接受,但至少指明了他关于个人人格参与到大众运动兴奋之中的程度的概念。

> "一个人不只是在崇拜神灵的时候才有宗教信仰,而是当他把自己所有的心智资源,意志的完全服从和整个灵魂的狂热激情都服务于某项事业,或者服务于成为他思想和行动的目标和指南的某个个人时。"[③]

---

① Yrjö Hirn, *The Origins of Art*. A psychological and sociological inquiry, p.89. (London, 1900.)

②③ Le Bon, *op.cit.*, p.82.

872　　　正如可以把团伙视为"行动的群众"永恒不变的形式一样,可以把宗教或政治宗派视为狂乱或富于表现力的群众永恒不变的形式。

　　西盖勒说:"宗派是被选择出来的永久性团体,群众是临时性的宗派,不会选择其成员。宗派是**长期**形式的群众,群众是**急促**形式的宗派。[①]正是西盖勒的概念认为群众是一种基本的有机体,宗派从中产生,就像小鸡来自鸡蛋,其他所有形式的社会群体可能以同样的方式从这种原始的社会原生质里推导出来。"这是一种事实很难证明的简化。的确,在一个宗教宗派的行动和教义之中,存在着一种新的独立文化的核心。

　　5. 宗派与制度

　　一个宗派就是一个与现有风俗战斗的宗教组织。它寻求的是培育一种心智状态,并建立一种与这个世界不一样的道德准则,并为此宣称自己具有神圣权威。为了实现这个目标,它总是寻求与世界的其余部分形成对比。达成这个目标最简单和最有效的方式就是采取一种独特的衣着和演讲方式。但这总会使它的成员成为蔑视和嘲笑的对象,并最终遭到迫害。纵然在采用这种特殊的穿着和说话方式时并不具备对于世界上其他人的道德优势,还是可能这样做。

　　迫害总是会使宗派的所有外部标识变得高贵和神圣化,保持这些标识变成宗派的基本原则。对它们的任何忽视都被视为不忠,并被当成异端邪说而遭到惩罚。迫害最终可能会——就像清教徒、贵格会教徒、摩门教徒的例子——迫使宗派在世界上某些地方寻求庇护,在那里可以和平地实践其生活方式。

　　一旦宗派达成了地域上的隔离与团结,使其在它所占据的区域
873　成为主导性的力量,它就能控制民间组织,建立学校和出版机构,并对它所控制的民间和政治机构施加特殊的文化影响。在此情况下,

----

①　Scipio Sighele, *Psychologie des sectes*, p.46. (Paris, 1898.)

它总会采用一种国家的形式,并变成一个民族。摩门教徒在犹他州达成了某些与之接近的目标。从一个宗派演化成一个民族的最显著例子就是阿尔斯特(Ulster),如今它在英帝国里具有不完全是一个民族的地位。

这番概述认为,宗派像其他大多数社会机构一样,起源于同样物种的所有制度的典型条件;随后它以明确和可预见的方式发展,秉承由独特的内在过程和机制预先决定的形式或生命原理,总之,它有一种可以用社会学术语来描述和解释的本质和自然史。宗派起源于社会动荡,它们以主要由历史环境决定的形式和实践来给出了一种方向和态度;运动首先通过不发达的冲动和愿望逐步成型;政策得以界定,教条教义被筹划出来;最后发展出一种行政机构和效能,以落实政策和目的。救世军①就是一个例子——对此我们有比其他大多数宗教运动更为充足的历史。

因此,一个宗派的最终形式可以描述为一场已经制度化了的社会改革和复兴运动。最后,当它成功地适应了其他竞争组织时,当它变得宽容并得到宽容时,它就倾向于采取一种宗派的形式。宗派倾向于并可能注定以宗教同盟的形式统一起来——这是一个宗派不可想象的事情。

宗派的真实性——我们可以呈现,而且必须呈现,如果社会运动要成为社会学调查的主题的话——就是其他社会机构的真实性。现存的机构代表着在文化冲突和生存斗争中幸存下来的社会运动。

宗派,以及体现它们特点和把它们与世俗机构区分开的东西,至少是起源于旨在改革道德的运动——寻求革新和恢复社群内在生活的运动。它们已经从外表上锻造了社会。与之相反,革命和改革运动直接反对社会的外在构造和正式结构。尤其是革命运动已经认为,假如现存的结构能够被摧毁,它就可以在旧社会结构的废墟上树立起一种新的道德秩序。

874

---

① 救世军(The Salvation Army)是一个成立于1865年的基督教宗派,以街头布道和慈善活动、社会服务著称。其国际总部位于英国伦敦,在全世界有几千个分部,分布在70多个国家。——译者注

关于革命史的一项粗略调查认为,革命之中最根本和最成功的是宗教性的革命,在这种类型的革命中,基督教是最显著的例子。

6. 文献分类

这一章的材料已按以下标题安排:(a)社会传染,(b)群众和(c)大众运动的类型。材料的顺序一般来说遵循制度演化的顺序,社会动荡首先是传播,然后在群众和大众运动中形成,最后在制度中具体化。几乎任何一种社会运动——妇女选举权、禁酒、新教主义——的历史都以普遍的方式(假如不详细的话)来展示性质上的进步性改变。首先会有一种模糊的普遍性不满和痛苦,然后是暴力、混乱和无序但也是狂热和大众化的运动,最后运动形成,发展出领导、机构、筹划教条和教义。最后它被接受、建立与合法化。运动死亡了,但制度依然存在。

(a) **社会传染**。——源于一个文化群体的文化特质能够方便快捷传给其他遥远群体,民俗学和民族学的学者对此很熟悉。在某些大都市社区里,时尚得以产生,并以或快或慢的速度传递到周边乡间就是不同背景下同样现象的例证。

875

"时尚在社会生活中所起的作用比我们大多数人想象的要大。时尚控制着我们的举止和穿着,但它还影响着我们的情绪和我们的思考方式,文学、艺术和哲学里体现着的 19 世纪中期即维多利亚时代中期独特性的元素如今都已过时,现在没有什么有知识的人会那样行事拘谨,固守教义,也不会共享那个时代的热情。哲学也随着时尚而改变,萨姆纳说,甚至数学和科学也一样。莱基(Lecky)在他的《欧洲理性主义史》中详尽描述了中世纪特有的女巫信仰如何随着启蒙和进步时代的来临而消失。[1]但是 18 世纪的启蒙本身是一个时尚,如今已完全过时。

① W. E. H. Lecky, *History of the Rise and Influence of the Spirit of Rationalism in Europe*. 2 Vols. (Vol. I.) (New York, 1866.)

> 同时,一种新的大众与科学的兴趣则从一种朦胧的心智现象中
> 成长。在几年前,不会有受过科学训练的人去关注此事,因为
> 他不会相信那种事情。那样做不是好方式。"

　　但时尚的改变是如此无处不在、如此熟悉和普遍的现象,以至
于我们不会认为它们带来的变化——不论多么神奇——会完全超
出平常和预料中的秩序。然而,加布里尔·塔德认为时尚所体现的
"社会传染"是基本的社会现象。①

　　社会流行这个术语就像时尚一样,是社会传染的一种类型,有
不同的起源和内涵。J. F. C. 赫克——他出版于 1832 年的《中世纪
舞蹈狂》是关于黑死病的调查——可能是第一位使这个术语通行的
人。②黑死病和舞蹈狂都以流行病的形式出现,而后者——舞蹈
狂——按他的估计,是前者即黑死病的继续。可能是它们在扩散方
式上的相似性——一个是身体传染,另一个是精神传染——使他按
照自然科学来表述大众妄想的传播。此外,他相信歇斯底里症可以
直接追溯到当时盛行的状况,而且这似乎表现在可认识与可控制现
象的世界里——可以在这里对它们进行调查。

　　正是这种观念认为,在社会流行病里表现出来的动荡是病态
社会状况的一个象征,进而更普遍的是认为,除非在环境里存在
促成原因,否则动荡不会变成社会性的和传染性的——正是这一
概念赋予了这个术语和事实以专门的意义。社会有机体里因社
会骚乱而引起的动荡就像单个有机体的发烧——一个很重要的诊
断症状。

　　(b) **群众**。——勒庞和其他作者都未能在大众心理学这个主题
上成功地清楚区分有组织的或"心理上的"群众和其他类似的社会
群体类型。假如要进行客观区分的话,必须以案例研究为基础来进

876

---

① Gabriel Tarde, *Laws of Imitation*.
② J. F. C. Hecker, *Die Tanzwuth*, *eine Volkskrankheitim Mittelalter*. (Berlin, 1832.) See
　Introduction of *The Black Death and the Dancing Mania*. Translated from the German by
　B. G. Babington. Cassell's National Library. (New York, 1888.)

行。"动物性群众"这个标题下的文献的目的与其说是要给出一个定义,不如说是要指明能构想出定义的材料的本质和来源。很明显,不同的动物群体的行为方式是独特的,是有机体里预先注定的,但对人类来说却不是如此。

另一个区别可能在于所谓的"动物的"群众和人类的群众之间。有组织的群众受到**共同目标**的控制,并且采取行动去达成共同的目的——不论它的定义多么模糊。另一方面,畜群显然没有共同的目标。羊群中的每只羊——至少照通常解释的羊群的行为来说——表现得就像其他羊一样。比如一次畜群惊逃是集体进行的,但却不是协调一致的。除了有一个本能的基础,很难理解畜群或兽群中如何可能存在协调的行为。然而群众对集体表现做出回应。群众不会像羊对领头羊那样模仿或跟随其领导者。相反的,群众**执行领导的建议**,即使没有劳动分工,每个人也会或多或少以他的方式达成一个共同的目标。

然而,在没有共同目的的恐慌或踩踏情况下,群众会像一群羊一样行动。但一次踩踏或恐慌并不是勒庞意义上的群众。它不是一种心理上的一致,也不是一种"单一的存在",服从的是"群众的精神一致"①。恐慌是群众的崩溃。疏散人群的所有有效方法都涉及一些分散注意力、打破紧张感和把暴徒分解为个别单位的方法。

（c）**大众运动的类型。**——大众运动最基本的形式是大众迁移。这样一种运动事实上显示出了很多动物群体的特征。它是"人类的"畜群。一个民族的迁移——不论是个人还是有组织的群体——都可以和蜂巢里的蜂群相比。各个民族的迁移是为了搜寻更好的生活条件,或仅仅是搜寻新的体验。通常是较为年轻的一代更好动、活跃和有适应性,他们离开老家安全的环境,去新的环境里寻求他们的好运。但是,一旦定居在新的土地上,移民就不可避免地要纪念和理想化自己已经离开的家乡。他们的第一种安排就是在新世界里尽可能复制老家的制度和社会秩序。就像蜘蛛从自己

877

---

① Le Bon, *op.cit.*, p.26.

的身体里吐出丝,移民也总是会延伸自己的经验和传统,形成一个复制——只要环境允许——自己祖先社会的组织与生活的社会组织。古老的文化以这种方式使自己在有所改变的环境下,在新的家园里得以移植和更新。这至少在一定程度上解释了迁移总会遵循等温线这一事实,因为所有更为基础的文化手段和经验很可能是对地理和气候条件的适应。

与移民运动不同的是有时被认为像十字军东征那样的运动,这部分是因为通常会指引他们的宗教激情和狂热,采取部分因为他们是针对大众直接行动的呼吁,它们的成功取决于他们能否唤起某些普遍的人类利益,或能被普通人敏锐理解的共同体验和兴趣。

假如允许我们去比较重大和细小的事件,那么材料里提到的妇女基督教戒酒十字军(Woman's Christian Temperance Crusade)可以作为一个与 11 世纪和 12 世纪十字军东征没有什么区别的集体行为的例证。

十字军是感化性和宗教性的。至少在早期十字军里——受到隐修士彼特(Peter the Hermit)的启发,不论教皇们鼓动他们的政治目的是什么——确实如此。正是同样的动机使中世纪的人们去朝圣,导致他们加入十字军。说到底,这是一种内心的不安,驱使大众在艰难险阻里寻找和平,并采取鼓舞人心的行动。

某种程度上,同样具有广泛传染性的不安分是我们大多数革命的根源。但激励革命的不是艰辛和实际的困苦,而是希望和梦想。在神话和弗农·李所称的"至关重要的谎言"(vital lies)[①]里体现出来的这些梦想,照索雷尔(Sorel)看来,就是驱使大众的唯一手段。

在像妇女基督教戒酒十字军这样的十字军和像法国革命这样的革命之间的区别在于,一个是修正公认的罪恶的激进尝试,另一个是改革现存社会秩序的激进尝试。

878

---

① Vernon Lee [pseud.], *Vital Lies*. Studies of some varieties of recent obscurantism. (London, 1912.)

II. 文　　选

A. 社会传染

1. 兰开夏棉纺厂的一次事件①

1787 年 2 月 15 日,在兰开夏郡霍顿布里奇(Hodden Bridge)的一个棉纺厂,一个女孩把一只老鼠扔进另一个非常怕老鼠的女孩的胸衣里。这个女孩立即陷入昏厥,并在 24 小时内都处于最猛烈的抽搐之中。第二天,另外三个女孩以同样的方式倒下,到 17 号又多了 6 个人。这一次警报是如此严重,以至于雇用了 200 人到 300 人的整个工厂都完全停顿了。一个盛行的说法是,因为房子里打开的一袋棉花而引起一种特殊的疾病。到星期天,18 号,圣克莱尔医生从普雷斯顿市被派来;在他到达之前,又有三个人倒下,在当天晚上和 19 号早晨,新增了 11 人,使总数达到 24 人。其中 21 个是年轻女性,两个是十岁的女童,一个是因为照管这些女性而累倒的男人。这些人当中有三个住在离混乱首次爆发之处两英里远的地方,三个人在 5 英里之外克里瑟罗(Clitheroe)的另外一家工厂里,最后两个完全是受到报道的感染,并没有见过其他病人,但是就像他们和乡下其他地方的人一样,瘟疫来自棉花的想法给他们深刻印象。症状是焦虑、窒息和严重的抽搐,而且这些症状强烈到可以一刻不停地持续一刻钟到二十四小时,而且需要四五个人才能阻止病人撕扯他们的头发和用头撞墙或地板。圣克莱尔医生用一台手提式电机来治疗他们,通过电击,病人们毫无例外地普遍缓解了。一旦病人们和国民相信痛苦的根源只是神经性的,容易治疗,而且不是由棉花传染,也就不会有新的受影响者。为了进一步驱散他们的忧虑,最好的效果就是让他们照镜子和参加跳舞。到星期二,20 号,他们跳了舞,第二天,都开始工作了,除了两三个还太虚弱的人。

879

---

① *Gentleman's Magazine*,March,1787,p.268.

2. 中世纪的舞蹈病①

早在 1374 年，人们就已在亚琛（Aix-la-Chapelle）②看到男男女女聚集在一起，他们来自德国，靠一种共同的妄想结成团体，他们在街道和教堂向公众展示出以下怪异的图景。他们手拉手围成一圈——似乎已经失去了对他们感官的所有控制——不停地跳舞，完全不顾旁观者，几个小时都陷于迷乱的极度兴奋之中，直到他们筋疲力尽时跌倒在地。在跳舞的时候，他们既不看也不听，对感官中的外部印象毫无感觉，但被各种幻象困扰，他们的怪想唤起他们尖声叫出名字的鬼魂，其中有些人后来宣称他们感到似乎被浸入一汪鲜血之中，迫使他们跳得那么高。其他人在突然发作的时候看到天堂打开了，救世主携圣母玛利亚登基，因为那个时代的宗教观念在他们的想象里得到奇怪和多方面的反映。

880

在疾病得到完全发展的地方，发作开始于癫痫性的抽搐。受影响的人倒在地上不省人事，喘着气，努力呼吸。他们口吐白沫，突然又爬起，以奇怪的扭曲开始他们的舞蹈。病症无疑有非常多样化的表现，并受到临时或局部环境的影响，不从事医学的同时代人却注意到了基本的细节，因为他们习惯于把他们对自然事件的观察和他们关于精神世界的概念混淆起来。

短短几个月里，这种着魔疾病从亚琛（出现于 7 月）蔓延到邻近的荷兰。不论舞蹈者出现在哪里，人们都会聚集起来，用这种可怕的场面来满足他们的好奇心。最后，越来越多受影响者的兴奋程度不亚于人们对他们的关注。他们在城镇和村庄占据宗教场所，按他们自己创设的方式列队行进，给群众说话和唱赞美诗，而疾病本身的着魔起源却无人有丝毫怀疑，到处激起惊奇和恐惧。在列日，牧师求助于咒符驱邪，并尽力采用每一种手段来消除对他们自身威胁如此之大的一种邪恶；因为中邪者聚集在一起，经常滔滔不绝地诅

---

① 改编自 J. F. C. Hecker, *The Black Death, and the Dancing Mania*, pp.106—11。(Cassell & Co., 1888.)
② 德国西部城市，靠近荷兰和比利时边境。——译者注

咒他们并威胁要毁灭他们。

舞蹈病在亚琛出现几个月之后，它在科隆（Cologne）爆发，这里得病的人超过 500 名；大约同一时间在梅斯（Metz），据传其街道上充斥着 1100 名狂舞者。农民抛下他们的犁，技工离开他们的车间，家庭主妇放弃家里的职责，加入这种狂欢，这个富裕的商业城市成为最具毁灭性混乱的现场。隐秘的欲望是活跃的，但往往是为疯狂的愉悦找机会；很多乞丐在恶习和痛苦的刺激下，用这种新的抱怨获得了暂时的生机。男孩和女孩离开他们的父母，仆人离开他们的主人，用这些患者的舞蹈来娱乐自己，并贪婪地吸收精神传染的毒素。有人看到 100 多名未婚女性在神圣与不神圣的地方胡言乱语，其后果很快就被感觉到了。知道如何模仿那些真正被传染者的姿势和抽搐的闲散流浪团伙从一地游逛到另一地，寻求保护和冒险，他们所到之处，就扩散这种像瘟疫一样的恶心的痉挛病；因为在这种疾病中，易受感染者受表象的影响就像受事实的影响一样容易。最后人们发现必须赶走这些恶作剧的客人，他们是牧师驱邪和内科医生治疗都对付不了的人。但直到四个月之后，莱茵河畔的城市才能压制住这些冒牌货——他们是如此惊人地增加了最初的罪行。在此期间，一旦告知其存在，瘟疫就缓慢行进，并以 14 和 15 世纪盛行的思想调子——甚至是遍及 16 和 17 世纪（尽管程度较小）的节奏——找到丰富的食物，导致精神上的持久混乱，并在那些居民对此感到新奇的城市展示出和他们的可厌表现一样奇怪的场景。

B. 群　　众

1. "动物的"群众

a. 畜群①

理解一个羊群和理解一群羊是不一样的。在怀特山光秃秃的

---

① 选自 Mary Austin，*The Flock*，pp.110—29。（Houghton Mifflin Co.，1906.）

蛮荒海岬,多达 30 只大角羊散漫地跑着,一大群起起伏伏;在有围栏的草场上有两三百只;紧密放牧的有两三百只;但不论怎样人工繁殖,羊群总是在有意识地调整。总是有领头者、中间群体和跟随者,每只羊都坚持呆在行进序列中它的位置上。假如羊群突然被警报环绕,就会在其中乱撞,直到回到它们的位置。

在牧民中有很多关于山羊作为领导者优于绵羊的争论。在很多情况下,在羊群里总有少量山羊,大多数美国牧民更喜欢它们;只是法国人选择贝尔阉羊。山羊由于天性更聪明,能更自由地寻找食物,并且总能自己找到水而自然成为领导者。但是贝尔阉羊假如经过谨慎的训练,也能学会什么是山羊讨厌的东西,能平静地刨开地面,从容地从水上走过而不是让整个羊群跳跃和攀爬;但它们永远不会像山羊一样发出警报,并呼唤牧羊人。 882

看来领导者明白它们的职位,山羊特别表现出对它们率先踩上踏脚石或走过狂怒溪流上摇摇欲坠独木桥的权利的小心戒备。通过简单利用最聪明的羊的主动性,牧羊人得到了最好的服务。狗学会向羊群发出命令,叫一声或者咬一口就能使羊群动起来。但是羊群思维同样困扰着训练有素的羊,会立即在羊群中最普通的羊那里闪现出来。

牧羊人很少能把羊群思维转化为他的优势,这对他来说反而主要是不利的。假设在开阔的牧场上,向前运动的冲动压倒了羊群,一些热心的领头羊开始动起来,它们对前方的事情有足够的记忆,以至于使它们忽略了经过的路。它们向前迫近。羊群继续前进。行进的势头越来越大。领头羊的铃铛声轻柔而又急促;绵羊忘了觅食;它们无视娇嫩的牧草;它们也不会停下来喝水。在不明智或懒散的牧羊人手下,走在不熟悉小径上的绵羊将走得过多,同时还挨饿,直到它们饿死在良好的牧场上。所以,在长长的小径上,你经常会看到牧羊人带着他的狗走在羊群前面,赶它们回去吃东西。但是,假如是在新的草场,他必定会熟练地追逐和逼迫它们,因为羊群思维在未知之地主要是畏缩不前的。

在来自几个区域的突然攻击,或者人类对它们的本能莫名其妙的阻挠中,羊群思维教会它们转去可靠的一面,在最小的界限里和它们之中的羊羔一起旋转,并缩小范围,直到它们因窒息而死。它们在红石(Red Rock)谷①错综复杂的隘路上就是这么做的,在这里,卡里尔损失了 250 只羊。在毒泉——如纳西斯·杜普林(Narcisse Duplin)告诉我们的——他不得不选择是把它们遗弃在致命的水域,还是阻止它们喝泉水;口渴使羊群失去理智,它们到处乱跑,直到它们堆叠起来,其中有 60 只死去。由于没有狗的逼迫,它们能向前移动或者分散开,直到夜幕带着寒意降临,才回归理智。人类不完美的集聚性不一定能把我们从考虑不周的仓促之举或者社会大众奇怪的转变之中拯救出来。尽管如此,还是会有人想要我们具有羊群思维。

牧羊人对于羊群来说是否比牧场上的事件更重要,这是值得怀疑的,除非是作为一个施盐者,因为羊群对他唯一叫唤的就是要盐。当这种自然的渴望变得迫切时,它们就围着他的营地或木屋转圈,为此甚至不去进食;没有别的东西提供时,它们会继续围着一块石头或它们邻近的任何物体快速转圈,因为远远看去就好像人的附属物,仿佛它们自从自己自由寻盐的时代终结后,唯一习得的便是:盐来自恩赐,且总与人类周遭那些模糊难辨的块状物体相伴随。似乎在人类放牧的五千年里,它们只从野蛮物种可怕的孤立里——除了害怕其他野兽这个原因,这种孤立不可接受——走出了一步,但现在却在不知情的情况下接受了食盐之神的事实。它们习惯于在户外的石头上接受这个奇迹,当渴求强烈时,它们就这样奔跑着、叫唤着四处寻找,好像它们在说,在这样一个地方,我们的神已经习惯于保佑我们,现在来吧,如我们大大地祈求他。这种颤抖的叫声——即使是远处的牧羊人也不会搞错——是羊的词汇里唯一的新音符,也是它们唯一有意传递给人类的音符。至于一位领导者举起手向其主人发出危难的召唤,并不是新东西,也不常使用于羊群,而且完全陷于羊群思维的困扰之中。

---

① 美国的一个景观保护区,位于内华达。——译者注

b. 兽群①

我在本文中的目的是讨论社会动物中一组奇妙且无用的情感本能,它们还没有得到恰当的解释。除了列表中的第一个和最后一个,它们在起源上完全没有关系;所以,之所以把它们随意放在一起,唯一的理由只是因为它们保存在我们的家养动物里,所以我们 884 对它们非常熟悉,而且正如我已经说过的,因为它们没有什么用;也因为它们在低等动物的激情和行动中彼此相似,影响我们的思想。在所有情况下,当看到智力发展和社会组织程度排在我们之下的动物如大象、猴子、狗和牛在冲动的控制下,在有些情况下类似于精神失常,在其他情况下则模仿人类最黑暗的激情时,这都是不愉快的,有时是非常痛苦的。

这些本能是:

（1）血腥味引起的兴奋。在我们的驯养动物中以马和牛最为显著,而且在程度上差异很大,从轻微到难以察觉的情绪到最极端的愤怒或恐惧。

（2）某些动物看到深红或大红布料时产生的愤怒。众所周知,在我们的牛当中这是明显的疯狂本能,它已经以很多形式产生了每个人都很熟悉的谚语和比喻。

（3）生病或虚弱的动物遭到同伴的迫害。

（4）兽群或家庭看到极端困苦的同伴时突如其来的极度愤怒。此时食草的哺乳动物会踩踏和顶撞痛苦的动物致其死亡。在狼群和其他比较野蛮的食肉物种中,痛苦的同伴经常被撕碎并被吃掉。

把前两个放在一起,当我们考虑到血液是红色的,其气味可能或已经在动物的意识中与这种鲜明的色调联系在一起;这种血,不论是看到还是闻到鲜血就会联想到伤口,以及受伤和被关押动物痛苦、愤怒和恐怖的叫喊,乍一看,似乎有某种原因把这两种本能激情联系起来,因为有同样的起源——即由于看到兽群成员被打倒和流

---

① W. H. Hudson, "The Strange Instincts of Cattle," in *Longman's Magazine*, XVIII (1891), 389—91.

血或在敌人掌握中挣扎图存而产生的恐惧和愤怒。我的意思并不是说,这样一幅图景是实际呈现在动物的意识里的,而是说,当经验和理性产生指引的时候,遗传和本能的激情与动物激情一起产生作用。

885　　但是我对这一点考虑得越多,我就越倾向于认为这两种本能在起源上是有区别的,尽管我仍然相信牛和马以及几种野生动物闻到血时极度兴奋是因为刚才给出的原因——即它们遗传的记忆把血的气味与威胁它们生命的某些强大敌人的出现联系在一起。

以下事件将展示出这种血腥激情有时如何影响牛,当它们被允许在半野生状况下生存的时候——就像在潘帕斯草原。有一天我带着枪出去——离家几英里,我走过一块地,草被压倒和践踏,并且沾满了血,我认为是一些偷东西的南美牧人在前一天夜里杀了一只肥牛,为避免察觉,设法用马运走了整只牛。当我走着的时候,一群牛——大约三百只——出现了,向一英里之外的一条小河缓慢走去,它们以稀疏的长列移动着,将通过七八百码之外血迹斑斑的地点,风从这个地点吹过它们的队列。当这沾着血腥味的风吹过领头的牛时,它们马上静静地站在那里,抬起头,然后大声吼叫,兴奋地咆哮,最后转身开始快速小跑,呈一条直线追踪着这种气味,直到抵达它们的同类之一遭遇死亡的地方。这种氛围扩散开来,不久之后,所有牛都聚集在这个要命的地方,并开始聚在一起转圈,持续地吼叫。

这里可能引起注意的是,动物在像这样的场合会有一种特殊的语言,它发出一连串短促咆哮的喊声,就像兴奋的惊呼,跟着一个非常大声的叫喊,交替陷入嘶哑的咕哝并上升为一种尖声叫喊,感觉像刺耳的摩擦。我是一个普通"牛歌"的优秀崇拜者,并乐在其中,就像喜欢婉转的鸟鸣和树林里的风声;但是牛在血腥味刺激下的表现听起来却极为痛苦。

那些强行进入牛群中心到达流血地点的动物刨着土,并用它们的角挖土,并带着发狂般的兴奋彼此践踏。看着和听着它们都很让人恐怖。在这个鲜活群体边缘的动物则带着哀怨的咆哮不停地转

圈,就像印度村庄里的女人在战士死去的时候做的那样,她们整夜
发出模拟悲伤的尖叫和哀号,围着死者的小屋无穷无尽地转圈。

c. 狼群①

狼是捕食动物中最会社交的。它们不仅聚合在一起,还会安排彼此帮助,而这是社交性最重要的检验。我最多曾见过聚集在一起的灰狼有五只,那是 1894 年 1 月在新墨西哥北部。我听到过的聚在同一地区的狼最多是 32 只。这些狼群很明显只在冬天形成。狼群很可能是相熟的个体因某些临时目的或暂时原因而联合在一起,比如需要食物或交配的本能。一旦目的达到,它们就解散了。

在这点上与我有关的一个例子来自曼尼托巴(Manitoba)的卡伯里(Carberry)的戈登·怀特先生。1865 年冬天,他在安大略的斯特金湖(Sturgeon Lake)伐木。一个星期天,他和一些同伴在结冰的湖上漫步,观看着木材。他们听到了狼捕猎的叫声,随后一只母鹿从树林里飞奔到开阔的冰面上。鹿的身体两侧起伏着,舌头吐出,腿被细小的雪壳划伤。很明显她饱受重压。她向他们跑来,但是其中一个男人喊了一声,使她偏开了。一分钟之后,六只森林狼出现在她后面,头低着,尾巴伸平,不断嗥叫着。它们正说着它们的捕猎语,但它们一看到她,就发出响亮的不同的音符,从跟踪转为直接指向她。五只狼并排而来,一只似乎更黑的狼在后面。在半英里内,它们追上了她,将她扑倒,所有狼似乎都在围攻她。几分钟里,她像一只受难的羊鸣咽着,然后唯一的声音就是狼的吠叫和大口享用的咀嚼声。十五分钟里,这只鹿除了毛和一些较大的骨头,什么都没留下,而狼还在为这些骨头相互战斗。随后它们四散而去,每只走出四分之一英里,没有两只走在同一方向上,那些仍然能看到的狼
蜷曲着在湖上睡觉。这事大概发生在早上十点,距几位目击者三百码远。

---

① Ernest Thompson Seton, "The Habits of Wolves," in *The American Magazine*, LXIV (1907), 636.

2. 心理上的群众 ①

"群众"(crowd)一词在一般意义上意指任何民族、职业或性别的个人的集合,不论把他们集合在一起的机会是什么。从心理学的角度来说,"群众"这种说法承担着完全不同的意义。在某些给定的环境下——而且只有在那些环境下,一群人的集合呈现出与构成这一集合的个人非常不同的特征,聚集起来的所有人的情绪和想法有一个共同的方向,他们自觉的人格消失了。一种集体心智得以形成,这无疑是短暂的,但呈现出非常明确的特征。所以,聚集变成了我将称呼的"有组织群众"——在缺乏更好表达时,或者称为"心理群众"——假如这个术语被认为是略胜一筹的话。它形成了一种单一的存在,并服从群众的心智一致性法则。

很明显,仅仅靠一群个体意外发现他们在一起这个事实并不能使他们获得有组织群体的特征。从心理学角度来说,一千个偶然聚集在公共场所,没有任何确定目标的个体绝不构成一个群众。要获得群众的专门特征,某种诱发因素的影响是必需的,而我们必须确定这种影响的性质。

自觉的个性的消失,以及感情与思想转到一个明确的方向,这是群众变得有组织的首要特征,但并不总是涉及很多个体在一个地点的同时出现。成千上万孤立的个人可能在某些时刻,在某些强烈情绪的影响下——比如一件国家大事——获得"心理群众"的特征,在那种情况下,仅仅一个偶发事件就足以使他们聚集在一起,使他们的行动立即具备了群众行动独有的特征。在某个时刻,六个人就可能形成一个心理群众——这在数百人偶然聚集的情况下倒未必能形成。另一方面,整个民族虽然没有明显的聚集,但在某些影响的作用下也可能变成一个群众性群体。

精确描述群众的心态并不容易,因为其组织的变化不仅仅是根据种族和构成,还要根据作用于群众的刺激因素的性质和强度而定。但是,在个体心理研究中将其呈现出来也很困难。只有在小说

888

---

① Gustave Le Bon, *The Crowd*, pp.1—14. (T. Fisher Unwin, 1897.)

里,才能发现一种不变的性格贯穿个体的一生。只有单一的环境才能创造出单一的性格。我已经在其他地方表明,所有的心智结构都容纳着由于环境突变才可能显现出来的性格可能性。这解释了为什么在法兰西国民公会最野蛮的成员里也可以找到无害的公民——他们在一般情况下会是平和的公证人或正直的治安官。风暴过去之后,他们恢复了他们安静和守法公民的正常性格。拿破仑在他们之中找到了他最温驯的仆人。

这里不可能研究各种程度的群众组织,我们将关注主要涉及我们自身的,那些已经达到完整组织阶段的群众。这样,我们将会看到群众可能会变成的样子,而不是它们一成不变的样子。只有在组织的发达阶段,某些新的和特殊的特征才会叠加在种族不变的和主导性的特征之上;然后,集体的情感和思想转到一个相同的方向上。只有在那种环境下,我之前所称的群众心智一致性的心理法则才会发挥作用。

"心理群众"呈现出的最显著特点如下:不论构成群众的个体是谁,不论他们的生活方式、职业、性格或知识水平相似还是不相似,他们已经被转化为群众这一事实使他们具有了一种集体意识,这种意识能使他们以一种与各自处于孤立状态时完全不同的方式来感觉、思考和行动。除非个体形成群众,否则某些观念和感觉根本就不存在或不会转化为行动。心理群众是异质性要素(它们只结合片刻)形成的暂时现象,正如构成一个生命体的细胞由于重新组合成一个新事物而展示出与单个细胞完全不同的特征一样。

和赫伯特·斯宾塞这样敏锐的哲学家笔下令人惊奇的发现相反的是,在构成群众的人群中,并不存在构成要素之间的总和或平均值。真正发生的是一种混合,随后创造出新特征,就像在化学里,当某些元素产生联系的时候——比如酸和碱——就结合形成一种新的物体,而新物体的性质与形成新物体的成分完全不同。

很容易证明构成群体的个体和孤立的个体有多么不同,但并不容易发现这种差异的原因。不论如何,要想多多少少掌握这些原因,首先必须唤起现代心理学构建的真理,即无意识现象不仅在有

889

机生活中,而且在智力的运作中也起着压倒性的作用。与无意识的生活相比,有意识的精神生活是不重要的。最聪明的分析家和最敏锐的观察者几乎就没人能成功找出决定其行为的极少数无意识动机。

我们日常活动的大部分都是我们无法观察的隐蔽动机的产物。尤其是在无意识要素方面,所有人都彼此相似,虽然这主要涉及的是它们的性格中彼此差异很大的有意识的要素——教育的成果,甚至更多是独特的遗传状况。人类在他们的智力上最不相像的地方就是具有非常相似的本能、激情和感情。在属于情感领域的每一种事物中——宗教、政治、道德、喜爱和反感,等等——最杰出的人也不比凡夫俗子高明多少。从智力的角度来看,伟大的数学家和制靴匠之间可能存在鸿沟,但从性格的角度来看,这种差异非常小甚至不存在。

正是性格的这些普遍性品质被我们没意识到的力量所支配,并被种族中大多数正常个体以同样的程度所持有,正是这些品质在群体中变成共同的财产。在集体意识中,个人的智力天赋以及他们相应的个性都被削弱了。异质性被同质性淹没,无意识品质占据了上风。

群众拥有共同的普通品质这一事实解释了为什么他们永远无法完成要求较高程度智力的行动。由一群杰出人士(都是各行各业的专家)做出的影响普遍利益的决定并不会比一群蠢货采纳的决定更明智。事实上,他们只能运用每个普通人与生俱来的一般品质来承担工作,在群众中累积起来的只有愚蠢而不是母性的智慧。假如可以把"全世界"理解为群众的话,那就正如人们经常重复的,不是全世界比伏尔泰聪明,而是伏尔泰比全世界聪明。

假如群众中的个体把他们自身局限于他们共有的普通品质,那就只会达成平庸的结果,而不会像我们实际说的那样创造出新的特征。这些新的特征是如何创造出来的?这正是我们现在要探究的问题。

不同的原因决定了这些专属于群众,同时孤立个体并不具备的特征的出现。首先——仅仅从数量上考虑——构成群众的个人获得了一种不可战胜的情感力量,这允许他屈服于本能,而这种本能是他独自一人时必定会去克制的。他将不会抑制自己产生这样的念头:群众是匿名的,不用对后果负责任,总是控制着个人的责任感完全消失了。 891

第二个原因是传染,也决定着他们的专门特征在群众中的表现,同时还决定着他们采取的倾向。传染是一种很容易确定其表现,但并不容易解释的现象。必须将其归为催眠类别的现象中。在群众里,每种情绪和行动都是传染性的,而且可以达到个人准备为了集体利益而牺牲个人利益的程度。这是一种与其本性截然相反的品质,一个人如果不是成为群众的一员,很少能这样做。

第三个原因——也是目前为止最重要的——决定了群众中个人的特性与他作为孤立个体表现出来的特性完全相反。我这里指的是被暗示性,上述的传染性恰好是它的一种后果。

最仔细的观察似乎证明,在群众中浸淫一段时间的个人在做事时会立即发现自己——不论是由于群众产生的吸引力还是由于其他某些我们忽视的原因——处于一种特定的状态,这很类似于被催眠的个人发现自己处于催眠师掌控之中的那种入迷状态。

这也很近似于构成心理群众的个人的状态。他不再意识到他的行动。他的情况就像处于被催眠对象的状况,同时某些能力被摧毁了,其他能力则被带到一种高度兴奋的程度。在暗示的影响下,他将因为难以抗拒的冲动而采取某种行动。这种冲动在群众中比在被催眠的对象中更难抗拒,事实上,暗示对群众中所有个体的作用是一样的,通过相互作用而获得力量。群众中拥有强大到足以对抗暗示的人格并能逆势抗争的个体太少了,他们至多能够做的就是 892尝试用不同的暗示去转移注意力。例如,正是以这种方式,一种愉快的表情,一个被恰到好处唤起的印象才会偶尔阻止群众采取最血腥的行为。

然后,我们看到有意识人格的消失和无意识人格的占优,暗示带来的转向,以及感觉与观念在同一方向上的传染,立即把建议的观念转化为行动的倾向,我们看到的这些是构成群众的个体的主要特征。他不再是他自己,而已经变成不被他的意志指引的机器人。

此外,仅仅是因为他构成了有组织群众的一部分,一个人就会在文明的台阶上下降好几级。独自一人时,他可能是一个文明的个体;在群众中,他却成为野蛮人——即一种靠本能来行动的生物。他具有原始人一样的自发性、暴力、残忍,以及狂热和英雄主义。

群众中的一个个体是位于沙地上的一粒沙子,风随意将其吹起。正是因为这些原因,我们可以看到,陪审团会给出每个陪审员个人不赞成的裁决,议会采纳每个议员个人不赞成的法律和措施。个别来看,国民公会的成员都是和善的开明公民。团结成群众之后,他们却毫不犹豫地附和最野蛮的提议,把最清白的人送上断头台,而且还违背他们的利益,放弃他们神圣不可侵犯的权利,在自己人里大开杀戒。

前面得出的结论是,群众在智力上总是比孤立的个人低劣,但是从感情的角度和这些感情激发的行动的角度来看,群众——按情况而定——可能比个人更好或更糟。一切都取决于群体所受的暗示的性质。这一点被那些仅仅从犯罪角度研究群众的作者完全误解了。群众无疑经常会犯罪,但也经常会表现出英勇。正是群众而不是孤立的个体才可能被引诱去冒着死亡的危险确保一种教义或思想的胜利,才可能被追求光荣和荣誉的热忱所激励,被指引——几乎没有面包和武器,就像十字军时代——去把基督的坟墓从异教徒手中解救出来,或者像在 1793 年那样去保卫祖国。这种英雄主义在某种程度上无疑是无意识的,但正是这样的英雄主义才铸就了历史。如果有人只相信残酷无情才能干大事,那么世界的历史会很少记录他们这种人。

3. 群众的界定①

普通意义上的群众指任何一种偶然的个体集合。这样一种集

---

① Robert E. Park, *The Crowd and the Public*. (Unpublished manuscript.)

合只有在构成它的个体建立起融洽关系时，才能变成社会学意义上的群众。

和谐意味着存在相互的回应，即群体中的每个成员都能直接、自发和富于同情心地对每个其他成员的情感和态度做出回应。

A 同情地回应 B 和 C 这一事实意味着，A 存在着对 B 和 C 的情感和态度的感受性和暗示性态度。在 A 和 B、C 相互同情的地方，在普通环境下用于保持个人孤立和自我意识的抑制会被放松，或者完全被打破。在这些环境下，每个个体——只要他可以说是以自己的意识和情感反应对他人的情感和情绪做出回应——总会同时改变对他人的情绪和态度。其效果是产生一种高度的、强化的和相对非个人化的意识状态，在此状态下，所有人似乎有共性，但同时每个人又相对独立于其他人。

这种所谓的"群体意识"的发展代表着个体在某种程度上失去了个人控制。由于个人失去自我控制，这种控制会自动转移到作为整体的群体或领导者手中。

群体和谐意味着什么，可以用发生在催眠中的某种类似现象来说明。在这种情况下，实验者与其实验对象之间会建立起一种关系，使实验对象会自动回应实验者的每一个暗示，但会明显忘却来自他没有感知或者忽视的其他人的暗示，这就是所谓的"孤立和谐"状态。[1]

在群众的状况下，群众的每个成员对于其他成员的暗示而做出的相互和排他性的反应还产生了一种心理上的隔离，伴随着一种对普通生活状况下控制个人行为的刺激和暗示的抑制。在这些情况下，个体长期被抑制的冲动可能在群众中体现出来，这无疑解释了勒庞和西盖勒所谈到的群众的犯罪和返祖现象。[2]

群众组织只有在构成它的个体的注意力集中到某些特定对象或特定目标上时，才最后生效。这个固定在群体关注焦点上的对象

894

---

[1]　Moll，*Hypnotism*，pp.134—36.

[2]　Sighele，*Psychologie des Auflaufs und der Massenverbrechen*（translated from the Italian），p.79.

往往会呈现出集体表现的特征。①它之所以变成这样，是因为它正是群体情绪和情感得到集体强化的焦点。当所有群体成员都充满共同的集体兴奋，并被共同的集体观念主导之时，它就变成了集体所感和所欲的代表和象征。这种兴奋和观念加上附加的意义，被称为集体，因为它们是群体成员互动的产物。它们不是个体的产物而是社团的产物。

　　勒庞把偶然集中起来的个体导致的这种组织描述为一种"集体心智"，并把这种集体视为——尽管是短暂的和临时的——一种"单一的存在"。

　　决定群众组织的积极因素如下：

　　（1）群体成员中的一种和谐状态，并附带着某种传染性的兴奋和高度的暗示性。

895

　　（2）群体由于群体成员的和谐与同情反应而处于某种程度的精神隔离。

　　（3）关注焦点及其最终的结果。

　　（4）集体表现。

C. 大众运动的类型

1. 集体兴奋与大众运动：克朗代克淘金热②

　　接近 7 月中旬，蒸汽船埃克塞尔西奥号（Excelsior）搭载 40 名矿工从阿拉斯加西海岸的圣米迦勒（St. Michael's）到达旧金山，带着来自克朗代克（Klondike）的价值 75 万美元的黄金。当装着金子的袋子和罐子被腾空，金子堆在柜台上的时候，自从 1849 年那著名的一年以来，旧金山就没见过这种景象了。

　　7 月 18 日，波特兰号（Portland）到达西雅图的普吉特湾（Puget

---

① Durkheim, *The Elementary Forms of Religious Life*，pp.432—37.
② 改编自 T. C. Down, "The Rush to the Klondike," in the *Cornhill Magazine*，IV(1898)，33—43。

Sound)，搭载着 68 名矿工，他们带上岸的金条价值 100 万美元。第二天，据说这些矿工除此之外还有充足的金子隐藏在他们身上和行李之中，其价值双倍于最初的估计。所有这些说法是对是错并不重要，因为这些说法已经是遍布全国的报道。仅从这最后一个源头来说，旧金山的铸币厂在一星期里就收到了价值 50 万美元的金子，这必定是那些曾经的穷汉带着财富回来了。据说一个已从西雅图上来的贫穷铁匠带来了 115000 美元，而一个来自弗雷斯诺（Fresno）的破产农民已经获得了 135000 美元。

　　淘金狂热开始攻击所有阶级。花很多钱去买一套装备的身居高位者，带着比旅费多点钱的男人，农民和市民，对于"粗加工"的意义都没啥概念的职员和专业人士，这些人以难以想象的数量聚集起来以确保行程。但是没法带上他们。即使是在遥远的纽约，铁路公司和地方机构的办公室都被渴望加入淘金人群的焦虑的咨询者包围。在普吉特湾，磨坊、工厂和冶炼厂的雇员走得干干净净，而且斯基纳（Skeena）河上游的所有矿工全体抛开了他们的工作。到 7 月 21 日，北美运输公司（垄断育空地区贸易的两家公司之一）在芝加哥重组，资本增加了四倍，以应付交通之需。在不同的太平洋港口，每一艘合用的船只都被迫投入使用，但仍然无法满足淘金热。7 月底之前，波特兰号再次离开西雅图去往圣米迦勒，墨西哥号和托皮卡号去往代伊（Dyea），岛民号和蒂斯号从维多利亚驶往代伊。7 月 28 日，阿拉斯加公司的艾尔德号与最早卸下黄金的埃克塞尔西奥号同时离开旧金山，成为公司在这个季节接驳育空河船只的船队计划上最后的船只。提供给乘客的船票价格已经是最初票价的三倍，一位乘客为这本来只需付 150 美元的船票支付了 1500 美元。

　　然而这只是骚动的开始。据宣布，超过三艘蒸汽船要在 8 月航向育空河口，至少还有一打的船要前往林恩运河（Lynn Canal）①，其中不乏弃置多年的老旧船只，如今进行草草检修和改装，以满足北上航行之需。这些船之一是威廉米特号（Williamette），一艘只能供高

① 林恩运河不是人工运河，而是进入阿拉斯加东南部的一个峡湾。——译者注

867

级职员和船员睡觉的老运煤船,但却安装了铺位并带着 850 名乘客、1200 吨货物和 300 匹马离开西雅图前往代伊和斯卡圭,人、牲畜和货物被塞进甲板之间,直到其中的空气变得像地牢一样;而即使有这样的景况,一个人也只能靠大量的小费才能把他的物品搬上船。除此之外,为了多装人,还有很多平底船搭载着生活物资、燃料,驳船则运载着马匹。

由于相继到达林恩运河起点的蒸汽船涌出大量的乘客,并增加了大量不断积累的货物,出现了可怕的拥堵状况。到 8 月 10 日,事态变得如此严重,以至于美国内政部长——已经收到消息,带着 2000 吨行李和货物的 3000 人正在等待跨越育空山,还有更多的人正准备加入他们——向公众发出警报(接着几周前当地政府发出的警报),他要求关注这个季节晚期的旅程里伴随的暴露户外、物资匮乏、遭难和危险,并给人们提到北极冬季滞留在山区荒野五六个月的可能后果的严重性,在那里,没有援助能给到他们。

现在回到林恩运河起点的状况,蒸汽船在那里卸下搭载的乘客、马匹和货物。代伊和斯卡圭(Skagway)都在这样做,前者是前往奇尔克特山口(Chilcoot Pass)的登陆点,后者则去往怀特山口,两个地方之间相距大约四海里的路程。这些地方没有城镇,除了斯卡圭有个还没完工的小码头,没有方便登陆的地方,工人们已经被黄金热迷住。假如想活着通过这里的话,每个人都得带上一年的补给:大袋面粉、大块熏猪肉、豆子,等等,他的烹调用具、他的采矿装备和建筑工具,他的帐篷以及所有适合北方冬天的厚重衣服和毯子,至少一千磅重量。想象一下相继到达的每艘船吐出的数量可怕的内容,却又没有足够的办法将其运往内陆。

9 月底之前,人们正准备在海岸过冬,斯卡圭正成长为一个满满当当的城镇。这里在 8 月初还只有几个窝棚,到 10 月中旬已经有 700 个木屋,大约 1500 人。各种生意都来了,酒吧、下等赌场和形形色色的去处比比皆是,但却没有法律和秩序。一度几乎是荒芜之地的代伊(Dyea)也成长为一个重要的地方,但这两个城镇每块土地的称谓都有争议。雨一直倾盆而下,没有高高的橡胶靴子是不可能行走的。除了最顽强的人,没有人能在这种地方生存,每一艘从南方来的蒸汽船都载着新的登船者回到他们的家乡去了。

这个秋天,有 6000 人出发了,最多有 200 人通过怀特山口到达道森线,大概 700 人经过奇尔克特山口去往道森。有大约 1000 人在本尼特湖扎营,除了 1500 人还在海岸,其余所有人都回家,等到了隆冬或春天才再次开始冒险。问题在于,始终没有决定哪条是最好的路线,男人每天都在用他们掌握的最有力的语言激烈争论。

至于已经去往圣米迦勒的群体,他们是否有人能到达道森市是可疑的,因为下育空地区在 9 月底的时候不可通行,而且,不论如何,从口粮短缺的角度看,这种尝试都是相当鲁莽的。结果就是,他们将不得不在那个荒凉的岛上呆上九个月,几乎是整个北极的冬天,因为河流在 6 月底之前不会解冻。在这里,他们将完全没有活干,除非他们选择去为蒸汽船公司堆木材,他们唯一的娱乐就是喝低劣的黑麦威士忌——因为阿拉斯加是一个禁酒的乡下地方——和玩扑克。对于有着这种快乐精神的男人来说,北方冬天令人心碎的无聊是骇人听闻的,只有那些在西部大草原上有类似经历的人才能理解这种状况。

2. 群众运动与道德:妇女禁酒十字军①

1873 年 12 月 23 日晚上,俄亥俄希尔斯伯勒(Hillsboro)的街上可以看到单个或成群的人走去音乐厅,来自马萨诸塞州波士顿的戴奥·刘易斯博士(Dr. Dio Lewis)在那里做关于戒酒的讲座。

希尔斯伯勒是一个小地方,有三千多人,居民比通常的那种小镇居民受过更多的教育,它的社会因其平静、文明和优雅而在农村引人瞩目。

但希尔斯伯勒却不会幸免于盛行的放纵之祸害。希尔斯伯勒的早期移民大多数来自弗吉尼亚,带着他们老派的热情好客的观

---

① 编选自 Mrs. Annie Wittenmyer, *History of the Woman's Temperance Crusade*(1878),pp.34—62。

念。在改革运动之前的很多年里,职业人士,尤其是酒吧里的人几乎都是习惯性酒客,其中很多人非常沉迷于其中。当少数严肃的戒酒者——其中有州长艾伦·特林布尔(Allen Trimble)——大约在1830年发起了一场禁酒十字军运动时,神职人员拿起武器反对他们,其中一个教堂还举行了一场谴责性的布道。

因此,尽管善良和真诚的人们联合起来,努力去结束这种可怕的事态并改革社会,但所有的努力似乎都没有产生什么持久的效果。

刘易斯博士制定的这个计划至少以其新颖性而引起了注意。他相信禁酒十字军工作可以通过妇女成功地进行下去,假如她们以正确的方法来做——使酒吧老板具有基督教的博爱精神,并说服他们为了人道和他们的永恒福祉而抛弃这种可恶的、毁灭灵魂的生意。博士热忱地说着,看到他充满信心,妇女们心中抓住了希望——一个渺茫的希望,这是真的,但仍然是一个希望,而且当刘易斯博士问她们是否愿意去承担这项任务时,很多妇女站了起来,而且也不乏好男人答应要鼓励和支持这些妇女的工作。

随后的会议上,一个组织成立了,俄亥俄前州长特里布尔的女儿伊莱扎·汤普森太太被选为主席。汤普森太太就改革组织的方式进行了以下说明:

> 我儿子从戴奥·刘易斯博士的讲座上回来说:"妈妈,他们给你找到事做了。"他还告诉我说戴奥·刘易斯顺带提到了他母亲成功的努力,通过祈祷和劝说,关闭了他还是男孩时生活的那个镇的酒馆,而且他已经劝说希尔斯伯勒的妇女做同样的事情,有50人已经起来表达了她们的意愿,她们还要我帮她们执行承诺。在我对你们亲密地说话时,我还要说服我的丈夫——他已经退休了,正在隔壁房间举起手喊道:"喔,那是愚蠢的举动。"记得我是这样回答他的:"好吧,老公,男人们已经干了很长时间的蠢事,可能上帝在叫我们与他们合作。"我没说更多。第二天早上,我的姐夫,上校走了进来,告诉我和这次会议

899

有关的情况,说:"现在,你必须确定今天早上去教堂参加妇女会议,她们期望在那见到你。"我们的亲戚都在讨论这事,我丈夫说:"好吧,我们都知道你妈妈会到那里征询处理这件事的建议。"随后他指了指《圣经》,离开了房间。 900

我走进我房间的角落,跪下,翻开我的《圣经》去看上帝将会给我说的话。正是在那一刻,门被敲响。我的女儿进来了。她流着泪,手里拿着《圣经》,翻开到《诗篇》第 146 篇。她说:"妈妈,我刚刚翻到这里,我想它是给你的。"随后她出去了,我坐了下来开始读。

来自上帝的奇妙信息

"你不要依靠君王,也不要依靠人子,他们那里没有帮助。有雅各的神帮助他,那人是快乐的,他的希望在于仰望他的神;永守真理;为被压迫者执行裁决;主释放囚犯;主打开瞎子的眼睛;主扶起被压倒的人;主喜爱义人;主扶持孤儿和寡妇——但却使恶人的道路颠倒,主必做王,直到永远。锡安啊,你的神要做王,直至万代,你们要赞美主。"

我知道这是给我的话,我站起来,穿上我的鞋,动身了。我去到教堂,这是我在这个镇上出生的地方,我平静地坐在听众席的后排,靠着火炉。一百位女士聚集在一起。我听到我的名字——听到窃窃私语穿过聚会人群,"她在这儿,她来了。"在我站到讲台上之前,他们已经推我"执政"——我是她们的领袖。

我们的公民有很多在那里,我们的牧师也在。他们呆了几分钟,然后站起来走出去,说:"这是你的工作——我们把它留给女人和主。"当他们离开后,我翻开大本的讲坛圣经,并读第 146 篇诗篇,并告诉他们我选择这一节的情况。妇女们抽泣着,以至于我几乎不能继续。当我完成的时候,我感到鼓舞,要求一位长老会的女士祈祷。她毫不犹豫地做了,虽然这是她生命中第一次听得到的祈祷。我不能告诉你关于那次祈祷的任何事,只是那些话语就像火一样。

当她祈祷了之后,我说——这个时候正好到我——"现在,女士们,让我们两个两个挨着出去,个子最小的先走,让我们出去的时候唱'把你的恐惧交给风'。"

我们先去了约翰的酒吧。现在,约翰是一个德国人,他的姐姐已经在我们的家庭里生活了 13 年,她非常温柔和文雅,我希望能证明这是一种家庭特质,但是我发现不是这样。他大为愤怒地说:"太糟糕了,在酒吧祈祷是一种罪恶和羞耻。"但是我们还是祈祷了。

901

第二天,女士们举行另一次会议,但决定不做任何访问,正值圣诞节,旅店业主通常更为忙碌,不可能非常认真地听我们的建议。

26 号,造访旅馆和酒吧。汤普森太太提出了建议。正是在这个早上,在罗伯特·沃德的酒吧里,打破了已有的成规。"鲍勃"是一个善于社交的快乐家伙,他的酒吧是一个受欢迎的娱乐场所。那天早上,很多妇女参加了这个集会,她们由于他的错误举动而心痛。沃德明显被打动了,他承认这是"一桩糟糕的生意",说假如他能的话,"他将承担起放弃它",随后眼泪从他的眼睛里流下。很多女士哭了,最后,似乎受到了鼓舞,汤普森夫人跪在酒吧的地板上,所有人——甚至酒吧主人——都跟着她跪下来,并且祈祷,带着难以描述的哀婉和真挚祈祷这里和所有的酒吧老板悔改和蒙救赎。当阿门不是说出而是呜咽着出声时,华盛顿·多格特太太甜美的声音响起,"有一个赎罪泉",等等,所有人都加入了歌唱。效果是最庄严的,当赞美诗结束的时候,女士们静静地离开了,这就是第一次酒吧祈祷聚会。

有一个酒吧老板被从格林菲尔德带到 H——根据阿代尔判例① 接受审判。提起诉讼的可怜母亲恳求他不要卖酒给她儿子——"她唯一的儿子"。他粗暴地回复说只要他有一个子儿就要卖给他。另一个母亲,一位老妇人,发出同样的请求,她说:"否则,有一天他可能会填满醉汉的坟墓。"他回答说:"太太,你的儿子就像其他母亲的儿子一样有充分的权利填满醉汉的坟墓。"在希尔斯伯勒的一个酒

---

① 历史上,阿代尔判例是美国的一个法律判例,与劳工权利有关。——译者注

吧,一位女士对她的侄子说:"喔,B先生,不要卖威士忌给那些男孩。假如他喝了一杯,就会要另一杯,他可能会作为一个酒鬼死去。"可怕的回复是:"太太,我会卖给他,假如那会让他的灵魂下地狱的话。"最后一个男人是个特别难对付,石头一样冷酷的人,他的嘴唇就像是用打火石凿出来的。这是一个让人害怕的男人。一天早晨,当访问队伍来到他的门前时,她们发现他的心情很不好。他锁上门并怒气冲冲地坐在马厩里,紧握着拳头,愤怒地咒骂着,并命令我们回家去。在街道对面的有些绅士们后来说他们看着这一幕,准备冲过去保护这些女士不被攻击,他们肯定将会有冲突发生。但是有位女士,一个温柔平静的好心的女人,跪在他的脚下,对他发出温柔诚挚的祈祷,以至于他完全平静下来,而且当她站起来,向他伸出手以示善意时,他无法拒绝。

在禁酒十字军时期,欧森格洛夫一名酒吧老板同意歇业。由于有很大的热情和兴趣,我们妇女们决定补偿这位男人的威士忌,并在街上点燃一堆篝火。一大群人聚集在酒吧,威士忌酒桶被滚到他们点篝火的公共广场上。我自己和其他两位小个子的女人被挑选出来,排在头里去敲酒桶,带着隐藏在披肩下的斧头到达那里,定意去做我们的工作。

我不知道我是如此强壮,但是我像一个伐木工一样举起斧头,并带着伐木的劲头砍下来,第一下就砸在酒桶头上,威士忌四散流开。我确实经受了这有毒物质的洗礼。我们的意图是把它点燃,为此我们点了火柴,但是它没烧起来!它是一种可怕的混合物,但是我们已经着手点火,决定用某种方式使其燃烧,所以我们倒了些煤油上去,很快就有了火焰。能够卖那种酒的人不可能会遵守诺言,他又在卖那种酒了。

禁酒十字军在华盛顿市①仅比希尔斯伯勒晚两天开始。而且华盛顿是第一个禁酒十字军出名并且取得成功的地方。

1873年12月26日,星期五上午,在教堂祈祷一小时之后,44

---

① 不是美国首都华盛顿,而是俄亥俄州的一个城市。——译者注

902

873

名妇女排着队，缓慢而庄严地排在过道上，带着恐惧与颤抖，开始她们奇特的任务，而听众中的男性则留在教堂里，为这个新事业的成功祈祷。当教堂的钟声为妇女们庄严的游行而敲响时，她们已经走到名单上的第一家药店（城市范围内让人醉饮的售酒地点数量共有14处——11家酒吧和3家药店），在这里，就像在每个地方一样，她们唱着歌走进去，每个妇女唱着圣歌跨过门槛，随后是宣读呼吁和祷告，接着是最诚挚地请求停止这种毁灭灵魂的生意，并要销售者签名发誓。

这样，她们一整天从一地到一地，甚至午饭和晚饭时也不停止，直到5点钟。聚会没有取得明显的成功，但是她们总是彬彬有礼，即使她们反复承诺的"我们会再来呼吁"好像是冒犯了人一样。

因这种差事而进入这些邪恶巢穴的妇女无需被人告知这种几乎已经过去的悲痛，因为她们是第一次看到这些彩绘窗户或绿色百叶窗的后面，或者进入小得令人窒息的黑屋子，或者发现她们走下弯弯曲曲的台阶进入潮湿黑暗的地窖，并发现她们最热爱的地方正陷于致命的诱惑，灯火辉煌的药店、迷人的台球桌、诱人的啤酒花园里布满诱惑物。晚上在一间拥挤的屋子里听取一天工作的报告，显示出人们对这项使命快速增长的兴趣。

27号，对抗真正开始了。首先，发现门被锁上了。妇女们怀着怜悯之心跪在人行道的雪上，恳请神影响卖酒者的心灵，并举行了他们的第一次街道祈祷会。

晚上，疲倦但热心的工人们在各种遭冷遇者的群众会议上做报告，成功使两个药商签名承诺：除非医生开具处方，否则不卖酒。

专门用于工会群众开会的安息日直接提到了手头的工作；到星期一的时候，妇女的数量增加到接近100人。12月29日这天是华盛顿市值得长久铭记的一天，因为酒类售卖者第一次投降，为了回应妇女们的祈祷和恳求，他们库存的各种酒被他们倾倒在街上。将近1000位男人、女人和孩子见证了啤酒、麦芽酒、葡萄酒和威士忌混合在一起灌满了排水沟，并被土地吸收，当钟声敲响时，男人和男孩呼喊着，妇女们唱着歌，并向赐予这场胜利的上帝祈祷。但是到第四天，即"存货销售日"，这场运动才达到了它的高峰，城镇里满是来自全县各地和毗邻村庄的访问者。另一次公开投降，另一次比前一天规模更大的在街上倾倒库存酒，以及更强烈的兴奋和热情。

群众聚会夜夜举行，直到 1 月 21 日（离这个工作开始已有一星期），每天晚上都有公共聚会，新的胜利报道不断，秘书的报告宣布了每个酒类销售商的无条件投降，有些人已经把他们的酒运回给了批发商，另一些人把酒倒进排水沟，药商已经签了承诺书。由此，一场祈祷和唱诗运动已经在 8 天里关闭了 11 家酒吧，并使 3 家药店承诺只凭处方卖酒。男人们一开始是怀疑、嘲弄和嘲笑，随后是批评、尊重和屈服。

晨祷和晚间聚会每天继续，个人承诺书得到传阅，直到获得1000 个签名。医生被要求签承诺书，承诺在能找到其他替代方式的情况下不开烈酒处方，而且没有对病人进行个人检查，是无论如何也不开的。

第三周早些时候，令人沮丧的情报是，一个新人获得许可在一个废弃的酒馆卖酒，他以辛辛那提一个威士忌公司为抵押，贷到5000 美元去打破这场运动。到星期三，14 号，威士忌被卸到他的房子里。大约 40 个妇女当场跟着酒进去，全天保持不间断的祈祷聚会，直到晚上 11 点。第二天，天气严寒，活动在同一地点以同样方式进行，没有火或椅子，妇女们锁在里面两小时，业主却去旁听一场审讯。接下来，1874 年冬天最冷的一天，妇女们被锁在外面，站在街上举行全天的宗教礼拜。

第二天早晨，街上搭了一个帐篷，正面对着这所房子，为了全天守望和祈祷的双重目的。天黑之前，治安官关闭了酒吧，业主投降了，就这样结束了第三周。

短时间之后，在一张临终的床上，这四天里搞事的酒商派人到这些妇女那里来，告诉她们，她们的歌声和祈祷从未在他的耳边停止，他敦请他们再次为他祈祷，他就这么死了。

因此，在 1874 年冬天的大部分时间，在这个县里没有酒精饮品作为饮料销售。

在两年里,每周的戒酒社团会议由忠诚的少数人坚持着,而频繁举行的工会群众聚会总是在人们面前保持这个主题。今天,不光彩和丢脸的事实是,与十字军运动之前相比,更多的地方在卖酒。

3. 群众运动与革命

a. 法国大革命[①]

每个时代人们的外在生活都建立在一个由传统、情感和道德影响的框架组成的内在生活之上,这些框架指导着他们的行为,并保持着某种他们无需讨论就接受的基本概念。

如果让这种社会框架的抵抗力减弱,以前无力的观念就会萌芽和发展。某些在革命时期成就巨大的理论在两个世纪之前就遇到了坚不可摧的墙。

这些考虑的目的是向读者唤起这个事实:革命的外在事件始终是人们的思想里缓慢向前的无形变革的结果。任何对革命的深入研究都必须研究指引其革命进程的观念得以萌芽的精神土壤。

观念的演变普遍来说极端缓慢,所以这种演变在一代人里常常是无形的。只能通过比较同一社会阶级心理曲线两个极端的精神状况来把握它的范围。

哲学家对革命起源的实际影响不是他们造成的。他们没有揭示什么新东西,但是他们发展了没有什么教条能够抵抗的批判精神,一旦方法准备好,教条就会垮台。

在不断发展的批判精神的影响下,不再得到极大尊重的事物会越来越不被尊重。当传统和遗产消失之时,社会结构就会突然垮塌。这种不断进步的崩解最终会落到人民的身上,但不是由他们开始。人民遵循先例,但从不设置先例。

不能对人民施加任何影响力的哲学家确实对这个国家开明的部分发挥了巨大的影响。长期被剥夺了他们的旧职位,并因此趋于

---

① 改编自 Gustave Le Bon, *The Psychology of Revolution*, pp.147—70。(G. P. Putnam's Sons, 1913.)

吹毛求疵的没落贵族跟随着他们的领导者。缺乏远见,贵族就首先与作为他们唯一存在理由的传统决裂。他们和今天的资产阶级一样沉浸在人道主义和理想主义之中,他们通过他们的批判不断削弱自己的特权。和今天一样,在财富的热爱者中可以找到最热心的改革者。上层社会鼓励关于社会契约、人权和公民平等权的论述。在剧院里,它赞扬批判特权,批判身处高位者的霸道和无能,以及批判各种弊端的戏剧。

　　一旦人们对指导他们行为的心智框架的基础失去信心,他们首先就会感到心神不安,随后是不满。所有阶级都感到他们旧的行为动机逐步消失。几个世纪以来似乎神圣的东西如今不再神圣。

　　当时贵族和作家的挑剔精神不足以移动传统的重负,但是其作用被添加到其他有力的影响之上。我们在引用博绪埃(Bossuet)①时已经说过,在祖先的统治下,宗教政府和公民政府——在我们的时代是普遍分开的——有着密切的联系。毁伤一个就不可避免地会伤及另一个。这样一来,即使在君权思想被动摇之前,宗教传统的力量在有教养的人当中已被大大削弱。知识的不断进步已经使越来越多的人从神学转向科学,办法是从抵制观察到的真相转向揭示真相。

　　这种心智的进化尽管还是很模糊,但已经足以展示出,那些已经指引了人类如此多个世纪的传统并不具备已经赋予它们的价值,很快就有必要取代它们。 907

　　但是,在哪里能找到可以替代传统的新要素呢?在哪里去寻求将在不再能满足人类的废墟上建起新的社会大厦的魔戒呢?

　　人们一致同意,传统和神明似乎已经失去的力量现在归属于理性。理性的力量怎么会遭到怀疑呢?它的发现不可胜数,假定将它运用于社会的建设,就会完全改变社会,这难道不是很正当吗?在更为开明的思想中,它可能的作用增长非常快,与传统似乎越来越不被信任形成反比。

---

①　雅克-贝尼涅·博须埃(Jacques-Bénigne Bossuet,1627—1704),法国神学家。——译者注

归于理性的至高无上的权力必须被视为终极的观念,这不仅引起了革命,而且还全程统治着革命。在整个革命时期,人们做出最坚韧的努力,与过去决裂,并给社会树立起一个由逻辑支配的新计划。

随着缓慢地向下渗透,哲学家的理性主义理论对人们来说,不过意味着曾经被视为值得尊敬的所有东西如今不再有此价值。人被宣布为是平等的,无需再服从旧主人,大众很容易就停止尊重上层阶级自己都不再尊重的东西。当尊重的障碍倒下来时,革命就成功了。

这种新心态的第一个结果就是普遍的反抗。维热·勒布朗夫人(Mme. Vigée Lebrun)①说,在朗香的舞会上,那些跳上马车踏板的男人说:"明年你们将会落后,而我们将会在里面。"

民众不是唯一表达反抗和不满的人,这些情绪在革命前夕是普遍的。泰纳说:"低级神职人员对高级教士,乡下的绅士对宫廷里的贵族,仆从对诸侯,农民对市民,全都充满敌意。"

由贵族和神职人员向人民传达出来的这种精神状态也侵入了军队。在三级会议召开的时刻,内克尔(Necker)②说:"我们对部队毫无把握。"军官们变成人道主义者和哲学家,从人口的最底层招募来的士兵不懂什么哲理,但他们不再服从。在他们软弱的头脑里,平等观念仅仅意味着压制所有的领导和主人,以及所有的权威。在1790年,二十多个团威胁他们的军官,而且有时——就像在南锡(Nancy)——还把军官投入监狱。

在社会的所有阶级中扩散,并最终侵入军队的精神上的无政府状态成为旧政权消失的主要原因,"正是第三等级观念影响下的军队背叛,"里瓦罗尔(Rivarol)写道,"摧毁了王权。"

法国大革命的起源及其延续受到理性的、情感的、神秘的和集体的因素影响,每个类别受到一个不同逻辑的控制。理性要素通常

① 伊丽莎白·露易丝·维热·勒布朗(Élisabeth Louise Vigée Le Brun,1755—1842),法国著名肖像画家,也是法国国王路易十六的王后玛丽·安托瓦内特的御用肖像画家。——译者注
② 雅克·内克尔(Jacques Necker,1732—1804),法国银行家,法国革命时期任路易十六的财政总监,因触怒国王而被免职。——译者注

被引用,作为一种解释作用于现实,但是影响很小。它为革命准备了道路,但它只是在革命一开始得以保持,而它始终是专属于中产阶级的。它的行动体现在这个时期的很多措施上,就像改革税收的建议,压制无用贵族的特权,等等。

一旦革命触及了人民,理性因素的影响就在情感要素和集体要素影响面前迅速消失。至于作为革命信仰基础的神秘主义要素,它们使军队狂热,并在全世界宣传新的信仰。

我们将会看到这些各种各样的要素——当它们出现在事件和个人的心理之中时。可能最重要的是神秘主义要素。革命不可能得到明确的理解——我们不可能太频繁地重复这一点——除非它被认为有宗教信仰的结构。我在其他地方所说的关于所有信仰的话都同样适用于革命。它们把自身强加于人,使之脱离理性,并有力量使人的思想和感觉在一个方向上极化。纯粹的理性从来没有这种力量,因为人们从来不会被理性激起热情。

革命快速具备的宗教形式解释了它扩张的力量,以及它拥有和保持的声望。很少有历史学家明白,这一伟大的丰碑应该被认为是新宗教的基础。我相信托克维尔敏锐的头脑是最早这样认识的,他写道: 909

> 法国大革命是一场政治革命,它以宗教革命的形式运作,并在某种程度上具备宗教革命的性质。从它最终类似于后者的规律和特征来看,它不仅像宗教改革一样扩散得既远又广泛,它还像后者一样通过布道和宣传来扩散自身,一场鼓励改变信仰的政治革命——它给外国人布道之热情一如在自己国内一样,想想看,这是多么新奇的奇观啊。

尽管神秘主义要素始终是信仰的基础,但某些情感和理性要素很快就被添加进来。所以,一种信仰有助于集合属于情感领域的情感、激情以及兴趣。理性则覆盖全部领域,寻求证明事件的合理性——尽管它没有在事件中起作用。

在革命时刻,每个人根据自己的愿望,给新的信仰穿上不同的理性外套。人们在其中只看到他们经常忍受的宗教压迫、政治专制和等级制。像歌德这样的作家和像康德这样的思想家则认为他们看到了理性的胜利。像洪堡这样的外国人来到法国"是为了呼吸自由的空气,并给专制的葬礼帮忙"。这些智力幻象没有持续多久,剧本的演变立即揭示了梦想真正的基础。

b. 布尔什维克主义①

大规模的群众运动——不论是宗教性的还是政治性的——一开始总是难以理解。它们总是要挑战现存的道德和智力价值观,对于常规的头脑来说,对此进行重新评估是一件非常困难和痛苦的任务。此外,要把它们的目标和政策明确为实际和综合的计划,一般是要慢慢来达成的。在它们的开端和发展的早期阶段,必定需要很多粗糙和实验性的陈述,以及很多修辞上的夸张。一般来说可以肯定的是,在其历史上,没有哪个阶段可以只通过研究它的正式表述与可靠阐述就能完全理解和公平解释一场伟大的群众运动。此外,必须辅之以仔细研究男人和女人的心理,他们的理想和期盼代表着这些表达和阐述。仅仅知道和理解这些信条是不够的:关键在于,我们还要认识和理解精神因素——不满,希望,恐惧,以及处于运动之中的人类单位笨嘴拙舌的愿景。这在开始阶段比后期更重要,此时运动之灵魂的表达变得更加明确和清楚。

在那些已经参加过很多布尔什维克会议,或熟悉很多受到布尔什维克主义强烈感染之人的人中,没人会认真质疑这样的陈述:居然有那么多自称为布尔什维克的人表现出与极端宗教狂热者的惊人相似——不仅是在表达他们热情的方式上,还在他们阐述和论证的方法上。就像在宗教式的歇斯底里中,一个文本会变成排斥其他任何文本的完整教条,而且不接受理性的检验,还成为其他每种事物合理性的唯一检验,所以,对于这类普通的布尔什维克主义者来

910

---

① 改编自 John Spargo，*The Psychology of Bolshevism*，pp.1—120。(Harper & Brothers, 1919.)

说,一句短语在情感的抽搐中被心智接纳,从来不用通常的理性标准来检验,它不仅变成了真理的本质,还变成了判断其他每件事真实与否的必备标准。大多数变成了布尔什维克的布道者就属于这种类型。

那些心智受到这种影响的人普遍能够——并经常沉溺于——进行最严格的逻辑推导和分析。有时,他们因为这种能力而获得非凡思想家的名声。但事实是,他们最初的观念——每件事都以此为核心——来自情感,而不是对恰当证据进行有意权衡的结果。最初的运动是一种感觉,一种情绪冲动。由此产生的信念是如此强大和具有支配性,以至于不会受到任何纯粹理性的功能因素的影响。

这种类型的人急于求成,并带着令人困惑的轻松给最困难的事情赋予非常积极的信念。对于他们来说,困扰正常心智的复杂性和错综之处是不存在的。每件事非黑即白,没有让人困惑的灰色。对就是对,错就是错,他们不承认有可疑的混沌地带。能进行最精细扩展和最微妙解释的观念被不成熟地把握和天真地布道。据称是事实的陈述——不管它们的来源为何,假如他们似乎支持这些信念,那来源就是情感——未经任何检验就被接受,并作为确凿证据来使用。尽管一次简短的调查就可以向他们证明,这些陈述作为证据是无价值的。

假如我们看看当前狂热拥护布尔什维克主义的美国知识分子,就会发现,除了极少数可以忽略不计的例外,他们拥护已经出现的几乎每一种"主义",他们在每一种主义之中都能看到对人类弊病的神奇解决办法。比如,老一辈人中有人喜欢复本位制。还能要求别的什么让沙漠开花和迎来人间天堂呢?轮到年轻一辈,则支持无政府共产主义、马克思社会主义、产业工会主义、工团主义、生育控制、女性主义和很多其他运动与宣传,每一种主义都引起对新天堂和新地球的狂喜愿景。同样这些人在赞美每一种古怪和离经叛道的艺术潮流时都变得热情奔放。在立体派、未来派等流派制作的陈腐和荒诞不经的艺术模仿品中,他们看到了至高无上的天才。他们永远都在寻找新的神和埋葬旧的神。

要是说这些个人都是病理学意义上的歇斯底里者,这就扯远了,但是可以准确地说,这类人表现出了显著的歇斯底里特征,而且极其类似于过度情绪化的宗教狂热者——此类人提供了如此之多的真正的歇斯底里者。可能环境的偶然是他们的情感主义采取社会学形式而不是宗教形式的原因。假如没有社会学的动力,他们大多数人将会被宗教式地驱动,达到不那么正常的状态。

要理解布尔什维克主义的煽动和同情在这个国家相当一部分工人阶级中的扩散,我们必须考虑这一事实:它的逻辑起点和天然内核是世界产业工人联盟(IWW)①,而且还必须把我们的头脑从只有"无知的外国人"才受影响的妄想中解放出来。这不是对世界产业工人联盟或整个布尔什维克主义宣传的正确评估。这两个组织中确实有很多这类人,但也有很多美国本地人,坚强、自力更生、有进取心和勇敢无畏的人。我们不得不研究的这种特殊群体心理,与其说是由于模糊的"种族"术语所理解的微妙和复杂的因素,不如说是有关群体所处的政治和经济状况的结果。

典型的土生土长的世界产业工人联盟的成员——一种经常可以在中西部和西部城市里遇到的"摇摆不定的"(wobbly)人——与耸人听闻的漫画家呈现出来的令人惊骇和丑恶的形象完全不像。他更可能是一个非常有吸引力的人。以下是一些这类人的特征:身材健壮、结实、刚健;穿着粗糙但并非不干净;言语直率;深思熟虑;勇敢无畏;样子机灵;坦诚,没有花天酒地的迹象;行动缓慢而悠闲,不喜欢过度劳累。有成千上万这种摇摆者符合这种描述的规格。与这些人的谈话表明,一般来说,他们在严肃程度上要高于而不是低于平均水平。他们普遍不受家庭的束缚,要么未婚,要么就经常是摆脱妻子的人。他们没有受过高度的教育,很少人读过比文法学校高级的学校。但是他们中很多人的阅读量超过一般人,尽管他们的阅读总是选择稀奇古怪、五花八门的东西,而且几乎总是不平衡,

---

① 世界产业工人联盟(Industrial Workers of the World)是1905年在美国芝加哥成立的一个国际工会。——译者注

神学、哲学、社会学和经济学似乎吸引他们最多的关注。在讨论的时候——每个"摇摆者"似乎都有辩论的激情——这类人将会表现出对某些神学问题的概要及与之有关的圣经文本令人惊奇的熟悉。然而,非常可能是这样一种情况:他们只读过过去被称为理性主义的少量流行经典——潘恩(Paine)的《理性时代》,英格索尔(Ingersoll)以小册子形式发行的讲座,并且海克尔(Haeckel)的《宇宙之谜》就是典型。惊人数量的人能广泛引用伯克的《文明史》和马克思的著作。他们自由引用的统计数据——关于工资、贫困、犯罪、不道德行为等的统计——一般来自激进的出版物,而且他们含蓄地相信,由于数据是这样出版的,所以他们所接受的东西是足够权威的。

913

　　他们最显著的特点就是生活的迁移性。无论是自己决定的,是气质和习惯问题,还是由于不可控的因素,这种迁移性就是他们普遍遭到蔑视的主要原因。这自然在每个地方给他们带来"流浪汉"和"游手好闲者"之类的责备和怨恨。他们很少在任何地方呆足够长的时间,以便形成对地方的依恋和纽带,或者任何类似于公民自豪感那样的东西。他们从一份工作到一份工作,从一个城市到一个城市,从一个州到一个州,有时徒步行走,边走边乞讨;有时偷乘火车、货车——在普尔门式车厢的边门上,或者在货车下方的杆子上。他们经常因为乞讨、非法侵入或者逃票而被抓,他们常常是地方法官和司法官手中司法不公的受害者。缺乏朋友,加上到处都存在的对流浪者的偏见,使他们承受独断专行和不容分说的不公对待,而其他美国公民没人能承受这些。此外,根据他们的生存状况,他们会被轻易怀疑犯下他们并没有犯的罪行;对于无情的警官或治安官来说,把犯罪归咎于孤身一人且手无寸铁的"wobbly"们真是轻而易举,这些人经常找不到证据来证明自己的无辜,仅仅是因为他在隔壁没有朋友,并一直在竭力掩饰自己的活动。这样,"wobbly"们变成了名符其实的以实马利①(Ishmael)之子,他的手与传统社会中几

---

① 《圣经》中的人物,亚伯拉罕之子,由于是侍女所生而被亚伯拉罕遗弃,其名字后来成为弃儿的代名词。——译者注

乎每一个人的手对抗。特别是他出于习惯变成了反叛者,憎恨警察,而法院成为他的宿敌。

毫无疑问,这些人当中的大部分在性情上倾向于不安定、冒险、迁徙性生存。如此成长的男孩们逃往大海,在旅行马戏团工作,或作为士兵被招募。这种类型的人是人们熟悉的,而且并不少见。这类人不可能像正规就业者一样安于平淡、乏味和枯燥的生活。一般来说,我们不会把男孩或男人身上这种特质当成是有罪的。

914
很多勤劳聪明的美国人,无论是出于选择还是必然,都是迁移性的工人,埋头工作,从未有机会投票选举州议员、州长、国会议员或总统。他实际上被排除在实际选民之外,就好像他是个中国苦力一样,对我们的习俗和语言很无知。

我们毫不奇怪,这些状况证明了布尔什维克主义和类似的"主义"丰富的起因。假如不是这样,那才是很奇怪的事情。我们无权期待这些如此长期地遭受我们警察和法院专横、不公,甚至是野蛮对待的受害者们会表现出对法律和司法体系的任何尊敬。不可能公平要求一个被剥夺的群体尊重政府的多数派统治原则。不用奇怪社会主义的旧口号"在投票箱上罢工"——把阶级斗争提升到议会层面进行和平解决——变成了绝望的、无政府主义的世界产业工人联盟的口号"用斧头敲打投票箱"。不可能指望没有家庭生活的人会操心学校管理。没有家庭生活,只能沉闷地躲在拥挤的工作营地或肮脏的廉价客栈的人不可能关心市政房屋改革。

总之,我们必须清醒认识到,事实上,作为我们问题的核心,我们在美国有一个由富于生命力的热血美国人构成的布尔什维克内核,在我们的土地和历史上很活跃,他们的生活与劳动状况使他们发展出了胆大妄为、绝望、深藏仇恨的布尔什维克心理。他们确实很少关心国家理论和社会发展理论——这些对于我们的知识分子来说似乎是布尔什维克主义的实质。他们极其关心的只有行动。工团主义和布尔什维克主义都涉及快速果断的行动,这是他们求助的力量。

最后,假如我们理解为什么在所有土地上的数百万人从旧的观念、旧的忠诚和旧的信仰转向布尔什维克主义,并具有救世主运动的某些激情和狂热特性,我们就必须考虑世界大战已经给文明人类的生活带来的强烈的精神痛苦和饥饿。旧的神已死,人们到处期盼新神的兴起。战争的余波是一场精神灾难,就像文明人类之前从不知道的一样。旧的宗教和道德被粉碎,而人们正等待和追求着新的。这是一个新宗教产生的时刻。人们不可能没有信仰,没有某种宗教而生活。今日世界的核心是尽量利用新的和鲜活的信仰,来替代已死去的旧信仰。如果一些有说服力的狂热者宣称自己是新的弥赛亚,并鼓吹行动的宗教,创建新的社会,他将找到一个早已注定要去信仰的,灵魂所渴求的世界。

915

4. 群众运动与机构:卫理公会①

进行"习俗改革"的社团对从王政复辟以来就已很普遍的习俗腐化进行斗争,这些社团在 17 世纪最后几年获得非同寻常的重要性。这些社团源于詹姆斯二世统治时兴起的某些私人社团,主要得到贝弗里奇(Beveridge)和霍内克(Horneck)主教的支持。这些社团最初都是纯粹信仰方面的,他们的特征似乎和那些早期卫理公会信徒完全一致。他们举行祷告会,每周一次的交流和《圣经》阅读;他们支持慈善机构和分发宗教书籍;他们培养了比教会里通常信仰方式更温暖、更严肃的信仰方式。这种类型的社团几乎扩散到英格兰每一个有相当规模的城市,甚至是爱尔兰的一些城市里。在 17 世纪的最后几年,我们在都柏林发现不少于十个这样的社团。然而,他们并没有完全放弃他们最初的特征,他们大约在 1695 年具备了新的和非常重要的功能。他们把自己分为几个单独的群体,着手发现和抑制名声不佳的住户,以及检举诅咒者、醉汉和主日破坏者。他们变成了一种志愿警察,主要像间谍一样行动,并执行法律以对抗宗教犯罪。实施这种方案的力量非常显著。在一周里,常常有多

---

① 改编自 William E. H. Lecky, *A History of England in the Eighteenth Century*, III, 33—101。(D. Appleton & Co., 1892.)

达七八十人在伦敦和威斯敏斯特因诅咒和咒骂而被起诉。迄今并不少见的周日市场遭到有效的压制。数百间杂乱无章的房子被关闭。每周有四五十个夜巡者被派到布莱德威尔（Bridewell），并吸引很多人移居到这些殖民地。向这些罪行征收的很大一部分罚款被赠给穷人。在 1735 年发表的"习俗改革社团"的第 40 期年度报告中，据说仅仅在伦敦和威斯敏斯特，自从该社团成立以来，针对道德败坏和渎神的检举数量已经达到了 99380 宗。

"Methodist"①这个称谓是给牛津大学一个小规模学生社团所起的绰号，他们在 1729—1735 年间为了共同进步而聚在一起。他们习惯于每周交流，在周三和周五，以及四旬斋（Lent）②期间的大多数时间里有规律地斋戒；共同阅读和讨论《圣经》，戒除大多数消遣和奢侈形式，探访生病的人和监狱里的囚犯。约翰·卫斯理（John Wesley）③，这位 18 世纪宗教复兴的未来领袖是这个社团的精神导师。这个社团几乎不超过 15 名成员，而且是大学里被嘲笑的对象；但是它包含了一些后来在世界上扮演重要角色的人物。其中有约翰·卫斯理的弟弟查尔斯，他的赞美诗变成了这个宗派最喜欢的诗歌，他更优雅、更温和、更和蔼的性格——虽然不像他的哥哥那样更适合公共生活的大量冲突——在调节这场运动，并以他的个人影响使人皈依这方面非常有用。查尔斯·卫斯理（Charles Wesley）似乎在牛津创立了这个社团，他使怀特菲尔德（Whitefield）变得黯然失色，除了是最受欢迎的诗人，他还是这个运动最有说服力的布道者之一。

在 1738 年，这场运动的主要元素已经形成，怀特菲尔德已从佐治亚回来，查尔斯·卫斯理已经开始效果非凡地向纽盖特监狱的犯

---

① Methodist 有"循规蹈矩者"的意思，这个名称后来成为卫理公会信徒的称呼。——译者注
② 四旬斋也称大斋节，为复活节之前的四十天，基督徒视之为禁食和为复活节作准备而忏悔的季节。——译者注
③ 约翰·卫斯理（John Wesley，1703—1791），英国牧师和神学家，与他的兄弟查尔斯和同为牧师的乔治·怀特菲尔德一起创立了卫理公会。——译者注

人宣讲教义,并在他得到允许的每个讲坛上布道。卫理公会社团在摩拉维亚教派(Moravian)的影响下已经兴起。他们部分是牛津社团的延续,部分是革命之后已经引起共同关注的宗教社团的复兴。每一种社团都设想成为教会中的教会,一种更为狂热的虔诚的种子,一个更为严格的纪律的中心,比现有宗教团体更有力地传道。在这些社团中,基督教古老的"爱宴"(Love-feasts)①习俗得到复苏。成员们有时候在最热切的祈祷中度过整个晚上,并自愿服从一种在天主教修道院都难以达成的精神暴政。他们每周会面,并为每次行为上的软弱做出公开和特定的忏悔,甘愿忍受对他们所有思想、言辞和行为进行的全面检查。以下是每次会议上都要问的问题:"上次会议以来你犯了什么罪? 你遇到了什么诱惑? 你是如何得到解脱的? 你想了、说了或做了什么你怀疑是否有罪的事吗? 你有什么想保密的事情吗?"

917

这样的规则只有在压倒性的宗教热忱影响下才能被接受,约翰·卫斯理的哥哥在1739年传递给他们的意见中也有很多真理。他给他的母亲写道:"他们的社团足以消融除了他们自己之外的所有社团。任何有常识的人会忍受任何家庭成员加入一个团伙,在每件涉及个人良心的事情上都毫无保留地牵扯五或十个人进来,而不论与家庭有多大关系吗? 除非丈夫和妻子在一起,否则应该有任何已婚人士在场吗?"

从那时起,运动的领袖变成了最活跃的传教士。没有任何固定的教区,他们从一地漫游到另一地,在每一个他们得到许可的讲坛宣讲他们新的教义,他们很快唤起了激昂的情绪和教会强烈的敌意。

我们可能会责怪,但是我想,我们不大可能对神职人员中产生这种敌意感到奇怪。的确,正是卫斯理和怀特菲尔德在这个时候比其他同时代的教士做了更多工作,来点燃人们之中鲜活的虔诚。在1738年底之前,卫理公会领导人被排除在教会的大多数讲坛之外,

① 爱宴起源于早期基督教会,指的是一种与主的晚餐不同的基督教仪式餐。——译者注

而且除非放弃他们所认为的神圣使命,否则就得被迫走向分离的道路。

1739 年采取了两项重要的措施,其中之一是建立卫理公会的教堂——其目的不是反对或者替代教会,而是补充和辅助教会,并确保新生的教义能如实地教导给人们。另一个更重要的措施就是怀特菲尔德的现场布道机制。他在伦敦的时候有了这个想法,他在那里发现,对于他布道的教堂来说,会众太多了,但最初采取的实际步骤是在布里斯托尔的附近。当时,他被排除在布里斯托尔的讲坛之外,并因此被剥夺了发挥他天才的正常手段,于是他的注意力转向了金斯伍德矿工的状况。他满怀着恐惧和同情发现,在这个基督教国家的中心,在一个伟大城市直接邻近的地方,成千上万人陷于最野蛮的愚昧和恶习之中,完全被排除在宗教法规之外。在这种感觉的驱使下,他决心把矿工们从困窘中解救出来。解决办法是个无畏之举,因为现场布道在英国是从未有过的,这需要的不只是用非凡的勇气来面对它必定会激起的所有谩骂和嘲笑,还要着手在半野蛮人口之中做实验。然而,怀特菲尔德对他的动机和力量有信心。他站在山坡上,用耶稣登山宝训的开场白作为布道经文,他以惯有的热情给大约二百名吃惊的听众做了演讲。他的口才声名远播。在连续几个场合,先后有五千、一万、一万五千,甚至两万人出席。时值二月,但冬天的阳光清晰明亮,车道上挤满了富裕市民的马车,他们的好奇心来自布里斯托尔。树木和树篱边挤着卑微的听众,场地被密密麻麻的群众遮得黑压压的。伟大布道者的声音带着激动人心的力量,回荡在浩荡人群的边缘。这种场合与场景的生动性,这么多人感染性的情绪,对听众状况和他采取的步骤重要性的深切感受,都给他的口才赋予了额外的庄严感。他那些粗鲁的旁听者变得兴奋。他们站在那里全神贯注,很快,眼泪在被煤炭弄黑的脸上划出白色的沟槽。随后,呜咽和呻吟说明铁石心肠如何被他的言辞所融化。金斯伍德这些被排斥者之中的火焰被点燃了,并长久而猛烈地燃烧,注定在几年之内会蔓延到这片土地上。

要不是同时出现了伟大的演说家和政治家,卫理公会可能会深受煎熬,并最终像上个世纪的很多小宗教社团一样阴燃并灭亡。怀特菲尔德完全缺乏使运动得以持续的组织能力,没有什么才能比通俗的演讲更昙花一现;而卫斯理,尽管是一位伟大和令人印象深刻的布道者,但他如果没有一位具备驱动无知者热情的举世无双能力的演讲者协助的话,他几乎不可能激起普遍性的激情。怀特菲尔德在1739年2月开始的现场布道制度引起了广大穷人的冲动,而卫斯理在同年5月建立的第一个卫理公会教堂则是有组织团体的开端,能够确保和维持已经取得的成果。

　　从非神职的布道者的制度开始,卫理公会在很大程度上已经独立于已有的教会。它的教堂在各大市镇里增长,它的流动传教士渗透到最偏僻的地区。他们习惯于在野外和花园,在街道和读书室,在市场和墓地里布道。有一次,我们发现怀特菲尔德站在一个集市里为摔跤选手搭的台子上,并在那里谴责世界上的娱乐。另一次则是给穆尔菲尔兹(Moorfields)的江湖医生们布道;第三次在赛马场里,上万名观众被吸引在他的讲坛周围;第四次,则在执行死刑的绞刑架旁边谈论死亡和永恒。卫斯理在被逐出艾普沃思(Epworth)的讲坛之时,在教堂墓地里他父亲的坟墓上发表了他给人最深刻印象的讲道。卫斯理的追随者霍威尔·哈里斯(Howell Harris)遭遇一帮江湖医生,他跳到他们中间,以庄严的声音大声说"让我们祈祷",然后继续宣讲上帝的判决。罗兰德·希尔(Rowland Hill)习惯于在赶集日造访大的市镇,以便能在市场里给人们演讲,并从集市到集市,用他最喜欢的经文"从他们中间出来"给纵酒狂欢的人布道。卫理公会的布道者以这种方式接触到了最野蛮的那部分人,很少有什么暴徒的暴力是他们没有体验过的。1741年,他们的布道者之一西沃德(Seward)在威尔士被反复虐待之后,最终在蒙默斯(Monmouth)布道时被击中头部而死。惠特利(Wheatley)在诺维奇传教时,在一次骚乱中,一位带着小孩的贫穷妇女死于暴徒的拳打脚踢。在都柏林(Dublin),怀特菲尔德几乎被石头砸死。在埃克塞特(Exeter),他在主教面前被石头砸中。在普利茅斯,他遭到暴力围攻,他的生命遭到一名海军军官的严重威胁。

　　这种场景不断发生,还夹杂着其他不那么危险的迫害。打着鼓,吹着号角,开着枪,铁匠们被雇来做着他们喧闹的生意,以淹没牧师的声音。有一次,恰是怀特菲尔德宣讲他的经文时,钟楼发出一声足以让他耳聋的巨响。在另一个场合,一群猎狗因同样的目的被带出来,为了激起狗的愤怒,一只关在笼子里的活猫被放到它们之中。消防车把恶臭的水倒向集会人群。石头密集落下,让很多人的脸被血染红。在霍克斯通(Hoxton),暴徒把一头牛赶到集会人群之中。在彭斯福德(Pensford),一直在引诱一头公牛的暴民把被撕裂的动物铺满卫斯理布道的桌子。有时我们发现,旅馆老板拒绝接待卫理公会的领导人入住,农夫们签订协议,解雇每一个参加过卫理公会传道的工人,地主把所有卫理公会教徒从他们的村舍里驱逐出去,主人因为仆人加入这个教派而将其解雇。地方治安官凭经验知道,卫理公会牧师的出现通常是骚乱和暴动的前兆,所以治安官带着最大的不满注视着他们,而且经常对他们所受的迫害进行可耻的纵容。

　　卫斯理经常注意到,他的布道很少影响富有和受过教育的人。正是对于无知者和轻信者布道发挥了其最惊人的力量,很难高估它有时必然产生的精神痛苦。具有胆怯和沮丧天性的人不相信自己经历了超自然的改变,高尚而有爱的人则相信那些他们最亲近的人落到了永久的火海中,必定经常经历痛苦,与之相比,殉道者所受的折磨是微不足道的。卫理公会牧师自信的宣讲及他不断激发的可怕图景毒害了他们的想象力,在他们软弱和抑郁的每个时刻萦绕于他们的心头,使他们对世界的所有判断褪色,并给坟墓的黑暗添加十倍的恐惧。这种描述的痛苦尽管是迷信所能造成的最真实和最恐怖的一种,但在他们的天性之中是如此隐蔽,以至于很少在历史上留下痕迹;但是,读卫斯理的日记时,不可能感受不到它们得到了最广泛的传播。很多人陷入极端的爆发之中,尽管通常是短暂和痛苦的;很多人无疑孕育着秘密的忧伤,腐蚀着他们生活中所有的愉悦,而真正变得疯狂的人并不少。有一次,卫斯理被叫到金斯伍德一位年轻妇女的床前,他告诉我们:

　　她有十九或者二十岁,但似乎不能读写。我发现她躺在床上,三个人抱着她。这是个恐怖的场景,痛苦、恐怖和绝望都难以描绘地显在她苍白的脸上。她全身无数的扭曲显示出地狱之犬如何折磨她的心灵,混杂的尖叫几乎不能忍受。但是她无情的眼睛不能哭泣。话一出口,她就尖叫起来:"我该死,我该死,永远输了。六天前你可能帮过我,但现在已经过去了,我现在有罪……我将和他去地狱。我不能得到拯救。"他们唱起一首圣诗,有一段时间她睡着了,但是立马以语无伦次的惊呼再次爆发:"改变,改变,可怜的冷漠的心,你不会破碎吗? 冷漠的心还能做什么,我真该死,你会得救。"随后她把眼光固定在天花板的一角,说:"他在那里,喔,他在那里,来吧。好恶魔,来带我走吧。"我们再次呼唤上帝以打断她,她像之前那样沉默下去,另一个年轻妇女开始像她已经做过的一样大声叫喊起来。

　　卫斯理和他兄弟花了两个多小时继续为她祈祷,最后,阵发性发作平息了,患者加入了赞美诗的歌唱。

　　在所产生的强烈宗教热情中,很多生活纽带被切断了。孩子蔑视父母的命令,学生蔑视学院的规矩,牧师蔑视教会的戒律,社会的整个结构以及几乎所有的生活娱乐似乎都是犯罪。集市、江湖医生、公共庆典,都是邪恶的。女人戴金首饰和穿着华丽服装都是有罪的。甚至对一个男人来说,对他收入的一部分厉行节俭也是有罪的。当怀特菲尔德向一位女士求婚时,他认为必须说:"上帝保佑,假如我知道我心里的东西,我就摆脱了世界称之为爱的那种愚蠢激情,我相信我只是为了上帝而爱你,并且只是因为他的命令和为了他而愿意与你结合。"就像卫斯理的婚姻一样,怀特菲尔德的婚姻是非常不幸的,这也许并不奇怪。戏院和阅读戏剧绝对是要被谴责的,卫理公会施加他们对当局的所有影响,来阻止前者的建立。似乎已被视为一个神圣判决的是,有一次,当在德鲁里巷(Drury Lane)上演《麦克白》时,一场真的雷暴混入了舞台上模仿的雷暴之中。如

922

果可能的话,跳舞比戏剧更糟,怀特菲尔德说:"舞者的每一步都在讨好魔鬼。"据说他访问一个城镇时,通常都会去阻止舞蹈学校、集会以及每一件娱乐事项。他的使命就是作证反对这一代人可憎的消遣,他宣称"像这样的娱乐没有无辜的"。

伴随着这种禁欲主义,我们发现最粗俗的迷信不同寻常地复苏。卫理公会基本情感特征的一个自然结果就是,它的信徒应该想象,他们的每一种强烈感情或冲动都是上帝或撒旦的直接启发。怀特菲尔德的语言——很大程度上是这个教派所有成员的语言——就是那些不断得到启示和不断被奇迹影响之人的语言。在每次困惑之中,他们都想象着,通过抽签或随机打开《圣经》,他们能给他们的疑问找到一种超自然的答案。

在所有涉及撒旦干预的情况里,卫斯理特别容易轻信,"除非我放弃对所有神圣和世俗历史的信任,否则我不能对大不列颠所有的自然神论者放弃巫术的存在。"他毫不怀疑,他的听众里这么多人身体扭曲着倒下是因为撒旦的直接作用——撒旦撕扯皈依者,因为他们心向基督。在他看来,男人和女人简直就是被恶魔操控了;他见证了各种形式的疯狂,它们不是自然的,而是残忍的,而他自己也经历了超自然力量导致的歇斯底里病症。

如果撒旦的行动不断震动那些心向宗教的人,那么神的审判就会经常打倒那些反对他的人。降临到一个对手身上的所有疾病和所有不幸都被认为是超自然的。摩拉维亚教派牧师摩尔瑟(Molther)在卫理公会从摩拉维亚教派分离出来之后不久短期患病。卫斯理写道:"我相信是上帝之手挨上了他。"很多突然和可怕的审判因此原因降临到对手身上的例子得到引证。布里斯托尔的一个牧师站起来给卫理公会教徒布道,"突然喉咙里发出咯咯的声音,伴随着骇人的呻吟",下个周日他就死了。在托德莫登(Todmorden),一位牧师在做出反对卫理公会的布道之后罹患剧烈的麻痹。在恩尼斯科西(Enniscorthy),一位有时进行反对卫理公会布道的牧师把做结论的时间延期到下周日。第二天早上,他剧烈发疯,想象魔鬼在他附近,"不久之后,他毫无希望地完蛋了。"在金斯伍德,一个男人开始激烈地谩骂卫斯理和卫理公会,"在这个过程中,他疯了"。一个妇女看到一群人在教堂门口等待卫斯理,她说:"他们在等他们的神。"她立即不省人事倒在地上,第二天就死了。一群年轻人乘船到里士满来干扰罗兰德·希尔的布道,结果船沉了,所有人都溺死。在谢菲尔德(Sheffield),一个长期干扰现场传教士的帮派头领正在和同伴洗澡,他说:"再来一次,然后和卫理公会教徒运动一下。"他跳入水中,头撞上石头,再也没有出现。通过这些轶事和信仰,宗教狂热得以持续下去。

　　但是,尽管有种种分歧和缺陷,这场运动无疑在英国引发了一场伟大的道德革命。它本质上是一场群众运动,对较为底层和中间的阶级产生了最深的影响。它的一些领导人是真正的天才。但总的来说,卫理公会的教师很少能和他们同胞中受过较多教育的人意气相投。对于有正常教养的头脑来说,在卫理公会的眼泪和呻吟以及热情的喊叫中,在粗鄙和拟人化的亲切感以及处理最神圣目标时坚定的教条主义之中,在生命理论的狭隘和对扩大与美化这种狭隘的很多影响彻底的麻木之中,在想象着整个自然历程会为它的方便而改变的轻信与自信的混杂之中,有某种极端可憎的东西。但是在一个领域损害其影响力的特有品质,在另一个领域却增强了它。它慷慨激昂的祈祷和劝诫打动了本来由于厚重的教育而变得冷酷的很多人的心。它所驱动的带有奇迹、审判和灵感启示的超自然氛围给最乏味的生活投注了浪漫的光环。它传授的教义(即它推行的生活理论)证明它们能够在广大群众中唤起一种虔诚的热情——而这种热情除了基督教诞生之初,几乎是不可超越的;它们能够消除根深蒂固的恶习,能够纠正和指引快速冲向深渊的冲动和狂暴的天性。它在纽盖特监狱教授犯人以信仰的狂喜登上绞刑架。它在最残酷和最被忽视的人中间种下了热烈和持久的宗教情绪,而且无论其恶习或缺陷是什么,它无疑把很多人从死亡的恐惧之中解放出来,给予信仰更温暖的色调,并给英国及其殖民地每个宗派的慈善事业更大的能量。

924

III. 研究与问题

1. 社会动荡

集体行为这个术语——别的地方已经用这个词来包含群体生活的所有事实——就本章的目的而言,仅局限于以最明显和基本的方式体现社会分裂为其构成要素的过程的那些现象,以及这些要素再次被聚合在新的关系里,去形成新组织和新社会的过程。

几年前,约翰·格雷汉姆·布鲁克斯(John Graham Brooks)写了一本广为流传的关于美国劳工局势的专著。他把这本书称为《社会动荡》(*Social Unrest*)。即使在那个时候,这个术语也是为人熟知的。自那之后,动荡这个词在其名词形式和形容词形式上都得到广泛的运用。我们说的是北美印第安人从一地移动到另一地的臭名昭著的性格,涉及其躁动不安的血液,似乎躁动不安是在血液中传播的北美土著的特性。我们经常说到"躁动不安的年代",似乎流动和对新奇事物和新体验的渴望是 20 世纪专有的特征。我们用这个词来描述社会生活不同领域的状况,比如表达"政治"、"宗教"和"劳工"的动荡,在各种情况下,这个词都是在表示变化的意义上来使用的,但专指威胁到现存秩序的变化。最后,我们把"不安分的女人"说成是一种特殊的现代类型,其特征是现代世界女性普遍变化的社会地位。在所有这些不同的用法中,我们可以观察到这个概念的逐步展开,似乎在这个词最初使用时,这个概念就包含于其中。它是一种行动的概念,以回应某些迫切的有机体冲动,但行动并不能满足这种冲突。它是一种诊断症状,一种格雷汉姆·华莱士(Graham Wallas)①所称的"犹豫不决的性格"的症状。它是一种迹象,表明在现有状况下,四种愿望——安全、新体验、认可和回应——之一或更多没有得到充分的实现。事实上,症状是社会性的,而且具有传染

---

① 格雷厄姆·华莱士(Graham Wallas, 1858—1932),英国社会心理学家,费边社领导人之一。——译者注

性,它表明引起这种症状的状况是社会性的,那就是说,一般都是在社区或群体之中体现出动荡。[①]在指示性意义上使用动荡一词的文献出现在社会问题的大众讨论之中。这个术语未被界定,但经常用于描述明显与之关联的那些状况。劳工罢工是社会动荡的证据,在"冲突"一章里提及的文献显示出,在劳动状况下产生动荡,及其被激发和被利用的条件。动荡与日常生活和疲劳的关系已经成为很多讨论和调查的主题。流行的观点是,劳工动乱是由于机器工业单调乏味的操作程序导致的。事情需要进一步研究,不同性别、年龄、气质和心智类型的人在日常规程影响下的实际精神体验,会给我们当前的工人心理学增加迫切需要的事实。

2. 心理流行病

假如社会动荡是社会解组的一种症状,那么心理流行病——社会动荡和道德败坏的所有现象在其中都会加剧——就是混乱存在的确实证据,必须考虑到与社会重组相关联的社会解组。所有变化都涉及一定数量的解组。一个人要做出新的调整,建立新的习惯,势必要打破旧的习惯,社会为了改革现存的社会秩序,一定数量的解组也是不可避免的。所以社会动荡可能是健康的一种症状。只有当解组过程发展得如此迅速,并达到了现存的整个社会结构受到损害的程度,而且社会因此不再能调整自身时,动荡才会被视为一种病态的症状。

有理由相信,和流行观念相反的是,美国的移民(特别是在城市环境下)调适自身以适应美国生活的速度是太快,而不是太慢。统计显示,特别是在第二代移民之中,青少年犯罪率显著上升,这似乎是由于事实上在美国,父母和子女的关系被逆转了。由于孩子更了解英语和更快适应美国的生活环境,父母变得更依赖孩子,而不是孩子依赖父母。

然而,社会流行病是更为基本和广泛的失范导致社会解组的证

① *Supra*, pp.652—653; 657—58.

927 据。文献已经记录了这些事实,但是作家通常会用医学术语而不是社会学术语来解释这种现象。斯托尔(Stoll)在他非常有趣但也是五花八门的关于原始生活的材料收集中,给了这些现象另外一个名字。他的著作名为《民间心理学中的暗示和催眠》,① 弗里德曼(Friedmann)在他的专著《关于选举实践》中倾向于作为一个精神病学家来把整个事情视为一种"社会的"疯狂。

3. 群众运动

尽管有大量关于群众运动这个主题的材料,但尚未尝试对它们进行收集和分类。在集体心理学领域有很多有趣的著作,主要作者来自法国和意大利——西盖勒、罗西、塔德和勒庞,但是他们没有以系统性的案例研究为基础。普遍认为,事实很清楚,即任何系统研究这种机制的尝试不过是对已经显而易见的东西进行学术阐述,用更为抽象的术语复述那些已经为人熟知的东西而已。

另一方面,牧羊人和牛仔由于他们控制牛群羊群的经验,已经知道畜群有非常独特的集体行为模式,为此有必要了解一个人是否能成功控制它们。与此同时,那些注重实际的政客——其职业就是拉拢选民,通过熟练的竞选策略,在需要选民的时候让选民去投票,并替选民决定他们投票的人和事项——已经制定了很明确的方法来对付群众,以至于他们能够在选举前相当精确地提前预测选举结果,并做出相应的安排。

对民众意见的运动和趋势进行的政治操控如今已经达到了一种完美的程度,已经可以能够对其进行系统性的研究。在大战期间,已经对它进行了研究,广告商、报业人士和心理学家的所有知识都被用来赢得战争。

928 现在,人们已经承认宣传是战争大战略的一部分。大战期间,不仅政治和外交胜利,还有战役获胜也得到这种潜在武器的帮助。

---

① Otto Stoll, *Suggestion und Hypnotismus in der Völkerpsychologie.* 2d ed. (Leipzig, 1904.)

奥匈和德国军队于卡波雷托（Caporetto）的大胜[①]在几天里就消除了意大利军队所有来之不易的成功，对前线部队的士气进行了精神攻击，并使战线后方的意大利人民出现了失败主义运动。

> "在卡波雷托战役中，通过给战士个人寄送邮政贺卡和信件，详述他们的妻子与盟军军官和士兵的不正当关系，使前线部队的士气遭到侵蚀。伪造的罗马和米兰报纸的副本以及为人熟知的期刊的复制品被秘密分发，或者由奥军飞机播撒到意大利战线上。这些报纸登载的耸人听闻的文章告诉意大利人，奥地利人正在反叛，查尔斯皇帝已经被杀，与之伴随的其他文章描述了全意大利广泛的骚乱，并说意大利政府不能靠自己的力量平息骚乱，已经派遣英法部队甚至是祖鲁人进入城市，这些部队正在毫无怜悯地射倒妇女、儿童和牧师。
>
> 对部队士气的这种攻击伴随着对平静地区无法预料的攻击，在很多点上成功突破了战线。在随后的混乱之中，防线的整个结构崩溃了，结果是灾难性的。"

当书写世界大战的最终历史时，最有趣的章节之一就是描述双方军队用于摧毁部队和战线后方人民的战争意志的方法和设施。如果现代科学在战争中的运用已经使破坏能力翻倍，那么人们交流的增加和相互渗透已经使文明人类的战争具有了内部斗争和自相残杀式斗争的特点。在这些环境下，宣传——在对纷争和动荡之根源进行阴险利用的意义上——可能完全改变了人类战争的特征，就像战争曾经被火药的发明改变一样。

在这个领域，存在着调查和研究的空间，因为迄今在科学基础上研究广告的几乎所有尝试是由个别学者而非社会心理学学者做的。 929

---

① 1917 年 10—11 月在意大利北部卡波雷托地区发生的德奥联军与意军的一次战役，也称为第 12 次伊松佐河战役，意军战败。意军在此前 11 次伊松佐河战役中占领的所有土地全被德奥同盟夺回。——译者注

4. 复兴、宗教和语言

一百多年之前,欧洲经历了一系列语言和文学上的复兴,也就是指民间语言和民间文化的复兴。民间语言是那些已经被征服,但在文化上尚未被主流语言群体吸纳的民族的话语。他们大多是孤立的农村人口,很大程度上仍然处于城市那种四海为家的文化之外。这些并非完全文盲的人从未在城市主导性民族的语言上受到足够的教育,以使他们能够用这种外来语作为教育的中介。结果就是,除了相对较小的知识分子群体,他们已经与欧洲生活与文化的主流隔绝。这些语言上的复兴并不局限于任何一个国家,因为据分析,欧洲的每个国家都是少数族群和较小的文化飞地镶嵌起来的,其中保存了少量和被遗忘的民族的语言。事实上,语言的复兴几乎是普遍性的。它们发生在法国、西班牙、挪威、丹麦,大多数巴尔干国家(包括他们当中最孤立的族群阿尔巴尼亚),以及沿着斯拉夫—日耳曼边界的所有较小民族——芬兰、爱沙尼亚、拉脱维亚、立陶宛、波兰、波西米亚、斯洛伐克、罗马尼亚和乌克兰。最后,在东欧的犹太人里已经出现了哈斯卡拉(Haskala)运动[1],东欧犹太人称之为他们的启蒙时期,这是一场完全无心的运动,已经使犹太—德意志方言(意地绪语)变成了一种文学语言。

乍一看,似乎奇怪的是,民间语言的复兴应该已经来到这样一个时代:火车头与电报正在把商业和通讯扩展到地球最遥远的界限,所有的障碍物都被打破,全球生活以及格雷汉姆·华莱士所称的伟大社会的组织的稳定增长,似乎注定要把所有的小语种、方言和逐步废弃的语言形式等国际性地方主义的最后支柱放逐到被遗忘事物的模糊地带。世界语言的竞争已经很激烈;所有小的和被遗忘的欧洲族群——芬兰人、莱茨人、乌克兰人、俄裔喀尔巴阡人、斯洛伐克人、斯洛文尼亚人、克罗地亚人、东部西班牙的加泰罗尼亚人——的语言都可以追溯到罗马征服之前的时期,捷克和波兰开始

---

① 哈斯卡拉运动是 18 世纪兴起的犹太人世俗教育运动,倡导犹太人与主流社会融合。——译者注

建立出版机构和学校来复兴和延续他们各自的种族语言。

在这个时候，对于那些正在期待着以普适性语言为中介来达成世界性组织和普遍和平的人来说，所有这些骚动出现即使不是异端，也是不合时宜。这似乎是有意设置障碍的尝试，进步要求拆除这些障碍。这样一种运动的成功似乎必须要带来一种更全面的民族的孤立，可以说是要把他们囚禁在他们的语言里，把他们与一般性的欧洲文化切割开来。①

实际效果与预期的不同。对于人民大众来说，以他们不说的语言为中介来学习是很难，甚至不可能。在芬兰教授瑞典语和俄语，在拉脱维亚教授波兰语和俄语，在斯洛伐克教授马扎尔语，以及同时禁止出版使用这些国家母语的书籍和报纸的努力，首先是创造出了一种人为的文盲，其次是在本地民族的意识里创造出了一种对外来及主流族群在社会和智力方面的自卑情绪，

然而，口语的文学复兴的效果已经创造出了——尽管努力对其进行压制——一种方言出版物，这给广大人民打开了之前对他们来说不曾存在的西方文化的大门。结果是产生了伟大的文化觉醒，一场真正的文艺复兴，已经给欧洲的政治和社会生活带来了深远的反响。

　　"欧洲民间语言的文学复兴是被统治人民民族精神复苏的序曲，民族的情感植根于附着在人们共同所有物——土地、宗教和语言——之上的记忆之中，特别是语言。

　　波西米亚爱国者有句话：'只要语言活着，民族就不会死。'后来成为挪威总理的约根·勒夫兰（Jorgen Levland）在1904年的一次演讲里呼吁自治政府、家园、土地和我们语言的自由时，说了这样的话：'政治自由并不是最深刻和最伟大的，更伟大的是一个民族能够用她的母语保存她的知识遗产。'

931

---

① Robert E. Park，*Immigrant Press and Its Control*，chap. ii，"Background of the Immigrant Press."（New York，1921. In press.）

被统治民族中民族意识的复兴总是与维护本民族语言出
版物的斗争有关。因为正是通过民族出版这个中介,文学和
语言的才能复兴。相反的,抑制不断上升的民族意识的努力
采取的形式就是尽力审查或压制民族出版物。没有任何地方
试图像这样压制口语。另一方面,只有当口语成功变成文学
表达的中介时,才可能在现代状况下保持它,并以这种方式维
持民族团结。比如,当立陶宛人被迫通过一种并非他们民族
的语言为中介来开展他们的教育和文化时,结果就是使识字
阶级去民族化,并使其成员疏远本民族。假如没有民族媒
体,就不可能有民族学校,也没有民族的教会。正是因为如
此,保持民族语言和民族文化的斗争总是维持民族出版物
的斗争。

寻求在他们的人民中复兴民族意识的欧洲民族主义者总
是在寻求恢复民族方言,从中清除外来的习语,并强调能够把
民族语言与其趋于融合的语言区分开来的每一种标志。"①

对这些语言复兴以及从中产生的民族主义运动的调查表明,民
族主义和宗教运动之间有很密切的关系。两者都是附带有政治后
果的基础性文化运动。导致丹麦乡村生活重组,并在像丹麦农村高
中这样独特的机构中得到体现的这种运动,开始于格伦特维格主教
(Bishop Grundtvig)——他被称为丹麦的路德,同时是一场宗教和民
族主义运动。由于这个原因,农村高中采取的不是丹麦之外的人们
所熟悉的任何教育方式。它们不是技术学校,而是最狭义或最广义
上的文化机构,②授课是"科学的",但同时也是鼓舞人心的。它们
就是一所主日学校可能成为的样子,即使不是在周日举办,也会像
H. G. 威尔斯先生安排的那样来组织,并带着他期望有人为我们而

932

---

① Robert E. Park, *Immigrant Press and Its Control*, chap. ii, "Background of the Immigrant Press." (New York, 1921. In press.)
② Anton H. Hollman, *Die dänische Volkshochschule und ihre Bedeutung für die Entwicklung einer völkischen Kultur in Dänemark*. (Berlin, 1909.)

写的那种《圣经》。①

我们关于宗教复兴的民间记述首先并没有认为宗教复兴和刚刚提到的文学复兴之间有任何明确的关系——不论是心理学还是社会学上。宗教复兴——特别是如冷静的观察家所描述的——呈现出某些奇特、怪异和狂热的现象，就像它们经常表现的那样。

但肯定会打击深思熟虑的观察家的是，集体宗教兴奋有显著的相似性，不论是在文明人还是野蛮人之中，也不论时间和空间遥远与否。弗雷德里克·摩根·达文波特（Frederick Morgan Davenport）已经从当代来源收集和比较了这个领域的材料，在他的著作《宗教复兴里的原始性状》中呼吁关注这种现象的基本相似性。不论"原始"一词在这种联系中可能意味着别的什么，它确实意味着宗教复兴现象根本上是显示人性的。

从跟随着一辆酒车通过一个古老希腊村庄的酒神女祭司疯狂凌乱的舞蹈，到旧时卫理公会营地聚会长凳上哀悼者的叫喊和牢骚，宗教兴奋总是比除了热恋之外的其他情感更深远地搅动人性。

在"立陶宛民族复兴"的主要缔造者让·佩利希埃（Jean Pélissier）的著作里，有一个段落描述了一位立陶宛爱国者库德卡博士由于立陶宛民族性而发生的转变。它读起来就像是来自威廉·詹姆斯的《宗教经验之种种》里的一章②。

就是像这样的材料表明，文化运动——不论是宗教、文学或是民族运动——之间的关系有多么紧密和密切，至少在它们正规的表达上是这样。有待回答的问题就是：它们在哪些方面不一样？

5. 时尚、改革与革命

最近已经写了很多关于时尚的作品。比如，作为一种经济现象来研究，桑巴特已经写了关于这个主题的启发性小书。正是为了机

① H. G. Wells, *The Salvaging of Civilization*, chaps. iv—v, "The Bible of Civilization," pp. 97—140. (New York, 1921.)
② 见 *The Immigrant Press and Its Control*, chap. ii, for a translation of Dr. Kudirka's so-called "Confession".

械工业的利益,应该在广泛的领域里把时尚标准化,而正是广告的功能达成了这种效果。也正是为了商业的利益,时尚应该被改变,这在很大程度上(不是全部)也是广告的事情。塔德区分了风俗和时尚,认为这是所有文化特质得以传播的两种形式。在风俗占优势的时期,人们更沉迷于他们的国家而不是他们的时代,因为过去是得到极大颂扬的。反过来,在时尚主导的时期,人们更自豪于他们的时代而不是国家。①

对时尚进行的最深刻的分析保存在萨姆纳《民俗论》的观察中。萨姆纳指出时尚尽管不同于风俗,但两者却是密切相关的。时尚在特定的时间和地点使社群的关注稳定下来,并且通过这种方式决定了有时被称为时代精神(zeitgeist)的东西。通过引入新的时尚,社群的领袖在社群里获得了区别,由此他们能够保持他们的特权和领导地位。但是在这么做的时候,他们也会受到他们引入的时尚的影响。最终,时尚的改变影响到风俗。②

时尚与改革及革命有关,因为它是社会发生变迁的基本方式之一,也是因为像改革和革命一样,它也和风俗有关。

时尚和改革的区别在于,它带来的变迁是完全无理性的,即使不是完全不可预测的话。另外,改革如果不是理性的,那也毫无意义。它通过煽动和讨论来达成其目标。人们已经试图通过煽动来引入时尚,但是并不成功。另一方面,改革本身就是一种时尚,而且在最近几年里基本上吸收了以前赋予政党政治的兴趣。

已经有很多关于改革的作品,但是几乎都和**改革**无关。它是一种明确的集体行为类型,在现代生活状况下已经形成和普及起来。改革者和煽动者同样也是明确的、喜怒无常的和社会的类型。现代状况下,改革趋于成为一种职业,以及像政客一样的专业。但改革者的专业是社会性的,有别于政党。

改革不是革命,它不寻求改变风俗,而是遵照风俗改变条件。

---

① Gabriel Tarde, *The Laws of Imitation*. Translated from the 2d French ed. by Elsie Clews Parsons, p.247. (New York, 1903.)
② Sumner, *Folkways*, pp.200—201.

有很多革命式的改革者,奥地利的约瑟夫二世和俄国的彼得大帝就是这种类型的改革者。但是革命式的改革通常会失败。它们在约瑟夫二世这种情况下拙劣地失败了,在彼得大帝这种情况下产生了很多非常可疑的结果。

革命是一种群众运动,通过摧毁现存的社会秩序来寻求改变风俗。在现代时期,经常发生伟大且无声的革命性变化,但是由于这些变化在当时没有得到承认,也不是任何政党直接的追求,所以它们通常不被称为革命。它们可能恰当地被称为"历史性的变革",因为它们直到成为历史,才被承认是革命。

可能有一个明确的革命过程,但没有得到界定。勒庞的《革命心理学》这本书是他《乌合之众》的研究续篇,当然这是一种尝试,但人们可以说它是启发性的尝试。很多人试图把革命过程描述为整个历史过程的一部分。这些文献将在"进步"这一章里加以考虑。

参考书目

I. 解组、社会不公与心理流行病

A. 社会解组

（1）Cooley, Charles H. *Social Organization*. Chap. xxx, "Formalism and Disorganization," pp. 342—55; chap. xxxi, "Disorganization: the Family," pp. 356—71; chap. xxxii, "Disorganization: the Church," pp. 372—82; chap. xxxiii, "Disorganization: Other Traditions," pp. 383—92. New York, 1909.

（2）Thomas, W. I., and Znaniecki, Florian. *The Polish Peasant in Europe and America*. Monograph of an immigrant group. Vol. IV, "Disorganization and Reorganization in Poland," Boston, 1920.

（3）——. *The Polish Peasant in Europe and America*. Vol. V, "Organization and Disorganization in America," Part II, "Disorganization of the Immigrant," pp. 165—345. Boston, 1920.

（4）Friedländer, L. *Roman Life and Manners under the Early*

935

Empire. Authorized translation by L. A. Magnus from the 7th rev. ed. of the SittengeschichteRoms. 4 Vols. London，1908—13.

（5）Lane-Poole，S. *The Mohammedan Dynasties*. Charts showing "Growth of the Ottoman Empire" and "Decline of the Ottoman Empire," pp. 190—91. London，1894.

（6）Taine，H. *The Ancient Régime*. Translated from the French by John Durand. New York，1896.

（7）Wells，H. G. *Russia in the Shadows*. New York，1921.

（8）Patrick，George T. W. *The Psychology of Social Recon-struction*. Chap. vi, "Our Centripetal Society," pp. 174—98. Boston，1920.

（9）Ferrero，Guglielmo. "The Crisis of Western Civilization," *Atlantic Monthly*，CXXV(1920)，700—712.

B. 社会不公

（1）Brooks，John Graham. *The Social Unrest*. Studies in labor and socialist movements. London，1903.

（2）Fuller，Bampfylde. *Life and Human Nature*. Chap. ii, "Change," pp. 24—45. London，1914.

（3）Wallas，Graham. *The Great Society*. A psychological analysis. Chap. iv, "Disposition and Environment," pp. 57—68. New York，1914. [Defines "the baulked disposition," see also pp. 172—74.]

（4）Healy，William. *The Individual Delinquent*. A textbook of diagnosis and prognosis for all concerned in understanding offenders. "Hypomania，Constitutional Excitement," pp. 609—13. Boston，1915.

（5）Janet，Pierre. *The Major Symptoms of Hysteria*. Fifteen lectures given in the medical school of Harvard University. New York，1907.

（6）Barr，Martin W.，and Maloney，E. F. *Types of Mental De-fectives*. "Idiot Savant," pp. 128—35. Philadelphia，1920.

（7）Thomas，Edward. *Industry，Emotion and Unrest*. New

York，1920.

（8）Parker，Carleton H. *The Casual Laborer and Other Essays*. Chap. i，"Toward Understanding Labor Unrest，" pp. 27—59. New York，1920.

（9）*The Cause of World Unrest*. With an introduction by the editor of *The Morning Post* (of London). New York，1920.

（10）Ferrero，Guglielmo. *Ancient Rome and Modern America*. A comparative study of morals and manners. New York，1914.

（11）Veblen，Thorstein. "The Instinct of Workmanship and the Irksomeness of Labor，" *American Journal of Sociology*，IV(1898—99)，187—201.

（12）Lippmann，Walter. "Unrest，" *New Republic*，XX(1919)，315—22.

（13）Tannenbaum，Frank. *The Labor Movement*. Its conservative functions and social consequences. New York，1921.

（14）Baker，Ray Stannard. *The New Industrial Unrest*. Its reason and remedy. New York，1920.

（15）MacCurdy，J. T. "Psychological Aspects of the Present Unrest，" *Survey*，XLIII(1919—20)，665—68.

（16）Myers，Charles S. Mind and Work. *The psychological factors in industry and commerce*. Chap. vi，"Industrial Unrest，" pp. 137—69. New York，1921.

（17）Adler，H. M. "Unemployment and Personality—a Study of Psychopathic Cases，" *Mental Hygiene*，I(1917)，16—24.

（18）Chirol，Valentine. *Indian Unrest*. A reprint，revised and enlarged from The Times，with an introduction by Sir Alfred Lyall. London，1910.

（19）Münsterberg，Hugo. *Social Studies of Today*. Chap. ii，"The Educational Unrest，" pp. 25—57. London，1913.

（20）——. *American Problems*. From the point of view of a psychologist. Chap. v, "The Intemperance of Women," pp.103—13. New York，1912.

（21）Corelli, Marie. "The Great Unrest," *World Today*, XXI (1912), 1954—59.

（22）Ferrero, Guglielmo. *The Women of the Caesars*. New York，1911.

（23）Myerson, Abraham. *The Nervous Housewife*. Boston，1920.

（24）Mensch, Ella. *Bilder stürmer in der Berliner Frauen bewegung*. 2d ed. Berlin，1906.

C. 心理流行病

（1）Hecker, J. F. C. *The Black Death and the Dancing Mania*. Translated from the German by B. G. Babington. Cassell's National Library. New York，1888.

（2）Stoll, Otto. *Suggestion und Hypnotismus in der Völkerpsychologie*. 2d ed. Leipzig，1904.

（3）Friedmann, Max. *Über Wahnideenim Völkerleben*. Wiesbaden，1901.

（4）Regnard, P. *Les maladies épidémiques de l'esprit*. Sorcellerie, magnétisme, morphinisme, délire des grandeurs. Paris，1886.

（5）Meyer, J. L. *Schwärmerische Greuelscenen oder Kreuzigungsgeschichte einer religiösen Schwärmerinn in Wildensbuch, Canton Zürich*. Ein merkwürdiger Beytragzur Geschichte des religiösen Fanatismus. 2d ed. Zürich，1824.

（6）Gowen, B. S. "Some Aspects of Pestilences and Other Epidemics," *American Journal of Psychology*, XVIII(1907), 1—60.

（7）Weygandt, W. *Beitragzur Lehre von den psychischen Epidemien*. Halle，1905.

（8）*Histoire des diables de Loudun*. Ou de la possession des Religieuses Ursulines et de la condamnation et du supplicedʼ Urbain Grandier, curé de la mêmeville, cruelseffets de la vengeance du Cardinal de

Richelieu. Amsterdam，1740.

（9）Finsler，G. "Die religiöse Erweckung der zehner und zwanziger Jahreunseres Jahrhunderts in der deutschen Schweiz," *Züricher Taschenbuch auf das Jahr 1890*. Zürich，1890.

（10）Fauriel，M. C. *Histoire de la croisade centre les hérétiques Albigeois*. Écrite en versprovençaux par unpoêtecontemporain. （Aisoes la consos de la crozadacontrelsereges Dalbeges.）Paris，1837.

（11）Mosiman，Eddison. *Das Zungenreden，geschichtlich und psychologis chuntersucht*. Tübingen，1911. ［Bibliography.］

（12）Vigouroux，A.，and Juquelier，P. *La contagion mentale*. Paris，1905.

（13）Kotik，Dr.Naum. "Die Emanation der psychophy sischen Energie," *Grenzfragen des Nerven- und Seelenlebens*. Wiesbaden，1908.

（14）Aubry，P. "De l'influence contagieuse de la publicité des faitscriminels," *Archives d'anthropologie criminelle*，VIII(1893)，565—80.

（15）Achelis，T. Die Ekstase in ihrerkulturetten Bedeutung. Kulturprobleme der Gegenwart. Berlin，1902.

（16）Cadière，L. "Sur quelques Faitsreligieuxoumagiques，observés pendant uneépidémie de choléra en Annam," Anthropos，V（1910），519—28，1125—59.

（17）Hansen，J. *Zauberwahn，Inquisition und Hexenprozessim Mittelalter und die Entstehung der grossen Hexenverfolgung*. München，1900.

（18）Hansen，J. *Quellen und Untersuchungenzur Geschichte des Hexenwahns und der Hexenverfolgungim Mittelalter*. Bonn，1901.

（19）Rossi，P. *Psicologia collettiva morbosa*. Torino，1901.

（20）Despine，Prosper. *De la Contagion morale*. Paris，1870.

（21）Moreau de Tours. *De la Contagion du suicide à propos de l'épidémie actuelle*. Paris，1875.

（22）Aubry，P. *La Contagion du meutre*. Étude d'anthropologie

938

criminelle. 3d ed. Paris，1896.

（23）Rambosson，J. *Phénomè nesnerveux，intellectuels et moraux，leur transmission par contagion*. Paris，1883.

（24）Dumas，Georges. "Contagion mentale，épidémiesmentales，folies collectives，foliesgrégaires," *Revue philosophique*，LXXI（1911），225—44，384—407.

II. 音乐、舞蹈和仪典

（1）Wallaschek，Richard. *Primitive Music*. An inquiry into the origin and development of music，songs，instruments，dances，and pantomimes of savage races. London，1893.

（2）Combarieu，J. *La Musiqueet le magic*. Étude sur les origin-espopulaires de l'art musical；son influence etsafonctiondans les sociétés. Paris，1908.

（3）Simmel，Georg. "Psychologische und ethnologische Studienüber Musik," *Zeitschrift für Völkerpsychologie und Sprachwissenschaft*，XIII（1882），261—305.

（4）Boas，F. "Chinook Songs," *Journal of American Folk-Lore*，I（1888），220—26.

（5）Densmore，Frances. "The Music of the Filipinos," *American Anthropologist*，N.S.，VIII（1906），611—32.

（6）Fletcher，Alice C. *Indian Story and Song from North America*. Boston，1906.

（7）——. "Indian Songs and Music," *Journal of American Folk-Lore*，XI（1898），85—104.

（8）Grinnell，G. B. "Notes on Cheyenne Songs," *American Anthropologist*，N.S.，V（1903），312—22.

（9）Mathews，W. "Navaho Gambling Songs," *American Anthropologist*，II（1889），1—20.

（10）Hearn，Lafcadio. "Three Popular Ballads," *Transactions of the Asiatic Society of Japan*, XXII(1894), 285—336.

(11) Ellis, Havelock. "The Philosophy of Dancing," *Atlantic Monthly*, CXIII(1914), 197—207.

(12) Hirn, Yrjö. *The Origins of Art*. A psychological and sociological inquiry. Chap. xvii, "Erotic Art," pp. 238—48. London, 1900.

(13) Pater, Walter. *Greek Studies*. A series of essays. London, 1911.

(14) Grosse, Ernst. *The Beginnings of Art*. Chap. viii, "The Dance," pp. 207—31. New York, 1898.

(15) Bücher, Karl. *Arbeit und Rhythmus*. 3d ed. Leipzig, 1902.

(16) Lhérisson, E. "La Danse du vaudou," *Semaine médicale*, XIX(1899), xxiv.

(17) Reed, V. Z. "The Ute Bear Dance," *American Anthropologist*, IX(1896) 237—44.

(18) Gummere, F. B. *The Beginnings of Poetry*. New York, 1901.

(19) Fawkes, J. W. "The Growth of the Hopi Ritual," *Journal of American Folk-Lore*, XI(1898), 173—94.

(20) Cabrol, F. *Les origines liturgiques*. Paris, 1906.

(21) Gennep, A. van. *Les Rites de passage*. Paris, 1909.

(22) Pitre, Giuseppe. *Feste patronali in Sicilia*. Palermo, 1900.

(23) Murray, W. A. "Organizations of Witches in Great Britain," *Folk-Lore*, XXVIII(1917), 228—58.

(24) Taylor, Thomas. *The Eleusinian and Bacchic Mysteries*. New York, 1891.

(25) Tippenhauer, L. G. *Die Insel Haiti*. Leipzig, 1893. [Describes the Voudou Ritual.]

(26) Wuensch, R. *Das Frühlingsfest der Insel Malta*. EinBeitragzur Geschichte der antiken Religion. Leipzig, 1902.

(27) Loisy, Alfred. Les *mystères païens et le mystère chrétien*.

939

Paris，1919.

（28）Lummis，Charles F. *The Land of PocoTiempo*. Chap.iv，"The Penitent Brothers," pp.77—108. New York，1893.

（29）"Los Hermanos Penitentes," *El Palacio*，VIII（1920），3—20，73—74.

III. 群众与公众

A. 群众

（1）Le Bon，Gustave. *The Crowd*. A study of the popular mind. London，1920.

（2）Tarde，G. *L'Opinionet la foule*. Paris，1901.

（3）Sighele，S. *Psychologie des Aulaufs und der Massenverbrechen*. Translated from the Italian by Hans Kurella.Leipzig，1897.

（4）——. *La foule criminelle*. Essai de psychologie collective. 2d ed.，entièrementrefondue. Paris，1901.

（5）Tarde，Gabriel. "Foules et sectes au point de vuecriminel," *Revue des deux mondes*，CXX（1893），349—87.

（6）Miceli，V. "La Psicologia della folla," *Rivista italiana di so-ciologia*，III（1899），166—95.

（7）Conway，M. *The Crowd in Peace and War*. New York，1915.

（8）Martin，E. D. *The Behavior of Crowds*. New York，1920.

（9）Christensen，A. *Politics and Crowd-Morality*. New York，1915.

（10）Park，R. E. *Masse und Publikum*. Bern，1904.

（11）Clark，H. "The Crowd.""University of Illinois Studies." *Psychological Monograph*，No.92，XXI（1916），26—36.

（12）Tawney，G. A. "The Nature of Crowds," *Psychological Bulletin*，II（1905），329—33.

（13）Rossi，P. *Le suggesteur et la foule，psychologie du*

meneur. Paris，1904.

（14）——. *I suggestionatori e la folla*. Torino，1902.

（15）——. "Dell'Attenzione collettiva e sociale，" *Manicomio*，XXI(1905)，248 ff.

B. 政治心理学

（1）Beecher, Franklin A. "National Politics in Its Psychological Aspect," *Open Court*, XXXIII(1919)，653—61.

（2）Boutmy, Émile. *The English People*. A study of their political psychology. London，1904.

（3）Palanti, G. "L'Esprit de corps. (Remarques sociologiques.)" *Revue philosophique*, XLVIII(1899)，135—45.

（4）Gardner, Chas. S. "Assemblies," *American Journal of Sociology*, XIX(1914)，531—55.

（5）Bentham, Jeremy. *Essay on Political Tactics*. Containing six of the principal rules proper to be observed by a political assembly, in the process of forming a decision: with the reasons on which they are grounded; and a comparative application of them to British and French practice. London，1791.

（6）Tönnies, Ferdinand. "Die grosse Menge und das Volk," *Schmollers Jahrbuch*, XLIV(1920)，317—45. [Criticism of Le Bon's conception of the crowd.]

（7）Botsford, George W. *The Roman Assemblies*. From their origin to the end of the Republic. New York，1909.

（8）Crothers, T. D. "A Medical Study of the Jury System," *Popular Science Monthly*, XLVII(1895)，375—82.

（9）Coleman, Charles T. "Origin and Development of Trial by Jury," *Virginia Law Review*, VI(1919—20)，77—86.

C. 一般而言的集体心理学

（1）Rossi, P. *Sociologia e psicologia collettiva*. 2d ed. Roma，1909.

（2）Straticò，A. *La Psicologia collettiva*. Palermo，1905.

941 （3）Worms，René. "Psychologie collective et psychologie individu-elle," *Revue international de sociologie*，VII(1899)，249—74.

（4）Brönner，W. "Zur Theorie der kollektiv-psychischen Erschei-nungen," *Zeitschrift für Philosophie und philosophische Kritik*，CXLI(1911)，1—40.

（5）Newell，W. W. "Individual and Collective Characteristics in Folk-Lore," Journal of American Folk-Lore，XIX(1906)，1—15.

（6）Campeano，M. *Essai de psychologie militairein dividuelle et collective*. Avec unepréface de M. Th. Ribot.Paris，1902.

（7）Hartenberg，P. "Les émotions de Bourse. (Notes de psychol-ogie collective)." *Revue philosophique*，LVIII(1904)，163—70.

（8）Scalinger，G. M. *La Psicologia a teatro*. Napoli，1896.

（9）Burckhard，M. "Das Theater." Die Gesellschaft. *Sammlung Sozial-Psychologische Monographien*，18. Frankfurt-am-Main，1907.

（10）Woolbert，C. H. "The Audience." "University of Illinois Studies." *Psychological Monograph*，No.92，XXI(1916)，36—54.

（11）Howard，G. E. "Social Psychology of the Spectator," *American Journal of Sociology*，XVIII(1912)，33—50.

（12）Peterson，J. "The Functioning of Ideas in Social Groups," *Psychological Review*，XXV(1918)，214—26.

IV. 群众运动

（1）Bryce，James. "Migrations of the Races of Men Considered Historically," *Contemporary Review*，LXII(1892)，128—49.

（2）Mason，Otis T. "Migration and the Food Quest：A Study in the Peopling of America," *American Anthropologist*，VII (1894)，275—92.

（3）Pflugk-Harttung，Julius von. *The Great Migrations*. Trans-lated from the German by John Henry Wright. Philadelphia，1905.

（4）Bradley, Henry. *The Story of the Goths*. From the earliest times to the end of the Gothic dominion in Spain. New York, 1888.

（5）Jordanes. *The Origin and Deeds of the Goths*. English version by Charles C. Mierow. Princeton, 1908.

（6）Archer, T. A., and Kingsford, C. L. *The Crusades*. New York, 1894.

（7）Ireland, W. W. "On the Psychology of the Crusades," *Journal of Mental Science*, LII(1906), 745—55; LIII(1907), 322—41.

（8）Groves, E. R. "Psychic Causes of Rural Migration," *American Journal of Sociology*, XXI(1916), 623—27.

（9）Woodson, Carter G. *A Century of Negro Migrations*. Washington, 1918. [Bibliography.]

（10）Fleming, Walter L. "'Pap' Singleton, the Moses of the Colored Exodus," *American Journal of Sociology*, XV(1909—10), 61—82.

（11）Bancroft, H. H. *History of California*. Vol. VI, 1848—59. Chaps. ii—ix, pp. 26—163. San Francisco, 1888. [The discovery of gold in California.]

（12）Down, T. C. "The Rush to the Klondike," *Cornhill Magazine*, IV(1898), 33—43.

（13）Ziegler, T. *Die geistigen und socialen Strömungen des neunzehnten Jahrhunderts*. Berlin, 1899.

（14）Zeeb, Frieda B. "Mobility of the German Woman," *American Journal of Sociology*, XXI(1915—16), 234—62.

（15）Anthony, Katharine S. *Feminism in Germany and Scandinavia*. New York, 1915. [Bibliography.]

（16）Croly, Jane(Mrs.). *The History of the Woman's Club Movement in America*. New York, 1898.

（17）Taft, Jessie. *The Woman Movement from the Point of View of Social Consciousness*. Chicago, 1916.

942

（18）Harnack，Adolf. *The Mission and Expansion of Christianity in the First Three Centuries*. Translated from the 2d rev. German ed. by James Moffatt. New York，1908.

（19）Buck，S. J. *The Agrarian Crusade*. A chronicle of the farmer in politics. New Haven，1920.

（20）*Labor Movement*. The last six volumes of The Documentary History of *American Industrial Society*. Vols. V—VI, 1820—40，by John R. Commons and Helen L. Sumner; Vols. VII—VIII, 1840—60，by John R. Commons; Vols. IX—X, 1860—80，by John R. Commons and John B. Andrews. Cleveland，1910.

（21）Begbie，Harold. *The Life of General William Booth*. The Founder of the Salvation Army. 2 Vols. New York，1920.

（22）Wittenmyer，Annie(Mrs.). *History of the Women's Temperance Crusade*. A complete official history of the wonderful uprising of the Christian women of the United States against the liquor traffic which culminated in the Gospel Temperance Movement. Introduction by Frances E. Willard. Philadelphia，1878.

（23）Gordon，Ernest. *The Anti-alcohol Movement in Europe*. New York，1913.

（24）Cherrington，Ernest H. *The Evolution of Prohibition in the United States of America*. A chronological history of the liquor problem and the temperance reform in the United States from the earliest settlements to the consummation of national prohibition. Westerville，Ohio，1920.

（25）Woods，Robert A. *English Social Movements*. New York，1891.

（26）Zimand，Savel. *Modern Social Movements*. Descriptive summaries and bibliographies. New York，1921.

943

V. 复兴、宗教和语言

A. 宗教复兴与教派的起源

（1）Meader，John R. Article on "Religious Sects," *Encyclopedia Americana*，XXIII，355—61. [List of nearly 300 denominations and sects.]

（2）Articles on "sects," *Encyclopaedia of Religion and Ethics*，XI，307—47. [The subject and author of the different articles are "Sects(Buddhist)," T. W. Rhys Davids；"Sects(Chinese)," T. Richard；"Sects（Christian），" W. T. Whitley；"Sects（Hindu），" W. Crooke；"Sects（Jewish），" I. Abrahams；"Sects（Russian），" K. Grass and A. von Stromberg；"Sects（Samaritan），" N. Schmidt；"Sects(Zoroastrian)," E. Edwards. Bibliographies.]

（3）United States Bureau of the Census. *Religious Bodies*，*1906*. 2 Vols. Washington，1910.

（4）——. *Religious Bodies*，1916. 2 Vols. Washington，1919.

（5）Davenport，Frederick M. *Primitive Traits in Religious Revivals*. A study in mental and social evolution. New York，1905.

（6）Mooney，James. "The Ghost-Dance Religion and the Sioux Outbreak of 1890." *14th Annual Report of the Bureau of American Ethnology*(1892—93)，653—1136.

（7）Stalker，James. Article on "Revivals of Religion," *Encyclopaedia of Religion and Ethics*，X，753—57. [Bibliography.]

（8）Burns，J. *Revivals*，Their Laws and Leaders. London，1909.

（9）Tracy，J. *The Great Awakening*. A history of the revival of religion in the time of Edwards and Whitefield.Boston，1842.

（10）Finney，C. G. *Autobiography*. London，1892.

（11）Hayes，Samuel P. "An Historical Study of the Edwardean Revivals," *American Journal of Psychology*，XIII(1902)，550—74.

（12）Maxon，C. H. *The Great Awakening in the Middle Colonies*. Chicago，1920. [Bibliography.]

（13）Gibson, William. *Year of Grace*. Edinburgh, 1860. ［Irish revival, 1859.］

（14）Moody, W. R. *The Life of Dwight L. Moody*. New York, 1900.

（15）Bois, Henri. *Le Réveil au pays de Galles*. Paris, 1906. ［Welsh revival of 1904—6.］

（16）——. *Quelques réflexions sur la psychologie des réveils*. Paris, 1906.

（17）Cartwright, Peter. *Autobiography of Peter Cartwright, the Backwoods Preacher*. Cincinnati, 1859.

（18）MacLean, J. P. "The Kentucky Revival and Its Influence on the Miami Valley," *Ohio Archaeological and Historical Publications*, XII(1903), 242—86. ［Bibliography.］

（19）Cleveland, Catharine C. *The Great Revival in the West, 1797—1805*. Chicago, 1916. ［Bibliography.］

（20）Rogers, James B. *The Cane Ridge Meeting-House*. To which is appended the autobiography of B. W. Stone. Cincinnati, 1910.

（21）Stchoukine, Ivan. *Le Suicide collectif dans le Raskol russe*. Paris, 1903.

（22）Bussell, F. W. *Religious Thought and Heresy in the Middle Ages*. London, 1918.

（23）Egli, Emil. *Die Züricher Wiedertäufer zur Reformationszeit*. Zürich, 1878.

（24）Bax, Ernest Belfort. *Rise and Fall of the Anabaptists*. New York, 1903.

（25）Schechter, S. *Documents of Jewish Sectaries*. 2 Vols. Cambridge, 1910.

（26）Graetz, H. *History of the Jews*. 6 Vols. Philadelphia, 1891—98.

（27）Jost, M. *Geschichte des Judenthums und seiner Sekten*. 3

944

Vols. Leipzig，1857—59.

（28）Farquhar，J. N. *Modern Religious Movements in India*. New York，1915.

（29）Selbie，W. B. *English Sects*. A history of non-conformity. Home University Library. New York，1912.

（30）Barclay，Robert. *The Inner Life of the Religious Societies of the Commonwealth*. London，1876. ［Bibliography.］

（31）Jones，Rufus M. *Studies in Mystical Religion*. London，1909.

（32）Braithwaite，W. C. *Beginnings of Quakerism*. London，1912.

（33）Jones，Rufus M. *The Quakers in the American Colonies*. London，1911.

（34）Evans，F. W. *Shakers*. Compendium of the origin，history，principles，rules and regulations，government，and doctrines of the United Society of Believers in Christ's Second Appearing. With biographies of Ann Lee，William Lee，James Whittaker，J. Hocknell，J. Meacham，and Lucy Wright. New York，1859.

（35）Train，J. *The Buchanites from First to Last*. Edinburgh，1846.

（36）Miller，Edward. *The History and Doctrines of Irvingism*. Or of the so-called Catholic and Apostolic Church. 2 Vols. London，1878.

（37）Neatby，W. Blair. *A History of the Plymouth Brethren*. London，1901.

（38）Lockwood，George B. *The New Harmony Movement*. "The Rappites." Chaps.ii—iv，pp.7—42. ［Bibliography.］

（39）James，B. B. *The Labadist Colony of Maryland*. Baltimore，1899.

（40）Dixon，W. H. *Spiritual Wives*. 2 Vols. London，1868.

（41）Randall，E. O. *History of the Zoar Society from Its Com-*

945

mencement to Its Conclusion. Columbus，1899.

（42）Loughborough，J. N. *The Great Second Advent Movement*. Its rise and progress. Nashville，Tenn.，1905.［Adventists.］

（43）Harlan，Rolvix. *John Alexander Dowie and the Christian Catholic Apostolic Church in Zion*. Evansville，Wis.，1906.

（44）Smith，Henry C. *Mennonites of America*. Mennonite Publishing House，Scotdale，Pa.，1909.［Bibliography.］

（45）La Rue，William. *The Foundations of Mormonism*. A study of the fundamental facts in the history and doctrines of the Mormons from original sources. With introduction by Alfred Williams Anthony. New York，1919.［Bibliography.］

B. 语言复兴与民族主义

（1）Dominian，Leon. *Frontiers of Language and Nationality in Europe*. New York，1917.

（2）Bourgoing，P. de. *Les Guerres d'idiome et de nationalité*. Paris，1849.

（3）Meillet，A. "Les Langues et les nationalités," *Scientia*，XVIII，（1915），192—201.

（4）Rhys，John，and Brynmor-Jones，David. *The Welsh People*. Chap. xii，"Language and Literature of Wales," pp. 501—50. London，1900.

（5）Dinneen，P. S. *Lectures on the Irish Language Movement*. Delivered under the auspices of various branches of the Gaelic League. London，1904.

（6）Montgomery，K. L. "Some Writers of the Celtic Renaissance," *Fortnightly Review*，XCVI(1911)，545—61.

（7）——. "Ireland's Psychology：a Study of Facts," *Fortnightly Review*，CXII(1919)，572—88.

（8）Dubois，L. Paul. *Contemporary Ireland*. With an introduction by T. M. Kettle，M. P. London，1908.

（9）*The Teaching of Gaelic in Highland Schools*. Published under the auspices of the Highland Association. London，1907.

（10）Fedortchouk，Y. "La Question des nationalités en Austriche-Hongrie：les Ruthenes de Hongrie，" *Annales des nationalités*，VIII（1915），52—56.

（11）Seton-Watson，R. W. ［Scotus Viator，pseud.］ *Racial Problems in Hungary*. London，1908.［Bibliography.］

（12）Samassa，P. "Deutsche und Windische in Südösterreich，" *Deutsche Erde*，II(1903)，39—41.

（13）Wace，A. J. B.，and Thompson，M. S. *The Nomads of the Balkans*. London，1914.

（14）Tabbé，P. *La vivante Roumanie*. Paris，1913.

（15）Louis-Jarau，G. *L'Albanie inconnue*. Paris，1913.

（16）Brancoff，D. M. *La Macédoine et sa population Chrétienne*. Paris，1905.

（17）Fedortchouk，Y. *Memorandum on the Ukrainian Question in Its National Aspect*. London，1914.

（18）Vellay，Charles. "L'Irredentisme hellénique，" *La Revue de Paris*，XX(Juillet—Août，1913)，884—86.

（19）Sands，B. *The Ukraine*. London，1914.

（20）Auerbach，B. "La Germanization de la Pologne Prussienne. La loi d'expropriation，" *Revue Politiqueet Parlementaire*，LVII(1908)，109—125.

（21）Bernhard，L. *Das polnische Gemeinwesen im preussischen Staat. Die Polenfrage*. Leipzig，1910.

（22）Henry，R. "La Frontièrelinguistique en Alsace-Lorraine，" *Les Marches de l'Est*，1911—1912，pp.60—71.

（23）Nitsch，C. "Dialectology of Polish Languages，" *Polish Encyclopaedia*，Vol.III. Cracow，1915.

（24）Witte，H. "Wendische Bevölkerungsreste in Mecklenburg，"

Forschungen zur deutschen Landes- und Volkskunde, XVI(1905)，1—124.

（25）Kaupas，A. "L'Église et les Lituaniens aux États-Unisd' Amérique," *Annales des Nationalités*，II(1913)，233 ff.

（26）Pélissier，Jean. *Les Principaux artisans de la renaissance nationale lituanienne*. Hommeset choses de Lituanie. Lausanne，1918.

（27）Jakstas，A. "Lituaniens et Polonais." *Annales des nationalités*，VIII(1915)，219 ff.

（28）Headlam，Cecil. *Provence and Languedoc*. Chap.v, "Frédéric Mistral and the Félibres." London，1912.

（29）Belisle，A. *Histoire de la presse franco-américaine*. Comprenantl' historique de l'émigration des Canadiens-Français aux États-Unis，leur développement，etleurprogrès. Worcester，Mass.，1911.

947　**VI. 经济危机**

（1）Wirth，M. *Geschichte der Handelskrisen*. Frankfurt-am-Main，1890.

（2）Jones，Edward D. *Economic Crises*. New York，1900.

（3）Gibson，Thomas. *The Cycles of Speculation*. 2d ed. New York，1909.

（4）Bellet，Daniel. *Crises économique*. Crises commerciales. Crises de guerre. Leurcaractères，leur indices，leurseffects. Paris，1918.

（5）Clough，H. W. "Synchronous Variations in Solar and Terrestrial Phenomena," *Astrophysical Journal*，XXII(1905)，42—75.

（6）Clayton，H. H. "Influence of Rainfall on Commerce and Politics," *Popular Science Monthly*，LX(1901—2)，158—65.

（7）Mitchell，Wesley C. *Business Cycles*. Berkeley，Cal.，1913.

（8）Moore，Henry L. *Economic Cycles：Their Law and Cause*. New York，1914.

（9）Hurry，Jamieson B. *Vicious Circles in Sociology and Their*

Treatment. London，1915.

（10）Thiers，Adolphe. *The Mississippi Bubble*. A memoir of John Law. To which are added authentic accounts of the Darien expedition and the South Sea scheme. Translated from the French by F. S. Fiske. New York，1859.

（11）Wiston-lynn，A. W. *John Law of Lauriston*. Financier and statesman，founder of the Bank of France，originator of the Mississippi scheme，etc. London，1907.

（12）Mackay，Charles. *Memoirs of Extraordinary Popular Delusions and the Madness of Crowds*. 2 Vols. in one. London，1859. ［Vol. I，the Mississippi scheme，the South Sea bubble，the tulipomania，the alchymists，modern prophecies，fortune-telling，the magnetisers，influence of politics and religion on the hair and beard. Vol. II，the crusades，the witch mania，the slow prisoners，haunted houses，popular follies of great cities，popular admiration of great thieves，duels and ordeals，relics.］

VII. 时尚、改革与革命

A. 时尚

（1）Spencer，Herbert. *Principles of Sociology*. Part IV，chap. xi，"Fashion，" II，205—10. London，1893.

（2）Tarde，Gabriel. *Laws of Imitation*. Translated from the 2d French ed. by Elsie Clews Parsons. Chap. vii，"Custom and Fashion，" pp.244—365. New York，1903.

（3）Simmel，G. *Philosophie der Mode*. Berlin，1905.

（4）——. "The Attraction of Fashion，" *International Quarterly*，X(1904)，130—55.

（5）Sumner，W. G. *Folkways*. "Fashion，" pp.184—220. Boston，1906.

（6）Sombart，Werner. "Wirtschaft und Mode，" *Grenzfragen*

948

des Nerven- und Seelenlebens. Wiesbaden, 1902.

（7）Clerget, Pierre. "The Economic and Social Rôle of Fashion." *Annual Report of the Smithsonian Institution, 1913*, pp.755—65. Washington, 1914.

（8）Squillace, Fausto. *La Moda.* L'abito è l'uomo. Milano, 1912.

（9）Shaler, N. S. "The Law of Fashion," *Atlantic Monthly*, LXI(1888), 386—98.

（10）Patrick, G. T. W. "The Psychology of Crazes," *Popular Science Monthly*, LVII(1900), 285—94.

（11）Linton, E. L. "The Tyranny of Fashion," *Forum* III(1887), 59—68.

（12）Bigg, Ada H. "What is 'Fashion'?" *Nineteenth Century*, XXXIII(1893), 235—48.

（13）Foley, Caroline A. "Fashion," *Economic Journal*, III(1893), 458—74.

（14）Aria, E. "Fashion, Its Survivals and Revivals," *Fortnightly Review*, CIV(1915), 930—37.

（15）Thomas, W. I. "The Psychology of Woman's Dress," *American Magazine*, LXVII(1908—9), 66—72.

（16）Schurtz, Heinrich. *Grundzügeeiner Philosophie der Tracht.* Stuttgart, 1871.

（17）Wechsler, Alfred. *Psychologie der Mode.* Berlin, 1904.

（18）Stratz, Carl H. *Die Frauenkleidung und ihre natürliche Entwicklung.* Stuttgart, 1904.

（19）Holmes, William H. "Origin and Development of Form and Ornament in Ceramic Art," *Fourth Annual Report of the U.S. Bureau of American Ethnology*, 1882—83, pp.437—65. Washington, 1886.

（20）Kroeber, A. L. "On the Principle of Order in Civilization as

Exemplified by Changes of Fashion," *American Anthropologist*, N.S., XXI(1919), 235—63.

B. 改革

(1) Sumner, W. G. *Folkways*. "Reform and Revolution," pp.86—95. Boston, 1906.

(2) Patrick, G. T. W. *The Psychology of Social Reconstruction*. Chaps.i—ii, "Psychological Factors in Social Reconstruction," pp.27—118. Boston, 1920.

(3) Jevons, William S. *Methods of Social Reform*. And other papers. London, 1883.

(4) Pearson, Karl. *Social Problems*. Their treatment, past, present, and future. London, 1912.

(5) Mallock, W. H. *Social Reform as Related to Realities and Delusions*. An examination of the increase and distribution of wealth from 1801 to 1910. New York, 1915.

(6) Matthews, Brander. "Reform and Reformers," *North American*, CLXXXIII(1906), 461—73.

(7) Miller, J. D. "Futilities of Reformers," *Arena*, XXVI(1901), 481—89.

(8) Lippmann, Walter. *A Preface to Politics*. Chap. v, "Well Meaning but Unmeaning: The Chicago Vice Report," pp. 122—58. New York, 1913.

(9) Stanton, Henry B. *Sketches of Reforms and Reformers, of Great Britain and Ireland*. 2d rev.ed. New York, 1850.

(10) Stoughton, John. *William Wilberforce*. London, 1880.

(11) Field, J. *The Life of John Howard*. With comments on his character and philanthropic labours. London, 1850.

(12) Hodder, Edwin. *The Seventh Earl of Shaftesbury, K.G., as Social Reformer*. New York, 1898.

(13) Atkinson, Charles M. *Jeremy Bentham, His Life and Work*.

949

London，1905.

（14）Morley，John. *The Life of Richard Cobden*. Boston，1890.

（15）Bartlett，David W. *Modern Agitators*. Or pen portraits of living American reformers. New York，1855.

（16）Greeley，Horace. *Hints toward Reforms*. In lectures，addresses，and other writing. New York，1850.

（17）Austin，George L. *The Life and Times of Wendell Phillips*. New ed. Boston，1901.

（18）Hill，Georgiana. *Women in English Life*. From medieval to modern times. Period III，chap. v，"The Philanthropists," Vol. II，pp.59—74；Period IV，chap. xi，"The Modern Humanitarian Movement," Vol. II，pp.227—36. 2 Vols. London，1896.

（19）Yonge，Charlotte M. *Hannah More*. Famous women. Boston，1888.

（20）Besant，Annie. *An Autobiography*. 2d ed. London，1908.

（21）Harper，Ida H. *The Life and Work of Susan B. Anthony*. Including public addresses，her own lectures and many from her contemporaries during fifty years. A story of the evolution of the status of woman. 3 Vols. Indianapolis，1898—1908.

（22）Whiting，Lilian. *Women Who Have Ennobled Life*. Philadelphia，1915.

950

（23）Willard，Frances E. *Woman and Temperance*. Or the work and workers of the Woman's Christian Temperance Union. 3d ed. Hartford，Conn.，1883.

（24）Gordon，Anna A. *The Beautiful Life of Frances E. Willard*. A memorial volume. Introduction by Lady Henry Somerset. Chicago，1898.

C. 革命

（1）Le Bon，Gustave. *The Psychology of Revolution*. Translated from the French by Bernard Miall. New York，1913.

（2）Petrie, W. M. F. *The Revolutions of Civilisation*. London, 1912.

（3）Hyndman, Henry M. *The Evolution of Revolution*. London, 1920.

（4）Adams, Brooks. *The Theory of Social Revolutions*. New York, 1913.

（5）Landauer, G. *Die Revolution*. "Die Gesellschaft, Sammlung-sozial-psychologischer Monographien." Frankfurt-am-Main, 1907.

（6）Thomas, W. I. *Source Book for Social Origins*. "Crisis and Control," pp.13—22. Chicago, 1909.

（7）Ellwood, Charles A. "A Psychological Theory of Revolutions," *American Journal of Sociology*, XI(1905—6), 49—59.

（8）——. *Introduction to Social Psychology*. Chap. viii, "Social Change under Abnormal Conditions," pp.170—87. New York, 1917.

（9）King, Irving. "The Influence of the Form of Social Change upon the Emotional Life of a People," *American Journal of Sociology*, IX(1903—4), 124—35.

（10）Toynbee, Arnold. *Lectures on the Industrial Revolution of the Eighteenth Century in England*. New ed. London, 1908.

（11）Knowles, L. C. A. *The Industrial and Commercial Revolutions in Great Britain during the Nineteenth Century*. London, 1921.

（12）Taine, H. A. *The French Revolution*. Translated from the French by John Durand. 3 Vols. New York, 1878—85.

（13）Olgin, Moissaye J. *The Soul of the Russian Revolution*. Introduction by Vladimir G. Simkhovitch. New York, 1917.

（14）Spargo, John. *The Psychology of Bolshevism*. New York, 1919.

（15）Khoras, P. "La Psychologie de la révolution chinoise," *Revue des deuxmondes*, VIII(1912), 295—331.

（16）Le Bon, Gustave. *The World in Revolt*. A psychological study of our times. Translated from the French by Bernard Miall. New

951 York，1921.

　　（17）Lombroso，Cesare. *Le Crime politique et les révolutions par rapport au droit, à l'anthropologie criminelle et à science du gouvernement.* Translated by A. Bouchard. Paris，1912.

　　（18）Prince，Samuel H. *Catastrophe and Social Change.* Based upon a sociological study of the Halifax disaster. "Columbia University Studies in Political Science." New York，1920.

主题相关的论题

　　1. 集体行为与社会控制。

　　2. 个人之中的骚乱与群体之中的骚乱。

　　3. 作为一种不安分个人的煽动者。

　　4. 青少年骚乱的研究：逃亡的男孩和出错的女孩。

　　5. 身体传染和社会传染的比较。

　　6. 精神流行病案例研究：密西西比股市泡沫、淘金热、战时精神错乱、现代的舞蹈狂，等等。

　　7. 作为社会传染的宣传：挑选案例的分析。

　　8. 群众行为的描述和解释：狂欢、宗教祭仪、暴民、有组织的群众。

　　9. "动物的"群众：兽群、畜群、狼群。

　　10. 停战日群众行为的描述。

　　11. 犯罪的群众。

　　12. 作为集体行动类型的陪审团、意气相投的群体、委员会、立法机构、群众会议，等等。

　　13. 群众兴奋和大众运动。

　　14. 大众迁徙的研究：蛮族入侵、俄克拉荷马的殖民开拓、门诺教徒的迁徙、布尔人的长途跋涉、穆斯林的兴起、摩门教迁徙，等等。

　　15. 十字军和改革：十字军、废奴运动、禁酒令、妇女戒酒十字军、电影审查，等等。

16. 时尚、复兴和革命。

17. 时尚的社会法则。

18. 语言复兴和民族主义运动。

19. 宗教复兴和教派起源。

20. 社会动荡、社会运动，以及风俗与制度的变迁。

讨论问题

1. 你对集体行为有什么理解？

2. 从同情、模仿、暗示的角度来解释兰开夏棉纺厂的事件。   952

3. 你观察到社会传染的简单形式是什么？

4. 中世纪的舞蹈狂在何种意义上可以和流行病相比？

5. 为什么宣传可以被解释为社会传染？描述一种具体的宣传事例，并分析其运作方式。

6. 兽群、畜群和狼群的差别是什么？

7. 说这些动物群体是"群众"准确吗？

8. 你对勒庞所说的"群众的精神同一性"的含义有何理解？

9. 描述并分析你曾经观察到的群众行为。

10. "群众在智力上总是不如孤立的个人"、"群众可能比个人更好或更糟"。这些表述是否一致？详述你的立场。

11. 我们在何种意义上可以把教派、种姓、和阶级说成是群众？

12. 你认为社会运动是什么意思？

13. 运动的意义是什么？

14. 为什么运动可以被视为自由的基本形式？

15. 群众的兴奋是如何导致大众运动的？

16. 克朗代克淘金热、妇女禁酒十字军、卫理公会和布尔什维克主义这些大众运动在特征上有什么差别？

17. 社会动荡的原因是什么？

18. 社会动荡和社会组织是什么关系？

19. 勒庞是如何解释法国革命时期的精神无政府状态的？

20. 不同社会阶级中精神无政府状态的本质是什么？精神无政府状态总是先于革命吗？

21. 信仰和理性在法国革命中的相对重要性是什么？

22. 布尔什维克主义和法国革命在起源和发展上的相似性和差异性是什么？

23. 你同意斯帕戈对(a)知识分子布尔什维克主义者和(b)世界产业工人联盟的心理的解释吗？

24. 社会中的大众运动是有组织的还是无组织的？参考卫理公会、法国革命和布尔什维克主义来说明。

25. 在什么情况下，一场大众运动会(a)变成有组织的和(b)变成一种机构？

第十四章 进　　步

I. 引　　言

1. 流行的进步观

似乎令人难以置信的是,曾经有一段时间,人类是没有进步(progress)概念的。从人类首次有意识地团结起来,共同努力去改善和保护他们的共同生活以来,似乎就已经认识到,生活并不总是像他们发现的那样,而且将来也不会是这样。然而,有人说,进步概念在东方世界是不为人知的,相反地,退化概念则弥漫在所有古代亚洲思想之中。在印度,盛行的概念是时间的宏大循环:宇宙及其居民在其中必定从完美走向破坏,从强壮和天真走向虚弱和堕落,直到新时代的开始。[①]

希腊人以很多方式构想历史进程——如进步和退化,但是他们一般认为历史是一个循环。最早把人类历史清楚描述为从原始野蛮状态到文明的多个阶段构成的进步,是在卢克莱修伟大的诗作《物性论》里。但卢克莱修并不认为这种进步将会持续。恰恰相反的是,他认识到世界已经衰老,已经显示出预示其最终毁灭的衰朽迹象。

只有在相对较近的时代,世界才试图从哲学上把进步定义为宇宙过程的组成部分,并抽象地认为是世界自身渴望的某种东西。今

---

① Robert Flint, *The Philosophy of History in Europe*, I, 29—30.(London, 1874.)

天,每个人都在说进步这个词,但对于什么是进步,还没有普遍的共
识,特别是在最近这些年,对于进步的所有公认证据,出现了怀疑论
者,他们就像第一次见到双峰骆驼的农民一样,坚持认为"没有这种
动物"。

关于进步的意义还缺乏普遍理解——就像它被哲学家所界定
的那样,这不是因为没有具体的进步,而是因为进步概念一般都会
涉及利益与生活弊病的平衡。它引发了这样的问题:整个社会所
获得的利益是否是对进步必然涉及的对个体的失败与损失的补
偿。可能我们之所以相信进步的一个理由就是,历史总是由幸存
者书写的。

在某些方面,以及对具有某种气质的人来说,对我们一般所称
的进步,考虑其代价的话,似乎总是一件含糊不清的事情。伦敦圣
保罗大教堂教长威廉·拉尔夫·英奇(William Ralph Inge)似乎是
这种怀疑论最突出的现代例子。

> "人性并没有被文明所改变,它没有得到提升,也没有下降
> 到平庸的程度。在国际穿衣时尚的乏味单调影响之下,男人仍
> 然保持一贯的样子——一只华丽好斗的动物,一位自我牺牲的
> 英雄,以及一个嗜血的野蛮人。人性既庄严又可怕,既神圣又
> 邪恶。除了知识和经验的积累——这些都是外在和不稳定的
> 获得物——没有证据表明从最早的石器时代以来人性发生了
> 巨大变化。"[1]

在这方面必须记住的是,进步使世界变得更舒适,也使世界更复
杂。每种新的机械装置,商业组织或科学上的每次前进,都使我们大
多数人更能忍受这个世界,其他人则不可能。并不是全世界都能跟
上世界普遍的进步。大多数原始种族已被文明的进步所灭绝,现在
还不清楚文明人在哪里和用什么条件让原始民族的残余得以存活。

---

[1] W. R. Inge, *Outspoken Essays*, i, "Our Present Discontents," p.2.(London, 1919.)

据估计,在现代城市的复杂生活里,至少十分之一的人口没有能力保持一种独立的经济生存,而是需要另外十分之九的人给予不断增长的照顾和帮助,①对于那些下等、无能和倒霉的人来说,无法跟上进步的步伐,世界更快速的前进意味着疾病、绝望和死亡。仅在医学和外科手术上,进展似乎是完全有益的,但是优生学家甚至现在都在警告我们,不分青红皂白地努力去保护体弱者和保持这种无能,会增加适合单独生存的上层阶级和有能力者的负担。

另外,每项新的发明都是在回应某些特定的需求。每种新的社会控制形式总会修正某些现有的罪恶。只要它们成功,就意味着进步。具体的进步可参考公认的社会价值。价值就如库利所指出的:除非涉及有机体,否则是没有意义的。

　　"有机体对于赋予这个概念(价值)以意义来说是必需的;某些事必定是有价值的。它不一定是一个人、一个群体、一个机构、一种教义,任何有组织的生活形式都行;而且它意识到激励它的价值观根本不是本质性的。②

　　对于现有环境的任何改变或适应,使一个人、群体、机构或其他有组织的生命形式生活得更容易,这都可以被说是代表着进步。不论这种发明是一种新的犁,还是一种新的六英寸大炮,只要它比之前的任何装置干得都更有效,我们就接受它成为进步的证据。在我们取得较大进步的人类生活领域中,没有哪个能超过毁灭性武器的制造。

　　不是每个人都愿意承认战争武器的进步代表着'真正的'进步。因为某些人不承认战争的必要性。一旦承认了这种必要性,每种改善都是进步的证据,至少在与社会价值观没有冲突的领域,更容易认识到取得的进步。以下摘录自查尔斯·朱

---

① Charles Booth, *Labour and Life of the People*, I, 154—155, 598. 2d ed. (London, 1889.)

② Charles Cooley, *The Social Process*, p.284. (New York, 1918.)

布林(Charles Zueblin)关于美国进步的著作的前言,具体指出了社会学者通常承认的进步。

　　本世纪已经见证了美国城市首次市政化的有轨电车和电话;全国流行的街道铺装和清洁;电灯服务翻了两番,以及全国性的展示性灯光拨款;成功讨伐各种污垢——烟雾、苍蝇、细菌;以及像浴室、洗衣房、公共厕所、奶站、学校护士站和露天学校等基础设施的广泛提供;防火;警察的人性化执法和女警察的出现;某些市政法院转型为防止犯罪和罪犯矫正的机构;精心制作的学校课程给每个孩子提供了从小学延伸到学校/大学职业教育或车间实训的完整教育;市政参考图书馆;大多数大城市公园体系的完成,并接受这样的原则,即如果没有公园和游乐场,即使最小的城市也不是完全文明化的;现代游乐场运动给了青年人和老人有组织和直接的游憩;社会中心;面向大众的艺术博物馆;市政剧场;委员会形式的政府;城市管理者;本地的城市规章;直接立法——这是比整个 19 世纪都要伟大的进步。"①

2. 进步的问题

社会学从历史哲学那里继承了进步的概念。这个问题似乎起源于一个悖论,即细节上的进步并不能保证整体的进步。例如,社群在个体或特定方向上的进步却可能意味着社群整体最终的毁坏。这就是我们所说的文明有出生、成长和衰败的含义。我们可以在植物群落里看到这种现象最简单的形式,在这里,群落的每次增长就会创造出一种土壤,使群落不再能在其中生存。但是一个群落的衰败和死亡会创造出另一个群落生存与成长的土壤。这就给了我们有趣的现象,即生态学家所称的"演替"。所以,个人建设起他们的家庭,社群得以塑造,最终形成一个伟大的城市。但是,大城市的特

---

① Charles Zueblin, *American Municipal Progress*, pp. xi—xii. New and rev. ed. (New York, 1916.)

有存在都会产生健康、家庭生活和社会控制问题,而当人们生活在野外或乡村时,这些问题是不存在的。就像人类的身体会产生最终摧毁自己的毒素一样,所以公共生活在每个成长过程以及为满足成长所包含的变化所做的努力中,创造出趋于摧毁社群的疾病和恶习。这就导致了另一种形式的问题。社群可能会衰老和死亡,但是新的社群可能从他们先辈的经验中获益,能够创造出更充分,能更好抵御社会疾病和腐败恶习的社会组织。但是为了做到这一点,成功的社群不得不积累更多的经验,进行更多的筹划,运用更专业的知识和更优异的劳动分工。与此同时,生活变得越来越复杂。为了替代低等动物无需教育和焦虑就能生活的简单自发行为模式,人类被迫用专门的训练和越来越精心设定的机制来补充原始的本性,直到生命失去其自发性,似乎有丧失所有快乐的危险。 957

　　"知识的快速积累和运用威胁到文明人类的生存。飞机的生产代表着机械知识相当大的进步;但我却没有觉得人类福利因它的存在而得到增长,它不仅极大增强了战争的恐怖,还会使罪犯和其他不受欢迎的人物有更方便的手段快速而秘密地移动,显著削弱社会安全,但是它的威胁——由于其在结构上不可避免的进步——使未来的任何冲突实质上等于文明人类的灭绝。飞机在天上产生的人类生活状况的有害变化,与潜艇在深海中产生的变化相类似;事实上,对这一事实的认识已经导致了非常可疑的行动主张,即建造潜艇是非法的。

　　此外,假如生活本身更安全,那目前就会存在一种缩减个人自由的明显倾向。国家对个人行为和活动不断增加的控制,对他的子女、日常饮食细节和日常事务处理的管理,总是会越来越限制他的个人自由。但是限制他的自由等于减少他可用的生命,因为完全丧失自由和完全失去生命的差别并不大。"① 958

---

① R. Austin Freeman, *Social Decay and Regeneration*. With an introduction by Havelock Ellis. pp. 16—17.(Boston, 1921.)

正是这种情况——尽管在细节上有进步——已经在人们心中产生了一个问题,是否存在总体的进步,假如有,大部分人因此是更好了还是更糟了。

3. 进步概念的历史

人类的伟大任务是创造一种能够使人们实现他们愿望的组织。我们称这种组织为文明。为达成这一结果,人们最初非常慢,但是在最近时期很快建立起了对外部自然和自身的控制。他已经这样做了,为的是有可能重建一个更为合他心意的世界。

但是人类重建的世界反过来作用于人类,人类建造房屋来保护自身不受天气影响,和作为避难场所,最后,这些房屋变成了家庭,人类变成了一种驯化的动物,被赋予了家庭必须培育和保持的情操、美德和持久的感情。

人类为了自身的装饰和舒适而制作衣服,而人们——特别是女人们——的衣服已经变成了他们个性的一部分,以至于没有衣服,他们就不再是人,在人类社会中也没有地位。除了在非常特殊的情况下,一个不穿衣服的人会被当成疯子来对待,像野兽一样被猎杀。

人类为了安全和贸易而建设城市,城市创造了必要的劳动分工和经济组织。另一方面,这种经济组织已经成为社会的基础,以及一种社会秩序,可以强加行为标准和对个人生活施加细微管控。在这种共同生活的状况下,已经产生了一系列普遍性和支配性的观念:自由,平等,民主,命运,神意,个人的不朽和进步。

撰写了进步观念史的 J. B. 伯里(J. B. Bury)认为,进步是"西方文明富于生气和控制力的思想"。但是在界定进步时,他区分了进步、神意和命运这样的观念与自由、宽容和社会主义这样的观念。后者得到赞成或谴责是因为它们好或差。前者得不到赞成或谴责。因为它们是事实,它们就是对或错,他说:

959

> 当我们说观念统治着世界或在历史上发挥决定性力量的时候,我们一般是认为那些观念表达了人类的目标,并依赖于

它们对人类意志的实现,就像自由、宽容、机会平等、社会主义。有些观念已经部分得到了实现,假如它是一个社会或世界要实现的共同目的,没有理由不去充分实现它们。它们得到赞成或反对是因为它们是对的或错的,而不是因为它们是真还是假。但是存在另一种观念秩序,在决定和指引人类行为的进程上扮演着重要角色,但不依赖于人类的意志——承载着生命之谜的观念,就像命运、神意或个人的不朽。这些观念可能对社会行动的形式起着重要的影响,但是它们涉及一个事实问题,它们被接受或拒绝不是因为人们相信它们是有用的或有害的,而是因为它们被相信是真还是假。

人类进步的概念就是这种类型的观念,重要的是在这一点上要很明确。①

所提及的所有思想都具有这样一种普遍的特性,体现了现代世界如此多的希望、努力和情感,直到最近,它们才具有了某种宗教教义一样的神圣性和权威性。所有这些都是愿望的表达,但是存在着这样的差异:像自由、宽容等观念反映了接受它们的人们的意愿,像神意和进步这样的观念则相反,代表着他们的希望。如伯里指出的,人类进步的问题就像人类不朽的问题一样,是一个实然问题,"它是真的或假的,但不可能证明真假与否。对它的信念是一种信仰活动"。当我们把我们的希望和愿望具体化,并把它们当成事实来看待,甚至不可能证明它们是真是假的时候,它们就呈现出一种索雷尔(Sorel)所描述的神话的形式。人类的进步正如赫伯特·斯宾塞和其他维多利亚时代的人们所理解的,是一个神话。迪恩·英奇(Dean Inge)称其为一种"迷信",并补充说:"要成为一种流行的宗教,对于迷信来说唯一必要的就是去奴役一种哲学。进步的迷信具有独特的好运,它至少奴役了三种哲学——黑格尔的、孔德的和达

① J. B. Bury, *The Idea of Progress*. An inquiry into its origin and growth,p.1.(London, 1921.)

960 尔文的哲学。"①

进步的概念(假如是一种迷信)是最近起源的事物之一。直到18世纪,它才获得普遍的接受,并变成了英奇描述的大众宗教的一部分。它所替代的是神意概念。但是古希腊和罗马人对神意一无所知,他们受到另一种具有不同特征的观念影响,这就是天谴和命运观念。在他们之前,还有更多原始民族完全没有关于人类命运的概念。在一篇未发表的论文里,艾尔斯沃斯·法里斯(Ellsworth Faris)拟定了进步概念及其前身的自然史,还有一个也许注定要取代它的新概念,即控制。

在现代时期如此有影响力的进步概念不是一个很老的概念,它以其独特的形式存在于和文艺复兴同时产生的理性主义时期。在此意义上,进步概念意味着一种关于整个宇宙进程正在发展的理论。这是一种信念,认为整个世界正通过明确的阶段变得更好,并且正走向"一种遥远的神圣状态"。

在此观念之前的阶段可能被认为处于几种状态之下。首先可以被称为"宇宙混乱",在这个阶段我们发现如今活着的"原始民族"。这是一个混沌的世界,没有意义,没有目的,人的生命被认为没有发展方向。对于大多数人来说,死亡和不幸是由于巫术和敌人的邪恶算计;好运和背运是使理性存在毫无希望的力量。

另一个思想阶段可以在希腊人之中找到,宇宙过程概念是一个循环的过程。古希腊的黄金时代在于过去,宇宙被视为正遵循着一条既定路线,人类经验的整个循环被一种完全违背人类意愿的不可动摇的命运主宰和控制。最终符合这种形势的公式就是"顺应自然",对世界铁律的一种屈服,试图改变这种铁律是徒劳的。

这种观念在中世纪被神意观念所继承,这种观念认为世界是一个剧场,人类的救赎的戏剧在此上演。上帝创造了自由的人类,但人类被堕落腐蚀,福音给了他们拯救的机会,世界很快就会知道最

---

① W. R. Inge, *The Idea of Progress*, p.9. The Romanes Lecture, 1920. (Oxford, 1920.)

终的胜利和被拯救的希望。大多数早期教父都预料世界的终结很快来临，而且也就是在很多人的有生之年。这与前两种观念截然不同。所有生命对他们都有意义，因为世界上的邪恶只是上帝实现其良善目标的手段。人类的职责就是去服从，但是顺服是对一种全知、全能、仁慈和完美的力量的信仰，相信这种力量主宰着世界，并使每件事变得最好。

进步的观念出现于神意概念的废墟之上。在 14 世纪，进步并不仅仅意味着满足人类所有的欲望——个体的或集体的。这种观念意义远不止这些。正是这种信念认为世界正无限期地向着越来越完美前进。进步的氛围与乌托邦建设和相信与世界自身的天性和谐一致的完美计划意气相投，进步的氛围还造就了乐观主义者，他们完全相信所有事情从长远来说都会变得最好，每一种暂时的罪恶都会被一种终极的良善制服。

论证进步事实的困难已经变成一个呈现在现代人头脑中的非常真实的问题。我们可能证明这个世界已经变得更复杂，但很难证明世界已经变得更好，而且完全不可能证明世界会持续变好。从土耳其穆斯林的立场来看，世界历史的最近两百年并不是显著进步的年代，从他们敌人的角度来看，相反的陈述明显是对的。

在我们这个时代，似乎正在取代进步观念的概念是控制。不论是个人问题还是社会的问题，都被视为一个单独的项目。贫困、疾病、犯罪、恶习、放纵或战争，这些都是挑战人类努力和独创性的明确情势。很多问题是不可解决的，很多失败也被记录下来。未来是对创造性智慧和集体英雄主义的挑战，人们仍然认为未来有待实现。而且仍然不能保证将会出现进步。相反的是，人们有很多理由相信，除非人类能够靠自己的技能和奉献精神为他们当下的问题和将出现的新问题找到解决之道，否则进步是不会出现的。

现代人发现，这种想法确实在激励他，就如同进步观念激励他的文艺复兴祖先或者神意观念激励他们的中世纪祖先。虽然他并不盲目相信，也不会乐观地感到某些事情会好起来，但他还是鼓起勇气调整自己的肩膀,去思考、谋划,发挥自身最大的努力去征服面前的困难,并去控制自然和人类的力量。神意观念并不仅仅是对生活的归纳,它是一种激发希望的力量,进步观念同样也不仅仅是一种概念,它还是在一个伟大智力活动的时代充满活力的影响。认为可以控制自然力量来为人类服务的想法与其他观念不同,但也是一种似乎完全适合于20世纪的动态力量。

人类命运某种程度上掌握在自己手中的观念假如得到普遍接受,将仍然是——只要它激发人们去工作和奋斗——一种信仰,它为人类未来勾画的图景(它的努力方向)将仍然具有神话的特征。那就是神话的作用,正是这一点使人们对理想国产生了兴趣,不同时代的人们在其中设想他们希望和梦想的世界。

4. 文献分类

本章文献的目的是展示涉及进步概念的人类思想的变化性与多样性。它们要表明的是,尚未就这个概念的意义形成普遍的一致意见。在社会改革所有的专门领域,就什么可取什么不可取,都有相对明确的概念。而在进步这个事情上,普遍来说没有那么明确的定义。除了哲学推断,并没有像"普遍的进步"之类的事物。在实践中,进步其实只是大量专门的任务。

可以肯定的是,"文明的进步"在历史上是一个声誉良好的概念。但它只是一种评价性的概念而不是描述性概念。假如每一代新人都必须重写历史,那并不仅仅是因为发现了新的历史材料,而只是因为新一代人的存在。每一代人都有其关于生命价值的看法,每一代人都必须对生活现实给出自己的解释。

令人难以置信的是,斯特雷奇的《维多利亚女王传》是在四十年前写的。不可思议的是,很多人应该都见过他们生活的维多利亚时代,就像这里呈现出的一样。

本章的材料归入三个方面:(a)进步的概念;(b)进步与科学;(c)进步与人性。

(a) **进步的概念**。——研究进步的第一个困难是定义。进步的记号、征兆和标准是什么？在我们设定出某种定义之前，我们不可能知道。赫伯特·斯宾塞用进化来确认进步。有机体进步的法则是所有进步的法则。智识——假如我们将其理解为仅仅是知识的积累——并不代表进步。更确切地说，智识在于"大量知识表现出的内在改变"。在此层面，斯宾塞的概念是优生学家的概念。真正的进步在于血统——在遗传物质当中。对于像高尔顿、卡尔·皮尔逊和麦迪逊·格兰特这样的人来说①，我们所称的文明仅仅是种族的兴盛。文明可能会消亡，但是假如种族后裔得以存续，文明就将复制自身。最近这些年，一个政治哲学学派已经在欧洲和美国兴起，寻求规定我们针对"内部敌人"、依赖者、智力低下者和少年犯的社会政策，以及针对移民种族和外国人的对外政策，总体构想是，社会和国家的主要目的就是保存日耳曼种族的遗传基因。②然而，对于斯宾塞来说，全部价值在于有机体这个概念被改变是由于这样的信念：所有生命都被包含在一个不可逆的称为进化的过程中，这个过程最终会清除虚弱、邪恶和不健康的种族与社群。

与斯宾塞和优生学家都相反的是，霍布豪斯表达了最早由赫胥黎所表达的信念③，相信人类注定要干预自然选择的有益法则。事实上，他坚持认为，社会的发展是某种与个体的有机变化完全不同并相对独立的事情。换句话说，它是一种社会学产物而不是生物学产物。它是个体互动的结果，最好的体现就是有组织的社会，以及该组织从早期传给后代的社会传统。

（b）**进步与科学**。——与其他进步概念相反的是杜威的主张，他强调科学和社会控制，或者如他所说的，强调"发现集体人性的需

---

① Author of *The Passing of a Great Race*, *or the Racial Basis of European History*. (New York, 1916.)
② 见 Stoddard Lothrop, *The Rising Tide of Color against White World-Supremacy* (New York, 1920); and William McDougall, *Is America Safe for Democracy*。(New York, 1921.)
③ Thomas H. Huxley, *Evolution and Ethics and Other Lectures*, Lecture ii, pp.46—116. (New York, 1894.)

要和能力的问题,因为我们发现它聚集在地球表面的种族或民族群体中"。霍布豪斯和杜威的区别与其说是实质上的,不如说是观点上的。霍布豪斯向后看,其兴趣在于进步本身而不是其方法和过程。另一方面,杜威向前看,感兴趣的是当前的计划,以及在社会福利和世界组织问题上运用科学方法的问题。

阿瑟·詹姆斯·贝尔福(Arthur James Balfour)①,英格兰最具智慧的老派政治家,他以一位政治家的经验来看待进步,说话较少先知和权威的腔调,却有人生长期经验产生的智慧。对他来说——就像对很多深思熟虑的头脑一样——种族的未来"被黑暗所包围",智者是满足于以"清醒和谨慎精神"行事的人,寻求在问题产生时进行处理。

(c) **进步与人性**。——进步多半是一个解释问题,很大程度上也是一个气质问题。关于人性和进步的材料其目的就是呼吁注意这个事实。对很多人来说,进步是一种信仰,而人类的信仰至少就其内容而言,是一个气质问题。可能对进步有稍许兴趣的保守派通常是一个清醒和谨慎的人,完全满足于当前,对未来不是很肯定。另一方面,极端派通常是天生充满希望和激情的个体,对当前相当悲观,但对即使是最不可能的未来也充满无穷的信心。

哲学就像文学一样,归根到底是一种气质的表达,或多或少被经验改变。所以,选自叔本华和伯格森的作品可以看作是两种关于进步和生命概念截然不同的气质的典型反应。从形式上来说,他们对宇宙过程的描述没有什么不一样。他们的解释和这些解释实际承载的意义却有显著的差异。

965 对于社会学学生来说,没有必要讨论这些不同观点的优点。我们可以接受它们是人类的记录。无论如何,它们阐明了进步观念,以及人类寻求规划他们共同的希望和指引共同生活的所有基本观念。

---

① 阿瑟·詹姆斯·贝尔福(Arthur James Balfour,1848—1930),英国哲学家、政治家,1902—1905 年任首相。——译者注

II. 文　　选

II. 文　　选

A. 进步的概念

1. 最早的进步概念①

"进步"一词就像"人性"一词,是最重要的词汇之一。它是一个拉丁词语,到罗马统一地中海世界之后,才采用它目前的抽象意义。第一位以足够的广度来详细阐述这一概念,并以足够精确具体的观察提供一个初步概述的作者是伟大的罗马诗人卢克莱修。

他首先描述了一种生存斗争,适应性差的生物在斗争中灭亡了,那些生物需要的是保护自身的力量或者使自己适应人类目的的手段。然而,在这个阶段,人类是一种比后来的样子更为吃苦耐劳的生物。他像野兽一样生活,不懂耕作、用火、穿衣或建房。他没有法律、政府或婚姻,尽管他不怕黑暗,但他害怕凶猛野兽带来的真实的危险。人类经常悲惨地死去,但一天中死亡的数量不像现在的战斗或船只失事导致的那么多。

下一阶段,看到使他们身体放松的棚屋、皮毛和火,以及缓和他们脾气的婚姻和家庭纽带。部落开始和其他部落订立联盟条约。语言来自所有动物都感到要运用它们天然力量的需要,就像小牛在它的角长出来之前会去冲撞。人类开始用不同的声音表示不同的事物,就像野兽会表达不同的激情,就像任何人在狗、马和鸟当中注意到的一样。没有人着手去发明语言。

人类最早是从闪电和树木的摩擦中学会用火,从阳光的软化和催熟作用中学会烹调。然后,天才的人类发明了改良的生活方法,建造了城市,并把土地和牲畜作为私有财产。但是黄金赋予富人以权力,并摧毁了简单幸福中的满足感。每当人类允许自己成为本应是他们的依靠和工具的事物的奴隶时,事情就必定会这样。

966

---

① 改编自 F. S. Marvin, *Progress and History*, pp.8—10。(Oxford University Press, 1916.)

他们开始相信和崇拜神,因为他们在梦中看到了超人的力量和美貌,并认为这些是不朽的;当他们注意到季节的变化和天空的所有奇观时,他们把他们的神排列在那里,并且当他们在雷声中讲话时,害怕这些神。

在导致矿物融化的森林大火中发现了金属。铜和黄铜最早的估价要高于金和银。随后,金属代替了手、指甲、牙齿,以及成为人类最早武器和工具的棍棒。编织是在使用铁器之后出现的。播种、栽培和嫁接是从大自然本身习得的,土地的耕作逐步被越来越多地带到山上去了。

人类从鸟儿那里学会唱歌,从穿过芦苇的呼啸风声里学会吹口哨;这些简单的节奏给予人们的质朴快乐和我们现在更为精巧的节奏带来的快乐一样多。

随后,在结尾的一段总结里,卢克莱修列举了人类在悠久历程中达成的所有主要发现——船舶,农业,城墙围绕的城市,法律、道路、服装、歌曲、绘画、雕塑以及所有生活的愉悦——并补充道:"这些事物的实践和不安分心灵的体验已经随着人类从一点到一点的进步,逐步教给了人类。"

这就是这个词在文献里首次的界定和使用。

2. 进步和组织①

目前的进步观念正在改变,而且游移不定。有时它所包含的只是简单的增长——比如一个国家在成员数量和领地范围上的扩展。有时它涉及物质产品的数量——就像农业和制造业的进步这种主题。有时又仔细考虑这些产品的优良品质;有时涉及生产它们的新的或改良了的装置。当我们再次说到道德或智识进步时,我们指的是表现这种进步的个人或民族的状态;当评论科学或艺术的进步时,我们提及的是人类思想和行动的某种抽象后果。

然而,目前的进步概念不仅或多或少是模糊的,而且在很大程

---

① 改编自 Herbert Spencer, *Essays*, I, 8—10。(D. Appleton & Co., 1899.)

度上还是错误的。它涉及的与其说是进步的现实,不如说是进步的附属物——与其说是实质,不如说是影子。在儿童成长为成人,或者野蛮人成长为哲学家的过程中,智力的进步通常被认为由更多已知的事实和得到理解的法则所构成,而实际的进步在于内在的改变,即表现为更多的知识。社会进步被假定为形成更多数量和种类的物品,以满足人类的需要,不断提升人身和财产安全,扩大行动自由;而正确的理解是,社会进步在于社会组织的结构变化,而这些变化导致了这些结果。目前的概念是一种意识形态的概念。人们认为这种现象仅仅关系到人类的幸福。只有这些变化才构成直接或间接强化人类幸福的进步;之所以认为它们构成了进步,仅仅是因为它们倾向于强化人类幸福。但是要正确理解进步,我们必须学习这些变迁的特征,要撇开我们的利益来考虑。比如,不再把地球上已经发生的连续地质变化视为逐步适合人类居住的一种改变,从而构成地质的进步,我们必须确定这些改变共有的特征——它们都遵行的法则。在其他情况下也是如此。忽略伴随而来的状况和有益的结果,让我们问问进步本身是什么。

关于单个有机体在其进化过程中显示出来的进步,这个问题已由德国人进行了回答。沃尔夫、歌德和冯·巴尔的研究已经明确了这样的事实:在一颗种子到一棵树或一个卵子成为一只动物的发展过程中的一系列变化构成了从结构同质性到异质性的进步。在其最初阶段,每个胚芽都由质地构成和化学构成很均匀的物质组成,第一步是这种物质的两个部分之间出现了差异,或者就像生理学语言所称呼的,一种分化。这些分化出来的每个部分自身不久就开始展现出某些对比,很快,这些次级分化变得像最初的分化一样明确。这个过程不断重复——在不断增长的胚胎的所有部分里同时进行;通过这种不断的分化,最终产生了构成成年动物或植物的组织和器官的复杂组合。不论怎样,这是所有有机体的历史,不容置疑的是,有机进步正是从同质性向异质性的变化。

如今,我们打算证明这种有机过程的法则是所有进步的法则。

968

无论是在地球的发展、地球表面生命的发展，还是在社会、政府、生产、商业、语言、文学、科学、艺术的发展上——这些同样是从简单到复杂的进化，通过连续的分化来全程控制。从最早可追溯的宇宙变化到最近的文明成果，我们将发现同质性向异质性的转型正是进步的实质所在。

3. 进步的阶段①

假如我们从最高度的科学观点注意人类发展的进程，我们将发觉，这种发展在于开发出越来越多人性独有的能力（和动物性相比），而不是那些人类和整个有机体王国共有的特质。正是在这种哲学意义上，最卓越的文明必然被宣称与自然完全和谐，因为事实上，它只是我们这个物种主要特征的一种较为显著的表现，最初潜在的特质只有在社会生活的发达状态下才能起作用，而这些特质是注定要出现的。生物哲学的整个体系标示着自然的进步。我们已经在野兽王国里看到了每个种族的优越性是如何由动物生命的数量优势程度来决定的，以类似的方式，我们发现我们的社会进化只是一个从最简单植物和最渺小动物，通过较高级的爬行动物到鸟类和哺乳动物，最终达到食肉动物和猿类的持续进步的最终用语，有机体特征退缩，动物性占优的情况越来越多，直到知识和道德趋于永远不可能完全获得的支配地位——即使在我们能想象得到的人类完善的最高状态。这种比较性的评价给我们提供了关联着动物发展进程的人类进步的科学观点，而人类进步正处于最高程度。对我们社会进步的分析确实证明了，虽然我们本性的激进倾向必定是不变的，但最高级的本性处于持续的相对发展状态，它们借此提升成为人类存在的优势力量，尽管原始经济永远不会绝对完全倒转。我们已经看到这是静态观点下社会有机体的实质特征，但是当我们在它们的逐渐演替中研究其变化时，它会变得更为显著。

---

① 改编自 Auguste Comte，*Positive Philosophy*，II，124。（Trübner & Co.，1875.）

4. 进步与历史过程①

这些反思得出的结论是,不加鉴别地把生物学原则运用到社会进步之上,会导致一种不可克服的矛盾。决定自然有机体生存的因素,假如作为促进社会进步的规则来运用,似乎与社会进步的所有含义相冲突。这种冲突意识无疑要对这些年生物学观念经历的进一步重构负责。生物学家现在开始认真探究,"自然"选择是否不会被理性选择——"生存适合度"最终会在其中达成其合法意义——所代替,以及种族发展是否能由合理的社会价值观念来指引。这是态度的根本性改变,它所产生的新优生学学说需要仔细地审视。但是,在进行这种审视之前,不妨研究一下我们所坚持的生物进化和社会进步之间对立的原因。面对这种矛盾的时候,我们问自己,社会发展是否是某种和生物学上已知的有机变迁截然不同的事情,社会生活是否能够不依赖永远不可能出现在个体——仅仅是作为一个个体或一个种族成员来考察时——身上的力量。

先看后一点。很容易从生物学家的观点里看出,他们认为社会过程根本上在于个人所属种群的改善。这是看清楚问题本身的一种方法。社会由千千万万个体组成,假如把任何一代人与他们的祖先相比,我们可以在身体、心智或道德能力上达成一种平均的改善,我们确实应该有理由高兴。迄今为止是有进展的。但是我们可以从另一个角度来看。社会由个别的人组成,而且只有个人,就像身体由细胞和细胞的产物构成。但是,尽管身体只由细胞组成,我们却永远不可能通过考察作为单独单元的每一个细胞的活动来理解身体的运作。我们必须同等考虑有机的相互联系,即每个单独细胞在一起协作,以维持容纳它们的有机体健康的生命过程。所以,为了理解社会秩序,我们必须考虑的不仅是个体的能力和成就,还要考虑社会组织,这些个体凭借社会组织相互起作用,并共同产生我们所称的社会后果;而且,无论自然的有机体可能是什么,我们都能

970

---

① 改编自 Leonard T. Hobhouse, *Social Evolution and Political Theory*, pp.29—39。(The Columbia University Press, 1911.)

看到,在社会里,具有同样潜力的个体借助良好的组织,就能产生好的后果,如果是糟糕的组织,结果就会极大逊色。

总之,社会现象不是某种发生在单个人身上或者分别发生在几个人身上的事情。它本质上是个体的互动,由于任何个体的能力都是很不一样的,只能被恰当的环境唤起,所以容易看到,相互作用的性质本身将会带来新的,也许是出乎意料的能力,而且从对它作出贡献的个人那里获得力量,假如没有这种特殊的机会,这种力量可能仍然会永远蛰伏。假如是这样的话,社会学作为一门科学,和生物学或心理学就不是一回事。它既不涉及个体的身体能力,也不考虑其心理能力。它处理的是这些力量彼此作用,以及个体在他们的自然环境强加的条件下个体互动产生的结果。这些力量的性质和这些区别的意义可以由一个非常简单的例子来说明。

971

人类动机的交互作用和人的互动是社会生活的基本事实,这种互动达成的永久结果,以及它对参与其中的个体产生的影响构成了社会进化的基本事实。这些结果包含在一般所称的传统之中。这样理解的话,传统——它的成长和建立,它对促成传统构建的特有个体施加的作用,以及它因随后的互动而出现的变化——构成了社会学研究的主要议题。

在社会的发展中,传统就是种群自然增长中的遗传。它是过去与未来之间的联系,正是在传统之中,过去的影响得到巩固,而且正是在传统的基础之上,随后的改良才得以建立。我们可以将类比推得更远一点,由于传统保存和提供给每一代人,作为他们生活行为指引的思想和习俗,类似于遗传赋予个体的有限反应方式以及遗传的冲动、反射和本能。老年人的传统可以说是社会的本能,它为应对日常生活的一般情况提供了规则,而且大多数这些规则无需研究就能接受,不用思考就能运用。它为满足每个社会阶级的需要,应对共同危险,满足社会需要,调节社会关系提供了恰当的制度。简而言之,它构建起了社会生活的框架,而对每一代人来说,这个框架都是其遗传体系的组成部分。

当然,说到作为一种遗产的传统,我们认为它可以通过生物方法之外的方法来扩散。在某种意义上,它的扩散是心理上的,它是从头脑到头脑进行传递的,即使是社会制度,其实在某种意义上也是包含在物质产品、建筑、书籍、加冕长袍或者旗帜之中的,但无需说的是,这些事物不过是为了使它们的意义得以保存和发展的思想的延续。在传统中起作用的力量并不纯粹是心理上的,至少不能单靠个体的心理来理解这些力量。得以传递的不仅仅是一系列观念,还有整个社会环境;不仅仅是某种思考方式或行为方式,还有给个体规定的,必须以某种方式思考或行动的条件——假如他们想实现自己的愿望的话。这一点值得商榷,因为有些作者曾经认为,通过把传统简化为某些表面上简单的心理现象(例如模仿),就可以简化传统的运作。在这里,存在着不止一种谬误的因素。

如今,传统的增长将在某种程度上严重改变维持传统的社会成员。对任何确定的机构来说,心理和生理品质的某种组合将是最恰当的,这些品质可能有差别,就像战争所必需的品质与和平产业所需的品质不一样。任何传统显然都会从人类当中唤起适合它的品质,而且在某种程度上会选择品质发展得最好,并且将会把他们带到社会结构顶端的个体,但这并不是断言群体身上同样的变化将由遗传活动来达成。种族的遗传品质可能保持不变,尽管传统已经改变,而且使一系列品质永久保持在搁置状态,而其他品质由于锻炼,而不断达到最高的效率。

我们并不能说物质性的遗传对于社会秩序是不重要的;很明显的是,构成一个种族的个体的品质越好,他们就越容易使自身适合好的社会传统,就越容易把这些传统推进到更卓越的程度,他们就能更坚决地对抗堕落。社会结构要求的品质必须存在,而且越是容易获得这种品质,社会机器就越容易工作。所以,社会进步必然意味着某种程度的种族发展,它的进步可能总是受到种族局限性的制约。然而,如果我们把人类历史看成一个整体,给我们留下深刻印象的是人性伟大的基本特征的稳定,以及社会变迁的相对全面性和社会变迁经常的快速发展。

鉴于这种对比,我们必定会犹豫把人类发展中任何实质性的份额归因于生物因素,而且当我们考虑社会变迁所依赖的因素时,我们的犹豫还会增加。正是在知识和产业部门,进步是最快和最明确的,而且原因非常清楚。正是在这个方面,每一代人都能在前人的基础上再接再厉。今天,一个具有中等数学能力的人能够解决迷惑牛顿的问题,因为他可以利用牛顿的作品以及牛顿时代以来很多其他人的作品。而在道德领域,情况有所不同。每个人的性格必须被重新塑造,虽然教育能做很多事情,但并不等于全部。最终,每个人找到了自己的救赎之道。真正的道德进步就在于可传递的道德观念和原则的进步,在于可建立、保持和改进的法律和制度的进步。那就是说,在社会传统因素能产生作用并且其影响能够扩展的地方,就有进步。假如传统被打破,种族就得在传统形成之前的地方重新开始。我们可以推断,虽然种族相对停滞,社会却已得到快速的发展,我们必须断定,不论是好是坏,主要决定社会变迁的不是种族类型的改变,而是社会原因相互作用导致的传统的改变。进步不是种族性的,而是社会性的。

B. 进步与科学

1. 进步与幸福①

可以把人类进步恰当界定为确保**人类幸福的增长**。如果不这样做,不论文明可能有多么伟大,都不是进步性的。假如一个国家兴起并将其统治扩大到一片广大的领地上,以其力量、文化和财富震惊世界,只靠这些并不能构成进步。首先必须表明,它的人民比以前更为幸福。假如一个民族为艺术而疯狂,而且遵照他们的冲动或者国家的法令,这个民族的财富被用于培育完美的艺术,雇用优秀的艺术家,装潢寺庙、公共建筑和私人建筑,修饰街道和场地,不论这一目标能达到何种完美的程度,除非从中获得的满足能超过这一过程必然付出的牺牲,否则这都不是进步。要达成真正意义上的

① 选自 Lester F. Ward, *Dynamic Sociology*, II, 174—77。(D. Appleton & Co., 1893.)

进步,必须增进人类快乐的总和。当我们审视文明的历史时,我们必须牢记这一真理,而不能允许我们自己被盛况的光辉、纹章的荣耀,或者艺术、文学、哲学、宗教的优美所迷惑,应该按照这种标准来衡量,给每个人分派正确的位置。

不可否认,由于很多已经提到过的错误做法,由于非常复杂的掩盖罪行的设施,由于能够庇护时尚、种姓和习俗的巨大腐败体系,文明成为粉饰很多极端的个人痛苦的直接手段,但这些都是它在自然力量统治下努力进步的必要插曲。

这将涉及一个巨大的谬误,即由此推论出文明会引起痛苦或者减少人类幸福。要反对这一显而易见但很普遍的错误,可能引用之前提出的生物学家一致接受的原则,即一个有机体就其大量且多样的器官来说是完美的。这是因为,器官越多,享受的能力就越大。由于这种享受既是数量上的也是品质上的,技能数量越多,可从其正常运用中导出的享受就越多。说原始人比文明人更快乐,就等于是说一只牡蛎或者一只珊瑚虫比一只鹰或一头羚羊享受更多。这要是真的,只能是因为后者由于他们敏感的有机组织。受苦比享受更多,但是,假如快乐就是摆脱所有的感觉,那么最好就是成为石头或土块,以及极度缺乏意识敏感性。假如这就是人们应该追寻的幸福,那么当佛教徒在祈求允诺的涅槃或湮灭时,他就达到了最高程度的一致性。但这并不是幸福——这只是缺乏幸福而已。因为幸福的增长只能通过感觉或情感能力的增进来达成,当这种能力增长之时,受苦的能力也必然会增加,而且,除非伴随着足够的智慧去阻止这种结果,否则就必须忍受痛苦。这就是最真实的进步,尽管它无限繁殖并增加了享受的设施,但同时也提供了最有效的防止不适的手段,而且几乎所有违反自然法则的痛苦都是由于忽视或者错误遵照这些法则而引起的,所以,最真实的进步就是成功克服无知和错误。

因此,我们可以阐明这样的原则:进步与运用能力和满足欲望的机会或设置是成比例的。

2. 进步与预见①

我们已经把快速变化和进步混为一谈。我们已经把使进步得以可能的障碍突破和进步本身混为一谈。

有人告诉我们,工商业的发展已经带来了人们的相互依赖,以至于战争——至少是大规模战争从今以后不再成其为问题。但现在很清楚的是,商业也会制造嫉妒、对抗和疑心,而这些都是战争的潜在因素。有人告诉我们,在现代条件下,国家不可能长期资助战争,经济学家已经证明了这一点,他们自己和其他人对此都很满意。现在我们看到,他们低估了财富的产量和为了破坏性目的而调动财富的程度。有人告诉我们,科学的进步已经使战争实际上不可能,但现在我们知道,科学不仅使战争机器更为致命,还在战争来临时提升了抵抗力和耐久力。假如所有这些都不能证明,使社会结构产生复杂和广泛变化的力量本身并不会带来进步,我就不知道该怎么来证明了。难道人们征服自然只是为了释放出超越他们控制的力量吗?

进化的教条已被广泛用来给人类事务中自动和全面的进步概念赋予一种包罗万象的认可。我们这部分——人类的部分——仅仅享受使用权。进化继承了神意带来的所有好处,并具有流行的优势。为了从那样一种幼稚且自私的幻梦中醒来,即使一场伟大的毁灭性战争也不是太大的代价。进步不是自动的,它依赖于人的意图和目的,以及接受其产物的责任感。这不是一种整批进行的事务,而是零散的工作,由各个部分来承包和执行。

尽管有通过提升利他主义、友好以及安宁感来测量进步的教条,但我没有理由认为这些情感的基本存量在几千年间有了少许的增长。人出生时就具有这些感觉,还有恐惧、愤怒、竞争、愤恨等情感。现实中出现的这组情感上的增长和那组情感上的减少,就是他们社交场合和社会渠道的变化。文明人在眼睛和耳朵上并不比野

---

① 改编自 John Dewey, "Progress," in the *International Journal of Ethics*, XXVI(1916),312—18。

蛮人有更好的天赋,但是他的社会环境给了他比野蛮人所看见、所听到的更重要的事情,他还有智慧去设计工具来强化他的眼睛和耳朵——电报和电话、显微镜和望远镜。但是没有理由认为他比野蛮人有更少的天然攻击性,或者更多的天然利他性。他生活的社会环境可能创造出相对更多的展示友好的要求,并把他的攻击性本能转到较少破坏性的渠道上去。

人们随时都拥有足够的善意冲动,能使他和所有的同伴友好和平地生活;也随时有足够多的好战冲动,使他与同伴处于麻烦之中。其中一种表现的强化可能伴随着另一种表现的强化,唯一的差别在于社会安排使其向一组同伴展示出友好的感觉,向另一组同伴则显示出敌对冲动。所以,正如众所周知的,目前处于战争状态的民族其特征就是对外国人的憎恨,在每个交战群体之中都伴随着不同寻常的相互喜欢和爱的表现。所以,这一事实的特点就是,人是一个很好的心理学家,他说他希望这个星球可能与另一个星球陷入战争,因为那是他在全球人口中发展起一个世界利益共同体的唯一有效的办法。

把科学发现转化为利用物质能量、太阳能、煤炭和铁之类的发明,这为进步提供了不可或缺的初始条件。这些发现和发明都不是无意识的物质本性的产物,它们都是人类奉献和应用的产物,是人类的欲望、耐心、独创性和天赋智慧的结晶。我们如今面对的问题——即进步的问题——是一样的,差别在于主题。它是一个发现集体人性之需要和能力的问题,因为我们发现它聚集在地球表面的种族或民族群体之中,它也是发明社会机制的问题,这将为满足这些需要而设置可以运作的力量。

我们始终生活在一种自由放任哲学的统治之下。这里我并不是指一种个人主义的,反对社会主义的哲学。我指的这种哲学相信,人类事务的方向指向自然,或神意,或进化,或明显的命运——也就是说偶然,而不是精心谋划和建构性的智慧。把我们的信仰寄托在集体性国家而不是个人行为上,这与寄托在自发的私人企业的结果上一样,完全是自由放任的做法。唯一与一种随心所欲的放任

977

哲学真正对立的,是这样一种哲学,它研究特定的社会需要和罪恶,以期构建它所要求的特定社会机制。

3. 进步与科学预见的局限①

社会运动——不论是进步还是倒退——一般只能在与之对立的情绪被特意削弱或者自然衰减的时候才能产生。在这个破坏性过程以及可能随之而来的任何建设性过程中,推理(reasoning),常常是糟糕的推理,承担着——至少在西方社会中——很大一部分原因,以及大部分的症状;结果,争论不休的喧闹声往往是有趣的社会变迁最引人注目的伴奏。因此,它在社会有机体中的地位和功能常常被误解。人们本能地形成假设的习惯——就像它在人类制度的改进或退化中所起的显著作用,由此,它提供了使它们得以休息的特有基础,以及它们应该遵照的独有模式;他们自然得出结论,我们只需要更多更好的推理,就能迅速完善整个机制,以保障人类的幸福。

这肯定是一个巨大的错觉。一个建立在争论基础之上的社会很快就不再成其为一个社会。它会溶解在其构成要素之中。想想这由共同的情感、爱好、信仰甚至偏见以最微妙的方式编织起来的几千种纽带,我们在很早的儿童时期就由此不知不觉地联系起来,并不可分割地形成一个紧密的整体。想象一下,这些东西突然松开了,它们的位置被某些权衡利弊的推理片段所取代,在接受了所有恰当的推理之后,这仍然要归功于社会生活。只要我们喜欢,我们可以确实想象到这些事情。幸运的是,我们永远不会见到它们了。社会的建立——而且从构成社会的人类本性来说,它大体上总是被建立的——不是以批判为基础,而是以感情和信仰为基础,还以使感情和信仰得以固定和保持稳定的习俗和准则为基础。即使在我们有很好的理由认为这些准则和谐一致的地方,它们在很多情况下

① 选自 *The Mind of Arthur James Balfour*,by Wilfrid M. Short,pp.293—97。(Copyright 1918,George H. Doran Company,publishers.)

也不会有意以推理为基础,它们的命运也不会必然关联着极端冷漠的争论——哲学家、政治家和神学家会时不时借此搞出适合支持他们的想法。

我们习惯性地谈论,似乎一个自治或自由的社会就是一个管理自己事务的社会。但严格来说,没有社会管理自己的事务,也没有管理这些事务的任何可能性。它管理的只是其事务的一个狭窄边缘,而且主要是通过代理人来管理。它只是法律和习俗、信仰及感情最浅的一层,它要么遭到破坏性措施的成功处置,要么成为任何新增长的核心,这个事实解释了明显的矛盾,即我们在政治智慧上如此之多的著名进步不过是对我们政治无能的正式承认而已。

979

由于我们对种族无限进步的期望不可能依赖于对遗传法则的盲目运用,这些期望也不可能依靠各国政府的蓄意运作。通过这种考察,我们可以对历史中相对较小的部分所发生的变迁进行考察,对此我们掌握了完全的信息,显示出它们是由周遭环境里个人所做的大量——常常是极小的——变化造成的,这些个体的目标尽管并不必然是自私的,但常常不会有意提及社会的进步。但我们并没有科学基础来怀疑对这些个人努力的刺激必须持续,假如持续下去,它们就必须为共同的目的而协调,或暂时为共同利益而服务。我们无法估计其远期后果,我们既不能说明它们如何运作和彼此作用,也不知道它们在长期运作中如何影响道德、宗教和人类社会的其他基本要素。种族的未来被黑暗笼罩,我们具备的统计能力和我们可能发明的装置都不能使我们标出其路线,或穿透其命运的秘密。毫无疑问,我们很容易在遮盖我们道路的阴云里发现我们喜欢的形态:在它们之中看到某些千禧年乐园的承诺,或者穿越废弃与危险之地的没完没了和无意义旅行的威胁。但是在这些幻象之中,聪明人会带着小小的信心,以清醒谨慎的精神,满足于充分意识到自己虚弱的预见力和狭小的活动范围,以应付他们自己这代人的问题。

4. 作为一门进步科学的优生学①

优生学是研究所有改善种族先天素质的影响因素的科学,也涉及最大程度发挥其优势的那些因素。

980

改善意味着什么?几种品质上的优点和整体性格上的优点之间有很大的区别。性格主要依赖于品质之间的比例,品质上的平衡更多受到教育的影响。所以,我们必须把道德尽量排除在讨论之外,不要让我们自己纠缠于道德产生的整体性格究竟是优是劣这种无望解决的困难之中。而且,性格的好坏不是绝对的,而是相对于目前的文明形态而言的。一个寓言能够最好地解释其意义。把场景设定为宁静夜晚中的动物园,而且假设——就像老的寓言里说的——动物能够说话,而且某些能够轻易进入所有笼子的非常聪明的动物——比方说聪明的麻雀或老鼠——着手收集各种动物的意见,目的是建立一种绝对的道德体系。无需放大捕食者和捕食对象之间,为了食物而辛苦劳动的动物与紧贴在它们身体上吸血的一动不动的寄生虫之间的对立。大多数人会投票支持母爱,但大多数鱼类会拒绝它,在鸟类的声音中,将会听到布谷鸟悦耳的抗议声。虽然不能就绝对的道德达成一致,但优生学的要点很容易界定。所有生物都会同意,健康好过疾病,强壮胜过虚弱,适合自己的生活总比不适合的要好。总之,最好就是成为它们的物种中好的标本而不是差的标本,不论这类标本可能是什么。人类也是这样。存在着大量相互冲突的互斥性格理想以及不相容的文明;但是所有这些都想给生活以丰富感和兴趣。假如每个人都类似于可敬的马尔库斯·奥里利乌斯(Marcus Aurelius)②或者亚当·比德(Adam Bede)③,那么社会将会非常沉闷。优生学的目的就是

---

① 选自 Francis Galton, "Eugenics: Its Definition, Scope, and Aims," in the *American Journal of Sociology*, X(1904—5), 1—6。

② 马尔库斯·奥里利乌斯(Marcus Aurelius, 121—180),罗马帝国五贤帝时代的最后一位皇帝,于161年至180年在位,以贤明著称。——译者注

③ 亚当·比德是英国女作家乔治·艾略特的小说《亚当·比德》的主人公,一个正直、勤恳的年轻人。——译者注

用最好的标本来代表每个阶级或宗派,使他们用自己的方式锤炼出他们共同的文明。

优生学的目的是施加尽可能多的合理影响,使社会中有用的阶级为他们的下一代贡献更多的力量。

在一个像社会学这样博学和活跃的社团的职能里,程序的过程可能会变化,达到以下这样的程度:

(1) 传播已知的遗传法则的知识,并推动它们的进一步研究。似乎很少有人意识到,这些年在遗传精算方面的知识有多么大的进展。亲属关系的平均接近度如今都能精确定义和进行数学处理,就像出生率和死亡率,以及其他涉及精算的主题。

(2) 历史上研究过各种社会阶级(按公民的效能划分)对不同时代——古代和现代国家——人口的贡献率。有充分理由相信,国家的兴衰与这种影响紧密相关。似乎高级文明有遏制上层阶级生育的倾向,这有很多原因,有些原因是众所周知的,其他一些靠猜想,还有一些则完全不为人知。较为低下的阶级明显类似于野生动物园里阻碍大多数野生物种繁殖的物种。在成百上千种已经被驯化的物种中,只有极少数在它们的自由被限制和生存斗争被消除时才较为多产,那些对人类有用的物种都被驯化了。这种隐晦的行为和大多数野蛮种族在与高级文明接触时消失之间可能有某种联系,尽管也有其他众所周知的伴生原因。但是,虽然大多数野蛮种族消失了,有些种族(如黑人)却没有消失。因此,我们可以预料,我们这种种族可能会被发现,能够以高度文明的方式生存,却又不失去生育力;不但如此,他们在人为状况下可能变得更能生育,就像很多驯化的动物一样。

(3) 对事实系统收集证明了存在最常产生大家族和兴旺家族的环境,换句话说,即优生学的**条件**。在英国,兴旺家族的名声以及它们得以产生的条件还有待了解。如果不仔细研究目前难以获取的事实,我们不可能希望在优生学上有多少进步。兴旺家族的定义——至少在目前的情况下——指这种家庭的孩子在早年的时候就能获得比其同学要明显的优越地位,可以被视为"大"的家庭要包括不少于三个成年男性。需要确定的一点是,两个家长在他们结婚时的地位,假如我们希望获得的大量知识已经存在的话,这也是其或多或少可以预测的优生学特征。当然,有些记述会涉及他们的种族、职业和居住地,他们各自的门第,以及他们的兄弟和姐妹。最后,需要说明的原因是,为什么这些孩子会被赋予兴旺家族的称谓,以便把值得称道的成就和不值得称道的成就区分开来。这本手稿集以后可能会发展成一本兴旺家庭的"黄金书"。中国人——其风俗习惯往往更为明智——使他们的荣誉可以追溯。我们可以向他们学习,表明对重要孩子的父母的尊敬,对于国家财富来说,这些有价值遗产的贡献者应该得到丰富的报偿。

(4)影响婚姻的因素。爱的激情如此强烈,以至于要尝试用它来指引婚姻过程被认为是愚蠢的。但明显的事实不能证明这种观点。各种各样的社会影响最终都具有巨大的力量,而且它们是非常不同的。假如从优生学角度来说,不合适的婚姻被社会所禁止,或者认为附着于近亲婚姻之上的某些东西是不合理的、令人厌恶的,就会很少产生麻烦。事实证明,在未开化民族中,实施禁忌的众多婚姻约束需要一本书来描述。

(5)坚持阐明优生学的国家重要性。要经过三个阶段。首先,必须作为一个学术问题来加以熟悉,直到其实际重要性得到理解,并作为一个事实来接受。其次,必须承认它是一个其实际发展得到认真对待的学科;第三,它必须被引入国家的信仰之中,就像一种新的宗教。它确实强烈要成为一种未来的宗教信条,为的是使优生学与自然的运作相配合,以确保人类将由最合适的种族来代表。大自然盲目、缓慢和无情运作的事情,人类可以有远见、快速和亲切地来做。我看优生学成为人类的一种宗教教条并非不可能,但是它的细节必须首先在研究中得到解决。首先和最主要的一点就是,在知识上普遍接受优生学是一种有希望的和最重要的研究。随后让它的原则进入国家的内心,国家将以我们无法完全预见到的方式使优生学原则逐步生效。

983

C. 进步与人类本性

1. 人类本性①

人确实是一种为理想而生存的动物。必须找到某些事来占据其想象空间,把快乐与痛苦提升为爱与恨,并把舒适与不安之间乏味的选择变成快乐与悲伤之间的悲剧性选择。既然日常冒险的色彩是如此单调,当宗教对于大多数人来说是如此模糊和包容,甚至当战争也成为一项巨大的非个人的事务之时,民族性似乎也滑入了荣誉的范畴。它已经变成了一种雄辩、公开、无畏的幻象,幻象,我的意思是,当它被视为一种终极的善或一种神秘的本质之时,民族性当然就成为一个事实。对一个人来说,喜欢在家里生活,在没有流浪感的地方长时间生活不利于其道德健全,这是很自然的。对离自己最近的事物有较大的亲近感和喜爱感是正常的。但是这种必然的事实,甚至是民族责任感都是偶然的,就像年龄和性别是一种物质上的宿命,可以成为明确与良好德行的基础;但这并不是追求的终点,炫耀的旗帜,或一千个伤残者也无法相抵的特权。但由于这种区分,我们的同辈会倾向于制造一个偶像,可能是因为这是他们认为自己留下的唯一特质。

在 19 世纪,我们到处都可以发现一种关于过去和将来的双重关注,一方面是去认识迄今为止所有经验可能是什么的渴望,另外一方面则是渴望加速,达成某些完全不同的经验——用跳动的心和飘扬的旗帜立即进行策划。这个时代的想象力专注于历史,其信仰则是热衷于改革。

2. 进步与风俗②

当前文明社会在风俗上的首要特征是什么? 毫无疑问是一夫

---

① 改编自 G. Santayana, *Winds of Doctrine*, pp.6—8。(Charles Scribner's Sons, 1913.)
② 改编自 W. G. Sumner, "The Mores of the Present and the Future," in the *Yale Review*, XVIII(1909—10), 235—36。(Quoted by special permission of the *Yale Review*.)

984　一妻制,反奴隶制,以及民主制。现在所有民族比过去曾经这样做
过的任何民族都要紧张。在所有阶级里,社会抱负都是伟大的和盛
行的。阶级观念并不流行,而且没有得到理解。人们对平等有一种
迷信般的渴望。人们对城市生活有明确的偏爱,而且存在着从农村
进入大城市的人口洪流。这些是这个时代的风俗事实。假如对这
些事实有什么疑问的话,我们的社会会做出几乎一致的回答。

中世纪的人们认为社会地位的形式构成了社会,其普遍程度就
像我们认为个人自由的形式构成了社会一样。东方和西方的道德
如今彼此不同,因为它们显然是有差异的。东方是一个由时间、信
仰、传统和耐心来支配的区域。西方形成理想和计划,并付出精力
和进取心,用进步思维创造新的事物。所有生活细节遵循每个群体
的主导思维方式。我们能比较和判断我们和他们,但是我们自己的
独立判断——没有和其他时代和地方对比——只有在狭窄的范围
内才有可能。

让我们首先讨论一下西方文明社会里体现着我们时代人类焦
虑的紧张愿望和努力。对于所谓的进步,存在着广泛的信仰。所有
文明国家的群众致力于在某些已经采取的路线上取得成功。努力
和奋斗是群体时不时具有的热烈倾向。报纸、流行文学和公众演讲
者显示出这种流行的和大众化的倾向,这就是形成风俗的东西。

3. 战争与进步①

让我们看看进步意味着什么,它是涵盖了几种完全不同事物的
术语。

有物质上的进步,对此我理解为财富的增长,也就是对人有用
的商品,它能给人们健康、强壮和长寿,并使人们的生活变得容易,
提供更多的舒适和闲暇,从而使人们的身体更有效,并摆脱阻碍人
的整体天性得以发展的匮乏压力。

---

① 改编自 James Bryce,"War and Human Progress,"in *International Conciliation*,CVIII
(November, 1916),13—27。

有智力上的进步——知识的增长,更为丰富的理念,思维训练,正确地思考,处理实际问题的能力的提升,培养乐于思考的能力,以及文学艺术上的愉悦。

有道德上的进步——很难界定的一个事物,但是包括了能产生快乐(心智上的满足和宁静)的情感和习性的发展;缺少更为纯粹的动物性,从而减少恶习(例如所有其他形式的放纵和淫荡);控制暴力激情;对他人的善意和厚道——所有这些都属于正确理性指引的人生哲学的范畴。对于构建快乐和美德的事物,人们有不同的想法,但是这些事物无论如何都要包含在以上每一个概念之中。

进一步的初始问题出现了。衡量人类进步——是要看进步产生了少数具有高度智力天赋,并有机会获取适合他们的教育,以实现智力愉悦和智力职业的人,还是要看进步在每个国家延伸和扩散的总和——对整个国家(普通人和优秀者)有意义吗?你可能为了少数人而牺牲很多人——就像奴隶制所做的那样,或者为了多数人牺牲少数人,或者所有阶级都有普遍和相称的进步。

同样,当我们思考进步的时候,我们考虑的是整个世界,还是仅仅考虑更强大和更有能力的种族和国家呢?假如强者在弱者屈服的躯体上兴起,这对世界来说是明显的收获吗?因为强者最终愿意为世界做更多的事,还是因为弱者的损失和痛苦得到了追究?我并不试图讨论这些问题;只要记住它们适合被记住就足够了;假如只考虑少数重要的国家,或者我们要考虑全人类的话,那也许应该对这三种进步都做出不同的评判。

不可否认的是,战争常常伴随着文明的进步。假如我们只在和平时期寻找进步的话,就不会有什么进步,因为人类生活在一种实际上是永久战争的状态之中。埃及人和亚述人的君主总是在战斗。 《列王纪》的作者说,春天是国王们开始战争的时节,就像我们说秋天是人们出去猎鹿的时令一样。柏拉图说:"战争是国家之间的自然关系。"自从他的时代以来,这个事实很难说有什么不真实,尽管后来人类习惯于认为和平是国家间关系的常态,战争是变态或者例外。在古代世界,迟至罗马征服时期,在文明国家和野蛮部落之中,和平状态都是稀少的例外。但是,迦太基像其母体腓尼基人城邦一样,在罗马击倒她之前持续建立起了强大的商业,而希腊民族在很多与它进行着战争的城市中不断产生出高贵的诗歌和深刻的哲学思考,在与同种族或其他种族的邻居的战斗间隙,培育出宏伟的神庙,并用无与伦比的雕塑作品来装饰它们。希腊的例子证明,战争和进步是可以相容的。

在普鲁士,可以找到战争与国家的成长和伟大相关联的最重要例子。可以说,她的历史就是整个论文的来源和全部观点的基础。它就是我在牛津大学学习逻辑学的年代曾经说的从单一例子来归纳的事例。普鲁士那么小的一个国家,在她的人民称之为大选帝侯的尚武和成功的君主领导下开始其上升的征途。她接下来由腓特烈二世迈出走向伟大的一大步,又是得到成功战争的支持,尽管也是依靠高度组织化和对于那个时代来说非常有效的政府。伏尔泰谈到腓特烈的普鲁士时就说,她的事业就是战争。1814—1815 年,她的领土上又增加了一场战争。1864 年、1865 年和 1870—1871 年三场成功的战争使她成为统一的德意志国家的核心,以及旧大陆(the Old World)[①]主要的军事力量。

自从这些胜利以来,她的工业生产、贸易和财富快速增长,与此同时,以最伟大的智力和前所未有的规模从事科学研究。这些事情无疑是在 43 年的和平时期达成的。但这就是可以称之为好战者之和平的那种东西,满是战争思维和战争准备。无可否认,民族精神已经达到了高度的骄傲、活力和自信,激发了各个方向上的努力,并确保了民政和军事管理上非凡的效率。这就是一个国家通过战争得以成长,一个民族通过战争变得活跃的实例。

接下来,让我们看看一些事例,这些例子表明,很多国家处于不断持续的战争时期,但在创造文明的事项上却没有相应的进步。我不会提及半野蛮的部落,在更为发达的部落中,可以列入阿尔巴尼

987

---

① 西方常把亚洲、非洲和欧洲合称为"旧大陆",与美洲和大洋洲等"新大陆"相对。——译者注

亚人、阿富汗人和土库曼人，比较落后的部落则有北美印第安人和祖鲁人。但我可以举出处于亚历山大继任者统治下的亚洲文明区域的例子，当时，文明民族由于不断的冲突而心烦意乱，从伟大征服者的死亡直到他们在罗马统治下得以联合起来，并获得一段相对平静的时期，他们在艺术、文学或政府方面都进步甚少。

三十年战争①就是长期持续战斗的一个例子，其结果不仅没有带来进步，其强加给德国的伤害还使她在差不多两个世纪里都未能恢复。最近，南美和中美洲自从独立战争以来还有比其他文明国家都要多的战斗。然而，有谁能说，从这种没完没了的内战和革命，或者几个共和国之间频繁的战争中——就像三十年前秘鲁被智利战胜那样可怕的事情——得到了什么好处呢？或者看看墨西哥，除了在波非里奥·迪亚兹（Porfirio Diaz）②严厉的独裁时期保持了秩序，并使这个国家拥有了道路和铁道之外，她的人民没有得到任何可感知的进步，而且他们今天的地位并不比一百年前离开了自己的救世主时更高。社会和经济状况无疑对她不利，所以需要记住的就是，战争既没有使这些状况更好，也没有改善民族性格。

正如我坦率承认的，假如这种仓促的历史调查没有给我们带来多少积极与明确的结果，那原因是很清楚的。人类的进步除了战争的存在与否，还受到其他很多条件的影响，所以在任何特定的条件下，都无法宣称进步主要是因为战争或者和平。然而，我们可以声称已经得出两个结论，尽管它们是消极的而不是积极的。一个结论是，战争并不必然抑制进步。当人们战斗的时候，他们可能在思想、文学、艺术上取得进步。另一种观点认为，除了国家在战争中通过征服或从征服者那里获得贡品，以增加财富和力量，战争并未显示出任何进步作用。

那么，人类进步的原因是什么呢？毫无疑问部分是因为竞争——假如不是冲突的话。但主要是思考——这往往得到战争的阻碍而

988

---

① 1618—1648 年由于神圣罗马帝国的内战演变而成的一次大规模欧洲国家混战，也是历史上第一次全欧洲大战。日耳曼地区是主要战场，损失惨重。——译者注
② 墨西哥独裁者，1877—1911 年连续统治墨西哥。——译者注

不是帮助。正是知道如何思考的种族，而不是大量擅长战斗而非思考的种族领导着世界。思考以发明和探究的形式，给了我们生活艺术和自然知识上的改善，由此获得了物质上的进步和舒适。思考产生了文学、哲学、艺术和宗教（当情感被强化时）——所有这些使生活有价值的东西。如今，任何人的思想在和其他人的思想发生联系时是最有活力的，因为当每个人在他熟悉的路线上工作太久，在他深化的渠道里漂流太长之时，就会失去他行动的多样性和自由。所以，孤立延缓了进步，而交往会加快进步。

伟大的有创造力的时代就是那些一个有自然活力的民族从其他民族的想法里获得知识冲动的时代，就像希腊文化开始渗透到意大利，以及古代文献在 13 世纪之后开始影响中世纪世界的国家时所发生的那样。

这种接触以及由此而来的学习过程，可能在战争中或者通过战争来发生，但它更常发生在和平时期；正是在和平之中，人们才有时间和品味从中充分受益。一项历史研究将显示出，我们可以用简单的良心来驳斥特赖奇克（Treitschke）的理论——战争是神为了人类的利益而必须不断给予人类的一种有益健康的补品。

人类未来的进步所要追求的，不是通过国家间的冲突和憎恨，

989

而是通过他们在有治愈和启发作用的和平事业上友好的合作，以及可以消除战争根源的友善精神和相互信任的增长。

4. 进步与广阔的推动力

a. 生命冲动[①]

所有生命，无论动物还是植物，在其本质上似乎都是在积累能量，然后让它流入形状多变的灵活渠道，最后将完成无限多样的工作。那就是贯穿物质的关键推动力乐于同时做的事情。毫无疑问，假如它的能量是无限的，或者某些强化力量从外部到达它身上，它

---

① 选自 Henri Bergson, *Creative Evolution*, translated by Arthur Mitchell, pp. 253—71. (Henry Holt & Co., 1913.)

将会成功。但这种推动力是有限的，它曾经被给予过所有生命。它不可能克服所有的障碍。它开启的运动有时会被搁置，有时会分裂，总是对立的。而有组织世界的演化正是这种冲突的展示。必定产生影响的第一次大分裂是植物和动物两个王国的分裂，这是相辅相成发生的，但在两者之间并没有达成任何一致意见。接着这种分裂的是很多其他分裂，从而分开了演化路线——至少分裂是它们的本质。但是我们必须考虑每个物种的退化、停滞和各种偶然事件。首先我们必须记住，最重要的是，每个物种的行为就好像普遍的生命运动在它那里停止了，而不是经历它。它只思考自己，它只为自己而活着。所以，我们在自然中看到无数的斗争。这是不和谐、引人注目和可怕的局面，但最初的生命原则不可能对此负责。

因此，可以想象，生命可能呈现出一种与我们所知的东西完全不同的外观和设计过的形式。在其他自然环境下，由于另一种化学基质，这种冲动将保持不变，但它可能在进步过程中进行很不一样的分裂，其整体将经过别的道路——谁能说是更短还是更长呢？不管怎样，在整个生物序列中，没有术语曾经会是现在这个样子。

在很多情况下，自然似乎在两种形式之间犹豫不决，并问自己，是该建立一个社会还是一个个体。所以，轻轻一推就足以使这种平衡倾向一方或另一方。假如我们拿取一只纤毛虫那么大的生物——比如喇叭虫，把它切成两半，每一半都包含着细胞核的一部分，每一半将生成一个独立的喇叭虫；但是，假如我们不完全地分开它，两半之间的原生质交流就退出了，我们将看到它们向各自的一侧采取相应的运动；结果，在这种情况下，只要保持或切断一条线，就能使生命影响到社会或个体形式。所以，在由一个细胞组成的初级有机体中，我们早已发现，整体明显的个性是由**不定**数量的潜在个体通过潜在的联系构成的。但是，从生物体系的顶端到底层，显示出了同样的法则。当我们说统一性和多样性是惰性事物的范畴时，我们所要表达的就是，至关重要的推动力既不是纯粹统一的，也不是纯粹多样的，假如它所沟通的事物本身迫使它在两者中选其一，它的选择从不会是决定性的，它会不定期地从一端跨到另一端。因此，生命在个性

990

963

与联合这双重方向上的演化不是偶然的,而是由生命的本质决定的。

重要的还是反射作用的进步。假如我们的分析是对的,正是意识,或者说超意识是生命的起源。意识(或超意识)是焰火的名字,其熄灭的碎片回到原样;意识又是焰火本身存在的名称,通过碎片并点燃它们,使之成为有机体。但是,作为**创造之需**的这种意识只有在创造得以可能的情况下才会显而易见。当生命注定是无意识的时候,它是休眠的,一旦选择的可能性得以恢复,它就会被唤醒。那就是为什么在没有神经系统的有机体内,它是根据有机体处理运动和变形的力量来变化的。而在有神经系统的动物中,它与总交换台即大脑的复杂性成正比,这里有被称为感觉的路径,和被称为运动神经交叉的路径。

991　　意识与生物的选择力量完全对应,它与围绕着真实行为的可能行为的边缘共同延伸;意识是发明和自由的同义词。现在,在动物中,发明只不过是例行公事的变体。在物种的习惯之中闭口不言,它无疑通过个人主动性成功扩展了习惯,但是它只能在一瞬间摆脱无意识行为,因为正是在此时创造出一种新的无意识行为。它们监狱的门一打开就关上了;通过拉扯锁链,它只是成功地将其延长。有了人,意识就打破了锁链。在人类身上,而且也只有在人类之中,它才能释放自己。到人类之前的整个生命史都是用意识的努力来提升物质的历史,以及意识被落到它身上的物质或多或少完全压制的历史。确实,倘若我们在这里不是用进取心和努力的隐喻来阐述的话,进取心就是自我矛盾的。它是为了用物质来创造——这对它自身必然是一种自由的工具,去形成一种战胜机制的机器,并采用自然决定论去穿越这种决定论扩散开的网络上的网眼。但是,除了在人类这里,意识都让自己困在了它尝试穿越的网络里,它一直是它所建立的机制的俘虏。尝试把握自由方向的无意识行为缠绕着它,并把它拖下来。它没有逃脱的力量,因为它为行动提供的力量几乎都用来维持它带给物质的无限微妙和本质上不稳定的平衡。但是人类不仅维持了他的机器,还成功地随心所欲地使用它。人类无疑将此归功于他的大脑的优越性,这能使人建立起一种无限量的运动机制,不断使新的习惯对抗老的习惯,还通过分离对自身不利的无意识行为来控制它;他将此归功于他的语言——这给意识提供了一个非物质的身体,使意识具体化,从而使它不用专门寄居在物质性的身体之中,因为物质体的溶解很快会拖走意识并最终吞噬掉它。他将此归功于社会生活——这像语言储存思想一样储存和保护了努力的结果,从而修正了一个人必须一开始就达到的平均水平,而且这种最初的刺激防止了一般人消磨时间,并驱使优秀的人攀登得更高。但是我们的大脑、我们的社会和我们的语言仅仅是一个人外在和个别的符号,并具有相同的内在优越性。它们随后用各自的方式讲述了生命在这种演化的特定时刻赢得的独特而杰出的成功。它们表达了人类与其他动物在种类上的差异——而且不只是程度上的。它们让我们猜到,在生命一跃而起的巨大跳板的尽头,所有其他物种都已落下,发现绳子升得太高,只有人类扫清了障碍。

正是在这种非常特殊的意义上,人类是进化的"期限"和"终点"。我们已经说过,生命超越了结局,就像它超越了其他范畴。它本质上是通过物质发出的一种涌流,汲取它能汲取的物质。因此,严格来说,不存在任何项目或者计划。另一方面,自然界的其余部分很明显不是为了人类而存在;我们像其他物种一样奋斗,我们奋力对抗其他物种。此外,假如生命在进化过程中遭遇其他意外,假如生命的涌流有了其他的岔道,我们将在身体上和道德上都和我们原来的样子大不相同。由于这种种原因,把人性视为进化运动的征兆,这是错误的。我们甚至不能说人性是整个进化的结果,因为进化已经在几条不同的路径上完成,当人类这个物种已经处于他们进化路径的终点时,其他路线已被在其末端的其他物种跟随着。正是在完全不同的意义上,我们才赞成人类是进化的基础。

从我们的角度来看,生命在其整体上就像一个从中心产生,向外扩散的巨大波浪,并在其几乎整个圆周上被阻止,并转化为振荡;在一个单一的点上,障碍已被推开,冲动已经自由通行。这就是人类留下记录的自由。除了人类,意识在哪里都会停滞;只有在人类这里,它才能保持自己的方向。那么,人类将无限期地进行这种至关重要的运动,尽管他不会让生命本身承载的所有东西都附着于意识之上。在其他进化路线上,已经经历了生命暗指的其他趋势,而且由于在其中,每件事相互渗透,人类毫无疑问保持了某些东西,但他也因此只保持了很少的东西。**它就像一个模糊、无形的存在,只要我们愿意,我们可以将其称为人或超人,它曾试图实现自身,而且只有在这条路上放弃自己的一部分,才能获得成功。**这种损失由动物世界甚至植物世界的其余部分来代表,至少是在它们具有的积极意义和进化机遇之上。

从这个角度来看,自然提供给我们的景象的不和谐被格外削弱了。作为一个整体的有组织世界变成了人类本身或者道德上必定与之相似的生物得以生长的土壤。这些动物尽管与我们这种物种相距甚远,尽管与之敌对,但依然是有用的旅伴。在它们身上,不论承载着什么负担,意识都已将其卸下,并使意识在人类当中上升到了能看到无限的地平线在它面前再次展开的高度。

意识明显不同于它所驱动的有机体,尽管它必定经历其变迁兴衰。因为一种意识状态所指明的可能行为每个瞬间都在神经中心里开始执行,大脑在每个瞬间都引起意识状态的运动神经迹象,但是意识和大脑的相互依赖仅限于此,意识的命运并不与大脑物质的命运息息相关。最后,意识本质上是自由的,它本身是自由的,但是它不可能在经过物质的同时却又不在物质中驻留,不去适应物质;这种适应就是我们所称的知性,而智力把自己推向活跃的状态,也就是说自由,意识自然会使自己进入与它习惯于看待事物的方式相适合的概念形态。因此,人们总是以必然的形式来看待自由;人们总是忽视自由行为当中固有的新奇或有创造性的部分,总是把行动本身替换成一种人为与近似的拟态,办法是把旧的、相同的东西混合在一起。所以,在试图用直觉重新吸收智力的哲学家的眼里,很多困难会消失或者减轻。但是这样一种学说不仅促进了推断,还给我们更多力量去行动和生活。因为由于它,我们不再感到自己在人类当中是孤立的,人类似乎也不再孤立于他所支配的自然。当最微小的尘粒也与我们整个太阳系紧紧相连时,伴随着它的是不分割的物质性下降运动,因此,所有有组织的存在——从最低下的到最高层的,从最早的生命到我们这个时代的生命,以及在所有地方,就像在所有时代一样——都证明了一种单独的冲动,物质运动的逆转,以及它本身的不可分开。所有生物聚在一起,所有生物都屈服于同样巨大的推力。动物对植物有其立场,人类高踞于动物之上,而时空中的全人类是一支疾驰的庞大军队,我们每个人在一次压倒性冲锋里的前后奔走能击倒每一种抵抗,清除最强大的障碍,甚至是清除死亡。

b. 更为深层的冲动①

对世界的每一瞥——对此做出解释是哲学家的任务——都确认和证明,**生存意志**远非一种武断的实存或一种空洞的措辞,而是生命最深处本质的唯一真实的表达。一切生物都为生存(existence)而奋斗,如果有可能,就组织起生命,并在随后达到生存的最高等级。在动物的本性之中,很明显,**生存意志**是其存在的基调,是它的一种不会改变和无条件的品质。让任何人考虑这种对生命普遍的渴望,让他看看这无穷的意愿、能力和热情洋溢的行为,由此,生存意志借助胚胎和果实,随时随地以百万种形式求得生存,不仅如此,当这些人想要的时候,就借助非生物的起源,攫取每个机会,热切地为自己抓住每一种对生存有用的材料;然后,在肯定无法生存的特定现象里,再让他瞥一眼可怕的警报和野蛮的背叛;特别是当明显意识到这种状况发生时。那么,就像整个世界将被永远消灭这种单一现象一样,这种受到威胁的生物的整个存在立刻被转变成了最绝望的抵抗死亡的斗争。比如,看看一个其生命处于危险之中的人难以置信的焦虑,其每一位见证者快速而认真地参与其中,以及对其解脱的无限欣喜。看看听到死刑判决时僵硬的恐惧,我们对死刑的

995

---

① 选自 Arthur Schopenhauer, *The World as Will and Idea*, III, 107—18。(Paul, Trench, Trübner&. Co., 1909.)

准备深感敬畏,以及在执行死刑的过程中抓住我们的怜悯。于是,我们认为有某些事情考虑起来完全不同于几年空虚悲伤的生活——被各种麻烦所苦,而且总是不确定:我们宁愿惊奇于一个人是否在几年前达到一处,在那里他经历短暂实存之后还有十亿年可活。在这样的现象中,很明显我正确宣称了生存意志是不可能进一步解释的,但却是所有解释的基础,而且这绝不是一个像绝对、无限、观念以及类似表达那样的空洞词汇,而是我们所知的最真实的事物,不仅如此,还是事实本身的核心。

但是,假如现在从来自我们内在的解释之中进行概括,我们把自己定位为与天性相对立的陌生人,为的是客观地理解它,我们发现,从有组织生命的等级往上,只有一种意图——**物种的保持**。为此目的,它发挥作用,通过巨量过剩的细菌,通过性本能急切的热度,通过它使自己适应所有环境和机会的意愿,以及通过本能的母爱,母爱是如此强大,以至于在很多动物物种里,母爱甚至超过了自爱,使母亲牺牲自己的生命来保护孩子的生命。相反,个人对于自然来说只有间接的价值,也只有它是保持物种的手段时。除此之外,它的存在对于自然来说是无足轻重之事;事实上,一旦它对这一目标不再有用,自然甚至会使它走向毁灭。因此,个体存在的原因是清楚的,但为什么物种本身会存在呢?这是自然界在客观上无法回答的问题。我们徒劳地注视她,以期终止这无休止的奋斗,这种不断的生存压力,这种维持物种的焦虑。个体的力量和时间被消耗在为他们自己和孩子获取食物的努力之中,而且仅仅是刚够用,有时甚至不够。如果纯粹客观地来考虑,这个事情实际上与我们无关,看起来,自然似乎只关心她所有柏拉图式的理念,即永恒的形式,不应该失去任何东西。因为个体就像小溪中的水一样是转瞬即逝的;而理念则相反,是永恒的,就像水中的漩涡,但水的枯竭也会带来漩涡。假如我们只能从外部来认识自然,那我们必须停止这种费解的认知,从而仅仅**客观地**给予我们,而且我们接受了它,因为是从知识上来理解它的,也因为是从知识里生发出来的,亦即在理念的领域里,从而有义务把我们自己限定在这个领域里,去解决问题。

996

但情况并非如此，无论如何，我们都可以窥探**大自然的内部**，因为这不过是**我们自己的内在**，这正是大自然达到你的最高境界，它对此进行的努力正是借助于直接从自我意识中找到的知识。因此，主观性在这里给出了客观阐述的关键。为了认识到所有动物和人类保持生命，并尽量使其延长的极其强大的倾向——这种倾向被视为主观性或意志的特征，必须让我们自己明白，这绝不是任何关于生命价值的客观知识的结果，而是独立于任何知识的；或者，换句话说，那些存在展示自身，不是由于前进，而是由于后方的推动。

如果出于这个目的，我们首先要回顾没完没了的动物序列，考虑它们形式上的无限多样性，因为它们总是根据自己的元素和生活方式表现出不同的变化，还要考虑它们在结构和机制上的不可企及的独特性，这些在每个个体身上都是同样完美的；而最后，假如我们考虑每种动物一生之中不停在力量、敏捷、谨慎和活动上惊人的耗费，假如我们更深入地研究这件事，我们就会想到可怜的小蚂蚁不懈的努力，蜜蜂绝妙和灵巧的手艺，或者观察到一只负葬甲虫 997 (Necrophorus vespillo) 如何在两天里埋葬一只体型是其 40 倍的鼹鼠，以便将它的卵存放在其中，并确保为后代提供营养，同时还要提醒人们，大多数昆虫的生活是如何不停歇地劳作，为将来的后代准备食物和住所，这些后代将从它们的卵中产生，并在吃完食物和经过蛹的状态之后开始生活，而这仅仅是要从同样的劳动重新开始；还有，就像这样，鸟类的生活大部分与其遥远和艰苦的迁徙有关，然后涉及为后代筑巢和收集食物，后代自己在接下来的年份也要扮演重要的角色；因此，所有生物都在为未来不停工作，随后丧失能力——于是我们就无法避免为所有这些技能和麻烦寻找回报，为这些不断奋斗的动物寻找眼前的目标——总之，我们被问：结果是什么？动物的生存所要求的这种无限的准备能得到什么呢？没有什么可指出的，除了饥饿与性本能的满足，或者短暂的小小安慰，因为这会在动物无尽的需要和斗争间隙降临到每个动物个体的命运之上。以鼹鼠这个不知疲倦的工人为例。用它巨大的铲子一样的爪子全力挖掘是其一生的工作；它周围黑夜不断；它处于胚芽期的眼睛只会使它避开光线。只有它才是一种真正在夜间活动的动物,而不是猫、猫头鹰和蝙蝠。但是现在,它在这种生活中得到了什么,全是麻烦,没有快乐? 食物及其同类的后代,只是在新个体中继续和开始同样沉闷道路的手段。在这些例子里,很显然生活的忧虑和烦恼与生活的结果或收获之间并不成比例。感官世界的意识赋予那些能看到的动物的生活以某种确定的客观生存价值,尽管在它们的情况下,这种意识是完全主观的,而且局限于动机对他们的影响。但是**失明的**鼹鼠由于其完善的组织和不停歇的活动——局限于在昆虫幼虫和饥饿之间的更迭,使手段和目标不成比例。

998　　现在,让我们补充对人类的考虑。事情确实变得更加复杂,而且呈现出一定的严重性;但基本特征仍未改变。生活在这里体现出它绝不是一种用于享受的礼物,而是一种任务,一项被执行的苦差事,与之相对应,我们看到,在大大小小普遍性的需要,无休止的忧虑,不断的压力,没完没了的斗争,以及强制性的活动之中,是身心全部力量的极度运用。数百万人团结成为国家,为共同利益而奋斗,每个个体做事都出于自己的利益,但成千上万的人为共同利益而牺牲。现在毫无意义的妄想和迷人的政治促使他们彼此开战;接着,大众必定要流出汗水和鲜血,以促成个人的想法,或者为他们的错误赎罪。在和平时期,工业和贸易很活跃,发明产生奇迹,海洋被开拓航路,精美的食物从世界各地汇集起来,时代浪潮吞没千万人。所有人都在奋斗,这种喧嚣是难以想象的。但是这一切的最终目的是什么? 带着持久的欲望和相对较少的痛苦,在短时间里以最幸运的安逸来维持短暂而痛苦的个体,但同时也伴随着厌倦;接着是这个种族的再生产和奋斗。在麻烦和收获之间这种明显的不相称之中,从我们的这个角度来看,生存意志客观上是愚蠢的,主观上则是一种错觉,每项生计都是为了某些毫无价值的事情而最努力地运用其力量。但是,当我们更仔细地考虑时,我们会发现,它是一种相当盲目的压力,一种完全没有根据或动机的倾向。

　　动机的法则只适用于特定的行为,而不适用于**作为整体和普遍性**的意愿。它取决于我们是否把人类及其行为设想为**一个整体**,动机自己不会出现在我们面前,因为当我们思索特定的行动时,行动就像一出木偶戏,是被木偶之外的提线拉动的;但是从这个角度来看,则是由内部发条机构驱动的木偶。因为,假如就像我们上述所做的一样,一个人把人不懈、认真与艰苦的奋斗与他们从中的收获相比较(不止这个,即使是和他们已经获得的东西比较),我们已经指出的不相称会变得明显,因为这个人会认识到,把所获得的东西作为驱动力的话,也完全不足以解释行动和不停的奋斗。那么,死亡的短暂推迟,惨状的轻微缓解或痛苦的延迟,欲望的暂时平静,与死亡对他们的大获全胜相比,又是什么呢? 这些有利条件作为人类的实际动因,能达成什么呢,因为不断地重新开始,数不胜数的人类不停地运动、奋斗、斗争、悲痛、挣扎,并上演了世界历史整个的喜剧,不,最能说明问题的是,只要每个人都能做到,这些虚假的生存就能维持吗? 假如我们在数字之外寻找行动的原因,并把人类设想为是因为理性反思,或者某些与此类似的东西而在努力奋斗,在这些好处展示出来之后,其成就足以回报其不停的焦虑和麻烦,这显然是令人费解的。事情到了这般地步,每个人可能会说,"这游戏得不偿失",然后退出。但是与之相反,每个人为自己的生活辩护,就像在沉重的责任、无限的忧虑和大量的苦难之下托付给他的一个庄重誓言,即使如此,生活也是可以忍受的。他确实没有看到这样做的原因和回报,但是他无需看到,也基于信任和信念而接受了誓言的价值,而且不知道它包含什么。所以,我已经说过,这些木偶不是从外部推动的,每个木偶都有其运动得以产生的发条机构。这就是**生存意志**,它自身体现为一种不知疲倦的机器,一种毫无理性的倾向,这在外部世界中没有充分的理由。它把个体牢牢控制在现场,而且是他们运动的原始动力;而外在的对象、动机,只在特定情况下才决定他们的方向;否则原因就完全不适应结果。因为,一种自然力量的每种表现都有一个原因,但自然力量本身没有原因,所以,意志的每种特定行动都有一个动机,但意志总体来说没有动机:实际上这两者根本上来说是同一的。意志就像形而上学的东西一样,在哪里都是每项研究的界碑,不可能超越它。我们经常看到一个可怜

999

1000　的人物,由于年龄、贫穷和疾病而变形萎缩,从心底里恳求我们的帮助以延续生存,假如这里的决定是客观判断的话,其终结必定是可取的。所以,正是盲目的意志表现为生命的倾向、生命之爱和生命的感觉;正是这种意志使植物生长。生命的这种感觉可以比作一根延伸到木偶之上的绳子,木偶被无形的绳子挂着,而木偶只由它们下面的地面(生命的客观价值)支撑。但是,假如绳子变得没力,木偶就会往下沉;假如绳子断了,木偶必定掉落,因为它下面的地面似乎只能支撑它,也就是说,对生命之爱的减弱使它自身显示出忧郁症、坏脾气、闷闷不乐,它的整个衰竭就像自杀的倾向。和生活中的坚持一样,它的行为和运动也是如此。这不是某种自由选择的东西,但是,尽管每个人都乐于安逸,但匮乏和无聊却是在头上旋转的鞭子。所以,一切都处于持续的紧张和强迫的运动之中,而世界的进程在继续。人类只是看起来被前方吸引,实际是被后方推动的;吸引他们的不是生命,而是自然规律推动他们向前。动机的法则就像所有的因果关系一样,仅仅是现象的形式。

　　因此,在所有这些考虑之中,我们清楚地认识到,生存意志不是生命知识的结果,这绝不是一种先入为主的结论,一般而言也不是次要的。恰恰相反,它是首要的和无条件的,是所有前提的前提,正因为如此,哲学必须从这个前提出发,因为生存意志不是世界的结果,而是世界因生存意志而存在。

III. 研究与问题

1. 进步与社会研究

　　进步的问题最终要回到终极善的问题上。假如用这个终极标
1001　准来衡量,世界正变得更好,那就存在进步。假如变得更糟,那就存在退步。但是并没有就终极善达成一致。暂时的收益可能是终极的损失。一个人的恶可能是——而且似乎经常是——另一个人的善。在最终的分析中,看上去似乎邪恶的东西可能会变成善,看上去似乎良善的东西最终却可能变成罪恶。但这是一个哲学问题,社

会学在对社会进行描述之前不一定要去解决它。它甚至不需要去讨论这个问题。社会学就像其他任何一种自然科学一样，接受的是当前社会的价值观。医生就像社会工作者一样，认为健康是一种社会价值。以此为基础，他的研究方向就是发现疾病的本质与原因，并且发明治疗疾病的装置。对一个社会学家来说，构建社会理论的理由就和医生治病的理由一样多。两者都涉及他们正在寻求专门治疗方法的具体问题。

假如社会中存在社会过程及可预见的变迁形式，那就会有人类干预社会进程的方法，为了人类生活的目的而控制这些过程的方法，也就是进步的方法。假如没有可理解或可描述的社会过程，那么可能有进步，但将不会有社会学，也没有**进步的方法**。我们只能期望和祈祷。

并非不可能的是构建一种关于进步的定义，这种定义不会假设人类完美无缺，不会认为进步是一种必然，也不会带着终极意味去说整个人类已经发生或可能发生的事情。[①]

进步可以看作是为了提高社会效率而累积起来的经验、传统和组织起来的技术装置的总和的提升。这既是进步的定义，也是文明的定义，其中的文明是社会效率的总和，而进步则由构成文明的单元组成。在这些术语的定义中，进步最终将是一种相对的、局部的、一时的和世俗的现象。至少在理论上，我们有可能比较一个社会和另一个社会的相对效率和效率上的相对进步，就像我们可以比较一种制度和另一种制度的效率和进步一样。由于人类可以说是为了社会行动而组织起来的，我们甚至有可能衡量人类的进步。

1002

对于社会学来说，一旦进步不再成其为一个定义问题，而成为

---

① 在达尔文之前，科学乐观主义无疑是很盛行的。比如，赫舍尔就说："人类向更高状态的进步永远无需担心，必定会持续到历史的终结。"此外，赫伯特·斯宾塞用让我们倒抽一口冷气的自信宣称人类的完美无瑕："进步不是一种偶然，而是一种必然，我们所说的邪恶与不道德必定会消失。人类必定变得完美，这是肯定的。""理想人类的最终发展是明确的——就像我们把最含蓄的信念置于其中的任何结论（比如所有人都会死）一样明确。""永远走向完美是强大的运动——通往全面的发展和更加纯粹的善"——W. R. 英奇，《进步的观念》，p.9.（Oxford, 1920.）

一个观察和研究的问题,这事实上就是社会学家采用的观点。用于邻里和乡村社区的计分卡已经准备好了。①

2. 进步的指标

几年前,沃尔特·F. 威尔科克斯(Walter F. Willcox)②在一篇题为《统计学家的进步理念》的文章里,试图界定社会进步的某些指标,使之有可能从统计上来测量进步。"假如进步只是一个主观的用语,"他承认,"那么统计数据不能说明进步,因为像幸福、自我实现或者社会服务这样的目标是不能进行统计测量的。运用指标来统计,就可以测量这些特征,但要与更深层的、不可测量的特征相互关联。"威尔科克斯先生提出了他的进步指标:

(1)人口增长

(2)寿命延长

(3)人口具有均质性

(4)种族同质化

(5)能识字

(6)离婚率下降

当然,这些指标就像均质性一样,仅仅是对进步的暂时性测量,因为人口多样性本身并不是一种罪恶。只有当社会的多样性大到威胁其团结的时候,它才变成罪恶。将其指标运用于美国之后,威尔科克斯先生总结如下:

1003

> 净结果表明,美国的人口快速增长,寿命也可能在延长,种

---

① "Scale for Grading Neighborhood Conditions," *Publications of the Whittier State School*, *Research Bulletin*, *No.5*, Whittier, Cal., May, 1917. "Guide to the Grading of Neighborhoods," *Publications of the Whittier State School*, *Research Bulletin*, *No.8*, Whittier, Cal., April, 1918. Dwight Sanderson, "Scale for Grading Social Conditions in Rural Communities," *New York State Agricultural College Bulletin* [in press], Ithaca, N. Y., 1921.

② 沃尔特·弗朗西斯·威尔科克斯(Walter Francis Willcox,1861—1964),美国统计学家。——译者注

族均质性提升,与移民有关的其他种族的均质性也可能上升,而与此同时,家庭生活的稳定性和社会适用性下降。有些迹象显示出进步,其他一些则体现出退步。由于它们不可能被简化成任何公分母,所以统计方法不能回答我们开始提出的问题。①

即使是那些普遍接受的社会价值,也很难确保指标能够对其进行令人满意的测量。给指标序列中的每个指标赋予和其他所有指标相称的值或权重,就更为困难。但无论如何,这种主张说明了程序和方法。

最近,罗马刑法学院的教授阿尔弗雷多·尼切弗洛(Alfredo Niceforo)②在一本小书里讨论了用于测量文明和进步的量化指标的所有主题。他提出了进步的指标:

(1)财富和商品消费的增长,以及死亡率的下降。这些是物质进步的证据。

(2)文化的扩散,以及"但它变得有可能测量的时候",天才人物的生产力。这是智力优势的测量。

(3)用犯罪来衡量的道德进步。

(4)用个人自由的增减来衡量社会和政治组织。

在测量社会进步的所有这些尝试中,指标总是显示出某些方向的进步,其他方向的退步。

从社会研究的角度来说,进步问题主要是获取工具,测量进步的所有不同因素,估测社会进步中不同因素之相对价值的问题。

参考书目

1004

I. 进步的定义

(1) Dewey, John. "Progress," *International Journal of Ethics*, XXVI(1916), 311—22.

---

① "A Statistician's Idea of Progress," *International Journal of Ethics*, XVIII(1913), 296.
② *Les indices numériques de la civilisation et du progrès*.(Paris,1921.)

（2）Bury, J. B. *The Idea of Progress*. An inquiry into its origin and growth. London, 1921.

（3）Bryce, James. "What is Progress?" *Atlantic Monthly*, C (1907), 145—56.

（4）Todd, A. J. *Theories of Social Progress*. A critical attempt to formulate the conditions of human advance. New York, 1918.

（5）Woods, E. B. "Progress as a Sociological Concept," *American Journal of Sociology*, XII(1906—7), 779—821.

（6）Cooley, Charles H. *The Social Process*. Chap, xxvii, "The Sphere of Pecuniary Valuation," pp.309—28. New York, 1918.

（7）Mackenzie, J. S. "The Idea of Progress," *International Journal of Ethics*, IX(1899), 195—213.

（8）Bergson, H. *Creative Evolution*. New York, 1911.

（9）Frobenius, L. *Die Weltanschauung der Naturvölker*. Weimar, 1899.

（10）Inge, W. R. *The Idea of Progress*. The Romanes Lecture, 1920. Oxford, 1920.

（11）Balfour, Arthur J. *Arthur James Balfour, as Philosopher and Thinker*. A collection of the more important and interesting passages in his non-political writings, speeches, and addresses, 1879—1912. Selected and arranged by Wilfrid M. Short. "Progress," pp.413—35. London and New York, 1912.

（12）Carpenter, Edward. *Civilization, Its Cause and Cure*. And other essays. New and enlarged ed. London and New York, 1917.

（13）Nordau, Max S. *The Interpretation of History*. Translated from the German by M. A. Hamilton. Chap viii, "The Question of Progress." New York, 1911.

（14）Sorel, Georges. *Les Illusions du progrès*. 2d ed. Paris, 1911.

（15）Allier, R. "Pessimisme et civilisation," *Revue Encyclopédique*, V(1895), 70—73.

（16）Simmel, Georg. "Moral Deficiencies as Determining Intellectual Functions," *International Journal of Ethics*, III（1893），490—507.

（17）Delvaille, Jules. *Essai sur histoire de l'idée de progrès jusq'à la fin du 18ième siècle*. Paris，1910.

（18）Sergi, G. "Qualche idea sul progresso umano," *Rivista italiana di sociologia*, XVII(1893)，1—8.

（19）Barth, Paul. "Die Frage des sittlichen Fortschritts der Menschheit," *Vierteljahrsschrift für wissenschaftliche Philosophie*, XXIII (1899)，75—116.

（20）Lankester, E. Ray. *Degeneration*. A chapter in Darwinism, and parthenogenesis. Humboldt Library of Science. New York. 18—.

（21）Lloyd, A. H. "The Case of Purpose against Fate in History," *American Journal of Sociology*, XVII(1911—12)，491—511.

（22）Case, Clarence M. "Religion and the Concept of Progress," Journal of Religion, I(1921)，160—73.

（23）Reclus, E. "The Progress of Mankind," *Contemporary Review*, LXX(1896)，761—83.

（24）Bushee, F. A. "Science and Social Progress," *Popular Science Monthly*, LXXIX(1911)，236—51.

（25）Jankelevitch, S. "Du Rôle des idées dans l'évolution des sociétés," *Revue philosophique*, LXVI(1908)，256—80.

II. 历史、历史哲学与进步

（1）Condorcet, Marquis de. *History of the Progress of the Human Mind*. London，1795.

（2）Comte, Auguste. *The Positive Philosophy of Auguste Comte*. (Translated from the French by Harriet Martineau) Book VI, chap, ii, vi. 2d ed. 2 Vols. London，1875—90.

（3）Caird, Edward. *The Social Philosophy and Religion of Comte*.

1005

2d ed. Glasgow and New York，1893.

（4）Buckle，Henry Thomas. *History of Civilization in England*. 2 Vols. From 2d London ed. New York，1903.

（5）Condorcet，Marie J. A. C. *Esquisse d'un tableau historique des progrès de l'esprit humain*. 2 vols in one. Paris，1902.

（6）Harris，George. *Civilization Considered as a Science*. In relation to its essence，its elements，and its end. London，1861.

（7）Lamprecht，Karl. *Alte und neue Richtungen in der Geschichtswissenschaft*. Berlin，1896.

（8）——. "Individualität，Idee und sozialpsychische Kraft in der Geschichte," *Jahrbücher für National-Ökonomie und Statistik*，XIII（1897），880—900.

（9）Barth，Paul. *Philosophie der Geschichte als Sociologie*. Erster Teil，"Einleitung und kritische Übersicht." Leipzig，1897.

（10）Rickert，Heinrich. *Die Grenzen der Naturwissenschaftlichen Begriffsbildung*. Leipzig，1902.

（11）Simmel，Georg. *Die Problems der Geschichtsphilosophie*. Eine erkenntnistheoretische Studie. 2d ed. Leipzig，1905.

（12）Mill，John Stuart. *A System of Logic*，*Ratiocinative and Inductive*. Being a connected view of the principles of evidence and the methods of scientific investigation. 8th ed. New York and London，1900.

（13）Letelier，Valentin. *La Evolución de la historia*. 2d ed. 2 Vols. Santiago de Chile，1900.

（14）Teggart，Frederick J. *The Processes of History*. New Haven，1918.

（15）Znaniecki，Florian. *Cultural Reality*. Chicago，1919.

（16）Hibben，J. G. "The Philosophical Aspects of Evolution," *Philosophical Review*，XIX（1910），113—36.

（17）Bagehot，Walter. *Physics and Politics*. Or thoughts on the application of the principles of "natural selection" and "inheritance" to po-

1006

litical society. Chap. vi, "Verifiable Progress Politically Considered," pp.205—24. New York, 1906.

（18）Crawley, A. E. "The Unconscious Reason in Social Evolution," *Sociological Review*, VI(1913), 236—41.

（19）Froude, James A. "Essay on Progress," *Short Studies on Great Subjects*. 2d Ser. II, 245—79, 4 Vols. New York, 1888—91.

（20）Morley, John. "Some Thoughts on Progress," *Educational Review*, XXIX(1905), 1—17.

III. 进化与进步

（1）Spencer, Herbert. "Progress, Its Law and Cause," *Westminster Review*, LXVII(1857), 445—85. [Reprinted in Everyman's edition of his Essays, pp.153—97. New York, 1866.]

（2）Federici, Romolo. *Les Lois du Progrès*. II, 32—35, 44, 127, 136, 146—47, 158 ff., 223, etc. 2 Vols. Paris, 1888—91.

（3）Baldwin, James Mark. *Development and Evolution*. Including psychophysical evolution, evolution by orthoplasy, and the theory of genetic modes. New York, 1902.

（4）Adams, Brooks. *The Law of Civilization and Decay*. An essay on history. New York and London, 1903.

（5）Kidd, Benjamin. *Principles of Western Civilization*. London, 1902.

（6）——. *Social Evolution*. New ed. New York and London, 1896.

（7）Müller-Lyer, F. *Phasen der Kultur und Richtungslinien des Fortschritts*. Soziologische Überblicke. München, 1908.

（8）McGee, W. J. "The Trend of Human Progress," *American Anthropologist*, N. S., I(1899), 401—47.

（9）Carver, Thomas N. *Sociology and Social Progress*. A handbook for students of sociology. Boston, 1905.

（10）Weber, L. *Le Rythme du progrès*. Étude sociologique.

Paris，1913.

（11）Baldwin，J. Mark. *Social and Ethical Interpretations in Mental Development*. Chap.xiv. "Social Progress," pp. 537—50. New York，1906.

（12）Kropotkin, P. Mutual Aid. *A factor of evolution*. London，1902.

（13）Wallace，Alfred R. *Social Environment and Moral Progress*. London and New York，1913.

（14）Freeman，R. Austin. *Social Decay and Regeneration*. With an introduction by Havelock Ellis. Boston，1921.

Ⅳ. 优生学与进步

（1）Galton, Francis, and others. "Eugenics, Its Scope and Aims," *American Journal of Sociology*, Ⅹ(1904—5)，1—25.

（2）Saleeby, Caleb W. *The Progress of Eugenics*. London，1914.

（3）Ellis, Havelock. *The Problem of Race Regeneration*. New York，1911.

（4）Pearson, Karl. *National Life from the Standpoint of Science*. 2d ed. London，1905.

（5）Saleeby, Caleb W. *Methods of Race Regeneration*. New York，1911.

（6）Davenport，C. B. *Heredity in Relation to Eugenics*. New York，1911.

（7）Demoor，Massart，et Vandervelde. *L'Évolution régressive en biologie et en sociologie*. Paris，1897.

（8）Thomson，J. Arthur. "Eugenics and War," *Eugenics Review*, Ⅶ(1915—16)，1—14.

（9）Southard，E. E. "Eugenics vs. Cacogenics," *Journal of Heredity*, Ⅴ(1914)，408—14.

（10）Conn，Herbert W. *Social Heredity and Social Evolution*.

The other side of eugenics. Cincinnati，1914.

（11）Popenoe，Paul，and Johnson，R. H. *Applied Eugenics*. New York，1918.

（12）Kelsey，Carl. "Influence of Heredity and Environment upon Race Improvement," *Annals of the American Academy*，XXXIV (1909) 3—8.

（13）Ward，L. F. "Eugenics, Euthenics and Eudemics," *American Journal of Sociology*，XVIII(1912—13)，737—54.

V. 进步与道德秩序

（1）Harrison，Frederic. *Order and Progress*. London，1875.

（2）Hobhouse，Leonard T. *Social Evolution and Political Theory*. Chaps，i，ii，vii，pp.1—39；149—65. New York，1911.

（3）——. *Morals in Evolution*. A study in comparative ethics. 2 Vols. New York，1906.

（4）Alexander，Samuel. *Moral Order and Progress*. An analysis of ethical conceptions. 2d ed. London，1891.

（5）Chapin，F. S. "Moral Progress," *Popular Science Monthly*，LXXXVI(1915)，467—71.

（6）Keller，Albert G. *Societal Evolution*. New York，1915.

（7）Dellepiane，A. "Le Progrès et sa formule. La lutte pour le progrès," *Revue Internationale de sociologie*，XX(1912)，1—30.

（8）Burgess，Ernest W. *The Function of Socialization in Social Evolution*. Chicago，1916.

（9）Ellwood，C. A. "The Educational Theory of Social Progress," *Scientific Monthly*，V(1917)，439—50.

（10）Bosanquet，Helen. "The Psychology of Social Progress," *International Journal of Ethics*，VII(1896—97)，265—81.

（11）Perry，Ralph Barton. *The Moral Economy*. Chap，iv，"The Moral Test of Progress," pp.123—70. New York，1909.

1008

（12）Patten, S. N. "Theories of Progress," *American Economic Review*, II(1912), 61—68.

（13）Alexander, H. B. "The Belief in God and Immortality as Factors in Race Progress." *Hibbert Journal*, IX(1910—11), 169—87.

VI. 乌托邦

（1）Plato. *The Republic of Plato*. Translated into English by Benjamin Jowett. 2 Vols. Oxford, 1908.

（2）More, Thomas. *The "Utopia" of Sir Thomas More*. Ralph Robinson's translation, with Roper's "Life of More" and some of his letters. London, 1910.

（3）*Ideal Commonwealths*. Comprising More's "Utopia," Bacon's "New Atlantis," Campanella's "City of the Sun," and Harrington's "Oceana," with introductions by Henry Morley. Rev. ed. New York, 1901.

（4）Kaufmann, Moritz. *Utopias, or Schemes of Social Improvement*. From Sir Thomas More to Karl Marx. London, 1879.

（5）Bacon, Francis. *New Atlantis*. Oxford, 1915.

（6）Campanella, Tommaso. *La città di sole e aforasmi politici*. Lanciana, Carabba, 19—.

（7）Andreä, Johann V. *Christianopolis*. An ideal state of the seventeenth century. Translated from the Latin by T. E. Held. New York, 1916.

（8）Harrington, James. *The Oceana of James Harrington*. London, 1700.

（9）Mandeville, Bernard de. *Fable of the Bees*. Or private vices, public benefits. Edinburgh, 1772. [First published in 1714.]

（10）Cabet, Étienne. *Voyage en Icarie*. 5th ed. Paris, 1848.

（11）Butler, Samuel. *Erewhon: or over the Range*. New York, 1917. [First published in 1872.]

（12）——. *Erewhon Revisited Twenty Years Later*. New

York，1901.

（13）Lytton，Edward Bulwer. *The Coming Race*. London，1871.

（14）Bellamy，Edward. *Looking Backward，2000—1887*. Boston，1898.

（15）Morris，William. *News from Nowhere*. Or an epoch of rest，being some chapters from a utopian romance. New York，1910. ［First published in 1891.］

（16）Hertzka，Theodor. *Freeland*. A social anticipation. New York，1891.

（17）Wells，H. G. *A Modern Utopia*. New York，1905.

（18）——. *New Worlds for Old*. New York，1908.

1009

VII. 进步与社会福利

（1）Crozier，John B. *Civilization and Progress*. 3d ed.，pp. 366—440. London and New York，1892.

（2）Obolensky，L. E. ［"Self-Consciousness of Classes in Social Progress"］ *Voprosy filosofii i psichologuïi*，VII（1896），521—51. ［Short review in Revue philosophique，XLIV（1897），106.］

（3）Mallock，William H. *Aristocracy and Evolution*. A study of the rights，the origin，and the social functions of the wealthier classes. London，1898.

（4）Tenney，E. P. *Contrasts in Social Progress*. New York，1907.

（5）Hall，Arthur C. *Crime in Its Relations to Social Progress*. New York，1902.

（6）Hughes，Charles E. *Conditions of Progress in a Democratic Government*. New Haven，1910.

（7）Parmelee，Maurice. *Poverty and Social Progress*. Chaps. vi—vii. New York，1916.

（8）George，Henry. *Progress and Poverty*. Book X，chap. iii.

New York，1899.

（9）Nasmyth, George. *Social Progress and the Darwinian Theory*. New York，1916.

（10）Harris, George. *Inequality and Progress*. New York，1897.

（11）Irving, L. "The Drama as a Factor in Social Progress," *Fortnightly Review*, CII(1914)，268—74.

（12）Salt, Henry S. *Animal Rights Considered in Relation to Social Progress*. New York，1894.

（13）Delabarre, Frank A. "Civilisation and Its Effects on Morbidity and Mortality," *Journal of Sociologic Medicine*, XIX(1918)，220—23.

（14）Knopf, S. A. "The Effects of Civilisation on the Morbidity and Mortality of Tuberculosis," *Journal of Sociologic Medicine*, XX (1919)，5—15.

（15）Giddings, Franklin H. "The Ethics of Social Progress," in the collection *Philanthropy and Social Progress*. Seven essays ... delivered before the School of Applied Ethics at Plymouth，Mass.，during the session of 1892. With introduction by Professor Henry C. Adams. New York and Boston，1893.

（16）Morgan, Alexander. *Education and Social Progress*. Chaps. vi, ix—xxi. London and New York，1916.

（17）Butterfield, K. L. *Chapters in Rural Progress*. Chicago，1908.

（18）Robertson, John M. *The Economics of Progress*. New York，1918.

（19）Willcox, Walter F. "A Statistician's Idea of Progress," International Journal of Ethics，XXIII(1913)，275—98.

（20）Zueblin, Charles. *American Municipal Progress*. Rev. ed. New York，1916.

（21）Niceforo, Alfredo. *Les Indices numérique de la civilisation*

1010

et du progrès. Paris，1921.

（22）Todd，A. J. *Theories of Social Progress*. Chap. vii，"The Criteria of Progress,"pp.113—53. New York，1918.

主题相关的论题

1. 进步概念的历史。

2. 流行的进步概念。

3. 进步的自然史：身心特征的演变，经济进步，道德发展，智力发展，社会进化。

4. 进步的阶段：由控制自然的类型、社会组织类型、交流类型等来确定。

5. 计分卡与社区和邻里的等级量表。

6. 作为愿望实现的进步：乌托邦的分析。

7. 进步的标准或指标：身体、心灵、智力、经济、道德、社会，等等。

8. 作为宇宙过程中一个事件的进步。

9. 天意与进步的对决。

10. 作为进步目标的幸福。

11. 作为社会变迁的进步。

12. 作为社会进化的进步。

13. 作为社会控制的进步。

14. 进步与优生科学。

15. 进步与社会化。

16. 通过优生、教育和立法进行控制。

讨论问题

1. 你对进步有何理解？

2. 你如何解释进步概念起源的历史？

3. 变迁与进步是什么关系？

4. 什么是斯宾塞的进化法则？它是一个充分的概括吗？它有什么价值？

5. 为什么我们要说"进步的阶段"？

1011

6. 进步在何种程度上是(a)优生(b)传统的结果？

7. 你对进步的理解是(a)一个历史过程(b)文明内容的增长？

8. 进步与幸福的关系是什么？

9. 解释"我们已经把快速变迁与进步混为一谈"。

10. "进步不是自动的。"就此表述阐明你的立场。

11. 预知与进步有什么关系？

12. 你相信人类能控制和决定进步吗？

13. "我们对无限进步的期待并不依赖于各国政府的刻意行动。"比较巴尔弗的这句话和杜威的表述。

14. "一个建立在争论基础上的社会将溶解在它的构成要素里。"讨论该表述。

15. 高尔顿的进步概念是什么？

16. 高尔顿认为,优生学正在变成一种宗教教条,你认为这种主张可能还是不可能？

17. 按照优生学的设想,遗传物质和文化之间有什么关系？

18. 进步依赖于人性的改变吗？

19. 人性中某些持久的特质如何与进步关联？

20. "进步在于道德"这种表述是什么意思？

21. 布莱斯分析的不同进步类型是什么？在最近一千年,每种类型的进步其性质是一样的吗？

22. 战争促成还是阻止进步？

23. 自由与进步是什么关系？

24. 神话在进步之中有什么地位？

25. 作为实现价值的一个过程,进步在什么程度上是一个气质问题、乐观问题和悲观问题？

人 名 索 引

（斜体页码指的是来自文选或简短摘录）

1015

1016

1017

1018

1023

总索引

1026

生活的模式,46;阶级研究,722

Clever Hans 机灵的汉斯,案例,412—15

Collective behavior 集体行为:

第13章,865—952;参考书目,934—51;定义,865;调查与问题,924—34;集体行为与协调性活动的起源,32;与社会控制,785—86;与社会动荡,866—67;参见**群众、畜群、大众运动,公众**

Collective consciousness 集体意识:

定义,195;社会的集体意识,28

Collective feeling 集体感,与集体思维,17

Collective mind 集体精神,与社会控制,36—43

Collective representation 集体表征:

运用迪尔凯姆的概念,18;与感觉相对比,193;群众中的集体表征,894—95;定义,164—65、195—96;与智力生活,193—96;与公共意见,38

Collectivism 集体主义:与劳动分工,718

Colonization 殖民化:

参考书目,725—26;调适的一种形式,719;与流动性,302

Common purpose 共同目的,作为理想、愿望和义务,33

Communism 共产主义,有关经济学说,558

Community organization 社区组织:

参考书目,731—32;社区研究,724—25

Communication 沟通:

参考书目,275—76;426—29;与艺术,37;参与社区生活的基础,763—66;社会的基础,183—85;世界社会的基础,343;通过脸红的沟通,365—70;概念,沟通的媒介,379—81;沟通的延伸,借助人类发明,343、385—89;社会互动的一种形式,36;与内在刺激,37;通过大笑的沟通,370—75;低等动物中的沟通,375—79;作为社会互动的媒介,341—43;沟通的自然形式,356—75;作为沟通媒介的报纸,316—17;书籍在沟通中的作用,343;沟通研究,421—23;通过情感表达的沟通,342、361—75;通过语言和思想的沟通,375—89;通过感觉的沟通,342、356—61;作为一种沟通形式的写作,381—84;参见**语言,报纸,公共性**

Communities 社群:

参考书目,59、219;动物社群,26;定义,161;地方与地域性社群,50;植

1027

1029

1030

1031

271—73；与四种愿望，442—43；与群体成员资格，609；冲突的协调，583—84；个人与民族的人格，123—25；相关调查，143—45；作为有机体，108—10；封闭型人格，272；与社会群体，48；相关研究，271—72；与暗示，419—20；人格类型，群体决定的，606—7；参见**个人**，**人**，**自我**，**地位**

Persons　身体，定义，55；作为社会的"组成部分"，36；社会的产物，159

Philosophy　哲学，与自然科学，4

Pittsburgh Survey　匹兹堡调查，315，724

Plant communities　植物群落，参见**群落**

Play　游戏，作为表达行为，787—88

Politics　政治：

参考书目，940；比较，弗里德曼的相关讲座，23；作为表达行为，787—88；在自然科学之中，3；作为一种实证科学，3；政治中的假冒，826—82

Poverty　贫困，参见**缺陷者**，**依赖者**，和**少年犯**

Prestige　威望：

与动物，809—10；定义，807；与偏见，808—9；在原始社会之中，810—11，811—12；在社会控制之中，807—11，811—12；东南非洲的威望与地位，811—12；参见**领导**、**地位**

Primary contacts　初级联系，参见**联系**，**初级的**

Printing-press　印刷出版物，参考书目，427

Privacy　隐私：定义，231；相关价值观，231

Problems, administrative　行政问题：实践与技术，46

Problems, historical　历史性问题：

变成心理学和社会学问题，19

Problems of policy　政策问题：

政治和立法问题，46

Problems, social　社会问题：

分类，45，46；群体的社会问题，47

Process, historical　历史过程：51；政治上的，与文化问题相区别，52—54

Process, social　社会过程：

定义，51；与互动，36，346；自然过程，346—48，420—21；与社会过程，51—55

Progress　进步：

第 14 章,952—1011;参考书目,57—58,1004—10;作为累积经验之和的补充,1001—2;相关概念,962—63,965—73;与知觉,990—94;与规范的推动力,989—1000;相关标准,985—86;与缺陷者,依赖者,和少年犯,954—55;与迫切的要求,954—1000;最早的有关概念,965—66;与生命冲动,989—94;与优生学,969—73;与愉悦,967,973—75;与历史过程,969—73;相关概念的历史,958—62;作为一种希望或神话,958—62;与人性,954,957—58,964—65,983—1000;相关指数,1002—3;调查和问题,1000—3;相关法则,15;与科学预测的界限,960—62;与大众运动,54;一个现代概念 960—62;与道德983—84;与人类本性,983;与组织,966—68;相关的流行概念,953—56;与预知,975—77;相关问题,956—58;与天意相对比,960—62;与宗教,846—48;竞争的一个后果,988;联系的一个后果,988—89;与科学,973—83;与社会控制,786;与社会过程,51—58;与社会研究,1000—12;与社会价值观,955;相关阶段,968—69;相关类型,985—96;与战争,984—89   1036

Propaganda 宣传:

在现代国家里,772;相关心理,837—41

Providence 神意:与进步相对比,960—62

Psychology, collective 心理学,集体的,参考书目,940—41

Public 公众:

与群众,867—70;公众里的控制,800—805;一个讨论群体,798—99,870

Public opinion 公共意见:

参考书目,858—60;强度和方向上的变化,792—93;与集体表征,38;综合与升华,个人的判断,795—96;其发展中的连续性,450—51;与危机,793—94;公共意见的交叉,450—51,791—93;定义,38;与英格兰的立法,445—51;与道德,829—33;相关本质,826—29;附加在他们差异之上的个人意见,832—33;相关组织,51;社会力量的组织,35;与思想学派,446—49;与社会控制,786,816—41,850—51;作为社会气候,791—93;作为城市里社会控制的一个来源,316—17;情绪的支持,478

Publicity 公共性:

作为社会联系的一种形式,315—17;作为社会控制的一种形式,830;报纸的历史演化,385—89;与出版,38

Race conflict 种族冲突:

参考书目,650—62;与种族偏见,578—79;相关研究,642—43

1039

译后记

  十年前,我曾在上海师范大学主办的集刊《都市文化研究》发过一篇评述国内城市社会学发展状况的论文,在其中一个注释里提到芝加哥学派的诸多论著还有很多没有译为中文版,并列了几本书的书名。而这随手写下的一句话,却引起该刊主编陈恒教授的注意,他随后发来一封邮件,询问我是否有兴趣翻译其中一些,他可以承担联系翻译授权的工作。作为一个城市社会学的研究者,我当然乐于看到越来越多的城市研究经典著作能引进国内,助力学术研究,造福最大范围的学子,所以就一口应承下来。

  不久之后,经陈恒教授联系沟通,我与上海三联书店签下翻译两本著作的合同,即麦肯齐的 *The Metropolitan Community* 和帕克与伯吉斯合编的 *Introduction to the Science of Sociology*。前者中文版书名为《大都市社区》,是研究 20 世纪 30 年代之前美国城市化历程的著作,已于 2017 年底出版,后者就是现在读者看到的这本《社会学科学导论》。该书的翻译从 2016 年开始,说实话,这本著作的翻译难度远超另一本,体量是真大,全书超过千页,注释、索引众多。同时,由于编者的编写特色(可见译序兼导读),涉及十几种学科的专业知识和著作,很多是在我专业领域之外的,需要查阅很多跨专业知识,才能给出适当的译文,这都极大影响了翻译速度。

  对我来说,翻译此书虽说无异于一场苦修,但也让我接触到很多 19 世纪发展成熟,对社会学产生了极大影响的学科的知识。特别是通过该书的内容,真切体会到像人种学、遗传学、生物学、博物学这些和我的专业背景相去甚远的学科也是社会学汲取营养的来源,极大拓展了我的视野。翻译此书就如同一场从19世纪晚期到20世纪早期的知识之旅,人类社会科学的宏伟画卷随着翻译工作的推进徐徐展开,走到终点,我才体会到社会学是如何从一片混沌之中逐渐变得清晰,在科学殿堂里拥有了自己的一席之地。而这一旅程走了三年多,2019年底2020年初终于完成译稿,交给了出版社,其后又因新冠疫情和其他因素的影响,直到现在才得以付梓,让人既欣慰又感慨。

这里要说明一下该书书名的翻译。我曾经考虑过《社会学导论》《社会学概论》《社会学学科导论》等三种译名,前两种和市面上繁多的社会学概论教材毫无区别,无法体现出该书的历史地位和独特性,没有采用,而第三种译名是最初和陈恒老师商量翻译事宜时采用的书名。后来,在翻译了该书第一章之后,我感觉到该书追求的不只是给当时社会学专业的学生进行学科入门教育,还要阐明社会学何以是一门科学,以及在科学体系里居于何种地位。所以这本书既是教材,但又不只是教材,而是一种我们今天很难简单归类的体裁。为此,我在签翻译合同的时候把书名改为《社会学科学导论》,虽然只是把"学科"两字颠倒了一下,换成了"科学",但更为符合该书原有的精神。

由于该书征引了十几种社会学之外的学科的文献,涉及很多对社会学学界来说较为陌生的学者和社会学史上不那么著名的早期人物,对他们进行的简单介绍构成了译者注的很大一部分内容。从中可以看到各门学科是如何通过一个个的知识贡献者,把各自对世界的认识传导到社会学之中的,并由社会学的奠基者们融会贯通,最终构建起成熟的知识体系。这些学者不论在后来的岁月里是有名或无名,都值得今天的人们铭记。

这里要特别感谢上海师范大学教授陈恒老师,没有他对学术的热情,仅因一个注释就主动向我提议翻译,我也不会与此书结缘。这说明,即使对于追求探索必然性的科学研究者来说,偶然性也是不可忽视的因素。最后,还要感谢上海三联书店总编辑黄韬老师居中协调编务安排,以及责任编辑李天伟老师对本书给予的专业支持,确保了这本巨著得以顺利面世!

　　全书由华南农业大学外国语学院的张汉娇老师和我合作翻译,张老师翻译了第 2 章、第 6 章和第 7 章以及目录和索引部分,其余部分由我翻译并负责统稿。由于篇幅浩大,错漏难免,敬请读者指正。

叶涯剑

2024 年 4 月 26 日于广州

上海三联人文经典书库

已 出 书 目

17.《秘史》 [东罗马]普罗柯比 著 吴舒屏 吕丽蓉 译

18.《论神性》 [古罗马]西塞罗 著 石敏敏 译

19.《护教篇》 [古罗马]德尔图良 著 涂世华 译

20.《宇宙与创造主:创造神学引论》 [英]大卫·弗格森 著 刘光耀 译

21.《世界主义与民族国家》 [德]弗里德里希·梅尼克 著 孟钟捷 译

22.《古代世界的终结》 [法]菲迪南·罗特 著 王春侠 曹明玉 译

23.《近代欧洲的生活与劳作(从 15—18 世纪)》 [法]G.勒纳尔 G.乌勒西
   著 杨 军 译

24.《十二世纪文艺复兴》 [美]查尔斯·哈斯金斯 著 张 澜 刘 疆 译

25.《五十年伤痕:美国的冷战历史观与世界》(上、下) [美]德瑞克·李波厄
   特 著 郭学堂 潘忠岐 孙小林 译

26.《欧洲文明的曙光》 [英]戈登·柴尔德 著 陈 淳 陈洪波 译

27.《考古学导论》 [英]戈登·柴尔德 著 安志敏 安家瑗 译

28.《历史发生了什么》 [英]戈登·柴尔德 著 李宁利 译

29.《人类创造了自身》 [英]戈登·柴尔德 著 安家瑗 余敬东 译

30.《历史的重建:考古材料的阐释》 [英]戈登·柴尔德 著 方 辉 方 堃
   杨 译

31.《中国与大战:寻求新的国家认同与国际化》 [美]徐国琦 著 马建标 译

32.《罗马帝国主义》 [美]腾尼·弗兰克 著 宫秀华 译

33.《追寻人类的过去》 [美]路易斯·宾福德 著 陈胜前 译

34.《古代哲学史》 [德]文德尔班 著 詹文杰 译

35.《自由精神哲学》 [俄]尼古拉·别尔嘉耶夫 著 石衡潭 译

36.《波斯帝国史》 [美]A.T.奥姆斯特德 著 李铁匠等 译

37.《战争的技艺》 [意]尼科洛·马基雅维里 著 崔树义 译 冯克利 校

38.《民族主义:走向现代的五条道路》 [美]里亚·格林菲尔德 著 王春华
   等 译 刘北成 校

39.《性格与文化:论东方与西方》 [美]欧文·白璧德 著 孙宜学 译

40.《骑士制度》 [英]埃德加·普雷斯蒂奇 编 林中泽等 译

41.《光荣属于希腊》 [英]J.C.斯托巴特 著 史国荣 译

42.《伟大属于罗马》 [英]J.C.斯托巴特 著 王三义 译

43.《图像学研究》［美］欧文·潘诺夫斯基　著　戚印平　范景中　译

44.《霍布斯与共和主义自由》［英］昆廷·斯金纳　著　管可秾　译

45.《爱之道与爱之力:道德转变的类型、因素与技术》［美］皮蒂里姆·A.索罗金　著　陈雪飞　译

46.《法国革命的思想起源》［法］达尼埃尔·莫尔内　著　黄艳红　译

47.《穆罕默德和查理曼》［比］亨利·皮朗　著　王晋新　译

48.《16世纪的不信教问题:拉伯雷的宗教》［法］吕西安·费弗尔　著　赖国栋　译

49.《大地与人类演进:地理学视野下的史学引论》［法］吕西安·费弗尔　著　高福进等　译

50.《法国文艺复兴时期的生活》［法］吕西安·费弗尔　著　施诚　译

51.《希腊化文明与犹太人》［以］维克多·切利科夫　著　石敏敏　译

52.《古代东方的艺术与建筑》［美］亨利·富兰克弗特　著　郝海迪　袁指挥　译

53.《欧洲的宗教与虔诚:1215—1515》［英］罗伯特·诺布尔·斯旺森　著　龙秀清　张日元　译

54.《中世纪的思维:思想情感发展史》［美］亨利·奥斯本·泰勒　著　赵立行　周光发　译

55.《论成为人:神学人类学专论》［美］雷·S.安德森　著　叶汀　译

56.《自律的发明:近代道德哲学史》［美］J.B.施尼温德　著　张志平　译

57.《城市人:环境及其影响》［美］爱德华·克鲁帕特　著　陆伟芳　译

58.《历史与信仰:个人的探询》［英］科林·布朗　著　查常平　译

59.《以色列的先知及其历史地位》［英］威廉·史密斯　著　孙增霖　译

60.《欧洲民族思想变迁:一部文化史》［荷］叶普·列尔森普　著　周明圣　骆海辉　译

61.《有限性的悲剧:狄尔泰的生命释义学》［荷］约斯·德·穆尔　著　吕和应　译

62.《希腊史》［古希腊］色诺芬　著　徐松岩　译注

63.《罗马经济史》［美］腾尼·弗兰克　著　王桂玲　杨金龙　译

64.《修辞学与文学讲义》［英］亚当·斯密　著　朱卫红　译

65.《从宗教到哲学:西方思想起源研究》 [英]康福德 著 曾 琼 王 涛 译

66.《中世纪的人们》 [英]艾琳·帕瓦 著 苏圣捷 译

67.《世界戏剧史》 [美]G.布罗凯特 J.希尔蒂 著 周靖波 译

68.《20世纪文化百科词典》 [俄]瓦季姆·鲁德涅夫 著 杨明天 陈瑞静 译

69.《英语文学与圣经传统大词典》 [美]戴维·莱尔·杰弗里(谢大卫)主编 刘光耀 章智源等 译

70.《刘松龄——旧耶稣会在京最后一位伟大的天文学家》 [美]斯坦尼斯拉夫·叶茨尼克 著 周萍萍 译

71.《地理学》 [古希腊]斯特拉博 著 李铁匠 译

72.《马丁·路德的时运》 [法]吕西安·费弗尔 著 王永环 肖华峰 译

73.《希腊化文明》 [英]威廉·塔恩 著 陈 恒 倪华强 李 月 译

74.《优西比乌:生平、作品及声誉》 [美]麦克吉佛特 著 林中泽 龚伟英 译

75.《马可·波罗与世界的发现》 [英]约翰·拉纳 著 姬庆红 译

76.《犹太人与现代资本主义》 [德]维尔纳·桑巴特 著 艾仁贵 译

77.《早期基督教与希腊教化》 [德]瓦纳尔·耶格尔 著 吴晓群 译

78.《希腊艺术史》 [美]F.B.塔贝尔 著 殷亚平 译

79.《比较文明研究的理论方法与个案》 [日]伊东俊太郎 梅棹忠夫 江上波夫 著 周颂伦 李小白 吴 玲 译

80.《古典学术史:从公元前6世纪到中古末期》 [英]约翰·埃德温·桑兹 著 赫海迪 译

81.《本笃会规评注》 [奥]米歇尔·普契卡 评注 杜海龙 译

82.《伯里克利:伟人考验下的雅典民主》 [法]樊尚·阿祖莱 著 方颂华 译

83.《旧世界的相遇:近代之前的跨文化联系与交流》 [美]杰里·H.本特利 著 李大伟 陈冠堃 译 施 诚 校

84.《词与物:人文科学的考古学》修订译本 [法]米歇尔·福柯 著 莫伟民 译

85.《古希腊历史学家》 [英]约翰·伯里 著 张继华 译

86.《自我与历史的戏剧》 [美]莱因霍尔德·尼布尔 著 方 永 译

87.《马基雅维里与文艺复兴》 [意]费代里科·沙博 著 陈玉聃 译

88.《追寻事实:历史解释的艺术》 [美]詹姆士 W.戴维森 著 [美]马克 H.利特尔著 刘子奎 译

89.《法西斯主义大众心理学》 [奥]威尔海姆·赖希 著 张 峰 译

90.《视觉艺术的历史语法》 [奥]阿洛瓦·里格尔 著 刘景联 译

91.《基督教伦理学导论》 [德]弗里德里希·施莱尔马赫 著 刘 平 译

92.《九章集》 [古罗马]普罗提诺 著 应 明 崔 峰 译

93.《文艺复兴时期的历史意识》 [英]彼得·伯克 著 杨贤宗 高细媛 译

94.《启蒙与绝望:一部社会理论史》 [英]杰弗里·霍松 著 潘建雷 王旭辉 向 辉 译

95.《曼多马著作集:芬兰学派马丁·路德新诠释》 [芬兰]曼多马 著 黄保罗 译

96.《拜占庭的成就:公元330～1453年之历史回顾》 [英]罗伯特·拜伦 著 周书垚 译

97.《自然史》 [古罗马]普林尼 著 李铁匠 译

98.《欧洲文艺复兴的人文主义和文化》 [美]查尔斯·G.纳尔特 著 黄毅翔 译

99.《阿莱科休斯传》 [古罗马]安娜·科穆宁娜 著 李秀玲 译

100.《论人、风俗、舆论和时代的特征》 [英]夏夫兹博里 著 董志刚 译

101.《中世纪和文艺复兴研究》 [美]T.E.蒙森 著 陈志坚等 译

102.《历史认识的时空》 [日]佐藤正幸 著 郭海良 译

103.《英格兰的意大利文艺复兴》 [美]刘易斯·爱因斯坦 著 朱晶进 译

104.《俄罗斯诗人布罗茨基》 [俄罗斯]弗拉基米尔·格里高利 耶维奇·邦达连科 著 杨明天 李卓君 译

105.《巫术的历史》 [英]蒙塔古·萨默斯 著 陆启宏等 译 陆启宏 校

106.《希腊-罗马典制》 [匈牙利]埃米尔·赖希 著 曹 明 苏婉儿 译

107.《十九世纪德国史》 [英]海因里希·冯·特赖奇克 著 李 娟 译

108.《通史》 [古希腊]波利比乌斯 著 杨之涵 译

109.《苏美尔人》 [英]伦纳德·伍雷 著 王献华 魏桢力 译

110.《旧约:一部文学史》 [瑞士]康拉德·施密特 著 李天伟 姜振帅 译

111.《中世纪的模型:英格兰经济发展的历史与理论》 [英]约翰·哈彻 马可·贝利 著 许明杰 黄嘉欣 译

112.《文人恺撒》 [英]弗兰克·阿德科克 著 金春岚 译

欢迎广大读者垂询,垂询电话:021-22895559

图书在版编目(CIP)数据

社会学科学导论 / (美) R. E. 帕克, (美) E. W. 伯吉斯著 ; 叶涯剑, 张汉娇译. -- 上海 : 上海三联书店, 2025. 5. -- (上海三联人文经典书库). -- ISBN 978 -7-5426-8807-1

Ⅰ. C91

中国国家版本馆 CIP 数据核字第 20259QC363 号

社会学科学导论

著　　者 / [美]R. E. 帕克　[美]E. W. 伯吉斯
译　　者 / 叶涯剑　张汉娇

责任编辑 / 李天伟
装帧设计 / 徐　徐
监　　制 / 姚　军
责任校对 / 王凌霄

出版发行 / 上海三联书店
　　　　　(200041)中国上海市静安区威海路 755 号 30 楼
邮　　箱 / sdxsanlian@sina.com
联系电话 / 编辑部: 021 - 22895517
　　　　　发行部: 021 - 22895559
印　　刷 / 上海展强印刷有限公司

版　　次 / 2025 年 5 月第 1 版
印　　次 / 2025 年 5 月第 1 次印刷
开　　本 / 655 mm×960 mm　1/16
字　　数 / 940 千字
印　　张 / 69.5
书　　号 / ISBN 978 - 7 - 5426 - 8807 - 1/C · 656
定　　价 / 298.00 元

敬启读者,如发现本书有印装质量问题,请与印刷厂联系 021 - 66366565